Le Nord
Pages 426-437

Wine Country
Pages 438-449

Gold Country et Central Valley
Pages 450-465

De Santa Cruz à Fresno
Pages 482-501

High Sierras
Pages 466-481

Los Angeles
Pages 54-183

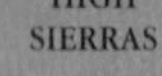

HIGH SIERRAS
Independence
Fresno
Death Valley
DÉSERT DE MOJAVE

Bakersfield
DE CAMBRIA À SANTA BARBARA
CALIFORNIE DU SUD
Santa Barbara
LOS ANGELES
Los Angeles
San Bernardino
Anaheim
ORANGE COUNTY
Palm Springs
INLAND EMPIRE ET LOW DESERT
SAN DIEGO COUNTY
San Diego

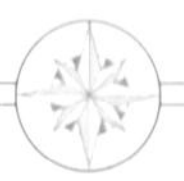

GUIDES VOIR

CALIFORNIE

CALIFORNIE

Libre Expression
QUEBECOR MEDIA

CE GUIDE VOIR A ÉTÉ ÉTABLI PAR
Jamie Jensen, Barry Parr, Ellen Payne, J. Kingston Pierce, Rebecca Poole Forée, Nigel Tisdall, John Wilcock, Stanley Young

DIRECTION
Cécile Boyer-Runge

DIRECTION ÉDITORIALE
Catherine Marquet

ÉDITION
Catherine Laussucq
Richard Migné

TRADUIT ET ADAPTÉ DE L'ANGLAIS PAR
Dominique Brotot
avec la collaboration d'Isabelle de Jaham

MISE EN PAGES (PAO)
Anne-Marie Le Fur

Publié pour la première fois en Grande-Bretagne en 1997, sous le titre : *Eyewitness Travel Guides : California*

IMPRIMÉ ET RELIÉ EN CHINE PAR SOUTH CHINA PRINTING

Aussi soigneusement qu'il ait été établi, ce guide n'est pas à l'abri des changements de dernière heure. Faites-nous part de vos remarques, informez-nous de vos découvertes personnelles : nous accordons la plus grande attention au courrier de nos lecteurs.

Éditions Libre Expression
7, chemin Bates
Outremont (Québec) H2V 4V7

DÉPÔT LÉGAL : 3e trimestre 2003
ISBN: 2-7648-0028-2

SOMMAIRE

Volley-ball à Pismo Beach

Le Half Dome du Yosemite National Park

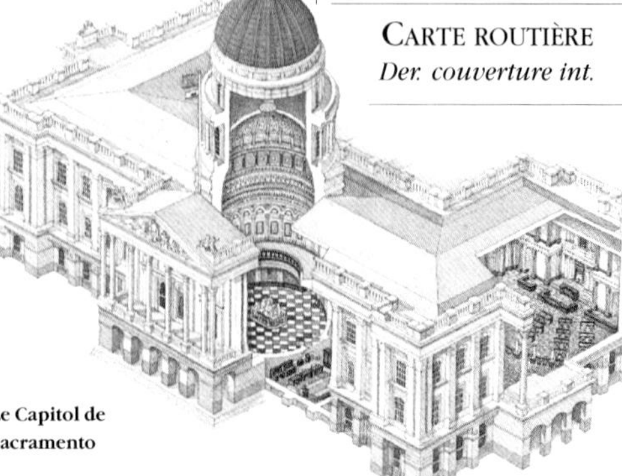

Le Capitol de Sacramento

COMMENT UTILISER CE GUIDE

Ce guide a pour but de vous aider à profiter au mieux de vos visites de la Californie. L'introduction, *Présentation de la Californie*, situe l'État dans son contexte historique et culturel. Dans les dix chapitres régionaux et ceux consacrés à *Los Angeles* et à *San Francisco et la Bay Area*, textes, plans et illustrations présentent en détail les principaux sites et monuments et offrent un aperçu des particularismes locaux. Les *Bonnes adresses* conseillent hôtels et restaurants et les *Renseignements pratiques* vous faciliteront la vie quotidienne. Los Angeles, San Francisco et San Diego possèdent leurs propres rubriques pratiques.

LOS ANGELES ET SAN FRANCISCO ET LA BAY AREA

Nous avons divisé les centres des deux principales villes californiennes en quartiers. À chacun correspond un chapitre qui s'ouvre sur une liste des monuments présentés. Des numéros les situent clairement sur la *Carte illustrée*. Ils correspondent à l'ordre dans lequel les monuments sont décrits en détail dans le corps du chapitre.

PACIFIC HEIGHTS ET LE CIVIC CENTER

Un repère lilas signale toutes les pages concernant Los Angeles. Ce repère est vert feuillage pour San Francisco.

1 Plan général du quartier

Des numéros désignent sur ce plan les monuments et sites de chaque quartier. Ceux-ci apparaissent aussi sur les plans des Atlas des rues *de Los Angeles* (p. 172-183) *et de San Francisco* (p. 384-393).

Le quartier d'un coup d'œil donne une liste par catégories des centres d'intérêt : rues et bâtiments historiques, boutiques, architecture moderne, etc.

Une carte de localisation indique la situation du quartier dans le centre-ville.

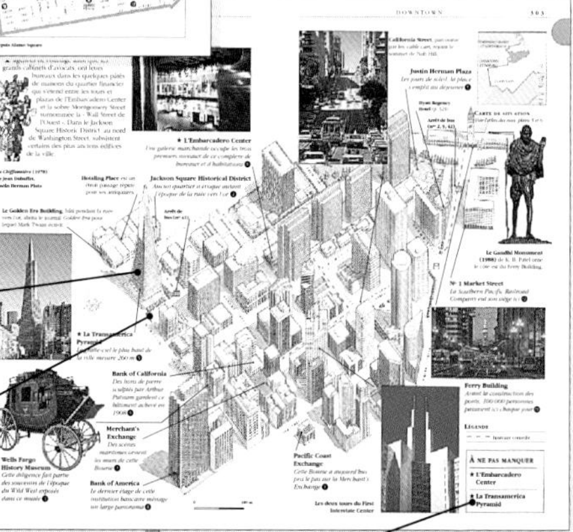

2 Plan du quartier pas à pas

Il offre une vue aérienne détaillée du quartier.

Le meilleur itinéraire de promenade apparaît en rouge.

Des étoiles signalent les sites à ne pas manquer.

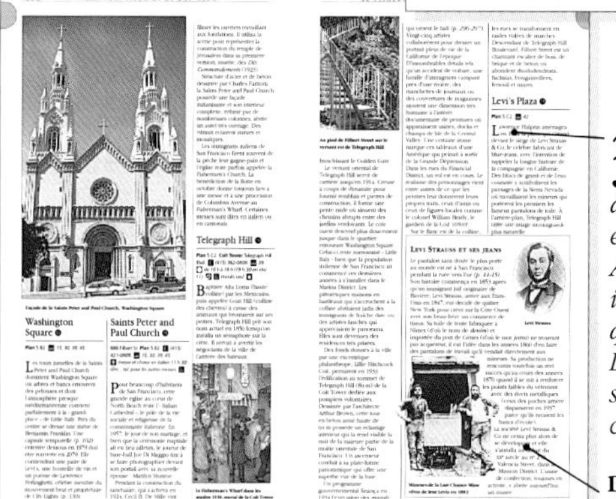

3 Renseignements détaillés

La rubrique consacrée à chaque site de Los Angeles et de San Francisco et la Bay Area fournit notamment les informations pratiques telles qu'adresse et heures d'ouverture. La légende des symboles utilisés se trouve sur le rabat de couverture en fin de volume.

Des encadrés approfondissent des sujets spécifiques.

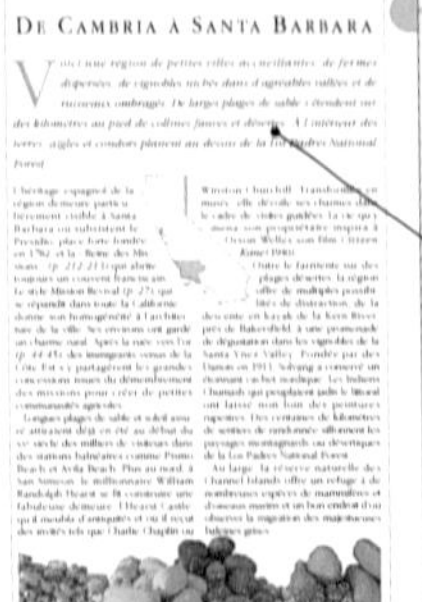

1 Introduction
Elle présente les principaux attraits touristiques de chacune des régions du guide et décrit ses paysages et sa personnalité en montrant l'empreinte de l'histoire.

LA CALIFORNIE DU NORD ET LA CALIFORNIE DU SUD

Ce guide divise la Californie (hors Los Angeles et San Francisco et la Bay Area) en deux grandes régions. Il consacre à chacune cinq chapitres comportant au début une *Carte illustrée* où sont recensés les localités et les sites les plus intéressants.

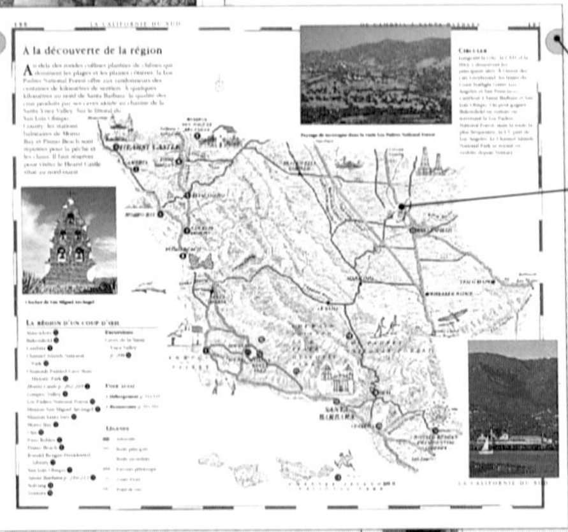

Un repère de couleur correspond à chaque région. Le premier rabat de couverture en donne la liste complète.

2 La carte illustrée
Elle offre une vue de toute la région et de son réseau routier. Des numéros situent les principaux centres d'intérêt. Des informations pour visiter la région en voiture, en car ou en train sont fournies.

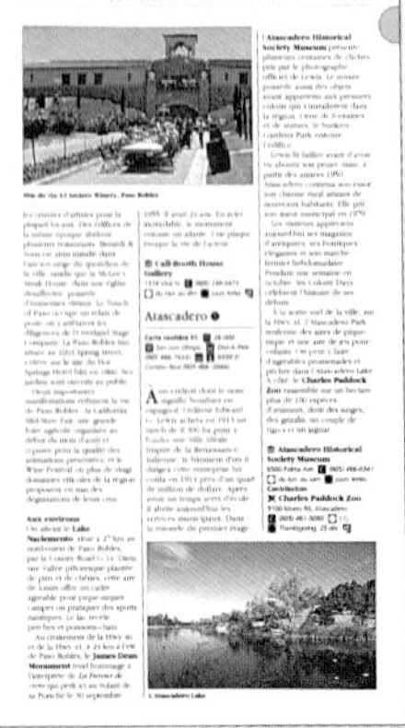

3 Renseignements détaillés
Les localités et sites importants sont décrits individuellement dans l'ordre de la numérotation de la Carte illustrée. *Les notices présentent en détail ce qu'il y a d'intéressant à visiter. Une référence cartographique renvoie en fin de volume à la carte routière de la couverture intérieure.*

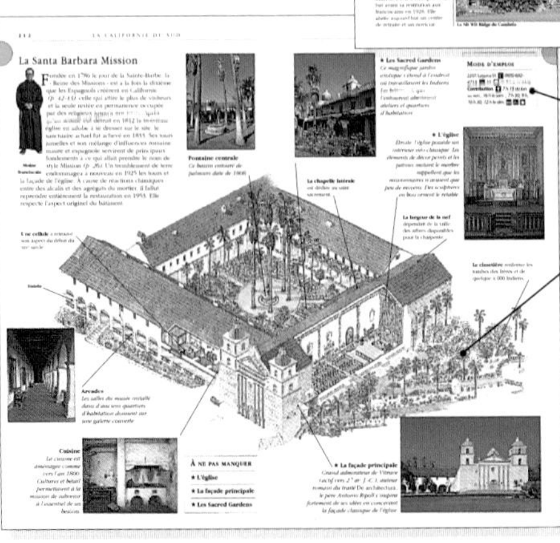

Un mode d'emploi vous aide à organiser votre visite.

4 Les principaux sites
Deux pleines pages, ou plus, leur sont réservées. La représentation des édifices historiques en dévoile l'intérieur. Des codes de couleur aident à situer dans les musées les pièces les plus intéressantes. Les cartes des parcs nationaux et des forêts indiquent les équipements et les sentiers.

Présentation de la Californie

La Californie dans son environnement

Avec plus de trente millions d'habitants et une superficie de 411 013 km², la Californie n'est que le troisième État des États-Unis par la taille (après le Texas et l'Alaska), mais le plus peuplé. Elle forme, au bord du Pacifique, une bande de 1 300 km de long et de 400 km de large. Les visiteurs débarquent aux aéroports de ses deux métropoles, San Francisco et Los Angeles. Un dense réseau routier et ferroviaire (Amtrak) relie toutes les principales villes entre elles et aux autres États.

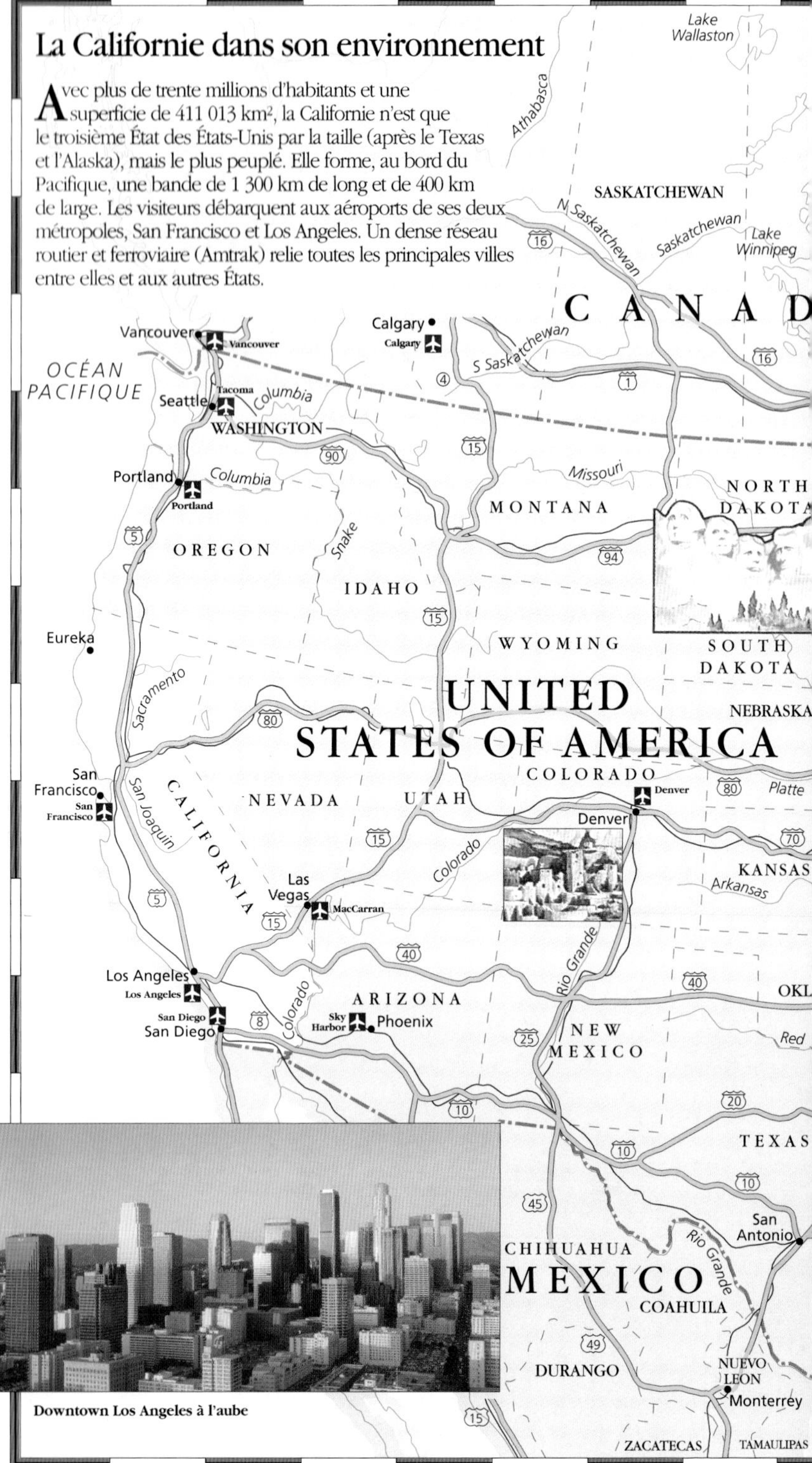

Downtown Los Angeles à l'aube

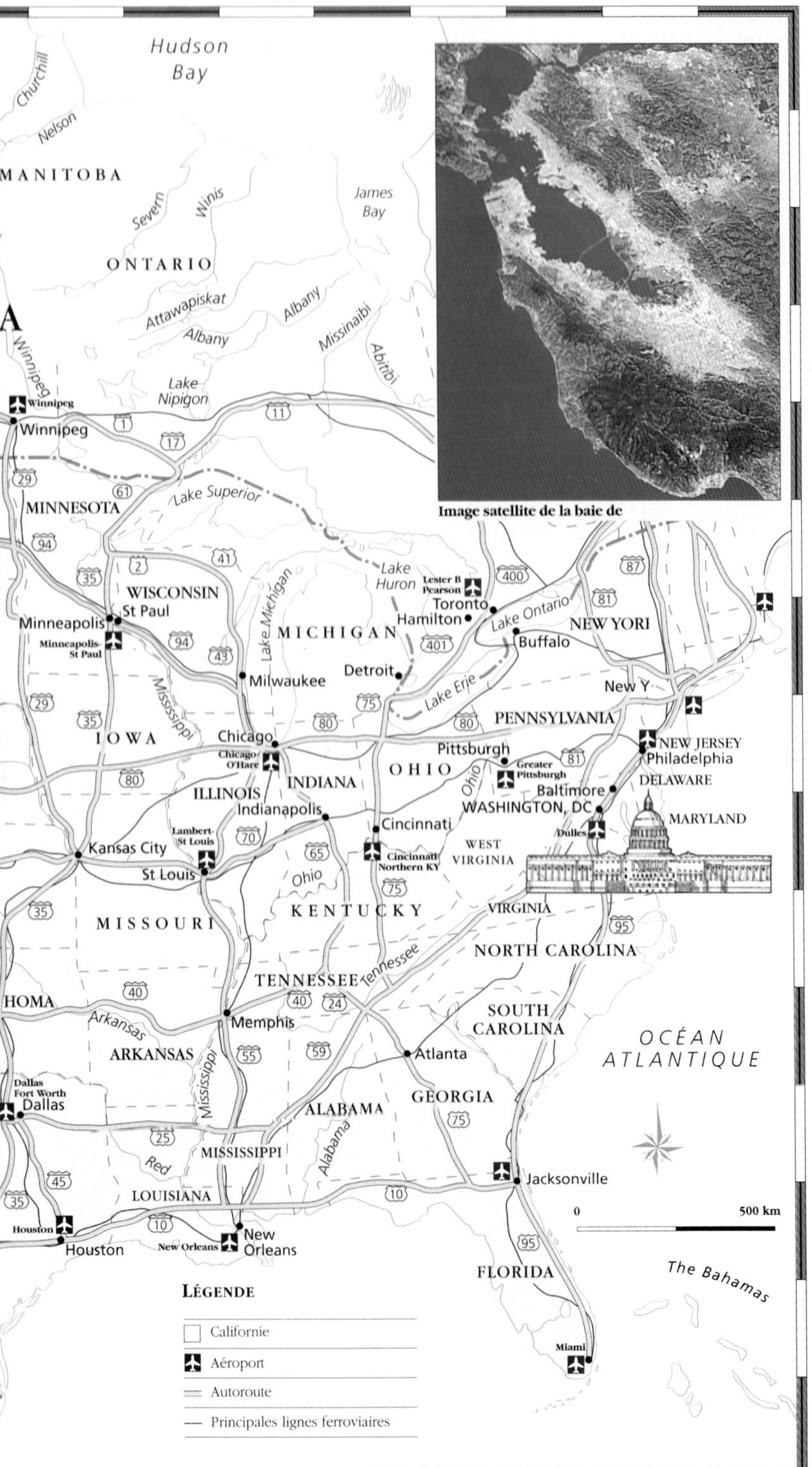

Image satellite de la baie de

UNE IMAGE DE LA CALIFORNIE

Symbole de la diversité des États-Unis et de leur course à la prospérité, la Californie impressionne autant par ses paysages sauvages que par son influence sur le monde moderne. Des séquoias millénaires s'y dressent à quelques heures de voiture seulement de centres urbains aussi importants que San Francisco et Los Angeles.

Les perceptions de la Californie varient tellement d'une personne à une autre qu'une plaisanterie affirme qu'il existe en fait deux Californie. L'une a une réalité géographique. Troisième État de l'Union par la taille, elle renferme son plus vaste comté, San Bernardino, dont la superficie (52 200 km^2) dépasse celle du Vermont et du New Hampshire réunis. Cette Californie possède 840 km de côtes et mesure 587 km dans sa plus grande largeur. Elle abrite le plus haut sommet des États-Unis, le Mount Whitney (4 418 m), et leur plus basse étendue désertique, Death Valley. On y a recensé plus de 1 500 espèces végétales qui ne poussent nulle part ailleurs dans le monde. Environ un Américain sur huit y habite, ce qui en fait l'État le plus peuplé du pays, celui aussi qui envoie le plus de représentants au Congrès.

Sceau de l'État

Et l'autre Californie ? Elle appartient au domaine du rêve. Des stars sillonnent ses boulevards dans d'immenses décapotables, ses plages grouillent de sveltes beautés bronzées en bikini et de jeunes bricoleurs inventent dans leurs garages les technologies du futur… Des stéréotypes qu'entretiennent l'industrie du cinéma et de la télévision.

Mais le mythe est à l'origine même de la Californie, cette « île toute proche du Paradis terrestre » imaginée par un écrivain espagnol du XVIe siècle, des années avant son exploration. Et c'est

Bain de soleil sur Manhattan Beach, Los Angeles

◁ **Montagnes russes à Knott's Betty Farm, Orange County**

Joshua Tree National Park

un autre mythe, l'or, qui fit connaître son nom dans le monde entier en 1849. Des milliers d'aventuriers, ou de désespérés, envahirent la région en quête du fabuleux métal. Peu firent fortune, mais tous répandirent le même message : la Californie n'était pas aussi fascinante qu'on le leur avait dit. Elle l'était encore plus.

Surfer

VIE SOCIALE ET POLITIQUE

Si les États-Unis en général méritent leur surnom de *melting-pot* « creuset » de cultures, nulle part le mélange des peuples n'y est aussi important qu'en Californie. L'État accueille le plus grand nombre d'immigrants (plus de 200 000 chaque année) et possède la population à la composition la plus variée. Le pourcentage de blancs et d'Afro-Américains est inférieur à la moyenne nationale, mais la proportion d'Asiatiques et d'Hispaniques au moins trois fois supérieure. Les Hispano-Américains représentent d'ailleurs plus du quart des habitants de la Californie.

Le Golden Gate Bridge de San Francisco

Un cocktail ethnique qu'une promenade dans une des quatre villes principales (Los Angeles, San Diego, San José et San Francisco) rend immédiatement perceptible. Il prend encore davantage de saveur pendant les festivités du *Cinco de Mayo* (5 mai) mexicain ou la célébration du nouvel an chinois.

Le racisme a toutefois souvent sévi en Californie. Les abolitionnistes évitèrent que la convention constitutionnelle de 1849 interdise l'entrée des Noirs sur le territoire, mais, dans les années 1870, des orateurs tels que Denis Kearney attisèrent les violences contre les Chinois accusés de « voler » aux blancs leurs emplois. Malheureusement, la surpopulation rallume aujourd'hui les tensions raciales. Elle a aussi un effet négatif sur le maintien de l'ordre et l'éducation. Elle augmente notamment le nombre déjà important d'élèves par enseignant dans les écoles. Celles-ci ne dépendent pas de l'administration fédérale aux États-Unis et elles manquent de fonds pour faire face au problème depuis que la réduction des impôts fonciers a privé l'État et les gouvernements locaux d'une partie de leurs res-

Red Rock Canyon dans le désert de Mojave

sources. L'augmentation de la population a eu une autre conséquence, plus inévitable : le déséquilibre entre agglomérations urbaines et zones rurales, les quartiers résidentiels gagnant sur les espaces cultivés. Si l'agriculture californienne reste la plus productive de l'Union, elle emploie de moins en moins de bras et les secteurs en développement sont désormais les industries de services et la haute technologie.

Oranges californiennes

Une visite de la Californie commence généralement par San Francisco ou Los Angeles. Situées respectivement au nord et au sud de l'État, elles offrent un raccourci de ses deux faces opposées. Plus ancienne et plus compacte, San Francisco demeure très européenne. Fière de son anticonformisme et de son ouverture d'esprit, elle fut un des hauts lieux de la lutte contre la guerre du Vietnam et abrite l'une des plus fortes concentrations d'homosexuels du monde. Une communauté dont les votes comptent.

Los Angeles, de son côté, semble étendre à l'infini une juxtaposition incohérente de quartiers sans pôle clairement défini. La dictature de l'automobile a imposé la construction d'un réseau d'autoroutes qui étouffe certains de ses bâtiments historiques. Conservatisme et ultralibéralisme y tiennent le haut du pavé politique et la façade luxueuse qui a établi sa réputation cache souvent la misère.

Il ne faut toutefois pas en conclure que le nord est entièrement démocrate et le sud républicain. Hollywood a toujours défendu des causes sociales

Coquelicots dans l'Antelope Valley

et il existe des groupes armés d'extrême droite dans le nord-est. Mais les conflits de pouvoir au sein du gouvernement de l'État, à Sacramento, et les opinions contrastées des représentants de la Californie à Washington lui donnent une image légèrement schizophrénique.

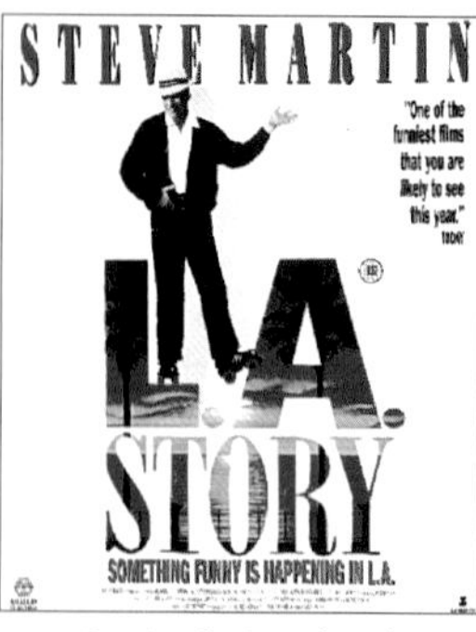

Los Angeles Story **(1991)**

Culture et loisirs

Les superproductions hollywoodiennes et les innombrables séries télévisées tournées à Los Angeles pourraient faire croire que la culture en Californie est avant tout une industrie, une quête du dollar tout-puissant s'exposant sans pudeur dans les journaux à scandales et sur des panneaux publicitaires géants. L'État possède cependant certains des plus riches musées d'art du monde avec le LACMA, l'Oakland Museum, le San Francisco MOMA et le J. Paul Getty Museum. Des artistes modernes comme les peintres David Park et Elmer Bischoff et les céramistes Peter Voulkos et Robert Arneson ont acquis une renommée internationale, à l'instar de quelques pionniers de la création photographique tels Imogen Cunningham et Ansel Adams.

San Francisco doit beaucoup de son charme à ses maisons victoriennes. L'originalité de l'architecture américaine se découvre également dans les édifices dessinés par des Californiens tels que Willis Polk et Bernard Maybeck, ou ceux construits par Frank Lloyd Wright et Daniel Burnham. La Côte Ouest reste un lieu de création en cette matière avec des architectes comme Frank Gehry et Joe Esherick.

Après le cinéma, c'est pourtant dans le domaine de la littérature que la Californie a le plus apporté à la culture mondiale. Dans les années 1930, John Steinbeck écrit *Des souris et des hommes* et *Les Raisins de la colère*, tandis

Al Pacino recevant un Oscar en 1993

Le Napa Valley Train dans le Wine Country

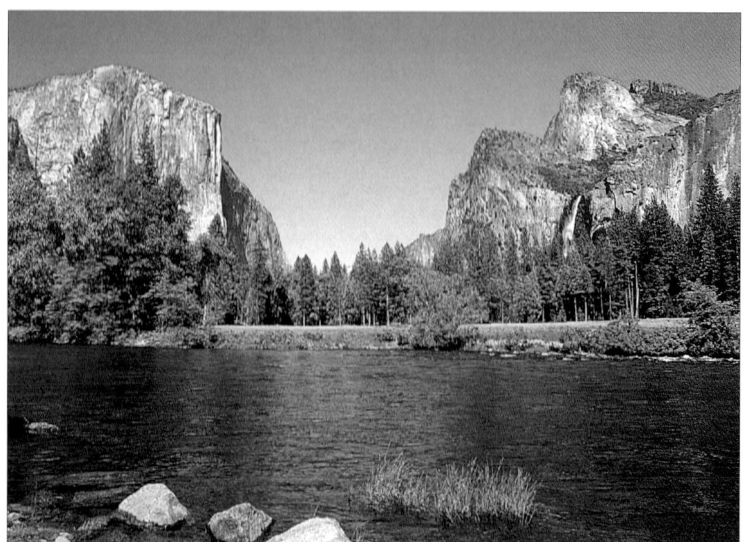

El Capitán dans le Yosemite National Park

que Dashiell Hammett *(Le Faucon maltais)* et Raymond Chandler *(Le Grand Sommeil)* donnent ses lettres de noblesse au roman noir. Dans les années 1950, c'est à San Francisco que les auteurs de la beat generation, tels Jack Kerouac *(Sur la route)* et Allen Ginsberg *(Baby Poems)*, connaissent leurs premiers succès publics. Après Charles Bukowski *(Contes de la folie ordinaire)*, des écrivains comme Armistead Maupin *(Chroniques de la cité)* et Amy Tan *(Le Club de la chance)* entretiennent cette tradition littéraire. En musique, c'est là que les Beach Boys, Janis Joplin, les Grateful Dead et Cher commencèrent leur carrière.

Terre de métissages et de rencontres, la Californie a donné naissance à une cuisine originale à l'initiative de maîtres queux tels que Wolfgang Puck et Alice Waters. Elle associe les ingrédients locaux à des influences asiatiques et méditerranéennes. Certains des vins californiens commencent à rivaliser avec les grands crus français. L'intérêt porté en Californie aux arts de la table n'empêche toutefois pas ses habitants d'attacher une grande importance à leur ligne et leur apparence physique qu'ils entretiennent en s'adonnant assidûment au jogging et au cyclisme. Favorisées par la douceur du climat et des espaces naturels riches et variés, les activités de plein air, qu'il s'agisse du base-ball, du surf, de la randonnée, du golf ou du rafting, sont au centre de leurs loisirs.

Match de base-ball au Padres de San Diego

Les paysages et la géologie de la Californie

Les paysages californiens comprennent le plus haut sommet des États-Unis, le Mount Whitney dans les High Sierras, et leur point le plus bas, Death Valley dans les déserts du sud. Il y a des millions d'années, la plaque formant le fond du Pacifique, en glissant sous le continent américain, a créé les Coast Ranges, la Central Valley et les rochers granitiques qui se soulevèrent plus tard pour former la Sierra Nevada. Les mouvements des deux plaques, le long de la faille de San Andreas, continuent de modeler la Californie.

***Les Coast Ranges**, massifs montagneux formant une bande le long du Pacifique, ont pour origine le soulèvement d'îles et de fragments du fond de l'océan il y a environ 25 millions d'années.*

Comment l'ouest s'est formé

Due au mouvement des plaques pacifique et nord-américaine, la formation de la bordure occidentale de la Californie s'est achevée il y a 15 millions d'années.

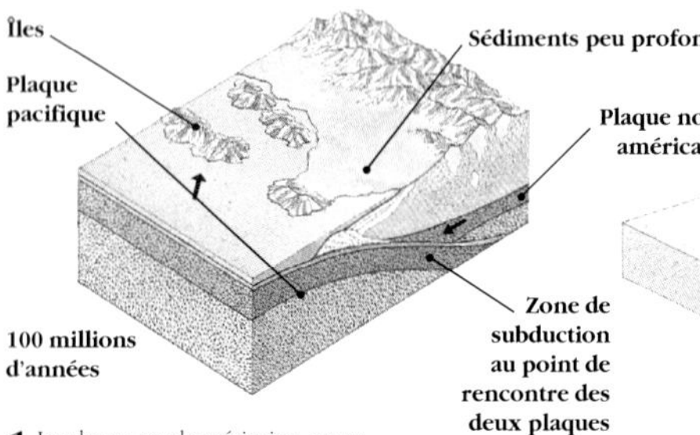

1 La plaque nord-américaine, en se déplaçant vers l'ouest, absorbe les îles.

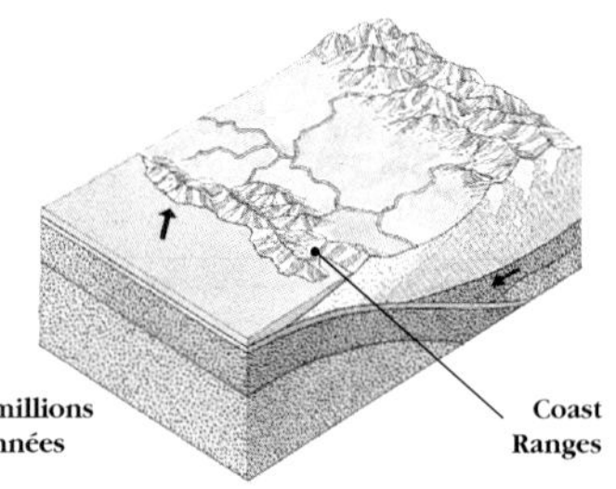

2 Le glissement vers le nord du fond de l'océan pousse des îles contre la côte et les soulève pour former les Coast Ranges.

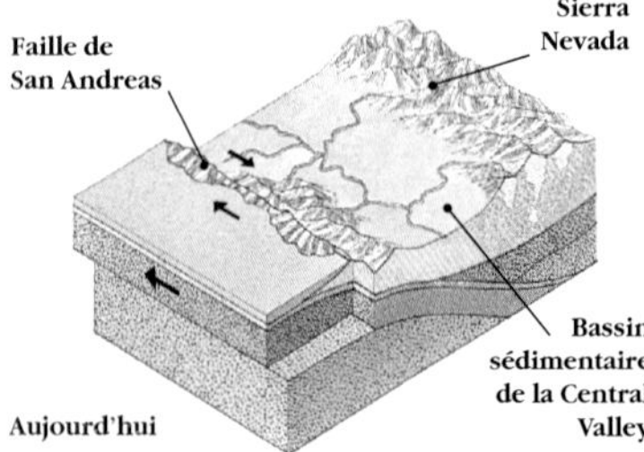

3 Longue de plus de 1 000 km, la faille de San Andreas *(p. 20-21)* marque la limite entre la plaque pacifique et la plaque nord-américaine.

MOUNT SHASTA
4 317 m

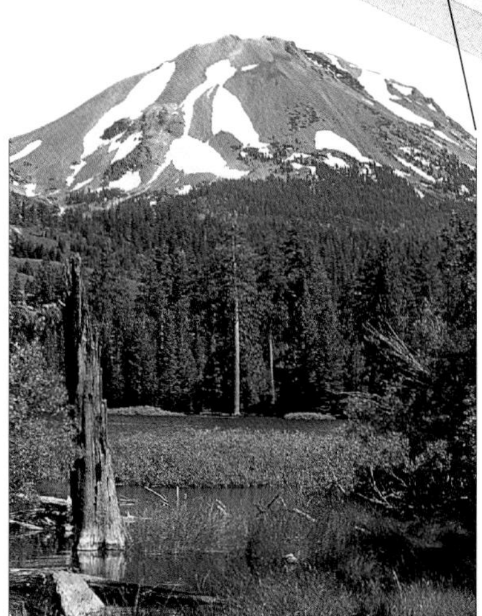

***Le Mount Lassen** (p. 437) et le Mount Shasta (p. 436), volcans encore considérés comme actifs, à l'instar du Mount St Helens dont la dernière éruption eut lieu en 1980, font partie de la chaîne du Cascades Range créée par une zone de subduction sous l'angle nord-ouest de la plaque nord-américaine. Jadis, la Sierra Nevada a dû ressembler aux Cascades.*

Les citronniers *prospèrent dans le centre de la Californie sur les sédiments fertiles de la Central Valley. Arrachés par l'érosion aux montagnes qui l'entourent, ceux-ci s'accumulent depuis plusieurs centaines de milliers d'années.*

Le Mount Whitney (p. 479), *point culminant des États-Unis, s'élève à 4 418 m dans les High Sierras de la Sierra Nevada, chaîne de montagnes dont la formation commença il y a plus de 50 millions d'années, mais qui prit son altitude actuelle il y a environ 5 millions d'années.*

NORTH PALISADE
4 341 m
MOUNT DANA
3 979 m
MOUNT WHITNEY
4 418 m
DEATH VALLEY
BIG PINE MOUNTAIN
2 081 m
0 100 km

La Death Valley (p. 280-283), *dans le désert de Mojave, bien qu'entourée de certaines des plus hautes montagnes du continent, a son point le plus bas à 85 m au-dessous du niveau de la mer. Elle s'est formée il y a moins de 15 millions d'années quand le frottement avec la plaque pacifique commença à étirer la plaque nord-américaine.*

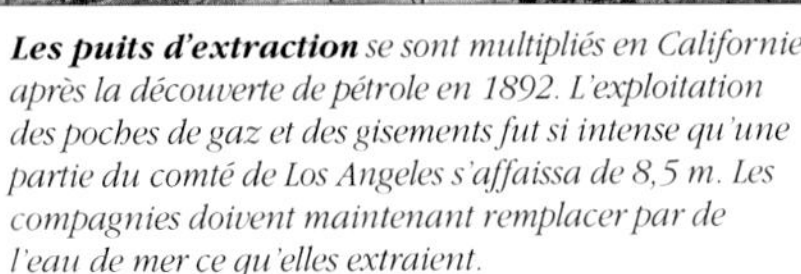

Les puits d'extraction *se sont multipliés en Californie après la découverte de pétrole en 1892. L'exploitation des poches de gaz et des gisements fut si intense qu'une partie du comté de Los Angeles s'affaissa de 8,5 m. Les compagnies doivent maintenant remplacer par de l'eau de mer ce qu'elles extraient.*

Les tremblements de terre en Californie

Entre le golfe de Californie et le Cape Mendocino, la faille de San Andreas s'étend sur presque toute la longueur de la Californie, où il existe d'autres failles, mais aucune à l'origine d'une aussi grande activité sismique. Chaque année, la plaque pacifique se déplace en moyenne vers le nord-ouest de 2,5 à 4 cm. Si ce mouvement rencontre une résistance, les tensions s'accumulent jusqu'à faire céder le blocage. En se relâchant, elles provoquent un tremblement de terre. La plupart des derniers grands séismes californiens concernaient la partie nord de la faille. Celui qui déclencha l'incendie de San Francisco en 1906 atteignit une magnitude de 8,3 sur l'échelle de Richter. Celui d'octobre 1989, au sud de la ville, tua plus de 60 personnes *(p. 53)*. En 1994, celui de Northridge secoua Los Angeles et fut ressenti jusqu'à Las Vegas. Les scientifiques prévoient que le prochain grand séisme, censé dévaster la région, se produira dans le sud.

***La faille de San Andreas** est une des rares zones de contact entre plaques situées sur un continent.*

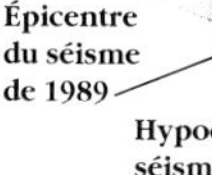

***Le tremblement de terre de 1906** déconcerta les géologues de l'époque et suscita la théorie du « rebond élastique » sur le déclenchement des séismes.*

***Le séisme de 1989** frappa les Santa Cruz Mountains en Californie centrale.*

CHRONOLOGIE

1750 – 1800 – 1850 – 1900 – 1950

- **1769** Des membres de l'expédition de Portolá sont les premiers Européens à subir un séisme en Californie
- **1857** Fort Tejon (R 8), suivi d'une secousse moins forte dans la Bay Area
- **1865** San Francisco connaît son premier grand séisme le 9 octobre, puis un autre le 23 octobre
- **1872** Lone Pine est détruite. La Sierre Nevada gagne 4 m de hauteur
- **1906** L'incendie de San Francisco causé par un séisme (R 8,3) fait 3 000 victimes et 250 000 sans-abri
- **1940** Imperial Valley (R 7,1)
- **1952** Kern County (R 7,7)
- **1989** Loma Prieta (R 7,1) frappe la région de San Francisco
- **1992** Yucca Valley près de L. A. (R 7,4)
- **1994** Northridge (R 6,7). Au moins 56 morts et plus de 7 000 blessés et 20 000 sans-abri. L'Anaheim Stadium et plusieurs autoroutes de Los Angeles subissent de graves dommages

Don Gaspar de Portolá

Le séisme de 1994 *sema la panique à Los Angeles. Des viaducs effondrés bloquèrent la Santa Monica Freeway et l'Interstate 5 près de Reseda. Des incendies se déclenchèrent dans la San Fernando Valley et à Malibu et Venice.*

Les logements parasismiques *conçus pour résister aux effets des tremblements de terre consistent souvent en une structure en bois reposant sur des fondations en béton.*

Le mouvement des plaques est plus marqué le long de la faille de San Andreas. Celle-ci « colle » parfois à cause des frottements.

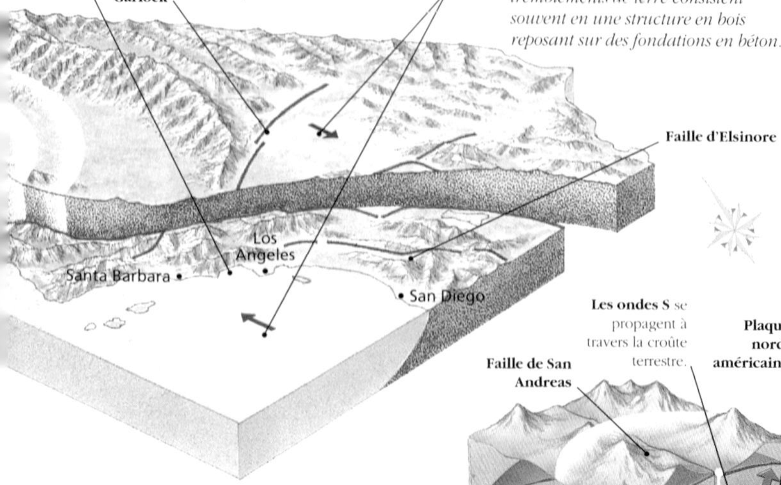

Faille de Garlock

Faille d'Elsinore

Los Angeles

Santa Barbara

San Diego

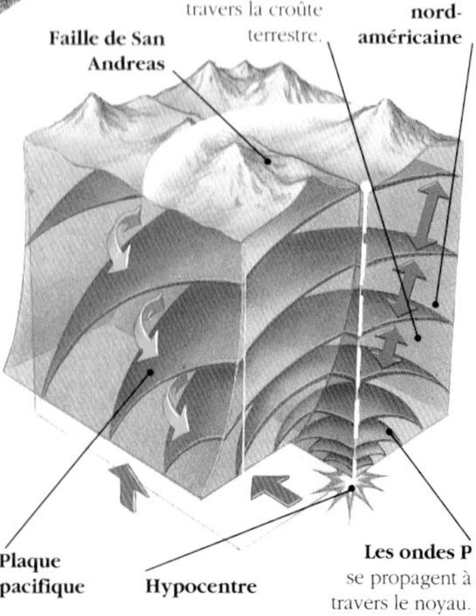

La plaque pacifique au contact de la plaque nord-américaine

Importante fracture dans l'écorce terrestre, la faille de San Andreas est le résultat de la friction de deux plaques tectoniques : la plaque pacifique (la majeure partie de l'océan Pacifique) et la plaque nord-américaine.

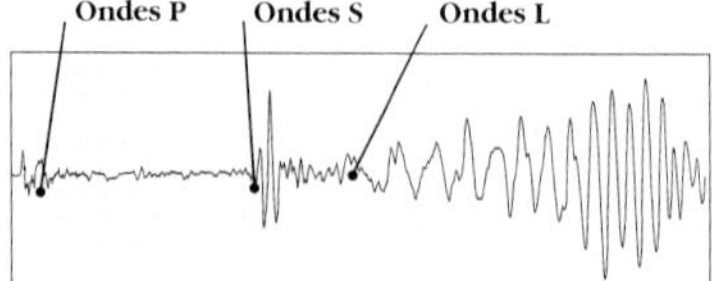

Les courbes *enregistrées par les sismographes offrent une représentation graphique de l'intensité des tremblements de terre dont la magnitude se mesure selon l'échelle de Richter (R).*

Les ondes S se propagent à travers la croûte terrestre.

Plaque nord-américaine

Faille de San Andreas

Plaque pacifique

Hypocentre

Les ondes P se propagent à travers le noyau.

L'énergie dégagée par un séisme *circule depuis l'hypocentre à travers la croûte terrestre sous forme d'ondes dont la nature change au cours du processus : les ondes longitudinales P, les ondes transversales S et les ondes de surface L. Ce sont ces dernières qui causent la plupart des dommages.*

La Californie littéraire

Comme le nota le journaliste Carey McWilliams en 1946 : « Ce qu'est l'Amérique, la Californie l'est avec des accents, en italique. » Cette caractéristique ne pouvait qu'attirer de nombreux auteurs. Robert Louis Stevenson (1850-1894) n'y fit qu'un passage, mais utilisa des paysages côtiers de la région de Monterey dans des scènes de *L'Île au trésor*. Henry Miller se retira après la guerre à Big Sur où il rédigea *Sexus, Plexus* et *Nexus*. Né à Fresno, William Saroyan (1908-1981) trouva à San Francisco les modèles de ses personnages excentriques. C'est dans sa Tao House de la Ramon Valley *(p. 410)* que le dramaturge Eugene O'Neill (1888-1953), prix Nobel de littérature en 1936, écrivit certaines de ses meilleures pièces. La Californie continue de nourrir l'inspiration de nombreux auteurs reconnus, telle Amy Tan (née en 1952).

Masque de théâtre, Tao House

Robert Louis Stevenson, auteur de *L'Île au trésor*

Les pionniers

La plupart des premiers écrits sur la Californie n'avaient pas d'autre objectif que de satisfaire le goût des lecteurs pour les grands espaces de l'Ouest. La ruée vers l'or *(p. 44-45)* ouvrit cependant la voie à une prose plus riche attachée à décrire les aventures humaines qu'entraînaient la conquête de ces terres vierges.

Des journaux littéraires de la Bay Area comme *The Golden Era* et *The Overland Monthly* permirent l'apparition d'écrivains tels que Bret Harte (1836-1902), auteur d'*Histoire de la frontière*, l'essayiste Henry George (1839-1897) et les poètes Joaquin Miller (1837-1913) et Ina Coolbrith.

En 1864, le journaliste Samuel Langhorne Clemens (1835-1910) s'installait à San Francisco. L'année suivante, la publication de *La Célèbre Grenouille sauteuse* le rendait célèbre dans tout le pays sous le pseudonyme de « Mark Twain ».

Samuel Langhorne Clemens, alias Mark Twain

La critique sociale

Ambrose Bierce (1842-1914) fait partie des premiers écrivains qui, en Californie, utilisèrent leur plume pour défendre des réformes sociales et politiques. Ses éditoriaux féroces dans des journaux comme le *San Francisco Examiner* lui valurent de solides inimitiés, mais contribuèrent à réduire l'influence démesurée de la Southern Pacific Railroad Company *(p. 46-47)*.

Frank Norris (1870-1902) s'attaqua également à la Southern Pacific dans *La Pieuvre* où il décrit le sort imposé aux fermiers de la San Joaquin Valley.

Jack London (1876-1916) vécut une enfance miséreuse à San Francisco. Après avoir participé à la ruée vers l'or dans le Klondike (cadre de *L'Appel de la forêt*), il développa, à côté de ses récits d'aventures, ses opinions marxistes dans des livres comme *Le Talon de fer* qui présageait le nazisme dès 1906.

Upton Sinclair (1878-1968) avait déjà publié *La Jungle* (1906), réquisitoire contre les conditions de travail et d'hygiène dans les abattoirs de Chicago, quand il s'installa en Californie, avant de vivre à Pasadena.

Dans *Tortilla Flat* (1935), son premier succès, John Steinbeck (1902-1968) relatait les aventures de jeunes Hispano-Américains de Monterey. Dans *Les Raisins de la colère* (1939), il décrivit avec une telle force l'exploitation de

Jack London dans son ranch de la Sonoma Valley

Steinbeck en Californie

fermiers de l'Oklahoma contraints à venir louer leurs bras en Californie que le livre fut banni des bibliothèques publiques dans certaines parties de l'État.

Le roman noir

Après avoir travaillé pendant huit ans comme détective privé à la Pinkerton Agency, Dashiell Hammett (1884-1961) commença à publier au début des années 1920 des nouvelles dans la revue policière *Black Mask*. Ses romans, comme *La Moisson rouge* (1929) ou *Le Faucon maltais* (1930), apportèrent par leur réalisme une nouvelle dimension à la littérature policière, jusqu'alors dominée par les Anglais, et jetèrent les bases d'un style spécifiquement américain.

Raymond Chandler (1888-1959) ne connaissait pas aussi intimement la dure réalité de la rue ; il travaillait dans une compagnie pétrolière de Los Angeles jusqu'à son renvoi pour ivrognerie. Il imposa néanmoins avec le personnage de Philip Marlowe, héros de sept romans dont *Le Grand Sommeil* et *Adieu ma jolie*, le prototype du détective privé qui affronte avec distance et beaucoup d'humour un monde corrompu.

De son vrai nom Kenneth Millar, Ross Macdonald (1915-1983) confirmera l'efficacité du modèle en relatant dans 19 romans, tel *L'Homme clandestin*, les enquêtes de Lew Archer.

Affiche de l'adaptation au cinéma du *Faucon maltais* de Hammett

L'écrivain beat Jack Kerouac et son ami Neal Cassady

La beat generation

C'est à New York, pendant la guerre, que se rencontrent trois jeunes gens étouffant dans l'Amérique conservatrice d'Eisenhower : Allen Ginsberg (1926-1997), Jack Kerouac (1922-1969) et William Burroughs (1914-1997). Ils s'y frottent aux exclus et aux musiciens de jazz de Harlem. Un petit délinquant habité d'une folle rage de vivre, Neal Cassady, les entraîne sur les routes.

À San Francisco, City Lights *(p. 330)*, la librairie du poète Lawrence Ferlinghetti, devient le quartier général de ceux qu'un chroniqueur du *San Francisco Chronicle*, Herb Caen, appellera les « beatniks ». En 1956, City Lights publie *Howl (Hurlement)* de Ginsberg. Attaqué pour obscénité, ce poème fait découvrir au public le mouvement beat, sa quête d'une intensité et d'une vérité intérieures rejetant tout tabou social ou sexuel et sa recherche d'une forme d'expression des expériences et des états de conscience, parfois induits par la drogue, directement inspirée des phrasés du jazz.

Publié l'année suivante, *Sur la route*, de Kerouac, lui donne une audience internationale. Une foule d'adolescents se retrouvent dans ce refus d'un avenir prédéfini. La voie est ouverte au mouvement hippie des années 1970.

Les modernes

Les œuvres de Richard Brautigan *(La Pêche à la truite en Californie)*, très marqué par la culture hippie, et les descriptions par Charles Bukowski *(Contes de la folie ordinaire)* des aspects les plus sordides de Los Angeles offrent des images très contrastées de la Californie. Après des auteurs comme Amy Tan *(Le Club de la chance)* ou Alice Walker *(La Couleur pourpre)*, de nouveaux écrivains, tels Ethan Canin *(Blue River)* et Ron Hansen *(L'Extase de Mariette)*, trouvent aujourd'hui une large audience. Avec, entre autres, Larry Niven *(L'Anneau-monde)* pour la S.-F. et Sue Grafton *(N comme Nœud, 1999)* pour le policier, la littérature de genre connaît également un grand dynamisme.

Amy Tan

L'art en Californie

Les artistes qui travaillèrent en Californie à partir de la ruée vers l'or *(p. 44-45)* surent tirer parti des paysages et des personnages s'offrant à eux, mais ne dévièrent pas des normes esthétiques européennes. Il faut attendre la fin de la Deuxième Guerre mondiale pour que des Californiens, entre autres le peintre Richard Diebenkorn et le photographe Imogen Cunningham, s'émancipent des mouvements artistiques du Vieux Monde pour développer une vision originale digne d'une reconnaissance internationale. Depuis les années 1950, Los Angeles concurrence la primauté culturelle de San Francisco et l'art californien est devenu une forme d'investissement appréciée.

***Figure on a Porch* (1959) par Richard Diebenkorn**

La peinture

La grandeur des paysages offerts par les montagnes, les déserts et le littoral de la Californie captiva l'attention des peintres à la fin du XIXe siècle. Né en Angleterre et formé à Paris, Thomas Hill (1829-1908) s'installa sur la Côte Ouest en 1861 et se passionna pour la beauté de ses panoramas, en particulier ceux de la Yosemite Valley *(p. 472-475)*. Son œuvre attira de nouveaux visiteurs et contribua à la création du parc national de Yosemite en 1890. Plus populaire encore, l'Écossais William Keith (1838-1911) consacra cinquante années de sa vie à représenter une nature encore sauvage.

En comparaison, les villes et leurs habitants devaient paraître à cette époque de pâles sujets d'inspiration. Pourtant, nous ne pourrions aujourd'hui pleinement comprendre la Californie de l'époque dorée *(p. 46-47)* sans le tableau que dressa William Hahn (1829-1887), un immigrant allemand, de la vie dans la San Francisco naissante et sans les portraits d'Indiens de Grace Carpenter Hudson (1865-1937) ou les scènes maritimes de l'Irlandais William A. Coulter (1849-1936).

Dès 1900, les styles suivirent des évolutions différentes dans les deux moitiés de l'État. La lumière brumeuse du nord et les nuances gris-brun de ses paysages marquent les peintures de Xavier Martinez (1869-1943) et des *tonalists*. Au sud, une école impressionniste menée par Guy Rose (1867-1925) s'efforça de rendre l'éclat que donne la lumière aux couleurs dans la région.

Pendant la prohibition, Los Angeles flirta avec le style *synchromist* de Stanton Macdonald-Wright (1890-1973). San Francisco tomba sous le charme de cubistes réalistes tels qu'Otis Oldfield (1890-1969). En 1940, le muraliste mexicain Diego Rivera peignit *Panamerican Mind.*

Le modernisme s'épanouit après la Deuxième Guerre mondiale et David Park (1911-1960) et Richard Diebenkorn (né en 1922), entre autres membres de la Bay Area Figurative School, marièrent expressionnisme et réalisme. Les abstractions *hard-edge* de John McLaughlin (1898-1976) et Helen Lundeberg suscitèrent l'engouement de la critique.

Les peintres californiens contemporains offrent un éventail de styles d'une remarquable diversité, des œuvres Pop Art d'Ed Ruscha (né en 1937) aux « paysages urbains » proches de l'abstraction de Wayne Thiebaud (né en 1920), en passant par les tableaux où l'Anglais David Hockney (né en 1937) exprime son plaisir de vivre à Los Angeles, ou ceux d'Arthur Carraway (né en 1927) qui célèbrent son héritage afro-américain.

***Afternoon in Piedmont (Elsie at the Window)* par Xavier Martinez**

Two Callas **par Imogen Cunningham**

La photographie

La plupart des premières photographies de la Californie sont des portraits et des scènes strictement documentaires. Quelques précurseurs tels qu'Eadweard James Muybridge (1830-1904) trouvèrent toutefois dans ce nouveau média un support aussi riche que la peinture pour représenter la nature. Les nus et clichés allégoriques d'Anne Brigman (1869-1950) trouvèrent des admirateurs même à New York. En 1913, Arnold Genthe (1869-1942) publia un livre sur la communauté asiatique de la Bay Area.

En 1932, un groupe d'Oakland appelé « f/64 » organisa une grande exposition au M. H. De Young Museum de San Francisco *(p. 362-363)*. Ses membres, dont Ansel Adams (1902-1984), Imogen Cunningham (1883-1976) et Edward Weston (1886-1958), défendaient un parti pris réaliste. Dorothea Lange (1895-1965) prit de magnifiques portraits de Californiens victimes de la dépression économique des années 1930.

Les approches actuelles vont des instantanés de Judy Dater (née en 1941) aux ironiques mises en scène de chiens de William Wegman (né en 1942).

Le mécénat en Californie

Le mécénat public et privé joue un rôle essentiel dans le dynamisme culturel de la Californie depuis la fin du XIXe siècle. Sans l'argent et l'intérêt pour les arts du magnat du rail Henry Huntington, le public n'aurait pas accès aujourd'hui aux chefs-d'œuvre de la peinture anglaise du XVIIIe siècle, tel le *Blue Boy* (v. 1770) de Thomas Gainsborough, exposés aux Huntington Library, Art Galleries et Botanical Gardens de Pasadena *(p. 154-157)*. Le multimillionnaire J. Paul Getty rassembla la célèbre collection d'antiquités grecques et romaines installée dans la J. Paul Getty Villa de Malibu *(p. 82)*, et celle de peintures, de sculptures et d'objets d'art qui constitue le fond du musée du nouveau Getty Center de Brentwood *(p. 78-79)*. Un autre multimillionnaire, Norton Simon, réunit les Goya, les Picasso, les Rembrandt et les Van Gogh que l'on admire aujourd'hui au Norton Simon Museum *(p. 152-153)*. Les finances publiques ont aussi contribué à enrichir le patrimoine artistique de l'État. Dans les années 1930, le New Deal a permis la réalisation des fresques de la Coit Tower de San Francisco *(p. 321)* et l'embellissement de nombreux édifices publics. Plus récemment, des subventions municipales ont fait de Los Angeles l'un des grands centres mondiaux de la peinture murale.

Henry Huntington

La sculpture

Né en Allemagne, Rupert Schmid (1864-1932) arriva à San Francisco dans les années 1880 et bâtit sa réputation en Californie avec des statues figuratives comme sa *California Venus* (1895). Artiste plus important, Douglas Tilden (1860-1935), un sculpteur de Chico, réalisa d'impressionnants monuments civils. Arthur Putnam (1873-1930) fit preuve d'un grand talent à représenter avec sensualité des animaux sauvages.

***California Venus* de Schmid**

Depuis plusieurs décennies, des Californiens associent sculpture et céramique. Les travaux de Peter Voulkos (né en 1924) ont porté sur de grandes œuvres de terre cuite, tandis que Robert Arneson (né en 1930) a suivi une démarche Pop Art étonnante et amusante. Bruce Beasley (né en 1939) et Michael Heizer (né en 1944), qui s'est aussi impliqué dans le Land Art, proposent des pièces prenant des dimensions différentes selon le climat.

L'architecture en Californie

L'histoire architecturale de la Californie commença à la fin du XVIIIe siècle avec la colonisation européenne *(p. 42-43)*. La plupart des premières missions espagnoles s'inspiraient directement du baroque mexicain et l'influence hispano-mexicaine resta prédominante jusqu'au milieu du XIXe siècle. Avec la vague d'immigration suscitée par la ruée vers l'or, cette tradition fusionna avec des styles importés par les colons venant d'Europe et de l'est des États-Unis. Des architectes tels qu'Henry Cleaveland, S. et J. Newsom et Bernard Maybeck développèrent le style victorien de la Californie, unique en son genre. Il a surtout marqué San Francisco et sa région.

La Hale House d'Heritage Square, Los Angeles

Mission

À partir de 1769, des franciscains venus du Mexique établirent entre San Diego et Sonoma une chaîne de 21 missions destinées à servir de bases à la colonisation du territoire. Une journée de cheval séparait chacune d'elles de ses plus proches voisines. Dessinées par les religieux et construites en briques d'argile par des Indiens sans expérience, ces répliques d'églises mexicaines et les bâtiments les entourant subirent les ravages de l'érosion et des tremblements de terre. Nombre de ces missions ont été soigneusement restaurées au XXe siècle. Elles possèdent comme principaux traits distinctifs d'épais murs blanchis à la chaux, de petites ouvertures, des pignons curvilignes et des clochers à étages.

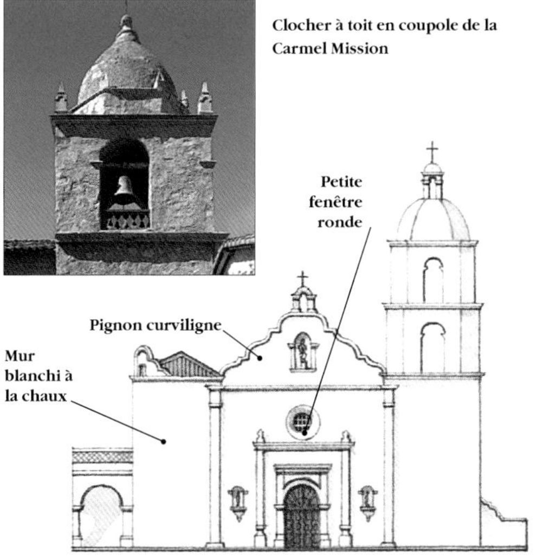

Clocher à toit en coupole de la Carmel Mission

***La Mission San Luis Rey** (1811-1851), la 18e fondée par les franciscains, fut souvent appelée « palais ».*

Monterey

Dans les années 1850 et 1860, des colons venus de la Côte Est restèrent fidèles à des styles commençant déjà à passer de mode comme le Greek Revival. Capitale de l'État sous le gouvernement mexicain, Monterey donna son nom à une forme d'architecture consistant, pour l'essentiel, à habiller un bâtiment en adobe d'éléments inspirés des temples grecs. Particulièrement caractéristiques : les portiques aux minces piliers carrés, les toits de bardeaux et une sage symétrie.

Rancho Los Cerritos, Long Beach

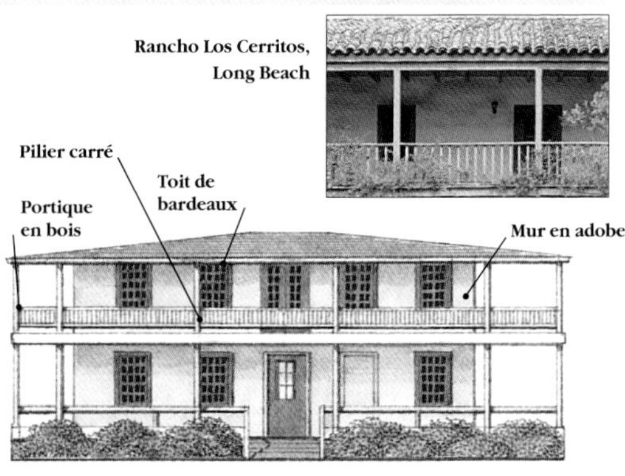

***La Larkin House**, construite en 1837 par Thomas Larkin, fut la première maison de style Monterey.*

VICTORIEN
Trois principaux styles architecturaux se développèrent en Californie pendant la période victorienne : l'Italianate, surtout populaire à San Francisco *(p. 290-291)*, le Queen Anne et l'Eastlake. L'Eastlake, caractérisé par des façades et une ornementation aux motifs géométriques, était souvent associé au Queen Anne, plus extravagant. Introduit par l'Anglais Richard Norma Shaw, ce dernier juxtaposait un vaste porche, des réminiscences médiévales et des éléments décoratifs composant une anthologie merveilleusement confuse des apports du classicisme.

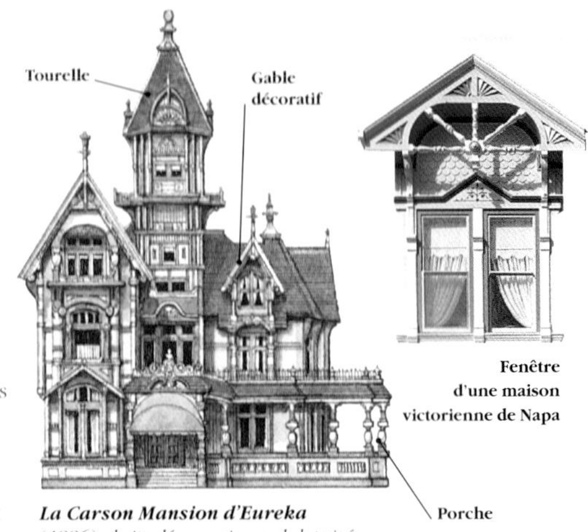

Fenêtre d'une maison victorienne de Napa

La Carson Mansion d'Eureka *(1886) abrite désormais un club privé. Construite par S. et J. Newsom, elle est sans doute la demeure Queen Anne la plus exubérante de Californie.*

ARTS AND CRAFTS
Né en Angleterre, le mouvement Arts and Crafts (litt. : Artisanat d'art) s'épanouit brièvement en Californie au début du XXᵉ siècle. Il eut parmi ses principaux représentants Bernard Maybeck et Charles et Henry Greene. À la simplicité de volumes ouverts sur l'extérieur répond le soin artisanal apporté à la décoration intérieure.

Élément de charpente de la Gamble House, Pasadena

Mur en bardeaux **Porche ombragé**

La First Church of Christ Science de Berkeley *(1907), dessinée par Bernard Maybeck, offre un magnifique exemple d'architecture Arts and Crafts.*

MISSION REVIVAL
Passé de mode pendant la deuxième moitié du XIXᵉ siècle, le style hispano-mexicain suscita, avec ses arcs en plein cintre et ses proportions harmonieuses, un regain d'engouement au début du XXᵉ siècle. Les lignes devinrent plus sobres et des matériaux modernes remplacèrent les briques d'adobe.

Toit de tuiles du Beverly Hills Hotel

Le Women's Club *(1913) de La Jolla est une œuvre d'Irving Gill. Il utilisa des matériaux tels que le béton et le stuc et dépouilla le style Mission de ses fioritures pour créer une architecture résolument moderne.*

L'architecture californienne du XXe siècle

Au début du XXe siècle, tout en renouant avec ses racines mexicaines et en se laissant séduire par le style Art déco importé d'Europe, la Californie donna naissance à une architecture originale qui empruntait aux édifices traditionnels japonais leurs ossatures en bois et leurs larges porches. Pendant les années 1950, la maison californienne de Cliff May, inspirée du ranch pour offrir une libre circulation avec l'extérieur, influença tous les États-Unis. Plus récemment, des créateurs tels que Craig Ellwood et Frank Gehry ont contribué à faire de Los Angeles un des grands pôles mondiaux de l'innovation architecturale *(p. 68-69)*.

Le San Francisco Museum of Modern Art (1995)

Spanish Colonial

Les pavillons de la Panama-Pacific Exposition organisée à San Diego en 1915 *(p. 246-247)* rendirent populaire une déclinaison sophistiquée de l'architecture traditionnelle espagnole. Dans les années 1920, de nombreux édifices publics et d'habitation s'inspirèrent de ce style où des éléments en bois, en pierre et en fer forgé mettent en valeur de grandes surfaces de stuc blanc, des toits de tuiles rouges et des jardins luxuriants.

L'architecte George Washington Smith fut une des grandes figures du Spanish Colonial avec des créations comme la **Ostoff House** (1924) de San Marino et la Casa del Herrero (1925), une résidence de Montecito.

Dessiné par William Mooser, le **Santa Barbara County Courthouse** (1929) offre aussi un bel exemple de ce style avec ses peintures murales, ses mosaïques et son jardin tropical.

Streamline Moderne

L'Art déco aux lignes épurées fit une brève apparition en Californie à la fin des années 1920. Le Streamline Moderne aux formes courbes qu'animent nervures, reliefs et auvents lui succéda. Les bâtiments les plus représentatifs de ce style sont des cinémas tels que l'**Academy Cathedral** (1939) d'Inglewood et le **Paramount Theater** d'Oakland (Miller et Pflueger, 1931).

PWA Moderne

Nommé d'après la Public Works Administration créée en 1933 dans le cadre du New Deal pour financer la construction de bâtiments publics comme le **Monterey County Courthouse** (1937) de Salinas, le PWA Moderne allie simplicité fonctionnelle et formalisme académique, notamment dans ses façades, pilastres et décors en pierre.

La Casa del Herrero (1925) de George Washington Smith à Montecito

Contemporain

De grands architectes aux démarches très variées ont créé de remarquables bâtiments contemporains. Parmi les réalisations intéressantes de ces dernières années figurent les constructions basses du **Sea Ranch**. Cet ensemble de résidences de vacances respectant l'environnement a pour origine un groupe d'immeubles en copropriété construit par Lyndon Turnbull Whittaker en 1965. Le **Salk Institute** de La Jolla (Louis Kahn, 1959-1965) offre un contraste frappant. Des laboratoires de pointe en béton armé bordent une esplanade pavée de travertin, lieu de rencontre symbolique reliant l'océan au continent.

Dessiné par le Suisse Mario Botta, le **San Francisco Museum of Modern Art** (1995) élève au-dessus d'une façade aveugle une verrière cylindrique éclairant le vaste hall d'entrée qui dessert des salles d'exposition en panneaux préfabriqués parés de briques.

Post-modernisme

Face au fonctionnalisme impersonnel des gratte-ciel de bureaux, des architectes tels que Michael

Graves, Venturi Scott-Brown et Robert Stern défendirent dans les années 1970 une démarche plus décorative. Des édifices comme **The Library** (1984) de Robert Stern à San Juan Capistrano font un usage ludique d'éléments historiques (colonnes, frontons et pergolas) et de couleurs.

John Jerde mélange teintes et références architecturales avec une liberté encore plus grande dans ses centres commerciaux, en particulier la **Horton Plaza** (1989) de San Diego où coupoles et carreaux de céramique font écho aux édifices hispanisants.

La Horton Plaza post-moderne

Le Donut Hole de La Puente à l'est de Los Angeles

Bâtiments programmatiques

L'importance prise par la voiture en Californie à partir des années 1920 entraîna une féroce concurrence pour attirer l'attention des automobilistes circulant sur les artères. Une architecture exubérante se développa au bord des routes, et les voyageurs se virent inviter à dormir dans des motels en forme de wigwam ou à faire réparer leurs semelles dans une chaussure géante (Doschander's Shoe Repair Shop, Bakersfield, 1947). Quelques-unes de ces fantaisies subsistent, comme le **Donut Hole** (1958) de La Puente et le stand de hot-dog **Tail o' the Pup** (1946) de West Hollywood.

Frank Lloyd Wright

Né au Wisconsin, Frank Lloyd Wright (1867-1959) vécut en Californie dans les années 1920 et continua à y construire pendant toute sa carrière. Il commença avec la **Hollyhock House** (1917-1920) de Hollywood et termina avec le **Marin County Civic Center** de San Rafael, au nord de San Francisco, achevé en 1972. Parmi les autres édifices remarquables figurent la **Circle Gallery** (ancienne V. C. Morris Store, 1949) de San Francisco et plusieurs maisons de Los Angeles inspirées des temples mayas.

La Hollyhock House à Hollywood

Où trouver les bâtiments

Academy Cathedral
3141 W Manchester Blvd, Inglewood.
Carte routière encadré A.
Beverly Hills Hotel *p. 91*
Carmel Mission *p. 496-497*
Carson Mansion *p. 430*
Circle Gallery
140 Maiden Lane, San Francisco.
San Francisco plan 5 C4.
Donut Hole
15300 E Amar Rd, La Puente, L. A. Carte routière encadré A.
First Church of Christ Science
Dwight Way at Bowditch St, Berkeley. Carte routière encadré B.
Gamble House *p. 150*
Hale House
Heritage Square Museum *p. 148*
Hollyhock House *p. 143*
Horton Plaza *p. 240*
Larkin House *p. 492-493*
Marin County Civic Center
San Pedro Rd, Civic Center Dr, San Rafael.
Carte routière encadré B.
Mission San Luis Rey *p. 252-253*
Monterey County Courthouse
W Alisal & Church sts, Salinas.
Carte routière B4.
Ostoff House
1778 Lombardy Rd, San Marino.
Carte routière encadré A.
Paramount Theater
2025 Broadway, Oakland.
Carte routière encadré B.
Rancho Los Cerritos
4600 Virginia Rd, Long Beach.
Carte routière encadré A.
Salk Institute *p. 251*
San Francisco Museum of Modern Art *p. 308-309*
Santa Barbara County Courthouse *p. 210*
Sea Ranch
Hwy 1 nord de Stewarts Point, Sonoma County.
Carte routière A3.
Tail o' the Pup
329 N San Vicente Blvd, West Hollywood.
Los Angeles plan 6 B2.
The Library
31495 El Camino Real, San Juan Capistrano.
Carte routière D6.
Women's Club
715 Silverado, La Jolla.
Carte routière D6.

La Californie multiculturelle

Enseigne japonaise

Depuis la ruée vers l'or, au XIXe siècle, l'immigration n'a jamais cessé en Californie dont les paysages, le climat et le dynamisme exercent une puissante séduction dans le monde entier. C'est aujourd'hui l'État de l'Union qui présente la plus grande diversité ethnique, et beaucoup de ses habitants pensent qu'au XXIe siècle il n'y aura plus de communauté majoritaire. La répartition des différents groupes culturels varie toutefois selon les régions : le sud compte un plus grand nombre d'Hispano-Américains tandis que la Silicon Valley et les terres agricoles du nord ont plutôt vu s'installer des Asiatiques et des Européens.

Musiciens de rue mexicains à Los Angeles

Les Hispano-Américains

Difficile de ne pas prendre conscience de l'influence hispanique en Californie, depuis les noms des villes, souvent fondées par des colons ou des explorateurs espagnols, jusqu'à l'architecture, l'art et la cuisine. Dès les années 1940, l'État abritait la plus importante communauté mexicaine hors du Mexique et les problèmes économiques et politiques qu'ont connus l'Amérique centrale et l'Amérique du Sud ont entretenu un flux constant d'immigration. Les Hispano-Américains organisent certaines des plus belles fêtes de Californie, notamment l'exubérant *Cinco de Mayo* (5 mai) *(p. 33)*.

Les Chinois

Les premiers immigrants chinois arrivèrent en Californie pendant la ruée vers l'or *(p. 44-45)*, suivis dans les années 1860 de nombreux compatriotes venus participer à la construction de la ligne de chemin de fer transcontinentale *(p. 46-47)*. Après son achèvement, ils ouvrirent souvent de petits commerces, mais subirent les violences racistes d'extrémistes les accusant de « voler » les emplois des blancs. En 1882, le Congrès vota le Chinese Exclusion Act limitant sévèrement leur immigration, une loi qui resta en vigueur jusqu'en 1943.

Face à cette hostilité, les Chinois se replièrent en communautés fermées, les Chinatowns. Ceux de Los Angeles et de San Francisco attirent toujours de nombreux touristes, bien que la jeune génération tende désormais à s'installer dans les quartiers résidentiels.

Chinatown de San Francisco

Les Indiens

La Californie est l'État des États-Unis où vivent le plus d'Indiens, une population qui a crû dans les années 1960 après avoir obtenu la reconnaissance de ses droits politiques. Quelques-uns vivent encore dans les réserves, mais la plupart ont fait le choix de l'intégration.

Tenue traditionnelle indienne

Les Afro-Américains

Il y avait déjà des Noirs en Californie sous le gouvernement mexicain, mais ce fut le développement de l'industrie lourde pendant la Deuxième Guerre mondiale qui provoqua leur arrivée en grand nombre depuis les États

La Rotchev House de Fort Ross

du Sud. Racisme et pauvreté entraînèrent la formation de ghettos et, bien qu'une bourgeoisie afro-américaine réussit dans les mondes de la politique, des affaires et du spectacle, les tensions persistent. Des fêtes traditionnelles ont toujours lieu dans des villes comme Oakland *(p. 406-409)*.

Les Japonais

Arrivés au début du XXe siècle, les premiers immigrants japonais en Californie étaient en majorité des fermiers qui jetèrent les bases de l'industrie agro-alimentaire de l'État. Pendant la Deuxième Guerre mondiale, des milliers de Nippo-Américains se virent néanmoins spoliés de leurs biens et internés dans des camps. La génération suivante joue un rôle économique de plus en plus important depuis 1980.

Les Italiens

Les Italiens, en majorité des pêcheurs, s'installèrent à North Beach, San Francisco *(p. 330-333)*, à la fin du XIXe siècle. Le climat et le sol séduisirent également des vignerons qui fondèrent ce qui est aujourd'hui une industrie viticole réputée.

Les Russes

Des trappeurs russes venus d'Alaska firent partie des tout premiers colons européens du nord de la Californie et ils établirent en 1812 un comptoir commercial à Fort Ross *(p. 444)*. De nos jours, une population russe de près de 25 000 personnes vit à San Francisco et à sa périphérie. Le *Russian Times* paraît cinq jours par semaine.

Les Irlandais

La Côte Ouest compte moins de descendants d'Irlandais que celle de l'Atlantique et ils ne possèdent pas en Californie de quartier distinct. Les villes comptent néanmoins de nombreux bars irlandais et, comme dans le reste des États-Unis, des parades célèbrent le 17 mars la Saint-Patrick *(p. 32)*, patron de l'Irlande.

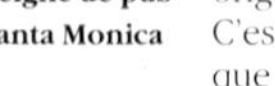

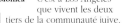

Enseigne de pub à Santa Monica

Le melting pot

Ces dernières décennies ont vu augmenter régulièrement le nombre d'immigrants asiatiques. Fresno *(p. 500)* abrite ainsi la deuxième communauté Hmong hors du Laos, tandis que Long Beach possède la plus importante population de Cambodgiens hors du Cambodge. Le quartier a d'ailleurs pris le surnom de « Petit Phnom Penh ». Dans les années 1950 et 1970, les réfugiés des guerres de Corée et du Vietnam durent s'installer dans les zones les plus pauvres des villes. Ils les ont souvent transformées en communautés florissantes.

Depuis les années 1970, les occasions offertes dans la haute technologie par la Silicon Valley *(p. 412)* attirent Indiens et Pakistanais. Des « pubs » révèlent à Santa Monica *(p. 72-73)* une forte présence britannique. Fondée en 1911 par des colons danois, la ville de Solvang entretient avec fierté le souvenir de ses origines scandinaves. C'est à Los Angeles que vivent les deux tiers de la communauté juive, la deuxième de l'Union.

Moulin danois à Solvang

LA CALIFORNIE AU JOUR LE JOUR

Le climat ensoleillé dont profitent la majorité des Californiens *(p. 36-37)* leur permet d'organiser des réjouissances sans se soucier du temps. Les dimensions de l'État offrent un large éventail de possibilités : en hiver, on peut aussi bien skier dans le nord que prendre des bains de soleil sur le littoral méridional. Parades et fêtes sont nombreuses. Beaucoup célèbrent l'héritage agricole de la région, d'autres les traditions de groupes ethniques ou des périodes historiques comme la ruée vers l'or. De grandes manifestations telles que des festivals de musique ou de cinéma et des rencontres sportives opposant des équipes nationales de premier plan attirent un large public.

Participants au marathon de Los Angeles

PRINTEMPS

La vie prend un nouvel élan avec l'arrivée du printemps. Les reliefs côtiers se tapissent de fleurs sauvages, les baleines grises remontent vers le nord avec leurs nouveau-nés et les Californiens fouillent leurs tiroirs en quête des lunettes de soleil rangées au mois d'octobre. De nombreuses manifestations, telles les réjouissances du *Cinco de Mayo* (5 mai) à Los Angeles et à San Francisco, la remise des Oscars à Hollywood et la course de la Bay-to-Breakers de San Francisco rythment la saison.

MARS

Return of the Swallows *(19 mars)*, San Juan Capistrano. Les Californiens viennent en foule fêter les hirondelles de retour d'Argentine dans les jardins de la mission *(p. 230-231)*.
Los Angeles Marathon *(1er dim.)*.
Snowfest *(2 prem. sem.)*, Tahoe City. Concerts, bain glacé et compétitions de ski pour cette fête de la neige.
St Patrick Day's Parade *(dim. le plus proche du 17 mars)*, San Francisco. Après une parade dans Market Street, on se réchauffe en buvant de l'irish-coffee dans les bars irlandais de la ville.
Redwood Coast Dixieland Jazz Festival *(fin mars)*, Eureka. Réunion de certains des meilleurs orchestres du monde.

Hirondelles revenant à la Mission San Juan Capistrano

Trèfle de St Patrick's Day

AVRIL

Academy Awards Ceremony *(avril)*, Los Angeles. La remise des Oscars réunit le gratin d'Hollywood.
Major League Baseball *(avril-sept.)*. Début de la saison pour les Giants (San Francisco), les Athletics (Oakland), les Dodgers (L. A.) et les Padres (San Diego).
Toyota Grand Prix *(mi-avril)*, Long Beach. Grande course automobile.
Agua Cahuilla Indian Heritage Festival *(mi-avril)*, Palm Springs. Une fête en l'honneur des Indiens qui découvrirent les vertus des sources chaudes locales.
Cherry Blossom Festival *(mi-avril)*, San Francisco. Démonstrations de danses et d'arts martiaux rythment cette fête japonaise *(p. 342)*.
Anniversaire du séisme de 1906 *(18 avril)*, San Francisco. Des survivants se retrouvent autour de la Lotta's Fountain, à l'angle de Kearny Street et Market Street.
San Francisco International Film Festival *(mi-avril-déb. mai)*. Films indépendants du monde entier.
Red Bluff Round-Up Rodeo *(3e week-end)*. Un des grands rodéos américains.

Mai

Raisin Festival *(déb. mai)*, Selma. Défilé et élection de la Reine du raisin sec.
Cinco de Mayo *(5 mai)*, L. A. et San Francisco. Musique et danses pour la plus grande fête mexicaine de Californie.
Bay-to-Breakers *(3e week-end)*, San Francisco. Une course de 12,5 km entre Embarcadero et Ocean Beach qui attire chaque année des milliers d'amateurs.
Calaveras County Fair *(mi-mai)*, Angels Camp. Un rodéo et les célèbres grenouilles sauteuses *(p. 463)*.
Mainly Mozart Festival *(fin mai-déb. juin)*, San Diego. Les chefs-d'œuvre de Mozart par de grands orchestres.
Carnaval *(der. week-end)*, San Francisco. Des groupes de salsa et de reggae font danser Mission District.
Sacramento Jazz Jubilee *(der. week-end)*.

Danseuse mexicaine au *Cinco de Mayo*, Los Angeles

Été

Jamais la Californie ne ressemble autant qu'en été aux clichés qu'elle évoque. Les plages s'emplissent de surfers bronzés, et homosexuels et lesbiennes défilent dans les tenues les plus colorées à San Francisco. De nombreuses distractions s'offrent aux touristes : concerts en plein air, évocations de la ruée vers l'or comme les Old Miners' Days de Big Bear Lake ou fêtes culinaires telles que le Gilroy Garlic Festival.

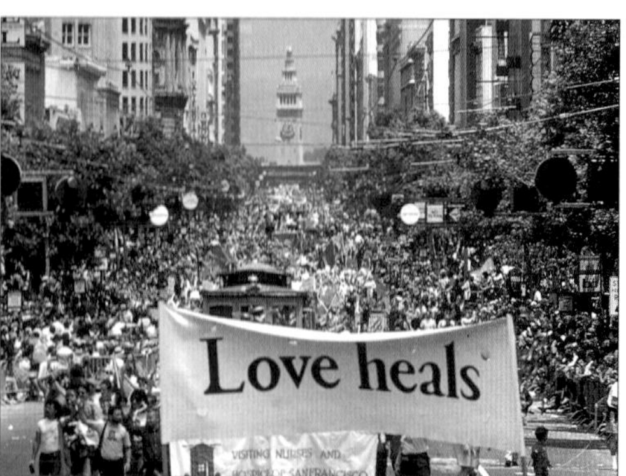

La parade de la Lesbian and Gay Pride à San Francisco

Juin

Lesbian and Gay Pride Day *(fin juin)*, San Francisco. Dans Market Street, un dimanche, la fête des homosexuels.
Lumber Jubilee *(fin juin)*, Tuolumne. Démonstrations d'adresse par des bûcherons californiens.
Monterey Blues Festival *(fin juin)*. Des grands noms du blues et beaucoup de public.
Juneteenth *(fin juin)*, Oakland. Jazz et gospel rythment cette célébration afro-américaine.

Juillet

International Surf Festival *(tout le mois)*. Démonstrations et rencontres sportives sur diverses plages.
Feux d'artifice du 4 juillet. Ceux de Disneyland et du Santa Monica Pier sont particulièrement réputés.
Mammoth Lakes Jazz Jubilee *(1er week-end après le 4 juil.)*. Une douzaine d'orchestres y participent.
Obon Festival *(mi-juil.)*, San Jose. Percussionnistes et danseurs animent cette fête nippo-américaine.
Carmel Bach Festival *(mi-juil.-déb. août)*. Festival de musique classique.
Gilroy Garlic Festival *(fin juil.)*. La fête de l'ail, servi à toutes les sauces.
San Francisco Marathon *(mi-juil.)*.
Old Miners' Days *(fin juil.-mi-août)*, Big Bear Lake. Gamelles de chili et concours de mensonges comme au temps de la ruée vers l'or.
Festival of the Arts *(juil.-août)*, Laguna Beach.

Août

Native American Powwow *(déb. août)*, Costa Mesa. Célébration de la cuisine et de la culture indiennes.
Old Spanish Days Fiesta *(déb. août)*, Santa Barbara. Marchés espagnols, carnaval et danses.
Nisei Week *(déb. août)*. Fête japonaise dans le Little Tokyo de Los Angeles.
Pebble Beach Concours d'Elegance *(mi-août)*. Exposition de voitures de collection.
California State Fair *(mi-août-déb. sept.)*, Sacramento. De tout, des stars comme des courses de porcs.
Bigfoot Days *(fin août)*, Willow Creek. Défilé et crème glacée en l'honneur du cousin américain du yéti.

Danseurs indiens au Native American Powwow de Costa Mesa

Parade à Santa Monica pour le Mexican Independence Day

Automne

Dans les High Sierras, les feuillus prennent des teintes rouges et or. Les caves de la Napa Valley *(p. 446-447)* fêtent les vendanges en proposant aux visiteurs des dégustations. Partout, la bière coule à flots au son des flonflons dans les Oktoberfests, tandis que des rodéos entretiennent les traditions du Far West.

Septembre

Pro Football *(sept.-déc.)*. Saison du football américain pour les '49ers (San Francisco), les Raiders (Oakland) et les Chargers (San Diego).
Los Angeles County Fair *(tout le mois)*, Pomona. Une grande foire. Courses de chevaux.
Oktoberfest *(déb. sept.-fin oct.)*, Torrance. La plus importante fête de la bière de la Californie du Sud.
Mexican Independence Day *(16 sept.)*. Cuisine, danses et musique mexicaines à Santa Monica, Calexico et Santa Maria.
Monterey Jazz Festival *(3e week-end)*. L'un des plus anciens festivals de jazz du monde.
Danish Days *(fin sept.)*, Solvang. Défilés et spécialités danoises *(p. 209)*.
San Francisco Blues Festival *(der. week-end)*. Deux jours au Fort Mason.

Ballon de football

Octobre

Sonoma County Harvest Fair *(déb. oct.)*, Santa Rosa. L'occasion pour les caves viticoles de la région de présenter leurs meilleurs crus.
US National Gold Panning Championship *(déb. oct.)*, Coloma. Le championnat national d'orpaillage.
Mountain Man Rendezvous *(déb. oct.)*, Bridgeport. Concours de tir et barbecue pour les nostalgiques de la vie en pleine nature des trappeurs du XIXe siècle.
Black Cowboy Heritage Invitational Parade and Festival *(déb. oct.)*, Oakland. La commémoration du rôle joué par les Noirs dans la conquête de l'Ouest.
Columbus Day Parade *(dim. le plus proche du 12 oct.)*, San Francisco. Orchestres et chars descendent Columbus Avenue jusqu'au Fisherman's Wharf.
San Francisco Jazz Festival *(fin oct.-déb. nov.)*. Des concerts dans toute la ville.
Pumpkin Festival *(mi-oct.)*, Half Moon Bay. La fête du potiron : championnat du monde du potiron, sculpture de potirons et toutes sortes de plats au potiron.
International Festival of Masks *(der. dim.)*, Los Angeles. Organisée à l'origine pour Hallowe'en, cette parade célèbre désormais la diversité ethnique de la ville.
Hallowe'en *(31 oct.)*, San Francisco. Les habitants se déguisent pour défiler dans les rues.
Grand National Rodeo *(fin oct.-déb. nov.)*, Daly City. Mustangs attrapés au lasso et exposition de bétail, entre autres, entretiennent la tradition.
Papillons *(fin oct.-mi-mars)*, Pacific Grove. Migration annuelle de milliers de danaïdes *(p. 494)*.

Participants costumés à la Doo Dah Parade de Pasadena

Novembre

Dia de los Muertos *(1er nov.)*. Cette fête religieuse mexicaine où les morts sont supposés rendre visite à leurs parents survivants est particulièrement spectaculaire dans les quartiers d'El Pueblo (Los Angeles) *(p. 122)* et de Mission (San Francisco).
Death Valley '49ers Encampment *(mi-nov.)*. Orpaillage et violons en souvenir des prospecteurs de la ruée vers l'or.
Doo Dah Parade *(mi-nov.)*, Pasadena. Une parodie de la Roses Parade. Mauvais goût et caricatures.

Musiciens mexicains fêtant le *Dia de los Muertos*

Rencontre avec une baleine grise au large de la Baja California

Jours fériés

Nouvel An (1er jan.)
Martin Luther King Day (3e lun. de jan.)
President's Day (3e lun. de fév.)
Memorial Day (der. lun. de mai)
Independence Day (4 juil.)
Fête du travail (1er lun. de sept.)
Veterans' Day (11 nov.)
Thanksgiving (4e jeu. de nov.)
Noël (25 déc.)

Hiver

À Noël, édifices et places publiques se couvrent de décorations lumineuses. Hymnes et chants résonnent dans les églises, tandis qu'une grande parade à Hollywood réunit de très nombreuses vedettes. Le début de la saison de ski à Lake Tahoe provoque de véritables embouteillages sur les autoroutes menant au nord.

Décembre

Hollywood Christmas Parade *(1er jeu. après Thanksgiving)*, Los Angeles. Il y a foule sur Hollywood et Sunset Boulevards pour ce défilé riche en stars.

Russian Heritage Christmas Celebration *(week-ends, tout le mois)*, Guerneville. Costumes, spécialités et musique évoquent la présence russe dans la région au XIXe siècle.

Décorations de Noël sur Carmel Plaza

International Tamale Festival *(déb. déc.)*, Indio. Danses mexicaines et dégustation de *tamales* (pâte de farine de maïs fourrée de viande épicée).

Baleines *(fin déc.-avril)*. On peut observer la migration vers le sud des baleines grises depuis la côte ou les embarcations proposées dans de nombreuses villes du littoral *(p. 580)*.

Char de la Tournament of Roses Parade de Pasadena

Janvier

Pyrargues à tête blanche *(jan.-fév.)*, Mount Shasta. Ces rapaces attirent de nombreux ornithologues amateurs *(p. 420-421)*.

Tournament of Roses Parade *(1er jan.)*, Pasadena. Défilé fleuri suivi du Rose Bowl, un grand match de football américain *(p. 151)*.

Palm Springs International Film Festival *(déb. jan.)*.

Gold Discovery Day *(24 jan.)*, Coloma. Démonstrations d'orpaillage pour l'anniversaire de la découverte de l'or *(p. 459)*.

AT&T Pebble Beach Pro-Am Golf Tournament *(fin jan.-déb. fév.)*. Pros et célébrités y participent.

Février

Dickens Festival *(déb. fév.)*, Riverside. Fête en l'honneur de l'écrivain Charles Dickens sur la réplique d'une place de marché londonienne du XIXe siècle.

Napa Valley International Mustard Festival *(mi-fév.)*, Calistoga. Des centaines de moutardes à goûter.

Riverside County Fair and National Date Festival *(mi-fin fév.)*, Indio. Courses de chameaux et d'autruches pour la fête de la datte.

Nouvel An chinois *(mi fév.-déb. mars)*, San Francisco. Un dragon sillonne le Financial District et Chinatown pour la plus grande célébration de ce type aux U. S. A.

Célébrations du Nouvel An chinois à San Francisco

Le climat de la Californie

Hormis dans le Nord et les déserts, la Californie jouit d'un climat tempéré, ni caniculaire en été ni trop rigoureux en hiver. En cette saison, la partie nord des Coast Ranges est toutefois humide et, à l'est, les montagnes de la Sierra Nevada se couvrent de neige. Un climat méditerranéen règne en Californie centrale et dans la Central Valley. Il devient plus aride et plus chaud lorsqu'on descend vers le sud.

Eureka
Redding
Chico
Tahoe City
Santa Rosa
Sacramento
Stockton
San Francisco
Modesto
San Jose
Monterey
San Luis Obispo

Le Nord

mois	avril	juil.	oct.	jan.
°C (max.)	16	17	16	12
°C (min.)	9	11	9	5
Ensoleillement	55 %	52 %	49 %	42 %
Précipitations	73 mm	3 mm	68 mm	142 mm

Moyenne mensuelle des températures maximales

Moyenne mensuelle des températures minimales

Ensoleillement moyen quotidien

Moyenne mensuelle des précipitations

Wine Country

mois	avril	juil.	oct.	jan.
°C (max.)	21	28	25	14
°C (min.)	6	12	9	3
Ensoleillement	75 %	85 %	80 %	52 %
Précipitations	40 mm	1 mm	42 mm	137 mm

San Francisco et la Bay Area

mois	avril	juil.	oct.	jan.
°C (max.)	17	20	22	14
°C (min.)	10	12	13	8
Ensoleillement	73 %	66 %	70 %	56 %
Précipitations	33 mm	1 mm	32 mm	103 mm

Gold Country

mois	avril	juil.	oct.	jan.
°C (max.)	19	33	23	12
°C (min.)	4	13	7	0
Ensoleillement	70 %	89 %	78 %	54 %
Précipitations	77 mm	5 mm	58 mm	171 mm

De Santa Cruz à Fresno

mois	avril	juil.	oct.	jan.
°C (max.)	24	37	27	12
°C (min.)	9	18	10	3
Ensoleillement	85 %	96 %	88 %	51 %
Précipitations	25 mm	0 mm	13 mm	50 mm

De Cambria à Santa Barbara

mois	avril	juil.	oct.	jan.
°C (max.)	21	28	25	16
°C (min.)	7	12	9	2
Ensoleillement	83 %	97 %	87 %	46 %
Précipitations	28 mm	18 mm	8 mm	75 mm

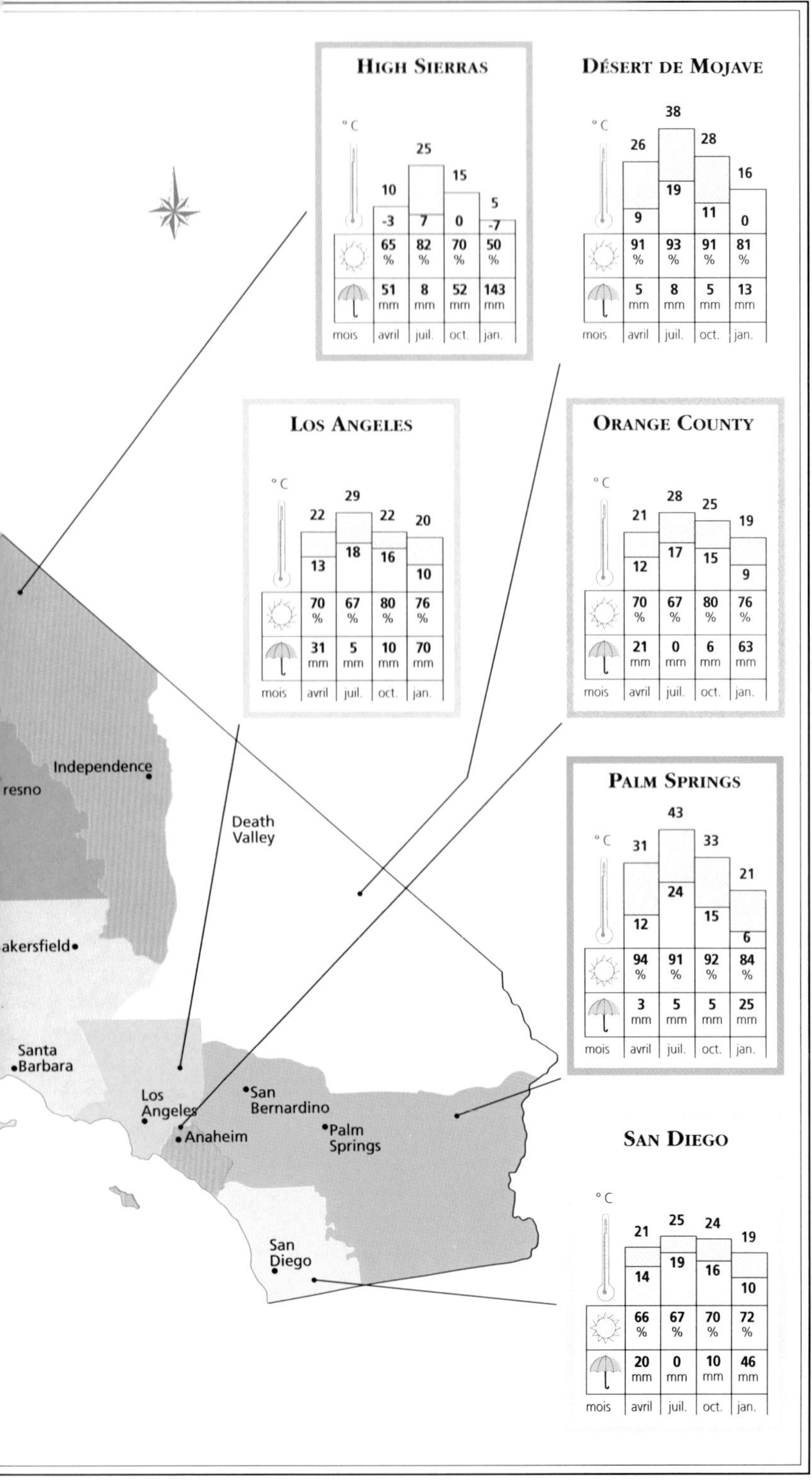
HIGH SIERRAS
°C
10 -3
25 7
15 0
5 -7
65 % 82 % 70 % 50 %
51 mm 8 mm 52 mm 143 mm
mois avril juil. oct. jan.
DÉSERT DE MOJAVE
°C
26 9
38 19
28 11
16 0
91 % 93 % 91 % 81 %
5 mm 8 mm 5 mm 13 mm
mois avril juil. oct. jan.
LOS ANGELES
°C
22 13
29 18
22 16
20 10
70 % 67 % 80 % 76 %
31 mm 5 mm 10 mm 70 mm
mois avril juil. oct. jan.
ORANGE COUNTY
°C
21 12
28 17
25 15
19 9
70 % 67 % 80 % 76 %
21 mm 0 mm 6 mm 63 mm
mois avril juil. oct. jan.
PALM SPRINGS
°C
31 12
43 24
33 15
21 6
94 % 91 % 92 % 84 %
3 mm 5 mm 5 mm 25 mm
mois avril juil. oct. jan.
SAN DIEGO
°C
21 14
25 19
24 16
19 10
66 % 67 % 70 % 72 %
20 mm 0 mm 10 mm 46 mm
mois avril juil. oct. jan.
Independence
resno
Death Valley
akersfield
Santa Barbara
Los Angeles
Anaheim
San Bernardino
Palm Springs
San Diego

Histoire de la Californie

La Californie doit son nom à un rêve, celui d'un auteur espagnol du début du XVIe siècle qui baptisa ainsi dans un roman, *Las Sergas de Esplanadían*, une île mythique peuplée exclusivement de femmes. En 1542, c'est ce nom que note dans son journal l'explorateur portugais Juan Rodríguez Cabrillo quand il atteint la baie de San Diego lors d'une expédition menée depuis le Mexique pour le compte de la couronne d'Espagne. Celle-ci attendra toutefois encore plus de deux siècles avant d'entreprendre vraiment la colonisation de la région en envoyant en 1769 le père Junípero Serra fonder des missions franciscaines le long du littoral.

Sceau de l'État

La ruée vers l'or

La barrière dressée par les Rocheuses maintient toutefois le territoire dans son isolement. C'est l'or découvert dans les contreforts de la Sierra Nevada en 1848, l'année où le Mexique cède la Californie au États-Unis, qui provoque la première grande vague d'immigration. Après l'or, l'exploitation de mines d'argent, l'achèvement en 1869 de la liaison ferroviaire transcontinentale et le développement de l'agriculture entretiennent le dynamisme économique du nouvel État. Mais la rapidité de sa croissance engendre corruption, banditisme et racisme, en particulier contre les Chinois venus travailler à la construction de la voie ferrée.

La Californie du XXe siècle

Le tremblement de terre de San Francisco en 1906 fait croire un moment à la fin de l'âge d'or de la Californie. Cependant, Los Angeles connaît à cette époque son plein essor. Hollywood le pare des couleurs du rêve, mais il s'appuie avant tout sur l'industrialisation permise par la découverte de pétrole et l'extension des zones agricoles dans les vallées irriguées. En 1945, quand la charte des Nations Unies est signée à San Francisco, la Californie n'est plus la dernière frontière de la civilisation, mais un de ces acteurs centraux.

Ancienne carte de l'Amérique du Nord où la Californie apparaît sous forme d'île

◁ **Peinture murale du Santa Barbara County Courthouse représentant l'arrivée de Cabrillo en Californie**

La Californie des origines

Vannerie indienne

On estime qu'entre 100 000 et 275 000 indigènes vivaient sur le territoire de la Californie avant sa colonisation par les Européens. Ils habitaient généralement des abris coniques ou hémisphériques réunis en villages de 100 à 150 personnes. Hormis le long du Colorado, ils ne pratiquaient pas l'agriculture et vivaient de chasse, de pêche et de cueillette. Pivot de la vie religieuse, le chaman communiquait directement pendant ses transes avec le monde des esprits et jouait le rôle de prêtre guérisseur. Pacifiques, les tribus ne possédaient quasiment pas de classes sociales ou de formes de gouvernement. Il existait de grandes divisions linguistiques entre elles.

Peuple des Tcholovoni
Plusieurs tribus, dont les Tcholovoni, vivaient dans de petits villages sur la côte de la baie de San Francisco.

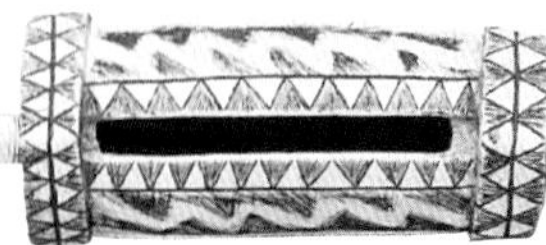

Porte-monnaie
Des coquilles de dentale, gardées dans des boîtes sculptées, servaient de monnaie dans le nord.

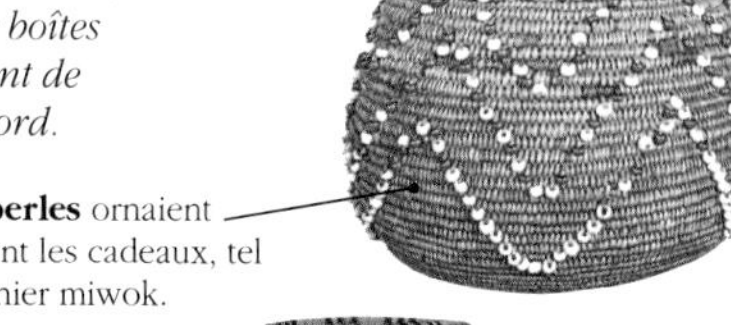

Des perles ornaient souvent les cadeaux, tel ce panier miwok.

Bijou
Ce collier en ormeau et coquille de palourde serait un des plus anciens objets fabriqués par les Indiens de Californie.

Des plumes de caille et des danseurs géométriques ornent ce panier yokut.

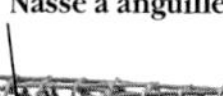

Nasse à anguilles

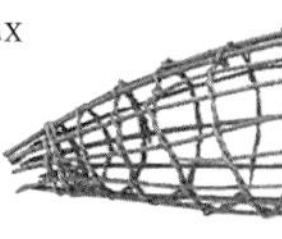

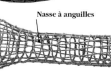

Coiffe
Les Miwok se paraient de plumes de pie noires et blanches.

Vannerie

Les Indiens tressaient de très nombreux matériaux pour fabriquer des objets, souvent ornés de motifs symboliques, qui servaient à toutes les activités de la vie quotidienne : chasse, cuisine, conservation…

Chronologie

3 400 000 av. J.-C. Des cendres volcaniques émises par le Mt St Helena créent la forêt pétrifiée de Calistoga *(p. 445)*

200 000 av. J.-C. Des hominiens, probablement des prédécesseurs de l'*Homo sapiens*, vivent près de l'actuelle Calico *(p. 275)*

Outil en silex

3 400 000 av. J.-C.		200 000 av. J.-C.

3 000 000 av. J.-C. Des mouvements de plaques forment le Redrock Canyon de la Death Valley *(p. 280-283)*

Fossile de tigre à dents de sabre de La Brea, à Los Angeles

40 000 av. J.-C. Mammouths, tigres et divers animaux sont pris au piège dans les fosses de bitume de La Brea

Peuple des Kule Loklo
Anton Refregier représenta ces anciens habitants de la région de la Bay Area sur sa fresque de l'entrée du Rincon Center (p. 307).

Où voir la Californie des origines

Le George C. Page Museum of La Brea Discoveries *(p. 114)* présente des squelettes d'animaux fossilisés dans des fosses de bitume. Le Chumash Painted Cave State Historic Park *(p. 209)* recèle certains des rares pictogrammes exécutés par les Chumash. Le Southwest Museum de Los Angeles *(p. 149)* et la California Academy of Sciences de San Francisco *(p. 360-361)* exposent des objets fabriqués par les Indiens.

Des peintures rupestres *vieilles de milliers d'années ont été soigneusement conservées en Californie du Sud au Chumash Painted Cave State Historic Park.*

Les paniers servant à la conservation avaient des formes très variées.

Panier à eau

Les louches avaient un tressage très serré.

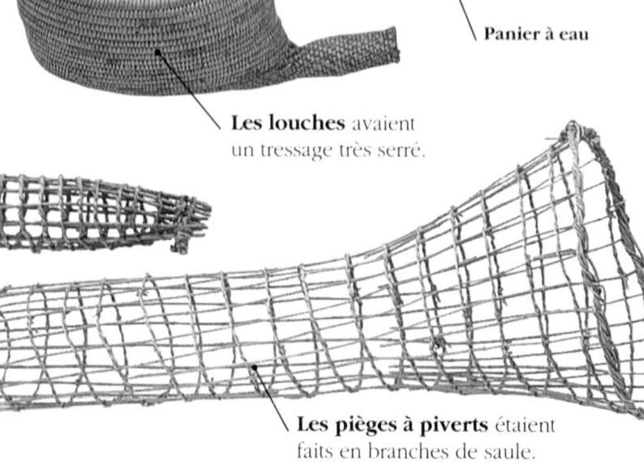

Les pièges à piverts étaient faits en branches de saule.

Costume de cérémonies
Les participants à la « danse de la peau de daim blanche » portaient des tabliers en peaux et queues de chats.

10 000 av. J.-C. | 6 000 av. J.-C. | 1 000 av. J.-C. | 100 apr. J.-C.

10 000-8 000 av. J.-C. Fin de l'ère glaciaire. Les premiers Indiens s'installent en Californie

8 000 av. J.-C. Le climat est assez chaud pour des conifères

6 000 av. J.-C. Le climat est assez chaud pour des feuillus

1 000 av. J.-C. Formation de l'Ubehebe Crater *(p. 282)* dans la Death Valley

Abri indien

100 apr. J.-C. L'évaporation d'un lac crée le Devil's Golf Course de Death Valley *(p. 281)*

L'époque coloniale

Bien qu'ils aient « découvert » la Californie dès 1542, les Espagnols n'entament sa colonisation qu'au XVIIIe siècle. Ils imposent leur domination au moyen de trois institutions : la mission (église), le *presidio* (fort) et le *pueblo* (village). Des trois, c'est la mission qui a le plus d'influence. Commençant à San Diego en 1769, des franciscains en fondent 21. Elles jalonnent, tous les 50 km environ, El Camino Real, la Route royale qui longe la côte. Les moines n'hésitent pas à user de la force pour obliger les Indiens à travailler pour eux. De plus, ils leur transmettent des maladies contre lesquelles ils n'ont pas d'immunité. En 1900, la population indigène ne compte plus que quelque 16 000 âmes.

Statue de missionnaire

• San Francisco de Solano *(1823)*
• San Rafael Arcangel *(1817)*
• San Francisco de Asis *(1776)*
• San Jose *(1797)*
• Santa Clara de Asis *(1777)*
Santa Cruz *(1791)*
• San Juan Bautista *(1797)*
• Nuestra Señora de la Soledad *(1791)*
San Carlos Borromeo de Carmelo *(1770)*
• San Antonio de Padua *(1771)*
El Camino Real
San Miguel Arcangel *(1797)*
San Luis Obispo de Tolosa *(1772)*
La Purisma Concepcion *(1787)*
• Santa Ines *(1804)*
Santa Barbara *(1786)*
San Buenaventura *(1782)* •

Sir Francis Drake
Le navigateur anglais accosta en 1579 en Californie pour réparer son bateau. Il revendiqua la terre qu'il baptisa « Nova Albion » au nom de la reine Élisabeth Ire.

Père Junípero Serra
Originaire de l'île de Majorque, le père Junípero Serra dirigea l'expédition franciscaine qui fonda les missions californiennes.

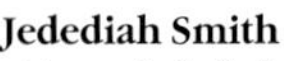

Jedediah Smith
En 1828, un trappeur, Jedediah « Strong » Smith, fut le premier blanc à rejoindre la Californie depuis l'est des États-Unis en franchissant la Sierre Nevada.

Chronologie

1524 Hernán Cortés, conquérant espagnol du Mexique, encourage Charles Quint à prendre le contrôle des « Îles de Californie »

1579 Le corsaire anglais Francis Drake mouille près de Point Reyes *(p. 396)*

1500 | **1600** | **1650**

1542 Parti du Mexique, Juan Rodríguez Cabrillo atteint la baie de San Diego, ce qui en fait le découvreur officiel de la Californie

Juan Rodríguez Cabrillo

1595 Le navigateur portugais Sebastián Rodríguez Cermeño découvre la baie de Monterey

1602 Le marchand et aventurier espagnol Sebastián Vizcaíno remonte la côte californienne, donnant notamment leurs noms à San Diego, Santa Barbara, Point Concepcíon et Carmel

Mission San Gabriel Arcángel
Considérée comme la première représentation d'une mission, cette œuvre exécutée par Ferdinand Deppe en 1832 montre l'église entourée des habitations des Indiens, souvent retenus de force.

Où voir la Californie coloniale

Quartiers d'habitation *restaurés au Santa Barbara Mission Museum.*

La Mission Dolores de San Francisco *(p. 351)*, l'Oakland Museum of California *(p. 408-409)*, la Mission San Carlos Borromeo de Carmel *(p. 496-497)* et la Mission Santa Barbara *(p. 212-213)* conservent des objets de l'époque franciscaine. La plupart des 21 missions proposent des visites guidées.

Victoire américaine
Le 9 juillet 1846, 70 soldats et marins des États-Unis s'emparent de San Francisco (alors Yerba Buena).

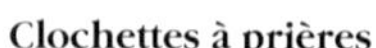

Clochettes à prières
Les pères franciscains apportèrent en Californie de nombreux objets, décoratifs ou liturgiques, provenant d'Espagne ou du Mexique.

- San Fernando Rey de España *(1797)*
- San Gabriel Arcangel *(1771)*
- San Juan Capistranol *(1776)*

- San Luis rey de Francia *(1798)*
- San Diego de Alcalá *(1769)*

El Camino Real

Les intervalles entre les 21 missions jalonnant El Camino Real de San Diego à Sonoma correspondaient à une journée de cheval.

1701 Le père Eusebio Francesco Kino prouve que la Baja California est une péninsule et non une île

1781 Fondation du pueblo de Los Angeles

1776 Le capitaine Juan Bautista de Anza atteint San Francisco et fonde un presidio *(p. 366-367)*

1835 William Richardson fonde Yerba Buena, la future San Francisco

1822 Révolution mexicaine. Les Espagnols ne contrôlent plus la Californie

1700 | 1750 | 1800

1769 Gaspar de Portolá découvre la baie de San Francisco. Première mission fondée à San Diego *(p. 250)*

1777 Monterey capitale de la Californie mexicaine

1804 Première orangeraie à la mission San Gabriel

1846 John C. Frémont conduit la Bear Flag Revolt *(p. 448)*.

Canon d'un presidio du XVIIIe s.

John C. Frémont

La ruée vers l'or

En 1848, le journaliste Sam Brannan brandit des pépites découvertes dans la Sacramento Valley en criant : « De l'or ! De l'or ! De l'or dans l'American River ! » La nouvelle attire des nuées de prospecteurs. Tous ceux qui s'échinent sur le Mother Lode (la veine mère) ne font pas fortune, loin de là, mais ces hordes d'immigrants transforment à jamais la région, notamment San Francisco dont la population passe, entre 1848 et 1850, de 812 à 25 000 habitants. Les prix grimpent, le crime prospère. En 1859, à la fin de la ruée vers l'or, la découverte de minerai d'argent (le Comstock Lode) donne un nouvel élan à la Californie.

Pépite d'or californien

Forty-Niner
Des prospecteurs venus de tous les États-Unis convergèrent avec armes et bagages vers la Californie en 1849, d'où leur surnom de « Quarante-neuvièmes ».

Saloon de la Barbary Coast
Crime, jeu et prostitution régnaient en maître dans le quartier de San Francisco surnommé la côte de Barbarie.

Des pics servaient à détacher le minerai destiné au débourbeur.

Le débourbeur était une longue gouttière garnie de barres de bois qui retenaient les particules d'or.

Capitale de l'État
En deux ans, la ruée vers l'or transforma la bourgade de Sacramento en ville animée. Elle devint la capitale de l'État en 1854.

Chronologie

1848 Les U. S. A. annexent la Californie. Découverte d'or à la scierie de John Sutter *(p. 459)*

1849 Près de 800 navires pleins de futurs chercheurs d'or quittent New York

Enseigne du clipper Flying Cloud

1854 Sacramento devient la capitale de la Californie

1848 | 1850 | 1852 | 1854

John Sutter (1802-1880)

1850 La Californie devient le 31ᵉ État de l'Union

1851 Le Comité de Vigilance de San Francisco pend plusieurs délinquants. Le clipper *Flying Cloud* rejoint San Francisco depuis New York en 89 jours, un record

1853 Levi Strauss débarque à San Francisco et commence à vendre ses pantalons de toile *(p. 333)*

Comte Agoston Haraszthy
Ce Hongrois fut le premier négociant en vins à implanter des cépages européens en Californie.

Où voir la ruée vers l'or

De la plupart des campements de prospecteurs, il ne subsiste plus aujourd'hui que des villes fantômes telles que Bodie *(p. 478)* et Calico *(p. 275)*. L'atmosphère reste toutefois préservée au Columbia State Historic Park *(p. 464-465)*, une ville du Mother Lode restaurée. Le Wells Fargo History Museum de San Francisco *(p. 304)* présente des souvenirs de la ruée vers l'or. Le Jackson Square Historical District *(p. 304)* faisait partie de la Barbary Coast.

Ancienne école dans la ville fantôme de Calico

L'énergie hydraulique aidait à dégager les rochers pour découvrir les veines.

L'orpailleur faisait tourner dans une écuelle eau et boue pour isoler les paillettes par décantation.

Techniques d'extraction

Ce qui était une aventure au début de la ruée vers l'or devint une véritable industrie avec le développement de techniques minières sophistiquées.

Argent du Comstock Lodge
Entre 1859 et le milieu des années 1880, les mines des High Sierras produisirent pour 400 millions de dollars d'argent.

Empereur Norton
S'étant autoproclamé empereur des États-Unis et protecteur du Mexique, l'excentrique Joshua Norton imprima sa propre monnaie et conseilla les législateurs de Sacramento.

1855 Des milices se forment à Los Angeles

1856 L'assassinat de l'éditeur de journal James King of William entraîne à San Francisco la formation d'un nouveau Comité de Vigilance, dirigé par William T. Sherman

1859 Le prospecteur James Finney découvre la veine d'argent du Comstock Lode

1860 Le négociant ruiné Joshua Norton se déclare empereur des États-Unis sous le nom de Norton Ier

1856 | 1858 | 1860

Médaille du Comité de Vigilance de San Francisco

1857 Agoston Haraszthy, père de la viticulture californienne, fonde le domaine de Buena Vista dans la Sonoma Valley *(p. 449)*

1861 La Californie prête allégeance à l'Union. Forage du premier puits de pétrole

Puits de pétrole à Humboldt County

L'époque dorée

Les nouveaux riches de Californie bâtissent à la fin du XIXe siècle de somptueuses demeures sur Nob Hill, l'adresse la plus prisée de San Francisco, ville qui compte en 1900 plus de 300 000 habitants. L'économie connaît une période d'expansion grâce aux liaisons ferroviaires ouvertes avec l'est et le sud. Les oranges californiennes s'exportent désormais à New York. Les immigrants, venus notamment d'Europe, continuent d'affluer sur la Côte Ouest. Le prix des terrains augmente dans le comté de Los Angeles.

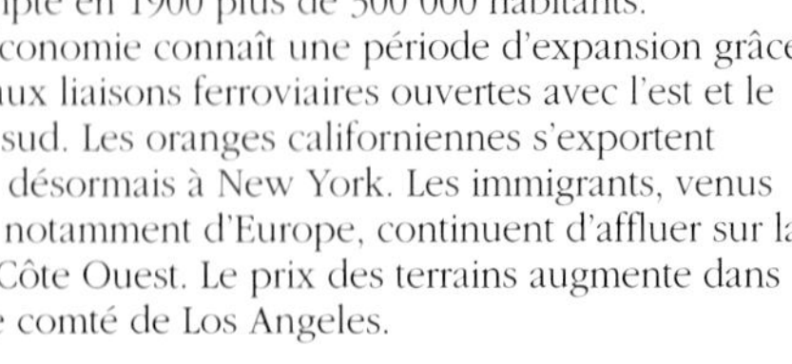

Montre en or

Décor victorien
Ces fenêtres appartiennent à la Winchester Mystery House (p. 414-415).

Liaison transcontinentale
Le dernier tire-fond de la voie ferrée reliant les deux côtes des États-Unis fut posé le 12 mai 1869.

Les « Quatre Grands »
Charles Crocker, Leland Stanford, Collis Huntington et Mark Hopkins gagnèrent des millions en investissant dans la liaison transcontinentale.

Chronologie

1863 Début de la construction du Central Pacific Railroad

1869 Achèvement de la liaison transcontinentale

1870

1871 Environ 20 Chinois tués lors de violences racistes à L. A.

1873 Andrew Hallidie teste le premier *cable car* de San Francisco

1873-1875 Plantations d'oranges à Riverside

Premier cable car *de San Francisco*

1875

1876 La ligne de la Southern Pacific atteint Los Angeles

Oranges californiennes

1877 Incendies criminels de boutiques et de laveries chinoises à San Francisco

1880

1882 Le Congrès vote le Chinese Exclusion Act limitant l'immigration chinoise

1884 Sarah Winchester commence à San Jose la construction de sa maison. Elle durera 38 ans *(p. 414-415)*

Sutro Baths *Ouverte en 1896, la plus grande piscine de San Francisco ferma dans les années 1960.*

Yosemite National Park *Fondé en 1890, le parc national de Yosemite devint la première attraction touristique de Californie et une image appréciée des publicitaires.*

OÙ VOIR LA CALIFORNIE DE L'ÉPOQUE DORÉE

À San Francisco, des visites guidées ont lieu à la Haas-Lilienthal House *(p. 338)* et la Cable Car Barn *(p. 321)* expose le premier *cable car*. Le Stanford University Art Museum *(p. 411)* abrite le « tire-fond d'or » de la ligne transcontinentale, entre autres souvenirs des « Quatre Grands ». Les trains sont aussi à l'honneur au California State Railroad Museum de Sacramento *(p. 457)*.

Le California State Railroad Museum *célèbre l'histoire du rail sur la Côte Ouest.*

Le salon est aménagé dans une ancienne chambre.

Porche

Entrée meublée d'un sofa d'angle

Immigrant chinois *Les « coolies » employés à la construction de la ligne transcontinentale de chemin de fer s'installèrent, mais subirent des attaques racistes.*

HAAS-LILIENTHAL HOUSE

Le marchand William Haas fit construire cette maison de style Queen Anne en 1886. Devenue un musée, cette demeure victorienne offre un aperçu de la vie d'une riche famille à la fin du XIXe siècle à San Francisco *(p. 338)*.

1885

1888 L'Hotel del Coronado ouvre à San Diego *(p. 245)*

1890 Yosemite obtient le statut de parc national *(p. 472-475)*

1890

1891 Ouverture de la Stranford University *(p. 411)*. La première promotion comprend le futur président Herbert Hoover

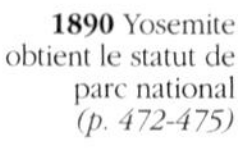

Sceau de la Stanford University

1893 Le géologue Andrew Lawson de l'Université de Californie découvre la faille de San Andreas

1894 Première foire internationale de la Côte Ouest au Golden Gate Park de San Francisco

1895

1896 Adolph Sutro, constructeur du tunnel de Comstock, ouvre la plus grande piscine couverte d'eau de mer du monde

1897 Des marchands de San Francisco s'enrichissent en équipant des chercheurs d'or partant pour la Klondike River au Canada

L'essor d'Hollywood

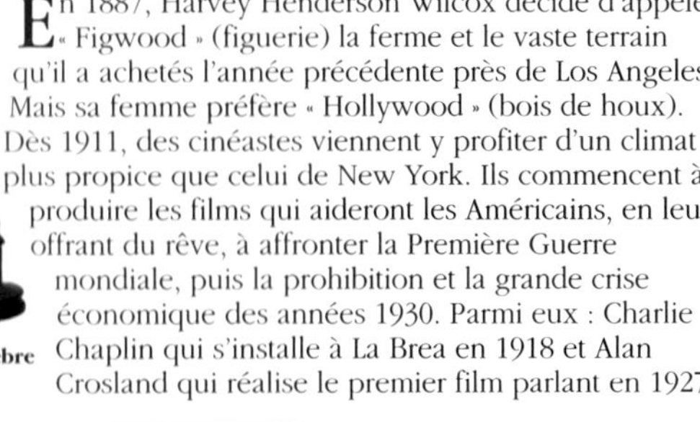

En 1887, Harvey Henderson Wilcox décide d'appeler « Figwood » (figuerie) la ferme et le vaste terrain qu'il a achetés l'année précédente près de Los Angeles. Mais sa femme préfère « Hollywood » (bois de houx). Dès 1911, des cinéastes viennent y profiter d'un climat plus propice que celui de New York. Ils commencent à produire les films qui aideront les Américains, en leur offrant du rêve, à affronter la Première Guerre mondiale, puis la prohibition et la grande crise économique des années 1930. Parmi eux : Charlie Chaplin qui s'installe à La Brea en 1918 et Alan Crosland qui réalise le premier film parlant en 1927.

Le célèbre Oscar

Canal de Panama
Deux foires internationales fêtèrent son achèvement en 1915.

Tremblement de terre et incendie de San Francisco
Le désastre de 1906 détruisit les quatre cinquièmes de la ville.

Clara Bow devint un des premiers sex-symbols d'Hollywood.

Les acteurs étaient engagés pour leur physique plutôt que pour leur expérience.

Aqueduc de Los Angeles
Sa construction coûta 24,5 millions de dollars, mais permit d'irriguer le sud aride avec les eaux des High Sierras.

L'ÈRE DU CINÉMA MUET
L'industrie du cinéma se développa avec la création de grands studios qui tournaient chaque année des centaines de films muets tels que *Mantrap* (1927).

CHRONOLOGIE

1900

1901 Une grève de trois mois sur le port de San Francisco cause des affrontements qui font 4 morts et 300 blessés

1905 Le magnat du tabac Abbot Kinney inaugure sa cité lacustre : Venice *(p. 76)*. Début des fouilles des fosses de bitume de La Brea *(p. 115)*

1906 Le 18 avril, un séisme de magnitude 8,3, le pire qu'aient connu les États-Unis, fait 3 000 victimes et 25 000 sans-abri à San Francisco

1907 Convaincu de corruption, Abraham Ruef, « boss » politique de San Francisco, cause la chute du maire, Eugene Schmitz

Caméra des débuts d'Hollywood

1910

1911 Premier film tourné à Hollywood : *The Law of the Range* de William et David Horsley

1913 L'ouverture de l'aqueduc entre l'Owens Valley et L. A. améliore l'alimentation en eau de la ville

La prohibition *(1920-1933)*
L'interdiction de vendre et de fabriquer de l'alcool engendra une importante contrebande, entre autres depuis le Mexique par le port de Los Angeles.

Les studios abritaient plusieurs tournages simultanés sur des plateaux voisins.

Les cameramen tournaient en 24 images par seconde avec des films de 35 mm de large.

Des réalisateurs connurent aussi gloire et fortune.

Des orchestres jouaient souvent pendant le tournage pour mettre les acteurs dans l'ambiance.

Où rêver à Hollywood

Le Hollywood Wax Museum *(p. 105)* expose les mannequins de cire de nombreuses vedettes. Installé dans une grange qui servit de lieu de tournage à Cecil B. De Mille, le Hollywood Studio Museum *(p. 108)* est consacré aux débuts du cinéma. Près de 200 stars ont laissé leurs empreintes devant le Mann's Chinese Theatre *(p. 106)*.

***Au Mann's Chinese Theatre**, la gloire prend la forme d'empreintes, de pieds et de mains, dans le ciment.*

***Les Paramount Studios**, derniers studios situés à Hollywood, attirent toujours des postulants au vedettariat* (p. 109).

Aimee Semple McPherson
Évangéliste controversée, elle ouvrit en 1923 à Los Angeles l'Angelus Temple où elle organisa régulièrement des réunions revivalistes.

1916 Les frères Lockheed commencent à construire des avions à Santa Barbara

W. R. Hearst

1924 L. A. devient le premier port de la Côte Ouest devant San Francisco

1929 Le krach de la Bourse déclenche la Grande Dépression. Douglas Fairbanks anime la première remise des Academy Awards

1915 | 1920 | 1925

1915 San Francisco et San Diego organisent des expositions internationales

1917 Les U. S. A. entrent en guerre

1919 William R. Hearst entreprend son somptueux château à San Simeon *(p. 202-205)*

Norma Talmadge

1927 Norma Talmadge est la première actrice à laisser ses empreintes au Mann's Chinese Theatre *(p. 106)*

1928 Walt Disney crée le personnage de Mickey Mouse

Le rêve californien

Le cinéma et un nouveau média, la télévision, font de la Californie *le* symbole de la renaissance des États-Unis après la guerre : tout le monde se met à rêver de mener la vie lisse et prospère qui semble offerte à tous ses habitants. L'industrie aéronautique, les chantiers navals et l'agriculture entretiennent l'expansion économique pendant les années 1950. La population croît, de nouvelles banlieues surgissent, desservies par de nouvelles routes. En même temps, toutefois, les écoles manquent de fonds, Noirs et Hispano-Américains subissent un racisme violent et le maccarthysme prive Hollywood de ses plus grands créateurs accusés d' « activités antiaméricaines ».

Jeux olympiques de 1932
Ville organisatrice, Los Angeles réaménagea l'Exposition Park (p. 160-161) *pour l'occasion.*

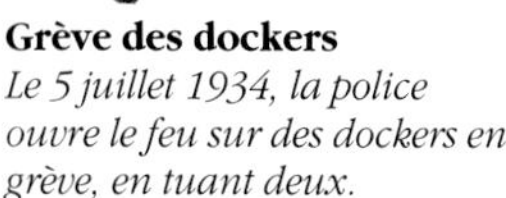

Grève des dockers
Le 5 juillet 1934, la police ouvre le feu sur des dockers en grève, en tuant deux.

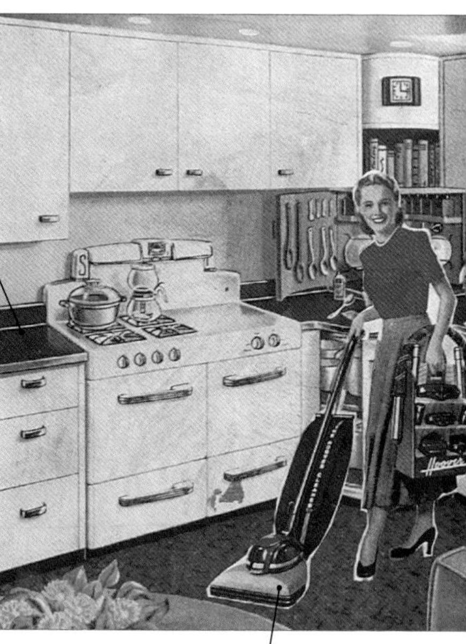

Le formica rendit les cuisines plus pratiques.

L'électroménager, plus accessible, facilitait les tâches domestiques.

Hoover Dam
Ce barrage sur la Colorado River produisit de l'électricité à partir de 1936.

Chronologie

1930

1932 Premiers Jeux olympiques de Los Angeles

1933 Fin de la prohibition. « Sunny Jim » Rolph, populaire maire de San Francisco devenu gouverneur de l'État, choque ses partisans en approuvant des lyncheurs à San Diego

1934 L'île d'Alcatraz devient un pénitencier de haute sécurité *(p. 328-329)*

« Sunny Jim » Rolph

1935

1936 Le Hoover Dam commence à fournir en électricité la Californie du Sud

1937 Ouverture du Golden Gate Bridge

1939 La 3e foire de San Francisco, la Golden Gate International Exposition, a lieu sur Treasure Island

1940

1940 Los Angeles ouvre sa 1re autoroute, l'Arroyo Seco Parkway

1941 Le Japon attaque Pearl Harbor

1942 Les Nippo-Américains sont internés pour « raisons de sécurité » *(p. 479)*

1943 L'agriculture californienne devient la 1re des États-Unis

Golden Gate Bridge
Pour son inauguration le 28 mai 1937, un convoi de limousines noires franchit le nouveau pont reliant San Francisco au Marin County.

Où voir le rêve californien

Le Petersen Automobile Museum de Los Angeles *(p. 114)* célèbre la passion vouée à l'automobile en Californie. Le Treasure Island Museum de San Francisco *(p. 396)* conserve des souvenirs de la Golden Gate International Exposition. Une visite du Sleeping Beauty Castle de Disneyland *(p. 223)* vous emmènera au bout du rêve californien.

Le Petersen Automobile Museum *présente de nombreuses voitures de rêve, telle cette Cadillac de 1959.*

Terre d'abondance
L'agriculture californienne devient pendant les années 1940 la plus productive des États-Unis.

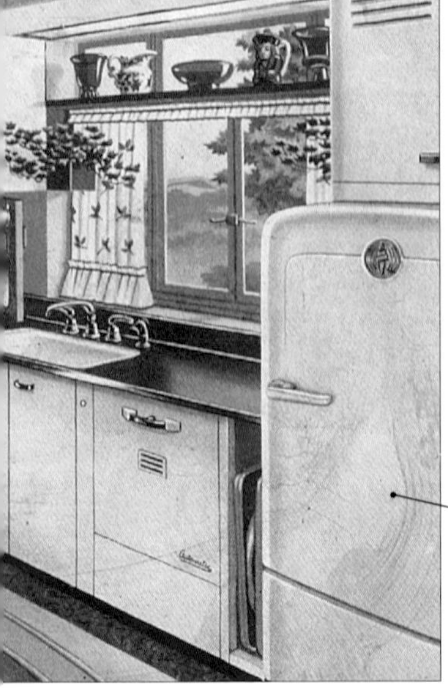

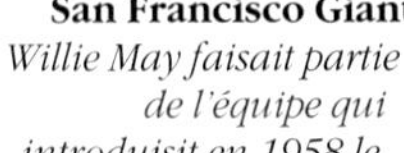

Le réfrigérateur, grand et bien rempli, était un des symboles de la « belle vie » californienne.

San Francisco Giant
Willie May faisait partie de l'équipe qui introduisit en 1958 le base-ball professionnel en Californie.

La maison californienne

Eduardo Paolozzi caricature ici le mode de vie de la classe moyenne blanche des années 1950, un « rêve » qui s'appuie sur la famille nucléaire, la maison individuelle et la vie au grand air.

1945 Fin de la guerre. Signature, le 26 juin à San Francisco, de la Charte des Nations Unies

1955 Disneyland ouvre à Anaheim. James Dean meurt à 24 ans dans un accident de voiture près de Paso Robles

James Dean

1945	1950	1955

Drapeau des Nations unies

1948 Début de la guerre froide qui profite à l'industrie militaire californienne

1958 Les New York Giants viennent s'installer à San Francisco, donnant à la Côte Ouest sa première grande équipe de base-ball

La Californie d'aujourd'hui

Depuis 1962, année où elle devint l'État le plus peuplé de l'Union, la Californie a joué un rôle central dans les grandes mutations du pays. Dans les années 1960, les étudiants entrent en contestation à Berkeley, fondant le Free Speech Movement, tandis qu'Haight Ashbury devient la Mecque des hippies. La micro-informatique naît en Californie et la Silicon Valley reste toujours à la pointe de son évolution. L'État joue en outre un rôle de passerelle avec l'Extrême-Orient. Il garde toutefois une face plus sombre avec de grandes disparités sociales liées notamment à la ségrégation raciale.

1978 Apple fabrique le premier ordinateur personnel

1976 Lors d'une dégustation, un jury français attribue les deux premiers prix à des vins californiens

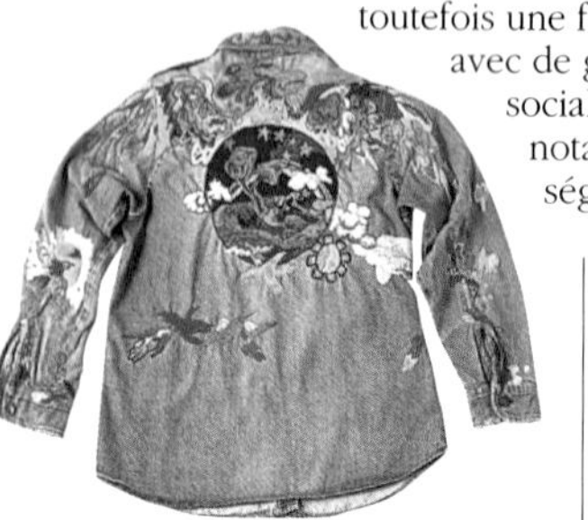

1962 Marilyn Monroe meurt à 36 ans à Hollywood d'une surdose de somnifères

1967 500 000 jeunes gens fêtent le « Summer of Love » à Haight Ashbury

1968 Robert Kennedy, candidat démocrate aux présidentielles, est assassiné le 5 juin à Los Angeles après avoir annoncé sa victoire dans les primaires de l'État

Années 1970 Arrêté en 1967, Huey Newton, un des fondateurs du Black Panther Party d'Oakland, devient un symbole de résistance

1960	1970

1960	1970

1960 Jeux olympiques d'hiver de Squaw Valley près du Lake Tahoe

1966 Plus de 7 millions d'habitants font du comté de Los Angeles le plus peuplé des U. S. A.

1978 Dan White, un ancien policier, tue le 27 novembre au City Hall le maire de San Francisco, George Moscone, et son adjoint, Harvey Milk

1963 Le surf devient un sport populaire en Californie

1969 L'American Indian Movement occupe Alcatraz *(p. 328-329)* pour rendre publics ses différends avec le bureau des Affaires indiennes

1968 Richard Nixon est le premier Californien de naissance élu président. Discrédité, il se retire en 1974 à San Clemente *(p. 228)*

1989 Un séisme de magnitude 7,1 tue 61 personnes et en prive 1 800 de foyers dans la Bay Area

1991 Le sida devient à San Francisco la première cause de mortalité chez les hommes

1992 Des incendies dans les collines d'Oakland tuent 26 personnes et détruisent 3 000 maisons

1981 Ronald Reagan, après avoir été acteur et gouverneur de Californie, accède à la présidence

1996 Le démocrate Willie Brown devient le premier maire noir de San Francisco

1987 Steven Spielberg fonde son propre studio, Dreamworks

1995 La régate de l'America's Cup a lieu à San Diego entre janvier et mai

1984 Deuxièmes Jeux olympiques de Los Angeles

1992 L'acquittement de quatre policiers blancs filmés en train de frapper un noir, Rodney King, déclenche des émeutes

1994 Un séisme de magnitude 6,8 frappe L. A., fait plus de 60 victimes et 9 000 blessés et détruit des autoroutes

ONE WILSHIRE

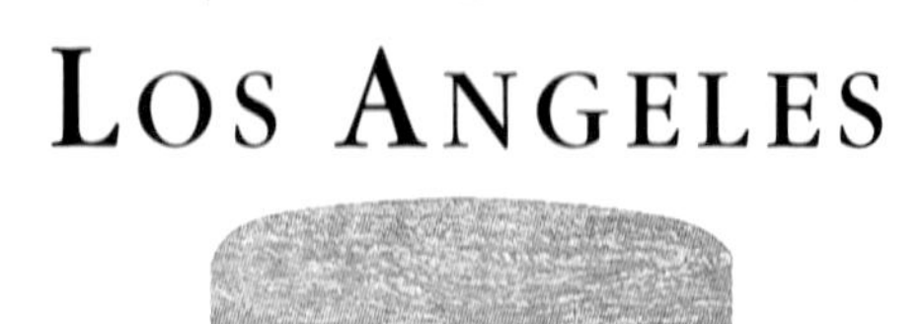

Los Angeles

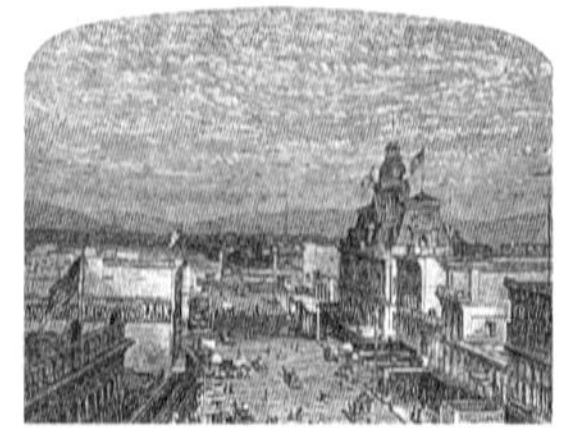

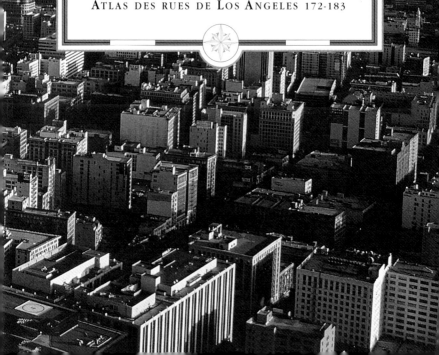

Los Angeles d'un coup d'œil

Formée de 80 villes, l'agglomération de Los Angeles compte plus de 8,5 millions d'habitants sur une superficie dépassant 1 200 km². Ce guide divise L. A. en six quartiers. Creuset culturel, Downtown juxtapose El Pueblo, Chinatown, Little Tokyo et le quartier des affaires. Parés de l'éclat que leur donne leur place dans l'histoire du cinéma, Hollywood et West Hollywood abritent aussi de nombreux musées. Beverly Hills, Bel Air et Westwood restent les lieux de villégiature des stars. Les ports et les plages de la Santa Monica Bay, de Palos Verdes et de Long Beach témoignent de l'importance de l'océan dans la vie de la cité. La périphérie de Downtown recèle de nombreux trésors, entre autres à Pasadena.

Sunset Boulevard (p. 98-103) *est l'une des plus célèbres avenues du monde. Hôtels et clubs bordent la partie appelée Sunset Strip, pôle de la vie nocturne de la ville.*

Le J. Paul Getty Museum (p. 78-81) *offre depuis le sommet d'une colline une vue magnifique sur Los Angeles et les Santa Monica Mountains. Sa remarquable collection d'art inclut cette* Vénus *(1773) par Joseph Nollekens.*

Le LACMA (p. 110-113), *installé dans l'Hancock Park d'Hollywood depuis 1965, présente dans ses cinq bâtiments une magnifique collection d'art européen, américain, asiatique, islamique et japonais.*

Les Universal Studios (p. 142-145), *juste au nord d'Hollywood, proposent aux visiteurs des attractions à thèmes et la découverte en tram de plateaux de tournage, dont certains en activité.*

Les Huntington Library, Art Collections and Botanical Gardens (p. 154-157) *de Pasadena possèdent une riche collection d'art et de livres rares ainsi que de magnifiques jardins botaniques.*

HOLLYWOOD ET WEST HOLLYWOOD *(p. 96-115)*

DOWNTOWN LOS ANGELES *(p. 116-125)*

PÉRIPHÉRIE DE DOWNTOWN *(p. 136-161)*

El Pueblo (p. 122-123), *au cœur de Downtown, est le site très touristique de la première colonie de la région. La population mexicaine du quartier se retrouve dans ses églises et ses marchés colorés, en particulier les jours de fête.*

Le Queen Mary (p. 130-131), *l'un des plus prestigieux paquebots du monde, reste désormais à quai à Long Beach. Il a conservé une grande partie de son aménagement, à découvrir lors d'une visite ou en séjournant dans l'hôtel de luxe qu'il abrite.*

LONG BEACH ET PALOS VERDES *(p. 126-135)*

Los Angeles dans son cadre

Los Angeles s'étend dans un vaste bassin ouvert sur le Pacifique et entouré de montagnes. Les San Gabriel Mountains (3 068 m au Mount San Antonio) et le Traverse Range s'élèvent au nord. Ils rejoignent à l'est de la ville les Santa Ana Mountains (1 733 m au Santiago Peak). Au nord-ouest, les Santa Monica Mountains et les Hollywood Hills séparent le centre de l'agglomération des banlieues de la San Fernando Valley. Des falaises de Palos Verdes aux plages de sable de la Santa Monica Bay, le littoral présente des visages variés. Dominé par les gratte-ciel du Financial District, Downtown occupe le centre du bassin. Hollywood, Beverly Hills et Santa Monica se trouvent à l'ouest.

Hollywood (p. 96-115), *foyer de l'industrie cinématographique moderne, s'étend au pied de son célèbre signe* (p. 141) *aux lettres hautes de 13 m.*

Dans la San Fernando Valley *(p. 140)*, principale banlieue de la ville, subsiste la Mission San Fernando Rey de España.

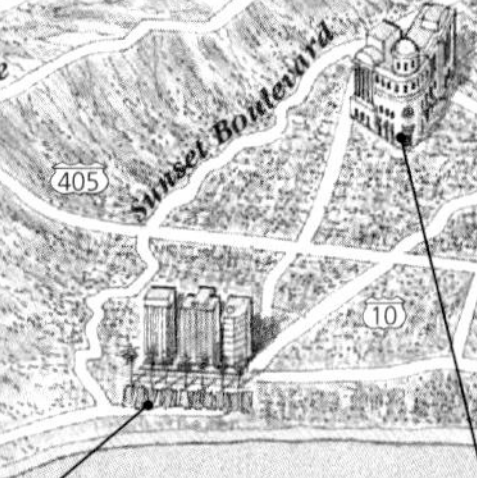

Malibu *(p. 82-83)*, aux plages appréciées des surfers, recèle de somptueuses résidences appartenant à des célébrités et un parc national.

Santa Monica (p. 72-75), *perchée sur des hauteurs plantées de palmiers, domine de superbes plages et ménage des vues panoramiques de la côte. La plus ancienne station balnéaire de Los Angeles est aussi réputée pour ses excellents restaurants, sa vie nocturne et artistique et ses boutiques originales.*

À Beverly Hills (p. 84-93), *célébrités et grandes fortunes vivent dans un luxe dont témoignent les boutiques de Rodeo Drive.*

Pasadena (p. 150-157), *ancienne station d'hiver dont on voit ici l'hôtel de ville, est une banlieue prospère qui abrite, outre le stade du Rose Bowl, de beaux musées et d'excellents magasins et restaurants.*

Downtown Los Angeles (p. 116-125) *offre des visages contrastés, des murs de vitres des gratte-ciel du quartier des affaires au cachet exotique de Little Tokyo et Chinatown.*

Watts, un ghetto, recèle les Watts Towers *(p. 159).*

Long Beach *(p. 128-131)* entretient une vieille tradition nautique.

Los Angeles International Airport, *le LAX, situé en bord de mer, offre un accès aisé aux principaux quartiers et aux grandes autoroutes sortant de la ville.*

Le phare de Point Fermin *dresse sa silhouette victorienne dans les vertes collines de Palos Verdes* (p. 134-135).

La côte nord de Los Angeles

Les stations balnéaires de l'agglomération de Los Angeles attirent chaque année plus de trente millions de personnes. À l'ouest des collines de Malibu, où falaises et plages alternent entre Point Dume et la Malibu Lagoon, une longue bande de sable s'étire jusqu'aux plages renommées de Santa Monica et Venice. À l'intérieur des terres, les sentiers qui sillonnent les Santa Monica Mountains conduisent à de magnifiques points de vue au bord du Pacifique. Les plages publiques Leo Carillo, Topanga et du Malibu Pier sont considérées comme les meilleures pour le surf.

***Sur la Castro Crest**, des chênes s'accrochent à des pentes de grès aux tons rouges et violets. Les sentiers de randonnée du parc ménagent de magnifiques vues des Channel Islands et des montagnes de Santa Susana.*

***La Cold Creek Canyon Preserve** fondée en 1970 protège la faune et la flore variées des Santa Monica Mountains, entre autres le lynx rufus, la rainette du Pacifique et des orchidées rares.*

★ Leo Carrillo State Beach ①

En se retirant, la mer laisse une faune variée dans les trous de rochers autour de Sequit Point.

★ Surfrider County Beach ⑤

Voici l'une des meilleurs plages de surf de Californie et elle apparaît dans de nombreux films. Le Malibu Pier offre un bon poste d'observation.

Zuma County Beach ②

Son sable blanc rend en été la plus grande plage de Malibu très populaire auprès des baigneurs comme des surfers. Il faut toutefois se méfier des courants.

Point Dume County Beach ③

Cette plage séduira les plongeurs sous-marins et les adeptes de la pêche à la ligne ; on peut également pêcher dans les trous de rocher de Point Dume.

Paradise Cove ④

Propriété privée, cette crique possède une jetée appréciée des pêcheurs à la ligne, tandis que sa plage se prête à merveille aux bains de soleil et de mer.

Topanga State Beach ⑥

L'embouchure de la Topanga Creek traverse cette étroite plage de sable populaire auprès des véliplanchistes.

Marina del Rey Harbour ⑩

Sur l'un des plus grands ports artificiels du monde *(p. 76)*, le Fisherman's Village, près du bassin H, propose boutiques, cafés et restaurants.

CARTE DE SITUATION

LÉGENDE

- Autoroute
- Route principale
- Route secondaire
- Cours d'eau
- Point de vue

★ Venice City Beach ⑨

Culturistes s'entraînant sur Muscle Beach, artistes de rue et as du roller-skate animent la plage de la pittoresque Venice *(p. 76)*.

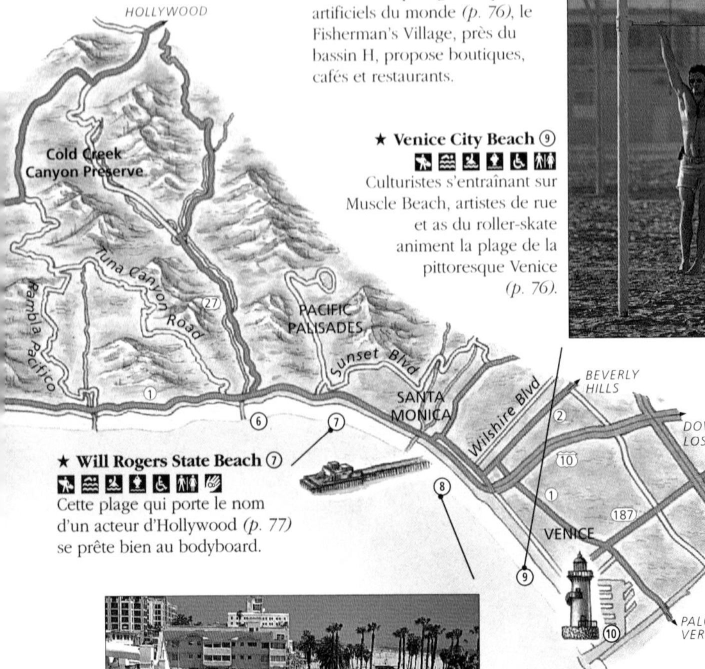

★ Will Rogers State Beach ⑦

Cette plage qui porte le nom d'un acteur d'Hollywood *(p. 77)* se prête bien au bodyboard.

★ Santa Monica State Beach ⑧

Cette plage parmi les plus populaires de Santa Monica *(p. 72-75)* donne à l'ouest sur un groupe de maisons connu sous le nom de « Gold Coast ».

La côte sud de Los Angeles

Ses longues étendues de sable et ses eaux peu profondes rendent idéal pour les familles le littoral entre la Dockweiler State Beach et la Torrance County Beach. D'autant que ses deux principales localités, Manhattan Beach et Redondo Beach, jouissent d'une mer particulièrement propre pour Los Angeles. Plus au sud, la Palos Verdes Peninsula abrite de petites criques où les trous de rocher grouillent de vie marine. Au delà du Worldport LA, les vagues déferlent à perte de vue sur le sable blanc de la côte de Long Beach, la deuxième ville du comté. Les pêcheurs apprécient Belmont Shores. L'Alamitos Bay attire les adeptes de la planche à voile, du kayak et du jet-ski.

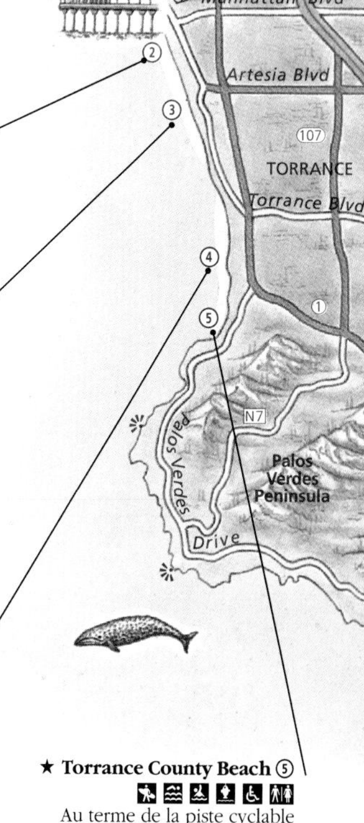

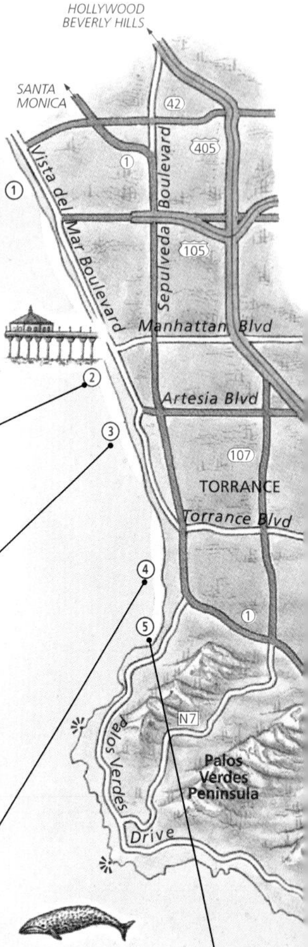

★ **Manhattan State Beach** ②

Le long de la piste cyclable côtière, une longue plage où l'on peut nager, pêcher ou faire du surf.

★ **Hermosa City Beach** ③

Ambiance familiale sur cette plage où l'on pêche la perche de mer et qui se prête à toutes sortes d'activités balnéaires.

***Le Woldport LA** comprend, sur ses 45 km de front de mer, un terminal pétrolier et un port de marchandises. Il abrite aussi la deuxième flotte de pêche du pays.*

★ **Torrance County Beach** ⑤

Au terme de la piste cyclable de la Santa Monica Bay *(p. 168)*, une plage appréciée aussi bien des nageurs, des surfeurs et des plongeurs que des pêcheurs à la ligne.

★ **Redondo State Beach** ④

Un buste en bronze commémore George Freeth qui introduisit ici le surf en Californie en 1907.

Dockweiler State Beach ①

La sterne naine de Californie vient nicher au-delà de l'entrée du port, à l'extrémité nord de la plage.

Cabrillo Beach ⑥

Divisée en deux par la digue, Cabrillo possède une jetée d'où l'on pêche côté océan et une plage abritée dans la San Pedro Bay.

Long Beach City Beach ⑦

Aussi appelée Long Beach Strand, elle possède à son extrémité ouest l'ancien quartier général des maîtres nageurs transformé un musée.

Belmont Shores ⑧

Au nord, les pêcheurs guettent le flétan, la bonite et la perche de mer depuis le Belmont Pier. C'est aussi un perchoir pour le pélican brun de Californie, une espèce menacée. La plage s'étend au sud jusqu'à l'embouchure de la San Gabriel River.

CARTE DE SITUATION

Alamitos Bay ⑨

Planche à voile, ski nautique et natation sont populaires dans les eaux abritées de la baie.

DOWNTOWN LOS ANGELES
DOWNTOWN LOS ANGELES
405
110
213
710
405
Alameda Street
Long Beach Blvd
Western Avenue
WILMINGTON
LONG BEACH
Ocean Blvd
103
ANAHEIM
HUNTINGTON BEACH
SAN PEDRO
Worldport LA
Point Fermin
0 5 km

LÉGENDE

- Autoroute
- Route principale
- Route secondaire
- Cours d'eau
- Point de vue

La Palos Verdes Peninsula *domine de 400 m la côte rocheuse habitée par de nombreux échassiers. D'abrupts sentiers relient le littoral au sommet de la falaise offrant des vues panoramiques.*

Le cinéma à Los Angeles

À un carrefour d'Hollywood

Los Angeles est une capitale industrielle, celle du cinéma. Ses usines à rêve emploient plus de 60 000 personnes et injectent environ 4 milliards de dollars par an dans l'économie de la ville. Hollywood Boulevard a malheureusement perdu beaucoup de son lustre et de nombreuses compagnies ont déménagé dans des endroits moins onéreux. Mais ce lieu où une jeune secrétaire appelée Ava Gardner ou un joueur de football universitaire du nom de John Wayne ont pu être « découverts » pour devenir des vedettes mondiales garde une magie particulière.

Des équipes de tournage *en action n'ont rien d'exceptionnel dans les rues de Los Angeles.*

Le Griffith Observatory (p. 146) *servit de décor à la célèbre bataille au couteau de* La Fureur de vivre *(1955). Ce film légendaire fit de James Dean une immense vedette, mais l'acteur mourut la même année dans un accident de voiture.*

Les écrivains à Hollywood

Hollywood a attiré de nombreux écrivains qui y travaillèrent comme scénaristes. Certains, tels Nathanael West et Francis Scott Fitzgerald, prirent la ville comme sujet de romans, exposant souvent ses aspects les plus creux et les plus cruels. *L'Incendie de Los Angeles* (1939) de West, violente dénonciation de l'industrie du cinéma, est devenu un classique de la littérature. Publié après sa mort, *Le Dernier Nabab* (1941) de Fitzgerald offre une vision sentimentale de la carrière d'Irving Thalberg, l'un des producteurs les plus influents de l'« âge d'or » d'Hollywood. Plus récent, *The Player* (1988) de Michael Tolkin jette un regard satirique sur les dirigeants des studios.

Francis Scott Fitzgerald

***Pour* The Last Action Hero**, *tourné en 1993 par Arnold Schwarzenegger, explosions et cascadeurs volant dans les airs apportèrent un peu d'animation à cette rue de Los Angeles.*

Les lieux de tournage

S'ils utilisent toujours les décors édifiés dans les années 1940 et 1950 par les grands studios, les réalisateurs tournent aussi régulièrement en extérieur à Los Angeles… dans des lieux parfois supposés se trouver dans d'autres villes. Les cinéphiles éprouveront donc souvent une impression de déjà vu en se promenant dans la ville.

***Des contrats en millions de dollars** se signent à Hollywood depuis 1917 où Charlie Chaplin obtint le premier. Après avoir reçu deux Oscars, Tom Hanks demande jusqu'à 20 millions pour un film, dix fois le salaire annuel du président des États-Unis. Parmi les vedettes à très gros cachets figurent également Robin Williams, Julia Roberts et Harrison Ford. Pour les dirigeants des studios, ces sommes sont justifiées par le public qu'attirent les stars et les gains.*

Julia Roberts

Harrison Ford

***Venice** (p. 76) doit à son cachet de servir souvent de lieu de tournage, comme ici pour une scène de danse interprétée par Sarah Jessica Parker dans le film* Los Angeles Story *(1991) écrit par Steve Martin et réalisé par Mick Jackson.*

***Le Santa Monica Pier** (p. 74) devrait paraître familier aux spectateurs de* L'Arnaque *(1973) où jouaient Robert Redford et Paul Newman.*

***La chasse aux stars** est un sport pratiqué à Los Angeles aussi bien par les autochtones que les visiteurs. L'élégant Spagos de Wolfgang Puck (p. 545) et le Polo Lounge du Beverly Hills Hotel (p. 508) offrent de bonnes occasions d'apercevoir acteurs ou réalisateurs.*

LES GROSSES RECETTES

Ni *Citizen Kane* (1941), qui révolutionna l'expression cinématographique, ni *Casablanca* (1943), la plus populaire des histoires d'amour tournées par Hollywood, ne figurent sur la liste dressée par le magazine *Variety* des plus grosses recettes du cinéma américain.

1. *Titanic* (1997)
2. *La Guerre des étoiles* (1977)
3. *La Menace fantôme* (1999)
4. *E.T.* (1982)
5. *Jurassic Park* (1993)
6. *Forrest Gump* (1994)
7. *Le Roi lion* (1994)
8. *Le Retour du Jedi* (1983)
9. *Independance Day* (1996)
10. *L'Empire contre-attaque* (1980)

Seuls deux films d'avant 1960 figurent au « Top 50 » : *Autant en emporte le vent* (1939), nº 25, et *Blanche Neige et les sept nains* (1937), nº 27.

Affiche d'*E.T.*

Les meilleurs musées de Los Angeles

Les musées de Los Angeles reflètent la diversité de ses visages. Les collections consacrées à l'histoire naturelle, l'artisanat indien, l'époque de la Conquête de l'Ouest ou l'Holocauste témoignent de l'intérêt pour le passé d'une ville de fondation récente. De riches Angelenos, tels Norton Simon, J. Paul Getty et Henry et Arabella Huntington ont légué de prestigieuses collections d'art. Sur le Wilshire Boulevard, le « Museum Row » regroupe cinq musées dont le vaste complexe du Los Angeles County Museum of Art (LACMA) de réputation internationale.

Le LACMA *est un des plus prestigieux musées d'art américains. On peut y voir notamment* La Trahison des Images (Ceci n'est pas une pipe), *peint par René Magritte vers 1928* (p. 110-113).

Périphérie de Downtown

Santa Monica Bay

Le J. Paul Getty Museum *a récemment déménagé la plupart de ses collections dans le Getty Center des Santa Monica Mountains.* La Promenade *(1870) d'Auguste Renoir fait partie des prestigieux tableaux exposés* (p. 78-81).

Le Museum of Tolerance *a pour but de promouvoir la compréhension entre les peuples. Un objectif qu'illustre cette sculpture réunissant l'Égyptien Anouar al-Sadate, le président américain Jimmy Carter et l'Israélien Menahem Begin* (p. 89).

0 5 km

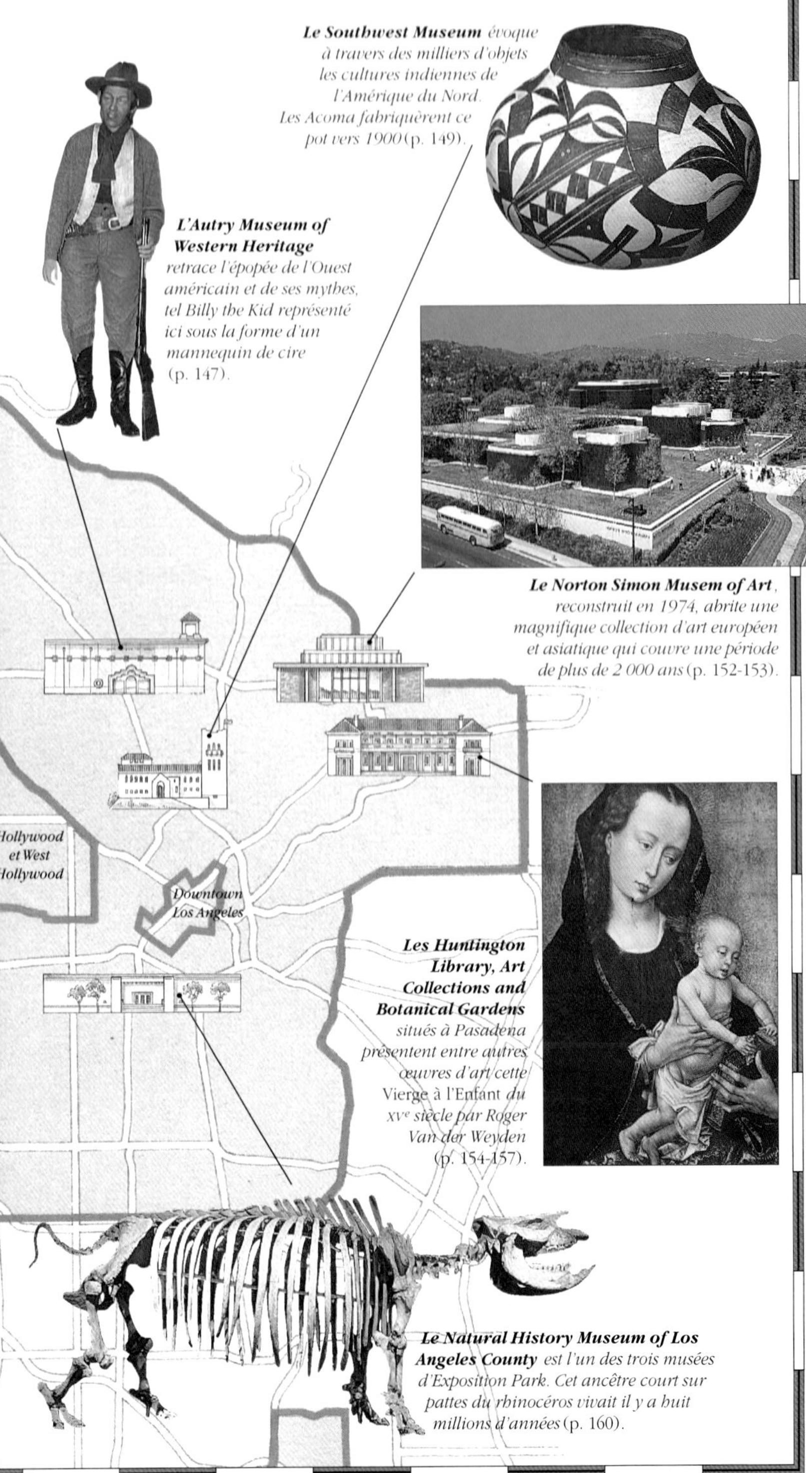

***Le Southwest Museum** évoque à travers des milliers d'objets les cultures indiennes de l'Amérique du Nord. Les Acoma fabriquèrent ce pot vers 1900* (p. 149).

***L'Autry Museum of Western Heritage** retrace l'épopée de l'Ouest américain et de ses mythes, tel Billy the Kid représenté ici sous la forme d'un mannequin de cire* (p. 147).

***Le Norton Simon Musem of Art**, reconstruit en 1974, abrite une magnifique collection d'art européen et asiatique qui couvre une période de plus de 2 000 ans* (p. 152-153).

***Les Huntington Library, Art Collections and Botanical Gardens** situés à Pasadena présentent entre autres œuvres d'art cette* Vierge à l'Enfant *du* XVe *siècle par Roger Van der Weyden* (p. 154-157).

***Le Natural History Museum of Los Angeles County** est l'un des trois musées d'Exposition Park. Cet ancêtre court sur pattes du rhinocéros vivait il y a huit millions d'années* (p. 160).

L'architecture contemporaine à Los Angeles

Pendant près d'un siècle après sa fondation en 1781, Los Angeles resta une petite bourgade aux modestes maisons en adobe. À la fin du XIXe siècle, la construction de la ligne de chemin de fer transcontinentale entraîne un boom immobilier. Des colons venus de l'est et du Midwest introduisent le style victorien dans lequel ils avaient grandi. Au XXe siècle, les architectes parent la ville d'édifices jouant avec imagination de styles anciens. Après la Deuxième Guerre mondiale, des créateurs tels que Charles Eames et Frank Gehry, sur les pas du précurseur Frank Lloyd Wright, explorent des voies résolument modernes.

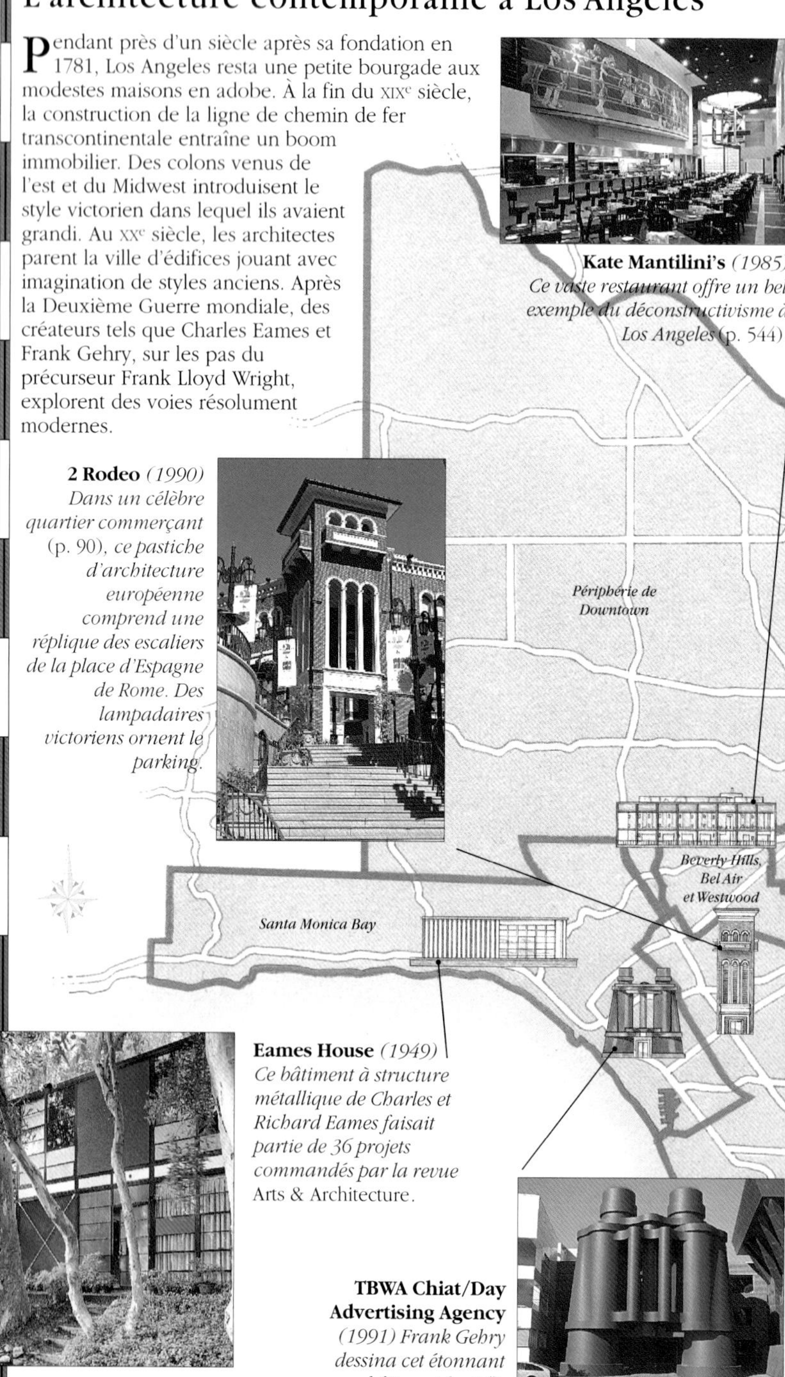

Kate Mantilini's *(1985)*
Ce vaste restaurant offre un bel exemple du déconstructivisme à Los Angeles (p. 544).

2 Rodeo *(1990)*
Dans un célèbre quartier commerçant (p. 90), *ce pastiche d'architecture européenne comprend une réplique des escaliers de la place d'Espagne de Rome. Des lampadaires victoriens ornent le parking.*

Eames House *(1949)*
Ce bâtiment à structure métallique de Charles et Richard Eames faisait partie de 36 projets commandés par la revue Arts & Architecture.

TBWA Chiat/Day Advertising Agency
(1991) Frank Gehry dessina cet étonnant bâtiment (p. 74).

Disney Studio Office Building *(1991)*
Ce bâtiment construit à Burbank par l'architecte post-moderne Michael Graves présente un fronton d'inspiration classique soutenu par les sept nains de Blanche-Neige... hauts de près de 6 m. À l'intérieur, des sièges incorporent Mickey Mouse dans leur dessin (p. 140-141).

Ennis House *(1924)*
L'originalité de Frank Lloyd Wright s'exprime avec force dans cette villa qui servit au tournage de Blade Runner.

Gamble House *(1908)*
Voici la plus belle des demeures édifiées par Charles et Henry Greene au tournant du siècle. Le soin apporté à la décoration intérieure réalisée de façon artisanale est caractéristique du style appelé Arts and Crafts (p. 150).

Union Station *(1939)*
La dernière des grandes gares américaines. Son hall voûté, sa salle d'attente et ses patios associent les styles Mission Revival et Streamline Moderne (p. 124).

Eastern Columbia Building *(1930)*
Cet immeuble Art déco dessiné par Claude Beelman est l'un des plus marquants de ce style à Los Angeles.

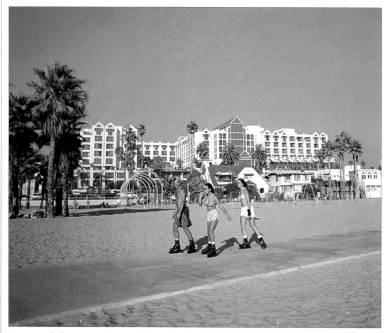

La promenade de Venice Beach attire de nombreux adeptes de la glisse

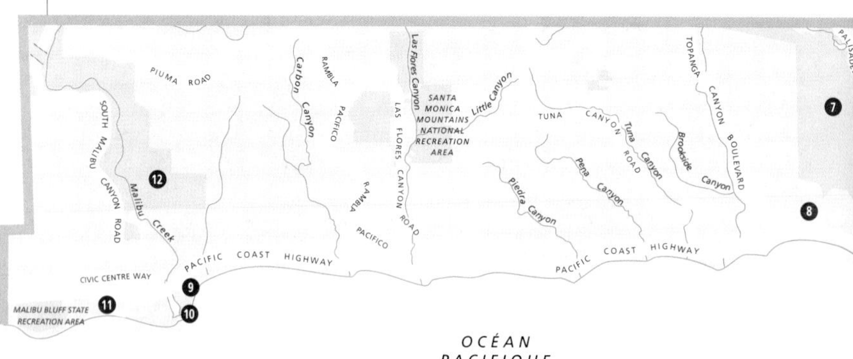

Santa Monica d'un coup d'œil

Quartiers
Malibu Colony 11
Marina del Rey 3
Santa Monica p. 72-75 1
Venice 2

Musées
Adamson House et Malibu Lagoon Museum 9
Getty Villa 8
J Paul Getty Museum et Getty Center p. 78-81 5
Museum of Flying 4

Parcs et plage
Malibu Creek State Park 12
Malibu Lagoon State Beach 10
Topanga State Park 7
Will Rogers State Historic Park 6

Légende

Plan pas à pas
Voir p. 72-73

0 2 km

La Santa Monica Bay

Soleil, fraîches brises marines, excellents musées et immenses plages de sable blanc propices au surf font de la Santa Monica Bay un résumé de ce que la Californie a de meilleur à offrir. Des tribus Chumash et Tongva (Gabrielino) habitèrent la baie pendant 2 500 ans avant l'arrivée en 1542 de l'explorateur espagnol Juan Cabrillo *(p. 42)*. Au début du XIXe siècle, le terrain fut divisé en plusieurs concessions, notamment le Rancho San Vicente y Santa Monica et le Rancho Topanga Malibu Sequit. En 1875, un sénateur du Nevada, John Percival Jones, acheta la jouissance du premier, comptant sur la création du port de Los Angeles à cet endroit. Par chance, cet honneur revint à San Pedro *(p. 134-135)* et les stations balnéaires de Santa Monica et Venice naquirent à la place. Elles demeurent deux des quartiers les plus agréables et les plus vivants de Los Angeles.

Baigneur à Venice Beach

Frederick et May Rindge acquirent en 1887 le Rancho Topanga Malibu situé plus loin sur la côte. Leur famille se battit pendant des années contre l'État pour garder le contrôle de la propriété, mais dut s'incliner et céda alors une grande partie de Malibu à des personnalités fortunées. De vastes espaces de la Santa Monica Bay restent cependant préservés et les parcs nationaux de Topanga et de Malibu Creek, deux des poumons d'air pur de la cité, proposent des kilomètres de sentiers de randonnée.

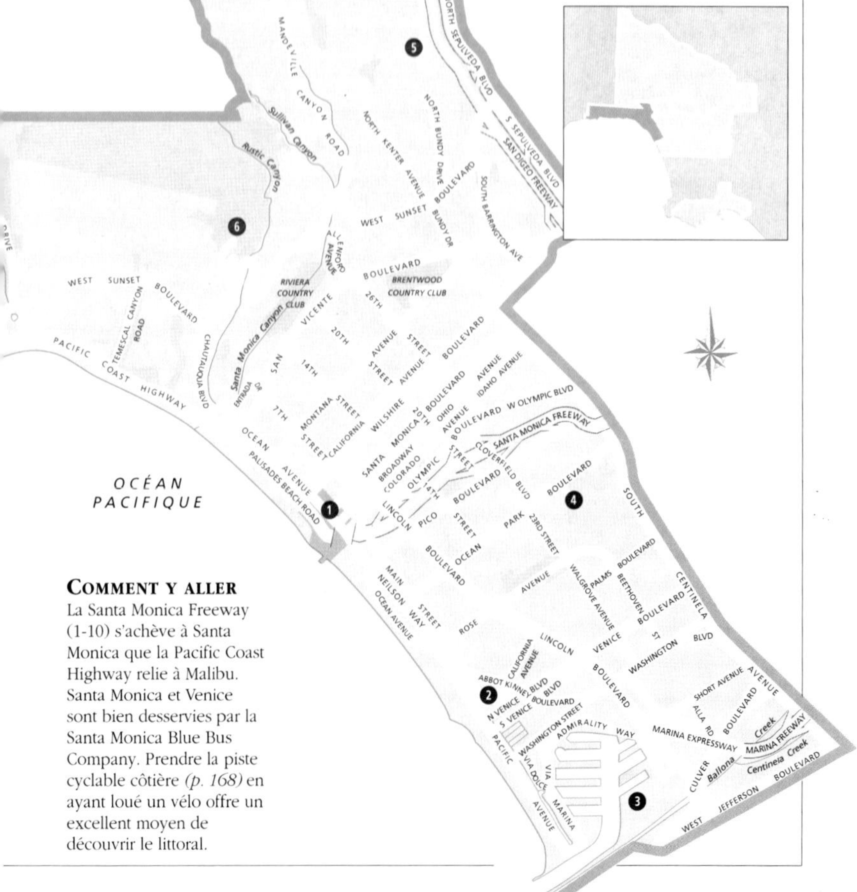

Comment y aller

La Santa Monica Freeway (1-10) s'achève à Santa Monica que la Pacific Coast Highway relie à Malibu. Santa Monica et Venice sont bien desservies par la Santa Monica Blue Bus Company. Prendre la piste cyclable côtière *(p. 168)* en ayant loué un vélo offre un excellent moyen de découvrir le littoral.

Santa Monica pas à pas ❶

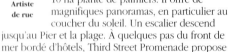

Une moyenne de 328 jours de soleil par an et des rues où le piéton a sa place font de Santa Monica, rafraîchie par des brises marines, un des lieux de promenade les plus agréables de Los Angeles. Perchée sur une falaise, la ville domine la Santa Monica Bay et des kilomètres de larges plages de sable. Au bord de la falaise court le Palisades Park, un étroit jardin de 10 ha planté de palmiers. Il offre de magnifiques panoramas, en particulier au coucher du soleil. Un escalier descend jusqu'au Pier et la plage. À quelques pas du front de mer bordé d'hôtels, Third Street Promenade propose ses magasins et ses terrasses de cafés et de restaurants.

Artiste de rue

Vue depuis le Palisades Park
Depuis ce jardin, ménageant de grandioses panoramas de la baie, la vue porte au nord jusqu'à Malibu.

★ Third Street Promenade
Des fontaines en forme de dinosaures animent sur trois pâtés de maisons l'une des plus agréables rues commerçantes de Los Angeles.

★ Le Palisades Park
Cet étroit jardin offre l'ombre de ses palmiers pour se promener, faire du jogging ou s'asseoir sur un banc et admirer la vue. Beaucoup de gens viennent y contempler le coucher du soleil.

Des hôtels bordent le front de mer.

LÉGENDE

— — — Itinéraire conseillé

À NE PAS MANQUER

★ Le Palisades Park

★ Le Santa Monica Pier

★ Third Street Promenade

0 200 m

Santa Monica Place
Frank Gehry dessina en 1979 cette galerie marchande animée. Au rez-de-chaussée, vous trouverez à vous restaurer à des prix raisonnables. Grands magasins et boutiques se partagent les deux niveaux supérieurs.

Carte de situation

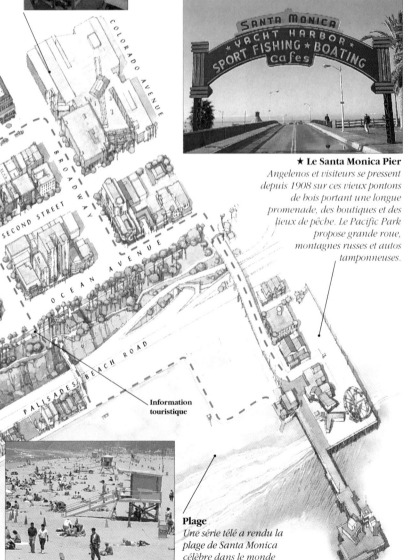

★ Le Santa Monica Pier
Angelenos et visiteurs se pressent depuis 1908 sur ces vieux pontons de bois portant une longue promenade, des boutiques et des lieux de pêche. Le Pacific Park propose grande roue, montagnes russes et autos tamponneuses.

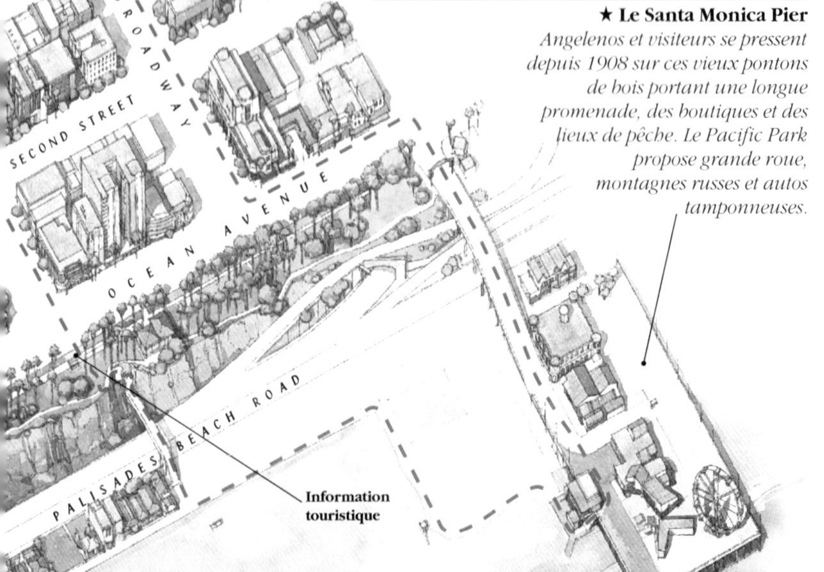

Information touristique

Plage
Une série télé a rendu la plage de Santa Monica célèbre dans le monde entier : Alerte à Malibu !

À la découverte de Santa Monica

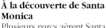

Des liaisons ferroviaires avec le centre de Los Angeles donnèrent son essor à Santa Monica à la fin du siècle dernier. Elle mena un temps une double vie, à la fois station de villégiature assoupie et tête de pont des casinos flottants mouillés au large. Dans les années 1920 et 1930, des vedettes de cinéma telles que Cary Grant et Mary Pickford y achetèrent du terrain, créant la « Gold Coast ». La plage et la jetée demeurent les principales attractions de la ville, mais elle est aussi réputée pour ses restaurants *(p. 548)* et offre d'agréables rues commerçantes. Les amateurs d'art trouveront des galeries à la Bergamot Station et à Edgemar dans Main Street.

Statue de la Bergamot Station

Immeuble dessiné par Frank Gehry pour la TBWA Chiat/Day Mojo Advertising Agency

À la découverte de Santa Monica
Plusieurs parcs aèrent Santa Monica, mais aucun n'est aussi beau que le **Palisades Park** aménagé au bord de la falaise dominant l'océan. Cet étroit jardin soigneusement entretenu s'étend sur 2,5 km, et s'y promener au milieu des plantes exotiques, à l'ombre de hauts palmiers, alors que le Pacifique miroite sous le soleil, donne l'impression de participer à une série télévisée. À l'extrémité nord, le bien nommé Inspiration Point ménage un superbe panorama de la baie, de Malibu à Palos Verdes.

Côté terre, **Third Street Promenade**, artère commerçante jadis en déclin, a connu une importante restauration pour devenir l'un des lieux les plus animés de Los Angeles. Piétonnier entre Wilshire Boulevard et Broadway, ce boulevard est bordé de boutiques, de cafés, de restaurants, de librairies et de cinémas. Des artistes de rue, musiciens, danseurs, marionnettistes ou prestidigitateurs, y créent une atmosphère particulièrement festive le soir. Les samedi et mercredi, un marché fermier se tient non loin sur Arizona Avenue.

L'autre grand secteur commerçant de Santa Monica est **Main Street** qui s'étend vers le sud en direction de Venice *(p. 76)*. C'était, au tournant du siècle, le quartier marchand du Pacific Ocean Park, un parc d'attractions. Il s'était trouvé pratiquement désaffecté au début des années 1970 et Main Street tombait dans la décrépitude.

La rue a aujourd'hui retrouvé son dynamisme et possède des boutiques variées, d'excellents restaurants et des galeries d'art. Plusieurs œuvres d'art la décorent, entre autres *Chain Reaction* (1991), sculpture inspirée à Paul Conrad par les dangers d'une guerre nucléaire. Elle se dresse près du Civic Auditorium. Au carrefour avec Ocean Boulevard, une peinture murale par Jane Golden et Barbara Stoll, *Ocean Park Pier* (1976), représente le parc d'attractions de la jetée au début du siècle.

Un charmant exemple d'architecture coloniale espagnole subsiste à l'angle nord-ouest de l'intersection de Main Street et Pier Avenue. Non loin s'élève l'immeuble de la TBWA Chiat/Day Mojo Advertising Agency *(p. 68)*, surprenant bâtiment auquel Frank Gehry a donné en 1991 la forme d'une paire de jumelles.

Santa Monica Pier
Colorado et Ocean aves. *(310) 458 - 8900.* *t.l.j.* **Carousel** *de mai à sept. : de 10 h à 17 h du mar. au dim. ; d'oct. à avril : de 10 h à 17 h sam. et dim.*
Cet ensemble de pontons en bois construit en 1908 forme la plus ancienne jetée de la Côte Ouest destinée aux loisirs et vous y trouverez stands de pop-corn et de barbe à papa, autos tamponneuses et jeux d'arcade. À l'extrémité ouest, les attractions du Pacific Park comprennent des montagnes russes et une grande roue de la hauteur d'un immeuble de onze étages. Non loin tournent les quarante-quatre chevaux sculptés à la main d'un carrousel de 1922. C'est une œuvre de la famille Looff à l'instar de celui de

***Chain Reaction* de Paul Conrad**

Immeubles d'habitation bordant Palisades Park

Santa Cruz *(p. 490)*. Il apparaît dans le film de George Roy Hill *L'Arnaque* *(p. 65)*. Aucun permis n'est exigé pour pêcher depuis les pontons inférieurs de la jetée. Des concerts gratuits ont lieu en été le jeudi soir *(p. 163)*.

Bergamot Station

2525 Michigan Ave. *(310) 829-5854.* *de 10 h à 17 h 30 du mar. au ven. ; de 11 h à 17 h 30 sam. ; de 12 h à 17 h le dim.* *jours fériés.*

Ce complexe de deux hectares occupe l'emplacement d'une ancienne gare de tramway de la Red Line. Dans ces bâtiments dépouillés revêtus d'aluminium, plus de vingt galeries présentent peintures, sculptures, photographies, mobilier et verrerie illustrant les dernières tendances de l'art contemporain. On y trouve également des objets de collection et de l'art africain. La Bergamot Station renferme aussi plusieurs ateliers d'artistes.

Affiche politique cubaine exposée à la Bergamot Station

California Heritage Museum

2612 Main St. *(310) 392- 8537.* *de 11 h à 16 h du mer. au sam. ; de 12 h à 16 h le dim.* *1er jan., 4 juil., Thanksgiving, 25 déc.*

Ce musée occupe la demeure Queen Anne qu'édifia en 1894 l'architecte Sumner P. Hunt pour Roy Jones, fils du fondateur de Santa Monica *(p. 71)*. Salle à manger victorienne, salon Arts and Crafts *(p. 69)*, cuisine des années 1930, les pièces du rez-de-chaussée offrent un aperçu d'anciens modes de vie de la Californie du Sud. À l'étage,

Façade victorienne du California Heritage Museum

des expositions temporaires développent des sujets tels que le surf *(p. 188-189)*, le western ou le mobilier de style Monterey Rancho.

Santa Monica Museum of Art

Bergamot Station. *(310) 586-6488.* *de 11 h à 18 h du mer. au dim. (jusqu'à 22 h le ven.).* *1er jan., 4 juil., Thanksgiving, 25 déc.* **Contribution**.

Le Santa Monica Museum est consacré à l'art moderne et contemporain. Son principal objectif est de promouvoir des artistes vivants, notamment ceux qui ont choisi de s'exprimer grâce au multimédia.

Le musée a réouvert en mai 1998 après avoir emménagé dans un espace immense et novateur. Le complexe artistique Bergamot Station accueille également 20 autres galeries. Le musée ne dispose pas de collection permanente mais ses expositions temporaires rendent largement compte du travail des artistes choisis.

MODE D'EMPLOI

Carte routière encadré A. *90 000.* *LAX à 13 km au S.-E. de Santa Monica.* *4th St et Colorado Blvd.* *Palisades Park, 1400 Ocean Ave (310 393-7593).* *Santa Monica Festival (avril).*

RAYMOND CHANDLER

Grand maître de la littérature policière américaine, Raymond Chandler (1888-1959) situa, en partie ou totalement, l'action de plusieurs de ses livres à Santa Monica, ville qu'il détestait. Il en fit notamment, à peine déguisée, la Bay City corrompue d'*Adieu ma jolie*. Sa description correspond à une réalité des années 1920 et 1930. Des bateaux ancrés au large abritaient alors des salles de jeu illégales ; parmi ceux-ci, le *Rex*, mouillé à 8 km hors de la Santa Monica Bay, fut rebaptisé *Royal Crown* par Chandler. Son personnage principal, Philip Marlowe, interprété à l'écran par Humphrey Bogart, est devenu l'archétype du détective privé : un solitaire cachant derrière une façade désabusée une âme de redresseur de torts. Fascinantes et manipulatrices, les femmes lui restent en général inaccessibles malgré son charme bourru et son humour. Le cinéma a adapté *Le Grand Sommeil, Adieu ma jolie, La Grande Fenêtre, Fais pas ta rosière* et *Sur un air de navaja*.

Affiche du *Grand Sommeil* (1946)

Venice ❷

Carte routière, encadré A. *2904 Washington Blvd, Suite 100 (310 396-7016).*

Mû par l'ambition de déclencher une renaissance culturelle en Californie du Sud, le magnat du tabac Abbot Kinney décida au début du siècle de construire une version américaine de Venise. Il perça 11 km de canaux où circulaient gondoles et gondoliers le jour de l'inauguration en 1905. Malheureusement, Kinney avait oublié de prendre en compte les marées dans l'élaboration de son projet et la ville connut d'incessants problèmes d'égouts.

La majeure partie des voies navigables fut comblée en 1927 et l'ancien Grand Canal s'appelle aujourd'hui Grand Boulevard. Dell Avenue offre le meilleur point de vue sur les canaux ayant subsisté et les vieux ponts qui les enjambent.

Depuis sa création, Venice attire artistes et écrivains et de nombreuses peintures murales ornent ses façades. Rendez-vous des beatniks dans les années 1950, pôle de la contre-culture de la décennie suivante, cette petite station balnéaire garde une population bigarrée et, le week-end, il règne une atmosphère de cirque sur Ocean Front Walk, la promenade du bord de mer. Des artistes de rue en tout genre, de l'avaleur de sabre à l'homme-orchestre, s'y produisent au milieu d'une nuée de jeunes gens fonçant à vélo, en roller-skate ou sur une planche à roulettes. Muscle Beach, où Arnold Schwarzenegger venait s'entraîner, attire toujours des culturistes.

Si Venice est un endroit sûr pendant la journée, mieux vaut éviter de s'y aventurer la nuit.

Yachts dans le port de Marina del Rey

Marina del Rey ❸

Carte routière, encadré A. *4111 Via Marina (310 821-0555).*

Marina del Rey s'étend sur une superficie de 3,4 km², pour moitié aquatique, et possède le plus grand port artificiel de petite plaisance du monde. Les célibataires et les familles y apprécient les activités de plein air et les sports nautiques. On peut y louer des canots ou des yachts, et prendre part aussi bien à une expédition de pêche au gros qu'à une croisière de luxe.

Sur Fiji Way, le Fisherman's Village ressemble à un port de pêche de la Nouvelle-Angleterre et renferme boutiques, cafés et restaurants offrant pour la plupart une belle vue du port.

Museum of Flying ❹

2772 Donald Douglas Loop N, Santa Monica. **Carte routière**, encadré A. *(310) 392-8822.* *de 10 h à 17 h du mer. au dim.* *1er jan., 4 juil., Thanksgiving, 25 déc.*

Ce musée consacré à l'histoire de l'aviation abrite notamment le *New Orleans* de 1924, premier avion à avoir effectué le tour du monde. Sa collection de quarante aéroplanes comprend des Mustang et des Spitfire de la Deuxième Guerre mondiale. Des expositions interactives expliquent les complexités de la construction aéronautique et plusieurs ateliers proposent des activités aux enfants.

Certains des appareils

Canal de Venice

restent en état de voler malgré leur grand âge et on peut les voir décoller du Santa Monica Airport voisin.

Yellow Peril Boeing Steaman au Museum of Flying

La faune de la Santa Monica Bay

Dans les eaux de la baie vivent phoques, otaries de Californie et tursiops, une espèce de dauphin. Point Dume offre un des meilleurs points de vue pour apercevoir, entre décembre et février, les baleines grises venues d'Alaska mettre bas en Baja California. Les montagnes recèlent une faune exceptionnelle. Rare, le cougar peut atteindre deux mètres de long et préfère les zones les plus rocheuses et les plus isolées. Plus petit, son cousin, le lynx rufus, se reconnaît aux touffes de poils à la pointe de ses oreilles. Les coyotes sortent au coucher du soleil et se repaissent souvent des animaux de compagnie des gens vivant dans les collines. Rusé et audacieux, le raton laveur n'hésite pas à piller les campeurs. Cerfs à queue noire, lapins et moufettes abondent également. Dans les airs planent aigles royaux et buses à queue rousse.

Raton laveur *(Procyon lotor)*

J. Paul Getty Center ❺

Voir p. 78-81.

Will Rogers State Historic Park ❻

1501 Will Rogers State Park Blvd, Pacific Palisades. **Carte routière**, encadré A. *(310) 454-8212.* *de 8 h au coucher du soleil t.l.j.* *1er jan., Thanksgiving, 25 déc.* *pelouse.*

Simple gardien de vaches, Will Rogers (1879-1935) devint à partir de 1905 une vedette de cinéma, un commentateur radio et un chroniqueur de presse. Son humour direct et ses commentaires perspicaces sur l'actualité, commentaires qu'il faisait généralement en effectuant des tours d'adresse au lasso, lui valurent le surnom de « Philosophe cow-boy ».

À sa mort, en 1944, sa veuve Betty légua à l'État la maison et la propriété de 75 ha qui l'entoure. Son testament stipulait que l'intérieur de la demeure, à découvrir lors de visites guidées, devait rester inchangé et que des rencontres de polo (sport favori de son mari) seraient organisées le week-end.

Rogers traça la plupart des sentiers qui rayonnent du ranch. La pelouse juste à l'est de la maison offre un cadre idéal à un pique-nique.

Topanga State Park ❼

20825 Entrada Rd, Topanga. **Carte routière**, encadré A. *(310) 455-2465 et (805) 488-8147 pour les risques d'incendie en été et en automne.* *de 8 h au coucher du soleil t.l.j.*

Ce parc de 4 000 ha s'étendant des Pacific Palisades à la San Fernando Valley *(p. 140)* porte un nom qui serait un mot indien signifiant « l'endroit où la montagne rencontre la mer ». Des tribus Tongva (Gabrielino) et Chumash habitèrent la région il y a 5 000 ans. Aujourd'hui, ses bosquets de sycomores et de chênes attirent des utopistes. La majeure partie du territoire protégé par le parc se trouve à l'intérieur de la ville de Los Angeles.

On atteint l'entrée, située juste au nord du village de Topanga, depuis la Highway 27, par Entrada Road. Au fur et à mesure que vous gravissez les Santa Monica Mountains, ravins, falaises et prairies cèdent la place à des points de vue sur l'océan et la San Fernando Valley. Quatre sentiers partent du centre d'accueil installé dans le Trippet Ranch : un parcours de découverte de la nature de 1,6 km de long ; le Dead Horse Trail ; le Musch Ranch Trail qui conduit à un camping ; et l'East Topanga Fire Road qui rejoint Eagle Junction. De là part un sentier très apprécié : l'Eagle Rock-Eagle Spring Trail (4 km).

Il est permis de circuler à bicyclette sur les pistes ouvertes pour les pompiers *(fire roads)* et à cheval sur tous les sentiers sauf un.

Sentiers du Topanga State Park traversant les Santa Monica Mountains

Le J. Paul Getty Museum et le Getty Center ❺

Le Getty Center qui a ouvert ses portes en décembre 1997 occupe une position géographique et culturelle dominante. Il est situé sur les Santa Monica Mountains dans la Sepulveda Pass, près de la San Diego Freeway (I-405). Outre le musée, le centre abrite les instituts de recherche, de conservation, d'éducation et d'information du Getty Trust, fondation gérant un fonds de plusieurs milliards de dollars légué par J. Paul Getty. Ce collectionneur d'art voulait que le public puisse découvrir gratuitement ses collections, principalement consacrées à l'art européen, de la Renaissance au post-impressionnisme. La Getty Villa de Malibu *(p. 82)* a conservé les antiquités grecques et romaines.

Carte de situation

- Zone représentée
- Bâtiments administratifs, de l'auditorium, des instituts, du café et du restaurant
- Station de tramway

★ **Iris** *(1989)*
Dans cette œuvre peinte par Vincent Van Gogh pendant son séjour à l'asile de Saint-Rémy transparaît l'influence de Paul Gauguin (1848-1903) et du Japonais Hokusai (1760-1849).

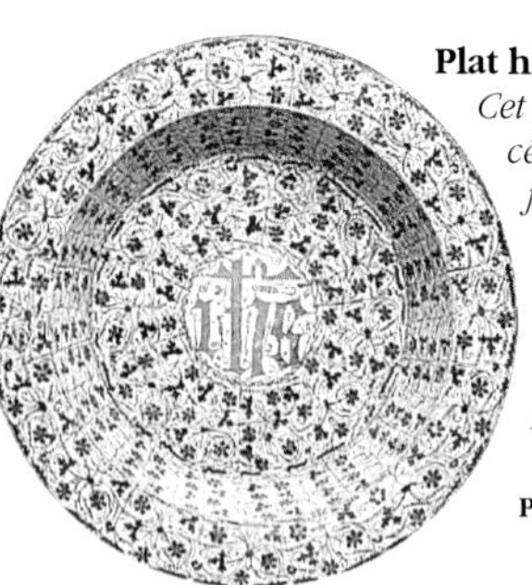

Plat hispano-arabe
Cet élégant plat en céramique fut fabriqué par un artisan maure de Valence, en Espagne, au milieu du XVe siècle.

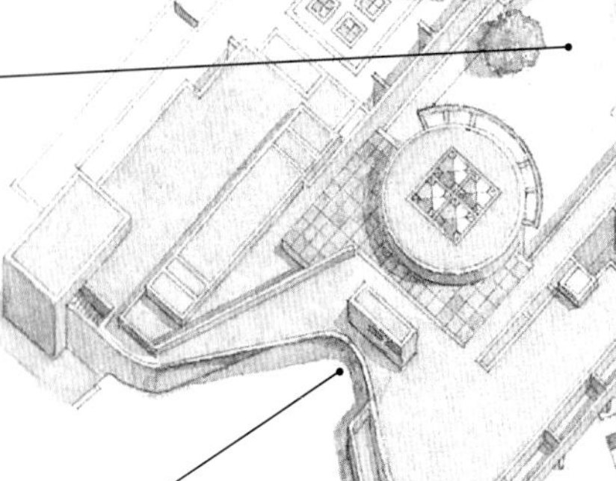

À ne pas manquer

- ★ ***Effet de neige* de Claude Monet**
- ★ ***L'Enlèvement d'Europe* de Rembrandt**
- ★ ***Iris* de Vincent Van Gogh**

Cabinet
Attribué au Français André Charles Boulle, ce cabinet du XVIIe siècle glorifiait le règne et les victoires de Louis XIV.

MODE D'EMPLOI

1200 Getty Center Drive. **Carte routière**, encadré A. (310) 440-7300. *du mar. au dim.* *1er jan., 4 juil., Thanksgiving, 25 déc.* *Groupes scolaires de 9 h à 11 h du lun. au ven.*

Pavillon sud

Pavillon ouest

Promontoire sud

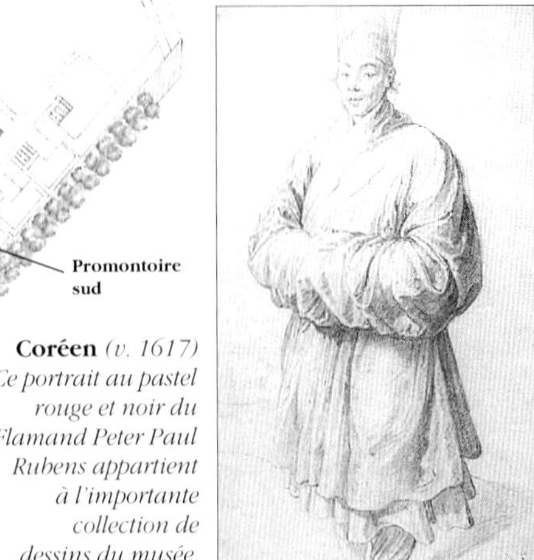

Coréen *(v. 1617)*
Ce portrait au pastel rouge et noir du Flamand Peter Paul Rubens appartient à l'importante collection de dessins du musée.

★ Effet de neige *(1891)*
Dans sa série des « Meules », Monet représenta un même sujet à des moments différents.

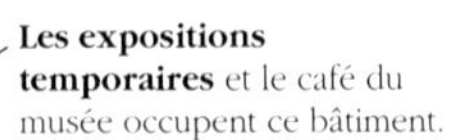

Les expositions temporaires et le café du musée occupent ce bâtiment.

★ L'Enlèvement d'Europe *(1632)*
Ce tableau montrant Jupiter, transformé en taureau, enlevant la princesse de Tyre est l'un des rares paysages de Rembrandt.

SUIVEZ LE GUIDE !
Si vous venez en voiture, il vous faudra réserver à l'avance votre place de parking. Du parc de stationnement, un tram électrique conduit les visiteurs jusqu'au centre. Un café-restaurant se trouve sur la place en face de la station d'arrivée. Le musée renferme un autre café et une librairie. Derrière le hall d'entrée s'ouvre une cour intérieure entourée de cinq pavillons de deux étages contenant les collections d'art. À l'ouest du musée, l'artiste conceptualiste Robert Irwin a dessiné le Central Garden.

À la découverte du Getty Museum

Collectionneur forcené qui prenait presque autant de plaisir à la quête de l'objet désiré qu'à sa possession, J. Paul Getty (1892-1976) a réuni un ensemble exceptionnel de peintures, de sculptures et d'objets d'art européens datant d'avant le XXe siècle. Il a légué la majorité de sa fortune à une fondation, le Getty Trust, qui poursuit depuis une ambitieuse politique d'acquisition. Elle a notamment créé les départements des dessins et des manuscrits du musée qui, en s'installant au Getty Center, pourra présenter deux fois plus d'œuvres qu'à la Getty Villa désormais uniquement consacrée aux antiquités grecques et latines *(p. 82)*.

***Homme à la boue*, tableau peint entre 1860 et 1862 par Jean-François Millet**

Peintures et sculptures européennes

Les peintures européennes du Getty Museum datent du XIIIe siècle à la fin du XIXe siècle. Les œuvres italiennes de la Renaissance et de l'époque baroque comprennent une *Adoration des Mages* (v. 1495-1505) par Andrea Mantegna et une *Vue de la douane de Venise* (1744) par Canaletto. *L'Enlèvement d'Europe* (1632) de Rembrandt est un fleuron de la collection flamande et hollandaise qui comporte aussi une esquisse à l'huile par Peter Paul Rubens (1577-1640) et un portrait par Antoine Van Dyck (1599-1641).

Les écoles françaises sont également bien représentées avec, entre autres, *La Course de chevaux libres* (1817) du peintre romantique Théodore Géricault et *Nature morte aux pommes* (1900) de Paul Cézanne. L'acquisition de ce tableau, ainsi que de *Effets de neige (p. 79)* de Claude Monet et des *Iris (p. 78)* de Vincent Van Gogh, a permis d'enrichir la partie de la collection consacrée à une période clé de l'art occidental : la fin du XIXe siècle où les impressionnistes et leurs amis ouvrirent de nouvelles voies à la représentation picturale.

Les sculptures européennes du Getty Museum datent du XVIe siècle à la fin du XIXe siècle. Pier Jacopo Antico exécuta à la fin de la seconde Renaissance italienne le *Buste de Marc Aurèle* (v. 1520). Le *Satyre* (v. 1542) de Benvenuto Cellini présente déjà l'élongation des corps caractéristique du maniérisme. *L'Enlèvement de Proserpine* (v. 1693-1710) de François Girardon et *L'Enfant au dragon* (v. 1614) du Bernin offrent deux beaux exemples du baroque. Les œuvres néo-classiques comprennent trois statues de Joseph Nollekens : *Vénus*, *Junon* et *Minerve* (1773).

Dessins

L'acquisition en 1981 du *Nu au serpent* (v. 1637), une étude à la sanguine de Rembrandt, marqua le début de la collection de dessins du musée. Aujourd'hui, elle compte plus de quatre cents œuvres de techniques très variées datant du XVe siècle à la fin du XIXe siècle.

La Lucane (1505), illustration à l'aquarelle et à la gouache d'Albrecht Dürer, contraste par son souci du détail avec les *Trois esquisses d'un enfant avec un agneau* (v. 1503-1506) exécutées à l'encre et au crayon par Léonard de Vinci dans un style beaucoup plus libre.

Parmi les portraits figurent le *Coréen (p. 79)* de Peter Paul Rubens et un *Autoportrait* (v. 1857-1858) d'Edgar Degas, huile sur papier montrant le jeune artiste au début de son extraordinaire carrière.

Photographies

Créé en 1984 avec l'acquisition d'importantes collections privées, en particulier celles de Bruno Bischofberger, Arnold Crane et Samuel Wagstaff, ce département a pour principal centre d'intérêt la photographie européenne et américaine jusque dans les années 1950. Son fonds est d'une richesse exceptionnelle en clichés des

***Columbia River, Oregon* (1867) de Carleton E. Watkins**

années 1840, œuvres de pionniers, et comprend un daguerréotype de Jacques Daguerre lui-même pris par Charles R. Meade en 1848.

C'est un Anglais, William Henry Fox Talbot (1800-1877), qui réalisa les premiers tirages d'après négatifs. *Oak Tree* (v. 1845) offre un bon exemple de son travail. À voir également, des photos d'Hippolyte Bayard (1801-1887), de la portraitiste Margaret Cameron (1815-1879), du photographe de guerre Roger Fenton (1819-1869), de Gustave Le Gray (1820-1882) et de Nadar (1820-1910).

Parmi les artistes du début du XXe siècle représentés figurent Edward Weston (1886-1958), auteur de magnifiques natures mortes, et Walker Evans (1903-1975) qui exerça une influence déterminante sur la photo documentaire aux États-Unis.

Coupe en verre de la Renaissance italienne fabriquée à Venise vers 1500

Arts appliqués

Ce département regroupe des pièces européennes d'avant 1650 et d'Europe du Sud entre 1650 et 1900, sélectionnées pour compléter la vaste collection d'objets d'art français réunie par Getty.

L'exposition comprend de la verrerie et de la poterie d'Italie et d'Espagne, de la ferronnerie française, allemande et italienne et des meubles très ornementés. Un cabinet richement marqueté à Augsbourg vers 1620-1630 entre dans cette dernière catégorie. Ses quatre faces s'ouvrent pour révéler de nombreux tiroirs et compartiments.

Panier en porcelaine de Sèvres du milieu du XVIIIe siècle

Arts décoratifs

J. Paul Getty succomba à la passion de la collection après avoir loué à New York un appartement meublé d'antiquités françaises et anglaises du XVIIIe siècle et il s'intéressa en premier lieu aux arts décoratifs, du règne de Louis XIV jusqu'à l'époque napoléonienne.

Sous le Roi-Soleil, le mobilier français devint d'une grande sophistication, l'apparence comptant plus que la fonction. Le travail de l'ébéniste André Charles Boulle (1642-1732) illustre bien cette démarche avec ses marqueteries d'écaille et de cuivre. Le musée possède des œuvres ayant appartenu à la famille royale qui lui sont attribuées. Deux coffres sur pieds (v. 1680-1685) fabriqués pour le Grand Dauphin, le fils de Louis XIV, servaient probablement à garder des bijoux et objets précieux.

La collection compte aussi plusieurs tapisseries très bien préservées, dont une exécutée par Jean de la Croix (actif entre 1662 et 1712) pour Louis XIV, ainsi que des céramiques et des pièces d'argenterie et d'orfèvrerie telles que lustres et appliques murales.

Le musée a acquis ces dernières années des objets d'Italie et d'Europe du Nord. Un bureau à cylindre néo-classique conçu vers 1785 par l'Allemand David Roentgen possède une écritoire dissimulée et actionnée par un contre-poids, un mécanisme élaboré caractéristique des créations de son fabricant.

Manuscrits

Commencée en 1983 avec l'achat de la collection Ludwig qui réunit 144 œuvres provenant principalement d'Allemagne et d'Europe centrale, la collection permanente du département des manuscrits retrace aujourd'hui l'évolution de l'enluminure du VIe au XVIe siècle et comprend des chefs-d'œuvre des époques byzantine, ottonienne, romane, gothique et Renaissance.

Ces manuscrits étaient à l'origine pour la plupart copiés et illustrés dans des monastères, centres de la vie intellectuelle européenne. Au XIIe siècle, le développement des universités et les commandes passées par les rois ou les nobles multiplièrent les lieux de création. Si la plupart des livres avaient un contenu religieux, certains transmirent les textes philosophiques, historiques, littéraires, juridiques et scientifiques de la civilisation occidentale.

Présentés dans le cadre d'une exposition tournante, les manuscrits du Getty Museum comptent parmi leurs fleurons un lectionnaire ottonien de Reichenau ou de Saint-Gall (950-975), une *Apocalypse* gothique anglaise (v. 1250), deux évangéliaires byzantins, *Les Visions de Tondal* (1474), une œuvre flamande, et les *Heures de Simon de Varie* enluminées par Jean Fouquet en 1455.

***Portrait de saint Jean* (v. 1120-1240) de l'évangéliaire de l'abbaye allemande de Helmarshausen**

Getty Villa 8

17985 Pacific Coast Hwy. (310) 458-2003. *jusqu'en 2001 pour rénovation.*

C'est dans cette villa perchée dans les collines dominant la Santa Monica Bay qu'ouvrit en 1974 le musée fondé par J. Paul Getty pour rendre gratuitement accessibles au public les œuvres d'art qu'il avait rassemblées. En dehors des antiquités grecques et romaines, ces œuvres d'art sont rassemblées aujourd'hui au Getty Center *(p. 78-81).*

Le milliardaire choisit de donner comme cadre à ses collections une réplique de la luxueuse villa romaine des Papyrus ensevelie à Herculanum sous les cendres du Vésuve en l'an 79. Le Main Peristyle Garden est spectaculaire. Mosaïques des pavements, fresques murales et plantes, fontaines et statues des jardins composent une reconstitution extrêmement fidèle bien que l'édifice jouisse de tous les avantages offerts par la technologie moderne. Fermé en 1997 pour le transfert des collections, il rouvrira en 2001 en tant que centre d'exposition, d'étude et de conservation d'art antique.

Façade de style Spanish Colonial de l'Adamson House

Adamson House et Malibu Lagoon Museum 9

23200 Pacific Coast Hwy. **Carte routière**, encadré A. *(310) 456-8432. de 11 h à 15 h du mer. au sam. 1er jan., 4 juil., Thanksgiving, 25 déc. dernière visite à 14 h.*

Rhoda Adamson et son mari Merritt firent construire en 1929 sur des plans de Stiles Clements cette demeure de style colonial espagnol. Rhoda était la fille de Frederick et May Rindge, les derniers propriétaires de la concession du Rancho Malibu, et la famille garda jusqu'en 1928 la jouissance de 39 km de côte.

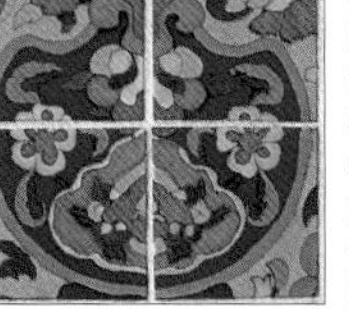

Motif en carrelage à l'Adamson House

La maison, bâtie sur la plage, et ses deux hectares et demi de jardins dominent le Malibu Pier et la Malibu Lagoon. Dans tout le bâtiment et le parc, des carreaux de céramique aux couleurs vives, tous d'un dessin original, ornent murs, encadrements de portes et fontaines. L'entreprise qui les fabriqua, Malibu Potteries, avait été fondée par May Rindge. Les visiteurs découvriront aussi dans la maison son mobilier d'origine.

Transformé, l'ancien garage de l'Adamson House abrite le Malibu Lagoon Museum consacré à l'histoire de Malibu. Objets, documents et photographies retracent l'histoire de la famille Rindge, mais aussi des Indiens Chumash qui peuplèrent la région et de José Tapia qui devint en 1802 le premier propriétaire espagnol de la concession.

Malibu Lagoon State Beach 10

Carte routière, encadré A. *(818) 880-0367. de 8 h au coucher du soleil t.l.j.*

Les Chumash établirent au bord de la lagune de Malibu leur plus important village : Humaliwo. Au XVIe siècle, il comptait environ un millier d'habitants, ce qui en faisait l'une des plus importantes communautés au nord de l'actuel Mexique.

L'estuaire de la Malibu Creek, où viennent se nourrir 200 espèces d'oiseaux migrateurs et sédentaires, abrite une riche faune aquatique.

Le Main Peristyle Garden de la Getty Villa

Résidences très privées de la Malibu Colony

Ses rouleaux font de Malibu un des grands lieux du surf en Californie du Sud. À l'est de la lagune, la Surfrider County Beach est réservée à ce sport et il est interdit de s'y baigner. Les adeptes du longboard apprécient particulièrement la zone près de la jetée. Il existe également des terrains de volley-ball sur la plage.

La Malibu Lagoon et les Santa Monica Mountains

Malibu Colony ⓫

Carte routière, encadré A. *23805 Stuart Ranch Rd, Suite 100 (310 456-9025).*

Ayant besoin d'argent dans sa lutte pour conserver la jouissance de Malibu, May Rindge vendit en 1928 cette portion du littoral à des vedettes de cinéma telles que Bing Crosby, Gary Cooper et Barbara Stanwyck. Le domaine, privé et clos, reste aujourd'hui habité par des professionnels de l'industrie des loisirs. Le commun des mortels n'ayant pas accès à la plage peut souvent voir des stars sur la Malibu Colony Plaza située près de l'entrée.

Malibu Creek State Park ⓬

Carte routière, encadré A. *(818) 880-0367, (818) 880-0350 ou (800) 444-7275 pour les réservations de places de camping.* *t.l.j.*

Les Indiens Chumash habitèrent jusqu'au milieu du XIXe siècle la région où s'étend ce parc de 4 000 ha doté de nombreuses aires de pique-nique. Randonneurs, cyclistes et cavaliers y disposent de vingt sentiers qui traversent des paysages où affleurements rocheux, prairies magnifiquement fleuries au printemps et bosquets de chênes, de séquoias et de cornouillers donnent l'impression de se trouver à des kilomètres de toute civilisation.

La 20th-Century Fox posséda jusqu'en 1974 huit cents hectares de ce territoire sauvage qui servit de décor à des films tels que *M.A.S.H.* (1970), *Butch Cassidy et le Kid* (1969) et *La Planète des singes* (1968).

Situé près du parc de stationnement, le centre d'information propose des expositions sur l'histoire, la faune et la flore de la région. Un sentier spectaculaire, le Gorge Trail, part du cœur du parc et conduit à une mare d'eau de mer qui prit à l'écran un cachet tropical dans *South Pacific* (1958) et *Tarzan* (1959).

Crags Road conduit au marécageux Century Lake peuplé de poissons-chats et de perches. De nombreux oiseaux vivent aussi là : carouges à épaulettes, petits garrots, foulques, canards sauvages, etc.

Dans le Malibu Creek Park près de la Castro Crest *(p. 60)*

BEVERLY HILLS, BEL AIR ET WESTWOOD

Grand centre résidentiel de l'industrie du spectacle depuis les années 1920, Beverly Hills est une commune indépendante possédant ses propres lois et règlements. Regroupant boutiques de luxe, cafés et restaurants, le Golden Triangle y est la réponse de la Côte Ouest à la Madison Avenue de New York. Au sud des canyons ombragés de Bel Air, Westwood doit aux étudiants de l'UCLA son ambiance animée. Ces quartiers, auxquels il faut ajouter Century City et ses gratte-ciel, portent le nom générique de Westside.

Un nom prestigieux

WESTSIDE D'UN COUP D'ŒIL

Bâtiments historiques
Beverly Hills Civic Center ❶
Beverly Hills Hotel ❽
Hotel Bel-Air ⓫

Parc et jardins
Greystone Park et Greystone Mansion ❼
Virginia Robinson Gardens ❾

Quartiers et centres commerciaux
Century City ❻
Rodeo Drive p. 90 ❸
2 Rodeo ❹

Excursion
Les maisons des stars *p. 92-93* ❿

Musées
Museum of Television and Radio ❷
Museum of Tolerance ❺

Universités
UCLA et Westwood Village ⓬

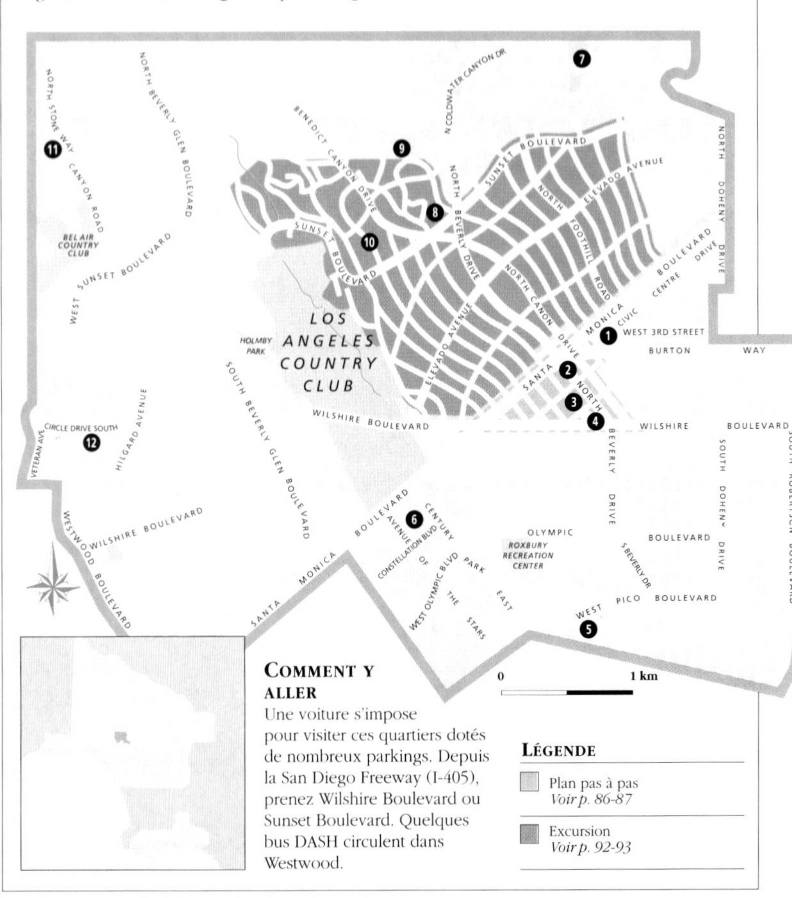

COMMENT Y ALLER

Une voiture s'impose pour visiter ces quartiers dotés de nombreux parkings. Depuis la San Diego Freeway (I-405), prenez Wilshire Boulevard ou Sunset Boulevard. Quelques bus DASH circulent dans Westwood.

LÉGENDE

Plan pas à pas *Voir p. 86-87*

Excursion *Voir p. 92-93*

◁ **La tour caractéristique du Beverly Hills City Hall intégré au Civic Center**

Le Golden Triangle pas à pas

Entre Santa Monica Boulevard, Wilshire Boulevard et North Crescent Drive s'étend le quartier des affaires de Beverly Hills surnommé le Triangle d'or. Les magasins, restaurants et galeries d'art qui bordent ses rues font partie des plus luxueux du monde. Les grands noms de la mode internationale ont leurs boutiques sur Rodeo Drive, l'avenue centrale, tandis que sur Wilshire Boulevard, les plus prestigieux des grands magasins américains rivalisent de style et d'opulence. Au nord, on découvre les Beverly Gardens magnifiquement entretenus, l'élégant Civic Center dominé par la tour de l'hôtel de ville et le récent Museum of Televison and Radio.

★ Le Museum of Television and Radio
Ce musée récent offre un large aperçu de l'histoire de la télévision et de la radio américaines ❷

L'Electric Fountain érigée en 1930 porte la statue d'un Indien priant pour faire tomber la pluie. La frise du socle représente des scènes de l'histoire de la Californie.

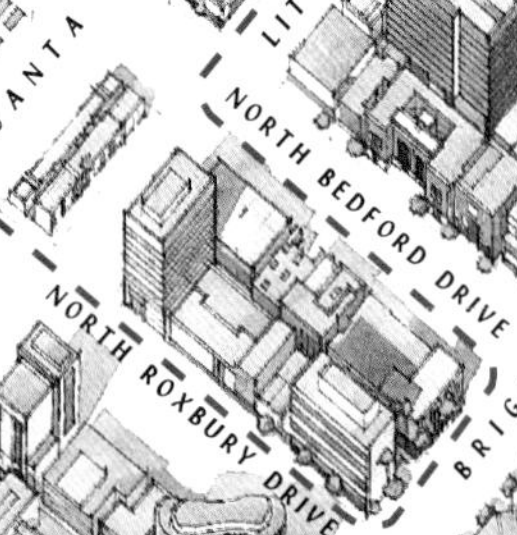

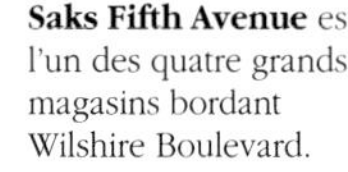

Saks Fifth Avenue est l'un des quatre grands magasins bordant Wilshire Boulevard.

La Creative Artists Agency a pour siège un édifice dessiné par I. M. Pei, l'architecte de la pyramide du Louvre.

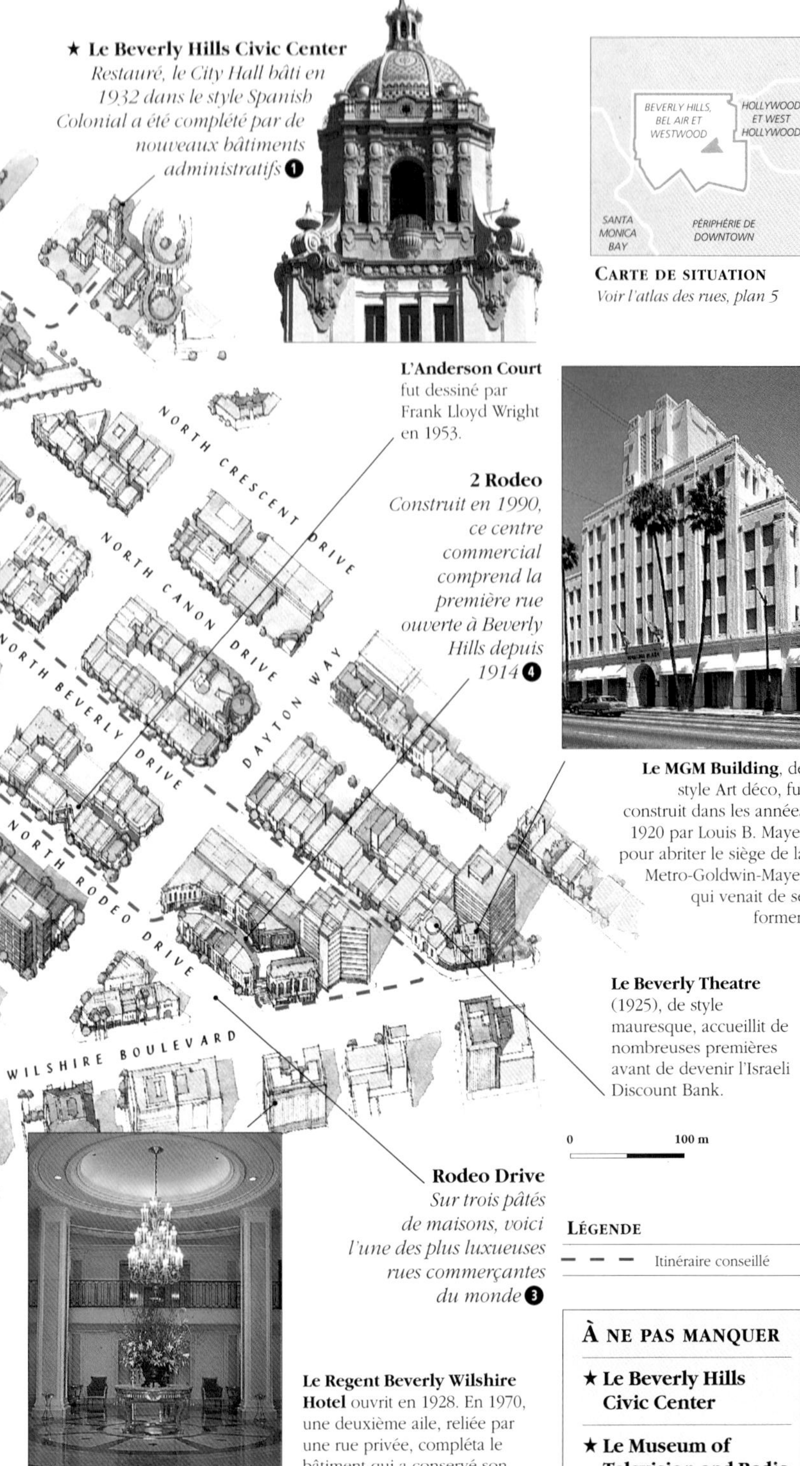

★ Le Beverly Hills Civic Center
Restauré, le City Hall bâti en 1932 dans le style Spanish Colonial a été complété par de nouveaux bâtiments administratifs ❶

CARTE DE SITUATION
Voir l'atlas des rues, plan 5

L'Anderson Court fut dessiné par Frank Lloyd Wright en 1953.

2 Rodeo
Construit en 1990, ce centre commercial comprend la première rue ouverte à Beverly Hills depuis 1914 ❹

Le MGM Building, de style Art déco, fut construit dans les années 1920 par Louis B. Mayer pour abriter le siège de la Metro-Goldwin-Mayer qui venait de se former.

Le Beverly Theatre (1925), de style mauresque, accueillit de nombreuses premières avant de devenir l'Israeli Discount Bank.

Rodeo Drive
Sur trois pâtés de maisons, voici l'une des plus luxueuses rues commerçantes du monde ❸

LÉGENDE

– – – Itinéraire conseillé

Le Regent Beverly Wilshire Hotel ouvrit en 1928. En 1970, une deuxième aile, reliée par une rue privée, compléta le bâtiment qui a conservé son mobilier d'époque *(p. 508)*.

À NE PAS MANQUER

- ★ Le Beverly Hills Civic Center
- ★ Le Museum of Television and Radio

Le Beverly Hills Civic Center dominé par la tour du City Hall

Beverly Hills Civic Center ❶

455 N Rexford Drive. **Plan** 5 F3. *(310) 285-1000. de 7 h 30 à 17 h 30 du lun. au jeu. ; de 8 h à 17 h le ven. jours fériés.*

Dessiné en 1932 par le cabinet d'architecture Koerner and Gage, le City Hall est devenu avec le temps un symbole de Beverly Hills et de son élégance inspirée par l'Europe.

En 1990, l'architecte Charles Moore relia l'édifice à un nouveau Civic Center par une série de cours intérieures piétonnières. Rappels du style Spanish Colonial de l'hôtel de ville, balcons et arcades agrémentent les deux niveaux supérieurs. Le bâtiment moderne abrite une magnifique bibliothèque publique, la caserne de pompiers et le poste de police.

L'interdiction des panneaux d'affichage dans le quartier et l'obligation pour les nouvelles constructions de ne pas dépasser 14 m de hauteur laissent la tour du City Hall seule maîtresse du ciel.

Museum of Television and Radio ❷

465 N Beverly Drive. **Plan** 5 F3. *(310) 786-1000. de 12 h à 17 h du mer. au dim. (jusqu'à 21 h le jeu.). jours fériés.*

Ce musée de la télévision et de la radio utilise le même fonds que son homologue de New York créé en 1975 par William S. Paley, alors directeur de CBS Television. Son but n'est pas de présenter de vieux appareils de réception, mais de proposer un vaste éventail de programmes, dont les plus anciens datent des balbutiements de la radio.

La collection en compte plus de 75 000. Ils offrent un panorama vertigineux de la culture populaire américaine avec des séries télévisées qui connurent un immense succès comme *I Love Lucy (p. 145)* ou des publicités retraçant l'histoire de cette industrie aux États-Unis.

Les visiteurs peuvent choisir jusqu'à quatre extraits sur le catalogue informatisé des archives, puis les regarder, ou les écouter, sur de petites consoles individuelles. Les amateurs de musique pop et de rock reverront les Beatles au temps de leur jeunesse ou Elvis Presley faisant ses débuts sur le petit écran. Les sportifs revivront des moments marquants des compétitions olympiques.

Une salle de 150 places propose des expositions ou des projections ayant pour thème un sujet, un réalisateur ou un acteur particulier.

Rodeo Drive ❸

Voir p. 90.

2 Rodeo ❹

Plan 5 F3. *268 N. Rodeo Drive (310-247-7040).*

Fondé en 1990 à l'angle de Rodeo Drive et de Wilshire Boulevard, 2 Rodeo est l'un des centres commerciaux les plus coûteux jamais construits. Avec sa place publique et ses lampadaires victoriens, il ressemble un peu à une version hollywoodienne d'une rue commerçante européenne. Bordée de boutiques de luxe, l'artère

Lucille Ball, vedette adorée des Américains dans les années 1950

Escalier du 2 Rodeo sur Wilshire

centrale pavée, Via Rodeo, sinue jusqu'à la réplique des escaliers de la place d'Espagne de Rome donnant sur Wilshire Boulevard.

Museum of Tolerance 5

9786 W Pico Blvd. **Plan** 5 F5. *(310) 553-8403.* *de 10 h à 16 h du lun. au jeu., de 10 h à 15 h le ven. (de nov. à mars : de 10 h à 13 h), de 11 h à 17 h le dim.* *1er jan., Thanksgiving, 25 déc. et toutes les grandes fêtes juives.*

Le musée de la Tolérance a pour objectif de promouvoir le respect et la compréhension entre les peuples. Il développe deux thèmes principaux présentés à la fois dans leurs contextes historique et contemporain : la xénophobie aux États-Unis et l'Holocauste.

La visite commence dans le Tolerancenter destiné à offrir à ceux qui le désirent les moyens de combattre le racisme et l'intolérance dans leur propre environnement. « L'Autre Amérique » est une carte pilotée par ordinateur qui situe plus de 250 groupes racistes connus des États-Unis et fournit des renseignements à leur sujet. Un mur de 16 écrans vidéo retrace la lutte pour les droits civiques des années 1960. Des bornes interactives permettent d'aborder de façon personnalisée les problèmes de responsabilité citoyenne et de justice sociale. Elles proposent aussi des images des émeutes de 1992 *(p. 53)* et des interviews qu'elles suscitèrent. Emprunter la « Galerie des murmures », où l'on se retrouve exposé à des railleries racistes et sexistes, est une expérience marquante. Au début de la section consacrée à l'Holocauste, chacun reçoit une présentation et une photo d'un enfant dont cette tragédie marqua le destin. Son histoire se précise tout au long de la visite, où des personnages en cire font revivre l'Allemagne nazie, notamment la conférence du Wannsee où fut décidée la « solution finale ». Le sort de l'enfant est révélé à la fin. Dans la « Salle du Témoignage », des moniteurs diffusent des interviews de survivants des camps de concentration. Parmi les souvenirs exposés figurent des lettres originales d'Anne Frank.

Les étages supérieurs du musée accueillent des expositions temporaires, des projections et des conférences. Il y a également un centre d'étude multimédia où des bornes interactives proposent des informations complémentaires sur des sujets liés à la Seconde Guerre mondiale. Le matériel exposé est déconseillé à des enfants de moins de dix ans.

Histoire du racisme au Museum of Tolerance

Century City 6

Plan 5 D5. *2049 Century Park E, Suite 2600, Century City (310 553-2222).*

Des promoteurs achetèrent en 1961 ce terrain de 73 ha jadis utilisé par la 20th-Century Fox pour y construire gratte-ciel de bureaux, magasins et habitations.

Cabinets d'avocats, agences artistiques et sociétés de production emplissent aujourd'hui les bureaux, mais il n'y a pas de véritable vie de quartier à Century City et ses rues sont vides la nuit.

Le centre commercial, en plein air, a toutefois connu plus de succès. Il compte plus de 120 boutiques, quelque 20 restaurants et un cinéma de 14 salles.

Le Century City Shopping Center

Greystone Park et Mansion 7

905 Loma Vista Drive. **Plan** 5 F1. *(310) 550-4654.* **Parc** *de 10 h à 17 h t.l.j.* *1er jan., 25 déc.* *terrasse et bas des jardins.*

Le millionnaire Edward L. Doheny fit bâtir en 1928 ce pastiche de manoir Tudor de 55 pièces pour son fils. Trois semaines après que celui-ci eut emménagé avec sa famille, son cadavre et celui d'un secrétaire furent retrouvés dans sa chambre. Il s'agissait apparemment d'un meurtre suivi d'un suicide.

Aujourd'hui propriété de la ville, Greystone sert au tournage de films, de clips vidéo et de spots publicitaires. La maison est fermée au public, mais les visiteurs peuvent se promener, pique-niquer et jouir du panorama de Los Angeles dans ses jardins en terrasses (7 ha).

Rodeo Drive ❸

L'avenue commerçante sans doute la plus luxueuse du monde, celle, en tout cas, fréquentée par le plus de vedettes, tire son nom d'El Rancho Rodeo de las Aguas (Ranch de la rencontre des eaux), concession espagnole qui incluait le site de l'actuel Beverly Hills. Sur Rodeo Drive, la haute couture italienne et française côtoie les grands noms internationaux de la joaillerie et les plus chic des enseignes américaines.

Rodeo Drive *offre aux promeneurs de larges trottoirs plantés d'arbres.*

Barakat*, une des boutiques de la Rodeo Collection située au n° 421, vend de beaux bijoux, mais possède aussi une impressionnante collection d'antiquités grecques et précolombiennes.*

Gucci*, au n° 347, surtout connu pour ses accessoires de mode, propose aussi des pièces d'ameublement comme ce coussin.*

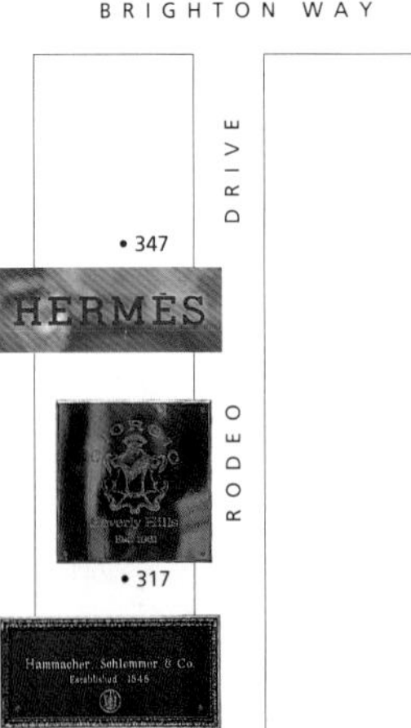

Lalique*, au n° 317, est célèbre par ses verreries et ses pâtes de verre Art nouveau et Art déco.*

Fred Hayman Beverly Hills*, au n° 273, est un magasin de mode doté d'un bar.*

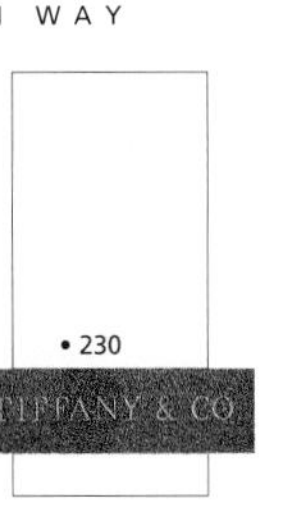

Christian Dior*, au n° 230, est un des grands noms de la haute couture à entretenir la réputation de la France à Beverly Hills.*

0 50 m

Le Beverly Hills Hotel

Beverly Hills Hotel ❽

9641 Sunset Blvd. **Plan** 5 D2. *(310) 276-2251, (800) 283-8885. t.l.j. Voir **Hébergement** p. 508.*

C'est en 1912 que le promoteur Burton E. Green fit construire cet extravagant hôtel de style Mission Revival surnommé le « Palace rose ». Nichés dans la verdure de jardins de 5 ha, ses 21 bungalows servirent de retraite romantique à des vedettes de cinéma telles que Marilyn Monroe, Clark Gable, Richard Burton et Elizabeth Taylor.

Le Beverly Hills Hotel vient de connaître une importante rénovation (d'un coût de 100 millions de dollars) et sa piscine légendaire est redevenue l'un des endroits où il faut se faire voir et entendre à Los Angeles. Ses restaurants réputés, le Polo Lounge et le Polo Grill, ont aussi retrouvé leur place au centre des tractations commerciales de l'industrie du divertissement.

Virginia Robinson Gardens ❾

1008 Elden Way. **Plan** 5 D1. *(310) 276-5367. du mar. au ven. jours fériés. obligatoire 10 h et 13 h du mar. au jeu., 10 h le ven. Sur réservation uniquement.*

En 1908, un riche héritier, Harry Robinson, et sa femme Virginia achetèrent un terrain sur lequel ils achevèrent trois ans plus tard la construction de la première maison de Beverly Hills. Des jardins de 2,5 ha, agrémentés de terrasses, d'étangs et de fontaines entourent la villa.

Légués au comté de Los Angeles, ils ouvrirent au public en 1982. La palmeraie recèle les plus grands palmiers royaux hors d'Australie.

La visite guidée permet de découvrir une partie de la maison et son mobilier d'origine.

Les maisons des stars ❿

Voir p. 92-93.

Hotel Bel-Air ⓫

701 Stone Canyon Rd. **Plan** 4 A1. *(310) 472-1211. t.l.j. Voir **Hébergement** p. 508.*

Situé dans un canyon très boisé, cet hôtel considéré comme un des meilleurs des États-Unis offre calme et intimité. Datant des années 1920, ses bâtiments de style Mission Revival sont disséminés dans de magnifiques jardins d'une superficie de 4,5 ha.

Ornés de fontaines, ils renferment des essences rares en Californie du Sud, notamment des strelitzias à fleurs blanches et le plus grand fromager hors d'Amérique du Sud. Roses, gardénias, jasmin et fleurs de pêchers, d'abricotiers et d'orangers embaument l'air. Le Bel-Air est en réalité si parfait qu'un client y resta quarante ans.

Piscine entourée de jardins à l'Hotel Bel-Air

Les maisons des stars ⑩

Insigne de vigile

Depuis qu'en 1920, Mary Pickford et Douglas Fairbanks firent construire leur maison, Pickfair, au sommet de Summit Drive, vivre à Beverly Hills est le symbole du succès pour les professionnels de l'industrie du spectacle. Sunset Boulevard marque une frontière : ceux qui habitent au sud ne connaissent pas la misère, mais mieux vaut vivre au nord pour se voir considéré comme vraiment riche. Les demeures, d'un luxe ostentatoire ou parfois étonnamment modestes, présentent presque tous les styles architecturaux. Leurs numéros sont écrits sur les bordures des trottoirs.

Ancienne maison de James Stewart au nº 918 Roxbury Drive ⑬

Sud de Sunset

Partez du nº 714 Palm Drive, élégante demeure de Faye Dunaway ①, compagne de Warren Beatty dans *Bonnie and Clyde* (1967). Roulez vers le sud et tournez à droite dans Elevado Avenue. Rita Hayworth habita au nº 512 Palm Drive ②.

Tournez encore à droite dans Maple Drive. Au nº 720 se dresse la villa inspirée de l'architecture de la Nouvelle-Angleterre où vécurent George Burns et Gracie Allen ③. Ce couple connut un immense succès aux États-Unis sur scène comme à l'écran. Juste avant d'atteindre Sunset Boulevard, prenez à gauche dans Lomitas Avenue, puis tournez encore à gauche dans Foothill Road. Au nº 701, à l'angle d'Elevado Avenue, se trouve la maison sans prétention de Carroll Baker ④. Cette beauté blonde remarquée aux côtés de James Dean dans *Géant* (1956) parut à un moment pouvoir devenir la nouvelle Marilyn.

Tournez à droite dans Elevado Avenue, à droite dans Alpine Drive, à gauche dans Lomitas Avenue et encore à gauche dans Crescent Drive. Au nº 713, la modeste demeure de Doris Day ⑤ est à peine visible derrière une haute haie.

Tournez à droite dans Carmelita Avenue, puis à droite dans Cañon Drive. La jolie maison où vécurent Robert Wagner et Natalie Wood ⑥ s'aperçoit au nº 603. Continuez vers le nord jusqu'au carrefour avec Elevado Avenue. Juste de l'autre côté, au nº 707 Cañon Drive, des palmiers verdoyants marquent le début de la propriété de Kirk Douglas ⑦.

Tournez à gauche dans Elevado Avenue. En traversant Rodeo Drive, regardez à droite. La jolie maison du nº 725 Rodeo Drive ⑧ fut celle de Gene Kelly.

Continuez sur Elevado Avenue, puis tournez à droite dans Bedford Drive. L'acteur Steve Martin possède la maison du nº 721 ⑨. Une haie de bougainvillées masque la majeure partie de ce bâtiment moderne dépourvu de fenêtres en façade.

Au nº 730, à l'angle de

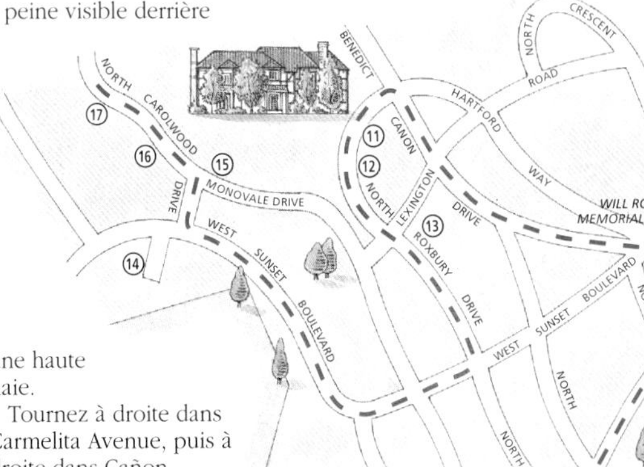

LÉGENDE

— — — Itinéraire conseillé

Maison de Faye Dunaway au nº 714 Palm Drive ①

Le « Palais rose » de Jayne Mansfield au nº 10100 Sunset Boulevard ⑭

Carte de situation
Voir l'atlas des rues, plan 5

Bedford Drive et de Lomitas Avenue, un drame digne d'un film noir se déroula dans la villa de Lana Turner ⑩. Sa fille, Cheryl Crane, poignarda avec un couteau de cuisine l'amant de sa mère, le gangster Johnny Stompanato.

Prenez à droite Lomitas Avenue, puis à gauche Cañon Drive.

Nord de Sunset

Traversez Sunset Boulevard et prenez la rue la plus à gauche : Benedict Canyon Drive. À l'angle, le célèbre Beverly Hills Hotel *(p. 91)* fut à l'origine de bien des rumeurs. Les bungalows discrets cachés derrière sa façade rose abritèrent plus d'un rendez-vous sentimental, y compris, dit-on, ceux de Marilyn Monroe et John et Robert Kennedy.

À Roxbury Drive, tournez à gauche. Au nº 1002, la maison en brique où vécut l'humoriste Jack Benny ⑪ possède un aspect très traditionnel. Ses anciens voisins, au nº 1000 Roxbury Drive ⑫, Lucille Ball et Desi Arnaz, acquirent aussi leur célébrité à la télévision avec la série *I Love Lucy (p. 88 et 145)*. James Stewart, qui joua notamment sous la direction de Frank Capra et Alfred Hitchcock, habita non loin le manoir Tudor du nº 918 ⑬.

Sur Sunset Boulevard, tournez à droite. Le « Palais rose » de Jayne Mansfield occupe au nº 10100 ⑭ l'angle sud-ouest du carrefour avec Carolwood Drive. L'actrice s'y fit construire une piscine en forme de cœur portant au fond l'inscription « *I love you Jaynie* ».

Tournez à droite dans Carolwood Drive. Tout de suite à droite, au nº 144 Monovale Drive ⑮, se trouve une des anciennes résidences d'Elvis Presley. Seuls les courts de tennis s'aperçoivent toutefois de la rue.

Restez sur Carolwood Drive. L'actrice et chanteuse Barbra Streisand habite au nº 301 ⑯ une propriété sévèrement gardée. Walt Disney vécut un peu plus au nord, au nº 355 Carolwood Drive ⑰.

Boîte aux lettres de Walt Disney ⑰

Carnet de route

Itinéraire : *8 km.*
Attention : *les maisons des stars sont des résidences privées. N'essayez pas d'y pénétrer.*

L'University of California, Los Angeles et Westwood Village ⓬

Véritable ville dans la ville, l'université réputée de Los Angeles, l'UCLA, accueille plus de 35 000 étudiants sur un campus de 170 ha. Elle regroupe un large éventail de facultés et de centres de recherche. Le projet initial, dessiné en 1925, s'inspirait de l'architecture médiévale méditerranéenne et les quatre premiers bâtiments furent construits en brique dans un style proche du roman italien. Ce schéma directeur ne s'appliqua toutefois pas aux édifices ultérieurs, de conception plus moderne mais plus terne. La beauté du parc compense heureusement ce défaut.

Façade de style roman du Royce Hall de l'UCLA

À la découverte de l'UCLA et de Westwood Village

Depuis sa fondation en 1928 au sud de l'UCLA, Westwood Village est l'un des quartiers commerçants les plus agréables de la Californie du Sud. Son architecture marquée par le style Spanish Colonial, ses nombreuses boutiques, ses cinémas d'exclusivité et ses théâtres, tel le Geffen Playhouse *(p. 164)*, attirent toujours, en particulier le week-end, une foule animée dans ses rues propices à la promenade. Malheureusement, la modernisation sans goût de certaines devantures a rompu l'harmonie de ce quartier commerçant animé.

Royce Quadrangle

Dickson Plaza. ☎ *(310) 825-2101.* ◯ *t.l.j.*

Les quatre bâtiments qui forment le Royce Quadrangle sont les plus anciens du campus de l'UCLA. Construits en brique rouge dans le style roman italien, les Royce, Kinsey et Haines Halls et la Powell Library surpassent de loin en beauté les autres édifices de l'université.

Le plus élégant, le Royce Hall, accueille toute l'année des représentations théâtrales, musicales et chorégraphiques. Il s'inspire de la basilique San Ambrogio de Milan. La Powell Library possède une grande rotonde copiée sur le San Sepolcro de Bologne.

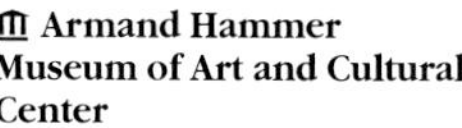

Détail d'un plafond du Royce Hall

Armand Hammer Museum of Art and Cultural Center

10899 Wilshire Blvd. ☎ *(310) 443-7000.* ◯ *de 11 h à 19 h mar., mer., ven., sam. ; de 11 h à 21 h le jeu. ; de 11 h à 17 h le dim.* ● *4 juil., Thanksgiving, 25 déc.* *gratuit de 18 h à 21 h le jeu.*

Ce musée fut créé pour accueillir les collections réunies par l'homme d'affaires Armand Hammer (1899-1990). Il accorde une place importante aux impressionnistes et post-impressionnistes tels que Mary Cassatt (1845-1926), Claude Monet (1840-1926), Camille Pissarro (1830-1903), John Singer Sargent (1856-1925) et Vincent Van Gogh (1853-1890).

Le fonds comprend aussi un ensemble exceptionnel de peintures, sculptures et lithographies d'Honoré Daumier (1808-1879) et de ses contemporains. Elles sont présentées dans le cadre d'expositions tournantes nourries également par l'UCLA Grunwald Center for the Graphic Arts qui possède plus de 35 000 œuvres sur papier datant de la Renaissance à nos jours.

Entrée de l'Armand Hammer Museum of Art

Franklin D. Murphy Sculpture Garden

☎ *(310) 443-7041.* ◯ *t.l.j.*

Voici le plus important des jardins de sculptures de la

UCLA ET WESTWOOD VILLAGE

Fowler Museum of Cultural History ②
Franklin D. Murphy Sculpture Garden ①
Mildred E. Mathias Botanical Garden ④
Royce Quadrangle ③
Armand Hammer Museum of Art and Cultural Center ⑥
Westwood Memorial Park ⑦
Westwood Village ⑤

LÉGENDE

Terminus d'autobus
Information touristique
Parc de stationnement

Automne (1948) par Henri Laurens

Côte Ouest. Il réunit plus de 70 œuvres. Parmi les plus belles figurent *Two-Piece Reclining Figure, n° 3* (1961) par Henry Moore et une *Baigneuse* (1923-1925) de Jacques Lipchitz.

Mildred E. Mathias Botanical Garden

(310) 825-1260. *de 8 h à 17 h du lun. au ven., de 8 h à 16 h les sam. et dim.* *jours fériés.*

Ce paisible jardin divisé en 13 sections thématiques renferme près de 4 000 espèces de plantes, notamment tropicales et subtropicales. Les arbres sont spectaculaires. Ils comprennent des eucalyptus australiens et quelques séquoias d'une variété très rare.

Fowler Museum of Cultural History

(310) 825-4361. *de 12 h à 17 h du mer. au dim. (jusqu'à 20 h le jeu.).* *jours fériés.* *gratuit le jeudi.*

Ce musée d'art populaire et d'ethnographie, l'un des plus riches des États-Unis avec une collection de 750 000 pièces, propose une exposition centrée sur les cultures préhistoriques, historiques et contemporaines d'Afrique, d'Asie, d'Océanie et d'Amérique du Nord et du Sud.

MODE D'EMPLOI

Plan 4 A3. *20, 21, 22.* **UCLA Campus** *(310 825-4321).* **Westwood Village** *10779 W Pico Blvd, Westside (310 475-8806).*

Westwood Memorial Park

1218 Glendon Ave. *(310) 474-1579.* *de 8 h à 17 h t.l.j.*

Dans ce paisible petit cimetière situé derrière les cinémas et le parc de stationnement de l'Avco Center reposent des célébrités telles que Dean Martin, Peter Lorre, John Cassavetes, Natalie Wood et Marilyn Monroe dont le deuxième mari, le célèbre joueur de base-ball Joe DiMaggio, fit fleurir chaque semaine la tombe de six roses rouges pendant des dizaines d'années.

Le cimetière du Westwood Memorial Park

MARILYN MONROE

C'est sous le nom de Norma Jean Baker que la future Marilyn Monroe (1926-1962) naît au General Hospital de Los Angeles. Sa mère souffre de troubles mentaux et la place dans une famille d'accueil à l'âge de deux semaines. Un premier mariage, à seize ans, ne tue pas le rêve de la jeune fille de devenir actrice et sa carrière prend son essor en 1950 avec *Quand la ville dort* et *Ève*. Ses rôles dans des comédies comme *Sept ans de réflexion* et *Certains l'aiment chaud* en font le plus grand sex-symbol jamais issu d'Hollywood, mais sa vie privée n'est pas aussi souriante. Elle se suicide à l'âge de 36 ans.

Plaque tombale de Marilyn Monroe

HOLLYWOOD ET WEST HOLLYWOOD

En 1887, Harvey Henderson Wilcox et sa femme Daeida fondèrent une communauté chrétienne, où ils interdirent alcool et jeu, dans une banlieue de Los Angeles qu'ils appelèrent Hollywood. Ironie du sort, leur Utopie austère devint la capitale de l'industrie des apparences et du désir, celle du cinéma. L'invasion commença en 1913 quand Cecil B. De Mille tourna *The Squaw Man* dans une grange louée au coin de Vine et Selma Streets. Hollywood a connu son âge d'or dans les années 1930 et subit actuellement une période de déclin. Il ne conserve que quelques vestiges de sa splendeur passée. Sunset Boulevard reste cependant au cœur de la vie nocturne de Los Angeles. West Hollywood, avec son importante communauté homosexuelle, est un quartier animé où l'on peut dîner ou faire des achats.

Walk of Fame d'Hollywood

HOLLYWOOD ET WEST HOLLYWOOD D'UN COUP D'ŒIL

Musées
Craft and Folk Art Museum 17
George C. Page Museum of La Brea Discoveries 16
Hollywood Studio Museum 7
Los Angeles County Museum of Art p. 110-113 12
Petersen Automotive Museum 14

Bâtiments et rues historiques
Hollywood Bowl 6
Miracle Mile 13
Paramount Studios 10
Roosevelt Hotel 1
Walk of Fame 4

Cimetière
Hollywood Memorial Park 9

Cinémas et théâtres
El Capitan Theatre 3
Mann's Chinese Theatre 2
Pantages Theater 8
The Improv 15
Wiltern Theatre 18

Boutique et marché
Farmers Market 11
Frederick's of Hollywood 5

COMMENT Y ALLER

Depuis Downtown : la Metro Red Line dessert la station Wilshire Boulevard at Western Avenue ; les lignes de bus intéressantes comprennent la nº 1 (par Hollywood Boulevard), la nº 2 (Sunset Blvd), la nº 4 (Santa Monica Blvd), la nº 10 (Melrose Ave.) et les nº 20, 21 et 22 (Wilshire Blvd) ; la Freeway 101 traverse Hollywood et continue vers Ventura.

LÉGENDE

Zones illustrées

M Station de la Metro Red Line

◁ **Le Mann's Chinese Theatre, un somptueux vestige de l'âge d'or d'Hollywood**

Sur Sunset Boulevard : Sunset Strip

Sunset Boulevard forme une courbe longue de 42 km entre Downtown L. A. et la Pacific Coast Highway. Dans les années 1920, ce n'était à Hollywood qu'une piste de terre reliant les studios en plein développement et les villas des vedettes de l'écran perchées dans les collines de Beverly Hills *(p. 92-93)*. Sunset Strip, long de 2,5 km, en est la partie la plus riche en histoire et la plus animée avec ses boîtes de nuit, ses restaurants et ses hôtels de luxe. Pavé pour la première fois dans les années 1930, le Strip vit fleurir pendant la prohibition salles de jeu et débits de boisson illégaux. Les clubs les plus connus comprenaient le Trocadero, Ciro's et le Mocambo où la jeune Margarita Cansino rencontra le producteur Harry Cohen qui la rendit célèbre sous le nom de Rita Hayworth. Sunset Strip reste aujourd'hui le pôle de la vie nocturne de Los Angeles.

Sunset Strip et les Santa Monica Mountains vues de Crescent Heights

Rainbow Bar & Grill
Au nº 9015, ce restaurant où tonneaux de vin et disques d'or se disputent les murs s'appelait jadis le Villa Nova. En 1945, Vincente Minnelli y demanda Judy Garland en mariage et, 8 ans plus tard, Marilyn Monroe y rencontra Joe DiMaggio.

Original Spago
Wolfgang Puck, l'un des fondateurs de la cuisine californienne, eut son premier restaurant de L. A. au nº 8795. Dans les années 1970 et 1980, le légendaire agent artistique Irving Lazar vint y fêter bien des Oscars.

Roxy
Cette boîte de rock branchée occupe au nº 9009 le site du Club Largo.

Le Viper Room, au nº 8852, est un club de rock *(p. 164)* dont Johnny Depp est un des propriétaires. En octobre 1993, le jeune acteur River Phoenix mourut devant l'entrée après avoir mélangé trop de drogues.

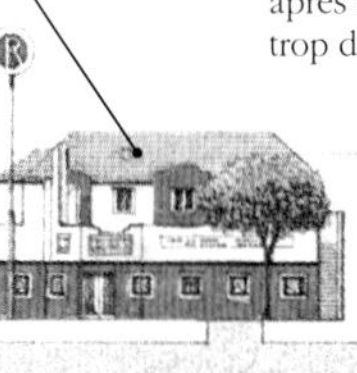

CLARK ST
LARRABEE ST
HORN AVE
HOLLOWAY DRIV
HAMMOND ST
HILLDALE AVE
SAN VICENTE BLVD

Sur Sunset Boulevard : Old Studio District

Pendant la première moitié du XXe siècle, ces trois kilomètres de Sunset Boulevard étaient au cœur de la production cinématographique d'Hollywood. La 20th-Century Fox, la RKO, la Warner Bros, la Paramount et United Artists avaient leurs studios à proximité et les rues grouillaient de réalisateurs, d'acteurs et de stars en puissance. Dans le quartier connu sous le nom de Gower Gulch, de petites sociétés tournaient à la chaîne des westerns de série B. Des grands studios, il ne reste aujourd'hui que ceux de la Paramount *(p. 109)* situés au sud sur Melrose Avenue.

Sunset Boulevard à son âge d'or dans les années 1940

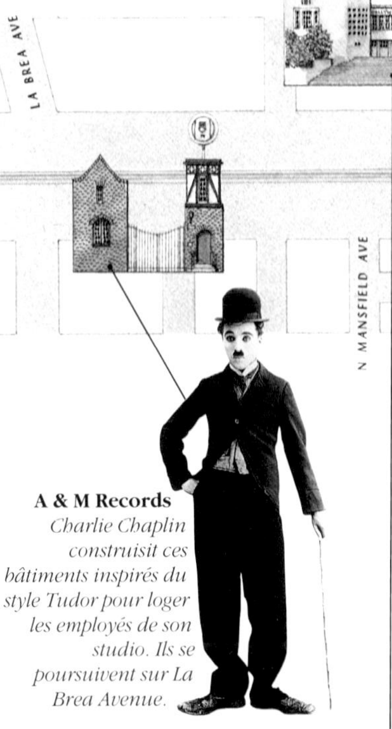

A & M Records
Charlie Chaplin construisit ces bâtiments inspirés du style Tudor pour loger les employés de son studio. Ils se poursuivent sur La Brea Avenue.

Crossroads of the World
Au n° 6621, le premier centre commercial d'Hollywood, construit en 1936 à la ressemblance d'un paquebot, abrite désormais des bureaux.

Hollywood High School
Ce lycée, au n° 6800, a eu des élèves célèbres, notamment Lana Turner découverte en 1936 par le réalisateur Mervyn LeRoy alors qu'elle sirotait un soda en face de l'école dans le défunt Top Hat Malt Shop. Un garage occupe aujourd'hui son emplacement.

Le Roxbury Club, situé derrière le grand panneau publicitaire à l'ouest du Chateau Marmont, occupe l'emplacement du Players Club, propriété dans les années 1940 de Preston Sturges, le réalisateur, entre autres, d'*Infidèlement vôtre*.

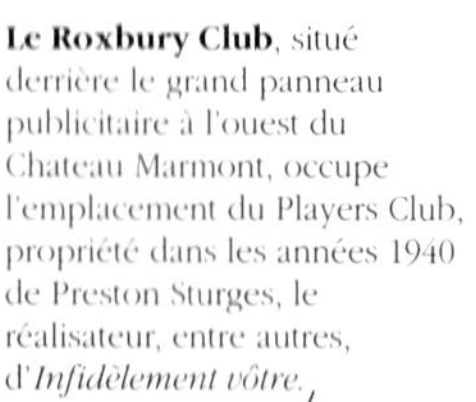

Chateau Marmont
Inspiré des châteaux de la Loire, cet hôtel (p. 513), *au n° 8221, ouvrit en 1929. Après Errol Flynn et Greta Garbo, il compte aujourd'hui comme habitués des vedettes telles que Christopher Walken et Winona Ryder.*

N LAUREL AVE

N FAIRFAX AVE

N LAUREL AVE

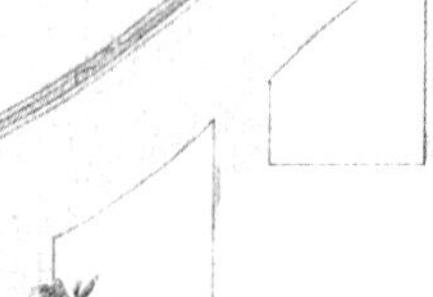

Le Trocadero, night-club au n° 8610, eut Nat King Cole comme pianiste. Il ne reste que trois marches du bâtiment d'origine.

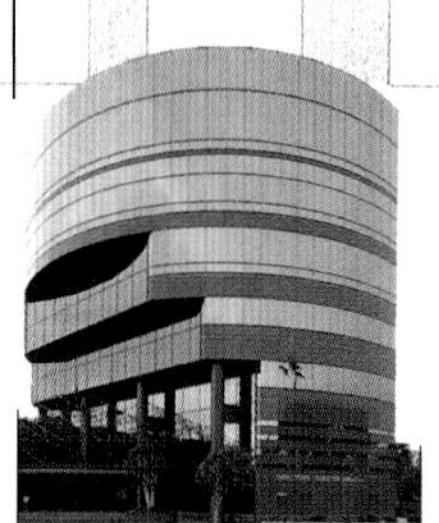

Director's Guild of America
C'est l'un des nombreux immeubles de bureaux du Sunset Blvd dédiés à l'industrie du divertissement.

Schwab's
Un Virgin Megastore a remplacé l'ancien drugstore où se retrouvaient acteurs et journalistes. De l'autre côté de Crescent Heights s'élevait le Garden of Allah, ensemble résidentiel légendaire où vécurent Francis Scott Fitzgerald et Dorothy Parker.

Panneaux publicitaires

La publicité devient une forme d'art sur Sunset Strip où d'immenses panneaux peints à la main, souvent par d'excellents décorateurs d'Hollywood, vantent nouveaux films, disques ou célébrités. Ils acquirent une dimension supplémentaire en 1953 quand le Sahara Hotel de Las Vegas exposa une véritable piscine où s'ébattaient des mannequins en maillots de bain. Pendant les années 1960, c'est l'industrie du disque qui prit la haute main sur les *billboards* de Sunset Strip et ils motivèrent même des clauses de contrat pour certaines vedettes. Malgré la guerre faite aux fumeurs à Los Angeles, le grand panneau du Chateau Marmont reste dédié au cow-boy de Marlboro.

Publicités pour des cigarettes et de la tequila sur Sunset Strip

Hyatt Hotel
Jim Morrison, lorsqu'il joua avec les Doors au Whiskey A Go Go voisin, séjourna dans cet hôtel du nº 8401 (p. 513) *qui reste un des favoris des rock-stars de passage.*

Argyle Hotel
Ce gratte-ciel Art déco était à l'âge d'or d'Hollywood un immeuble d'appartements où vécurent, entre autres célébrités, Jean Harlow et Clark Gable (p. 513).

Comedy Store
Ce haut lieu du one man show occupe le site d'un célèbre night-club des années 1940, le Ciro's.

Cajun Bistro (The Source), restaurant du nº 8301, apparaît dans *Annie Hall* (1977) de Woody Allen.

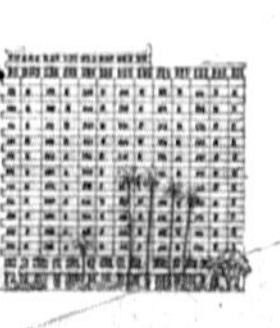

0 100 m

N LA CIENEGA BLVD

OLIVE DRIVE

Le Mondrian Hotel *(p. 513)*, au nº 8440, rend hommage avec sa façade au peintre dont il porte le nom.

House of Blues
Au nº 8430, cette boîte de blues (p. 164) *installée dans un bâtiment transporté depuis Clarksdale, Mississippi, a parmi ses propriétaires l'acteur Dan Ackroyd, interprète, avec John Belushi, des* Blues Brothers *(1980).*

Sunset Plaza
Avec ses boutiques et ses cafés, un lieu agréable à découvrir à pied.

Hollywood Athletic Club
Dans les années 1930 et 1940, des acteurs tels que Buster Crabbe (Flash Gordon) *qui remporta une médaille d'or aux Jeux olympiques de 1932, venaient s'entraîner ici.*

Cinerama Dome
La première salle de cinérama ouverte sur la Côte Ouest occupe toujours le n° 6360.

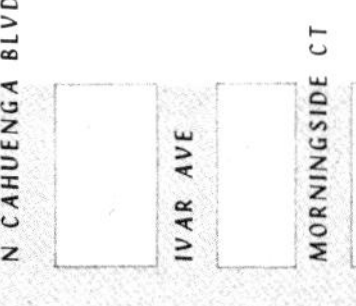

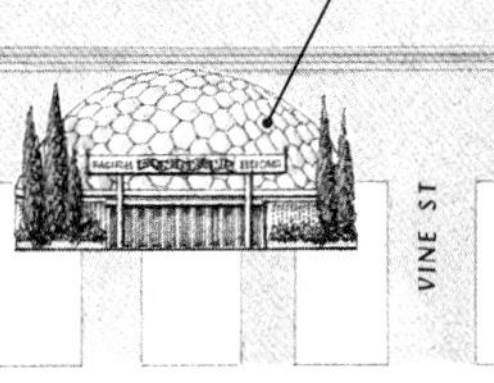

CAPSULE TEMPORELLE

En 1954, la chambre de commerce de Los Angeles décida d'assurer la pérennité de l'histoire d'Hollywood grâce à une « capsule temporelle ». Au célèbre carrefour de Sunset Boulevard et Vine Street, elle fit enfouir sous le trottoir un exemplaire du tube de Bing Crosby sorti cette année-là, *White Christmas*, une copie du scénario d'*Autant en emporte le vent*, le film le plus populaire jamais produit à cette date, et divers enregistrements de programmes de télévision et de radio. Le projet prévoit de les exhumer en 2004.

Le chanteur Bing Crosby

La plaque marquant sur le trottoir l'emplacement de la Time Capsule affirme que la légende de Hollywood naquit ici en 1913 avec le tournage, par Cecil B. De Mille et Jesse Lasky, du premier film de long métrage : *The Squaw Man*. En fait, leur grange aménagée en studio, aujourd'hui installée sur North Highland Avenue *(p. 108)*, se trouvait au n° 1521 Vine Street. Hollywood était en outre depuis déjà dix ans une ville autonome et le lieu de production de nombreux courts métrages.

The Cat and Fiddle
Un pub à l'anglaise sert, au n° 6530, des bières et spécialités britanniques comme les saucisses-purée. Beau patio et, bien entendu, jeu de fléchettes.

***Autant en emporte le vent* (1939)**

Hollywood Palladium
Construit par Norman Chandler, directeur du Los Angeles Times, *et inauguré en 1940 par Lana Turner et Frank Sinatra, ce théâtre, au n° 6215, accueille toujours grands orchestres et vedettes de la chanson.*

CBS Studios
La Columbia Pictures occupa le n° 6121 après avoir succédé à la Nestor Film Co. qui, en 1911, louait le site 40 $ par mois.

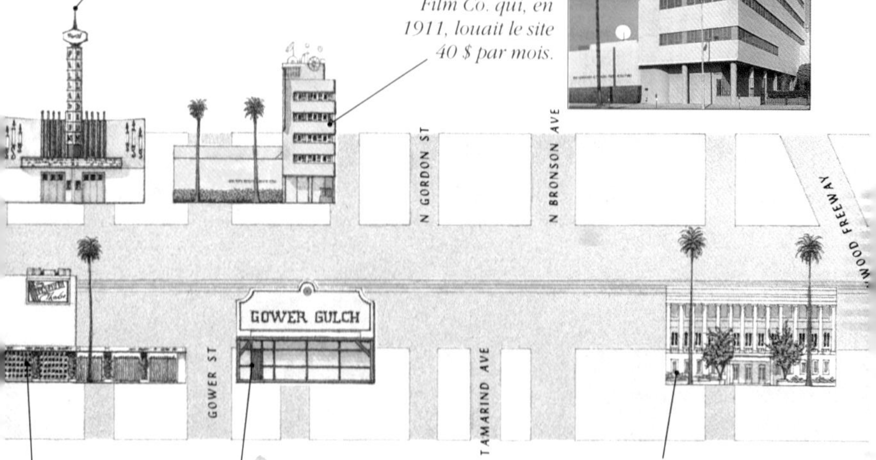

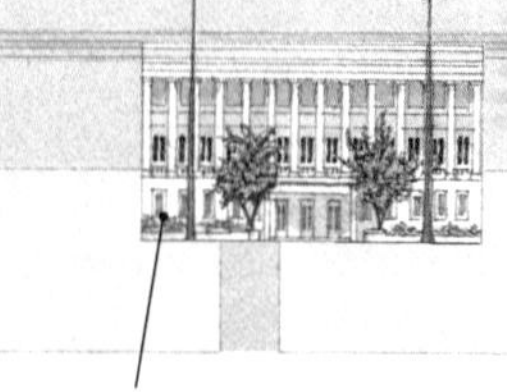

N GORDON ST
N BRONSON AVE
GOWER ST
TAMARIND AVE
WOOD FREEWAY
0 100 m

Gower Gulch
Un centre commercial s'étend à l'endroit où, dans les années 1930 et 1940, des acteurs recrutés chaque matin et payés 10 $ la journée tournaient des westerns de série B.

Warner Bros Studio
Le premier film parlant, Le Chanteur de jazz, *avec Al Jolson, fut tourné ici, au n° 5858, en 1927. L'année suivante, le studio déménageait à Burbank* (p. 141). *Le bâtiment abrite des stations de radio.*

Sunset Boulevard Theatre
C'était à l'origine le Vanities Theater d'Earl Carroll qui se dressait au n° 6220. Il possédait dans les années 1940 la plus grande scène pivotante du monde.

ATTENTION !

Cette partie de Sunset Boulevard est malheureusement devenue mal famée. Il est conseillé de rester dans sa voiture, portes verrouillées et objets de valeur hors de vue. Si vous décidez malgré tout de vous promener, essayez de donner l'impression de savoir où vous allez.

Le Hollywood Boulevard

Le nom de Hollywood Boulevard évoque chez les amoureux du cinéma américain une image de luxe et de gloire. Ils risquent toutefois d'être déçus car l'avenue n'a conservé que peu de souvenirs de son âge d'or. Un programme de rénovation engagé depuis quelques années relancera peut-être le célèbre boulevard. Le Mann's Chinese Theatre et les empreintes de stars gravées dans son patio, ainsi que le Walk of Fame, gardent cependant sa légende vivante. Parmi les autres attractions figurent El Capitan Theatre, le Hollywood Wax Museum, le Hollywood Guinness World of Records et Ripley's Believe it or Not !® et le Hollywood Entertainment Museum.

Détail de la First National Bank

CARTE DE SITUATION
Voir l'atlas des rues, plan 2

L'Hollywood Galaxy abrite six salles de cinéma et l'Hollywood Entertainment Museum consacré au 7e art, à la télévision, à la radio et à l'industrie du disque.

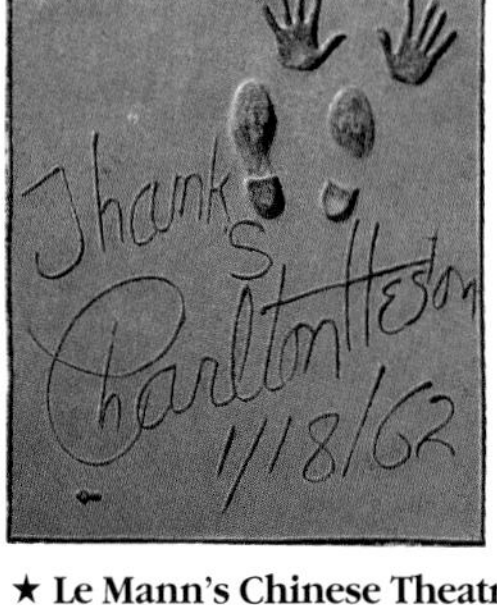

★ Le Mann's Chinese Theatre
Des stars ont laissé leurs empreintes dans son patio ❷

HOLLYWOOD BOULEVARD CÔTÉ NORD

★ Le Walk of Fame
L'étoile de Marilyn Monroe se trouve au nº 6776 Hollywood Boulevard. La caméra rappelle qu'elle fit carrière dans le cinéma ❹

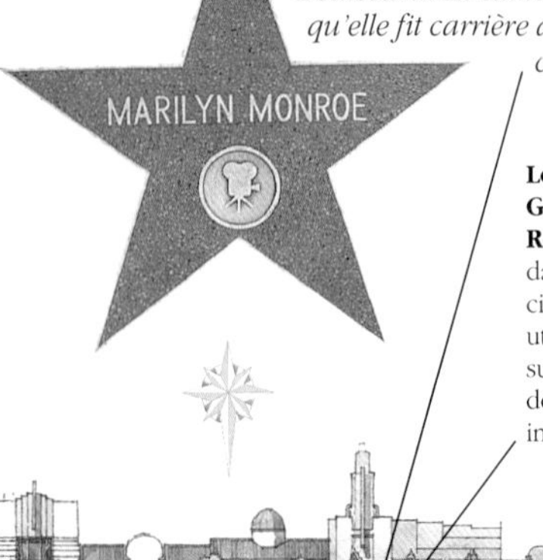

Le Hollywood Guinness World of Records, installé dans le premier cinéma du quartier, utilise de nombreux supports pour illustrer des records parfois insolites.

Ripley's Believe It or Not !® expose, dans un bâtiment dominé par un *Tyrannosaurus rex*, plus de 300 bizarreries telles que trophées de réducteurs de têtes et veaux à deux têtes.

HOLLYWOOD BOULEVARD CÔTÉ SUD

Légende

➤➤➤➤➤➤ Côté nord, vers l'est

◄◄◄◄◄◄ Côté sud, vers l'ouest

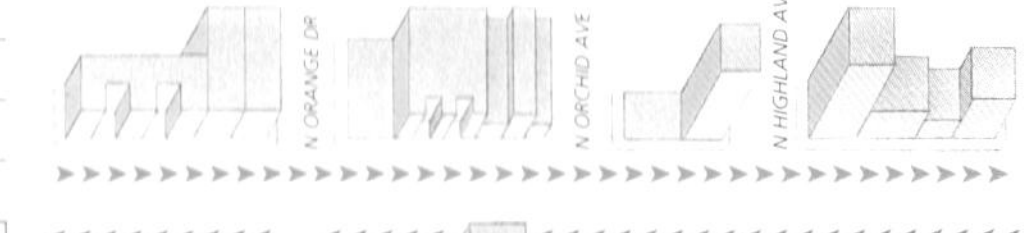

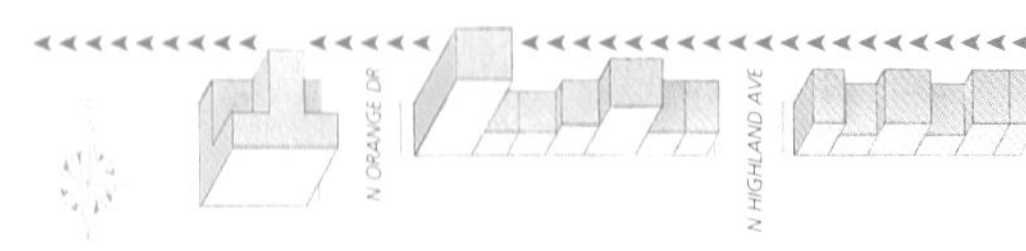

À ne pas manquer

★ **Le Mann's Chinese Theatre**

★ **Le Walk of Fame**

La First National Bank, à l'angle de Highland Avenue, possède une façade ornée de reliefs représentant des personnages historiques comme Christophe Colomb ou Copernic.

Le Hollywood Wax Museum présente les mannequins en cire de célébrités telles que Clint Eastwood, Marilyn Monroe, Madonna, Michael Jackson, Dolly Parton et Ronald Reagan. Il propose aussi un tableau inspiré de la *Cène* (1497) de Léonard de Vinci.

0 200 m

El Capitan Theatre
Magnifiquement restauré, ce cinéma Art déco offre aux spectateurs un confort à l'ancienne, mais un équipement ultramoderne ❸

Le Masonic Hall abrite des expositions interactives liées à Disney.

Clarion Hotel Hollywood Roosevelt
Un portrait de Chaplin (1889-1977) orne cet hôtel bâti dans les années 1920 ❶

Le célèbre Mann's Chinese Theatre construit par Sid Grauman

Clarion Hotel Hollywood Roosevelt ❶

7000 Hollywood Blvd. **Plan** 2 B4. (323) 466-7000. Voir **Hébergement** p. 510.

Cet hôtel ouvert en 1927 avait pour premiers propriétaires Louis B. Mayer, Mary Pickford, Marcus Loewe, Douglas Fairbanks et Joseph Schenk. Il reçut, entre autres clients prestigieux, Marilyn Monroe, Ernest Hemingway et Clark Gable. Le 16 mai 1929, le premier banquet des Academy Awards se déroula dans sa « Salle des Fleurs ».

En 1986, une rénovation a rendu à l'édifice son style Spanish Colonial. L'année suivante, David Hockney *(p. 24)* décora la piscine.

Au premier étage, une exposition photographique retrace l'histoire du quartier.

Le Clarion Hotel Hollywood Roosevelt

Mann's Chinese Theatre ❷

6925 Hollywood Blvd. **Plan** 2 B4. (323) 461-3331. (323) 464-8111. t.l.j.

Le monument le plus célèbre d'Hollywood n'a guère changé depuis son inauguration, en 1927, avec la première du *Roi des rois* de Cecil B. De Mille. C'est un voyage en Chine qui inspira à son fondateur, l'impresario Sid Grauman, l'idée de lui donner son aspect exotique.

Grauman eut une autre idée pour asseoir le prestige de son cinéma : inviter des stars d'Hollywood à laisser leurs empreintes de pieds et de mains, et leur signature, dans la cour du bâtiment. Il existe plusieurs versions sur l'origine de cette coutume. L'une affirme que l'actrice de films muets Norma Talmadge marcha accidentellement dans le ciment frais au gala d'inauguration *(p. 49)*. Selon une autre, c'est un maçon français, Jean Klossner, qui posa sa main dans le ciment pour laisser, à l'instar des bâtisseurs du Moyen Âge, une marque pour la postérité. Quoi qu'il en soit, les premières empreintes « officielles », celles de Norma Talmadge, Mary Pickford et Douglas Fairbanks, datent du 17 mai 1927.

Tout le monde peut visiter la cour, mais il faut assister à une projection pour découvrir l'extravagante décoration intérieure. Assurez-vous qu'elle a bien lieu dans la salle principale et non dans une de celles de l'aile est.

Tour du El Capitan Theatre

El Capitan Theatre ❸

6838 Hollywood Blvd. **Plan** 2 B4. (213) 467-9545. t.l.j.

Théâtre construit en 1926, puis converti en cinéma, El Capitan accueillit de nombreuses premières, notamment celle du *Citizen Kane* (1941) d'Orson Welles. Un 1942, une nouvelle décoration intérieure couvrit l'ancienne et le cinéma prit le nom d'Hollywood Paramount.

Acheté en 1991 par Disney et Pacific Theatres, El Capitan a retrouvé sa somptuosité Art déco d'origine, restée pratiquement intacte sous le placage ultérieur. Disney y organise souvent les premières de ses films.

Walk of Fame ❹

Plan 2 B4. *6541 Hollywood Blvd (323 689-8822).* *(323) 469-8311.*

Voici sans doute le seul trottoir de la ville nettoyé six fois par semaine. Sur Hollywood Boulevard et Vine Street, plus de 2 000 plaques de marbre poli célèbrent depuis février 1960 des vedettes du cinéma, de la radio, de la télévision, du théâtre et de la musique. Une reconnaissance qui n'a rien d'aisée. Pour figurer avec Charlie Chaplin (nº 6751) ou Alfred Hitchcock (nº 6506) sur la « Promenade de la Renommée », il faut être accepté par la chambre de commerce et payer 7 500 $ de frais d'installation.

Frederick's of Hollywood ❺

6608 Hollywood Blvd. **Plan** 2 C4. *(323) 466-5151.* *de 10 h à 18 h du lun. au jeu., le sam. ; de 10 h à 21 h le ven. ; de 12 h à 17 h le dim.* *1er jan., Thanksgiving, 25 déc.*

Frederick Mellinger pensait que « la mode peut changer, mais que le sex-appeal ne se démode pas » lorsqu'il se lança en 1946 dans la vente par correspondance de lingerie affriolante. Dans un édifice Art déco à la façade violette et rose, son principal magasin regorge de dessous

Façade aguicheuse du Frederick's of Hollywood

coquins. Il abrite également un petit musée présentant des sous-vêtements aussi célèbres que les soutiens-gorge portés par Marilyn Monroe dans *Le Milliardaire* (1960) et Tony Curtis dans *Certains l'aiment chaud* (1959).

Hollywood Bowl ❻

2301 N Highland Ave. **Plan** 2 B3. *(323) 850-2000.* *fin juin-mi-sept.* *Labor Day.* **Billeterie** *de 10 h à 21 h du lun. au sam. ; de 12 h à 18 h le dim.* *Labor Day.* **Edmund D. Edelman Hollywood Bowl Museum** *(323) 850-2058.* *de juil. à mi-sept. : de 10 h à 20 h 30 du mar. au sam. ; de mi-sept. à juin : de 10 h à 16 h 30 du mar. au sam.* *jours fériés.*

Situé dans un amphithéâtre naturel considéré comme sacré par les Indiens Gabrielino du col de Cahuenga, le Bowl accueille depuis 1922 les concerts d'été du LA Philharmonic *(p. 121)*. Des milliers de personnes se retrouvent sous les étoiles pour pique-niquer en musique, et souvent en grande pompe, sur les treize aires aménagées à cet effet sur 24 ha. Des groupes de jazz, de country, de folk et de rock se produisent aussi pendant la saison. Quelques événements attirent une foule particulièrement dense : le concert avec feu d'artifice du 4 juillet ; le Easter Sunrise Service (messe du lever du soleil) du dimanche de Pâques et le Tchaikovsky Spectacular où interviennent canons, feu d'artifice et orchestre militaire.

Le fils de l'architecte Frank Lloyd Wright dessina en 1929 la scène originelle en forme de coquillage. Selon une légende, les matériaux de construction provenaient du décor d'un film de Douglas Fairbanks, *Robin des Bois* (1922). Le théâtre de verdure compte 18 000 places. Privées, les loges de devant sont particulièrement recherchées.

Le Edmund D. Edelman Hollywood Bowl Museum illustre la riche histoire du lieu au moyen de projections vidéo, de programmes, d'affiches et de souvenirs des artistes qui s'y produisirent, du violoniste Jascha Heifetz aux Beatles. Parmi les films qui utilisèrent le Bowl figure *Une étoile est née* (1937) de William Wellman.

Le théâtre de verdure du Hollywood Bowl

Mausolée de William A. Clark Junior au Hollywood Memorial Park

Hollywood Studio Museum ❼

2100 N Highland Ave. **Plan** 2 B3. *(323) 874-2276.* *de 10 h à 16 h le sam. ; de 12 h à 16 h le dim. Sur rendez-vous en semaine.*

En 1913, Cecil B. De Mille et le producteur Jesse Lasky louèrent cette grange, alors située dans Vine Street, à quelques pas au nord de Sunset Boulevard, pour tourner le premier long métrage d'Hollywood : *The Squaw Man*. Son remake prit en France le titre *Un cœur en exil*.

Transporté en 1983 à son emplacement actuel sur le parc de stationnement du Hollywood Bowl *(p. 107)*, et ravagé par un incendie 13 ans plus tard, le bâtiment, restauré, abrite aujourd'hui les accessoires, costumes, photographies et divers souvenirs d'un musée consacré aux débuts du cinéma.

Pantages Theater ❽

6233 Hollywood Blvd. **Plan** 2 C4. *(323) 468-1700.* *t.l.j.*

Construit en 1929, ce magnifique cinéma Art déco paré de marbre et de bronze présenta en 1930 pour son inauguration *The Floradora Girl* qu'interprétait Marion Davies, la maîtresse de William Hearst *(p. 204)*. Il accueillit l'Academy Awards Ceremony entre 1949 et 1959.

Magnifiquement restauré dans les années 1980, le Pantages propose aujourd'hui des comédies musicales de Broadway. Il faut posséder un billet pour pouvoir découvrir l'exubérant intérieur, son vaste foyer, ses lustres, ses plafonds voûtés et ses colonnes décorées de motifs géométriques, un voyage dans le passé et l'époque où le faste d'Hollywood construisait sa légende.

Élégante façade Art déco du Pantages Theater

Hollywood Memorial Park ❾

6000 Santa Monica Blvd. **Plan** 8 C1. *(323) 469-1181.* *de 8 h à 17 h du lun. au ven. ; de 10 h à 15 h le dim.* *jours fériés.*

Disponible à l'entrée, le plan de ce cimetière se lit comme une histoire des débuts du cinéma américain. Tyrone Power repose près d'un lac, dans la partie orientale. À côté, le tombeau de Marion Davies porte son véritable nom : Douras. Cecil B. De Mille et beaucoup d'autres célébrités de l'âge d'or d'Hollywood comme Nelson Eddy, un chanteur d'opéra reconverti dans le cinéma, sont également enterrés à proximité. Le somptueux mausolée de Douglas Fairbanks aurait été payé par son ancienne femme, l'actrice Mary Pickford. Le lugubre Cathedral Mausoleum renferme la crypte où repose Rudolph Valentino. Chaque année, le 23 août, une « Dame en noir » lui rend hommage pour l'anniversaire de sa mort.

Le cimetière borde au sud les studios de la Paramount. Ceux de la Columbia se trouvaient jadis au nord. Leur patron, Harry Cohn, aurait choisi sa concession de manière à garder un œil dessus.

Paramount Studios ⑩

5555 Melrose Ave. **Plan** 8 C1. *(323) 956-5575.* *de 9 h à 14 h du lun. au ven.* *1er jan., dim. de Pâques, Thanksgiving, 25 déc.* **Visitors' Center and Ticket Window** 860 N Gower St. *(323) 956-3488.* *de 8 h 30 à 16 h du lun. au ven.* *1er jan., dim. de Pâques, Thanksgiving, 25 déc.*

Le dernier des grands studios encore en activité à Hollywood fut aussi le premier. Cecil B. De Mille, Jesse Lasky et Samuel Goldwyn s'associèrent en 1914 à Adolph Zukor pour former ce qui allait devenir la Paramount Pictures. Gloria Swanson, Rudolph Valentino, Mae West, Marlene Dietrich, Gary Cooper…, la liste des stars qui travaillèrent sous contrat à la Paramount est impressionnante.

Des anonymes en quête de gloire se pressent toujours aux portails en fer forgé de Bronson Avenue et Marathon Street. Pour se porter chance, ils citent la dernière réplique de Norma Desmond dans *Boulevard du crépuscule* : « Je suis prête pour mon gros plan, M. De Mille. »

Une visite guidée de deux heures retrace l'histoire du studio où furent tournés des classiques comme *Les Dix Commandements, La Guerre des mondes* ou *Le Parrain*. Les films et les productions télévisées en cours de réalisation offrent un aperçu de l'envers du décor *(p. 165)*.

Melrose Avenue

Jusqu'alors sans intérêt particulier, Melrose Avenue a vu au milieu des années 1980 se multiplier les boutiques excentriques et les bons restaurants. La partie la plus agréable s'étend sur 16 pâtés de maisons entre La Brea Avenue et Fairfax Avenue. Les magasins de vêtements et d'accessoires de mode offrent un large éventail de styles, du punk au plus classique en passant par les années 1950. Ils restent ouverts tard le soir *(p. 166-167)* à l'instar des nombreux restaurants dont la diversité reflète la richesse ethnique de Los Angeles. Si les pâtes italiennes et la pizza dominent, comme dans le reste de la ville, les cuisines mexicaine et thaïlandaise sont bien représentées.

Vitrine colorée sur Melrose Avenue

À l'extrémité occidentale de Melrose, sur San Vincente Boulevard, se dresse le Pacific Design Center, gratte-ciel vitré (183 m) dessiné par César Pelli en 1975 et surnommé la Baleine bleue. Cette vitrine des stylistes d'intérieur et des architectes, la plus importante de la Côte Ouest, s'adresse principalement à une clientèle professionnelle, mais est ouverte au public. Les prix d'entrée et les politiques de vente peuvent varier selon les salles d'exposition.

Farmers Market ⑪

6333 W 3rd St. **Plan** 7 D3. *(323) 933-9211.* *de 9 h à 18 h 30 du lun. au sam. ; de 10 h à 17 h le dim.* *1er jan., dim. de Pâques, Memorial Day, 4 juil., Labor Day, Thanksgiving, 25 déc.*

En 1934, pendant la Grande Dépression *(p. 49)*, des fermiers commencèrent à vendre leurs produits directement au public dans un champ alors situé à la périphérie de la ville. Depuis, le Farmers Market reste un des lieux de rendez-vous favoris des Angelenos. Outre des éventaires de fleurs, de fromages, de pain et de fruits et légumes, il propose plus de 100 boutiques vendant de tout, des antiquités jusqu'aux T-shirts et au matériel de jardinage.

Tour de l'horloge marquant l'entré du Farmers Market

Parmi les nombreux cafés et restaurants, nous vous conseillons le Bob's Donuts dont les beignets *(doughnuts)* font partie des meilleurs de Los Angeles, le Kokomo Café apprécié pour ses *pancakes* à la fraise et ses omelettes fourrées aux haricots noirs *(p. 546)* et le Gumbo Pot qui sert une cuisine traditionnelle cajun épicée *(p. 546)*.

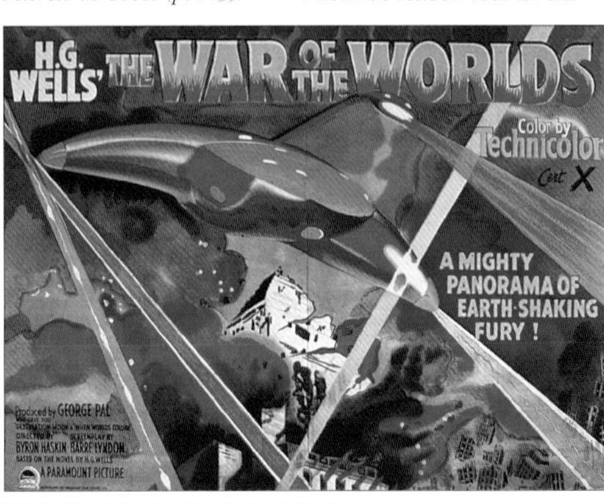

Affiche de *La Guerre des mondes* (1953)

Le Los Angeles County Museum of Art ⓬

Fondé en 1910, le LACMA, l'un des plus importants musées d'art des États-Unis, est situé dans le prestigieux Hancock Park depuis 1965. Autour d'une terrasse centrale, cinq bâtiments abritent ses collections d'une grande variété acquises grâce à des dons privés. Elles sont très riches en peintures et photographies européennes et américaines et en art islamique, asiatique et précolombien. Édifié en 1988, le spectaculaire Pavilion for Japanese Art présente l'ensemble exceptionnel d'œuvres japonaises possédé par le musée, notamment les collections Shin'enkan et Bushell. L'Anderson Building est consacré à l'art moderne et contemporain.

★ Dans les bois de Giverny
Cette œuvre peinte en 1887 par Claude Monet montre les filles de sa compagne : Blanche et Suzanne Hoschedé.

★ Mother about to Wash her Sleepy Child
(1880)
Mary Cassatt, qui peignit de très nombreuses scènes domestiques, joua un grand rôle dans la découverte de l'impressionnisme aux États-Unis.

3ᵉ niveau

2ᵉ niveau

Jour des fleurs
(1925)
Diego Rivera propose dans sa peinture une relecture moderne des traditions mexicaines.

Entrée

Niveau de la plaza

Niveau inférieur

AHMANSON BUILDING

SUIVEZ LE GUIDE !
L'Ahmanson Building et l'Hammer Building abritent les œuvres européennes et américaines. Achevé en 1986 par Hardy Holzman Pfeiffer, l'Anderson Building est consacré à l'art du XXᵉ siècle. À côté, dans le jardin de sculptures, on découvre notamment des bronzes de Rodin. Dessiné par l'architecte non conformiste Bruce Goff, le Pavilion for Japanese Art associe style des années 1950 et esthétique orientale. Au Bing Center, le Plaza Café permet une pause au cours de la visite.

À NE PAS MANQUER

- ★ ***Dans les bois de Giverny*** **de Claude Monet**
- ★ ***Mother about to Wash her Sleepy Child*** **de Mary Cassatt**
- ★ ***Mulholland Drive*** **de David Hockney**

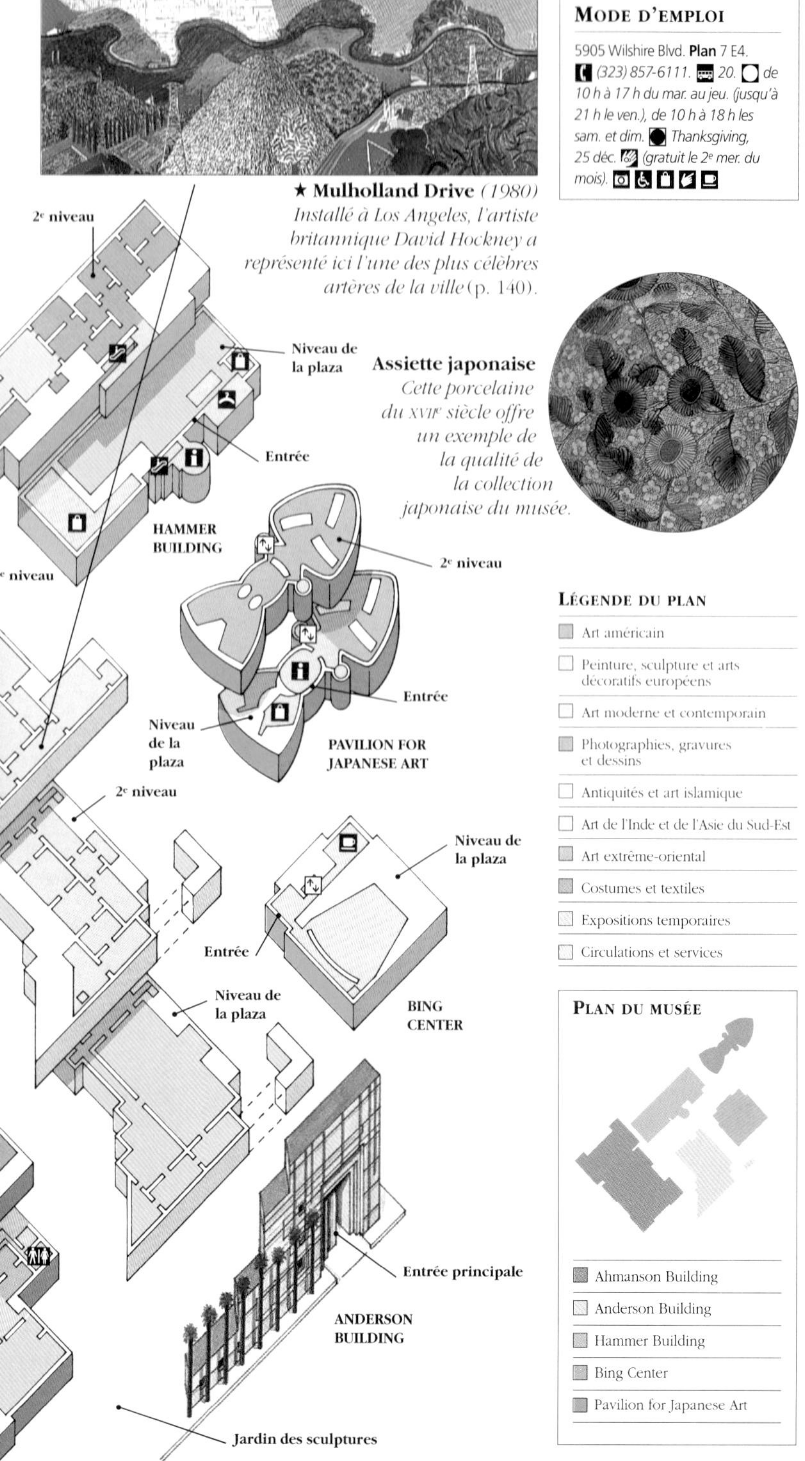

★ Mulholland Drive *(1980)*
Installé à Los Angeles, l'artiste britannique David Hockney a représenté ici l'une des plus célèbres artères de la ville (p. 140).

Assiette japonaise
Cette porcelaine du XVIIe siècle offre un exemple de la qualité de la collection japonaise du musée.

MODE D'EMPLOI

5905 Wilshire Blvd. **Plan** 7 E4. *(323) 857-6111.* *20.* *de 10 h à 17 h du mar. au jeu. (jusqu'à 21 h le ven.), de 10 h à 18 h les sam. et dim.* *Thanksgiving, 25 déc.* *(gratuit le 2e mer. du mois).*

LÉGENDE DU PLAN

- Art américain
- Peinture, sculpture et arts décoratifs européens
- Art moderne et contemporain
- Photographies, gravures et dessins
- Antiquités et art islamique
- Art de l'Inde et de l'Asie du Sud-Est
- Art extrême-oriental
- Costumes et textiles
- Expositions temporaires
- Circulations et services

PLAN DU MUSÉE

- Ahmanson Building
- Anderson Building
- Hammer Building
- Bing Center
- Pavilion for Japanese Art

À la découverte du LACMA

Guerrier debout

Plus de 250 000 objets produits par de nombreuses cultures, de la préhistoire à nos jours, font d'une visite au LACMA une promenade à travers l'histoire de l'art dans le monde. Les amateurs d'antiquités y découvriront, outre d'intéressantes pièces précolombiennes, égyptiennes, grecques et romaines, l'une des plus riches collections d'art islamique du monde. Complétées par des objets d'art, les expositions de peintures et de sculptures européennes et américaines, du Moyen Âge à l'époque contemporaine, comptent de nombreux chefs-d'œuvre. Le musée présente aussi une magnifique collection de costumes et de textiles et de grandes expositions temporaires.

Art américain

La collection de peintures illustre l'évolution de l'art américain du XVIIIe siècle à la Deuxième Guerre mondiale.

Portrait of a Lady (1771) de John Singleton Copley et *Cymon and Iphigenia* (1773) de Benjamin West restent marqués par l'Europe, mais des artistes comme Edwin Church (1826-1900), Winslow Homer (1836-1910) et Thomas Moran (1837-1926) abordent les paysages avec un regard nouveau. Des œuvres telles que *Mother about to Wash her Sleepy Child* *(p. 110)* de Mary Cassatt et *Avenue of the Allies* (1918) de Childe Hassam témoignent de l'impact de l'impressionnisme aux U. S. A. *Jour des fleurs* *(p. 110)* de Diego Rivera fait partie de la collection latino-américaine.

Les exemples d'arts décoratifs vont de meubles Chippendale à des lampes de Louis C. Tiffany (1848-1933).

Monument à Balzac par Auguste Rodin (1840-1917)

Peinture, sculpture et arts décoratifs européens

Les œuvres les plus anciennes de cette collection remontent au XIIe siècle. Au style gothique, auquel appartient encore *L'Annonciation* (1388) du Siennois Bartolo di Fredi, succède la Renaissance, tournant majeur de l'art occidental. Le réalisme s'affirme alors comme le montrent des portraits par les Allemands Lucas Cranach l'Ancien (1472-1553) et Hans Holbein le Jeune (1497-1543), et des scènes religieuses des Italiens Fra Bartolommeo (1472-1517) et Titien (v. 1490-1576).

La Résurrection de Lazare (v. 1630) par Rembrandt et *Andromède Enchaînée* (1637-1638) d'Antoine Van Dyck témoignent de la maîtrise des peintres hollandais et flamands du XVIIe siècle, époque où Guido Reni peignit le *Portrait du cardinal Roberto Ubaldino* (avant 1625) et Georges de La Tour la magnifique *Madeleine à la chandelle* (1630-1635).

Les écoles françaises du XVIIIe et du XIXe siècles sont également bien représentées avec notamment des tableaux d'Eugène Delacroix (1798-1863) et Camille Corot (1796-1875). La collection de sculptures comprend plus de quarante Rodin.

Exposées au Hammer Building, les œuvres impressionnistes et post-impressionnistes, notamment d'Auguste Renoir (1841-1919), Vincent Van Gogh (1853-1890) et Paul Cézanne (1839-1906), comptent parmi leurs fleurons *Dans les bois de Giverny* *(p. 110)* de Claude Monet et un *Double Portrait des sœurs Bellelli* (1862-1864) par Degas.

Une aiguière vénitienne parée d'émail et d'or vers 1500 et une porcelaine de Limoges du XVIe siècle représentant Psyché et Cupidon font partie des plus beaux objets d'art.

Madeleine à la chandelle (1630-1635) de Georges de La Tour

The Cotton Pickers (1876) par Winslow Homer

Art moderne et contemporain

L'exposition de l'Anderson Building offre des exemples de tous les principaux courants de l'art du XXe siècle. Le premier étage présente des œuvres exécutées entre 1900 et 1970 telles que le *Portrait de Sébastien Juner Vidal* (1903) de Picasso et *La Trahison des images* *(p. 66)* de Magritte. Des travaux des groupes Die Brücke (le Pont) et Der Blaue Reiter (le Cavalier bleu) illustrent bien la démarche des expressionnistes allemands.

Au rez-de-chaussée, les peintures, sculptures et installations d'après 1970 comprennent *Mulholland Drive* *(p. 111)* de David Hockney.

Photographies, gravures et dessins

L'exceptionnelle collection de photographies du LACMA retrace l'évolution de ce médium depuis les daguerréotypes du début du XIXe siècle. Richesse des textures et sensualité caractérisent les clichés d'Edward Weston (1886-1958).

Le musée possède également plus de 30 000 dessins et gravures, dont la Robert Gore Rifkind Collection consacrée à l'expressionnisme allemand avec des œuvres telles qu'*Enfant debout* (1910), estampe d'Erick Heckel.

Antiquités et art islamique

Exposées dans l'Ahmanson Gallery, les antiquités comprennent notamment des sculptures grecques et romaines, des reliefs en albâtre provenant d'un palais assyrien du IXe siècle av. J.-C., un rare bronze égyptien de la 25e dynastie et de délicates œuvres iraniennes dont certaines datent de 3000 av. J.-C. Spécialement riche en pièces turques et persannes, la collection d'art islamique couvre une période de près de 1 400 ans.

Les objets précolombiens proviennent du Pérou et d'Amérique centrale. Retrouvé au Mexique, le *Guerrier debout* (100 av. J.-C.–300 apr. J.-C.) est la plus grande effigie connue de ce type.

Art de l'Inde et de l'Asie du Sud-Est

Particulièrement riche en œuvres indiennes, depuis de magnifiques statues jusqu'à de délicates miniatures, cette collection compte plus de 5 000 pièces, dont les plus anciennes datent du IIIe siècle av. J.-C. À découvrir également : des manuscrits et *thankas* (peintures sur tissu) tibétains et népalais et des sculptures de bronze et de pierre provenant d'Indonésie, de Thaïlande, du Sri Lanka, du Cambodge et de Birmanie.

Dunes, Oceano **(1936) par Edward Weston**

Couple d'officiels **de la période Tang (618-907)**

Art extrême-oriental

Ce département présente des céramiques, des sculptures, des paravents et des rouleaux peints de Chine, du Japon et de Corée. Son fleuron, l'exceptionnelle Shin'enkan Collection, est exposée dans le Pavilion for Japanese Art. Elle réunit quelque 200 paravents et rouleaux peints de la période Edo (1615-1868). Les derniers comprennent de magnifiques chefs-d'œuvre tels que *Coq, poule et hortensia* (XVIIIe siècle) de Ito Jakuchu et *Coquillages et prunes* (XIXe siècle) de Suzuki Kiitsu. La Bushell Collection de *netsukes* (chevilles sculptées), de céramiques, de sculptures et d'estampes est, elle aussi, remarquable.

Costumes et textiles

Véritable encyclopédie de l'habillement et du tissage, ce département possède environ 55 000 pièces produites par plus de 300 cultures. Parmi les plus anciennes figurent des linceuls brodés péruviens (100 av. J.-C.) et une tunique copte du Ve siècle. À ne pas manquer non plus : le tapis « Ardabil » (1540), nommé d'après le sanctuaire du nord-ouest de l'Iran pour lequel il fut commandé ; une dalmatique hollandaise de 1570 ; une robe française du XVIIe siècle brodée d'or et d'argent et un manteau impérial chinois du XVIIIe siècle.

Miracle Mile ⓭

Wilshire Blvd entre La Brea et Fairfax Aves. **Plan** 7 D4. *685 S Figueroa St (213 689-8822), 6541 Hollywood Blvd (323 689-8822).*

En 1920, le promoteur A. W. Ross acheta sept hectares de terrain bordant Wilshire Boulevard et aménagea une zone commerciale visant la clientèle des riches familles de l'Hancock Park. Avec ses édifices Art déco et Streamline Moderne, ses trottoirs confortables, sa rue élargie pour les voitures et ses parcs de stationnement, elle attira bientôt en foule des acheteurs du centre-ville, marquant le début de la décentralisation de Los Angeles.

Jalonné d'épiceries au service de diverses communautés ethniques, le Miracle Mile ne présente toutefois plus qu'un pâle reflet de ce qu'il fut. À l'est subsistent quelques vestiges Streamline Moderne comme le petit bâtiment du n° 5209, version miniature de la Richfield Tower qui se dressait à Downtown.

La partie occidentale a connu un meilleur sort. À l'angle de Fairfax Avenue, l'immeuble de la May Company comprend une tour ornée de dorures et de mosaïques qui ressemble à un flacon de parfum géant. Ses cinq musées, dont le LACMA *(p. 110-113)*, valent au quartier d'avoir pris le surnom de Museum Row.

Tour dorée de l'immeuble de la May Company sur Wilshire Blvd

Roadster Duesenberg Model J de 1932 au Petersen Automotive Museum

Peterson Automotive Museum ⓮

6060 Wilshire Blvd. **Plan** 7 D4. *(323) 930-2277. de 10 h à 18 h du mar. au dim. 1er jan., Thanksgiving, 25 déc.*

Ce musée inauguré en 1994 ravira tous les amoureux de belles américaines.

Des dioramas et des expositions temporaires illustrent l'évolution de la culture automobile des États-Unis *(p. 190-191)*. Plus de 200 véhicules sont présentés en permanence, certains dans des décors élaborés comme une Ford T de 1922 apparaissant dans une scène d'un film de Laurel et Hardy et trois magnifiques voitures de collection placées dans une rue des années 1920 reconstituée.

À voir également : un garage des années 1920, un magasin d'exposition des années 1930 dont l'opulence défiait la dépression et un restaurant drive-in des années 1950.

À l'étage, cinq galeries regorgent de véhicules de tous genres, depuis les motos et les *hot rods* (voitures gonflées) jusqu'à une Cadillac de 1953 ayant appartenu à Rita Hayworth et une Mercedes Benz de Clark Gable.

The Improv ⓯

8162 Melrose Ave. **Plan** 8 B2. *(323) 651-2583. à partir de 20 h lun. et mar. ; 20 h 30 et 22 h sam. et dim.*

Créé en 1975, The Improv est aujourd'hui connu dans le monde entier. Des célébrités, telles que Jay Leno, Richard Lewis ou encore Damon Wayans se produisent régulièrement dans ce « café-théâtre ». Presque tous les jeudis, on y retrouve Drew Carey et ses partenaires du Drew Carey Show.

The Improv est également un bon endroit pour découvrir de nouveaux talents.

Chaque personne doit consommer au moins deux boissons au bar. Vous pouvez dîner dans la salle de spectacle ou dans le restaurant du club, qui propose des spécialités italiennes. Ce club étant très fréquenté, il est conseillé de réserver un ou deux jours à l'avance.

Le comédien populaire Drew Carey à l'Improv club

George C. Page Museum of La Brea Discoveries ⓰

5801 Wilshire Blvd. **Plan** 7 E4. *(323) 934-7243. de 9 h 30 à 17 h du mar. au dim. 1er jan., Thanksgiving, 4 juil., 25 déc. gratuit le 1er mardi du mois.*

Ce musée ouvert en 1976 possède une collection de plus d'un million de fossiles découverts dans les puits de bitume de La Brea. Ces pièges naturels ont conservé les restes de plus

Les fosses de bitume de La Brea

Le bitume des La Brea Tar Pits se forma il y a environ 42 000 ans. Les animaux qui venaient boire l'eau dans les fosses se retrouvaient pris au piège. Engloutis, leurs os se fossilisaient.

Pendant des siècles, les Indiens Gabrielino utilisèrent le goudron pour rendre étanches leurs paniers et leurs bateaux. Plus tard, les colons espagnols et mexicains en enduisirent leurs toits. En 1906, des géologues dégagent les premiers fossiles du site, le plus riche en vestiges du pléistocène jamais découvert. Le terrain est cédé au comté en 1916.

Maquettes représentant les animaux englués

de 200 espèces d'oiseaux, dont certains sont vieux de 42 000 ans, de reptiles, de plantes, d'insectes et de mammifères tels que des tigres à dents de sabre (smilodons) *(p. 40)*, des lions américains et le mammouth impérial. Plus de 400 crânes de loups montrent l'étendue des variations qui peuvent intervenir dans une même espèce. Un hologramme prête chair au seul squelette humain retrouvé, celui de la femme de La Brea qui vécut il y a environ 9 000 ans.

En été, les visiteurs peuvent voir les paléontologistes au travail au puits 91, le plus riche. À l'intérieur du musée, un mur vitré donnant sur un laboratoire permet d'observer le nettoyage, l'identification et le classement des fossiles.

Squelette de mammouth au George C. Page Museum

Craft and Folk Art Museum ⓱

5814 Wilshire Blvd. **Plan** 7 E4.
(323) 937-5544. *de 11 h à 17 h du mar. au dim.* *1er jan., Thanksgiving, 25 déc.*

Ce musée d'artisanat et d'art populaire possède une collection de plus de 3 000 pièces du monde entier allant de masques africains jusqu'à du mobilier contemporain en passant par des édredons du XIXe siècle. Elle comprend une belle sélection de créations mexicaines en papier mâché de la famille Linares.

Le musée propose des expositions sur des thèmes tels que les jouets, la verrerie ou les textiles et organise en octobre dans l'Hancock Park voisin le festival international des masques.

Masque africain au Craft Museum

Wiltern Theatre ⓲

3790 Wilshire Blvd. **Plan** 9 D4.
(323) 380-5005.
Représentations uniquement.

Ancien cinéma construit en 1931 et restauré en 1985, le Wiltern Theatre accueille maintenant des spectacles vivants. Un plaquage en terre cuite turquoise orne sa tour et ses ailes Art déco. Le motif en rayons de soleil de la marquise de l'entrée principale se retrouve dans la salle au plafond décoré de gratte-ciel en bas-relief. Mais pour découvrir l'intérieur du Wiltern Theatre, il faut acheter sa place pour un spectacle.

WELLS FARGO

Downtown Los Angeles

Cité tentaculaire qui était encore considérée comme un trou perdu il y a à peine plus d'un siècle, Los Angeles tire son origine d'El Pueblo où l'Old Plaza Church et l'Avila Adobe, dont on a reconstitué l'intérieur espagnol, entretiennent le souvenir de l'époque où *rancheros* et *señoras* arpentaient ces rues pavées aujourd'hui dominées par des gratte-ciel. Au nord d'El Pueblo se dessine Chinatown. Au sud, Little Tokyo reste le pôle de la plus importante communauté nippo-américaine du continent. Le quartier des affaires de Downtown a pour centre Bunker Hill, une ancienne zone résidentielle où vivait l'élite victorienne de la ville. Aujourd'hui, de hautes tours de bureaux, telles celles du First Interstate World Center et du Wells Fargo Center, dominent le paysage. La culture y a toutefois aussi sa place avec le Museum of Contemporary Art (MOCA), le Music Center et la Los Angeles Central Library.

Détail du Fine Arts Building dans West 7th Street

Downtown d'un coup d'œil

Quartiers et bâtiments historiques

Angels Flight 2
Bradbury Building 4
Chinatown 8
El Pueblo p. 122-123 7
Grand Central Market 3
Little Tokyo 13
Los Angeles Central Library 1
Los Angeles City Hall 11
Union Station 9

Musées

Geffen Contemporary at MOCA 12
Japanese American National Museum 14
Los Angeles Children's Museum 10
Museum of Contemporary Art 5

Centre culturel

Music Center 6

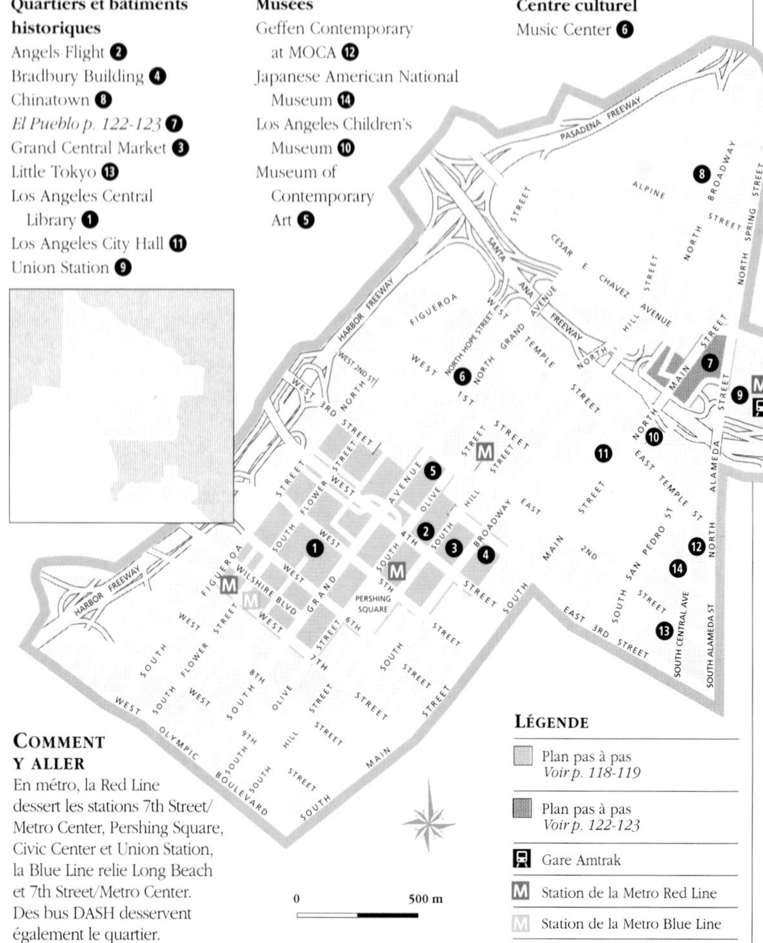

Légende

Plan pas à pas *Voir p. 118-119*

Plan pas à pas *Voir p. 122-123*

Gare Amtrak

Station de la Metro Red Line

Station de la Metro Blue Line

Comment y aller

En métro, la Red Line dessert les stations 7th Street/Metro Center, Pershing Square, Civic Center et Union Station, la Blue Line relie Long Beach et 7th Street/Metro Center. Des bus DASH desservent également le quartier.

◁ **Le Wells Fargo Center**

Le Business District pas à pas

Relief du Biltmore Hotel

L'expansion de Los Angeles vers l'ouest et l'océan au XXe siècle avait relégué Downtown à un rôle secondaire dans la vie de la cité. Cette période est révolue. Le centre des affaires qui s'est développé autour de Flower Street lui a rendu son dynamisme et touristes et Angelenos se pressent sur ses trottoirs au pied des hauts gratte-ciel, tel le Wells Fargo Center, abritant les sièges des grands organismes bancaires californiens. Cette renaissance se poursuit plus à l'est où prospère le commerce de gros de bijoux, de jouets, de vêtements et d'aliments. L'élan donné par des institutions comme le Museum of Contemporary Art (MOCA), le Music Center et la Los Angeles Central Library a engendré un environnement culturel animé qui a fait revenir les citadins dans le centre-ville.

Le Westin Bonaventure Hotel possède des ascenseurs extérieurs offrant une vue panoramique aux clients en route vers le bar *(p. 510)*.

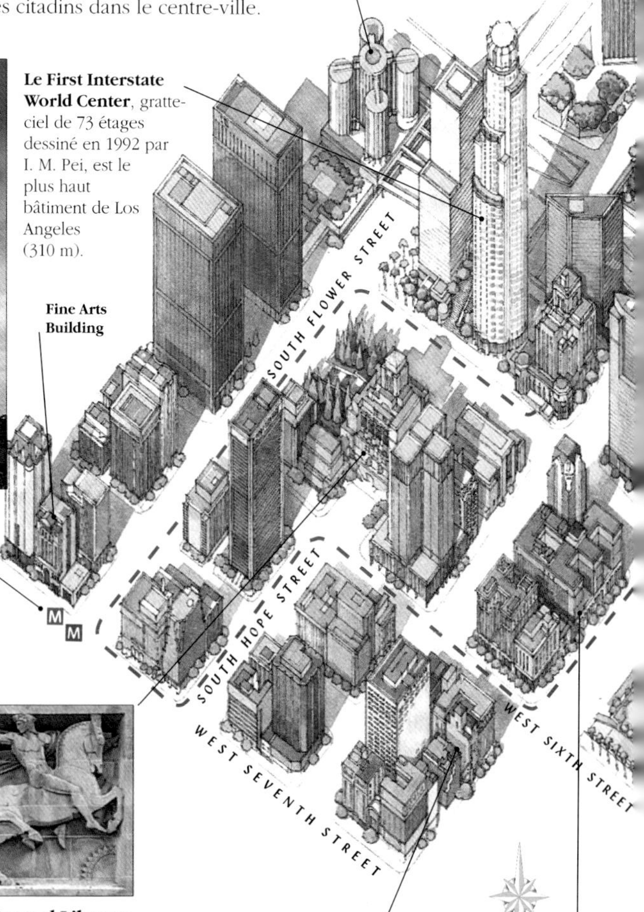

Le First Interstate World Center, gratte-ciel de 73 étages dessiné en 1992 par I. M. Pei, est le plus haut bâtiment de Los Angeles (310 m).

Fine Arts Building

7th Street/ Metro Center

SOUTH FLOWER STREET

SOUTH HOPE STREET

WEST SIXTH STREET

WEST SEVENTH STREET

★ La Los Angeles Central Library
Récemment agrandie, cette bibliothèque est ornée de reliefs et d'inscriptions ayant pour thème la « lumière du savoir » ❶

L'Oviatt Building (1925) est un édifice Art déco auquel travailla le verrier René Lalique.

Le Biltmore Hotel est l'un des hôtels les plus luxueux de L. A. depuis 1923 *(p. 509)*.

★ Le Museum of Contemporary Art
Sur la California Plaza, le bâtiment du MOCA suscita de vives louanges à son inauguration en 1986. La collection donne un aperçu audacieux de l'art contemporain ❺

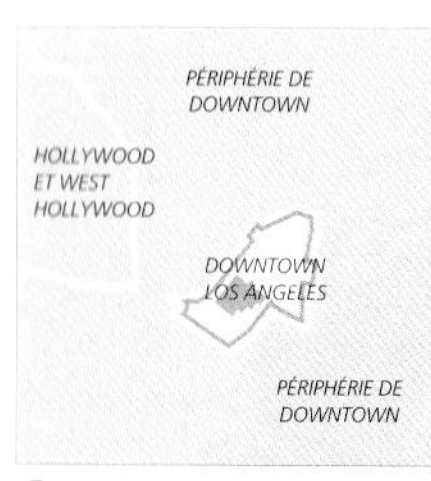

CARTE DE SITUATION
Voir l'atlas des rues, plan 11

Le Wells Fargo Center abrite un musée *(p. 304)*. Les œuvres d'artistes tels que Jean Dubuffet ornent sa cour de sculptures.

Angels Flight
Ce funiculaire restauré relie South Hill Street à la California Plaza ❷

★ Le Bradbury Building
Ce bâtiment victorien possède l'un des plus beaux atriums de ce style aux U. S. A. ❹

Station de métro Pershing Square

Grand Central Market
Ce marché couvert se trouve au cœur de l'ancien quartier des cinémas ❸

LÉGENDE

— — — Itinéraire conseillé

Le Pershing Square, premier parc public de la ville (1866), aujourd'hui bétonné, reste un lieu de rencontre apprécié avec ses statues, ses bancs et ses arbres.

À NE PAS MANQUER

- **★ Le Bradbury Building**
- **★ La Los Angeles Central Library**
- **★ Le Museum of Contemporary Art**

Façade de la Los Angeles Central Library

Los Angeles Central Library ❶

630 W 5th St. **Plan** 11 D4. *(213) 228-7000.* *de 10 h à 17 h 30 le lun. et du jeu. au sam. ; de 12 h à 20 h les mar. et mer. ; de 13 h à 15 h le dim.* *jours fériés.*

Construite en 1926, la bibliothèque centrale de Los Angeles fut ravagée par un incendie criminel en 1986 et resta fermée sept ans. Le programme de rénovation et d'agrandissement coûta 213,9 millions de dollars pour permettre aujourd'hui l'accès à plus de 5 millions de livres, de périodiques et de documents.

Orné de sculptures et d'inscriptions sur le thème de « la lumière du savoir », le bâtiment originel intègre des éléments architecturaux byzantins, égyptiens et romains. Des peintures murales de Dean Cornwell (1892-1960) illustrent dans la rotonde l'histoire de la Californie.

Statue ornant la bibliothèque

Un grand soin a été apporté aux détails dans l'aile neuve (Tom Bradley) comme en témoignent les trois lustres de l'atrium. Créés par Therman Statom, ils représentent les mondes de la nature, de l'éther et de la technologie. Le jardin de la bibliothèque, proche de l'entrée sur Flower Street, offre aux visiteurs fatigués ses bancs ombragés, ses fontaines, ses sculptures et un restaurant.

La Central Library propose un programme varié de lectures, de conférences, de concerts et de représentations théâtrales.

Angels Flight ❷

Entre Grand, Hill, les 3rd et 4th Sts. **Plan** 11 D4. *(213) 626-1901.* *de 6 h 30 à 22 h t.l.j.* *jours fériés.*

Construit en 1901 et vanté par ses promoteurs comme « la plus courte voie ferrée du monde », le funiculaire d'Angels Flight, long de 96 m entre Hill Street et Bunker Hill, resta pendant près de 70 ans un moyen de transport cher au cœur des Angelenos.

En 1969, Bunker Hill s'était toutefois tellement dégradé que la ville démonta Angels Flight, promettant de le rouvrir après la réhabilitation du quartier. En 1996, quelque 27 ans plus tard, elle tint finalement sa promesse.

Grand Central Market ❸

317 S Broadway. **Plan** 11 E4. *(213) 624-2378.* *de 9 h à 18 h du lun. au sam. ; de 10 h à 17 h 30 le dim.* *1er jan., Thanksgiving, 25 déc.*

Les Angelenos viennent s'approvisionner dans ce marché couvert animé depuis 1917. Il abrite aujourd'hui plus de 40 éventaires aux enseignes et panneaux rédigés presque tous en anglais et en espagnol.

Ils s'adressent en effet à des clients en majorité latino-américains qui viennent s'y procurer des ingrédients exotiques de leurs pays d'origine. Sur les étals de fruits et légumes, harmonieusement agencés, des échantillons gratuits permettent souvent de goûter avant d'acheter. Les poissonniers vendent un vaste choix de produits de la mer pêchés au large de la Californie du Sud. Sur les éventaires de boucherie, têtes de chèvres et abats voisinent avec les pièces de viandes plus communément vendues aux États-Unis. Des herboristes proposent une large gamme de remèdes naturels pour des affections bénignes.

Les visiteurs auxquels les parfums qui flottent dans le Grand Central Market auraient ouvert l'appétit y trouveront de nombreux cafés et stands de plats préparés. Le China Café sert depuis les années 1930 des *chow mein* (spécialités de nouilles) réputés. À la Chapalita Tortilleria, les clients peuvent regarder une machine branlante transformer de la *masa* (pâte de farine de maïs) en tortillas et déguster les échantillons gratuits disposés sur le comptoir. Des étals mexicains tels qu'Ana Maria vendent des *tacos* et des *burritos* farcis de toutes sortes de viandes et de fruits de mer.

Le marché donne sur Broadway, la principale rue commerçante de la communauté hispanique de Los Angeles. Avant la Deuxième Guerre mondiale, elle formait le cœur du quartier des cinémas, mais la plupart ont fermé ou accueillent des rencontres religieuses. Mieux vaut s'y méfier des pickpockets.

Une bonne adresse du marché

Atrium du Bradbury Building

Bradbury Building ❹

304 S Broadway. **Plan** 11 E4.
(213) 626-1893. *de 9 h à 17 h t.l.j.* *depuis 3rd St.*

Dessiné par George Herbert Wyman en 1893, le Bradbury Building est l'un des rares édifices victoriens à avoir subsisté à Los Angeles et le seul immeuble de bureaux de la ville reconnu comme un National Historic Landmark. Derrière une façade rouge et dépouillée s'ouvre un atrium extraordinaire avec sa verrière, son entrelacs d'escaliers et de passerelles métalliques, ses boiseries de chêne, ses murs en briques vernissées et ses deux ascenseurs d'époque. Un décor dont Ridley Scott tira notamment parti en tournant *Blade Runner* (1982).

Museum of Contemporary Art ❺

250 S Grand Ave. **Plan** 11 D4.
(213) 621-2766. *de 11 h à 17 h du mar. au dim. (jusqu'à 20 h le jeu.).* *1er jan., Thanksgiving, 25 déc.* *gratuit de 17 h à 20 h le jeu.*

Le Japonais Arata Isozaki réalisa en 1986 le bâtiment du musée d'Art contemporain (MOCA), classé par l'American Institute of Architects parmi les dix meilleures réalisations architecturales aux États-Unis. L'édifice joue de volumes géométriques tels que pyramides, cylindres et cubes. Les tons chauds de ses murs en calcaire des villages indiens, qui reposent sur des fondations en granit rouge, créent un agréable contraste avec les surfaces vitrées des gratte-ciel qui l'entourent.

On atteint les sept galeries d'exposition depuis la cour d'entrée par un grand escalier.

Fondé en 1979, le Museum of Contemporary Art a rapidement réuni un ensemble renommé d'œuvres exécutées après 1940 par des artistes tels que Piet Mondrian, Jackson Pollock, Louise Nevelson et Julian Schnabel. Le fond comprend aussi la Panda Collection consacrée au Pop Art et à l'expressionnisme abstrait : 80 œuvres d'artistes comme Robert Rauschenberg, Mark Rothko et Claes Oldenburg. Acquise en 1995, la Freidus Collection retrace à travers 2 100 tirages l'évolution de la photographie documentaire aux États-Unis des années 1940 aux années 1980. Elle inclut des clichés par Diane Arbus et Robert Frank.

Le MOCA ferme au nord la California Plaza, vaste complexe de 4,5 ha. Celui-ci finança la création du musée, 1,5 % de son budget fut dédié à l'art comme l'impose la législation de Los Angeles. La fontaine spectaculaire ornant le centre de l'esplanade répète son programme synchronisé toutes les 20 minutes. Une vague de plus de 45 mètres cubes en constitue le finale.

***Coca Cola Plan* (1958) de Robert Rauschenberg**

Music Center ❻

135 N Grand Ave. **Plan** 11 E3.
(213) 972-7211. **Billeterie du Dorothy Chandler Pavilion** *de 10 h à 18 h du lun. au sam.* **Billeterie du Taper Forum et de l'Ahmanson Theatre** *de 12 h à 20 h du mar. au dim.*

Dans la partie nord de Bunker Hill, ce centre culturel regroupe plusieurs bâtiments. Portant le nom de l'épouse de l'ancien directeur du *Los Angeles Tribune*, le Dorothy Chandler Pavilion est, avec sa salle de 3 500 places, le siège du LA Music Center Opera, de la LA Master Chorale et, de l'automne au printemps, du LA Philharmonic. Il accueille également la cérémonie des Academy Awards.

L'Ahmanson Theatre, où des murs mobiles permettent de faire varier les dimensions de la scène, peut recevoir jusqu'à 2 100 spectateurs et présente de grandes productions théâtrales.

Le Mark Taper Forum (750 places) propose des créations encore plus audacieuses.

L'esplanade du Music Center conduisant au Mark Taper Forum

El Pueblo pas à pas ❼

Statue de Felipe de Neve

Fondé en 1781 par Felipe de Neve, gouverneur espagnol de la Californie, El Pueblo de la Reina de Los Angeles, berceau de la cité, est aujourd'hui un State Historic Monument. Boutiques et éventaires vendent le long d'Olvera Street des vêtements mexicains, des *baraches* (sandales) en cuir, des *piñatas* (animaux en paille) et des en-cas comme les *churros*, une espèce de pain frit. La communauté hispanique de la ville continue toutefois d'y célébrer avec passion des fêtes comme la bénédiction des animaux domestiques, le *Cinco de Mayo* (5 mai), le Mexican Independence Day (13-15 septembre) ou *Las Posadas* (16-24 décembre).

★ L'Old Plaza Church
L'Annonciation *(1981), une mosaïque d'Isabel Piczek, orne la façade de la plus vieille église de la ville.*

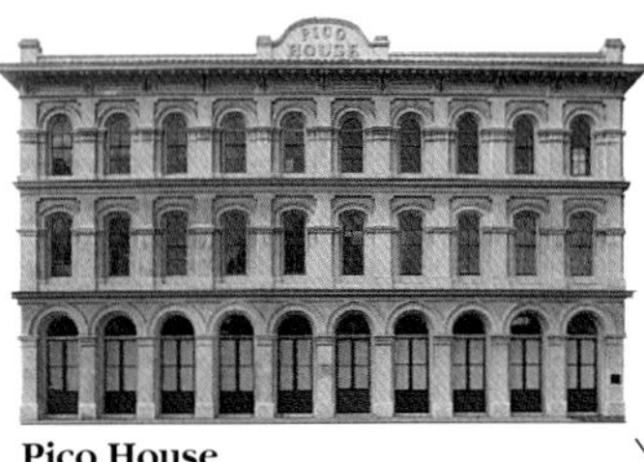

Pico House
Construit en 1870 par le dernier gouverneur mexicain de Californie, Pío Pico, cet édifice Italianate abrita pendant de nombreuses années le meilleur hôtel du quartier.

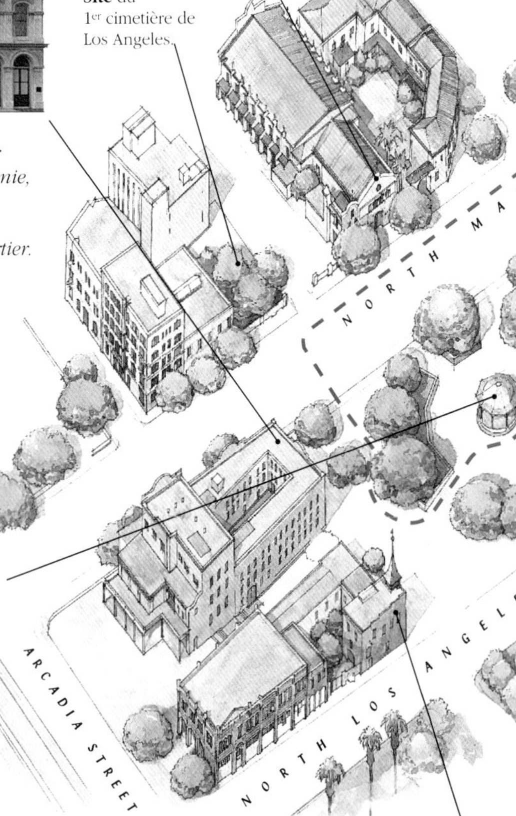

Site du 1er cimetière de Los Angeles.

Old Plaza
Une liste des 44 premiers colons et une statue de Felipe de Neve se trouvent près du kiosque à musique.

Caserne de pompiers

À NE PAS MANQUER

★ L'Avila Adobe

★ L'Old Plaza Church

LÉGENDE

– – – Itinéraire conseillé

★ **L'Avila Adobe**
La plus ancienne maison de Los Angeles présente l'aspect intérieur qu'elle aurait eu vers 1840.

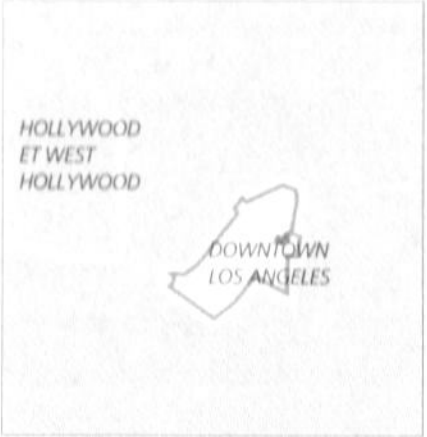

HOLLYWOOD ET WEST HOLLYWOOD
DOWNTOWN LOS ANGELES

CARTE DE SITUATION
Voir l'atlas des rues, plan 11

Tropical America
(1932), fresque de David Alfaro Siqueiros.

Sepulveda House

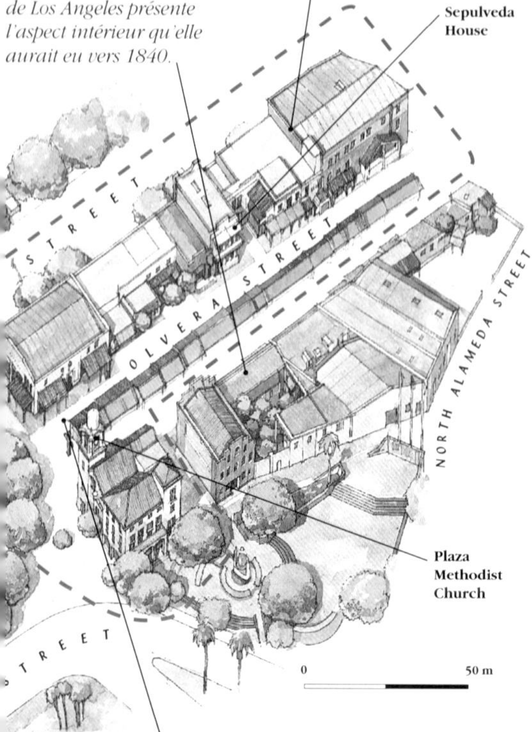

STREET
OLVERA STREET
NORTH ALAMEDA STREET
STREET

Plaza Methodist Church

0 50 m

Olvera Street
Une campagne civique menée par Christine Sterling sauva dans les années 1920 cette rue aujourd'hui piétonnière.

Chinatown ❽

Plan 11 F2. *977 N Broadway, Suite E (213 617-0396).*

Les Chinois arrivèrent en Californie pendant la ruée vers l'or *(p. 44-45)* pour travailler dans les mines et à la construction des voies de chemin de fer. Victimes de racisme, ils s'établirent en communautés étroitement soudées. Créé en 1970 sur le site actuel de l'Union Station *(p. 124)*, le premier Chinatown de Los Angeles fut déplacé d'un peu plus de 800 m vers le nord pendant les années 1930. Douze mille personnes vivent et travaillent aujourd'hui dans le quartier.

Sur North Broadway, la porte de l'East Gate ouvre sur Gin Ling Way et la New Chinatown Central Plaza. Dans cette zone piétonnière, des édifices peints de couleurs vives abritent sous des toits de pagode des boutiques vendant de tout, babioles bon marché aussi bien qu'antiquités et délicats bijoux de jade.

Les rues environnantes ont moins de caractère, mais renferment des restaurants offrant un large éventail de spécialités chinoises, depuis les *dim sum (p. 540)* jusqu'aux plats épicés du Sichuan.

Bien que de moindre ampleur qu'à San Francisco *(p. 35)*, parades et danses marquent aussi en février à Los Angeles le Nouvel An chinois.

Restaurant couronné d'une pagode à Chinatown

La façade de l'Union Station, superbe mariage de divers styles architecturaux

Union Station ❾

800 N Alameda St. **Plan** 11 F3. *(213) 683-6979 ; (800) 872-7245.* *24 h sur 24.*

Datant de 1939, cette grande gare fut la dernière de ce genre construite aux États-Unis. L'extérieur présente un mélange réussi de styles mauresque, Spanish Mission et Streamline Moderne *(p. 26-28)*. À l'intérieur, les bordures de carreaux des murs, les mosaïques de marbre des sols et les filigranes au-dessus des fenêtres et des portes reprennent des motifs espagnols.

Haut de près de 16 m, le vaste hall évoquera des souvenirs à bien des cinéphiles. Sydney Pollack y tourna *Nos plus belles années* (1973) et Barry Levinson *Bugsy* (1991). Les stars s'y faisaient souvent photographier à leur arrivée à Los Angeles pendant les années 1940. Il règne une ambiance plus calme aujourd'hui malgré des départs quotidiens pour Chicago, Seattle et San Diego.

Los Angeles Children's Museum ❿

310 N Main St. **Plan** 11 E4. *(213) 687-8800.* *de sept. à juin : de 10 h à 17 h les sam. et dim., jours fériés ; juil.-août : de 11 h 30 à 17 h du lun. au ven., de 10 h à 17 h les sam. et dim.* *jours fériés.*

Un principe a guidé la conception de ce musée, ouvert en 1979 : les enfants apprennent mieux en participant.

Une série de rampes relie vingt attractions interactives. L'architecte Frank Gehry dessina ce « labyrinthe de la découverte ». Les jeunes visiteurs apprécient particulièrement la Videozone où ils peuvent se voir sur écran en train de chanter, de danser ou de raconter des histoires. Dans la Sticky City (la Ville collante), de grands blocs de mousse et de Velcro s'accrochent entre eux, aux murs et même aux constructeurs qui édifient gratte-ciel, montagnes et tunnels. Dans la City Street, les enfants peuvent se prendre pour le conducteur d'un bus ; dans la Grotte des dinosaures, bruits enregistrés et hologrammes les ramènent aux origines de l'homme et même au-delà. Le musée propose un programme régulier d'activités artistiques et d'événements ponctuels.

Entrée du Los Angeles Children's Museum

Los Angeles City Hall ⓫

200 N Spring St. **Plan** 11 E4. *(213) 485-2121.* *de 8 h à 17 h du lun. au ven.* *jours fériés.* *depuis Main St.* *réservations obligatoires.*

À sa construction en 1928, on incorpora au mortier de l'hôtel de ville de Los Angeles du sable de tous les comtés de la Californie et de l'eau provenant des 21 missions de l'État. Jusqu'en 1957, cet édifice de 28 étages resta le plus haut de Downtown – tous les autres étant limités à 12 étages. Malgré les gratte-ciel qui l'écrasent de leurs masses aujourd'hui, sa tour demeure un point de repère familier des Angelenos. La série télévisée *Superman* y situait le lieu de travail de Clark Kent, le journal *Daily Planet*.

À l'intérieur, la rotonde jouit d'une excellente acoustique. À la coupole, huit personnages symbolisent les principales préoccupations de l'institution municipale : éducation, santé, droit, art, service, autorité, protection et confiance.

Les groupes participant à la visite guidée de 45 minutes peuvent monter jusqu'à la plate-forme d'observation de la tour, restaurée après avoir été endommagée en 1994 par le très important tremblement de terre de North Ridge *(p. 53)*. Elle offre une vue panoramique de la ville.

Rotonde du City Hall

Geffen Contemporary at MOCA ⓬

152 N Central Ave. **Plan** 11 F4. *(213) 621-1727. de 11 h à 17 h du mar. au dim. (jusqu'à 20 h le jeu.). 1er jan., Thanksgiving, 25 déc.*

En 1983, cet ancien garage de police servit d'espace temporaire d'exposition en attendant l'achèvement du bâtiment du musée d'art contemporain de la California Plaza *(p. 121)*. Son aménagement par Frank Gehry connut un tel succès que l'entrepôt continue d'accueillir des expositions, constamment renouvelées.

Little Tokyo ⓭

Plan 11 E4. *244 S San Pedro St. (213 628-2725).*

Aujourd'hui délimité par First Street, Third Street, Los Angeles Street et Alameda Street, le quartier japonais existe depuis 1884. Il a pour centre le Japanese American Cultural and Community Center, au nº 244 South Pedro Street, qui organise des activités et manifestations culturelles telles que la Nisei Week *(p. 33)*. Son théâtre en forme d'éventail, le Japan America Theater, accueille souvent des compagnies japonaises, notamment de kabuki.

Au nº 335 East Second Street, la Japanese Village Plaza s'inspire d'une rue de village japonais avec ses toits de tuiles bleues, ses structures en bois apparentes et ses sentiers agrémentés de plans d'eau et de rochers. Une tour de guet traditionnelle marque l'entrée sur First Street. Des magasins la bordent dont l'Enbun Market, l'un des plus anciens commerces de Little Tokyo, et la confiserie Mikawaya. Donnant dans San Pedro Street, Onizuka Street recèle des boutiques plus chic.

Onizuka Street dans Little Tokyo et tour du Los Angeles City Hall

Entrée sur Central Avenue du Japanese American Museum

Japanese American National Museum ⓮

369 E 1st St. **Plan** 11 F4. *(213) 625-0414. de 10 h à 17 h du mar. au dim. (jusqu'à 20 h le jeu.). 1er jan., Thanksgiving, 25 déc.*

L'ancien temple bouddhique Nishi Hongwanji abrite désormais un musée. Son architecte, Edgar Cline, lui donna en 1925 une personnalité double. L'entrée sur First Street ouvre une façade en brique anodine. L'entrée cérémoniale, sur Central Avenue, marie éléments extrême-orientaux et égyptiens avec son auvent en béton inspiré de celui d'une porte d'un temple de Kyoto et les chapiteaux en terre cuite couronnant ses pilastres.

Le musée possède la plus riche collection du monde liée à l'histoire des Nippo-Américains. Beaucoup perdirent toutefois tous leurs biens lors de leur internement pendant la Deuxième Guerre mondiale *(p. 50-51)*, et il s'agit souvent d'objets de la vie quotidienne tels que journaux, bagages et vêtements. Des documents et du mobilier évoquent la détention dans les camps.

Le musée propose également des ateliers et des expositions temporaires sur des thèmes comme les Issei (premiers immigrants japonais), les camps de concentration en Amérique ou les soldats nippo-américains.

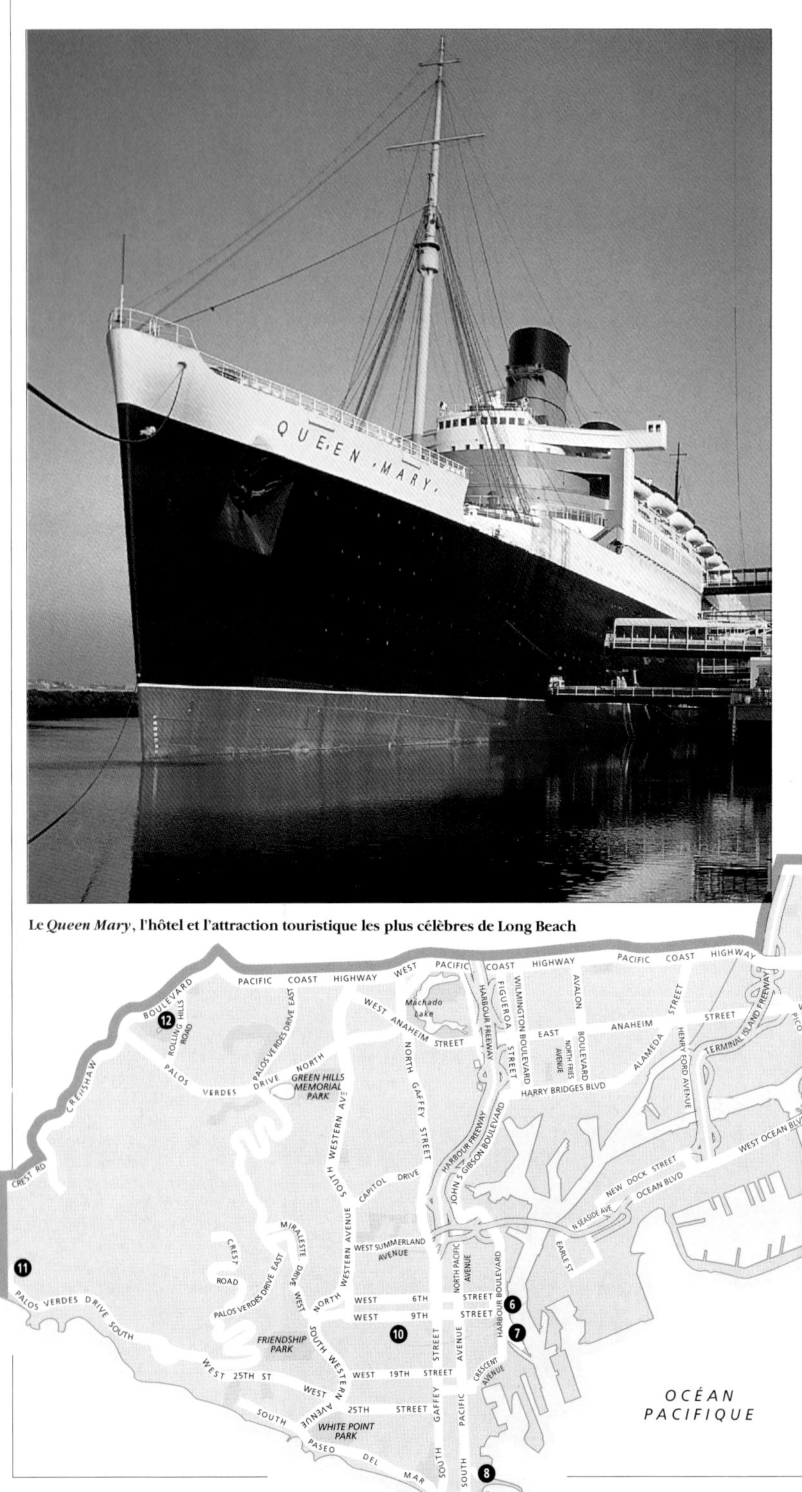

Le *Queen Mary*, l'hôtel et l'attraction touristique les plus célèbres de Long Beach

LONG BEACH ET PALOS VERDES

Il n'y a que l'océan pour unir cette juxtaposition de zones très différentes. Dans la péninsule de Palos Verdes, bordée d'une magnifique côte rocheuse, des résidences de luxe et leurs écuries se nichent dans les collines sous des eucalyptus. Il règne une ambiance beaucoup plus prolétaire au sud-est, à San Pedro, le port de Los Angeles. Il est devenu le premier des États-Unis pour l'import-export, mais la pêche y reste pratiquée. Ville la plus peuplée de la région, et la cinquième de la Californie, Long Beach porte bien son nom de « Longue Plage » avec ses 9 km de sable blanc. Fière de sa tradition portuaire, elle a acquis le célèbre paquebot *Queen Mary* pour en faire une attraction touristique très populaire.

Statue au Ports O'Call Village

LONG BEACH ET PALOS VERDES D'UN COUP D'ŒIL

Navire historique
Queen Mary p. 130-131 ❺

Villes et quartiers
Long Beach ❶
Naples ❹
Ports O'Call Village ❼
San Pedro ❿

Bâtiments historiques
Rancho Los Alamitos ❸
Rancho Los Cerritos ❷

Architecture moderne
Wayfarers Chapel ⓫

Parc et jardin
Point Fermin Park ❾
South Coast Botanic Garden ⓬

Musées
Cabrillo Marine Aquarium ❽
Los Angeles Maritime Museum ❻

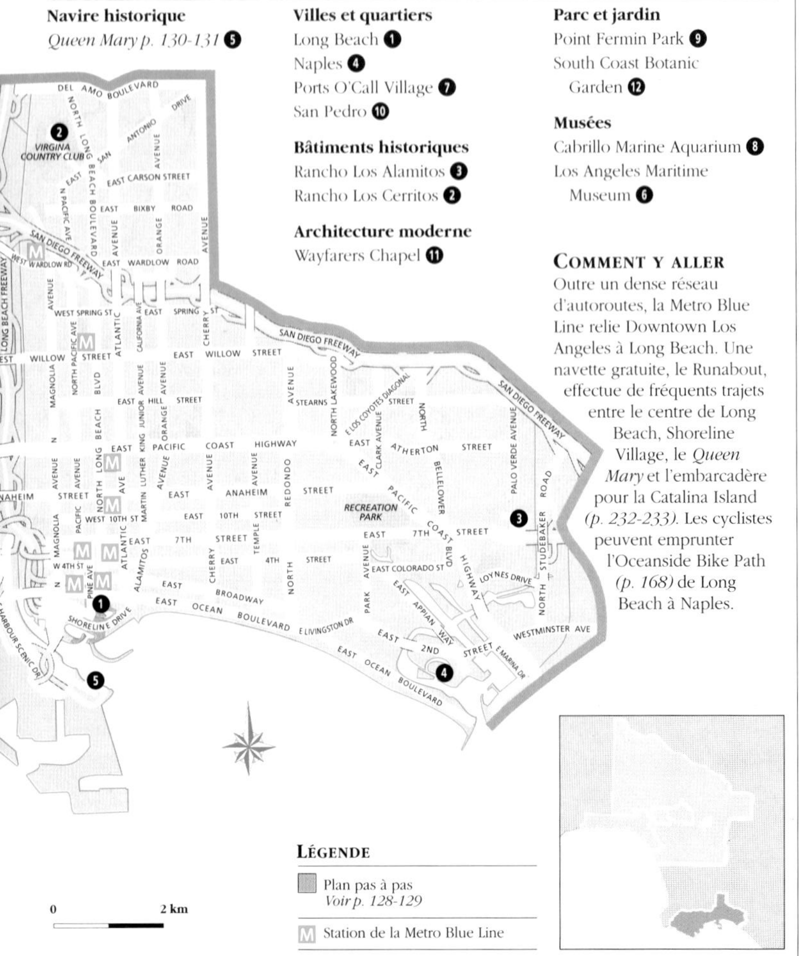

COMMENT Y ALLER

Outre un dense réseau d'autoroutes, la Metro Blue Line relie Downtown Los Angeles à Long Beach. Une navette gratuite, le Runabout, effectue de fréquents trajets entre le centre de Long Beach, Shoreline Village, le *Queen Mary* et l'embarcadère pour la Catalina Island *(p. 232-233)*. Les cyclistes peuvent emprunter l'Oceanside Bike Path *(p. 168)* de Long Beach à Naples.

LÉGENDE

Plan pas à pas *Voir p. 128-129*

Station de la Metro Blue Line

Long Beach pas à pas ❶

Enseigne au Shoreline Village

Sur fond de palmiers et d'océan, le centre de Long Beach mêle édifices soigneusement restaurés (la ville subit un terrible tremblement de terre en 1933) et gratte-ciel modernes. En son cœur, Pine Avenue conserve le charme provincial qui valut à Long Beach le surnom d'« Iowa-sur-Mer ». Les habitants de l'agglomération viennent s'y détendre, savourer une tasse d'*espresso* ou déguster une des meilleures cuisines de la région. Non loin, le Long Beach Convention and Entertainment Park occupe l'emplacement de l'ancien Pike Amusement Park. Le Terrace Theater y propose désormais concerts et ballets. En bord de mer, les restaurants du Shoreline Village offrent une belle vue sur le *Queen Mary.*

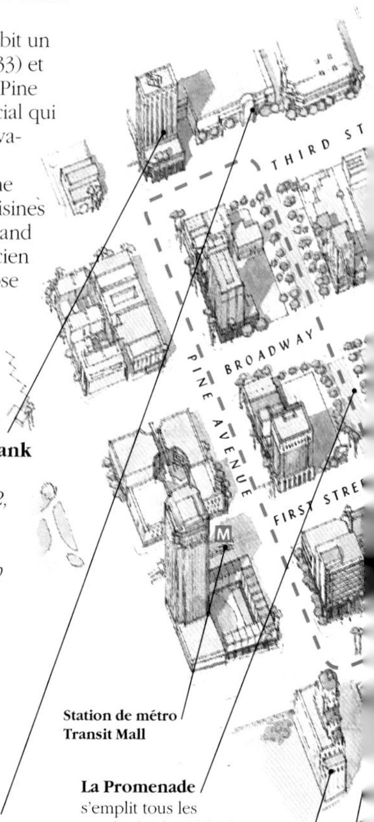

Farmers and Merchants Bank Tower
Édifié en 1922, le premier gratte-ciel de Long Beach possède un beau hall d'époque.

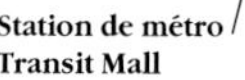

Station de métro Transit Mall

Fresque du Long Beach Municipal Auditorium
Cette peinture murale de 1938 représentant une journée à la plage ornait à l'origine le Municipal Auditorium, bâtiment démoli en 1979 pour laisser place au Terrace Theater.

La Promenade s'emplit tous les vendredis des étals de fruits et légumes et d'artisanat du marché fermier de Long Beach.

L'Ocean Center Building (1929) marquait le début de la « Promenade des Mille Lumières » du Pike Amusement Park.

LÉGENDE

— — — Itinéraire conseillé

À NE PAS MANQUER

★ **Pine Avenue**

★ **Le Shoreline Village**

★ Pine Avenue
Dans Pine Avenue, cœur du downtown *de Long Beach, certains des boutiques, cafés et restaurants occupent des édifices historiques comme le Masonic Temple (1903) du nº 230.*

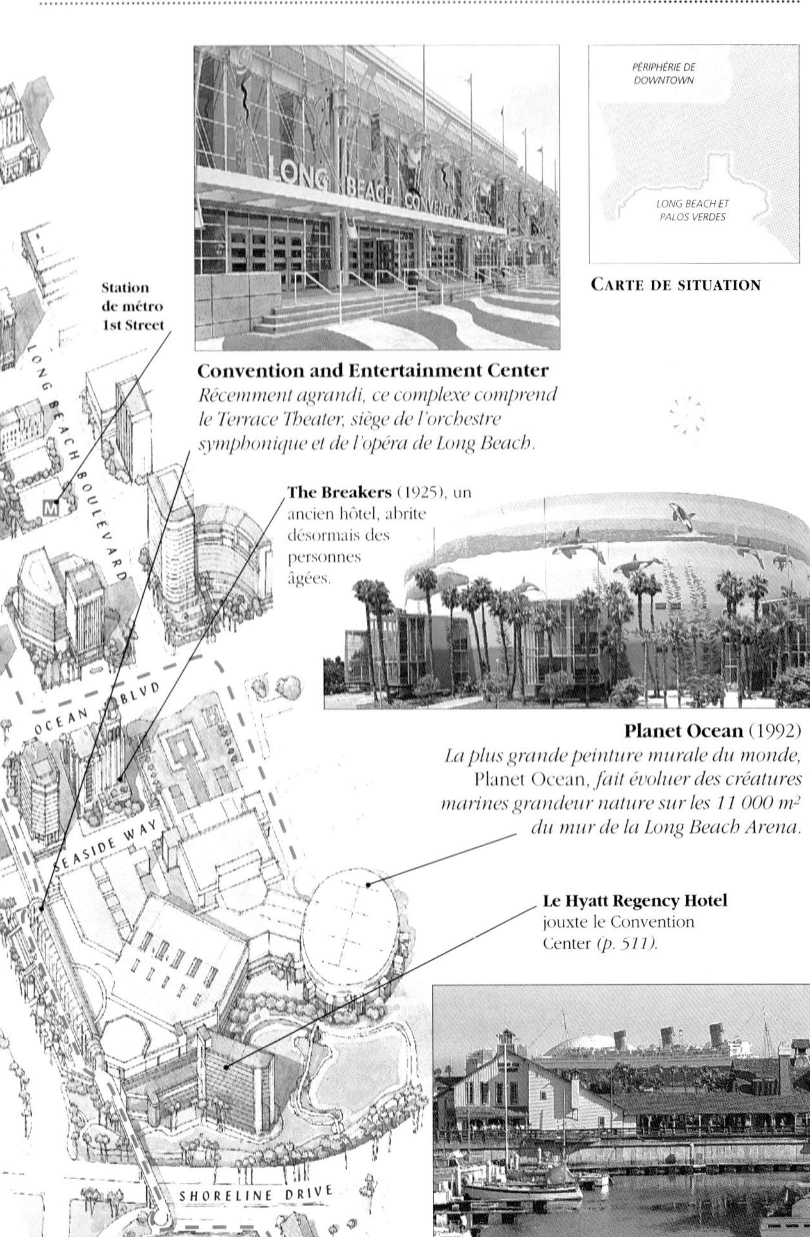

CARTE DE SITUATION

Station de métro 1st Street

Convention and Entertainment Center
Récemment agrandi, ce complexe comprend le Terrace Theater, siège de l'orchestre symphonique et de l'opéra de Long Beach.

The Breakers (1925), un ancien hôtel, abrite désormais des personnes âgées.

Planet Ocean (1992)
La plus grande peinture murale du monde, Planet Ocean, *fait évoluer des créatures marines grandeur nature sur les 11 000 m² du mur de la Long Beach Arena.*

Le Hyatt Regency Hotel jouxte le Convention Center *(p. 511).*

★ Le Shoreline Village
Ce centre commercial riche en restaurants recèle un carrousel Looff de 1906 et offre de beaux points de vue sur le Queen Mary (p. 130-131).

Le voilier *Californian* propose courtes ou longues croisières depuis le Shoreline Village.

Rancho Los Cerritos ❷

4600 Virginia Rd. (562) 570-1755. de 13 h à 17 h du mer. au dim. 1er jan., dim. de Pâques, Thanksgiving, 25 déc. sam. et dim. seulement.

Le Rancho Los Cerritos faisait jadis partie d'une concession de 121 400 ha accordée entre 1784 et 1790 à un soldat espagnol, Manuel Nieto. La Mission San Gabriel en récupéra près de la moitié et les enfants de Nieto héritèrent du reste à sa mort en 1804. En 1834, la propriété fut partagée en cinq ranchs.

John Temple acheta Los Cerritos en 1844 et édifia la demeure en adobe qui se visite aujourd'hui, mais des sécheresses successives, au début des années 1860, l'amenèrent à vendre à la firme Flint, Bixby & Co. Celle-ci céda la majeure partie du terrain, mais la maison et les 2 ha qui l'entourent restèrent dans la famille Bixby jusqu'à leur achat en 1955 par la ville de Long Beach.

Devenu un musée, le Rancho Los Cerritos, de style Monterey *(p. 26)*, est meublé comme dans les années 1870.

Rancho Los Alamitos ❸

6400 Bixby Hill Rd. (562) 431-3541. de 13 h à 17 h du mer. au dim. 1er jan., dim. de Pâques, Thanksgiving, 25 déc. **Contribution**.

Sur une mesa habitée depuis l'an 500, le Rancho Los Alamitos faisait partie en 1790 de la concession de Manuel Nieto. Construite en 1806, la maison est une des plus anciennes de la Californie du Sud. Elle changea souvent de mains au XIXe siècle jusqu'à

Le Cactus Garden du Rancho Los Alamitos

Queen Mary ❺

Pier J, 1126 Queens Hwy. **Carte routière**, encadré A. (562) 435-3511. de 10 h à 18 h t.l.j. *Voir* ***Hébergement*** *p. 511 et* ***Restaurants*** *p. 547.*

Nommé d'après l'épouse du roi George V, le plus grand paquebot du monde, long de 310 m, fit sa première traversée le 27 mai 1936. Joyau de la Cunard White Star Line, il effectua ensuite des navettes régulières entre Southampton, en Angleterre, et New York.

Bien que les installations des deuxième et troisième classes paraissent exiguës comparées au luxe de la première, elles étaient considérées à l'époque comme spacieuses et chic.

Royal Jubilee Week, 1935 **par A. R. Thomson, au-dessus du bar de l'Observation Lounge**

Le *Queen Mary* mettait cinq jours à traverser l'Atlantique, transportant en moyenne 3 000 passagers et membres d'équipage. Ils disposaient de deux piscines, de deux chapelles, d'une synagogue, d'un gymnase, d'une salle de bal et de salles de jeu pour les enfants.

De 1939 à 1946, le navire, rebaptisé *Grey Ghost* (Fantôme

Sir Winston's Restaurant
Chapelle des mariages
Sir Winston's Piano Bar
Royal Salon
Chelsea Restaurant
Queen's Salon
Britannia Salon
Verandah Grill
Grand Salon

son achat en 1881 par la famille Bixby. Fred et Florence Bixby s'y installèrent en 1906 et commencèrent à aménager la demeure et le jardin.

Donné en 1968 à la ville de Long Beach pour abriter un centre historique et éducatif, le ranch est resté meublé comme dans les années 1920-1930. Élégant, le parc offre un exemple rare de jardin de pionniers.

Naples ❹

Carte routière, encadré A. *Long Beach.* *One World Trade Center, Suite 300 (562 436-3645).* **Gondola Getaway** *5437 E Ocean Blvd (562 433-9595).*

En 1903, le promoteur Arthur Parson commença à construire sa propre version de la ville italienne de Naples sans hésiter à améliorer le modèle original en perçant des canaux enjambés par de petits ponts.

Tenant compte des erreurs commises par Abbot Kinney à Venice *(p. 76)*, il conçut toutefois le réseau de voies navigables de manière à ce que les courants et les marées de l'océan Pacifique les gardent propres.

Bateaux amarrés à des jetées privées sur un canal de la ville résidentielle de Naples

Achevée dans les années 1920, la plus agréable des zones résidentielles de Long Beach s'étend sur trois îles au milieu de l'Alamitos Bay. Au cœur de Naples, le canal le plus large, le Rivo Alto Canal, entoure le Colonnade Park.

Un mélange éclectique de maisons en bardeaux, victoriennes, ou de style Mission Revival ou Arts and Crafts *(p. 26-29)* borde les rues sinueuses. On peut aussi se promener dans une authentique gondole vénitienne (réservation deux semaines à l'avance auprès de Gondola Getaway).

gris), servit au transport de troupes. À la fin de la guerre, ce furent les femmes que les soldats avaient épousées et leurs enfants, plus de 22 000 en tout, qui l'utilisèrent pour rejoindre les États-Unis dans le cadre de l'« Operation Diaper » (Opération Couche).

Acheté en 1967 par la ville de Long Beach, après 1 001 traversées, le *Queen Mary* reste désormais à quai et sert d'hôtel et d'attraction touristique. Les visiteurs peuvent ainsi découvrir la salle des machines originelle, celle des commandes, des cabines et une exposition sur le rôle du *Queen Mary* pendant la dernière guerre. Il a conservé une grande partie de son décor Art déco créé par plus de 30 artistes.

Détail de la décoration du Grand salon

Gouvernails en laiton dans la timonerie du *Queen Mary*

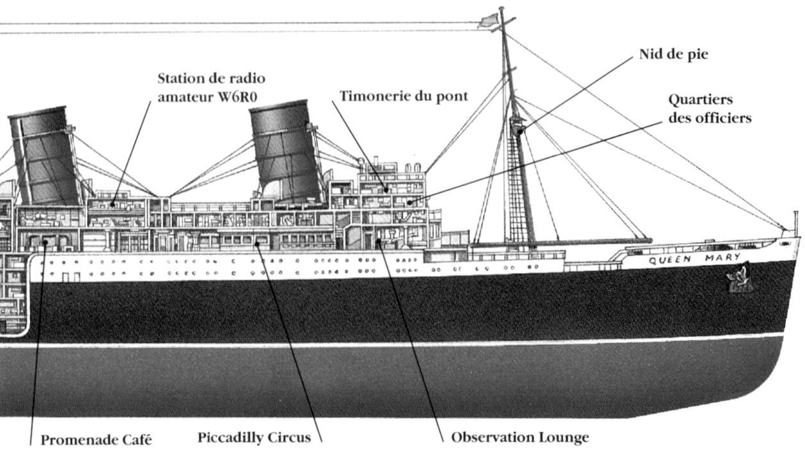

Moment de détente sur Rodondo Beach, Los Angeles *(p. 62)* ▷

Los Angeles Maritime Museum ❻

Berth 84, 6th St, San Pedro. **Carte routière**, encadré A. *(310) 548-7618.* *de 10 h à 17 h du mar. au dim.* *Thanksgiving, 25 déc.* **Contribution**.

Installé dans un terminal de ferries restauré, le musée maritime de Los Angeles présente un ensemble de peintures et d'objets liés à la navigation, tels qu'une figure de proue représentant la reine Victoria et une collection de maquettes comprenant une réplique de 5,5 m du *Titanic*. Commencée en 1971 par un garçon de 14 ans, elle demanda cinq ans de travail. À voir également : la proue et le pont du croiseur *USS Los Angeles*. Le dock du musée renferme des bateaux de pêche de Monterey datant du début du siècle.

Ports O'Call Village ❼

Berth 77, San Pedro. **Carte routière**, encadré A. *(310) 831-0287.* *de 11 h à 21 h du dim. au jeu. ; de 11 h à 20 h les ven. et sam.*

Ce centre commercial juxtapose des styles architecturaux très différents : village de pêcheurs de la Nouvelle-Angleterre, port méditerranéen ou ville mexicaine. Des allées pavées, où se produisent en été des artistes de rue, relient les 75 magasins et 15 restaurants du Ports O'Call Village. Plusieurs pêcheries les alimentent en poisson frais. Les visiteurs peuvent regarder passer cargos et paquebots depuis la promenade en bois du quai. Des visites en bateau permettent également de découvrir l'arrière-port, le poste de gendarmerie maritime, le port de plaisance et les opérations de transbordement. Des excursions à la Catalina Island *(p. 232-233)* et, en hiver, d'observation de baleines sont également proposées.

Scène de rue dans le pittoresque Ports O'Call Village

La reine Victoria en figure de proue

Cabrillo Marine Aquarium ❽

3720 Stephen White Drive, San Pedro. **Carte routière**, encadré A. *(310) 548-7562.* *de 12 h à 17 h du mar. au ven. ; de 10 h à 17 h les sam. et dim.* *Thanksgiving, 25 déc.* *stationnement seulement.*

Dessiné par l'architecte Frank Gehry, le Cabrillo Marine Aquarium abrite dans 38 aquariums une riche collection d'espèces marines de la Californie du Sud. Requins, murènes et raies ravissent chaque année des milliers de visiteurs. Didactique, la présentation est organisée en fonction de trois environnements : côtes rocheuses ; sable et laisse ; haute mer. Elle permet de se familiariser avec la faune et la flore typiques de la région.

Le bassin en plein air où l'on peut toucher des oursins et des holothuries, des anémones et des étoiles de mer connaît un grand succès auprès des enfants. Il est également possible d'observer une vague par en dessous. Une exposition illustre les effets des activités humaines sur le milieu marin du port de Los Angeles.

Le phare de Point Fermin (1874) magnifiquement conservé

Point Fermin Park ❾

Gaffey St & Paseo del Mar, San Pedro. **Carte routière**, encadré A. *(310) 548-7756 (310 832-4444 pour l'observation des baleines de déc. à avril).* *t.l.j.*

Ce parc de 15 ha s'étend sur un promontoire dominant l'océan d'où il est possible, entre janvier et mars, d'apercevoir au large des baleines grises en cours de migration. Par temps clair, la vue porte jusqu'à la Catalina Island. De style victorien, le phare date de 1874. Les briques et le bois qui servirent à sa construction durent franchir le Cap Horn. Un projecteur électrique remplaça en 1925 ses lampes à pétrole qui avaient une puissance d'environ 2 100 bougies.

San Pedro ❿

Carte routière, encadré A. *LAX, 24 km au nord-ouest de San Pedro.* *MTA.* *390 W 7th St (310 832-7272).*

Le Worldport LA de San Pedro est devenu le plus important port d'import-export des États-Unis grâce aux échanges avec les pays du Pacifique. Les maisons paraissent petites comparées à celles de Palos Verdes, mais la ville conserve une atmosphère marquée par l'Europe de l'Est et la Méditerranée. La pêche y reste une activité familiale.

Korean Friendship Bell de l'Angels Gate Park de San Pedro

L'Angels Gate Park, au bout de Gaffey Street, abrite une Korean Friendship Bell (Cloche de l'Amitié) offerte par la Corée du Sud en 1976.

Escalier conduisant à la Wayfarers Chapel

Wayfarers Chapel ⓫

5755 Palos Verdes Drive S, Rancho Palos Verdes. **Carte routière**, encadré A. *(310) 377-1650.* *téléphoner (souvent réservée pour des mariages).* **Jardins** *t.l.j.*

Depuis la rue au-dessous, la chapelle des Voyageurs, perchée sur une colline dominant l'océan, ne laisse voir qu'une fine tour de pierre et de béton surgissant de la verdure. En construisant en 1949 ce sanctuaire enchâssé dans une structure de verre et de séquoia, son architecte, Lloyd Wright (fils de Frank Lloyd Wright), voulut en faire un lieu de culte inscrit dans la nature. Son charme lui vaut aujourd'hui de servir de cadre à de nombreux mariages.

La congrégation qui entretient la chapelle suit les préceptes d'Emmanuel Swedenborg, grand théologien et mystique suédois du XVIIIe siècle.

South Coast Botanic Garden ⓬

26300 S Crenshaw Blvd, Palos Verdes. **Carte routière**, encadré A. *(310) 544- 6815.* *de 9 h à 17 h t.l.j.* *25 déc.*

Ce jardin de 35 ha qu'agrémentent un lac et un ruisseau s'étend à l'emplacement d'une ancienne mine de diatomite, une roche formée de débris d'algues, qui servit de décharge entre 1956 et 1960. Les 3 175 000 tonnes de déchets déversés continuent de se décomposer en sous-sol. Capté, le gaz dégagé est utilisé à la production d'électricité.

Modèle de remise en valeur d'un site de décharge, le South Coast Botanic Garden met l'accent sur des plantations résistant à la sécheresse. Il réunit plus de 2 000 espèces végétales de tous les continents sauf l'Antarctique.

Celles de l'Herb Garden ont été sélectionnées pour leurs qualités odorantes, médicinales ou culinaires. La roseraie compte plus de 1 600 roses de toutes variétés. Cependant, le site le plus original est sans doute le « jardin des sens » aux plantes choisies pour les plaisirs qu'elles offrent à la vue, à l'odorat ou au toucher.

Le Children's Garden (jardin des enfants) du South Coast Botanic Garden

HERSCHEL
GRIFFITH OBSERVATORY

La périphérie de Downtown

Le spectacle offert par l'agglomération de Los Angeles depuis ses autoroutes laisse difficilement présager les nombreux trésors qu'elle recèle. Pourtant, des banlieues à quelques kilomètres du centre offrent de bonnes surprises, notamment Pasadena, au charmant quartier ancien, où l'on visite l'excellent Norton Simon Museum et l'Huntington Library, Art Collection and Botanical Gardens.

Au nord-est de Downtown se trouvent les bâtiments historiques de l'Heritage Square Museum, la Lummis House et le Southwest Museum qui possède l'une des plus belles collections d'artisanat indien des États-Unis. Juste au nord d'Hollywood, le vaste Griffith Park permet pique-niques, randonnées et promenades à dos de poney. Il renferme le Los Angeles Zoo, le Griffith Observatory et l'Autry Museum of Western Heritage.

Non loin, les studios d'Universal, l'une des quatre grandes compagnies de production audiovisuelle à s'être installées à Burbank, proposent une visite de leurs décors et un parc d'attractions. Plus au nord, dans la San Fernando Valley, la Mission San Fernando Rey de España, fondée en 1797, rappelle que la colonisation de la région n'a commencé qu'il y a deux siècles.

Au sud de Downtown, le National History Museum of Los Angeles County et le California Museum of Science and Industry font partie, avec les bâtiments majestueux de l'University of Southern California, des principales attractions de l'Exposition Park.

Affronter les virages de Mulholland Drive vous fera découvrir de magnifiques panoramas.

Le paisible jardin japonais des Huntington Botanical Gardens

◁ **Monument à la mémoire de grands astronomes devant le Griffith Observatory**

À la découverte de la périphérie de Downtown

Découvrir les musées, parcs et bâtiments historiques de la périphérie de Downtown demande un peu d'organisation pour bien user de son temps. L'Heritage Square Museum et le Southwest Museum se visitent aisément sur le chemin de Pasadena. Si les Universal Studios exigent à eux seuls une journée entière, la découverte d'autres studios de Burbank peut être associée à une promenade au Griffith Park (un bon endroit d'où voir l'Hollywood Sign) ou à la Mission San Fernando Rey de España. Un passage matinal au Flower Market mettra les lève-tôt en jambes avant l'ouverture des trois musées de l'Exposition Park.

Les sites d'un coup d'œil

Banlieues

Pasadena p. 150-157 13

San Fernando Valley 1

Rues et bâtiments historiques

Heritage Square Museum 10

Hollyhock House 7

Hollywood Sign 6

Lummis House 11

Mission San Fernando Rey de España 2

Mulholland Drive 3

Watts Towers 20

Musée

Southwest Museum p. 149 12

Parcs

Exposition Park and University of Southern California p. 160-161 16

Griffith Park p. 146-147 8

Marchés

El Mercado 14

Flower Market 15

Sport

Dodger Stadium 9

Great Western Forum 17

Hollywood Park Racetrack 19

Staples Center 18

Studios de cinéma

Burbank 4

Universal Studios p. 142-145 5

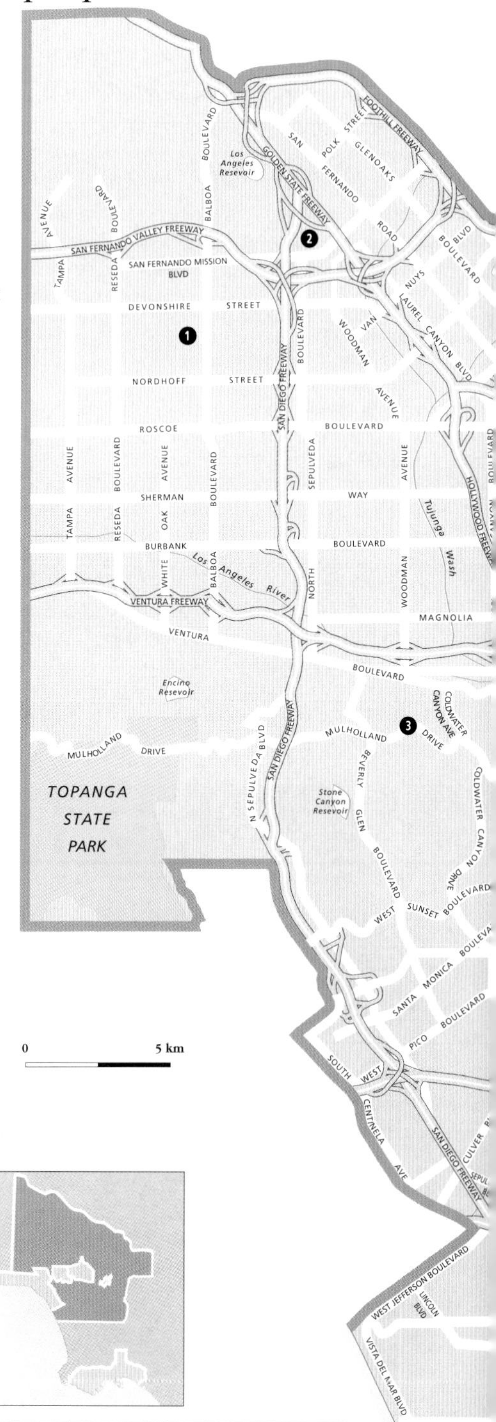

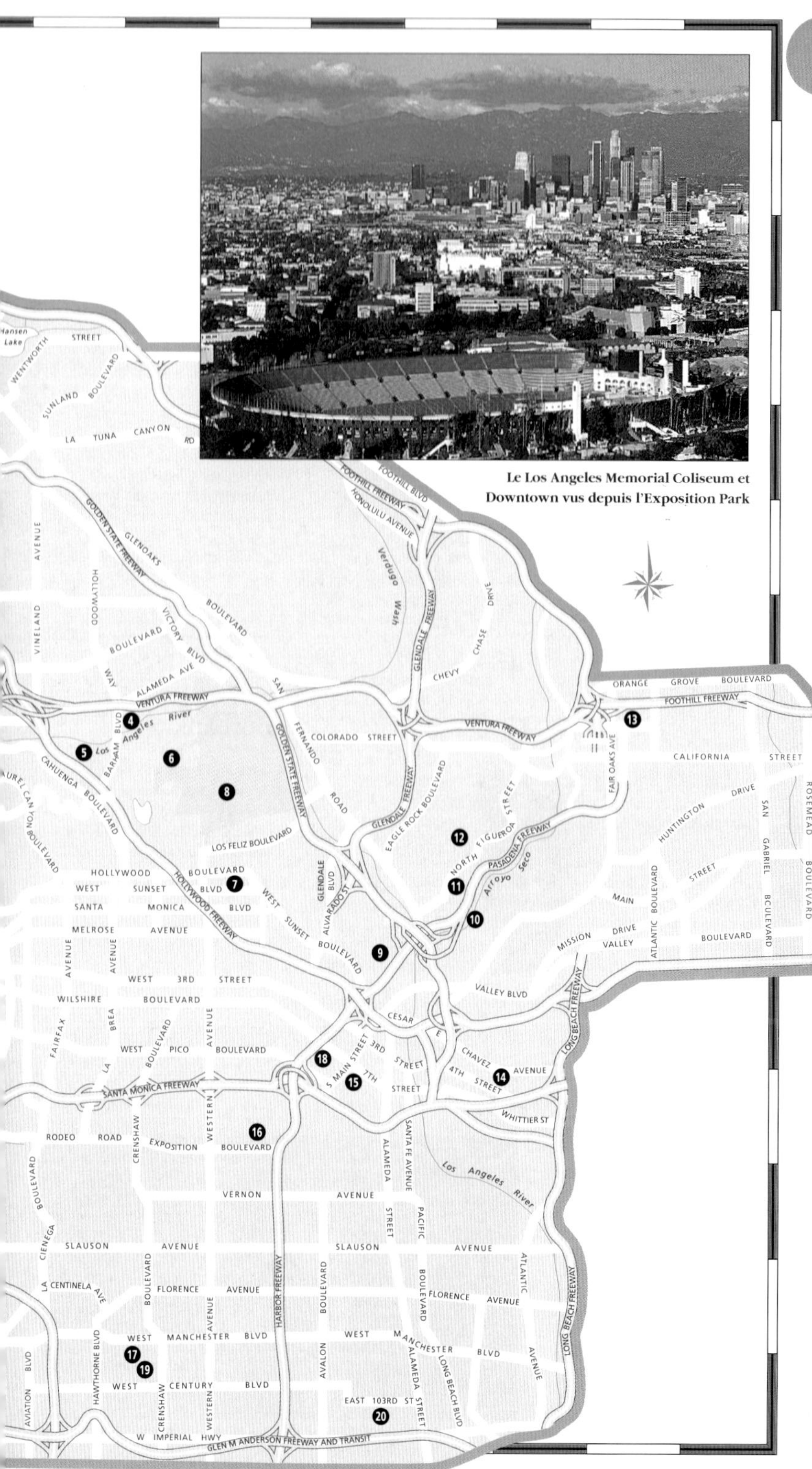

Le Los Angeles Memorial Coliseum et Downtown vus depuis l'Exposition Park

Une vue de la San Fernando Valley depuis Mulholland Drive

San Fernando Valley ❶

Carte routière, encadré A. *Burbank-Glendale-Pasadena, 32 km au sud-est de San Fernando.* *MTA.* *519 S Branch Blvd, San Fernando (818 361-1184).*

Les Santa Monica Mountains *(p. 58-59)* divisent l'agglomération de Los Angeles en deux parties nettement distinctes. Au nord, la San Fernando Valley forme une étendue apparemment sans fin de villas bien entretenues, d'autoroutes et de centres commerciaux tels que la Sherman Oaks Galleria *(p. 166)*. La pollution de l'air y est toutefois plus importante qu'au sud des montagnes. Il y règne aussi une chaleur plus forte en été.

Au XIXe siècle, c'étaient des ranchs, des orangeraies et des champs non irrigués qui occupaient le sol de la San Fernando Valley. Achevé en 1913, le Los Angeles Aqueduct *(p. 192-193)* assura son approvisionnement en eau et elle se transforma rapidement en une banlieue résidentielle. Plus d'un million de citadins y vivent aujourd'hui sur une superficie de 460 km².

D'une magnitude de 6,8 sur l'échelle de Richter, le séisme du 17 janvier 1994 *(p. 20-21)* avait son épicentre dans la vallée où un tremblement de terre avait déjà causé de graves dommages en février 1971.

Mission San Fernando Rey de España ❷

15151 San Fernando Mission Blvd, Mission Hills. **Carte routière**, encadré A. *(818) 361-0186.* *de 9 h à 17 t.l.j.* *Thanksgiving, 25 déc.* *jardins seulement.*

Fondée en 1797 et nommée d'après le roi Ferdinand III d'Espagne, la 17e des 21 missions de Californie *(p. 42-43)* offre un aperçu de la forme de la colonisation espagnole, les Indiens convertis vivant et travaillant avec les moines pour rendre la mission autosuffisante, mais sans avoir le droit de la quitter. L'église actuelle est une réplique exacte de celle d'origine, détruite par le séisme de 1971. Le *convento* (quartiers d'habitation) comprend un portique de 21 arches et reste le plus grand des bâtiments des missions encore debout.

Détail de l'autel de la mission

Mulholland Drive ❸

Depuis les highways 1 et 27, de la Hollywood Fwy à la Leo Carrillo State Beach. **Plan** 1 C2. *Chamber of Commerce, 23805 Stuart Ranch Rd, Ste 100 (310 456-9025).*

Mulholland Drive, l'une des plus célèbres routes de Los Angeles, sinue pendant près de 80 km entre le nord d'Hollywood et la côte de Malibu. Longeant la crête des Santa Monica Mountains, elle offre des vues spectaculaires sur la ville, la San Fernando Valley et certaines des plus luxueuses villas de Los Angeles. Elle inspira au peintre David Hockney un tableau exposé au LACMA *(p. 111)*.

William Mulholland *(p. 192)* lui donna son nom. Surtout connu pour son rôle dans la construction du Los Angeles Aqueduct, il supervisa l'achèvement de Mulholland Drive en 1924.

Burbank ❹

Carte routière, encadré A. *Burbank-Glendale-Pasadena.* *MTA.* *PO Box 8549, Universal City (818 559-4369 ou 567-1395). Voir* ***Se distraire à Los Angeles*** *p. 164-165.*

Depuis que les Universal Studios *(p. 142-145)* s'y sont installés en 1915, Burbank dispute à Hollywood le rang de capitale de l'industrie audiovisuelle en Californie. Quatre grandes compagnies y ont leurs studios aujourd'hui : Universal, Disney, NBC Television et Warner Bros.

Ceux de Disney sont fermés

La Mission San Fernando del Rey dans les Mission Hills

Les Warner Bros Studios de Burbank

au public, mais le bâtiment s'aperçoit depuis Alameda Avenue. Dessiné par Michael Graves, il présente une façade dont les sept nains de Blanche Neige portent le fronton *(p. 69)*.

À côté, NBC enregistre en public certaines émissions comme le célèbre *Tonight Show* dont le plateau de tournage, entre autres, peut se découvrir dans le cadre d'une visite de 70 mn. Non loin, près de 3 000 personnes travaillent aux Warner Bros Studios. Une visite guidée de deux heures, en petits groupes de personnes d'au moins dix ans, permet notamment de se promener parmi des décors tels que la réplique d'une rue de New York.

Universal Studios ❺

Voir p. 142-145.

Hollywood Sign ❻

Mt Cahuenga, au-dessus d'Hollywood. *Hollywood Visitors Information Center, 6541 Hollywood Blvd (213 689-8822).*

Devenu dans le monde entier le symbole de l'industrie cinématographique américaine, l'Hollywood Sign a été classé site historique. Visible à des kilomètres depuis de nombreux points de Los Angeles, il n'est toutefois pas accessible au public, aucun sentier « officiel » ne conduisant au pied des lettres hautes de 13 m.

Érigées en 1923, elles faisaient à l'origine la publicité d'un programme de promotion immobilière, Hollywoodland, mené par l'ancien directeur du *Los Angeles Times* Harry Chandler *(p. 121)*. En 1932, Peg Entwhistle, désespérée de n'avoir pu devenir actrice, se suicida en sautant du « H ». Les lettres de « land » disparurent en 1949. Près de 30 ans plus tard, des vedettes durent parrainer le remplacement de celles qui restaient, très détériorées, au prix de 27 000 dollars pour chacune d'elles.

Hollyhock House ❼

4808 Hollywood Blvd. *(323) 662-7272.* *de 12 h à 16 h du mer. au dim. (dernière entrée : 15 h).* *1er jan., Thanksgiving, 25 déc.*

Achevée en 1921, la Hollyhock House fut la première des maisons que l'architecte Frank Lloyd Wright *(p. 29)* dessina à Los Angeles et elle reste l'une des plus connues. Ressemblant à un temple maya, elle offre un bon exemple de l'inspiration qu'il puisa dans les édifices précolombiens.

Il la construisit pour Aline Barnsdall dont la famille avait fait fortune dans l'industrie pétrolière et elle demanda que sa fleur favorite, la rose trémière *(hollyhock)*, serve de motif décoratif dans toute la demeure. Elle apparaît donc à l'extérieur sous forme de reliefs stylisés ainsi que dans l'ornementation intérieure, par exemple sur les sièges de la salle à manger. Aujourd'hui propriétaire de la maison, la ville de Los Angeles a entrepris une soigneuse restauration. Une partie du mobilier d'origine dessiné par Frank Lloyd Wright reste en place.

L'Hollywood Sign domine Los Angeles depuis les Hollywood Hills

Les Universal Studios ❺

Logo Universal Studios

En 1915, Carl Laemmle acheta ici un élevage de poulets pour y déménager son studio de cinéma alors installé à Hollywood et offrit au public la possibilité d'assister aux tournages pour 25 cents. Les visites cessèrent lorsque l'avènement du parlant, en 1927, imposa le silence sur les plateaux. Elles reprirent en 1964 quand les Universal Studios proposèrent une découverte en tram des coulisses. Le Studio Tour fait découvrir aux visiteurs les lieux de tournage et les décors de cinéma d'Universal. Les animations, du Rugrats à la dernière attraction virtuelle, recréent l'univers magique et prestigieux d'Hollywood.

Carte de situation

☐ Logo Universal Studios

Le Studio Tour vous fait découvrir plus de 500 décors et façades

Découvrir le parc

Sur une superficie de 168 ha sont installés les plus grands studios de cinéma et de télévision du monde, ainsi que le plus grand parc à thème. Le complexe est divisé en trois zones : l'**Entertainment Center**, le **Studio Center** et les studios. Dès qu'il franchit la grille d'entrée, le visiteur pénètre dans The Streets of the World, où sont reconstitués différents endroits du monde, du village américain des années cinquante au village européen. Le **Studio Tour** est le seul moyen de voir les principaux lieux de tournage, les décors et les stars. L'Entertainment Center propose plusieurs spectacles impressionnants, comme le Rugrats Magic Adventure. Les deux niveaux qui accueillent les studios sont reliés par le StarWay, un escalator futuriste. C'est au niveau inférieur que se déroulent la plupart des attractions sensationnelles, comme Jurassic Park ou E.T. Adventure. L'Universal CityWalk, une longue rue commerçante, abrite plus de 60 lieux de divertissement.

Studio Tour

Le Studio Tour donne aux visiteurs une vision personnelle du passé, présent et avenir de l'industrie cinématographique d'Hollywood. Ces derniers se promènent parmi les studios et les décors à bord d'un tram équipé d'un système audiovisuel dernier cri. Des personnalités, comme l'acteur Jason Alexander ou encore le metteur en scène Ron Howard, décrivent le fonctionnement de l'industrie hollywoodienne. Les plus chanceux pourront assister à un tournage de film dans l'un des studios.

Au cours de cette promenade, les visiteurs rencontrent King Kong et Jaws, vivent l'expérience d'un tremblement de terre, survivent à l'écroulement d'un pont, à une crue subite et à une avalanche. Le tram passe devant le Bates Motel de *Psychose* (A. Hitchcock, 1960). Les meilleurs moments de la promenade sont le montage Before They Were Stars et la démonstration d'effets spéciaux météorologiques.

Les 35 salles de tournages, décors, caméras, lumières, accessoires et le flot d'actions donnent aux visiteurs un aperçu des réalités et illusions de l'univers du film. Les

Les décors du Backlot

Pendant le Studio Tour, les visiteurs pourront voir les décors de centaines de films et de productions TV, qu'ils reconnaîtront parfois. Dans chaque tram, un LCD à écran plat, un équipement audiovisuel et un lecteur DVD permettent d'identifier chaque décor.

1. Courthouse Square : le décor le plus utilisé (série ***Back to the Future***, ***To Kill a Mockingbird***, ***Batman an Robin***).
2. Psycho House / Bates Motel : le décor le plus célèbre (***Psycho***, version originale et remake du film).
3. Court of Miracles : le plus vieux décor (***Frankenstein, Dracula***).
4. Denver Street : sur une échelle de 7/8e pour que les acteurs paraissent plus grands (***Winchester'73***, ***Babe***).
5. Falls Lake with Backdrop : décor polyvent (***Apollo 13***, ***Charlies's Angel***, ***O Brother Where Art You***).

Mode d'emploi

100 Universal City Plaza, Universal City. **Carte routière**, encadré A.
(818) 622 3801. 424.
de juin à sept. : de 8 h à 22 h t.l.j. ; d'oct. à mai : de 9 h à 18 h t.l.j. Thanksgiving, 25 déc.
www.universalstudios.com

Universal Studios Hollywood billets et cartes d'accès

Entrée générale : tarifs adultes et enfants (3-11 ans). Supplément pour le parking.
1. Hollywood CityPass : accès à Universal Studios et 6 autres attractions à thème. Valable 30 jours.
2. Celebrity Annual Pass : accès illimité au parc pendant 1 an (comporte une période de non-validité de 30 jours).
3. VIP : Entrée, tram privé, promenade personnalisée, places réservées pour tous les spectacles, déjeuner ou dîner.
4. Star Package : hébergement, accès à Universal Studios, show-TV en direct.
5. Southern California Value Pass : accès à Univesal Studios et Sea World San Diego. Valable 14 jours.
Pour plus d'informations, appelez 1-800-Universal : 1 800 864 8377 ou consultez le site.

décors de *The Mummy*, *Earthquake*, *The Big One*, *King Kong* et *Jaws Lake* leur permettent de vivre l'action. Le Tour laisse une impression de déjà-vu au visiteur, qui connaît indirectement la plupart de ces lieux de tournage grâce à la magie du cinéma. Malgré les attractions les plus modernes, le Studio Tour reste fidèle à ce que représentent les Universal Studios.

Universal CityWalk

En 1993, l'architecte américain Jon Jerde a doté cette rue commerçante de façades fantaisistes. Aujourd'hui, avec plus de 30 nouvelles attractions (bars, night-clubs, cinémas, etc.), Universal CityWalk est en passe de devenir la « Mecque du divertissement » en Californie du Sud. Ici, les visiteurs rencontrent des décors et des situations insolites : ils aperçoivent un joueur de base-ball géant en train de balancer sa batte au dessus d'un magasin de sport ; pour entrer chez le marchand de glace, ils doivent passer sous une voiture décapotable rose encastrée, à l'envers, dans un panneau de Hollywood Freeway, etc.

Jillian's Hi-Life Lanes, une piste bowling multimédia, invite les visiteurs à dépenser leur trop-plein d'énergie.

Le Café Tu Tu Tango offre des tapas et des spectacles de danse et de musique improvisés dans un décor reconstituant l'atelier d'un artiste. Au cinéma IMAX 3-D, sur 3 étages, vous assisterez à la projection d'un film renversant ! La course automobile virtuelle NASCAR est un bon antidote contre la tentation des dernières boutiques, restaurants…

Cette spectaculaire excursion dans l'espace fantaisiste et animé de CityWalk est néanmoins le meilleur moment pour acheter des souvenirs d'Hollywood.

Une voiture retournée suspendue à l'entrée d'un magasin de CityWalk

Spots, buildings et attractions spectaculaires à CityWalk

À ne pas manquer

★ **Animal Planet Live!**

★ **Studio Tour**

★ **Universal CityWalk**

★ **Terminator II 3-D**

★ **Jurassic Park**

Tourner en studio

Attractions et effets spéciaux

Les Universal Studios proposent les attractions les plus spectaculaires, agrémentées d'effets spéciaux. Ici, chaque attraction est riche en émotions et sensations. Les visiteurs pourront découvrir la dernière attraction *Splash !*, de Nickelodeon, avec de gigantesques surgissements d'eau, et la nouvelle version de Terminator II en 3-D, qui met en scène des monstres encore plus terrifiants. Ils verront King Kong dans la plus grande salle de tournage du monde et auront peut-être la chance d'entrevoir des scènes de tournage en cours, comme celles de Jurassic Park III. Ici, chaque divertissement est une attraction sensationnelle où le film devient réalité.

Une star de Animal Planet Live ! en train de montrer sa patte

Entertainment Center

L'Entertainment Center renferme des dizaines de boutiques de souvenirs et de restaurants. Huit spectacles s'y inspirent de l'univers du cinéma et de la télévision.

Animal Planet Live !
Des animaux, véritables stars de cette attraction, jouent aux côtés d'humains. Le spectacle introduit des sketchs de la chaîne de TV Animal Planet et des effets multimédias. Un divertissement chaleureux à vivre en famille.

Terminator II 3-D
Ce nouveau spectacle inspiré du film Terminator II est considéré comme la plus innovante attraction du genre au monde.

Arnold Schwarzenegger et les autres acteurs de *Terminator II : Judgment Day* poursuivent leur épopée dans cette saisissante version 3-D.

Les aventures interactives et les cascades spectaculaires sont projetées sur le plus grand écran 3-D du monde.

WaterWorld - A Live Sea War Spectacular
Le public prend part à l'action de ce spectacle high-tech frissonnant, qui utilise des moyens pyrotechniques : une boule explosive atteignant 15 m de haut. Batailles, cascades extraordinaires et acrobaties en jet-ski se succèdent pendant 16 mn.

The Wild Wild Wild West Stunt Show
Cette farce de 15 mn met en scène quelques-uns des meilleurs cascadeurs d'Hollywood et leurs chevaux. Bagarres de saloon, échanges de coups de feu, explosions, acrobaties équestres : rien n'y manque. La fin est magnifiquement destructrice.

Back to the Future - The Ride
Installé dans le plus grand cinéma du monde, le public accompagne Doc Brown dans la voiture à voyager dans le temps de *Retour vers le futur*.

Ils poursuivent le diabolique Biff dans l'espoir de sauver l'univers. La voiture traverse le temps, de l'Âge de Glace à l'année 2015. Pendant la traque, les spectateurs pénètrent dans un boyau volcanique, dévalent des falaises de glace… Images, sons et mouvements imprimés au simulateur rendent cette poursuite réaliste.

Rugrats : une attraction magique !

Nickelodeon Blast Zone: Rugrats Magic Adventure
Cette immense aire de jeu interactive s'inspire de l'émission télévisée enfantine la plus populaire de Nickelodeon. Les plus jeunes adoreront la magie et la musique de ce nouveau spectacle. Angelica, qui tient le premier rôle,

Un public terrifié devant le spectacle Terminator II 3-D

transforme un show banal en un spectacle somptueux. De leur côté, les quatre frères et sœurs Chuckle, Tommy, Phil et Lil concoctent des farces surprenantes.

Blues Brothers Show
Ce concert de 20 mn rend hommage au répertoire blues et aux fameuses pitreries des Blues Brothers. Le public participe largement en dansant et en chantant, dans une ambiance parfois teintée d'humour décalé.

Studio Center

Le StarWay, qui relie les deux niveaux où sont installés les studios, offre des vues spectaculaires. Le Studio Center, au niveau inférieur, propose entre autres trois grandes attractions sensationnelles, qui révèlent les secrets de certains films les plus célèbres.

Bien sûr, vous aurez l'occasion de prendre de nombreuses photos : d'un requin géant de 7 m ou encore de Woody Woodpecker, la mascotte d'Universal. Peut-être même aurez vous la chance de rencontrer Charlie Chaplin, Frankenstein, Dracula, The Mummy ou Marylin Monroe…

The E. T. Adventure
Le touchant extraterrestre emmène tout le monde à bicyclette à travers le ciel nocturne. Il tente d'échapper aux savants, militaires et policiers lancés à ses trousses alors qu'il essaie de regagner sa Planète Verte. À la fin, il nomme chacun par son nom. La magie de l'histoire gagnera le cœur et l'imagination de chacun.

King Kong, le personnage fétiche des cinéphiles, au Studio Tour

Backdraft
Un technicien décrit les effets spéciaux utilisés dans ce film. La reconstitution de la scène finale permet au spectateur de vivre le terrible incendie d'un entrepôt. Les explosions dégagent une chaleur intense et des cendres brûlantes. Attention, l'expérience peut être effrayante pour les jeunes enfants.

Jurassic Park—The Ride

The World of Cinemagic
Dans ce vaste studio, le public tente de percer le mystère des effets spéciaux. Pour le film *Back to the Future*, les visiteurs reconstituent la scène dans la voiture de Doc Brown. The Magic of Alfred Hitchcock permet au public de pénétrer dans l'univers effrayant de *Psychose* (1960). Le Sound Effects Stage, une nouvelle attraction, leur propose de recréer leurs scènes préférées de *The Nutty Professor* en utilisant des effets spéciaux d'Hollywood.

Gameworks
Avec les jeux virtuels dernier-cri, enfants et adultes pourront s'en donner à cœur joie !

Lucy – A Tribute
Cette exposition est consacrée à Lucille Ball, l'une des plus grandes actrices au monde. Pour cet hommage, le décor de *I love Lucy* est reconstitué, tout comme le bureau de la maison de Beverly Hills de la star. Les plus mordus pourront même tester leurs connaissances sur Lucille Ball grâce à un jeu interactif.

Logo de Jurassic Park

Jurassic Park – The Ride
Iinspiré de l'un des plus grand films de tous les temps, Jurassic Park–The Ride utilise les moyens informatiques et robotiques les plus sophistiqués.

Une excursion de plus de 5 mn entraîne les passagers à toute allure à travers 2,5 ha de végétation exotique.

Là, de gigantesques dinosaures tombent nez à nez avec les passagers, tandis qu'un terrifiant *Tyrannosaurus rex* aux dents aussi tranchantes que des lames de rasoir n'attend qu'une chose : les dévorer.

Une glissade de 25 m dans une totale obscurité conclut la promenade.

Le Griffith Park ❽

Cheval de bois du carrousel

Sur un terrain donné à la ville en 1896 par le colonel Griffith J. Griffith, un Gallois qui avait émigré en 1865 aux États-Unis et fait fortune dans la mine et l'immobilier, cet immense parc municipal (1 620 ha) offre au cœur de Los Angeles des collines rocailleuses, des vallées boisées et de vertes prairies. Il renferme le zoo de Los Angeles, plusieurs musées, des aires de pique-nique, et on peut s'y promener à pied ou à dos de poney sur 85 km de sentiers. Mieux vaut l'éviter la nuit.

Le Griffith Observatory sur le Mount Hollywood

À la découverte du Griffith Park

Situé sur Crystal Springs Drive, le Rangers Visitors' Center propose des cartes situant les aires de pique-nique, les sentiers de randonnée et les pistes cavalières. Deux golfs municipaux de 18 trous s'étendent à l'est du parc et des courts de tennis se trouvent sur Riverside Drive et dans le Vermont Canyon.

Dans les collines, tout près de Griffith Park Drive, on peut enfourcher les 66 chevaux sculptés d'un carrousel de 1926. Depuis les années 1960, des percussionnistes se retrouvent le dimanche de l'autre côté de la rue. Fern Dell, à l'entrée sud, est un joli vallon où court un ruisseau.

Griffith Observatory

2800 Observatory Rd. *(323) 664-1181.* *de 14 h à 22 h du mar. au ven. ; de 12 h 30 à 22 h les sam. et dim.* *Thanksgiving, 25 déc.* *planétarium.* *limité.*

Depuis le Mount Hollywood, cet observatoire Art déco offre de sa terrasse de magnifiques vues du bassin de Los Angeles. Dédié à l'éducation, il est divisé en trois parties principales : le Hall of Science, le Planetarium Theatre et les télescopes.

Dans la grande rotonde du Hall of Science, le pendule de Foucault démontre la rotation de la Terre. Hugo Ballin exécuta en 1934 les peintures murales qui se trouvent au-dessus. Des personnages de la mythologie classique ornent la coupole. Huit panneaux rectangulaires illustrent d'importants concepts scientifiques.

Le spectacle du planétarium entraîne les visiteurs dans un voyage à travers le temps et l'espace sous un plafond où apparaissent quelque 9 000 étoiles, planètes et satellites. Par temps clair, le télescope géant est accessible le soir au public.

Travel Town

5200 W Zoo Drive. *(323) 662-5874 & (323) 662-9678 pour la promenade en train.* *de 10 h à 16 h 15 t.l.j.* *25 déc.*

Ce musée des transports en plein air présente entre autres une riche collection de locomotives à vapeur et des voitures de pompiers. Adultes et enfants peuvent monter dans différents wagons de marchandises et de voyageurs ou faire un tour dans un petit train. Sur Zoo Drive, de puissants trains miniature proposent le week-end des promenades dans les collines.

Locomotive à vapeur de 1922 exposée à Travel Town

Greek Theatre

2700 N Vermont Ave. *(323) 665-1927.* *de mai à nov. : de 10 h à 18 h du lun. au ven.* *concerts.*

Construit sur le modèle d'un amphithéâtre grec, ce lieu de spectacles en plein air de 6 000 places possède une excellente acoustique. Il accueille en été aussi bien opéras et ballets que concerts de rock. Pensez à prendre un pull, les nuits étant parfois fraîches.

Flamants du Los Angeles Zoo

Los Angeles Zoo

5333 Zoo Drive. (323) 666-4090. de 10 h à 17 h t.l.j. 25 déc.

Sur 46 hectares vallonnés vivent ici plus de 1 200 mammifères, reptiles et oiseaux dans des environnements reconstituant leurs habitats naturels. Gorilles, lions, requins ou serpents sont là, bien sûr, mais aussi des espèces plus rares comme le koala, visible dans la Koala House faiblement éclairée pour encourager l'activité de cette créature nocturne.

Les enfants apprécieront Adventure Island et les nouveau-nés de l'Animal Nursery. Le zoo poursuit un important programme de reproduction d'espèces menacées de disparition. Plusieurs spectacles animaliers s'adressent également à un jeune public.

Équipez-vous pour de longues marches ou utilisez le Safari Shuttle, service de bus à l'intérieur du zoo.

Mode d'emploi

Plan 3 F2. *96. de 6 h à 22 h t.l.j. 4730 Crystal Springs Drive. (323) 665-5188.*

Autry Museum of Western Heritage

4700 Western Heritage Way (en face du zoo). (323) 667-2000. de 10 h à 17 h du mar. au dim. Thanksgiving, 25 déc.

Ce musée évoque par sections thématiques l'épopée de la conquête de l'Ouest. Des peintures et des sculptures d'artistes tels qu'Albert Bierstadt et Frederic Remington *(p. 24-25)* en offrent une image romantique. De très nombreux objets, d'une rue reconstituée à des outils, font revivre cette époque qui marqua le cinéma. Vêtements et figurines rituelles rappellent la diversité des peuples qui habitaient la région avant les blancs. Au Discovery Center, les enfants peuvent jouer dans la réplique d'un ranch du XIXe siècle.

Robe sioux en daim

Fondé par l'acteur Gene Autry, le « cow-boy chantant », le musée abrite aussi une superbe collection de documents et de souvenirs liés à l'histoire du cinéma et de la télévision.

Bird Sanctuary

Vermont Canyon Rd (au nord du Greek Theatre). (323) 913-4688. de 5 h 30 à 22 h t.l.j.

Arbres et buissons ont été plantés dans ce canyon abrité pour inciter les oiseaux à y nicher. Vous n'en verrez peut-être pas beaucoup, mais vous les entendrez chanter. Quand la saison le permet, l'eau qui coule dans le ruisseau ajoute à la sérénité de l'endroit.

Griffith Park

Autry Museum of Western Heritage ③
Bird Sanctuary ⑤
Fern Dell ⑧
Greek Theatre ⑥
Griffith Observatory ⑦
Los Angeles Zoo ②
Carrousel ④
Travel Town ①

Légende

Information touristique

Dodger Stadium ❾

1000 Elysian Park Ave (à la hauteur de Stadium Way). **Plan** 11 F1. *(323) 224-1400.* *lors d'événements spéciaux seulement.*

Construit en 1962 pour les Dodgers, équipe de Brooklyn qui venait de s'installer à Los Angeles, ce stade de base-ball peut accueillir 56 000 spectateurs. Son architecture permet à chaque place d'offrir une vue dégagée sur l'aire de jeu.

Le Dodger Stadium ménage également de magnifiques panoramas de la ville. Au sud s'étend Downtown, au nord et à l'est s'élèvent les San Gabriel Mountains. Cent vingt hectares de terrain paysager l'entourent, plantés de plus de trois mille arbres tels qu'acacias et eucalyptus.

Hale House de style Queen Anne de l'Heritage Square Museum

Heritage Square Museum ❿

3800 Homer St, Los Angeles. *(626) 449-0193.* *de 10 h à 15 h le ven. ; de 11 h 30 à 16 h 30 les sam. et dim.*

Le Cultural Heritage Board a réussi à sauver quelques-uns des édifices victoriens de Los Angeles, pour la plupart démolis au cours du développement de la ville, et les a réunis ici. Construits entre 1865 et 1914, ils comprennent une gare et une église. L'Hale House de style Queen Anne *(p. 27)* a retrouvé ses couleurs d'origine.

Intérieur restauré de la Lummis House (XIXe siècle)

Lummis House ⓫

200 East Ave 43, Los Angeles. *(323) 222-0546.* *de 12 h à 16 h du ven. au dim.* **Contribution.**

Entre 1898 et 1910, Charles Fletcher Lummis (1859-1928) édifia cette maison en grande partie de ses propres mains. Il utilisa du béton et des pierres provenant du lit de la rivière proche. Le bâtiment intègre des éléments indiens, Mission Revival et Arts and Crafts *(p. 27)*, et témoigne de l'ouverture d'esprit d'un homme qui s'affirma toute sa vie comme un penseur indépendant.

Lummis fut rédacteur en chef de journal, écrivain, photographe, artiste et historien. En 1885, il traversa à pied les États-Unis, de l'Ohio à Los Angeles où il s'installa. Il joua un rôle central dans la vie culturelle de la ville à la tête du *Los Angeles Times*. En tant que cofondateur du California Landmark Club, il fit campagne pour la sauvegarde des missions *(p. 42-43)*. Sa collection d'objets indiens servit de point de départ à la constitution du fond du Southwest Museum.

Devenue le siège de l'Historical Society of Southern California, la Lummis House, aussi connue sous le nom d'El Alisal (Lieu du sycomore en espagnol), n'a conservé que peu d'éléments de son mobilier d'origine. Elle abrite néanmoins une magnifique cheminée Art nouveau.

Le jardin, où poussaient jadis légumes et arbres fruitiers, a été remanié en 1985 et planté d'espèces végétales indigènes de la Californie du Sud ou résistantes à la sécheresse.

Les Dodgers

L'équipe de base-ball des Dodgers se forma à Brooklyn, l'un des cinq *boroughs* de New York où ses joueurs s'entraînaient en esquivant *(dodging)* les tramways qui dévalaient les rues de la ville. Après avoir fait, en 1947, la une des journaux en engageant Jackie Robinson, né à Pasadena, le premier Noir à jouer dans les grandes divisions professionnelles, elle s'installa à Los Angeles en 1958. L'année suivante, elle remportait le championnat du monde. Une performance qu'elle renouvellera quatre fois. Des joueurs exceptionnels tels que Sandy Koufax et Roy Campanella ont contribué à établir sa légende. Chaque printemps, se rendre au Dodger Stadium est un rite pour les Angelenos. Leur ferveur a traversé l'océan. En 1995, le *pitcher* japonais Hideo Nomo a rejoint l'équipe des Dodgers et a fait sensation pendant sa première saison de jeu. Lors des matchs de barrage, tout Tokyo retenait son souffle quand il se préparait à lancer la balle de l'autre côté du Pacifique.

Quelques membres de l'équipe du championnat du monde de 1959

Le Southwest Museum de style Mission Revival

Southwest Museum ⓬

234 Museum Drive, Los Angeles. *(323) 221-2164.* *de 10 h à 17 h du mar. au dim.* *1er jan., dim. de Pâques, Thanksgiving, 25 déc.*

C'est à Charles Fletcher Lummis que l'un des plus intéressants musées des États-Unis consacrés aux Indiens doit son existence. Pendant sa traversée à pied du pays à la fin du XIXe siècle, Lummis passa un long moment dans le Sud-Ouest et devint l'un des premiers blancs à apprécier l'histoire et la culture des peuples qui les avaient précédés sur le continent. Il donna la majeure partie des objets qu'il avait réunis pour jeter les bases de la collection du Southwest Museum.

Celui-ci occupe un édifice de style Mission Revival *(p. 27)* situé au sommet du Mount Washington d'où il offre une belle vue de Downtown. Il comprend une tour de six étages et est entouré d'un jardin planté d'espèces indigènes.

La collection rassemble des objets d'art et d'artisanat, notamment 11 000 paniers, datant de la préhistoire à nos jours et provenant d'une aire s'étendant de l'Alaska à l'Amérique du Sud. Leur présentation est organisée en fonction de leurs lieux d'origine, avec des sections dédiées aux Grandes Plaines, à la côte nord-ouest, au Sud-Ouest et à la Californie, ces deux-ci étant les plus importantes. Tipis, ateliers et conteurs en facilitent l'abord aux enfants.

Relief indien de Sequoyah

Suivez le guide !

Les salles d'exposition occupent deux niveaux. L'entrée principale se trouve à l'étage supérieur, celui où sont présentés les objets de la côte nord-ouest, de la Californie et des Plaines, ainsi que les expositions temporaires. L'étage inférieur abrite la collection de paniers, les pièces du Sud-Ouest et la boutique. Adjacente au musée, la Braun Research Library est dédiée aux peuples indiens et hispaniques des Amériques.

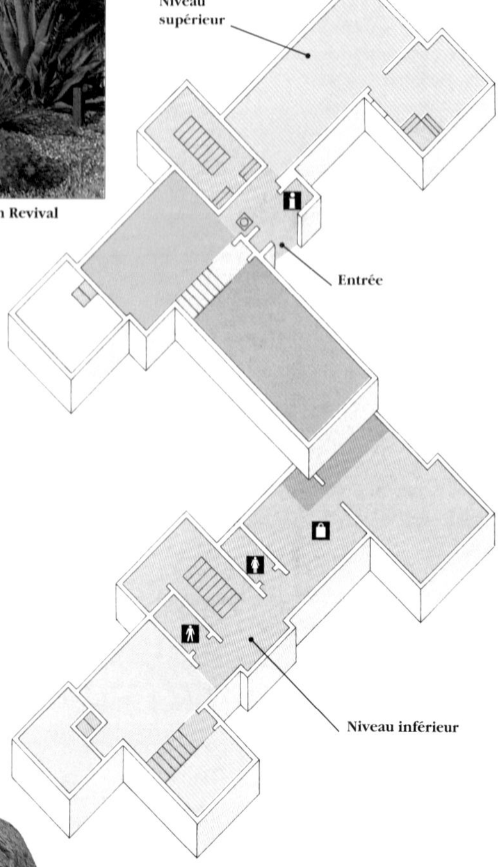

Légende du plan

- La côte nord-ouest
- Le Sud-Ouest
- Les Plaines
- La Californie
- Vannerie
- Expositions temporaires
- Circulations et services

Pasadena ⓭

Statue du Rose Bowl

L'achèvement du Santa Fe Railroad en 1887 permit à des habitants aisés de la Côte Est de commencer à venir profiter en hiver de la douceur du climat de la Californie du Sud. Beaucoup s'installèrent à Pasadena où les rejoignirent des artistes également en quête de soleil. Cette rencontre de la créativité et de la richesse vaut à la ville un magnifique patrimoine culturel qui a pour principaux fleurons les Huntington Library, Art Collections and Botanical Gardens *(p. 154-157)* et l'exceptionnelle collection de peintures anciennes et impressionnistes du Norton Museum *(p. 152-153)*.

L'hôtel de ville de Pasadena dans le Civic Center

À la découverte de Pasadena

À l'est du Norton Museum s'étend **Old Pasadena**, une douzaine de pâtés de maisons d'édifices commerciaux dont les premiers furent construits dans les années 1880. Restaurés, ils abritent aujourd'hui boutiques, restaurants et cinémas. Son mélange d'architectures victorienne, Spanish Colonial *(p. 27)* et Art déco ajoute au charme du quartier. Dans Union Street, l'imposant **Civic Center** dessiné par Edward Bennett au début des années 1920 abrite l'hôtel de ville, un poste de police, une bibliothèque et une salle de spectacle. Le quartier au nord-est de la Gamble House renferme de nombreux exemples d'architecture Arts and Crafts *(p. 27)*, en particulier sur **Prospect Boulevard**, artère plantée d'arbres.

Rose Bowl

1001 Rose Bowl Drive. *(626) 577-3100.* *de 7 h 30 à 17 h 30 du lun. au ven.* *un vendredi sur deux et les jours fériés (sauf le 1er jan.).*

Construit en 1922 pour accueillir le Rose Bowl, importante rencontre annuelle entre certaines des meilleures équipes universitaires de football américain, ce stade gigantesque situé dans une banlieue aisée peut accueillir plus de 100 000 spectateurs, une cause fréquente d'embouteillages.

Siège de l'équipe de l'UCLA *(p. 94-95)*, les Bruins, le Rose Bowl a aussi accueilli plusieurs Super Bowl (match opposant les deux meilleures équipes de l'année) ainsi que les compétitions de football des Jeux olympiques de 1984 et la finale de la Coupe du Monde de 1994. Un marché aux puces s'y tient chaque mois.

Lampe Tiffany de la Gamble House

Le Rose Bowl bondé pour un match de football américain

Gamble House

4 Westmoreland Place. *(626) 793-3334.* *de 12 h à 15 h du jeu. au dim.* *jours fériés.* *obligatoire.*

Bâtie en 1908 pour David Gamble, de la Procter and Gamble Company, cette maison en bois est considérée comme le chef-d'œuvre des frères Charles et Henry Greene qui, après avoir commencé leur carrière à Boston, s'installèrent à Pasadena en 1893. Elle offre un des plus beaux exemples de la démarche du mouvement Arts and Crafts *(p. 27)* qui accordait une grande place à la décoration intérieure et au travail artisanal.

Donnée en 1966 à la ville de Pasadena avec son mobilier intact, la Gamble House s'inspire dans sa structure de l'architecture japonaise pour offrir une réponse adaptée au climat de Los Angeles avec ses larges terrasses facilitant la circulation entre intérieur et plein air et ses avant-toits protégeant du soleil.

Pacific-Asia Museum

46 N Los Robles Ave. *(626) 449-2742.* *de 10 h à 17 h du mer. au dim.* *jours fériés.*

Ce musée d'art extrême-oriental fondé par Grace Nicholson occupe un bâtiment construit en 1924 sur un modèle traditionnel de la Chine du Nord. Des expositions temporaires complètent la présentation de la collection permanente. Le jardin est l'un des deux seuls authentiques jardins chinois des États-Unis.

LA State and County Arboretum

301 N Baldwin Ave, Arcadia. (626) 821-3222. de 9 h à 16 h 30 t.l.j. 25 déc.

Sur un terrain de 51 ha situé à l'est de Pasadena, l'arboretum de Los Angeles réunit plus de 30 000 espèces végétales présentées selon leurs origines géographiques. Il comprend un jardin d'herbes, une chute d'eau, des bassins et une jungle tropicale. Elle servit de décor à tous les films de *Tarzan* (1932-1948) tournés avec Johnny Weissmuller et à certaines scènes d'*African Queen* (1951). Parmi les bâtiments à découvrir figurent des *wickiups* (huttes) des Indiens Gabrielino et une pittoresque maison de campagne Queen Anne.

Paysage tropical au LA State and County Arboretum

Kidspace Museum

390 S El Molino Ave. (626) 449-9143. de mi-juin à août : de 13 h à 17 h du dim. au jeu., de 10 h à 17 h les ven. et sam. ; de sept. à mi-juin : de 13 h à 17 h les mer. et dim., de 10 h à 17 h sam. jours fériés.

Ce musée propose aux enfants de 2 à 10 ans de se déguiser et de jouer. Ils peuvent essayer de véritables uniformes de pompiers à la Fire Station, se prendre pour des acteurs au Back Stage (coulisses) ou découvrir un studio de télévision. La salle des ordinateurs connaît aussi un grand succès.

Mode d'emploi

Carte routière, encadré A.
135 000. 79 depuis Downtown. 171 S Los Robles Ave (626 795-9311). Tournament of Roses Parade (1er jan.) ; Pasadena Spring Art Festival (mi-avril).

La Rose Parade

En 1890, les membres d'une association de chasse, le Pasadena Valley Hunt Club, décidèrent d'organiser le premier Tournoi des roses pour faire la promotion de la douceur du climat hivernal de la région. Ils ne savaient pas que leur parade improvisée deviendrait un défilé de chars toujours plus spectaculaires attirant chaque année plus d'un million de spectateurs.

Char de la Rose Parade

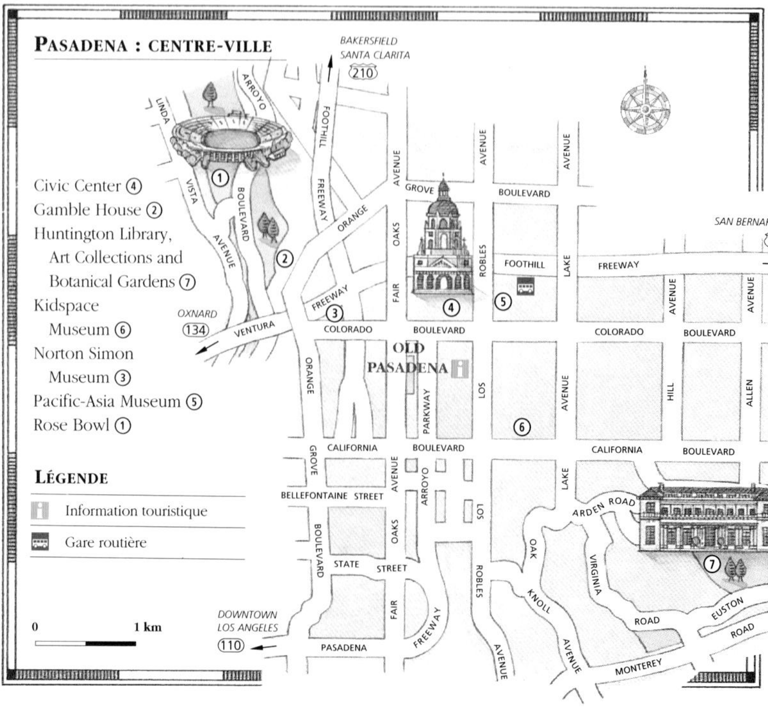

Pasadena : centre-ville

Civic Center ④
Gamble House ②
Huntington Library, Art Collections and Botanical Gardens ⑦
Kidspace Museum ⑥
Norton Simon Museum ③
Pacific-Asia Museum ⑤
Rose Bowl ①

Légende

Information touristique
Gare routière

0 — 1 km

Le Norton Simon Museum

Homme d'affaires à la tête d'une multinationale, Norton Simon (1907-1993) a réuni à partir des années 1950 une exceptionnelle collection d'œuvres d'art. Elle comprend des chefs-d'œuvre de la peinture et de la sculpture occidentales et asiatiques couvrant une période de plus de 2 000 ans. En ce qui concerne l'art européen, les grands maîtres et les impressionnistes sont particulièrement bien représentés, ainsi que, dans une moindre mesure, les artistes de la Renaissance, du post-impressionnisme, de l'expressionnisme allemand et de l'époque moderne. Les sculptures provenant d'Inde et d'Asie du Sud-Est font partie des plus belles visibles en Occident.

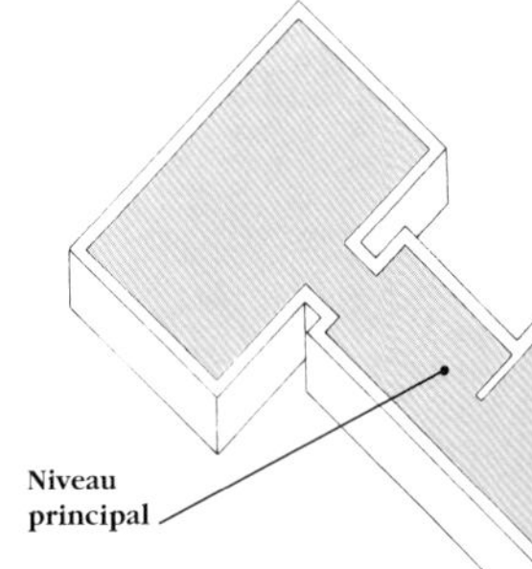

Jardin de sculptures

★ Femme avec un livre *(1932)*
Artiste majeur du XXe siècle, Pablo Picasso fut à l'origine du cubisme et marqua profondément le surréalisme. Dans les années 1930, ses tableaux eurent souvent pour sujet sa compagne, Marie-Thérèse Walter.

Autoportrait *(v. 1636-1638)*
Rembrandt a laissé près de 100 autoportraits, tel celui-ci peint vers trente ans.

Niveau inférieur

★ Nature morte aux citrons, aux oranges et à la rose *(1633)*
C'est dans les portraits et les natures mortes que s'exprima avec le plus de force le talent du peintre espagnol Francisco Zurbarán. Son œuvre eut une grande influence en Amérique latine.

À NE PAS MANQUER

- ★ ***Nature morte aux citrons, aux oranges et à la rose*** **de Zurbarán**
- ★ ***Femme avec un livre*** **de Pablo Picasso**

Saint Paul et saint Frediano *(v. 1483)* *Élément d'un diptyque, ce panneau montre l'influence qu'eurent sur l'artiste florentin Filippino Lippi son père, Fra Filippo Lippi, et Sandro Botticelli auprès de qui il travailla.*

Mode d'emploi

411 W Colorado Blvd.
(626) 449-6840.
181, 182. de 12 h à 18 h du jeu. au dim. 1er jan., 4 juil., Thanksgiving, 25 déc.

Suivez le guide !

L'exposition occupe deux niveaux reliés par un escalier en colimaçon. L'étage principal abrite les œuvres européennes, celui du dessous celles provenant d'Inde et d'Asie du Sud-Est. La rénovation des salles d'exposition s'est achevée à l'automne 1998. Des sculptures asiatiques des XIXe et XXe siècles de l'Occident ornent les jardins où un nouveau restaurant doit ouvrir à l'automne 1999.

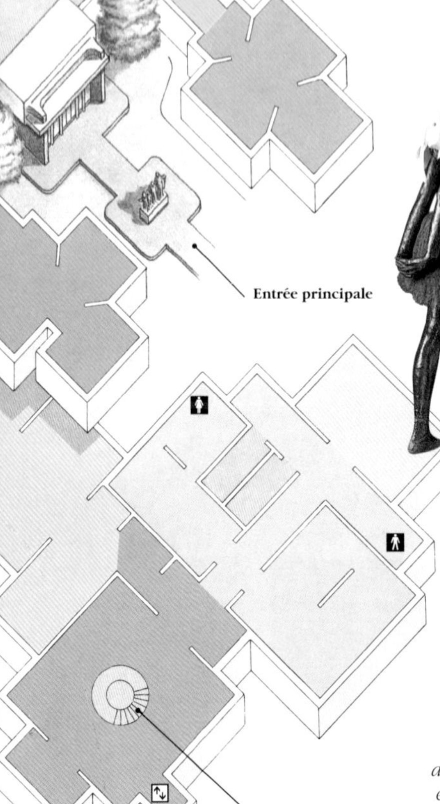

La Petite Danseuse de quatorze ans *(1878-1881)* *Le musée possède plus de 100 œuvres d'Edgar Degas. Le ballet fut un de ses sujets favoris comme le rappelle ce bronze.*

Bouddha *Ce bronze coulé au Cachemire au VIIIe siècle est incrusté d'argent et de cuivre.*

L'Huntington Library, Art Collections et Botanical Gardens

Détail d'une urne du jardin

Henry Huntington (1850-1927), qui fit fortune dans l'immobilier et la construction d'un réseau ferroviaire interurbain à Los Angeles, possédait la passion des livres et a réuni une très importante bibliothèque. Il épousa en 1913 la veuve de son oncle, Arabella, dont la riche collection de peintures constitue le fond de la galerie des Beaux-Arts installée dans la demeure, bâtie entre 1909 et 1911, où résida le couple. Plus de 100 ha de magnifiques jardins l'entourent.

Mausolée
L'architecte John Russell Pope dessina ce bâtiment en forme de temple grec construit en marbre du Colorado.

Entrée principale

Camellia Garden

Orangeraie

Breakfast in Bed *(1897)*
Dans la Virginia Steele Scott Gallery consacrée à l'art américain figure cette toile de l'impressionniste Mary Cassatt. Les scènes domestiques constituent une part importante de son œuvre (p. 110).

Camellia Garden

Ikebana House

Herb Garden

Japanese House

Zen Garden

À NE PAS MANQUER

- ★ ***The Blue Boy* de Thomas Gainsborough**
- ★ **La Bible de Gutenberg**
- ★ **Le Japanese Garden**

★ Le Japanese Garden
Lieu destiné à la contemplation, le jardin traditionnel japonais intègre toujours de l'eau, stagnante et mouvante, que franchit souvent un pont en arc de cercle.

★ La Bible de Gutenberg
Imprimée par Johannes Gutenberg à Mayence vers 1450-1455, cette bible est le plus ancien livre imprimé de l'Huntington Library.

MODE D'EMPLOI

1151 Oxford Rd. (626) 405-2141. juin à août : 10 h 30 à 16 h 30 du mar. au dim. ; sept. à mai : 12 h à 16 h 30 du mar. au ven. ; 10 h 30 à 16 h 30 sam. et dim. jours fériés.

Jungle Garden
Ce jardin rassemble des plantes typiques des forêts humides telles que palmiers, fougères et gingembres. Orchidées et broméliacées poussent dans les arbres.

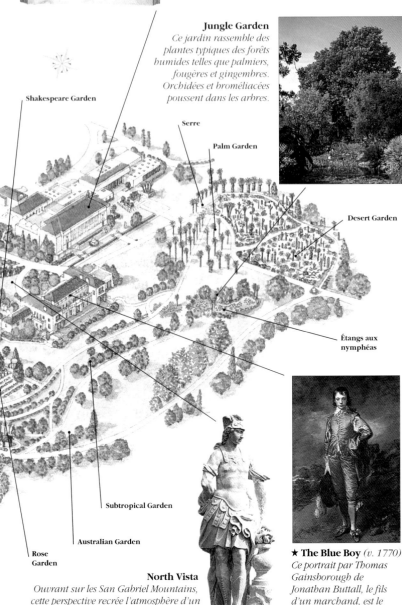

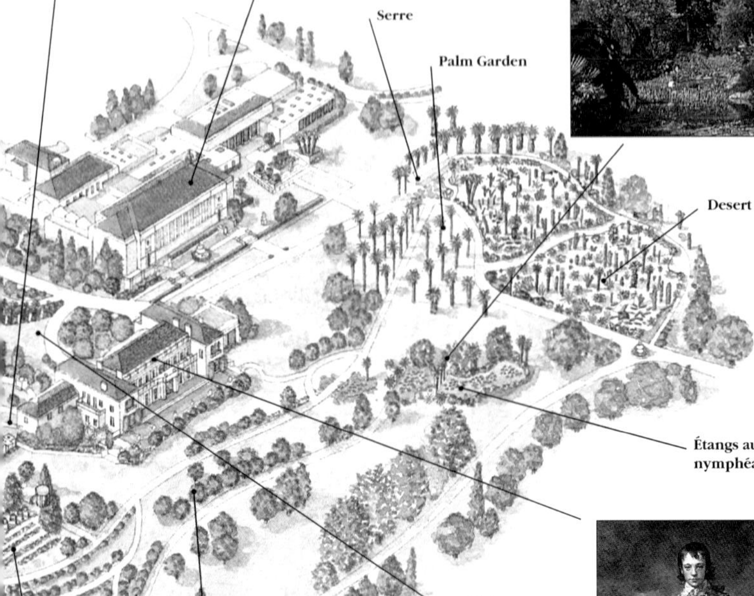

Shakespeare Garden

Serre

Palm Garden

Desert Garden

Étangs aux nymphéas

Subtropical Garden

Australian Garden

Rose Garden

North Vista
Ouvrant sur les San Gabriel Mountains, cette perspective recrée l'atmosphère d'un jardin européen du XVIIe siècle. Il y a même une fontaine baroque italienne.

★ The Blue Boy *(v. 1770)*
Ce portrait par Thomas Gainsborough de Jonathan Buttall, le fils d'un marchand, est le plus célèbre tableau de l'Huntington Art Gallery.

À la découverte des Huntington

En 1919, Henry et Arabella Huntington créèrent un institut de recherche à but non lucratif, lui confiant l'administration de leur demeure et de ses jardins. Le grand public peut aujourd'hui profiter d'une remarquable collection d'art et de plus de 50 ha de jardins botaniques tandis que les spécialistes disposent d'une des grandes bibliothèques de recherche de la planète. Ce centre n'ouvre toutefois que quelques heures par jour ; mieux vaut organiser votre visite à l'avance.

***Diane chasseresse* (1782) de Jean Antoine Houdon**

Huntington Library

Construite en 1920, cette bibliothèque est principalement consacrée à l'histoire et à la littérature britanniques et américaines. Elle attire près de 2 000 érudits chaque année. Dans l'Exhibition Hall, le grand public peut découvrir quelques-unes de ses possessions les plus rares et des expositions tournantes.

Le fonds réunit 600 000 livres et trois millions de manuscrits, dont le manuscrit Ellesmere des *Contes de Canterbury* de Chaucer (v. 1410) et une *Bible de Gutenberg* (v. 1455), l'une des douze au monde imprimées sur vélin. Il comprend aussi des premières éditions et des manuscrits d'auteurs tels que Mark Twain, Charles Dickens et Lord Tennyson, ainsi que des premières éditions des pièces de Shakespeare. On y trouve aussi des lettres de George Washington, Benjamin Franklin et Abraham Lincoln.

Pèlerin des *Contes de Canterbury*

Arabella D. Huntington Memorial Collection

L'aile ouest du principal bâtiment de la bibliothèque abrite un petit groupe de peintures de la Renaissance, dont une *Vierge à l'Enfant (p. 67)* du Flamand Roger Van der Weyden (v. 1400-1464), ainsi que du mobilier français, de la porcelaine de Sèvres et une collection de sculptures françaises, dont un *Portrait d'une dame* (1777) considéré comme l'un des plus beaux bustes sculptés par Jean Antoine Houdon.

Huntington Art Gallery

L'ancienne demeure des Huntington abrite désormais une importante collection d'art anglais et français des XVIIIe et XIXe siècles.

Les œuvres les plus célèbres, un groupe de portraits en pied, se trouvent dans la Main Gallery. Ils comprennent *The Blue Boy* (v. 1770) de Thomas Gainsborough, *Pinkie* (1794) de Thomas Lawrence et *Mrs Siddons as the Tragic Muse* (1784) de Joshua Reynolds. À ne pas manquer : une *View on the Stour near Dedham* (1822) du peintre paysagiste John Constable.

La Large Library Room (Grande bibliothèque) renferme du mobilier du XVIIIe siècle, notamment deux tapis de la Savonnerie tissés pour Louis XIV et cinq tapisseries de Beauvais. Dans la Small Library, une petite collection de bronzes de la Renaissance comprend *Nessus et Déjanire* du sculpteur italien Jean de Bologne (1529-1608). Dans le North Passage ont été réunies des pièces d'argenterie anglaises du XVe au XIXe siècle, dont un *Bouclier d'Achille* (1821) de John Flaxman.

Des artistes européens ayant eu une grande influence sur l'art anglais sont également représentés, notamment le Vénitien Canaletto et le Flamand Antoine Van Dyck (1559-1642), dont un portrait peint à la cour de Charles Ier d'Angleterre, *Anne Killigrew, Mrs Kirke* (v. 1638), orne l'escalier.

Mobilier français dans la Large Library Room

Virginia Steele Scott Gallery of American Art

Ouverte en 1984, cette exposition présente des œuvres américaines datant des années 1740 aux années 1930. Pendant la période coloniale, des artistes tels que Benjamin West (1738-1820) et Gilbert Stuart (1755-1828) restèrent sous l'influence des portraitistes britanniques. Un style spécifiquement américain n'émergea qu'au début du XIXe siècle, principalement dans le domaine du paysage comme en témoigne *Chimborazo* (1864) peint par Frederic Edwin Church après deux séjours en Équateur.

La Dorothy Collins Brown Wing abrite du mobilier dessiné par Charles et Henry Greene *(p. 27)*.

Desert Garden

Jardins botaniques

En 1904, Henry Huntington confia au paysagiste William Hertrich la tâche d'aménager son domaine. Le parc comprend aujourd'hui 15 jardins principaux.

Sur 5 ha, le Desert Garden réunit plus de 4 000 espèces résistantes à la sécheresse. Dans la roseraie, 2 000 variétés retracent l'histoire de la rose sur plus de 1 000 ans. Les plus anciennes se trouvent dans le Shakespeare Garden orné de fleurs que l'auteur cita dans ses œuvres. La sérénité du jardin japonais en fait un des plus appréciés.

Huntington Art Gallery

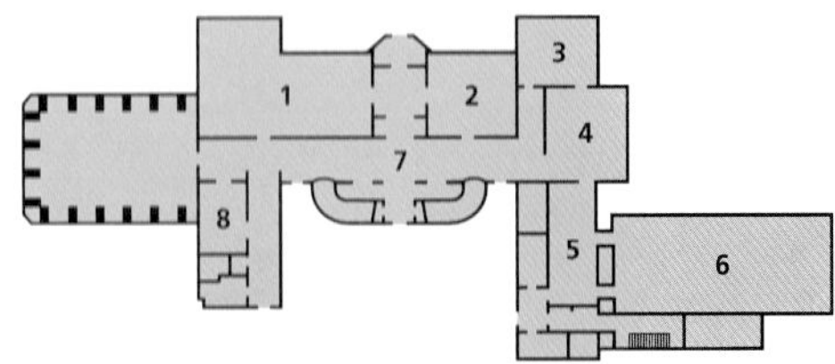

Rez-de-chaussée

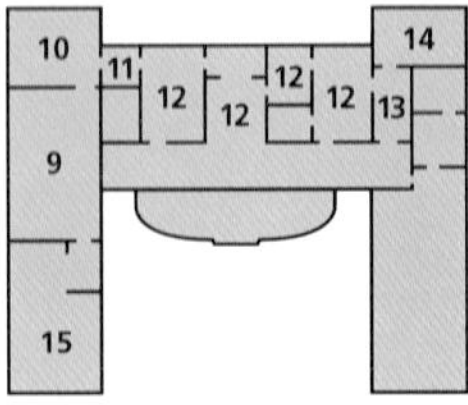

Premier étage

1 Large Library Room
2 Large Drawing Room
3 Small Drawing Room
4 Dining Room
5 North Passage
6 Main Gallery
7 Hall
8 Small Library
9 Quinn Room
10 Southeast Room
11 Wedgwood Room
12 Adele S. Browning Memorial Collection
13 Moseley Collection
14 Southwest Room
15 Expositions temporaires

Arabella D. Huntington Memorial Collection

1 Salle de la porcelaine de Sèvres
2 Salle du mobilier français
3 Salle de la sculpture française
4 Salle des peintures Renaissance
5 Expositions temporaires

Huntington Library

1 Manuscrits médiévaux et premières éditions
2 Littérature anglaise et américaine
3 Histoire américaine

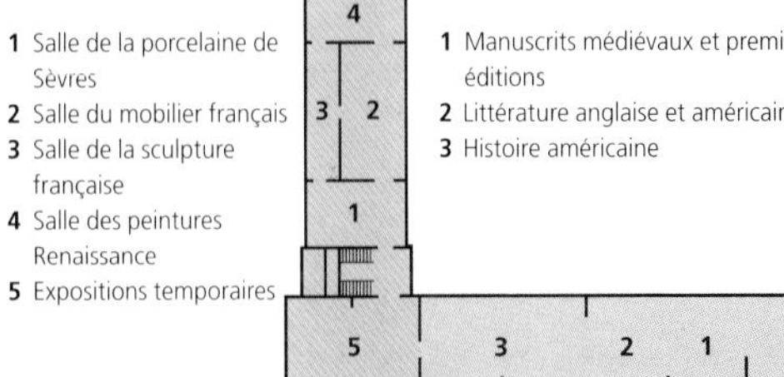

Rez-de-chaussée

Virginia Steele Scott Gallery of American Art

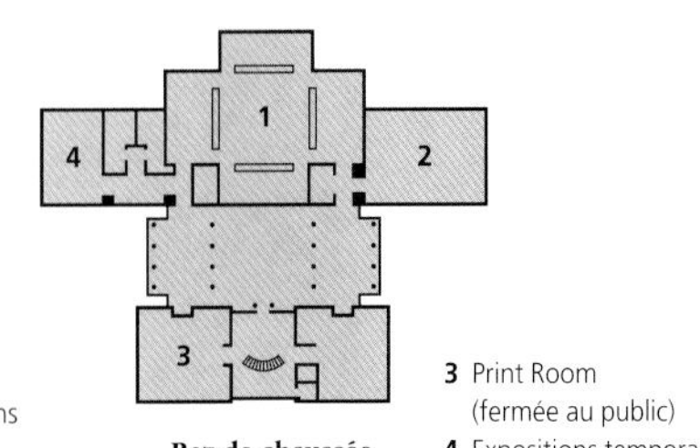

1 Collection permanente
2 Dorothy Collins Brown Wing
3 Print Room (fermée au public)
4 Expositions temporaires

Rez-de-chaussée

Bottes en vente au El Mercado

El Mercado ⓮

3425 E 1st St. ☎ *(323) 268-3451.* ◯ *de 10 h à 20 h du lun. au ven. ; de 9 h à 21 h les sam. et dim.* ♿

C'est à l'est de Los Angeles que se trouve le cœur de la communauté mexicano-américaine *(p. 30)* où ce marché s'adresse à une clientèle locale. Vendeurs de *tacos*, *mariachis* (musiciens de rue) et familles venues prendre un bon repas forment sur ses trois niveaux une foule animée. À la différence d'Olvera Street *(p. 123)*, El Mercado n'est pas un lieu touristique. L'authenticité de l'atmosphère et de la cuisine proposée constitue son principal intérêt.

Les étals d'alimentation du niveau principal proposent de tout, depuis les piments jusqu'aux plats à emporter. Vous y trouverez une *tortillaria*, des produits d'épicerie inconnus et des boulangers vendant pains et pâtisseries traditionnelles. Pour écouter les *mariachis*, montez à l'étage supérieur qui renferme les restaurants.

Vêtements, meubles et artisanat emplissent les boutiques du sous-sol.

Les Lakers et le basket-ball

James Naismith, un professeur d'éducation physique de Springfield, une ville du Massachussets, inventa en 1891 un sport qui pouvait se pratiquer à l'intérieur pendant les hivers rigoureux que subit cette région : le basket-ball. Los Angeles ne connaît pas ce problème, mais ses habitants adorent ce jeu rapide où le score grimpe vite. Au fil des ans, des joueurs illustres tels que Magic Johnson, Wilt Chamberlain et Kareem Abdul-Jabbar ont contribué à faire de l'équipe des Lakers, née dans le Minnesota, l'« État des 10 000 lacs », l'une des meilleures de la National Basketball Association (NBA). Elle a d'ailleurs remporté quatre fois le championnat de la NBA dans les années 1980.

Magic Johnson

Flower Market ⓯

754 S Wall St. ☎ *(323) 622-1966.* ◯ *de 8 h à 12 h les lun., mer. et ven. ; de 6 h à 12 h les mar., jeu. et sam.* ♿

Aux premières heures de la journée, avant le lever du soleil, les fleuristes de Los Angeles convergent vers ce quartier pour acheter en gros les fleurs et plantes vertes qu'ils revendront à leurs clients. Sur les éventaires et dans les vitrines des magasins des entrepôts, les plus beaux joyaux de la planète, de la Nouvelle-Zélande à la Colombie, créent une palette multicolore qui contraste vivement avec la grisaille des édifices.

Tout le monde peut profiter des prix bas et il y a de magnifiques affaires à faire après 8 h. Les stocks s'écoulent vite cependant.

Exposition Park et University of Southern California ⓰

Voir p. 160-161.

Great Western Forum ⓱

3900 Manchester Blvd, Inglewood. **Carte routière**, encadré A. ☎ *(310) 673-1300.* ◯ *pour les manifestations seul.* 🎫 *pour les manifestations.* ♿ **Billeterie** ◯ *de 10 h à 18 h t.l.j.*

Située à Inglewood, une banlieue bien desservie par le réseau d'autoroutes, la plus prestigieuse salle de sport de Los Angeles dispose de vastes aires de stationnement. Elle peut accueillir 17 000 spectateurs.

Siège de deux grandes

Le Great Western Forum d'Inglewood

équipes, les LA Lakers (basket-ball) et les LA Kings (hockey sur glace), le Forum sert aussi de cadre à d'importants matchs de boxe et de tennis. Les rencontres de basket-ball des Jeux olympiques de 1984 s'y déroulèrent.

Le Forum est également une des principales salles de concert de Los Angeles et des stars du rock telles que David Bowie ou Prince s'y sont produites. Malgré la foule qu'attirent les manifestations proposées, il reste souvent possible d'obtenir un billet à la dernière minute à condition d'être prêt à faire la queue.

Hollywood Park Racetrack ⓲

1050 S Prairie Ave, Inglewood. **Carte routière**, encadré A. *(310) 419-1500.* *de 13 h à 17 h du mer. au ven. ; de 12 h 30 à 17 h les sam. et dim.*

D'avril à juillet, les passionnés de courses de chevaux se retrouvent au Hollywood Park pour parier sur les pur-sang. Dans un cadre paysager magnifique, avec des lagunes et une végétation verdoyante, l'hippodrome possède une élégance empreinte de nostalgie. Un grand écran permet de suivre ce qui se passe sur la ligne droite hors de vue et diffuse photos des arrivées et statistiques sur les courses. Dans le North Park, l'aire de jeu pour enfants renferme un carrousel.

L'hippodrome du Hollywood Park à Inglewood

Les Watts Towers, ornées de coquillages, de porcelaine et de verre

Watts Towers ⓳

1727 E 107th St, Watts. **Carte routière**, encadré A. *(213) 847-4646.* *de 10 h à 16 h du mar. au sam. ; de 12 h à 16 h le dim.* *Thanksgiving, 25 déc.* *Tours seul.* *Arts Center seul.*

C'est un immigrant italien originaire de Naples, Simon Rodia, qui édifia ce chef-d'œuvre d'art populaire. Entre 1921 et 1954, il assembla barres et tuyaux métalliques, ainsi que tout ce qu'il pouvait récupérer, pour créer une gigantesque structure (la plus haute tour mesure 31 m) dont il orna la surface cimentée de coquillages et de débris de carreaux, de vaisselle et de verre. Il ne donna jamais la moindre explication sur le sens de son entreprise et, à son achèvement, laissa le terrain à un voisin et quitta la ville.

Menacées plusieurs fois de destruction, les Watts Towers sont devenues un State Historic Park et un symbole d'espoir dans une zone déshéritée où éclatèrent en 1965 et 1992 les pires émeutes qu'ait connues Los Angeles.

À côté, le Watts Towers Arts Center organise des expositions temporaires d'œuvres d'artistes afro-américains. Une forte criminalité règne dans le quartier de South Central où se trouve Watts. Les visiteurs ne doivent pas y rester le soir, et dans la journée mieux vaut prendre toutes les précautions de bon sens et ne pas s'éloigner des tours.

Exposition Park et University of Southern California ⓰

À l'emplacement de l'Exposition Park se tenaient à la fin du siècle dernier des marchés en plein air, des fêtes foraines et des courses de chevaux. Débits de boisson, cercles de jeu et prostituées abondaient. Quand les élèves du cours de catéchisme voisin du juge William Miller Bowen commencèrent à succomber à ces tentations, celui-ci usa de son influence pour obtenir la transformation du lieu en un site culturel. Il comprend aujourd'hui trois musées autour d'une roseraie plantée de plus de 19 000 rosiers. De l'autre côté de la rue, l'University of Southern California (USC), université privée fondée en 1880, accueille près de 28 000 étudiants sur un campus de 61 hectares.

Statue de *Tommy Trojan*

Bovard Administration Building

Doheny Memorial Library

Au coin de Hoover Blvd et de Childs Way. *(213) 740-2924.* *t.l.j.*

Bâtie en 1932 et nommée d'après Edward L. Doheny, Jr, un administrateur de l'université, la principale bibliothèque de référence de l'USC associe des éléments décoratifs d'influences romane italienne, égyptienne et mauresque. Un escalier monumental en marbre conduit à l'entrée et des vitraux éclairent le hall principal.

Natural History Museum of Los Angeles County

900 Exposition Blvd. *(213) 744-3466.* *de 10 h à 17 h du mar. au dim.* *1er jan., Thanksgiving, 25 déc.* *gratuit le 1er mardi du mois.*

Ce musée d'histoire naturelle, le troisième par la taille des États-Unis, présente une remarquable collection de spécimens allant de cristaux à des fossiles de dinosaures. Au niveau principal, l'exposition consacrée aux Indiens de tout le continent comprend une réplique d'une habitation troglodytique pueblo. Ne pas manquer non plus le Schreiber Hall of Birds et l'Insect Zoo.

Le Natural History Museum de l'Exposition Park

Bovard Administration Building

Hahn Plaza. *t.l.j.*

Portant le nom du quatrième président de l'USC, cet édifice inspiré du roman italien possède un ancien clocher orné des représentations sculptées de huit grands personnages, dont Abraham Lincoln, Theodore Roosevelt, Cicéron et Platon. Restauré, le Norris Auditorium néo-gothique compte 1 600 places. *Tommy Trojan* (Roger Nobel Burnham, 1930), statue d'un guerrier troyen et symbole de l'université, se dresse devant l'entrée principale.

Les sites d'un coup d'œil

Aerospace Museum ⑦
Bovard Administration Building ①
California Afro-American Museum ⑧
California Museum of Science and Industry ⑨
Doheny Memorial Library ③
Fisher Gallery ⑤
Los Angeles Memorial Coliseum ⑩
Mudd Memorial Hall ④
Natural History Museum of Los Angeles County ⑥
Tommy Trojan ②

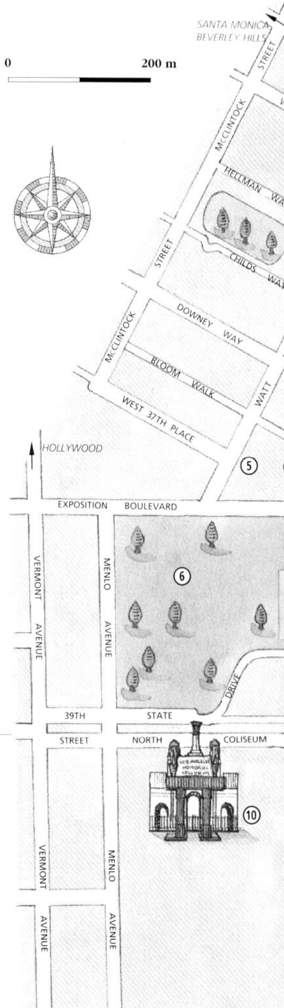

Los Angeles Memorial Coliseum

Los Angeles Memorial Coliseum

3939 S Figueroa St. *(213) 747-7111.* *pour les manifestations et les visites guidées.* *10 h 30, 12 h, 13 h 30 les mar., jeu. et sam. ; appeler (213 765-6347).*

Le stade où se déroulèrent les Jeux olympiques de 1932 et de 1984 a aussi accueilli des matchs de football américain, des concerts de rock, le discours d'acceptation de la candidature démocrate de John F. Kennedy en 1960 et la messe célébrée par Jean-Paul II en 1987.

Une visite guidée de 40 minutes permet d'en découvrir les vestiaires, la salle de presse et l'histoire.

California Museum of Science and Industry

700 State Drive. *(213) 744-7400.* *de 10 h à 17 h t.l.j.* *1er jan., Thanksgiving, 25 déc.*

Ce musée, l'un des plus importants de son genre aux États-Unis, a pour objectif de rendre la science accessible aux personnes de tous âges. Dans le Kinsey Hall of Health, le World of Life dévoile les fonctions biologiques avec pour élément central un corps humain transparent de 15 m de long aux organes lumineux. Le Creative World illustre le processus de la création, de l'idée de départ à la production. L'IMAX Theater présente des films sur un écran géant. Impossible de ne pas reconnaître l'Aerospace Museum dessiné par l'architecte Frank Gehry avec son F-104 Starfighter fixé à la façade. Le bâtiment abrite toutes sortes d'engins volants, d'un planeur des frères Wright à une capsule spatiale Gemini 11.

Fisher Gallery

Bloom Walk. *(213) 740-4561.* *de 12 h à 17 h du mar. au ven. ; de 11 h à 15 h le sam.* *jours fériés.*

Portant le nom du mécène qui permit sa fondation, Mrs Walter Harrison Fisher, ce musée présente une collection de paysages du XIXe siècle américains et français, ainsi que des œuvres hollandaises, notamment de Peter Paul Rubens.

MODE D'EMPLOI

Carte routière, encadré A. *Navette C du DASH depuis Business District.* *81.* **Exposition Park** *voir articles sur les sites.* **University of Southern California** *(213) 740-5371.*

California Afro-American Museum

600 State Drive. *(213) 744-7432.* *de 10 h à 17 h du mar. au dim.* *1er jan., Thanksgiving, 25 déc.*

Ce musée dresse un inventaire des apports des Noirs à la culture américaine dans les arts, les sciences, la politique, la religion et les sports. La collection d'art permanente comprend des œuvres de Martin Pierré, Betye Saar, Noah Purifoy et Robert Duncanson, un peintre paysagiste du XIXe siècle. La cour de sculptures accueille des expositions temporaires.

Mudd Memorial Hall

Angle de Trousdale Parkway et Exposition Blvd. *t.l.j.*

Construite sur le modèle d'un monastère médiéval de Toscane, la faculté de philosophie possède un clocher de 44 m de haut qui servit de décor dans *Le Bossu de Notre-Dame* (1939). Des statues de grands philosophes ornent l'extérieur. Diogène domine l'entrée. La Hoose Library of Philosophy, l'une des meilleures bibliothèques américaines dans son domaine, possède plus de 60 000 volumes.

Façade italianisante du Mudd Memorial Hall

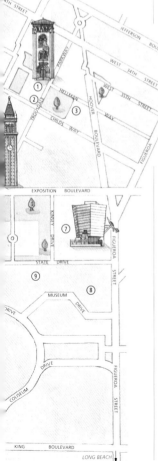

Se distraire à Los Angeles

La capitale mondiale de l'industrie du spectacle est une ville où le travail passe souvent avant les loisirs et seuls quelques quartiers relativement restreints y restent animés une fois la nuit tombée. Ils offrent cependant un très large éventail de possibilités. Le cinéma tout d'abord, avec des dizaines de films projetés aussi bien dans d'extravagants *movie palaces* des années 1930 que dans des complexes multisalles ultramodernes. Los Angeles possède également une compagnie d'opéra et un orchestre philharmonique qui, en été, donnent des représentations en plein air au Hollywood Bowl *(p. 107)*. Grandes productions internationales, comédies musicales ou créations plus avant-gardistes, le théâtre demeure très vivant. Les clubs de jazz et de blues se concentrent autour de Sunset Boulevard.

Enseigne à Hollywood

Magazines de programmes

Sources d'information

Plusieurs publications vous aideront à faire votre choix parmi les innombrables distractions offertes à Los Angeles. Hebdomadaire gratuit distribué dans les bars, les clubs et les commerces, le *LA Weekly* donne le programme le plus complet des spectacles et des événements artistiques. Visant une clientèle plus jeune, il surclasse le *Los Angeles View*. Le *New Times* est un magazine bien fait et on peut se fier à la rubrique « Calendar » du *Sunday Los Angeles Times*.

Parmi les mensuels, le *Los Angeles Magazine* annonce les principales manifestations et propose de bonnes critiques de restaurants. Les recommandations du *Buzz*, les « Buzz Bets », séduiront un lectorat plus jeune. Le *Where Magazine* fournit des informations plus générales destinées aux touristes.

Les homosexuels pourront consulter *Planet Homo*, *The Edge* et *LA Girl Guide*.

Le principal centre de renseignements du **Los Angeles Convention and Visitors' Bureau** se trouve à Downtown. Le personnel y est polyglotte et vous y trouverez *Destination Los Angeles* qui recense restaurants, hôtels, boutiques et distractions. Les deux autres principaux centres d'information touristique sont l'**Hollywood Visitors' Information Center** et le **Beverly Hills Visitors' Bureau**.

Acheter sa place

Que ce soit pour assister à un concert, à une pièce de théâtre ou à un match, le plus simple, au prix d'une commission, est de passer par **Ticketmaster**, en téléphonant (paiement par carte bancaire), ou en se rendant dans les magasins de disques Music Plus et Tower Records ou les magasins Robinsons-May. Vous pouvez aussi appeler les lieux de spectacle. **Tickets LA, Telecharge** et **Good Time Tickets** sont d'autres agences. **Theater LA** fournit des renseignements sur les programmes de théâtre.

Les tarifs réduits

Theater LA vous renseignera sur des places bradées le jour de la représentation et vous en vendra. **Tickets LA** propose aussi des billets demi-tarif pour certaines manifestations. Les réservations se paient par carte bancaire, mais peuvent être retirées sur le lieu de spectacle.

Beaucoup de salles « soldent » en outre leurs places restées libres quelques heures avant la représentation. Adressez-vous directement aux billetteries.

Les étudiants détenteurs d'une carte ISIC *(p. 590)* jouissent de tarifs préférentiels pour certains concerts et spectacles, principalement dans les lieux affiliés aux universités de Los Angeles comme le Geffen Playhouse de l'UCLA *(p. 164)*.

Los Angeles County Museum of Arts *(p. 110-113)*

L'Hollywood Bowl, une grande salle de concert en plein air *(p. 107)*

Les spectacles gratuits

La plupart des quartiers ou banlieues de Los Angeles organisent des fêtes locales, surtout en été. Elles proposent généralement animations musicales et stands de nourriture et d'artisanat. Le **LA Cultural Affairs Department** vous en donnera le détail. Les jeudis soirs d'été, des concerts variés ont lieu sur le Santa Monica Pier *(p. 74-75)*.

En été également, le LA Philharmonic ouvre au public ses répétitions de concerts à midi, au Hollywood Bowl *(p. 107)*. Certains musées ne perçoivent pas de droit d'entrée, notamment le California Museum of Science and Industry *(p. 161)*, le Travel Town du Griffith Park *(p. 146)* et le J. Paul Getty Museum *(p. 78-81)*. Le Los Angeles County Museum of Art *(p. 110-113)* organise des concerts de jazz et de musique de chambre sur son esplanade les vendredis et dimanches.

Spectateurs handicapés

Comme dans le reste de la Californie *(p. 590)*, presque tous les cinémas, théâtres et clubs de jazz ou de rock sont accessibles en fauteuil roulant. La plupart possèdent en outre des places de stationnement réservées et des toilettes adaptées. Une brochure publiée par la **Los Angeles County Commission on Disabilities** recense les services offerts par des organismes publics et privés. Elle fournit aussi des renseignements sur les transports, les distractions et les équipements spéciaux en vente ou en location.

Quelques organisations locales telles que le **Westside Center for Independent Living** proposent des services. La régie des transports publics, la Metropolitan Transit Authority *(p. 168-169)*, gère un parc de bus équipés d'ascenseurs. Si vous avez des besoins particuliers pour vos déplacements, il faut composer le **800** (pour Los Angeles uniquement).

Détail d'un théâtre

Façade Art déco du Hollywood Pantages Theater *(p. 108)*

Carnet d'adresses

Numéros utiles

Beverly Hills Visitors' Bureau
239 S Beverly Dr,
Beverly Hills, CA 90212.
☎ *(310) 248-1015.*

Hollywood Visitors' Information Center
Janes House Square,
6541 Hollywood Blvd,
Hollywood, CA 90028.
☎ *(323) 689-8822.*

LA Cultural Affairs Department
433 S Spring St, 10th Fl,
Los Angeles, CA 90013.
☎ *(213) 485-2433.*

Los Angeles Convention and Visitors' Bureau
685 S Figueroa St,
Los Angeles, CA 90017.
☎ *(213) 689-8822.*

Agences de location

Good Time Tickets
☎ *(323) 464-7383.*

Telecharge
☎ *(800) 432-7250.*

Theater LA
☎ *(213) 688-2787.*

Ticketmaster
☎ *(213) 381-2000.*

Tickets LA
☎ *(323) 660-8587.*

Spectateurs handicapés

MTA
(accessible aux handicapés à 98 %)
☎ *(800) 266-6883 ou (213) 922-2000.*

Los Angeles County Commission on Disabilities
500 W Temple St,
chambre 383,
Los Angeles, CA 90012.
☎ *(213) 974-1053*
ou (213) 974-1707 TDD.

Westside Center for Independent Living
12901 Venice Blvd,
Los Angeles,
CA 90066.
☎ *(310) 390-3611.*

Les lieux de spectacle

La variété des distractions proposées à Los Angeles est à l'échelle de la ville. Siège du LA Philharmonic et du LA Opera, le Music Center *(p. 127)* de Downtown abrite aussi deux théâtres de premier plan. Cinémas et théâtres historiques abondent à Hollywood et à West Hollywood, à côté de boîtes de nuit, tel le Viper Room *(p. 98)*, appartenant à des célébrités. Rencontres sportives, visites de studios ou enregistrements d'émissions de télévision animeront la journée.

Le Hollywood Galaxy *(p. 104)* sur Hollywood Boulevard

Cinéma

Tous les derniers films américains, et d'innombrables classiques, sont bien entendu visibles en permanence à Los Angeles, entre autres dans de grands cinémas historiques comme le Mann's Chinese et El Capitan *(p. 106)*, sur Hollywood Boulevard. Des complexes multisalles, tels ceux d'**Universal City** et du **Beverly Center**, offrent des conditions de vision et d'écoute ultramodernes. Le **Silent Movie** projette des classiques des années 1920.

Théâtre

Plus de 1 000 pièces professionnelles sont présentées chaque année à Los Angeles. Le Music Center *(p. 121)* abrite deux salles importantes, l'Ahmanson Theatre et le Mark Taper Forum. Les comédies musicales de Broadway en tournée se produisent principalement au Pantages *(p. 108)* d'Hollywood et au **Shubert Theatre** de Century City. Dans un superbe cadre de style méditerranéen, le **Pasadena Playhouse** et le **Geffen Playhouse** proposent aussi bien des œuvres modernes que des pièces du répertoire. Pour des créations plus avant-gardistes, essayez de plus petits lieux comme l'**Actors' Gang Workshop** ou **Theater/Theatre**.

Opéra, danse et musique classique

À l'instar du **LA Opera** (de septembre à juin), le LA Philharmonic se produit en hiver au Dorothy Chandler Pavilion *(p. 121)*. En été, il s'installe au Hollywood Bowl *(p. 107)*. Différents lieux, dans toute la ville, proposent des concerts de musique de chambre. L'**UCLA Center for the Performing Arts** accueille des artistes internationaux de premier plan. Los Angeles ne possède pas de grande troupe de ballet, mais reçoit toutes les principales compagnies.

Rock, jazz et blues

C'est un rock dur que proposent en général les clubs du Sunset Strip *(p. 98-100)* où les vénérables **Roxy** et **Whiskey a Go Go** affrontent la concurrence de nouveaux venus tels que le **Viper Room** et le **Billboard Live**. Le jazz s'écoute dans des établissements plus « cool » comme le **Baked Potato** et le **Catalina Bar & Grill**. **The House of Blues** n'est qu'un de ceux qui servent aussi à manger *(p. 549)*. Les têtes d'affiche se produisent dans des lieux comme le Greek Theater *(p. 146)* et l'**Universal Amphitheatre** *(p. 143)*.

Boîtes de nuit

Funk-pop au **Crush Bar**, hip-house au **Catch One** ou groove à **The Garage**, toutes sortes de musiques de danse résonnent dans les boîtes de L. A. **Axis** est une des discothèques les plus en vogue de West Hollywood, quartier à la forte population gay. Pour voir des célébrités, essayez le **Bar Marmont**. Les modes changent vite cependant ; consultez les magazines de programmes. Il faut avoir 21 ans pour consommer de l'alcool. Pensez à vous munir d'une pièce d'identité.

Sur Sunset Boulevard *(p. 99)*

En coulisse et sur les plateaux

Beaucoup de studios de télévision et de cinéma proposent à Los Angeles des visites des coulisses ou la possibilité d'assister aux enregistrements d'émissions. À **CBS-TV**, vous pourrez par exemple faire partie du public de *The Price is Right* (le Juste Prix). Cette offre est toutefois

Le célèbre portail des Paramount Studios *(p. 109)*

réservée aux personnes parlant l'anglais et il faut réserver par écrit environ six semaines à l'avance.

Parmi les autres studios qui se visitent figurent à Burbank *(p. 140-141)* ceux de **NBC-TV** et ceux de la **Warner Bros**. C'est dans ces derniers que vous aurez sans doute l'aperçu le plus authentique des conditions de tournage actuelles. Il faut avoir dix ans pour découvrir les Paramount Studios *(p. 109)*.

ACTIVITÉS DE PLEIN AIR

Les plages, le Topanga State Park *(p. 77)* et le Griffith Park *(p. 146-147)* permettent de très nombreuses activités de plein air. Vous pourrez assister à des courses de chevaux au Hollywood Park Racetrack *(p. 159)* et à des rencontres de base-ball au Dodger Stadium *(p. 148)*, de basket-ball et de hockey sur glace au Great Western Forum *(p. 158-159)* et de polo au Will Rogers State History Park *(p. 77)*.

Surfers à Manhattan Beach ***(p. 62)***

CARNET D'ADRESSES

CINÉMA

Cineplex Odeon Beverly Center Cinemas
8522 Beverly Blvd.
Plan 6 C2.
(310) 652-7760.

Cineplex Odeon Universal City Cinemas
Universal City, CA 91608.
(818) 508-0588.

Mann's Village Westwood
961 Broxton Ave.
Plan 4 A4.
(310) 208-5576.

Pacific Cinerama Dome
6360 W Sunset Blvd.
Plan 2 C5.
(323) 466-3401.

Silent Movie
611 N Fairfax Ave.
Plan 7 D1.
(323) 653-2389.

THÉÂTRES

Actors' Gang Workshop
6209 Santa Monica Blvd.
Plan 8 B1.
(323) 466-1767.

Geffen Playhouse
10886 Le Conte Ave.
Plan 4 A4.
(310) 208-5454.

Pasadena Playhouse
39 S El Molino Ave, Pasadena, CA 91101.
(626) 356-7529.

Shubert Theatre
2020 Avenue of the Stars.
Plan 5 D4.
(800) 447-7400.

Theater/Theatre
1713 N Cahuenga Blvd.
Plan 2 C4.
(323) 871-0210.

OPÉRA, DANSE ET MUSIQUE CLASSIQUE

Alex Theater
216 N Brand Blvd, Glendale, CA 91206.
(818) 243-2539.

Ford Amphitheatre
2560 E Cahuenga Blvd.
Plan 2 B3.
(323) 461-3673.

LA Civic Light Opera
(323) 468-1704.

LA Classical Ballet
(310) 427-5206.

LA Opera
135 N Grand Ave.
Plan 11 E3.
(213) 972-8001.

UCLA Center for the Performing Arts
405 Hilgard Ave.
Plan 4 A4.
(310) 825-2101.

ROCK, JAZZ ET BLUES

Baked Potato
3787 Cahuenga Blvd W, Studio City, CA 91105.
(818) 564-1122.

BB Kings' Blues Club
1000 Universal City Drive, CA 91608.
(818) 622-5464.

Billboard Live
9039 W Sunset Blvd.
Plan 6 A1.
(310) 274-5800.

Catalina Bar and Grill
1640 N Cahuenga Blvd.
Plan 2 C4.
(323) 466-2210.

House of Blues
8430 W Sunset Blvd.
Plan 1 A5.
(323) 650-1451.

The Roxy
9009 W Sunset Blvd.
Plan 6 A1.
(310) 278-9457.

Universal Amphitheatre
Universal City, CA 91608.
(818) 622-4440.

Viper Room
8852 W Sunset Blvd.
Plan 6 B1.
(310) 358-1880.

Whiskey a Go Go
8901 W Sunset Blvd.
Plan 6 B1.
(310) 652-4202.

BOÎTES DE NUIT

Axis
652 N La Peer Drive.
Plan 6 A2.
(310) 659-0471.

Bar Marmont
8171 W Sunset Blvd.
Plan 1 B5.
(323) 650-0575.

Catch One
4067 W Pico Blvd, Los Angeles, CA 90035.
(213) 734-8849.

Crush Bar
1743 N Cahuenga Blvd.
Plan 2 C4.
(213) 461-9017.

The Garage
4519 Santa Monica Blvd.
Plan 9 F1.
(323) 662-6166.

EN COULISSE ET SUR LES PLATEAUX

CBS-TV
7800 Beverly Blvd.
Plan 7 D2.
(323) 852-2458.

NBC-TV
3000 W Alameda Ave, Burbank, CA 91523.
(818) 840-3538.
(818) 840-3537.

Warner Bros
4000 Warner Blvd, Burbank, CA 91522.
(818) 954-1744.

Faire des achats à Los Angeles

Tout ce que l'argent peut offrir s'achète à Los Angeles, des bijoux Cartier aux articles les plus simples de la vie quotidienne. Alors que le shopping se pratique principalement dans des galeries commerciales aux États-Unis, la douceur du climat permet à Los Angeles de proposer des espaces plus aérés, chic et célèbres tel Rodeo Drive *(p. 90)* ou jeunes et animés comme Melrose Avenue *(p. 109)* ou Third Street Promenade *(p. 74)* à Santa Monica. Les meilleurs quartiers où trouver la mode dernier cri et la décoration d'intérieur en vogue sont Robertson Boulevard, entre Melrose Avenue et Burton Way, et Beverly Boulevard au niveau de Martel Avenue. Old Pasadena *(p. 150)*, avec ses boutiques installées dans des édifices du XIXe siècle, est très agréable.

Shopping à L. A.

Intérieur du Westside Pavilion au sud de Westwood Village

Les galeries et centres commerciaux

Los Angeles recèle une grande variété de galeries et de centres commerciaux. Le **Beverly Center** propose plus de 170 magasins, tandis que, dans un décor en plein air sophistiqué, le Century City Shopping Center *(p. 89)* en réunit plus de 120. Non loin, le **Westside Pavilion** offre un bon choix de boutiques pour enfants. Plus intime, la Santa Monica Place *(p. 73)* se trouve à l'extrémité sud de Third Street Promenade. Dans la San Fernando Valley, la **Sherman Oaks Galleria** inspira à Frank Zappa sa chanson *Valley Girl*.

Les grands magasins

Les centres commerciaux comprennent au moins un grand magasin comme les populaires **Bloomingdales** et **Macy's**. L'endroit où Wilshire Boulevard traverse le Triangle d'or de Beverly Hills *(p. 86-87)* a pris le surnom de Department Store Row (rue des grands magasins). Quatre enseignes prestigieuses y voisinent, dont **Barneys New York** et **Saks Fifth Avenue**. **Nordstrom** doit sa renommée à son rayon chaussures et à ses soldes de janvier et de juin.

Les vêtements

La décontraction est la norme à Los Angeles, mais vous trouverez des boutiques de haute couture à Beverly Hills. Parmi les marques les plus en vogue auprès des femmes figurent **Todd Oldham** et **Tyler Trafficante**. **American Rag** propose des vêtements neufs et d'occasion aussi bien pour adultes que pour enfants. **Maxfield, Fred Segal** et **Ron Ross** s'adressent à une clientèle aisée aimant le style. Les robes et les jeans de **Friends** séduiront plutôt les jeunes filles. À Melrose, **Betsey Johnson** garde une approche enjouée de la mode féminine. **Bernini** et **Mark Michaels** proposent ce qui se fait de mieux en prêt-à-porter masculin. Pour être détendu, essayez **Urban Outfitters** à Santa Monica, et s'il vous manque un bikini, **Canyon Beachwear**.

Enseigne sur Melrose Avenue

Art, livres, disques et antiquités

La **Cité des Livres** propose une large sélection de livres et de publications françaises. Outre les succursales de grandes chaînes comme **Barnes and Noble** et **Borders**, qui peuvent comprendre un café, L. A. compte de nombreuses libraires indépendantes telles que **Book Soup** et **Dutton's**. Les magasins d'antiquités sont regroupés autour de Melrose Place près de Melrose Avenue, tandis que la Bergamot Station *(p. 75)* abrite certaines des principales galeries d'art. Parmi les autres figurent **LA Louver** et **G. Ray Hawkins**. Les deux marchands de disques offrant le plus vaste choix, **Tower Records** et le **Virgin Megastore**, bordent West Sunset Boulevard.

Boutiques de luxe sur Rodeo Drive *(p. 90)*

Boutiques spécialisées

Partout en ville abondent les souvenirs liés à Hollywood, mais **Fantasies Come True** et **Larry Edmund's Cinema Bookshop** sont deux excellentes boutiques en ce domaine. **The Folk Tree** propose une belle sélection d'artisanat latino-américain. La palme du plus large choix de gadgets destinés à des hommes d'affaires revient à Hammacher Schlemmer sur Rodeo Drive *(p. 90)*.

Nourriture et vin

Les éventaires du Grand Central Market *(p. 120)* et du Farmers Market *(p. 109)* débordent de fruits et de légumes frais. Considéré comme une des bonnes raisons de venir vivre à Los Angeles, **Trader Joe's** possède un superbe choix de vins et d'épicerie fine. Le **Whole Foods Market** l'imite dans le domaine des produits diététiques. Les caves du **Wine Merchant** de Beverly Hills sont magnifiques.

Éventaires colorés du Grand Central Market ***(p. 120)***

Carnet d'adresses

Les galeries et centres commerciaux

Beverly Center
8500 Beverly Blvd.
Plan 6 C2.
(310) 854-0070.

Sherman Oaks Galleria
15301 Ventura Blvd,
Sherman Oaks, CA 91403.
(818) 382-4100.

Westside Pavilion
10800 W Pico Blvd,
Los Angeles, CA 90064.
(310) 474-6255.

Les grands magasins

Barneys New York
9570 Wilshire Blvd.
Plan 5 F4.
(310) 276-4400.

Bloomingdales
Beverly Center,
8500 Beverly Blvd.
Plan 6 C2.
(310) 854-0070.

Macy's
Beverly Center,
8500 Beverly Blvd.
Plan 6 C2.
(310) 854-6655.

Nordstrom
Westside Pavilion, 10830
W Pico Blvd, CA 90064.
(310) 470-6155.

Saks Fifth Avenue
9600 Wilshire Blvd.
Plan 5 E4.
(310) 275-4211.

Les vêtements

American Rag
150 S La Brea Ave.
Plan 7 F2.
(323) 935-3154.

Bernini
Beverly Center,
8500 Beverly Blvd.
Plan 6 C2.
(310) 855-1786.

Betsey Johnson
Fashion Square Mall.
Sherman Oaks, CA 91403.
(818) 986-9810.

Canyon Beachwear
Beverly Center,
8500 Beverly Blvd.
Plan 6 C2.
(310) 652-7848.

Fred Segal
8118 Melrose Ave.
Plan 7 D1.
(323) 651-1935.

Friends
Beverly Center, 8500
Beverly Blvd. **Plan** 6 C2.
(310) 657-6025.

Mark Michaels
4672 Admiralty Way,
Marina del Rey, CA 90292.
(310) 822-1707.

Maxfield
8825 Melrose Ave.
Plan 6 B2.
(310) 274-8800.

Ron Ross
12930 Ventura Blvd,
Studio City, CA 91423.
(818) 985-9976.

Todd Oldham
7386 Beverly Blvd.
Plan 7 E2.
(323) 936-6045.

Tyler Trafficante
7290 Beverly Blvd.
Plan 7 F2.
(213) 869-9299.

Urban Outfitters
1440 Third St Promenade,
Santa Monica,
CA 90401.
(310) 394-1404.

Art, livres, disques et antiquités

Barnes and Noble
1201 Third St Promenade,
Santa Monica,
CA 90401.
(310) 260-9110.

Book Soup
8818 W Sunset Blvd.
Plan 1 A5.
(310) 659-3110.

Borders
1360 Westwood Blvd.
Plan 4 A5.
(310) 475-3444.

Dutton's
11975 San Vicente Blvd,
Brentwood, CA 90049.
(310) 476-6263.

G. Ray Hawkins
908 Colorado Ave,
Santa Monica,
CA 90401.
(310) 394-5558.

LA Louver
45 N Venice Blvd,
Venice, CA 90291.
(310) 822-4955.

La Cité des Livres
2306 Westwood Blvd,
Los Angeles,
CA 90064.
(310) 475-0658.

Tower Records
8801 W Sunset Blvd.
Plan 1 A5.
(310) 657-7300.

Virgin Megastore
8000 W Sunset Blvd.
Plan 1 B5.
(323) 650-8666.

Les boutiques spécialisées

Fantasies Come True
8012 Melrose Ave.
Plan 7 D1.
(323) 655-2636.

The Folk Tree
199 S Fair Oaks Ave,
Pasadena, CA 91105.
(626) 793-4828.

Larry Edmund's Cinema Bookshop
6644 Hollywood Blvd.
Plan 2 B4.
(323) 463-3273.

Nourriture et vin

Trader Joe's
7304 Santa Monica Blvd.
Plan 7 F1.
(323) 851-9772.

The Wine Merchant
9701 S Santa Monica Blvd.
Plan 5 E4.
(310) 278-7322.

Whole Foods Market
239 Crescent Drive.
Plan 5 F4.
(310) 274-3360.

Circuler à Los Angeles

L'agglomération de Los Angeles occupe une superficie de 1 200 km^2 et y circuler peut paraître intimidant. Le réseau d'autoroutes *(p. 170-171)* permet toutefois un accès facile, bien que parfois lent aux heures de pointe. La voiture reste de toute manière la seule façon de se déplacer aisément, bien que les transports publics soient efficaces à Downtown et Hollywood. Les taxis s'appellent généralement par téléphone. En prendre un de l'aéroport jusqu'au centre peut se révéler coûteux. Les autobus empruntent les principales artères de la ville, mais sont souvent bondés et lents. Le métro dessert bien le Business District. C'est à pied que se découvrent le mieux certains quartiers.

Taxi à Beverly Hills

Sur l'autoroute en direction de Downtown

En voiture

Préparer vos trajets vous fera gagner beaucoup de temps. La carte des pages 170-171 vous aidera à repérer les changements d'autoroutes et les sorties correspondant à votre itinéraire. Évitez les heures de pointe : en semaine de 8 h à 9 h 30 et de 16 h à 18 h 30. Quelques autoroutes sont encombrées en permanence pendant la journée ; emprunter les grandes artères se révélera parfois préférable. Respectez les conditions de stationnement et prévoyez des pièces de 25 cents pour les parcmètres. Les parkings gardés sont plus sûrs la nuit.

À pied

Malgré l'étendue de la ville, quelques quartiers se prêtent bien aux promenades, notamment le Business District de Downtown *(p. 118-119)*, Old Pasadena *(p. 150)*, Melrose Avenue *(p. 109)*, le Golden Triangle de Beverly Hills *(p. 86-87)*, Pine Avenue à Long Beach *(p. 128)* et, à Santa Monica, Third Street Promenade, la plage et Main Street *(p. 72-75)*.

Ne vous risquez pas à pied la nuit hors des rues bien éclairées et animées.

À bicyclette

C'est sur la piste côtière de la Santa Monica Bay, longue de 40 km, ainsi qu'au Griffith Park et sur l'Oceanside Bike Path de Long Beach qu'il est le plus agréable de faire du vélo. Un mode de transport interdit sur les autoroutes. Le **LA Department of Transportation** fournit des cartes détaillées. **Sea Mist Skate Rentals**, sur le Santa Monica Pier, **Marina Bikes** (Redondo Beach), et des stands de pizzas de Santa Monica Beach louent des bicyclettes.

En bus et en métro

Les arrêts de bus portent le signe de la MTA **(Metropolitan Transportation Authority)**, la régie des transports publics de l'agglomération. Parmi les lignes les plus pratiques : la 20 et la 320, de Wilshire Boulevard à Santa Monica Beach ; la 21 pour Westwood et l'UCLA ; la 4, de Santa Monica Boulevard à la plage ; la 2, de Sunset Boulevard à Pacific Palisades.

Pour 25 cents, les navettes du **DASH** offrent un moyen pratique de circuler dans des zones limitées, comme Downtown et Hollywood. La **Santa Monica Blue Bus Co.** et le **Long Beach Transit** desservent ces villes.

Le métro compte trois lignes : la Red Line, qui va de Union Station à Western Avenue, et Universal City (5 h-21 h en semaine, 5 h-19 h le week-end) ; la Blue Line, entre Downtown et Long Beach (5 h-23 h 30) ; la Green Line, de Norwalk à Redondo Beach

Cyclistes à Venice sur la piste côtière

Rame de la Metro Red Line à la station Pershing Square

(4 h-23 h). Pour rejoindre la Green Line depuis l'aéroport (LAX), prenez un bus jusqu'à Aviation / I-105. Le métro ne fonctionne pas les jours fériés hormis le jour de l'an.

Les tickets d'autobus s'achètent dans les commerces d'alimentation, ceux de métro dans les stations.

Autres modes de transport

Independent Cab Co. et **LA Best Transportation** sont deux compagnies de taxis fiables. Vous pouvez aussi opter pour le luxe en louant une limousine auprès de **Limousine Connection** ou de **Entertainment Limos**.

LA Tours et **Starline Tours** organisent des visites guidées en car. Celles de **Grave Line Tours** vous conduiront sur les lieux de faits divers sanglants à l'intérieur d'un corbillard Cadillac. **Casablanca Tours** et **Beyond the Glitz** proposent une découverte d'Hollywood et de LA, **Next Stage** des périples excentriques et **LA Nighthawks** de luxueuses sorties nocturnes.

Plan du métro

North Hollywood
Universal City
Hollywood/Highland
Hollywood/Vine
Hollywood Western
Vermont/Sunset
Vermont/Santa Monica/ LA City College
Vermont/Beverly
Wilshire/Western
Wilshire/Normandie
Wilshire/Vermont
Westlake/MacArthur Park
7th Street/Metro Center
Pershing Square
Tom Bradley/ Civic Center
Union Station
Pasadena
Pico
Grand
San Pedro
Washington
Vernon
Slauson
Florence
Firestone
Kenneth Hahn/ 103rd St
Imperial/Wilmington
Long Beach/I-105
Lakewood/I-105
I-605/I-105
Aviation/I-105
Hawthorne/I-105
Crenshaw Fwy/I-105
Vermont/I-105
Harbor Fwy/I-105
Avalon/I-105
Mariposa/Nash
El Segundo/Nash
Douglas/Rosecrans
Marine/Redondo
Compton
Artesia
Del Amo
Wardlow
Willow
Pacific Coast Hwy
Anaheim
Pacific
Transit Mall
5th Street
1st Street

Légende

- Metro Red Line
- Metro Blue Line
- Metro Blue Line (en projet)
- Metro Green Line

Carnet d'adresses

Bicyclettes

Marina Bike Rentals
505N Harbor Dr,
Redondo Beach, CA 90277.
(310) 318-2453.

LA Department of Transportation
221 N Figueroa St, Los Angeles, CA 90012. **Plan** 11 D3.
(213) 580-1199.

Sea Mist Skate Rentals
1619 Ocean Front Walk,
Santa Monica, CA 90401.
(310) 395-7076.

Transports publics

DASH
(800) 266-6883.

Long Beach Transit
(800) 266-6883.

Metropolitan Transportation Authority (MTA)
(800) 266-6883.

Santa Monica Blue Bus Co.
(800) 266-6883.

Taxis

Independent Cab Co.
(213) 385-8294.

LA Best Transportation
(323) 962-4949.

Limousines

Limousine Connection
(800) 266-5466.

Entertainment Limos
(818) 997-3856.

Visites organisées

Casablanca Tours
(213) 461-0156.

Grave Line Tours
(323) 469-4149.

LA Nighthawks
(310) 392-1500.

LA Tours
(323) 460-6490.

Beyond the Glitz Tours
(323) 658-7920.

Starline Tours
(213) 285-1880.

Carte autoroutière de Los Angeles

Ses dimensions font de Los Angeles une ville très difficile à découvrir sans voiture. Toutes les autoroutes *(freeways)* portent un numéro, mais la plupart ont aussi un nom, telle la Golden State Freeway (I-5). Étudiez soigneusement votre itinéraire avant le départ car les panneaux des sorties indiquent des noms de rue plutôt que de quartier. Et évitez les heures de pointe *(p. 168-169)*.

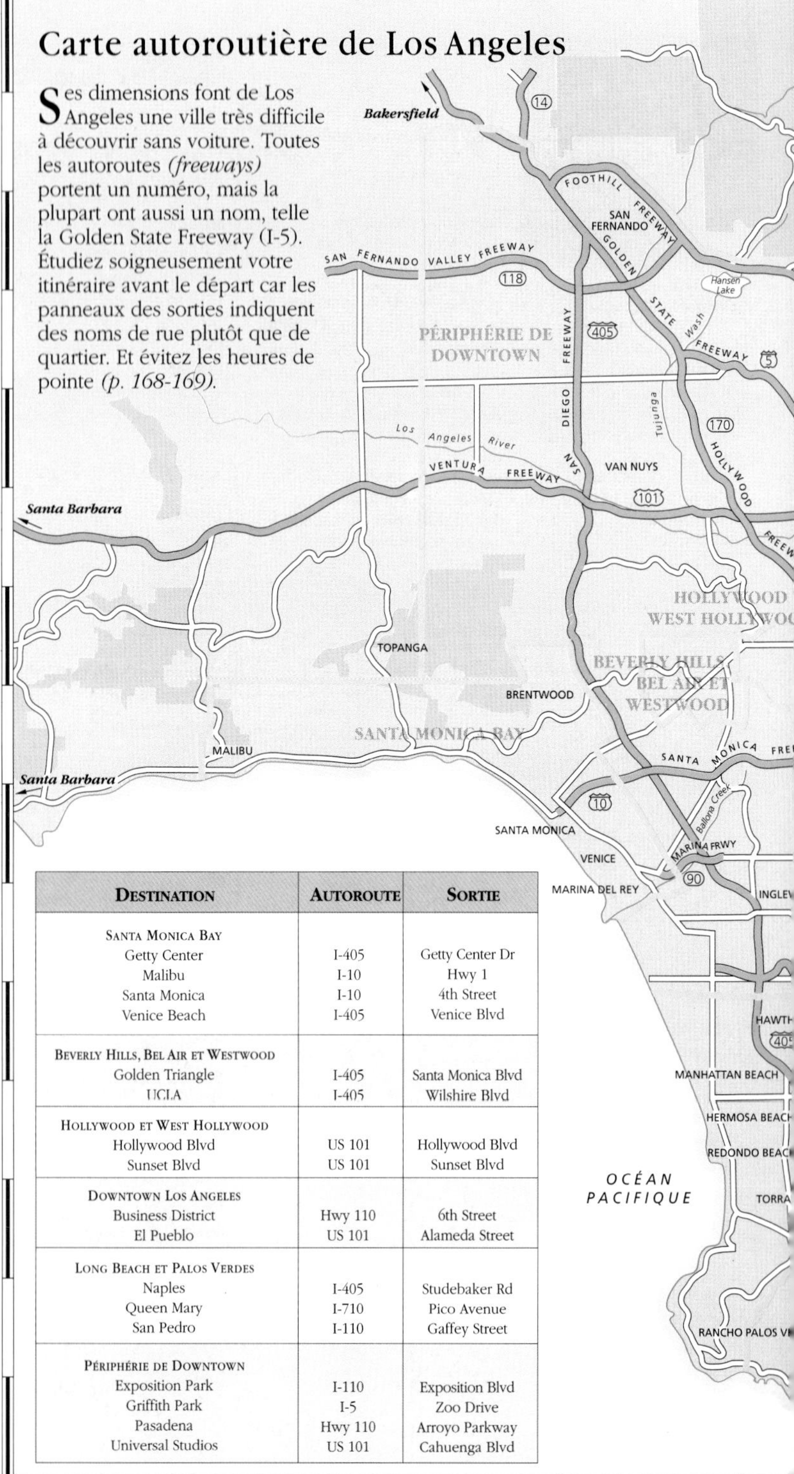

DESTINATION	AUTOROUTE	SORTIE
SANTA MONICA BAY		
Getty Center	I-405	Getty Center Dr
Malibu	I-10	Hwy 1
Santa Monica	I-10	4th Street
Venice Beach	I-405	Venice Blvd
BEVERLY HILLS, BEL AIR ET WESTWOOD		
Golden Triangle	I-405	Santa Monica Blvd
UCLA	I-405	Wilshire Blvd
HOLLYWOOD ET WEST HOLLYWOOD		
Hollywood Blvd	US 101	Hollywood Blvd
Sunset Blvd	US 101	Sunset Blvd
DOWNTOWN LOS ANGELES		
Business District	Hwy 110	6th Street
El Pueblo	US 101	Alameda Street
LONG BEACH ET PALOS VERDES		
Naples	I-405	Studebaker Rd
Queen Mary	I-710	Pico Avenue
San Pedro	I-110	Gaffey Street
PÉRIPHÉRIE DE DOWNTOWN		
Exposition Park	I-110	Exposition Blvd
Griffith Park	I-5	Zoo Drive
Pasadena	Hwy 110	Arroyo Parkway
Universal Studios	US 101	Cahuenga Blvd

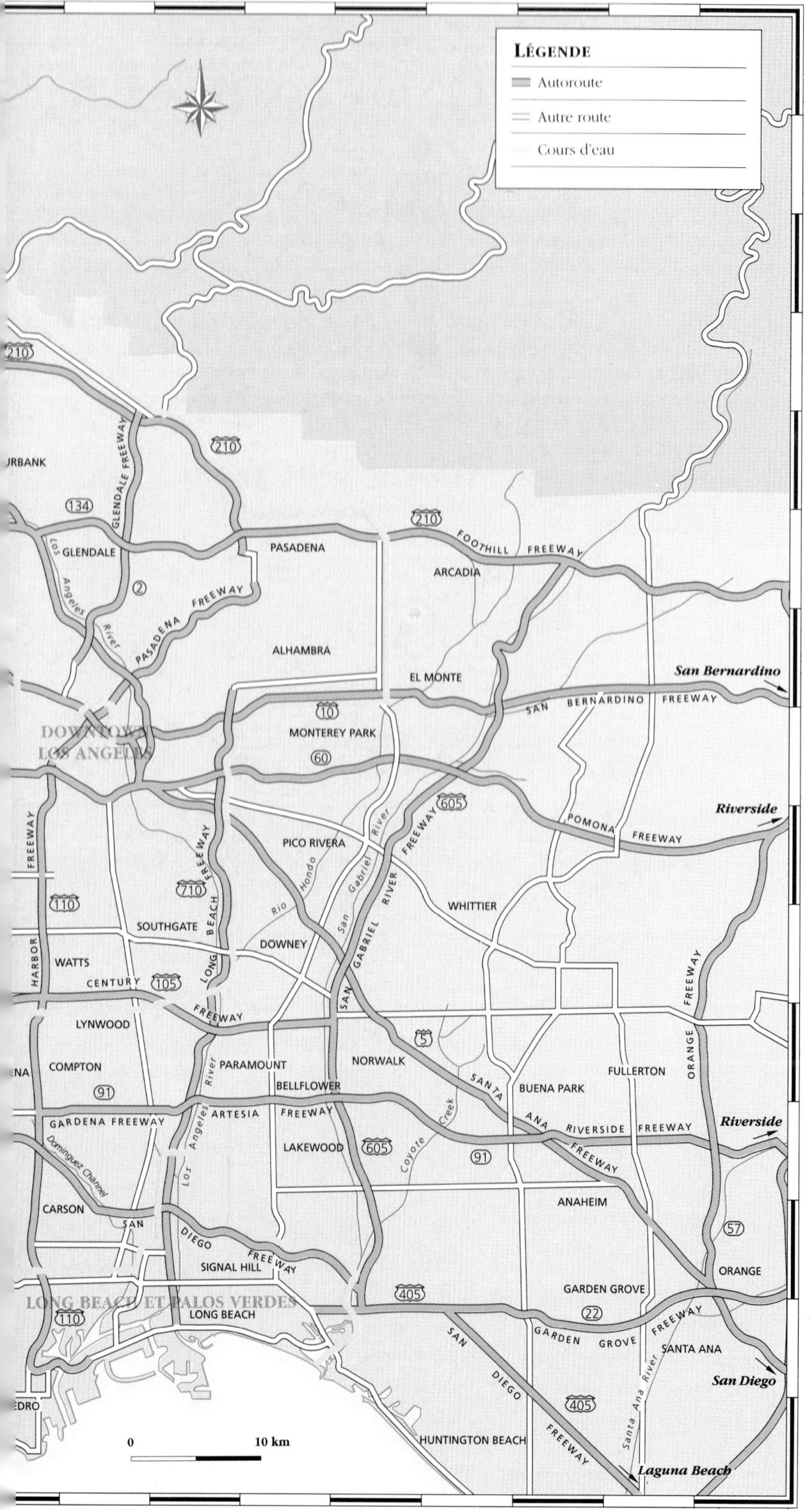
LÉGENDE
Autoroute
Autre route
Cours d'eau
210
210
URBANK
134
GLENDALE FREEWAY
210
GLENDALE
Los Angeles River
2
PASADENA
PASADENA FREEWAY
FOOTHILL FREEWAY
ARCADIA
ALHAMBRA
EL MONTE
San Bernardino
SAN BERNARDINO FREEWAY
10
DOWNTOWN LOS ANGELES
MONTEREY PARK
60
605
Riverside
POMONA FREEWAY
PICO RIVERA
San Gabriel River
SAN GABRIEL RIVER FREEWAY
Rio Hondo
710
LONG BEACH FREEWAY
HARBOR FREEWAY
110
WHITTIER
SOUTHGATE
DOWNEY
WATTS
CENTURY 105 FREEWAY
LYNWOOD
5
COMPTON
PARAMOUNT
NORWALK
FULLERTON
ORANGE FREEWAY
BUENA PARK
SANTA ANA FREEWAY
91
BELLFLOWER
ARTESIA FREEWAY
GARDENA FREEWAY
Los Angeles River
Dominguez Channel
LAKEWOOD
605
Coyote Creek
91
RIVERSIDE FREEWAY
Riverside
ANAHEIM
CARSON
SAN DIEGO FREEWAY
57
SIGNAL HILL
ORANGE
GARDEN GROVE
405
LONG BEACH ET PALOS VERDES
110
LONG BEACH
22
GARDEN GROVE FREEWAY
SANTA ANA
SAN DIEGO FREEWAY
Santa Ana River
San Diego
405
EDRO
0
10 km
HUNTINGTON BEACH
Laguna Beach

Atlas des rues de Los Angeles

Les références cartographiques données dans les pages de ce guide consacrées à Los Angeles, pour les sites de visite comme pour les salles de spectacle *(p. 165)*, les magasins *(p. 167)*, les hôtels *(p. 508-513)* et les restaurants *(p. 544-550)*, renvoient aux plans de cet atlas. Les références routières renvoient en fin de livre à la carte de la couverture intérieure.

La carte d'ensemble ci-dessous précise la zone couverte par chaque plan de l'atlas et les quartiers de l'agglomération de Los Angeles qui la composent. Sur les plans figurent tous les sites et monuments intéressants, ainsi que des adresses utiles telles que stations de métro, gares, terminus de bus et services d'urgence. La carte autoroutière des pages 170-171 facilitera vos déplacements en voiture.

Vous trouverez ci-dessous la légende des symboles utilisés dans les plans de l'atlas.

Patineuse à Venice Beach

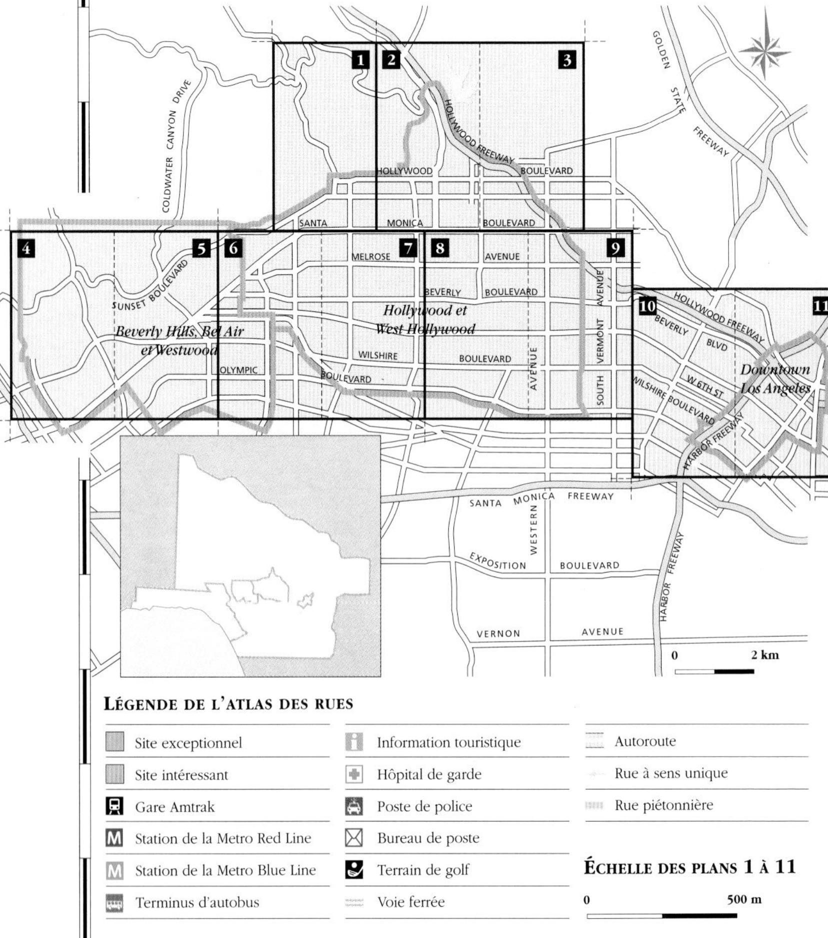

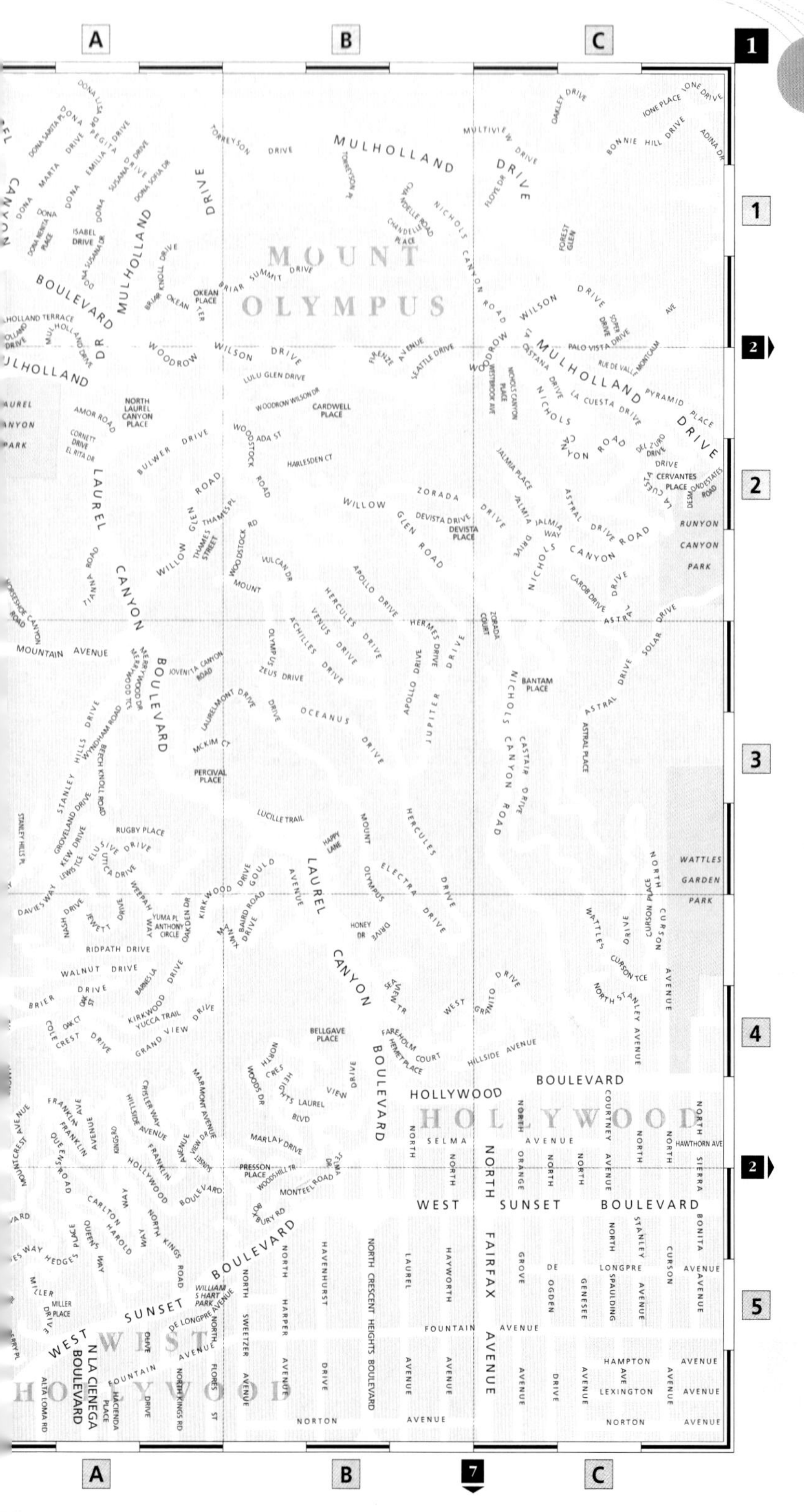

A
B
C
1
2
3
4
5
7
MOUNT OLYMPUS
HOLLYWOOD
WEST HOLLYWOOD
MULHOLLAND DRIVE
LAUREL CANYON BOULEVARD
NICHOLS CANYON ROAD
WOODROW WILSON DRIVE
RUNYON CANYON PARK
WATTLES GARDEN PARK
HOLLYWOOD BOULEVARD
WEST SUNSET BOULEVARD
NORTH FAIRFAX AVENUE
FOUNTAIN AVENUE
NORTH CRESCENT HEIGHTS BOULEVARD
N LA CIENEGA BOULEVARD

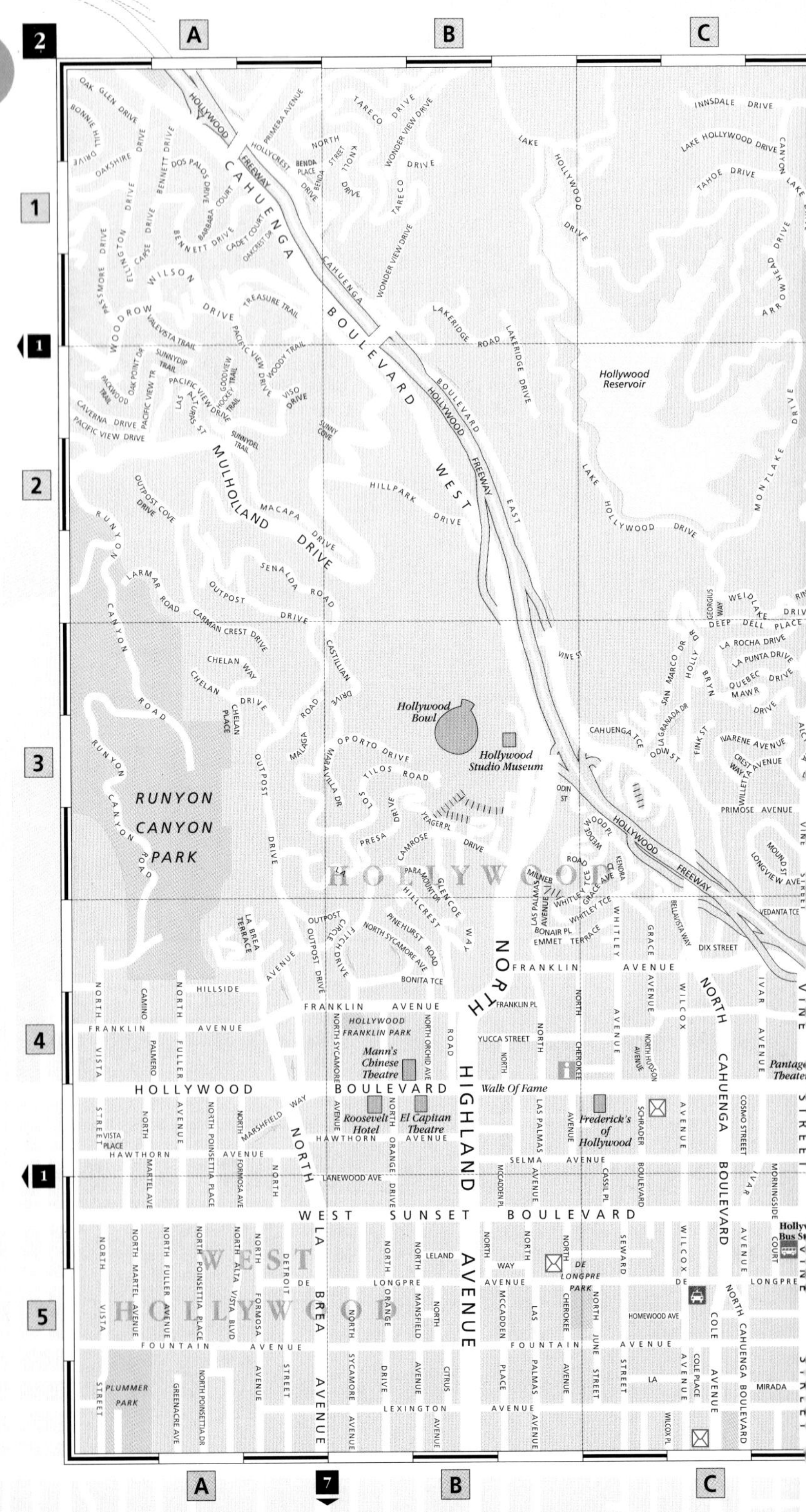

2
A
B
C
1
2
3
4
5
7
Hollywood Reservoir
Hollywood Bowl
Hollywood Studio Museum
RUNYON CANYON PARK
HOLLYWOOD
WEST HOLLYWOOD
Hollywood Franklin Park
Mann's Chinese Theatre
Roosevelt Hotel
El Capitan Theatre
Walk Of Fame
Frederick's of Hollywood
Pantages Theater
Plummer Park
De Longpre Park
Hollywood Bus St
CAHUENGA BOULEVARD
HOLLYWOOD FREEWAY
MULHOLLAND DRIVE
WOODROW WILSON DRIVE
LAKE HOLLYWOOD DRIVE
LAKERIDGE ROAD
HILLPARK DRIVE
OUTPOST DRIVE
RUNYON CANYON ROAD
FRANKLIN AVENUE
HOLLYWOOD BOULEVARD
HAWTHORN AVENUE
WEST SUNSET BOULEVARD
FOUNTAIN AVENUE
LEXINGTON AVENUE
NORTH HIGHLAND AVENUE
NORTH LA BREA AVENUE
NORTH CAHUENGA BOULEVARD
VINE STREET
YUCCA STREET
SELMA AVENUE
DE LONGPRE AVENUE
LELAND WAY
HOMEWOOD AVE

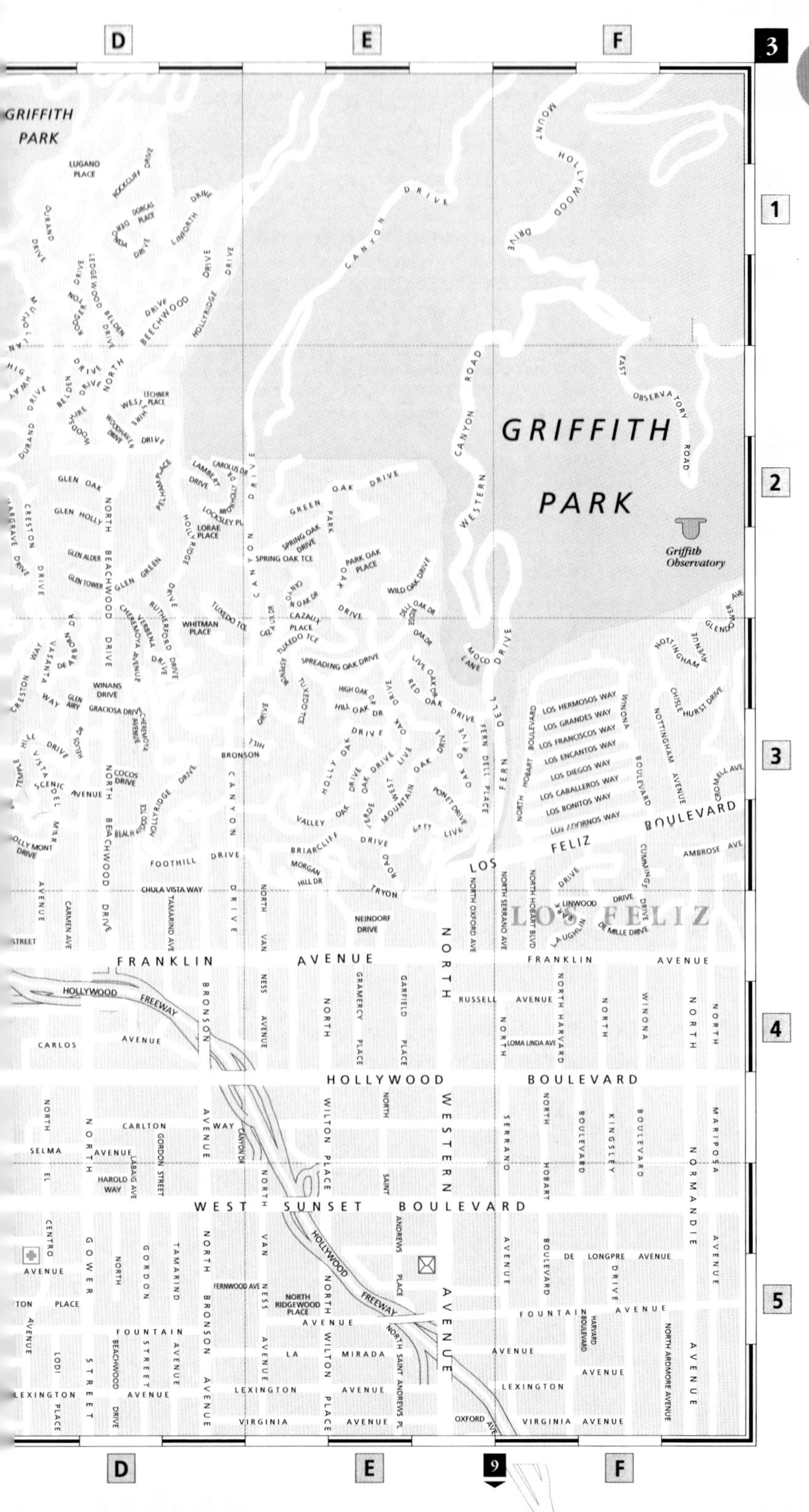
D
E
F
1
2
3
4
5
GRIFFITH PARK
GRIFFITH PARK
Griffith Observatory
LOS FELIZ
FRANKLIN AVENUE
HOLLYWOOD BOULEVARD
WEST SUNSET BOULEVARD
HOLLYWOOD FREEWAY
NORTH WESTERN AVENUE
LOS FELIZ BOULEVARD
CANYON DRIVE
WESTERN CANYON ROAD
MOUNT HOLLYWOOD DRIVE
EAST OBSERVATORY ROAD
NORTH BEACHWOOD DRIVE
NORTH BRONSON AVENUE
NORTH VAN NESS AVENUE
NORTH WILTON PLACE
NORTH NORMANDIE AVENUE
FERN DELL DRIVE
FOUNTAIN AVENUE
LEXINGTON AVENUE
VIRGINIA AVENUE
LA MIRADA AVENUE
CARLTON WAY
DE LONGPRE AVENUE
9

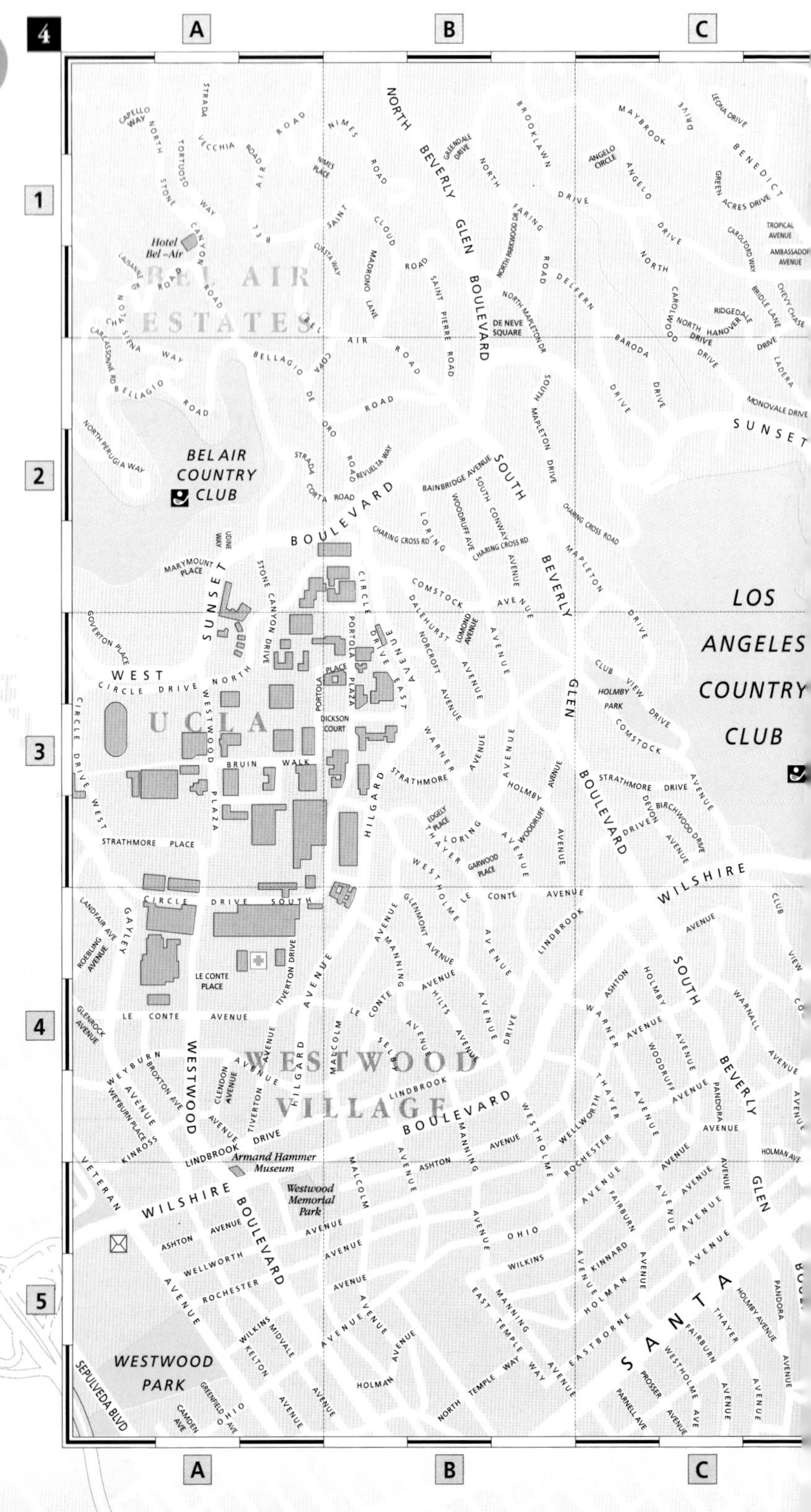

A
B
C
1
2
3
4
5
Hotel Bel-Air
BEL AIR ESTATES
BEL AIR COUNTRY CLUB
LOS ANGELES COUNTRY CLUB
UCLA
WESTWOOD VILLAGE
Armand Hammer Museum
Westwood Memorial Park
WESTWOOD PARK
SUNSET BOULEVARD
WILSHIRE BOULEVARD
NORTH BEVERLY GLEN BOULEVARD
SOUTH BEVERLY GLEN BOULEVARD
WESTWOOD BOULEVARD
SANTA MONICA BOULEVARD
SEPULVEDA BLVD
VETERAN AVENUE
HILGARD AVENUE
LE CONTE AVENUE
STONE CANYON ROAD
BELLAGIO ROAD
DE NEVE SQUARE
DICKSON COURT
HOLMBY PARK
BRUIN WALK

D
E
F
5
1
2
3
4
5
6
6
Greystone Park
Virginia Robinson Gardens
Beverly Hills Hotel
WILL ROGERS MEMORIAL PARK
BEVERLY HILLS
BEVERLY GARDENS PARK
Beverly Hills Civic Centre
Museum of Television and Radio
ROXBURY RECREATION CENTER
CENTURY CITY
Museum of Tolerance
NORTH COLD WATER CANYON DRIVE
SUNSET BOULEVARD
DOHENY ROAD
WEST 3RD ST
BURTON WAY
CIVIC CENTRE DRIVE
WILSHIRE BOULEVARD
SANTA MONICA BOULEVARD
CHARLEVILLE BOULEVARD
GREGORY WAY
OLYMPIC BOULEVARD
WEST OLYMPIC BOULEVARD
WEST PICO BOULEVARD
AVENUE OF THE STARS
CENTURY PARK EAST
CENTURY PARK WEST
CONSTELLATION BOULEVARD
BEVERWILL DRIVE
SOUTH BEVERLY DRIVE
NORTH BEVERLY DRIVE
NORTH CANON DRIVE
NORTH RODEO DRIVE
LOMITAS AVENUE
ELEVADO AVENUE
SANTA MONICA BOULEVARD
MORENO DRIVE
DURANT DRIVE
ROBBINS DRIVE
LASKY DRIVE
YOUNG DRIVE
ALCOTT ST
SATURN ST
CASHIO STREET
CLIFTON WAY
DAYTON WAY
BRIGHTON WAY

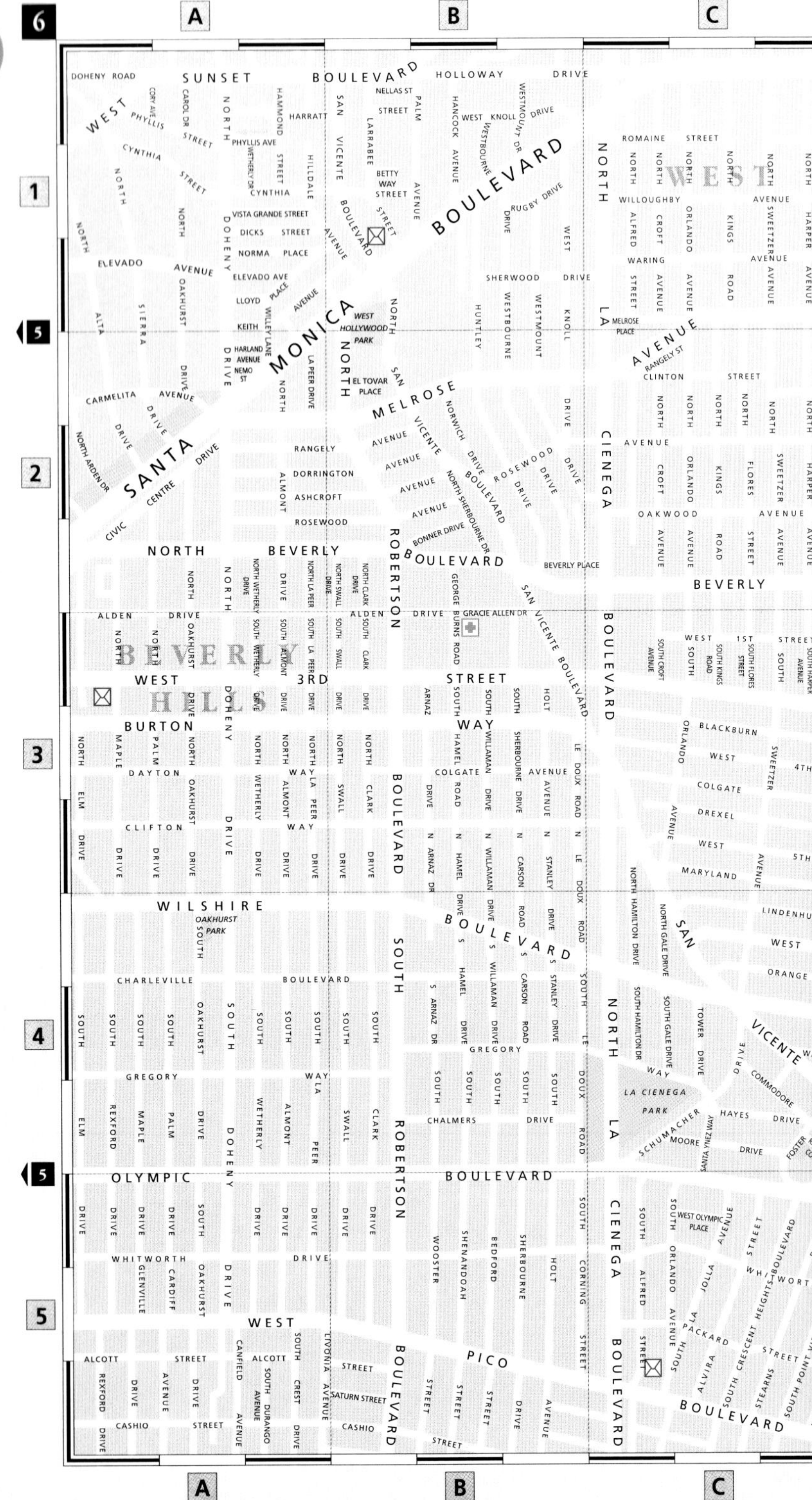

6
A
B
C
1
2
3
4
5
5
5
DOHENY ROAD
SUNSET BOULEVARD
HOLLOWAY DRIVE
NELLAS ST
WEST KNOLL DRIVE
ROMAINE STREET
WEST
PHYLLIS
CORY AVE
CAROL DR
STREET
HAMMOND STREET
HARRATT STREET
PHYLLIS AVE
CYNTHIA
CYNTHIA STREET
WETHERLY DR
HILLDALE
SAN VICENTE BOULEVARD
LARRABEE STREET
PALM AVENUE
HANCOCK AVENUE
WESTBOURNE
WESTMOUNT DR
BETTY WAY STREET
VISTA GRANDE STREET
DICKS STREET
NORMA PLACE
ELEVADO AVENUE
ELEVADO AVE
LLOYD PLACE
KEITH AVENUE
WILLEY LANE
HARLAND AVENUE
NEMO ST
DOHENY DRIVE
OAKHURST
SIERRA
ALTA
RUGBY DRIVE
WILLOUGHBY AVENUE
WARING AVENUE
ALFRED STREET
CROFT AVENUE
ORLANDO AVENUE
KINGS ROAD
SWEETZER AVENUE
HARPER AVENUE
SHERWOOD DRIVE
HUNTLEY
WESTBOURNE
WESTMOUNT
KNOLL
WEST HOLLYWOOD PARK
SANTA MONICA BOULEVARD
NORTH LA CIENEGA BOULEVARD
MELROSE PLACE
MELROSE AVENUE
RANGELY ST
CLINTON STREET
LA PEER DRIVE
EL TOVAR PLACE
CARMELITA AVENUE
NORTH ARDEN DR
CIVIC CENTRE DRIVE
RANGELY AVENUE
DORRINGTON AVENUE
ASHCROFT AVENUE
ROSEWOOD AVENUE
NORWICH DRIVE
NORTH SHERBOURNE DR
BONNER DRIVE
ROSEWOOD
OAKWOOD AVENUE
FLORES STREET
NORTH BEVERLY BOULEVARD
BEVERLY PLACE
BEVERLY
ROBERTSON BOULEVARD
NORTH WETHERLY DRIVE
NORTH LA PEER DRIVE
NORTH SWALL DRIVE
NORTH CLARK DRIVE
ALDEN DRIVE
GEORGE BURNS ROAD
GRACIE ALLEN DR
BEVERLY HILLS
WEST 3RD STREET
WEST 1ST STREET
SOUTH CROFT AVENUE
SOUTH KINGS ROAD
SOUTH FLORES STREET
SOUTH HARPER AVENUE
BURTON WAY
ARNAZ DRIVE
HOLT
BLACKBURN
WEST 4TH
DAYTON WAY
COLGATE AVENUE
COLGATE
DREXEL
MAPLE
PALM
ELM
ALMONT
WETHERLY
SWALL
CLARK
HAMEL ROAD
WILLAMAN DRIVE
SHERBOURNE DRIVE
STANLEY
CARSON ROAD
LE DOUX ROAD
CLIFTON WAY
WEST 5TH
MARYLAND
WILSHIRE BOULEVARD
OAKHURST PARK
NORTH HAMILTON DRIVE
NORTH GALE DRIVE
LINDENHURST
WEST ORANGE
SAN VICENTE
CHARLEVILLE BOULEVARD
SOUTH HAMILTON DRIVE
SOUTH GALE DRIVE
TOWER DRIVE
GREGORY WAY
LA CIENEGA PARK
COMMODORE DRIVE
HAYES DRIVE
REXFORD
CHALMERS DRIVE
SCHUMACHER
MOORE DRIVE
SANTA YNEZ WAY
FOSTER
OLYMPIC BOULEVARD
WEST OLYMPIC PLACE
WHITWORTH DRIVE
WHITWORTH
GLENVILLE
CARDIFF
WOOSTER
SHENANDOAH
BEDFORD
CORNING STREET
LA JOLLA AVENUE
CRESCENT HEIGHTS BOULEVARD
WEST PICO BOULEVARD
ALCOTT STREET
CANFIELD
DURANGO AVENUE
CREST DRIVE
LIVONIA AVENUE
SATURN STREET
CASHIO STREET
PACKARD STREET
ALVIRA
STEARNS
SOUTH POINT VIEW

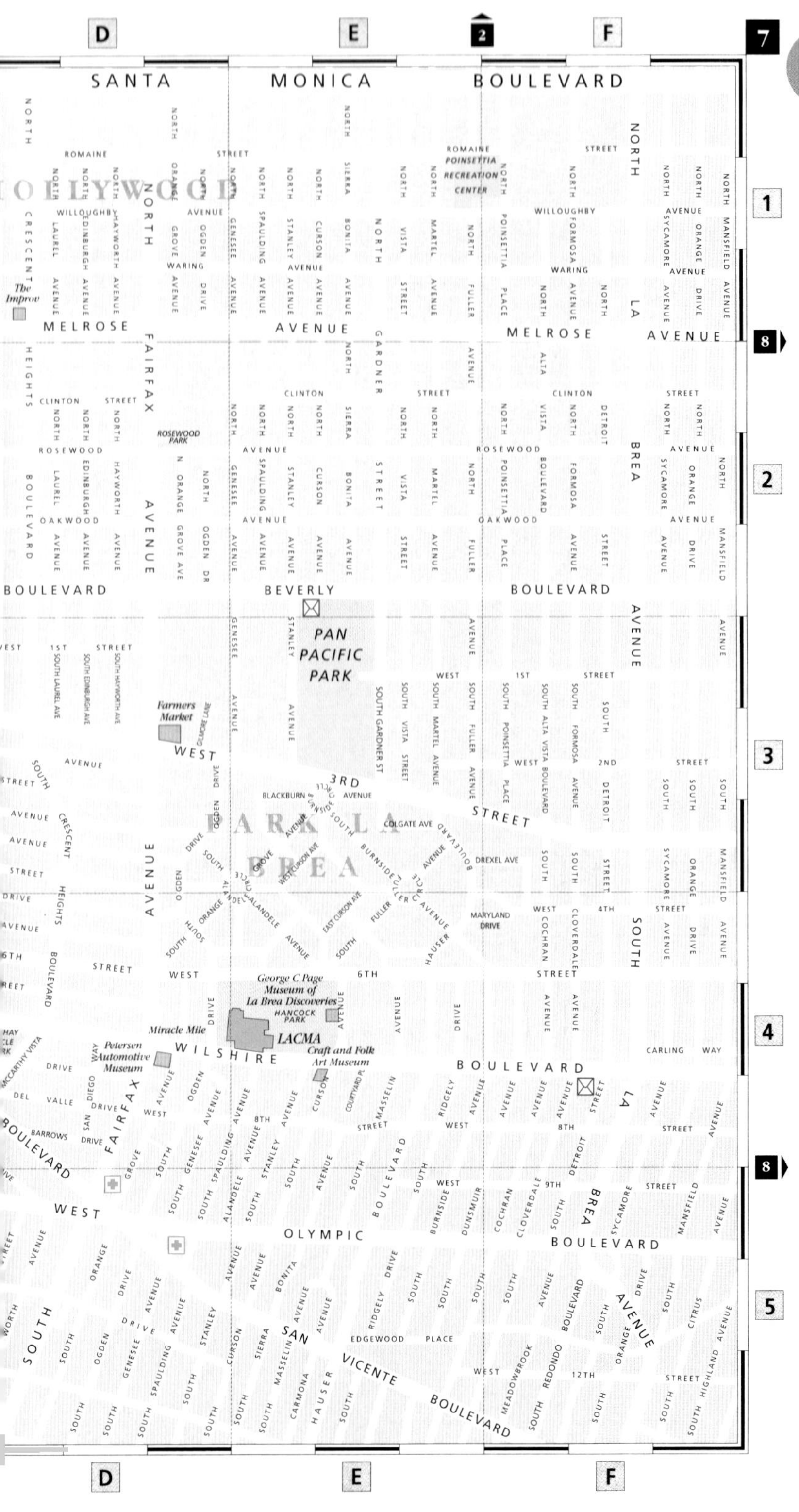

D
E
2
F
7
1
8
2
3
4
8
5
SANTA MONICA BOULEVARD
HOLLYWOOD
The Improv
MELROSE AVENUE
ROMAINE STREET
WILLOUGHBY AVENUE
WARING AVENUE
CLINTON STREET
ROSEWOOD AVENUE
OAKWOOD AVENUE
POINSETTIA RECREATION CENTER
ROSEWOOD PARK
NORTH FAIRFAX AVENUE
NORTH LA BREA AVENUE
CRESCENT HEIGHTS BOULEVARD
GARDNER STREET
BEVERLY BOULEVARD
PAN PACIFIC PARK
Farmers Market
GILMORE LANE
WEST 1ST STREET
WEST 3RD STREET
BLACKBURN AVENUE
COLGATE AVE
DREXEL AVE
PARK LA BREA
WEST 2ND STREET
WEST 4TH STREET
MARYLAND DRIVE
WEST 6TH STREET
George C Page Museum of La Brea Discoveries
HANCOCK PARK
LACMA
Craft and Folk Art Museum
Miracle Mile
Petersen Automotive Museum
WILSHIRE BOULEVARD
CARLING WAY
WEST 8TH STREET
WEST 9TH STREET
WEST OLYMPIC BOULEVARD
SAN VICENTE BOULEVARD
EDGEWOOD PLACE
WEST 12TH STREET
D
E
F

8
A
2
B
C
1
2
3
4
5
7
7
SANTA MONICA BOULEVARD
HOLLYWOOD MEMORIAL PARK
Paramount Studios
MARATHON ST
MELROSE AVENUE
WILSHIRE COUNTRY CLUB
HANCOCK PARK
BEVERLY BOULEVARD
ROBERT BURNS PARK
WEST 3RD STREET
WILSHIRE BOULEVARD
OLYMPIC BOULEVARD
CRENSHAW BOULEVARD
LOS ANGELES HIGH MEMORIAL PARK
HAROLD A HENRY PARK
ROMAINE STREET
BARTON AVENUE
WILLOUGHBY AVENUE
WARING AVENUE
GREGORY AVENUE
CAMERFORD AVENUE
ELEANOR AVENUE
CLINTON STREET
ROSEWOOD AVENUE
OAKWOOD AVENUE
MAPLEWOOD
ELMWOOD
RALEIGH ST
LA VISTA COURT
LEMON GROVE AV
NORTH HIGHLAND AVENUE
NORTH LAS PALMAS AVENUE
NORTH CITRUS AVENUE
NORTH VINE STREET
NORTH CAHUENGA BOULEVARD
NORTH GOWER STREET
NORTH ROSSMORE AVENUE
WILCOX AVENUE
COLE AVENUE
LILLIAN WAY
EL CENTRO AVENUE
VAN NESS
RIDGEWOOD PLACE
MCCADDEN PLACE
CHEROKEE AVENUE
SEWARD STREET
HUDSON AVENUE
JUNE STREET
ARDEN BOULEVARD
LUCERNE BOULEVARD
LARCHMONT BLVD
BEACHWOOD DRIVE
PLYMOUTH BOULEVARD
WINDSOR BOULEVARD
IRVING BOULEVARD
BRONSON AVENUE
NORTON AVENUE
LORRAINE BOULEVARD
WESTMINSTER AVENUE
WILTON PLACE
MUIRFIELD ROAD
RIMPAU BOULEVARD
HUDSON PLACE
WEST 1ST STREET
WEST 2ND STREET
WEST 4TH STREET
WEST 5TH STREET
WEST 6TH STREET
WEST 8TH STREET
WEST 9TH STREET
WEST 10TH STREET
WEST 12TH STREET
11TH ST
11TH PLACE
INGRAHAM
LEEWARD AVENUE
FRANCIS AVENUE
WESTCHESTER PLACE
MULLEN AVE
FREMONT PLACE
TREMAINE AVENUE
LONGWOOD AVENUE
EDGEWOOD PLACE
KENISTON AVENUE
LE CLAIRE PLACE
ANNE ABBEY PLACE
QUEEN ANNE PLACE
VICTORIA AVENUE
COUNTRY CLUB DRIVE

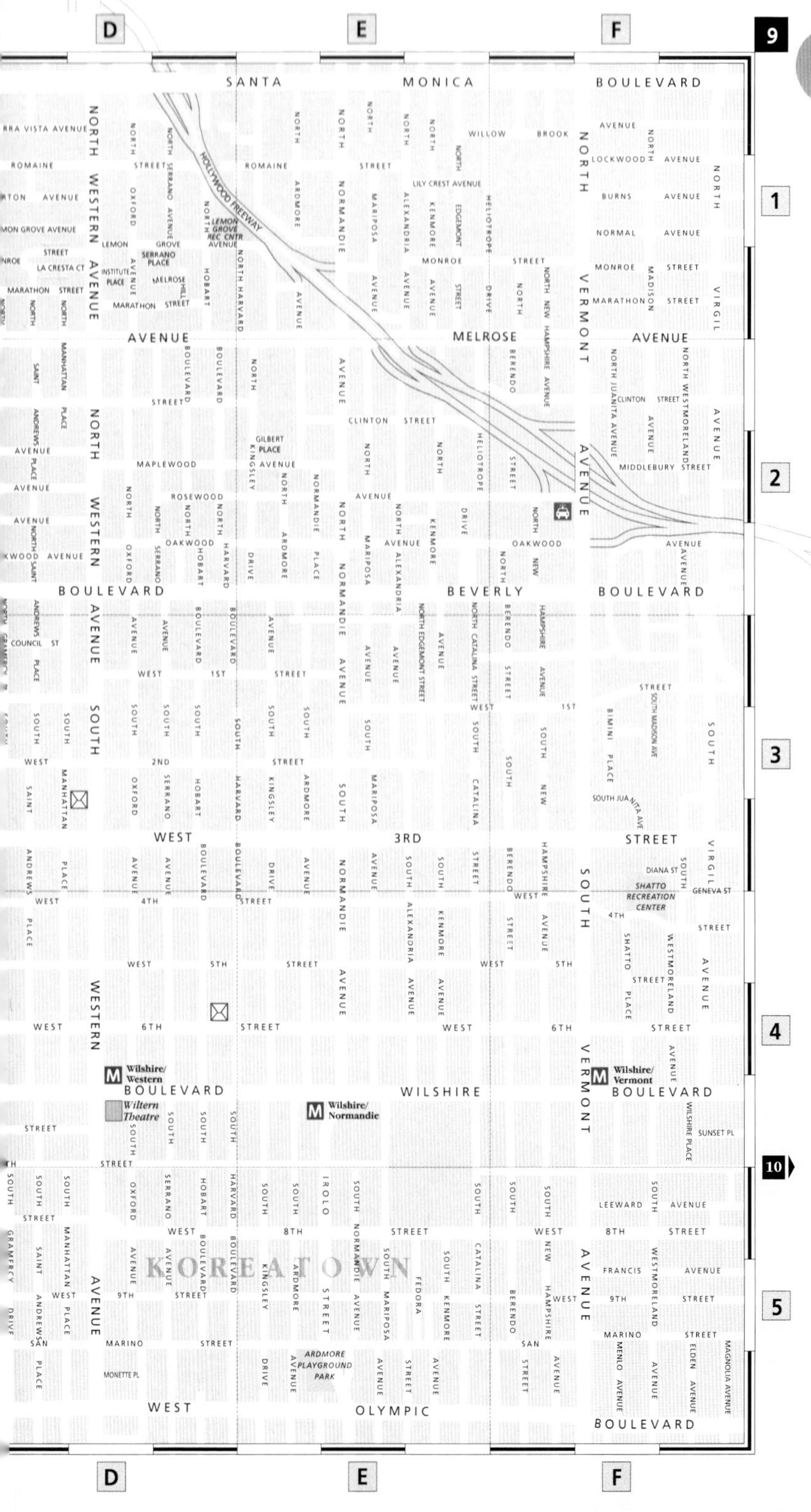

9
D
E
F
SANTA MONICA BOULEVARD
HOLLYWOOD FREEWAY
WILLOW BROOK AVENUE
LOCKWOOD AVENUE
ROMAINE STREET
LILY CREST AVENUE
BURNS AVENUE
NORMAL AVENUE
MONROE STREET
MARATHON STREET
LEMON GROVE AVENUE
LEMON GROVE REC CNTR
SERRANO PLACE
LA CRESTA CT
INSTITUTE PLACE
MELROSE HILL
MELROSE AVENUE
NORTH WESTERN AVENUE
NORTH NORMANDIE AVENUE
NORTH VERMONT AVENUE
VIRGIL AVENUE
NORTH HARVARD BOULEVARD
NORTH HOBART BOULEVARD
NORTH SERRANO AVENUE
NORTH OXFORD AVENUE
NORTH ARDMORE AVENUE
NORTH MARIPOSA AVENUE
NORTH ALEXANDRIA AVENUE
NORTH KENMORE AVENUE
NORTH EDGEMONT STREET
HELIOTROPE DRIVE
NORTH BERENDO STREET
NORTH NEW HAMPSHIRE AVENUE
NORTH JUANITA AVENUE
NORTH WESTMORELAND AVENUE
MADISON AVENUE
CLINTON STREET
MIDDLEBURY STREET
GILBERT PLACE
KINGSLEY DRIVE
MAPLEWOOD AVENUE
ROSEWOOD AVENUE
OAKWOOD AVENUE
BEVERLY BOULEVARD
COUNCIL ST
WEST 1ST STREET
WEST 2ND STREET
WEST 3RD STREET
WEST 4TH STREET
WEST 5TH STREET
WEST 6TH STREET
BIMINI PLACE
SOUTH MADISON AVE
SOUTH JUANITA AVE
DIANA ST
GENEVA ST
SHATTO RECREATION CENTER
SHATTO PLACE
Wilshire/Western
Wiltern Theatre
Wilshire/Normandie
Wilshire/Vermont
WILSHIRE BOULEVARD
WILSHIRE PLACE
SUNSET PL
10
IROLO STREET
LEEWARD AVENUE
WEST 8TH STREET
FRANCIS AVENUE
WEST 9TH STREET
KOREATOWN
FEDORA STREET
CATALINA STREET
SAN MARINO STREET
MONETTE PL
ARDMORE PLAYGROUND PARK
MENLO AVENUE
ELDEN AVENUE
MAGNOLIA AVENUE
WEST OLYMPIC BOULEVARD
SOUTH GRAMERCY DRIVE
SAINT ANDREWS PLACE
MANHATTAN PLACE
1
2
3
4
5

A
B
C
1
2
3
4
5
9
Plata Street
London
Silver Lake Boulevard
Hollywood Freeway
Bellevue Street
Parkman Ave
North Lafayette Park Pl
Marathon
Elsinore Street
West
Waterloo Street
Mohawk Street
Lemoyne
North Hoover St
Robinson
Dillon Street
Council
Vendome
Reno
Hyans
West Temple Street
Occidental Boulevard
Dryden Place
Way
Rampart
Coronado
North Coronado Street
Kent
Merwin Street
Terrace
Avenue
Boulevard
Santa
Ynez
Kent
Bonnie
Brae
Montrose St
Street
Glendale Boulevard
Echo Park
Echo Lake
Echo Park Tce
Rosemont
Clinton
Alvarado Street
Scout Way
Rosewell Tce
Rosemont Ave
Glassell
Benton
North Beverly Boulevard
South Dillon St
South Vendome
West 2nd Street
Zalvieda St
Ross Loos Pl
North Carondelet Street
North Park View Street
Roselake
North Lake Street
Mountain View
Court
Westlake
Burlington Avenue
Belmont
Temple
Glendale
Laveta Terrace
Cortez
Union
Council
Dawson
Welcome
Lake Shore Terrace
Rockwood
Colton
Geneva St
Hoover
South Occidental
Lafayette
Park
Way
Crandall
Valley
Miramar Street
3rd Street
South Mountain View Ave
West 4th
West 5th St
Miramar
Lafayette Park
Ocean View
Avenue
Lake
6th
South Lafayette Park Pl
Wilshire
Coronado
MacArthur Park
MacArthur Lake
South Grand View
West Maryland
South Westlake Ave
Loma Pl
Crown Hill Ave
Loma
Columbia Place
Witmer
Emerald
Union Drive
Shatto
South Boulevard
Westlake/ MacArthur Park
7th
8th
Little Street
Columbia
Hartford Avenue
West 4th
Maryland
5th
Bixel
South Boylston
Arapahoe
South Carondelet
Park View
9th
Grand
West 10th St
Ingraham
Cambria St
Lucas
Saint Paul Pl
Saint Paul Ave
Burlington
Beacon
Green Ave
Columbia Avenue
Linwood Avenue
Hartford Ave
7th
Olympic Boulevard
Alvarado
11th
Grattan St
9th
Garland
Harbor Freeway
Florida St
Figueroa
7th Street Metro Center
West 10th
Connecticut St
11th
Blaine
Albany
Valencia
Place
12th
Sunbury St
Byram Street
South Bixel St
Georgia St
West 10th Pl
Francisco
Cottage Pl
Pembroke Ln
South Hoover Street
Terrace
Courtland Avenue
Malvern Ave
14th
Constance
Venice
Toberman
Union
Pico Boulevard
Bond St
Cherry
South Hall Dr
Lindsay Dr
Gilbert
Pico
Flower St
Pembroke
Lane
Hope
West 18th Street
17th
Oak
Midway
Place

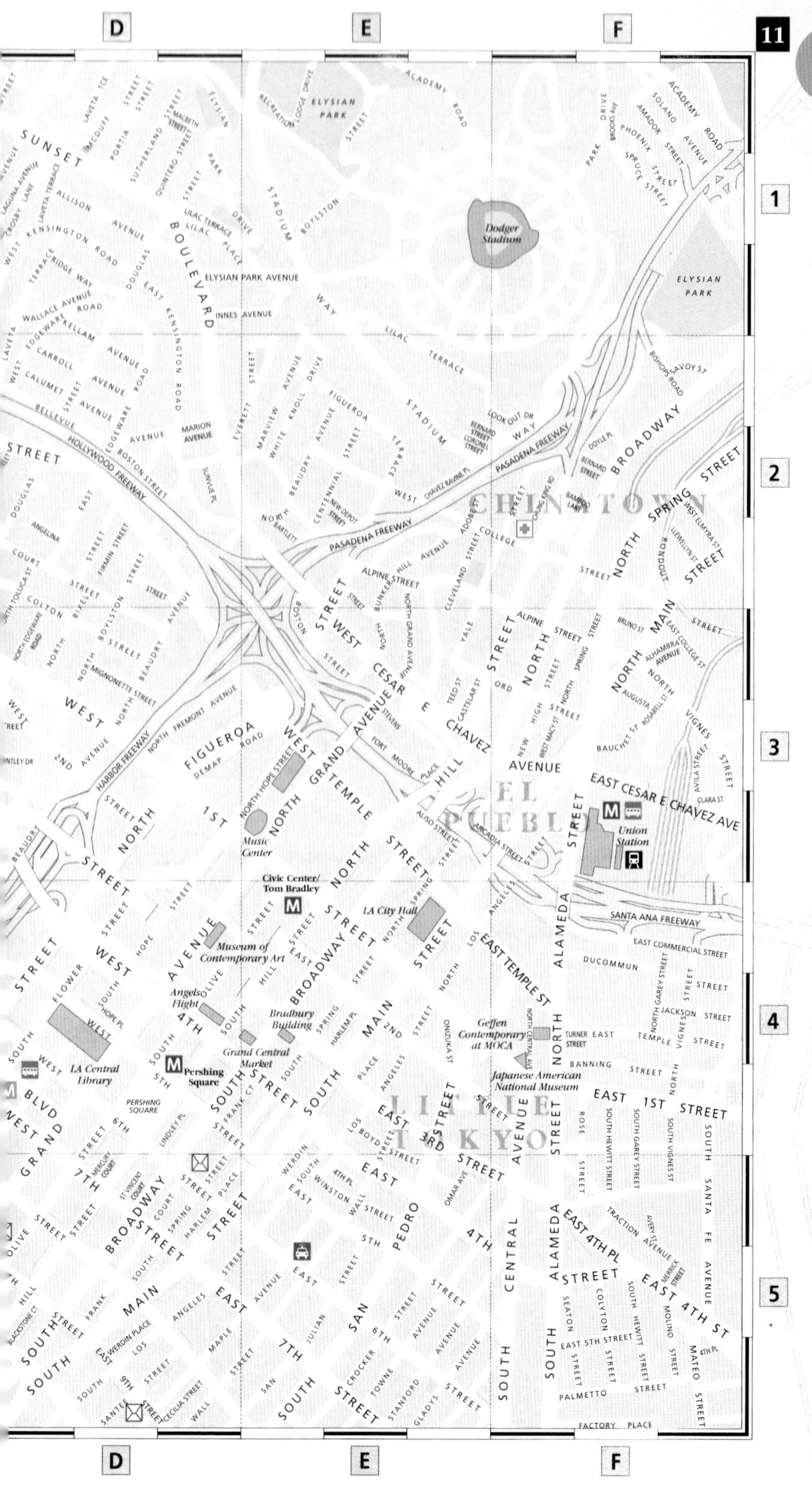
D
E
F
1
2
3
4
5
Elysian Park
Dodger Stadium
Elysian Park
Chinatown
El Pueblo
Little Tokyo
Union Station
Music Center
Civic Center/
Tom Bradley
LA City Hall
Museum of
Contemporary Art
Angels
Flight
Bradbury
Building
Grand Central
Market
LA Central
Library
Pershing
Square
Geffen
Contemporary
at MOCA
Japanese American
National Museum
Sunset Boulevard
Elysian Park Avenue
Innes Avenue
Hollywood Freeway
Pasadena Freeway
Harbor Freeway
Santa Ana Freeway
Broadway
North Spring Street
North Main Street
Alameda Street
West Cesar E Chavez Avenue
East Cesar E Chavez Ave
West Temple Street
East Temple St
East 1st Street
East 3rd Street
East 4th St
East 4th Pl
East 5th Street
Academy Road
Stadium Way
Lilac Terrace
Figueroa
North Grand Avenue
North Hill
Alpine Street
College
Vignes Street
Santa Fe Avenue
South Central Avenue
San Pedro
Factory Place
D
E
F

La Californie du Sud

La Californie du Sud d'un coup d'œil

Le sud de la Californie est une terre de contrastes avec des sommets enneigés d'où la vue porte jusqu'à l'océan dominent de vastes étendues arides. On peut s'y baigner le matin, skier l'après-midi et jouer au golf le soir. Entre San Simeon et San Diego, plages et stations balnéaires jalonnent la côte dont la visite des charmantes villes de Santa Barbara et de San Diego, de missions historiques et des parcs d'attractions de l'Orange County agrémenteront la découverte. À l'intérieur des terres, le Death Valley National Park et le Joshua Tree National Park protègent deux superbes déserts.

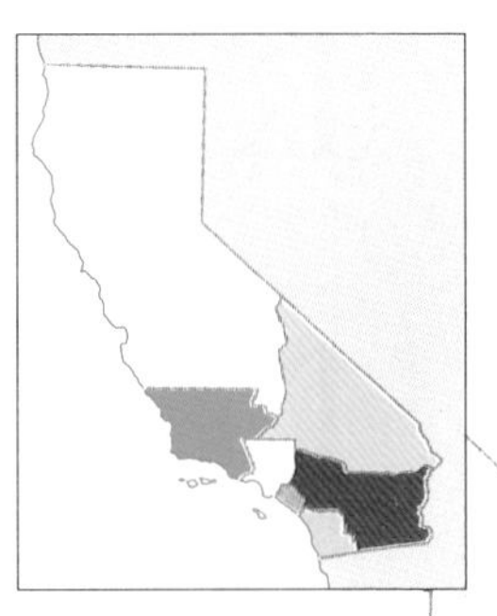

La Santa Barbara Mission (p. 212-213) *est la plus visitée des missions californiennes et la seule que des franciscains ont occupée sans interruption depuis sa fondation en 1786. L'intérieur de l'église possède, comme la façade, un style classique.*

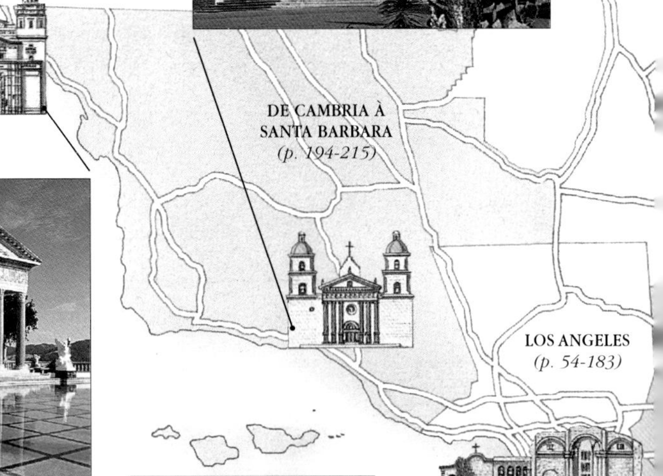

DE CAMBRIA À SANTA BARBARA
(p. 194-215)

LOS ANGELES
(p. 54-183)

ORANGE COUNTY
(p. 216-233)

L'Hearst Castle™ (p. 202-205), *construit sur la côte au nord de San Luis Obispo par le milliardaire William R. Hearst, servit de cadre à de somptueuses réceptions dans les années 1930 et 1940. Les invités appréciaient particulièrement la piscine de Neptune.*

0 50 km

La Mission San Juan Capistrano (p. 230-231), *dans le sud de l'Orange County, porte le surnom de « Joyau des Missions ». Fondée en 1776 et ravagée par un séisme en 1812, elle a été superbement restaurée.*

Le Death Valley National Park (p. 280-283) *renferme le point le plus bas de l'hémisphère occidental. Dunes de sable, lacs asséchés et rochers érodés y composent des paysages grandioses. Cœur du parc, la vallée de la Mort s'étend sur 225 km et possède, malgré un des climats les plus chauds du globe, une faune et une flore surprenantes. Le Scotty's Castle témoigne des engouements qu'engendra un tel lieu.*

LE DÉSERT DE MOJAVE
(p. 270-283)

Le Joshua Tree National Park (p. 268-269), *aisément accessible dans le Low Desert depuis la ville de Palm Springs, doit son nom aux arbres de Josué qui dressent leurs formes étranges au milieu de formations rocheuses sculptées par les éléments.*

INLAND EMPIRE ET LOW DESERT
(p. 258-269)

Le Balboa Park (p. 246-249) *de San Diego, site de la Panama-Pacific Exposition de 1915, abrite de nombreux musées, dont le San Diego Museum of Man installé dans le California Building de style Spanish Colonial. Au nord du parc s'étend le célèbre zoo de San Diego.*

SAN DIEGO COUNTY
(p. 234-257)

Le surf, un sport et une culture

Buste de Duke Kahanamoku

Les Californiens du Sud vénèrent la jeunesse, la santé et la beauté, et ils ont les plages pour églises. Là, ils viennent exposer sous un soleil perpétuel des corps dont la plastique parfaite a parfois profité des progrès de la chirurgie. Le patin à roulettes et le volley-ball comptent beaucoup d'adeptes, mais c'est la capacité à se montrer élégant sur une planche de surf qui distingue vraiment l'élite. Ce sport était à l'origine une pratique religieuse de la noblesse hawaïenne. George Freeth l'introduisit en Californie en 1907 *(p. 62)* et le nageur olympique Duke Kahanamoku le rendit populaire à Waikiki dans les années 1920. Une véritable « culture de la plage » s'est développée autour du surf, avec ses rites, son argot et ses codes vestimentaires. Elle influence tous les États-Unis depuis le succès, en 1961, d'une chanson des Beach Boys, *Surfin.*

***Les Beach Boys** chantèrent les joies du surf, mais aucun d'eux ne savait tenir sur une planche.*

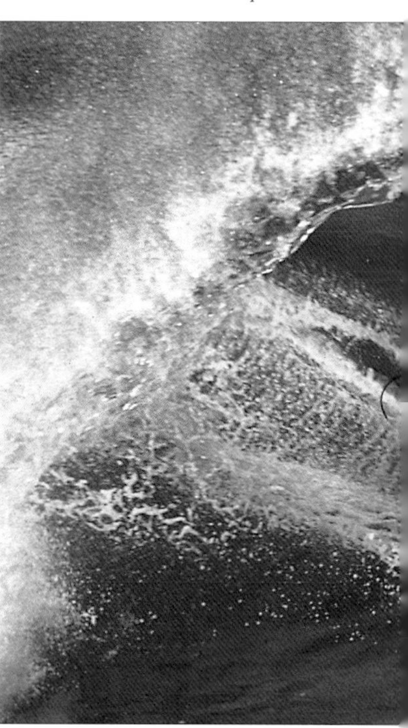

***Des films comme** Gidget (1959),* Ride the Wild Surf *(1964) et* Beach Blanket Bingo *(1965), ainsi que le documentaire* Endless Summer, *rendirent populaires dans les années 1960 le mode de vie des surfers et leurs longues fêtes sur la plage.*

Où apprendre le surf

Il est recommandé aux débutants de commencer par pratiquer le body surfing sans planche. Courtes et stables, les boogie boards sont sinon les plus aisées à maîtriser, en particulier sur des plages comme Santa Monica *(p. 61)*, Carpinteria *(p. 199)* et Del Mar *(p. 239)*. Où que vous soyez, préférez les endroits où la vague déferle parallèlement à la plage *(surf break)*. Mieux vaut éviter des lieux pourtant réputés comme Surfrider *(p. 60)*, San Clemente *(p. 220)* et Huntington *(p. 220)* où les conditions peuvent exiger de l'expérience.

Le boogie board, un jeu d'enfant ?

Des maîtres nageurs (lifeguards) *surveillent de nombreuses plages publiques depuis leurs cabanes rendues célèbres par la série télévisée* Alerte à Malibu. *Suivez toujours leurs instructions, courants et marées pouvant se révéler dangereux.*

Le « tube » est le passage cylindrique qui se forme sous la crête d'une déferlante.

L'art du surf

L'un des grands plaisirs des surfers est de tenir le « tube » en glissant sous la crête de la vague de manière à rester toujours un peu en avant de la déferlante. Tout l'art consiste à ne pas sortir du rouleau en allant trop vite sans pour autant se laisser rattraper, puis à s'extraire du tunnel d'eau au bon moment quand il vient mourir sur la plage.

Le surfer influe sur sa vitesse et la direction qu'il suit en changeant de position. S'accroupir abaisse le centre de gravité et accroît la stabilité.

Les planches modernes, faites de matériaux légers comme la fibre de verre, permettent d'atteindre de plus grandes vitesses. Leurs couleurs vives aident à les voir dans l'eau.

Les premières planches, *telles celles exposées au Santa Cruz Surfing Museum* (p. 491), *venaient de Hawaï et leur forme leur valut le surnom de « couvercles de cercueil ». Faites en bois, elles étaient lourdes et peu maniables.*

Autres activités de plage

Les magnifiques plages de la Californie du Sud sont surtout fréquentées en été, mais elles permettent de pratiquer toute l'année des sports et des distractions très variés. La voile compte de nombreux amateurs et les ports de plaisance jalonnant le littoral abritent des milliers de bateaux. Les vents dominants soufflent de la mer, ce qui favorise aussi la planche à voile et les évolutions des cerfs-volants. Les côtes rocheuses, en particulier celles des Channel Islands *(p. 214)*, s'offrent à la découverte en canoë ou en kayak. Jadis limité à des matches entre amis, le volley-ball est devenu un sport professionnel et des compétitions ont lieu en été.

Rencontre amicale à Santa Monica

Le culte de l'automobile en Californie

Plaque minéralogique californienne

La construction de la première autoroute à Los Angeles en 1940 *(p. 50)* ouvrit une nouvelle ère en Californie du Sud. Les villes se développèrent en fonction de l'automobile et un ruban de goudron filant vers l'horizon dans le désert devint le symbole de l'esprit d'indépendance de l'État. Expression de l'identité de son propriétaire, la voiture, parfois personnalisée *(customized)*, est au centre de la vie américaine, en particulier de celle des adolescents, grâce à toutes sortes de *drive-in* : cinémas, fast-foods et même banques. Les Californiens en paient le prix : les embouteillages et le smog produit par les pots d'échappement. Huit millions de véhicules circulent dans l'agglomération de Los Angeles.

Les autoroutes de Los Angeles *forment un réseau complexe reliant la ville à ses banlieues et au reste de l'État.*

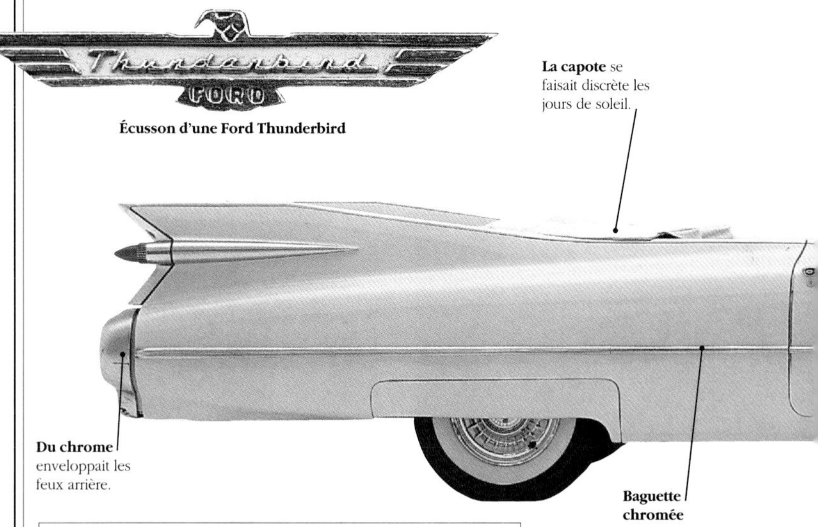

Écusson d'une Ford Thunderbird

La capote se faisait discrète les jours de soleil.

Du chrome enveloppait les feux arrière.

Baguette chromée

Les bandes de motards

Marlon Brando

Ce sont des vétérans de la Deuxième Guerre mondiale qui donnèrent naissance en 1948, à San Bernardino, au célèbre groupe de *bikers* des Hell's Angels, les Anges de l'Enfer. Il compte aujourd'hui quelque mille membres à travers le monde et continue de symboliser le rejet de l'autorité qu'incarna Marlon Brando en 1953 dans le film qui lança sa carrière et celle de Lee Marvin : *L'Équipée sauvage (The Wild One).*

Les voitures japonaises*, ici en transit au Worldport LA* (p. 62)*, font une sérieuse concurrence aux constructeurs américains.*

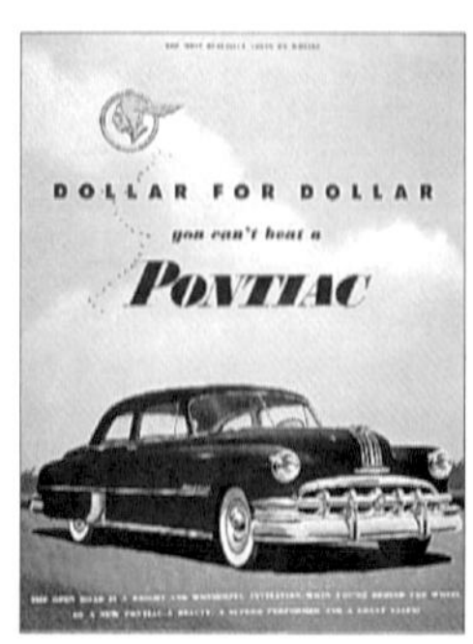

Cette publicité *date des années 1950. Les modèles proposés par les fabricants répondaient à l'attente de clients dont la voiture reflétait le statut social.*

OÙ VOIR DE BELLES AMÉRICAINES

La plupart des villes célèbrent la culture automobile californienne en organisant des défilés ou des expositions de voitures anciennes ou personnalisées *(customized)*. Le *visitors' centre* local *(p. 589)* vous en donnera le détail. L'une des plus importantes de ces manifestations se tient au début du mois d'avril aux LA County Fairgrounds de Pomona. Le Muscle Car Show de Bakersfield *(p. 215)*, le West Coast Kustom Cars de Paso Robles *(p. 200-201)* et les Graffiti USA Festival and Cruise de Modesto ne manquent pas non plus d'intérêt. Plusieurs grandes courses automobiles ont également lieu en Californie, notamment le Long Beach Toyota Grand Prix en avril *(p. 32)* et la Savemart 300 Nascar Winston Cup Race de Sonoma *(p. 448-449)*. L'État possède aussi plusieurs musées remarquables tels que le Petersen Automotive Museum *(p. 114)* de Los Angeles et le Behring Auto Museum proche de San Jose *(p. 412-413)*.

Tucker Torpedo exposée au Petersen Automotive Museum de Los Angeles

CADILLAC ROSE

Décapotable au luxe affirmé, cette Cadillac de 1959 convenait parfaitement à l'esprit et au climat californiens, mais ses deux tonnes la rendaient difficile à manœuvrer et elle céda la place à des modèles plus pratiques.

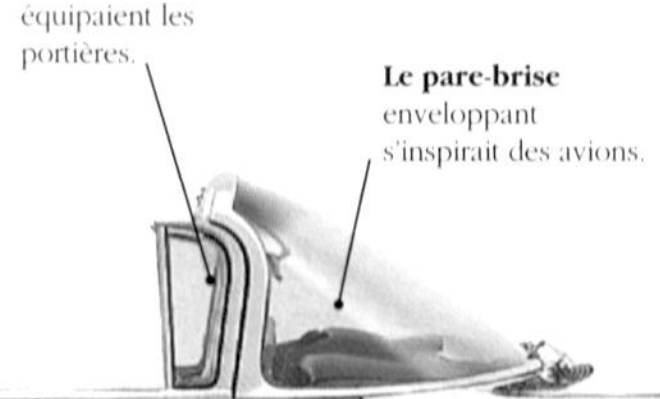

Des déflecteurs équipaient les portières.

Le pare-brise enveloppant s'inspirait des avions.

Les pare-chocs étincelaient plus encore qu'ils ne protégeaient.

Des pneus à flanc blanc ajoutaient une touche élégante.

La Ford modèle T *(surnommée Tin Lizzy) apparut en 1908. Henry Ford créa les premières chaînes d'assemblage dès 1913 et les prix chutèrent jusqu'à 500 $. Cette photo de 1924 montre que les Californiens ne perdirent pas de temps à inventer l'embouteillage.*

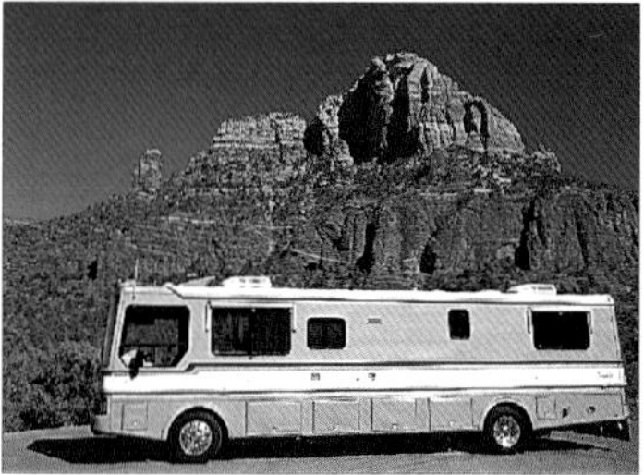

Les camping-cars (motorhomes) *qui se sont popularisés dans les années 1960 ont permis aux Californiens de concilier deux passions : celle des grands espaces et celle du confort.*

De l'eau dans le désert

La majeure partie de la Californie du Sud est désertique et, jusqu'en 1913, la survie des immigrants reposait sur les puits. Le développement de la population rendit nécessaire la construction d'un réseau d'aqueducs et de canaux, l'un des plus élaborés du monde. Il a permis la transformation des étendues arides en riches terres agricoles et l'installation dans les centres urbains de millions d'habitants. Leurs besoins en eau mettent toutefois à forte contribution les grandes sources d'alimentation de la région, la Colorado River et les rivières de la Sierra Nevada, et suscitent de vives controverses avec les Californiens du Nord.

Le Sacramento/San Joaquin River Delta alimente les fermes du sud. Le pompage est tel par moments que le sens d'écoulement s'inverse et que de l'eau de mer envahit le delta.

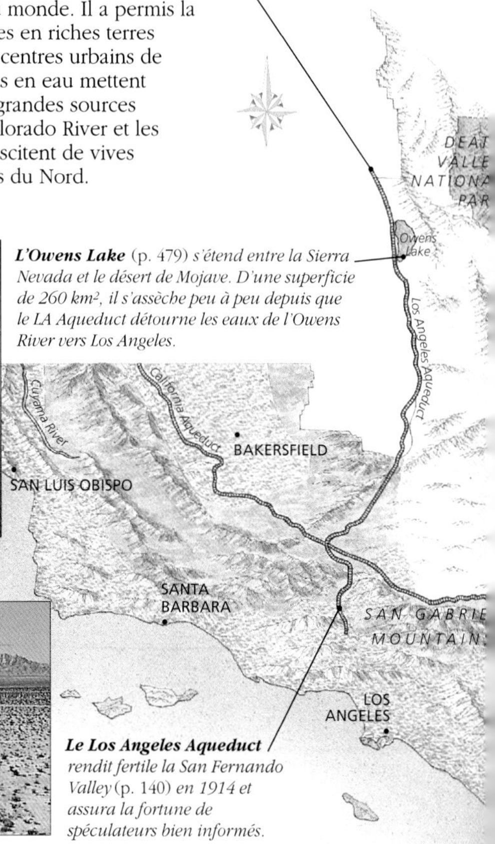

L'Owens Lake *(p. 479) s'étend entre la Sierra Nevada et le désert de Mojave. D'une superficie de 260 km², il s'assèche peu à peu depuis que le LA Aqueduct détourne les eaux de l'Owens River vers Los Angeles.*

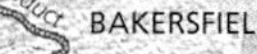

Le Los Angeles Aqueduct *rendit fertile la San Fernando Valley* (p. 140) *en 1914 et assura la fortune de spéculateurs bien informés.*

William Mulholland

À la tête du service des eaux, William Mulholland (1855-1935) *(p. 140)* et Fred Eaton construisirent l'aqueduc reliant l'Owens Valley à Los Angeles. Achevé en 1914, il coûta plus de 24 millions de dollars et suscita de nombreuses polémiques. En 1929, il ne suffisait déjà plus et les ingénieurs durent détourner des rivières du Mono Basin et la Colorado River coulant à 645 km de là.

0 75 km

Légende

- Zones habitées
- Cours d'eau
- Rivières asséchées
- Canaux
- Aqueducs

Carte de situation

Californie du Sud

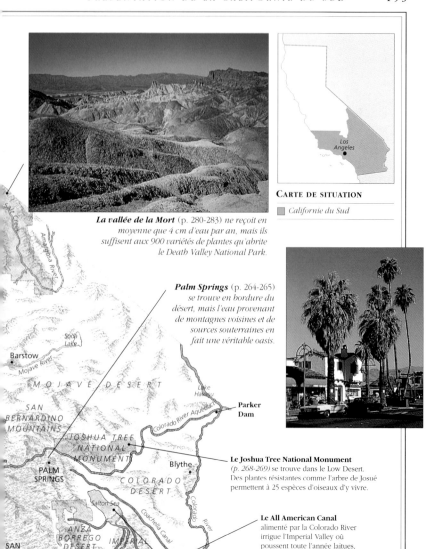

La vallée de la Mort (p. 280-283) *ne reçoit en moyenne que 4 cm d'eau par an, mais ils suffisent aux 900 variétés de plantes qu'abrite le Death Valley National Park.*

Palm Springs (p. 264-265) *se trouve en bordure du désert, mais l'eau provenant de montagnes voisines et de sources souterraines en fait une véritable oasis.*

Parker Dam

Le Joshua Tree National Monument *(p. 268-269)* se trouve dans le Low Desert. Des plantes résistantes comme l'arbre de Josué permettent à 25 espèces d'oiseaux d'y vivre.

Le All American Canal alimenté par la Colorado River irrigue l'Imperial Valley où poussent toute l'année laitues, melons, tomates et petits pois.

Le réseau d'alimentation en eau de la Californie du Sud

L'eau de la Californie du Sud a deux principales origines : la Sierra Nevada, au nord, qui alimente Los Angeles par le LA Aqueduct, et la Colorado River, au sud-est. Le Colorado Aqueduct, qui part du Parker Dam, comporte plus de 600 km de canalisations. Le réseau de canaux qui rend fertile l'Imperial Valley irrigue aussi la station de villégiature de Palm Springs.

La Salton Sea (p. 267) *doit à une brèche dans le système d'irrigation de l'Imperial Valley de s'être formée en 1905.*

De Cambria à Santa Barbara

Voici une région de petites villes accueillantes, de fermes dispersées, de vignobles nichés dans d'agréables vallées et de ruisseaux ombragés. De larges plages de sable s'étendent sur des kilomètres au pied de collines fauves et désertes. À l'intérieur des terres, aigles et condors planent au-dessus de la Los Padres National Forest.

L'héritage espagnol de la région demeure particulièrement visible à Santa Barbara où subsistent le Presidio, place forte fondée en 1782, et la « Reine des Missions » *(p. 212-213)* qui abrite toujours un couvent franciscain. Le style Mission Revival *(p. 27)*, qui se répandit dans toute la Californie, donne son homogénéité à l'architecture de la ville. Ses environs ont gardé un charme rural. Après la ruée vers l'or *(p. 44-45)*, des immigrants venus de la Côte Est s'y partagèrent les grandes concessions issues du démembrement des missions pour créer de petites communautés agricoles.

Longues plages de sable et soleil assuré attiraient déjà en été au début du XXe siècle des milliers de visiteurs dans des stations balnéaires comme Pismo Beach et Avila Beach. Plus au nord, à San Simeon, le millionnaire William Randolph Hearst se fit construire une fabuleuse demeure, l'Hearst Castle, qu'il meubla d'antiquités et où il reçut des invités tels que Charlie Chaplin ou Winston Churchill. Transformée en musée, elle dévoile ses charmes dans le cadre de visites guidées. La vie qu'y mena son propriétaire inspira à Orson Welles son film *Citizen Kane* (1940).

Outre le farniente sur des plages désertes, la région offre de multiples possibilités de distraction, de la descente en kayak de la Kern River, près de Bakersfield, à une promenade de dégustation dans les vignobles de la Santa Ynez Valley. Fondée par des Danois en 1911, Solvang a conservé un étonnant cachet nordique. Les Indiens Chumash qui peuplaient jadis le littoral ont laissé non loin des peintures rupestres. Des centaines de kilomètres de sentiers de randonnée sillonnent les paysages montagnards ou désertiques de la Los Padres National Forest.

Au large, la réserve naturelle des Channel Islands offre un refuge à de nombreuses espèces de mammifères et d'oiseaux marins et un bon endroit d'où observer la migration des majestueuses baleines grises.

Éventaire de produits locaux à Morro Bay

◁ **Pêcheur et pélicans sur la jetée de Pismo Beach**

À la découverte de la région

Au-delà des rondes collines plantées de chênes qui dominent les plages et les plaines côtières, la Los Padres National Forest offre aux randonneurs des centaines de kilomètres de sentiers. À quelques kilomètres au nord de Santa Barbara, la qualité des crus produits par ses caves ajoute au charme de la Santa Ynez Valley. Sur le littoral du San Luis Obispo County, les stations balnéaires de Morro Bay et Pismo Beach sont réputées pour la pêche et les clams. Il faut réserver pour visiter le Hearst Castle situé au nord-ouest.

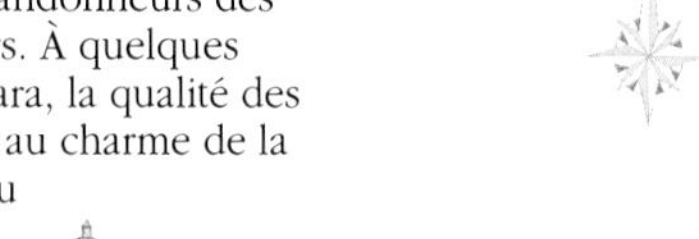

Clocher de San Miguel Arcángel

La région d'un coup d'œil

- Atascadero 5
- Bakersfield 20
- Cambria 3
- Channel Islands National Park 16
- Chumash Painted Cave State Historic Park 13
- *Hearst Castle p. 202-205* 2
- Lompoc Valley 9
- Los Padres National Forest 19
- Mission San Miguel Arcángel 1
- Mission Santa Inés 12
- Morro Bay 6
- Ojai 18
- Paso Robles 4
- Pismo Beach 8
- Ronald Reagan Presidential Library 17
- San Luis Obispo 7
- *Santa Barbara p. 210-213* 14
- Solvang 11
- Ventura 15

Excursions

Caves de la Santa Ynez Valley *p. 208* 10

Voir aussi

- ***Hébergement*** p. 514-515
- ***Restaurants*** p. 551-553

Légende

- Autoroute
- Route principale
- Route secondaire
- Parcours pittoresque
- Cours d'eau
- Point de vue

Paysage de montagne dans la vaste Los Padres National Forest

Circuler

Longeant la côte, la I-101 et la Hwy 1 desservent les principaux sites. À l'instar des cars Greyhound, les trains du Coast Starlight (entre Los Angeles et San Francisco) s'arrêtent à Santa Barbara et San Luis Obispo. On peut gagner Bakersfield en voiture en traversant la Los Padres National Forest, mais la route la plus fréquentée, la I-5, part de Los Angeles. Le Channel Islands National Park se rejoint en vedette depuis Ventura.

La jetée de Santa Barbara, le Stearns Wharf

La côte de Cambria à Santa Barbara

Le littoral entre Cambria et Santa Barbara offre des kilomètres de larges plages de sable aisément accessibles et certains des meilleurs sites de Californie pour pratiquer le surf. Bien que l'eau soit plus fraîche qu'entre Los Angeles et San Diego, vous apprécierez la possibilité de dénicher des lieux isolés où vous profiterez du soleil et de l'océan en toute quiétude. Plusieurs plages se trouvent dans des parcs d'États où des sentiers grimpent dans les collines jusqu'à de spectaculaires points de vue sur des paysages préservés.

★ Avila State Beach ③

Proche d'une station paisible, cette plage de sable blanc appréciée des surfers en été possède un ponton où l'on peut pêcher.

MONTEREY
San Simeon
SALINAS
KING CITY
Morro Rock
San Luis Obispo
Pismo Beach
Santa Maria

★ Pismo State Beach ④

Surtout connue pour ses clams *(p. 206-207)*, cette plage au sable compact se prête bien à la pratique du volley-ball.

0 20 km

***La Purísima Concepción Mission** se trouve dans la Lompoc Valley* (p. 207). *La onzième des missions fondées par les Espagnols* (p. 42-43) *est celle qui a connu la reconstruction la plus complète et sa visite instruit sur les conditions de vie des colons franciscains.*

Le Morro Rock, rocher d'origine volcanique où nichent des faucons pèlerins, prend toute sa beauté au lever et au coucher du soleil (p. 206).

CARTE DE SITUATION

William R. Hearst Memorial State Beach ①

Sous le Hearst Castle™ *(p. 202-205)*, cette plage en forme de croissant offre un bon endroit où pique-niquer. On peut affréter des bateaux de pêche en haute mer à la jetée.

Montana de Oro State Park ②

Derrière cette plage rocheuse, des sentiers grimpent dans les collines d'un parc de 3 250 ha où des papillons Monarch *(p. 209)* viennent se poser sur les eucalyptus en hiver.

Gaviota State Park ⑤

Dans une crique, cette plage de 9 km possède une aire de jeu et une jetée qui permet de pêcher. Des sentiers sillonnent les 1 100 ha du parc adjacent.

El Capitan State Beach ⑥

Les mares qui se forment dans les rochers et les bois qui s'étendent derrière la plage abritent une riche faune. Les baleines passent non loin en hiver *(p. 580)*.

Carpinteria State Beach ⑧

Dominée par les Santa Ynez Mountains, cette plage abritée est un des endroits les plus sûrs et les plus agréables pour la baignade en Californie du Sud.

Point Mugu State Park ⑩

À la pointe occidentale des Santa Monica Mountains, ce parc sillonné de sentiers permet souvent d'apercevoir des dauphins et des otaries.

Leo Carrillo State Beach North ⑪

Cette partie de la Leo Carrillo State Beach *(p. 60)* qui se poursuit dans le Los Angeles County est un des hauts lieux du surf en Californie.

★ East Beach ⑦

Cette plage de sable s'étire sur 2,5 km depuis le Stearns Wharf de Santa Barbara. Les enfants apprécieront l'aire de jeu et la pataugeoire.

★ San Buenaventura State Beach ⑨

Près du centre de Ventura *(p. 214)*, la digue du port crée ici une aire de baignade agréable.

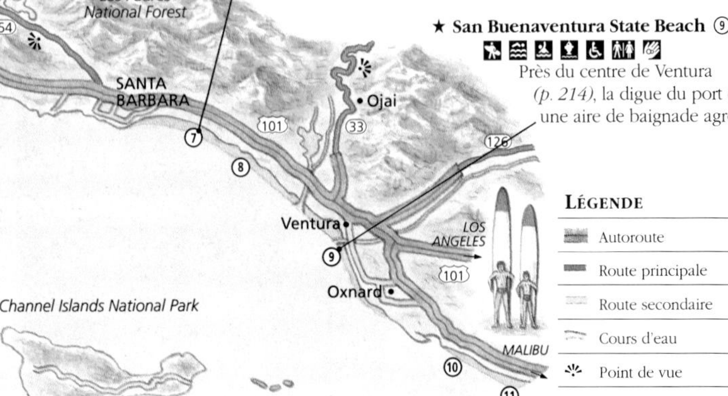

Galerie du cloître de la Mission San Miguel Arcángel

Mission San Miguel Arcángel ❶

801 Mission St, San Miguel. **Carte routière** B5. (805) 467-3256. *t.l.j.* *1er jan., Pâques, Thanksgiving, 25 déc.*

C'est le père Fermín de Lasuén, successeur du père Junípero Serra, qui fonda en 1742 la seizième mission californienne *(p. 42-43)*. Neuf ans plus tard, un incendie détruisit l'église originelle, et l'édifice actuel, qui sert toujours d'église paroissiale, date de 1819. Des Indiens peignirent entre 1822 et 1823 ses décorations murales sous la direction d'Esteban Munras.

Les six salles du musée sont meublées comme au début du XIXe siècle. La première renferme une statue en bois de l'archange saint Michel, patron de la mission, triomphant du démon.

Les *padres* élevèrent du bétail et cultivèrent légumes et céréales pour se nourrir. Ils plantèrent aussi de la vigne pour produire leur vin de messe et il existe aujourd'hui plus de trente *wineries* dans les collines environnantes.

Désaffectée en 1834, la mission servit d'entrepôt et de bar avant sa restitution aux franciscains en 1928. Elle abrite aujourd'hui un centre de retraite et un noviciat.

Statue de l'archange saint Michel

Hearst Castle™ ❷

Voir p. 202-205.

Cambria ❸

Carte routière B5. *5 000.* *767 Main St (805 927-3624).*

Entre une côte rocheuse et des collines plantées de pins, Cambria doit sa création, en 1866, à une mine de mercure. Elle devint ensuite un centre laitier et forestier. De nombreux artistes et artisans y vivent aujourd'hui.

La ville est divisée en deux quartiers : East Village, charmant ensemble de maisons Arts and Crafts *(p. 27)*, et West Village, plus moderne. Boutiques spécialisées, galeries d'art, restaurants et la plus ancienne demeure de Cambria, la Lull House, bordent Main Street qui les relie. Juste au nord, sur Hillcrest Drive, se dresse la Nit Wit Ridge. Art Beal, un entrepreneur local surnommé Captain Nit Wit (capitaine Crétin), commença de bâtir cette résidence fantasque dans les années 1930. Il mit plus de soixante ans à la construire à partir de matériaux de récupération allant de coquillages jusqu'à de vieux pneus.

Au nord de la ville, sur Moonstone Drive, un magnifique débarcadère, le Leffingwell Landing, offre de belles vues des vagues qui déferlent et, à l'occasion, d'otaries, de baleines ou de loutres nageant au large. À marée basse, on peut descendre explorer les mares qui se forment au pied des falaises.

Paso Robles ❹

Carte routière B5. *21 000.* *1225 Park St (805 238-0506).*

Le « col des Chênes » faisait jadis partie d'une concession de 10 500 ha : le ranch d'El Paso de Robles. Une source chaude d'eau sulfureuse, dont les Indiens connaissaient déjà les vertus curatives, permit la création d'une station thermale qui se développa à partir de 1866 quand le Southern Pacific Railway desservit la région. Paso Robles obtint son statut municipal trois ans plus tard.

Élevages de chevaux et vignobles entourent aujourd'hui la ville, ainsi que 2 000 ha de vergers d'amandiers qui se couvrent de fleurs au début du printemps. Si elle a perdu sa source qui polluait la Salinas River, elle a encore beaucoup à offrir au visiteur. Dans Vine Street, entre 12th Street et 20th Street, se dressent plusieurs bâtiments de la fin du siècle dernier, dont la **Call-Booth House Gallery** qui expose dans un cadre victorien

La Nit Wit Ridge de Cambria

Fête du vin à l'Arciero Winery, Paso Robles

les œuvres d'artistes pour la plupart locaux. Des édifices de la même époque abritent plusieurs restaurants. Berardi & Sons est ainsi installé dans l'ancien siège du quotidien de la ville, tandis que la McLee's Steak House, dans une église désaffectée, possède d'immenses vitraux. Le Touch of Paso occupe un relais de poste où s'arrêtaient les diligences de l'Overland Stage Company. La Paso Robles Inn, située au 1003 Spring Street, s'élève sur le site du Hot Springs Hotel bâti en 1860. Ses jardins sont ouverts au public.

Deux importantes manifestations rythment la vie de Paso Robles : la California Mid-State Fair, une grande foire agricole organisée au début du mois d'août et réputée pour la qualité des animations présentées, et le Wine Festival où plus de vingt domaines viticoles de la région proposent en mai des dégustations de leurs crus.

Aux environs

On atteint le **Lake Naciemento**, situé à 27 km au nord-ouest de Paso Robles, par la County Road G 14. Dans une vallée pittoresque plantée de pins et de chênes, cette aire de loisirs offre un cadre agréable pour pique-niquer, camper ou pratiquer des sports nautiques. Le lac recèle perches et poissons-chats.

Au croisement de la Hwy 46 et de la Hwy 41, à 24 km à l'est de Paso Robles, le **James Dean Monument** rend hommage à l'interprète de *La Fureur de vivre* qui périt ici au volant de sa Porsche le 30 septembre 1955. Il avait 24 ans. En acier inoxydable, le monument entoure un ailante. Une plaque évoque la vie de l'acteur.

Call-Booth House Gallery
1314 Vine St. *(805) 238-5473.* *du mer. au dim.* *jours fériés.*

Atascadero 5

Carte routière B5. *26 000.* *San Luis Obispo.* *Dial-A-Ride (805 466-7433).* *6550 El Camino Real (805 466-2044).*

À un endroit dont le nom signifie bourbier en espagnol, l'éditeur Edward G. Lewis acheta en 1913 un ranch de 9 300 ha pour y fonder une ville idéale. Inspiré de la Renaissance italienne, le bâtiment d'où il dirigea cette entreprise lui coûta en 1914 près d'un quart de million de dollars. Après avoir un temps servi d'école, il abrite aujourd'hui les services municipaux. Dans la rotonde du premier étage, l'**Atascadero Historical Society Museum** présente plusieurs centaines de clichés pris par le photographe officiel de Lewis. Le musée possède aussi des objets ayant appartenu aux premiers colons qui s'installèrent dans la région. Orné de fontaines et de statues, le Sunken Gardens Park entoure l'édifice.

Lewis fit faillite avant d'avoir vu aboutir son projet, mais, à partir des années 1950, Atascadero continua son essor, son charme rural attirant de nouveaux habitants. Elle prit son statut municipal en 1979.

Les visiteurs apprécient aujourd'hui ses magasins d'antiquités, ses boutiques élégantes et son marché fermier hebdomadaire. Pendant une semaine en octobre, les Colony Days célèbrent l'histoire de ses débuts.

À la sortie sud de la ville, sur la Hwy 41, l'Atascadero Park renferme des aires de pique-nique et une aire de jeu pour enfants. On peut y faire d'agréables promenades et pêcher dans l'Atascadero Lake. À côté, le **Charles Paddock Zoo** rassemble sur un hectare plus de 100 espèces d'animaux, dont des singes, des grizzlis, un couple de tigres et un jaguar.

Atascadero Historical Society Museum
6500 Palma Ave. *(805) 466-8341.* *du lun. au sam.* *jours fériés.* **Contribution**.

Charles Paddock Zoo
9100 Morro Rd, Atascadero. *(805) 461-5080.* *t.l.j.* *Thanksgiving, 25 déc.*

L'Atascadero Lake

Le Hearst Castle™ ❷

Détail d'un carrelage

Sur une colline dominant le village de San Simeon, la résidence extravagante que se fit construire le magnat de la presse William Randolph Hearst au sein d'un vaste parc est devenue l'une des principales attractions touristiques de la Californie. Malgré la richesse des trois pavillons destinés aux invités, le clou de la visite reste la Casa Grande. Édifiée entre 1922 et 1947 par une architecte diplômée des Beaux-Arts de Paris, Julia Morgan, elle comprend 115 pièces décorées de très nombreuses œuvres d'art.

Façade
La façade de la Casa Grande mêle de nombreux styles et incorpore des éléments architecturaux anciens.

Cinéma
Tendue de damas, la salle de projection privée pouvait accueillir 50 spectateurs.

★ La Billiard Room
Une tapisserie à mille fleurs française du XVIe s. orne la salle de billard.

CHRONOLOGIE

1865 George Hearst achète un terrain de 19 200 ha près de San Simeon

1919 W. R. Hearst hérite de la fortune familiale

1921 Achèvement de la Casa del Mar

1922 La Casa Grande est entreprise

1924 Achèvement de la Casa del Sol

1928 Hearst emménage dans la Casa Grande

1935 Achèvement de la Neptune Pool

1947 Hearst quitte San Simeon après une attaque cardiaque

1951 Hearst meurt

1958 L'Hearst Castle™ ouvre au public

1920 — 1930 — 1940 — 1950

Coffre du XVIe siècle orné d'un Christ rencontrant saint Pierre

Vase grec du IIIe siècle apr. J.-C.

★ Le Gothic Study
C'est de cette pièce que William Hearst dirigeait son empire quand il résidait à San Simeon.

MODE D'EMPLOI

750 Hearst Castle Rd. **Carte routière** B5. *(805) 927-2020.* *jusqu'à San Simeon.* *de 8 h à 16 h t.l.j. Pour les nocturnes et les horaires d'été appeler le 1-800-444-4445.* *1er jan., Thanksgiving, 25 déc.* *téléphoner.* *obligatoire.*

Celestial Suite
Un spacieux salon relie les deux chambres, situées dans les tours nord et sud, de la Celestial Suite.

★ L'Assembly Room
À côté d'une cheminée Renaissance française, une tapisserie flamande domine des stalles italiennes dans le grand salon.

Entrée principale

★ La Refectory Room
Tapisseries, stalles de chœur, drapeaux et chandeliers en argent composent un décor majestueux dans la salle à manger.

À NE PAS MANQUER

- ★ L'Assembly Room
- ★ La Billiard Room
- ★ Le Gothic Study
- ★ La Refectory Room

À la découverte du Hearst Castle™

Statue de la Victoire

Participer à une visite guidée est obligatoire au Hearst Castle™. Au nombre de quatre, elles partent toutes du Visitors' Center. Le Tour One offre le plus d'intérêt pour un premier contact. Il permet de découvrir le rez-de-chaussée de la Casa Grande, la Casa del Sol, les deux piscines et une partie des jardins. Au printemps et en automne, des acteurs en costumes des années 1930 animent des visites en nocturne.

La Roman Pool inspirée d'une piscine romaine

La Casa Grande : la Grande Maison

Souvent modifiée, la Casa Grande présente une façade inspirée des cathédrales méditerranéennes, mais William Hearst la fit construire en béton armé pour qu'elle résiste aux tremblements de terre qui frappent malheureusement la Californie.

Les invités y disposaient de 22 chambres ornées d'œuvres d'art issues de la collection éclectique du magnat de la presse. Amateur d'art, William Hearst faisait venir des œuvres par bateaux entiers de toute l'Europe. Celui-ci habitait la Gothic Suite du deuxième étage. Un plafond espagnol du XIVe siècle et une *Vierge à l'Enfant* de l'atelier de Duccio di Buoninsegna (v. 1255-1318) décoraient sa chambre. Un salon donnant sur l'océan la reliait à celle de sa maîtresse, l'actrice Marion Davies. Le Gothic Study, d'où il dirigeait son empire, abritait ses livres et ses manuscrits les plus précieux.

Au rez-de-chaussée, l'Assembly Room, ou grand salon, s'organise autour d'une cheminée Renaissance du XVIe siècle. Elle provient du Château des Jours, en Bourgogne, propriété de la famille d'Anglure. À côté, la Refectory Room renferme sous un haut plafond à caissons des stalles d'église et des drapeaux du Palio de Sienne. Les invités se devaient de prendre leur dernier repas de la journée dans cette salle à manger.

Dans la Billiard Room au plafond gothique espagnol, vous admirerez une tapisserie à mille fleurs du début du XVIe siècle qui montre une chasse à cour.

Attenante, la salle de cinéma privée de Hearst pouvait accueillir 50 personnes.

De célèbres acteurs donnaient à l'occasion une représentation sur la petite scène aménagée derrière l'écran amovible.

Couverte et chauffée, la Roman Pool (piscine romaine) tapissée de mosaïques vénitiennes bleues et or offrait un cadre particulièrement romantique à de tendres bains de minuit, une activité que désapprouvait le maître de maison.

Les jardins et la Neptune Pool

Pour transformer une colline dénudée en jardin d'Éden, William Hearst ne recula devant aucune dépense, n'hésitant pas à faire charrier sur une piste en terre des palmiers hauts de 4,5 m, des cyprès adultes et des chênes vieux de deux siècles. Six mille pins de Monterey plantés dans des trous creusés dans le rocher à l'explosif dissimulèrent un château

William Randolph Hearst

Fils d'un multimillionnaire, W. R. Hearst (1863-1951) bâtit sa propre fortune dans le journalisme. Il hérita du domaine de San Simeon à la mort de sa mère en 1919 et décida, pour lui rendre hommage, d'y construire son « ranch ». Sa femme, Millicent Wilson, épousée à New York en 1903, refusa de s'installer sur la Côte Ouest et c'est avec sa maîtresse, l'actrice Marion Davies, qu'il y reçut pendant 20 ans de nombreuses célébrités. Souffrant de problèmes cardiaques, il déménagea en 1947 dans une maison de Beverly Hills où il mourut en 1951.

William R. Hearst à 31 ans

d'eau avoisinant.

Il fallut apporter d'énormes quantités de bonne terre pour créer les massifs de fleurs ornant les jardins, d'une superficie de 51 ha, et permettre aux 4 000 arbres fruitiers du domaine de se développer. Les jardiniers disposaient de cinq serres pour les plantes décoratives.

Parmi les sculptures réunies pour décorer les terrasses figurent quatre statues de Sekhmet, déesse égyptienne de la guerre. Elles datent de 1350-1200 av. J.-C.

Le fleuron du parc reste néanmoins la Neptune Pool (piscine de Neptune) en marbre blanc. La réplique d'un portique de temple gréco-romain la domine. Il incorpore des colonnes et des frises antiques. Un artiste français, Charles Georges Cassou, sculpta dans les années 1920 les statues qui entourent le bassin.

Hearst fit construire une piste cavalière couverte d'un kilomètre et demi de long. Deux courts de tennis s'étendaient sur le toit de la Roman Pool. La propriété renfermait également un zoo où vivaient lions, ours, éléphants, léopards et pumas. Des girafes, des autruches, des zèbres et même un éléphanteau couraient en liberté dans la propriété.

Julia Morgan

Julia Morgan (1872-1957)

Californienne, Julia Morgan avait 47 ans quand elle commença à travailler pour William R. Hearst. Leur collaboration dura 30 ans. Ingénieur formé à l'université de Berkeley et première femme à obtenir le diplôme d'architecture de l'école des Beaux-Arts de Paris, c'était une créatrice aux multiples talents qui dessina presque tous les éléments de l'immense demeure, depuis le carrelage et les fenêtres jusqu'aux piscines et fontaines. Fondées sur un respect mutuel, ses relations avec son employeur furent souvent tumultueuses. Un télégramme pouvait à tout moment remettre en question un projet qu'elle avait passé des heures à parfaire avec Hearst. Certaines pièces furent entièrement refaites plusieurs fois.

Façade de la Casa del Sol

Les maisons des invités

Avant de pouvoir occuper la Casa Grande, Hearst habita quelques années la Casa del Mar. Il apprécia son séjour, mais confia, en voyant la demeure principale achevée : « Si j'avais su qu'elle serait si grande, j'aurais fait les petits bâtiments plus grands. » Les « petits bâtiments » offraient toutefois aux invités qui y résidaient des conditions d'hébergement plus que confortables. La Casa del Mar possède 19 pièces. Construite sur trois niveaux, la Casa del Sol en compte 18. Une haute fontaine dominée par une copie en bronze du *David* de Donatello orne sa large terrasse. Plus modeste (10 pièces), la Casa del Monte fait face aux collines.

Des colonnades et la réplique d'un portique de temple antique entourent la Neptune Pool

Bateaux de pêche autour du Morro Rock à Morro Bay

Morro Bay 6

Carte routière B5. 10 000. Dial-A-Ride (805 772-2744). 880 Main St (805 772-4467).

Créé en 1870 pour permettre l'exportation de la viande et des produits laitiers des élevages de la région, ce port maritime vit aujourd'hui principalement du tourisme, et des galeries, des boutiques, des restaurants de poisson et un aquarium bordent son front de mer. Il conserve néanmoins une flotte de pêche et des bateaux proposent des promenades dans la baie ou des excursions d'observation de baleines. Un escalier en séquoia célébrant le centenaire de la ville descend depuis la sculpture en pierre d'un pélican jusqu'à l'Embarcadero où un jeu d'échecs géant possède des pièces de 84 cm de haut. Le panorama offert par le Black Hill Lookout justifie l'effort de grimper à pied depuis son parc de stationnement.

Le Morro Rock, pic volcanique de 175 m de haut, se dresse en face du port. Baptisé El Moro en 1542 par Juan Cabrillo qui trouvait qu'il ressemblait au turban d'un Maure, il fut relié au continent par une chaussée en 1933. Utilisé comme carrière entre 1880 et 1969, le Morro Rock est aujourd'hui une réserve naturelle où nichent des faucons pèlerins. On peut rejoindre en voiture le Coleman Park, à la base du rocher, un lieu très apprécié des pêcheurs.

San Luis Obispo 7

Carte routière B5. 43 000. San Luis Obispo. 1041 Chorro St, Suite E (805 541-8000).

Située dans une vallée des Santa Lucia Mountains, cette petite ville se développa autour de la **San Luis Obispo Mission de Tolosa** fondée le 1er septembre 1772 par le père Junípero Serra *(p. 42)*. Cinquième des 21 missions californiennes, elle sert toujours d'église paroissiale. À côté du sanctuaire, un musée abrite l'autel originel de la mission, ainsi que des objets fabriqués par les Indiens Chumash tels que paniers, récipients et bijoux.

Devant l'église s'étend Mission Plaza, une place publique paysagère que traverse un ruisseau bordé d'arbres. On y organisait au siècle dernier des courses de taureaux et des combats d'ours et de chiens.

Juste à l'ouest de la plaza, au 800 Palm Street, l'Ah Louis Store existe depuis 1874. Créé par un cuisinier chinois qui avait participé à la construction de la voie ferrée *(p. 46-47)*, il devint le centre d'un Chinatown florissant et fit fonction de poste, de banque et de bazar. Il appartient toujours à la famille Louis mais vend désormais des souvenirs.

San Luis Obispo Mission de Tolosa
751 Palm St. *(805) 781-8220.* *t.l.j.* *1er jan., Pâques, Thanksgiving, 25 déc.*

Pismo Beach 8

Carte routière B5. 8 700. San Luis Obispo. San Luis Obispo. 581 Dolliver St (805 773-4382).

Pismo Beach est réputée pour ses clams que célèbre une fête organisée en automne. Au tournant du siècle, on pouvait en trouver jusqu'à 40 000 par jour. En 1911, l'autorisation de

Pismo Beach s'étend au pied de rondes collines

ramassage fut limitée à 200 coquillages par personne. Elle est aujourd'hui de dix et il faut un permis.

Longue, au sud, de 13 km jusqu'à la Santa Maria River, la plage *(p. 198)* offre sites de camping, activités nautiques, pêche et aires de pique-nique. Depuis Grand Avenue, à Grover Beach, et Pier Avenue, à Oceano, des rampes permettent aux voitures de descendre sur le sable compact.

Dans de vastes dunes plantées notamment d'armoise, de fleurs sauvages et de verveine vivent des oiseaux et quelques renards, lapins et coyotes. Des amas de coquillages, en particulier près de l'Arroyo Grande Creek, signalent des lieux où vécurent jadis des Indiens Chumash. Dans les années 1930 et 1940, ces dunes attirèrent de nombreux artistes, nudistes et mystiques. Elles séduisirent aussi les réalisateurs de cinéma et servirent de décor à de nombreux films, dont *Le Cheik* (1921) qui avait pour vedette Rudolph Valentino *(p. 108)*.

L'écologie des dunes

Les dunes côtières se forment grâce au vent… et aux plantes. Juste au-dessus de la ligne de marée haute, la roquette maritime stabilise le sable sec. Derrière elle, le roseau des sables et le lupin créent de petits monticules que maintiennent en place leurs racines. Le compost du lupin permet à d'autres espèces comme le sarrasin des dunes et l'hapolappapus de pousser à leur tour et même de le supplanter. Cristallıne, verveine et volubilis peuvent alors eux aussi se développer. Cette végétation fournit nourriture et protection à une faune variée d'insectes, tels que guêpes, scarabées et grillons, et de petits vertébrés, notamment de minuscules souris. Ces animaux dépendent pour leur survie de la rosée qui se dépose sur ces plantes. Si des tempêtes, des vents violents ou les hommes détruisent ce couvert végétal, le sable se disperse et va former une nouvelle dune à l'intérieur des terres.

Cristalline poussant sur une dune côtière

Lompoc Valley ❾

Carte routière B5. *Santa Barbara.* *Lompoc.* *111 S I St, Lompoc (805 736-4567).*

La Lompoc Valley est l'une des plus importantes régions productrices de semences de fleurs du monde et, de la fin du printemps au milieu de l'été, soucis, pieds-d'alouette, asters, lobélies, pois de senteur, capucines et bleuets, entre autres, parent de couleurs vives les champs et les collines. La chambre de commerce de Lompoc fournit une carte des plantations. Sur la Civic Center Plaza, entre Ocean Avenue et C Street, un jardin d'exposition permet de se familiariser avec toutes les espèces cultivées.

À 5 km au nord-est de la ville, **La Purísima Concepción Mission**, onzième mission fondée en Californie, possède depuis les années 1930 le statut de State Historic Park. Reconstruits avec respect, les bâtiments du début du XIXe siècle instruisent sur le mode de vie des missionnaires espagnols. On peut ainsi visiter leurs quartiers d'habitation au mobilier authentique et l'étroite et modeste église ornée de peintures au pochoir. Les ateliers adjacents servaient jadis à la fabrication des vêtements, des bougies, des meubles et des objets en cuir utilisés par les pères.

Dans les jardins superbement restaurés poussent des arbres fruitiers, des plantes potagères et des herbes qui étaient tous répandus au début du XIXe siècle. Les visiteurs découvrent également le système qui alimentait en eau la mission.

La Purísima Concepción Mission

2295 Purísima Rd, Lompoc. *(805) 733-3713.* *t.l.j.* *1er jan., Thanksgiving, 25 déc.*

La Purísima Concepción Mission dans la Lompoc Valley

Les caves de la Santa Ynez Valley ⑩

Cru local

La Santa Ynez Valley est l'une des plus récentes et des plus intéressantes régions viticoles de la Californie, car les brumes marines y créent des microclimats différents selon l'altitude et l'éloignement de l'océan. La saison de maturation dure aussi plus longtemps que dans le nord de l'État. Ces conditions particulières permettent la culture de cépages classiques.

CARNET DE ROUTE

Itinéraire : *50 km.*
Où faire une pause : *Agréable au déjeuner, le Los Olivos Café (p. 551) prépare aussi des paniers de pique-nique. Toutes les wineries proposent une aire où les savourer avec un vin local.*

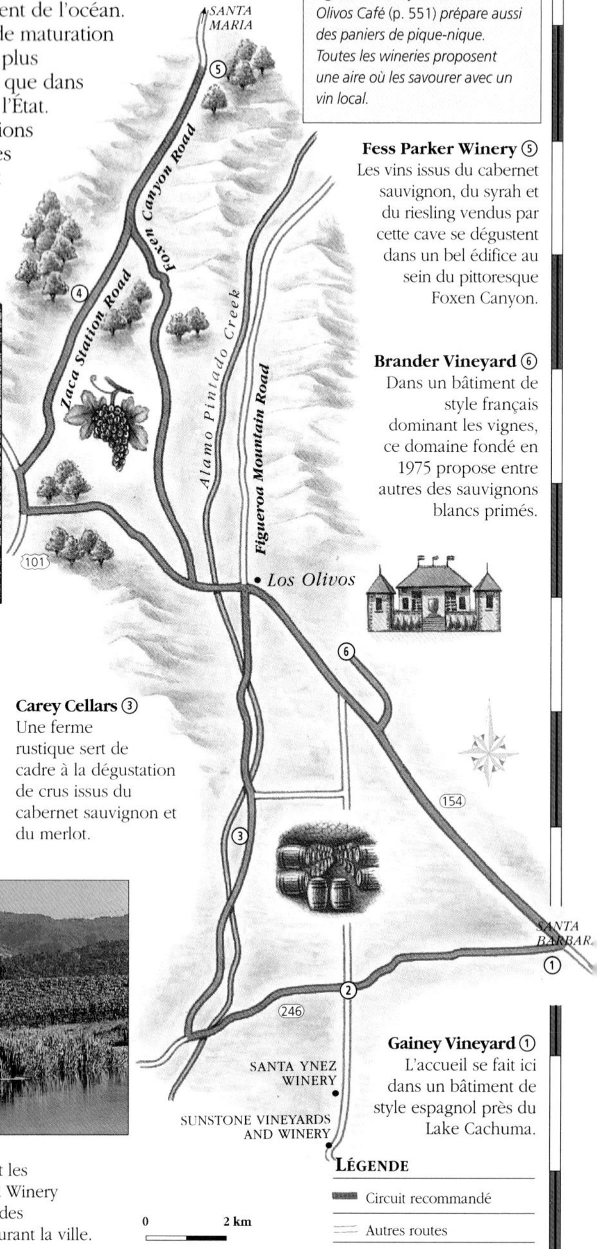

Firestone Vineyard ④
Le principal producteur de la région présente dans une grande salle d'intéressants rieslings, chardonnays et merlots.

Carey Cellars ③
Une ferme rustique sert de cadre à la dégustation de crus issus du cabernet sauvignon et du merlot.

Fess Parker Winery ⑤
Les vins issus du cabernet sauvignon, du syrah et du riesling vendus par cette cave se dégustent dans un bel édifice au sein du pittoresque Foxen Canyon.

Brander Vineyard ⑥
Dans un bâtiment de style français dominant les vignes, ce domaine fondé en 1975 propose entre autres des sauvignons blancs primés.

Gainey Vineyard ①
L'accueil se fait ici dans un bâtiment de style espagnol près du Lake Cachuma.

Santa Ynez ②
La Santa Ynez Winery et les Sunstone Vineyards and Winery font partie des caves et des domaines viticoles entourant la ville.

LÉGENDE
Circuit recommandé
Autres routes

Façade et campanile de l'église de la Mission Santa Inés

Solvang ⓫

Carte routière C5. 5 000. *1511-A Mission Drive (805 688-6144).*

Un groupe d'éducateurs danois paya en 1911 la somme de 360 000 $ pour acheter 3 650 ha de champs de moutarde et de haricots pour fonder une colonie et une école. Cette dernière se dressait sur Alison Road à l'emplacement de l'actuel Bit O' Denmark Restaurant. Construit en 1928, le temple luthérien de Bethnania abrite une maquette de bateau suspendue au plafond. Un tram tiré par des chevaux, le *honen* (poule), permet de faire le tour de la ville et de découvrir les moulins à vent, les maisons à colombage, les nids de cigognes artificiels et les lampadaires à gaz qui lui valent son succès touristique. Les bars servent dans des jardins de l'*aebleskiver* (une pâtisserie danoise), en particulier pendant la fête des Danish Days en septembre *(p. 34)*.

Mission Santa Inés ⓬

1760 Mission Drive, Solvang. **Carte routière** C5. *(805) 688-4815.* *t.l.j.* *Pâques, Thanksgiving, 25 déc.*

Fondée le 17 septembre 1804, la 19e mission californienne *(p. 42-43)* subit en 1812 un tremblement de terre qui détruisit la majeure partie de l'église. Rebâtie avec des murs épais de 1,5 m, elle fut de nouveau consacrée 5 ans plus tard. Santa Inés posséda jusqu'à 12 000 têtes de bétail, mais sa prospérité ne survécut pas à sa sécularisation en 1834 et la création en 1843 du premier séminaire de Californie ne lui évita pas de tomber en décrépitude. W. R. Hearst *(p. 204)* participa à sa restauration, commencée après la Deuxième Guerre mondiale, en finançant la rénovation du campanile. La mission possède un jardin et un petit musée qui présente des livres, des meubles et des vêtements d'époque, ainsi que des peintures murales réalisées par des Indiens.

Statue de la Vierge

Chumash Painted Cave State Historic Park ⓭

Painted Cave Road. *(805) 968-3294.* *depuis Santa Barbara. Stationnement limité à 2 véhicules.*

À 13 km au nord-ouest de Santa Barbara, les Santa Ynez Mountains recèlent quelques grottes décorées de dessins ou de pictogrammes chumash. La plus célèbre, une caverne de 6 m sur 12 m, s'atteint par la Hwy 154. À l'intérieur, une grille métallique protège une cavité ovoïde couverte de graffiti ocre.

On sait que les tribus s'échangeaient des pigments et certaines grottes abritent des figures rouges, noires ou blanches ressemblant à des lézards, des serpents et des scorpions. Certains experts estiment qu'elles avaient un sens symbolique et religieux, d'autres qu'elles n'ont aucune signification.

Peintures rupestres exécutées par les Chumash

Les papillons Monarch

Chaque année en octobre et en novembre, des millions de Monarch *(Danaus plexippus)*, papillons qui peuvent vivre de 10 à 12 mois, quittent le Canada et l'ouest des États-Unis pour hiverner au Mexique et dans le sud et le centre de la Californie. Ils parcourent jusqu'à 130 km par jour, parfois à près de 50 km/h. Sur la côte, ils marquent une préférence pour les eucalyptus et se voient en saison autour du Montana de Oro State Park *(p. 199)*, de Pismo Beach et de Ventura. Après la période de reproduction, en janvier et février, ils repartent vers le nord.

Monarch

Santa Barbara pas à pas ⓮

Fontaine du County Courthouse

Station balnéaire renommée, Santa Barbara offre l'exemple rare en Californie du Sud d'une ville au style architectural homogène. Forteresse espagnole fondée en 1782, quatre ans avant la Santa Barbara Mission *(p. 212-213)*, elle resta pendant le XIXe siècle un *pueblo* paisible habité par quelques centaines de familles au cœur d'une région d'élevage. Une douzaine de maisons en adobe de cette époque ont subsisté malgré le séisme dévastateur qui ravagea en 1925 le centre de Santa Barbara. Les règles strictes imposées lors de sa reconstruction expliquent le charme de la ville actuelle. Une importante population d'étudiants contribue à lui donner une atmosphère décontractée.

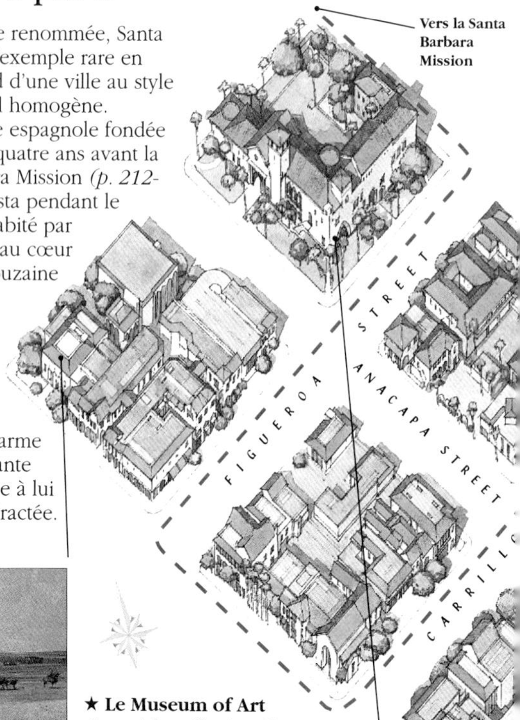

Vers la Santa Barbara Mission

★ Le Museum of Art
Cette riche collection d'art régionale comprend des antiquités, des estampes, des œuvres asiatiques et de nombreuses peintures américaines et européennes, dont Le Blé mûr *(1884) du Français Jules Bastien-Lepage.*

★ Le County Courthouse
Un tribunal en activité occupe toujours cet édifice de style Spanish Colonial de 1929 décoré de carreaux tunisiens et de ferronneries. Dans l'Assembly Room, des fresques de D. S. Groesbeck évoquent l'histoire de la Californie (p. 38). *La tour ménage un beau panorama.*

LÉGENDE

— — — Itinéraire conseillé

À NE PAS MANQUER

- **★ Le County Courthouse**
- **★ Le Museum of Art**
- **★ Le Presidio**

Paso Nuevo
Cet agréable centre commercial complète une galerie marchande plus ancienne située de l'autre côté de State Street.

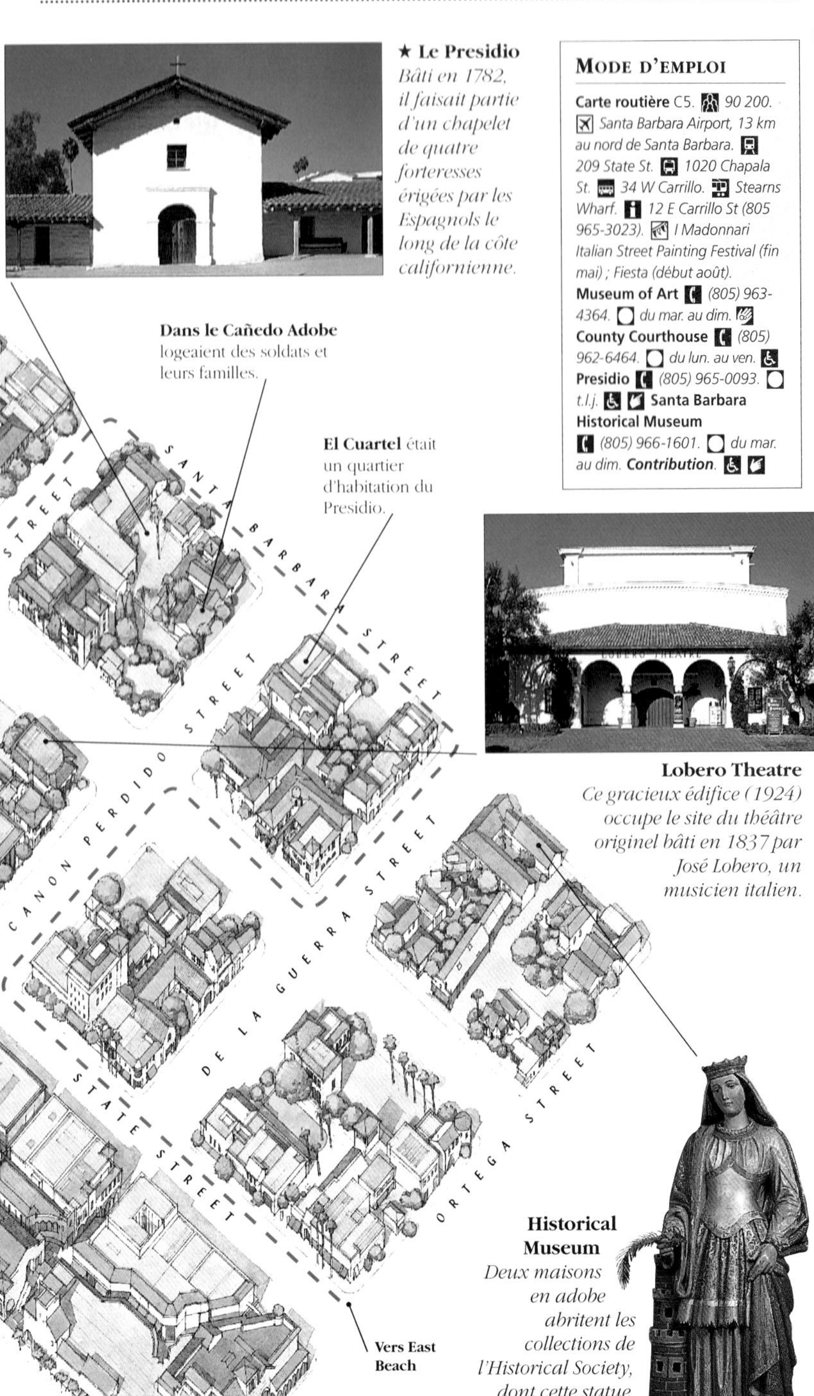

★ Le Presidio
Bâti en 1782, il faisait partie d'un chapelet de quatre forteresses érigées par les Espagnols le long de la côte californienne.

Dans le Cañedo Adobe logeaient des soldats et leurs familles.

El Cuartel était un quartier d'habitation du Presidio.

Lobero Theatre
Ce gracieux édifice (1924) occupe le site du théâtre originel bâti en 1837 par José Lobero, un musicien italien.

Historical Museum
Deux maisons en adobe abritent les collections de l'Historical Society, dont cette statue représentant sainte Barbe, martyre du IVe siècle.

MODE D'EMPLOI

Carte routière C5. *90 200. Santa Barbara Airport, 13 km au nord de Santa Barbara. 209 State St. 1020 Chapala St. 34 W Carrillo. Stearns Wharf. 12 E Carrillo St (805 965-3023). I Madonnari Italian Street Painting Festival (fin mai) ; Fiesta (début août).*
Museum of Art *(805) 963-4364. du mar. au dim.*
County Courthouse *(805) 962-6464. du lun. au ven.*
Presidio *(805) 965-0093. t.l.j.* **Santa Barbara Historical Museum** *(805) 966-1601. du mar. au dim.* ***Contribution.***

La Santa Barbara Mission

Fondée en 1786 le jour de la Sainte-Barbe, la « Reine des Missions » est à la fois la dixième que les Espagnols créèrent en Californie *(p. 42-43)*, celle qui attire le plus de visiteurs et la seule restée en permanence occupée par des religieux jusqu'à nos jours. Après qu'un séisme eut détruit en 1812 la troisième église en adobe à se dresser sur le site, le sanctuaire actuel fut achevé en 1833. Ses tours jumelles et son mélange d'influences romaine, maure et espagnole servirent de principaux fondements à ce qui allait prendre le nom de style Mission *(p. 26)*. Un tremblement de terre endommagea à nouveau en 1925 les tours et la façade de l'église. À cause de réactions chimiques entre des alcalis et des agrégats du mortier, il fallut reprendre entièrement la restauration en 1953. Elle respecte l'aspect originel du bâtiment.

Moine franciscain

Fontaine centrale
Ce bassin entouré de palmiers date de 1808.

Une cellule a retrouvé son aspect du début du XIXe siècle.

Entrée

Arcades
Les salles du musée installé dans d'anciens quartiers d'habitation donnent sur une galerie couverte.

Cuisine
La cuisine est aménagée comme vers l'an 1800. Cultures et bétail permettaient à la mission de subvenir à l'essentiel de ses besoins.

À NE PAS MANQUER

- ★ **L'église**
- ★ **La façade principale**
- ★ **Les Sacred Gardens**

★ Les Sacred Gardens
Ce magnifique jardin exotique s'étend à l'endroit où travaillaient les Indiens. Les bâtiments qui l'entourent abritaient ateliers et quartiers d'habitation.

MODE D'EMPLOI

2201 Laguna St. (805) 682-4713. 22. de 9 h à 17 h t.l.j. **Contribution.** 7 h 15 du lun. au ven., 16 h le sam. ; 7 h 30, 9 h, 10 h 30, 12 h le dim.

★ L'église
Étroite, l'église possède un intérieur néo-classique. Les éléments de décor peints et les patines imitant le marbre rappellent que les missionnaires n'avaient que peu de moyens. Des sculptures en bois ornent le retable.

La chapelle latérale est dédiée au saint sacrement.

La largeur de la nef dépendait de la taille des arbres disponibles pour la charpente.

Le cimetière renferme les tombes des frères et de quelque 4 000 Indiens.

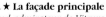

★ La façade principale
Grand admirateur de Vitruve (actif vers 27 av. J.-C.), auteur romain du traité De architectura, *le père Antonio Ripoll s'inspira fortement de ses idées en concevant la façade classique de l'église.*

Église de la San Buenaventura Mission à Ventura

Ventura ⓯

Carte routière C5. 102 000. 89C S California St (805 648-2075).

Ventura demeure dans une grande mesure un centre agricole, mais le tourisme s'y développe et le Harbor Village renferme trente boutiques et restaurants, un carrousel et un théâtre. C'est aussi de là que partent les bateaux proposant des visites du port ou des promenades à la rencontre des baleines grises, ainsi que les vedettes pour le Channel Islands National Park.

Il ne reste qu'une église, un jardin clos et une fontaine carrelée de la **San Buenaventura Mission** fondée en 1782 et achevée en 1809. Un musée présente cependant en détail les bâtiments d'origine. Deux maisons en adobe du milieu du XIXe siècle subsistent également à Ventura. La minuscule **Ortega Adobe** témoigne des conditions difficiles dans lesquelles vivait alors la majorité de la population. Elle offre un contraste frappant avec l'**Olivas Adobe**, ranch de style Monterey *(p. 26)* abritant du mobilier d'époque et doté d'une roseraie et d'un jardin d'herbes. Construit à flanc de colline à la sortie nord de la ville, le **City Hall** (1913) possède des murs extérieurs en marbre et une coupole recouverte de cuivre.

San Buenaventura Mission
211 E Main St. *(805) 643-4318.* *t.l.j.* *1er jan., Pâques, Thanksgiving, 25 déc.*

Ortega Adobe
100 W Main St. *(805) 658-4726.* *t.l.j.* *1er jan., dim. de Pâques, Labor Day, Thanksgiving, 25 déc.*

Olivas Adobe
4200 Olivas Park Drive. *(805) 644-4346.* **Jardin** *t.l.j.* **Maison** *sam. et dim.* *1er jan., Pâques, Thanksgiving, 25 déc.*

Channel Islands National Park ⓰

Carte routière C6. *Ventura.* **Visitors' Center** *(805) 658-5700.* *t.l.j.* *Island Packers, 1867 Spinnaker Drive (805 642-1393).*

Ce parc national protège cinq îles volcaniques et inhabitées : Santa Barbara, Anacapa, San Miguel, Santa Cruz et Santa Rosa. Les *rangers* en contrôlent strictement l'accès et il faut pour s'y rendre obtenir une autorisation au Visitors' Center. Camper est toutefois possible sur toutes sauf Santa Cruz à condition de réserver au moins deux semaines à l'avance et d'emporter vivres et eau en quantités suffisantes, rien n'étant disponible sur place.

Pendant la traversée, on peut parfois apercevoir dauphins, baleines et pélicans bruns de Californie. Sur les îles vivent cormorans, mouettes, otaries et éléphants de mer. Une journée sur Anacapa, l'île la plus proche du continent, offrira un premier aperçu de cet écosytème unique, mais participer à l'une des promenades guidées par des *rangers* sur San Miguel et Santa Rosa se révélera beaucoup plus instructif. Les animaux domestiques sont interdits.

Pélican brun de Californie

Dans le varech poussant autour des Channel Islands prospèrent plus de 1 000 espèces animales et végétales, un univers magique pour les plongeurs sous-marins. Les grottes creusant les côtes ajoutent au plaisir d'une promenade en canoë ou en kayak.

Ronald Reagan Presidential Library ⓱

40 Presidential Drive, Simi Valley. **Carte routière** C5. *(800) 410-8354.* *de 10 h à 17 h t.l.j.* *1er jan., Thanksgiving, 25 déc.*

Cet édifice de style Mission Revival construit sur une colline abrite une réplique à l'identique du Bureau ovale de la Maison-Blanche et les archives du président Ronald Reagan. Une exposition permanente retrace l'histoire de sa vie et de celle de sa femme Nancy. Des expositions temporaires de cadeaux, de costumes, de documents ou d'œuvres d'art évoquent les huit années où il dirigea les États-Unis.

Dans le patio, un gros morceau du mur de Berlin, toujours couvert de ses graffiti, se détache contre le panorama offert par les Simi Hills et les Santa Susana Mountains.

Réplique du Bureau ovale à la Reagan Presidential Library

Arcades de style Mission Revival le long de Main Street, Ojai

Ojai ⓲

Carte routière C5. 8 000. 150 W Ojai Ave (805 646- 8126).

Baptisée Nordhoff à sa fondation en 1874, d'après Charles Nordhoff, l'auteur d'un ouvrage vantant la Californie, Ojai s'étend dans une vallée en forme de croissant et elle prit pour nom en 1917 un mot chumash signifiant lune.

Richard Requa dessina la même année les arcades de style Mission Revival *(p. 27)* de la rue principale. Un riche industriel, Edward J. Libby, en assura le financement. La ville offre comme autre attraction la librairie Barts Corner, au 302 West Matilija Street. La plupart de ses 25 000 volumes sont exposés en plein air. La nuit tombée, il reste possible d'y chercher son bonheur. On paye alors par une fente dans la porte.

L'Ojai Valley attire depuis les années 1920 de nombreux groupes mystiques et plusieurs organisations New Age et religieuses y ont leur siège.

Los Padres National Forest ⓳

Carte routière C5. *Santa Barbara.* **Visitors' Center** *de 8 h 30 à 16 h 30 du lun. au ven. (805) 683-6711.*

La Los Padres National Forest couvre plus de 800 000 ha et présente une grande variété de paysages, depuis des étendues désertiques jusqu'à des montagnes boisées d'où se détachent des cimes atteignant 2 692 m au Mount Pinos. Ours noirs, renards, cerfs et pumas font partie des animaux peuplant les bois. Dans les airs évoluent des aigles royaux et des condors, le plus grand oiseau d'Amérique du Nord avec une envergure de 3 m.

Des séquoias poussent sur les pentes les plus basses, mais ils cèdent la place en altitude à des sapins. Il ne tombe parfois pas une goutte d'eau entre mai et octobre et, en été, la chaleur peut se révéler torride. Les marcheurs expérimentés disposent de centaines de kilomètres de sentiers de randonnée dans la forêt, mais peu de routes la sillonnent en dehors de la Hwy 33 et de la Hwy 150. Entre Santa Ynez *(p. 208)* et Santa Barbara *(p. 210-213)*, la Hwy 154, qui emprunte le spectaculaire Cold Spring Arch Bridge, en traverse un angle.

Il existe 88 sites de camping éparpillés dans la Los Padres National Forest et on peut y pratiquer, entre autres activités, la pêche, la promenade à cheval et, sur le Mount Pinos, le ski.

Bakersfield ⓴

Carte routière C5. *384 000.* *1033 Truxtun Ave (805 327-4421).*

Le nom de Bakersfield évoque son origine, le champ *(field)* de luzerne que planta un colon du nom de Thomas Baker. Il servait à nourrir les chevaux des voyageurs qui se reposaient ici avant de traverser les Tehachapi Mountains marquant la « frontière » entre Californie du Sud et du Nord. La cité moderne prit son essor avec la découverte d'or dans les années 1850, puis celle de gisements de pétrole. Sur les terres fertiles de la région s'installèrent des immigrants européens.

La plupart des visiteurs arrivent à Bakersfield par la I-5 reliant San Francisco à Los Angeles, mais on peut aussi l'atteindre depuis Santa Maria et Ojai par de petites routes traversant la Los Padres National Forest.

Quoique en plein développement, Bakersfield conserve une atmosphère rurale et reste un centre reconnu de musique country. Elle propose également de bons restaurants, des magasins d'antiquités et le **Kern County Museum**, un musée en plein air de 6,5 ha.

La Kern River *(p. 578)* et le Lake Isabella, à 65 km à l'est, permettent de pratiquer des sports nautiques.

Kern County Museum
3801 Chester Ave. *(805) 861-2132.* *t.l.j.* *1er jan., Thanksgiving, les 24, 25 et 31 déc.*

Le Cold Spring Arch Bridge, Los Padres National Forest

L'Orange County

Il y a encore un siècle, les orangeraies qui s'étendaient entre les Santa Ana Mountains et le Pacifique sur les terres ensoleillées de l'Orange County justifiaient pleinement son nom. Autoroutes et banlieues résidentielles ont aujourd'hui pris leur place. Le comté offre toutefois aux visiteurs plusieurs musées, des sites d'intérêt historique et deux grands parcs d'attractions.

Au milieu des années 1950, les routes conduisant aux parcs d'attractions du comté traversaient encore de vastes orangeraies. À l'époque, Disneyland attirait ses premiers clients et un enfant du pays, Richard Nixon, assurait la vice-présidence des États-Unis. Le développement urbain a aujourd'hui dévoré les vergers et les étiquettes de caisses de fruits sont devenues des articles de collection. Plus de deux millions de personnes habitent dans cette région, profitant d'un soleil perpétuel et d'un haut niveau de vie.

Sur le littoral se succèdent larges plages de sable, hauts lieux du surf, ports de plaisance, communautés d'artistes et stations balnéaires aisées où l'on admire le coucher du soleil depuis des bars perchés sur des falaises. Les sites culturels se trouvent à l'intérieur des terres. La Mission San Juan Capistrano, fondée en 1776, évoque une période, la colonisation espagnole, qui paraît remonter à bien plus de deux siècles. Le Boxers Museum of Cultural Art abrite à Santa Ana de magnifiques exemples d'arts indigènes du monde entier. À Yorba Linda, les expositions des Richard Nixon Library et Birthplace illustrent le parcours d'un des présidents les plus controversés de l'histoire des États-Unis.

La Knott's Berry Farm, le plus ancien parc à thème d'Amérique, et Disneyland, « le plus célèbre piège à hommes jamais construit par une souris », proposent aux visiteurs distractions familiales et émotions fortes.

Le Reflecting Pool des Nixon Library and Birthplace

◁ Le Log Ride, une des attractions de la Knott's Berry Farm

À la découverte de l'Orange County

Des communautés urbaines reliées par des autoroutes à la circulation incessante occupent la majeure partie des 2 000 km² de l'Orange County. Santa Ana, la ville la plus importante, Anaheim, la seconde en taille où se trouve Disneyland, et Buena Park, proche du parc à thème de la Knott's Berry Farm, forment le cœur touristique du comté. Le littoral est presque partout construit, mais les localités y possèdent plus de variété et de caractère que les alentours des parcs d'attractions. À l'est, à l'intérieur des terres, la Cleveland National Forest et les Santa Ana Mountains renferment des espaces plus préservés.

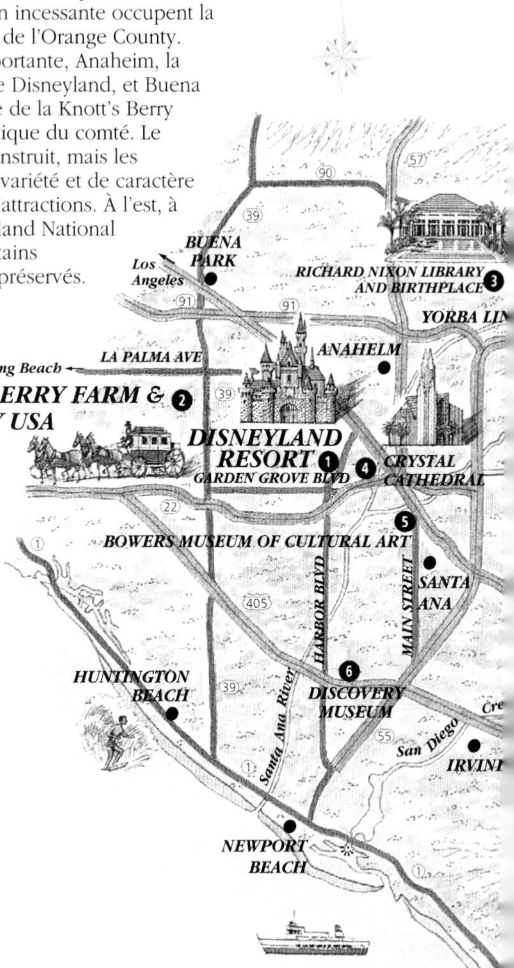

BUENA PARK
Los Angeles
RICHARD NIXON LIBRARY AND BIRTHPLACE 3
YORBA LI
LA PALMA AVE
ANAHEIM
Long Beach
KNOTT'S BERRY FARM & SOAK CITY USA 2
DISNEYLAND RESORT 1
4 CRYSTAL CATHEDRAL
GARDEN GROVE BLVD
5
BOWERS MUSEUM OF CULTURAL ART
SANTA ANA
HARBOR BLVD
MAIN STREET
HUNTINGTON BEACH
6 DISCOVERY MUSEUM
Santa Ana River
San Diego
IRVIN
NEWPORT BEACH

Two Harbors, Catalina Island

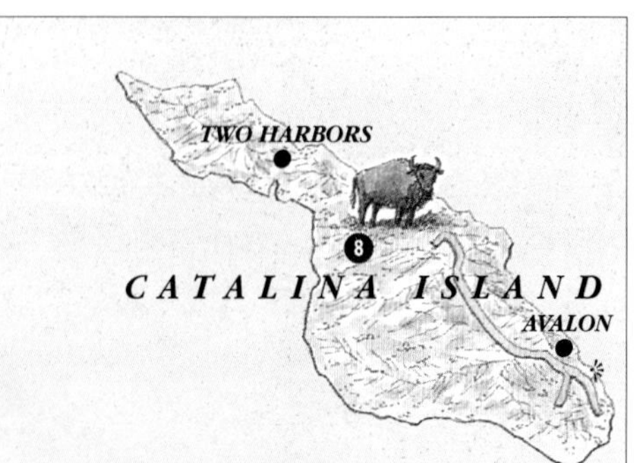

Légende

- Autoroute
- Route principale
- Route secondaire
- Cours d'eau
- Point de vue

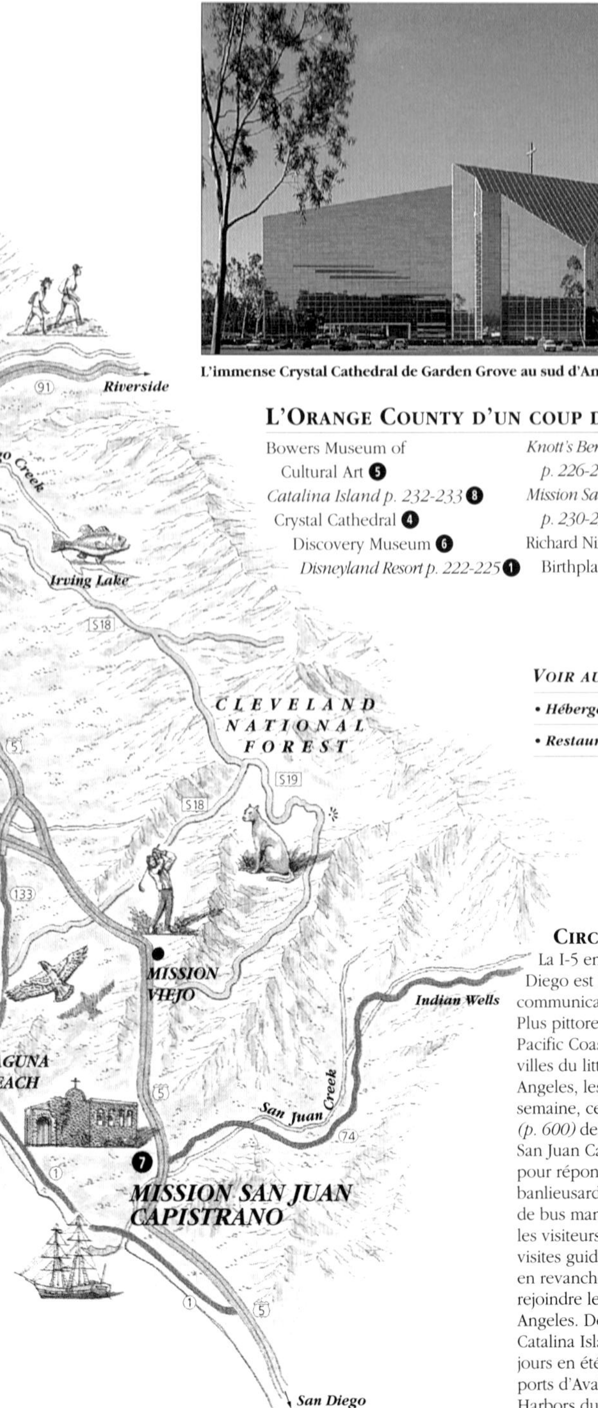

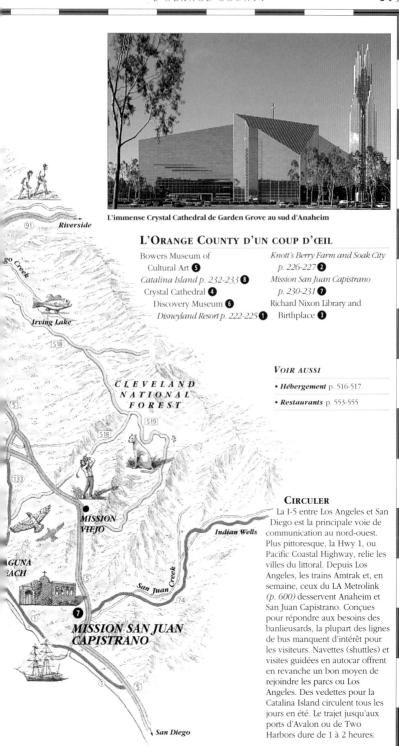

L'immense Crystal Cathedral de Garden Grove au sud d'Anaheim

L'Orange County d'un coup d'œil

Bowers Museum of Cultural Art ❺
Catalina Island p. 232-233 ❽
Crystal Cathedral ❹
Discovery Museum ❻
Disneyland Resort p. 222-225 ❶
Knott's Berry Farm and Soak City p. 226-227 ❷
Mission San Juan Capistrano p. 230-231 ❼
Richard Nixon Library and Birthplace ❸

Voir aussi

- ***Hébergement*** p. 516-517
- ***Restaurants*** p. 553-555

Circuler

La I-5 entre Los Angeles et San Diego est la principale voie de communication au nord-ouest. Plus pittoresque, la Hwy 1, ou Pacific Coastal Highway, relie les villes du littoral. Depuis Los Angeles, les trains Amtrak et, en semaine, ceux du LA Metrolink *(p. 600)* desservent Anaheim et San Juan Capistrano. Conçues pour répondre aux besoins des banlieusards, la plupart des lignes de bus manquent d'intérêt pour les visiteurs. Navettes (shuttles) et visites guidées en autocar offrent en revanche un bon moyen de rejoindre les parcs ou Los Angeles. Des vedettes pour la Catalina Island circulent tous les jours en été. Le trajet jusqu'aux ports d'Avalon ou de Two Harbors dure de 1 à 2 heures.

La côte de l'Orange County

Plat au nord, ponctué de falaises et de criques abritées au sud de la Balboa Peninsula, le littoral de l'Orange County ressemble presque à un stéréotype du rêve californien. Villas hors de prix, luxueux ports de plaisance et importance accordée aux activités sportives et aux modes reflètent l'aisance et le dynamisme de sa population.

LOS ANGELES
22
405
405
Huntington Harbor
1
2
39
1
Huntington Beach
3

Le Balboa Pavilion (1905), ancien terminus de la Pacific Electric Red Car Line, accueillit dans les années 1930 et 1940 des stars du jazz telles que Count Basie. Il abrite aujourd'hui un restaurant et sert de point de départ à des promenades en bateau dans le Newport Harbor.

★ Huntington State Beach ③

Le surf est à l'honneur à Huntington Beach qui lui consacre un musée, organise des compétitions internationales et possède une jetée d'où contempler ses adeptes à l'œuvre.

L'Upper Newport Bay Ecological Reserve protège une zone marécageuse de 300 ha où font escale des oiseaux migrateurs. Une piste cycliste et des visites guidées à pied et en kayak permettent de la découvrir.

LÉGENDE

- Autoroute
- Route principale
- Route secondaire
- Cours d'eau
- Point de vue

Seal Beach ①

Cette plage paisible au sable plat s'étend sur 1,6 km. Depuis son ponton de bois, long de 570 m et apprécié des pêcheurs, la vue porte au nord jusqu'aux gratte-ciel de Long Beach *(p. 128-129)*.

Bolsa Chica State Beach ②

120 ha de zone marécageuse protégée par une réserve écologique et une étendue plate et sauvage ponctuée de puits de pétrole donnent une atmosphère particulière à cette plage dont le nom signifie « petite poche » en espagnol.

Newport Beach ④

Célèbre par ses villas dispendieuses et le mode de vie qui va avec, Newport Beach possède 5 km de sable blanc et 2 pontons. Au nord, près du Newport Pier, du poisson frais pêché est vendu par une entreprise historique, Dory.

Aliso Beach ⑦

Cette petite plage de sable dotée d'une jetée en béton de 190 m s'étend à l'embouchure de l'Aliso Creek. Au large de son extrémité sud, une réserve marine protège des bancs d'algues géantes.

Doheny State Beach ⑧

Cette plage de sable proche de l'embouchure de la San Juan Creek attire un mélange typiquement californien de baigneurs, de surfers, d'ornithologues, de pêcheurs, de cyclistes et de campeurs.

San Clemente State Beach ⑨

Accroché à flanc de colline, San Clemente domine une étroite bande de sable. Un ponton municipal se trouve près de la gare. Plus au sud, la State Beach couvre 40 ha et propose entre autres des aires de pique-nique et un terrain de camping.

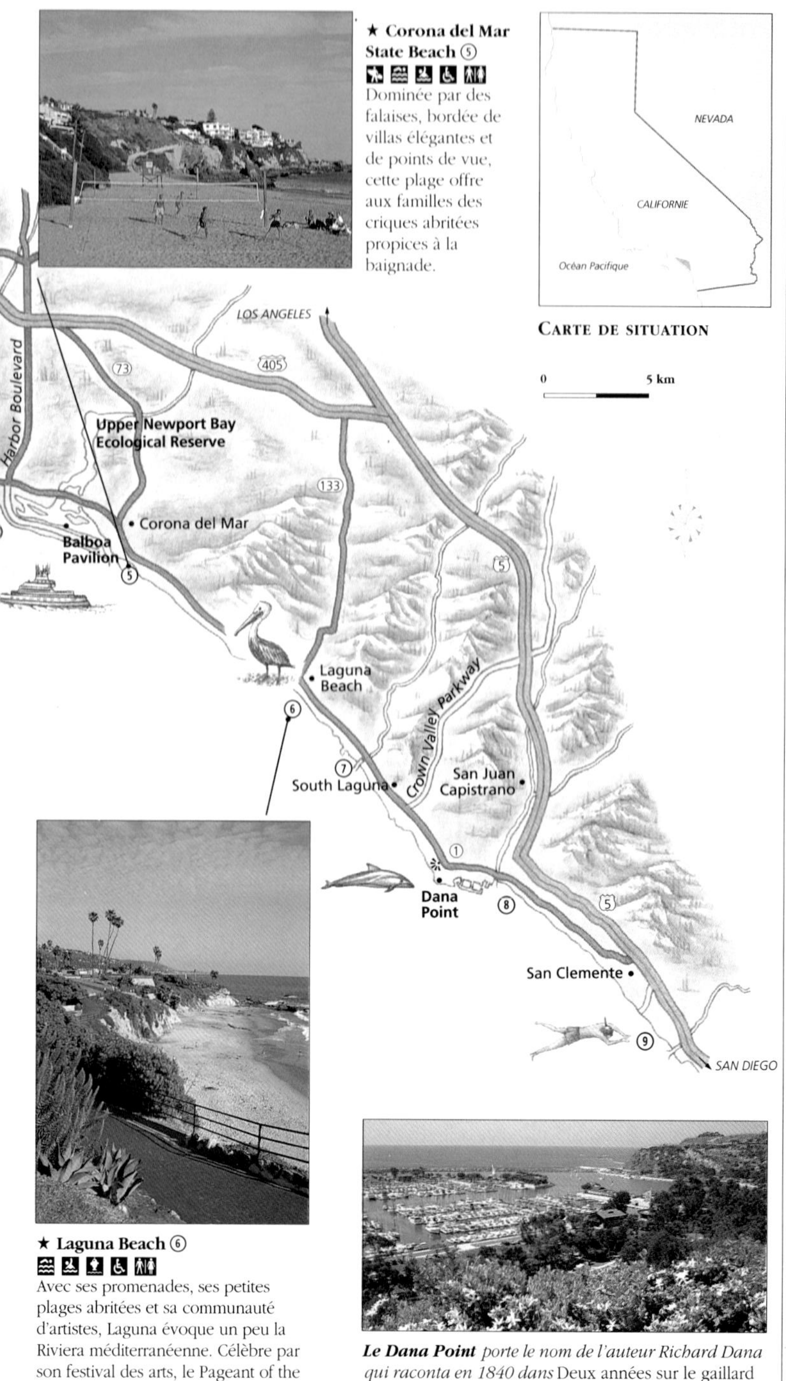

★ Corona del Mar State Beach ⑤

Dominée par des falaises, bordée de villas élégantes et de points de vue, cette plage offre aux familles des criques abritées propices à la baignade.

★ Laguna Beach ⑥

Avec ses promenades, ses petites plages abritées et sa communauté d'artistes, Laguna évoque un peu la Riviera méditerranéenne. Célèbre par son festival des arts, le Pageant of the Masters *(p. 33)*, c'est l'endroit idéal pour un cocktail au coucher du soleil.

***Le Dana Point** porte le nom de l'auteur Richard Dana qui raconta en 1840 dans* Deux années sur le gaillard d'avant *les débuts de la Californie. Le port abrite une réplique d'un brick de l'époque, le* Pilgrim.

Disneyland Resort® ❶

Le « Royaume magique » de Walt Disney n'est pas uniquement la meilleure attraction touristique de Californie. C'est aussi un élément essentiel du rêve américain. Le Resort, qui regroupe désormais Disneyland Park, California Adventure, Downtown Disney et trois grands hôtels est un modèle pour les parcs à thème du monde entier. Spectacles et décors fabuleux, attractions sensationnelles, feux d'artifice, boutiques : dans ce lieu joyeux, tout est fantaisie et divertissement à l'américaine.

À la découverte du Resort
Disneyland Park, qui s'étend sur 34 ha, est divisé en huit zones à thème appelées *lands*. La circulation au sein du parc est assurée par Disneyland Railroad, un monorail, et des trams. Disney's California Adventure Park, plus petit que le précédent, comporte trois zones à thème. Ici, les visiteurs peuvent circuler à pied. Ce voyage nostalgique dans l'univers de Disney convient mieux aux goûts et intérêts des adolescents et jeunes adultes, car les attractions et les spectacles sont trop intenses pour les tout-petits. Au cœur du Resort, entre les deux parcs à thème, s'étend Downtown Disney. Cette zone animée abrite de nombreux restaurants et boutiques, et propose des animations innovantes. Depuis que le Resort s'est agrandi, il faut compter au moins trois jours pour une visite complète. Un billet d'entrée est exigé pour chaque parc à thème, excepté Downtown Disney. Il donne accès à tous les spectacles, les attractions, à un plan du parc et au programme.

Les parcs sont ouverts tard dans la soirée durant la pleine saison. N'hésitez pas à veiller tard pour assister à certains spectacles, comme le Fireworks Show, à Disneyland.

Main Street, USA

C'est cette rue colorée et impeccablement propre qui offre aux visiteurs leur premier contact avec le parc. Sur la **Central Plaza** circulaire se déroule la Parade des Stars : défilé de personnages de Disney et reconstitution de scènes de films célèbres.
On peut également y rencontrer et y discuter avec les héros des plus grands dessins animés de Disney. Vous aurez ici de nombreuses occasions de réaliser des photos ou des vidéos mémorables.
Main Street propose de nombreuses attractions, mais aussi des boutiques et des endroits pour se restaurer. **Main Street Cinema** diffuse des films muets de Disney. Les visiteurs peuvent obtenir des renseignements au **City Hall**.

Tomorrowland

Le futur inspire les attractions de Tomorrowland, et celles-ci changent régulièrement pour garder un peu d'avance sur la réalité. Autopia, l'une des premières attractions (1955) a été complètement mise à jour et plonge les visiteurs dans un univers parallèle à partir d'une voiture. L'itinéraire passe par Tomorrow-land et Fantasy-land.

Star Tours
Conçu en collaboration avec George Lucas, le créateur de *La Guerre des étoiles*, Star Tours utilise la technologie des simulateurs de vol pour offrir un voyage agité aux visiteurs. Ceux-ci embarquent à bord du StarSpeeder pour foncer dans l'espace au milieu de vaisseaux spatiaux et astéroïdes. Une aventure tumultueuse, distrayante et très réaliste.

Space Mountain
L'un des clous de Disneyland : des montagnes russes qui vous propulsent à 36 m au-dessus du sol et à plus de 40 km/h dans un voyage intersidéral. Le trajet se fait presque entièrement dans l'obscurité. Cette attraction, qui a été modernisée pour le nouveau millénaire, ne convient pas aux jeunes enfants.

Mickey's Toontown

L'architecture fantaisiste des dessins animés a acquis ici une troisième dimension pour offrir aux personnages de Walt

À ne pas manquer

★ **Pirates of the Caribbean**

★ **Haunted Mountain**

★ **Space Mountain**

★ **Matterhorn Bobsleds**

★ **Star Tours**

Shopping

Les boutiques de Disneyland, notamment celles de Main Street, USA, sont souvent pleines jusque tard et surtout aux heures de fermeture. Mieux vaut faire ses achats assez tôt et les récupérer au Redemption Centre. La plupart des articles sont à l'effigie des héros de Disney, mais ils sont personnalisés selon les *lands*. Par exemple, on peut acheter les vêtements d'Indiana Jones à Adventureland, ou de l'artisanat indien à Frontierland. La Disney Gallery au New Orleans Square propose des lithographies en édition limitée de dessinateurs de Disney. Enfin, la plus grande des boutiques du « Royaume magique » est l'Emporium, sur Main Street.

Façade du Sleeping Beauty Castle de Fantasyland

Disney un lieu de résidence. C'est dans cette partie du parc que les visiteurs ont le plus de chance de voir déambuler Mickey, Goofy et les autres, toujours prêts à poser pour une photo.

La demeure la plus populaire est, bien entendu, celle de Mickey Mouse, où le soin légendaire apporté aux détails par son créateur se retrouve dans de petites touches comme un livre publié par Random Mouse ou des boîtes de café Maxwell Mouse. Ici, la plupart des attractions sont destinées aux enfants de plus de trois ans : **Chip'n Dale Treehouse**, mini-montagnes russes, **Goofy's Bounce House** et voitures tamponneuses sur l'eau.

Particulièrement appréciée des jeunes enfants, la plus importante attraction de Toontown, le **Roger Rabbit's Car Toon Spin**, vous entraîne dans une course folle en taxi au sein d'un monde surréaliste.

Fantasyland

La foule qui se presse en permanence à Fantasyland témoigne de l'attrait qu'exercent même sur les adultes les rêves de l'enfance. Au pied des tours or et rose du **Sleeping Beauty Castle** (Château de la Belle au bois dormant) et d'une réplique du **Matterhorn**, des héros comme Peter Pan, Dumbo et Blanche-Neige fournissent les thèmes de nombreuses attractions où l'on embarque dans des véhicules tels que des galions volants, des barques flottant sur des canaux ou les tasses géantes et tournoyantes du célèbre chapelier fou.

Matterhorn Bobsleds

Attraction historique, ces montagnes russes existent depuis 1959. Quatre passagers prennent place dans des bobsleighs qui gravissent une réplique haute de 45 m du Matterhorn, le célèbre sommet alpin. Arrivés à la cime enneigée, ils dévalent à grande vitesse la pente, entrant dans le rocher et en sortant, dépassant des grottes creusées dans un glacier et des chutes d'eau. L'arrivée a lieu dans un lac et les personnes assises à l'avant échappent rarement à l'aspersion.

It's a Small World

Ce spectacle propose une vision utopique d'un monde où régnerait l'harmonie. Des bateaux colorés circulent au milieu de quelque 300 poupées animées et chantantes vêtues de costumes traditionnels.

Mode d'emploi

1313 Harbor Blvd, Anaheim.
(781) 4560-781. *(714) 871-4565.* *depuis LAX.* *435.* *de juin à août : de 8 h à minuit t.l.j. ; de sept. à mai : de 9 h à 18 h t.l.j.*

Billets

Le ticket à la journée pour Disneyland ou California Adventure couvre l'accès au parc et à la plupart des attractions. Pour le parking, certains spectacles, la nourriture et les galeries marchandes, il faut payer un supplément. Multiday Tickets (valable 3 ou 4 jours) et Annual Passeport (valable 1 an) offrent un accès illimité aux attractions. Avec Fastpass, les visiteurs accèdent à des animations spécifiques sans faire la queue grâce à un système de réservation informatique. Évitez la file d'attente à l'entrée en achetant votre billet à l'avance dans un Disney Store ou sur le site internet : www.disney.com. Vous trouverez des informations tenues à jour sur les horaires, temps d'attente et heures de fermeture au bout de Main Street, en face du Plaza Pavillion.

Le Mark Twain Riverboat

Frontierland

L'époque de la conquête de l'Ouest inspire cette partie du parc et les danseuses n'hésitent pas à lever la jambe sur la scène du **Golden Horseshoe Jamboree**. Non loin se tient le **Hunchback of Notre Dame Festival of Fools** (Carnaval des fous du bossu de Notre-Dame). Chaque week-end, le soir a lieu le spectaculaire **Fantasmic!**, qui se termine par un feu d'artifice.

The **Mark Twain Riverboat** Le visiteur revit la légende du Mississippi le temps d'une promenade de 15 mn sur un lac appelé Rivers of America. Des élans et des cerfs en plastique peuplent les vertes forêts des rives et la Tom Sawyer Island.

Big Mountain Thunder Railroad
Le succès de ces montagnes russes ne se dément pas. Un convoi de wagons de minerai part d'un village datant de la ruée vers l'or : Big Thunder. Le train zigzague à toute vitesse dans les tunnels creusés dans la montagne, jaillit à l'extérieur, n'évite que de justesse cascade rugissante et éboulis…

Downtown Disney

Situé entre les entrées de Disneyland park et California Adventures, Downtown Disney® est un paradis vert. Cette zone propose au public, sur plus de 33 000 m², des attractions innovantes, mais également des restaurants, boutiques, snack-shops, points de vente et même une agence de voyages. L'entrée étant gratuite, Downtown Disney® draîne les foules. L'AMC Theater® (à 12 écrans), ESPN Zone™ et LEGO Imagination Center® sont, ici, les meilleurs divertissements.

Critter Country

Construit dans le style rustique caractéristique du nord-ouest des États-Unis, Critter Country occupe 1,6 ha à côté de Frontierland et abrite l'une des attractions les plus populaires de Disneyland, Splash Mountain, ainsi qu'un de ses restaurants les plus paisibles, l'Hungry Bear.

Splash Mountain
À bord de troncs d'arbres évidés flottant sur une rivière, vous évoluez au milieu des automates qui peuplent la montagne. Issus du film, *Song of the South* (1946), ces personnages velus chantent. Votre embarcation bascule dans une abrupte chute d'eau pour la plongée la plus longue du monde. Les occupants des premières places doivent s'attendre à être aspergés.

The Country Bear Playhouse
Des ours « audio-animatronic » font des blagues et interprètent des chansons stupides dans un show musical joyeux.

Teddi Barra's Swingin' Arcade
Ce stand de tir où l'on vise des ours mécaniques fait revivre l'ambiance du Far West.

New Orleans Square

Cette place pleine de charme s'inspire du quartier français de La Nouvelle-Orléans tel qu'il se présentait quand la ville connaissait son âge d'or au XIXe siècle. Des balcons en fer forgé ornent les bâtiments qui abritent d'intéressants magasins.

Haunted Mansion
Le Manoir Hanté a ses habitués capables de réciter par cœur le commentaire d'introduction pendant qu'ils descendent au cœur du dédale où les attendent fantômes, vampires

et morts vivants. Toutes les apparitions sont extrêmement réalistes, de la tête de femme parlant dans une boule de cristal aux hologrammes réunis pour un bal spectral.

Pirates of the Caribbean
Ce formidable périple en barque entre des villages de pêcheurs où de terribles pirates pillent, se battent et beuglent des chansons d'ivrognes témoigne des possibilités offertes par la technique d'animation d'automates à l'aide de bandes magnétiques, dite Audio-Animatronic, développée à Disneyland.

The Disney Gallery
Les documents exposés au-dessus de l'entrée de Pirates of the Caribbean comprennent des dessins qui servirent de support à l'élaboration de projets de Walt Disney.

Adventureland

C'est le plus petit *land*, mais sans doute le plus aventureux du parc. Dans **The Enchanted Tiki Room**, des oiseaux mécaniques exposés en vitrine offrent un divertissement musical farfelu à travers les tropiques.

Indiana Jones™ Adventure
La célèbre trilogie de George Lucas et Steven Spielberg a inspiré cette excitante expédition en jeep à travers le Temple of the Forbidden Eye (Temple de l'œil interdit). Explosions, serpents, coulées de lave, brusques virages et chutes inattendues : la mise en scène, les images, l'illustration sonore et les sensations fortes provoquées par un parcours en montagnes russes font de cette attraction l'une des plus réussies de Disneyland.

Jungle Cruise
Tandis que votre embarcation glisse sur les canaux d'une forêt tropicale envahie d'animaux menaçants et de chasseurs de têtes, le capitaine commente le voyage en faisant de terribles plaisanteries.

Tarzan™'s Treehouse
Grimpez dans la cabane avec Tarzan et Jane et profitez d'une aire de jeu interactive au pied de l'arbre !

Disney's California Adventure

Disney's California Adventure, la nouvelle « star » à Anaheim, est situé près de Disneyland. Construit sur un ancien parking, cet espace s'étend sur 22 ha et comprend trois *lands*. Chacun propose des jeux à thème qui rendent hommage au Rêve américain. Ici, les animations sont surtout destinées aux adultes et adolescents, mais beaucoup d'attractions attireront tous les âges. Avec Disneyland Park, California Adventure vient enrichir la légende de Disney.

Hollywood Pictures Backlot

Le Backlot propose au public une vision désinvolte de l'industrie cinématographique, grâce aux simulations et trucages. À l'**Hyperion Theater**, Woopi Goldberg raconte l'histoire des immigrants de Californie. Dans le **Muppet* Vision 3-D** de Jim Henson, Miss Peggy et Kermit ainsi que tous les autres charmants personnages du Muppet rendent un hommage au cinéma.

Golden State

Le Grizzly Peak, étape incontournable de California Adventure, rend hommage à la topographie et l'agriculture de la Californie. **Soarin' Over California** est le point central de cette étape : une promenade simulée sur deltaplane invite le public à découvrir les paysages variés de la Californie sur un écran géant. Aucun commentaire n'accompagne la balade, mais les visiteurs peuvent sentir les vents puissants et le pafum de la fleur d'oranger lorsqu'ils s'élèvent à 12 m de haut. **Bountyfull Valley** propose un film en 3-D avec Flik, de *A Bug's Life*.

Paradise Pier

Ici, les attractions sont moins sensationnelles. Paradise Pier est l'endroit des montagnes russes, des Ferris Wheels et des sauts en parachute.

California Screamin', la gigantesque **Sun Wheel**, **Boardwalk Games** et **King's Triton's Carousel** rappellent les anciens parcs de jeux.

California Adventure est connu pour son Grizzly River Gun

Knott's Berry Farm and Soak City USA ❷

Statues de cow-boys à Ghost Town

Knott's Berry, une ancienne petite ferme des années 1920, est devenu un grand complexe de divertissements. Ce premier parc à thème américain propose plus de 165 attractions. Mais il est surtout intéressant pour son authenticité. The Old West Ghost Town, au cœur du parc, abrite de vrais bâtiments d'une ville fantôme. Knott's Berry est situé à Buena Vista, Orange County, à une demi-heure en voiture de L.A. Le complexe, qui possède trois espaces à thème, un centre de loisirs et des boutiques, propose de nombreux spectacles et des attractions sensationnelles.

À NE PAS MANQUER

- ★ **Old West Ghost Town**
- ★ **Camp Snoopy**
- ★ **Soak City USA**

GhostRider

Ces montagnes russes en bois, qui existent depuis 1998, sont l'une des meilleures attractions du genre. La première descente brute de 33 m atteint une vitesse de 97 km/heure. L'attraction dure 2,5 mn.

Old West Ghost Town

Les rues de cette ville, qui a connu la ruée vers l'or en 1880, sont bordées d'anciens bâtiments. The **Ghost Town & Calico Railroad**, un train à vapeur datant de 1880, fait le tour du parc, tandis que la diligence **Overland Trails** propose aux passagers un voyage dans le temps.

Le **Gold Trails Hotel and Mercantile**, une ancienne école rénovée du Kansas, et le **Western Trails Museum** sont pleins de souvenirs à rapporter. Les visiteurs peuvent chercher de l'or au **Old Farm Mine** ou danser à Calico Square. Le **Timber Moutain Log Ride** emmène les passagers dans une scierie des années 1880 avant de plonger dans une chute d'eau de 13 m. Au cœur de Ghost Town, le spectaculaire **GhostRider**, de 1 325 m de long, domine le parc.

La plus grande montagne russe en bois des États-Unis (36 m de haut)

Une piste de 1 382 m de long

Un train à vapeur de 1880 promène les passagers dans le parc

Camp Snoopy

Inspiré du majestueux High Sierra, le monde merveilleux de Camp Snoopy est un véritable paradis pour les enfants. Cet espace, qui s'étend sur 2,4 ha, leur offre des attractions interactives. Trente attractions et mini-promenades conçues pour les enfants sont animées par les personnages de Peanuts : Snoopy, Lucy et Charlie Brown. Les moins de 12 ans adoreront les montagnes russes de **Timberline Twister**, les avions de Red Baron et la Ferris Wheel à l'ancienne, où parents et enfants survoleront le parc et découvriront de magnifiques vues. Le **Charlie Brown Speedway** fera le bonheur des amateurs de courses de stock-car. Les enfants pourront même caresser des petits animaux dans une basse-cour.

Des enfants au volant d'une voiture à Charlie Brown Speedway

Fiesta Village

Ce village rend hommage à l'héritage espagnol en proposant une série d'aventures au sud de la frontière. L'attraction du Dentzel Carousel, le plus vieux du monde, procure un véritable plaisir nostalgique. Deux grandes montagnes russes, la **Jaguar** et la **Montezooma's Revenge**, garantissent frissons et sensations. À la fin de la journée, vous pourrez assister à un feu d'artifice et une démonstration laser à Reflection Lake.

Une réplique du Philadelphia Independance Hall

Indian Trails

Des objets artistiques et artisanaux des Indiens d'Amérique du Nord-Ouest du Pacifique, des Great Plains, du Sud-Ouest et Far-West sont ici exposés. Les panneaux totémiques des tribus Blackfoot, Nez Percé et Arapho rappellent la beauté et la diversité de leur culture.

Grâce à des aventures éducatives, les visiteurs comprendront comment vivaient autrefois ces populations, comment leurs croyances et leur environnement naturel influencaient leur quotidien.

The Boardwalk

Une fête permanente en bord de mer comme thème principal… Ici, tout tourne autour de la culture de plage de la Californie du Sud. **Supreme Scream** simule un lancement de fusée, et le **Perilous Plunge** est déconseillé aux âmes sensibles. Après les attractions, vous pourrez assister à un spectacle au **Charles M. Schultz Theater**.

Wild Water Wilderness

Vivez la magie des années 1900 et réalisez vos rêves les plus sauvages avec **Bigfoot Rapids** ! Vous survolerez des étendues de rivières déchaînées, des geysers et des cascades gigantesques ! Le multisensoriel **Mystery Lodge** rend hommage à la culture des Indiens d'Amérique, avec musique, danse et comteur indien. À **Ranger Station**, un naturaliste sympathise avec Sasquatch (Bigfoot), la créature de California High Sierra.

Soak City USA

Le nouveau parc d'aventures aquatique de la Californie du Sud propose 21 attractions nautiques inspirées de la culture surf des années 1950 et 1960.

Situé près de Knott, Soak City USA comprend 5,3 ha d'eau, avec notamment des tobbogans, dont un à six voies, et le **Tidal Wave Bay**, une piscine à vagues.

Gremmie Lagoon est une aire de jeux destinée aux enfants.

Ici, les attractions sont accessibles en fonction de l'âge et du poids des personnes.

Au sein du parc, vous trouverez des endroits pour manger et acheter des souvenirs, mais également des vestiaires.

Mode d'emploi

8039 Beach Blvd, Buena Park.
(714) 827-1776. *(714) 220-5200.* *29, 38, 42.* *de juin à début sept. : de 9 h à minuit ; de mi-sept. à mai : de 10 h à 18 h du lun. au ven., de 10 h à 22 h le sam., de 10 h à 19 h le dim.* *25 déc.*
www.knotts.com

Radisson Resort, Knott's Berry Farm

Sous cette appellation se cachent les trois parcs de Californie du Sud les plus distingués : Knott's Berry Farm Theme Park, Soak City USA et Radisson Resort. Dans un hôtel de 321 chambres, les invités peuvent choisir la suite à thème Snoopy et profiter des piscines, des complexes sportifs, du centre de fitness et d'une aire de jeux destinée aux enfants. Les restaurants, comme le Cucina ! Cucina ! Italian Café, contribuent à l'ambiance joyeuse du lieu. Les habitués bénéficient de tarifs particuliers.

Spectaculaires attractions nautiques à Soak City USA

Maison natale de Richard Nixon

Richard Nixon Library and Birthplace ❸

Carte routière D6. 18001 Yorba Linda Blvd. *(714) 993-5075.* *jusqu'à Fullerton.* *de 10 h à 17 h du lun. au sam. ; de 11 h à 17 h le dim.* *Thanksgiving, 25 déc.*

Un musée, un mémorial et une bibliothèque d'archives célèbrent ici la vie et l'œuvre de Richard Nixon, président des États-Unis de 1969 à 1974. La modeste maison de bois où il naquit en 1913 se dresse au sein d'un parc impeccablement entretenu. Non loin se trouvent le Reflecting Pool *(p. 217)*, bassin invitant à la méditation, et les pierres tombales en granit noir sous lesquelles reposent le président Nixon et sa femme Pat.

Dans le musée, l'exposition permanente qui retrace dans l'ordre chronologique l'ascension et la chute du politicien républicain met l'accent sur la paix qu'il conclut au Viêt-nam et son rôle sur la scène internationale. La réplique d'un pavillon chinois abrite ainsi des documents sur sa visite officielle en Chine en 1972, tandis qu'une reconstitution de l'église Basile-le-Bienheureux de Moscou évoque son voyage en Union soviétique la même année.

Dans la World Leaders' Room, les statues de dirigeants célèbres tels que Mao Zedong et Winston Churchill sont entourées de certains des cadeaux que reçut Richard Nixon pendant son mandat, entre autres une statue de la déesse Isis datant du VIe siècle av. J.-C., présent d'Anouar el-Sadate, et un tableau de Sonia Delaunay offert par Georges Pompidou.

Les objets historiques exposés dans d'autres salles comprennent un morceau de pierre lunaire vieux de trois milliards d'années, un fragment du mur de Berlin et des robes portées par la *First Lady*. On peut également écouter les célèbres bandes magnétiques du Watergate qui finirent par contraindre Nixon à la démission. Dans le Presidential Forum, la magie de l'interactivité permet aux visiteurs de poser des questions au président défunt. Des archives fournissent les réponses. D'autres salles abritent des expositions temporaires sur des aspects plus populaires de la vie politique américaine comme les visites de vedettes de variétés à la Maison-Blanche.

Crystal Cathedral ❹

12141 Lewis St, Garden Grove. *(714) 971-4013.* *45 N.* *du lun. au sam.* *9 h 30, 11 h, 18 h le dim.*

Écheveau de poutrelles métalliques recouvertes de plus de 10 000 panneaux de verre argenté, l'étincelante cathédrale de Cristal est à la dimension de la fascination qu'éprouvent des millions d'Américains pour les évangélisateurs qui se servent de la télévision pour transmettre leur message. Elle peut confortablement accueillir près de 3 000 fidèles. Ils viennent en particulier assister le dimanche au service du Dr Robert H. Schuller diffusé en direct sous le titre évocateur de *Hour of Power*

L'intérieur de la Crystal Cathedral à Garden Grove

(Heure du pouvoir).
En forme d'étoile, l'édifice dessiné par Philip Johnson en 1980 abrite l'un des plus grands orgues du monde et un écran vidéo de 4,5 m de large. D'immenses portes vitrées permettent aux croyants garés dehors d'écouter l'office religieux sans quitter leur voiture. Une flèche en acier inoxydable de 72 m de haut ajoutée en 1990 ainsi qu'un cimetière d'une capacité de 10 000 tombes complètent le sanctuaire.

Le Dr Schuller commença sa carrière en 1955 en prêchant dans un cinéma drive-in, toujours debout, puis il fit construire la Southern California Community Church, une église elle aussi drive-in qui se visite gratuitement en même temps que la cathédrale. Il a aujourd'hui des disciples jusqu'au Canada et en Australie et on vient de très loin assister aux reconstitutions en costumes organisées à Noël et à Pâques. Des anges suspendus au plafond planent alors au-dessus de la congrégation.

Bowers Museum of Cultural Art ❺

2002 N Main St, Santa Ana. **Carte routière** D6. *(714) 567-3600. jusqu'à Anaheim. 45 S. de 10 h à 16 h du mar. au dim. (jusqu'à 21 h le jeu.). 1er jan., Thanksgiving, 25 déc.*

Fondé en 1932, ce musée ethnographique possède de riches collections permanentes et propose des expositions temporaires de haut niveau. Les bâtiments de style Mission *(p. 27)* qu'il occupe renferment aussi un café élégant *(p. 554)* et une boutique vendant de l'artisanat et des livres d'art.

Réunie par Paul et Ruth Tishman, et aujourd'hui mise à disposition sous forme de prêt à long terme par la Disney Corporation, la collection de masques africains du Bowers Museum justifie à elle seule le déplacement, mais il présente aussi des merveilles issues de cultures qui prospéraient en Asie du Sud-Est, en Océanie,

Portail d'entrée du Bowers Museum of Cultural Art

au Mexique et en Amérique du Nord avant la colonisation. Ces objets illustrent les croyances religieuses de ces peuples ainsi que leurs vies quotidiennes.

Décorées de fresques et de stucs des années 1930, les salles de l'étage sont consacrées à la période des missions et des *ranchos* en Californie et dans l'Orange County *(p. 42-43)*.

À un pâté de maisons de là, une ancienne banque abrite le **Kidseum** où les enfants peuvent participer à des activités créatrices et essayer masques et costumes du monde entier.

Statuette maya (800-950 apr. J.-C.), Bowers Museum

Kidseum

1802 N Main St, Santa Ana. *(714) 480-1520. de 10 h à 16 h sam. et dim.*

Discovery Museum of Orange County ❻

3101 W Harvard St, Santa Ana. **Carte routière** D6. *(714) 540-0404. jusqu'à Anaheim. 45 S. de 13 h à 17 h du mer. au ven. ; de 11 h à 15 h le dim. 1er jan., dim. de Pâques, Thanksgiving, 25 déc.*

L'époque victorienne reste d'actualité dans l'Hiram Clay Kellogg House, curieuse demeure de deux étages construite en 1898 par un ingénieur des travaux publics fasciné par les bateaux. Deux statues d'ours ornent le perron. Ovale, la salle à manger possède un plancher en lattes de chêne et de noyer disposées en bandes pour ressembler à un pont de navire. Certains tiroirs des meubles de rangement encastrés peuvent aussi s'ouvrir depuis la cuisine située de l'autre côté du mur. Des fruits ornent le plafond et un élégant escalier circulaire s'enroule autour d'un mat.

L'édifice abrite aujourd'hui un musée qui s'adresse plus particulièrement aux enfants, mais qui présente aussi un intérêt historique et architectural pour les adultes. Les jeunes visiteurs s'y voient offrir la possibilité d'enfiler d'authentiques vêtements anciens pour mieux s'imaginer vivant au tournant du siècle. Jouets, bureaux d'écoliers et maisons de poupées d'époque meublent les pièces des étages. Au rez-de-chaussée, les enfants apprennent à découvrir de mystérieux instruments tels qu'un stéréoscope ou un téléphone à manivelle. La cuisine a gardé un équipement d'un autre âge avec sa glacière et sa baratte.

La John A. Magg House voisine date de 1899 et a été installée ici avec son écurie et son château d'eau en 1982. Il y a également une orangeraie, une rareté désormais dans l'Orange County.

Outils servant à la culture des oranges au Discovery Museum

La Mission San Juan Capistrano ❼

Statue de San Juan Capistrano

La chapelle du « Joyau des Missions » est le dernier bâtiment existant en Californie où prêcha le célèbre père Junípero Serra *(p. 42)*. Fondée en 1776, la Mission San Juan Capistrano acquit une prospérité qui permit la construction d'une Great Stone Church (grande église de pierre) achevée en 1806. Six ans plus tard, un tremblement de terre n'en laissait qu'une coque en ruine actuellement en cours de restauration. Entourant un jardin ornemental, les autres édifices, en adobe et en briques, aident à imaginer l'activité qui régnait dans la mission pendant la colonisation espagnole.

★ Les quartiers d'habitation des pères
Les moines de la mission dormaient dans des cellules austères aux lits en planches. Les visiteurs jouissaient de plus de confort.

Les cuisines abritent des ustensiles anciens.

Une hutte évoque les abris traditionnels des Indiens qui vivaient dans la région à l'époque de la mission.

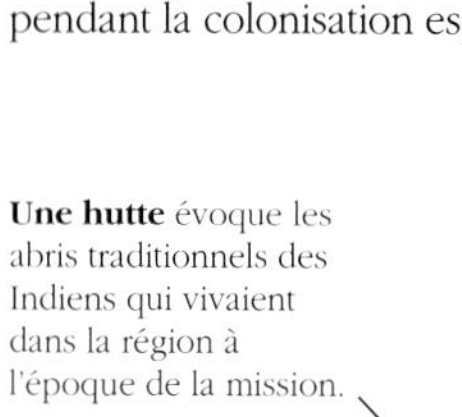

Cloches du Sacred Garden
Les quatre cloches de la Great Stone Church sont suspendues dans le mur d'un petit jardin. Les deux plus grosses datent de 1796.

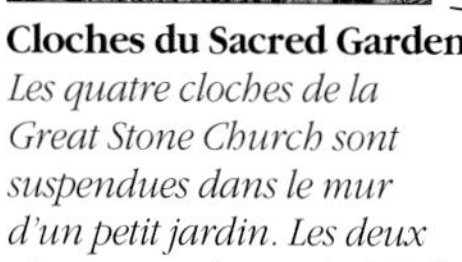

Junípero Serra
Une statue du fondateur de la mission et d'un jeune Indien orne un angle des jardins.

À NE PAS MANQUER

- **★ Le jardin de la cour intérieure**
- **★ Les quartiers d'habitation des pères**
- **★ La Serra's Chapel**

★ Le jardin de la cour intérieure
Cœur de la mission, cette cour entourée de galeries est devenue un magnifique jardin orné en son centre d'une fontaine.

MODE D'EMPLOI

Camino Capistrano et Ortega Hwy. **Carte routière** D6. *(949) 248-2040.* *de 8 h 30 à 17 h t.l.j.* *ven. saint apr.-m., Thanksgiving, 25 déc.* *fête des hirondelles (mars).*

La Bodega (entrepôt) renfermait suif, grain, lainages et peaux.

Galeries
Avec leurs murs carrelés, les galeries entourant la cour intérieure offrent un endroit frais à l'ombre pour se reposer ou contempler le jardin.

★ La Serra's Chapel
En bois de cerisier doré à la feuille, l'autel de la chapelle, vieux de trois siècles, fut apporté de Barcelone en 1906.

La Great Stone Church, dont il ne reste que des ruines, est en cours de restauration.

LES HIRONDELLES DE LA MISSION

Chaque printemps, des milliers d'hirondelles de retour d'Amérique du Sud s'installent pour l'été à San Juan Capistrano et une fête salue leur arrivée le 19 mars, jour de la Saint-Joseph *(p. 32)*. Depuis plus de deux siècles, ces oiseaux fabriquent sous les toits en tuiles et contre les murs en adobe de la mission des nids en boue séchée où ils couvent de 4 à 5 œufs. À l'automne, ils repartent vers le sud.

Une jeune hirondelle

Catalina Island ❽

Une trentaine de kilomètres seulement séparent du continent l'île la plus accessible des Channel Islands. D'une superficie de 200 km², elle doit son nom à l'explorateur portugais Sebastián Vizcaíno qui y débarqua en 1602 le jour de la fête de sainte Catherine d'Alexandrie. Rocheuse, elle reste en grande partie préservée malgré les visiteurs qu'elle attire le week-end et en période de vacances.

Les plus beaux édifices de la principale ville, le port d'Avalon, furent construits par le millionnaire William Wrigley, Jr, qui acheta l'île en 1919. Elle appartient aujourd'hui dans sa quasi-totalité au Santa Catalina Island Conservancy qui protège ses richesses naturelles.

Two Harbors
Cet isthme bas sépare deux baies. On y trouve notamment un camping, un centre de plongée sous-marine et un bazar.

Airport-in-the-Sky et Nature Center

El Rancho Escondido, un élevage de chevaux primés, se visite dans le cadre de visites guidées de l'île.

Little Harbor
Outre un joli port et une plage abritée au fond d'une crique, cette baie isolée de la côte occidentale recèle plusieurs pistes cyclistes et un bon terrain de camping.

Dans la Black Jack Mountain (610 m), deuxième sommet de l'île, des mines produisirent plomb, zinc et argent dans les années 1920.

West End
Two Harbors
Catalina Harbor
Empire Landing Road
Little Harbor Road
BIG SPRINGS CANYON
Little Harbor
El Rancho Escondido
BLACK JACK MOUNTAIN
Middle Canyon Trail
BULLRUSH CANYON

La faune et la flore de Catalina

Au fil des siècles, la Catalina Island est devenue un sanctuaire où survécurent des plantes qui disparaissaient sur le continent. Huit espèces végétales spécifiques subsistent ainsi, dont de rares variétés de bois de fer et d'acajou et la tomate sauvage hautement toxique. L'isolement a en outre donné naissance à des sous-espèces animales comme le petit renard gris de Catalina. Certains des animaux domestiques des premiers colons, notamment porcs et chèvres, sont retournés à l'état sauvage. Il y a même des bisons, importés pour le tournage d'un film en 1924.

Bison sauvage de Catalina Island

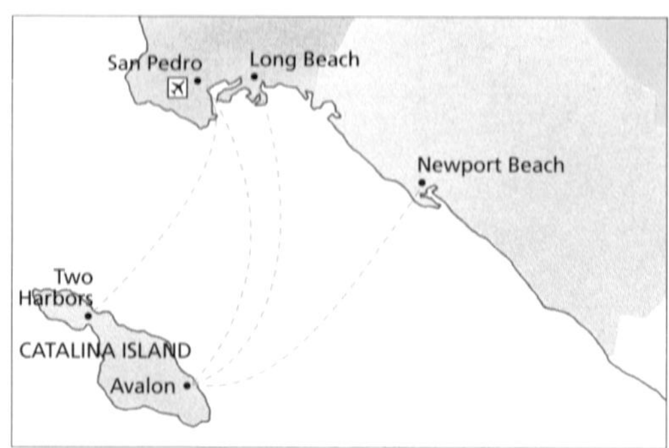

MODE D'EMPLOI

Carte routière C6. *3 000.* **Island Express Helicopter Service** *(310 510-2525) de San Pedro et Long Beach à Avalon.* **Catalina Express** *(310 519-1212) de San Pedro à Avalon ou Two Harbors et de Long Beach à Avalon ;* **Catalina Cruises** *(800 228-2546) de Long Beach à Avalon;* **Catalina Flyer** *(949 673-5245) de Newport Beach à Avalon.* *1 Green Pleasure Pier (310 510-1520).* *Catalina Arts Festival (fin sept.).*

★ L'Avalon Casino
Des visites guidées permettent de découvrir ce joyau Art déco de 1929 superbement restauré.

LÉGENDE

- Route secondaire
- Route en mauvais état
- Sentier
- Cours d'eau
- Aéroport
- Embarcadère
- Information touristique
- Point de vue

0 — 5 km

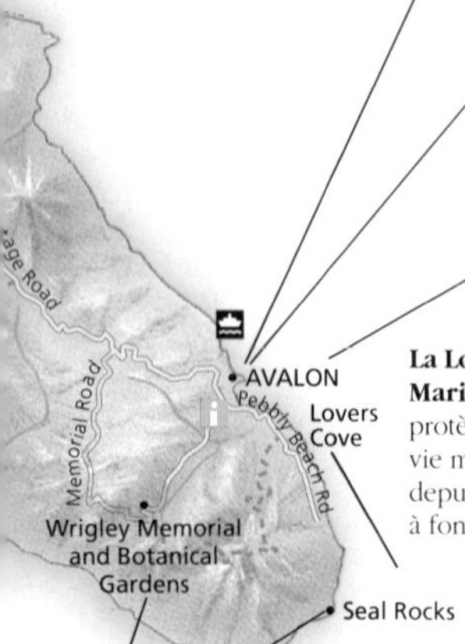

L'Avalon Museum, installé dans le casino, retrace l'histoire de l'île qu'exploitèrent éleveurs et mineurs et qui devint une station balnéaire et un lieu de tournage de films.

La Lovers Cove Marine Reserve protège une riche vie marine visible depuis des bateaux à fond de verre.

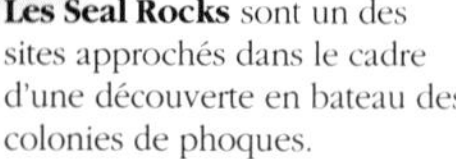

Les Seal Rocks sont un des sites approchés dans le cadre d'une découverte en bateau des colonies de phoques.

★ L'Avalon Bay
Près de 3 000 personnes vivent à Avalon. Elles se déplacent dans de petits véhicules électriques que les visiteurs peuvent louer.

★ Les Wrigley Memorial & Botanical Gardens
Ces 15 ha de parc renferment un imposant mémorial à William Wrigley, Jr et une collection de plantes indigènes de l'île.

À NE PAS MANQUER

- **★ L'Avalon Bay**
- **★ L'Avalon Casino**
- **★ Les Wrigley Memorial & Botanical Gardens**

THE BANK OF CALIFORNIA
Santa Fe

Le San Diego County

C'est sur une colline de la magnifique San Diego Bay que le père Junípero Serra fonda la première des 21 missions qui allaient former l'épine dorsale de la Californie moderne (p. 42-43). *Jouissant d'un climat exceptionnel et d'un superbe port naturel, cette colonie est devenue la sixième ville des États-Unis. Le visiteur découvrira aussi dans le San Diego County de belles plages et forêts et de vastes parcs.*

Depuis sa fondation, San Diego doit sa croissance à l'océan. Elle s'enrichit au XIXe siècle grâce aux chercheurs d'or, aux marchands de fourrures et aux pêcheurs de baleines qui venaient profiter de l'abri de la San Diego Bay. Puis la marine américaine, qui s'installa en 1904, en fit le plus grand établissement militaire du monde, et croiseurs et porte-avions restent des spectacles familiers au milieu des bateaux de pêche et de plaisance.

Lors d'une première visite, c'est l'étendue de l'agglomération, étalée le long de deux baies, qui frappe tout d'abord. Puis on remarque son dynamisme dont les gratte-ciel de Downtown présentent une image étincelante en front de mer. Cette vitalité s'affirme aussi dans le domaine culturel à travers, notamment, les nombreux musées du Balboa Park. San Diego demeure toutefois surtout connue pour son zoo, l'un des plus riches de la planète, et le parc nautique de Sea World. Ville proposant de nombreuses activités sportives, elle accueillit trois fois l'Americas Cup.

Au nord, stations balnéaires huppées et réserves naturelles jalonnent la côte pacifique. À l'intérieur des terres, où de petites villes se sont développées au sein des zones cultivées, de profondes forêts et plusieurs parcs d'État offrent aux randonneurs et aux campeurs de vastes espaces qui permettent d'échapper au rythme trépidant de la vie urbaine. À l'est, le comté devient de plus en plus montagneux et les paysages prennent une aridité désertique. Au sud, la frontière et la ville mexicaine de Tijuana ne se trouvent qu'à 25 km de San Diego, une distance que l'on franchit très facilement en trolley.

Centre commercial de l'Old Town de San Diego

◁ **Les gratte-ciel de Downtown dominent le front de mer de la San Diego Bay**

À la découverte du San Diego County

D'une superficie de plus de 10 000 km², le San Diego County s'étend de l'océan Pacifique à l'Anza-Borrego Desert *(p. 266-267)* qui forme une frontière naturelle à l'est. Longues plages de sable, falaises et zones marécageuses alternent sur le littoral qui offre la possibilité de pratiquer de nombreuses activités de loisir. Plusieurs parcs d'État, tels ceux de la Palomar Mountain et du Cuyamaca Rancho, protègent les espaces sauvages de l'intérieur des terres. Proche de la frontière mexicaine, San Diego, la ville la plus peuplée de Californie après Los Angeles, entoure une baie profonde fermée par deux péninsules.

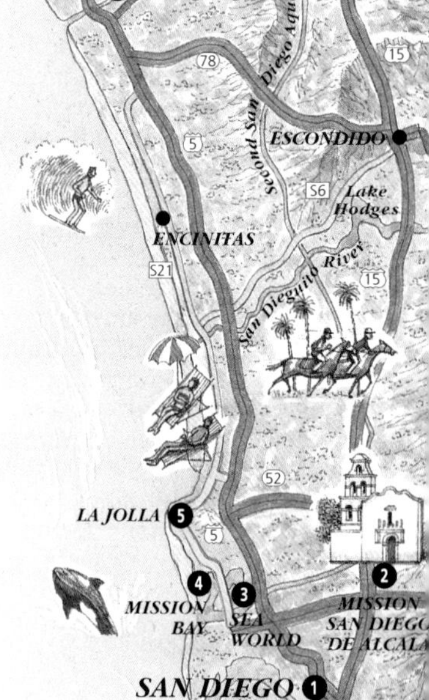

Dans le Cuyamaca Rancho State Park

VOIR AUSSI

• ***Hébergement*** p. 517-519

• ***Restaurants*** p. 555-557

Port de plaisance de la Shelter Island dans la San Diego Bay

Le San Diego County d'un coup d'œil

Le Cabrillo National Monument de San Diego

La Swami's Beach près d'Encinitas

Légende

- Autoroute
- Route principale
- Route secondaire
- Parcours pittoresque
- Cours d'eau
- Point de vue

Circuler

Les principales voies de circulation courent du nord au sud. La I-5 et la ligne de chemin de fer d'Amtrak longent la côte et assurent des liaisons rapides avec Los Angeles. Les trains du Coaster traversent de beaux paysages et desservent les gares entre San Diego et Oceanside. Une voiture est pratiquement indispensable pour découvrir l'intérieur du comté. Elle restera très utile à San Diego même si la ville dispose d'un bon système de transports en commun *(p. 256)*. Les deux lignes du tramway, le San Diego Trolley, vont jusqu'à El Cajon à l'est et jusqu'à la frontière au sud.

La côte du San Diego County

Entre l'Orange County et la frontière mexicaine, le littoral du San Diego County propose plus de 110 km de magnifiques plages de sable entrecoupées de parois rocheuses, de criques et d'élégantes stations balnéaires telles que Del Mar et Mission Beach. À La Jolla, des parapentistes sautent des falaises, tandis que des nudistes font du jogging au bord de l'eau. Réserves naturelles protégeant la flore et la faune de la côte, la Batiquitos Lagoon, la Torrey Pines State Reserve et le Chula Vista Nature Center *(p. 254)* offrent plus de calme.

Panneau de la Swami's Beach

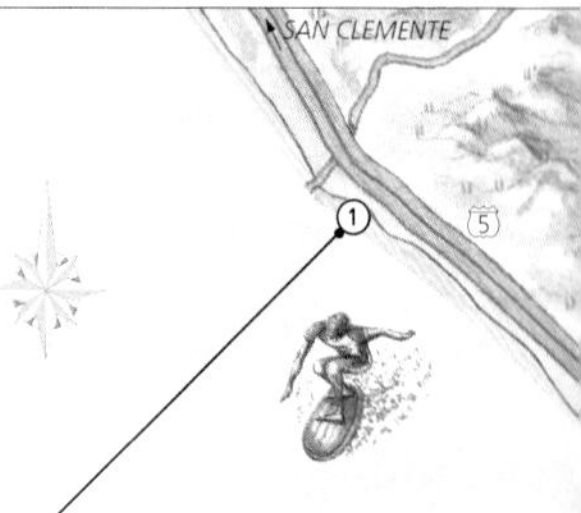

La Batiquitos Lagoon *s'étend entre South Carlsbad et les Leucadia State Beaches. Nettoyée, cette lagune qui abrite de nombreux oiseaux et une riche flore devrait devenir une réserve naturelle dotée d'un sentier de découverte et d'un* visitors' centre.

Le Del Mar Racetrack *établit sa renommée dans les années 1930 grâce à des vedettes d'Hollywood comme le chanteur Bing Crosby. La saison des courses hippiques dure de la fin juillet à la mi-septembre. La San Diego County Fair a lieu en juin sur le champ de foire adjacent.*

La Torrey Pines State Reserve *et la Santa Rosa Island* (p. 214) *sont les deux seuls endroits du monde où survive le* Torrey pine (Pinus torreyana), *un vestige des forêts d'avant l'ère glaciaire.*

LÉGENDE

- Autoroute
- Route principale
- Route secondaire
- Cours d'eau
- Point de vue

0 — 5 km

★ San Onofre State Beach ①

Proche de la centrale nucléaire de San Onofre et de la base militaire de Camp Pendleton, cette plage mérite surtout une visite pour admirer de bons surfers en action.

Swami's ③

Le Self-Realization Fellowship Temple domine le rivage et cette plage de surf porte le nom de son fondateur.

Cardiff State Beach ④

À la sortie sud d'Encinitas où le Restaurant Row permet de dîner en bord de mer, cette plage de sable blanc est propice à la baignade et au surf.

Torrey Pines State Beach ⑥

Au sud de cette plage appréciée des baigneurs et des pique-niqueurs, des sentiers grimpent dans les hauteurs de la Torrey Pines State Reserve et ménagent de beaux panoramas de l'océan.

Mission Beach ⑨

Voici la plage la plus animée de San Diego. Le Belmont Park *(p. 251)* propose en bord de mer des attractions foraines.

Ocean Beach ⑩

Des pélicans viennent se poser sur le ponton en forme de T d'Ocean Beach. Il ménage de belles vues du littoral.

Silver Strand Beach ⑫

Serrée entre des terrains d'entraînement de la marine, cette longue et mince bande de sable doit son nom à des coquillages argentés.

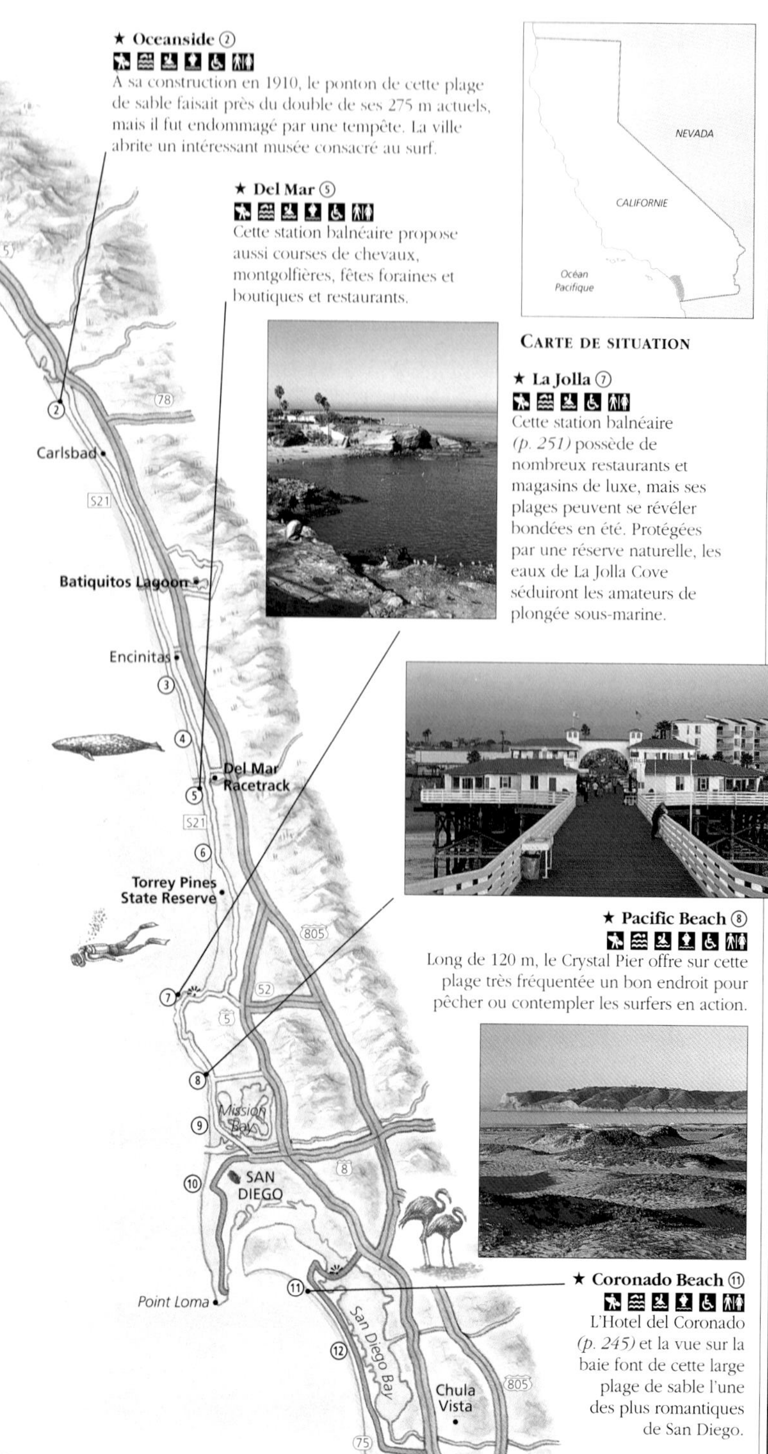

★ Oceanside ②

À sa construction en 1910, le ponton de cette plage de sable faisait près du double de ses 275 m actuels, mais il fut endommagé par une tempête. La ville abrite un intéressant musée consacré au surf.

★ Del Mar ⑤

Cette station balnéaire propose aussi courses de chevaux, montgolfières, fêtes foraines et boutiques et restaurants.

CARTE DE SITUATION

★ La Jolla ⑦

Cette station balnéaire *(p. 251)* possède de nombreux restaurants et magasins de luxe, mais ses plages peuvent se révéler bondées en été. Protégées par une réserve naturelle, les eaux de La Jolla Cove séduiront les amateurs de plongée sous-marine.

★ Pacific Beach ⑧

Long de 120 m, le Crystal Pier offre sur cette plage très fréquentée un bon endroit pour pêcher ou contempler les surfers en action.

★ Coronado Beach ⑪

L'Hotel del Coronado *(p. 245)* et la vue sur la baie font de cette large plage de sable l'une des plus romantiques de San Diego.

San Diego ❶

Décor du Santa Fe Depot

Protégée par la péninsule de Coronado *(p. 245)*, la San Diego Bay forme un port naturel de 57 km² autour duquel a grandi la deuxième ville de Californie. C'est l'explorateur portugais Juan Rodríguez Cabrillo qui découvrit la baie en 1542, mais sa colonisation ne commença qu'en 1769 avec l'arrivée du père Junípero Serra *(p. 42-43)*. Le fondateur des missions californiennes accompagnait une expédition militaire ayant pour objectif d'assurer le contrôle de l'Espagne sur l'Alta California (la partie de la Californie au nord de la Baja Peninsula). Elle établit sa forteresse, ou *presidio*, près de la San Diego River, là où s'étend aujourd'hui le quartier d'Old Town *(p. 244-245)*.

Boutiques du Seaport Village

À la découverte de Downtown San Diego

L'histoire du San Diego moderne débuta dans les années 1870 quand un homme d'affaires de San Francisco, Alonzo Horton, commença à aménager le front de mer et établit le quadrillage de rues du Gaslamp Quarter *(p. 242-243)* qui est devenu, avec le centre commercial de l'Horton Plaza, le pivot de la réhabilitation du quartier de Downtown. À l'extrémité ouest de Main Street se dressent les tours du **Santa Fe Depot**. Des carreaux composent un décor coloré à l'intérieur de cette gare de style Spanish Colonial construite en 1915 pour impressionner les visiteurs de la Panama-Pacific Exposition organisée dans le Balboa Park *(p. 246-247)*.

À côté, l'un des plus hauts gratte-ciel de la ville, l'**America Plaza**, abrite le Museum of Contemporary Art. En bord de mer, le **San Diego Convention Center**, qui évoque un galion, domine la San Diego Bay.

Les promenades et les quais de l'**Embarcadero** donnent une idée du rôle joué par la cité en tant que grand port commercial et militaire. Ils aboutissent au nord au Maritime Museum avec ses navires historiques. Une courte marche vers le sud conduit au **Broadway Pier** d'où partent des vedettes proposant des promenades dans le port. Depuis le **Seaport Village**, un centre commercial comptant plusieurs restaurants, on aperçoit les porte-avions de la **North Island United States Naval Air Station**.

Le centre commercial de l'Horton Plaza

Horton Plaza

Broadway, G St, 1st et 4th Aves.
(619) 239-8180. *t.l.j.*
Thanksgiving, 25 déc.

Ce centre commercial au plan novateur a servi de catalyseur à la réhabilitation de Downtown San Diego. Plusieurs niveaux peints de tons pastel abritent 140 boutiques, magasins et cafés. Les visiteurs peuvent y faire du lèche-vitrines en soirée à proximité des restaurants du Gaslamp Quarter.

San Diego

- Cabrillo National Monument ①
- Children's Museum ⑨
- Embarcadero ⑧
- Gaslamp Quarter ⑩
- Horton Plaza ⑥
- Hotel del Coronado ⑫
- Junípero Serra Museum ②
- Maritime Museum ③
- Museum of Contempory Art ⑤
- Santa Fe Depot ④
- Seaport Village ⑦
- Villa Montezuma ⑪

Maritime Museum

1492 North Harbor Drive. *(619) 234-1412.* *de 9 h à 20 h.*

Les mâts élancés du *Star of India*, un navire marchand de 1863, dominent cette collection de bateaux historiques. À côté flotte le *Berkeley* (1898), un ancien ferry de la San Francisco Bay. On visite également le *Medea*, luxueux yacht à vapeur de 1904 mouillé contre son flanc.

Museum of Contemporary Art

1001 Kettner Blvd. *(619) 234-1001.* *du mar. au dim.* *1er jan., 25 déc.*

Associé à l'établissement du même nom de La Jolla *(p. 251)*, ce musée ouvert en 1993 présente sur deux niveaux des expositions temporaires d'œuvres récentes d'artistes contemporains, ainsi qu'une sélection issue de sa riche collection permanente. Il propose aussi une librairie très bien fournie.

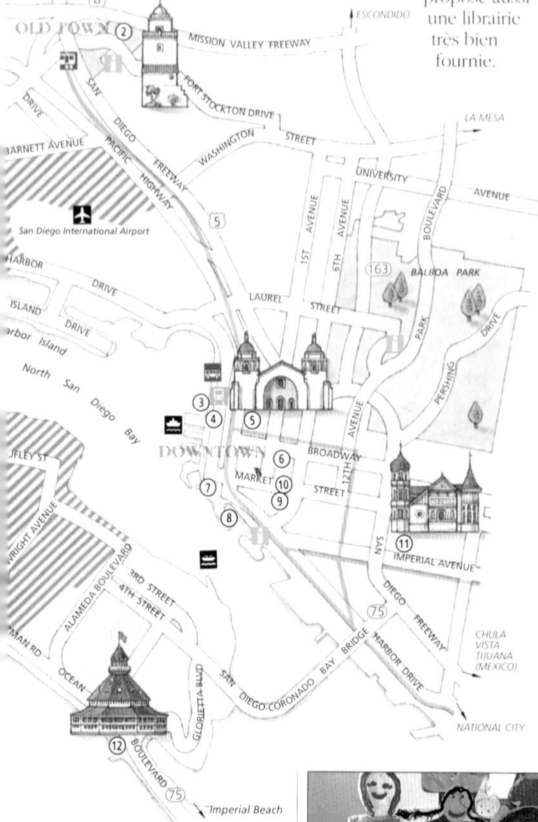

LÉGENDE

- Zone militaire
- Aéroport
- Gare
- Station de trolley
- Ligne de trolley
- Gare routière
- Embarcadère de ferries
- Information touristique

MODE D'EMPLOI

Carte routière D6. *1 500 000.* *Lindbergh Field Airport, 3707 N Harbor Drive.* *1050 Kettner Blvd.* *120 W Broadway.* *Horton Plaza, 1st & F sts (619 236-1212).* *Street Scene Festival (sept.).*

Villa Montezuma

1925 K St. *(619) 239-2211.* *ven., sam. et dim. de 10 h à 15 h 45.* *1er jan., 24 déc. après-midi et 25 déc.*

Édifiée en 1887 pour Jesse Shepard, un auteur et musicien originaire d'Angleterre, cette somptueuse demeure victorienne *(p. 27)* a conservé un intérieur de style Queen Anne magnifiquement préservé.

Vitrail de la Villa Montezuma

Children's Museum

200 W Island Ave. *(619) 233-5437.* *du mar. au ven. de 10 h à 15 h., sam. et dim de 10 h à 16 h.* *1er jan., Thanksgiving, 25 déc.*

Un ancien entrepôt est devenu un spacieux musée ludoéducatif. Les enfants disposent, entre autres, d'une scène de maquillage, d'une zone d'expression artistique, de jeux virtuels et d'un bus, le *Bookstop*.

Artiste en herbe au Children's Museum

Une promenade dans le Gaslamp Quarter

À la fin du XIXe siècle, quand San Diego connut une brusque croissance de population, les seize pâtés de maisons du Gaslamp Quarter prirent le surnom de « Stingaree », car, dans ce quartier où abondaient prostituées, cercles de jeu et débits de boissons, le client naïf courait de grands risques de se faire arnaquer *(sting)*. Malgré sa richesse architecturale, les mesures prises par la police pendant les décennies suivantes et le développement d'une communauté asiatique très unie ne lui évitèrent pas de continuer à se dégrader jusque dans les années 1970. Décrété National Historic District en 1980, le Gaslamp Quarter, réhabilité, s'est depuis imposé comme le nouveau cœur de San Diego, un endroit où l'on vient faire du lèche-vitrines, dîner, danser ou simplement admirer des bâtiments anciens allant d'une simple pâtisserie à de grands hôtels victoriens. Ses lampadaires à gaz lui donnent beaucoup de charme le soir.

Bec de gaz

MODE D'EMPLOI

Broadway et 4th–6th Aves. **Carte routière** D6. 1. *Bayside.* *410 Island Ave (619 233-4692).*

Old City Hall
Cet immeuble de bureaux (1874) italianisant abrita les services municipaux.

Le Lincoln Hotel du nº 635, bâti en 1913, possède une architecture influencée par la Chine.

Le Backesto Building, immeuble de bureaux au nº 614, date de 1873.

FIFTH AVENUE WEST SIDE

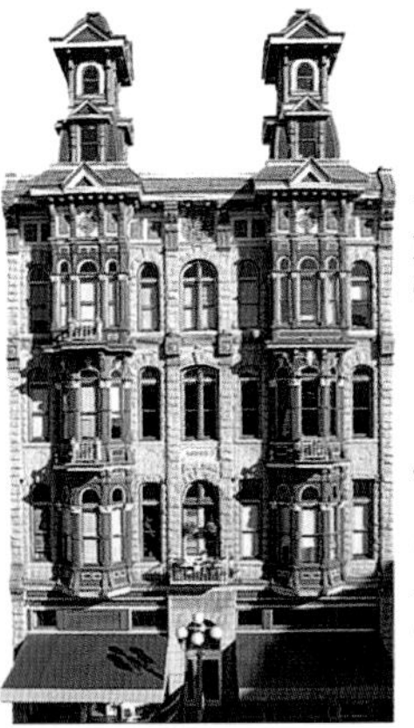

★ La Louis Bank of Commerce
Construit en 1888, le premier bâtiment en granit de la ville n'abrita la Bank of Commerce que 5 ans. Il servit aussi de bar à huîtres et de maison close.

Marston Building
Le grand magasin que George Marston, un défenseur des droits civiques, fit bâtir en 1881 à l'angle de 5th Avenue et F Street fut remanié en 1903 après un incendie.

FIFTH AVENUE EAST SIDE

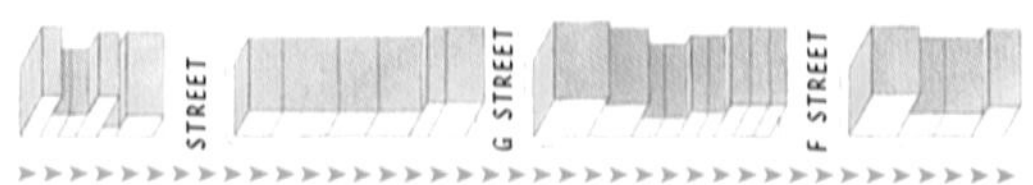

Légende

➤➤➤➤➤➤ Côté est, vers le nord

◄◄◄◄◄◄ Côté ouest, vers le sud

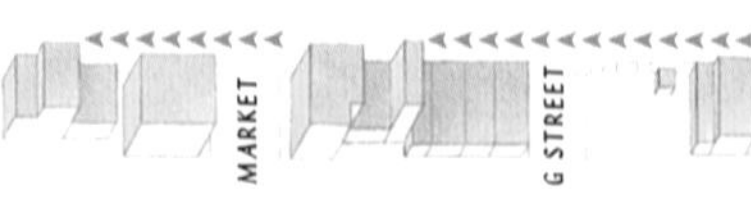

Llewelyn Building
Un magasin de chaussures, jusqu'en 1906, puis des hôtels occupèrent cet édifice de 1877.

Le Gaslamp Quarter le soir
Les clients des nombreux bars et restaurants, et les promeneurs, entretiennent l'animation du quartier à la nuit tombée.

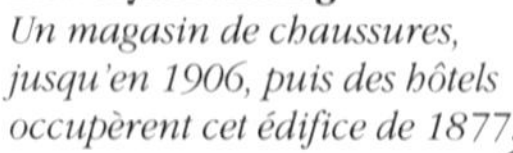

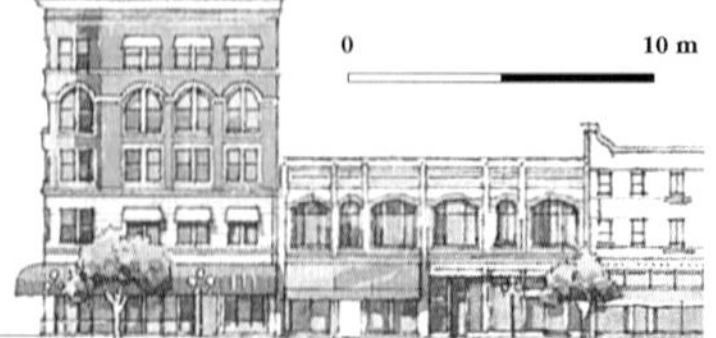

★ Le Yuma Building
Achevé en 1882, le Yuma Building fut un des premiers édifices en brique de Downtown. En 1915, il était devenu une maison close, la première dont une descente de police entraîna la fermeture.

À ne pas manquer

★ La Louis Bank

★ Le Yuma Building

Wyatt Earp
Le shérif Wyatt Earp dirigea trois maisons de jeu du quartier dans les années 1880. La réputation du « Stingaree » poussa les commerces plus respectables à déménager au nord de Market Street.

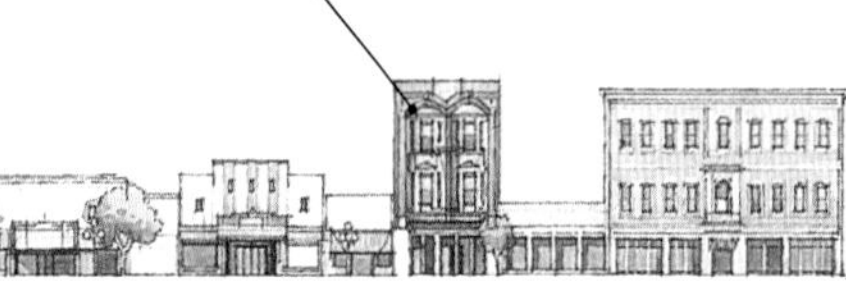

En dehors de Downtown

À 6,5 km au nord de l'actuel Downtown, certains des tout premiers édifices de San Diego ont survécu dans le quartier, connu sous le nom d'Old Town. Le Junípero Serra Museum retrace l'histoire de la région. À l'ouest d'Old Town, la côte s'étend au sud jusqu'au terme de la Point Loma Peninsula où se dresse le Cabrillo National Monument. Il offre un magnifique panorama de l'océan et du front de mer de la ville de l'autre côté de la baie. Au sud de Point Loma, Coronado jouit d'une situation privilégiée sur une péninsule partageant la San Diego Bay. De belles plages de sable et de nombreux hôtels de luxe en font un lieu animé.

Maison de l'Heritage Park

Intérieur de la Mason Street School d'Old Town

À la découverte d'Old Town

Jusque dans les années 1870, San Diego se serrait ici autour du Presidio, le site de la forteresse et de la première mission fondée par les Espagnols. Aujourd'hui, plus de 20 bâtiments historiques datant de cette époque ont été restaurés ou reconstruits pour former l'Old Town San Diego State Historic Park. Il s'étend autour de la Plaza où avaient lieu jadis parades et courses de taureaux. À l'extrémité ouest de l'esplanade, le **Robinson-Rose Building** abrite le siège du parc et le *visitors' centre.*

Parmi les autres édifices dignes d'intérêt figurent la **Colorado House** et la **Mason Street School** qui date de 1866. Dans l'angle nord de la Plaza, le centre commercial **Bazaar del Mundo** *(p. 256)* s'inspire d'une place de marché mexicaine.

L'Old Town ne se limite toutefois pas au parc. Élevée en 1856, la **Whaley House**, au n° 2482 San Diego Avenue, fut la première construction en brique à étage de Californie. Elle abrita un temps un tribunal.

Junípero Serra Museum

2727 Presidio Drive. (619) 297-3258. *du mar. au dim.* *Thanksgiving, 25 déc.*

Le musée dédié au fondateur de la chaîne de missions californiennes occupe au sommet du Presidio Park un bâtiment de style Mission Revival *(p. 27)* construit en 1929. Le parc lui-même domine la San Diego River et s'étend à l'emplacement où les Espagnols édifièrent une place forte et une mission en 1769. Des archéologues continuent de fouiller les ruines de la forteresse, le *presidio*, et certaines de leurs découvertes, vaisselle comme boulets de canon, sont présentées au musée. Celui-ci retrace l'histoire des occupants successifs de la région, Indiens, Espagnols, Mexicains, puis Américains. Une peinture, *La Madre Santissima de la Luz* de Luís Mena (v. 1760), possède un intérêt particulier. Elle est un des rares objets de la mission, transplantée à San Diego de Alcalá en 1774 *(p. 250)*, à avoir subsisté.

À l'étage, l'exposition évoque la première expédition espagnole en Californie, la vie quotidienne dans le *presidio* et les évolutions que connut San Diego.

Heritage Park

2455 Heritage Park Row. (619) 565-3600. *t.l.j.* *Thanksgiving, 25 déc.*

Sur une colline à l'est d'Old Town, ce parc réunit une collection d'édifices victoriens remarquablement restaurés. Ils proviennent de différents quartiers de la ville.

Le Junípero Serra Museum

Casa de Estudillo
4001 Mason St. (619) 297-3258. t.l.j. 1er jan., Thanksgiving, 25 déc. **Contribution**.
La maison bâtie en 1829 pour le commandant du *presidio*, José Mariá de Estudillo, est le plus imposant des édifices historiques en adobe et en bois, encore préservés aujourd'hui à l'Old Town San Diego State Historic Park. Ses 13 pièces qui entourent une cour intérieure ont retrouvé leur aspect de la fin de la période espagnole.

Seeley Stable
Calhoun et Mason Sts. (619) 220-5427. t.l.j. 1er jan., Thanksgiving, 25 déc. **Contribution**.
Installé dans une écurie reconstruite, ce musée présente une collection de chariots et de diligences, ainsi que d'intéressants souvenirs de la conquête de l'Ouest.

À la découverte de Point Loma
Le parc du **Cabrillo National Monument** occupe une superficie de 58 ha dans la partie sud de la Point Loma Peninsula. Le monument rend hommage au premier Européen, le Portugais Juan Rodríguez Cabrillo *(p. 42)*, qui posa le pied en Californie en 1542. La statue de l'explorateur commande une large vue de l'océan et du va-et-vient des navires dans la San Diego Bay.

Non loin, le Whale Overlook offre un point de vue pour observer, de fin décembre à fin février, la migration vers le sud des majestueuses baleines grises. Long de 3 km, le Bayside Trail fait le tour de la pointe. Les visiteurs peuvent le suivre en s'aidant d'une brochure riche en informations, avant d'explorer les mares qui se forment à marée basse dans les rochers de la côte occidentale.

Cabrillo National Monument Visitor Center
1800 Cabrillo Memorial Drive. (619) 557-5450. t.l.j.
Près de l'entrée du parc, ce remarquable *visitors' centre* diffuse un film racontant le voyage de 1 300 km que fit Juan Rodríguez Cabrillo le long de la côte californienne.

L'Old Point Loma Lighthouse

Old Point Loma Lighthouse
1800 Cabrillo Memorial Drive. (619) 557-5450. t.l.j.
À quelques pas au sud de la statue de Cabrillo, ce phare s'alluma pour la première fois en 1855 et resta en service 36 ans. La tour reste généralement fermée au public, mais les logements des gardiens ont gardé leur aspect de la fin du XIXe siècle.

À la découverte de Coronado
Sur la péninsule de 1 650 ha située au milieu de la San Diego Bay, l'homme d'affaires Elisha Babcock, Jr entreprit en 1885 de créer une prestigieuse station balnéaire, et la ville de Coronado possède aujourd'hui les résidences, les boutiques, les hôtels et les restaurants les plus luxueux de San Diego. Du côté de l'océan s'étend une superbe plage *(p. 239)* que domine au sud l'historique Hotel del Coronado.

Coronado Ferry
1050 N Harbor Drive. (619) 234-4111. t.l.j.
Jusqu'à l'ouverture en 1969 du spectaculaire San Diego-Coronado Bay Bridge, ce ferry offrait le principal moyen de circulation entre la presqu'île et le continent. Il a repris du service et le trajet de 15 mn entre le Broadway Pier de l'Embarcadero et la Ferry Landing Marketplace ménage un spectacle à couper le souffle au coucher du soleil quand s'embrasent les gratte-ciel de Downtown. Du débarcadère, les passagers peuvent rejoindre en bus, ou à pied par l'Orange Avenue, la côte du Pacifique.

Hotel del Coronado
1500 Orange Ave, Coronado. (619) 435-6611 ; (800) 468-3533. t.l.j.
Ouvert en 1888, le « Del » *(p. 517)* est un exubérant palace victorien magnifiquement préservé. Des architectes et des ouvriers des voies ferrées travaillèrent à sa construction, un héritage dont témoigne en particulier le plafond en coupole de la Crown Room réalisé sans un seul clou. La liste de ses hôtes célèbres comprend tous les présidents des États-Unis de Franklin Roosevelt à Bill Clinton, ainsi que de très nombreuses stars du cinéma et de la télévision. En 1959, Billy Wilder y dirigea Marilyn Monroe, Jack Lemmon et Tony Curtis dans *Certains l'aiment chaud*. Une visite commentée de 35 mn permet de découvrir le « Del » sans devoir y prendre une chambre.

L'Hotel del Coronado, un palace de très grand luxe

Le Balboa Park et le San Diego Zoo

Statue du Cid au Balboa Park

Fondé en 1868, le Balboa Park porte le nom de l'explorateur espagnol qui posa le premier les yeux sur le Pacifique en 1513 et il doit beaucoup de sa beauté à l'horticulteur Kate Sessions. Celui-ci échangea en 1892 un espace pour installer une pépinière contre la promesse de planter des arbres sur ses 460 ha. En 1915, le parc accueillit la Panama-Pacific Exposition de San Diego *(p. 339)* et plusieurs des pavillons de style Spanish Colonial construits pour l'occasion bordent toujours El Prado, son artère principale. Les animaux réunis pour l'exposition formèrent le noyau à partir duquel se développa le San Diego Zoo *(p. 249)*. Les organisateurs de la Panama-Pacific Exposition érigèrent de nouveaux édifices 20 ans plus tard autour de la Pan-American Plaza et tous ces bâtiments abritent aujourd'hui une riche concentration de musées et de salles de spectacle.

Plaza de Panama
Cette place au centre d'El Prado formait le cœur de la Panama-Pacific Exposition.

★ Le San Diego Museum of Man
Ce musée anthropologique occupe le California Building. Bâti dans le style Spanish Colonial en 1915, il présente en façade les statues de Californiens célèbres.

Aerospace Museum
Cet A-12 Blackbird de 1962 se trouve à côté d'un musée consacré à l'aéronautique.

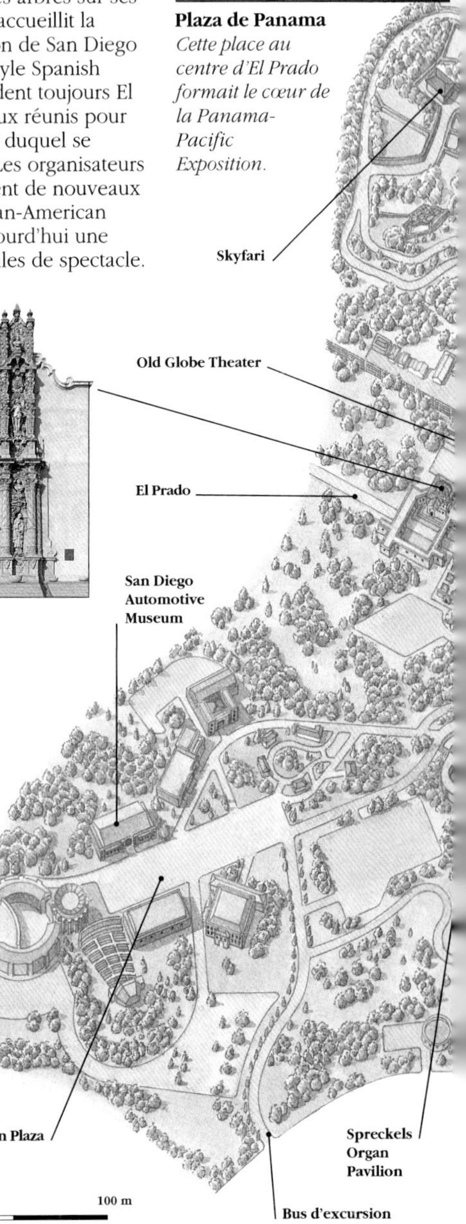

À NE PAS MANQUER

- ★ **Le California Building et le San Diego Museum of Man**
- ★ **Le San Diego Museum of Art**
- ★ **Le San Diego Zoo**

Mode d'emploi

Park Blvd, Laurel et 6th Sts. **Carte routière** D6. *(619) 239-0512.* *7.* **Visitors' Center**, Plaza de Panama *(619) 239-0512.* *de 9 h à 16 h t.l.j.* *Thanksgiving, 25 déc., 1er jan.* **Spreckels Organ Pavilion** *(concerts gratuits les lun. soir et le dim. de 14 h à 15 h de juin à sept.).* **San Diego Zoo** *(619) 234-3153.* *de début sept. à juin : de 9 h à 16 h t.l.j. ; juil.-août : de 9 h à 17 h t.l.j.*

★ Le San Diego Zoo
4 000 animaux, tel cet orang-outan, vivent dans ce magnifique parc zoologique.

Botanical Building
Plantes tropicales et subtropicales emplissent ce bâtiment construit en fines lattes de séquoia.

★ Le San Diego Museum of Art
Un jardin de sculptures et un café complètent le principal musée d'art du parc qui présente des œuvres américaines et européennes.

À la découverte du Balboa Park et du San Diego Zoo

Massif sculpté à l'entrée du zoo

Outre ses treize musées et ses serres tropicales, le Balboa Park offre un vaste espace de détente en plein cœur de San Diego et, le week-end, promeneurs, coureurs, cyclistes et artistes de rue emplissent ses pelouses et ses allées interdites aux voitures. Entre deux musées, les visiteurs peuvent s'y restaurer sur des aires de pique-nique ombragées ou se dégourdir les jambes en jouant au ballon. Dans sa partie nord, le San Diego Zoo, l'un des plus riches parcs zoologiques du monde, reconstitue sur 40 ha paysagers les habitats naturels de 800 espèces animales.

Artistes de rue un dimanche après-midi au Balboa Park

San Diego Museum of Man

1350 El Prado. *(619) 239-2001.* *t.l.j.* *1er jan., Thanksgiving, 25 déc.*

Pavillon de la Panama-Pacific Exposition de 1915 *(p. 146)*, le California Building renferme un musée consacré à l'histoire de l'humanité. Installées sur deux niveaux, les expositions abordent des sujets tels que les cultures de l'Égypte ancienne et des Mayas et l'artisanat des Indiens d'Amérique du Nord.

San Diego Museum of Art

1450 El Prado. *(619) 232-7931.* *du mar. au dim.* *1er jan., Thanksgiving, 25 déc.*

Ce musée possède une riche collection permanente et organise de remarquables expositions temporaires.

Le rez-de-chaussée, consacré à l'art américain et européen de 1850 au XXe siècle, abrite aussi des pièces asiatiques. Les peintures de 1300 à 1850 présentées au premier étage comprennent un *Couronnement de la Vierge* (1508) de Luca Signorelli.

Portrait d'homme **(1634) par Frans Hals au Timken Museum**

Timken Museum of Art

1500 El Prado. *(619) 239-5548.* *du mar. au dim.* *1er jan., 4 juil., Thanksgiving, 25 déc.*

Ouvert en 1965, le Timken expose des œuvres de maîtres européens tels que Rubens (1577-1640), Frans Hals (1581/5-1666), François Boucher (1703-1770) et Paul Cézanne (1839-1906), ainsi que des peintures d'Américains du XIXe siècle, dont *The Yosemite Fall* (1864) du grand paysagiste Albert Bierstadt. Ne pas manquer la superbe collection d'icônes russes.

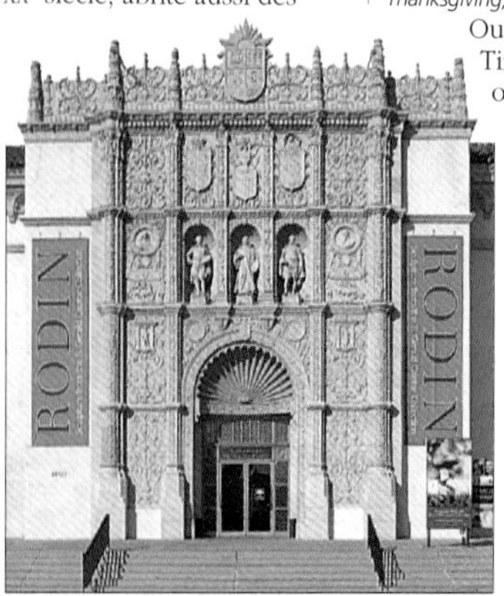

Façade inspirée du style plateresque espagnol du San Diego Museum of Art

Museum of Photographic Arts

1649 El Prado. *(619) 238-7555.* *t.l.j.* *25 déc.*

Installé à l'étage principal de la Casa de Balboa, le musée des Arts photographiques est spécialisé dans les expositions temporaires de haute qualité. Il comprend aussi une intéressante librairie.

Museum of San Diego History

1649 El Prado. *(619) 232-6203.* *du mer. au dim.* *1er jan., Thanksgiving, 24 et 25 déc.*

Outre un grand nombre de vieilles photos et de livres anciens plein d'intérêt, ce musée propose d'excellentes expositions sur les voitures, la literie et la quête d'eau pour alimenter la ville. « Out of Our Vaults » (Sortis de nos caves) présente des documents tirés des archives et jusqu'ici inaccessibles au public.

Reuben H. Fleet Space Theater and Science Center

El Prado, Plaza de Panama et Park Blvd. *(619) 238-1233.* *t.l.j.* *téléphoner pour les horaires de l'OMNIMAX®.*

La vaste coupole du cinéma OMNIMAX, dans le Space Theater, où l'on projette sur un écran hémisphérique des films consacrés au monde qui nous entoure, constitue la principale attraction de ce complexe, mais de nombreuses animations interactives, ainsi que des séances de planétarium et de laser, permettent aussi de s'y familiariser avec les sciences. Il reste ouvert le soir et possède une boutique vendant des livres et des jeux.

San Diego Natural History Museum

Village Place, Park Blvd et El Prado. *(619) 232-3821.* *t.l.j.* *1er jan., 25 déc.* *gratuit le mar.*

Le rez-de-chaussée accueille des expositions temporaires sur des sujets comme les baleines et les insectes. Le Hall of Mineralogy ressemble à une mine. Les salles du niveau inférieur expliquent l'écologie de la Californie du Sud, en particulier de ses zones désertiques, du littoral pacifique et des fonds marins.

San Diego Aerospace Museum

2001 Pan American Plaza. *(619) 234-8291.* *t.l.j.* *1er jan., Thanksgiving, 25 déc.*

C'est à San Diego que fut construit le *Spirit of St Louis* dans lequel Charles Lindbergh réalisa en 1927 la première traversée en solitaire et sans escale de l'Atlantique, et une réplique de l'avion occupe la place d'honneur parmi une collection de plus de 60 engins volants (ou leur reproduction grandeur nature) allant de la montgolfière à un hélicoptère de combat. L'Aerospace Hall of Fame rend hommage aux héros et inventeurs qui permirent la conquête de l'air et de l'espace.

Tucker Torpedo de 1948 de l'Automotive Museum

San Diego Automotive Museum

2080 Pan American Plaza. *(619) 231-2886.* *t.l.j.* *1er jan., Thanksgiving, 25 déc.*

Voitures et motocyclettes de rêve fabriquées au États-Unis comme en Europe étincellent dans ce musée. L'exposition réunit des véhicules pour la plupart privés et elle change donc constamment. Chromes et courbes sensuelles raviront les nostalgiques.

Le San Diego Zoo

San Diego possède l'un des plus beaux et des plus prestigieux parcs zoologiques du monde, renommé pour son programme de préservation d'espèces menacées. Quelque 4 000 animaux sont dispersés sur 40 ha, aussi le moyen le plus simple d'en avoir un aperçu général avant de se lancer dans son exploration à pied consiste-t-il à s'inscrire à la visite commentée de 35 mn en bus. Le Skyfari Tramway permet également d'en découvrir la partie sud depuis une hauteur de 55 m. Il existe en outre un Children's Zoo (zoo des enfants). En été, le zoo reste ouvert en nocturne.

Trouver les animaux

1. Lagune des flamants
2. Maison des reptiles
3. Enclos des caresses
4. Jardin des broméliacées
5. Volière des oiseaux-mouches
6. Wegeforth Bowl
7. Mesa des reptiles
8. Rivière des tigres
9. Plage des hippopotames
10. Koalas
11. Volière Scripps
12. Jungle des gorilles
13. Mesa des oiseaux et des primates
14. Exposition d'orchidées
15. Forêt des ours malais
16. Volière de la forêt humide
17. Ailes d'Australasie
18. Mesa des cornes et des sabots
19. Oiseaux de Paradis
20. Amphithéâtre Hunte
21. Canyon des chiens et des chats
22. Exposition African Rock Kopje
23. Mesa des éléphants
24. Canyon des ours

Jeune takin du Sichuan se reposant au San Diego Zoo

Intérieur de l'église de la Mission San Diego de Alcalá

Mission San Diego de Alcalá ❷

10818 San Diego Mission Rd, San Diego. **Carte routière** D6. *(619) 283-7319.* *20, 13.* *t.l.j.* *1er jan., Thanksgiving, 25 déc.* **Contribution**. *7 h et 17 h 30 t.l.j.*

Dédiée à un saint espagnol né en 1400 à Alcalá, près de Madrid, la première mission de la chaîne californienne *(p. 42-43)* s'éleva tout d'abord à l'emplacement du Junípero Serra Museum dans le Presidio Park *(p. 244)*. Les franciscains la transplantèrent en 1774 dans la Mission Valley qui offrait des terres plus fertiles et où vivait une population indigène plus nombreuse.

Quoique aujourd'hui cernés par les autoroutes et le tissu urbain, ses harmonieux bâtiments et son jardin gardent une atmosphère paisible. Restaurés au début du siècle, ils ont retrouvé l'apparence qu'ils avaient en 1813. L'église conserve des éléments d'origine tels que les poutres au-dessus des portes, les carreaux du sol et les briques d'adobe dans le baptistère.

Dans le jardin se dressent le Campanario (clocher) et une statue de saint François. Un petit musée rend hommage au premier martyr chrétien de l'État, le padre Luís Jayme qui périt en 1775 lors d'une attaque menée contre la mission par 600 Indiens.

Sea World ❸

1750 S Shores Drive. **Carte routière** D6. *(619) 226-3901.* *9.* *t.l.j.*

Ce parc d'attractions aquatiques n'a cessé de s'étendre depuis son ouverture en 1964 et il occupe désormais une superficie de 60 ha. Les visiteurs trouveront à s'y distraire pendant une journée entière. Un bon point de départ consiste à profiter de la vue panoramique ménagée par la Skytower, haute d'une centaine de mètres. Dans l'angle nord-ouest du parc, le Bayside Skyride propose une promenade en téléphérique au-dessus des eaux de la Mission Bay.

Statuette à San Diego de Alcalá

Sea World doit son succès à ses spectacles mettant en scène des cétacés. L'un d'eux révèle l'intelligence des dauphins et des globicéphales *(pilot whales)*, un autre démontre la virtuosité des orques *(killer whales)*. Les otaries *(sea lions)* provoquent maints éclats de rire. Téléphoner à l'avance pour connaître les horaires des représentations vous aidera à organiser votre visite. Des bassins et des aquariums contiennent de très nombreuses créatures marines, notamment requins, loutres et tortues. On peut toucher des raies et des étoiles de mer. Près de la Skytower, le Shamu's Happy Harbor est un terrain d'aventures aquatiques destiné aux enfants.

Sea World a aussi une dimension plus sérieuse. Son personnel recueille un animal malade ou abandonné chaque jour et participe à des programmes éducatifs et de préservation des espèces.

Mission Bay ❹

Carte routière D6. *depuis Downtown San Diego.* **Visitors' Center** *(619) 276-8200.* *t.l.j.*

Les habitants de San Diego disposent avec le Mission Bay Park d'une aire de loisirs paysagère d'une superficie de 1 850 ha pour entretenir leur forme ou se détendre. L'embouchure de la San Diego

Orques exécutant des acrobaties à Sea World

En dériveur sur les eaux paisibles de la Mission Bay

River forma un marécage jusqu'à son drainage entrepris dans les années 1930. La canalisation du fleuve, vers le sud, permit la création d'un agréable complexe de plages, de centres nautiques et d'îles. Sea World constitue la principale attraction de la Mission Bay, mais on peut aussi y faire évoluer des cerfs-volants, jouer au volley-ball ou au golf et s'y promener à bicyclette. Le long des 43 km de côte, des endroits désignés offrent la possibilité de se baigner, de pêcher ou de pratiquer la voile.

À Mission Beach *(p. 238)*, l'une des plages les plus animées du San Diego County, le **Belmont Park** propose en bord de mer des attractions de fête foraine, tel le Giant Dipper datant de 1925.

Belmont Park
3146 Mission Blvd. *(619) 488-0668.* *t.l.j.*

La Jolla ❺

Carte routière D6. *32 000.* *depuis San Diego.* *1055 Wall St, Suite 110 (619 454-1444).*

Le débat reste ouvert sur l'origine du nom La Jolla (qui se prononce « La Hoya »). Certains affirment qu'il dérive de *la joya*, « le joyau » en espagnol, d'autres qu'il vient d'un mot indien qui signifie « grotte ».

Située à 6 km au nord de la Mission Bay sur une côte rocheuse creusée de jolies criques *(p. 239)*, La Jolla est une élégante et riche station balnéaire aux rues bordées de confiseries fines, de boutiques de stylistes et de succursales des grands noms de la joaillerie. Les habitants de San Diego et les touristes s'y côtoient dans de nombreuses galeries d'art et des restaurants chic promettant une vue « méditerranéenne ».

Le **Museum of Contemporary Art**, associé à celui de Downtown San Diego *(p. 241)*, occupe un site de choix sur le front de mer. Il présente les œuvres d'artistes américains (après 1950) et comprend une librairie, un café et un jardin de sculptures.

La ville renferme aussi l'University of California at San Diego et le prestigieux **Salk Institute for Biological Studies** fondé en 1960 par Jonas Salk qui mit au point le vaccin contre la poliomyélite. L'institut occupe un édifice remarquable.

Dominant la Scripps Beach, la Scripps Institution of Oceanography abrite le **Birch Aquarium at Scripps**. Expositions permanentes, animations interactives et même un simulateur de plongée par grands fonds initient à l'univers de l'océanographie. La faune et la flore du Pacifique, du nord comme des tropiques, sont à l'honneur dans l'aquarium adjacent.

Museum of Contemporary Art
700 Prospect St. *(619) 454-3541.* *du mar. au dim.* *1er jan., 25 déc.*

Salk Institute for Biological Studies
10010 N Torrey Pines Rd. *(619) 453-4100.* *du lun. au ven.* *jours fériés.* *téléphoner.*

Birch Aquarium at Scripps
2300 Expedition Way. *(619) 534-3474.* *t.l.j.* *Thanksgiving, 25 déc.*

Superbe côte rocheuse de la La Jolla Cove

Mémorial sur le champ de bataille de la San Pasqual Valley

San Pasqual Battlefield ❻

Carte routière D6. *(760) 489-0076.* *sam. et dim., jours fériés.* *1er jan., Thanksgiving, 25 déc.*

En 1846, au cours de la guerre entre les États-Unis et le Mexique *(p. 43)*, l'armée américaine remporta une coûteuse victoire dans la San Pasqual Valley face aux Californios (colons mexicains entrés en rébellion). Handicapés par la fatigue, le froid et de la poudre humide, vingt-deux des cent soldats commandés par le général Kearny périrent. Seize furent blessés.

Des bénévoles tiennent un **Visitors' Center** et y présentent un film sur la bataille. Une reconstitution en costumes a lieu chaque année en décembre.

Visitors' Center
15808 San Pasqual Valley Rd. *(619) 220-5430.* *de mai à sept. : t.l.j. ; d'oct. à avril : les sam. et dim.* *jours fériés.*

San Diego Wild Animal Park ❼

Hwy 78. *(760) 480-0100.* *Escondido.* *t.l.j.*

Ouvert en 1972, ce parc, où 3 200 animaux circulent en liberté sur 730 ha aménagés de manière à reconstituer leurs habitats naturels, possède entre autres comme objectif la préservation d'espèces menacées de disparition. Avec le San Diego Zoo *(p. 249)*, il collabore dans ce but à un programme de reproduction et d'échanges avec des institutions zoologiques du monde entier. De nombreux condors de Californie, une espèce jadis proche de l'extinction, ont ainsi pu être rendus à la vie sauvage après avoir grandi ici.

Le Wgasa Bush Line Monorail est un moyen confortable d'avoir un aperçu général du parc. Cette promenade guidée de 8 km dure 50 mn et passe par les principaux enclos. Long de 3 km, le Kilimanjaro Safari Walk permet de découvrir des endroits que ne traverse pas le monorail et plusieurs jardins botaniques.

Si ce sont les gros animaux de la savane, éléphants, lions ou rhinocéros, qui tiennent la vedette, divers environnements naturels recréés comme l'Australian Rainforest (forêt humide australienne) et l'Hidden Jungle (jungle cachée) présentent aussi beaucoup d'intérêt. Les enfants adorent les bébés élevés dans le Petting Kraal. Le Wild Animal Park propose également plusieurs spectacles tels que l'Elephant Show. Pour profiter au mieux de votre visite, renseignez-vous par téléphone sur les jours et les heures où ils ont lieu. Vous pourrez également réserver une place dans un Photo Caravan Tour, parcours par petits groupes à l'arrière d'un camion qui offre la possibilité d'approcher de très près les animaux.

Reconstitution d'un village africain, le Nairobi Village regroupe sur 7 ha les lieux de spectacle et la majorité des installations du parc. Ses nombreuses boutiques vendent livres et souvenirs liés à l'Afrique.

Mission San Luis Rey ❽

Hwy 76 (Mission Ave), San Luis Rey. *(760) 757-3651.* *depuis San Diego.* *t.l.j.* **Contribution**.

Fondée par le père Fermín Lasuén en 1798, la Mission San Luis Rey de Francia, nommée d'après le roi français Saint Louis, devint grâce à la

Animaux en liberté au San Diego Wild Animal Park

Façade de la Mission San Luis Rey de Francia

coopération des Indiens Luiseño l'une des missions les plus importantes et des plus prospères de la chaîne californienne *(p. 42)*. Plus de 3 000 indigènes y habitèrent et y travaillèrent, s'occupant du bétail et cultivant céréales et arbres fruitiers. Le plus vieux poivrier de Californie, importé du Pérou en 1830, vit toujours.

Les bâtiments qui subsistent ont connu une longue période de restauration au début du XXe siècle. Les visiteurs découvrent tout d'abord le **Museum** qui retrace l'histoire de la mission et de la région. Certains des vêtements et objets religieux exposés nous sont parvenus grâce aux Indiens convertis. Ils cachèrent en effet une partie des trésors de l'église après sa sécularisation en 1833. Leurs familles ne les rendirent que lorsque la mission abrita à nouveau un monastère franciscain en 1893.

Statue dans l'église

En forme de croix latine, l'église est la seule de la chaîne à posséder une coupole en bois à la croisée du transept. Elle renferme l'autel d'origine, et des pochoirs ayant servi de support à ses décorations peintes ont été pieusement conservés. À côté s'étend un vaste cimetière.

Depuis le cloître, des marches descendent jusqu'à une *lavandaria* en partie restaurée où des sources chaudes permettaient aux Indiennes de faire la lessive.

Museum

Cloître est. *t.l.j.* *1er jan., Thanksgiving, 25 déc.*

Palomar Mountain 9

Carte routière D6. *depuis Julian.*

La route sinueuse qui escalade les pentes boisées du mont Palomar, haut de 1 727 m, ménage de superbes panoramas du nord du San Diego County. Sillonné de sentiers de randonnée, le Palomar Mountain State Park, d'une superficie de 645 ha, offre des sites de camping et la possibilité de pêcher la truite.

La coupole blanche du **Palomar Observatory** coiffe le sommet de la montagne. Dirigé par le California Institute of Technology, cet observatoire mondialement réputé existe depuis 1948. Il abrite un télescope piloté par ordinateur dont le miroir de 510 cm de diamètre permet d'étudier des parties de l'univers situées à plus d'un milliard d'années-lumière. Entre 1948 et 1956, l'observatoire dressa une carte photographique complète du ciel nocturne. Il en établit une seconde depuis 1983. La comparaison des deux séries d'images fournira de précieuses informations aux astronomes.

Les visiteurs ne sont pas autorisés à regarder à travers le télescope, qui pèse 540 tonnes, mais une aire d'exposition et une galerie de photos expliquent son fonctionnement et montrent les mondes lointains dont il nous a rapprochés.

Palomar Observatory

35899 Canfield Rd, Palomar Mountain. *24 et 25 déc.* *(760) 742-2119.*

Coucher de soleil sur la coupole du Palomar Observatory

Julian ⑩

Carte routière D6. *2 000.* *depuis San Diego.* *2129 Main St (760 765-1857).*

Ce pittoresque village de montagne est un des buts d'excursion favoris des habitants de San Diego. Ils viennent volontiers passer un week-end romantique dans l'un des nombreux hôtels et bed-and-breakfast accueillants *(p. 518)* installés en ville comme aux alentours.

De l'or fut découvert à Julian en 1870 et, le long de la rue principale, des bâtiments en bois du XIXe siècle restaurés entretiennent le souvenir de l'époque des pionniers. Ce sont toutefois des touristes qui s'y pressent aujourd'hui, en particulier pendant les « Apple Days ». Ces Jours de la pomme attirent en octobre des centaines de visiteurs pour la spécialité locale, l'*apple pie.*

Curiosités et photos évoquant l'histoire de la région forment un charmant fouillis au **Julian Pioneer Museum**. On peut aussi s'aventurer dans une mine d'or aux **Eagle and High Peak Mines**.

HOT APPLE PIE

Enseigne à Julian

Julian Pioneer Museum
2811 Washington St. *(760) 765-0227.* *d'avril à nov. : du mar. au dim. ; de déc. à mars : les sam., dim. et jours fériés.*

Eagle and High Peak Mines
C St. *(760) 765-0036.* *t.l.j. mais téléphoner.* *1er jan., dim. de Pâques, Thanksgiving, 25 déc.*

Cuyamaca Rancho State Park ⑪

Carte routière D6. *(760) 765-0755.* *t.l.j.*

À une heure seulement de voiture à l'est de San Diego, le Cuyamaca Rancho State Park occupe une superficie de 10 000 ha dont près de la moitié forment une zone sauvage où vivent moufettes, lynx, cerfs à queue noire et pumas. Dans sa partie aménagée, il offre la possibilité de camper, de se promener à cheval et de faire du vélo-cross, ainsi que 210 km de sentiers de randonnée. Parmi ceux-ci, le Cuyamaca Peak Trail impose une rude ascension le long d'une piste de pompiers pavée, mais, du sommet, la vue court sur les collines boisées du nord du San Diego County jusqu'à la Palomar Mountain *(p. 253).* Vous pourrez obtenir tous renseignements sur les autres sentiers et l'ensemble des activités disponibles aux **Park Headquarters** situés sur la Highway 79. Un **musée** y rend hommage aux anciens habitants de la région, les Indiens Kumeya'ay.

À l'extrémité nord du parc se trouvent les ruines de la Stonewall Gold Mine. 500 prospecteurs vécurent jadis dans cette ville minière qui produisit dans les années 1880 pour 2 millions de dollars d'or.

Park Headquarters and Museum
12551 Hwy 79. *(760) 765-0755.* *t.l.j.* *jours fériés.*

Promenade à cheval dans le Cuyamaca Rancho State Park

Au bord du Lake Morena

Lake Morena Park ⑫

Carte routière D6. *depuis San Diego.* *(619) 478-5473.*

Véritable oasis au sud-est du San Diego County, ce parc s'étend autour du vaste Lake Morena sur 1 300 ha de terrain plat planté de chênes et de collines basses et broussailleuses. Le lac recèle perches, crapets, *bluegills* et poissons chats et on peut louer des barques pour pêcher ou simplement passer un paisible après-midi sur l'eau.

Chula Vista Nature Center ⑬

Carte routière D6. *(619) 422-2431.* *Chula Vista.* *de juin à août : t.l.j. ; de sept. à mai : du mar. au dim.* *1er jan., dim. de Pâques, Thanksgiving et lendemain, 24, 25 et 31 déc.*

Depuis 1988, cette remarquable réserve naturelle offre au bord de la San Diego Bay un refuge à la faune californienne des zones marécageuses. Depuis le parc de stationnement, situé près de la I-5, un bus gratuit emmène les visiteurs jusqu'au Nature Center où ils peuvent s'informer sur le fragile écosystème des 130 ha protégés. Depuis le Nature Center, plusieurs sentiers piétonniers conduisent jusqu'à la côte. Parmi les oiseaux vivant toute l'année dans la réserve figurent le héron, le faucon crécerelle et l'aigle pêcheur.

Tijuana ⓮

Oiseau en bois sculpté

Une fois à San Diego, il est difficile de résister à la tentation de pousser jusqu'en Baja California. La ville frontière mexicaine, Tijuana, ou « TJ » comme la surnomment les Américains, attire chaque année des millions de visiteurs. Ils ne viennent toutefois pas en quête d'une authenticité qu'elle ne possède pas, mais pour ses boutiques et ses bars.

Carte de situation

— Frontière

— Ligne du San Diego Trolley

■ Mexique

À la découverte de Tijuana

Ville frontière, Tijuana n'offre qu'une pâle image du Mexique empreint de traditions mayas et espagnoles, mais l'ardeur avec laquelle ses habitants s'emploient à soutirer des dollars à leurs riches voisins ne manque pas d'un certain pittoresque.

Construit en 1982 au bord de la Tijuana River, le futuriste **Centro Cultural Tijuana** abrite un cinéma OMNIMAX dans lequel sont projetés sur un écran hémisphérique des films consacrés au Mexique. Il propose également des expositions temporaires. Sur le toit, **Mexitlán** présente en plein air des reproductions miniature des trésors architecturaux du pays.

La plupart des visiteurs ne viennent cependant pas à Tijuana pour se cultiver, mais pour faire des achats ou s'amuser. Les jeunes Américains profitent depuis longtemps de la permission d'y consommer de l'alcool à partir de 18 ans. De nombreuses boutiques bon marché bordent l'Avenida Revolución. Le marchandage est de rigueur et souvent plus agréable si l'on révèle que l'on est Français, surtout si l'on parle espagnol.

Bouteilles d'alcool en vente dans un magasin de Tijuana

Le **Tijuana Tourist Office** fournit plans et informations.

Centro Cultural Tijuana
Paseo de los Héroes. ☎ *(011-52-66) 84-11-46, 84-11-37.* ◷ *t.l.j.*

Mexitlán
Ave Ocampo, Calles 2-3. ☎ *(011-52-66) 38-41-33, 38-43-19.* ◷ *du mer. au dim.*

Tijuana Tourist Office
Ave Revolución y Calle. ☎ *(011-52-66) 88-05-55.* ◷ *t.l.j.*

Façade du Centro Cultural Tijuana

Carnet de route

Comment y aller : *Sauf rare exception, il est interdit de se rendre au Mexique avec une voiture ou une moto de location. Il est nécessaire, en effet, de posséder une assurance mexicaine. Mais d'immenses parcs de stationnement permettent de se garer à la frontière côté américain. Pour la franchir avec un véhicule, il faut contracter une assurance supplémentaire à la douane.*
Le moyen le plus simple de rejoindre Tijuana consiste à prendre le trolley de San Diego (p. 256) jusqu'à San Ysidro, puis de suivre la foule jusqu'en ville. Un bus conduit également de San Ysidro jusqu'au centre de Tijuana. Les agences de voyages de San Diego proposent également des voyages organisés.

Visas : *Un visa n'est pas nécessaire pour pénétrer au Mexique pour un séjour de moins de six mois ; un passeport en cours de validité suffit. Aucun contrôle n'est effectué lors du passage à pied de la frontière à Tijuana, mais les citoyens non américains sont supposés remplir une carte touristique gratuite fournie par les services d'immigration.*
Il faut pouvoir présenter son passeport pour retourner aux États-Unis. Les services de l'immigration sont particulièrement stricts.

Monnaie : *Vous n'aurez pas besoin de changer d'argent pour un court séjour. Les dollars et les principales cartes bancaires sont presque partout acceptés.*

Renseignements pratiques

Ville accueillante envers les visiteurs, San Diego dispose de transports publics propres et efficaces dans le centre. Celui-ci est en plein renouveau, après avoir connu une période de désaffection dans les années 1960, et les boutiques, les restaurants, les clubs et les boîtes de nuit du quartier de l'Horton Plaza *(p. 240)* et du Gaslamp Quarter *(p. 242-243)* offrent toutes les distractions qu'on peut attendre d'une grande ville californienne. Bus et trams assurent aussi des liaisons régulières entre Downtown et l'Old Town, le Balboa Park, Coronado et la frontière mexicaine. Une promenade à pied reste le meilleur moyen de découvrir le front de mer de l'Embarcadero *(p. 240)*.

Un personnel souriant et compétent répondra à vos questions aux *visitors' centres* de l'Horton Plaza, du Balboa Park et de Coronado.

Jessop's Clock, Horton Plaza

Passagers embarquant dans un bus de San Diego

Circuler

Les deux lignes de tramway du **San Diego Trolley** relient le centre-ville à l'Old Town, à la banlieue d'El Cajon et à San Ysidro, à la frontière mexicaine. Les trams circulent tous les quarts d'heure pendant la journée et cessent leur service vers 1 h du matin. Des bus desservent l'ensemble de l'agglomération. Le **San Diego-Coronado Bay Ferry** assure des navettes régulières entre l'Embarcadero et la presqu'île de Coronado *(p. 245)*. À la **Transit Store** vous pourrez vous procurer plans et horaires, ainsi qu'un forfait de un ou quatre jours, le Day Tripper, valide sur tous ces modes de transport. **Old Town Trolley Tours** propose des visites guidées englobant tous les principaux sites touristiques.

La gare **Amtrak**, dans le superbe Santa Fe Depot, se trouve à Downtown, le **San Diego International Airport** à 5 km au nord-ouest. Pour rejoindre le centre-ville, bus, navettes *(shuttles)*, taxis et voitures de location sont disponibles à l'aéroport.

Le **Balboa Park Tram** permet de circuler gratuitement à l'intérieur du parc culturel *(p. 246-247)*. Dans la vaste aire de la Mission Bay *(p. 250-251)*, l'**Harbor Hopper** conduit en bateau-taxi aux points les plus intéressants du littoral.

De nombreux magasins de location et un bon réseau de pistes cyclables font aussi de San Diego une ville agréable où se promener à vélo. La piste reliant la Mission Bay à La Jolla *(p. 251)* ménage de belles vues de l'océan sans imposer l'ascension de trop fortes pentes. Bus et trolleys acceptent les passagers portant une bicyclette au prix d'un petit supplément.

S'aventurer à pied dans les quartiers au nord et à l'ouest de Downtown ne pose pas de problème, même le soir. Mieux vaut toutefois éviter la nuit le sud de Downtown, et tout particulièrement l'est du Gaslamp Quarter.

Boutique d'artisanat mexicain dans le Bazaar del Mundo

Le San Diego Trolley : le meilleur moyen pour rejoindre la frontière

Faire des achats

Si vous ne pouvez profiter des affaires proposées à Tijuana *(p. 255)*, vous trouverez aussi un large choix d'artisanat mexicain au Bazaar del Mundo situé dans l'Old Town *(p. 244)*.

L'**Horton Plaza** est le plus beau centre commercial de San Diego. À côté, le Paladion est renommé pour ses enseignes de grand luxe. Sur le front de mer, le Seaport Village *(p. 240)*

Le centre commercial du Seaport Village sur le front de mer

offre un cadre agréable pour acheter souvenirs et cadeaux. Sur la côte, d'élégants magasins bordent Prospect Street à La Jolla. Del Mar et Carlsbad recèlent également un bel éventail de boutiques de mode, d'antiquaires et de galeries d'art.

Il existe dans le San Diego County plusieurs centres de vente directe *(outlet centres)* où se procurer des articles à prix bradés *(p. 583)*. L'un des principaux, le San Diego Factory Outlet Center, se trouve à San Ysidro juste avant la frontière mexicaine. Une feuille de coupons de réductions, disponible au comptoir de renseignement du vaste parc de stationnement, permet d'obtenir des remises supplémentaires.

Les cartes de crédit sont acceptées dans la majorité des établissements, et les magasins ouvrent pour la plupart de 10 h à 18 h, du lundi au samedi et parfois le dimanche. Les prix affichés ne comprennent pas la taxe locale de 8,5 % ajoutée au moment du règlement.

Se distraire

Réputée pour le dynamisme de sa vie culturelle, San Diego possède un orchestre symphonique, une compagnie d'opéra et plusieurs troupes de théâtre de répertoire. Le *San Diego Union-Tribune* ainsi que divers magazines publient le programme des représentations. Distribué gratuitement dans les cafés, les bars et les librairies, l'hebdomadaire *The Reader* est une bonne source d'information sur les lectures de poésie, les concerts et les manifestations artistiques plus marginales. Tous les billets d'entrée peuvent s'acheter à l'Horton Plaza auprès de **Times Arts Tix**.

Situé près des théâtres Lyceum et Spreckels, le Gaslamp Quarter *(p. 242-243)* est le quartier qui rassemble le plus de bons restaurants et de boîtes de nuit. Dans le Balboa Park *(p. 246-247)*, l'Old Globe Theatre aux créations primées fait partie d'un complexe de trois salles.

Les San Diegans adorent le sport. Les équipes de football américain et de base-ball, les Chargers et les Padres, partagent le même stade dans la Mission Valley.

La Mission Bay *(p. 250-251)* offre la possibilité de pratiquer de nombreux sports nautiques, ainsi que des jeux de plage comme le volley-ball. Il existe également 83 excellents terrains de golf dans le San Diego County. Hôtels et *visitors' centres* vous renseigneront à leur sujet.

Joueur de l'équipe de base-ball de San Diego, les Padres

Carnet d'adresses

Circuler

Amtrak
Santa Fe Depot,
1050 Kettner Blvd.
(800) 872-7245.

Balboa Park Tram
(619) 235-1100.

Harbor Hopper
(619) 488-5022.

Metropolitan Transit System (MTS)
1255 Imperial Ave, 1000.
(619) 233-3004.

Old Town Trolley Tours
2115 Kurtz St.
(619) 298-8687.

San Diego–Coronado Bay Ferry
1050 N Harbor Drive.
(619) 234-4111.

San Diego International Airport
Lindbergh Field.
(619) 231-2100.

San Diego Trolley
(619) 231-8549.

Transit Store
102 Broadway.
(619) 234-1060.

Faire des achats

Horton Plaza
G St et 1st Ave.
(619) 238-1596.

Se distraire

Times Arts Tix
Broadway Circle,
Horton Plaza.
(619) 497-5000.

Information touristique

Balboa Park
1549 El Prado.
(619) 239-0512.

Coronado
1111 Orange Ave.
(619) 437-8788.

Horton Plaza
11 Horton Plaza.
(619) 236-1212.

L'Inland Empire et le Low Desert

Dans la pointe sud-est de la Californie, les paysages passent de déserts où se découpent les silhouettes de cactus et d'arbres de Josué à des montagnes boisées de pins aux sommets enneigés l'hiver. Le contraste peut être violent : pour les passagers du Palm Springs Aerial Tramway, 14 mn seulement séparent un écosystème de l'autre.

Un parc d'État protège désormais la farouche beauté de l'Anza-Borrego Desert qui, dans les années 1850, imposa de redoutables épreuves à des dizaines de milliers de colons qui rejoignirent la Côte Ouest par la terre. À la fin du XIXe siècle, l'orange navel donna un formidable essor économique à la région connue sous le nom d'Inland Empire, à l'est de Los Angeles. Ce fruit brésilien à la peau fine et dépourvu de pépins voyageait bien et en vint à symboliser pour des millions d'Américains l'espoir d'une vie plus douce offert par la Californie. Sa culture rapporta des millions de dollars aux habitants de la région et nombre des demeures victoriennes que construisirent les plus fortunés se dressent toujours dans les villes de Redlands et Riverside. La plupart des orangeraies ont toutefois disparu sous le goudron et les zones résidentielles.

À deux heures de route au sud-est de Los Angeles, Palm Springs apparaît comme une immense oasis en bordure du désert avec ses hôtels de luxe, ses terrains de golf verdoyants, ses 600 courts de tennis et ses 10 000 piscines.

La nature et l'aridité reprennent leurs droits dans le Joshua Tree National Park, une terre de buissons d'amarante et de créosote où alternent journées torrides et nuits fraîches. La beauté austère de ses rochers érodés évoque des images de western : *desperados*, pionniers en chariots couverts et coureurs de plaines vêtus de cuir…

Si vous vous lassez de la chaleur du désert, des stations de montagne vous permettront d'y échapper, telles celles des San Bernardino Mountains que l'excursion du Rim of the World vous invite à découvrir en voiture.

Décor de cinéma à Pioneertown, près de Yucca Valley

Arbres de Josué dans le Joshua National Park

À la découverte de l'Inland Empire et du Low Desert

Au nord-ouest de la région, la San Bernardino National Forest offre la fraîcheur de ses pinèdes et de magnifiques vues. Au sud, la Coachella Valley s'étend jusqu'à la Salton Sea, une mer intérieure. Importante station thermale, Palm Springs forme une véritable oasis dans la vallée entre l'aride Joshua Tree National Park et le village alpin d'Idyllwild. L'austère Anza-Borrego Desert State Park marque la frontière avec le San Diego County.

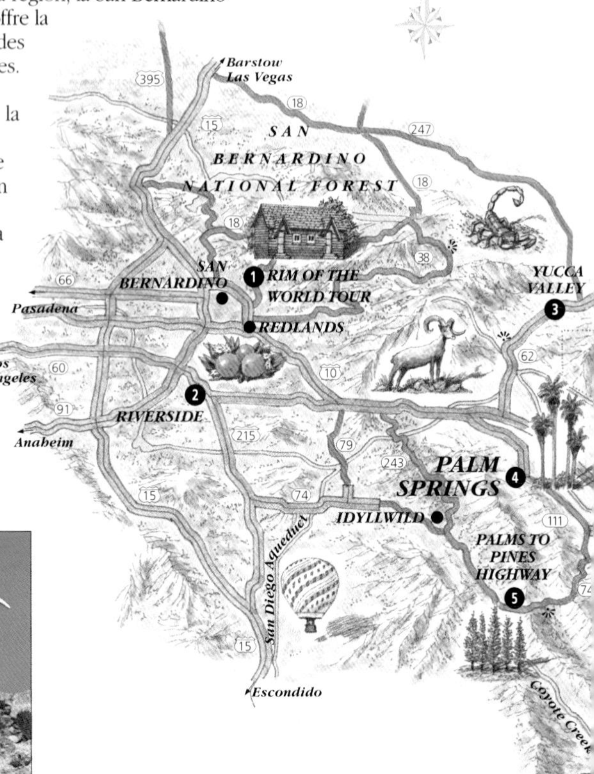

Mouflon des Rocheuses dans l'Anza-Borrego Desert

VOIR AUSSI

- ***Hébergement*** p. 519-521
- ***Restaurants*** p. 557-559

Le terrain de golf de Desert Dunes près de Palm Springs

LÉGENDE

- Autoroute
- Route principale
- Route secondaire
- Parcours pittoresque
- Cours d'eau
- Point de vue

D'un coup d'œil

Anza-Borrego Desert State Park ❻
Joshua Tree National Park p. 268-269 ❽
Palm Springs p. 264-266 ❹
Riverside ❷
Salton Sea ❼
Yucca Valley ❸

Excursions

Palms to Pines Highway *p. 266* ❺
Rim of the World *p. 262* ❶

Éoliennes dans la Coachella Valley

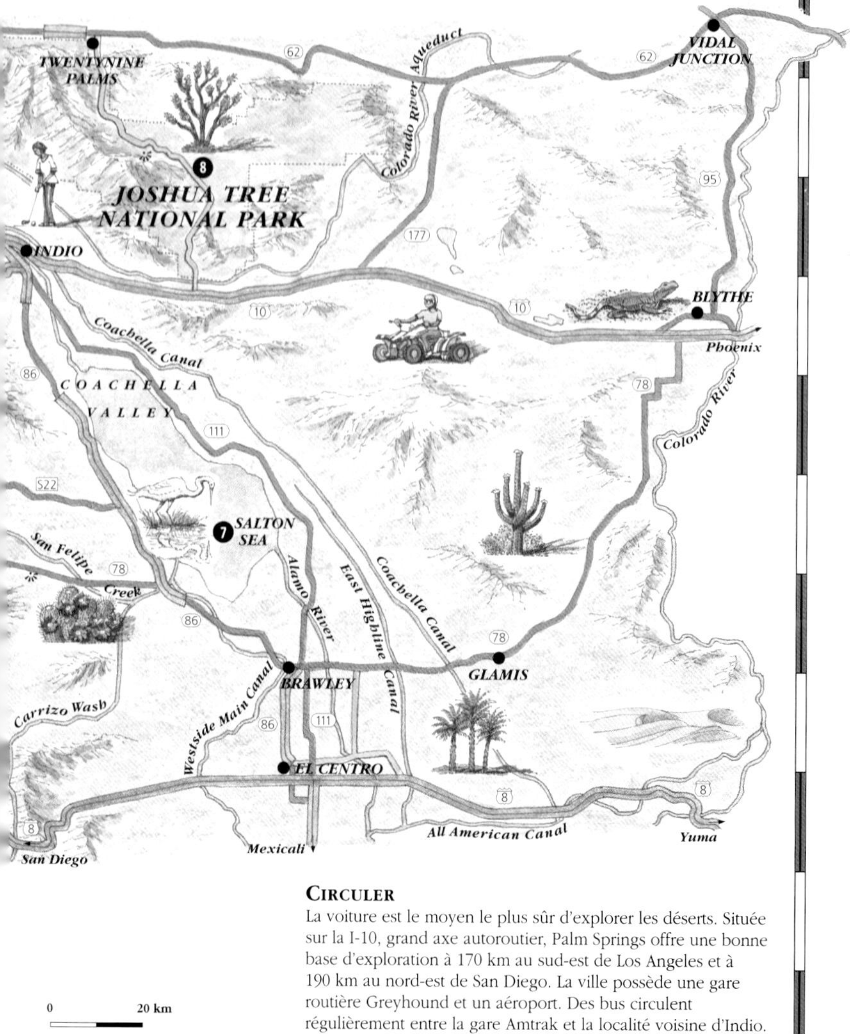

Twentynine Palms
Vidal Junction
Colorado River Aqueduct
Joshua Tree National Park
Indio
Blythe
Phoenix
Coachella Canal
Coachella Valley
Colorado River
Salton Sea
San Felipe Creek
Alamo River
East Highline Canal
Glamis
Brawley
Carrizo Wash
Westside Main Canal
El Centro
All American Canal
Yuma
Mexicali
San Diego
0 20 km

Circuler

La voiture est le moyen le plus sûr d'explorer les déserts. Située sur la I-10, grand axe autoroutier, Palm Springs offre une bonne base d'exploration à 170 km au sud-est de Los Angeles et à 190 km au nord-est de San Diego. La ville possède une gare routière Greyhound et un aéroport. Des bus circulent régulièrement entre la gare Amtrak et la localité voisine d'Indio.

Excursion du Rim of the World ❶

Cet itinéraire de promenade sinue à travers les San Bernardino Mountains et leurs forêts et passe par de superbes points de vue du désert. L'altitude provoque dans ces montagnes des saisons marquées, l'air est tiède et empreint de l'odeur des pins en été, en hiver les sentiers enneigés se prêtent aux promenades en ski de fond. Les stations entourant le Lake Arrowhead et le Big Bear Lake attirent de nombreux Angelinos qui viennent y échapper à la chaleur et à la pollution. Redlands reste marqué par le passé victorien de la région et offre aux visiteurs un plaisir rare : respirer le parfum sucré des orangeraies.

Lutin du Santa's Village

Dans les San Bernardino Mountains

Big Bear Lake ③
Les Californiens viennent au Big Bear Lake pour se baigner, pêcher, faire de la voile et, en hiver, skier. Il existe deux localités dotées de commerces, Big Bear City, à l'est, et Big Bear Village, au sud.

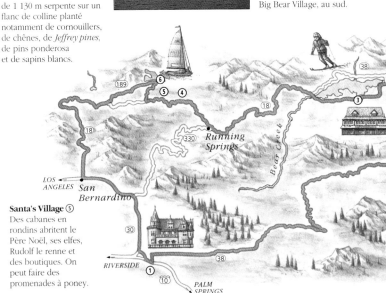

Heaps Park Arboretum ④
Un sentier de découverte de 1 130 m serpente sur un flanc de colline planté notamment de cornouillers, de chênes, de *Jeffrey pines*, de pins ponderosa et de sapins blancs.

Santa's Village ⑤
Des cabanes en rondins abritent le Père Noël, ses elfes, Rudolf le renne et des boutiques. On peut faire des promenades à poney.

Lake Arrowhead ⑥
Lake Arrowhead Village, sur la rive sud, offre restaurants, boutiques et hébergements. C'est là aussi que l'on prend l'*Arrowhead Queen* pour des promenades sur le lac. La rive nord est presque exclusivement résidentielle.

Redlands ①
Les fortunes rapportées à la fin du XIXe siècle par la culture de l'orange navel *(p. 46)* financèrent à Redlands la construction de belles demeures victoriennes telles que la Kimberly Crest House, la Morey Mansion et l'Edwards Mansion.

Carnet de route

Itinéraire : *180 km.*
Précautions : *Les très nombreux virages et les risques d'éboulis à certains endroits rendent plus prudent de respecter les limitations de vitesse et d'éviter de rouler de nuit. En hiver, des chaînes peuvent se révéler nécessaires et des routes être fermées.*
Où faire une pause : *Vous trouverez chambres d'hôtels et cabanes en rondins à louer dans les villages du Big Bear Lake et du Lake Arrowhead* (p. 519-520). *Ils possèdent aussi plusieurs restaurants* (p. 557), *à l'instar de Redlands* (p. 559). *Des panneaux signalent aires de pique-nique et de camping.*

Onyx Summit ②
L'Onyx Summit (2 573 m) est la plus haute cime de cette excursion. Un point de vue proche du sommet ménage un panorama à couper le souffle. Il s'étend des montagnes de la San Bernardino National Forest au désert.

Légende

Circuit recommandé
Autre route

La Mission Inn de Riverside

Riverside ❷

Carte routière D6. *250 000.* *3720 Main St (909 681-9242).*

Riverside devint à la fin du XIXe siècle le centre californien de l'industrie de l'orange navel et ses habitants avaient en 1905 le plus haut revenu moyen des États-Unis. Planté en 1875 par Eliza et Luther Tibbetts *(p. 46)*, l'un des deux arbres à l'origine de ce succès est toujours vivant dans un petit parc situé à l'intersection de Magnolia Avenue et d'Arlington Avenue.

Construite en adobe en 1880, la **Mission Inn** ne comptait à l'origine que 12 pièces. Son agrandissement au début du XXe siècle en fit un hôtel de 234 chambres *(p. 521)*. Tourelles, coupoles, arcs-boutants et grands escaliers en colimaçon lui donnent une architecture évoquant à la fois les styles mauresque et Mission Revival *(p. 27)*. Le **Riverside Municipal Museum** propose des expositions consacrées à l'histoire de la ville et à la culture indienne.

La ville doit aussi sa renommée à deux grandes courses automobiles : la California 500 qui a lieu début septembre et la Winston 500 qui se court en janvier.

Mission Inn
3649 Mission Inn Ave. *(909) 784-0300.*

Riverside Municipal Museum
3720 Orange St. *(909) 782-5273.* *t.l.j.*

Pot au Hi-Desert Nature Museum

Yucca Valley ❸

Carte routière D5. *44 000.* *56300 Twenty-nine Palms Hwy, Suite D (760 365-6323).*

Cette petite ville borde au nord le Joshua Tree National Park *(p. 268-269)*. À flanc de colline, le **Desert Christ Park** abrite 30 statues illustrant la vie du Christ sculptées par Antone Martin dans les années 1950. Le **Hi-Desert Nature Museum** est consacré à la géologie, la faune, la flore et l'artisanat de la région. À 6 km au nord-ouest de Yucca Valley on visite **Pioneertown**, un hameau édifié en 1947 pour servir de décor à un western.

Desert Christ Park
Fin du Mohawk Trail. *(760) 365-6323.* *t.l.j.*

Hi-Desert Museum
57116 Twenty-nine Palms Hwy. *(760) 369-7212.* *du mar. au dim.* *jours fériés.*

Statue du Christ par Antone Martin à Yucca Valley

Palm Springs ❹

Pop-corn au Ruddy's

Des Indiens habitent la Coachella Valley depuis 10 000 ans, mais ce n'est qu'en 1853 qu'un groupe de géographes du gouvernement découvrit par accident un bosquet de palmiers entourant dans le désert une source d'eau minérale. La construction du premier hôtel de la région s'acheva en 1886 et, au tournant du siècle, Palm Springs était devenue une station thermale animée. Dans les années 1920 et 1930, grandes fortunes et célébrités prirent l'habitude d'y séjourner l'hiver.

À la découverte de Palm Springs

Le boom immobilier qui suivit la Deuxième Guerre mondiale *(p. 50)* entraîna à Palm Springs la construction de nombreux hôtels et centres résidentiels. Leur succès incita ensuite des promoteurs à aménager de nouveaux espaces dans la Coachella Valley. Entre 1967 et 1981, Cathedral City, Rancho Mirage, Palm Desert, Indian Wells et La Quinta surgirent du désert entre Palm Springs et Indio, la capitale américaine de la datte située 35 km plus à l'est. À la même époque, les terrains de golf de luxe se multiplièrent dans la région qui en propose aujourd'hui plus de 80 *(p. 267)*.

Écrasée de chaleur en été, Palm Springs voit sa population doubler en hiver quand ses hôtels de standing, tels le Marriot et le Givenchy *(p. 521)*, s'emplissent de clients aisés venus profiter de la douceur du climat. Beaucoup de personnes célèbres habitent la ville et plusieurs sociétés proposent des visites guidées dont le trajet passe devant leurs maisons.

Terrasses de restaurants, enseignes chic et galeries d'art bordent les deux principales rues commerçantes de Downtown : Palm Canyon Drive et Indian Canyon Drive. Dans le centre, la Desert Fashion Plaza piétonnière renferme deux grands magasins et des boutiques de luxe.

Palm Springs sait entretenir son image chic jusque dans les petits détails. Les éclairages publics, par exemple, se cachent derrière des palmes ou dans des buissons pour diffuser une lueur tamisée.

Réclame des années 1930 au Ruddy's Museum du Village Green

Village Green Heritage Center

221 S Palm Canyon Drive. *(760) 323-8297.* *d'oct. à mai : du mer. au dim.* *jours fériés.*

Cette enclave paisible au cœur du quartier commerçant réunit quatre édifices historiques. Le premier résident blanc de Palm Springs, John Guthrie McCallum, bâtit la McCallum Adobe en 1884. Située à l'origine près du village indien d'Agua Caliente, qui doit son nom (Eau Chaude) à des sources thermales, la maison occupe son emplacement actuel depuis les années 1950.

En partie construite en traverses de chemin de fer, la Cornelia White House (1893) abrite du mobilier de l'époque des pionniers. Dans l'Agua Caliente Cultural Museum, objets et photographies évoquent l'héritage des Indiens de la région, les Cahuilla. Le musée possède également une collection de paniers anciens.

Enfin, le Village Green Heritage Center comprend le Ruddy's 1930s General Store Museum, un bazar typique des années de la Grande Dépression. Il faisait aussi office de pharmacie. Des articles authentiques, des confiseries et des lacets de chaussure aux paquets de farine et aux médicaments, emplissent ses présentoirs.

Oasis Water Resort

1500 Gene Autry Trail. *(760) 325-7873.* *de mars à début sept. : t.l.j. ; de sept.à oct. : les sam. et dim.* *jours fériés.*

Ce parc aquatique d'une superficie de 8,5 ha propose 13 toboggans, dont l'un d'une longueur de 20 m, ainsi qu'une « rivière » de 180 m à descendre en chambres à air. Les jeunes enfants disposent de toboggans et de piscines séparés. Dans le plus grand bassin à remous de Californie, des vagues artificielles de plus d'un mètre permettent la pratique du surf. Les planches peuvent se louer, comme les chambres à air, à l'heure ou à la journée.

L'Oasis Water Resort comprend aussi un hôtel, un centre d'escalade, un club de remise en forme et plusieurs bons restaurants.

Enfants jaillissant du Scorpion, un toboggan de l'Oasis Water Resort

Le Palm Springs Aerial Tramway du Mount Jacinto

Palm Springs Aerial Tramway

Tramway Rd. (760) 325-1391. de sept. à juil. : t.l.j.

Fabriquées en Suisse et chacune d'une contenance de 80 passagers, les deux cabines de téléphérique de l'Aerial Tramway partent de la Valley Station située à 10 km au nord-ouest de Palm Springs. Longue de 4 km, l'ascension dure 14 minutes et se fait à un angle de 50° pour franchir un dénivelé de 1 790 m jusqu'à la Mountain Station située dans le Mount San Jacinto Wilderness State Park.

Du désert à une forêt alpine, les passagers traversent cinq écosystèmes distincts, un voyage équivalant à un périple qui irait du Mexique à l'Alaska. Pensez à emporter des vêtements supplémentaires ; il y a parfois un écart de températures de près de 30° C entre le sol de la vallée et le sommet où 85 km de sentiers s'offrent aux randonneurs. L'un d'eux conduit à Idyllwild *(p. 266)*. Le parc permet aussi la pratique du ski de fond en hiver et renferme un centre de *rangers*, des sites de camping et des aires de pique-nique. On peut s'y inscrire à des balades à dos de mule de 20 mn.

Le point de vue aménagé sur la cime à 2 600 m d'altitude révèle un immense panorama de la Coachella Valley, de Palm Springs et des San Bernardino Mountains au nord. Par temps très clair, la vue porte jusqu'à la Salton Sea *(p. 267)*, située à 80 km de là.

Les deux stations, celle de la vallée comme celle du sommet, possèdent des boutiques, des bars et des snacks. La Mountain Station propose en outre une cafétéria.

Palm Springs Desert Museum

101 Museum Drive. (760) 325-7186. du mar. au dim. jours fériés. gratuit le 1er ven. du mois.

Le Palm Springs Desert Museum présente une collection de peintures datant du XIXe siècle à nos jours, ainsi qu'un ensemble d'objets d'art indiens d'une rare richesse et des expositions sur l'histoire naturelle locale. Une belle sélection de sculptures modernes orne les patios et les jardins.

L'Annenberg Theater adjacent est une salle de spectacle ultramoderne de 450 places dont le programme de danse, de théâtre et de musique comprend aussi bien des artistes locaux que des compagnies et des orchestres en tournée. Des fontaines agrémentent le jardin magnifiquement entretenu.

Depuis le musée, deux sentiers permettent aux visiteurs de découvrir la faune et la flore de cette région désertique. Long de 3 km, pour un dénivelé de 244 m, le Museum Trail grimpe jusque dans le Mount San Jacinto State Park. Il rejoint le Lykken Trail au Desert Riders Overlook, un point de vue dominant Palm Springs et la Coachella Valley. Le Lykken Trail conduit 6 km plus loin à l'entrée du Tahquitz Canyon *(p. 266)*.

MODE D'EMPLOI

Carte routière D6. 42 000. Palm Springs Regional Airport, 1,5 km au N.-E. de Downtown. Indio. 3111 N Indian Ave. 2781 N. Palm Canyon Drive (800) 347-7746. Palm Springs International Film Festival (début à mi-jan.) ; Agua Caliente Indian Heritage Festival (mi-avril).

Jardin de sculptures au Palm Springs Desert Museum

PALMIERS

Il n'existe à Palm Springs qu'une seule variété de palmier indigène de la Californie, le *Washingtonia filifera*, qui prospère dans les oasis de montagne. À la différences d'autres espèces, les feuilles sèches ne tombent pas, mais forment une « jupe » offrant un abri aux animaux sauvages.

Les premiers palmiers dattiers *(Phoenix dactylifera)* furent importés d'Algérie en 1890. Aujourd'hui, 90 % des dattes consommées aux États-Unis proviennent de la Coachella Valley, un arbre parvenu à maturité pouvant produire jusqu'à 135 kg de fruits chaque année. En février à Indio, le National Date Festival célèbre la datte pendant dix jours *(p. 35)*.

Palmeraie de dattiers dans la Coachella Valley

Indian Canyons

S Palm Canyon Drive. (760) 325-5673. t.l.j.

À environ 8 km au sud de Palm Springs, quatre gorges rocheuses parcourues par des sources abritent de spectaculaires oasis naturelles. Baptisés Murray, Tahquitz, Andreas et Palm, ces canyons se trouvent sur les terres des Indiens d'Agua Caliente, les Cahuilla. On peut y voir, entre autres traces d'occupation ancienne, des dessins rupestres.

Longue de 24 km, la plus importante de ces gorges, le Palm Canyon, renferme la plus grande concentration de palmiers sauvages du monde. Une boutique vend des rafraîchissements près du parking et une courte mais abrupte descente conduit au sentier principal. Des tables de pique-nique ont été installées près d'un ruisseau à l'ombre de hauts palmiers.

Oasis de palmiers dans les Indian Canyons

Living Desert Wildlife and Botanical Park

47-900 Portola Ave. (760) 346-5694. *de sept. à mi-juil. : t.l.j.* *25 déc.*

Ce parc s'étend sur une superficie de 485 ha, mais l'essentiel de ce qu'il propose peut se découvrir en une demi-journée. De larges sentiers et des allées pavées relient des présentations didactiques permettant de se familiariser avec la flore des dix régions désertiques d'Amérique du Nord et certaines des 130 espèces animales qui y vivent. À ne pas manquer : les aigles royaux, les pumas, une large sélection de créatures nocturnes et l'exposition sur le guépard. Des *roadrunners* (coucous terrestres de Californie) courent en liberté dans leur habitat naturel. Marcher dans le parc est un plaisir en hiver. Une visite guidée en tram offre plus de confort pendant les grosses chaleurs.

Ocotillo en fleur du Living Desert Wildlife and Botanical Park

Palms to Pines Highway ❺

Carte routière D6. *72–990 Hwy 111, Palm Desert (760 346-6111).*

L'une des plus agréables excursions en voiture de la Californie du Sud commence à Palm Desert au croisement de la Hwy 111 et de la Hwy 74. En s'élevant, celle-ci quitte progressivement le désert pour traverser des paysages de montagne où poussent pins et genévriers. D'une altitude d'un peu moins de 1 500 m, le Santa Rosa Summit ménage une vue spectaculaire. Poursuivez au nord sur la Hwy 74 jusqu'à Mountain Center et les vertes prairies de la Garner Valley, puis prenez la Hwy 243 jusqu'à la pittoresque station de loisirs d'Idyllwild. Elle possède de nombreux restaurants, hôtels et terrains de camping. Renommée, l'Idyllwild School of Music and the Arts donne régulièrement des concerts classiques en été. Vous pourrez également emprunter l'un des sentiers de randonnée qui sillonnent les alentours en vous procurant une carte auprès de la Rangers Station. Une marche de 13 km permet de rejoindre la Mountain Station du Palm Springs Aerial Tramway *(p. 265)*, le moyen le plus rapide de redescendre dans le désert. Des promenades à dos de mule sont proposées en été. On peut pratiquer le ski de fond en hiver.

Anza-Borrego Desert State Park ❻

Carte routière D6. *Escondido.* **Visitors' Centre** *(760) 767-4205.* *de juin à sept. : les sam. et dim. ; d'oct. à mai : t.l.j.*

À l'époque de la ruée vers l'or *(p. 44-45)*, il n'existait qu'une seule route terrestre ouverte toute l'année permettant de rejoindre la Californie : le Southern Emigrant Trail. Des dizaines de milliers d'immigrants l'empruntèrent à travers l'Anza-Borrego Desert où un parc offre aujourd'hui aux visiteurs l'occasion de

La pittoresque station de montagne d'Idyllwild

Reliefs ravinés de l'Anza-Borrego Desert State Park

découvrir un magnifique environnement désertique.

Bien équipé, le *visitors' centre* se trouve à Borrego Springs, la seule localité de quelque importance. Non loin, le Palm Canyon Nature Trail (2,5 km) conduit à une oasis où l'on aperçoit parfois des mouflons des Rocheuses, une espèce menacée.

Le Box Canyon Historical Monument, à 50 km au sud-est du *visitors' centre*, s'atteint par la County Road S2. On peut y voir la vieille route où les prospecteurs se risquèrent malgré la rigueur du climat pour gagner les mines d'or situées à 800 km au nord.

L'Anza-Borrego Desert ne présente qu'un visage austère la majeure partie de l'année, mais entre mars et mai, après les pluies d'hiver, les cactus et des plantes comme le *brittlebush* et des variétés de pavot et de primevère adaptées au désert le parent de fleurs éclatantes. La géologie de la région est tout aussi remarquable. Un réseau de failles a soulevé et bouleversé le socle rocheux, l'érosion sculptant dans les reliefs ainsi formés de profonds ravins, des promontoires où apparaissent de multiples strates et des réseaux de canyons sauvages tels les Badlands de Borrego et de Carizzo.

Cent soixante kilomètres de routes goudronnées desservent la majeure partie du parc, notamment les terrains de camping. Mieux vaut toutefois disposer d'un véhicule tout terrain pour se risquer sur ses 800 km de pistes en terre. Les conducteurs de simples voitures de tourisme peuvent téléphoner au *visitors' centre* pour se renseigner sur l'état des voies de circulation.

Salton Sea 7

Carte routière E6. *Mecca. Indio.* **Visitors' Centre** *(760) 393-3052. de nov. à mars : t.l.j. ; avril et mai : téléphoner.*

C'est un accident qui provoqua la formation de la Salton Sea. En 1905, la Colorado River en crue s'engouffra dans un canal d'irrigation rejoignant l'Imperial Valley et il fallut deux ans à une équipe d'ingénieurs pour endiguer l'écoulement, assez de temps pour que se crée une mer intérieure de 55 km de long au fond du Salton Sink, à 70 m au-dessous du niveau de la mer.

Malgré un taux de salinité en hausse et des algues qui donnent une couleur brune à l'eau en été, on continue d'y pêcher des *orangemouth corvinas*, un poisson à la chère hautement appréciée, de plus de 4 kg. De nombreux oiseaux migrateurs tels que hérons et aigrettes trouvent un refuge dans les marécages en bordure de la Salton Sea.

Le plan d'eau permet de pratiquer planche à voile, navigation de plaisance et ski nautique. Sa rive nord-est recèle les endroits les plus agréables où se baigner, en particulier Mecca Beach. Sur la rive est, la State Recreation Area propose des sentiers de randonnée, des terrains de camping, un *visitors' centre* et une petite aire de jeu.

Le golf dans le désert

Grâce à l'irrigation permise par des réserves d'eau souterraines, Palm Springs est devenue la capitale du golf aux États-Unis et la région compte plus de 80 terrains. Ils appartiennent en majorité à des clubs privés ou des complexes hôteliers. Certains offrent des parcours rugueux, d'autres plus verdoyants. De grandes rencontres professionnelles ont lieu tous les ans, en particulier le Bob Hope Desert Classic en janvier et le Dinah Shore Tournament à la fin mars. Parmi les quelques terrains ouverts au public, le Desert Dunes utilise le désert pour varier les défis proposés. La chaleur qui règne en été impose de se lever tôt pour profiter des meilleures heures. Vous bénéficierez en novembre et en décembre de prix plus bas et d'un climat plus tempéré. La plupart des terrains ferment en octobre pour replanter.

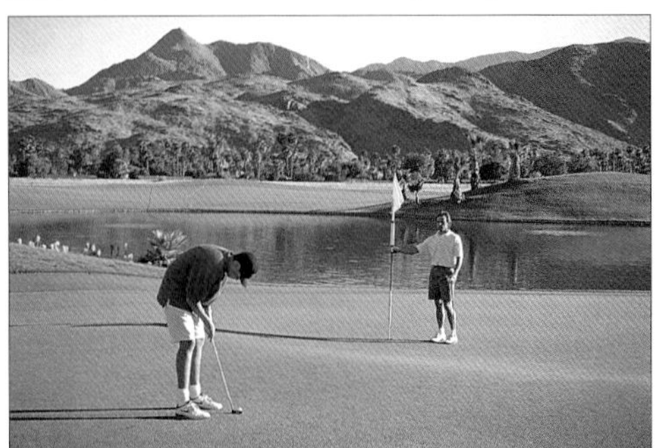

La Tahquitz Creek Palm Springs Golf Resort

Le Joshua Tree National Park 8

Panneau du parc

Ce sont des immigrants mormons qui donnèrent en 1851 son nom à l'arbre de Josué. Il évoquait en effet pour eux le passage du livre attribué à ce personnage biblique qui invite à « suivre le chemin pointé par les arbres ». De la famille des yuccas, l'arbre de Josué peut atteindre 9 m de haut et vivre jusqu'à 1 000 ans. Fondé en 1936 pour protéger les bosquets de cette essence rare qui poussent dans l'aride région montagneuse s'étendant à l'est de Palm Springs, le Joshua Tree National Park est un paradis pour les grimpeurs et les randonneurs. Il recèle mines abandonnées et oasis isolées plantées de palmiers, des rochers gris et roses y composent des paysages étonnants et des fleurs le parent de vives couleurs au printemps.

Arbres de Josué
Ils prospèrent dans la moitié occidentale du parc, plus haute, plus arrosée et un peu plus fraîche.

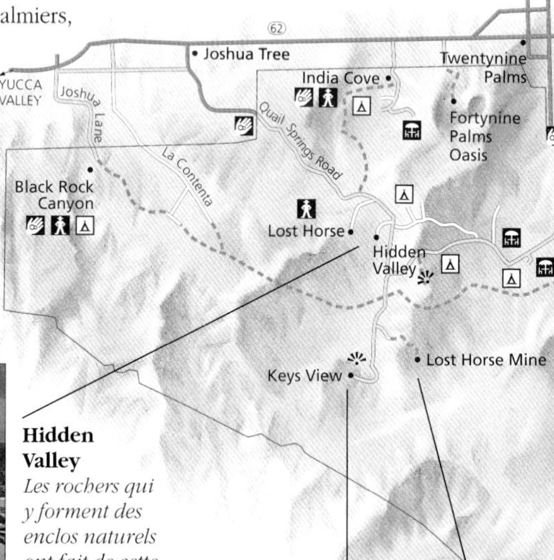

Hidden Valley
Les rochers qui y forment des enclos naturels ont fait de cette vallée une cachette légendaire des voleurs de bétail.

Key's View offre de son sommet un vaste panorama de la vallée, du désert et des montagnes.

LÉGENDE

- Autoroute
- Route principale
- Route secondaire
- Piste carrossable
- Sentier de randonnée
- Limite du parc
- Sation de rangers
- Péage
- Camping
- Aire de pique-nique
- Point de vue

Lost Horse Mine
Un sentier de 3,2 km conduit à cette ancienne mine découverte par un cow-boy qui cherchait son cheval. Les dix premières années d'exploitation produisirent plus de 270 000 $ d'or.

La faune du désert

De nombreux animaux ont réussi à s'adapter aux conditions inhospitalières qui règnent dans le désert. Le kangourou-rat tire à la fois humidité et nourriture des graines qu'il mange et ses très grandes pattes de derrière lui permettent de se déplacer sur le sable brûlant. Des pattes puissantes, plutôt que des ailes, aident aussi le *roadrunner* à survivre. Insectes et petites proies assurent ses besoins en eau. Les tons sourds du pelage du lièvre le dissimulent au regard de prédateurs comme le coyote, le lynx rufus et l'aigle.

Le rusé coyote, un des habitants du désert

Mode d'emploi

Carte routière D5. *Desert Stage Lines de Palm Springs à Twentynine Palms.* **Oasis Visitors' Center** *74485 National Park Drive, Twentynine Palms.* *(760) 367-5500.* *de 8 h à 16 h 30 t.l.j.* *25 déc.*

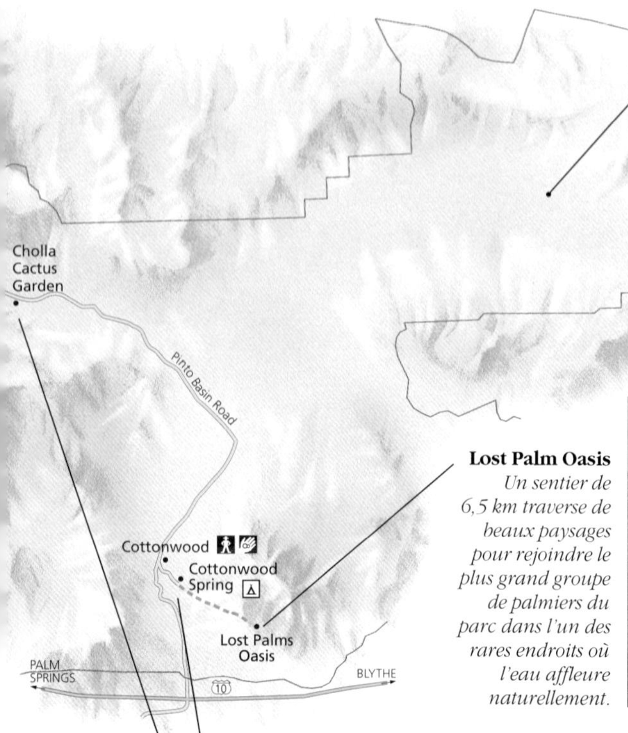

0 10 km

Le Colorado Desert (*p. 193*) rend particulièrement inhospitalière la partie est du parc peu accessible.

Cholla Cactus Garden

Pinto Basin Road

Cottonwood

Cottonwood Spring

Lost Palms Oasis

PALM SPRINGS

10

BLYTHE

Lost Palm Oasis
Un sentier de 6,5 km traverse de beaux paysages pour rejoindre le plus grand groupe de palmiers du parc dans l'un des rares endroits où l'eau affleure naturellement.

La Cottonwood Spring, proche d'un *visitors' centre*, est une oasis artificielle où palmiers et peupliers attirent les oiseaux.

Cholla Cactus Garden
Un petit parcours de découverte de la nature traverse une dense concentration de chollas, *une variété de figuiers de Barbarie aux épines acérées.*

LE DÉSERT DE MOJAVE

Peu d'endroits au monde sont aussi chauds que la Death Valley, et les visiteurs de la Californie négligent trop souvent le désert de Mojave, pressés d'échapper à la canicule quand ils le traversent sur l'Interstate Highway. Pourtant, la vie se montre étonnamment variée dans ces étendues désertiques qui deviennent d'une beauté difficile à oublier quand des fleurs sauvages apparaissent entre les rochers.

Au XIXe siècle, les trappeurs, marchands et colons partant de Santa Fe, au Nouveau-Mexique, pour rejoindre Los Angeles empruntaient l'Old Spanish Trail passant par Barstow et Tecopa. Cette voie les obligeait à affronter le désert de Mojave, mais elle restait ouverte toute l'année.

Dans les années 1870, la découverte de métaux précieux, notamment or, argent et borax, attira dans la région des centaines de mineurs et des villes comme Calico jaillirent tout à coup... Et moururent quand les filons s'épuisèrent. La population du désert de Mojave continua cependant d'augmenter grâce à l'achèvement en 1883 du Santa Fe Railroad qui permit aux localités situées le long de la voie ferrée de se développer.

Au début du XXe siècle, une nouvelle race de colons apparut, des gens qui tombaient amoureux de ces paysages sauvages, tel Jack Mitchell qui transforma dans les années 1930 les Mitchell Caverns en une populaire attraction touristique. Death Valley Scotty était un autre de ces passionnés. Il passa une grande partie de sa vie dans le château qu'il avait convaincu son ami Albert Johnson de construire près du point le plus chaud et le plus bas des États-Unis. Aujourd'hui, des milliers de visiteurs continuent malgré la chaleur de succomber chaque année aux beautés naturelles du Death Valley National Park.

Le principal centre d'intérêt de la région reste néanmoins Las Vegas, dans le Nevada. Située à 5 heures de voiture de Los Angeles, la capitale mondiale du jeu prouve, avec la foule qui s'y presse, que le fol espoir de faire fortune au cœur du désert n'a rien perdu de son actualité.

Le Scotty's Castle dans la vallée de la Mort

◁ **Buissons, dunes et sommets enneigés dans la Death Valley**

À la découverte du désert de Mojave

La majeure partie du désert de Mojave se trouve à une altitude de plus de 600 m. Il connaît des hivers rudes et des étés torrides pendant lesquels la plupart des lacs et des rivières s'assèchent. De nombreuses espèces végétales et animales, de la tortue au renard, ont néanmoins réussi à s'adapter à ces conditions difficiles. La plus grande ville de la région, Barstow, sert d'escale sur la route de Las Vegas. Au nord, on visite le Death Valley National Park, à l'est des stations de loisir entourent le Lake Havasu.

Ancienne fonderie de minerai à Calico Ghost Town

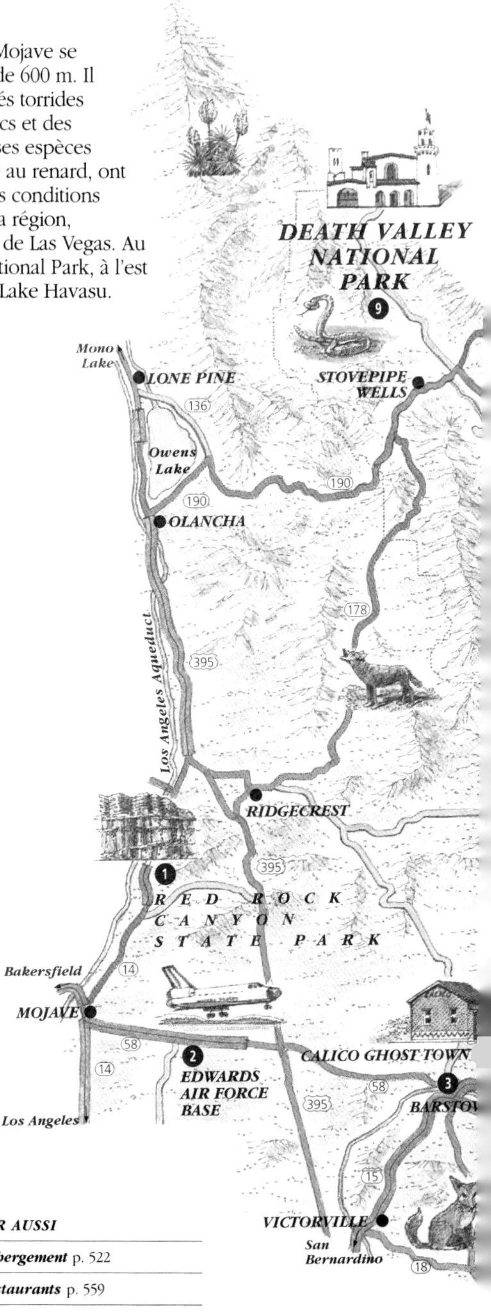

DEATH VALLEY NATIONAL PARK 9
Mono Lake
LONE PINE
STOVEPIPE WELLS
136
Owens Lake
190
190
OLANCHA
178
395
Los Angeles Aqueduct
RIDGECREST
395
1
RED ROCK CANYON STATE PARK
Bakersfield
14
MOJAVE
58
14
2
EDWARDS AIR FORCE BASE
Los Angeles
CALICO GHOST TOWN
58
3
395
BARSTOW
15
VICTORVILLE
San Bernardino
18

D'un coup d'œil

Barstow 3
Calico Ghost Town 4
Death Valley National Park p. 280-283 9
Edwards Air Force Base 2
Kelso Dunes 5
Lake Havasu 7
Las Vegas 8
Mitchell Caverns 6
Red Rock Canyon State Park 1

Légende

- Autoroute
- Route principale
- Route secondaire
- Parcours pittoresque
- Cours d'eau
- Point de vue

0 25 km

Voir aussi

- ***Hébergement*** p. 522
- ***Restaurants*** p. 559

Dunes de sable au nord de Furnace Creek dans le Death Valley National Park

Circuler

La I-15 qui relie San Diego à Las Vegas, Nevada, via San Bernardino, traverse la région en longeant la limite nord de l'East Mojave National Preserve. La I-40 frôle au sud cette réserve naturelle. La principale route nord-sud est la Hwy 127 dont part la Hwy 190 qui dessert le Death Valley National Park. À l'ouest, la US Hwy 395 descend au sud vers Los Angeles. Dans le désert, la prudence impose aux visiteurs de respecter la signalisation et de ne pas s'écarter des routes principales. Emportez toujours de l'eau et une roue de secours et, en cas de panne, ne vous éloignez pas de la voiture, mais attendez des secours à côté. Des panneaux signalent les zones militaires dont l'accès est strictement interdit *(p. 274)*.

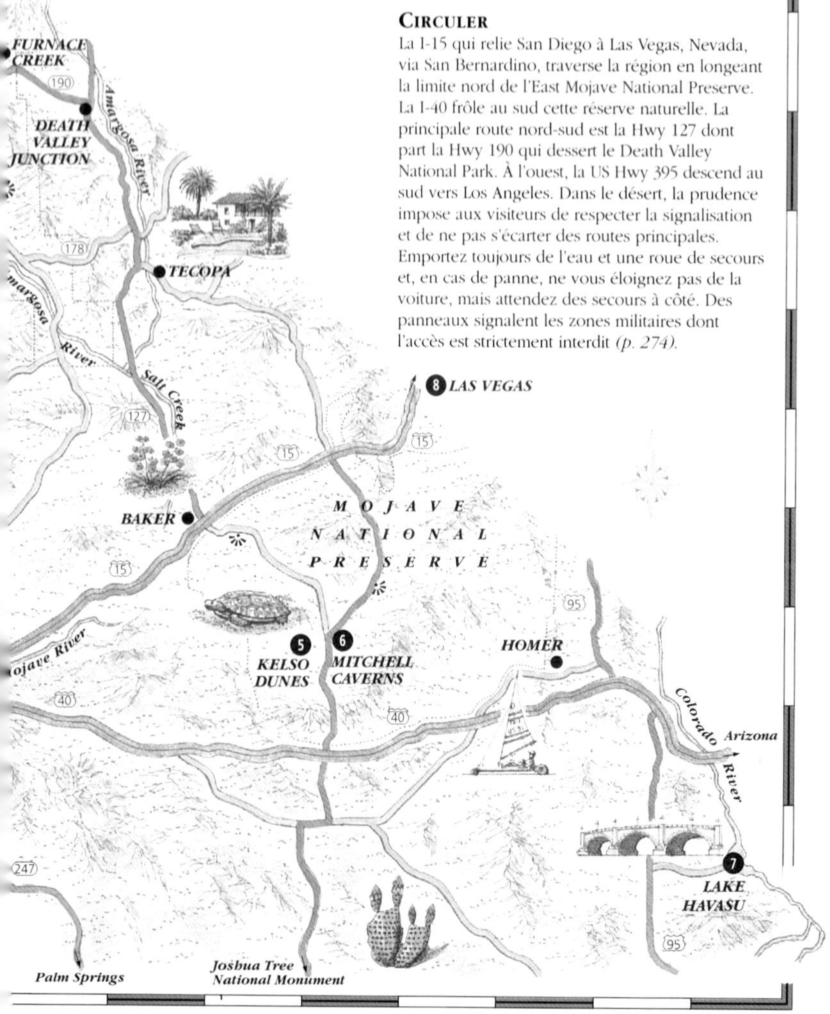

FURNACE CREEK
190
DEATH VALLEY JUNCTION
Amargosa River
178
TECOPA
Amargosa River
Salt Creek
127
8 LAS VEGAS
15
15
BAKER
MOJAVE NATIONAL PRESERVE
15
95
Mojave River
5 KELSO DUNES
6 MITCHELL CAVERNS
HOMER
40
40
Colorado River
Arizona
7 LAKE HAVASU
247
95
Palm Springs
Joshua Tree National Monument

Strates minérales multicolores au Red Rock Canyon

Red Rock Canyon State Park ❶

Carte routière D5. *depuis Mojave, Ridgecrest.* **Visitors' Center** *(805) 942-0662.* *de fév. à mai et d'oct. à nov. : du ven. au dim.*

Le Red Rock Canyon a servi de décor à d'innombrables westerns, spots publicitaires et films de science-fiction et ses parois où grès et roches volcaniques forment des strates spectaculaires paraîtront étrangement familières à de nombreux visiteurs. Situé dans les El Paso Mountains, à l'extrémité sud de la Sierra Nevada, ce canyon, comme les High Sierras *(p. 468)*, est le produit des mouvements de plaques tectoniques qui soulevèrent le socle rocheux il y a environ 3 millions d'années. Son flanc occidental grimpe en pente douce, offrant un contraste marqué avec les falaises sculptées par les eaux de ruissellement et le vent qui se dressent à l'est.

Trois types d'habitats désertiques se chevauchent dans le Red Rock Canyon et une flore variée y permet la survie de nombreux animaux, depuis des reptiles comme l'iguane et le crotale jusqu'au coyote et au lynx rufus. Dans les hauteurs nichent aigles et faucons.

Edwards Air Force Base ❷

Carte routière D5. *(805) 258-3446.* *depuis Mojave, Rosamond.* *du lun. au ven.* *jours fériés.* *sur r.-v. seulement.*

Les atterrissages de la navette spatiale ont récemment rendu célèbre dans le monde entier l'Edwards Air Force Base, mais elle joue un rôle de premier plan dans l'histoire de l'aviation depuis 1933. L'immense piste naturelle que forme un lac asséché, le Rogers Dry Lake (168 km^2), et la clarté de l'air dans le désert y ont facilité de nombreuses expériences. C'est là que fut essayé le premier avion à réaction en 1942 et que le capitaine Chuck Yeager creva le mur du son dans un Bell XS-1 en 1947. Cinquante diplômés sortent chaque année de son école de pilotes d'essai.

Atterrissage d'Atlantis à l'Edwards Air Force Base

La base abrite aussi le Dryden Flight Research Center de la NASA. Il faut réserver sa place pour participer aux visites gratuites de l'Aeronautics Center. Elles comprennent la projection d'un film vidéo sur la recherche spatiale et la visite d'un hangar renfermant des appareils en cours d'utilisation.

Barstow ❸

Carte routière D5. *22 000.* *831 Barstow Rd (760 252-6060).*

Au XIXe siècle se côtoyaient ici les fermiers des environs et les immigrants et les mineurs empruntant l'Old Spanish Trail *(p. 271)*. En 1886, l'achèvement de la voie ferrée Barstow-San Bernardino ouvrit la liaison entre Kansas City et le Pacifique. La gare construite à cette époque, la Casa del Desierto, vient d'être restaurée. De 1937 à la fin des années 1950, Barstow devint une étape importante sur la

L'armée dans le désert

Réservée à l'armée américaine, une grande partie du désert de Mojave est strictement interdite aux civils. Pendant la Deuxième Guerre mondiale, le Desert Training Center, d'une superficie de 45 000 km^2, servit à l'entraînement des troupes du général Patton. Les militaires utilisent aujourd'hui des terrains plus petits comme le China Lake Weapons Center, au nord-est de Mojave, site de bombardement et d'essais de matériel d'artillerie. Une importante base de l'US Army, le Fort Irwin National Training Center (NTC), occupe au nord de Barstow une étendue de plus de 2 500 km^2. Douze mille personnes, y compris des civils, vivent au NTC. Les soldats de la guerre du Golfe s'y préparèrent en 1990 et 1991, et c'est le principal champ de manœuvre de blindés des États-Unis.

Avion d'entraînement T-38 Talon à l'Edwards Air Force Base

Calico Ghost Town rassemble bâtiments restaurés et reconstruits

Route 66, l'unique voie terrestre goudronnée entre Chicago et la Côte Ouest. La ville possède aujourd'hui comme atout principal sa position sur la I-15 à mi-chemin de Los Angeles et de Las Vegas. Quarante et un millions de personnes font le trajet entre les deux villes chaque année. Beaucoup s'arrêtent aussi à Barstow pour les minéraux que recèle le désert qui l'entoure.

On peut se procurer des cartes de la région au **California Desert Information Center** qui présente une exposition didactique sur la faune et la flore du désert de Mojave. Il possède aussi une bonne librairie et permet de se renseigner sur les hôtels et les restaurants.

California Desert Information Center
831 Barstow Rd, Barstow. *(760) 252-6060.* *t.l.j.* *1er jan., 25 déc.*

Calico Ghost Town ❹

Carte routière D5. *(760) 254-2122.* *Barstow.* *t.l.j.* *25 déc.*

La découverte d'argent, le 26 mars 1881, dans les Calico Mountains situées à une dizaine de km à l'est de Barstow attira bientôt des centaines de mineurs et la ville qui naquit dans le désert compta à son âge d'or 1 200 habitants… et 22 saloons. Certains des filons étaient si riches qu'ils produisaient 11 kg de métal par tonne de minerai. Le borax découvert à 5 km à l'est de la localité parut assurer la pérennité de sa prospérité. Elle ne survécut toutefois pas à l'effondrement des cours de l'argent et à l'épuisement des gisements de borax. En 1907, Calico n'était plus qu'une ville fantôme.

Outil de l'Early Man Site

Walter Knott, le fondateur de la Knott's Berry Farm *(p. 226)*, entreprit sa restauration dans les années 1950 et le mélange de bâtiments authentiques et de reconstructions qui se voit aujourd'hui au milieu d'un paysage dénudé possède un indéniable cachet. L'endroit est toutefois très touristique. Les visiteurs peuvent s'y promener dans un train de minerai ou découvrir les galeries de la Maggie Mine. Des duels au pistolet continuent de donner de l'animation à la rue principale.

Aux environs

À quelque 15 km à l'ouest de Calico, les archéologues ont mis au jour au **Calico Early Man Site** des milliers d'outils en pierre vieux de 100 000 ans. Les hommes qui les fabriquèrent, les premiers habitants connus de l'Amérique du Nord, vivaient alors sur les rives d'un grand lac. Le célèbre anthropologue Louis Leakey, qui donna son nom à l'*Homo habilis*, dirigea le champ de fouilles de 1964 jusqu'à sa mort en 1972.

Calico Early Man Site
Aux abords de l'I-15 et Minneola Rd. *(760) 252-6000.* *du mer. au dim.* *1er jan., 4 juil., 25 déc.* **Contribution**.

La Casa del Desierto, gare historique de Barstow

Plaques de boue séchée au Death Valley National Park *(p. 280-283)*

Kelso Dunes ❺

Carte routière E5. *Baker.* *Mojave National Preserve (760) 733-4040.*

Les Kelso Dunes dominent de plus de 200 m le sol de la Mojave National Preserve. D'un rose ambré, les grains de quartz qui les forment proviennent du bassin de la Mojave River qui se trouve à 55 km à l'ouest. Les grondements et bourdonnements qu'elles émettent parfois les ont fait surnommer les « dunes chantantes ». Les vibrations produites par le glissement de couches superficielles de sable seraient à l'origine de ces bruits.

Les Kelso Dunes de la Mojave National Preserve

Mitchell Caverns ❻

(760) 928-2586. *depuis Barstow.* *de sept. à juin : t.l.j.* *(sam. et dim. seulement en été).*

Il y a entre 12 et 15 millions d'années, de l'eau de pluie acide commença à se frayer un passage dans le calcaire des Providence Mountains et creusa dans leur flanc oriental ces grottes spectaculaires. Pendant environ 500 ans, jusque dans les années 1860, des Indiens les utilisèrent pour des cérémonies religieuses et comme entrepôt pour la nourriture. On y a retrouvé des pointes de flèches et des morceaux de poteries laissés par le peuple des Chemehuevi.

C'est un mineur, Jack Mitchell, qui transforma dans les années 1930 les cavernes en attraction touristique. Elles appartiennent aujourd'hui au California State Park. En coulant par nappe ou goutte à goutte, ou en suivant des parcours plus irréguliers, l'eau a créé dans les galeries des concrétions calcaires aux formes très variées. Mieux vaut s'équiper de bonnes chaussures de marche pour suivre la visite de deux heures. Elle permet entre autres de découvrir la chambre souterraine d'El Pakiva (les Piscines sacrées). Un sentier (1,5 km) remonte non loin le Crystal Spring Canyon et offre de belles vues du désert.

Concrétions calcaires dans les Mitchell Caverns

Le London Bridge remonté à Lake Havasu City

Lake Havasu ❼

Carte routière E5. *Las Vegas.* *(520) 855-4115.*

Ce lac artificiel de 74 km de long existe depuis la construction en 1938 du Parker Dam *(p. 193)*, barrage sur le cours de la Colorado River. Le millionnaire Robert McCulloch fonda dans les années 1960 la station touristique de Lake Havasu City à la frontière entre Californie et Arizona. Pour lui donner une dimension historique, il acheta le London Bridge et le remonta pierre par pierre au-dessus d'un canal creusé spécialement. Le pont domine les boutiques et restaurants britanniques de l'English Village.

Le Lake Havasu s'étend à l'intérieur d'une réserve naturelle fréquentée par les ornithologues et les pêcheurs. Terrains de camping et ports de plaisance jalonnent ses rives. On peut y louer des maisons flottantes, des bateaux et des équipements de sports nautiques et s'inscrire à plusieurs promenades sur le lac, en particulier à une excursion de trois heures jusqu'à la Topock Gorge qui s'ouvre au nord du plan d'eau.

Aux environs

À 30 km au sud de Lake Havasu City, la Hwy 95 conduit à la Colorado River Indian Reservation où on peut admirer des sculptures préhistoriques géantes taillées dans les rochers du désert. La signification de ces silhouettes humaines et animales reste un mystère.

Las Vegas 8

L'un des néons de la ville

La légalisation du jeu par l'État du Nevada en 1931 et la construction du Hoover Dam en 1936 ont permis à une petite ville, à 60 km de la Californie, de se développer jusqu'à compter près d'un million d'habitants. Le premier grand casino, le Flamingo, ouvrit sur le boulevard appelé le « Strip » en 1946. D'autres jaillirent bientôt du sable et Las Vegas se transforma en immense salle de jeu.

Le « Strip » au coucher du soleil

À la découverte de Las Vegas

Las Vegas s'efforce actuellement de changer d'image pour séduire aussi les familles et la ville offre un large éventail de distractions dans certains des plus abordables, et des plus grands, hôtels et centres de conventions du monde. Près d'un million de personnes habitent en permanence ici en plein désert et disposent de musées et d'institutions culturelles. Ce ne sont toutefois pas ces établissements qui présentent le plus d'intérêt pour les 31 millions de visiteurs qu'attire chaque année Las Vegas, mais les gigantesques hôtels-casinos aux architectures extravagantes et souvent réussies dont les néons embrasent le boulevard appelé le « Strip » à la nuit tombée.

Ils ne proposent pas uniquement hébergement et machines à sous mais aussi d'excellentes attractions. Dans le Treasure Island Hotel and Casino, pirates et marins anglais se livrent des batailles plusieurs fois par jour en galions. À côté, le Mirage Hotel and Casino abrite la reconstitution d'une jungle tropicale où un « volcan » entre en éruption. Pyramide aux dimensions de celle de Giseh, le Luxor renferme le plus vaste atrium du monde. Il est décoré des répliques de Manhattan et du tombeau de Toutankhamon. Non loin, l'Emerald City of Oz du MGM Grand est très appréciée des enfants.

MODE D'EMPLOI

Carte routière E4. *1 200 000.* *McCarran International Airport, à 6,5 km au sud de Las Vegas.* *200 S Main St.* *1 Main St.* *3150 Paradise Rd (702 892-0711).* **Treasure Island Hotel and Casino** 3300 Las Vegas Blvd. *(702) 894-7111.* **Mirage Hotel and Casino** 3400 Las Vegas Blvd. *(702) 791-7111.* **Luxor Las Vegas Hotel and Casino** 3900 Las Vegas Blvd. *(702) 262-4000.* **MGM Grand Hotel, Casino and Theme Park** 3799 Las Vegas Blvd. *(702) 891-1111.*

Stratosphere Tower

2000 Las Vegas Blvd S. *(702) 380-7777.*

Cette tour d'observation haute de 350 m offre une vue incomparable de la ville particulièrement spectaculaire la nuit. À son sommet se trouve un restaurant tournant et un bar à cocktails. Trois chapelles permettent de s'y marier très facilement, une des spécialités de Las Vegas avec le divorce. Les plus hautes montagnes russes du monde partent d'une hauteur de 275 m à l'extérieur de la tour.

Stratosphere Tower

Fremont Street Experience

Bordée par Charles et Stewart Sts. *(702) 678-5777.* *t.l.j.*

La première licence de jeu fut accordée dans les années 1930 à un établissement de Fremont Street et cette partie de Downtown prit bientôt le surnom de « Glitter Gulch » (ravin des Paillettes) à cause de sa profusion d'enseignes au néon. Les cinq pâtés de maisons entre Main Street et Las Vegas Boulevard sont aujourd'hui devenus la Fremont Street Experience, une promenade piétonnière et couverte bordée de casinos. Un spectacle de son et lumière mettant en œuvre 2 millions de lampes y a lieu chaque soir.

Aux environs

Créé par la construction du Hoover Dam achevé en 1936, le Lake Mead se trouve à 40 km à l'est de Los Angeles. D'une longueur de 175 km, il possède 800 km de rives. On peut notamment y pratiquer la navigation de plaisance, le ski nautique et la pêche. Des visites quotidiennes permettent de découvrir le barrage haut de 220 m. Un *visitors' centre* propose une exposition sur l'histoire naturelle de la région. À 55 km au nord-est de Las Vegas, le Valley of Fire State Park recèle d'étonnantes formations rocheuses orange et des inscriptions rupestres. Crêtes et escarpements hauts de 900 m composent un paysage majestueux dans le Red Rock Canyon (différent du parc de la *page 274*), à 15 km à l'ouest de Las Vegas. Des sentiers pour randonneurs de tous niveaux le sillonnent.

Le Death Valley National Park ❾

Il règne en été dans la vallée de la Mort la température moyenne la plus élevée de la planète. Ce phénomène est dû aux hautes montagnes qui enserrent cet ancien lac où se trouve le point le plus bas des Amériques (- 86 m). Les cimes acérées de l'ouest, qui barrent tout accès aux influences océanes, s'élèvent jusqu'à 3 350 m. Ces conditions climatiques rendent la Death Valley inhospitalière en toute saison, mais les teintes prises par ses rochers dénudés et les paysages lunaires qu'y créent les plaques de sel, les dunes, les canyons et de délicates formations géologiques en ont fait une des grandes destinations touristiques de la Californie.

Le centre de la vallée
Furnace Creek regroupe au cœur de la Death Valley, à une courte distance de beaucoup de sites parmi les plus impressionnants du parc, des restaurants, des hôtels, un camping et un *visitors' centre*.

Salt Creek
Dans la Salt Creek vit un poisson indigène de la vallée de la Mort, le coriace *pupfish* qui peut supporter un taux de salinité quatre fois supérieur à celui de l'eau de mer et une température de 44° C. Il attire d'autres animaux tels que le grand héron. Des passerelles en bois permettent de découvrir sans le perturber son fragile habitat.

Borax Museum
Furnace Creek Ranch. (760) 786-2345. *t.l.j.*
La découverte dans la Death Valley de borax, un sel de bore utilisé entre autres pour la fabrication de verre trempé et de lessives, remonte à 1873, mais son exploitation ne commença qu'au début de la décennie suivante. Entre 1883 et 1888, le minerai, après avoir été purifié à l'Harmony Borax Works, était chargé dans des wagons qu'un attelage de 20 mules tirait pendant 265 km à travers le désert jusqu'à la gare de Mojave. Chaque attelage devait traîner deux wagons emplis de 10 tonnes de minerai chacun.

Ruines de la raffinerie de l'Harmony Borax Works

Le Borax Museum présente des outils de mineurs et des appareils de transport. Les ruines de l'Harmony Borax Works se dressent sur la Hwy 190, à 1,5 km au nord du Death Valley Visitor Center.

Death Valley Museum and Visitor Center
Rte 190, Furnace Creek. *(760) 786-2331.* *t.l.j.* *1er jan., 25 déc., Thanksgiving.*
D'intéressantes expositions et un montage de diapositives diffusé toutes les 30 mn expliquent l'histoire naturelle et humaine de la vallée de la Mort. Des visites guidées sont également proposées en hiver.

Furnace Creek
L'érosion a creusé ici un accès naturel à la Death Valley dans les collines qui la bordent à l'est. Les ruisseaux qui coulent à Furnace Creek y attiraient jadis en hiver les Indiens Shoshone. Ils en font aujourd'hui une oasis au cœur du désert et la principale localité de la vallée. Des palmiers y ombragent divers restaurants et motels et l'on y trouve le terrain de golf le plus bas du monde (- 65 m). La Furnace Creek Inn *(p. 522)*, un hôtel de luxe construit dans les années 1920, occupe une situation privilégiée sur une petite mesa.

La Furnace Creek Inn

Dépôts de sel du Devil's Golf Course

Le sud de la vallée
C'est au sud de Furnace Creek que la vallée de la Mort présente certains de ses visages les plus étonnants.

Golden Canyon
À 5 km au sud de Furnace Creek sur la Hwy 178, une marche de 1 500 m conduit à ce canyon qui doit son nom à ses parois moutarde. C'est en fin d'après-midi qu'elles prennent leurs plus belles teintes. Leurs strates étaient à l'origine horizontales, mais les bouleversements géologiques leur ont fait prendre un angle de 45°. Les Indiens utilisaient l'argile rouge de l'entrée du canyon pour leurs peintures faciales.

Les vestiges d'une route pavée emportée par un orage en 1976 rappellent que si les pluies sont rares dans la Death Valley, elles se révèlent souvent très violentes.

Devil's Golf Course
Le Terrain de golf du Diable étale ses reliefs de sel à 20 km au sud de Furnace Creek près de la Hwy 178. Jusqu'à il y a environ 2 000 ans, des lacs successifs occupèrent cette dépression. L'évaporation du dernier laissa sur une superficie de 520 km² un dépôt d'au moins 300 m d'épaisseur où alternent couches de graviers et de sel. Celui-ci émet un bruit caractéristique en se dilatant et en se contractant sous l'effet des changements de température. De nouveaux cristaux, reconnaissables à leur blancheur plus marquée, se forment en permanence.

Badwater
Le point le plus bas de la vallée (86 m au-dessous du niveau de la mer) est aussi un des plus chauds. L'air peut y atteindre 50° C... et le sol une température jusqu'à une fois et demi plus élevée, assez pour faire réellement cuire un œuf sur une pierre. La pluie, extrêmement rare, tombe généralement sous forme d'orages torrentiels. Malgré tout, plusieurs insectes survivent à Badwater ainsi que l'escargot de la Death Valley, une espèce menacée.

Le nord de la vallée
Cette partie de la Death Valley renferme l'Ubehebe Crater *(p. 282)*, où peu de touristes se risquent malgré la beauté du paysage, et le Scotty's Castle, le site le plus visité du parc.

Scotty's Castle
Hwy 267. *(760) 786-2392.*
Demeure *t.l.j.* **Parc** *t.l.j.*
Albert Johnson commença la construction de son « ranch » en 1922 après avoir refusé un projet de Frank Lloyd Wright *(p. 29)*. Il fallut transporter les matériaux depuis une voie ferrée éloignée de 32 km. Quand les travaux cessèrent en 1931, la demeure occupait une surface de plus de 2 800 m². Après le décès de Johnson en 1948, « Death Valley Scotty » *(p. 282)* garda le droit de l'occuper jusqu'à sa propre mort en 1954.

L'ouest de la vallée
Des dunes de sable occupent une superficie de près de 40 km² non loin de la deuxième localité de la Death Valley : Stovepipe Wells *(p. 282)*.

Sand Dunes
Les vents qui convergent au nord de Stovepipe Wells y ont formé d'immenses dunes de sable, l'un des paysages les plus impressionnants de la vallée de la Mort. Des buissons de mesquite s'accrochent dans les parties les plus basses et leurs graines nourrissent des animaux comme le rat-kangourou. Principalement nocturne, la faune de la région comprend aussi crotales, lézards *chuckwallas* et coyotes.

Dunes de sable au nord de Stovepipe Wells

Une excursion dans la Death Valley

La vallée que les Indiens appelaient Tomesha, « la terre où le sol est en feu », un nom approprié pour un lieu où la température atteignit 57° C à l'ombre en juillet 1913, s'étend sur 225 km entre deux chaînes de montagnes. Elle offrit longtemps un obstacle insurmontable aux voyageurs et c'est depuis qu'un groupe d'émigrants faillit y périr en 1849 qu'on lui donne le nom de « vallée de la Mort ». Devenue un parc national en 1994, la région est désormais accessible aux visiteurs qui peuvent découvrir ses splendides paysages en voiture ou en faisant de courtes marches depuis les routes principales. Elle reste néanmoins un désert dangereux.

Scotty's Castle ⑧
Ce palais incongru en plein désert coûta 2,4 millions de dollars à un milliardaire de Chicago, Albert Johnson, mais c'est un prospecteur excentrique, Walter Scott, qui s'affichait comme son propriétaire. Le krach de 1929 ne permit pas l'achèvement des travaux. Le National Park Service a acheté le bâtiment en 1970 et organise des visites guidées de l'intérieur *(p. 281)*.

Ubehebe Crater ⑦
Ce cratère volcanique vieux de 3 000 ans a une profondeur de plus de 150 m et un diamètre de plus de 800 m.

Death Valley Scotty

Walter Scott, prétendu prospecteur et charlatan plein de bagout qui participait parfois aux spectacles de Buffalo Bill, aimait raconter que son aisance provenait d'une mine d'or secrète. Sa « mine » était en réalité son ami Alfred Johnson, un riche assureur de Chicago tombé sous le charme de l'aventurier et de ce coin de désert, qui finança la construction du palais qu'habitait Scott. Bâti dans les années 1920 par des artisans européens et des manœuvres indiens, l'édifice mélange divers styles et présente un aspect espagnol. Bien qu'il porte toujours son nom, il n'appartint jamais à Scott dont Johnson réglait toutes les factures. « Il me rembourse en rires », disait-il.

Le grandiose Scotty's Castle

Stovepipe Wells ⑥
La première station touristique de la vallée fut fondée en 1926 à l'endroit où, selon la légende, un bûcheron de passage aurait trouvé de l'eau et se serait installé. Un tuyau de poêle *(stovepipe)*, tels ceux qui servaient aux puits, marque le site.

Légende

- Circuit recommandé
- Autres routes
- Information touristique
- Station de rangers
- Pompe à essence

Zabriskie Point ②
Rendu célèbre par le film d'Antonioni du même nom, ce point de vue où les rochers présentent une étonnante palette de couleurs ménage un magnifique panorama des collines du Golden Canyon *(p. 281)*.

Carnet de route

Itinéraire : *380 km.*
Quand partir :
Mieux vaut éviter les grosses chaleurs, de mai à septembre. D'octobre à avril, la température moyenne est de 18° C. Il est conseillé de se déplacer de bonne heure, surtout à pied. N'oubliez pas chapeau et écran solaire.
Précautions :
Emportez beaucoup d'eau, une trousse de premiers secours et du sérum en cas de morsure de serpent. Restez près de votre véhicule en cas de panne. Avant de vous rendre dans un endroit isolé, informez quelqu'un de votre destination et du moment auquel vous comptez rentrer. Les rochers ne se prêtent pas à l'escalade. N'approchez pas des animaux sauvages et ne mettez jamais la main dans un terrier ou un trou.
Où faire une pause :
Dans le parc, Furnace Creek, Stovepipe Wells Village (p. 522) *et Panamint Springs sont les seuls lieux de restauration et d'hébergement. En dehors, Shoshone, Amargosa et Tecopa ont aussi des motels.*
Urgences : *Rangers au 911 ou au (760) 786-2330.*

Furnace Creek ①
Les sources qui offrent ici un des rares points d'eau potable de la région sauvèrent probablement la vie de centaines de chercheurs d'or et ont permis le développement du principal centre d'accueil touristique de la vallée *(p. 280)*.

Dante's View ③
De ce promontoire haut de 1 650 m, on découvre un panorama de la vallée particulièrement beau le matin. Dans le lointain se dresse le Telescope Peak du Panamint Range.

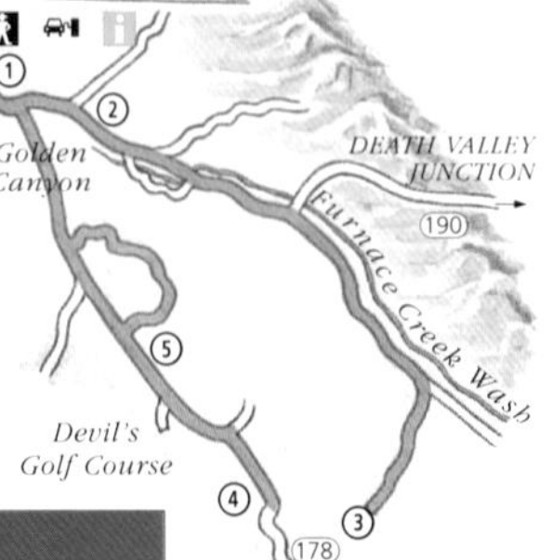

Badwater ④
Situé à 86 m au-dessous du niveau de la mer, l'un des lieux les plus chauds du monde est aussi le plus bas du continent américain. L'eau n'est pas toxique mais chlorures et sulfates de sodium la rendent imbuvable.

Artist's Palette ⑤
Ces collines formées de dépôts minéraux et de cendres volcaniques présentent un riche éventail de couleurs à découvrir en fin d'après-midi.

0 10 km

San Francisco et la Bay Area

San Francisco et la Bay Area d'un coup d'œil

San Francisco est une cité compacte dont une grande partie du centre peut se découvrir à pied, bien que ses nombreuses collines imposent de rudes ascensions. Elles aident toutefois à s'orienter et offrent de beaux points de vue. Chaque quartier possède sa personnalité que renforce la diversité culturelle de la ville. Le Bay Bridge la relie aux banlieues d'Oakland et de Berkeley, sur l'East Bay, tandis qu'au nord le Golden Gate Bridge conduit aux Marin Headlands et au Point Reyes National Seashore. Au sud, San Jose et la Silicon Valley ferment la baie et des falaises préservées bordent l'océan.

CARTE DE SITUATION

San Francisco et la Bay Area

Golden Gate Bridge
Ce pont vieux de plus d'un demi-siècle est devenu un des symboles de San Francisco (p. 370-371).

GOLDEN GATE PARK ET PRESIDIO
(p. 354-371)

Palace of Fine Arts
Ce monument néo-classique restauré en 1962 date de la Panama-Pacific Exposition de 1915 (p. 339).

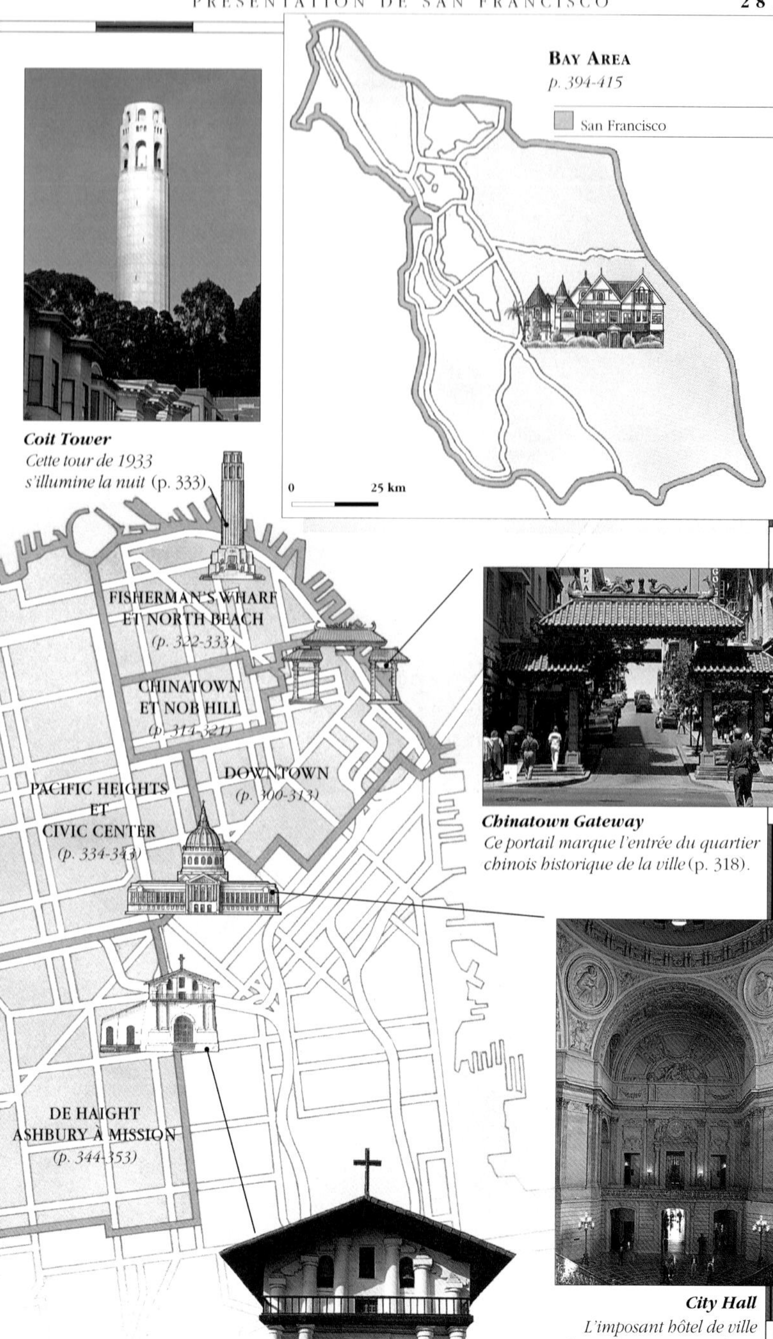

Coit Tower
Cette tour de 1933 s'illumine la nuit (p. 333).

Chinatown Gateway
Ce portail marque l'entrée du quartier chinois historique de la ville (p. 318).

City Hall
L'imposant hôtel de ville abrite une vaste rotonde au décor élaboré (p. 343).

Mission Dolores
La sixième des 21 missions californiennes est le plus ancien édifice de San Francisco (p. 351).

San Francisco dans son cadre

Panneau routier de San Francisco

Célèbre par ses collines (on en compte 41) et ses brouillards, fréquents en été, San Francisco s'étend à la pointe d'une péninsule entre l'océan Pacifique, à l'ouest, et la magnifique San Francisco Bay. Au nord, le Golden Gate Bridge relie la cité aux Marin Headlands et à la réserve naturelle de la Point Reyes Peninsula. Le Diablo Coast Range, qui culmine au Mount Diablo (1 170 m), sépare les plaines agricoles de la Central Valley des villes densément peuplées de l'East Bay : Richmond, Oakland et Berkeley. Au sud, les San Bruno Mountains enserrent la Silicon Valley, pôle mondial de l'innovation en informatique, et courent le long du littoral jusqu'à Big Sur.

Vallejo
Dans cette ville du nord de la baie, le parc zoologique et océanographique du Marine World Africa présente des spectacles de dauphins (p. 399).

Sausalito
Dans cet ancien village de pêcheurs situé de l'autre côté du Golden Gate, des maisons victoriennes bordent la baie (p. 398).

Vedettes Red & White

Les Marin Headlands font partie de la Golden Gate National Recreation Area où vertes collines et plages paisibles permettent d'échapper à la pression urbaine en se promenant, en pêchant ou en observant les oiseaux *(p. 400-401).*

Point Reyes Peninsula
Les animaux sauvages abondent et l'élevage laitier reste une activité très productive sur cette péninsule rocheuse située sur la San Andreas Fault qui la sépare en partie du continent (p. 398).

Downtown
Dominé par la Transamerica Pyramid, le quartier des affaires de San Francisco, un des grands pôles financiers des États-Unis, a su garder un visage humain (p. 300-313).

Livermore
Cette communauté rurale où soufflent des vents réguliers abrite le plus grand champ d'éoliennes du monde (p. 410).

Berkeley et son université furent à la pointe de la lutte contre la guerre du Viêt-nam *(p. 402-405).*

Dans le Diablo Coast Range, entre l'East Bay et la Central Valley, le Mount Diablo offre une vue époustouflante *(p. 410).*

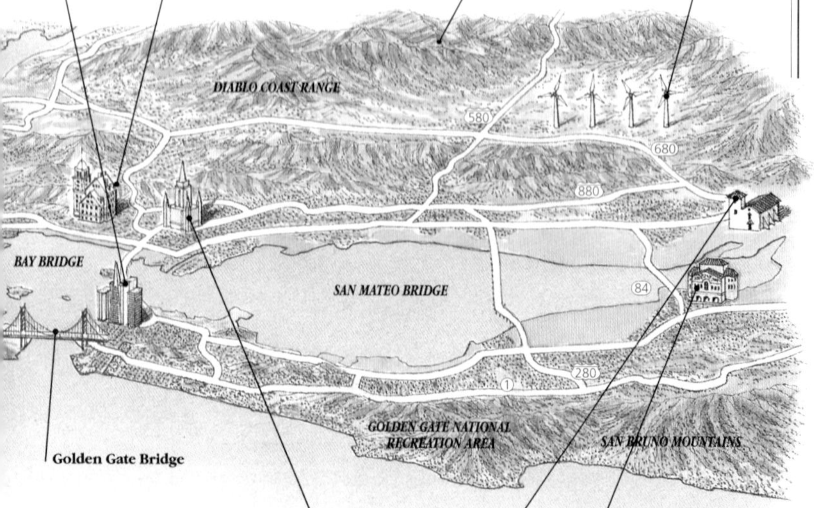

DIABLO COAST RANGE
580
680
880
BAY BRIDGE
SAN MATEO BRIDGE
84
280
1
GOLDEN GATE NATIONAL RECREATION AREA
SAN BRUNO MOUNTAINS

Golden Gate Bridge

San Jose, fondée par les Espagnols, préserve son patrimoine et abrite une importante communauté hispano-américaine *(p. 412-413).*

Oakland
Reliée à San Francisco par le Bay Bridge, Oakland possède une population multiculturelle et a conservé un petit quartier ancien (p. 406-409).

Palo Alto
Cette ville fut fondée spécialement pour répondre aux besoins de la Stanford University créée en 1891 par le magnat du rail Leland Stanford (p. 411).

Les maisons victoriennes de San Francisco

Fenêtre Italianate

Malgré les séismes, les incendies et la création de nouvelles voies de circulation, des milliers de maisons de la fin du XIXe siècle continuent de border les rues de San Francisco. Dans beaucoup de quartiers, elles restent même la forme d'habitation la plus fréquente. Possédant souvent un plan identique, ces demeures victoriennes ont en commun une ossature en bois et des décors élaborés à partir d'éléments fabriqués en série, mais elles diffèrent par l'aspect de leur façade. On distingue quatre styles principaux, mais, en pratique, de nombreux édifices en associent deux ou trois.

Détail d'un portail Queen Anne du Chateau Tivoli

Gothic Revival (1850-1880)

Les maisons Gothic Revival présentent toujours des frontons triangulaires au-dessus des fenêtres et, parfois, des portes. Elles ont comme autres traits caractéristiques un toit à pignon et un porche courant tout le long de la façade. Les demeures les plus simples et les plus petites de ce style sont généralement peintes en blanc et non de couleurs vives comme la plupart des autres maisons victoriennes.

Le nº 1111 Oak Street est l'un des plus vieux bâtiments Gothic Revival de la ville.

L'arête du toit court souvent parallèlement à la façade pour permettre l'ouverture de lucarnes.

Toit à pignon et cornières décorées sont typiques du Gothic Revival.

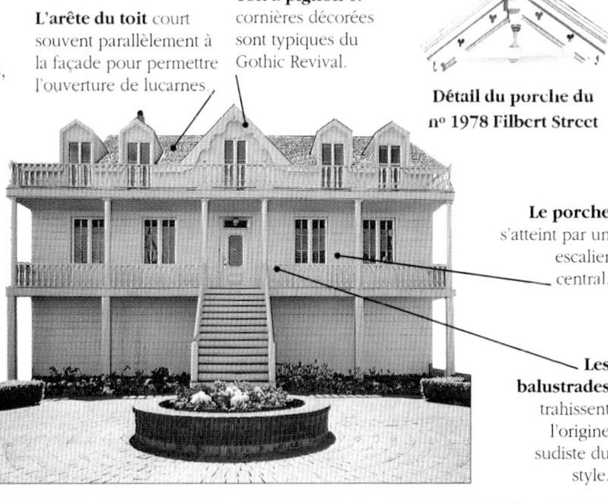

Détail du porche du nº 1978 Filbert Street

Le porche s'atteint par un escalier central.

Les balustrades trahissent l'origine sudiste du style.

Italianate (1850-1885)

Le style italianisant connut aux États-Unis sa plus grande popularité à San Francisco, sans doute parce qu'il se prêtait bien aux formes compactes qu'imposait aux immeubles la densité urbaine. Il a pour principale caractéristique la large corniche, reposant souvent sur des consoles ouvragées, qui couronne le sommet de la maison. Un décor élaboré entoure portes et fenêtres.

***Le nº 1913 Sacramento Street** présente une façade Italianate inspiré des* palazzi *Renaissance. Le parement de bois prend même l'aspect de la pierre.*

La corniche dissimule un toit à pentes.

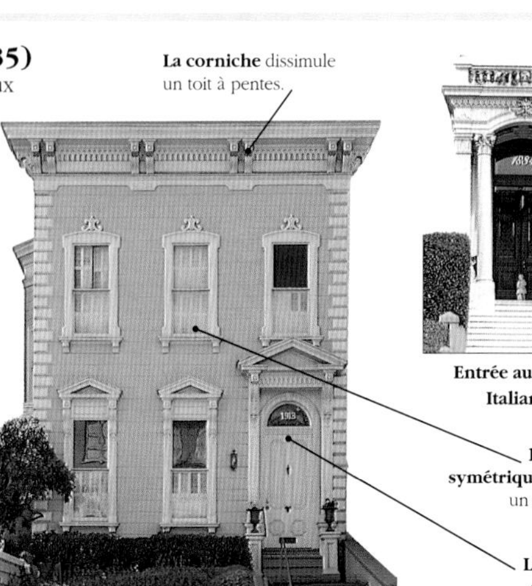

Entrée au porche Italianate

Des fenêtres symétriques possèdent un encadrement recherché.

L'entrée néo-classique est parfois surmontée d'un fronton.

Stick (1860-1890)

Parfois appelé Stick-Eastlake, d'après le créateur de mobilier londonien Charles Eastlake, ce style est sans doute le plus répandu parmi les maisons victoriennes de San Francisco. Visant à plus d'« honnêteté » architecturale, il met en évidence les lignes verticales de la structure en bois. Pignons décoratifs, corniches et fenêtres en saillie donnent son rythme à la façade.

***Le nº 1715-1717 Capp Street** montre bien l'importance donnée aux verticales sur les façades des maisons Stick-Eastlake.*

Pignon percé d'une fenêtre du nº 2931 Pierce Street

De larges moulures accentuent l'apparence très géométrique de la façade.

Des pignons ornés de motifs en soleil dominent porches ou fenêtres.

Le même porche peut abriter les entrées de deux maisons adjacentes.

Queen Anne (1875-1905)

Le nom « Queen Anne » ne fait pas référence à une période historique mais fut inventé par l'architecte anglais Richard Shaw pour décrire un style qui mélange des éléments architecturaux d'époques et de traditions très diverses. Tours, tourelles et richesse d'ornementation constituent ses caractéristiques les plus répandues *(p. 26-27)*.

Des fenêtres palladiennes percent souvent les pignons.

Pignon Queen Anne du nº 818 Steiner Street

Tourelle à toit en bulbe au nº 1015 Steiner Street

Rondes, carrées ou polygonales, les tourelles sont typiques du style Queen Anne.

Moulures et ornements donnent au pignon l'aspect d'un fronton.

Les fenêtres cintrées ne sont pas un trait caractéristique, mais les maisons Queen Anne empruntent souvent à d'autres styles.

***Le nº 850 Steiner Street** offre un bon exemple du style Queen Anne avec sa façade asymétrique et ses éléments décoratifs peints de couleurs vives.*

Où trouver les maisons victoriennes

1715-1717 Capp St. **Plan 10 F4.**
Chateau Tivoli, 1057 Steiner St. **Plan 4 D4.**
1978 Filbert St. **Plan 4 D2.**
1111 Oak St. **Plan 9 C1.**
2931 Pierce St. **Plan 4 D3.**
1913 Sacramento St. **Plan 4 E3.**
818 Steiner St. **Plan 4 D5.**
850 Steiner St. **Plan 4 D5.**
1015 Steiner St. **Plan 4 D5.**
2527-2531 Washington St. **Plan 4 D3.**
Alamo Square *p. 343.*
Clarke's Folly *p. 353.*
Haas-Lilienthal House *p. 338.*
Liberty Street. **Plan 10 E3.**
Masonic Avenue. **Plan 3 C4.**
Octagon House *p. 341.*
Spreckels Mansion *p. 338.*

Les *cable cars* de San Francisco

C'est un accident de tramway à chevaux dans une rue pentue, la voiture s'étant mise à glisser en arrière en entraînant son attelage, qui décida Andrew Hallidie à inventer un mode de transport adapté aux collines de San Francisco. En 1873, il inaugurait un système unique au monde de traction par câble en prenant place dans le premier *cable car*. En 1889, huit lignes sillonnaient la ville. Elles nécessitaient plus de 600 voitures avant le séisme de 1906 *(p. 48-49)*. Des bus faillirent remplacer les *cable cars* en 1947, mais les San-Franciscains se mobilisèrent contre ce projet et obtinrent le maintien des trois lignes actuelles, longues en tout de 25 km.

Feu de croisement des *cable cars*

La Cable Car Barn *sert de garage, d'atelier de réparation et abrite les moteurs qui entraînent les câbles* (p. 321).

***Le* gripman** *doit posséder force et réflexes. Seul un tiers des candidats réussit la formation.*

Le fonctionnement des *cable cars*

Des moteurs installés dans le dépôt central entraînent un câble sans fin que des poulies guident sous les rues de la ville. Quand le *gripman* actionne le levier de la pince, celle-ci referme ses mâchoires sur le câble qui tire alors la voiture à une vitesse régulière de 15 km/h. Pour stopper, le *gripman* ouvre la pince et freine. Dans les virages, il doit aussi ouvrir la pince, le temps de passer la poulie.

Mécanisme du levier de pince

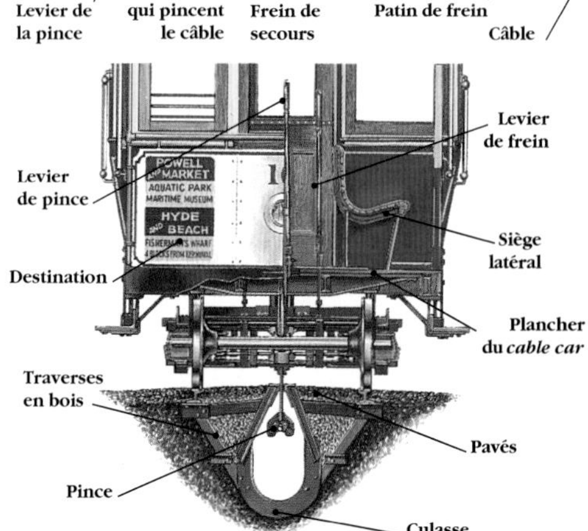

La Hatch House, *édifice de trois étages qu'il fallut déplacer d'un seul tenant en 1913, dut franchir la voie, soulevée par des vérins et des palans, sans interrompre le service.*

***Une fête** célébra en 1984 la fin de la rénovation des* cable cars. *Elle avait duré deux ans. Des rails renforcés français devraient permettre au système de fonctionner pendant 100 ans.*

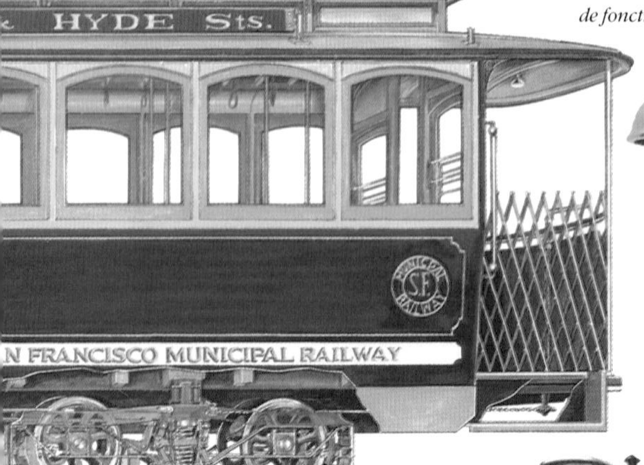

***Un concours de sonneries de cloches** a lieu chaque juillet sur Union Square. Les receveurs y font entendre leurs rythmes les plus inspirés.*

Sabot de frein

Patin de frein

***Le premier* cable car** *testé par Hallidie dans Clay Street le 2 août 1873 est exposé dans la Cable Car Barn* (p. 321). *Le système n'a que très peu changé depuis son invention.*

***La rénovation des* cable cars** *demanda beaucoup de soin. Ils ont le statut de monuments historiques.*

ANDREW SMITH HALLIDIE

Né à Londres en 1836 et après une formation de mécanicien, Andrew Smith s'installa à San Francisco en 1852 et y fonda une entreprise de fabrication de câbles. Il testa en 1873 le premier *cable car*. Ce mode de transport se révéla vite bénéficiaire et permit le développement des collines de la ville.

Les plus beaux musées de San Francisco

Les œuvres précolombiennes et américaines du M. H. de Young Museum (fermé jusqu'en 2006), les peintures européennes du California Palace of the Legion of Honor et les expositions d'art moderne et contemporain du Museum of Modern Art et du Center for the Arts des Yerba Buena Gardens témoignent de la richesse culturelle de San Francisco, qui possède aussi d'excellents musées scientifiques, notamment l'Exploratorium et la California Academy of Sciences. D'autres collections célèbrent l'histoire de la ville et son héritage indien et mexicain.

L'Exploratorium *est un des meilleurs musées scientifiques des U. S. A. Des visiteurs s'amusent ici avec les rayons lumineux du Sun Painting* (p. 339).

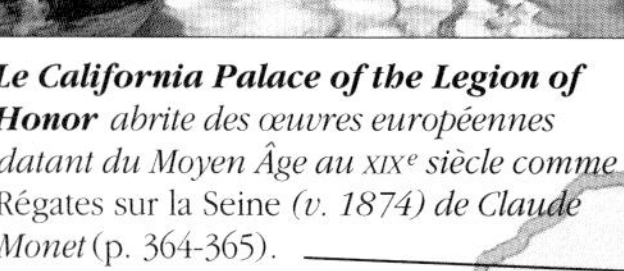

Le California Palace of the Legion of Honor *abrite des œuvres européennes datant du Moyen Âge au XIXe siècle comme* Régates sur la Seine *(v. 1874) de Claude Monet* (p. 364-365).

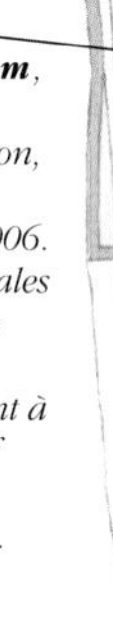

Le M. H. de Young Museum*, qui fait l'objet d'une rénovation, sera fermé jusqu'en 2006. Les principales expositions se tiennent actuellement à la Legion of Honor.* (p. 362-363).

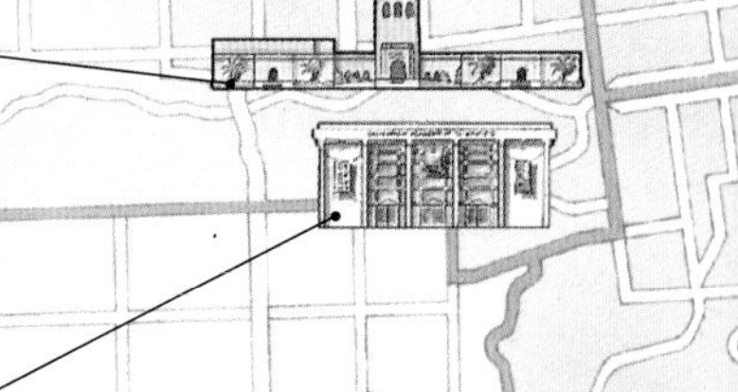

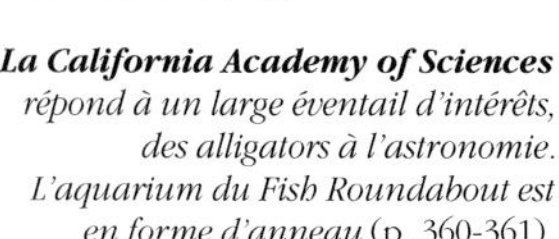

La California Academy of Sciences *répond à un large éventail d'intérêts, des alligators à l'astronomie. L'aquarium du Fish Roundabout est en forme d'anneau* (p. 360-361).

La Chinese Historical Society *dirige l'un des plus petits musées de San Francisco. Il retrace l'histoire des communautés chinoises qui participèrent au développement de la Californie. Cette magnifique tête de dragon fait partie des pièces exposées* (p. 320).

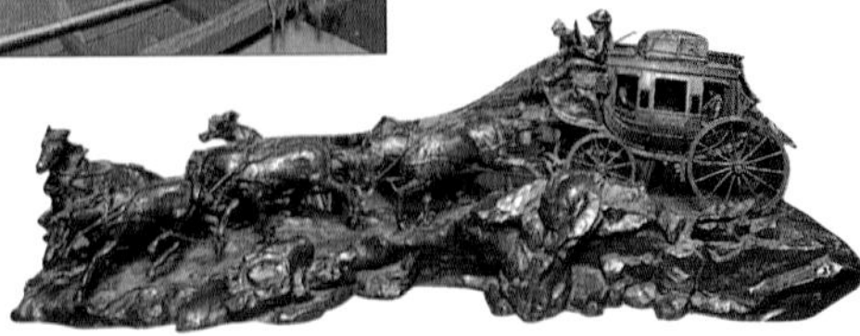

Les musées du Fort Mason *reflètent la diversité ethnique de la ville avec des œuvres comme* Muto *(1985) de Mimo Paladino* (p. 340-341).

Le Wells Fargo History Museum *évoque l'histoire remuante de la Californie depuis la ruée vers l'or. M. Casper sculpta cette diligence en bronze en 1984* (p. 304).

Le San Francisco Museum of Modern Art *occupe depuis 1994 un édifice dessiné par Mario Botta. Ce tableau de Philip Guston,* Back View *(1977), montre la qualité de sa riche collection permanente* (p. 308-309).

The Asian Art Museum *Ce magnifique bâtiment des Beaux Arts datant de 1917 abritait autrefois la Old San Francisco Main Library* (p. 342).

Le Center for the Arts *propose aux Yerba Buena Gardens d'excellentes expositions temporaires d'art contemporain* (p. 312-313).

Les *murals* de San Francisco

La fierté avec laquelle les habitants de San Francisco revendiquent leur richesse culturelle et leur cosmopolitisme s'exprime dans les *murals* qui décorent murs et espaces publics de nombreux quartiers. Beaucoup datent des années 1930 et des années 1970. Certains apparurent spontanément, d'autres sont des œuvres de commandes. L'un des plus beaux, le *Carnaval Mural*, orne 24th Street dans le Mission District *(p. 352)*. En voici d'autres exemples.

503 Law Office, Dolores et 18th streets

Scènes historiques
La Coit Tower *(p. 333)* abrite certains des plus intéressants *murals* historiques de San Francisco. Financés dans le cadre du New Deal des années 1930, ils offrent une image caractéristique de cette époque. Plusieurs artistes locaux participèrent à leur réalisation, évoquant des sujets comme les luttes de la classe ouvrière et les richesses de la Californie. Trois fresques du grand artiste mexicain Diego Rivera (1886-1957) parent aussi la ville.

La réalisation d'un *mural* peinte par Diego Rivera au San Francisco Art Institute

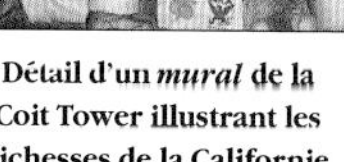

Détail d'un *mural* de la Coit Tower illustrant les richesses de la Californie

***Mural* de la Coit Tower datant de la Grande Dépression**

Architecte Frank Lloyd Wright

Emmy Lou Packard, assistante de Rivera pour le *mural*

Otto Diechman, architecte

Mussolini tel qu'interprété par Jack Oakie dans *Le Dictateur*

Adolf Hitler

Benito Mussolini

Charlie Chaplin dans *Le Dictateur* (1940) où il jouait deux rôles : un barbier juif et Hitler.

Edward G. Robinson

Joseph Staline

Le* mural *de Diego Rivera *du City College, peint en 1940, prône l'unité panaméricaine. La partie représentée ici met l'accent sur l'activité créatrice aux États-Unis et le rôle joué par les artistes dans la lutte contre le fascisme.*

VIE MODERNE

La vie au sein d'une métropole moderne reste aujourd'hui, autant que dans les années 1930, un des principaux sujets des *murals* de San Francisco. Dans le Mission District, en particulier, tous les aspects de l'existence quotidienne, travail, jeu, famille ou activités politiques, s'affichent en couleurs vives sur les murs des banques, des écoles et des restaurants. Nombre de ces œuvres datent des années 1970 où la municipalité paya de jeunes chômeurs à embellir les lieux publics. La San Francisco Art Commission continue d'encourager cette forme d'art.

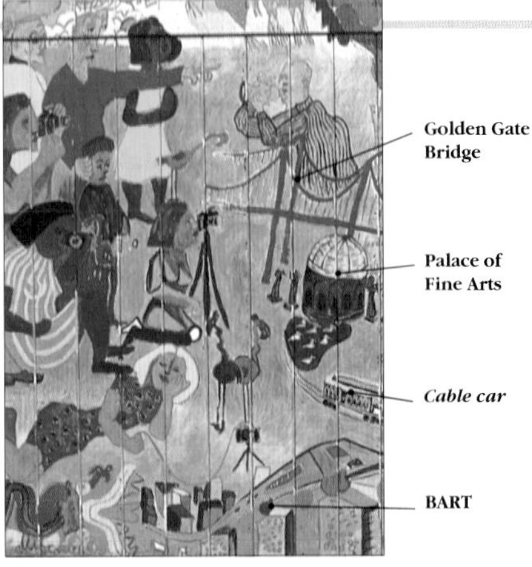

Ce mural *de Balmy Alley* *montre la ville telle que la voient les touristes. Peintes, quant aux premières, par des enfants, des artistes locaux et des travailleurs sociaux des années 1970, les fresques de cette ruelle du Mission District sont devenues une grande attraction.*

Le Learning Wall, Franklin St, évoque art et éducation

***Positively Fourth Street*, Fort Mason**

LA VILLE MULTICULTURELLE

Les *murals* des différents quartiers de San Francisco reflètent sa diversité ethnique et culturelle. Dans Chinatown, des artistes sino-américains ont évoqué des souvenirs du « vieux pays ». D'inspiration politique, beaucoup de fresques du Mission District exaltent les combats et les réalisations de sa population mexicaine et latino-américaine.

Images de la Chine sur un mur de Washington Street

Le mélange américain des cultures *est célébré à la Park Branch Library de Haight Ashbury.*

OÙ TROUVER LES *MURALS*

Balmy Alley, 24th et 25th Sts.
City College of San Francisco 50 Phelan Ave.
Coit Tower *p. 333.*
Dolores et 18th St. **Plan 10 E3.**
Fort Mason *p. 340-341.*
Franklin Street. **Plan 4 E1.**
Park Branch Library 1833 Page St. **Plan 9 B1.**
San Francisco Art Institute *p. 330-331.*
Washington Street. **Plan 4 E3.**

Le 49-Mile Scenic Drive

Panneau officiel

Ce parcours touristique de 79 km permet de découvrir les quartiers les plus pittoresques et les sites et les points de vue les plus spectaculaires de San Francisco, un excellent moyen d'établir un premier contact avec la ville. Des panneaux figurant une mouette le rendent facile à suivre, bien que la végétation qui les cache parfois impose de rester attentif. Prévoyez une journée entière pour apprécier paisiblement panoramas et monuments.

Palace of Fine Arts et Exploratorium ㉔
Cet édifice néo-classique et son moderne musée des sciences se trouvent près de l'entrée du Presidio.

Stow Lake ⑤
Une cascade artificielle dévale dans ce lac pittoresque où se louent des bateaux.

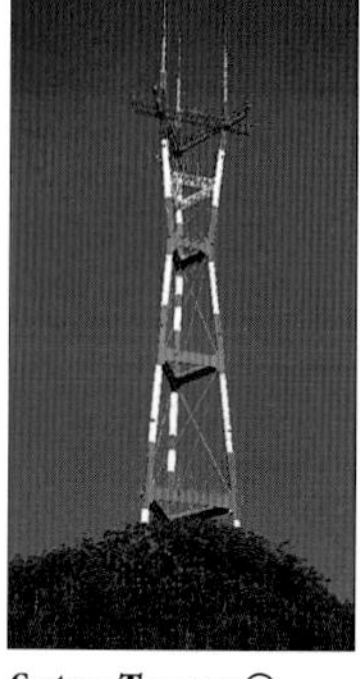

Sutro Tower ⑧
On aperçoit ce pylône orange et blanc de toute la ville.

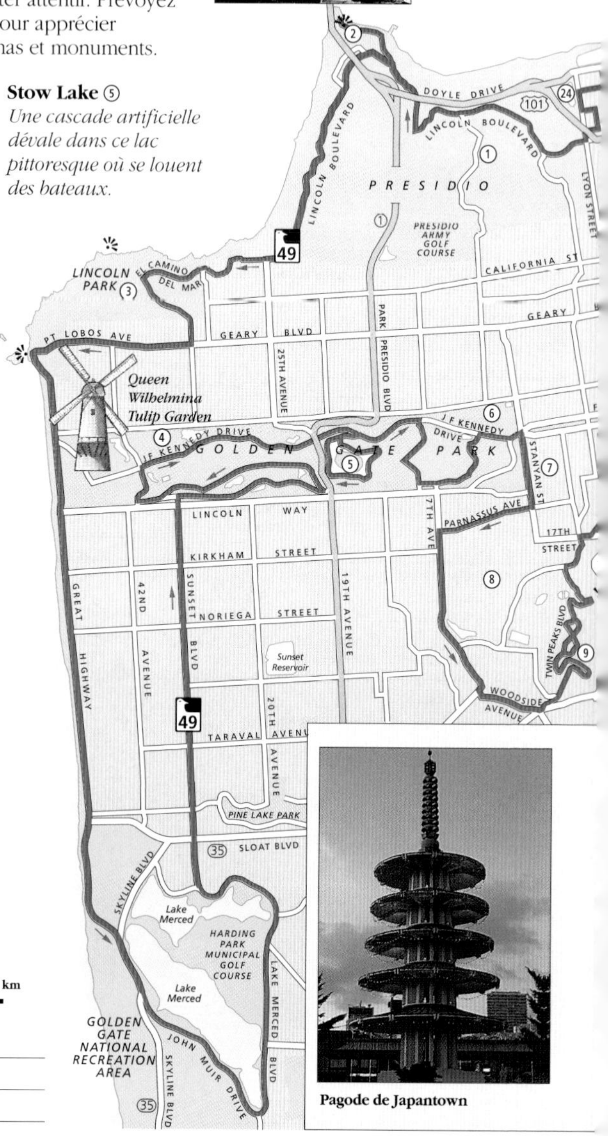

0 — 2 km

Légende

— 49-Mile Scenic Drive

Point de vue

Pagode de Japantown

Coit Tower ⑳
Dominant North Beach depuis Telegraph Hill, cette tour cylindrique possède de beaux murals et une terrasse panoramique.

Marina Green ㉓
Voici un excellent point de vue d'où photographier le Golden Gate Bridge.

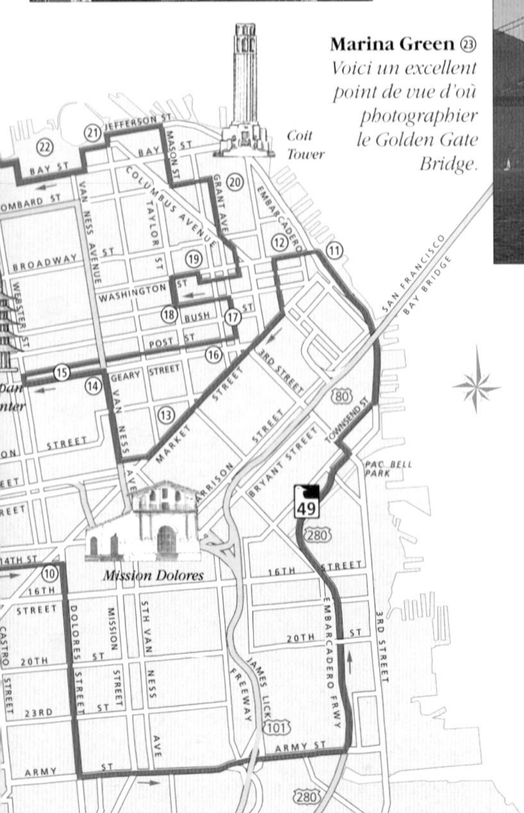

Grace Cathedral ⑱
Cette cathédrale néo-gothique inspirée de Notre-Dame de Paris coiffe Nob Hill, la colline la plus pentue de la ville.

Carnet de route

Point de départ :
N'importe où. L'itinéraire se suit dans le sens contraire des aiguilles d'une montre.

Quand partir :
Évitez les heures de pointe : 7 h-9 h, 16 h-18 h 30. Les vues sont pour la plupart aussi spectaculaires de nuit que de jour.

Stationner :
Utilisez des parkings autour du Financial District, du Civic Center, de Japantown, de Nob Hill, de Chinatown, de North Beach et du Fisherman's Wharf.

Trouver les sites

① Presidio *p. 366-367*
② Fort Point *p. 368*
③ California Palace of the Legion of Honor *p. 364-365*
④ Queen Wilhelmina Tulip Garden *p. 359*
⑤ Stow Lake *p. 358*
⑥ Conservatory of Flowers *p. 358*
⑦ Haight Street *p. 348*
⑧ Sutro Tower *p. 353*
⑨ Twin Peaks *p. 353*
⑩ Mission Dolores *p. 351*
⑪ Ferry Building *p. 306*
⑫ Embarcadero Center *p. 304*
⑬ Civic Center *p. 342-343*
⑭ St Mary's Cathedral *p. 342*
⑮ Japan Center *p. 342*
⑯ Union Square *p. 310*
⑰ Chinatown Gateway *p. 318*
⑱ Grace Cathedral *p. 321*
⑲ Cable Car Barn *p. 321*
⑳ Coit Tower *p. 333*
㉑ San Francisco National Maritime Museum *p. 327*
㉒ Fort Mason *p. 340-341*
㉓ Marina Green *p. 340*
㉔ Palace of Fine Arts et Exploratorium *p. 341*

Downtown San Francisco

Aujourd'hui située au cœur du Financial District, où Bourses et banques du début du siècle subsistent dans l'ombre des gratte-ciel modernes, Montgomery Street n'était qu'une rue bordée de petites échoppes où les prospecteurs venaient faire peser leur poudre d'or jusqu'à la construction, pour la Wells Fargo, du premier bâtiment en brique de la ville. Principal quartier commerçant de San Francisco, Union Square renferme de nombreux grands magasins. À SoMa (South of Market), devenu le quartier des artistes, d'anciens entrepôts abritent ateliers, bars et théâtres d'avant-garde.

Décor de l'Union Bank

Downtown d'un coup d'œil

Sites et bâtiments historiques
Bank of California 6
California Historical Society 12
Ferry Building 10
Jackson Square Historical District 2
Merchant's Exchange 7
Nº 1 Market Street 12
Old United States Mint 24
Pacific Coast Stock Exchange 8
Powell Street Cable Car Turntable 22

Magasins
Crocker Galleria 17
Gump's 18
San Francisco Center 23
Boutiques d'Union Square 21

Architecture moderne
Bank of America 4
Embarcadero Center 1
Rincon Center 11
Transamerica Pyramid 5
Yerba Buena Gardens p. 312-313 14

Théâtres
Theater District 20

Hôtel
Sheraton Palace Hotel 16

Musées
Museum of Cartoon Art 15
Museum of Modern Art p. 308-309 13
Wells Fargo History Museum 3

Places
Justin Herman Plaza 9
Union Square 19

Comment y aller

Depuis Market Street, d'où partent les ferries et où convergent les lignes de *cable cars*, de bus et du BART, les transports publics desservent toutes les parties du quartier.

0 — 400 m

Légende

- Plan pas à pas *Voir p. 302-303*
- Terminus des *cable cars*
- Station BART
- Parc de stationnement
- Embarcadère de ferries

Le Financial District pas à pas

Toutes les principales banques et agences de courtage ainsi que les grands cabinets d'avocats, ont leurs bureaux dans les quelques pâtés de maisons du quartier financier qui s'étend entre les tours et plazas de l'Embarcadero Center et la sobre Montgomery Street surnommée la « Wall Street de l'Ouest ». Dans le Jackson Square Historic District, au nord de Washington Street, subsistent certains des plus anciens édifices de la ville.

***La Chiffonnière* (1978) de Jean Dubuffet, Justin Herman Plaza**

★ L'Embarcadero Center
Une galerie marchande occupe les trois premiers niveaux de ce complexe de bureaux et d'habitations ❶

Hotaling Place est un étroit passage réputé pour ses antiquaires.

Jackson Square Historical District
Aucun quartier n'évoque autant l'époque de la ruée vers l'or ❷

Le Golden Era Building, bâti pendant la ruée vers l'or, abrita le journal *Golden Era* pour lequel Mark Twain écrivit.

Arrêt de bus (nº 41)

★ La Transamerica Pyramid
Le gratte-ciel le plus haut de la ville mesure 260 m ❺

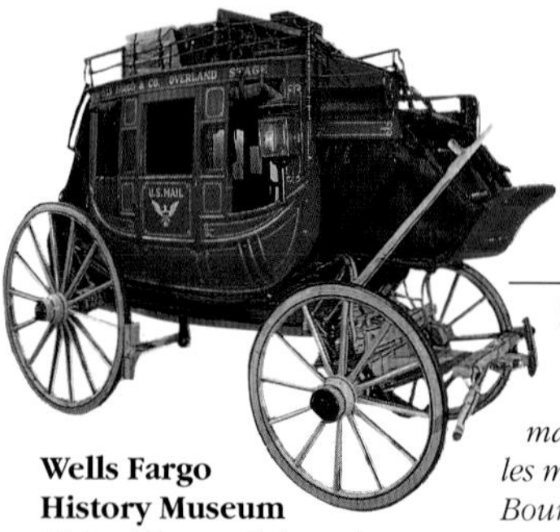

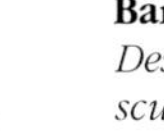

Bank of California
Des lions de pierre sculptés par Arthur Putnam gardent ce bâtiment achevé en 1908 ❻

Merchant's Exchange
Des scènes maritimes ornent les murs de cette Bourse ❼

Wells Fargo History Museum
Cette diligence fait partie des souvenirs de l'époque du Wild West exposés dans ce musée ❸

Bank of America
Le dernier étage de cette institution bancaire ménage un large panorama ❹

0 100 m

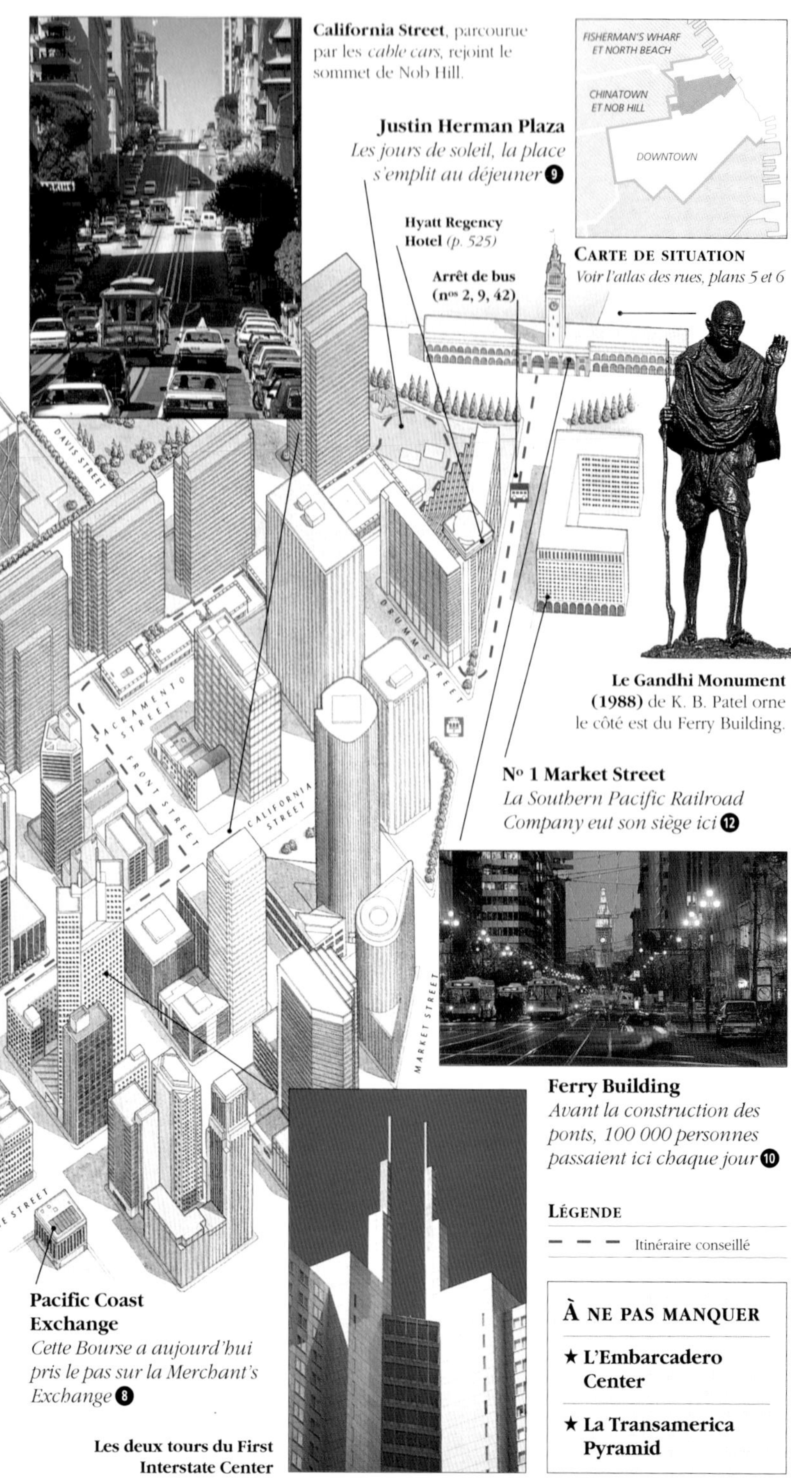

California Street, parcourue par les *cable cars*, rejoint le sommet de Nob Hill.

Justin Herman Plaza
Les jours de soleil, la place s'emplit au déjeuner ❾

Hyatt Regency Hotel *(p. 525)*

Arrêt de bus (nos 2, 9, 42)

Carte de situation
Voir l'atlas des rues, plans 5 et 6

Le Gandhi Monument (1988) de K. B. Patel orne le côté est du Ferry Building.

No 1 Market Street
La Southern Pacific Railroad Company eut son siège ici ⓬

Ferry Building
Avant la construction des ponts, 100 000 personnes passaient ici chaque jour ❿

Légende

— — — Itinéraire conseillé

Pacific Coast Exchange
Cette Bourse a aujourd'hui pris le pas sur la Merchant's Exchange ❽

Les deux tours du First Interstate Center

À ne pas manquer

★ **L'Embarcadero Center**

★ **La Transamerica Pyramid**

Embarcadero Center ❶

Plan 6 D3. 🚌 *1, 32, 42.* 🚋 *J, K, L, M, N.* 🚃 *California St.* *Voir* ***Faire des achats*** *p. 376-379 et* ***Hébergement*** *p. 504-537.*

Achevés en 1981, les travaux du plus grand projet d'aménagement urbain de San Francisco, entre la Justin Herman Plaza et Battery Street, prirent dix ans. Quatre gratte-ciel de 35 à 45 étages dominent des espaces piétonniers où employés des bureaux du complexe et clients de ses boutiques peuvent se détendre au soleil.

C'est le Hyatt Regency Hotel *(p. 526)* qui possède l'intérieur le plus intéressant de l'Embarcadero Center. Son atrium abrite une immense sculpture de Charles Perry, *Eclipse*, et des ascenseurs vitrés glissent le long d'un mur pour rejoindre l'Equinoxe, un restaurant tournant qui offre une vue panoramique. Il effectue un tour complet toutes les 40 minutes.

Atrium du Hyatt Regency Hotel de l'Embarcadero Center

Hotaling Place, Jackson Square

Jackson Square Historical District ❷

Plan 5 C3. 🚌 *12, 15, 42, 83.*

Rénové au début des années 1950, ce quartier renferme de nombreux bâtiments historiques aux façades de brique, de fonte ou de granit datant de la ruée vers l'or. Entre 1850 et 1910, ces quatre pâtés de maisons faisaient partie de la Barbary Coast où prospéraient débits de boisson, cercles de jeu et prostitution. Au n° 555 Pacific Street, des reliefs évoquent dans l'ancien théâtre de l'Hippodrome les spectacles osés qu'on y donnait. Les édifices abritent aujourd'hui des galeries d'art. Les plus intéressantes bordent Jackson Street, Gold Street, Hotaling Place et Montgomery Street.

Wells Fargo History Museum ❸

420 Montgomery St. **Plan** 5 C4. 📞 *(415) 396-2619.* 🚌 *1, 12, 15, 42.* 🚃 *California St.* ◯ *de 9 h à 17 h du lun. au ven.* ● *jours fériés.* ♿

Fondée en 1852 par Henry Wells et William Fargo, la Wells Fargo & Co devint la plus grande entreprise de banque et de transport de l'Ouest et elle joua un rôle de premier plan dans le développement de la région.

La société acheminait voyageurs et biens entre les côtes atlantique et pacifique et entre les camps de mineurs et les villes de Californie. Elle convoyait notamment l'or vers l'est et délivrait le courrier. Elle participa aussi à l'aventure du Pony Express.

Les magnifiques diligences exposées sont entrées dans la légende, autant pour le courage de leurs conducteurs que pour l'audace des bandits qui les dévalisaient. Surnommé Black Bart, le plus célèbre laissait des poèmes sur le lieu de ses crimes. Entre 1875 et 1883, il hanta les pistes entre le Calaveras County et la frontière de l'Oregon, commettant 27 hold-up. L'oubli d'un mouchoir portant une marque de blanchisserie permit de l'identifier comme l'ingénieur des mines Charles Boles *(p. 463)*.

Les visiteurs du musée peuvent se faire une idée de ce que représentaient les voyages à l'époque – des jours à supporter les cahots – et écouter le journal enregistré d'un immigrant appelé Francis Brocklehurst. L'exposition comprend également des photos, des lettres de change, d'anciens chèques, des pépites d'or et la monnaie émise par l'Empereur Norton *(p. 45)*.

Black Bart, le bandit poète

Bank of America ❹

555 California St. **Plan** 5 C4.
(415) 433-7500 (Carnelian Room).
1, 15. *California St.*

Inauguré en 1972, ce gratte-ciel paré de granit rouge possède 52 étages, ce qui en fait le plus important de San Francisco. Au sommet, la Carnelian Room ménage une vue extraordinaire de la ville. L'édifice abrite le siège de la Bank of America qui était à l'origine la Bank of Italy, établissement fondé par A. P. Giannini à San Jose *(p. 412-413)*. Cet Italien séduisit au début du xxe siècle une immense clientèle en s'adressant aux immigrants et en investissant dans le développement de l'agriculture et des localités rurales. Lors du grand incendie de 1906 *(p. 48-49)*, il sauva lui-même les dépôts en les cachant dans des caisses de fruit. Ils permirent à sa banque de participer à la reconstruction de San Francisco.

Transcendence **(1972) de Masayuki Nagari, Bank of America**

Transamerica Pyramid ❺

600 Montgomery St. **Plan** 5 C3.
1, 15, 42. *de 8 h 30 à 16 h 30 du lun. au ven.* *jours fériés.*

Au sommet de la pointe qui coiffe ses 48 étages où travaillent 1 500 employés, ce gratte-ciel atteint une hauteur de 260 m. L'édifice le plus haut et le plus caractéristique de Downtown ne plut pas aux habitants de San Francisco à son inauguration en 1972, mais il fait désormais partie de l'image de la ville.

Dessinée par William Pereira & Associates, la pyramide se dresse sur un site historique. Le Montgomery Block, qui y fut bâti, était le plus grand édifice à l'ouest du Mississippi à sa construction en 1853. Il renfermait de nombreux bureaux et, en sous-sol, l'Exchange Saloon que fréquentait Mark Twain. Quand le Financial District s'étendit vers le sud dans les années 1860, de nombreux artistes et écrivains s'installèrent dans le Montgomery Block.

Dans Merchant Street, en face de la pyramide, une plaque marque l'emplacement du terminus du Pony Express.

La pointe, creuse, dépasse de 64 m le dernier étage. Elle a une fonction décorative et est éclairée de l'intérieur la nuit.

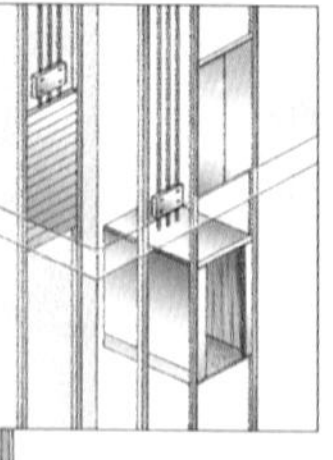

Les ailes verticales *du bâtiment s'élèvent depuis le milieu du rez-de-chaussée. L'aile est contient 18 ascenseurs, celle de l'ouest une colonne d'évacuation de fumée et un escalier de secours.*

La plate-forme panoramique *se trouve au 27e étage. Chaque année, plus de 50 000 visiteurs viennent y admirer la vue, particulièrement magnifique vers le nord.*

Les panneaux blancs *d'agrégats de quartz parant l'extérieur assurent, avec des barres de renfort ancrées en quatre points à chaque étage, la protection parasismique. Du jeu entre les panneaux autorise des mouvements latéraux en cas de tremblement de terre.*

La forme *de l'édifice lui permet de jeter une ombre plus petite qu'un gratte-ciel classique.*

Les 3 678 fenêtres prennent un mois à laver.

Les fondations reposent sur un bloc d'acier et de béton enfoui à 15,5 m dans le sol et conçu pour se déplacer avec les secousses sismiques.

Bank of California ❻

400 California St. **Plan** 5 C4. *(415) 765-0400.* *1, 42.* *California St.* **Museum of American Money** *de 10 h à 16 h du lun. au jeu., de 10 h à 17 h le ven.* *jours fériés.*

Darius Mills fonda cette banque en 1864 avec William Ralston, millionnaire connu comme « l'homme qui construisit San Francisco ». Ayant investi à bon escient dans les mines de Comstock *(p. 45)*, Ralston se servit de la banque et de sa fortune personnelle pour financer des réalisations telles que la compagnie des eaux de la ville, un théâtre et le Palace Hotel *(p. 526)*. Son empire ne survécut pas à la récession économique des années 1870.

Achevé en 1908, l'édifice actuel renferme en sous-sol le Museum of American Money qui expose pièces, vieux billets et schémas des mines de Comstock.

Façade classique de la Bank of California

Merchant's Exchange ❼

465 California St. **Plan** 5 C4. *(415) 421-7730.* *3, 4, 15.* *sur r.d.v. seulement.* *jours fériés.*

Dessinée en 1903 par Willis Polk, cette Bourse ne souffrit heureusement pas trop du grand incendie de 1906 *(p. 48-49)*. À l'intérieur, des peintures de l'artiste irlandais William Coulter ornent les murs. Elles représentent des scènes maritimes de l'époque de la voile et de la vapeur.

Le Merchant's Exchange était au cœur des échanges commerciaux de San Francisco au début du XXe siècle, avant l'édification des gratte-ciel, et depuis sa tour des vigies surveillaient l'arrivée des navires au long cours.

Pacific Coast Stock Exchange ❽

301 Pine St. **Plan** 5 C4. *(415) 393-4000.* *3, 4, 15, 42.* *au public sauf sur accord préalable.*

Fondée en 1882, la Pacific Coast Stock Exchange était autrefois la plus importante bourse des États-Unis après New York. Elle occupe les bâtiments de l'ancien Trésor américain qui furent modifiés en 1930 par Miller et Pfluege. Les imposantes statues de granit qui bordent l'entrée sur Pine Street, œuvre du sculpteur Ralph Stackpole, datent également de 1930. La Bourse est maintenant silencieuse ; elle n'a pas survécu à l'émergence de l'électronique et d'Internet.

Justin Herman Plaza ❾

Plan 6 D3. *nombreux bus.* *J, K, L, M, N.* *California St.*

Appréciée à l'heure du déjeuner par les employés de l'Embarcadero Center *(p. 304)* voisin, cette esplanade est surtout connue pour la Vaillancourt Fountain, assemblage d'énormes blocs de béton construit par le Canadien Armand Vaillancourt en 1971. Certaines personnes la trouvent horrible, surtout lorsque l'eau cesse de couler en période de sécheresse, mais on peut s'y amuser à son aise, grimper sur les fûts parallélipipédiques ou s'asperger dans les bassins, et c'est, lorsqu'elle fonctionne, une œuvre d'art vivante qui intrigue ceux qui la regardent.

Des musiciens louent souvent l'emplacement à midi. Le groupe de rock U2 y donna un concert en 1987… puis se précipita sur la fontaine avec des bombes de peinture.

La Vaillancourt Fountain de la Justin Herman Plaza

Ferry Building ❿

Embarcadero à la hauteur de Market St. **Plan** 6 E3. *nombreux bus.* *J, K, L, M, N.* *California St.*

Construit entre 1896 et 1903, le Ferry Building dut à l'intervention de bateaux-pompes de survivre à l'incendie de 1906. Haute de 71 m, sa tour de l'horloge s'inspire du clocher mauresque de la cathédrale de Séville. Au début des années 1930, plus de 50 millions de passagers transitaient ici chaque année. Beaucoup gagnaient ou quittaient le terminus de la voie ferrée transcontinentale situé à Oakland, les autres étaient des habitants de la région dépendant des 170 liaisons quotidiennes en transbordeurs pour rentrer chez eux. Après l'ouverture du Bay Bridge en 1936 *(p. 406-407)*, le Ferry Building cessa d'être le principal point d'entrée en ville et commença à se détériorer. Quelques ferries traversent toujours la baie, desservant Tiburon et Sausalito dans le Marin County *(p. 398-399)* et Oakland dans l'East Bay *(p. 406-407)*.

Tour de l'horloge du Ferry Building

Mural de la Rincon Annex représentant la découverte de San Francisco

Rincon Center ⓫

Plan 6 E4. 🚌 *14. Voir* ***Faire des achats*** *p. 376-379.*

Ce centre commercial à l'atrium élancé orné d'une fontaine de 27 m complète depuis 1989 le Rincon Annex Post Office Building construit en 1940 et célèbre par ses *murals* peints par l'artiste d'origine russe Anton Refregier. Ils représentent des événements et des personnages marquants de l'histoire de San Francisco, parfois avec une dureté qui provoqua de nombreuses controverses.

Nº 1 Market Street ⓬

Plan 6 D3. 🚌 *nombreux bus.* *J, K, L, M, N.* *California St.*

À cette adresse s'élèvent deux tours de bureaux récentes, ainsi que le Southern Pacific Railroad Building, édifice néo-baroque en brique bâti en 1916. Émanation de la Central Pacific, la compagnie dirigée par les « Quatre Grands » qui construisirent la partie occidentale de la première voie ferrée transcontinentale *(p. 46-47)*, la Southern Pacific eut une influence tentaculaire pendant la deuxième moitié du XIXe siècle. Elle lui valut le surnom de « la Pieuvre » *(p. 22).*

Museum of Modern Art ⓭

Voir p. 308-309.

Yerba Buena Gardens ⓮

Voir p. 312-313.

Hommage philatélique à la B. D.

Museum of Cartoon Art ⓯

814 Mission St. *(415) 227-8666.* *de 11 h à 17 h du mer. au ven. ; de 10 h à 17 h le sam. ; de 13 h à 17 h le dim.*

Fondé en 1984, ce musée consacré à l'art de la bande dessinée possède une collection de 10 000 pièces du XVIIIe siècle à nos jours où figurent des planches et des dessins originaux de personnages aussi connus que Popeye, Charlie Brown, Batman ou Andy Capp. L'exposition, présentée dans un cadre lumineux, change tous les quatre mois. Le musée comprend aussi une aire pour les enfants et une galerie de CD-ROM.

Sheraton Palace Hotel ⓰

2 New Montgomery St. **Plan** 5 C4. *(415) 512-1111.* 🚌 *7, 8, 9, 21, 31, 66, 71.* *J, K, L, M, N. Voir* ***Hébergement*** *p. 526.*

Ouvert en 1875 par William Ralston, l'un des financiers les plus célèbres de San Francisco, le Palace Hotel d'origine était l'un des hôtels les plus luxueux de la ville avec ses 7 étages, ses 700 fenêtres, sa cour intérieure et un décor exotique aux influences multiples. Il reçut entre autres personnages célèbres l'actrice Sarah Bernhardt et les écrivains Oscar Wilde et Rudyard Kipling. Le chanteur d'opéra Enrico Caruso y résidait quand le feu ravagea le palace, comme une grande partie de la cité, lors du tremblement de terre de 1906.

Reconstruit peu après sous la direction de l'architecte George Kelham, l'établissement rouvrit en 1909. Sa rénovation en 1988 coûta 100 millions de dollars. Mais près de 1 000 personnes peuvent prendre place sous les 20 lustres en cristal de la salle à manger du Garden Court.

Le Garden Court du Sheraton Palace Hotel

Le San Francisco Museum of Modern Art ⓭

Créé en 1935, ce musée consacré à l'art moderne et contemporain occupe depuis 1995 un édifice dessiné par l'architecte suisse Mario Botta. Au-dessus d'une façade en brique s'élève une verrière cylindrique haute de 38 m qui laisse pénétrer la lumière jusque dans l'atrium du rez-de-chaussée. Présentée sur plus de 4 000 m², la collection permanente, d'une richesse exceptionnelle, compte plus de 17 000 œuvres illustrant des mouvements artistiques très variés. Le SFMOMA propose aussi de grandes expositions temporaires.

***Zip Light* (1990) de Sigmar Willnauer**

Les Valeurs personnelles
Le surréaliste belge René Magritte a réalisé cette œuvre en 1952. Les objets quotidiens sont représentés dans un décor étrange et peints avec réalisme.

Suivez le guide !

Le rez-de-chaussée abrite la boutique, l'auditorium et le café, le premier étage des pièces issues de la collection permanente de peinture, de sculpture, d'architecture et de design, et le deuxième étage les photographies et autres œuvres sur papier. Aux quatrième et cinquième étages sont présentées des créations audiovisuelles et des travaux contemporains, ainsi que des expositions temporaires et des dons et achats récents. Les œuvres exposées changent régulièrement.

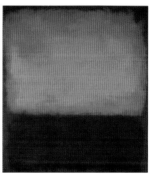

★ No. 14, 1960
Cette toile est l'œuvre de Mark Rothko, figure importante de l'art abstrait. La couleur du fond s'accorde subtilement à celles des rectangles.

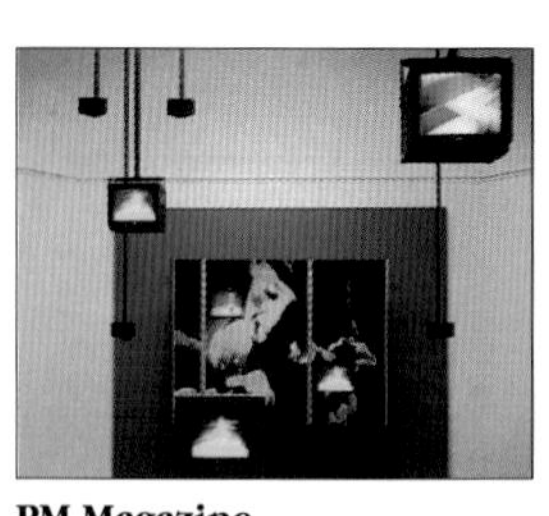

PM Magazine
Des moniteurs diffusent la création vidéo (1982) d'avant-garde de Dara Birnbaum.

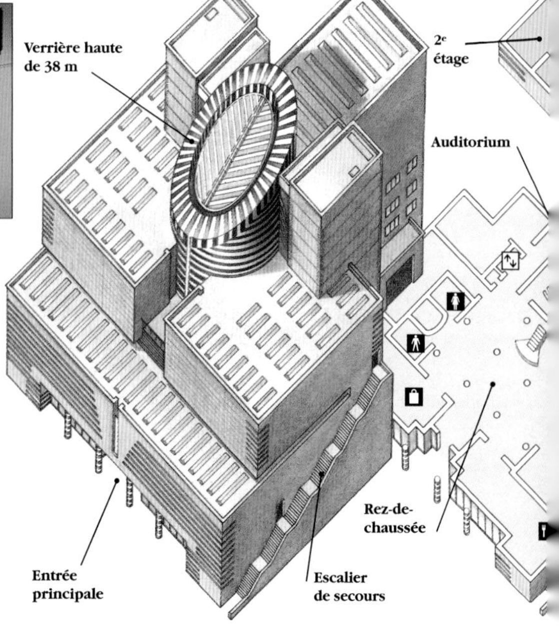

Légende du plan

- Collection de peintures et sculptures
- Architecture et design
- Photographies et œuvres sur papier
- Arts audiovisuels
- Expositions temporaires
- Circulations et services

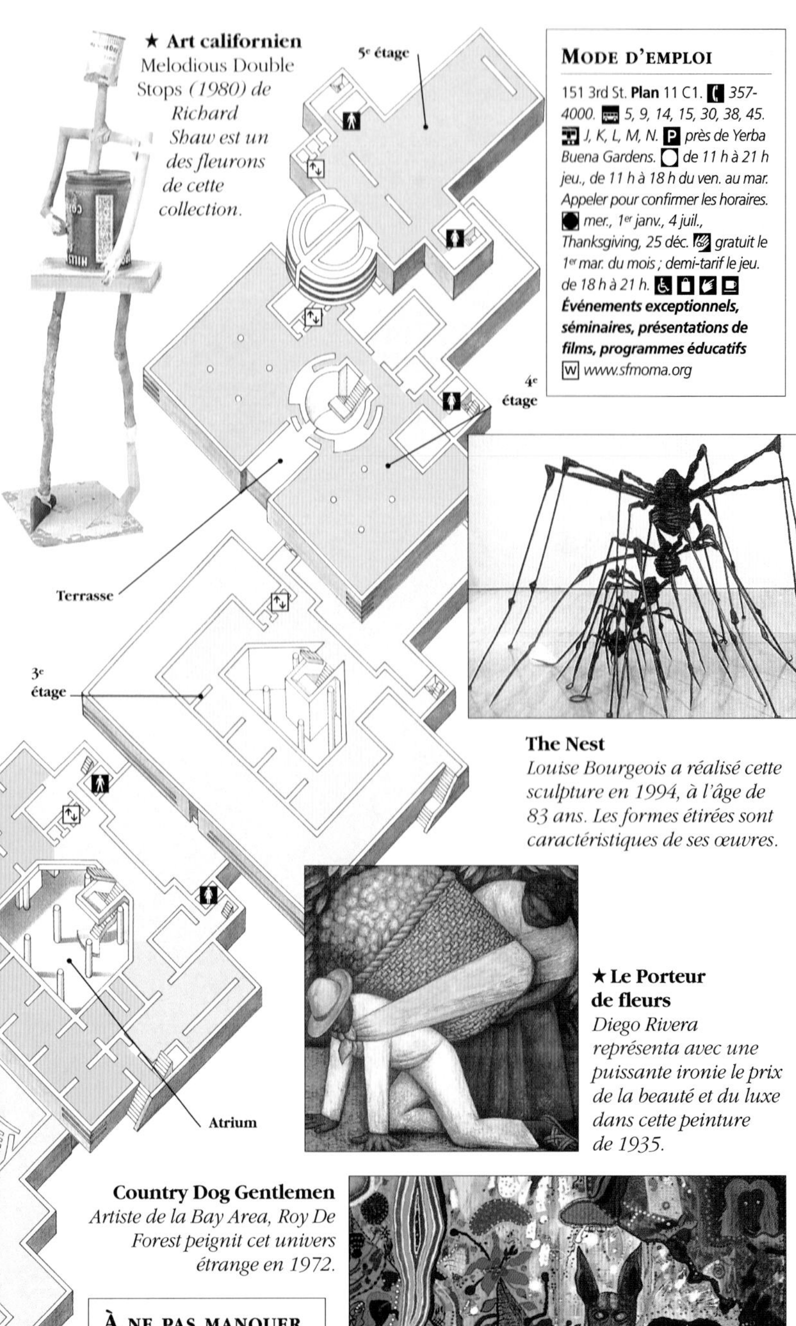

★ Art californien
Melodious Double Stops (1980) de Richard Shaw est un des fleurons de cette collection.

MODE D'EMPLOI

151 3rd St. **Plan** 11 C1. *357-4000.* *5, 9, 14, 15, 30, 38, 45.* *J, K, L, M, N.* *près de Yerba Buena Gardens.* *de 11 h à 21 h jeu., de 11 h à 18 h du ven. au mar. Appeler pour confirmer les horaires.* *mer., 1er janv., 4 juil., Thanksgiving, 25 déc.* *gratuit le 1er mar. du mois ; demi-tarif le jeu. de 18 h à 21 h.* ***Événements exceptionnels, séminaires, présentations de films, programmes éducatifs*** *www.sfmoma.org*

The Nest
Louise Bourgeois a réalisé cette sculpture en 1994, à l'âge de 83 ans. Les formes étirées sont caractéristiques de ses œuvres.

★ Le Porteur de fleurs
Diego Rivera représenta avec une puissante ironie le prix de la beauté et du luxe dans cette peinture de 1935.

Country Dog Gentlemen
Artiste de la Bay Area, Roy De Forest peignit cet univers étrange en 1972.

À NE PAS MANQUER

- **★ Le Porteur de fleurs**
- **★ No14, 1960 (Rothko)**
- **★ L'art californien**

Atrium central de la Crocker Galleria

Crocker Galleria ⓱

Entre Post, Kearny, Sutter et Montgomery Sts. **Plan** 5 C4. *2, 3, 4.* *J, K, L, M, N. Voir* ***Faire des achats*** *p. 376-379.*

Construite en 1982, cette galerie marchande s'inspire de la Galleria Vittorio Emanuele II de Milan et possède comme elle une place centrale éclairée par une verrière. Trois niveaux renferment plus de 50 restaurants et boutiques. On peut y admirer les créations de grands stylistes européens et américains.

Gump's ⓲

135 Post St. **Plan** 5 C4. *(415) 982-1616.* *2, 3, 4, 30, 38, 45.* *J, K, L,M, N.* *Powell – Mason, Powell – Hyde.* *de 10 h à 18 h du lun. au sam.* *Voir* ***Faire des achats*** *p. 376-379.*

Fondé en 1861 à San Francisco par des immigrants allemands qui vendaient à l'origine des miroirs et des cadres, ce grand magasin est devenu une institution locale et de nombreux couples de la ville y ouvrent leur liste de mariage.

Gump's propose le plus beau choix de porcelaine, de cristal et de verrerie des États-Unis, diffusant entre autres des marques aussi prestigieuses que Baccarat, Steuben et Lalique. Il est en outre réputé pour sa sélection de meubles et d'objets d'art, en particulier orientaux. La collection de jades jouit d'une renommée internationale. L'établissement offrit en 1949 le grand Bouddha de bronze qui orne le Japanese Tea Garden *(p. 356-357).*

Son atmosphère raffinée et le soin apporté à la décoration des vitrines dont le contenu change régulièrement et obéit à des thèmes valent au Gump's de compter dans sa clientèle grandes fortunes et célébrités.

Union Square ⓳

Plan 5 C5. *2, 3, 4, 30, 38, 45.* *J, K, L, M, N.* *Powell–Mason, Powell–Hyde.*

Cette vaste place plantée de palmiers en bordure du Theater District doit son nom aux grandes manifestations en faveur de l'Union qui s'y déroulèrent pendant la guerre de Sécession (1861-1865). Ces démonstrations populaires de soutien à la cause des antiesclavagistes du Nord jouèrent un rôle moteur dans l'entrée de la Californie dans le conflit.

Des magasins ont peu à peu pris le pas sur les églises, les clubs de gentlemen et la synagogue qui bordaient à l'origine Union Square et elle constitue aujourd'hui le cœur du quartier commerçant de San Francisco. Sur le côté ouest s'élève le luxueux Westin St Francis Hotel *(p. 526)* édifié en 1904 et devenu un monument historique. Au centre de la place, une Victoire en bronze sculptée en 1903 par Robert Aitken se dresse au sommet d'une colonne haute de 27 m. Ce monument célèbre la victoire navale de l'amiral Dewey dans la baie de Manille pendant la guerre hispano-américaine de 1898.

Union Square possède aussi le premier parking souterrain à plusieurs niveaux jamais construit. Il date de 1942.

Theater District ⓴

Plan 5 B5. *2, 3, 4, 38.* *Powell–Mason, Powell–Hyde. Voir* ***Se distraire*** *p. 372-375.*

Six pâtés de maisons proches d'Union Square forment le quartier des théâtres de San Francisco. Les deux salles les plus importantes bordent Geary Boulevard. Dessiné en 1922 par Alfred Henry D. Jacobs, le Curran Theater accueille des spectacles de Broadway. Le Geary Theater à la façade edwardienne est le siège de l'American Conservatory Theater (ACT). Le Theater on the Square propose des créations d'avant-garde. Une plaque signale au n° 501 Taylor Street l'endroit où naquit Isadora Duncan (1878-1927), danseuse qui s'affranchit des règles de l'académisme pour ouvrir de nouvelles voies à la danse.

Boutiques d'Union Square ㉑

Plan 5 C5. *2, 3, 4, 30, 38, 45.* *J, K, L, M, N.* *Powell – Mason, Powell – Hyde. Voir* ***Faire des achats*** *p. 376-379.*

Nombre des plus prestigieux grands magasins de San Francisco, tels Macy's, Saks Fifth Avenue et

Grands magasins dominant Union Square

Un *cable car* sur la plaque tournante de Powell Street

Gump's, se trouvent ici. La construction du Nieman-Marcus entraîna de vives polémiques car elle impliquait la démolition, en 1982, du City of Paris, l'une des plus élégantes enseignes de San Francisco à la fin du XIXe siècle. L'architecte, Philip Johnson, incorpora au nouveau bâtiment la rotonde et la verrière de l'ancien.

Le quartier abrite aussi de nombreuses boutiques, notamment de livres anciens. Une galerie d'art contemporain occupe, au no 140 Maiden Lane, le Circle Gallery Building. Dessiné en 1947 par Frank Lloyd Wright *(p. 29)*, il servit de prototype au Guggenheim Museum de New York.

Powell Street Cable Car Turntable ㉒

Hallidie Plaza, Powell St à la hauteur de Market St. **Plan** 5 C5. *nombreux bus. J, K, M, N. Powell – Mason, Powell – Hyde.*

Les lignes de *cable cars* de Powell-Hyde et de Powell-Mason sont les plus spectaculaires de San Francisco. Elles desservent Nob Hill, Chinatown et le Fisherman's Wharf au départ de l'angle de Powell Street et de Market Street. Contrairement aux voitures de la ligne de California Street, celles de Powell Street ne peuvent circuler que dans une seule direction, d'où la nécessité d'une plaque tournante à chaque terminus.

Ce sont le receveur et le *gripman* qui poussent le *cable-car* vide pour lui faire effectuer son demi-tour. Pendant la manœuvre, des artistes de rue et le spectacle offert par la procession de promeneurs distraient les personnes attendant d'embarquer.

San Francisco Center ㉓

Market St et Powell St. **Plan** 5 C5. *(415) 495-5656. 5, 7, 8, 9, 14, 21, 71. J, K, L, M, N. Powell – Mason, Powell – Hyde. de 9 h 30 à 20 h du lun. au sam., de 11 h à 18 h le dim. Voir* ***Faire des achats*** *p. 376-379.*

Des escaliers roulants en demi-hélice relient les neuf niveaux de ce centre commercial couronné par une coupole escamotable ouverte les jours de beau temps. Les niveaux en sous-sol offrent accès à la Powell Street Station. Nordstrom propose aux quatre étages supérieurs un vaste choix de prêt-à-porter. L'Emporium, un grand magasin renommé pour sa rotonde classique, s'atteint depuis ceux du dessous.

Old United States Mint ㉔

Fifth St et Mission St. **Plan** 5 C5. *(415) 556-6704. 14, 14L, 26, 27. J, K, L, M, N. au public.*

L'ancienne Monnaie de San Francisco fabriqua ses dernières pièces en 1937. Cet édifice de style néo-classique construit en granit par A. B. Mullet entre 1869 et 1874, d'où son surnom de « Granite Lady », abritait dans ses caves des chambres fortes imprenables et il est un des rares bâtiments à avoir survécu au tremblement de terre de 1906 *(p. 48-49)*.

Transformée en musée de 1973 à 1994, l'Old Mint ne répond plus aux normes parasismiques actuelles.

L'Old Mint surnommée « Granite Lady »

Les Yerba Buena Gardens ⓮

Les jardins de Yerba Buena s'étendent au-dessus du Moscone Center, le plus grand centre de conventions de San Francisco. Sa création dans un quartier en déclin donna son élan à un ambitieux projet d'aménagement urbain. Immeubles d'habitation, musées, galeries d'art, boutiques et restaurants suivirent. Beaucoup reste à faire, mais le complexe contribue déjà à la vie culturelle et économique de la cité.

★ Les Center for the Arts Galleries
Trois galeries et une cour de sculptures accueillent des expositions d'art contemporain.

Esplanade Gardens
Des bancs permettent de s'y détendre en cours de promenade.

Le Martin Luther King, Jr Memorial prône la paix en plusieurs langues.

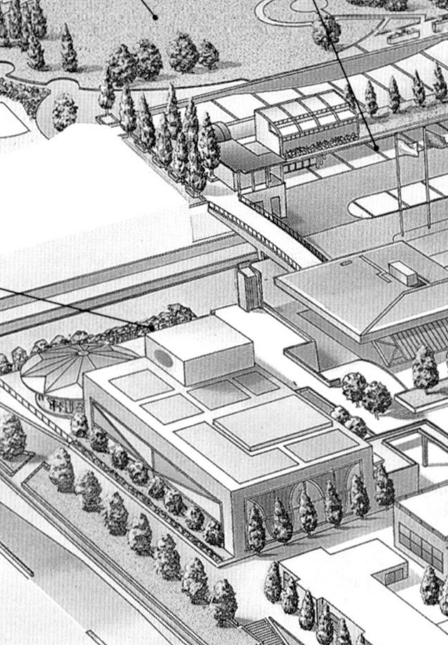

Zeum est situé au Yerba Buena Rooftop. Il propose un calendrier de manifestations et permet aux jeunes et aux artistes de participer à la conception et création d'œuvres variées : immeubles futuristes, mosaïques, sculptures…

Moscone Center

L'ingénieur T. Y. Lin trouva un moyen astucieux de soutenir, sans aucun pilier, les jardins aménagés sur le toit de cette vaste halle souterraine. Les huit arches en acier sont reliées à leurs bases par des câbles dissimulés sous le sol. Leur tension permet à la voûte de supporter un poids énorme sans exercer de poussées latérales.

À ne pas manquer

★ **Yerba Buena Center for the Arts**

★ **SF Museum of Modern Art**

Center for the Arts Theatre
Des pièces reflétant la diversité culturelle de San Francisco sont présentées dans une salle de 755 places ou sur une scène en plein air qui fait face à une pelouse où peuvent s'asseoir 3 000 personnes.

MODE D'EMPLOI

Mission, 3rd, Folsom et 4th Sts. **Plan** 5 C5. *(415) 978-2787.* *9, 14, 15, 30, 45, 76.* *J, K, L, M, N.* **Zeum** *777-2800.* *de 11 h à 17 h sam. et dim.* *25 déc.* *de 11 h à 17 h 30 tous les jours.* **Yerba Buena Center for the Arts** *de 11 h à 18 h mar. à dim. (20 h le premier jeu. du mois).* *25 déc.* *gratuit le premier jeu. du mois.* **SF Museum of Modern Art** *(voir p. 116-119).* *www.yerbabuenaarts.org*

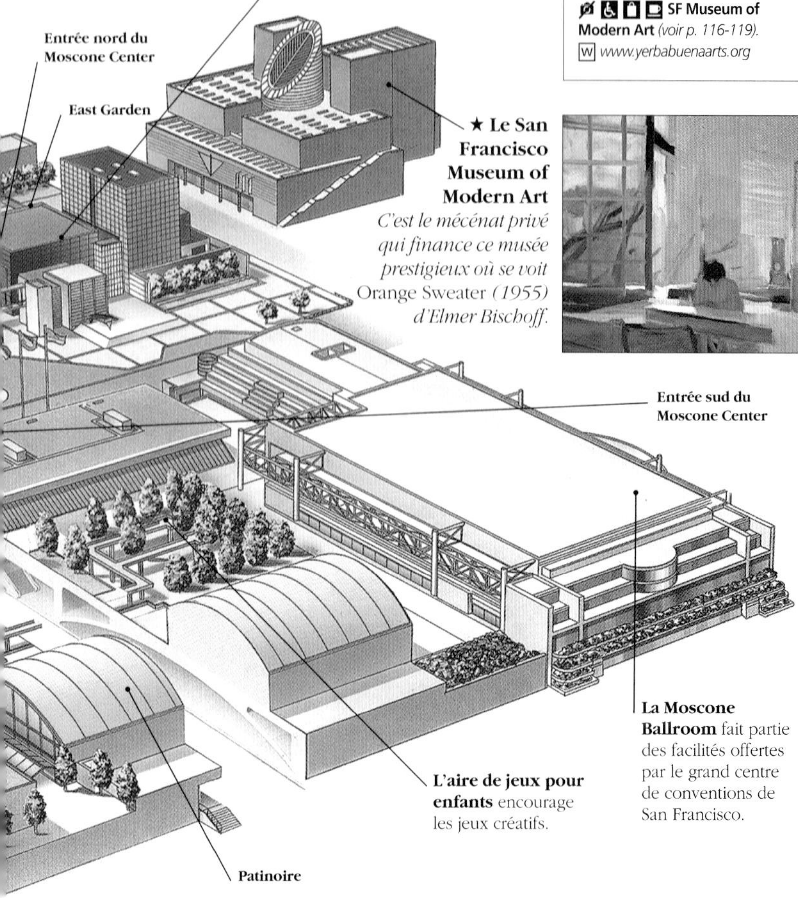

Entrée nord du Moscone Center

East Garden

★ Le San Francisco Museum of Modern Art
C'est le mécénat privé qui finance ce musée prestigieux où se voit Orange Sweater *(1955) d'Elmer Bischoff.*

Entrée sud du Moscone Center

La Moscone Ballroom fait partie des facilités offertes par le grand centre de conventions de San Francisco.

L'aire de jeux pour enfants encourage les jeux créatifs.

Patinoire

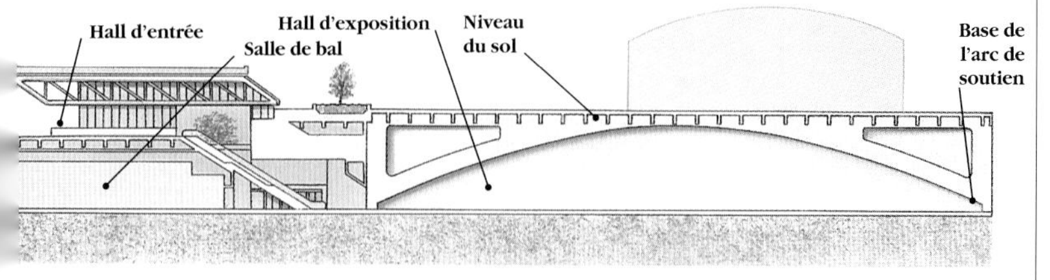

擎天酒樓
KING TI
RESTAURA
家酒

Chinatown et Nob Hill

Les Chinois commencèrent à s'installer dans les années 1850 autour de Stockton Street car les habitants plus aisés de la ville préféraient quitter ce quartier. Surnommé un temps le « Ghetto doré » parce que l'insalubrité, la surpopulation et la misère s'y cachaient derrière des façades colorées, Chinatown possède aujourd'hui une atmosphère qui reste très proche de celle d'une ville du sud de la Chine, bien que l'architecture et le mode de vie y aient une dimension indiscutablement américaine.

Nob Hill, la colline la plus chic de San Francisco, est célèbre par ses *cable cars*, ses palaces et les panoramas qu'elle offre. Les membres du gratin californien, tels les « Quatre Grands » de la première voie ferrée transcontinentale, y firent construire au XIXe siècle de somptueuses demeures. Une seule a survécu au tremblement de terre et à l'incendie de 1906 *(p. 48-49)*, mais les hôtels de luxe du quartier entretiennent toujours le souvenir de son opulence à l'époque victorienne *(p. 523)*.

Symbole chinois ornant la Bank of America

Chinatown et Nob Hill d'un coup d'œil

Rues et sites historiques
Chinatown Alleys 5
Chinatown Gateway 1
Grant Avenue 6
Nob Hill 10

Musées
Cable Car Barn 11
Chinese Historical Society 9
Pacific Heritage Museum 8

Églises et temples
Grace Cathedral 12
Kong Chow Temple 3
Old St Mary's Church 2
Tin How Temple 4

Place
Portsmouth Plaza 7

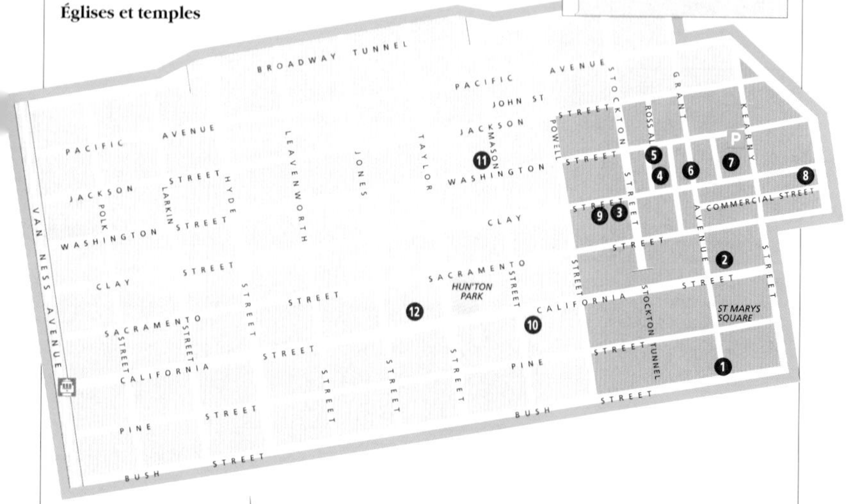

Légende
Plan pas à pas *Voir p. 316-317*
Plaque tournante des *cable cars*
Parc de stationnement

0 500 m

Comment y aller

Toutes les lignes de *cable cars* desservent Nob Hill et Chinatown. Les visiteurs arrivent parfois à se garer sous la Portsmouth Plaza, sur St Mary's Square ou dans les garages d'hôtels de Nob Hill.

◁ **Façades colorées dans une rue de Chinatown**

Chinatown pas à pas

Grant Avenue est le Chinatown des touristes avec ses lampadaires décorés de dragons, ses toits incurvés et ses bazars vendant de tout, des cerfs-volants aux ustensiles de cuisine. Les habitants du quartier, eux, font leur course à Stockton Street où des étals de légumes, de poisson et d'épices débordent sur les trottoirs. Les ruelles qui les séparent recèlent temples, laveries et restaurants familiaux.

Lampadaire de Chinatown

★ Les Chinatown Alleys
L'Asie reste vivante dans ces ruelles pittoresques ❺

Ross Alley

JACKSON STREET

WASHINGTON STREET

Vers le bus nº 83

La Fortune Cookie Factory permet aux visiteurs d'assister à la fabrication des « gâteaux de la chance », une création locale *(p. 378-379).*

Kong Chow Temple
De belles sculptures sur bois cantonaises ornent ce temple ❸

POWELL STREET

SACRAMENTO STREET

GRANT AVENUE

La Bank of Canton occupe l'ancien Telephone Exchange où les opérateurs parlaient cinq dialectes chinois.

Tin How Temple
Des marins le fondèrent en 1852 pour rendre grâce de leur arrivée à San Francisco ❹

CALIFORNIA STREET

STOCKTON STREET

BUSH STREET

Des *cable cars* circulent de deux côtés de Chinatown, desservi par les trois lignes. Ils font partie du décor et de l'ambiance.

0 100 m

À NE PAS MANQUER

- ★ **Les Chinatown Alleys**
- ★ **Le Chinatown Gateway**
- ★ **Grant Avenue**

Portsmouth Plaza
Joueurs de cartes et de mah-jong se retrouvent sur l'ancienne grand-place du village de Yerba Buena percée en 1839 ❼

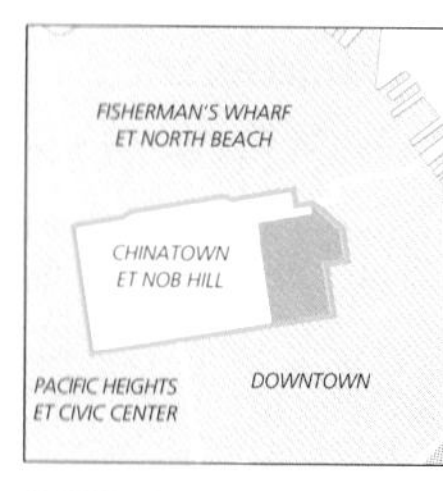

CARTE DE SITUATION
Voir l'atlas des rues, plan 5

LÉGENDE

– – – Itinéraire conseillé

★ **Grant Avenue**
La principale artère de Yerba Buena est devenue le pôle commercial de Chinatown ❻

Le Chinese Cultural Center abrite une galerie d'art et un petit magasin d'artisanat et subventionne des conférences et des séminaires.

Pacific Heritage Museum
Ce petit musée propose sous la Bank of Canton de belles expositions d'art asiatique régulièrement renouvelées ❽

Chinese Historical Society
Son exposition évoque la vie des immigrants chinois et leur rôle dans le développement de l'État ❾

Old St Mary's Church
La tour de la première cathédrale de San Francisco porte une inscription impérieuse ❷

St Mary's Square offre un havre où se reposer.

Vers les bus nos 31, 38

★ **Le Chinatown Gateway**
Aussi appelé « Dragons' Gate », il marque l'entrée sud du quartier ❶

Chinatown Gateway ❶

Grant Ave à la hauteur de Bush St. **Plan** 5 C4. *2, 3, 4, 15, 30, 45.*

Inauguré en 1970, ce portail dessiné par Clayton Lee s'inspire des entrées cérémonielles des villages traditionnels chinois avec ses toits de tuile verte décorés d'animaux en céramique vernissée qui sont supposés attirer la faveur des divinités. C'est une institution américaine, le Chinatown Cultural Development Committee, qui finança sa construction. Taiwan fit don des matériaux. Deux lions de pierre tenant leurs petits entre leurs griffes, comme le veut la tradition, l'encadrent.

Le Chinatown Gateway donne sur Grant Avenue, la principale artère de Chinatown. Les restaurants et les boutiques d'antiquités et de souvenirs qui la bordent visent une clientèle touristique.

Lion de pierre décorant le Chinatown Gateway

Old St Mary's Church ❷

660 California St. **Plan** 5 C4. *(415) 288–3800.* *1, 15, 30, 45.* *California St.* **Concerts** *12 h 30, les mar. et jeu.*

Le manque de matériaux disponibles sur place obligea à faire venir de la Côte Est les briques et l'acier nécessaires à l'édification de la première cathédrale de San Francisco. Consacrée le jour de Noël 1854, elle resta le siège de l'épiscopat catholique de la côte pacifique et le principal lieu de culte de la communauté irlandaise de la ville jusqu'à la construction en 1891 d'une nouvelle St Mary's Cathedral sur Van Ness Avenue.

Les pierres des fondations, en granit, de l'Old St Mary's proviennent de Chine, et elle fut l'un des rares bâtiments qui résista sans graves dommages au tremblement de terre de 1906. Des vitraux éclairent l'intérieur, achevé en 1909.

Le verset de l'Ecclésiastique affiché sous l'horloge du clocher, « Mon fils, ménage le temps et évite le mal », s'adressait, paraît-il, aux clients et aux tenanciers des maisons closes qui bordaient l'autre côté de la rue pendant la ruée vers l'or.

Un verset de l'Ecclésiastique domine l'entrée de l'Old Mary's Church

Kong Chow Temple ❸

3e étage, 855 Stockton St. **Plan** 5 B4. *(415) 434-2513.* *30, 45.* *de 10 h à 16 h t.l.j.* **Contribution**.

Depuis le dernier étage du bâtiment abritant le bureau de poste du quartier, le Kong Chow Temple donne vue sur Chinatown et le Financial District. Bien que l'édifice lui-même ne date que de 1977, l'ensemble de son mobilier formerait le plus vieux sanctuaire chinois des États-Unis. Comme l'autel principal, sculpté à Guangzhou (Canton), la statue en bois du dieu Kuan Di date du XIXe siècle.

Cette divinité, très vénérée dans la région du Guangdong, se remarque souvent dans les restaurants de Chinatown. Ses représentations tiennent en

Statue de Kuan Di dans le Kong Chow Temple

général un livre dans une main et une grande épée dans l'autre. Car Kuan Di est un dieu de la guerre, celui qui détermine le vainqueur en cas de conflit entre les hommes. Grand érudit capable de prédire l'avenir, il ne recourt toutefois à la force que lorsque la diplomatie a échoué.

Tin How Temple ❹

Dernier étage, 125 Waverly Pl. **Plan** 5 C3. *1, 15, 30, 45.* *de 10 h à 17 h t.l.j.* **Contribution**.

Il faut gravir trois raides volées de marches pour atteindre ce sanctuaire volontairement placé le plus près possible du ciel. Fondé en 1852 par un groupe de marins désireux de rendre grâce de leur arrivée sains et saufs à San Francisco après la traversée du Pacifique, il est considéré comme le plus ancien lieu de culte chinois en activité aux États-Unis.

Exigu, l'intérieur est envahi par la fumée dégagée par de l'encens et des papiers votifs et décoré de centaines de lanternes rouge et or. Des ampoules électriques colorées et des mèches flottant sur de l'huile y créent une lumière chaude. Des offrandes de fruits couvrent l'autel sculpté devant la statue en bois de la déesse dont le temple porte le nom : Tin How (Tien Hau), la reine du ciel et la protectrice des visiteurs et de ceux qui voyagent en mer.

Le Tin How Temple domine Waverly Place

Grant Avenue, l'artère principale de Chinatown

Chinatown Alleys ❺

Plan 5 B3. *1, 30, 45.*

Situées entre Grant Avenue et Stockton Street, ces quatre ruelles donnent dans Washington Street à un demi-pâté de maisons les unes des autres. La plus large, Waverly Place, porte le surnom de « rue des Balcons peints ». On l'appelle aussi « 15 Cents Street » d'après le prix que demandaient pour une coupe de cheveux les coiffeurs chinois qui y travaillaient au tournant du siècle. Sun Yat-sen, le fondateur du Guomindang, vécut plusieurs années en exil au nº 36 Spofford Alley.

Les Chinatown Alleys renferment de nombreux bâtiments anciens, ainsi que des magasins traditionnels, telles des herboristeries proposant en vitrine, entre autres remèdes exotiques, cornes d'élan, hippocampes séchés ou serpents trempant dans du vin. De petits restaurants, dont l'entrée s'ouvre parfois au-dessous du niveau de la rue, servent une cuisine délicieuse et bon marché.

Grant Avenue ❻

Plan 5 C4. *1, 30, 45.* *California St.*

Grant Avenue fut la première rue de Yerba Buena, le village à l'origine de San Francisco, et une plaque marque au nº 823 l'emplacement de la première habitation, une tente en toile dressée le 25 juin 1835. Une construction en bois la remplaça en 1836, puis céda la place à une maison en adobe l'année suivante. La rue prit alors le nom de Calle de la Fundacíon.

On estime à 25 000 le nombre de Chinois qui arrivèrent à San Francisco pendant la ruée vers l'or *(p. 44-45)*. Ils s'installèrent sur les contreforts orientaux de Nob Hill, peu appréciés car trop pentus. En 1885, l'avenue prit le nom du président Grant mort cette année-là.

D'une architecture mariant Occident et Asie, la plupart des bâtiments qui bordent ses trottoirs datent d'après le tremblement de terre de 1906. Magasins et restaurants font de Grant Avenue le pôle touristique de Chinatown.

Portsmouth Plaza, un des pôles de la vie sociale de Chinatown

Portsmouth Plaza ❼

Plan 5 C3. *1, 15.*

Aménagée en 1839, la plus ancienne place de San Francisco était à l'origine le pôle de la vie sociale du village de Yerba Buena. Le 9 juillet 1846, quelques jours après que des rebelles eurent déclaré à Sonoma la Californie indépendante du Mexique *(p. 448-449)*, des soldats américains prirent officiellement le contrôle du port en hissant ici le drapeau des États-Unis. Deux ans plus tard, Sam Brannan annonçait au même endroit la découverte d'or dans la Sierra Nevada *(p. 44-45)*. Les années 1860 virent toutefois le quartier des affaires se déplacer vers des terrains plats gagnés sur la mer et Portsmouth Plaza perdre de son importance.

Aujourd'hui, les habitants de Chinatown viennent y pratiquer le *t'ai chi* le matin et jouer aux cartes et au mah-jong de midi jusqu'au soir.

Pacific Heritage Museum ❽

608 Commercial St. **Plan** 5 C3. *(415) 399-1124. 1, 15. de 10 h à 16 h du lun. au sam., sauf les jours fériés.*

Ce musée présente des expositions temporaires d'art asiatique dans un bâtiment élégant, synthèse de deux édifices. Construit en 1984, le siège de la Bank of Canton, haut de 17 étages, incorpore en effet la façade et le sous-sol, où subsistent des chambres fortes, de l'US Sub-Treasury édifié en 1875-1877 par l'architecte William Appleton Potter sur le site du premier hôtel de la Monnaie de San Francisco.

Chinese Historical Society ❾

644 Broadway, Suite 402. **Plan** 5 C3. *(415) 391-1188. 1, 15. Téléphoner pour les horaires d'ouverture.*

Parmi les objets exotiques entassés dans ce musée en sous-sol, récemment rénové, figurent un costume cérémoniel de dragon, le personnage principal des processions fêtant le nouvel an chinois, et une « fourche du tigre ». Ce trident servit lors d'une des batailles qui ponctuèrent la « guerre des Tongs » à la fin du XIXe siècle. Ces clans rivaux se disputaient le contrôle de la prostitution et du jeu. Des photographies et des documents, tel le premier annuaire de Chinatown, écrit à la main, évoquent la vie quotidienne des immigrants chinois de San Francisco.

Tête de dragon de l'Historical Society

Comme le montre clairement l'exposition, leur contribution au développement de la Californie fut d'une grande importance malgré l'hostilité et les pratiques discriminatoires qu'ils durent affronter. Si c'est leur participation à la construction de la voie ferrée transcontinentale qui demeure la plus connue *(p. 46-47)*, ils travaillèrent aussi à l'édification de digues dans le delta de la Sacramento River, jouèrent un rôle de pionniers dans l'industrie de la pêche et plantèrent les premiers plants de vigne de nombre des plus anciens domaines viticoles de la région.

Nob Hill ❿

Plan 5 B4.

Le sommet de la plus haute colline du centre-ville s'élève à 103 m au-dessus de la baie. L'ouverture de la ligne de *cable cars* de California Street y attira à partir de 1878 de riches citoyens qui édifièrent de somptueuses demeures. La contraction de leur sobriquet, les « nababs » (*nabob* en anglais), aurait donné son nom à Nob Hill. Toutes leurs villas brûlèrent toutefois pendant l'incendie que déclencha le tremblement de terre de 1906 *(p. 48-49)*, à l'exception de celle de James C. Flood bâtie en grès. Elle abrite le très fermé Pacific Union Club. Nob Hill attire toujours les grandes fortunes qui viennent séjourner dans ses hôtels de luxe offrant, tels l'Huntington et le Fairmont *(p. 523)*, de magnifiques vues de la cité.

San Francisco vu de la terrasse d'un bar sur un toit de Nob Hill

Cable Car Barn ⓫

1201 Mason St. **Plan** 5 B3. *(415) 474-1887.* *1.* *Powell – Mason, Powell – Hyde.* *de 10 h à 18 h t.l.j. (de 10 h à 17 h en hiver).* *1er jan., Thanksgiving, 25 déc.* *galerie seulement.* ***Projection vidéo.***

Ce bâtiment en brique édifié en 1909 abrite à la fois un musée et la salle des machines du réseau de *cable cars* *(p. 292-293)*, un système de transport public unique au monde. Une galerie permet d'observer les moteurs qui entraînent les câbles sans fin circulant sous les rues de la ville. Les visiteurs peuvent ensuite descendre voir ce qui se passe au-dessous du sol.

Le musée présente également une voiture ancienne et divers souvenirs, ainsi que des spécimens des mécanismes permettant de contrôler les mouvements des *cable cars*.

Entrée du Cable Car Barn Museum

Grace Cathedral ⓬

1100 California St. **Plan** 5 B4. *(415) 749-6300.* *1.* *California St.* *Office du soir choral 17 h 15 le jeu., 15 h 30 le dim. ; Eucharistie chorale 7 h 30, 8 h 30, 1 h le dim.* *de 12 h 30 à 4 h le dim. ; de 13 h à 15 h du lun. au ven. ; de 11 h 30 à 13 h 30 le sam.*

L'architecte Lewis P. Hobart s'inspira de Notre-Dame de Paris pour dresser les plans de la principale église épiscopalienne de San Francisco. Les travaux préparatoires débutèrent en février 1927 et l'édifice commença à s'élever en septembre 1928, mais il ne fut achevé qu'en 1964. Les constructeurs utilisèrent des matériaux traditionnels et du marbre pare partout l'intérieur. Charles Connick dessina certains de ses vitraux, puisant son inspiration dans le verre bleu de Chartres. Henry Willet et Gabriel Loire exécutèrent les autres, notamment ceux d'Albert Einstein et de l'astronaute John Glenn. La nuit, un éclairage intérieur met en valeur la grande rose.

Ornement de l'entrée principale

La Grace Cathedral renferme un crucifix catalan du XIIIe siècle et une tapisserie bruxelloise du XVIe siècle. Des moulages des « Portes du Paradis » sculptées par Lorenzo Ghiberti pour le baptistère de Florence ornent les vantaux de l'entrée.

La New Testament Window (1931), œuvre de Charles Connick, éclaire le sud du transept.

La rose fut exécutée à Chartres en 1964 par Gabriel Loire.

La Carillon Tower abrite 44 cloches fondues en Angleterre en 1938.

La Chapel of Grace renferme un retable français du XVe siècle.

Les Portes du Paradis présentent dix magnifiques scènes bibliques en relief.

Entrées

POWELL
AND
MARKET
HYDE AND BEACH
FISHERMANS
WHARF
12
"Meet me
at the
St. Francis"

Le Fisherman's Wharf et North Beach

Les marins génois et siciliens qui s'installèrent aux alentours du Fisherman's Wharf à la fin du XIXe siècle fondèrent l'industrie de la pêche de San Francisco et, malgré la vocation de plus en plus touristique du quartier, chaque matin de bonne heure, des bateaux peints de couleurs vives partent toujours en quête de poisson.

Panneau du Fisherman's Wharf

Au sud du quai s'étend North Beach, parfois appelé « Little Italy ». De nombreuses familles italiennes et chinoises habitent cette partie de la ville animée, en particulier la nuit, où abondent *delicatessen*, cafés et boulangeries. Les écrivains de la beat generation y trouvèrent dans les années 1950 leur premier éditeur, la librairie City Lights *(p. 22-23)*.

Le Fisherman's Wharf et North Beach d'un coup d'œil

Musées
North Beach Museum 13
Ripley's Believe It Or Not! Museum 5
San Francisco Art Institute 10
San Francisco National Maritime Museum 8
USS Pampanito 3
Wax Museum 4

Rues et bâtiments historiques
Alcatraz Island p. 328-329 1
Lombard Street 9
Pier 39 2
Vallejo Street Stairway 11

Galeries marchandes
The Cannery 6
Ghirardelli Square 7

Cabaret
Club Fugazi 12

Parcs et places
Levi's Plaza 17
Telegraph Hill 16
Washington Square 14

Églises
Saints Peter and Paul Church 15

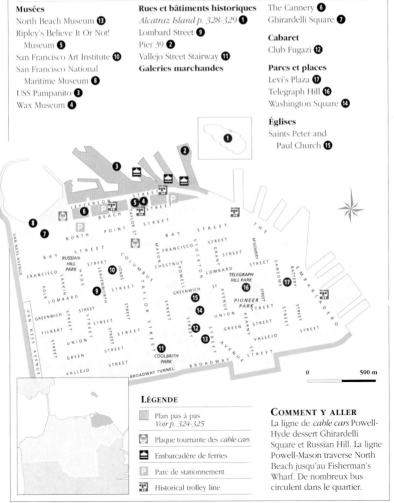

Légende

- Plan pas à pas *Voir p. 324-325*
- Plaque tournante des *cable cars*
- Embarcadère de ferries
- Parc de stationnement
- Historical trolley line

Comment y aller

La ligne de *cable cars* Powell-Hyde dessert Ghirardelli Square et Russian Hill. La ligne Powell-Mason traverse North Beach jusqu'au Fisherman's Wharf. De nombreux bus circulent dans le quartier.

Vue du Fisherman's Wharf et de l'île d'Alcatraz depuis la ligne de *cable cars* Powell-Hyde

Le Fisherman's Wharf pas à pas

Les restaurants de poisson italiens ont remplacé la pêche en tant qu'élément moteur de la vie et de l'économie du quai du Pêcheur. Tous, des plus chic aux plus simples, servent en saison, de novembre à juin, du crabe Dungeness, particulièrement renommé à San Francisco. Le quartier offre aussi aux visiteurs de nombreuses boutiques, des musées, les attractions du Pier 39 et même un véritable sous-marin.

★ L'USS Pampanito
Une visite guidée permet de découvrir ce sous-marin de la Deuxième Guerre mondiale ❸

Dans Fish Alley a lieu la vente de la pêche du matin.

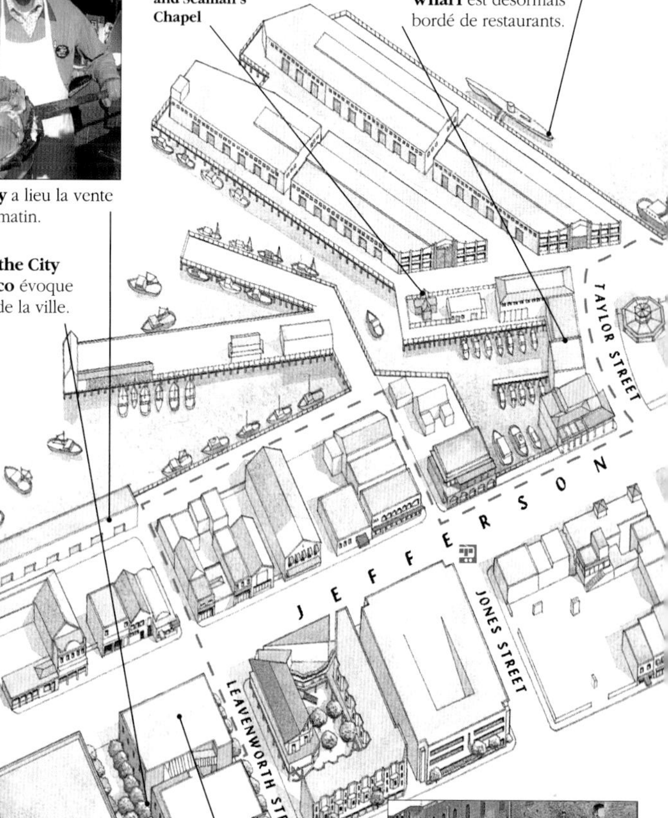

Fisherman's and Seaman's Chapel

Le Fisherman's Wharf est désormais bordé de restaurants.

Le Museum of the City of San Francisco évoque le passé animé de la ville.

TAYLOR STREET

JEFFERSON

JONES STREET

LEAVENWORTH STREET

The Cannery
Cette ancienne conserverie abrite des restaurants, des boutiques, des galeries d'art et un musée ❻

Vers la plaque tournante de Powell-Hyde (1 pâté de maisons)

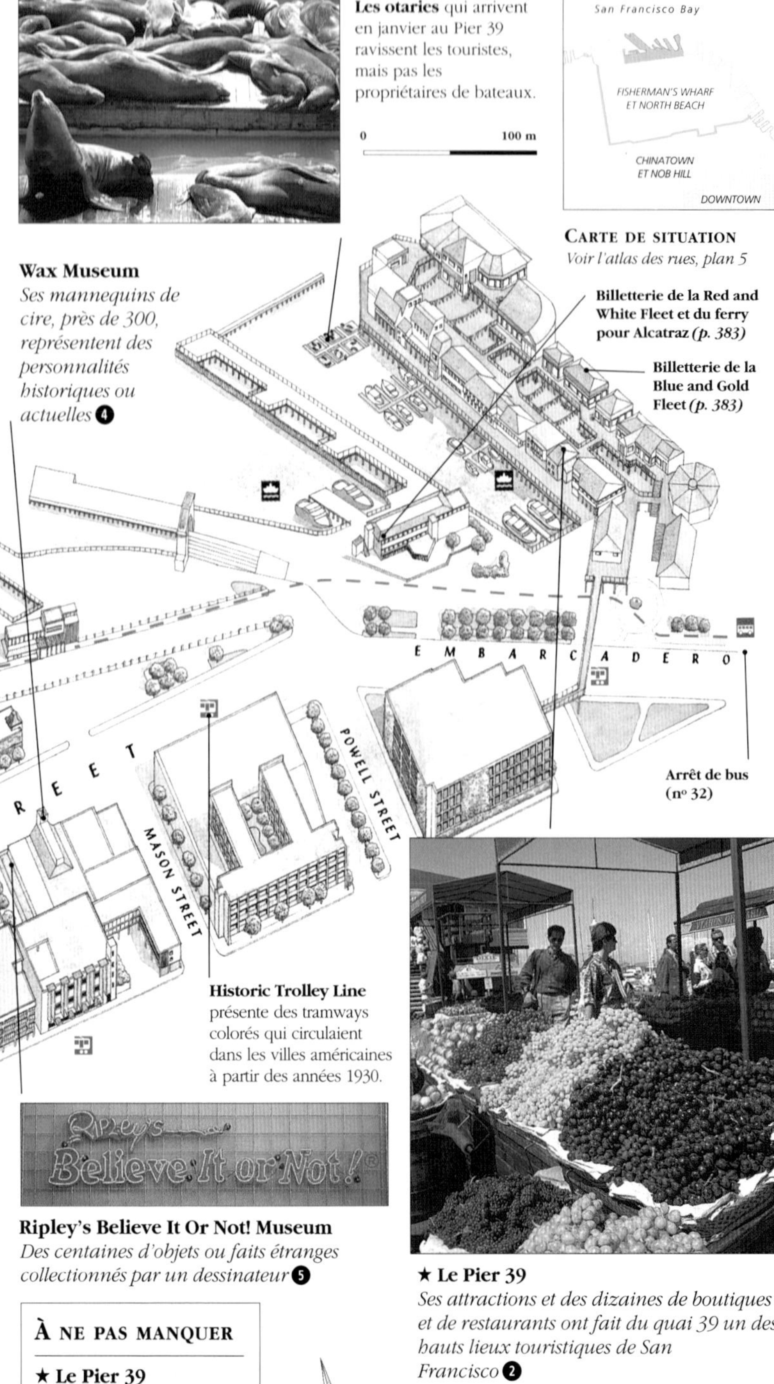

Les otaries qui arrivent en janvier au Pier 39 ravissent les touristes, mais pas les propriétaires de bateaux.

Carte de situation
Voir l'atlas des rues, plan 5

Wax Museum
Ses mannequins de cire, près de 300, représentent des personnalités historiques ou actuelles ❹

Billetterie de la Red and White Fleet et du ferry pour Alcatraz ***(p. 383)***

Billetterie de la Blue and Gold Fleet ***(p. 383)***

Arrêt de bus (nº 32)

Historic Trolley Line
présente des tramways colorés qui circulaient dans les villes américaines à partir des années 1930.

Ripley's Believe It Or Not! Museum
Des centaines d'objets ou faits étranges collectionnés par un dessinateur ❺

★ Le Pier 39
Ses attractions et des dizaines de boutiques et de restaurants ont fait du quai 39 un des hauts lieux touristiques de San Francisco ❷

À ne pas manquer

★ Le Pier 39

★ Le USS Pampanito

Légende

— — — Itinéraire conseillé

Alcatraz Island ❶

Voir p. 328-329.

Pier 39 ❷

Plan 5 B1. *32, 25, 42.*
*Voir **Faire des achats** p. 376-379.*

Depuis sa restauration en 1978, cet ancien quai de déchargement de marchandises construit en 1905 a pris l'apparence d'un pastiche de village de pêcheurs en bois. Il abrite aujourd'hui sur deux niveaux de très nombreux magasins et restaurants.

Artistes de rue et attractions y créent une ambiance très agréable en famille. On peut y faire un tour de carrousel ou se risquer dans le Turbo Ride, un simulateur de montagnes russes. Un excellent spectacle multimédia appelé The San Francisco Experience propose aux spectateurs un survol de l'histoire de la ville. Il ne manque même pas un tremblement de terre.

Salle des torpilles du *Pampanito*

USS *Pampanito* ❸

Pier 45. **Plan** 4 F1. *(415) 550-8177.* *32.* *Fermé pour restauration jusqu'à janvier 2000.*

Ce sous-marin combattit dans le Pacifique pendant la Deuxième Guerre mondiale. Il coula six navires ennemis et en endommagea gravement plusieurs autres. Deux de ses cibles transportaient malheureusement des prisonniers australiens et britanniques. Le *Pampanito* réussit à en sauver 73 et à les ramener aux États-Unis.

La visite guidée de l'intérieur du bâtiment, de la poupe à la proue, permet notamment de découvrir la salle des torpilles, la minuscule cambuse et les quartiers des officiers. Ils étaient au nombre de 10 et commandaient 70 marins.

Le Venetian Carousel du Pier 39

Wax Museum ❹

145 Jefferson St. **Plan** 5 B1. *(800) 439-4305.* *32.* *Fermé pour restauration jusqu'à janvier 2000* *limité.*

Ce musée abrite une collection de près de 300 mannequins de cire où des personnages de fiction côtoient des célébrités historiques, dont 14 présidents des États-Unis, des membres de la famille royale britannique, Sir Winston Churchill, Napoléon, William Shakespeare, Mozart, Mark Twain, Elvis Presley, Marilyn Monroe et Al Capone. Un tableau de la Cène domine le Hall of Religions, tandis que dans le Hall of Living Art la cire donne du relief à des portraits comme celui de la Joconde.

Le Wax Museum propose aussi une reconstitution du tombeau de Toutankhamon et une Chamber of Horrors pleine de démons terrifiants, de monstres mythiques et d'assassins.

Ripley's Believe It Or Not! Museum ❺

175 Jefferson St. **Plan** 4 F1. *(415) 771-6188.* *32.* *de 9 h à 23 h du dim. au jeu., de 9 h à minuit ven. et sam.*

Né en Californie en 1893, l'illustrateur Robert L. Ripley devint célèbre dans tout le pays grâce à sa bande dessinée intitulée « Ripley's Believe It Or Not! » (Croyez le ou non !) qu'inspiraient des informations insolites. Il collectionna un grand nombre d'objets curieux. Le musée en possède 350, dont un *cable car* fait de 275 000 allumettes, des pierres tombales aux épitaphes ironiques et la réplique grandeur nature d'un homme possédant deux pupilles à chaque œil.

The Cannery 6

2801 Leavenworth St. **Plan** 4 F1. *19, 30, 32, 42.* *Powell – Hyde.* **Musée** *de 11 h à 16 h du mer. au dim.* *Voir* ***Faire des achats*** *p. 376-379.*

Avec ses passerelles, ses recoins et ses patios ensoleillés, cette ancienne usine d'emballage de fruits bâtie en 1909 est devenue depuis sa réhabilitation dans les années 1960 un agréable centre commercial. Il comprend plusieurs restaurants et des boutiques de mode, de poupées de collection ou d'artisanat indien.

The Cannery abrite aussi le Museum of the City of San Francisco. De création récente, il dépend encore des prêts d'autres musées pour compléter sa collection d'objets historiques en cours de constitution. Elle comporte la tête de la déesse du Progrès qui couronnait le City Hall avant sa destruction par le tremblement de terre de 1906 *(p. 48-49)*.

Ghirardelli Square

Ghirardelli Square 7

900 North Point St. **Plan** 4 F1. *19, 30, 32, 42, 47, 49.* *Powell – Hyde.* *Voir* ***Faire des achats*** *p. 376-379.*

Cette ancienne chocolaterie, qui a conservé sa tour de l'horloge et son enseigne d'origine, offre un exemple particulièrement réussi de réhabilitation et abrite cinémas, boutiques et restaurants chic. La galerie marchande a pour cœur la Fountain Plaza où la Ghiradelli Chocolate Manufactory renferme toujours de vieilles machines servant à la fabrication du chocolat. Les tablettes qu'elle vend sont toutefois produites aujourd'hui à San Leandro.

San Francisco National Maritime Museum 8

900 Beach St. **Plan** 4 F1. *(415) 556-8177.* **Hyde Street Pier** *556-3002.* *19, 30, 32, 42.* *Powell – Hyde.* *de mi-mai à mi-sept. : de 10 h à 18 h t.l.j. ; de mi-sept. à mi-mai : de 9 h 30 à 17 h t.l.j.* *quai seul.* *quai et musée seul.* **Conférences, démonstrations, activités.**

Dans un édifice de 1939 dont la forme évoque un paquebot en cale sèche, ce musée expose depuis 1951 une collection de maquettes, d'instruments anciens et de peintures et photographies illustrant l'histoire navale locale. Des bateaux du XIXe siècle sont amarrés au Hyde Street Pier voisin, dont le *C. A. Thayer*, un schooner construit en 1896 qui servit au transport de bois le long de la côte de la Californie du Nord, puis à la pêche en Alaska. Datant de 1890, le ferry à aubes *Eureka* transportait, avant l'ouverture du Golden Gate Bridge, wagons de train et passagers entre l'Hyde Street Pier et les comtés du nord de la baie. Il pouvait contenir 120 voitures et 2 300 personnes, ce qui en faisait à l'époque le plus grand transbordeur du monde.

Hyde Street Pier

BALCLUTHA
Ce trois-mâts lancé en 1886 faisait deux fois par an le voyage entre la Grande-Bretagne et la Californie, échangeant du blé contre du charbon.

Alcatraz Island ❶

Alcatraz signifie « pélican » en espagnol et fait référence aux premiers habitants de ce rocher exposés aux vents qui occupe une position stratégique à 5 km à l'est du Golden Gate. En 1859, l'armée américaine y établit un fort qui garda l'entrée de la baie jusqu'en 1907 où il devint une prison militaire. Il servit ensuite, de 1934 à 1963, de pénitencier fédéral de haute sécurité. De 1969 à 1971, des militants indiens du Native American Movement *(p. 52)* occupèrent l'île qu'ils revendiquaient comme leur terre. Elle fait maintenant partie de la Golden Gate National Recreation Area.

Blason à l'entrée d'une cellule

★ Le bloc des cellules
Le bâtiment de détention, qui reposait sur les fondations du fort, contenait quatre blocs de cellules. Aucune ne possédait un mur ou un plafond donnant sur l'extérieur.

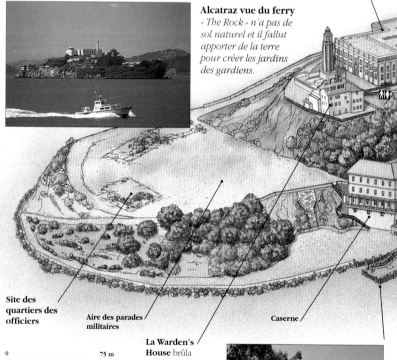

Alcatraz vue du ferry
« The Rock » n'a pas de sol naturel et il fallut apporter de la terre pour créer les jardins des gardiens.

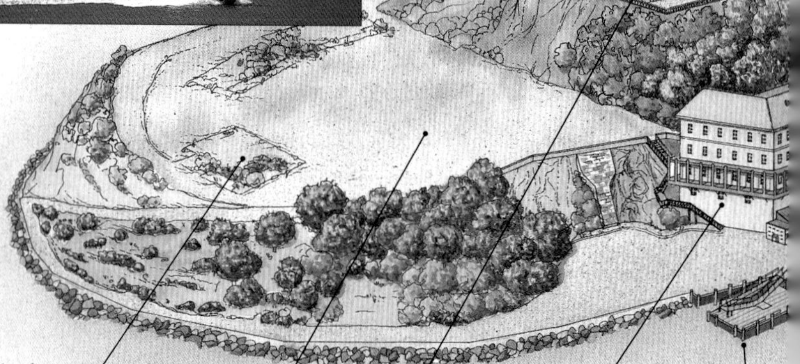

Site des quartiers des officiers

Aire des parades militaires

La Warden's House brûla pendant le siège de 1969-1971.

Caserne

0 75 m

Légende

— — — Itinéraire conseillé

À ne pas manquer

★ Le bloc des cellules

★ La cour

Débarcadère
Sur le seul quai de l'île, les visiteurs mettent aujourd'hui leurs pas dans ceux des prisonniers.

★ La cour
Les repas et les promenades offraient aux prisonniers leurs principales distractions. La cour d'Alcatraz apparut dans de nombreux films.

MODE D'EMPLOI

Plan 6 F1. *(415) 705-5555. depuis le Pier 41. t.l.j. du 1er au dernier ferry : du lun. au ven. : 1er ferry 9 h 30, der. ferry 14 h 45 ; sam., dim., jours fériés : 1er ferry 9 h 30, der. ferry 14 h 15. 1er jan., Thanksgiving, 25 déc. par endroits. obligatoire. Réservation conseillée.*

Des détecteurs de métal étaient installés entre les cellules et la salle à manger et la cour.

La morgue militaire, minuscule, n'est pas ouverte au public.

Ateliers de la prison

Château d'eau

Le Visitors' Center se trouve dans l'ancienne caserne.

La Military Chapel date de 1933.

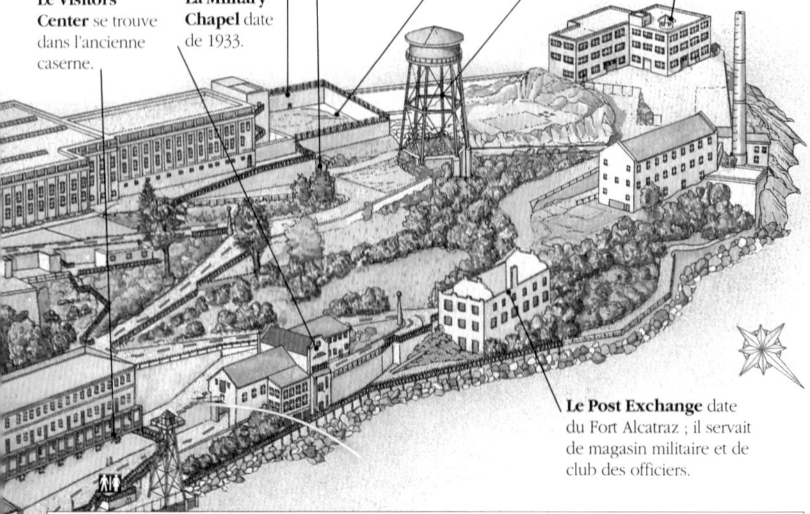

Le Post Exchange date du Fort Alcatraz ; il servait de magasin militaire et de club des officiers.

DÉTENUS CÉLÈBRES

Al Capone
Scarface, le plus redoutable gangster de la prohibition, condamné en 1931 pour fraude fiscale, passa l'essentiel de ses 5 ans à Alcatraz en quartier de haute sécurité. Rongé par la syphilis, il souffrait de troubles mentaux à son départ.

Robert Stroud
Le véritable *Prisonnier d'Alcatraz* (1962) vécut isolé durant la majeure partie de ses 17 ans sur l'île.

Carnes, Thompson et Schockley
En mai 1946, des prisonniers conduits par Clarence Carnes, Marion Thompson et Sam Shockley maîtrisèrent des gardiens et s'emparèrent de leurs armes. Ils ne réussirent pas à sortir du pénitencier, mais trois détenus et deux policiers périrent au cours de ce qui devint la « Bataille d'Alcatraz ». Carnes encourut une condamnation à perpétuité. Shockley et Thompson furent exécutés à la prison de San Quentin.

Les frères Anglin
Frank Morris et John et Clarence Anglin creusèrent des trous dans les murs de leurs cellules qu'ils cachèrent avec des cartons. Laissant de fausses têtes dans leurs lits, ils fabriquèrent un radeau pour s'enfuir et ne furent jamais retrouvés. Leur histoire inspira le film *Les Évadés d'Alcatraz* (1979) dans lequel joue Clint Eastwood.

Voitures descendant les lacets de Lombard Street

Lombard Street ⑨

Plan 5 A2. *45. Powell – Hyde.*

Pour permettre aux véhicules de négocier une pente de 27 % dans la partie la plus élevée de Russian Hill, on dota Lombard Street de huit virages en épingle à cheveux dans les années 1920. Ils lui valent aujourd'hui le surnom de « rue la plus tordue du monde ».

Les voitures ne peuvent la descendre qu'à une vitesse de 8 km/h (5 m.p.h). Les piétons empruntent des escaliers. Le haut de la colline offre une vue magnifique.

San Francisco Art Institute ⑩

800 Chestnut St. **Plan** 4 F2. *(415) 771-7020. 30.* **Diego Rivera Gallery** *de 9 h à 17 h t.l.j. jours fériés. partiel.*

Cette école d'art fondée en 1871 occupa un temps l'immense demeure en bois bâtie sur Nob Hill *(p. 320)*

Une demi-heure dans North Beach

Les Chiliens puis les Italiens qui s'installèrent à North Beach donnèrent au quartier une riche vie nocturne. Son atmosphère décontractée et ses cafés attirèrent dans les années 1950 la bohème littéraire qui allait donner naissance à la beat generation *(p. 22-23)*.

Le quartier beat

Cette promenade ne pourrait commencer ailleurs qu'à la City Lights Boookstore ① située à l'angle de Broadway et de Columbus Avenue. Propriété du poète Ferlinghetti, cette librairie, la première des États-Unis à ne vendre que des livres de poche, fut le point de ralliement d'auteurs comme Jack Kerouac et Allen Ginsberg.

La bohème du quartier appréciait, et apprécie toujours, le bar Vesuvio ②, de l'autre côté de Jack Kerouac Alley. Il eut comme client le poète gallois Dylan Thomas.

Jack Kerouac

De là, continuez vers le sud jusqu'à Pacific Avenue, traversez Columbus Avenue et revenez sur vos pas vers Broadway. Des peintures murales ornent le café Tosca ③ où un juke-box propose une sélection d'extraits d'opéras italiens. Quelques pas plus loin s'ouvre l'Adler Alley. Au nº 12, Specs ④ est un bar animé empli de souvenir des années beat. De retour sur Columbus Avenue, tournez à droite dans Broadway. À l'angle de Kearny Street, traversez pour rejoindre l'Enrico's Sidewalk Café ⑤.

Le Columbus Café ⑪

Le Strip

La terrasse du Enrico's offre le meilleur poste d'observation de la portion de Broadway appelée le Strip ⑥ où se sont multipliés les clubs « pour adultes seulement ». Au carrefour de Broadway et de Grant Avenue se dresse l'ancien Condor Club ⑦ qui présentait des spectacles topless dès 1964.

pour la famille du magnat du rail Mark Hopkins. L'incendie de 1906 la détruisit. C'est aujourd'hui un édifice de style Spanish Colonial datant de 1926 qui l'abrite. Galeries, cour intérieure ornée d'une fontaine et clocher lui donnent un aspect monastique. Le bâtiment reçut en 1969 une extension moderne située à l'arrière.

La Diego Rivera Gallery, nommée d'après le grand muraliste mexicain *(p. 396-397)* dont l'art marie modernisme et primitivisme, se trouve à droite de l'entrée principale. Le San Francisco Art Institute organise régulièrement des expositions d'œuvres d'étudiants.

***Making of a Mural* (1931) de Diego Rivera au SF Art Institute**

Vallejo Street Stairway ⓫

Mason St et Jones St. **Plan** 5 B3. *30, 45.* *Powell – Mason.*

La rude ascension entre Little Italy et le sommet de Russian Hill ménage certaines des plus belles vues de Telegraph Hill, de North Beach et de la baie. À Mason Street, la rue cède la place à un escalier qui traverse l'Ina Coolbrith Park. Plusieurs maisons victoriennes *(p. 290-291)* bordent les allées situées au-dessus de Taylor Street. Au sommet de la colline s'étend une des rares parties de la ville qu'épargnèrent le séisme et l'incendie de 1906.

Club Fugazi ⓬

678 Green St. **Plan** 5 B3. *(415) 421-4222.* *15, 30, 45.* *du mer. au dim. Voir **Se distraire** p. 372-375.*

Dans un édifice construit en 1912, ce cabaret présente *Beach Blanket Babylon*, un spectacle musical et humoristique devenu une véritable institution à San Francisco. Constamment renouvelé, il met en scène des personnages aussi divers que Louis XIV et Tina Turner et fait salle comble depuis plus de 20 ans. Les nombreux cafés et restaurants de North Beach permettent de dîner avant ou après la représentation.

North Beach Museum ⓭

1435 Stockton St. **Plan** 5 B3. *(415) 391-6210.* *15, 30, 45.* *de 9 h à 16 h du lun. au jeu., de 9 h à 18 h le ven.* *jours fériés.*

Dans ce petit musée installé au premier étage de l'Eureka Bank, des expositions de vieilles photos évoquent l'histoire de North Beach et de Chinatown. Elles célèbrent l'héritage des immigrants chiliens, irlandais, italiens et chinois qui s'installèrent dans ces quartiers à la fin du XIXe siècle et évoquent la communauté bohème de North Beach.

Upper Grant Avenue

En tournant à droite dans Grant Avenue, vous trouverez à droite le Saloon ⑧ qui a conservé son comptoir de 1861. À l'angle de Vallejo Street, le Caffè Trieste ⑨, le plus ancien café de San Francisco, est un authentique rendez-vous beat depuis 1956. Il propose des spectacles d'opéra les samedis après-midi. Plus au nord sur Grant Avenue, le Lost and Found Saloon ⑩, un club de blues, occupe l'emplacement du Coffee Gallery que fréquentait la bohème littéraire de North Beach. Tournez à gauche dans Green Street. De beaux *murals* décorent le Columbus Café ⑪. Prenez à gauche Columbus Avenue, bordée de nombreux autres cafés italiens. Elle vous ramènera à votre point de départ.

Le Vesuvio, un bar beat ②

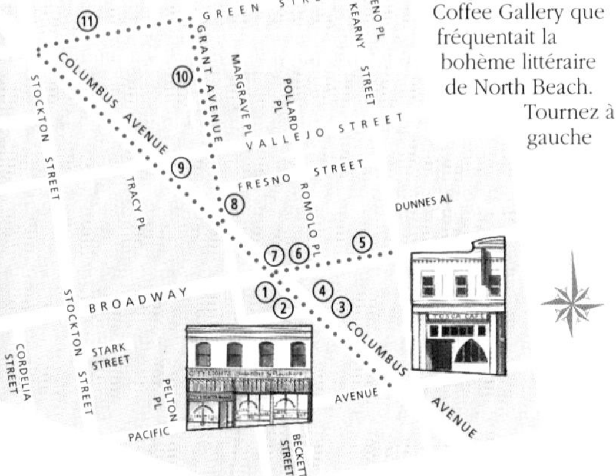

Légende

••• Itinéraire

0 200 m

Carnet de route

Point de départ : *Angle de Broadway et de Columbus Ave.*
Itinéraire : *1,6 km.*
Comment y aller : *Le bus nº 15 suit Columbus Avenue.*
Où faire une pause : *Tous les établissements cités méritent une visite. Les enfants ne sont généralement pas admis dans les bars.*

Façade de la Saints Peter and Paul Church, Washington Square

Washington Square ⓮

Plan 5 B2. *15, 30, 39, 45.*

Les tours jumelles de la Saints Peter and Paul Church dominent Washington Square où arbres et bancs entourent des pelouses et dont l'atmosphère presque méditerranéenne convient parfaitement à la « grand-place » de Little Italy. Près du centre se dresse une statue de Benjamin Franklin. Une capsule temporelle *(p. 102)* enterrée dessous en 1979 doit être rouverte en 2079. Elle contiendrait une paire de Levi's, une bouteille de vin et un poème de Lawrence Ferlinghetti, célèbre membre du mouvement beat et propriétaire de City Lights *(p. 330).*

Saints Peter and Paul Church ⓯

666 Filbert St. **Plan** 5 B2. *(415) 421-0809.* *15, 30, 39, 45.* *messe et chœur en italien 11 h 30 dim. ; tél. pour les autres messes.*

Pour beaucoup d'habitants de San Francisco, cette grande église au cœur de North Beach reste l'« Italian Cathedral », le pôle de la vie sociale et religieuse de la communauté italienne. En 1957, le jour de son mariage, et bien que la cérémonie nuptiale ait eu lieu ailleurs, le joueur de base-ball Joe Di Maggio tint à se faire photographier devant son portail avec sa nouvelle épouse : Marilyn Monroe.

Pendant la construction du sanctuaire, qui s'acheva en 1924, Cecil B. De Mille vint filmer les ouvriers travaillant aux fondations. Il utilisa la scène pour représenter la construction du temple de Jérusalem dans sa première version, muette, des *Dix Commandements* (1923).

Structure d'acier et de béton dessinée par Charles Fantoni, la Saints Peter and Paul Church possède une façade italianisante et son intérieur complexe, rythmé par de nombreuses colonnes, abrite un autel très ouvragé. Des vitraux éclairent statues et mosaïques.

Les immigrants italiens de San Francisco firent souvent de la pêche leur gagne-pain et l'église reste parfois appelée la Fishermen's Church. La bénédiction de la flotte en octobre donne toujours lieu à une messe et à une procession de Columbus Avenue au Fisherman's Wharf. Certaines messes sont dites en italien ou en cantonais.

Telegraph Hill ⓰

Plan 5 C2. **Coit Tower** Telegraph Hill Blvd. *(415) 362-0808.* *39.* *de 10 h à 18 h (19 h 30 en été) t.l.j.* murals *seul.*

Baptisée Alta Loma (haute colline) par les Mexicains, puis appelée Goat Hill (colline des chèvres) à cause des animaux qui broutaient sur ses pentes, Telegraph Hill prit son nom actuel en 1850 lorsqu'on installa un sémaphore sur la crête. Il servait à avertir les négociants de la ville de l'arrivée des bateaux

Le Fisherman's Wharf dans les années 1930, *mural* de la Coit Tower

Au pied de Filbert Street sur le versant est de Telegraph Hill

franchissant le Golden Gate.

Le versant oriental de Telegraph Hill servit de carrière jusqu'en 1914. Creusé à coups de dynamite pour fournir remblais et pierres de construction, il forme une pente raide où sinuent des chemins abrupts entre des jardins verdoyants. Le côté ouest descend plus doucement jusque dans le quartier entourant Washington Square. Celui-ci reste surnommé « Little Italy » bien que la population italienne de San Francisco ait commencé ces dernières années à s'installer dans le Marina District. Les pittoresques maisons en bardeaux qui s'accrochent à la colline abritaient jadis des immigrants de fraîche date ou des artistes fauchés qui appréciaient le panorama. Elles sont devenues des résidences très prisées.

Des fonds donnés à la ville par une excentrique philanthrope, Lillie Hitchcock Coit, permirent en 1933 l'édification au sommet de Telegraph Hill (86 m) de la Coit Tower dédiée aux pompiers volontaires. Dessinée par l'architecte Arthur Brown, cette tour en béton armé haute de 64 m possède un éclairage intérieur qui la rend visible la nuit de la majeure partie de la moitié orientale de San Francisco. Un ascenseur conduit à sa plate-forme panoramique qui offre une superbe vue de la baie.

Un programme gouvernemental finança en 1934 l'exécution des *murals* qui ornent le hall *(p. 296-297)*. Vingt-cinq artistes collaborèrent pour dresser un portrait plein de vie de la Californie de l'époque. D'innombrables détails tels qu'un accident de voiture, une famille d'immigrants campant près d'une rivière, des manchettes de journaux ou des couvertures de magazines ajoutent une dimension très humaine à l'intérêt documentaire de peintures où apparaissent usines, docks et champs de blé de la Central Valley. Une certaine ironie marque ces tableaux d'une Amérique qui peinait à sortir de la Grande Dépression. Dans les rues du Financial District, un vol est en cours. Le réalisme des personnages vient entre autres de ce que les peintres leur donnèrent leurs propres traits, ceux d'amis ou ceux de figures locales comme le colonel William Brady, le gardien de la Coit Tower.

Sur le flanc est de la colline, les rues se transforment en raides volées de marches. Descendant de Telegraph Hill Boulevard, Filbert Street est un charmant escalier de bois, de brique et de béton où abondent rhododendrons, fuchsias, bougainvillées, fenouil et mûres.

Levi's Plaza ⓱

Plan 5 C2. 🚌 *42.*

Lawrence Halprin aménagea en 1982 la place qui s'étend devant le siège de Levi Strauss & Co, le célèbre fabricant de blue-jeans, avec l'intention de rappeler la longue histoire de la compagnie en Californie. Des blocs de granit et de l'eau courante y symbolisent les paysages de la Sierra Nevada où travaillaient les mineurs qui portèrent les premiers les fameux pantalons de toile. À l'arrière-plan, Telegraph Hill offre une image montagnarde plus naturelle.

Levi Strauss et ses jeans

Levi Strauss

Le pantalon sans doute le plus porté au monde est né à San Francisco pendant la ruée vers l'or *(p. 44-45)*. Son histoire commença en 1853 après qu'un immigrant juif originaire de Bavière, Levi Strauss, arrivé aux États-Unis en 1847, eut décidé de quitter New York pour créer sur la Côte Ouest avec son beau-frère un commerce de tissus. Sa toile de tente fabriquée à Nîmes (d'où le nom de *denim*) et importée du port de Gênes (d'où le mot *jeans*) ne trouvant pas acquéreur, il eut l'idée dans les années 1860 d'en faire des pantalons de travail qu'il vendait directement aux mineurs. Sa production ne rencontra toutefois un réel succès qu'au cours des années 1870 quand il se mit à renforcer les points faibles du vêtement avec des rivets métalliques (ceux des poches arrière disparurent en 1937 parce qu'ils rayaient les bancs d'école). La société Levi Strauss & Co ne cessa plus alors de se développer et elle s'installa au début du XXe siècle au no 250 Valencia Street, dans le Mission District. L'usine de confection, toujours en activité, y abrite aujourd'hui un musée.

Mineurs de la Last Chance Mine vêtus de leur Levis en 1882

NO PARKING
WEDNESDAY

PACIFIC HEIGHTS ET LE CIVIC CENTER

Sur une colline haute de 90 m, Pacific Heights est un quartier résidentiel huppé depuis les années 1880 et sa liaison par *cable cars* avec le centre-ville, et d'élégantes maisons victoriennes bordent ses rues. Au nord de Broadway, celles-ci descendent en pente raide jusqu'au Marina District qui renferme des boutiques de luxe, des cafés en vogue et deux prestigieux yacht-clubs. Au sud de Pacific Heights, le Civic Center, bâti après le tremblement de terre de 1906, réunit un magnifique ensemble d'édifices Beaux-Arts, une architecture qui marie des éléments appartenant à divers styles historiques européens comme le classicisme et le baroque.

Logo du Fort Mason

PACIFIC HEIGHTS ET LE CIVIC CENTER

Sites et bâtiments historiques

Alamo Square 18
Bill Graham Civic Auditorium 15
City Hall 16
Cow Hollow 9
Fort Mason 7
Haas-Lilienthal House 1
Octagon House 10
Palace of Fine Arts et Exploratorium 5
San Francisco Main Library 14
Spreckels Mansion 2
University of San Francisco 19

Quartiers commerçants

Chestnut Street 8
Fillmore Street 11
Hayes Valley 17

Architecture moderne

Japan Center 12

Église

St Mary's Cathedral 13

Parcs et jardins

Alta Plaza 4
Lafayette Park 3
Marina Green 6

COMMENT Y ALLER

Les bus Muni 1 et 12 et les *cable cars* de California Street desservent Pacific Heights. La station Civic Center (BART et trams) se trouve dans Market Street à quelques pas à l'est du City Hall. Les bus 5, 8 et 19 circulent dans le Civic Center.

LÉGENDE

Plan pas à pas
Voir p. 336-337
Terminus des *cable cars*
Station BART
Parc de stationnemen
Streetcar terminus

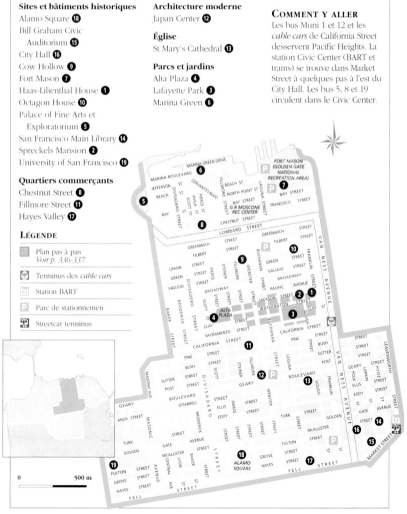

◁ **Le Financial District vu depuis Alamo Square**

Pacific Heights pas à pas

Les pâtés de maisons situés entre le Lafayette Park et l'Alta Plaza forment le cœur de Pacific Heights. Pentues, les rues sont ici paisibles et propres, bordées de petits immeubles d'appartements et de riches demeures victoriennes. Certaines survécurent au tremblement de terre de 1906 et datent de la fin du XIXe siècle. Plus au nord, les rues dévalent la colline jusqu'au quartier résidentiel du Marina District d'où s'offrent de superbes vues de la San Francisco Bay. Après vous être promené dans les deux vastes parcs et avoir admiré les somptueuses maisons qui les séparent, vous pourrez vous restaurer ou boire un verre dans l'un des nombreux cafés et restaurants élégants de Fillmore Street *(p. 565-566)*.

Les maisons du Webster Street Row, construites pour des membres de la classe moyenne en 1878, ont le statut de monuments historiques.

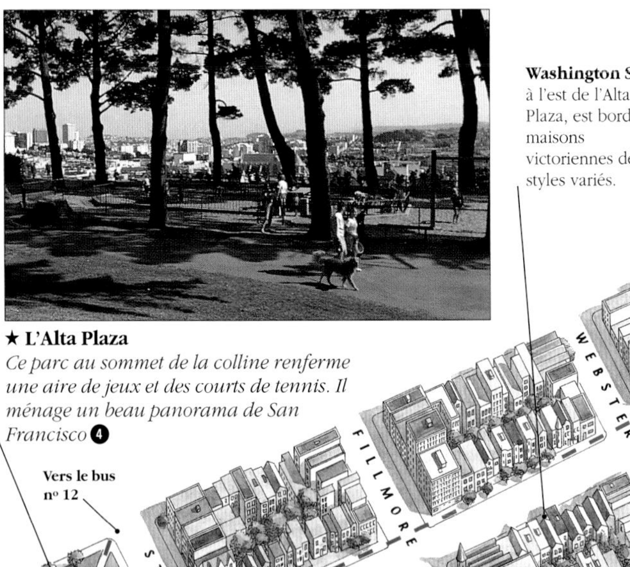

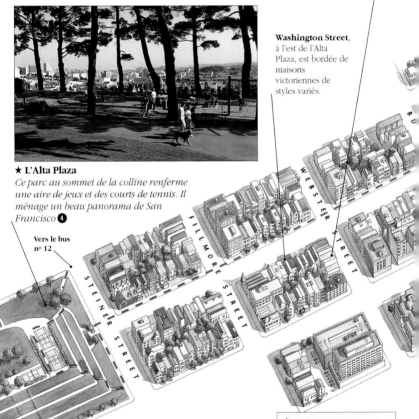

Washington Street, à l'est de l'Alta Plaza, est bordée de maisons victoriennes de styles variés.

★ L'Alta Plaza

Ce parc au sommet de la colline renferme une aire de jeux et des courts de tennis. Il ménage un beau panorama de San Francisco ❹

Vers le bus nº 12

LÉGENDE

— — — Itinéraire conseillé

À NE PAS MANQUER

★ **L'Alta Plaza**

★ **La Spreckels Mansion**

Haas-Lilienthal House
Siège de l'Architectural Heritage Foundation, elle abrite du mobilier victorien ❶

CARTE DE SITUATION
Voir l'atlas des rues, plans 3, 4

Vers les bus nos 47, 76

Au no 2151 Sacramento Street, l'écrivain Arthur Conan Doyle occupa en 1923 une demeure de style français.

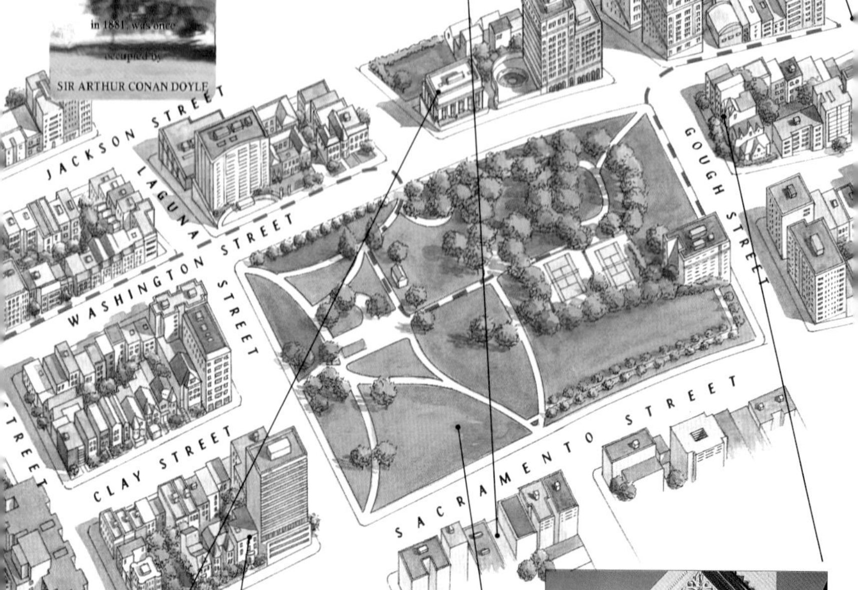

Mansions Hotel
(p. 527)

Lafayette Park
Des demeures victoriennes entourent ce parc paisible ❸

★ La Spreckels Mansion
L'auteur de best-sellers Danielle Steele habite depuis 1990 cette résidence en pierre de taille construite en 1912 et inspirée du baroque français ❷

Le no 2004 Gough Street date de 1889.

La Haas-Lilenthal House, demeure Queen Anne de 1886

Haas-Lilienthal House ❶

2007 Franklin St. **Plan** 4 E3. *(415) 441 3004.* *1, 19, 27, 42, 47, 49, 83.* *de 12 h à 16 h le mer., de 11 h à 17 h le dim.*

Un riche marchand, William Haas, commanda en 1886 la construction de cette grande maison victorienne et sa fille, Alice Lilienthal, l'habita jusqu'en 1972 avant de la céder à la Foundation for San Francisco's Architectural Heritage. Caractéristique du style Queen Anne *(p. 291)* avec ses pignons ouvragés, sa tour d'angle cylindrique et son ornementation exubérante, c'est la seule demeure privée de l'époque aujourd'hui ouverte au public. Transformée en musée, elle a conservé tout son mobilier d'origine.

Au sous-sol, une exposition de photographies illustre l'histoire de l'édifice et révèle que ce bel exemple de manoir victorien n'était qu'une modeste résidence en comparaison de certaines des villas détruites par l'incendie de 1906 *(p. 48-49).*

Spreckels Mansion ❷

2080 Washington St. **Plan** 4 E3. *1, 47, 49.* *au public.*

Parfois appelé le « Parthénon de l'Ouest », ce palais imposant édifié en pierre de taille pour l'impétueuse Alma de Bretteville Spreckels et son mari Adolph, héritier du magnat du sucre Claus Spreckels, domine depuis 1912 le nord du Lafayette Park. La maison possède 26 salles de bains et une grande piscine où Alma Spreckels nagea tous les jours jusqu'à l'âge de 80 ans.

C'est son amour de l'architecture française qui inspira le dessin du bâtiment. L'architecte, George Applegarth, réalisera aussi en 1916 le California Palace of the Legion of Honor du Lincoln Park *(p. 364-365)* dont la famille Spreckels fera don à la ville en 1924.

Résidence privée, la Spreckels Mansion occupe tout un pâté de maisons d'Octavia Street, rue pavée et paysagère offrant un aspect comparable à celui de la sinueuse Lombard Street *(p. 330).*

Façade néo-baroque de la Spreckels Mansion

Lafayette Park ❸

Plan 4 E3. *1, 12.*

L'un des plus gracieux espaces verts aménagés sur les collines de San Francisco offre un havre de paix où l'on se détend à l'ombre de pins et d'eucalyptus ; mais il a connu une histoire plus mouvementée que ne laisse paraître sa tranquillité actuelle. Comme l'Alta Plaza et l'Alamo Square *(p. 343)*, il s'étend en effet sur un site réservé en 1855 par la municipalité à un usage collectif, mais des squatters, dont un ancien procureur, affirmèrent avoir des droits dessus et commencèrent à y bâtir des maisons. La plus importante se dressa au centre du parc jusqu'en 1936 et, pour la démolir, les autorités durent obtenir de son occupant qu'il accepte de l'échanger contre un terrain sur Gough Street. De raides escaliers conduisent aujourd'hui jusqu'au sommet du Lafayette Park d'où se déploie une belle vue.

De luxueuses demeures victoriennes bordent les rues alentour, en particulier Broadway, Jackson Street et Pacific Avenue, d'est en ouest, et Gough, Octavia et Laguna streets, du nord au sud.

Alta Plaza ❹

Plan 4 D3. *1, 3, 12, 22, 24.*

Au cœur de Pacific Heights, cet espace vert fréquenté par la haute bourgeoisie de San Francisco recèle des courts de tennis et une aire de jeux. L'escalier de pierre qui grimpe depuis Clay Street rappellera peut-être aux cinéphiles le film *On s'fait la valise, docteur ?* où Barbra Streisand le dévale en voiture. Il ménage une belle vue de Haight Ashbury *(p. 344-353)* et des quartiers de Fillmore et de Twin Peaks *(p. 353).*

Depuis la partie nord de l'Alta Plaza s'aperçoivent de superbes maisons victoriennes, notamment la Gibbs House bâtie par Willis Polk en 1894 au n° 2622 Jackson Street. Au n° 2600 de

Moment de détente dans le parc paisible de l'Alta Plaza

la même rue, la Smith House fut à la fin du siècle dernier l'une des premières résidences alimentées en électricité.

Palace of Fine Arts et Exploratorium ❺

3601 Lyon St. **Plan** 3 C2. *(415) 561 0360.* *22, 28, 30, 41, 43, 45.* *de 10 h à 17 h du jeu. au mar., de 10 h à 21 h 30 le mer.* *lun. (sauf vacances).* *sauf 1er mer. du mois.* **Tactile Dome** *(415) 561 0362 (réservations).*

Unique survivant des pavillons grandioses construits en 1915 pour la Panama Pacific Exposition, le palais des Beaux-Arts dresse au sein d'agréables jardins sa silhouette évoquant une vision romantique d'une ruine romaine. Pour dessiner ce monument néo-classique, son architecte, Bernard R. Maybeck, s'inspira des gravures de l'Italien Piranèse (1720-1778) et d'un tableau du peintre suisse Arnold Böcklin (1827-1901), *L'Isle des Morts*.

Bâti à l'origine en bois et en plâtre, le Palace of Fine Arts ne tarda pas à se détériorer et c'est un particulier qui rassembla des fonds pour le reconstruire en 1959. Il fut encore restauré, et renforcé de béton, en 1962 et en 1975. Sa rotonde domine une lagune aux rives paysagères où nagent des cygnes. Les peintures allégoriques qui décorent sa coupole ont toutes pour sujet la défense de l'art face au matérialisme. La tête penchée des nymphes portées par les nombreuses colonnes corinthiennes symbolise la « mélancolie d'une vie sans art ».

La salle de spectacle peut accueillir 1 000 spectateurs. Au printemps s'y déroule le May Film Festival qui présente des œuvres de réalisateurs peu connus, notamment du Tiers Monde.

Un long bâtiment industriel abrite l'Exploratorium Museum, l'un des plus distrayants musées des sciences des États-Unis. Fondé en 1969 par le physicien Frank Oppenheimer (le frère de Jacob Robert, le directeur du laboratoire qui mit au point la bombe atomique), il propose aux visiteurs plus de 650 expériences permettant de mieux comprendre les grands principes scientifiques. Divisées par thèmes en treize secteurs qui possèdent chacun un code de couleur, les installations occupent deux niveaux. Les sujets abordés vont de l'électricité aux illusions d'optique dont le département Vision, Colour and Light dévoile les secrets.

Le Tactile Dome invite à une exploration sensorielle dans l'obscurité la plus totale.

Installations ouvrant le monde des sciences à l'Exploratorium

Rotonde classique du Palace of Fine Arts

La Panama-Pacific Exposition

Sous prétexte de célébrer l'ouverture du canal de Panama, San Francisco fêta en 1915 son rétablissement après le tremblement de terre et l'incendie de 1906 en organisant une grande exposition internationale. Elle se devait d'être la plus importante manifestation de ce genre jamais proposée et un visiteur enthousiaste décrivit le champ de foire comme une « Constantinople miniature ».

Offerts par tous les États de l'Union et 25 pays étrangers, les pavillons se dressaient sur un terrain gagné sur la baie à l'emplacement de l'actuel Marina District. L'imitation d'une mosquée turque y côtoyait un édifice inspiré d'un temple bouddhique de Kyoto. Les bâtiments bordaient une artère longue de 1,6 km au centre de laquelle s'élevait la Tower of Jewels, tour incrustée de perles de verre et éclairée par des projecteurs. À l'ouest, pour rejoindre le Palace of Fine Arts, on traversait en gondole la lagune où se mire le monument.

Marina Green 6

Plan 4 D1. *22, 28, 30.*

Des cerfs-volants planent souvent au-dessus de cette bande de pelouse courant sur toute la longueur du Marina District et très appréciée des pique-niqueurs, en particulier le 4 juillet pour le plus beau feu d'artifice de la ville. Les allées qui bordent le front de mer offrent un cadre agréable pour faire du jogging, du vélo ou du patin à roulettes. À l'ouest, on peut aller écouter les sons étranges émis par le Wave Organ au bout de la jetée du port ou prendre la Golden Gate Promenade qui conduit à Fort Point.

Chestnut Street 8

Plan 4 D1. *22, 28, 30, 43.*

Cinémas, magasins, marchés et restaurants visant plus une clientèle locale que touristique font de Chestnut Street, sur quelques pâtés de maisons entre Fillmore Street et Divisadero Street, le principal quartier commerçant et le centre de la vie nocturne du Marina District.

Cow Hollow 9

Plan 4 D2. *22, 41, 45.*

Ce quartier commerçant entourant Union Street, que bordent plus de 300 boutiques, doit son nom de « creux des vaches » au bétail qui y brouta jusque dans les années 1860, avant que le développement urbain ne transforme les pâturages en zone résidentielle. Celle-ci devint recherchée dans les années 1950 et des boutiques de luxe, des antiquaires et des galeries d'art remplacèrent les anciens magasins de proximité. Beaucoup occupent des édifices du XIXe siècle restaurés dont l'aspect offre un contraste frappant avec la sophistication des marchandises présentées en vitrine. Des marchés d'art et d'artisanat ont régulièrement lieu dans le quartier.

Le Cow Hollow vu de Fillmore Street

Fort Mason 7

Plan 4 E1. *(415) 979-3010.* ***Événements** : 441-3400.* *22, 28, 30, 42, 43.* *partiel.* *www.fortmason.org*

L'armée s'installa sur ce terrain en bord de baie pendant la guerre de Sécession (1861-1865), le gouvernement fédéral confisquant les résidences privées qui y avait été bâties à la fin des années 1850. Le fort resta un poste de commandement militaire jusqu'à la fin du XIXe siècle, puis il servit de centre d'accueil de réfugiés dont le tremblement de terre de 1906 avait détruit les logements. Pendant la Deuxième Guerre mondiale, près d'un million et demi de soldats y embarquèrent.

Le Fort Mason a retrouvé un usage civil en 1972, mais certains de ses bâtiments du milieu du XIXe siècle logent encore du personnel militaire : la caserne et l'ancien hôpital, par exemple, abritent un *visitors' center* et le siège de la Golden Gate National

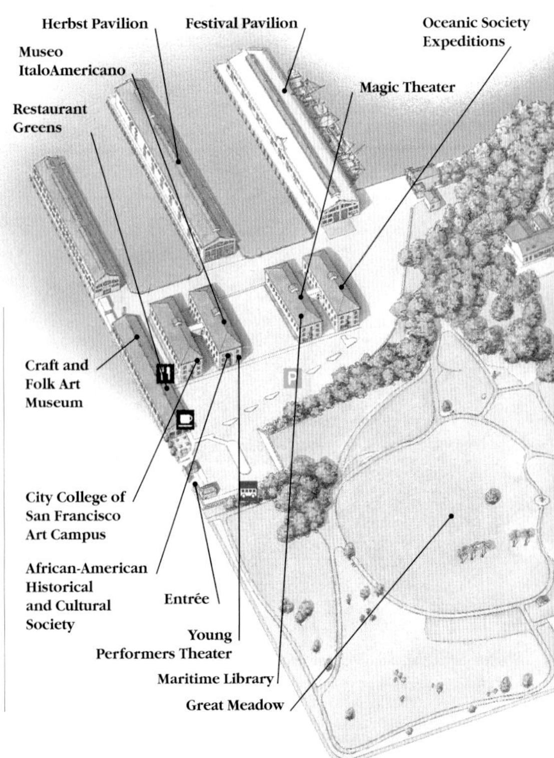

Octagon House ⑩

2645 Gough St. **Plan** 4 E2. *(415) 441-7512.* *41, 42, 45, 47, 49.* *de 12 h à 15 h le 2e dim. et les 2e et 4e jeu. du mois sauf en jan.* **Contribution.** *limité.*

Siège de la National Society of Colonial Dames of America, cette maison construite en 1861 offre un exemple rare et superbement préservé d'un style de construction qui connut une grande popularité dans tous les États-Unis car il permettait de profiter au mieux de l'ensoleillement. Le rez-de-chaussée, transformé en une unique pièce, et le premier étage abritent une petite exposition d'arts décoratifs et de documents historiques. Les objets présentés comprennent des meubles, des peintures, de la porcelaine, de l'argenterie, des étains, des modèles de broderie, des cartes à jouer datant de la révolution américaine et les signatures de 54 des 56 signataires de la déclaration d'Indépendance.

La coupole de l'Octagon House donne de la lumière à toutes les pièces

Fillmore Street ⑪

Plan 4 D4. *1, 2, 3, 4, 22, 24.*

Le séisme et l'incendie de 1906 laissèrent Fillmore Street pratiquement intacte et la rue devint pendant la reconstruction le centre névralgique de la cité en ruine, administrations et entreprises privées se réfugiant dans les magasins, les maisons, les appartements et même les églises de la rue. Elle forme aujourd'hui le cœur du quartier commerçant situé entre Pacific Heights et le Civic Center qui s'étend, autour de Bush Street, de Jackson Street aux abords du Japan Center *(p. 342)*. Il renferme belles librairies, restaurants élégants et boutiques de luxe.

Auberge de jeunesse

Fort Mason Officers' Club

Chapelle

Visitors' Center

Siège de la Golden Gate National Recreation Area

***Meta III* (1985) d'Italo Scanga à la Museo ItaloAmericano Chapel**

Recreation Area (GGNRA).

Le site n'offre pas qu'un intérêt historique et culturel. Il ménage aussi certaines des plus belles vues de la baie, du Golden Gate Bridge *(p. 370-371)* et de l'Alcatraz Island *(p. 328-329)*. Depuis le portail ouest, la Golden Gate Promenade conduit à l'est à l'Aquatic Park puis au Fisherman's Wharf *(p. 324-325)*.

Fort Mason Center

L'un des plus importants complexes artistiques de San Francisco occupe aujourd'hui une partie du Fort Mason. Environ 50 organisations culturelles y proposent galeries d'art, musées et théâtres, comme le Cowell Dance Theater et le Bayfront Improv. Des artistes italiens et italo-américains exposent leurs œuvres au Museo Italo-Americano. Le Magic Theater suit une démarche expérimentale, tandis que le Young Performers Theater permet à des enfants de monter sur scène. La Maritime Library abrite une magnifique collection de livres et des plans de navire. Le Maritime Museum est situé près du Fishermans Wharf *(p. 327)*.

Le Fort Mason Center publie un programme mensuel des manifestations. Pour plus d'informations : appeler la Events Line ou consulter le site web.

Le SS *Balclutha*, à Hyde Street Pier, Maritime Museum

La pagode de la Peace Plaza du Japan Center

Japan Center ⓬

Post St et Buchanan St. **Plan** 4 E4. *(415) 922-6776.* *2, 3, 4, 22, 38.* *de 10 h à 17 h 30 t.l.j.*

Cœur de la communauté japonaise depuis environ 75 ans, le Fillmore District fut l'objet d'un ambitieux projet d'aménagement urbain dans les années 1960. La démolition de plusieurs pâtés de maisons victoriennes décrépites permit la construction de la Geary Expressway et du vaste centre commercial du Japan Center. Chaque année en avril, le Cherry Blossom Festival donne lieu à des spectacles de danses et de percussions *(p. 32)* sur la Peace Plaza. Au centre du complexe s'élève une pagode en béton de 22 m de haut dessinée d'après un plan traditionnel du VIIIe siècle. Autour, 2 ha de galeries marchandes abritent boutiques, bars à sushi, galeries d'art et bains japonais, ainsi que le meilleur cinéma de la ville : l'AMC Kabuki *(p. 374-375).*

De l'autre côté de Post Street, deux sculptures en acier par Ruth Asawa encadrent un centre commercial en plein air aux commerces plus authentiques.

St Mary's Cathedral ⓭

1111 Gough St. **Plan** 4 E4. *(415) 567-2020.* *2, 3, 4, 38.* *de 8 h 30 à 16 h 30 du lun. au ven. ; de 9 h à 15 h les sam. et dim.* *6 h 45, 8 h, 22 h du lun. au sam., 7 h 30, 9 h, 11 h, 13 h le dim.* *pendant les offices.*

L'un des plus beaux monuments de San Francisco couronne le sommet de Cathedral Hill. Dessinée par Pietro Belluschi et Pier Luigi Nervi et achevée en 1971, la St Mary's Cathedral dessine sur l'horizon, avec ses quatre voûtes en béton paré de travertin, la silhouette d'un bateau aux voiles blanches. Haute de 60 m, cette structure aérienne semble porter sans effort au-dessus de la nef une croix décorée de vitraux représentant les quatre éléments. Un baldaquin en aluminium scintille au-dessus du maître-autel en pierre.

Asian Art Museum ⓮

Larkin at Grove St. **Plan** 4 F5. *(415) 379-8800.* *5, 8, 19, 21, 26, 42, 47, 49.* *J, K, L, M, N.* *de 9 h à 17 h du mer. au dim.*

Le nouvel Asian Art Museum est situé sur la Civic Center Plaza, dans un ancien magnifique bâtiment des beaux-arts. L'ancienne Main Library, construite en 1917, a subi un renforcement des travaux antisismiques. L'espace initial a été réutilisé pour créer le plus grand musée – hors d'Asie – exclusivement consacré à l'art asiatique. Les nouvelles expositions mettent en valeur 12 000 objets d'art retraçant 6 000 ans d'histoire et représentant plus de 40 nations.

La terrasse du musée donne sur le Civic Center et la rue piétonnière Fulton Street.

Bill Graham Civic Auditorium ⓯

99 Grove St. **Plan** 4 F5. *(415) 974-4060.* *5, 8, 19, 21, 26, 42, 47, 49.* *J, K, L, M, N.*

Dessiné dans le style Beaux-Arts par l'architecte John Galen Howard, le Civic Auditorium de San Francisco ouvrit en 1915 et est resté depuis l'une des principales salles de spectacle de la ville. C'est le pianiste et compositeur français Camille Saint-Saëns qui donna le concert d'inauguration. Construite, avec le Brooks Exhibit Hall adjacent, sous la Civic Center Plaza, la salle fut achevée en même temps que le City Hall dans le cadre de la grande renaissance architecturale qui suivit le tremblement de terre de 1906 *(p. 48-49).* D'une capacité de 7 000 places, elle a pris en 1964 le nom de Bill Graham *(p. 349),* imprésario dont la personnalité marqua la scène musicale de la Côte Ouest à la grande époque hippie de San Francisco.

Splendide escalier dans l'Asian Art Museum

L'imposante façade de City Hall, au San Francisco Civic Center

City Hall ⓰

400 Van Ness Ave. **Plan** 4 F5. *(415) 274-0660.* *5, 8, 19, 21, 26, 42, 47, 49.* *J, K, L, M, N.* *de 8 h à 17 h du lun. au ven.* *Téléphoner (415) 557-4266.*

Dessiné par l'architecte Arthur Brown alors au sommet de sa carrière et terminé en 1915 juste à temps pour la Panama-Pacific Exposition *(p. 339)*, l'imposant City Hall possède une grande coupole baroque copiée sur celle de la basilique Saint-Pierre de Rome. Elle dépasse en hauteur de quelques centimètres celle du Capitole de Washington.

Cœur du Civic Center, le monument, récemment rénové, présente au fronton de l'entrée principale, sur Polk Street, des figures allégoriques évoquant l'époque de la ruée vers l'or. Derrière s'ouvre la rotonde au sol dallé de marbre, l'un des espaces intérieurs les plus majestueux de San Francisco.

Hayes Valley ⓱

Plan 4 E5. *21, 22.*

À l'ouest du City Hall, Hayes Street est devenue sur quelques pâtés de maisons l'une des rues commerçantes les plus en vogue de San Francisco. Un développement récent, la US 101 Highway tenait auparavant à l'écart de la Hayes Valley les décideurs politiques et les amateurs de théâtre qui fréquentaient le Civic Center, et seuls quelques cafés et restaurants précurseurs tels que l'Ivy's et le Mad Magda's Russian Tea Room avaient osé s'installer dans un quartier de magasins de meubles d'occasion et d'articles de deuxième main. Depuis la démolition de la route après le tremblement de terre de Loma Prieta survenu en 1989 *(p. 489)*, galeries d'art, décorateurs et boutiques de luxe l'ont rendu beaucoup plus élégant.

Maisons victoriennes et gratte-ciel vus de l'Alamo Square

Alamo Square ⓲

Plan 4 D5. *21, 22.*

Le rang de maisons victoriennes le plus photographié de San Francisco borde cette place verdoyante qui offre, à 68 m au-dessus du Civic Center, une vue panoramique du City Hall et des gratte-ciel de Downtown. Si l'aménagement de l'Alamo Square se fit en même temps que celui des espaces verts de Pacific Heights, ses environs ne devinrent résidentiels que plus tard. Des spéculateurs bâtirent alors des demeures presque identiques.

Dans un quartier aujourd'hui déclaré historique, les « Six Sœurs » de style Queen Anne qui apparaissent sur tant de cartes postales de la ville se dressent depuis 1895 aux n°s 710-720 Steiner Street.

University of San Francisco ⓳

2130 Fulton St. **Plan** 3 B5. *(415) 422-5555.* *5, 31, 33, 38, 43.* *de 8 h à 17 h du lun. au ven.*

L'University of San Francisco (USF) a pour origine le St Ignatius College fondé en 1855 et elle reste dirigée par des jésuites bien que les cours y soient maintenant mixtes et laïques. La St Ignatius Church, achevée en 1914, possède deux tours jumelles que leur éclairage rend particulièrement visibles la nuit depuis la moitié ouest de la ville. Le campus et son quartier résidentiel s'étendent sur la Lone Mountain et ses alentours, jadis le principal lieu de sépulture de San Francisco.

Kawasaki

De Haight Ashbury à Mission

Au nord de deux collines s'élevant à 274 m au-dessus de la ville, les Twin Peaks, Haight Ashbury abonde en maisons victoriennes *(p. 290-291)*. Les milliers de hippies qui les habitaient à la fin des années 1960 *(p. 349)* ont cédé la place à une population en majorité aisée. À l'est, le Castro District demeure le pivot de la communauté homosexuelle de San Francisco. Réputé pour l'intensité de sa vie nocturne dans les années 1970, ce quartier a retrouvé beaucoup plus de calme. Encore plus à l'est, les nombreux Latino-Américains qui y vivent donnent son atmosphère colorée au Mission District fondé par des moines espagnols *(p. 42-43)*.

Figure from Mission Dolores

De Haight Ashbury à Mission d'un coup d'œil

Rues et bâtiments historiques
Castro Street 8
Clarke's Folly 15
Dolores Street 10
Haight Ashbury 2
Quartier du Lower Haight 5
Noe Valley 14
(Richard) Spreckels Mansion 3

Église
Mission Dolores 9

Point de repère
Sutro Tower 18

Parcs et jardins
Buena Vista Park 4
Corona Heights Park 6
Dolores Park 11
Golden Gate Park Panhandle 1
Twin Peaks 16
Vulcan Street Steps 17

Musées
Carnaval Mural 13
Mission Cultural Center for the Latino Arts 12

Théâtre
Castro Theater 17

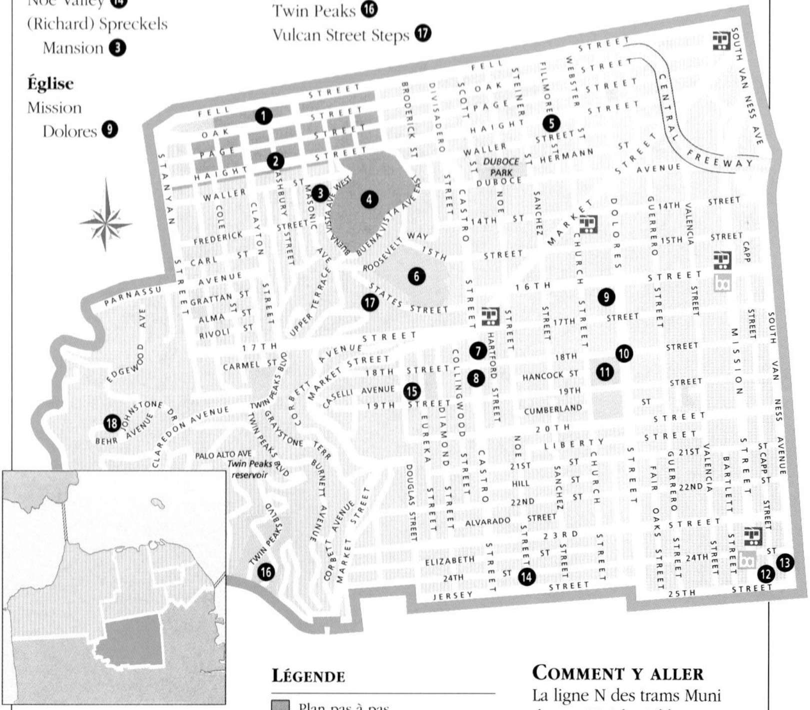

0 750 m

Légende

Plan pas à pas *Voir p. 346-347*

Station BART

Streetcar terminus

Comment y aller

La ligne N des trams Muni dessert Haight Ashbury, la ligne J le Mission District et toutes les autres lignes s'arrêtent à Castro Street. Le bus 33 relie les 3 quartiers.

◁ **Street scene in Haight Ashbury**

Haight Ashbury pas à pas

S'étendant entre le Buena Vista Park et le Golden Gate Park, le quartier de Haight Ashbury offrit dans les années 1880 un espace aéré qui permettait d'échapper au centre-ville et devint résidentiel. Des Noirs s'y installèrent après la Deuxième Guerre mondiale sans provoquer de rejet de la population blanche. Cette atmosphère tolérante attira dans les années 1960 toute la bohème hippie. Haight Ashbury s'est depuis beaucoup embourgeoisé, mais il garde une pointe d'excentricité avec ses boutiques originales, ses magasins de disques et ses cafés animés.

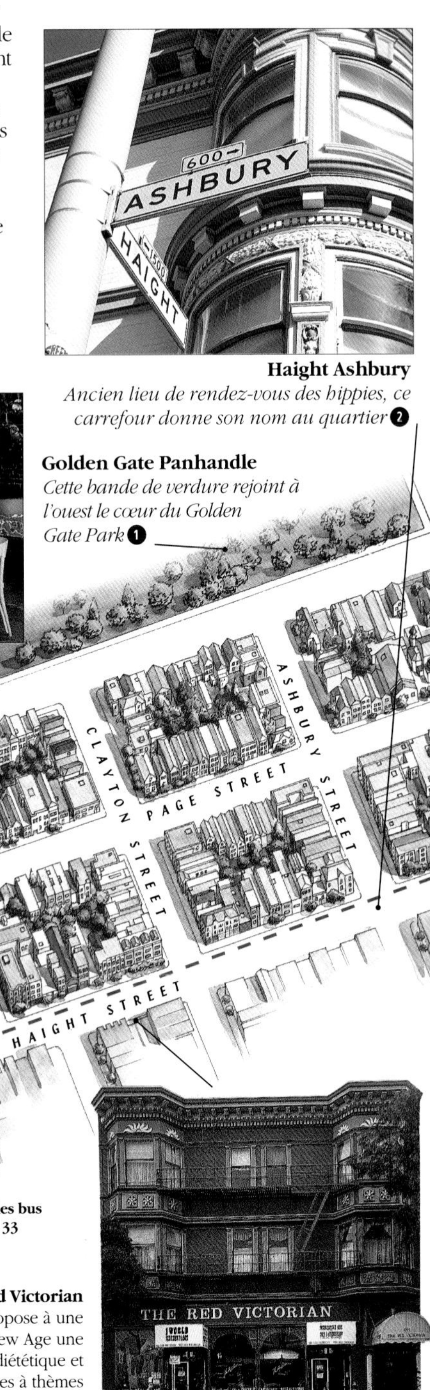

Haight Ashbury
Ancien lieu de rendez-vous des hippies, ce carrefour donne son nom au quartier ❷

Golden Gate Panhandle
Cette bande de verdure rejoint à l'ouest le cœur du Golden Gate Park ❶

Le Cha Cha Cha, qui sert une cuisine latino-américaine, est l'un des restaurants les plus amusants de San Francisco *(p. 564)*.

Vers les bus nos 7, 33

Le Red Victorian Hotel propose à une clientèle New Age une cuisine diététique et des chambres à thèmes transcendantaux *(p. 527)*.

À NE PAS MANQUER

★ **Le Buena Vista Park**

★ **La (Richard) Spreckels Mansion**

Le nº 1220 Masonic Avenue est l'une des nombreuses maisons Queen Anne bâties à flanc de colline entre le Golden Gate Park Panhandle et Haight Street.

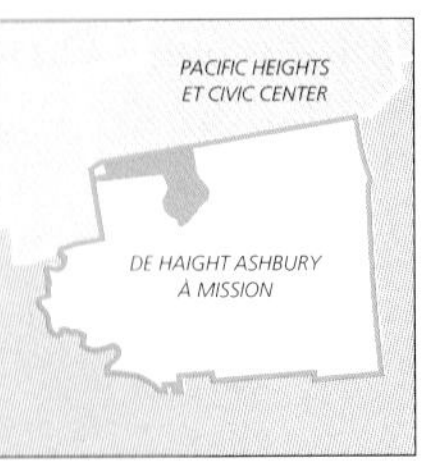

Carte de situation
Voir l'atlas des rues, plan 10

Légende

— — — Itinéraire conseillé

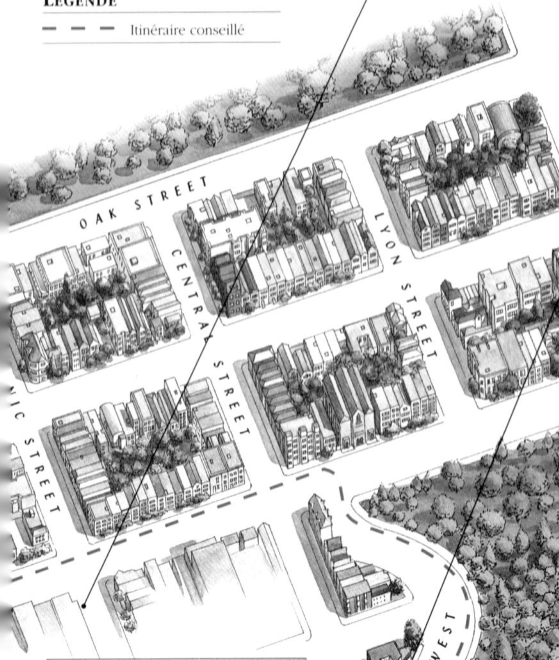

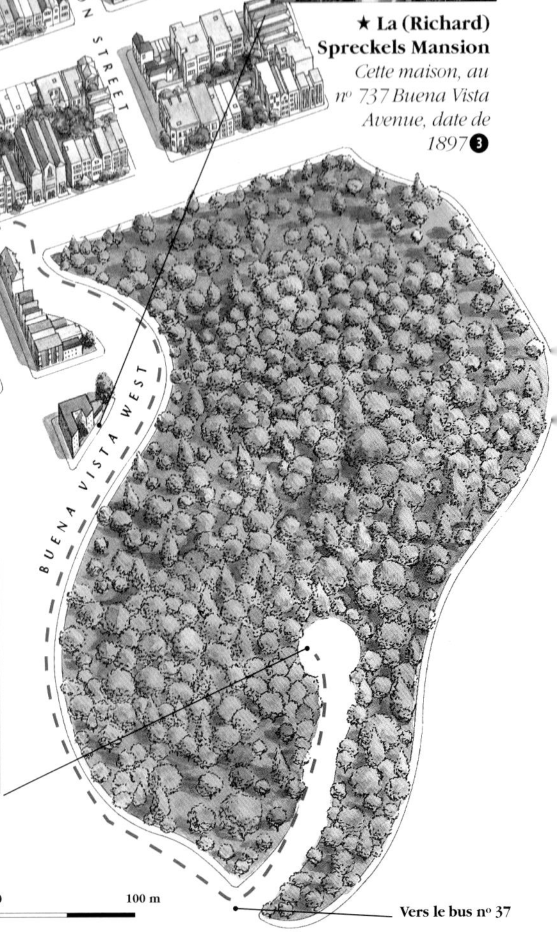

★ La (Richard) Spreckels Mansion
Cette maison, au nº 737 Buena Vista Avenue, date de 1897 ❸

★ Le Buena Vista Park
Dans le fouillis d'arbres de ce parc spectaculaire s'ouvrent des vues superbes de la ville ❹

0 100 m

Vers le bus nº 37

Golden Gate Park Panhandle ❶

Plan 9 C1. *6, 7, 21, 43, 66, 71.*

De la largeur d'un pâté de maisons et de la longueur de huit, cette bande de verdure forme l'étroite « queue » de la gigantesque poêle rectangulaire dont le Golden Gate Park *(p. 356-359)* offre l'image. Première partie du parc gagnée sur les dunes de sable qui s'étendaient dans la partie occidentale de San Francisco, elle renferme certains des plus vieux et des plus gros eucalyptus de la ville.

Percées dans les années 1870, ses premières chaussées et pistes cavalières attirèrent des membres de la haute bourgeoisie qui venaient se promener à pied ou à cheval. Nombre des somptueuses demeures qu'ils construisirent à la périphérie du Panhandle, le quartier servit de refuge en 1906 à des familles dont le tremblement de terre avait détruit les logements, subsistent toujours. Aujourd'hui, joggers et cyclistes envahissent par beau temps les vieilles chaussées et les sentiers. Célèbre dans les années 1960 par les concerts gratuits qu'y donnaient les groupes psychédéliques de Haight Ashbury, le parc reste un lieu de rendez-vous des musiciens de rue.

Haight Ashbury ❷

Plan 9 C1. *6, 7, 33, 37, 43, 66, 71.* *N.*

Nommé d'après le carrefour de deux grandes artères, Haight et Ashbury, ce quartier garde une ambiance qui éveillera bien des souvenirs chez tous ceux qui ont grandi dans les années 1960 et 1970.

L'aménagement du Golden Gate Park *(p. 356-359)* et l'ouverture d'un vaste parc d'attractions appelé The Chutes donna son essor à la fin du siècle dernier à une nouvelle zone résidentielle où des membres des classes moyennes construisirent des dizaines de demeures Queen Anne *(p. 290-291)*. Le tremblement de terre et l'incendie de 1906 *(p. 48-49)* les épargnèrent.

L'achèvement en 1928 du tunnel de tramway sous le Buena Vista Park incita les habitants les plus aisés de Haight Ashbury à déménager dans les banlieues du Sunset et, après la Deuxième Guerre mondiale, les grandes maisons victoriennes furent divisées en appartements. La modicité des loyers attira une population mélangée, Noirs et Blancs vivant en bonne entente.

Ce climat tolérant et le bas prix des logements séduisirent dans les années 1960 une jeunesse bohème dont les idées utopistes nourrissaient l'inspiration de groupes de rock tels que le Grateful Dead. En 1967, le « Summer of Love », monté en épingle par les médias, fit converger à Haight Ashbury plus de 100 000 adolescents en quête d'amour libre, de musique et de drogues. San Francisco était devenue la capitale de la culture hippie. S'il connaît aujourd'hui des problèmes de délinquance, le quartier conserve avec ses boutiques et ses cafés excentriques une atmosphère unique.

Au croisement de Haight et Ashbury

Maison Queen Anne bâtie pour Richard Spreckels

(Richard) Spreckels Mansion ❸

737 Buena Vista West. **Plan** 9 C2. *6, 7, 37, 43, 66, 71.* *au public.*

Il ne faut pas confondre cette demeure avec la Spreckels Mansion située dans Washington Street *(p. 338)*. Elle fut cependant, elle aussi, bâtie par le millionnaire Claus Spreckels pour un de ses nombreux enfants. Édifiée en 1897 dans le style Queen Anne *(p. 291)*, elle offre un exemple typique des maisons de Haight Ashbury datant de la fin de l'ère victorienne. Elle abrita un temps une pension de famille où résidèrent entre autres le journaliste et auteur fantastique Ambrose Bierce et Jack London qui y écrivit *Croc-Blanc* en 1906.

C'est aujourd'hui une résidence privée.

Buena Vista Park ❹

Plan 9 C1. *6, 7, 37, 43, 66, 71.*

Depuis Haight Street, plusieurs sentiers sinuent sous une dense végétation jusqu'au sommet de ce parc (créé en 1894) qu'il vaut mieux éviter la nuit. Au haut d'une colline dominant de 174 m le centre géographique de San Francisco, il ménage un large panorama de la Bay Area. Il existe aussi une route pavée partant de Buena Vista Avenue.

Quartier du Lower Haight ❺

Plan 10 D1. *6, 7, 22, 66, 71. K, L, M.*

Situé à mi-chemin du City Hall et de Haight Ashbury, le Lower Haight est, en bordure du Fillmore District habité en majorité par des Noirs, un quartier de transition où ont commencé à ouvrir au milieu des années 1980 des galeries d'art et des boutiques originales, telle la Used Rubber USA qui vend des vêtements et des accessoires entièrement fabriqués à partir de caoutchouc recyclé.

Le Lower Haight abritait déjà de nombreux bars et restaurants bon marché ainsi qu'une population bohème. Il est devenu un des endroits les plus vivants de San Francisco.

Quoique resté plus populaire que l'Alamo Square *(p. 343)* voisin, il renferme lui aussi des dizaines de maisons victoriennes *(p. 290-291)* construites entre les années 1850 et le tournant du siècle, notamment des cottages pittoresques tels que la Nightingale House du nº 201 Buchanan Street.

À l'instar de l'Alamo Square, le Lower Haight, sûr pendant la journée, prend un visage plus inquiétant la nuit.

Enseigne du Cha Cha Cha sur Haight Street *(p. 564)*

Corona Heights Park ❻

Plan 9 D2. *(415) 554-9600. 24, 37.* **Randall Museum** *de 10 h à 13 h, de 14 h à 17 h du mar. au sam. limité.*

Colline rocheuse qui servit au XIXe siècle de carrière à des fabricants de briques, Corona Heights est restée à l'état vierge. Rien ne limite le panorama de la ville qui s'offre de son sommet. On aperçoit notamment les rues sinueuses des Twin Peaks *(p. 353)*.

Sur un versant s'accroche au nº 199 Museum Way un musée pour enfants inhabituel. Le Randall Museum possède en effet une riche ménagerie dont les jeunes visiteurs peuvent manipuler et caresser une grande partie des animaux. Elle comprend entre autres des ratons laveurs, des hiboux et des serpents. Le musée propose aussi expositions interactives et ateliers. Les rochers du parc offrent en outre un bel espace de jeu.

Le Mission District et Downtown vus de Corona Heights

Le son de la Côte Ouest

À la fin des années 1960, et tout particulièrement pendant le « Summer of Love » de 1967, des jeunes gens de tous les États-Unis convergèrent vers Haight Ashbury en rêvant d'un monde où régneraient amour et paix. Ils venaient entre autres écouter des groupes de rock partageant la même utopie, tels que le Grateful Dead, le Jefferson Airplane ou le Janis Joplin's Big Brother and the Holding Company. De nouvelles salles permirent à ces musiciens de conquérir une audience mondiale.

Les salles de concert
Dirigé par Chet Helms et le collectif baptisé Family Dog, l'Avalon Ballroom, devenu le théâtre Regency II sur Van Ness Avenue, joua un rôle de pionnier. Les affiches créées pour ses concerts par des artistes tels que Stantley Mouse et Alton Kelly *(p. 424-425)* jetèrent les bases du style graphique appelé « psychédélique ». En 1965, l'impresario Bill Graham, dont le Civic Auditorium *(p. 342)* porte le nom, commença à organiser des concerts au Fillmore Auditorium situé en face du Japan Center *(p. 342)*, n'hésitant pas à proposer le même soir des musiciens aussi différents que Miles Davis et le Grateful Dead et invitant tous les grands noms du rock de l'époque, de Jimi Hendrix à The Who. Endommagé par le séisme de 1989, le Fillmore Auditorium vient de rouvrir.

Janis Joplin (1943-1970), une des plus belles voix des années 1960

Castro Theater ❼

429 Castro St. **Plan** 10 D2. *621-6120.* *8, 24, 33, 35, 37.* *F, K, L, M.* *Voir* ***Se distraire*** *p. 374-375.*

Achevé en 1922, le mieux préservé des somptueux cinémas de quartier construits à San Francisco pendant l'âge d'or d'Hollywood éclaire Castro Street de ses néons. Première commande de l'architecte Timothy Pflueger, il possède un intérieur digne des Mille et Une Nuits où ne manque même pas un grand orgue Wurlitzer qui s'élève du sol entre les projections. Au plafond de la salle, bandes de tissus, cordes et glands en stuc imitent l'intérieur d'une tente. Un décor qui justifie le prix du billet.

D'une capacité de 1 500 places, le Castro Theater propose surtout des reprises de grands classiques. Il accueille en juin le Gay and Lesbian Film Festival.

L'exubérant Castro Theater

Castro Street ❽

Plan 10 D2. *8, 24, 33, 35, 37.* *F, K, L, M.*

Entre les Twin Peaks et le Mission District s'étend le quartier gay de San Francisco. Il a pour centre l'intersection de Castro Street et de 18th Street. Les drapeaux arc-en-ciel qui flottent aux fenêtres et les milliers de personnes qui participent en juin à la Gay and Lesbian Freedom Day Parade révèlent qu'elle n'a en rien renoncé à défendre son identité.

Les premiers gays qui s'installèrent à Castro, où prédominait une population ouvrière, étaient issus de la génération du Flower Power. Ils commencèrent à restaurer des maisons victoriennes et à créer des boutiques telles que la librairie A Different Light au n° 489 Castro Street. Ils ouvrirent aussi des bars comme le Twin Peaks à l'angle de Castro Street et de 17th Street. Restaurants et magasins insolites se sont depuis multipliés et attirent une clientèle très variée.

Devant l'arrêt Muni de Market Street, une plaque rend hommage à Harvey Milk. Élu conseiller municipal, ce politicien, le premier de San Francisco à afficher ouvertement son homosexualité, était surnommé le maire de Castro Street avant son assassinat, avec le maire George Moscone, le 28 novembre 1978. La clémence de la condamnation infligée à leur meurtrier, un ancien policier, provoqua de véritables émeutes dans la ville. Tous les ans, en son honneur, une procession aux flambeaux rejoint le City Hall depuis Castro Street. Chaque année en octobre, des milliers de personnes viennent à Castro Street pour la Castro Street Fair. Au programme : musique, manifestations artistiques et autres animations, avec repas et boissons. Les recettes sont destinées à aider la communauté locale.

L'AIDS Memorial Quilt exposé à Washington en 1992

The NAMES Project

L'AIDS Memorial Quilt du NAMES Project a été initié par Cleve Jones, militant pour les droits des homosexuels, qui a organisé, en 1985, la première marche dans Castro Street en hommage Harvey Milk. Pendant le défilé, Jones et les autres marcheurs ont brandi des banderoles portant les noms de leurs amis morts du Sida, qu'ils ont ensuite accrochées au San Francisco Federal Building. C'est le résultat de ce « patchwork quilt » qui a incité Jones à créer l'AIDS Memorial Quilt en 1987. Ce *quilt* est aujourd'hui composé de plus de 60 000 morceaux d'étoffe, réalisés par des personnes du monde entier, notamment celles qui ont perdu un proche à cause de la maladie. Tous les panneaux possèdent les mêmes dimensions (90 x 180 cm), mais sont différents les uns des autres. Chacun, de par sa décoration et ses matériaux, reflète la personnalité et la vie de la personne à qui il est rendu hommage. En 2002, le Memorial Quilt a été transféré à Atlanta (Géorgie).

Mission Dolores ⑨

16th St et Dolores St. **Plan** 10 F3. *621-8203.* *22.* *J.* *de 9 h à 16 h (du 1er mai au 31 oct. : 16 h 30) t.l.j.* *Thanksgiving, 25 déc.*

Fondée par le père Junípero Serra, et restée intacte depuis sa construction en 1791, la Mission Dolores est le plus vieil édifice de la ville. Elle s'appelait à l'origine Mission San Francisco de Asis, et c'est à la proximité du *Laguna de los Dolores* (lac de Notre Dame des Douleurs), un ancien marais infesté d'insectes, qu'elle doit son nom actuel. Le bâtiment est de taille modeste pour une mission californienne, mais ses murs de plus d'un mètre d'épaisseur lui permirent de résister aux tremblements de terre qui frappèrent la région.

Statue de saint de la mission

Des Indiens exécutèrent les peintures du plafond, qui a été restauré. Un retable baroque orne l'autel et un petit musée abrite des documents historiques. Le plus souvent, les services religieux ont désormais lieu dans la basilique élevée en 1918 à côté de la mission. Le cimetière renferme les tombes de certains des premiers habitants de San Francisco. Il ne subsiste que le piédestal de la statue, dérobée, qui marquait la fosse commune où reposent 5 000 Indiens. La plupart succombèrent aux épidémies de rougeole de 1804 et 1826.

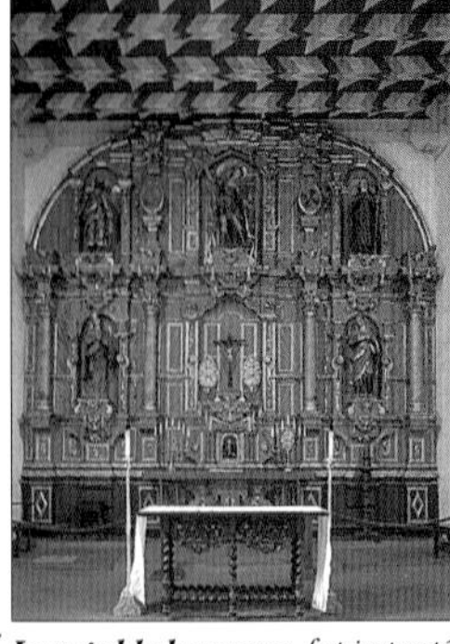

***Le retable baroque** fut importé du Mexique en 1780.*

La statue du père Junípero Serra est une copie d'une sculpture d'Arthur Putnam.

La céramique murale est une œuvre de Guillermo Granizo, né à San Francisco.

Musée

Les peintures du plafond reproduisent les motifs ohlones d'origine.

Entrée pour handicapés

Dans le cimetière, jadis beaucoup plus vaste, les croix en bois des tombes les plus anciennes ont disparu, mais la grotte de Lourdes commémore les morts oubliés.

Statue de Notre-Dame du Carmel

Entrée et boutique

En façade, quatre colonnes soutiennent des niches où trois cloches portent gravés leur nom et leur date de fabrication.

Monument aux soldats de la guerre hispano-américaine

Dolores Street ⓫

Plan 10 E2. 8, 22, 33, 48. J.

Bordée de maisons de la fin de l'ère victorienne *(p. 290-291)* entretenues avec amour, l'une des plus agréables rues de San Francisco court parallèlement à Mission Street et marque la frontière occidentale du Mission District. Entre Market Street, où l'US Mint domine un monument aux soldats de la guerre hispano-américaine de 1898, et le quartier de Noe Valley, elle longe la Mission Dolores *(p. 351)* et le Dolores Park planté de palmiers.

Avec ses murs blanchis et son toit de tuiles rouges, la Mission High School offre un exemple typique du style Mission *(p. 26)*.

Dolores Park ⓬

Plan 10 E3. 22, 33. J.

Sur le site où s'étendait jadis le plus important cimetière juif de San Francisco, ce parc aménagé en 1905 est un des rares espaces verts du Mission District. Bordé par Dolores Street, Church Street, 18th Street et 20th Street, il offre depuis une position élevée sur une colline une belle vue du centre-ville.

Si on y vient pendant la journée pour jouer au tennis, prendre le soleil ou promener son chien, il s'emplit la nuit de trafiquants de drogue.

Au sud et à l'ouest, les rues sont si raides que beaucoup se transforment en escaliers. Cette partie de la ville renferme certaines des plus élégantes maisons victoriennes de San Francisco.

Mission Cultural Center for the Latino Arts ⓭

2868 Mission St. **Plan** 10 F4. (415) 821-1155. 14, 26, 48, 49. J. de 10 h à 16 h du mar. au sam.

En partie financé par la ville, ce centre culturel propose à la population principalement latino-américaine du quartier des cours et des ateliers, ainsi qu'un programme de manifestations, notamment en novembre pour le *Dia de los Muertos (p. 34)*.

Détail du Carnaval Mural

Carnaval Mural ⓮

24th St et South Van Ness Ave.
Plan 10 F4. 12, 14, 48, 49, 67. J.

L'un des plus beaux des nombreux *murals* dont les couleurs vives animent les murs de Mission District célèbre l'ambiance de fête qui règne en mai pour le carnaval *(p. 32)*. D'autres ont des thèmes plus politiques ou liés à la vie quotidienne à San Francisco. Des associations proposent des promenades guidées permettant de découvrir ces œuvres d'art ornant les rues, notamment Balmy Alley *(p. 297)*.

Noe Valley ⓯

24, 35, 48. J.

Les habitants de ce quartier expriment souvent leur détermination à ne pas le voir se transformer en attraction touristique en le surnommant « Noewhere Valley » (nowhere = nulle part). Bordées de vieilles maisons en bois, ses rues calmes et propres où règne une atmosphère rassurante paraissent presque déplacées au milieu du Mission District densément peuplé.

La Noe Valley tire son nom du propriétaire de la concession originelle, José Noe, le dernier *alcade* (maire) du village mexicain de Yerba Buena qui précéda San Francisco.

Les premières constructions s'élevèrent dans la vallée après l'achèvement, dans les années 1880, d'une ligne de *cable cars* franchissant le Castro Hill. La modicité des loyers attira des familles ouvrières, souvent des Irlandais. Comme beaucoup d'autres parties de la ville, le quartier s'est toutefois embourgeoisé dans les années 1970 comme le révèlent les boutiques, les bars et les restaurants qui s'y sont ouverts. Au nº 1021 Sanchez Street, le Noe Valley Ministry, une ancienne église presbytérienne, présente une façade caractéristique du style Stick *(p. 291)*, le plus répandu dans la ville.

Façade victorienne du Noe Valley Ministry dans Sanchez Street

La Nobby Clarke's Folly

Clarke's Folly ⓰

250 Douglass St. **Plan** 10 D3. 🚌 *8, 33, 35, 37, 48.* ● *au public.*

Un vaste jardin entourait cette superbe demeure blanche au moment de sa construction en 1892. Elle aurait coûté 100 000 dollars, une somme énorme à la fin du XIXe siècle, à Alfred Clarke, surnommé Nobby, qui travaillait au San Francisco Police Department en 1851, à l'époque où des citoyens durent former le Comité de Vigilance pour tenter de mettre un terme à la corruption et au déni des lois régnant en ville *(p. 44-45).*

Quoiqu'aujourd'hui divisée en appartements et cernée d'autres édifices, la Clarke's Folly n'en offre pas moins un bel exemple d'architecture résidentielle victorienne. Elle associe des éléments caractéristiques du style Queen Anne, tels que tourelles et pignon ouvragé, à des murs en bardeaux et un porche plus proches du style Stick-Eastlake *(p. 291).*

Twin Peaks ⓱

Plan 9 C4. 🚌 *33, 36, 37.*

Les Espagnols baptisèrent El Pecho de la Chola (la Poitrine de l'Indienne) ces deux collines jumelles qui atteignent au centre de San Francisco une altitude de 275 m.

Le Twin Peaks Boulevard en fait le tour près du sommet et un parc de stationnement offre un beau point de vue. Les visiteurs prêts à gravir le sentier abrupt qui grimpe plus haut jouiront d'un panorama sans équivalent de la cité et de sa baie… à condition que la brume, qui monte si souvent de l'océan en été, ne voile pas tout.

Coiffées d'étendues herbeuses, les Twin Peaks sont les seules collines de la ville restées dans leur état originel. Très en vogue, les zones résidentielles qui s'étagent sur le bas des pentes possèdent des rues curvilignes épousant les contours du relief au lieu d'obéir au système de quadrillage habituel à San Francisco.

Vulcan Street Steps ⓲

Vulcan St. **Plan** 9 C2. 🚌 *37.*

Hormis, sur une boîte aux lettres, une minuscule effigie de Monsieur Spock, le célèbre Vulcain de *Star Trek*, cette volée de marches située entre Orb Street et Levant Street n'entretient pas de rapport avec la série télévisée de science-fiction. Elle paraît néanmoins à des années-lumière du Castro District qu'elle domine. De petits jardins pittoresques à la végétation débordante entourent l'escalier et un dais de pins assourdit les bruits émis par la circulation. Le Vulcan Step ménage une vue magnifique du Mission District et du front de mer.

Sutro Tower ⓳

Plan 9 B3. 🚌 *36, 37.* ● *au public.*

Érigé en 1973, ce pylône haut de 295 m porte les antennes qui diffusent la plupart des chaînes de télévision hertziennes et des stations de radio de San Francisco. Visible de toute la Bay Area, il paraît parfois flotter au-dessus du brouillard qui monte de l'océan en été.

Au nord se trouvent d'épais bosquets d'eucalyptus dont les plus anciens furent plantés dans les années 1880 par Adolph Sutro, philanthrope et propriétaire foncier dont la tour et la colline sur laquelle elle s'élève portent le nom.

En regardant vers Downtown depuis le sommet des Twin Peaks

LE GOLDEN GATE PARK ET LE PRESIDIO

Aménagé à la fin du siècle dernier sur des dunes de sable, le magnifique Golden Gate Park, l'un des plus vastes parcs urbains du monde, renferme trois musées et un large éventail d'équipements sportifs. Il donne accès au Land's End, site le plus sauvage de San Francisco et lieu de nombreux naufrages. Au nord du Golden Gate Park, le Presidio domine la baie. Les Espagnols y établirent une forteresse en 1776 et le domaine resta une base militaire pendant de nombreuses années. Transformé en National Park en 1993, il offre désormais à la promenade des hectares de forêts.

Cannon du Presidio

LE GOLDEN GATE PARK ET LE PRESIDIO D'UN COUP D'ŒIL

Rue et bâtiments historiques

Clement Street 12
Golden Gate Bridge p. 370-371 17
Presidio Community Club 14

Parcs et jardins

Buffalo Paddock 8
Conservatory of Flowers 5
Japanese Tea Garden 3
Queen Wilhelmina Tulip Garden 9
Shakespeare Garden 2
Stow Lake 7
Strybing Arboretum 6

Musées

California Academy of Sciences p. 360-361 1
California Palace of the Legion of Honor p. 364-365 10
Fort Point 16
M. H. de Young Memorial Museum *p. 362-363* 4
Presidio Visitor Center 15

Église et synagogue

Holy Virgin Cathedral 11
Temple Emanu-El 13

COMMENT Y ALLER

Les bus 5, 7, 21, 71 et 73 et le tram N conduisent au Golden Gate Park. Mieux vaut avoir une voiture pour le Presidio, mais le bus 43 dessert sa partie est, le 28 sa bordure nord et le 29 les sites principaux.

LÉGENDE

Plan pas à pas *Voir p. 356-357*

Presidio *Voir p. 366-367*

P Parc de stationnement

◁ **Golden Gate Bridge from Fort Point**

Le Golden Gate Park pas à pas

Lampe du Japanese Tea Garden

Long de 5 km et large d'environ 1,5 km, le Golden Gate Park s'étend des rives du Pacifique au centre de San Francisco et forme une oasis de paix et de verdure qui permet d'échapper à l'agitation de la vie urbaine. Trois musées entourent l'esplanade agrémentée de bancs et de fontaines qui entoure le Music Concourse, la partie du parc la plus fréquentée. Des concerts gratuits y ont lieu le dimanche au Spreckels Temple of Music. Le Japanese Tea Garden et le Shakespeare Garden ne se trouvent qu'à quelques pas. Le Golden Gate Park permet en outre de pratiquer des activités sportives telles que l'équitation, le canotage ou la bicyclette.

★ Le M. H. de Young Museum et l'Asian Art Museum
Ces deux musées présentent des pièces américaines, anglaises et extrême-orientales. Fabriqué à Philadephie, ce cabinet en acajou date de 1780 ❹

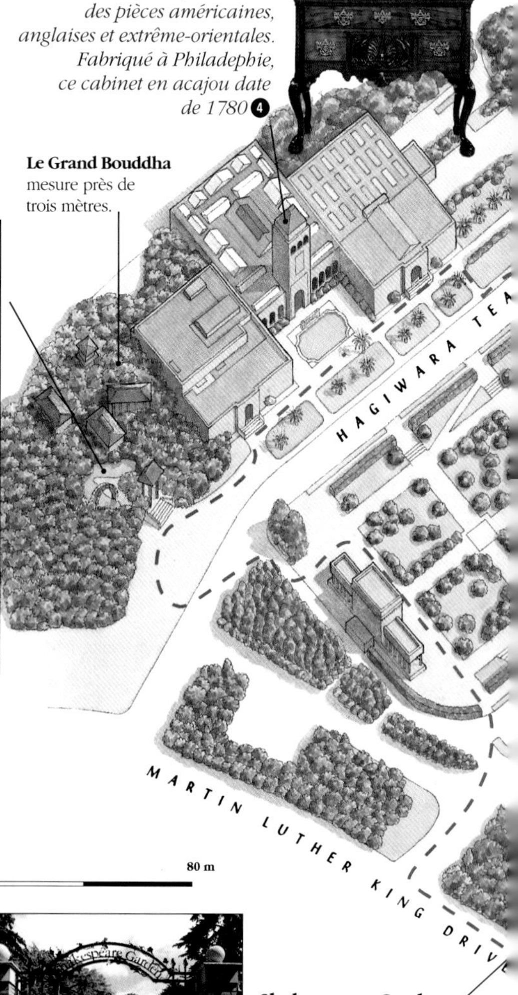

Le Grand Bouddha mesure près de trois mètres.

Japanese Tea Garden
Le jardin de thé japonais offre, avec son lac et ses massifs soigneusement entretenus, un lieu de promenade très agréable ❸

HAGIWARA TEA

MARTIN LUTHER KING DRIVE

LÉGENDE

– – – Itinéraire conseillé

0 80 m

À NE PAS MANQUER

★ **La California Academy of Sciences**

★ **Le M. H. de Young Museum et l'Asian Art Museum**

Shakespeare Garden
Ce petit jardin abrite plus de 150 espèces végétales mentionnées dans les œuvres de Shakespeare ❷

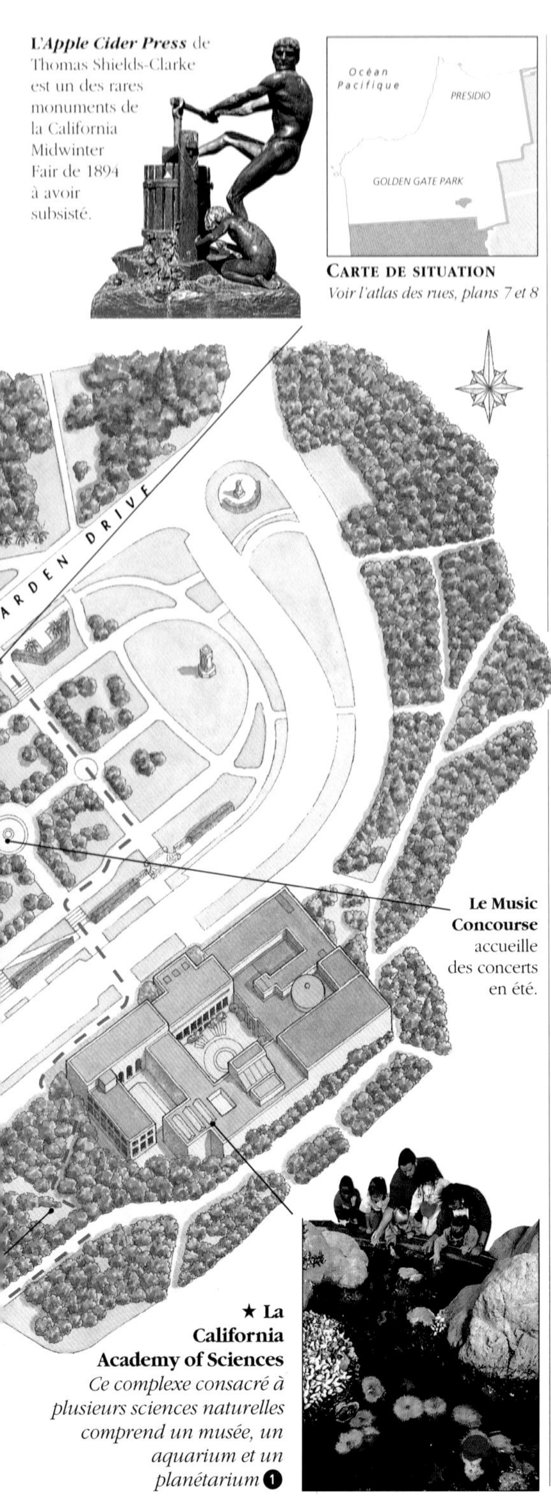

L'*Apple Cider Press* de Thomas Shields-Clarke est un des rares monuments de la California Midwinter Fair de 1894 à avoir subsisté.

Carte de situation
Voir l'atlas des rues, plans 7 et 8

Le Music Concourse accueille des concerts en été.

★ La California Academy of Sciences
Ce complexe consacré à plusieurs sciences naturelles comprend un musée, un aquarium et un planétarium ❶

California Academy of Sciences ❶

Voir p. 360-361.

Shakespeare Garden ❷

Music Concourse, Golden Gate Park. **Plan** 8 F2. *44.*

Les jardiniers se sont efforcés de cultiver ici toutes les plantes et fleurs mentionnées dans les poèmes et les pièces de Shakespeare, entre autres celles qu'évoquent les citations scellées dans le mur du fond du jardin. Une boîte renferme un buste du dramaturge datant du XIXe siècle, mais elle n'est ouverte que de temps à autre. Renseignez-vous à la Lodge.

Japanese Tea Garden ❸

Music Concourse, Golden Gate Park. **Plan** 8 F2. *(415) 668-0909.* *44.* *de 8 h 30 à 18 h t.l.j.*

Créé par un Australien à l'initiative du marchand d'art George Turner Marsh pour la California Midwinter Fair de 1894, ce magnifique jardin doit beaucoup à un Japonais, Makota Hagiwara, et à sa famille, qui l'entretinrent et l'agrandirent jusqu'à leur internement en 1942. C'est au printemps, quand les cerisiers fleurissent, qu'il présente le visage le plus spectaculaire.

Allées, plans d'eau et arbres et massifs soigneusement taillés forment un dédale apaisant que domine une pagode. Le Moon Bridge reflète sa forme en arc de cercle sur la mare qu'il franchit. Fondu au Japon en 1790, le plus grand Bouddha de bronze hors d'Asie se dresse au sommet de l'escalier du jardin.

M. H. de Young Memorial Museum et Asian Art Museum ❹

Voir p. 362-363.

Conservatory of Flowers ❺

John F Kennedy Drive, Golden Gate Park. **Plan** 9 A1. *666-7017.* *33, 44.* *au public.* *limité.*

Le plus vieil édifice du Golden Gate Park s'inspire d'une des serres des Kew Gardens de Londres. Le promoteur, du nom de James Lick, qui importa d'Irlande sa structure métallique n'eut pas l'occasion de l'admirer ; il mourut avant son érection en 1879. Après avoir abrité pendant plus d'un siècle fougères, palmiers et orchidées, les verrières du Conservatory of Flowers subirent de graves dommages quand une tornade frappa San Francisco en décembre 1995.

Strybing Arboretum ❻

9th Ave à la hauteur de Lincoln Way, Golden Gate Park. **Plan** 8 F2. *661-1316.* *44, 71.* *de 8 h à 16 h 30 du lun. au ven., de 10 h à 17 h les week-ends et les jours fériés.*

Plus de 7 500 variétés de plantes, d'arbres et d'arbustes du monde entier poussent au Strybing Arboretum et il renferme des jardins mexicain, africain, sud-américain et australien. Un autre est entièrement consacré aux espèces végétales indigènes de la Californie.

Le Garden of Fragrance du Strybing Arboretum

L'enchanteur Moon-Viewing Garden mérite aussi une visite. Des plantes extrême-orientales y créent un cadre qui, contrairement à celui du Japanese Tea Garden *(p. 357)*, se veut naturaliste plutôt que formel. Des herbes médicinales et culinaires embaument le Garden of Fragrance spécifiquement conçu pour les aveugles car ses parterres flattent avant tout le goût, le toucher et l'odorat. Les espèces végétales y sont identifiées en braille.

Ailleurs, des séquoias entre lesquels sinue un ruisseau recréent l'atmosphère d'une forêt côtière californienne. Il existe également une New World Cloud Forest dont la flore provient d'Amérique centrale. Curieusement, toutes ces plantes d'origines très diverses résistent aux brouillards de San Francisco.

L'Arboretum possède une petite boutique vendant graines et livres et il abrite l'Helen Crocker Horticultural Library, une bibliothèque ouverte au public. Une exposition florale a lieu en été.

Stow Lake ❼

Stow Lake Drive, Golden Gate Park. **Plan** 8 E2. *28, 29.*

W. W. Stow, président de la Park Commission, décida en 1895 la création de ce lac artificiel, le plus vaste du parc, autour du Strawberry Hill dont le sommet forme désormais une île. Deux ponts parés de pierre permettent d'y accéder. On peut louer des canots et, si la forme annulaire du Stow Lake se prête bien à des courses à la rame, l'atmosphère paisible du lieu invite tout autant à se laisser dériver en rêvant.

Offert par Taipei, capitale de Taiwan avec laquelle San Francisco est jumelée, le pavillon chinois qui se dresse sur la rive de l'île arriva en Californie sous forme de 6 000 pièces détachées.

Le magnat du rail Collis Porter Huntington *(p. 46-47)*

Le pavillon chinois du Stow Lake

finança en 1894 la construction du réservoir qui alimente la cascade, baptisée Huntington Falls, tombant dans le lac. Endommagée par le tremblement de terre de 1906, elle a été entièrement restaurée dans les années 1980.

Buffalo Paddock 8

John F Kennedy Drive, Golden Gate Park. **Plan** 7 C2. 5, 29.

Leurs courtes cornes et la bosse qui courbe leur dos au-dessus du poitrail rendent immédiatement reconnaissables les bisons hirsutes broutant dans cet enclos. Intimement liés à la légende de l'Ouest, les plus grands animaux terrestres de l'Amérique du Nord faillirent disparaître pendant la conquête des Grandes Plaines et le Buffalo Paddock fut créé en 1892 dans le but de protéger l'espèce alors menacée d'extinction.

Une épidémie de tuberculose décima toutefois entièrement le premier troupeau, importé du Wyoming, qui l'occupa. En 1902, William Cody, plus connu sous le nom de Buffalo Bill, échangea un de ses bisons contre l'un de ceux du parc. Il pensait se débarrasser ainsi d'une bête agressive, mais son nouveau pensionnaire réussit à s'échapper et selon un journal de l'époque, le *San Francisco Call*, 80 hommes durent unir leurs efforts pour le reprendre.

Bison du Buffalo Paddock

Le Queen Wilhelmina Tulip Garden et le Dutch Windmill

Queen Wilhelmina Tulip Garden 9

Plan 7 A2. 5, 18. **Moulin**

Ce jardin dont les fleurs forment des tapis multicolores au printemps porte le nom de Wilhelmine, reine des Pays-Bas de 1890 à 1948, et l'association néerlandaise des cultivateurs de bulbes lui fait don chaque année de centaines d'oignons de tulipes. Le Dutch Windmill se dresse près de l'angle nord-ouest du Golden Gate Park depuis 1903. Ce moulin à vent, ainsi que le Murphy Windmill construit en 1905 dans l'angle sud-ouest du parc, servait à pomper de l'eau d'irrigation dans une source souterraine. L'augmentation des besoins, estimés aujourd'hui à 230 millions de litres par jour, les rendit bientôt dépassés et ils ont cessé de fonctionner.

John McLaren

Plus que William Hammond Hall qui le dessina, c'est son successeur, John McLaren, qui donna au Golden Gate Park le visage que nous lui connaissons aujourd'hui.

Né en Écosse en 1846, McLaren fit des études de botanique avant d'émigrer en Californie dans les années 1870. Il devint l'administrateur du parc en 1887 et il lui consacra le reste de sa vie. Il réussit en particulier à acclimater des espèces végétales du monde entier et à obtenir qu'elles prospèrent malgré la pauvreté du sol et la fraîcheur des brumes. Il planta des milliers d'arbres et sélectionna les plantes florales de manière à ce qu'elles s'épanouissent tout au long de l'année.

Villa en grès construite à son intention en 1896, la John Mc Laren Lodge se trouve dans la partie orientale du parc. Alors qu'alité, il y attendait la mort en 1943, il demanda qu'on illumine de guirlandes de Noël le cyprès qui se dresse devant la maison et les autorités répondirent à son vœu malgré le black-out imposé à la ville en cette période de guerre. L'arbre reste surnommé l'« Uncle John's Christmas Tree » et brille de dizaines d'ampoules chaque Noël. John McLaren repose dans le San Francisco City Hall et le Golden Gate Park demeure un lieu où l'on peut échapper à la pression de la vie citadine.

La California Academy of Sciences ❶

Quoiqu'édifié en plusieurs étapes entre 1916 et 1968, ce vaste musée présente un visage homogène. L'Académie des sciences avait à l'origine son siège dans le centre-ville, mais il subit de graves dommages lors de l'incendie de 1906. Épargnées, les expositions de deux des salles servirent de point de départ à la constitution des nouvelles collections. Sculptée par Robert Howard pour la Golden Gate Exposition de 1939 *(p. 50)*, la fontaine de la cour centrale, *Mating Whales* (Baleines s'accouplant), est devenue un symbole de l'institution.

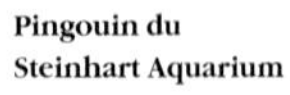

Pingouin du Steinhart Aquarium

Façade de la California Academy of Sciences

SUIVEZ LE GUIDE !

Très variées, les collections sont organisées par sujets et présentées au rez-de-chaussée autour de la cour centrale. De vastes espaces accueillent des expositions temporaires. L'Academy Store, qui vend livres et cadeaux, a une boutique dans le Covell Hall et une autre près de l'auditorium. La bibliothèque, située au premier étage, possède 70 000 livres.

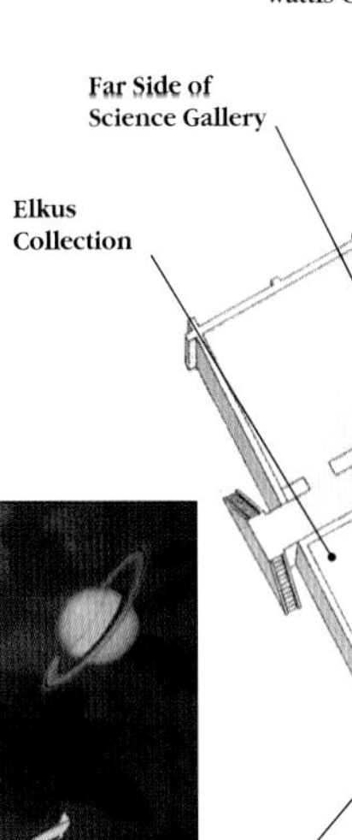

Morrison Planetarium

La projection fait apparaître des milliers d'astres sur une coupole large de 20 m.

LÉGENDE DU PLAN

- African Safari
- Earth and Space
- Wallis Hall
- Life Through Time
- Steinhart Aquarium
- Gem and Mineral Hall
- Wild California
- Expositions temporaires
- Circulations et services

★ The EarthQuake

Sentir le sol trembler permet de mieux percevoir la puissance destructrice des séismes.

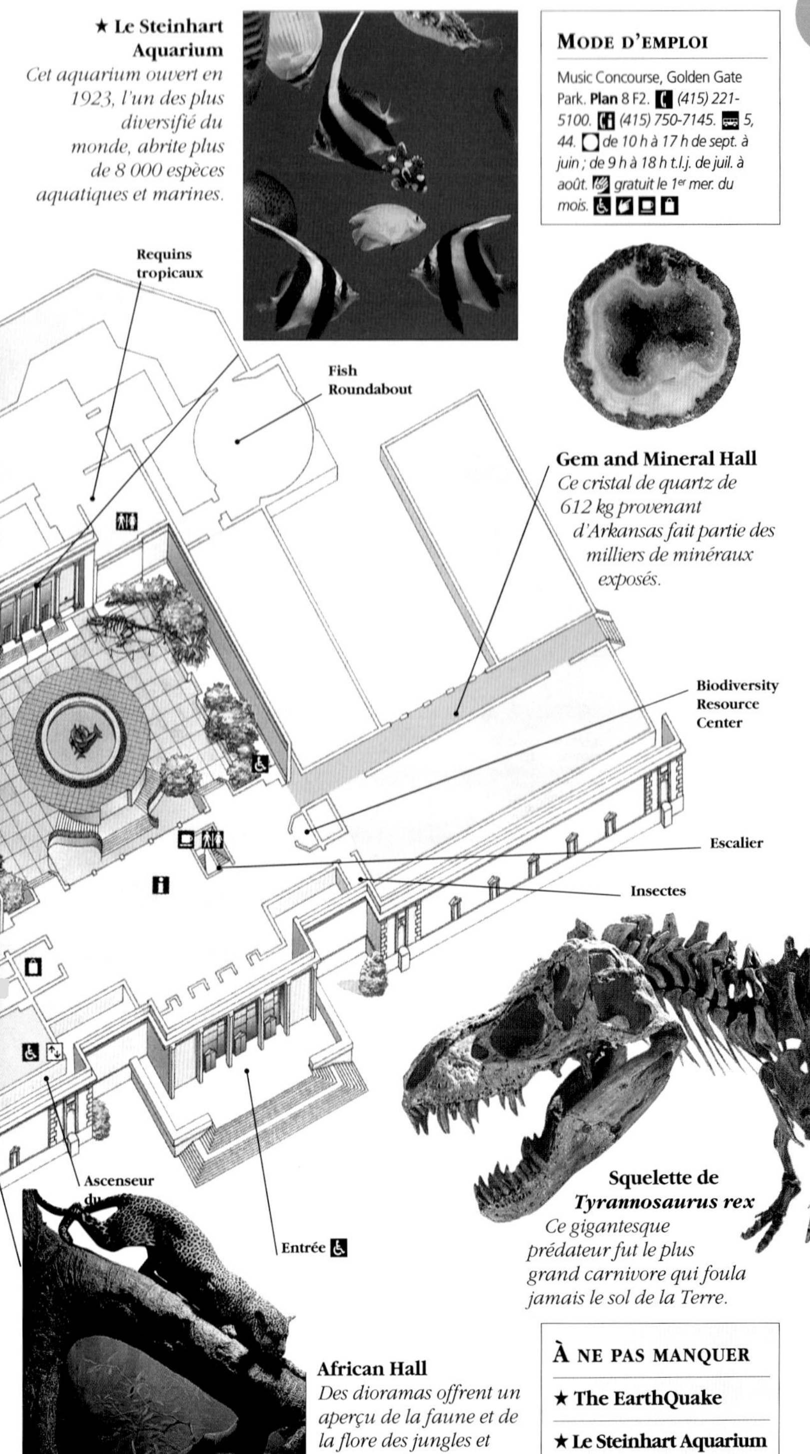

★ Le Steinhart Aquarium
Cet aquarium ouvert en 1923, l'un des plus diversifié du monde, abrite plus de 8 000 espèces aquatiques et marines.

MODE D'EMPLOI

Music Concourse, Golden Gate Park. **Plan** 8 F2. (415) 221-5100. *(415) 750-7145.* 5, 44. *de 10 h à 17 h de sept. à juin ; de 9 h à 18 h t.l.j. de juil. à août. gratuit le 1er mer. du mois.*

Gem and Mineral Hall
Ce cristal de quartz de 612 kg provenant d'Arkansas fait partie des milliers de minéraux exposés.

Squelette de *Tyrannosaurus rex*
Ce gigantesque prédateur fut le plus grand carnivore qui foula jamais le sol de la Terre.

African Hall
Des dioramas offrent un aperçu de la faune et de la flore des jungles et savanes africaines.

À NE PAS MANQUER

★ The EarthQuake

★ Le Steinhart Aquarium

17

Le California Palace of the Legion of Honor ⓾

Alma de Bretteville Spreckels s'inspira du palais de la Légion d'Honneur de Paris pour faire construire dans les années 1920 par l'architecte George Applegarth ce musée destiné à promouvoir l'art français. Il présente des œuvres européennes de ces huit derniers siècles, en particulier des peintures de Rubens, Rembrandt et Monet et plus de 70 sculptures de Rodin. Il abrite également l'Achenbach Foundation, une célèbre collection d'arts graphiques.

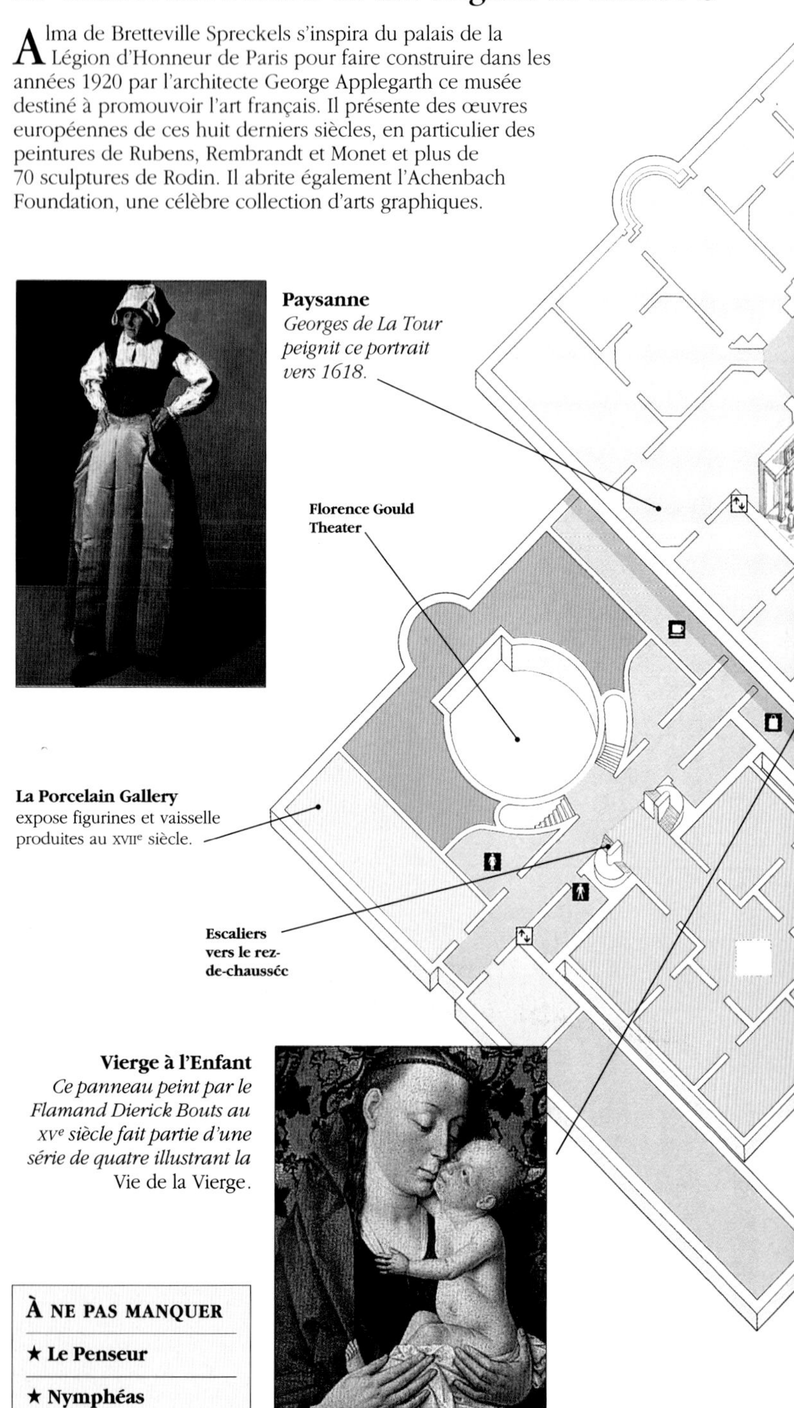

Paysanne
Georges de La Tour peignit ce portrait vers 1618.

Florence Gould Theater

La Porcelain Gallery
expose figurines et vaisselle produites au XVIIe siècle.

Escaliers vers le rez-de-chaussée

Vierge à l'Enfant
Ce panneau peint par le Flamand Dierick Bouts au XVe siècle fait partie d'une série de quatre illustrant la Vie de la Vierge.

À NE PAS MANQUER

★ **Le Penseur**

★ **Nymphéas**

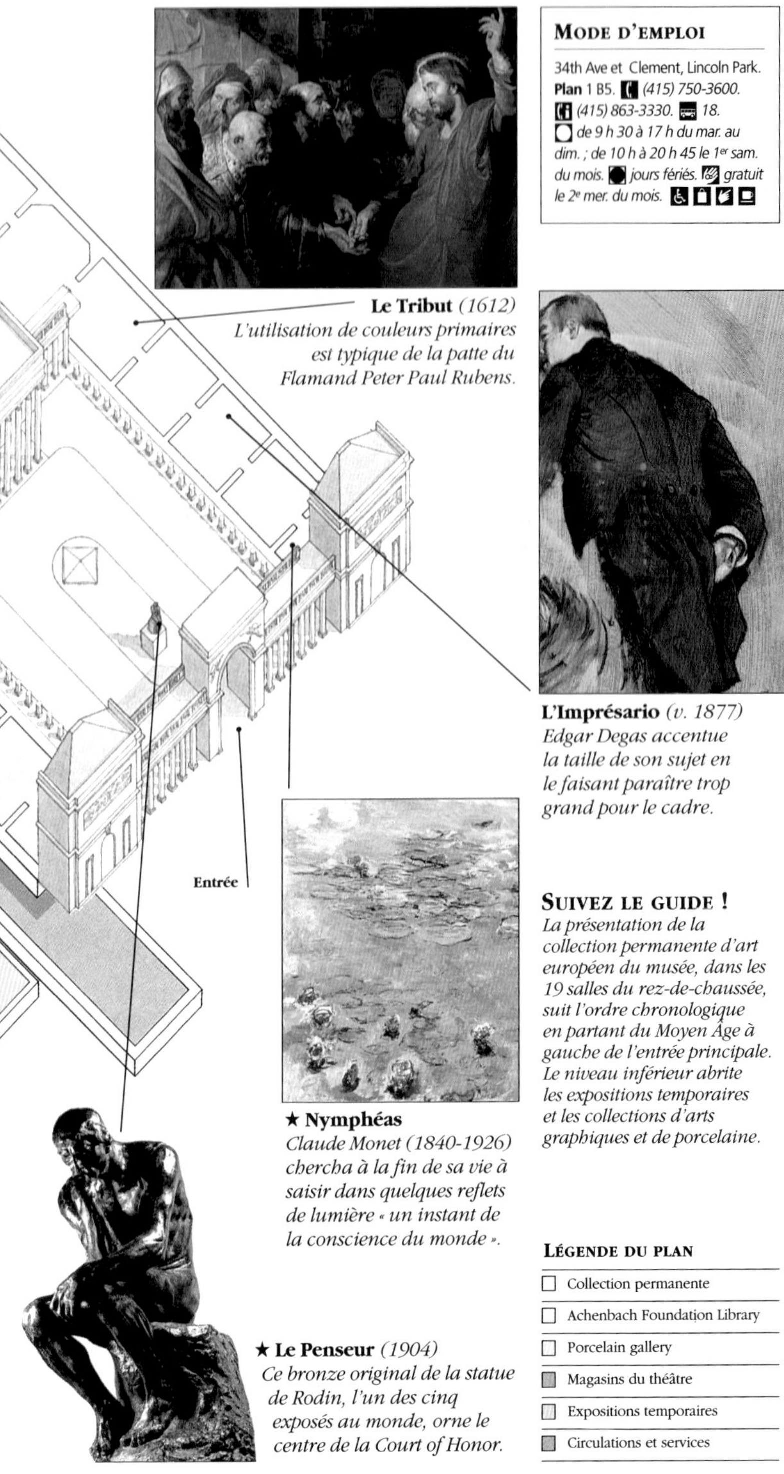

Le Tribut *(1612)*
L'utilisation de couleurs primaires est typique de la patte du Flamand Peter Paul Rubens.

L'Imprésario *(v. 1877)*
Edgar Degas accentue la taille de son sujet en le faisant paraître trop grand pour le cadre.

★ Nymphéas
Claude Monet (1840-1926) chercha à la fin de sa vie à saisir dans quelques reflets de lumière « un instant de la conscience du monde ».

★ Le Penseur *(1904)*
Ce bronze original de la statue de Rodin, l'un des cinq exposés au monde, orne le centre de la Court of Honor.

MODE D'EMPLOI

34th Ave et Clement, Lincoln Park. **Plan** 1 B5. *(415) 750-3600.* *(415) 863-3330.* *18.* *de 9 h 30 à 17 h du mar. au dim. ; de 10 h à 20 h 45 le 1er sam. du mois.* *jours fériés.* *gratuit le 2e mer. du mois.*

SUIVEZ LE GUIDE !

La présentation de la collection permanente d'art européen du musée, dans les 19 salles du rez-de-chaussée, suit l'ordre chronologique en partant du Moyen Âge à gauche de l'entrée principale. Le niveau inférieur abrite les expositions temporaires et les collections d'arts graphiques et de porcelaine.

LÉGENDE DU PLAN

- Collection permanente
- Achenbach Foundation Library
- Porcelain gallery
- Magasins du théâtre
- Expositions temporaires
- Circulations et services

Le Presidio

Panneau du parc

Le terrain à l'entrée de la baie de San Francisco où les Espagnols établirent une place forte en 1776 est devenu un parc où sentiers de randonnée et pistes cyclables sinuent au milieu de la verdure. De nombreux édifices : casernes, plates-formes d'artillerie ou musée, entretiennent cependant le souvenir du long passé militaire d'un site où la 6e armée avait encore récemment son quartier général. Très populaire, la promenade côtière attire marcheurs et pique-niqueurs. À l'angle nord-ouest du Presidio, l'élégant Golden Gate Bridge enjambe la Porte d'or jusqu'au Marin County. Au sud s'étend la Baker Beach.

Fort Point
Cette imposante forteresse de brique gardait le Golden Gate pendant la guerre de Sécession (1861-1865) 16

★ **Le Golden Gate Bridge**
Ouvert en 1937, ce pont suspendu a une longueur de 2,7 km 17

Le Moutain Lake, alimenté par une source, offre un cadre agréable pour un pique-nique près de l'endroit où le Presidio gardait la baie et la Mission Dolores *(p. 351)*.

Le Crissy Field, gagné sur un marécage pour la Panama-Pacific Exposition de 1915 *(p. 341)*, servit de piste d'atterrissage entre 1916 et 1936. Il a récemment été restauré.

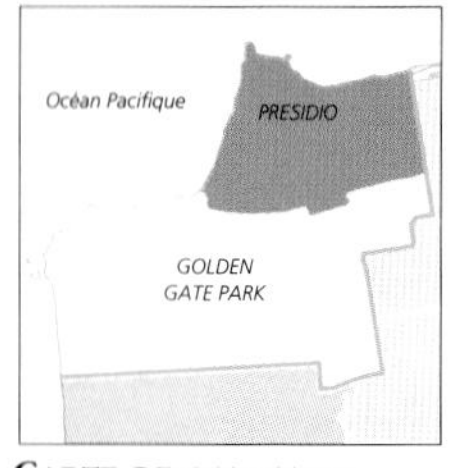

Carte de situation
Voir l'atlas des rues, plans 2 et 3

Le Military Cemetery abrite les tombes de 15 000 soldats tombés au cours de plusieurs guerres.

Le Tidal Marsh fait partie du programme de restauration du Presidio.

Arguello Gate *Ce portail ouvragé marque l'entrée de l'ancienne base militaire aujourd'hui ouverte au public.*

★ Le Presidio Visitor Center *Le Visitor Center est situé dans Montgomery Street.*

À ne pas manqer

★ **Golden Gate Bridge**

★ **Presidio Visitor Center**

0 500 m

Holy Virgin Cathedral ⓫

6210 Geary Blvd. **Plan** 8 D1. *221-3255.* *2, 29, 38.* *8 h, 18 h t.l.j., offices supplémentaires 8 h, 9 h 45 le dim.*

Les coupoles en bulbe dorées de l'Holy Virgin Cathedral, sanctuaire de l'Église orthodoxe russe en exil, brillent au-dessus du Richmond District, quartier résidentiel situé entre le Presidio et le Golden Gate Park. Construite au début des années 1960, l'église n'ouvre généralement ses portes que pour les offices. Elle ne renferme aucun siège, la congrégation restant debout pendant le service religieux.

La cathédrale se trouve au cœur de la communauté russe de San Francisco *(p. 31)* qui possède ses propres commerces et restaurants, tel le Russian Renaissance. Cette communauté est une des plus anciennes de la région puisqu'elle existe depuis les années 1820. Elle connut un premier grand afflux d'immigrants après la révolution de 1917, puis deux autres à la fin des années 1950 et des années 1980.

Clement Street ⓬

Plan 1 C5. *2, 28, 29, 44.*

La principale artère du Richmond District part de l'Arguello Boulevard, à l'est, coupe les rues connues sous le nom générique de « The Avenues » et s'achève près du California Palace of the Legion of Honor *(p. 364-365)*. Librairies et petites boutiques bordent ses trottoirs et son animation tranche sur l'atmosphère plutôt somnolente des environs. Les habitants se retrouvent dans des bars, des fast-foods et des restaurants ethniques peu fréquentés par les touristes.

Les alentours de Clement Street ont pris le surnom de New Chinatown car plus du tiers de la population chinoise de San Francisco y vit. Sans surprise, les restaurants proposent pour la plupart de la cuisine orientale et comprennent certaines des meilleures tables chinoises de la ville. Le choix offert ne s'arrête toutefois pas là et le visiteur pourra aussi déguster dans le quartier des spécialités danoises, péruviennes ou françaises.

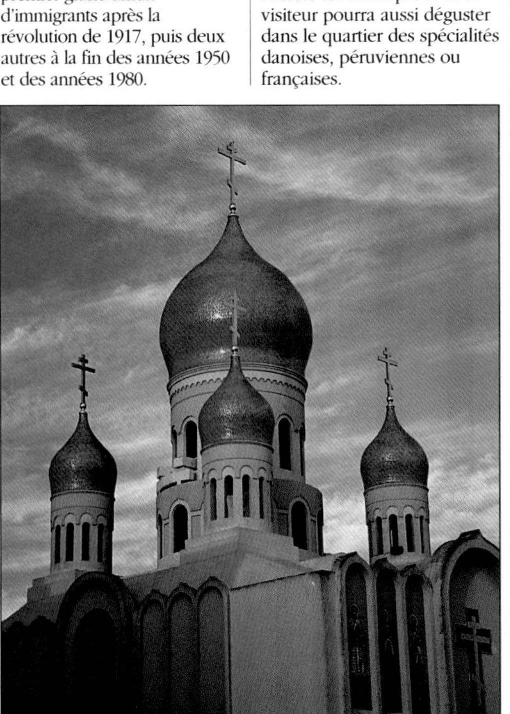

L'Holy Virgin Cathedral, une église orthodoxe russe

L'Arche d'alliance du Temple Emanu-El

Temple Emanu-El ⓭

Lake St et Arguello Blvd. **Plan** 3 A4. *751-2535.* *de 8 h 30 à 17 h 30 du lun. au jeu., de 8 h 30 à 17 h le ven. (de 8 h 30 à 19 h 30 le 1er ven. du mois).* *17 h 30 le ven., 10 h 30 le sam.* *pendant les offices.*

Après la Première Guerre mondiale, des centaines de juifs venant de Russie et d'Europe de l'Est s'installèrent dans le Richmond District et y bâtirent d'importants lieux de culte. Construit en 1925 par Arthur Brown, architecte qui dessina aussi le City Hall *(p. 342)*, le Temple Emanu-El est l'un de ces sanctuaires.

L'édifice, dont la coupole s'inspire de l'église Sainte-Sophie érigée au VIe siècle à Constantinople sur l'ordre de l'empereur Justinien, associe des éléments du style Mission *(p. 26)*, une ornementation byzantine et des arcades en plein cintre. L'intérieur, qui peut accueillir près de 2 000 fidèles, prend toute sa splendeur quand le soleil brille à travers les vitraux.

Presidio Community Club ⓮

50 Moraga Ave. **Plan** 3 A2. *(415) 561-2582.* *29.* *au public.*

Ayant vue sur les casernements en bois du XIXe siècle et l'esplanade où se déroulaient les parades militaires, l'ancien club des officiers du Presidio, de style Mission *(p. 26)*, date des années 1930 mais fut construit autour des vestiges en briques d'adobe du fort fondé par les Espagnols au XVIIIe siècle.

Il est pour le moment fermé au public mais devrait devenir accessible aux visiteurs dans un avenir proche.

Presidio Museum ⓯

Funston Ave et Lincoln Blvd. **Plan** 3 B2. *(415) 561-4804.* *de 10 h à 16 h du mer. au ven.*

Dans un bâtiment peint en blanc construit dans les années 1860 et qui servait auparavant d'hôpital, le Presidio Museum présente des documents et des objets tels qu'uniformes, affiches de propagande, armes et outils. Ils illustrent l'histoire militaire de la Californie et de la Côte Ouest. Une partie de l'exposition retrace l'évolution de San Francisco, modeste poste frontière espagnol qui, en deux siècles, se transforma en une métropole de première importance. Les portraits de guerriers et de grands chefs de tribus indiens ornent les murs.

Derrière le musée se trouvent deux abris temporaires semblables aux centaines de logements de fortune dressés pour abriter les habitants de San Francisco après le tremblement de terre de 1906 *(p. 48-49)*. L'un d'eux renferme des articles de journaux relatant le séisme, l'autre des lits de camp et des poêles qu'utilisèrent les réfugiés victimes du désastre.

Canon exposé à l'extérieur du Presidio Museum

Le Golden Gate Bridge vu du Fort Point

Fort Point ⓰

Marine Drive. **Plan** 2 E1. *556-1693.* *de 10 h à 17 h du mer. au dim.* *partiel.*

Achevée par l'armée américaine en 1861, la plus importante des nombreuses fortifications érigées sur le littoral pacifique avait à l'origine deux fonctions : défendre la San Francisco Bay d'une éventuelle attaque militaire et protéger les bateaux qui transportaient l'or extrait des mines californiennes *(p. 44-45)*. Le Fort Point offre un exemple caractéristique des forteresses construites en brique et en granit avant la guerre de Sécession. L'augmentation de la puissance de feu des armes modernes le rendit cependant vite dépassé malgré ses murs de 3 m d'épaisseur et il fut désaffecté en 1900 sans avoir jamais subi d'assaut.

À défaut de pouvoir résister aux obus, il se montra assez solide pour survivre au tremblement de terre de 1906 *(p. 48-49)*, mais faillit être démoli dans les années 1930 pour laisser la place au Golden Gate Bridge dont il ménage aujourd'hui une superbe vue.

Restauré dans les années 1970, il abrite désormais un musée présentant des uniformes et des armes. Des *rangers* vêtus de costumes de l'époque de la guerre de Sécession commentent des visites guidées.

Histoire du Presidio

En 1776, José Joaquin Moraga, l'un des premiers colons espagnols, fonda sur cet emplacement stratégique une place forte en adobe, ou *presidio*, dans le but de contrôler l'accès de la baie et de défendre la Mission Dolores *(p. 351)*. Quand le Mexique eut son indépendance en 1821, le fort resta sous le contrôle de l'éphémère république jusqu'à ce que les États-Unis s'en emparent en 1847. L'armée américaine l'occupa jusqu'en 1990.

Le Presidio au XIXe siècle

Entre les années 1850 et les années 1930, des casernements en bois, tout d'abord, puis des cottages en béton de styles Mission et Georgian destinés aux officiers et à leurs familles remplacèrent les constructions en adobe. Ces bâtiments existent toujours.

Déclaré site historique, le parc du Presidio occupe une superficie de 567 ha. Planté de forêts d'eucalyptus et de cyprès, il fait désormais partie de la Golden Gate National Recreation Area (GGNRA).

Le Golden Gate Bridge ⓱

Ouvrier du Golden Gate Bridge

Le célèbre ouvrage d'art qui franchit l'entrée de la San Francisco Bay, baptisée « Porte d'or » en 1844 par John Fremont, ouvrit en 1937. Il rejoint le Marin County. Sa construction coûta 35 millions de dollars et dura quatre ans. Il était à son inauguration le plus long et le plus haut pont suspendu du monde et seuls deux ponts comme lui d'une seule travée le dépassent encore par la taille. Les piétons peuvent l'emprunter gratuitement. Les véhicules entrant en ville doivent acquitter un péage.

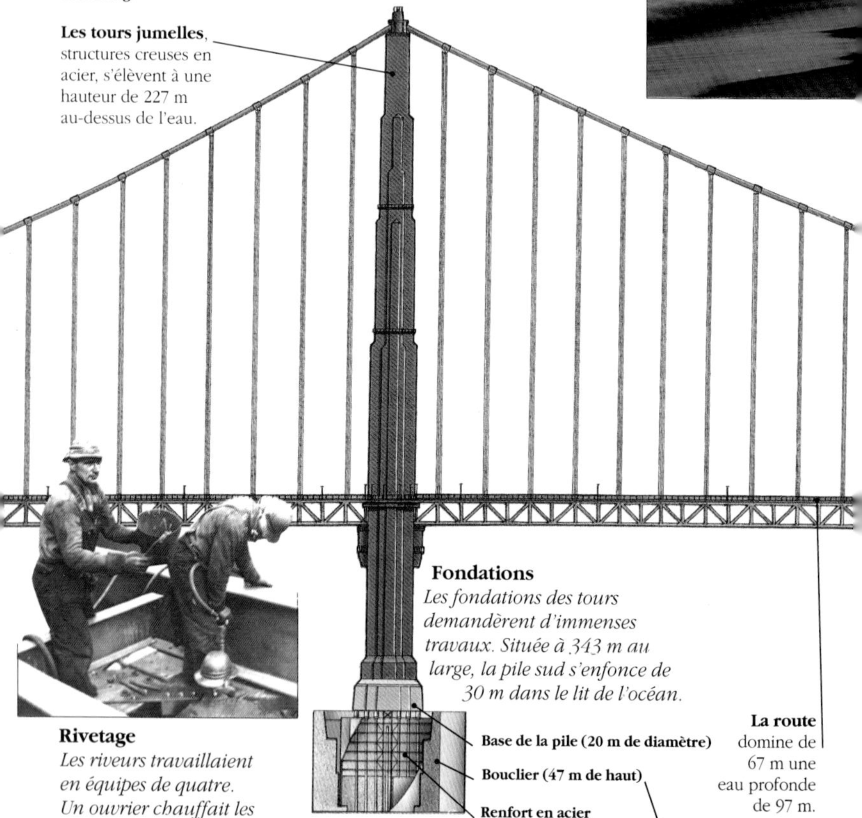

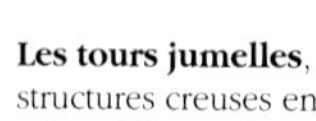

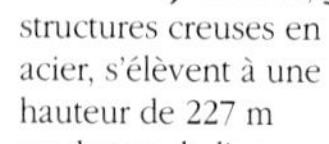

Les tours jumelles, structures creuses en acier, s'élèvent à une hauteur de 227 m au-dessus de l'eau.

Fondations

Les fondations des tours demandèrent d'immenses travaux. Située à 343 m au large, la pile sud s'enfonce de 30 m dans le lit de l'océan.

Base de la pile (20 m de diamètre)

Bouclier (47 m de haut)

Renfort en acier

La route domine de 67 m une eau profonde de 97 m.

Rivetage

Les riveurs travaillaient en équipes de quatre. Un ouvrier chauffait les rivets, un autre les attrapait dans un seau et les deux derniers les plaçaient.

Bouclier en béton

Pendant sa construction, la base de la pile sud fut protégée des vagues et de la marée par un cylindre en béton. On pompa l'eau pour créer un compartiment étanche.

Tablier
La construction du tablier se fit parallèlement de part et d'autre des tours de manière à équilibrer la tension sur les câbles de suspension.

MODE D'EMPLOI

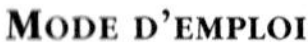

Hwy 101, Presidio. **Plan** 2 E1. *(415) 921-5858.* *28, 29, 76.* **Piétons** *admis de 5 h à 21 h t.l.j., sur le trottoir est seulement.* **Péage** *sur la Hwy 101, seulement vers le sud.* *Plate-forme panoramique seulement.*

Joseph Strauss
Officiellement crédité de la conception du pont, le Chicagoan Joseph Strauss dirigea l'inauguration en avril 1937. Il avait pour assistants Leon Moisseiff et Charles Ellis, et comme architecte conseil Irving F. Morrow.

La longueur du pont est de 2,7 km et son enjambement de 1 280 m. 67 m séparent la route de la surface de l'eau.

Vue de Vista Point
Depuis le Marin County, San Francisco se dessine à l'arrière-plan derrière le pont.

LE GOLDEN GATE BRIDGE EN CHIFFRES

• Tous les ans, plus de 40 millions de véhicules franchissent le pont, soit près de 118 000 chaque jour.
• La couche originelle de peinture ne nécessita que des retouches pendant 27 ans. Une équipe la décape depuis 1965 pour en appliquer une plus durable.
• Longs de 2 330 m et épais de plus d'un mètre, les deux grands câbles se composent d'assez de fil d'acier, près de 130 000 km, pour faire trois fois le tour de la Terre.
• Le volume de béton coulé dans les piles et les ancrages suffirait à couvrir un trottoir de 1,5 m de large reliant San Francisco à New York, une distance de plus de 4 000 km.
• Le pont peut résister à des vents de 160 km/h.
• Chaque pile, qui supporte une tour en acier de 44 000 tonnes, doit résister à un flux de marée d'une vitesse de plus de 100 km/h.

Peintres à l'ouvrage

Se distraire à San Francisco

Depuis le début de sa prospérité au milieu du siècle dernier, San Francisco revendique le rôle de capitale culturelle de la Côte Ouest et elle s'efforce de le conserver malgré la concurrence de Los Angeles *(p. 162-165)*. Elle possède ainsi les meilleures compagnies de ballet et d'opéra de Californie et un orchestre symphonique de grande renommée. Le Center for the Arts Theater des Yerba Buena Gardens accueille de nombreuses troupes internationales en tournée. Les amateurs de cinéma jouiront d'un vaste choix, de grands films classiques aux dernières productions hollywoodiennes, mais le théâtre reste un des points faibles de la ville en dehors de quelques petites compagnies novatrices. Les musiciens de jazz et de blues y abondent en revanche et vous pourrez écouter d'excellents groupes pour le prix d'une consommation ou à l'occasion des fêtes et des festivals organisés pendant l'été. Des parcs et des ports bien équipés permettent de pratiquer la bicyclette, le golf, le tennis et la navigation.

Beach Blanket Babylon ***(p. 331)***

Sources d'information

Deux quotidiens, le *San Francisco Chronicle*, dans son édition du dimanche, et l'*Examiner*, le vendredi, donnent une liste complète des spectacles et des films. Des hebdomadaires gratuits tels que le *San Francisco Weekly* (distribué dans les bars et les cafés) et le *San Francisco Bay Guardian* offrent aussi de riches sources d'information, entre autres sur les boîtes de nuit.

Le **San Francisco Convention and Visitors' Bureau** publie deux fois par an le *San Francisco Book* très pratique pour organiser un long séjour. Il est disponible gratuitement au **Visitors' Information Center** avec d'autres brochures destinées aux touristes telles que *Key This Week San Francisco* et *Where San Francisco*.

Pour des renseignements en français, contactez l'**Alliance française** ou essayez l'Events Line du Visitors' Bureau, un service téléphonique vocal.

Acheter sa place

Le Ticketmaster jouit pratiquement d'un monopole sur la vente des places de concert, de théâtre et de rencontres sportives. Il permet, avec une carte bancaire, de réserver par téléphone et possède des comptoirs dans les magasins de disques Tower Records et Wherehouse *(p. 584-585)* de toute la Californie du Nord.

Vitrine d'une agence de location de San Francisco

Il prélève une commission d'un montant d'environ 4 $ par billet. Vous pouvez éviter ce surcoût en vous adressant directement aux billetteries, mais beaucoup ouvrent peu de temps avant le spectacle.

Assister aux représentations de l'orchestre philharmonique et des compagnies de ballet et d'opéra de San Francisco impose de s'y prendre à l'avance. Toutes ces institutions possèdent des systèmes d'abonnement qui se révéleront utiles lors d'un séjour de longue durée.

Répertoriées dans les pages jaunes de l'annuaire, les quelques autres *ticket agencies* de San Francisco sont principalement spécialisées dans les places de choix, et chères. Toutes les grandes manifestations à guichet fermé donnent lieu à un marché noir, des vendeurs à la sauvette proposant à l'entrée des billets aux tarifs surévalués. Marchander, au risque de manquer le début, peut les faire baisser.

Entrée principale du War Memorial Opera House

Joueur d'échecs sur la Porthsmouth Plaza de Chinatown

Les tarifs réduits

Depuis un kiosque situé sur le côté oriental d'Union Square *(p. 310)*, le **TIX Bay Area** vend à partir de 11 h des billets demi-tarif pour certaines manifestations se déroulant le jour même. Il est aussi parfois possible d'y acquérir le samedi des places à prix réduit pour le dimanche ou le lundi suivant. Tous ces tickets se règlent en liquide.

Le TIX Bay Area fait également office de succursale du Ticketmaster et propose des billets plein tarif, payables par carte bancaire, pour des spectacles pouvant avoir lieu plusieurs jours plus tard.

Il est ouvert les mardis, mercredis et jeudis de 11 h à 18 h, et les vendredis et samedis de 11 h à 19 h.

Les spectacles gratuits

Les nombreux concerts et spectacles gratuits organisés régulièrement partout dans la ville ont lieu pour la plupart dans la journée et en plein air pendant l'été.

Le Symphony Orchestra *(p. 374-375)* donne ainsi une série de représentations les dimanches de fin d'été au Stern Grove, un site au sud du Sunset District qui accueille également des ballets.

Au Cobb's Comedy Club *(p. 374-375)* se déroule en août et en septembre la San Francisco International Comedy Competition.

Dans le cadre du programme « Brown Bags Opera », des chanteurs du San Francisco Opera *(p. 374-375)* viennent à la rencontre des auditeurs dans des endroits tels que des centres commerciaux ou l'aéroport. L'« Opera in the Park » attire chaque année des milliers de personnes dans le Golden Gate Park. Ce parc sert aussi en été de cadre au Shakespeare Festival, au Comedy Celebration Day et à des spectacles de la San Francisco Mime Troup.

Toujours en été, une série de concerts appelée « Music in the Park » est donnée les vendredis midis dans le bosquet de séquoias situé derrière la Transamerica Pyramid *(p. 305)*. La chorale de la Grace Cathedral chante le jeudi à 17 h 15 lors de l'office du soir.

Parc Bell Park stade des San Francisco Giants *(p. 374-375)*

Spectateurs handicapés

La plupart des théâtres et des lieux de spectacle de San Francisco offrent un accès aisé en fauteuil roulant, mais quelques salles parmi les plus petites imposent parfois de passer par une entrée spéciale ou de prendre un ascenseur pour atteindre les rangs les plus élevés. De nombreux cinémas proposent des casques amplificateurs. Mieux vaut toujours se renseigner par téléphone avant de se déplacer.

Le cinéma Presidio

Carnet d'adresses

Adresses utiles

San Francisco Convention and Visitors' Bureau
Suite 900, 201 3rd St.
(415) 974-6900.

Visitors' Information Center
900 Market St, Hallidie Plaza.
(415) 391-2000.

Events Line (24h/24)
(415) 391-2003 (français).

Alliance française
1345 Bush St.
(415) 775-7755.

Agences de location

Ticketmaster
Réservations par téléphone.
(415) 421-8497.

TIX Bay Area
Côté est d'Union Sq, Stockton St.
(415) 433-7827.

Les lieux de spectacle

Malgré la création du Center for the Arts Theater des Yerba Buena Gardens, le Civic Center, situé en face du City Hall, reste à San Francisco le haut lieu du ballet, de l'opéra et de la musique classique. La plupart des théâtres se trouvent dans le Theater District autour d'Union Square. Le SoMa (South of Market) est devenu un des grands pôles de la vie nocturne, mais de nombreux quartiers renferment night-clubs et boîtes de rock ou de jazz. Les parcs permettent de pratiquer des sports variés.

Cinéma et théâtre

Le meilleur cinéma de San Francisco, l'**AMC Kabuki**, un complexe de huit salles situé dans le Japan Center *(p. 342)*, accueille en mai le **San Francisco International Film Festival**. L'**Opera Plaza** programme de nombreux films étrangers en première exclusivité. Le magnifique **Castro** *(p. 350)* présente des classiques renouvelés tous les jours.

Le Theater District *(p. 310)* regroupe les théâtres proposant les plus grandes productions. La compagnie de la ville la plus réputée, l'**American Conservatory Theater (ACT)**, qui se produit de septembre à mai, a aussi son siège dans ce quartier. Parmi les salles plus petites figurent le **Cable Car Theater** et le **Mason Street Theater**.

Le Geary Theater *(p. 310)*

Opéra, musique classique et danse

Les billets peuvent coûter plus de 100 $ pendant la principale saison de la **San Francisco Opera Association**, de septembre à décembre, mais elle propose également une saison d'été aux places moins chères.

Le Louise M. Davies Symphony Hall

Le **Louise M. Davies Symphony Hall** fait aussi partie du Civic Center sur Van Ness Avenue. L'orchestre symphonique y donne jusqu'à cinq concerts par semaine.

Le **San Francisco Ballet** propose œuvres classiques et créations récentes de février à avril. Le Center for the Arts *(p. 312-313)* abrite le **LINES Contemporary Ballet**.

Rock, jazz et blues

Deux des meilleurs clubs de rock, le **Slim's** et le **Paradise Lounge** plus petit, se font face dans le SoMa (South of Market). Entré dans la légende du rock pendant les années 1960 *(p. 349)*, le **Fillmore Auditorium** vient de rouvrir.

Dans de nombreux lieux accueillant des groupes de jazz, tel **Jazz at Pearl's**, le spectacle est généralement gratuit si vous dînez ou prenez des consommations.

Bannière du Jazz Festival *(p. 34)*

Des joueurs de blues se produisent dans des bars comme **The Saloon** et **Jack's Bar**. Chaque année, le San Francisco Blues Festival *(p. 34)* offre l'occasion d'écouter des maîtres du genre.

Clubs

Le **Mercury Supper Club** au décor flashy et aux multiples pistes de danse est la plus grande discothèque de San Francisco. Si vous voulez danser toute la nuit, vous pouvez également aller au **Covered Wagon**. Certains des night-clubs les plus populaires sont principalement (mais rarement exclusivement) gay. Ils incluent l'**Endup** et le **Rawhide II** qui propose tous les soirs du *square dancing* (quadrille américain).

L'un des plus agréables piano-bars, le superbe **Top of the Mark** de style Art déco, domine la ville depuis le sommet du Mark Hopkins InterContinental Hotel *(p. 523)*. Au **Julie's Supper Club**, jazz et Rythm and Blues de qualité ajoutent au plaisir de déguster de la cuisine cajun. Le **Josie's Cabaret and Juice Joint** et le **Cobb's Comedy Club** sont réputés pour leurs spectacles de cabaret.

Sports et activités de plein air

Obtenir une place pour un match des **San Francisco 49ers** dans leur stade du 3 Com Park coûte cher et se révèle difficile, mais l'**University of California** *(p. 402)* et la **Stanford University** *(p. 411)* possèdent leurs propres équipes de football américain. En base-ball, les deux équipes professionnelles de la Bay Area concourent l'une en National League **(San Francisco Giants)**, l'autre en American League **(Oakland Athletics)**. Elles pourront bientôt jouer sur le terrain du Pacific Bell Park, situé au cœur de SoMa et dont l'ouverture est prévue en avril 2000.

La ville compte plusieurs terrains de golf, dont un

municipal dans le **Lincoln Park**, mais la majorité des piscines publiques se trouvent à la périphérie. Pour tout renseignement, contactez le **San Francisco Recreation and Parks Department**. Il n'existe qu'une plage sûre pour nager dans les eaux fraîches du Pacifique, la China Beach située près de la Baker Beach *(p. 366-369)*.

Le Golden Gate Park *(p. 356-359)* abrite de nombreux courts de tennis ainsi que le **San Francisco Tennis Club** au cœur de SoMa.

Le terrain de golf du Lincoln Park a vue sur le Golden Gate Bridge

CARNET D'ADRESSES

CINÉMA ET THÉÂTRE

AMC Kabuki
Plan 4 E4.
931-9800.

American Conservatory Theater (ACT)
Plan 5 B5.
(415) 749-2228.

Cable Car Theater
Plan 5 B5.
(415) 434-3832.

Castro
Plan 10 D2.
(415) 621-6120.

International Film Festival
Plan 4 D5.
(415) 929-5000.

Mason Street Theater
Plan 5 B5.
(415) 982-5463.

Opera Plaza
Plan 4 F5.
(415) 352-0810.

OPÉRA, MUSIQUE CLASSIQUE ET DANSE

LINES Contemporary Ballet
Yerba Buena Center for the Arts, 700 Howard St.
Plan 5 C5.
(415) 978-2787.

Louise M Davies Symphony Hall Box Office
201 Van Ness Ave.
Plan 4 F5.
(415) 864-6000.

San Francisco Ballet
455 Franklin St.
Plan 4 F4.
(415) 865-2000.

San Francisco Opera Association
301 Van Ness Ave.
Plan 4 F5.
(415) 861-4008.

San Francisco Symphony Association
201 Van Ness Ave.
Plan 4 F5.
(415) 864-6000.

ROCK, JAZZ ET BLUES

Fillmore Auditorium
1085 Geary, à l'angle de Fillmore St. **Plan** 4 D4.
(415) 346-6000.

Jack's Bar
1601 Fillmore St.
Plan 10 F2.
(415) 567-3227.

Jazz at Pearl's
256 Columbus Ave.
Plan 5 C3.
(415) 291-8255.

Paradise Lounge
1501 Folsom St.
Plan 10 F1.
(415) 861-6906.

The Saloon
1232 Grant Ave.
Plan 5 C3.
(415) 989-7666.

San Francisco Blues Festival
Fort Mason. **Plan** 4 E1.
(415) 826-6837.

Slim's
333 11th St.
Plan 10 F1.
(415) 522-0333.

CLUBS

Cobb's Comedy Club
The Cannery, Beach St.
Plan 5 A1.
(415) 928-4320.

Covered Wagon
911 Folstom St.
Plan 11 B1.
(415) 974-1585.

Endup
401 6th St.
(415) 357-0827.

Josie's Cabaret and Juice Joint
3583 16th St.
Plan 10 E2.
(415) 861-7933.

Julie's Supper Club
1123 Folsom St.
(415) 861-0707.

Mercury
540 Howard St.
Plan 6 D5
(415) 777-1419.

Rawhide II
280 7th St.
(415) 487-6277.

Top of the Mark
Mark Hopkins InterContinental Hotel. 999 California St.
Plan 5 B4.
(415) 616-6916.

SPORTS ET ACTIVITÉS DE PLEIN AIR

City of San Francisco Recreation and Parks Department
Tennis.
(415) 753-7100.
Natation.
(415) 753-7026.

Lincoln Park
(golf municipal de 18 trous)
Plan 1 C5.
(415) 221-9911.

Oakland Athletics
Oakland Coliseum.
(510) 638-0500.

San Francisco 49ers
3 Com Park.
(415) 469-2249.

San Francisco Giants
Pacific Bell Park
(415) 974-1585.

Stanford University Athletics
Stanford University.
(1 800) 232-8225.

UC Berkeley Intercollegiate Athletics
UC Berkeley.
(1 800) 462-3277.

Faire des achats à San Francisco

S'adonner au lèche-vitrines à San Francisco présente plus d'intérêt que l'assouvissement d'un simple plaisir de consommer. La diversité de la cité se reflète dans les devantures de ses magasins qui donnent une image concrète de la personnalité de chaque quartier. L'éventail d'objets et de produits proposés est immense et vous aurez tout intérêt à ne pas précipiter vos achats. En général, les vendeurs se montrent accueillants avec les flâneurs, les laissant prendre leur temps, en particulier dans les très nombreuses boutiques spécialisées de la ville. Les grands magasins, situés pour la plupart autour d'Union Square, et les galeries marchandes où vous trouverez également cafés et restaurants, réunissent un vaste choix dans un espace réduit.

Horloge de l'entrée de Tiffany's

Centres commerciaux et galeries marchandes

Contrairement aux centres commerciaux de banlieue, ceux de San Francisco ont de la personnalité et certains présentent même un réel intérêt architectural. L'Embarcadero Center *(p. 304)* regroupe 125 magasins sur l'équivalent de huit pâtés de maisons. Installé dans une ancienne chocolaterie fondée en 1893, le Ghirardelli Square *(p. 327)* possède beaucoup de caractère. Il propose plus de 70 boutiques et plusieurs restaurants dominant la baie.

Au San Francisco Center *(p. 311)*, plus de 100 commerces occupent 9 étages. Un carrousel et des artistes de rue créent une ambiance de fête très appréciée des enfants au Pier 39, ponton réputé pour ses boutiques originales et ses restaurants au bord de l'eau. The Cannery *(p. 327)*, sur le Fisherman's Wharf, abrite de charmants petits magasins très variés. La Crocker Galleria *(p. 310)*, l'une des plus spectaculaires galeries marchandes de la ville, s'ordonne sur trois niveaux autour d'une place centrale éclairée par une verrière.

Le Japan Center *(p. 342)*, orné en son centre d'une pagode, offre maisons de thé, cuisine exotique, bains traditionnels japonais et objets d'Extrême-Orient. Le style Art déco domine au Rincon Center *(p. 307)* dont une colonne d'eau de 27 m décore l'atrium.

Emporio Armani

Grands magasins

La plupart des grands magasins les plus prestigieux de San Francisco se trouvent sur Union Square ou autour. Bien qu'ils offrent tous un immense choix, chacun possède sa propre identité.

Macy's s'étend sur deux pâtés de maisons et il propose des services tels qu'un bureau de change et des interprètes. La présentation y est toujours soignée et le personnel s'y montre empressé. Le département de mode masculine se révèle particulièrement riche.

Neiman Marcus occupe un édifice moderne dont la construction en 1982 provoqua un véritable tollé car il remplaçait un bâtiment de la fin du siècle dernier. Il en a toutefois conservé la superbe verrière en vitraux qui éclaire le Rotunda Restaurant.

Nordstrom, réputé pour le prêt-à-porter et les chaussures, doit à sa situation aux derniers étages du San Francisco Center d'être surnommé « the store-in-the-sky » (le magasin dans le ciel).

Drapeaux flottant sur la pagode, au Japan Center

Union Square

Entre Market Street et Sutter Street, Union Square et ses alentours constituent le principal quartier commerçant de San Francisco. Outre plusieurs grands magasins, il renferme de nombreuses boutiques de toutes sortes proposant aussi bien literie de stylistes que chiens de race ou souvenirs. Hôtels de luxe, restaurants élégants et étals de fleurs colorés ajoutent au plaisir du lèche-vitrines.

Achats pour une bonne cause

Plusieurs magasins permettent de donner une dimension altruiste à ses achats. La **Planetweavers Treasure Store** propose de l'artisanat et des vêtements produits dans les pays en voie de développement, ainsi que des jouets éducatifs du monde entier. L'UNICEF (Fonds des

Étal de fleurs d'Union Square

Nations unies pour l'enfance) perçoit 25 % des bénéfices. L'**Hospitality House Store** est une galerie d'art où des artistes sans domicile fixe, ou à très faibles revenus, peuvent exposer leurs œuvres. Tous les profits réalisés par **Under One Roof** vont à des organismes de lutte contre le sida. La **Greenpeace Store** vend bijoux, affiches et cadeaux divers pour la célèbre organisation de défense de la nature.

Souvenirs

Only San Francisco** et la **Bay Company** offrent un large éventail de T-shirts, porte-clés et autres souvenirs évoquant San Francisco. Des casquettes de toutes tailles, couleurs et motifs sont disponibles à **Krazy Kaps**, tandis que des paniers emplis de cadeaux bon marché marquent l'entrée des boutiques de Grant Avenue *(p. 319)* et du Fisherman's Wharf *(p. 324-325)*.

Bonnes affaires

Les gourmands apprécieront à San Francisco les produits de la mer, les spécialités exotiques et les vins de la Napa Valley *(p. 446-447)*. La ville permet aussi de faire de bonnes affaires en matière de blue-jeans, de vêtements anciens ou d'occasion, d'art ethnique et de disques.

Shopping guidé

Pour simplifier les recherches des visiteurs, des compagnies comme **A Simple Elegance Shopping Tour** ou **Shopper Stopper Shopping Tours** organisent des promenades où un guide conduit dans des magasins sélectionnés.

Musées

Vous trouverez dans les boutiques de musées, entre autres à l'**Academy Store** de la California Academy of Sciences *(p. 360-361)*, à la **Museum Shop** du M. H. de Young Memorial Museum *(p. 362-363)* et à la **San Francisco MOMA Museum Store** *(p. 308-309)*, des cadeaux originaux et de bon goût à des prix adaptés à tous les budgets.

Grant Avenue, Chinatown

Carnet d'adresses

Academy Store
California Academy of Sciences, Golden Gate Park. **Plan** 8 F2.
(415) 750-7330.

Bay Company
211 Jefferson St. **Plan** 5 B1.
(415) 775-2146.

Greenpeace Store
900 North Point. **Plan** 4 F1.
(415) 474-1870.

Hospitality House Store
Crocker Galleria. **Plan** 4 F1.
(415) 398-7124.

Krazy Kaps
Pier 39. **Plan** 5 B1.
(415) 296-8930.

Macy's
Stockton et O'Farrell Sts. **Plan** 5 C5.
(415) 397-3333.

Museum Store
M.H. de Young Memorial Museum, Golden Gate Park. **Plan** 8 F2.
(415) 750-3642.

Neiman Marcus
150 Stockton St. **Plan** 5 C5.
(415) 362-3900.

Nordstrom
San Francisco Shopping Center, 865 Market St. **Plan** 5 C5.
(415) 243-8500.

Only in San Francisco
Pier 39. **Plan** 5 B1.
(415) 397-0122.

Planetweavers Treasure Store
1573 Haight St. **Plan** 9 C1.
(415) 864-4415.

San Francisco MOMA Museum Store
Museum of Modern Art. **Plan** 6 D5.
(415) 357-4035.

Shopping Stopper Shopping Tours
(707) 829-1597.

A Simple Elegance Shopping Tour
(415) 661-0110.

Under One Roof
549 Castro St. **Plan** 10 D3.
(415) 252-9430.

Les boutiques de San Francisco

La longue tradition culturelle de San Francisco et son humeur non conformiste, associées à l'esprit d'entreprise américain, expliquent la richesse et la variété de ses boutiques. Elles font du lèche-vitrines un plaisir constamment renouvelé. Qu'ils recherchent un petit souvenir, du prêt-à-porter, des œuvres d'art, des disques ou des antiquités, les visiteurs n'ont que l'embarras du choix. Les gourmets apprécieront notamment les vins fins et les spécialités de tous pays vendus dans des magasins d'alimentation où, souvent, odeurs et présentation mettent dès l'entrée en appétit.

Boutiques spécialisées

Créés dans certains cas par des artistes de la Bay Area, les vêtements et les objets vendus à **Smile-A Gallery with Tongue in Chic** n'ont qu'une prétention, faire sourire. **Malm Luggage** propose bagages et articles de cuir depuis la ruée vers l'or. Du pire au meilleur, les cartes postales exposées à **Quantity Postcards** offrent un reflet ludique des États-Unis. Le principal magasin de jouets, **FAO Schwartz**, occupe trois niveaux.

Portier de Schwartz

Mode

En mode féminine, San Francisco compte quelques stylistes réputés tels que **Diana Slavin** à l'élégance classique, **Joanie Char** pour les tenues de sport et **Franco Barone** pour le plein air.

Pour les hommes, la coupe des chemises et des complets de **Brooks Brothers** justifie sa notoriété, tandis qu'**Eddie Bauer** propose des habits de ville à la mode. Vous trouverez des vêtements dégriffés dans le quartier à SoMa (South of Market).

Les créations en coton pour enfants de **Small Frys**, connaissent un grand succès. **Nike Town** est un supermarché de la chaussure de sport. Les visites de l'usine de la **Levi Strauss & Co** organisées le mercredi permettent de découvrir comment sont fabriqués les célèbres Levis *(p. 333)*.

Livres, disques, art et antiquités

C'est l'**European Book Company** qui propose le plus de publications en français. Devenue une véritable institution, la **City Lights Bookstore** *(p. 330-331)* où se retrouvaient les auteurs de la beat generation reste ouverte en nocturne.

Les succursales de **Tower Records** et **Virgin Megastore** offrent un très large choix de disques. **Recycled Records** est spécialisé dans les disques d'occasion et les enregistrements rares.

Parmi les centaines de galeries d'art de San Francisco, la **John Berggruen Gallery** abrite la plus riche collection d'œuvres d'artistes établis ou en passe de le devenir. L'**Eleonore Austerer Gallery** vend des éditions limitées de gravures de maîtres modernes comme Picasso, Matisse et Miró. Objets et peintures de la période Art nouveau et des débuts de la Californie se trouvent à **Artiques**. Les expositions de l'**American Indian Contemporary Arts (AICA)** offrent un aperçu de nombreuses cultures et traditions indiennes.

Le quartier de Jackson Square *(p. 304)* est celui qui recèle le plus d'antiquaires.

À la Cookie Factory

À boire et à manger

Des oreilles de mer aux courgettes, et des produits frais de Californie aux spécialités importées, les gourmets n'ont que l'embarras du choix chez **Bon Appetit**. Les confitures et les moutardes, entre autres, de **Williams-Sonoma** peuvent faire de délicieux cadeaux, tandis que ses raviolis et tortellini frais valent à **Molinari Delicatessen** une réputation méritée.

Ses spécialités extrême-

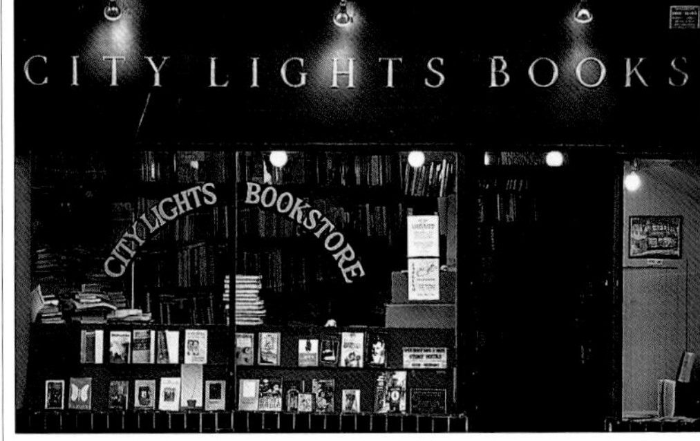

La City Lights Bookstore *(p. 330)* sur Columbus Avenue

orientales justifient presque à elles seules une visite de Chinatown *(p. 316-317)*. Ouverts tous les jours, les magasins d'alimentation du quartier lui donnent une atmosphère de marché fermier exotique. La **Golden Gate Fortune Cookie Company** *(p. 316)* entretient la tradition des « gâteaux de la chance » inventés par des immigrants chinois à San Francisco.

Vous trouverez les ingrédients qui font le piment de la cuisine latino-américaine au **Casa Lucas Market**. Les baguettes au levain de la **Boudins Bakery** ont des adeptes fervents parmi les habitants de San Francisco, tout comme les chocolats de **Ghirardelli's**, une maison fondée à l'époque de la ruée vers l'or.

Le **Caffè Trieste**, le plus ancien café de la ville, propose une sélection de mélanges spécialement torréfiés, ainsi que des machines à café. Le **Napa Valley Winery Exchange** permet de découvrir les crus de nombreux domaines viticoles californiens, y compris de petits producteurs.

Les maraîchers de la région viennent vendre directement au cœur de la cité leurs légumes et fruits frais lors de marchés fermiers. Le **Heart of the City** a lieu les mercredis et dimanches de 7 h à 17 h et le **Ferry Plaza Farmers' Market** les samedis de 9 h à 14 h.

Le Ghirardelli Square est réputé pour son chocolatier

CARNET D'ADRESSES

BOUTIQUES SPÉCIALISÉES

FAO Schwartz
48 Stockton St.
Plan 5 C5.
(415) 394-8700.

Malm Luggage
222 Grant Ave.
Plan 5 C4.
(415) 392-0417.

Quantity Postcards
1441 Grant Ave.
Plan 5 C2.
(415) 986-8866.

Smile – A Gallery with Tongue in Chic
500 Sutter St. **Plan** 5 B4.
(415) 362-3436.

MODE

Brooks Brothers
201 Post St. **Plan** 5 C4.
(415) 397-4500.

Diana Slavin
3 Claude Lane.
Plan 5 C4.
(415) 677-9939.

Eddie Bauer
250 Post St. **Plan** 5 C4.
(415) 986-7600.

Franco Barone
437 Hayes St. **Plan** 4 F5.
(415) 252-0156.

Joanie Char
285A Sutter St.
Plan 5 C4.
(415) 399-9867.

Levi Strauss & Co
250 Valencia St.
Plan 10 F1.
(415) 565-9159.

Nike Town
278 Post St.
Plan 5 C4.
(415) 392-6453.

Small Frys
4066 24th St.
Plan 10 D4.
(415) 648-3954.

LIVRES, DISQUES, ART ET ANTIQUITÉS

American Indian Contemporary Arts
23 Grant St. **Plan** 5 C5.
(415) 989-7003.

Artiques
2167 Union St.
Plan 4 D3.
(415) 929-6969.

City Lights Bookstore
261 Columbus Ave.
Plan 5 C3.
(415) 362-8193.

European Book Company
925 Larkin St.
Plan 4 F4.
(415) 474-0626.

Eleonore Austerer Gallery
540 Sutter St.
Plan 5 B4.
(415) 986-2244.

John Berggruen Gallery
228 Grant Ave.
Plan 5 C4.
(415) 781-4629.

Recycled Records
1377 Haight St.
Plan 9 C1.
(415) 626-4075.

Tower Records
Columbus Ave et Bay St.
Plan 5 A2.
(415) 885-0500.
Plusieurs succursales.

Virgin Megastore
Stockton St et Market St.
Plan 5 C5.
(415) 397-4525.

À BOIRE ET À MANGER

Bon Appetit
145 Jackson St. **Plan** 6 D3.
(415) 982-3112.

Boudins Bakery
4 Embarcadero Center.
Plan 6 D3.
(415) 362-3330.

Caffè Trieste
601 Vallejo St. **Plan** 5 C3.
(415) 982-2605.

Casa Lucas Market
2934 24th St. **Plan** 9 C3.
(415) 826-4334.

Ferry Plaza Farmers' Market
Début de Market St sur l'Embarcadero.
Plan 6 D3.

Ghirardelli's
Ghirardelli Square.
Plan 4 F1.
(415) 474-3938.

44 Stockton St.
Plan 5 C1.
(415) 397-3615.

Golden Gate Fortune Cookie Factory
56 Ross Alley.
Plan 5 C3.
(415) 781-3956.

Heart of the City Farmers' Market
United Nations Plaza.
Plan 10 A1.
(415) 558-9455.

Molinari Delicatessen
373 Columbus Ave.
Plan 5 C3.
(415) 421-2337.

Napa Valley Winery Exchange
415 Taylor St. **Plan** 5 B5.
(415) 771-2887.

Williams-Sonoma
150 Post St. **Plan** 5 C4.
(415) 362-6904.

Circuler à San Francisco

Cernée par la mer, la plus européenne des villes américaines est restée peu étendue, ce qui rend sa visite aisée et agréable, de nombreux sites se trouvant à courte distance les uns des autres. Elle possède en outre un système de transports en commun très pratique. Les *cable cars* sont devenus de véritables attractions touristiques, des bus sillonnent tout le centre et les trams et les trains du Muni Metro et du BART desservent la périphérie. Abordables mais rares, les taxis offrent un moyen sûr de se déplacer la nuit. Des transbordeurs assurent toujours des navettes à travers la baie. En voiture, une réglementation particulière de stationnement s'applique dans les rues pentues des collines *(p. 603).*

Des injonctions à respecter sous peine d'amende

À pied

San Francisco est une ville à découvrir à pied, seulement 15 à 20 minutes de marche à une vitesse moyenne séparant les principaux quartiers touristiques. Gravir les collines s'avère parfois fatigant, mais les vues offertes de la baie et de la cité récompensent de l'effort exigé par l'ascension.

À la plupart des carrefours, des panneaux verts et blancs indiquent les noms des artères qui se croisent. Ces noms sont parfois inscrits sur le trottoir. En traversant, n'oubliez pas que le code de la route autorise les véhicules à tourner à droite à un feu rouge ; ne vous fiez donc pas uniquement aux panneaux lumineux des passages protégés. Bien que les San-Franciscains ne se gênent pas pour le faire, traverser hors de ces passages, ou quand le signal indique « Don't Walk », est passible d'une amende d'un minimum de 50 $.

Passage protégé

En taxi

Des taxis circulent à San Francisco 24 h/24. Pour en obtenir un, vous pouvez soit téléphoner, soit attendre à une station, soit en arrêter un dont la lanterne, sur le toit, est allumée. Un forfait d'environ 2 $ s'applique pour le premier mile (1,6 km). Le prix de la course augmente de la même somme à chaque nouveau mile ou de 35 cents par minute. N'oubliez pas le pourboire, approximativement 15 % de la course.

À bicyclette

Circuler à vélo à San Francisco n'impose pas toujours d'affronter les collines, en particulier sur le front de mer. Le tarif de location d'une bicyclette se monte à environ 25 $ la journée et 125 $ la semaine. Certains bus sont dotés de porte-vélos sur les flancs. **Start to Finish** et **Wheel Escapes** vous indiqueront des itinéraires pittoresques.

Autres modes de transport

Cyclo-pousses *(pedicabs)* et calèches proposent des promenades sur l'Embarcadero, notamment près du Fisherman's Wharf *(p. 324-325).* Vous pouvez aussi profiter de visites guidées en *cable cars* motorisés (les passagers peuvent monter et descendre où ils veulent) ou en autocars.

Promenade en cyclo-pousse

Carnet d'adresses

Compagnies de taxis

City Cab
(415) 970-0700.

De Soto Cab
(415) 970-1300.

Veteran's Cab
(415) 552-1300.

Yellow Cab
(415) 626-2345.

Location de bicyclettes

Start to Finish
2530 Lombard St.
Plan 3 C2.
(415) 202-9830.

599 2nd St.
Plan 11 C1.
(415) 243-8812.

Wheel Escapes
443 Chenery St, Sausalito, Marin County.
(415) 586-2377.

Circuler en bus et en tram

Le San Francisco Municipal Railway, ou Muni, la régie des transports publics de la ville, propose des forfaits qui permettent de circuler librement sur tous ses bus, les *streetcars* (trams électriques) du Muni Metro et les trois lignes de *cable cars*. Très pratique, ce réseau dessert la majorité des sites touristiques et tous les quartiers de San Francisco.

Tickets et forfaits

Les tickets de bus ou de tram coûtent 1 $. À condition de demander un transfert au receveur, ils donnent droit à deux changements dans les deux heures qui suivent. Il existe des tarifs réduits pour les personnes âgées et les enfants de 5 à 17 ans. Ceux de moins de 5 ans voyagent gratuitement.

Surtout si vous restez plusieurs jours, acheter un Muni Passport se révélera plus économique. Valide 1, 3 ou 7 jours (les deux dernières formules sont les plus intéressantes), il permet une libre circulation sur les bus, les trams et les *cable cars*. Ces forfaits sont en vente au kiosque du City Hall *(p. 343)*, au **Visitors' Information Center** et au kiosque Muni de la plaque de Powell-Hyde *(p. 311)*.

Muni Passports

En bus et en tram

Les bus ne stoppent qu'aux arrêts, situés tous les 2 ou 3 pâtés de maisons. Ils portent à l'avant et sur les côtés leur destination et le numéro de la ligne. Ce dernier est suivi de lettres (L, EX, etc.) en cas de service express aux tickets soumis à supplément.

En montant, présentez votre Muni Passport au chauffeur ou glissez la somme exacte, ou des jetons, dans la boîte prévue à cet effet. Pour demander un arrêt, tirez le câble qui court le long des fenêtres. Le signal « Stop Requested » s'allumera au-dessus du pare-brise.

Tram du Muni Metro

Chaque arrêt de bus porte les numéros des lignes qui y passent. Plans et horaires se trouvent à l'intérieur de l'abri. Dans Market Street, les véhicules ne s'arrêtent pas seulement le long du trottoir, mais aussi à des îlots au milieu de la rue.

Les tramways du Muni Metro et les trains du BART *(p. 382)* utilisent le long de Market Street les mêmes stations souterraines. Des signes lumineux orange, jaunes et blancs indiquent leurs entrées. Une fois à l'intérieur, cherchez l'accès marqué « Muni ». Pour aller vers l'ouest de la ville, choisissez « Outbound », pour l'est « Downtown ». Des tableaux électroniques annoncent quel *streetcar* va arriver. Un drapeau orange et brun ou un poteau portant une bande jaune marquée « Muni » ou « Car Stop » signale les arrêts en surface.

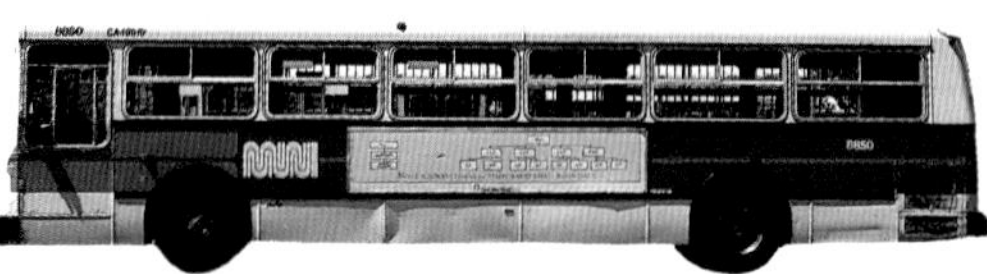

Bus Muni

Visiter en bus

Quelques lignes d'autobus répondent aux besoins des visiteurs. La 38 grimpe sur les collines dominant Ocean Beach et la 21 passe par le Golden Gate Park *(p. 356-359)*. La 42 suit un itinéraire en boucle et dessert Downtown *(p. 300-313)*, le Civic Center *(p. 342-343)* et le Fisherman's Wharf *(p. 324-325)*. La ligne 45 rejoint Chinatown et Nob Hill *(p. 314-321)*, la 8 traverse Haight Ashbury et le Mission District *(p. 344-353)*. Selon la circulation, il faut entre 30 et 45 mn pour atteindre la Bay Area *(p. 394-415)*.

Le Muni publie une brochure touristique, « Tours of Discovery », disponible au **Visitors' Information Center**.

Arrêt de bus Muni

Carnet d'adresses

Muni Information

Pièce 238, 949 Presidio Ave.
Plan 3 C4. (415) 673-6864.

Muni Passports

Visitors' Information Center
Niveau inférieur, Hallidie Plaza, Market et Powell Sts.
Plan 5 C5. (415) 391-2000.

Circuler en *cable car*, en train BART et en ferry

Un séjour à San Francisco ne saurait être complet sans prendre au moins une fois les célèbres *cable cars*. Long de 114 km, le réseau du BART (Bay Area Rapid Transit) dessert la péninsule et l'East Bay. Rapides et confortables, ses trains sont tous accessibles en fauteuil roulant. Des transbordeurs continuent d'assurer le transport de passagers à travers la baie. Elle peut aussi se découvrir lors de promenades en vedettes.

Sur la ligne Powell-Hyde

Prendre les *cable cars*

Les *cable cars* n'ont pas qu'un intérêt touristique, mais constituent une forme de transport urbain très utilisée par les San-Franciscains. Les voitures se succèdent tous les quarts d'heure de 6 h 30 à minuit et demi tous les jours et le prix du ticket est de 2 $ pour chaque trajet. Mieux vaut éviter les heures de pointe ; les employés de bureau apprécient aussi, pour rentrer chez eux, ce mode de transport devenu le seul monument historique mobile du monde.

Le réseau comprend trois lignes, chaque voiture portant le nom de sa ligne à l'avant, à l'arrière et sur les côtés. La ligne Powell-Hyde, la plus fréquentée, part de la plaque tournante au croisement de Powell et Market *(p. 311)* et finit dans Hyde Street près de l'Aquatic Park. La ligne Powell-Mason possède le même point de départ et s'achève à Bay Street. Sur ces deux lignes, vous découvrirez les plus beaux sites en vous asseyant face à l'est.

La ligne de California Street, entre le début de Market Street et Van Ness Avenue, traverse une partie du Financial District et de Chinatown.

Des panneaux bordeaux où se détache en blanc la silhouette d'un *cable car*, ou une ligne jaune peinte sur la chaussée perpendiculairement aux rails, signalent les arrêts. Préparez-vous à ne pas perdre de temps pour grimper à bord. Si vous n'avez pas acquis de forfait *(p. 381)*, vous pouvez payer au receveur une fois à l'intérieur. Il existe aussi des tickets-souvenirs vendus en distributeurs automatiques, aux stands des terminus, dans des boutiques sur le trajet, aux kiosques Muni et au Visitors' Information Center *(p. 381)*.

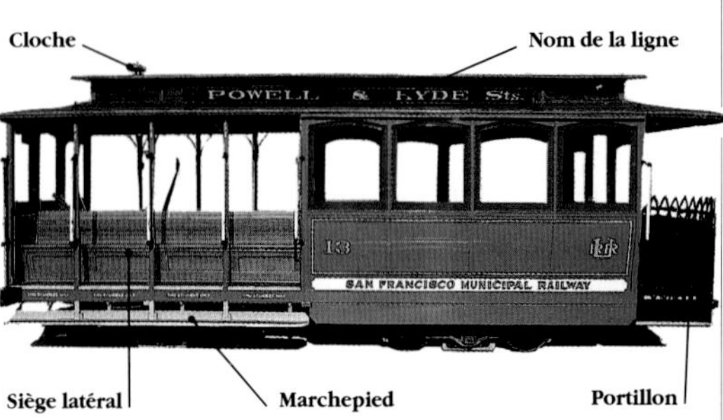

Un *cable car* de San Francisco

Correspondance sur Nob Hill

Visiter en *cable car*

Largement ouverts sur l'extérieur, les *cable cars* offrent par beau temps un moyen amusant et agréable de circuler au cœur de San Francisco. La ligne la plus touristique est Powell-Hyde qui gravit les collines de Russian Hill et de Nob Hill et finit par une superbe descente vers la baie et le Fisherman's Wharf. Certains receveurs font aussi partie du folklore.

Prendre un *cable car* en toute sécurité

Distributeur automatique de tickets

À moins d'être bondé, un *cable car* permet aux passagers de choisir entre rester à l'intérieur, s'asseoir sur les sièges latéraux ou se tenir sur le marchepied. Mieux vaut bien s'accrocher et se souvenir que les *cable cars* passent très près l'un de l'autre quand ils se croisent, en particulier avec des enfants toujours prêts à se pencher pour regarder l'autre voiture approcher. Des marques jaunes sur le sol délimitent l'espace réservé au *gripman* pour qu'il puisse manipuler son levier.

Attention en descendant, les arrêts se trouvant souvent au milieu de carrefours.

Numéros utiles

Cable Car Barn
1201 Mason St. **Plan** 5 B3.
☎ *(415) 474-1887.*

Muni Information
☎ *(415) 673-6864. Renseignements sur les* cable cars, *les tarifs et les Muni Passports.*

Circuler en BART

Logo du BART

Propres et confortables, les trains du Bay Area Rapid Transit roulent à plus de 100 km/h et circulent tous les jours du petit matin jusqu'à minuit, et à un rythme plus rapide aux heures de pointe, de 7 h à 9 h et de 16 h à 18 h 30.

S'ils traversent en surface la majorité des quartiers périphériques, ils desservent dans le centre-ville cinq stations souterraines toutes situées au-dessous de Market Street : Van Ness, Civic Center, Powell, Montgomery et Embarcadero.

Un tunnel sous-marin de 5,5 km de long rejoint les banlieues de l'East Bay, notamment Oakland et Berkeley. Les correspondances les plus pratiques se trouvent à MacArthur et Oakland City. Les prix des tickets varient selon la distance parcourue. Le personnel du BART est à votre disposition dans chacune des stations.

Légende

- Ligne Colma–Richmond
- Ligne Millbrae–Bay Point
- Ligne Daly City–Fremont
- Ligne Richmond–Fremont
- Ligne Daly City–Pleasanton

Transbordeurs et vedettes de promenade

Des transbordeurs, tels ceux des **Golden Gate Ferries**, continuent d'assurer des navettes régulières entre le Ferry Building *(p. 306)* et le Marin County ou Oakland et ils restent utilisés par de nombreux habitants de la Bay Area pour rentrer chez eux ou aller travailler. Ils offrent aux touristes un moyen plus économique d'avoir un aperçu de la San Francisco Bay que les promenades guidées.

Celles-ci, proposées par la **Blue & Gold Fleet** et la **Red & White Fleet**, partent du Fisherman's Wharf. Parmi les destinations figurent l'Angel Island, Alcatraz *(p. 328-329)* et les villes de la côte nord de la baie *(p. 398-399)*. Il existe aussi des liaisons bateau-bus jusqu'au Six Flags Marine World et jusqu'aux Muir Woods *(p. 398)*.

Enseigne d'un guichet

Si vous désirez manger tout en vous promenant sur l'eau, les **Hornblower Dining Yachts** servent à déjeuner le vendredi, des brunchs le week-end et à dîner tous les jours. À terre, la vue sur le front de mer est également spectaculaire. L'**Oceanic Society** propose des croisières accompagnées par un naturaliste aux Farallon Islands situées à 40 km au large de San Francisco *(p. 396)*. Vous pouvez également y observer les baleines *(p. 580)*.

Vedette de la Red & White Fleet

Carnet d'adresses

Transbordeurs

Golden Gate Ferries
(415) 923-2000.

Red & White Fleet
Pier 41 et 43½. **Plan** 5 B1.
(415) 546-2700, ou (1 888) 732-3483.
Promenade de 45 minutes.

Promenades dans la baie

Blue & Gold Fleet
Pier 39. **Plan** 5 B1.
(415) 773-1188.
Promenade de 75 minutes.

Hornblower Dining Yachts
Pier 33. **Plan** 5 C1.
(415) 394-8900, poste 7.

Oceanic Society Expeditions
(415) 441-1106.

Atlas des rues de San Francisco

Les références cartographiques données dans les pages de ce guide, pour les sites de visite comme pour les salles de spectacle *(p. 375)*, les commerces *(p. 377* et *379)*, les hôtels *(p. 523-527)* et les restaurants *(p. 560-566)*, renvoient aux plans de cet atlas où apparaissent les principaux édifices et des adresses utiles telles que bureaux de poste ou services d'urgence.

La légende ci-dessous indique les symboles utilisés. À côté, une carte d'ensemble précise la zone couverte par chaque plan de l'atlas et les quartiers qui la composent. Les plans 5 et 6 offrent une image à plus grande échelle du centre-ville.

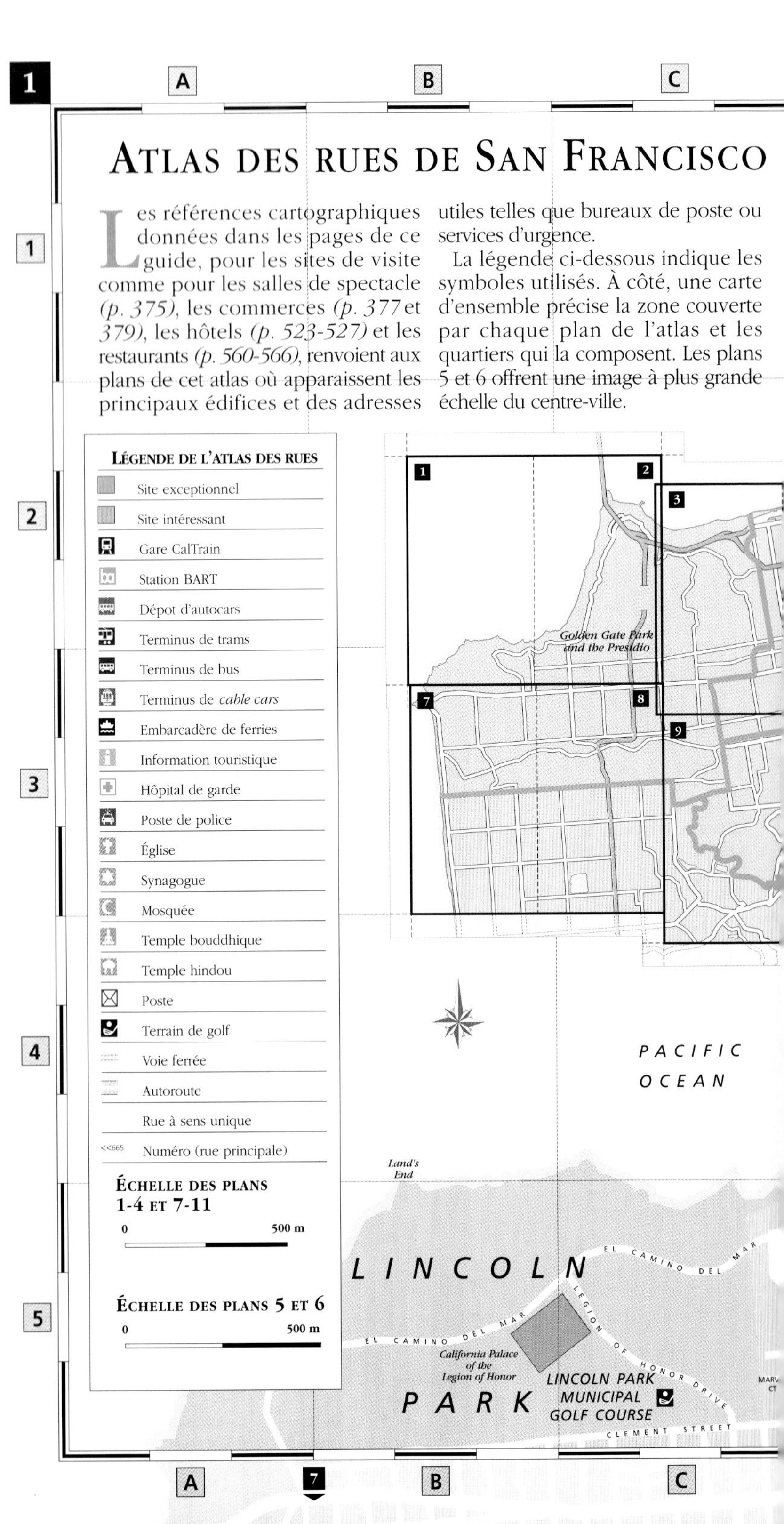

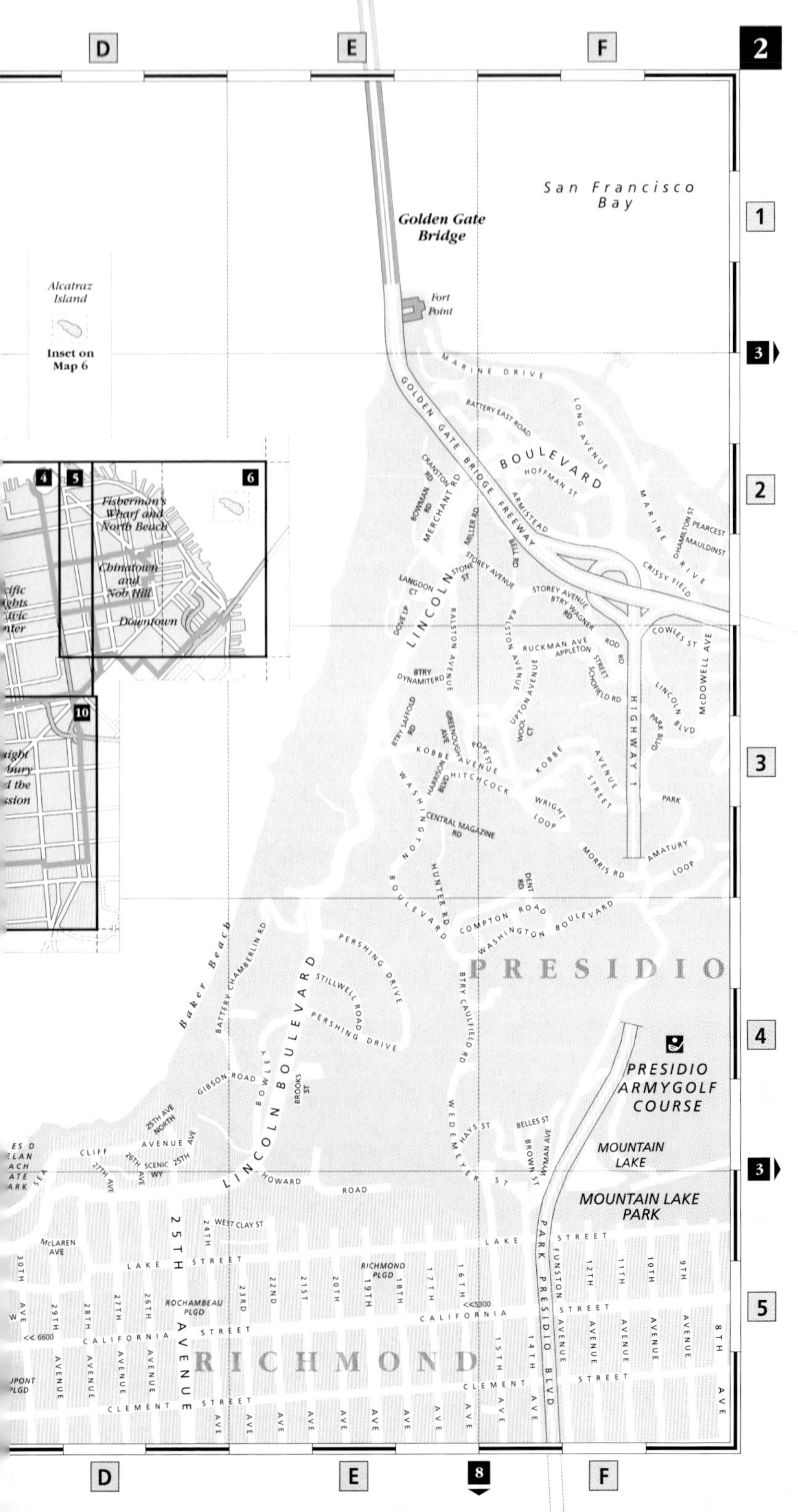

D
E
F
2
San Francisco Bay
Golden Gate Bridge
Fort Point
Alcatraz Island
Inset on Map 6
1
3
2
Fisherman's Wharf and North Beach
Chinatown and Nob Hill
Downtown
4
5
6
10
MARINE DRIVE
BATTERY EAST ROAD
LONG AVENUE
GOLDEN GATE BRIDGE FREEWAY
BOULEVARD
HOFFMAN ST
CRANSTON RD
BOWMAN RD
MERCHANT RD
MILLER RD
ARMISTEAD
BELL RD
MARINE DRIVE
HAMILTON ST
PEARCE ST
MAULDIN ST
CRISSY FIELD
STOREY AVENUE
STONE ST
LANGDON CT
LINCOLN
DOVE LP
RALSTON AVENUE
BTRY WAGNER RD
ROD RD
COWLES ST
McDOWELL AVE
RUCKMAN AVE
APPLETON
SCHOFIELD RD
STREET
BTRY DYNAMITE RD
UPTON AVENUE
HIGHWAY 1
LINCOLN BLVD
PARK BLVD
BTRY SAFFOLD RD
GREENOUGH AVE
POPE ST
KOBBE AVENUE
WOOL CT
KOBBE AVENUE
HARRISON BLVD
HITCHCOCK
WASHINGTON
WRIGHT LOOP
PARK
CENTRAL MAGAZINE RD
MORRIS RD
AMATURY LOOP
HUNTER RD
DENT RD
BOULEVARD
COMPTON ROAD
WASHINGTON BOULEVARD
PRESIDIO
PERSHING DRIVE
Baker Beach
BATTERY CHAMBERLIN RD
LINCOLN BOULEVARD
STILLWELL ROAD
PERSHING DRIVE
BTRY CAULFIELD RD
PRESIDIO ARMYGOLF COURSE
4
GIBSON ROAD
BOWLEY
BROOKS ST
25TH AVE NORTH
WEDEMEYER ST
HAYS ST
BELLES ST
BROWN ST
WYMAN AVE
MOUNTAIN LAKE
AVENUE
CLIFF
26TH
SCENIC WY
25TH AVE
27TH AVE
SEA
HOWARD ROAD
MOUNTAIN LAKE PARK
25TH AVENUE
24TH
WEST CLAY ST
McLAREN AVE
LAKE STREET
LAKE STREET
30TH AVE
29TH AVENUE
28TH AVENUE
27TH AVENUE
26TH AVENUE
ROCHAMBEAU PLGD
23RD AVE
22ND AVE
21ST AVE
20TH AVE
RICHMOND PLGD
19TH AVE
18TH AVE
17TH AVE
16TH AVE
<<5300
CALIFORNIA
PARK PRESIDIO BLVD
FUNSTON AVENUE
12TH AVENUE
11TH AVENUE
10TH AVENUE
9TH AVENUE
8TH AVE
5
<< 6600
CALIFORNIA STREET
STREET
RICHMOND
15TH AVE
14TH AVE
DUPONT PLGD
CLEMENT STREET
CLEMENT
STREET
8

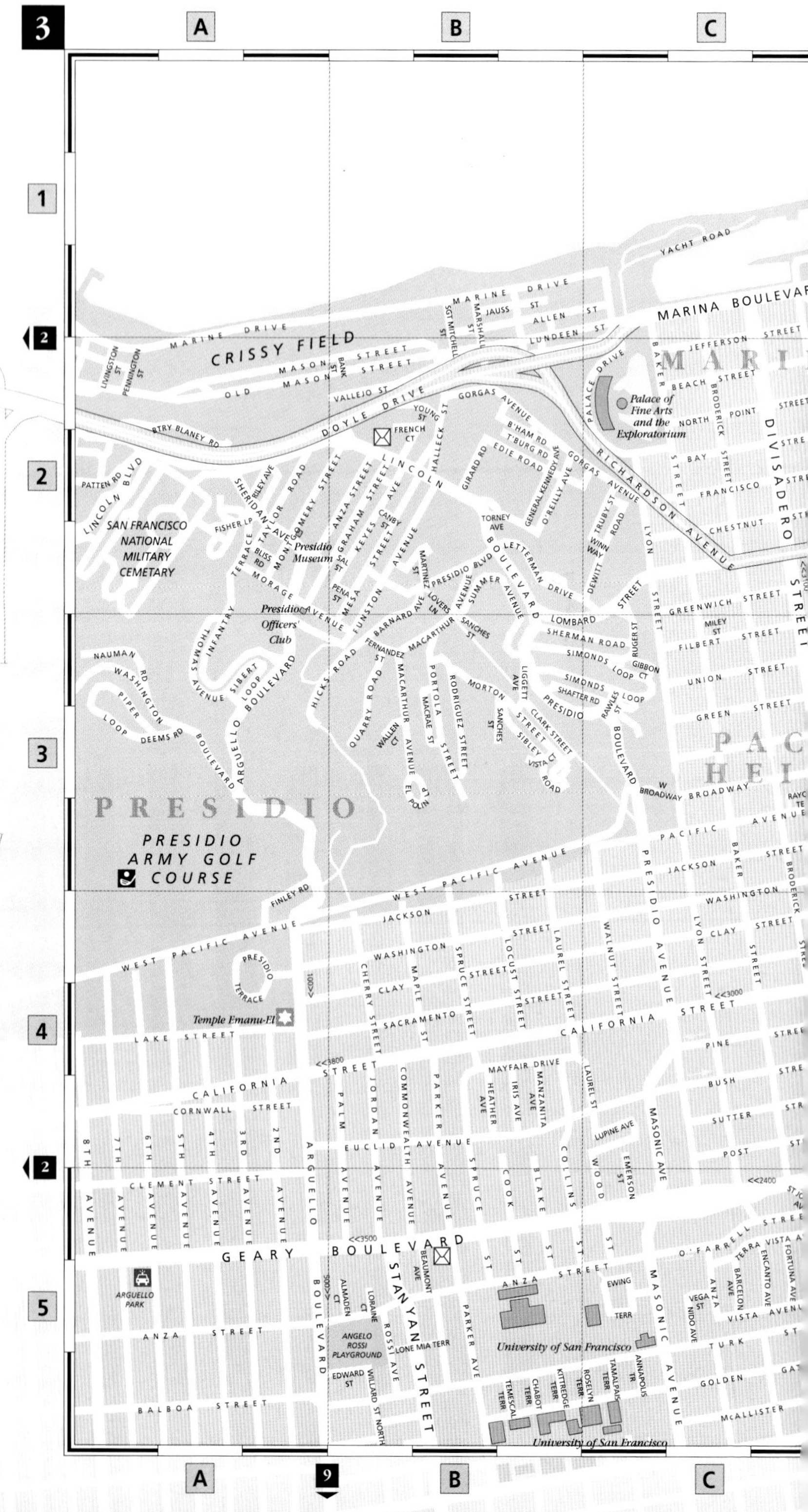
3
A
B
C
1
2
3
4
5
9
CRISSY FIELD
MARINE DRIVE
MASON STREET
OLD MASON STREET
BANK ST
VALLEJO ST
DOYLE DRIVE
BTRY BLANEY RD
LIVINGSTON ST
PENNINGTON ST
YOUNG ST
FRENCH CT
HALLECK ST
LINCOLN
LINCOLN BLVD
PATTEN RD
GORGAS AVENUE
B'HAM RD
T'BURG RD
EDIE ROAD
GIRARD RD
GENERAL KENNEDY AVE
O'REILLY AVE
TORNEY AVE
LETTERMAN DRIVE
SGT MITCHELL ST
MARSHALL ST
JAUSS ST
ALLEN ST
LUNDEEN ST
YACHT ROAD
MARINA BOULEVARD
JEFFERSON STREET
BEACH STREET
NORTH POINT STREET
BAY STREET
FRANCISCO STREET
CHESTNUT
BAKER
BRODERICK
DIVISADERO
RICHARDSON AVENUE
PALACE DRIVE
Palace of Fine Arts and the Exploratorium
TRUBY ST
WINN WAY
DEWITT ROAD
LYON STREET
GREENWICH STREET
MILEY ST
FILBERT STREET
UNION STREET
GREEN STREET
SAN FRANCISCO NATIONAL MILITARY CEMETARY
SHERIDAN AVE
RILEY AVE
TAYLOR ROAD
MONTGOMERY STREET
ANZA STREET
GRAHAM STREET
KEYES ST
CANBY ST
SAL ST
STREET
AVENUE
FISHER LP
BLISS RD
TERRACE
MORAGE
Presidio Museum
Presidio Officers' Club
PRESIDIO AVENUE
PENA ST
MESA
FUNSTON
MARTINEZ ST
LOVERS LN
PRESIDIO BLVD
SUMMER AVENUE
BOULEVARD
BARNARD AVE
MACARTHUR
SANCHES ST
FERNANDEZ ST
LOMBARD STREET
SHERMAN ROAD
SIMONDS LOOP
RUGER ST
GIBBON CT
SHAFTER RD
RAWLES ST
INFANTRY TERRACE
THOMAS AVENUE
SIBERT LOOP
HICKS ROAD
QUARRY ROAD
WALLEN CT
MACARTHUR AVENUE
MACRAE ST
PORTOLA STREET
RODRIGUEZ STREET
MORTON STREET
SANCHES ST
LIGGETT AVE
CLARK STREET
SIBLEY
VISTA ROAD
EL POLIN LP
NAUMAN RD
WASHINGTON
PIPER LOOP
DEEMS RD
ARGUELLO BOULEVARD
PRESIDIO
PRESIDIO ARMY GOLF COURSE
W BROADWAY
BROADWAY
PACIFIC AVENUE
WEST PACIFIC AVENUE
FINLEY RD
JACKSON STREET
WASHINGTON STREET
CLAY STREET
SACRAMENTO STREET
CALIFORNIA STREET
PINE STREET
BUSH STREET
SUTTER STREET
POST ST
CHERRY STREET
MAPLE ST
SPRUCE STREET
LOCUST STREET
LAUREL STREET
WALNUT STREET
PRESIDIO AVENUE
PRESIDIO TERRACE
Temple Emanu-El
LAKE STREET
100>>
<<3800
<<3000
<<2400
<<3500
CORNWALL STREET
8TH AVENUE
7TH AVENUE
6TH AVENUE
5TH AVENUE
4TH AVENUE
3RD AVENUE
2ND AVENUE
PALM AVENUE
JORDAN AVENUE
COMMONWEALTH AVENUE
PARKER AVENUE
MAYFAIR DRIVE
HEATHER AVE
IRIS AVE
MANZANITA AVE
LAUREL ST
EUCLID AVENUE
LUPINE AVE
EMERSON ST
MASONIC AVE
COOK ST
BLAKE ST
COLLINS ST
WOOD ST
CLEMENT STREET
GEARY BOULEVARD
BEAUMONT AVE
STANYAN STREET
O'FARRELL STREET
TERRA VISTA AVE
ENCANTO AVE
FORTUNA AVE
BARCELON AVE
VEGA ST
NIDO AVE
VISTA AVENUE
ARGUELLO PARK
ANZA STREET
EWING TERR
MASONIC AVENUE
TURK
GOLDEN
McALLISTER
ALMADEN CT
LORAINE CT
ROSSI AVE
ANGELO ROSSI PLAYGROUND
LONE MIA TERR
EDWARD ST
WILLARD ST NORTH
University of San Francisco
TEMESCAL TERR
CHABOT TERR
KITTREDGE TERR
ROSELYN TERR
TAMALPAIS TERR
ANNAPOLIS TR
BALBOA STREET
PARKER AVE
500>>

D
E
F
4
Municipal Pier
USS Pampanito
Hyde Street Pier
Pier 47
Pier 45
Wave Organ
Ripley's Believe It Or Not Museum
FORT MASON (GOLDEN GATE NATIONAL RECREATION AREA)
San Francisco National Maritime Museum
The Cannery
FISHERMAN'S WHARF
Ghirardelli Square
San Francisco Art Institute
GEORGE R MOSCONE RECREATION CENTER
COW HOLLOW
RUSSIAN HILL
Octagon House
Church of St Mary the Virgin
Haas-Lilienthal House
Spreckels Mansion
LAFAYETTE PARK
ALTA PLAZA
Japan Center
St Mary's Cathedral
WESTERN ADDITION
JEFFERSON SQ
HAYWARD PLGD
Asian Arts Museum
CIVIC CENTER
Veteran's Building
City Hall
SF New Public Library
War Memorial Opera House
Louise M Davies Symphony Hall
SF Arts Commission Gallery
Bill Graham Civic Auditorium
ALAMO SQUARE
HAYES VALLEY
MARINA BOULEVARD
FILLMORE STREET
LAGUNA STREET
BAY STREET
LOMBARD STREET
VAN NESS AVENUE
BROADWAY
GEARY BOULEVARD
GEARY STREET
DIVISADERO STREET
BROADWAY TUNNEL
1
2
3
4
5
10

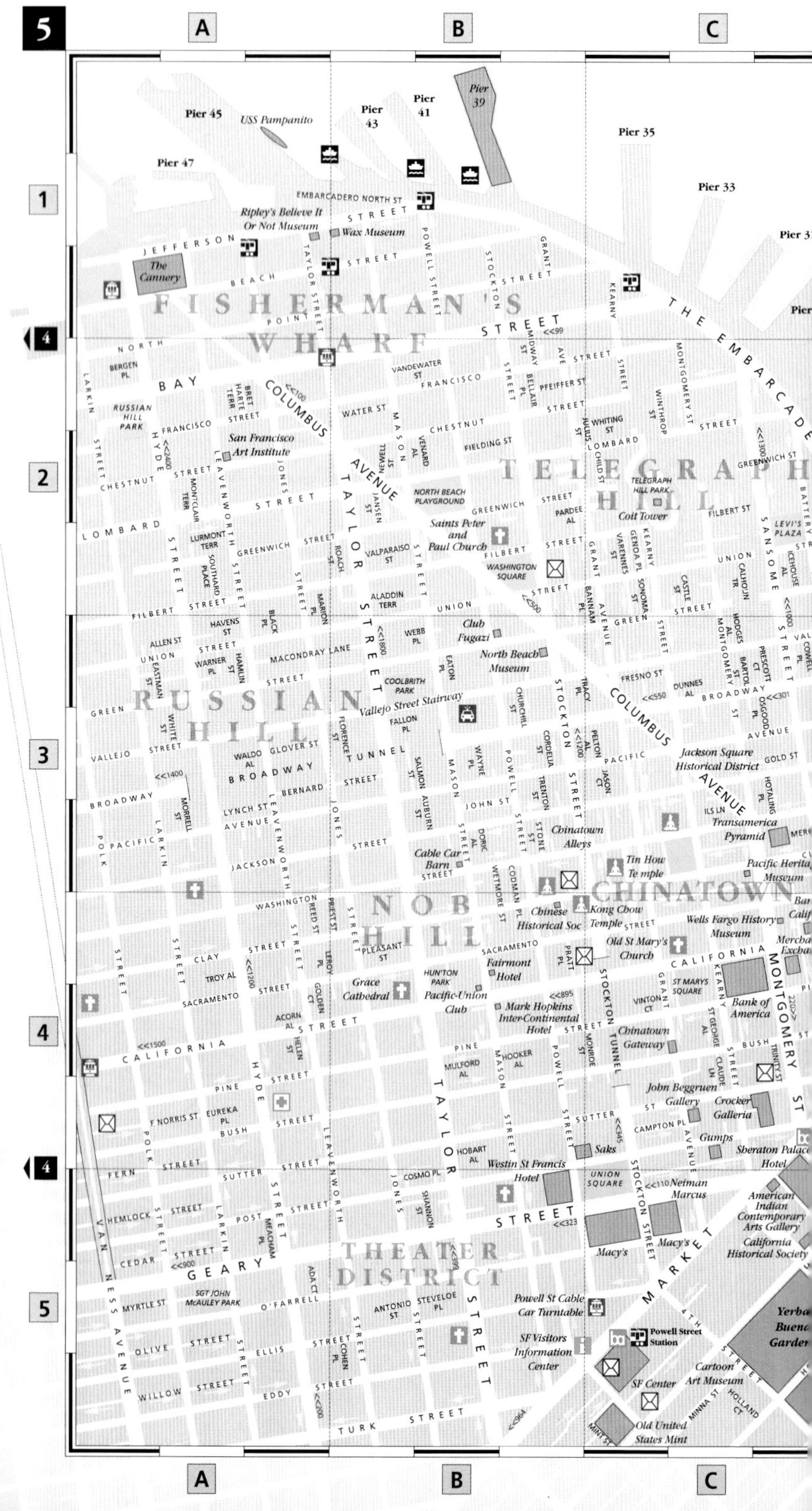
5
A
B
C
1
2
3
4
5
Pier 45
USS Pampanito
Pier 43
Pier 41
Pier 39
Pier 47
Pier 35
Pier 33
Pier 31
Pier
Embarcadero North St
Ripley's Believe It Or Not Museum
Wax Museum
Jefferson Street
Beach Street
The Cannery
Fisherman's Wharf
Point
North Street
Bergen Pl
Bay
Russian Hill Park
Francisco
Columbus Avenue
San Francisco Art Institute
Telegraph Hill
Telegraph Hill Park
Coit Tower
The Embarcadero
North Beach Playground
Saints Peter and Paul Church
Washington Square
Levi's Plaza
Club Fugazi
North Beach Museum
Russian Hill
Vallejo Street Stairway
Jackson Square Historical District
Transamerica Pyramid
Chinatown Alleys
Cable Car Barn
Tin How Temple
Pacific Heritage Museum
Chinatown
Nob Hill
Chinese Historical Soc
Kong Chow Temple
Wells Fargo History Museum
Old St Mary's Church
St Marys Square
Fairmont Hotel
Grace Cathedral
Huntington Park
Pacific-Union Club
Mark Hopkins Inter-Continental Hotel
Bank of America
Chinatown Gateway
Stockton Tunnel
John Beggruen Gallery
Crocker Galleria
Gumps
Sheraton Palace Hotel
Saks
Westin St Francis Hotel
Union Square
Neiman Marcus
American Indian Contemporary Arts Gallery
California Historical Society
Macy's
Theater District
Sgt John McAuley Park
Powell St Cable Car Turntable
SF Visitors Information Center
Powell Street Station
Yerba Buena Gardens
Cartoon Art Museum
SF Center
Old United States Mint
Market
Van Ness Avenue
Geary
California
Lombard
Broadway
Turk Street
Taylor Street
Montgomery
Stockton Street
Powell Street
Mason
Jones
Leavenworth
Hyde
Larkin
Polk
A
B
C

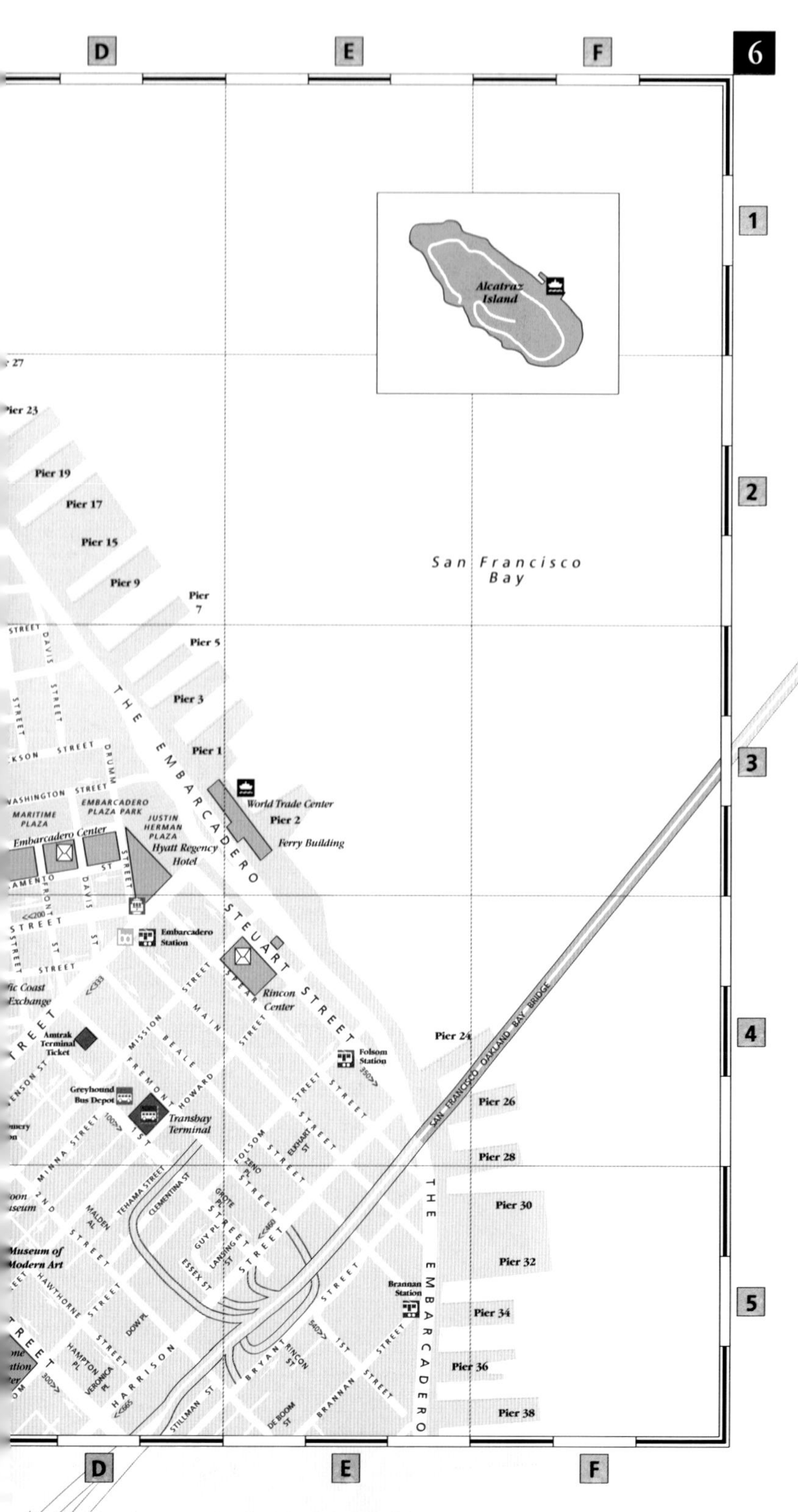
D
E
F
1
2
3
4
5
Alcatraz Island
San Francisco Bay
Pier 23
Pier 19
Pier 17
Pier 15
Pier 9
Pier 7
Pier 5
Pier 3
Pier 1
Pier 2
World Trade Center
Ferry Building
The Embarcadero
Embarcadero Plaza Park
Justin Herman Plaza
Hyatt Regency Hotel
Embarcadero Center
Maritime Plaza
Washington Street
Drumm
Davis Street
Embarcadero Station
Steuart Street
Spear
Rincon Center
Main Street
Beale
Fremont
Mission
Howard
Amtrak Terminal Ticket
Greyhound Bus Depot
Transbay Terminal
Folsom Station
Folsom Street
Pier 24
San Francisco Oakland Bay Bridge
Pier 26
Pier 28
Pier 30
Pier 32
Pier 34
Pier 36
Pier 38
Brannan Station
Elkhart St
Zeno Pl
Minna Street
Tehama Street
Clementina St
Malden Al
Grote Pl
Guy Pl
Lansing St
Essex St
Hawthorne Street
Dow Pl
Hampton Pl
Veronica Pl
Harrison
Stillman St
Bryant
Rincon St
De Boom St
Brannan Street
1st Street
2nd Street
Museum of Modern Art

7
A
B
C
1
2
3
4
5
SEAL ROCK DRIVE
SHORE VIEW AVE
POINT LOBOS AVENUE
GEARY BOULEVARD
Seal Rocks
SUTRO HEIGHTS PARK
ANZA STREET
SUTRO HEIGHTS AVE
BALBOA STREET
LA PLAYA STREET
CABRILLO STREET
CABRILLO PLAYGROUND
FULTON STREET
SPRECKELS
Spreckels Lake
Queen Wilhelmina's Tulip Garden
GOLDEN GATE PARK GOLF COURSE
N LAKE RD
CHAIN OF LAKES DRIVE WEST
CHAIN OF LAKES DRIVE EAST
Buffalo Paddock
JF KENNEDY DRIVE
Polo Field
GOLDEN
Chain of Lakes
Fly Casting Pool
MIDDLE DRIVE WEST
MARTIN LUTHER KING JR DRIVE
LINCOLN WAY
GREAT HIGHWAY
Ocean Beach
PACIFIC OCEAN
IRVING STREET
JUDAH STREET
KIRKHAM STREET
LAWTON STREET
MORAGA STREET
NORIEGA STREET
ORTEGA STREET
PACHECO STREET
QUINTARA STREET
RIVERA STREET
SUNSET BOULEVARD
PINO AL
WEST SUNSET PLAYGROUND
<<7900
<<6900
<<4700
<<3400
<<3500
<<1750

RICHMOND
GEARY BOULEVARD
Holy Virgin Cathedral
ARGONNE PLAYGROUND
ANZA STREET
BALBOA STREET
CABRILLO STREET
FULTON STREET
FULTON PLAYGROUND
PARK PRESIDIO BOULEVARD
PARK PRESIDIO BY PASS
MH de Young Memorial Museum
Asian Art Museum
California Academy of Sciences
Japanese Tea Garden
TEA GARDEN DRIVE
CONCOURSE DR
Shakespeare Garden
JF KENNEDY DRIVE
MARX MEADOW DR
CROSS OVER DRIVE
Lloyd Lake
Stow Lake
STOW LAKE DRIVE
STRAWBERRY HILL
OVERLOOK DRIVE
MIDDLE DRIVE WEST
GATE PARK
TRANSVERSE DRIVE
Elk Glen Lake
Metson Lake
Mallard Lakes
MARTIN LUTHER KING JR DRIVE
Strybing Arboretum
LINCOLN WAY
IRVING STREET
JUDAH STREET
KIRKHAM STREET
LAWTON STREET
SUNSET PLAYGROUND
MORAGA STREET
NORIEGA STREET
ORTEGA STREET
PACHECO STREET
QUINTARA STREET
RIVERA STREET
19TH AVENUE
25TH AVENUE
FUNSTON AVENUE
LURLINE ST
LOMITA AVENUE
ALOHA AVE
GRAND VIEW PARK
NORIEGA ST
SHELDON ST
MOUNT LANE
CASCADE WALK
SELMA WAY
AERIAL WAY
ANGLO AL
Sunset Reservoir
RADIO TERR
ROCKRIDGE DR
SUNSET HEIGHTS PARK
CRAGMONT AVE
FANNING WAY
CECILIA AVE
CASTENDA AVE
FOREST HILL
D
E
F
1
2
3
4
5
9

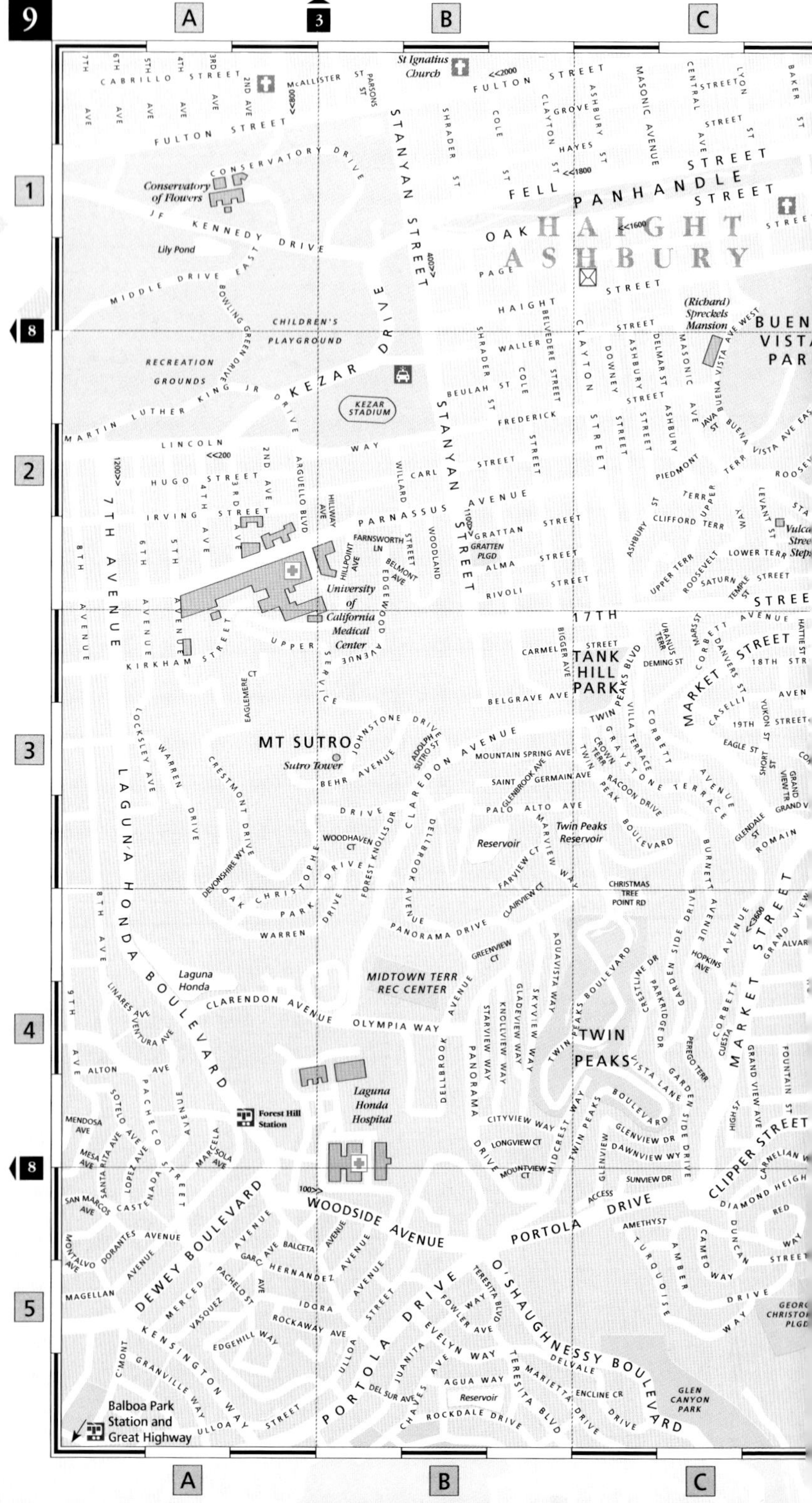

HAIGHT ASHBURY
PANHANDLE
Conservatory of Flowers
Lily Pond
CHILDREN'S PLAYGROUND
RECREATION GROUNDS
KEZAR STADIUM
St Ignatius Church
(Richard) Spreckels Mansion
BUENA VISTA PARK
University of California Medical Center
TANK HILL PARK
MT SUTRO
Sutro Tower
Twin Peaks Reservoir
Reservoir
MIDTOWN TERR REC CENTER
TWIN PEAKS
Laguna Honda
Laguna Honda Hospital
Forest Hill Station
GLEN CANYON PARK
Balboa Park Station and Great Highway
STANYAN STREET
FULTON STREET
KEZAR DRIVE
LAGUNA HONDA BOULEVARD
PORTOLA DRIVE
O'SHAUGHNESSY BOULEVARD
WOODSIDE AVENUE
DEWEY BOULEVARD
MARKET STREET
CLIPPER STREET

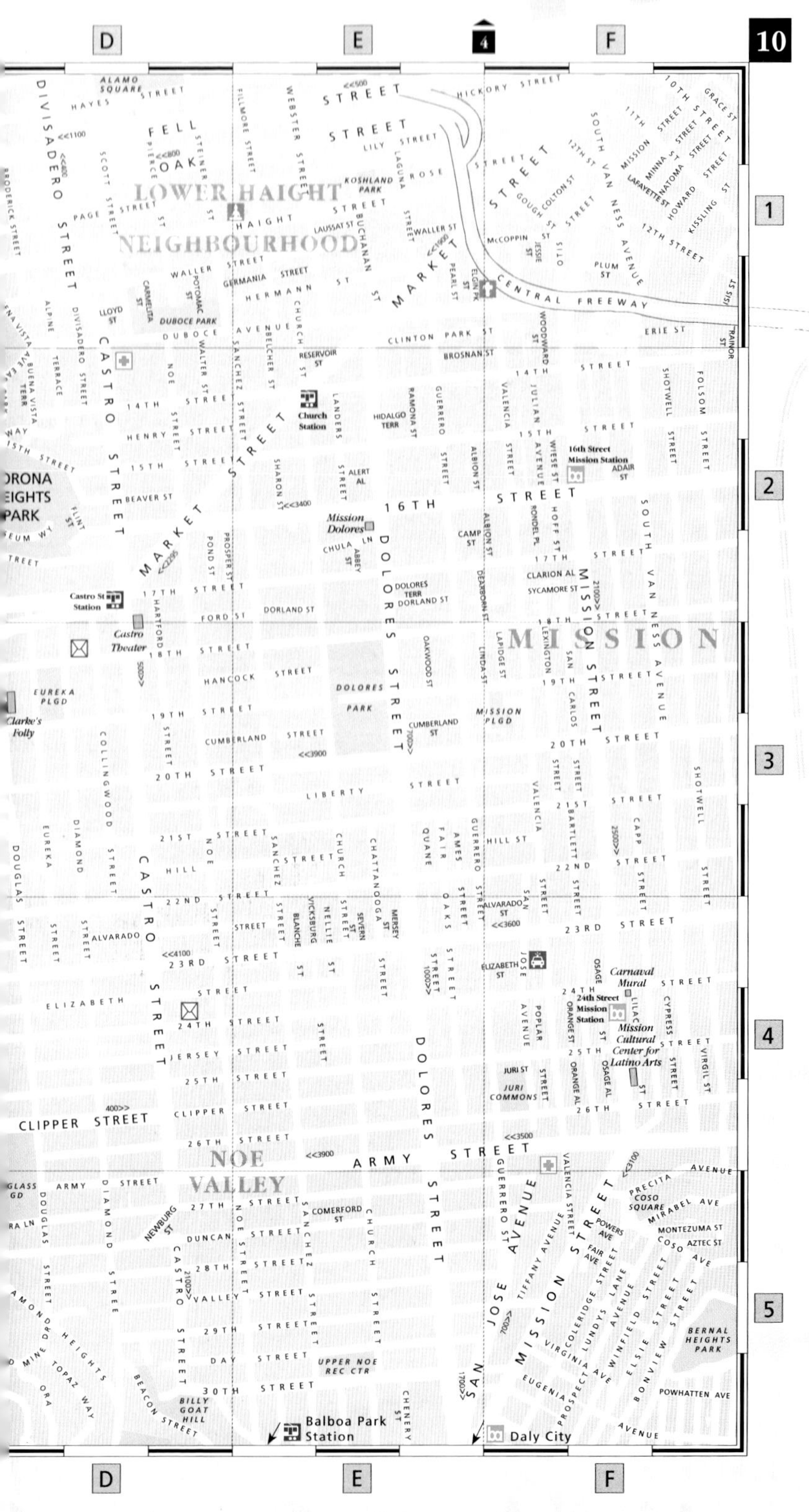

D
E
4
F
1
2
3
4
5
LOWER HAIGHT NEIGHBOURHOOD
ALAMO SQUARE
DUBOCE PARK
KOSHLAND PARK
Church Station
16th Street Mission Station
Mission Dolores
MISSION
Castro St Station
Castro Theater
EUREKA PLGD
Clarke's Folly
DOLORES PARK
MISSION PLGD
Carnaval Mural
24th Street Mission Station
Mission Cultural Center for Latino Arts
JURI COMMONS
NOE VALLEY
UPPER NOE REC CTR
BILLY GOAT HILL
PRECITA COSO SQUARE
BERNAL HEIGHTS PARK
Balboa Park Station
Daly City
CENTRAL FREEWAY
MARKET STREET
CASTRO STREET
DOLORES STREET
MISSION STREET
SOUTH VAN NESS AVENUE
VALENCIA STREET
GUERRERO STREET
SAN JOSE AVENUE
ARMY STREET
CLIPPER STREET
DIVISADERO STREET
FELL
OAK
HAIGHT STREET
16TH STREET
24TH STREET

LYCON

La Bay Area

La plupart des localités entourant la baie de San Francisco se sont développées autour de stations de villégiature d'été jusqu'à devenir de vastes banlieues ou des villes autonomes et dynamiques. Les plus petites, comme Tiburon, Pescadero et Sausalito, ont néanmoins conservé une atmosphère villageoise. Dans l'East Bay, ce sont le port et le musée d'Oakland, ainsi que Berkeley, cité réputée pour son animation, son université et ses jardins, qui attirent le plus de visiteurs. Plus au sud, au fond de la baie, San Jose, fondée par les Espagnols, s'affirme comme le nouveau pôle commercial de la région grâce à la Silicon Valley et abrite l'étrange Winchester Mystery House.

Le littoral offre de magnifiques paysages préservés au milieu d'une faune abondante comme sur la presqu'île de Point Reyes ou dans les Marin Headlands. Dans les Muir Woods, une forêt de séquoias géants, certains arbres ont plus de mille ans.

Détail du Sather Gate, Berkeley

La Bay Area d'un coup d'œil

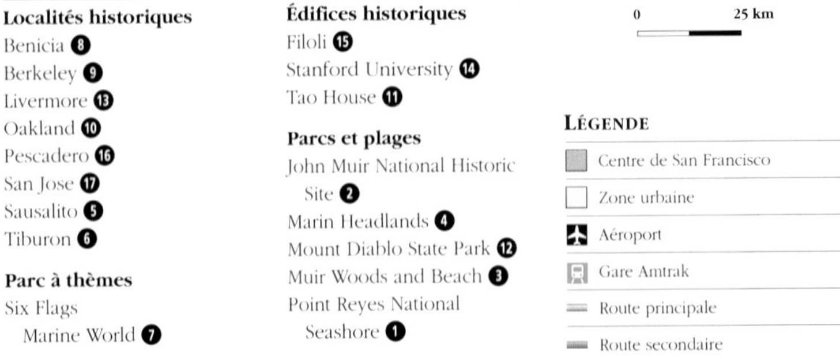

Localités historiques
- Benicia 8
- Berkeley 9
- Livermore 13
- Oakland 10
- Pescadero 16
- San Jose 17
- Sausalito 5
- Tiburon 6

Parc à thèmes
- Six Flags Marine World 7

Édifices historiques
- Filoli 15
- Stanford University 14
- Tao House 11

Parcs et plages
- John Muir National Historic Site 2
- Marin Headlands 4
- Mount Diablo State Park 12
- Muir Woods and Beach 3
- Point Reyes National Seashore 1

0 25 km

Légende
- Centre de San Francisco
- Zone urbaine
- Aéroport
- Gare Amtrak
- Route principale
- Route secondaire

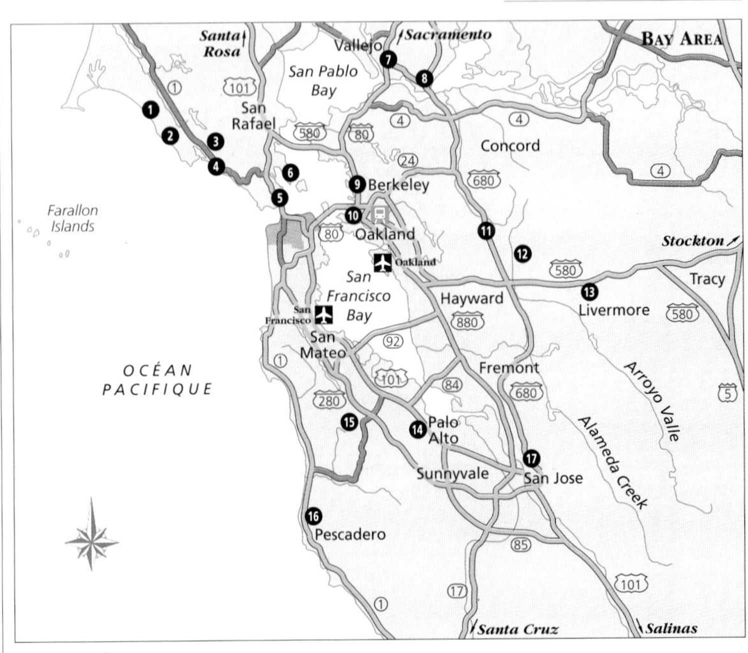

◁ **Bateaux amarrés dans le pittoresque village de Sausalito**

La côte de la Bay Area

De part et d'autre de San Francisco, falaises escarpées et étendues sablonneuses donnent au littoral pacifique des visages variés. L'océan conserve toute l'année une température d'environ 15° C et il faut une combinaison pour se baigner ou pratiquer le surf, mais les plages permettent de se promener ou de prendre le soleil dans des cadres superbes. Des parcs d'État ou nationaux comme la Point Reyes National Seashore *(p. 398)* ou les Marin Headlands de la Golden Gate National Recreation Area *(p. 400-401)* protègent une grande partie de la côte.

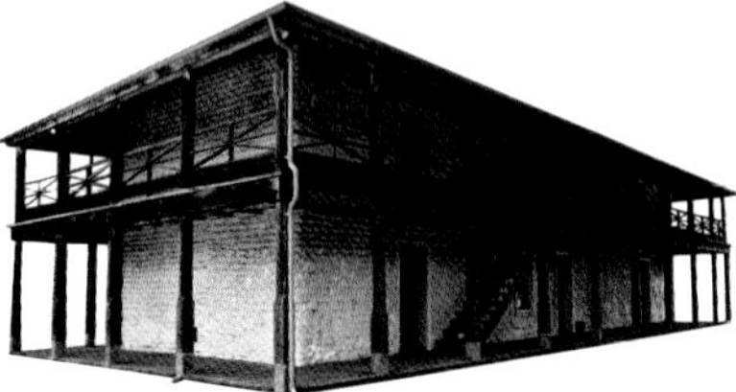

***Pacifica**, jadis liée à la Mission Dolores* (p. 351), *propose dans la Sanchez Adobe un musée consacré au matériel agricole du XIXe siècle.*

★ Point Reyes National Seashore ①

360 espèces d'oiseaux et plusieurs écosystèmes cohabitent sur cette presqu'île protégée *(p. 398)*.

★ Farallon Islands ⑫

À 44 km à l'ouest du Point Bonita, oiseaux marins et éléphants de mer viennent se reproduire sur ces îles interdites au public qui constituent également une étape essentielle pour les espèces migratrices.

Bolinas ②

Lieu d'hivernage de papillons Monarch, la ville a conservé quelques édifices victoriens bâtis peu après la ruée vers l'or *(p. 44-45)* à l'époque où de riches San-Franciscains venaient y passer l'été.

Marin Headlands ④

Cet espace protégé ménage de superbes vues de San Francisco et abrite une riche faune, notamment de nombreux oiseaux *(p. 400-401)*.

Treasure Island ⑥

Au centre du Bay Bridge *(p. 406-407)*, cette île, qui appartint à la marine américaine, accueillit la World's Fair de 1939 qu'évoque un petit musée.

Fort Funston ⑦

Professionnels et amateurs de parapente s'élancent du promontoire qui domine la plage. Il offre aussi un large panorama.

Colma ⑧

Cette curieuse ville se compose presque exclusivement de cimetières, interdits dans les limites de San Francisco. Ils renferment les tombes d'anciens habitants de toute la région.

Pillar Point Harbour ⑨

Le seul port naturel abrité situé entre San Francisco et Santa Cruz servait à la fin du XIXe siècle de base d'opération à une flotte de baleiniers.

***Le Muir Woods National Monument** est la dernière forêt de la Bay Area où des séquoias géants ont échappé aux bûcherons du XIXe siècle* (p. 398).

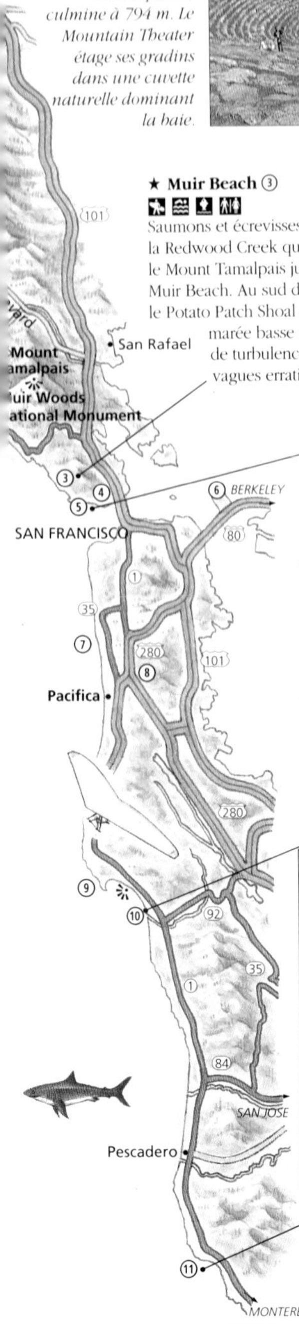

***Le Mount Tamalpais**, riche en plantes et animaux sauvages, tel le discret puma, culmine à 794 m. Le Mountain Theater étage ses gradins dans une cuvette naturelle dominant la baie.*

CARTE DE SITUATION

★ Muir Beach ③

Saumons et écrevisses peuplent la Redwood Creek qui dévale le Mount Tamalpais jusqu'à la Muir Beach. Au sud de la plage, le Potato Patch Shoal est à marée basse une zone de turbulences et de vagues erratiques.

★ Point Bonita ⑤

Le phare du Point Bonita, qui s'atteint par un tunnel ou un pont battu par les vagues, fut le dernier de Californie à devenir automatisé en 1980.

★ Half Moon Bay ⑩

Dans une région où le sol se prête bien aux cultures potagères, la plus ancienne ville du San Mateo County organise chaque année en octobre un festival du potiron *(p. 34)*.

★ Pigeon Point ⑪

De nombreux naufrages, dont celui du *Carrier Pigeon* qui donna son nom au site, entraînèrent la construction en 1872 d'un phare de 37 m. Des otaries s'aperçoivent souvent au large.

0 — 10 km

LÉGENDE

- Autoroute
- Route principale
- Route secondaire
- Cours d'eau
- Point de vue

Exploitation laitière de Point Reyes

Point Reyes National Seashore ❶

Carte routière A3. *depuis le San Rafael Center (week-ends seul.).* **Bear Valley Visitors' Center** *Bear Valley Rd, entrée principale de la National Seashore, Point Reyes.* *(415) 663-1092.* *de 9 h à 17 h t.l.j.*

La faille de San Andreas éloigne chaque année d'une moyenne de 5 cm la presqu'île triangulaire de Point Reyes du continent. Le mouvement des plaques tectoniques l'entraîne aussi vers le nord depuis plus de six millions d'années *(p. 18-21)*. Ce glissement connaît de brusques à-coups comme lors du tremblement de terre de 1906 *(p. 48-49)* où la péninsule se déplaça en une seule fois de six mètres. Une barrière décalée offre une image concrète de l'événement sur l'Earthquake Trail près du Bear Valley Visitors' Center. Le centre lui-même abrite une exposition sur la géologie et la géographie locales et propose des cartes d'itinéraires de randonnée.

Renommée pour la richesse de sa faune, dont un troupeau de wapitis, et ses exploitations laitières, la région ne compte que trois petites villes : Point Reyes Station, Olema et Inverness.

Sir Francis Drake aurait jeté l'ancre en 1579 dans la Drake's Bay, revendiquant la terre de « Nova Albion » au nom de l'Angleterre *(p. 42)*.

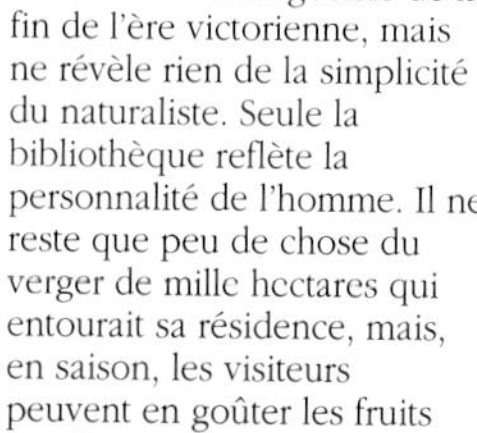

POINT REYES
NATIONAL SEASHORE
United States Department of the Interior
National Park Service

Un littoral protégé

John Muir National Historic Site ❷

4202 Alhambra Ave, Martinez. *(925) 228-8860.* *de 10 h à 16 h 30 du mer. au dim.* *1er jan., Thanksgiving, 25 déc.* *rez-de-chaussée et jardin seul.*

Situé dans la banlieue de Martinez, le John Muir National Historic Site occupe la maison où vécut John Muir de 1890 jusqu'à sa mort en 1914. De style Italianate *(p. 290)*, la demeure de 17 pièces offre un bon exemple d'une habitation de la haute bourgeoisie de la fin de l'ère victorienne, mais ne révèle rien de la simplicité du naturaliste. Seule la bibliothèque reflète la personnalité de l'homme. Il ne reste que peu de chose du verger de mille hectares qui entourait sa résidence, mais, en saison, les visiteurs peuvent en goûter les fruits cueillis par les rangers.

John Muir (1838-1914)

Muir Woods and Beach ❸

Mill Valley. **Visitors' Center** *Hwy 1, Mill Valley.* *(415) 388-2595.* *de 8 h à 17 h t.l.j.*

Au pied du Mount Tamalpais *(p. 396-397)*, la dernière forêt primitive de séquoias géants de la Bay Area porte le nom du naturaliste dont le combat et les écrits suscitèrent les premières mesures de protection de l'environnement aux États-Unis, notamment la création du Yosemite National Park *(p. 472-475)*. Ces arbres, dont certains sont vieux de plus de mille ans, couvraient tout le littoral californien avant le développement de l'industrie forestière au XIXe siècle.

Au sortir des bois, la Red Wood Creek descend se jeter dans l'océan à la Muir Beach, plage qui offre un cadre agréable à un pique-nique ou une rêverie au bord de l'eau *(p. 396-397)*. La route qui y conduit passe devant la Pelican Inn. Cet établissement évoquant une auberge anglaise du XVIe siècle réserve un accueil chaleureux à ses hôtes *(p. 529)*.

Il y a souvent foule sur la Muir Beach le week-end, en particulier l'été, mais il suffit d'être prêt à marcher un quart d'heure sur le sable pour réussir, généralement, à retrouver le calme.

Marin Headlands ❹

Voir p. 400-401.

Sausalito ❺

Carte routière, encadré B. *7 300.* *777 Bridgeway Ave, 3e étage (415 332-0505).*

Dans cet ancien village de pêcheurs qui s'emplit de San-Franciscains pendant les week-ends, des bungalows victoriens s'accrochent aux collines abruptes qui tombent dans la baie. Bordée de boutiques et de restaurants, la Bridgeway Avenue, parallèle au front de mer, fait office de promenade. Un ancien entrepôt abrite le **Village**

Sur le port de Sausalito

et magasins élégants bordent la rue principale. Certains occupent des « *arks* », anciennes maisons flottantes du début du XXe siècle tirées à terre et aménagées avec goût. Ces constructions sans équivalent forment l'« Ark Row ». De beaux panoramas s'offrent depuis les parcs aménagés en front de mer. Des lumières scintillantes donnent au port un aspect féerique la nuit.

Fair, un centre commercial. Le **Bay Model** simule les mouvements d'eau provoqués dans la baie par les courants et les marées.

Village Fair
777 Bridgeway Ave. *(415) 332-1902.* *t.l.j.* *jours fériés.*

Bay Model
2100 Bridgeway Ave. *(415) 332-3870.* *de sept. à mai : du mar. au ven. ; de juin à août : du mar. au dim.* *jours fériés.*

Tiburon 6

Carte routière, encadré B. *8 200.* *96B Main St (415 435-5633).*

Comme Sausalito, Tiburon fait face à la baie, mais elle offre un cadre plus calme à une promenade. Restaurants

Six Flags Marine World 7

Carte routière, encadré B. *(707) 643-6722.* *depuis San Francisco.* *de juin à août : de 9 h 30 à 18 h du lun. au ven., de 9 h à 18 h 45 les sam. et dim. ; de sept. à mai : de 9 h 30 à 17 h du mer. au dim.* *Thanksgiving, 25 déc.*

Le long de la I-80 et de la Hwy 37, ce parc zoologique et océanographique occupe à la périphérie de Vallejo un site de 65 ha et il reçoit chaque année 1,6 million de visiteurs. Bien qu'il accorde une place aussi importante à l'éducation qu'aux loisirs, les principales attractions demeurent les spectacles mettant en scène des mammifères marins tels que dauphins, otaries et orques.

Logo du Marine World

La Shark Experience permet, grâce à un tunnel transparent, de se promener au milieu de requins et de poissons tropicaux.

La faune terrestre n'est pas oubliée avec, entre autres, des numéros de dressage de tigres du Bengale et de babouins, une volière d'oiseaux exotiques et une belle collection de papillons multicolores.

Benicia 8

Carte routière, encadré B. *24 400.* *Benicia Chamber of Commerce, 601 1st St (707 745-2120).*

Sur la rive nord des Carquinez Straits, l'étroit chenal qu'empruntent les eaux drainées de la Sierra Nevada par la Sacramento River et la San Joaquin River pour rejoindre la San Francisco Bay, Benicia fut capitale de la Californie de février 1853 à février 1854. Restauré, l'édifice de style Greek Revival construit pour accueillir le gouvernement renferme toujours une grande partie de ses meubles et de ses ornements d'origine. Il fait partie, avec la Fisher-Hanlon House voisine, un ancien hôtel de l'époque de la ruée vers l'or entièrement rénové, du **Benicia State Historic Park**.

Main Street le relie au front de mer d'où des transbordeurs assuraient jadis des navettes régulières avec Port Roca. Désaffecté dans les années 1950 après un siècle de service, le Benicia Arsenal abrite aujourd'hui des ateliers mis à disposition des artistes et artisans locaux.

Benicia State Historic Park
1st et G Sts. *(707) 745-3385.* *de 10 h à 17 h t.l.j.* *1er jan., Thanksgiving, 25 déc.*

La rue principale de Tiburon

Une heure et demie dans les Marin Headlands ❹

Le Golden Gate Bridge s'ancre au nord dans les collines verdoyantes des Marin Headlands, une zone sauvage de crêtes battues par les vents, de vallées abritées et de plages désertes. Cet ancien terrain militaire à l'entrée de la baie, d'où plusieurs points de vue ménagent de superbes panoramas de San Francisco et de l'océan, fait aujourd'hui partie de la Golden Gate National Recreation Area. En automne, on peut apercevoir balbuzards et aigles migrateurs au-dessus du Hawk Hill.

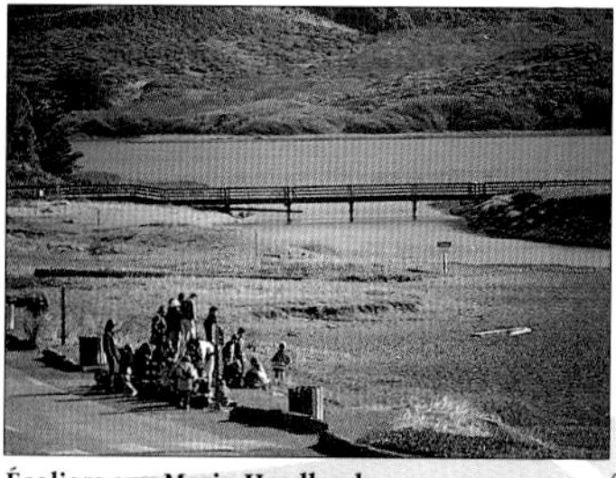

Écoliers aux Marin Headlands

Rodeo Beach ③

Du Visitors' Center à la Rodeo Beach

Avant de vous mettre en marche, prenez le temps d'entrer dans le Visitors' Center ① qui occupe l'ancienne chapelle du Fort Cronkhite. Transformée en musée et en centre d'information, elle comprend une librairie spécialisée dans l'histoire naturelle, et plus particulièrement les oiseaux. On peut également voir un abri des Indiens Miwoks qui habitaient jadis cette partie du littoral.

La promenade fait le tour de la Rodeo Lagoon ② et commence à la porte ouest (côté océan) du parc de stationnement. Prenez à gauche le sentier qui conduit à la mer. Il traverse une dense végétation. Attention aux propriétés irritantes du *poison ivy* (sumac vénéneux). Le bord de la lagune abrite pélicans bruns, aigrettes et canards colvert. Quinze minutes de marche conduisent à la Rodeo Beach ③. Cette plage de sable venteuse reste peu

LÉGENDE

- ••• Sentier pédestre
- Point de vue
- P Parc de stationnement

Rodeo Lagoon ②

Otarie au Marine Mammal Center ⑦

Otarie de Californie ⑧
BUNKER ROAD
Rodeo Lake
⑨
BUNKER ROAD
Visitors' Center
①
P
FIELD ROAD
BODSWORTH RD
SIMMONDS RD
ROSENSTOCK RD
COASTAL TRAIL
⑩
0 250 m

fréquentée hormis par les groupes d'écoliers qui participent aux programmes d'initiation à l'écologie proposés par le Headlands Institute installé non loin dans des baraquements militaires. La plage ménage une vue qui porte au sud jusqu'à la Bird Island ④.

Des baraquements au California Marine Mammal Center
Depuis la plage, dirigez-vous vers l'intérieur des terres pour franchir la pointe de la lagune sur un pont piétonnier en bois ⑤. Vous trouverez de l'autre côté des toilettes et les baraquements qui abritent différents organismes comme le Headlands District Office et le Raptor Observatory ⑥. Longez les bâtiments en restant sur le sentier, puis prenez à gauche la route qui grimpe jusqu'au California Marine Mammal Center ⑦. Sur un site occupé par des missiles de défense pendant la guerre froide, des bénévoles soignent aujourd'hui des mammifères marins blessés ou malades, notamment des otaries et des éléphants de mer. Une fois rétablis, ils sont relâchés. On peut regarder les vétérinaires au travail et approcher des animaux, souvent des orphelins.

Horse Trail

Bike Trail

Panneaux de signalisation

De la lagune à la Golden Gate Hostel
Redescendez la colline pour rejoindre la route revêtue qui longe la Rodeo Lagoon ⑧. Un sentier aménagé pour les randonneurs court parallèlement, mais il faut franchir une barrière de sécurité pour l'atteindre. Juste avant que la route emprunte un pont, un large banc permet de se reposer en regardant les oiseaux. Ne restez pas sur la chaussée pour traverser le pont, mais prenez le sentier parallèle. Avant la fin de la barrière de sécurité, un chemin ⑨ plonge à droite dans les fourrés. De là, remontez de nouveau sur la colline grâce à des marches qui vous mèneront au bout du parc de stationnement du Visitors' Center. Traversez le parking et grimpez encore jusqu'à un édifice en bois possédant deux étages. Bâti au tournant du siècle, il figure sur le National Historic Registry et servit de quartier général des officiers, d'hôpital et de centre de contrôle de missiles. Il abrite aujourd'hui une auberge de jeunesse, la Golden Gate Hostel ⑩. Les visiteurs peuvent suivre dans les Marin Headlands plusieurs autres itinéraires de promenade plus longs et plus exigeants. La Wolf Ridge et le Bobcat Trail font partie des plus appréciés.

Visitors' Center ①

CARNET DE ROUTE

Point de départ : *Visitors' Center du Fort Cronkhite.*
Itinéraire : *3 km.*
Comment y aller : *Le bus Muni nº 76 part à San Francisco du croisement de Fourth St et de Townsend St les dimanches et certains jours fériés ☎ (415) 673-6864. En voiture, traversez le Golden Gate Bridge, prenez la sortie Alexander Avenue et tournez sous l'autoroute en suivant la direction des Headlands, du Fort Cronkhite et du Fort Barry.*
Où faire une pause : *Vous trouverez de l'eau, mais nul restaurant, café ou buvette aux Marin Headlands. Si vous emportez un pique-nique, il existe de nombreuses tables où s'installer le long des sentiers et des plages.*

Berkeley ❾

Siège d'une prestigieuse université depuis 1868, Berkeley prit son essor après le séisme de 1906 *(p. 48-49)* quand de nombreux San-Franciscains fuirent leur cité en ruine pour s'installer sur la rive orientale de la baie. Sa personnalité ne s'affirma toutefois que dans les années 1960 quand elle devint après la naissance du Free Speech Movement un des principaux pôles de la lutte contre la guerre du Viêt-nam. L'esprit de cette époque non conformiste reste vivant sur Telegraph Avenue où une foule bigarrée se presse entre éventaires, boutiques et cafés, mais le cadre verdoyant des collines de Berkeley attire de plus en plus une population aisée. D'excellents restaurants en ont fait un des hauts lieux de la gastronomie de la Bay Area.

University of California at Berkeley

(510) 642-6000. **Hearst Museum of Anthropology** *(510) 643-7648.* *de 10 h à 16 h 30 du mer. au dim. (jusqu'à 21 h le jeu.).* *jours fériés.* **Berkeley Art Museum and Pacific Film Archive** *(510) 642-0808.* *de 11 h à 17 h du mer. au dim. (jusqu'à 21 h le jeu.).* *jours fériés.*

La réputation contestataire de l'université de Berkeley éclipse parfois le renom scientifique d'un centre d'enseignement supérieur fondé en 1868 et qui compte neuf prix Nobel parmi ses professeurs et ses chercheurs.

Dessiné par l'architecte Frederick Law Olmsted, le campus *(p. 404-405)* accueille aujourd'hui plus de 30 000 étudiants et renferme de nombreux musées et édifices dignes d'intérêt, entre autres l'University Art Museum *(p. 405)* aux collections principalement modernes, l'Hearst Museum of Anthropology et la Sather Tower.

Modèle de molécule d'ADN au Lawrence Hall of Science

Lawrence Hall of Science

Centennial Drive, UC Berkeley.
(510) 642-5132. *de 10 h à 17 h t.l.j.*

La science devient amusante ici grâce à des installations interactives qui permettent de manipuler des hologrammes, de surveiller l'activité sismique ou de situer des étoiles dans le planétarium.

Vu de l'esplanade, le nord de la baie ménage la nuit un spectacle extraordinaire.

Le Wellman Hall, campus de l'University of California

Le Claremont Resort Hotel

Claremont Resort Spa and Tennis Club

Ashby et Domingo Aves, Oakland.
(510) 843-3000.

L'hôtel le plus luxueux de la Bay Area dresse sa silhouette de château de conte de fées contre les collines de Berkeley. Il offre un cadre pittoresque où l'on peut prendre un verre en jouissant du panorama.

Sa construction commença en 1906 et s'acheva en 1915, mais l'établissement connut un démarrage difficile, en partie à cause d'une loi qui interdisait la vente d'alcool dans un rayon d'un mile (1,6 km) autour du campus de l'université. En 1937, un étudiant entreprenant s'aperçut que le cercle ainsi défini traversait le *centre* de l'édifice. Le Terrace Bar put ouvrir au-delà de cette ligne.

University of California Botanical Garden

Centennial Drive, Berkeley. *(510) 642-3343.* *de 9 h à 16 h 45 t.l.j.* *25 déc.* *limité.*

Plus de 12 000 espèces végétales du monde entier prospèrent dans le Strawberry Canyon de Berkeley. Quoique destinées avant tout à la recherche, elles sont organisées en jardins thématiques reliés par des sentiers et consacrés, par exemple, à l'Asie, à l'Afrique, à l'Amérique du Sud, à l'Europe, à la Californie, à la pharmacopée traditionnelle chinoise, aux cactus ou aux plantes carnivores. Il y a aussi une serre d'orchidées.

Tilden Park

(510) 843-2137. **Trains à vapeur** *de 11 h à 18 h les sam. et dim. et t.l.j. en été.* **Carrousel** *de 10 h à 17 h les sam. et dim., de 11 h à 17 h t.l.j. en été.* **Jardin botanique** *de 8 h 30 à 17 h t.l.j. limité.*

Ce parc garde dans sa majeure partie l'aspect d'un espace naturel, mais il renferme de nombreuses attractions. Il existe notamment pour les enfants un carrousel et une ferme et un train à vapeur miniature.

Dans le jardin botanique, spécialisé dans les espèces californiennes, un vallon planté de séquoias conduit de prairies alpines à des plantations de cactées.

Robe cérémonielle juive (XIXe s.), Judah L. Magnes Museum

Judah L. Magnes Museum

2911 Russell St, Berkeley. *(510) 549-6950. de 10 h à 16 h du dim. au jeu. jours fériés et fêtes juives. téléphoner.*

Une vieille demeure pleine de recoins abrite la plus riche collection de Californie d'objets d'art et historiques illustrant la culture juive de l'antiquité à nos jours. Elle comprend des trésors provenant d'Europe, de Turquie et d'Inde et les œuvres d'artistes tels que Marc Chagall et Max Liebermann, ainsi que des souvenirs de la tragédie de l'Holocauste, tel un rouleau de la Torah sauvé des flammes dans une synagogue allemande.

Le musée propose également des conférences, des projections vidéo et des expositions temporaires.

Telegraph Avenue

De l'aube à la nuit, une foule colorée d'étudiants, de vendeurs de rue, de musiciens et de personnages excentriques fait de Telegraph Avenue, entre Dwight Way et l'université, l'artère la plus vivante de Berkeley. Centre de la contestation dans les années 1960, elle recèle une des plus fortes concentrations de librairies du pays, ainsi qu'un grand nombre de magasins de disques, de boutiques de fripes, de cafés et de lieux de restauration bon marché.

MODE D'EMPLOI

Carte routière, encadré B. *104 900. Oakland, 19 km au S.-O. de Berkeley. 2160 Shattuck Ave. 1834 University Ave (510 549-7040, 800 847-4823). Feux d'artifice du 4 juillet ; Farmers' Market Grand Opening & Parade (2e dim. de juil.) ; Telegraph Ave Book Fair (fin juil.).*

Fourth Street

Le quartier chic situé au nord d'University Avenue renferme des commerces de bon ton vendant aussi bien vitraux et mobilier que légumes biologiques ou ustensiles de jardins dessinés par des stylistes. Il abrite également quelques restaurants gastronomiques *(p. 566).*

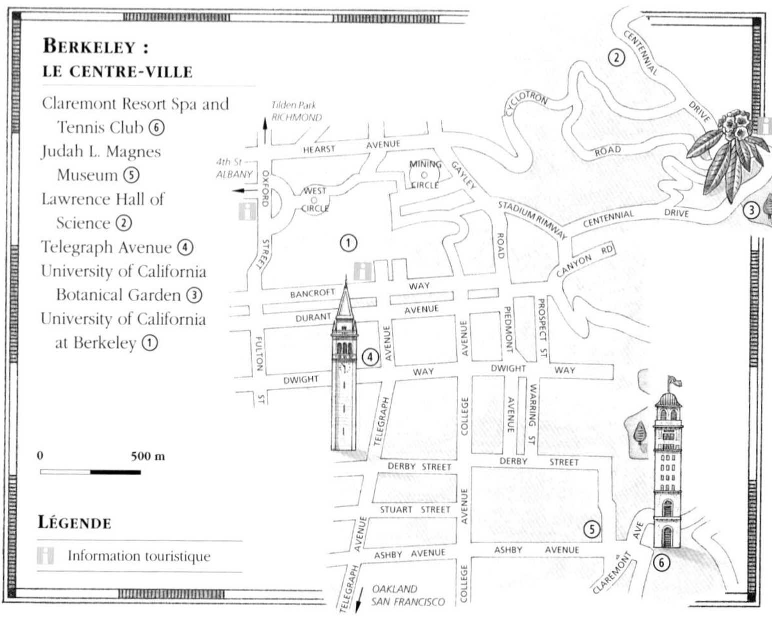

Une heure et demie sur le campus de l'université de Berkeley

Cette promenade sur le campus d'une des plus célèbres universités du monde vous permettra d'en découvrir les divers bâtiments (le plus ancien date de 1873) et d'avoir un aperçu de l'atmosphère qui règne dans un des grands centres intellectuels américains.

Le Wheeler Hall domine Cross Campus Road ④

De l'entrée ouest à la Sather Tower

Depuis University Avenue ①, traversez Oxford Street, puis prenez University Drive, dépassant le Valley Life Sciences Building ②. Après avoir tourné à droite pour longer le California Hall ③, on peut apercevoir le Wellman Hall sur le bras nord de la Strawberry Creek. Tournez à gauche sur Cross Campus Road ④. Le Wheeler Hall se dresse à droite tandis qu'en face de vous s'élève la Sather Tower (94 m) ⑤. Bâtie en 1914 par John Galen Howard, elle s'inspire du campanile de la place Saint-Marc de Venise.

Avant de la visiter, allez à la Doe Library ⑥, puis à l'A. F. Morrison Memorial Library ⑦ située dans l'aile nord. Une autre bibliothèque, la Bancroft Library adjacente, abrite la plaque qu'aurait laissée Sir Francis Drake en 1579 *(p. 42)*.

Continuez jusqu'à la Sather Tower, ouverte de 10 h à 15 h 30 du lundi au samedi. Son sommet ménage une belle vue de la baie. En face, le South Hall ⑧ est le plus vieil édifice du campus.

La Sather Tower ⑤

De l'Hearst Mining Building au Greek Theater

Poursuivez vers le nord, dépassez le LeConte Hall, puis traversez University Drive jusqu'au Mining Circle que borde l'Hearst Mining Building ⑨ construit par Howard en 1907. Il abrite des échantillons de minerais et des documents sur les anciennes techniques d'extraction. De retour sur University Drive, prenez à gauche à l'East Gate pour rejoindre l'Hearst Greek Theater ⑩, un lieu de concerts.

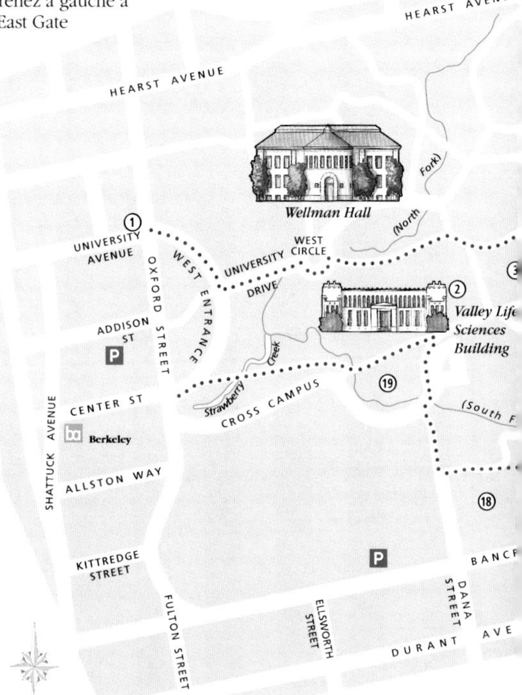

0 250 m

LÉGENDE

••• Itinéraire

Station BART

P Parc de stationnement

Du Faculty Club au bosquet d'eucalyptus

Suivez Gayley Road, qui franchit une importante faille tectonique, et prenez le premier chemin à droite après le Lewis Hall. Longez l'Hildebrand Hall, puis tournez à gauche pour emprunter un pont piétonnier. L'allée passe entre une maison en rondins et le Faculty Club ⑪, édifice rustique de 1903 en partie dessiné par Bernard Maybeck. En face, la Faculty Glade ⑫ offre aux étudiants comme aux visiteurs un lieu où se détendre ou pique-niquer.

Le chemin tourne à droite, puis à gauche. Jetez un coup d'œil au Hertz Hall ⑬, puis suivez l'allée en diagonale qui longe le Wurster Hall jusqu'au Kroeber Hall où vous pourrez visiter l'Hearst Museum of Anthropology *(p. 402)*. Une partie de l'exposition est consacrée à Ishi, le dernier des Indiens Yahi qui vécut sur le campus de 1911 jusqu'à sa mort en 1916. Traversez Bancroft Way vers le Caffè Strada ⑭, puis poursuivez vers l'University Art Museum ⑮ qui possède une belle collection d'art moderne et ancien et accueille des expositions temporaires d'œuvres contemporaines *(p. 402)*. Restez sur Bancroft Way jusqu'à Telegraph Avenue ⑯, la rue la plus animée de la ville *(p. 403)*. L'entrée de l'université qui lui fait face donne sur la Sproul Plaza ⑰ qu'animent souvent des musiciens de rue. Passez dans la cour inférieure où se dresse le moderne Zellerbach Hall ⑱, remarquez l'Harmon Gym en face de vous, dépassez l'Alumni House et tournez à droite. Franchissez le bras sud de la Strawberry Creek au Bay Tree Bridge et prenez à gauche vers le bosquet où s'élèvent certains des plus hauts eucalyptus du monde ⑲. La promenade s'achève à Oxford Street près de son point de départ.

Within (1969) par A. Lieberman à l'UCB Art Museum

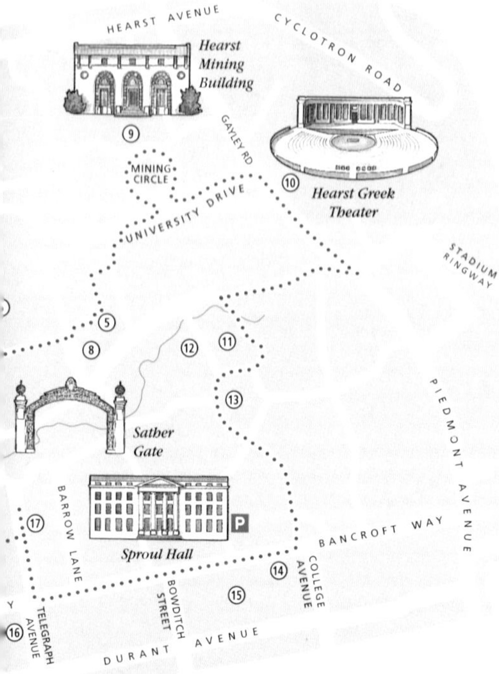

HEARST AVENUE
CYCLOTRON ROAD
Hearst Mining Building
GAYLEY RD
Hearst Greek Theater
MINING CIRCLE
UNIVERSITY DRIVE
STADIUM RINGWAY
PIEDMONT AVENUE
Sather Gate
BARROW LANE
Sproul Hall
BANCROFT WAY
COLLEGE AVENUE
BOWDITCH STREET
TELEGRAPH AVENUE
DURANT AVENUE

CARNET DE ROUTE

Point de départ :
West Gate à l'angle d'University Avenue et d'Oxford Street.

Itinéraire :
4 km.

Comment y aller :
Prendre le Bay Bridge et la Hwy 80 vers le nord jusqu'à la sortie University Avenue. En BART, arrêt Berkeley.

Où faire une pause :
Chic, le Caffè Strada, sur Bancroft Way, est toujours bondé d'étudiants en train de déguster cappuccinos ou pâtisseries. Quelques pas plus loin, dans l'University Art Museum, le Café Grace donne sur le jardin de sculptures. La plupart des librairies de Telegraph Avenue permettent aussi de boire un verre ou un café. Des stands variés encombrent l'entrée de la Sproul Plaza. Vous pourrez y acheter un « smoothie » (mélange de fruit et de glace) ou un snack mexicain. Plusieurs cafés bon marché bordent sa partie basse envahie par des percussionnistes.

Le Hearst Mining Building sur Mining Circle ⑨

Oakland ❿

Cette ancienne petite banlieue ouvrière de San Francisco acquit son autonomie et prit son essor économique quand elle devint le terminus sur la Côte Ouest de la ligne de chemin de fer transcontinentale. Des Noirs employés à la construction de la voie s'y installèrent en grand nombre : les Afro-Américains représentent toujours environ 40 % de la population d'une ville où cohabitent de nombreuses communautés. Cité industrielle, Oakland possède l'un des plus grands ports de conteneurs des États-Unis. Jack London y vécut à son retour d'Alaska et son souvenir reste très présent dans le centre-ville qui occupe un superbe site entre la baie et le Lake Merritt.

MODE D'EMPLOI

Carte routière, encadré B. *387 000.* *Oakland, 8 km au sud-ouest d'Oakland.* *1245 Broadway St.* *475 14th St (510 874-4800).* *Festival at the Lake (fin juin).*

Façade et jardin du Mormon Temple

Mormon Temple

4770 Lincoln Ave. *(510) 531-1475.* **Visitors' Center** *de 9 h à 21 h t.l.j.* **Temple** *de 6 h 30 à 20 h du mar. au jeu. ; de 6 h 30 à 21 h ven. ; de 5 h 30 à 13 h sam.*

Paré de marbre blanc et couronné de flèches dorées, l'unique temple mormon de la Californie du Nord, construit en 1963, se détache contre le ciel au sommet d'une colline. Brillamment éclairé, on l'aperçoit la nuit jusque de San Francisco. Le sanctuaire ménage une belle vue de la baie. Il a pour nom complet : Oakland Temple of the Church of Jesus Christ of Latter Day Saints (temple d'Oakland de l'Église de Jésus-Christ des saints du Jugement Dernier).

Lake Merritt

Le dragage et l'endiguement partiel d'un estuaire de marée permirent au siècle dernier la création du Lake Merritt qui devint en 1870 la première réserve de chasse d'État des États-Unis. De nombreux oiseaux migrateurs continuent d'y faire étape et le plan d'eau et le parc qui l'entoure forment une oasis reposante au cœur du tissu urbain. Promeneurs et cyclistes viennent s'y détendre sur la piste de 5 km qui longe le lac et on peut louer des bateaux sur les rives ouest et nord. Au nord, le Lakeside Park propose également une volière, des promenades à dos de poney et des spectacles pour enfants.

Jack London Square

Jack London Museum *(510) 451-8218.* *de 10 h 30 à 18 h du mer. au sam., de 11 h 45 à 18 h le dim.*

Dans un quartier en front de mer que fréquenta l'écrivain Jack London *(p. 22-23)*, qui vécut à Oakland dans une cabane en bois rapportée

Bay Bridge

Plan 6 E4.

Dessiné par Charles H. Purcell, le pont reliant San Francisco à Oakland se compose de deux structures distinctes qui se rejoignent au centre de la baie sur la Yerba Buena Island. De rive à rive, l'ouvrage d'art franchit une distance de 7,2 km. Son achèvement en 1936 mit fin à l'âge d'or des ferries en ouvrant une liaison ferroviaire et routière directe entre la cité isolée sur sa péninsule et la ville du « continent » où convergeaient les voies de circulation terrestres.

Deux cent cinquante mille véhicules empruntent chaque jour le pont, large de cinq voies, dont les rails furent démontés dans les années 1950. Le trafic vers San Francisco se fait sur le tablier supérieur, celui vers Oakland sur celui du dessous. Ils restèrent fermés un mois en 1989 après que le séisme de Loma Prieta *(p. 489)* eut provoqué le décrochement d'un tronçon de 50 m de long.

La partie orientale du Bay Bridge repose sur plus de 20 piliers qui montent jusqu'à 58 m de hauteur. Dans la West Bay, deux travées suspendues

Le Bay Bridge dans la West Bay

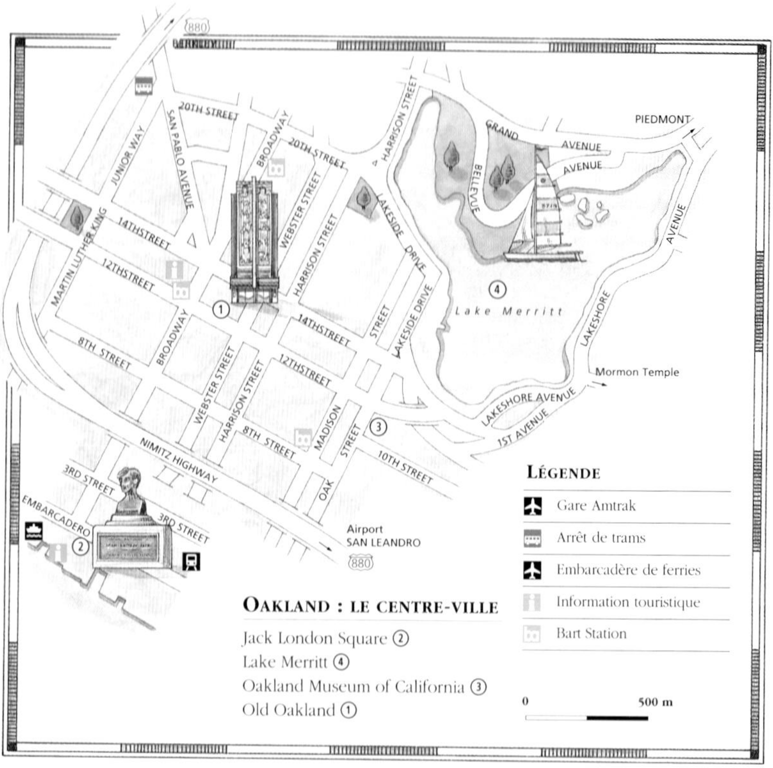

Oakland : le centre-ville

Jack London Square ②
Lake Merritt ④
Oakland Museum of California ③
Old Oakland ①

Légende

- Gare Amtrak
- Arrêt de trams
- Embarcadère de ferries
- Information touristique
- Bart Station

0 — 500 m

d'Alaska, boutiques et restaurants bordent une élégante promenade où mouillent des bateaux de plaisance. Le souvenir de l'écrivain reste présent au First and Last Chance Saloon dont il fut client et au Jack London Museum qui abrite livres et photographies.

Old Oakland

Farmers' Market *(510) 745-7100.* *de 8 h à 14 h le ven.* **Housewives' Market** *(510) 444-4396.* *de 9 h à 18 h du lun. au sam.*

Connus aussi sous le nom de Victorian Row, ces deux pâtés de maisons rénovés dans les années 1980 datent des années 1860 à 1880. L'Outdoor Market a lieu tous les vendredis et l'Housewives' Market offre à l'angle de Clay St et de 9th St un large éventail de spécialités ethniques. Rattos, au n° 827 Washington St, est renommé pour les sérénades données par la direction lors des « Pasta Operas » qui ont lieu le week-end.

prennent appui sur le point d'ancrage central qui s'enfonce plus profondément dans l'eau que celui d'aucun autre pont. Aujourd'hui, des plans permettent de reconstruire complètement East Bay Crossing. Treasure Island, où se tint l'exposition internationale de 1939, est désormais une petite île abritant des parcs. L'endroit est fréquenté par les classes aisées.

Le pont dans l'East Bay

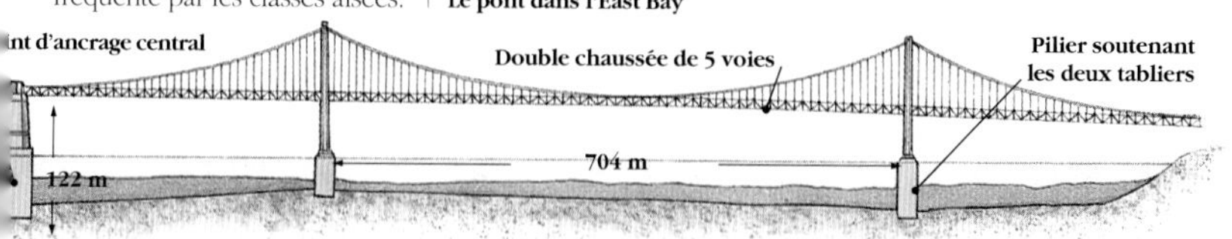

L'Oakland Museum of California

Ouvert en 1969, le seul musée entièrement consacré à la Californie occupe un édifice de trois étages, dessiné par John Dinkeloo et Kevin Roche, qu'animent jardins, terrasses et cours intérieures. L'exposition sur les sciences naturelles, installée au rez-de-chaussée, comprend, dans le Hall of California Ecology, certains des dioramas les plus réussis des États-Unis. Au premier étage, le Cowell Hall of California History retrace l'histoire de l'État de manière imagée. La Gallery of California Art qui s'étend au-dessus est réputée pour ses tableaux anciens de San Francisco et des montagnes de Yosemite.

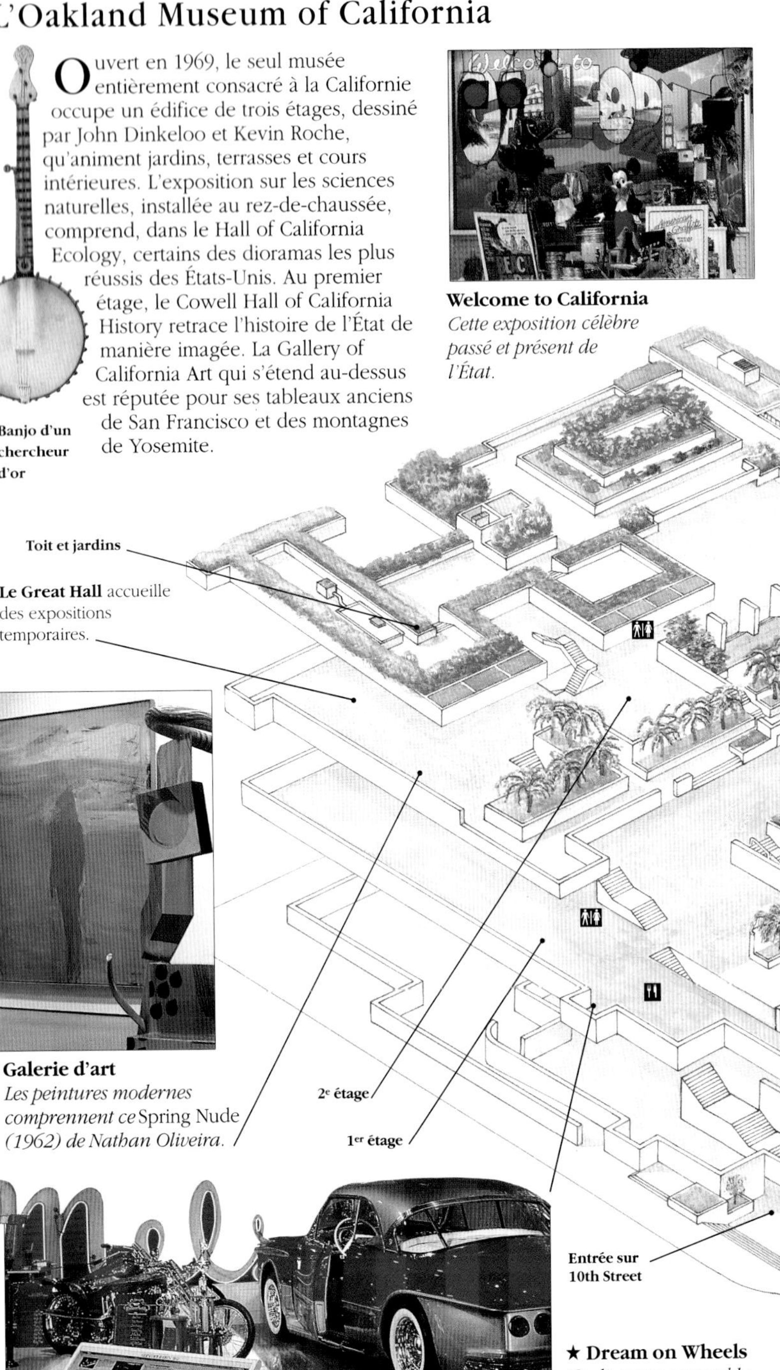

Banjo d'un chercheur d'or

Welcome to California
Cette exposition célèbre passé et présent de l'État.

Le Great Hall accueille des expositions temporaires.

Galerie d'art
Les peintures modernes comprennent ce Spring Nude *(1962) de Nathan Oliveira.*

★ Dream on Wheels
Ce diorama rassemble les symboles du rêve californien des années 1950.

Les étages de l'Oakland Museum

Mode d'emploi

Oak et 10th Sts. **Carte routière**, encadré B. (510) 238-3401. depuis Lake Merritt. de 10 h à 17 h du mer. au sam. ; de 12 h à 19 h le dim. 1er jan., Thanksgiving, 25 déc. gratuit le dim. de 16 h à 19 h.

« Mud Wagon »
Ce véhicule mis au point en zone rurale au milieu du XIXe siècle se transformait, au gré des besoins, de charrette agricole en calèche.

Food Chain Diorama
Sur le diorama illustrant la chaîne alimentaire apparaît un puma et sa proie.

Suivez le guide !
Le rez-de-chaussée abrite le Hall of Ecology et la boutique. Au premier étage, qui renferme la cafétéria, l'exposition sur l'histoire de la Californie du Cowell Hall suit l'ordre chronologique. Les collections d'art se trouvent au 2e étage.

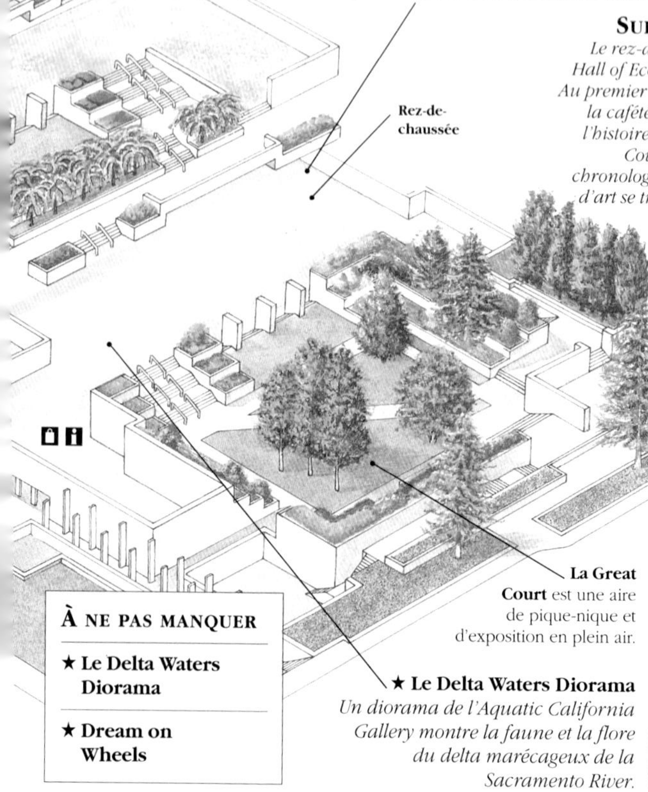

Rez-de-chaussée

La Great Court est une aire de pique-nique et d'exposition en plein air.

★ Le Delta Waters Diorama
Un diorama de l'Aquatic California Gallery montre la faune et la flore du delta marécageux de la Sacramento River.

À ne pas manquer

★ **Le Delta Waters Diorama**

★ **Dream on Wheels**

La superbe Tao House d'Eugene O'Neill à Danville

Tao House ⓫

Carte routière, encadré B. *(925) 838-0249.* *de 10 h à 12 h, de 12 h 30 à 14 h 30 du mer. au dim., sur réservation seul.* *obligatoire.*

Quand le dramaturge américain Eugene O'Neill (1888-1953) reçut le prix Nobel de littérature en 1936, il utilisa l'argent de la récompense à se faire bâtir une maison au pied du Mount Diablo dans la San Ramon Valley alors rurale. La Tao House associe style Spanish Colonial *(p. 28)* et éléments orientaux. Sa construction s'acheva en 1937 et, les six années suivantes, l'auteur y travailla aux tragédies en partie autobiographiques aujourd'hui considérées comme ses meilleures œuvres, notamment *Voilà le marchand de glace (The Iceman Cometh)*, *Une Lune pour les déshérités (A Moon for the Misbegotten)* et *Long voyage vers la nuit (Long Day's Journey Into Night)*.

Atteint de la maladie de Parkinson en 1944, il dut toutefois quitter cette résidence trop isolée dans une région qui, en pleine guerre, manquait de personnel infirmier. Il mourut dans un hôtel de Boston en 1953.

Quoiqu'aujourd'hui cernés par des banlieues de San Francisco, la Tao House et son magnifique parc, gérés par le National Park Service, ont gardé l'aspect qu'ils avaient quand Eugene O'Neill en partit.

Masque utilisé dans les pièces d'O'Neill

Mount Diablo State Park ⓬

Carte routière, encadré B. *Walnut Creek.* *Walnut Creek (925 837-2525).* *(925) 837-6119.* *de 11 h à 17 h du mer. au dim.*

La silhouette massive du Mount Diablo, haut de 1 173 m, domine les agglomérations urbaines de l'East Bay. Une route tortueuse au bord de laquelle s'installent souvent des pique-niqueurs conduit à 15 m du sommet où un parc d'État d'une superficie de près de 8 000 ha propose de nombreux sentiers de randonnée. Un Visitors' Center offre une introduction aux riches faune et flore de la montagne, entre autres à ses denses forêts de chênes et aux fleurs sauvages qui couvrent ses flancs au printemps.

Le sommet du Mount Diablo ménage un des panoramas les plus extraordinaires de l'Amérique du Nord. Par temps clair, la vue porte jusqu'à 320 km dans toutes les directions, du Mount Lassen *(p. 437)* et des Cascade Mountains au nord jusqu'au Mount Hamilton au sud, et des crêtes de la Sierra Nevada à l'est jusqu'à l'archipel des Farallon Islands *(p. 396-397)* battu par les vagues de l'océan Pacifique.

Livermore ⓭

Carte routière, encadré B. *67 000.* *2157 First St (925 447-1606).*

Le développement urbain a transformé cette ancienne communauté d'éleveurs de bétail et de viticulteurs fondée dans les années 1870 en une banlieue éloignée de San Francisco. Elle conserve néanmoins une atmosphère rurale et quelques ranchs et vignobles.

Livermore doit surtout sa renommée au Lawrence Livermore National Laboratory. Dirigé par l'University of California pour l'United States Department of Energy, ce centre de recherche joua un rôle essentiel pendant la guerre froide dans la mise au point de l'arsenal nucléaire américain. Les coupes apportées aux budgets militaires l'ont conduit à se tourner vers des activités plus pacifiques.

À l'est de Livermore, la I-580 qui franchit l'Altamont Pass traverse de véritables champs d'éoliennes. Au nombre de plusieurs centaines, installées et gérées par des particuliers sans subvention publique, elles utilisent les vents réguliers qui soufflent dans la région pour produire de l'électricité sans

Champ d'éoliennes à Livermore

polluer. Deux techniques prédominent : les éoliennes à hélice traditionnelles et les éoliennes à axe vertical. Plus inhabituelles, ces dernières ressemblent à de gigantesques fouets de cuisine.

Stanford University ⑭

Junípero Serra St. **Carte routière**, encadré B. *(650) 723-2560.* **Visitors' Centre** *de 9 h à 17 h t.l.j.* *vacances universitaires, téléphoner.*

L'une des plus agréables villes résidentielles de la Bay Area, Palo Alto, doit son essor à la Stanford University, l'un des grands centres de recherche et d'éducation supérieure des États-Unis.

Fondée par le magnat du rail Leland Stanford *(p. 46-47)* à la mémoire de son fils mort en 1885 à l'âge de 16 ans, cette université privée accueillit ses premiers étudiants en 1891. Ils sont 12 000 aujourd'hui.

À l'emplacement de l'ancienne ferme des Stanford, le campus occupe au pied des montagnes côtières une superficie de 3 300 ha, plus importante que l'étendue de Downtown San Francisco. L'architecte Frederick Law Olmsted dessina ses premiers bâtiments, construits en grès. Ils associent les styles néo-roman et Mission *(p. 26-27)*, et possèdent de nombreuses arcades et des toits de tuile rouge. Ils s'ordonnent autour du Main Quadrangle où s'élève la Memorial Church ornée d'une mosaïque. Le Stanford Museum of Art, qui abrite l'une des plus riches collections de sculptures d'Auguste Rodin, dont la célèbre *Porte de l'Enfer*, est petit mais très intéressant.

Façade de la Memorial Church de la Stanford University

Filoli ⑮

Canada Rd. **Carte routière**, encadré B. *(650) 364-2880.* *du mar. au sam.* *jours fériés.*

Cet ancien domaine du millionnaire William Bourn, propriétaire d'une mine d'or, l'Empire Gold Mine *(p. 454)*, a pour nom l'acronyme de la devise irlandaise : « Fight for a just cause, Love your fellow man, Live a good life » (Combats pour une juste cause, aime ton prochain, vis dans le bien).

Dessiné en 1916 dans le style palladien par l'architecte san-franciscain Willis Polk, c'est la plus impressionnante des résidences privées de cette époque ouvertes au public en Californie du Nord.

Derrière des murs en brique rouge, deux niveaux entièrement meublés offrent à l'intérieur une surface habitable de plus de 1 600 m². Un jardin à la française de 6,5 ha entoure la maison. Tulipes et jonquilles au printemps, roses en été et feuilles d'érables virant au rouge en automne lui donnent des couleurs changeantes selon les saisons.

Église badigeonnée de blanc du petit village de Pescadero

Pescadero ⑯

Carte routière, encadré B. *360.* *520 Kelley Ave, Half Moon Bay (415 726-5202).*

Une demi-heure de voiture seulement sépare San Francisco, au nord, et la Silicon Valley *(p. 412)*, au sud, du minuscule village de Pescadero, mais il paraît à des années-lumière du monde moderne.

Cette paisible petite communauté agricole produit en abondance des légumes tels qu'asperges, potirons et choux de Bruxelles et ne présente guère le long de ses deux rues principales qu'une église (la plus ancienne du comté), un bazar, un bureau de poste et la pittoresque Duarte's Tavern *(p. 567)*. La tradition d'y badigeonner les bâtiments en blanc remonte au XIXe siècle. Elle a pour origine la récupération d'une cargaison de peinture à la suite d'un naufrage.

À 13 km au sud du village, le Pigeon Point Lighthouse *(p. 397)* mérite une visite. Ce phare fait aussi office d'auberge de jeunesse.

San Jose ⓱

Fondée en 1777 par Felipe de Neve, la seule ville de Californie, avec Los Angeles *(p. 54-183)*, créée par les colonisateurs espagnols est devenue la troisième cité de l'État, sa population dépassant celle de San Francisco. Centre commercial et culturel du sud de la baie, et principale zone résidentielle de la Silicon Valley, San Jose ne se préoccupe que depuis peu de son patrimoine historique et des gratte-ciel de bureaux et des usines de haute technologie s'élèvent aujourd'hui sur ce qui resta des terres agricoles jusque dans les années 1950. Plusieurs musées et la Winchester Mystery House rendent néanmoins sa visite digne d'intérêt.

À la découverte de San Jose
Le pueblo à l'origine de San Jose s'étendait à l'emplacement du Plaza Park de Market Street. En 1849-1850, le premier State Capitol de Californie occupait un hôtel qui se dressait à l'est de la place, approximativement sur le site de l'actuel Fairmont Hotel *(p. 529)*. Dans Market Street se trouvent également le Museum of Art et le lieu de naissance d'Amadeo P. Giannini *(p. 305)*.
Il faut gagner la périphérie pour visiter la Winchester Mystery House *(p. 414-415)*.

Peralta Adobe
175 W St John St. *(408) 993-8182.* *du mar. au dim.* *jours fériés.* *rez-de-chaussée seul.*
À un pâté de maisons à gauche de Market Street, dans un quartier de bars et de cafés chic, le plus vieil édifice de San Jose, la Peralta Adobe bâtie en 1797, est le seul vestige du *pueblo* espagnol.

Mission Santa Clara de Asis
500 El Camino Real. *(408) 947-3600.* *t.l.j.*
Sur le campus de l'université jésuite Santa Clara, à 8 km au nord-ouest de Downtown, cette église est une réplique moderne du sanctuaire en adobe édifié en 1777 et reconstruit bien des fois depuis. Les reliques exposées comprennent les cloches offertes aux missionnaires par la royauté espagnole. Soigneusement entretenus, les jardins adjacents à l'église ont conservé leur splendeur originelle.

Détail de la Mission Santa Clara

La Silicon Valley

Le célèbre pôle mondial de l'innovation en matière d'informatique s'étend sur une superficie d'environ 250 km² entre Palo Alto et San Jose. Le terme de Silicon Valley (la vallée du Silicium, d'après le composant servant à la fabrication des semi-conducteurs) s'applique toutefois plus à une myriade d'entreprises qu'à un véritable site géographique. Il est utilisé depuis le début des années 1970, période où l'industrie du logiciel et du matériel commença à se développer dans la région, mais les graines de cette révolution technologique avaient commencé à germer dix ans plus tôt à la Stanford University, au Xerox Palo Alto Research Center et dans les garages de pionniers tels que William Hewlett et David Packard et, plus tard, Steve Jobs et Stephen Wozniak.

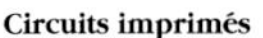

Circuits imprimés

Sphinx de l'Egyptian Museum and Planetarium

Rosicrucian Egyptian Museum and Planetarium
Naglee et Park Aves. *(408) 947-3600.* *t.l.j.* *1er jan., dim. de Pâques, Thanksgiving, 25 déc.*
Ce vaste musée dirigé par l'ordre rosicrucien, une organisation qui se propose d'associer science moderne et anciens savoirs à des fins spirituelles, abrite la plus riche collection d'antiquités égyptiennes à l'ouest du Mississippi. Installées dans un ensemble de bâtiments de styles égyptien et mauresque, les salles d'exposition illustrent divers aspects de la puissante culture de la vallée du Nil à travers des objets variés : momies, tombeaux et canopes, mais aussi ustensiles domestiques et jouets. Certains datent de 1500 av. J.-C.

À voir également : les répliques du sarcophage de Toutankhamon et de la pierre de Rosette.

Tech Museum of Innovation
145 W San Carlos St. *(408) 279-7150.* *de sept. à mai : du mar. au dim. ; de juin à août : du lun. au dim.* *1er jan., Pâques, Thanksgiving, 25 déc.*
Ce musée scientifique a beau se trouver au cœur du San Jose historique, il est résolument tourné vers l'avenir. Les visiteurs de tous âges y disposent d'installations interactives pour s'initier à des technologies récentes, et en particulier au fonctionnement des ordinateurs et des programmes informatiques. L'Imax Dome Theater mérite également une visite.

San Jose Museum of Art

110 S Market St. (408) 271-6840. du mar. au dim. 1er jan., Thanksgiving, 25 déc. www.sjmusart.org

Ce petit musée possède une collection permanente riche en créations d'artistes californiens contemporains réputés.

Children's Discovery Museum of San Jose

180 Woz Way. (408) 298-5437. mar-dim. 1er janv., 25 déc. www.cdm.org

Cet imposant bâtiment couleur pourpre a été conçu par l'architecte Ricardo Legoretta. Consacré aux arts et à la technologie, le musée qu'il abrite propose des expositions et des activités interactives aux enfants et à leurs parents dans une ambiance attrayante et chaleureuse.

De Saisset Museum

500 El Camino Real. (408) 554-4528. du mar. au dim. 1er jan., Thanksgiving, 25 déc. **Contribution**.

À côté de la Santa Clara Mission, ce musée expose des objets liés à l'histoire de la Californie – provenant notamment de la Mission – une collection de peintures, de gravures et de photos.

Voiture de tramway au San Jose Historical Museum

San Jose Historical Museum

1650 Senter Rd. (408) 287-2290. t.l.j. Thanksgiving, 25 déc.

À 1,5 km au sud-est de Downtown, dans le Kelley Park, ce musée en plein air réunit plus de deux douzaines de constructions et d'objets historiques. Il compte, parmi ses fleurons, une voiture de tramway, une station-service des années 1920 et plusieurs locaux commerciaux du XIXe siècle tels qu'un cabinet médical, un hôtel et le siège d'origine de la Bank of Italy.

En 2001, 75 édifices devraient donner une image plus complète du San Jose de jadis.

Mode d'emploi

Carte routière, encadré B. 846 000. San Jose International Airport, à 3 km au nord-ouest de San Jose. 65 Cahill St. 70 Almeden St. 180 S Market St (408 291-5250). Festival of the Arts (sept.).

Paramount's Great America Amusement Park

2401 Agnew Rd. (408) 988-1776. de mi-mars à juin : les sam. et dim. ; de juil. à oct. : t.l.j.

Divisé en sections, tels Orleans Place ou Yukon Territory, évoquant diverses régions des États-Unis, le meilleur parc de loisirs de la Californie du Nord propose un large éventail d'attractions sur un site d'une superficie de 40 ha.

À côté de montagnes russes comme le Demon et la Tidal Wave, nombre d'entre elles prennent pour thème des films et des séries télévisées à succès produites par les Paramount Studios, entre autres *Top Gun* et *Star Trek*.

Le parc renferme aussi un vaste amphithéâtre où se déroulent souvent les soirs d'été des concerts de variétés en plein air.

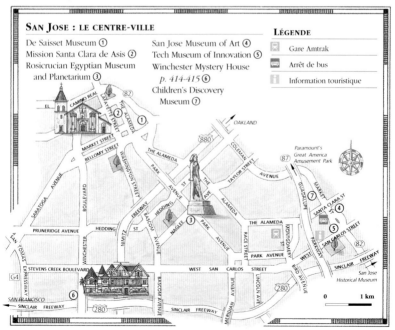

San Jose : le centre-ville

De Saisset Museum ①
Mission Santa Clara de Asis ②
Rosicrucian Egyptian Museum and Planetarium ③
San Jose Museum of Art ④
Tech Museum of Innovation ⑤
Winchester Mystery House p. 414-415 ⑥
Children's Discovery Museum ⑦

Légende

Gare Amtrak
Arrêt de bus
Information touristique

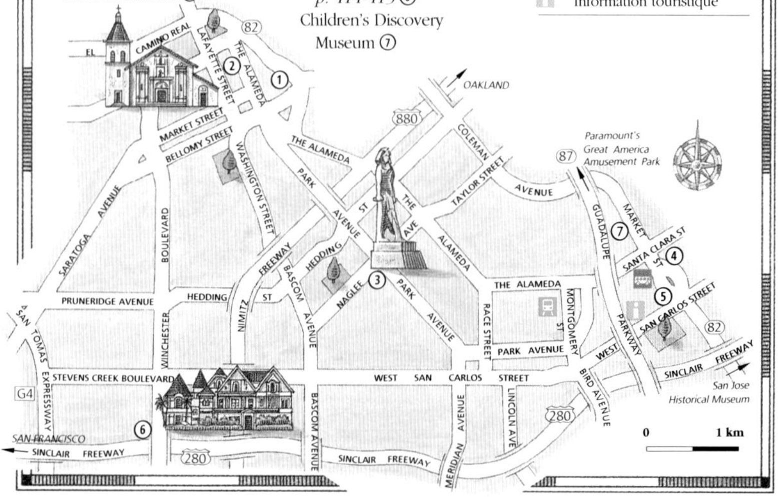

0 1 km

San Jose : Winchester Mystery House

Cette immense demeure emplie de répliques de meubles du XIXᵉ siècle a une histoire aussi extravagante que son plan intérieur. En 1884, Sarah Winchester, héritière de l'inventeur de la carabine Winchester, s'installe dans une petite ferme de San Jose. Un médium la persuade qu'il n'existe pour elle qu'un moyen de se protéger des esprits des victimes de l'arme : ne jamais cesser d'agrandir la maison. Des ouvriers y travaillent donc 24 h sur 24 et 7 jours sur 7 jusqu'à la mort de la propriétaire en 1922, créant un dédale étrange de 160 pièces où des escaliers ne mènent nulle part. Il coûta 5,5 millions de dollars.

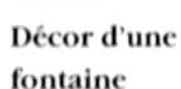

Décor d'une fontaine

★ La chambre principale
Sarah Winchester mourut dans cette luxueuse chambre au parquet anglais à chevrons. Le soir, elle jouait de l'harmonium situé en face du lit lourdement sculpté.

La serre possède 13 coupoles vitrées.

Vitrail Tiffany
Cette belle fenêtre aurait plus d'éclat si elle n'était pas percée dans un mur intérieur.

Faits et chiffres

- La maison possède 2 000 portes, 10 000 fenêtres et 47 cheminées.
- Le nombre 13 guida toute sa conception : 13 salles de bains, 13 fenêtres dans une pièce, 13 lampes par lustre…
- Quand le sommet de la demeure s'écroula lors du séisme de 1906, la construction se poursuivit latéralement plutôt qu'en hauteur.
- La taille de Sarah Winchester (147 cm) explique des couloirs larges de 60 cm et des portes de 152 cm de haut.
- Mrs Winchester trompait les esprits en choisissant chaque soir une nouvelle chambre (parmi 40).

★ La Grand Ballroom
Vitraux, plafond à caissons et boiseries sculptées ornent la grande salle de bal qui abrite cet orgue.

Escalier en zigzag
On suppose que c'est à cause de l'arthrite de Sarah Winchester que cet escalier, d'une hauteur totale de 2,7 m, compte 44 marches hautes chacune de 6 cm.

MODE D'EMPLOI

525 S Winchester Blvd. **Carte routière**, encadré B. *(408) 247-2000.* *25, 60, 85.* *mi-fév. à mi-juin : de 9 h à 17 h t.l.j. (début mai à début juin : jusqu'à 20 h ven. et sam.) ; mi-juin à début sept. : 9 h à 20 h t.l.j. ; début sept. à début oct. : 9 h à 17 h (jusqu'à 20 h ven. et sam.) ; début oct. à début nov. : 9 h à 17 h t.l.j. ; début nov. à mi-fév. : 9 h 30 à 16 h t.l.j.* *25 déc.* *jardins seul.*

Début de la visite

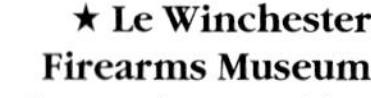

★ Le Winchester Firearms Museum
Cette petite exposition comprend notamment la carabine Winchester à répétition et le modèle de 1873 qui fut surnommé l'« arme qui conquit l'Ouest ». Parmi les fusils commémoratifs figurent le Theodore Roosevelt et le John Wayne.

Le Winchester Products Museum présente d'autres articles fabriqués par l'entreprise tels que patins à roulettes ou fers à repasser.

À NE PAS MANQUER

- ★ **La Grand Ballroom**
- ★ **La chambre principale**
- ★ **Le Winchester Firearms Museum**

Escalier menant au plafond
Il ne s'agit là que d'une des nombreuses bizarreries de la maison.

La Californie du Nord

La Californie du Nord d'un coup d'œil

Entre la frontière avec l'Oregon et ses reliefs peu peuplés et les zones urbaines sophistiquées qui marquent le début de la Californie du Sud, la Californie du Nord, longue de plus de 800 km, conserve de vastes espaces sauvages que préservent plusieurs parcs nationaux : massifs volcaniques, épaisses forêts, montagnes creusées par des glaciers et côtes découpées. Depuis l'installation du premier colon européen à Monterey jusqu'à la célèbre ruée vers l'or de 1849, la région eut une riche histoire : de pittoresques villages et la capitale de l'État, Sacramento en ont gardé l'empreinte.

LE NORD
(voir p. 426-437)

Dans le Redwood National Park (p. 434), *une région de denses forêts de séquoias, se dresse l'arbre le plus haut du monde (112 m). Pêcheurs, randonneurs, ornithologues et campeurs fréquentent le parc toute l'année.*

WINE COUNTRY
(voir p. 438-449)

Sonoma (p. 448-449) *entretient le souvenir de la Bear Flag Revolt qui vit en 1846 des fermiers américains se rebeller contre le pouvoir mexicain et instaurer une éphémère république. Les vignobles du Sonoma County et de la Napa Valley* (p. 446-447) *produisent des crus de réputation internationale.*

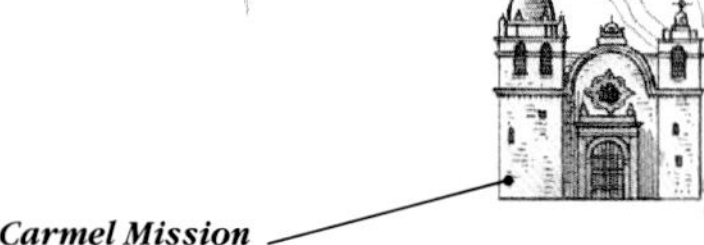

La Carmel Mission (p. 496-497), *fondée en 1777 par Junípero Serra, devint la plus importante des 21 missions et joua le rôle de centre administratif de la Californie du Nord. Restaurée, elle est considérée comme la plus belle église de l'État.*

0 50 km

Le Lassen National Volcanic Park *(p. 437) prit son visage actuel en 1914 quand plus de 300 éruptions bouleversèrent le paysage. Le Mount Lassen, qui fait partie du Cascade Mountain Range, reste considéré comme actif.*

Sacramento *(p. 456-459), capitale de la Californie depuis 1854, possède avec son Capitol l'un des plus beaux édifices de l'État. Dans le quartier ancien, des bâtiments des années 1860 et 1870 rappellent que la ville était alors le terminus de la ligne transcontinentale.*

Le Yosemite National Park *(p. 472-475), qui devint en 1864 la première réserve naturelle des U. S. A., offre aux visiteurs forêts, prairies de montagne, cascades magnifiques et massifs granitiques imposants .*

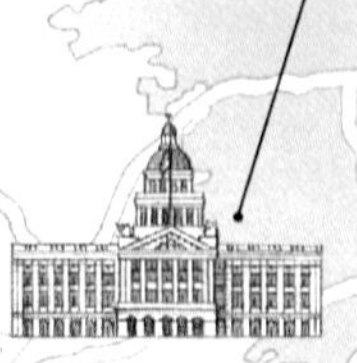

GOLD COUNTRY ET CENTRAL VALLEY
(voir p. 450-465)

HIGH SIERRAS
(voir p. 466-481)

DE SANTA CRUZ À FRESNO
(voir p. 482-501)

Le Columbia State Historic Park *(p. 464-465), jadis deuxième ville de Californie, est le mieux conservé des centres miniers de la ruée vers l'or.*

La nature et la faune

Il y a des millions d'années, les forces géologiques qui soulevèrent le sol de la Central Valley, alors recouvert d'eau, modelèrent les montagnes, canyons et caps rocheux du nord de la Californie, permettant à divers écosystèmes de se développer. Une flore unique pousse ici, tels les séquoias géants des High Sierras *(p. 480-481)* et les cyprès de Monterey *(p. 495)*. Des ours noirs hantent les forêts les plus reculées et des faucons planent au-dessus de la Yosemite Valley *(p. 472-475)*. Selon la légende, Bigfoot, le cousin américain du Yéti, aurait même établi ses quartiers dans la région. Toujours actif, le Sierra Club commença dès 1892 à se battre pour défendre ces espaces naturels.

Au Prairie Creek State Park, une harde de cerfs de Roosevelt parcourt les dunes de la Gold Bluff Beach.

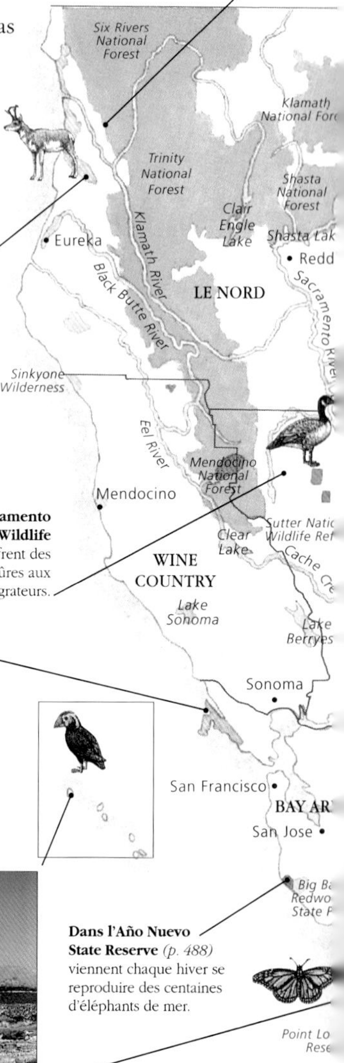

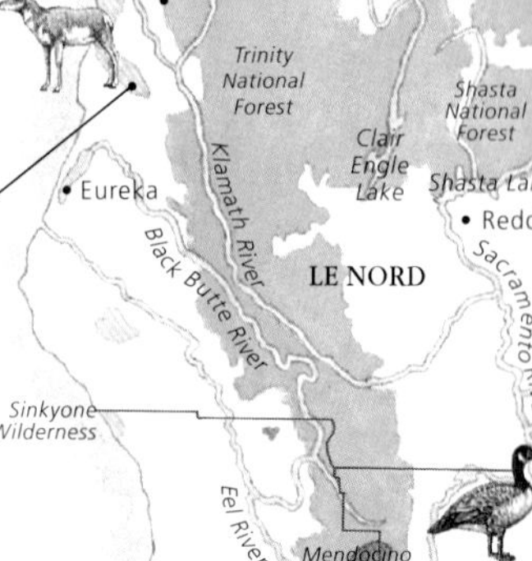

Le Redwood National Park (p. 432-433) *renferme le plus haut séquoia du monde (112 m). Ces arbres à aiguilles persistantes absorbent les eaux des pluies d'hiver et profitent en été de l'humidité des brouillards venus de l'océan. Sous leur couvert vivent piverts, chouettes tachetées, écureuils et cerfs à queue noire.*

Les Sacramento National Wildlife Refuges offrent des étapes sûres aux oiseaux migrateurs.

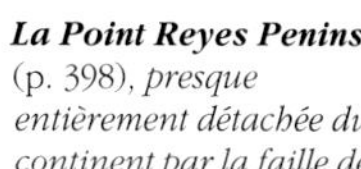

La Point Reyes Peninsula (p. 398), *presque entièrement détachée du continent par la faille de San Andreas, possède une côte rocheuse où prospèrent des crustacés comme le crabe de roche du Pacifique.*

Les Farallon Islands (p. 396) *interdites au public sont un important lieu de reproduction pour les éléphants de mer et des oiseaux tels que les macareux.*

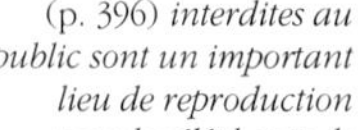

Dans l'Año Nuevo State Reserve *(p. 488)* viennent chaque hiver se reproduire des centaines d'éléphants de mer.

Sur la Monterey Peninsula *(p. 494-495)*, on peut admirer en hiver des papillons migrateurs Monarch.

LÉGENDE

- Parc national
- Parc d'État
- Forêt nationale
- Réserve naturelle
- Cours d'eau

0 25 km

Le Tule Lake Wildlife Refuge *(p. 436-437), où nichent des pyrargues à tête blanche, est un des meilleurs endroits pour l'observation des oiseaux.*

La Lava Beds Wilderness *habitée par des serpents à sonnettes et des rongeurs fait partie du Lava Beds National Monument* (p. 437).

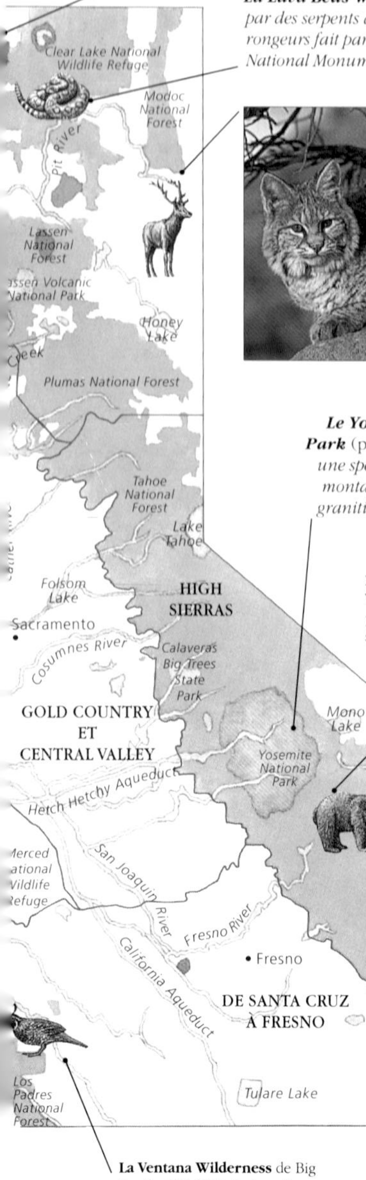

La Biscar Wildlife Area*, zone désertique du Great Basin à la frontière avec le Nevada, abrite lynx rufus, blaireaux et antilopes.*

Le Yosemite National Park (p. 472-475) *protège une spectaculaire région montagneuse aux cimes granitiques sculptées par des glaciers.*

La John Muir Wilderness est le plus vaste espace sauvage de l'État.

Les Sequoia et Kings Canyon National Parks (p. 480-481) *renferment à eux deux plus de 75 futaies de séquoias géants. Cet arbre ne pousse naturellement qu'en Californie et en Oregon.*

La Ventana Wilderness de Big Sur *(p. 498-499)* où règne le chaparral, une forme de maquis, recèle 900 espèces végétales et une riche faune.

HIGH SIERRAS

GOLD COUNTRY ET CENTRAL VALLEY

DE SANTA CRUZ À FRESNO

Le vin de la Californie du Nord

Avec plus de 130 000 ha plantés de vignes, la Californie produit 90 % du vin américain. Les meilleurs crus portent souvent le nom du cépage dont ils sont issus.

Les terres fertiles de l'intérieur, en particulier celles de la région bordée au nord par la Sacramento Valley et au sud par la San Joaquin Valley, fournissent la moitié des quantités récoltées. Les vignobles de la côte nord représentent en surface moins d'un quart des zones viticoles de l'État, mais nombre des meilleurs chardonnays, sauvignons blancs, cabernets sauvignons et merlots en proviennent. C'est aussi là que se trouve la majorité des 800 caves californiennes.

Dans la région littorale du centre, entre San Francisco et Santa Barbara, sont surtout cultivés le chardonnay et le pinot noir.

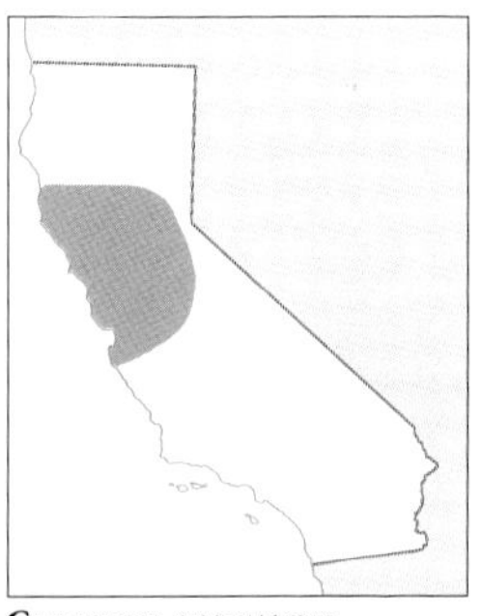

CARTE DE SITUATION

Région viticole de la Californie du Nord

Vendanges à la V. Sattui Winery, près de St Helena, Napa Valley

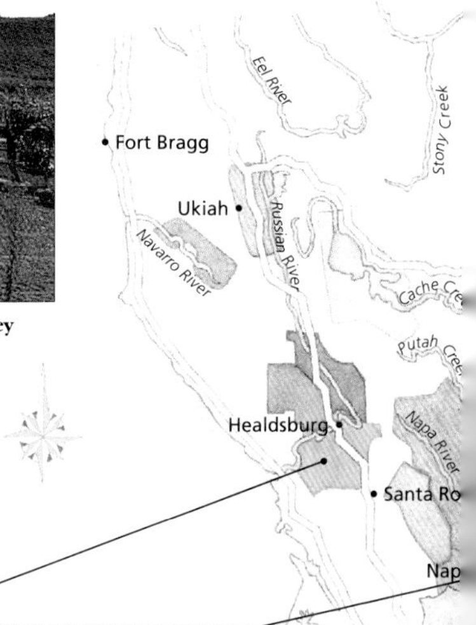

***Le Late Harvest Zinfandel** de la Hop Kiln Winery est un rouge de vendange tardive qui se boit au dessert. La cave occupe un séchoir à houblon historique.*

***Le Vin Gris de Saintsbury** produit à partir de pinot noir s'inspire des rosés de Bourgogne.*

L'HISTOIRE DU ZINFANDEL

L'histoire du Zinfandel reste un des grands succès de la Californie viticole. Introduit dès les années 1850, ce cépage importé, pense-t-on, de la côte dalmate n'a acquis sa popularité que depuis peu. Aujourd'hui très demandés, en particulier ceux de la Dry Creek Valley ou de la Russian River Valley, les rouges ont, les uns, une saveur boisée, les autres, des arômes fruités. Les viticulteurs créèrent le White Zinfandel, de couleur rosée, pour utiliser leurs surplus de raisin noir.

LÉGENDE

- Lake County
- Anderson Valley
- Alexander Valley
- Dry Creek Valley
- Russian River Valley
- Napa Valley
- Sonoma Valley
- Carneros Valley
- Santa Cruz Mountains
- Livermore Valley
- Lodi Valley
- El Dorado Valley
- Redwood–Ukiah Valley
- San Joaquin Valley

Ce qu'il faut savoir sur les vins californiens

Sol et climat

La latitude de la Californie du Nord, la proximité de l'océan, des vallées abritées et des sols fertiles assurent dans de nombreuses régions des conditions favorables à la viticulture, en particulier des hivers doux et une longue saison de maturation rafraîchie par des brumes.

Cépages

La variété la plus plantée en Californie, le **chardonnay**, produit des blancs secs bien équilibrés en arômes, en acidité et en texture. Les autres cépages de blancs comprennent le **sauvignon blanc** (ou **fumé blanc**), le **chenin blanc**, le **pinot blanc**, le **gewürztraminer** et le **johannisberg riesling**. En rouges, le **cabernet sauvignon**, le **merlot**, le **petit sirah**, le **pinot noir** et le **zinfandel** donnent des vins généralement secs et charpentés.

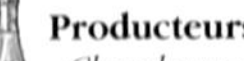

Producteurs

Chardonnay : Acacia, Byron, Château Montelena, Ferrari-Carano, Kendall-Jackson, Kistler, Kunde Estate, Sonoma-Cutrer. *Cabernet sauvignon* : Beaulieu, Beringer, Grgich Hills, Heitz, The Hess Collection, Jordan, Joseph Phelps, Silver Oak, Robert Mondavi, Stag's Leap, Wente, Whitehall Lane. *Merlot* : Clos du Bois, Duckhorn, Frog's Leap, Silverado, Sterling. *Pinot noir* : Dehlinger, Etude, Gary Farrell, Saintsbury, Sanford. *Sauvignon blanc* : Duckhorn, Glen Ellen, Kenwood, Matanzas Creek, J. Rochioli. *Zinfandel* : Dry Creek, Lake Sonoma, De Loach, Hop Kiln, Ridge, Rosenblum, Sebastiani.

Bons millésimes

(Rouges) 1994, 1993, 1992, 1991, 1990, 1987, 1986, 1985, 1984. *(Blancs)* 1994, 1992, 1991, 1990, 1988, 1987, 1986, 1985.

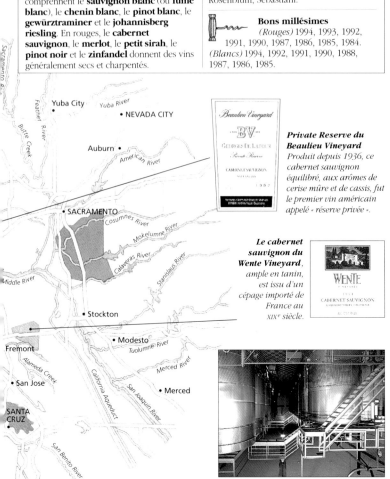

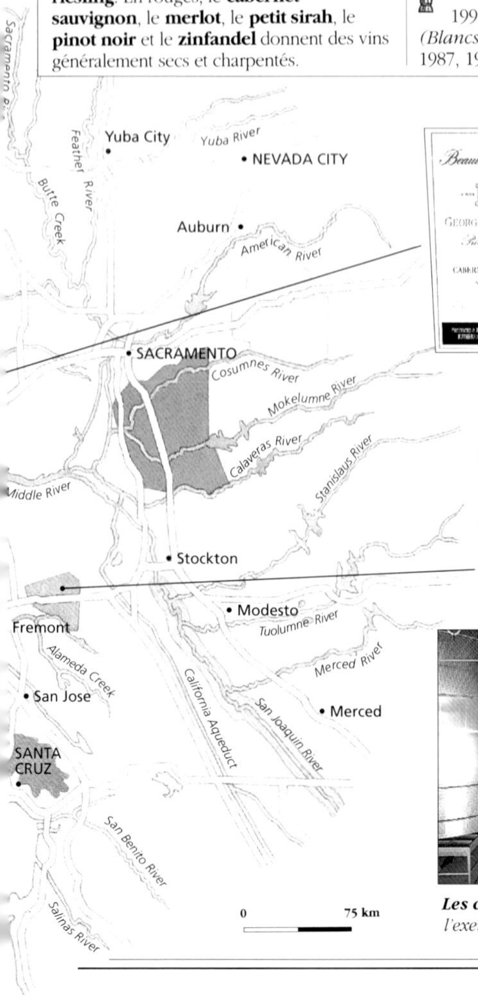

Private Reserve du Beaulieu Vineyard
Produit depuis 1936, ce cabernet sauvignon équilibré, aux arômes de cerise mûre et de cassis, fut le premier vin américain appelé « réserve privée ».

***Le cabernet sauvignon du Wente Vineyard**, ample en tanin, est issu d'un cépage importé de France au XIXe siècle.*

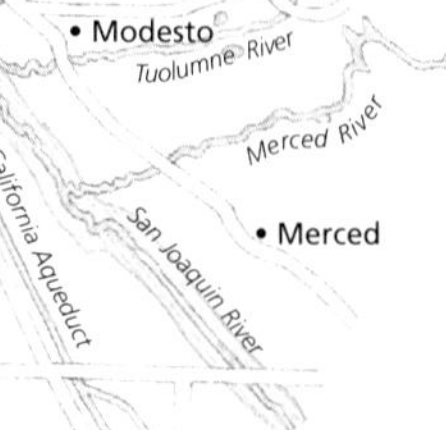

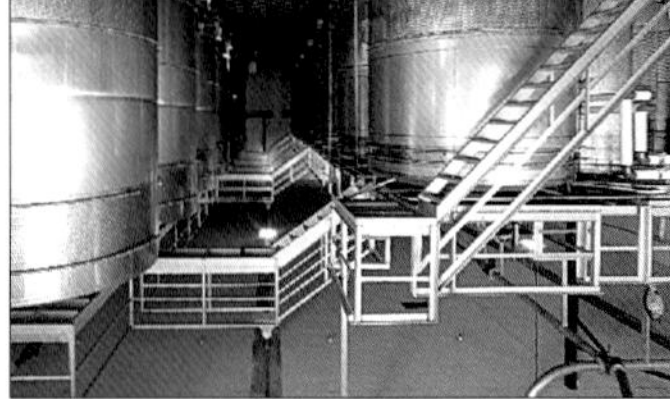

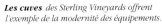

***Les cuves** des Sterling Vineyards offrent l'exemple de la modernité des équipements.*

Les extravagances du Nord

Sans doute parce qu'elle a connu pendant la ruée vers l'or *(p. 44-45)* un brusque afflux à la fois d'immigrants très divers et de richesses, la Californie du Nord a toujours eu tendance à se montrer non conformiste, tolérante et assez hédoniste. Cette ouverture d'esprit n'a pas eu que des avantages, car elle a permis l'installation d'illuminés plus ou moins dangereux, mais elle a certainement contribué à entretenir l'animation de la région. À la fin du XIXe siècle, cercles de jeu, fumeries d'opium et maisons closes faisaient de la Barbary Coast de San Francisco *(p. 304)* un monde à part. Des communautés utopistes défendaient déjà à l'époque des principes religieux ou philosophiques hétéroclites. Dans les années 1960, le mouvement psychédélique imposa ses rêves et ses délires jusque sur les routes et dans les rues, et il existe toujours des communautés hippies dans les montagnes.

Le spiritisme *devint à la mode au milieu du siècle dernier et San Francisco attira de nombreux médiums qui tenaient régulièrement des séances. Quelques églises spirites restent en activité dans la Bay Area.*

Sally Stanford*, née en 1903, fut traitée en véritable paria par les habitants de Sausalito quand elle reprit en 1950 le plus ancien restaurant de la ville : le Valhalla (aujourd'hui le Chart House). Ils désapprouvaient ses anciennes fonctions à la tête d'un lupanar de San Francisco. Ils finirent néanmoins par l'élire maire en 1976. Sally mourut en 1982.*

Les générations se mêlaient dans les communautés.

Couleurs éclatantes et formes enchevêtrées évoquaient les visions provoquées par le L. S. D.

Communautés utopistes

Entre les années 1850 et 1950, la Californie du Nord vit s'installer plus de sectes et de groupes aux idées extrêmes que toute autre région des États-Unis. En 1875, un mystique de New York, Thomas Lake Harris, créa Fountain Grove au nord de Santa Rosa. Harris affirmait que Dieu était bisexuel et le Christ le divin Androgyne. Accusé d'abus sexuels et de malversations financières, il dut dissoudre la communauté en 1892.

Raciste tenant des discours apocalyptiques, William Riker fonda sa « Ville sainte » en 1918 dans les Santa Cruz Mountains. C'est le célibat qui finit par entraîner la disparition de ce qu'il appelait le « quartier général d'un parfait gouvernement du monde ».

William Riker

Les affiches psychédéliques *des années 1960 possèdent une typographie caractéristique créée par l'artiste Wes Wilson.*

JIM JONES ET LE PEOPLE'S TEMPLE

Dans les années 1970, le révérend Jim Jones (1931-1978) connut un certain succès en tant que prédicateur dans la Bay Area. Se présentant tour à tour comme un fondamentaliste capable de « soigner » par apposition des mains et comme un prêtre moderne aux services rythmés par de la musique et des danses, il mêlait dans ses prêches visions apocalyptiques et défense de la liberté sexuelle et de l'égalité raciale et religieuse. Il se prétendait aussi messie. En 1978, 20 000 personnes fréquentaient son « temple du Peuple » et il décida de s'installer avec un millier d'entre elles en Guyana. Quand des rumeurs d'abus sexuels et de caches d'armes attirèrent l'attention des autorités sur la colonie, Jones ordonna un suicide collectif. Les enquêteurs découvrirent dans la forêt les corps de centaines de disciples empoisonnés par un jus de fruit au cyanure. Jones avait reçu une balle dans la tête.

Jim Jones

PSYCHÉDÉLISME

Le terme « psychédélique » s'applique en psychiatrie à l'état psychique induit par les drogues hallucinogènes. Mais après 1966 et l'ouverture à San Francisco de la Psychedelic Shop sur Haight Street *(p. 348)*, il s'est mis à décrire toutes les formes d'expression de ceux qu'on appellera les « hippies ». En rupture avec le matérialisme, ils prônaient la paix, l'amour universel et le bouleversement des modes de vie et de pensée, entre autres à l'aide de stupéfiants. Le livre de Tom Wolfe, *Acid Test*, décrit bien l'intensité utopique de ce mouvement.

L'Esalen Institute (p. 499) *doit sa renommée, acquise dans les années 1960, au « mouvement du potentiel humain », une démarche philosophique insistant sur la responsabilité individuelle dans tous les événements de la vie, bons ou mauvais. Cette luxueuse retraite reçoit aujourd'hui anciens hippies et cadres supérieurs stressés qui discutent spiritualité dans des bassins d'eau chaude dominant l'océan.*

Le Nord

Depuis des plages désertes où viennent s'échouer d'énormes troncs jusqu'à d'épaisses forêts au pied de cimes enneigées, la partie la plus septentrionale de la Californie offre un visage particulièrement sauvage. Futaies de séquoias, volcans des Cascade Mountains, plaines arides en bordure du Great Basin, les paysages y sont sur une superficie réduite d'une variété digne d'un continent.

Peu peuplé, le nord de la Californie ne compte que quelques petites villes telles Ferndale et Eureka et ce sont ses vastes espaces préservés qui présentent le plus d'intérêt pour les visiteurs comme pour ses habitants.

Les Indiens qui s'y installèrent vers 10 000 av. J.-C. vivaient en bonne entente entre eux et avec la nature et ils n'ont guère laissé d'autres traces de leur existence que des coquillages sur le littoral et quelques pictogrammes dans des grottes.

Les premiers Européens qui arrivèrent dans la région étaient des trappeurs venus chasser des animaux à fourrure tels que loutres de mer et castors. Des prospecteurs suivirent peu après, fouillant le lit des rivières en quête de richesses comparables à celles découvertes dans la Sierra Nevada *(p. 44-45)*. Ils trouvèrent un peu d'or, mais la principale ressource de ces terres sauvages poussait au-dessus du sol. Commencée à la fin du XIXe siècle, l'exploitation des forêts de séquoias géants, de la variété *sempervirens* propre au littoral, faillit entraîner leur destruction. La création de parcs nationaux et d'État comme le Redwood National Park permit de sauver les plus belles forêts, riches en arbres centenaires. À l'intérieur des terres, c'est un spectacle très différent qu'offrent le Mount Lassen et le Lava Beds National Monument façonnés par des millions d'années d'activité volcanique.

La Lost Creek dans le Redwood National Park

◁ **Le Mount Shasta haut de 4 316 m**

À la découverte du Nord

Accidentée, sauvage et peu peuplée, cette région présente plus de traits communs avec les États voisins de Washington et de l'Oregon qu'avec le reste de la Californie. De denses forêts de pins, de sapins et de séquoias couvrent plus de la moitié du territoire et deux massifs montagneux parallèles, le Coast Range et le Cascade Range, la divisent en trois parties. Au bord du Pacifique, Cape Mendocino offre une bonne base pour explorer les plages souvent désertes et les futaies de séquoias géants du littoral. À l'intérieur des terres, on peut atteindre le magnifique Mount Shasta et les paysages volcaniques du Lassen Volcanic National Park et du Lava Beds National Monument depuis la Sacramento Valley.

LE NORD D'UN COUP D'ŒIL

Arcata 2
Avenue of the Giants 7
Eureka 3
Ferndale 5
Lassen Volcanic National Park 15
Lava Beds National Monument 14
Mount Shasta 12
Samoa Cookhouse 4
Scotia 6
Shasta Dam 10
Shasta State Historic Park 11
Lost Coast 8
Tule Lake National Wildlife Refuge 13
Weaverville 9

Excursion
Redwood National Park *p. 432-433* 1

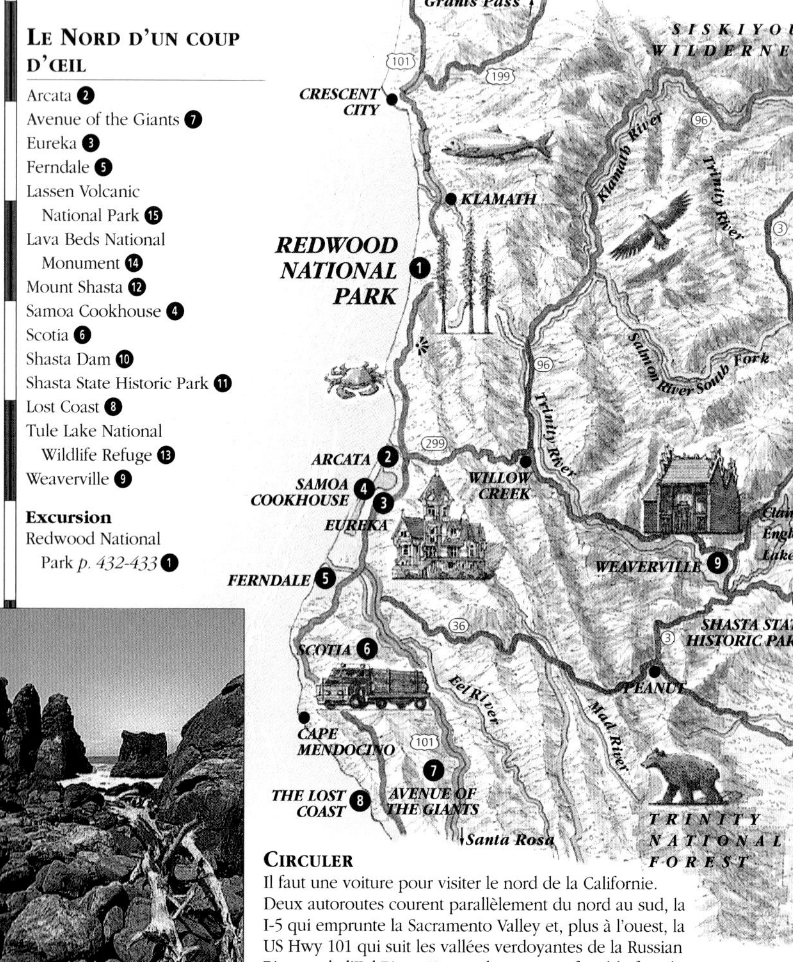

Dans le Patrick's Point State Park de l'Humboldt County

CIRCULER

Il faut une voiture pour visiter le nord de la Californie. Deux autoroutes courent parallèlement du nord au sud, la I-5 qui emprunte la Sacramento Valley et, plus à l'ouest, la US Hwy 101 qui suit les vallées verdoyantes de la Russian River et de l'Eel River. Une seule route confortable franchit les montagnes d'est en ouest : la Hwy 299. Les transports en commun se résument à des liaisons en cars Greyhound le long des deux principaux axes routiers et à un train de nuit entre Sacramento et Seattle.

LÉGENDE

- Autoroute
- Route principale
- Route secondaire
- Parcours pittoresque
- Cours d'eau
- Point de vue

VOIR AUSSI

- ***Hébergement*** p. 530-531
- ***Restaurants*** p. 568-569

Le majestueux Mount Shasta

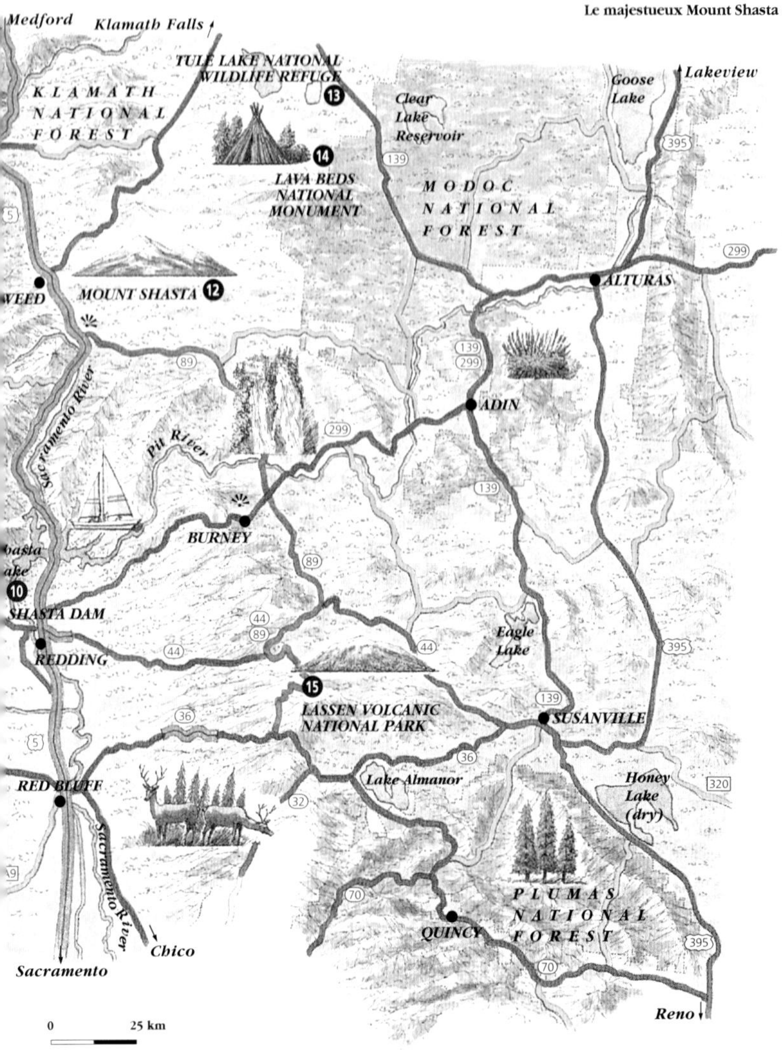

Redwood National Park ❶

Voir p. 432-433.

Arcata ❷

Carte routière A2. 16 400. Arcata/Eureka Airport, 13 km au nord d'Arcata. 62 G St (707 822-3619).

Cette petite ville offre une base agréable pour explorer la région des séquoias. Sa vie tourne autour de la Humboldt State University installée sur les collines qui la dominent, et cafés et librairies bordent la grand-place qu'agrémentent des palmiers et une statue du président McKinley (1843-1901).

Bigfoot, le cousin américain du Yéti, hante, dit-on, les forêts situées à l'ouest. Personne n'a jamais prouvé son existence malgré la découverte d'empreintes plus grandes que celles d'un ours.

Les séquoias et leur exploitation

L'arbre le plus haut du monde, le *Sequoia sempervirens*, ne pousse que dans le nord de la Californie et dans le sud de l'Oregon bien qu'il appartienne à la même famille que le séquoia géant *(Sequoiadendron gigantea)* des High Sierras et que les *Metasequoia glyptostrobiodes* originaires de Chine. Les séquoias peuvent vivre jusqu'à 2 000 ans et atteindre une hauteur de plus de 100 m malgré des racines qui ne s'enfoncent dans le sol que de un ou deux mètres.

La croissance rapide de cet arbre et sa résistance aux maladies le rendent idéal pour le commerce. En 1918, l'abattage avait déjà détruit 90 % des forêts quand se créa la Save the Redwoods League, association vouée à leur défense. Certaines restent la propriété de compagnies forestières et leur avenir est un enjeu national.

Billes de séquoia

Eureka ❸

Carte routière A2. 27 600. Arcata/Eureka Airport, 24 km au nord d'Eureka. 2112 Broadway (707 442-3738).

Eureka doit sa fondation à des prospecteurs qui découvrirent de l'or à proximité en 1850 et n'hésitèrent pas, dans leur joie, à lui donner pour nom la célèbre exclamation grecque signifiant « J'ai trouvé ! » Elle est depuis devenue le principal centre industriel de la côte nord et les installations d'entreprises de pêche et de commerce du bois entourent son port naturel protégé.

À l'ouest de l'US 101, entre E Street et M Street sur le front de mer, le quartier ancien renferme des édifices du XIXe siècle possédant souvent des façades en fonte. Ils abritent bars, cafés et restaurants. À l'angle de M Street et de Second Street se dresse l'extravagante Carson Mansion victorienne *(p. 27)* bâtie pour le millionnaire William Carson, un magnat de l'exploitation forestière, en 1885. Construite en séquoia, mais peinte à l'imitation de la pierre, matériau plus coûteux à l'époque, elle est occupée par un club privé et malheureusement fermée au public.

La Carson Mansion d'Eureka

Samoa Cookhouse ❹

79 Cookhouse Ln & Samoa Rd, Eureka. Carte routière A2. (707) 442-1659. t.l.j. 25 déc.

Édifiée en 1900 pour servir de cantine aux employés de la fabrique de pâte à papier de la Louisiana Pacific, l'une des nombreuses usines d'exploitation du bois installées sur l'étroite Samoa Peninsula, la Samoa Cookhouse ouvrit au public dans les années 1960 quand l'automatisation réduisit les besoins en main-d'œuvre. Le restaurant a conservé son décor rustique et sert toujours d'énormes portions de plats traditionnels américains comme le poulet frit. De vieilles photographies ajoutent à l'atmosphère.

Ferndale ❺

Carte routière A2. 1 400. Arcata/Eureka Airport, 64 km au nord de Ferndale. PO Box 325, Ferndale (707 786-4477).

Dans une plaine alluviale, ce village a gardé près de l'embouchure de l'Eel River un aspect champêtre reposant. Les immigrants danois, portugais et suisses italiens qui le fondèrent en 1852 y développèrent une prospère industrie laitière et élevèrent des maisons victoriennes souvent transformées aujourd'hui en hôtels ou en restaurants. Ferndale subit en 1992 le plus violent des séismes récents en Californie (7,1 sur l'échelle de Richter), mais il ne causa que des dommages limités. Le **Ferndale Museum** retrace l'histoire de la localité.

Celle-ci doit sans doute son plus grand renom à la Kinetic Sculpture Race. Dans des véhicules de leur création, les concurrents de cette course partent d'Arcata et arrivent à la Centerville County Beach à la sortie de Ferndale.

Ferndale Museum
Shaw et 3rd St. (707) 786-4466.
de fév. à sept. : du mer. au dim.

La Gingerbread Mansion, demeure victorienne de Ferndale

Scotia ❻

Carte routière A2. *2 500.* *Arcata/Eureka Airport, 64 km au nord de Scotia.* *715 Wildwood Ave (707 764-3436).*

Une imposante fabrique de bois d'œuvre domine le sud de Scotia, village construit en 1887 pour loger les ouvriers de cette usine qui appartient à la **Pacific Lumber Company**. Plus connue sous le diminutif de Palco, cette société créée en 1869 possède et exploite près de 80 000 ha de forêts de séquoias le long de l'Eel River et de ses affluents. Avec ses deux scieries, son école, ses cliniques et les logements de quelque 300 employés et leurs familles, Scotia reste la dernière véritable communauté de bûcherons existant en Californie.

Le *visitors' centre* de la Palco à Scotia

Un petit musée retrace son histoire et celle de l'exploitation forestière dans la région. Il fournit aussi des laissez-passer permettant de visiter l'usine. On y découvre par soi-même tout le processus : de puissants jets d'eau écorcent les énormes troncs que des scies guidées par un rayon laser débitent ensuite en bois d'œuvre, entreposé, après séchage, sur des aires d'expédition.

Pacific Lumber Company
125 Main St. (707) 764-2222.
du lun. au ven.

Avenue of the Giants ❼

Garbeville. *Weott (de mars à oct. : t.l.j. ; de nov. à fév. : du jeu. au dim.) (707 946-2263).*

Les plus vastes forêts primitives de séquoias *sempervirens* bordent l'Eel River à l'intérieur de l'Humboldt Redwoods State Park d'une superficie de 20 000 ha. Longue de 53 km et parallèle à l'US 101, une route panoramique, l'Avenue of the Giants, traverse le parc à l'ombre de ces arbres millénaires dont l'espèce, la plus vieille du monde, existe depuis trente millions d'années. Profiter des nombreuses aires de stationnement pour se promener entre leurs troncs permet de mieux apprécier l'atmosphère hors du temps qui règne sous leur feuillage.

Une tempête a malheureusement déraciné en 1991 le plus haut spécimen : le Dyersville Giant (110 m). Couché sur le flanc dans la Founder's Grove, à l'extrémité nord du parc, il paraît toutefois d'une taille encore plus étonnante. Les plus grands arbres se dressent actuellement dans la Rockefeller Forest au-dessus de la rive ouest du fleuve.

Le *visitors' centre* borde l'US 101 et abrite une exposition sur l'histoire naturelle de ces très anciennes futaies. Vous pourrez aussi y obtenir des cartes des sentiers de randonnée et des renseignements sur les installations de camping à l'intérieur de l'Humboldt Park.

Au cœur de l'Humboldt Redwoods State Park sur l'Avenue of the Giants

Excursion dans le Redwood National Park ❶

La création en 1968 par le président Johnson de ce parc national de 22 500 ha marquait l'aboutissement d'une lutte pour la défense des séquoias *sempervirens* du nord de la Californie menée depuis le début du siècle et il incorpore des parcs d'État fondés antérieurement. Il protège de magnifiques forêts millénaires dont la découverte demande au moins un jour. Deux jours sont nécessaires pour pouvoir prendre le temps de s'écarter à pied des routes.

Séquoias *sempervirens*

Del Norte Coast Redwood State Park ③
Dans cette zone protégée dès 1926, un tronçon de l'ancienne Redwood Highway sert de sentier de randonnée. Les collines se couvrent de fleurs au printemps.

Trees of Mystery ④
L'un des principaux sites touristiques de la région renferme des statues géantes en fibre de verre du bûcheron Paul Bunyan et de son bœuf Babe dont le voyage du Maine en Californie inspira de nombreuses histoires au début du siècle.

Tall Trees Grove ⑤
À la pointe sud du parc, où vivent certaines des dernières hardes de cerfs de Roosevelt, la bien nommée futaie des Hauts Arbres comprend l'arbre le plus haut du monde (112 m) : Howard Libby.

Gold Bluffs Beach ⑥
Beaucoup considèrent cette plage de 18 km comme la plus belle de la Californie du Nord.

Humboldt Lagoons State Park ⑦
Ce parc protège la Big Lagoon, un lac d'eau douce de 5 km de long, et deux autres estuaires.

Patrick's Point State Park ⑧
Ce cap où se forment à marée basse de nombreuses mares offre en hiver un bon poste d'observation des baleines grises en migration.

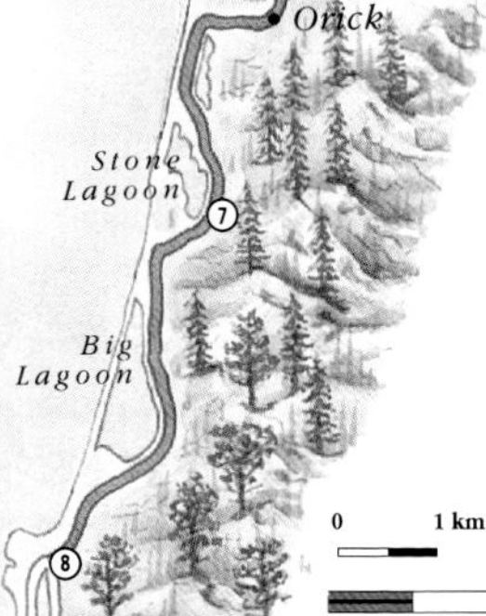

Jedediah Smith Redwoods State Park ①
Ce parc de 3 200 ha renferme les séquoias du littoral les plus impressionnants. Il porte le nom du premier Blanc qui atteignit la Californie par la Sierra Nevada *(p. 42)*. Ce trappeur explora la région en 1828.

Crescent City ②
Cette ville située au nord du Redwood National Park en abrite le siège et le principal centre d'information.

Légende

Circuit recommandé

Autres routes

Carnet de route

Itinéraire : *125 km séparent Arcata de Crescent City. L'US 101 est la route la plus rapide. Plus belle, la Hwy 1 longe la côte et double le temps de conduite.*
Durée : *Il est possible d'effectuer le trajet dans un sens en moins de deux heures, mais pour profiter réellement de la visite mieux vaut s'accorder au moins une journée.*
Quand partir : *Septembre et octobre, les mois les plus ensoleillés, forment la période idéale où faire cette excursion. Souvent brumeux, le printemps et l'été sont aussi les saisons où fleurissent le plus de plantes. Même en été, l'époque la plus touristique, cette région isolée connaît rarement une trop grande affluence. L'hiver permet d'observer la migration des baleines grises.*
Hébergement et restaurants : *Hors de Crescent City* (p. 530 et 568), *au nord du parc, et Arcata* (p. 430, 530 et 568), *au sud, les établissements touristiques restent relativement rares et éloignés les uns des autres dans cette région. Orick et Klamath proposent cependant quelques restaurants et motels.*
Informations touristiques : *Redwood Empire Association, 2801 Leavenworth Street, San Francisco, CA 94133.* ☎ *(415) 543-8334.*

La Lost Coast, près de Crescent City

Lost Coast ❽

Carte routière A2. 🚌 *Garberville.* ℹ *Shelter Cove (707 986-7711).*

Longue d'une soixantaine de kilomètres, la Côte perdue est si accidentée et sauvage qu'elle interdit pratiquement toute construction de route. Protégée par les gouvernements d'État et fédéral à l'intérieur du Sinkyone Wilderness State Park et de la King Range National Conservation Area, elle constitue la plus vaste zone littorale préservée de la Californie.

On ne peut atteindre Shelter Cove, au milieu de la Lost Coast, que par une route sinueuse mais bien entretenue. Ce village de pêcheurs de saumons se niche dans une baie minuscule. Son isolement a limité son développement et il offre une bonne base aux amoureux de la nature. 25 km de sentiers de randonnée jalonnés de sites de camping gratuits courent au sommet des falaises où ne vivent que des animaux sauvages tels qu'ours noirs, cerfs, visons et pyrargues à tête blanche.

Un bon moyen d'apprécier la beauté de la région consiste à prendre la Hwy 211 à l'ouest de la US 101, puis de suivre la route panoramique entre l'Humboldt Redwoods State Park et Ferndale *(p. 430-431)*. Ce magnifique parcours de 80 km fait le tour du Cape Mendocino, la pointe la plus occidentale de la côte californienne.

Weaverville ❾

Carte routière A2. 👥 *3 500.* ✈ *Redding Municipal Airport, 64 km à l'est de Weaverville.* ℹ *317 Main St (530 623-6101).*

Dans une région isolée entre les montagnes du littoral et la Central Valley, le village rural de Weaverville a peu changé depuis sa fondation, il y a 150 ans, par des chercheurs d'or.

Au centre du petit quartier commerçant, qui abrite le plus vieux drugstore de l'État, se trouve le **Jake Jackson Museum**. Son exposition retrace à la fois l'histoire de Weaverville et celles de l'extraction d'or et de l'exploitation forestière dans la région. À côté du musée s'élève le Joss House State Historic Site, le plus ancien et le mieux préservé des temples chinois du pays. Construit en 1874, il rappelle que les immigrants chinois jouèrent un grand rôle dans le développement de la Californie en participant notamment à la construction de la voie ferrée transcontinentale *(p. 46-47)*.

Au nord de Weaverville, les Trinity Alps, qui font partie du Salmon Mountain Range, se dressent au cœur de superbes paysages de montagne. Elles attirent randonneurs aux beaux jours et adeptes du ski de fond en hiver.

🏛 Jake Jackson Museum
508 Main St. ☎ *(916) 623-5211.* 🕘 *d'avril à nov. : t.l.j. ; de déc. à mars : mar. et sam. seulement.* **Contribution**.

Au pied des séquoias dans le Redwood National Park ▷

Le Shasta Dam assure l'alimentation en eau du Nord

Shasta Dam ⑩

Redding. **Visitors' Center** *(530) 275-1554.*

Pendant la Grande Dépression des années 1930, le gouvernement décida de financer le Central Valley Project afin d'assurer une alimentation régulière en eau aux agriculteurs, de fournir aux industriels une source d'électricité bon marché et d'offrir du travail aux chômeurs laissés sans emploi par la baisse de l'activité minière. Ce réseau de canaux et de lacs artificiels a pour pôle principal le Shasta Dam, barrage haut de 183 m et long de 1 055 m. Avec un déversoir qui fait trois fois la hauteur des chutes du Niagara, cet ouvrage d'art achevé en 1945 reste un des plus impressionnants des États-Unis.

Shasta State Historic Park ⑪

Carte routière A2. *Redding.* **Visitors' Center** *(530) 243-8194.* *du mer. au dim.*

Au milieu du siècle dernier, l'un des plus grands camps de chercheurs d'or de la Californie naquit à proximité de la Sacramento River, de la Trinity River, de la McCloud River et de la Pit River, puis se vida à mesure que les ressources en métal précieux s'épuisaient. Le détournement de la voie ferrée vers Redding, à 5 km à l'est, lui porta un coup fatal.

Shasta devint une ville fantôme, mais le gouvernement de la Californie prit conscience au début des années 1920 de son importance historique. Il maintint de nombreux édifices de brique en état de « délabrement arrêté » et rendit à l'ancien tribunal, le **Shasta Courthouse**, son aspect d'origine. Un petit *visitors' centre* abrite une exposition sur l'histoire de la ville.

À 1,5 km à l'ouest, les alentours du Lake Whiskeytown forment la plus petite section de la Shasta-Whiskeytown-Trinity National Recreation Area qui protège les forêts bordant trois lacs artificiels. Le plus grand est le Shasta Lake. Le Trinity Lake porte aussi le nom de Clair Engle Lake en l'honneur d'un politicien local. Appréciés des pêcheurs, tous trois permettent de pratiquer de nombreuses activités de loisirs telles que le ski nautique.

Shasta Courthouse et Visitors' Center
Main St. *(530) 243-8194.* *du mer. au dim.*

L'intérieur restauré du Shasta Courthouse

Mount Shasta ⑫

Carte routière B1. *Dunsmuir.* *Siskiyou.* *Shasta.* **Visitors' Center** *(530) 926-4865.* *de mai à oct. : du lun. au sam. ; de nov. à avril : du lun. au ven.*

Après le Mount Rainier (4 392 m) situé dans l'État de Washington, le Mount Shasta, d'une hauteur de 4 316 m, est le deuxième sommet des Cascade Mountains. Cinq glaciers descendent de la cime enneigée de cet ancien volcan visible à plus de 160 km.

Le Mount Shasta domine la ville fantôme de Shasta

Tule Lake National Wildlife Refuges ⑬

Carte routière B1. *Klamath Falls.* **Visitors' Center** *(530) 667-2231.*

Autour du Tule Lake et de la Lower Klamath River, six réserves naturelles situées de part et d'autre de la frontière entre Californie et

Oregon forment un des lieux les plus propices à l'observation des oiseaux dans l'ouest des États-Unis.

En automne, ils sont des centaines de milliers à y faire étape dans leur migration depuis le Canada vers la Central Valley et au-delà. En hiver, le Tule Lake abrite une population de pyrargues à tête blanche, une espèce relativement rare en Californie, pouvant compter jusqu'à mille membres.

Lava Beds National Monument ⓮

Carte routière B1. *Klamath Falls.* **Visitors' Center** *(530) 667-2282.* *t.l.j.*

Sur le Modoc Plateau, vaste plateau volcanique au nord-est de la Californie, ce parc de 186 km² protège une région inhospitalière où cônes de cendres et coulées de lave composent des paysages étranges. Plus de 200 galeries souterraines creusent le sol et les parois basaltiques.

On découvre la plus grande concentration de ces grottes en empruntant la Cave Loop Road, à 3 km au sud du *visitors' centre*. De là, un court sentier descend jusque dans la Mushpot Cave, la seule à être éclairée et pavée. Son nom, marmite à bouillie, lui vient d'éclaboussures de lave trouvées près de l'entrée.

D'autres grottes le long du chemin doivent aussi leur nom à une caractéristique : la Crystal Cave renferme ainsi d'étincelants cristaux, tandis que la Catacombs Cave impose de franchir en rampant ses passages tortueux. Pour se risquer dans ces souterrains, mieux vaut avoir de bonnes chaussures et une torche électrique et consulter auparavant le *visitors' centre*.

C'est sur le territoire du Lava Beds National Monument que se déroula en 1872-1873 la seule grande guerre indienne de Californie. Un groupe de Modocs, une tribu déplacée dans une réserve en Oregon, revint dans la région conduit par le chef Kientpoos surnommé Captain Jack. Les

Le Captain Jack's Stronghold du Lava Beds National Monument

Indiens résistèrent pendant six mois à la cavalerie américaine jusqu'à la capture, et la pendaison, de leur commandant, puis furent renvoyés dans une réserve en Oklahoma. Le Captain Jack's Stronghold (Forteresse du Captain Jack) se trouve à la frontière nord du parc.

Lassen Volcanic National Park ⓯

Carte routière B2. *Chester, Red Bluff.* **Visitors' Center** *(530) 595-4444.* *de juin à sept. : t.l.j. ; d'oct. à mai : du lun. au ven.*

Volcan le plus méridional des Cascade Mountains, et le dernier à être entré en éruption aux États-Unis avant le Mount St Helens en 1980, le Lassen Peak haut de 3 187 m dévasta entre 1914 et 1917 une zone de plus de 400 km². Elle devint un parc national en 1916.

Quoiqu'en sommeil, le Lassen Peak reste considéré comme actif et de nombreux secteurs sur ses flancs révèlent la persistance d'une activité tellurique. À 8 km au sud-est de la Southwest Entrance Station, sur la Hwy 89, Bumpass Hell fait partie des plus intéressants. Un chemin en planches permet de découvrir mares d'eau sulfureuse bouillonnante et geysers de boue. Le guide qui donna son nom au site, Kendall Bumpass, perdit une jambe dans l'un d'eux en 1865.

En hiver, l'enneigement rend impraticable la Hwy 89 qui traverse le Lassen Volcanic National Park. En été, cette route panoramique qui monte jusqu'à près de 2 600 m d'altitude permet d'atteindre le Summit Lake. Elle continue ensuite à travers la Devastated Area, grise étendue de coulées volcaniques où la forêt, détruite en 1915, commence à renaître. Elle s'achève au Manzanita Lake, dans l'angle nord-ouest du parc. Là, le **Loomis Museum** expose des photographies des nombreuses éruptions du Lassen Peak.

Plus de 240 km de sentiers s'offrent au randonneur. Très raide et long de 4 km, l'un d'eux conduit au sommet du Lassen Peak.

Loomis Museum

Lassen Park Rd, entrée nord. *(530) 595-4444.* *de fin juin à mi-sept. : t.l.j.* *4 juil.*

Fumeroles au Lassen Volcanic National Park

LE WINE COUNTRY

Les crus produits dans les vallées situées au nord de San Francisco sont appréciés jusqu'en France. L'intérieur de la région jouit d'un climat tempéré et de belles caves jalonnent ses coteaux plantés de vigne. À l'ouest s'étendent les spectaculaires côtes rocheuses de Sonoma et de Mendocino. Bonne cuisine et, bien entendu, bon vins font du Wine Country un endroit idéal pour se détendre.

C'est dans la petite Sonoma Valley, en forme de croissant, que les franciscains commencèrent en 1824 à cultiver de la vigne en Californie pour fabriquer leur vin de messe. En 1857, un entreprenant comte hongrois, Agoston Haraszthy, créa le premier grand domaine viticole de l'État, la Buena Vista Winery *(p. 449)*, en important des cépages européens. Haraszthy ne contribua pas ainsi à sa seule gloire (il reste connu comme le « père du vin californien »), mais établit la réputation d'une région vinicole jusque-là ignorée.

Depuis le XIXe siècle, de nombreux producteurs, y compris français, ont imité l'exemple du comte, jetant pour la plupart leur dévolu sur les sols fertiles de la Napa Valley où des centaines de *wineries* s'étendent aujourd'hui côte à côte. Elles proposent presque toutes des visites de leurs installations et des dégustations. Beaucoup possèdent en outre des bâtiments présentant un intérêt architectural, tels, parmi les fleurons, la Robert Mondavi Winery de style Mission et les Sterling Vineyards dont la silhouette blanche évoquant un village méditerranéen couronne un promontoire volcanique. Non loin, colonnes et tours ocre parent l'élégant Clos Pegase postmoderne.

Célèbre par ses geysers et les vertus curatives de ses bains de boue et d'eau minérale, la petite ville de Calistoga se niche à l'extrémité nord de la Napa Valley. À l'ouest de la vallée, la Russian River rejoint l'océan Pacifique, dont le littoral offre de vastes étendues désertes où l'on peut observer oiseaux de mer et baleines grises ou simplement se promener.

La Goat Rock Beach à l'embouchure de la Russian River

◁ **Moutarde poussant dans les vignobles de la Napa Valley au printemps**

À la découverte du Wine Country

Les vallées abritées qui creusent les Coastal Ranges au nord de San Francisco, en particulier celles de la Russian River, de Sonoma et de Napa, jouissent d'un climat idéal pour la culture de la vigne. À l'ouest de cette région viticole aux crus réputés, de superbes plages et des rochers à explorer à marée basse entourent de pittoresques villages côtiers tels que Mendocino, Jenner et Bodega Bay. À l'intérieur des terres, des forêts de séquoias se visitent à pied, à cheval ou en train. On peut également découvrir la région depuis les airs en s'envolant au-dessus des vignobles à bord d'une montgolfière. Plusieurs parcs d'État recèlent bâtiments historiques et sites naturels protégés. Deux grands lacs, le Clear Lake et le Lake Berryessa, offrent la possibilité de pratiquer de nombreux sports nautiques.

La Gerstle Cove, réserve marine du Salt Point Park

Circuler

En dehors de circuits en autocar depuis San Francisco et des promenades en train proposées dans la Napa Valley *(p. 446-447)* et les forêts de séquoias du nord *(p. 443)*, le Wine Country et son littoral n'offrent guère d'autre moyen de se déplacer que la voiture. La Hwy 1 longe la côte et la Hwy 101 traverse le centre de la région du nord au sud jusque dans l'Humboldt County. La Route 20 qui relie Nevada City au Wine Country rejoint la Hwy 101 au nord du Lake Mendocino.
Les plus proches aéroports internationaux se trouvent à San Francisco et Oakland *(p. 598-599)*.

Voir aussi

- ***Hébergement*** p. 531-533
- ***Restaurants*** p. 569-571

Légende

- Autoroute
- Route principale
- Route secondaire
- Parcours pittoresque
- Cours d'eau
- Point de vue

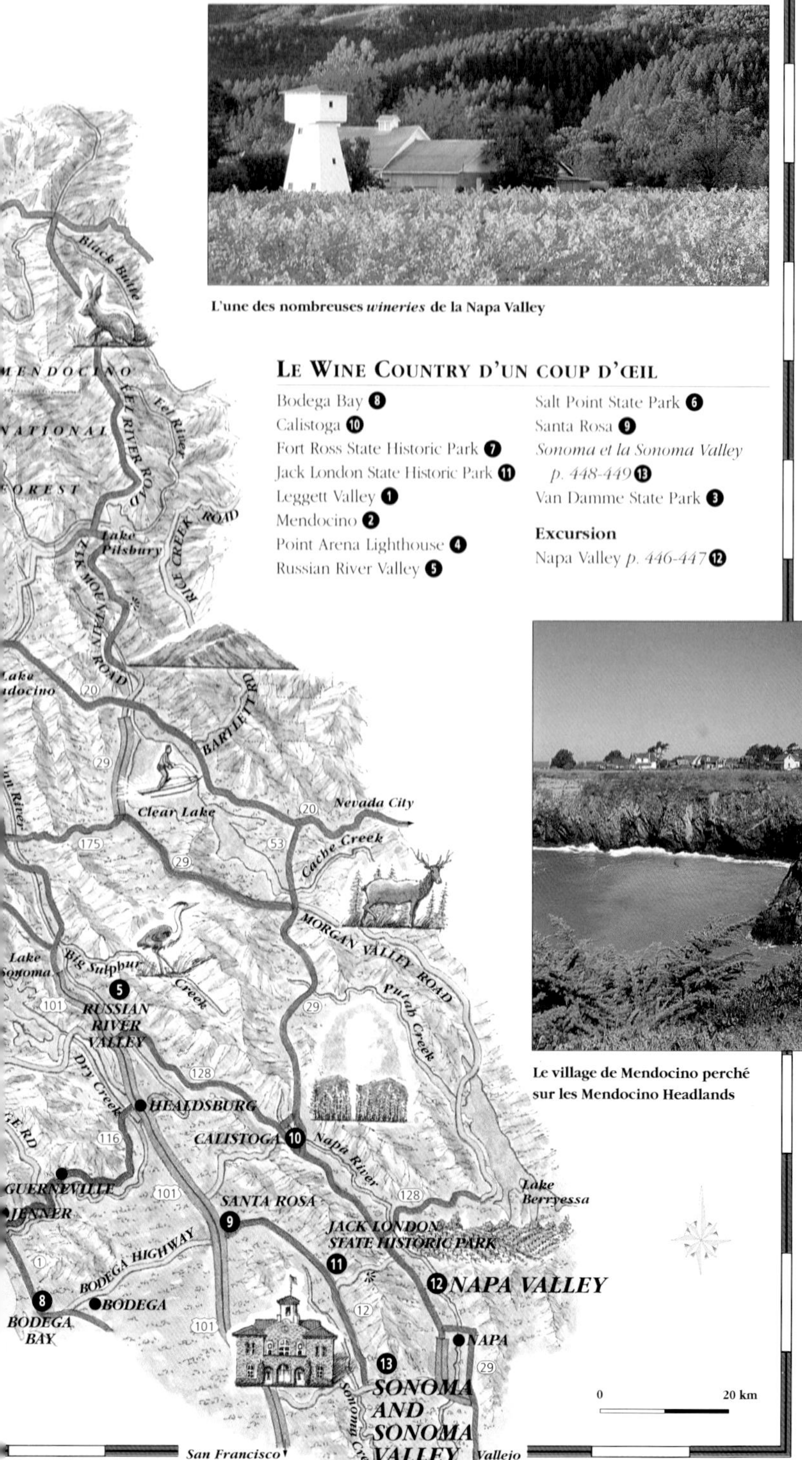

L'une des nombreuses *wineries* de la Napa Valley

Le Wine Country d'un coup d'œil

Bodega Bay 8
Calistoga 10
Fort Ross State Historic Park 7
Jack London State Historic Park 11
Leggett Valley 1
Mendocino 2
Point Arena Lighthouse 4
Russian River Valley 5
Salt Point State Park 6
Santa Rosa 9
Sonoma et la Sonoma Valley p. 448-449 13
Van Damme State Park 3

Excursion

Napa Valley *p. 446-447* 12

Le village de Mendocino perché sur les Mendocino Headlands

Leggett Valley ❶

Carte routière A2. *jusqu'à Leggett.* *70400 Hwy 101.*

Cette vallée verdoyante séparée de l'océan Pacifique par le King Mountain Range est célèbre en Californie par ses séquoias d'une telle taille qu'on put percer dans le tronc de l'un d'eux, le Chandelier Tree haut de 103 m, un passage suffisant pour une voiture.

Sillonnées de sentiers de randonnée, les forêts de la Leggett Valley et de la région servirent par endroits de décor à George Lucas lors du tournage de sa saga de la *Guerre des étoiles*. Elles abritent, entre autres animaux sauvages, ratons laveurs et cerfs. Des aigles royaux planent souvent au-dessus des frondaisons en quête d'une proie.

La South Fork Eel River, où abondent saumons et truites arc-en-ciel, attire échassiers, pêcheurs et baigneurs, en été.

Mendocino ❷

Carte routière A3. *1 200.* *332 N Main St, Fort Bragg (707 961-6300 ; 800 726-2780).*

Les colons qui fondèrent ce village côtier en 1852 venaient de Nouvelle-Angleterre et ils construisirent des maisons ressemblant à celles qu'ils avaient quittées sur la Côte Est. Ces demeures caractéristiques, avec leurs pignons pointus et leurs boiseries décoratives, valent d'ailleurs à cette portion du littoral le surnom de « California's New England Coast ».

Perché sur un promontoire rocheux au-dessus du Pacifique, Mendocino a conservé le charme suranné de l'époque où il vivait de la pêche et de l'exploitation forestière. Le tourisme est devenu sa principale ressource, mais il reste de qualité, de nombreux artistes et écrivains ayant décidé de s'installer dans cette localité isolée. Boutiques d'antiquités, galeries d'art, librairies et cafés bordent rues et places, et les falaises couvertes de bruyères ménagent de beaux panoramas de l'océan où des baleines passent au large lors de leurs migrations.

Des fougères géantes bordent le superbe Fern Canyon Trail dans le Van Damme State Park

Van Damme State Park ❸

Comptche Ukiah Rd. *(707) 937-5804.* *(707) 937-4016.* *depuis Point Arena.* *de mai à sept. : t.l.j. ; d'oct. à avril : les sam. et dim.*

Cette superbe réserve naturelle de 890 ha renferme plusieurs pistes cyclables et certains des plus beaux sentiers forestiers de la Californie, tel le Fern Canyon Trail, l'un des plus appréciés. Les visiteurs s'y promènent le long de ruisseaux sinueux à l'ombre d'immenses séquoias et de fougères géantes. Sur la frange littorale du parc viennent plonger des pêcheurs d'oreilles-de-mer.

À 5 km au nord du Van Damme State Park, une curiosité végétale, la Pigmy Forest, peut s'atteindre à pied comme en voiture. Cette forêt naine se compose de vieux arbres rabougris qui doivent à la pauvreté d'un sol mal drainé de ne pas dépasser une hauteur d'environ un mètre.

Mendocino domine l'océan depuis un promontoire rocheux

Point Arena Lighthouse ❹

Carte routière A3. *(707) 882-2777.* *depuis Point Arena.* **Phare et musée** *de jan. à nov. : t.l.j. ; déc. : les sam. et dim.* *musée seul.*

Ce phare haut de 35 m dresse sa silhouette élancée à 1,5 km au nord du petit village de pêcheurs de Point Arena. Construit en brique en 1870, l'édifice originel ne résista pas au tremblement de terre de 1906 et dut être remplacé par la tour en béton actuelle coulée à San Francisco par la Concrete Chimney Company.

Il faut gravir 145 marches pour atteindre son sommet, un effort récompensé par un panorama exceptionnel… du moins un jour sans brume. La visite du phare, possible toute l'année, permet de découvrir les larges lentilles de Fresnel. Fabriquées en France, elles mesurent près de deux mètres de diamètre, pèsent plus de deux tonnes et flottent dans un bassin de mercure.

Le bâtiment adjacent, édifié en 1869 pour prévenir les bateaux de la présence du promontoire par temps de brouillard, abrite désormais un musée. Son exposition comprend plusieurs sirènes de brume et retrace l'histoire du phare, notamment à travers de vieilles photographies.

Le Point Arena Lighthouse, colonne de béton haute de 35 m

Le Skunk Train

Depuis 1885, ce train part de Fort Bragg, une ville forestière au nord de Mendocino, pour s'enfoncer dans les forêts de séquoias. C'est l'odeur dégagée par le mélange de gazole et d'essence alimentant sa locomotive qui lui valut le surnom de train Mouffette. Les passionnés de chemin de fer peuvent choisir aujourd'hui entre des motrices diesel, électrique ou à vapeur pour une promenade d'une demi-journée ou d'un jour entier.

Le pittoresque Skunk Train

Russian River Valley ❺

Carte routière A3. *depuis Healdsburg.* *14034 Armstrong Woods Rd, Guerneville (707 869-9212).*

Arrosée par la Russian River et ses affluents, la vaste région connue sous le nom de Russian River Valley englobe en fait plusieurs vallées plus petites, certaines dominées par des coteaux plantés de vigne et des champs de pommiers, d'autres jalonnées de futaies de séquoias, d'exploitations agricoles familiales et de plages de sable au bord de cours d'eau. Plus de 60 *wineries* sont dispersées dans ces paysages.

Au centre de la vallée, la petite ville de Healdsburg s'ordonne autour d'une belle place de style espagnol bordée de boutiques, de cafés et de restaurants. De nombreux habitants de San Francisco et de la Bay Area viennent se détendre en été dans le village hospitalier de Guerneville, au sud-ouest d'Healdsburg. Il accueille chaque année en septembre sur la Johnson's Beach le très populaire Russian River Jazz Festival. La Johnson's Beach offre aussi un bon point de départ à une descente en canoé ou en canot pneumatique *(raft)* du cours paisible de la Russian River.

Non loin s'étend l'**Armstrong Redwoods State Reserve** de 330 ha qui contient certaines des dernières forêts primitives de séquoias de la Californie. Elle renferme un géant ; vieux de 1 400 ans, cet arbre baptisé Colonel Armstrong mesure 94 m de hauteur.

Armstrong Redwoods State Reserve

17000 Armstrong Woods Rd, Guerneville. *(707) 869-2015, 865-2391.* *t.l.j.*

Salt Point State Park ❻

Carte routière A3. *(707) 847-3221, 847-3465.* *depuis Santa Rosa.* *t.l.j.*

Bordant le littoral, ce parc naturel de 2 400 ha recèle plusieurs criques rocheuses appréciées des pêcheurs. Il comprend en outre la Gerstle Cove Marine Reserve où les plongeurs peuvent venir admirer des fonds marins protégés où prospèrent poissons divers et anémones et étoiles de mer.

De nombreux sentiers de randonnée et pistes cavalières sinuent entre pins, séquoias et prairies fleuries. L'itinéraire le plus apprécié en avril et en mai traverse la Kruse Rhododendron State Reserve de 130 ha où les rhododendrons peuvent atteindre une hauteur de 9 m.

La Gerstle Cove du Salt Point State Park

Canon exposé devant la chapelle orthodoxe du Fort Ross

Fort Ross State Historic Park ❼

Carte routière A3. *(707) 847-3286. depuis Point Arena. de 10 h à 16 h 30 t.l.j. 1er jan., Thanksgiving, 25 déc.*

Sur un promontoire rocheux battu par les vents à 19 km au nord de Jenner se dresse l'ancien comptoir commercial fondé par les Russes en 1812. Ils l'occupèrent jusqu'en 1841 et son nom, « Ross », dérive de « Rossya » qui signifie Russie.

Les Russes furent les premiers Européens à s'installer dans la région, étendant leur zone d'influence depuis l'Alaska. C'est leur présence qui incita l'Espagne à entreprendre la colonisation de l'Alta California à partir de 1769, mais ils ne cherchèrent jamais à asseoir leur pouvoir sur ces terres vierges, se contentant d'y chasser les animaux à fourrure et de commercer. Après trente ans d'échanges pacifiques, ils vendirent en 1841 le fort à John Sutter, un immigrant suisse *(p. 459)*.

Construite en 1836, la maison du dernier directeur du comptoir, Alexander Rotchev, est restée intacte, mais plusieurs autres bâtiments ont dû être reconstruits à l'intérieur de la palissade en bois. Le plus intéressant, la chapelle orthodoxe bâtie en séquoia, date de 1824.

Un petit *visitors' centre* propose des brochures d'information. Tous les ans, le dernier samedi de juillet, plus de 200 participants en costume recréent pendant une journée la vie au fort au début du XIXe siècle.

Bodega Bay ❽

Carte routière A3. *1 300. 850 Hwy 1 (707 875-3422).*

Abritée par une petite péninsule qui offre un des meilleurs postes d'observation des baleines de Californie, Bodega Bay servit avec ses maisons blanches de décor à une œuvre célèbre d'Alfred Hitchcock, *Les Oiseaux* (1963). Désormais transformée en résidence privée, la Potter Schoolhouse dont les élèves subissent l'attaque de corbeaux dans le film existe toujours dans le minuscule village voisin de Bodega.

Parmi les distractions que propose Bodega Bay figurent le golf, l'étude des oiseaux, la recherche de coquillages et la pêche en haute mer. Le soir, les bateaux de pêche déchargent leurs prises du jour au Tides Wharf, un quai sur la Hwy 1.

Au nord de Bodega Bay commence la Sonoma Coast State Beach. Dix plages séparées par des avancées rocheuses s'étendent sur 16 km jusqu'à la charmante bourgade de Jenner. Là, la large Russian River se jette dans l'océan et des centaines de phoques gris paressent au soleil sur la Goat Rock Beach, un important lieu de reproduction. La saison des naissances dure trois mois de mars à fin juin.

Phoque sur la Goat Rock Beach

Santa Rosa ❾

Carte routière A3. *136 000. Sonoma County Airport, 10 km au nord de Santa Rosa. 637 1st St (707 577-8674; 800 404-7673).*

Malgré l'une des plus fortes croissances démographiques de Californie, Santa Rosa reste surtout connue par les célébrités qui y vécurent ou y résident encore.

L'horticulteur Luther Burbank (1849-1926), créateur de plus de 800 variétés de fruits, de légumes et de fleurs ornementales, y habita pendant plus de 50 ans. D'une superficie d'un demi hectare, les **Luther Burbank Home and Gardens** comprennent une roseraie et un verger. Le jardin victorien réunit les plantes les plus appréciées autour des maisons à la fin du siècle dernier.

Natif de Santa Rosa, l'illustrateur Robert L. Ripley (1893-1949) connut un tel succès avec sa bande dessinée « Ripley's Believe It or Not!® » *(p. 326)* qu'elle parut dans des dizaines de journaux. Le **Robert L. Ripley Memorial**

Bateaux de pêche dans la North Beach Jetty Marina de Bodega Bay

Parterres fleuris aux Luther Burbank Home and Gardens

Museum évoque sa vie et présente une riche sélection tirée des curiosités qu'il collectionna.

Santa Rosa compte parmi ses habitants un dessinateur encore plus connu : Charles Schulz, l'auteur de la série « Peanuts ». Il n'existe nulle part au monde un plus vaste choix de produits dérivés du personnage de Snoopy qu'à la **Snoopy's Gallery and Gift Shop**.

Luther Burbank Home and Gardens
204 Santa Rosa Ave. *(707) 524-5445.* **Jardins** *t.l.j.* **Maison** *d'avril à oct. : du mer. au dim.*

Robert L. Ripley Memorial Museum
492 Sonoma Ave. *(707) 524-5233.* *d'avril à oct. : du mer. au dim.*

Snoopy's Gallery and Gift Shop
1665 Steele Lane. *(707) 546-3385.* *t.l.j.* *dim. de Pâques.*

Calistoga ⓾

Carte routière A3. *4 715.* *1458 Lincoln Ave (707 942-6333).*

Fondée au milieu du XIXe siècle par Sam Brannan (1819-1889), le premier millionnaire de Californie, cette petite station thermale attire toujours de nombreux visiteurs. Ils n'y viennent pas tous dans le seul but de profiter des vertus curatives de bains de boue, entre autres traitements, mais aussi pour apprécier la bonne cuisine du Wine Country et le calme d'une ville riche en boutiques proposant aussi bien savons artisanaux que mobilier européen.

À 3 km au nord de Calistoga, l'**Old Faithful Geyser** perd parfois de sa régularité, mais il projette normalement dans le ciel une colonne d'eau bouillante environ toutes les 40 mn. À l'ouest s'étend la **Petrified Forest** où, il y a des millions d'années, une éruption volcanique recouvrit de cendres d'immenses séquoias *(p. 446)*.

À l'est, le Robert Louis Stevenson State Park, d'une superficie de 2 000 ha, permet de se promener au milieu d'arbres encore vivants. L'auteur de *L'Île au trésor* passa ici en 1880 sa lune de miel avec Fanny Osbourne. Au bout des 8 km qui séparent le parc du sommet du Mount St Helena (1 324 m), le plus haut relief du Wine Country, offre une vue à couper le souffle sur les vignobles. Il existe un moyen moins fatigant de les découvrir d'en haut : monter dans une montgolfière au *gliderport* proche de Calistoga.

Old Faithful Geyser
1299 Tubbs Lane. *(707) 942-6463.* *t.l.j.*

Petrified Forest
4100 Petrified Forest Rd. *(707) 942-6667.* *t.l.j.* *Thanksgiving, 25 déc.* *limité.*

L'Old Faithful Geyser

Jack London State Historic Park ⓫

Carte routière A3. *(707) 938-5216.* **Parc et musée** *t.l.j.* *1er jan., Thanksgiving, 25 déc.* *musée seul.*

En 1905, le célèbre auteur de *L'Appel de la forêt*, *Croc-Blanc* et *Le Loup des mers*, parmi plus de 50 livres, abandonna sa vie de vagabondages pour s'installer dans ce domaine de 350 ha où poussent chênes, marronniers de Californie et séquoias. Jack London (1876-1916) lui donna le nom mérité de Beauty Ranch. Il renferme toujours ses écuries, ses vignobles et le cottage où il travailla et mourut à l'âge de 40 ans. On y voit également les ruines de la Wolf House où l'écrivain comptait fonder une communauté utopique et qu'un incendie ravagea.

Sa deuxième épouse, Charmian Kittredge (1871-1955), édifia en 1919 une magnifique maison, la House of Happy Walls, qui abrite aujourd'hui un musée. Les souvenirs de Jack London exposés comprennent son bureau, des notes, diverses éditions de ses œuvres, ainsi que sa collection d'objets d'art provenant du Pacifique Sud.

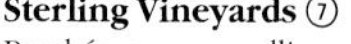

Excursion dans la Napa Valley ⓬

L'étroite vallée arrosée par la Napa River a établi, par la qualité de ses crus, la réputation des vins californiens. Longue de 55 km, elle abrite plus de 250 caves, les plus anciennes datant du XIXe siècle et possédant souvent d'intéressantes architectures. La plupart bordent le Silverado Trail et la Hwy 29 qui traversent les villes de Yountville, Oakville, Rutherford, St Helena et Calistoga *(p. 445)*. Beaucoup de ces *wineries* proposent des visites gratuites de leurs installations, mais les dégustations y sont parfois payantes. Vous les apprécierez plus tranquillement en semaine, surtout en été.

Statue du Clos Pegase

Sterling Vineyards ⑦
Perchée sur une colline dominant la vallée et ses vignobles, cette grande cave blanche de style méditerranéen est accessible en téléphérique.

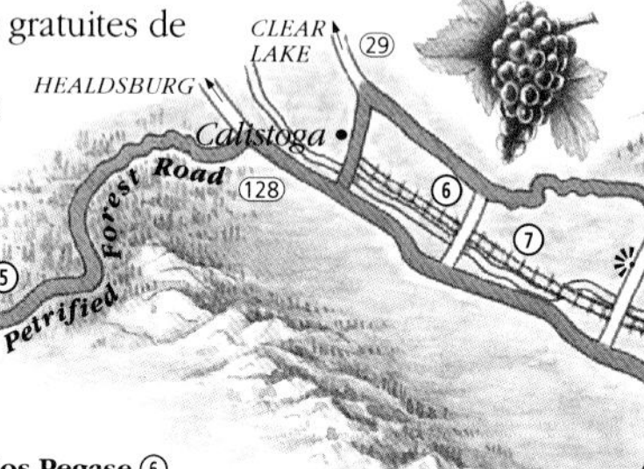

Clos Pegase ⑥
L'architecte Michael Graves dessina cette *winery* post-moderne réputée pour sa collection d'art et ses vins.

Petrified Forest ⑤
Elle comprend les plus grands arbres pétrifiés du monde *(p. 445)*.

Bale Grist Waterwheel ④
Ce moulin à aubes de 1846 fonctionne encore le week-end.

Robert Mondavi Winery ③
Peintures et sculptures ornent cette immense cave de style Mission qui se visite toute l'année.

Gastronomie et vins fins dans la Napa Valley

Le Wine Country n'est pas seulement réputé en Californie pour ses crus, mais également pour la qualité de ses productions maraîchères. Le long des routes de la vallée, des étals et des marchés fermiers vendent des légumes et des fruits biologiques, ainsi que des jus fraîchement pressés. Les restaurants dans les petites villes servent souvent une excellente cuisine. Parmi les spécialités locales figurent le gigot d'agneau *(leg of lamb)* à la menthe fraîche, le risotto aux cœurs d'artichauts et aux tomates séchées, le sauté de champignons *(wild mushrooms)* en croustade et le saumon de Sterling à la sauce au pinot noir.

Repas à la terrasse au Domaine Chandon de Yountville

Légende

- Circuit recommandé
- Autre route
- Point de vue

Couleurs d'automne dans la Napa Valley

Carnet de route

Itinéraire :
64 km y compris le détour par la Petrified Forest.

Où faire une pause :
St Helena et Calistoga possèdent plusieurs hôtels et Bed-and-Breakfast. Pour un excellent repas, essayez le Domaine Chandon ou le Mustards Grill de Yountville ; le Tra Vigne ou le Brava Terrace de St Helena ; le Silverado de Calistoga (p. 570-571).

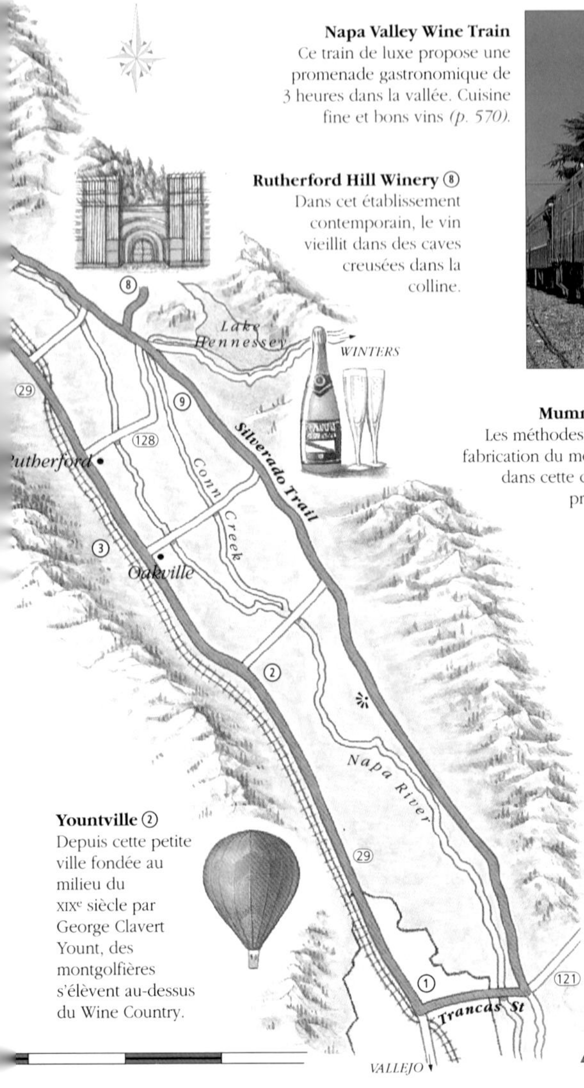

Napa Valley Wine Train
Ce train de luxe propose une promenade gastronomique de 3 heures dans la vallée. Cuisine fine et bons vins *(p. 570).*

Rutherford Hill Winery ⑧
Dans cet établissement contemporain, le vin vieillit dans des caves creusées dans la colline.

Mumm Napa Valley ⑨
Les méthodes traditionnelles de fabrication du mousseux prévalent dans cette cave associée à un producteur français.

Yountville ②
Depuis cette petite ville fondée au milieu du XIXe siècle par George Clavert Yount, des montgolfières s'élèvent au-dessus du Wine Country.

Napa ①
Les édifices restaurés bordant les rues de Napa abritent restaurants et boutiques.

Lake Hennessey
WINTERS
Rutherford
Oakville
Silverado Trail
Conn Creek
Napa River
Trancas St
VALLEJO
0 5 km

Sonoma et la Sonoma Valley ⓭

Bear Flag Monument

Serrée entre les Mayacama Mountains à l'est et les Sonoma Mountains à l'ouest, l'étroite Sonoma Valley, longue de 27 km, renferme 2 400 ha de vignobles. À l'entrée de la vallée, la petite ville de Sonoma s'étend autour d'une place de 3 ha dessinée en 1835 par le général mexicain Mariano Vallejo (1808-1890). Au début des années 1840, les colons américains qui arrivèrent dans la région découvrirent que la propriété de la terre était réservée aux citoyens de nationalité mexicaine. Le 14 juin 1846, environ 30 d'entre eux firent prisonnier le général Vallejo et ses hommes, prirent le contrôle de Sonoma et déclarèrent la Californie république indépendante. Ils ornèrent leur drapeau d'une étoile et d'une bande rouges et du dessin grossier d'un ours *(bear)*. En annexant la Californie 25 jours plus tard, les États-Unis abolirent cette république, mais le Bear Flag devint le drapeau officiel de l'État en 1911.

Le Sonoma City Hall au centre de la Sonoma Plaza

À la découverte de Sonoma

Sonoma offre pour principaux centres d'intérêt ses caves réputées et le quartier agréable qui entoure la **Sonoma Plaza** de style espagnol. Des dizaines de sites historiques méticuleusement préservés bordent cette place ombragée où de nombreux bâtiments en adobe abritent des marchands de vins, de charmantes boutiques et des restaurants chic servant une cuisine californienne recherchée. Au centre de la place se dresse le **Sonoma City Hall**, édifice en pierre de style Mission Revival *(p. 27)* dessiné en 1908 par l'architecte san-franciscain A. C. Lutgens. Près de l'angle nord-ouest de la place, le **Bear Flag Monument** commémore la révolte de 1846 qui fit se dresser des fermiers américains contre le gouvernement mexicain.

Vasquez House

El Paseo. (707) 938-0510. du mer. au dim.

Cette maison à pignons bâtie en 1855 appartint à « Fighting Joe » Hooker, un héros de la guerre de Sécession, qui la vendit à Pedro et Catherine Vasquez. Elle est devenue le siège de la Sonoma League for Historic Preservation qui propose une exposition historique et fournit des renseignements sur des promenades guidées dans Sonoma.

Toscano Hotel

20 E Spain St. (707) 938-1519. du sam. au lun. de 13 h à 16 h. obligatoire.

Situé sur le côté nord de la plaza, le Toscano Hotel, édifice en bois restauré, bénéficie du

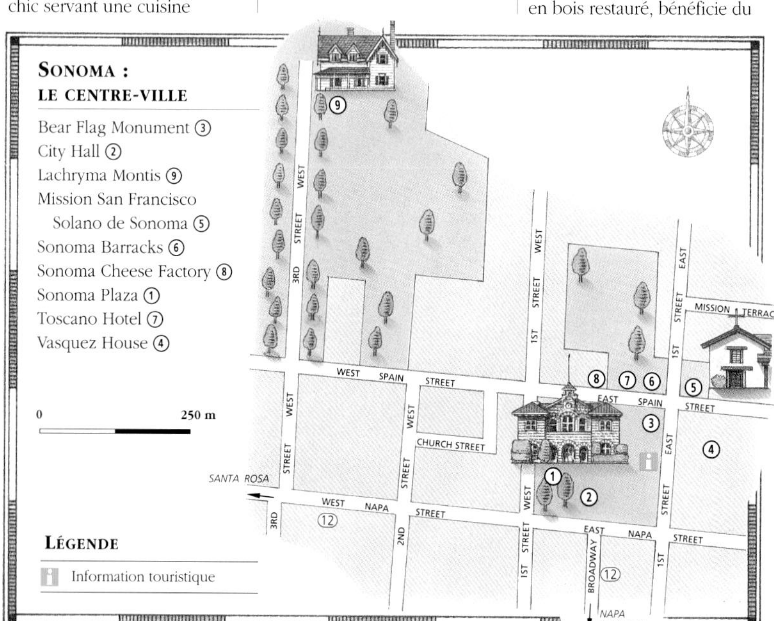

statut de monument historique. Occupé à l'origine par un bazar et une bibliothèque, il date des années 1850. Transformé en hôtel pour chercheurs d'or en 1886, il appartient désormais à l'État.

Sonoma Cheese Factory
2 W Spain St. *(707) 996-1931.* *t.l.j.* *1er jan., Thanksgiving, 25 déc.*
Une large baie vitrée permet dans cette fromagerie en activité depuis 1931 d'assister au processus de fabrication. La boutique vend le produit fini, une pâte cuite proposée aussi sous diverses formes aromatisées.

Lachryma Montis
W Spain et W 3rd Sts. *(707) 938-9559.* *t.l.j.* *1er jan., Thanksgiving, 25 déc.*
Maison jaune et blanche de style Gothic Revival construite en séquoia en 1852, l'ancienne demeure du général mexicain Mariano Vallejo offre un aperçu du luxueux train de vie qu'il menait. Elle abrite une collection éclectique de souvenirs, depuis ses épaulettes en argent et un fer à marquer le bétail jusqu'à ses livres et photographies préférés. Son nom, qui signifie en latin « larme de la montagne », fait référence à une source coulant sur la propriété.

Lachryma Montis, l'ancienne demeure du général Mariano Vallejo

Mission San Francisco Solano de Sonoma
E Spain St. *(707) 938-9560.* *t.l.j.* *1er jan., Thanksgiving, 25 déc.*
Fondée en 1823 par un franciscain espagnol, le père José Altimira, à une époque où la Californie était sous gouvernement mexicain, la dernière des 21 missions

Façade de la Mission San Francisco Solano de Sonoma

californiennes *(p. 42)* porte le nom d'un saint péruvien. On l'appelle aussi plus simplement la Sonoma Mission. Superbement restaurée, elle ne conserve des bâtiments d'origine que le corridor des quartiers du père Altimira. Le général Vallejo fit construire la chapelle en adobe en 1840 pour les soldats et les familles de la ville.

Mode d'emploi

Carte routière A3. *8 600.* *Sonoma County Airport, 10 km au nord de Santa Rosa.* *90 Broadway et W Napa Sts, Sonoma Plaza.* *453 1st St E (707 996-1090).* *Valley of the Moon Vintage Festival (fin sept.).*

Sonoma Barracks
E Spain St. *(707) 938-1519.* *t.l.j.* *1er jan., Thanksgiving, 25 déc.*
C'est une main-d'œuvre indienne qui bâtit entre 1836 et 1840 ce bâtiment en adobe qui servit de quartier général au général Vallejo et à ses troupes. Après la Bear Flag Revolt de 1846, l'armée américaine l'utilisa comme avant-poste pendant une dizaine d'années. Rachetée par l'État à la fin des années 1950, la caserne, restaurée, est désormais un California Historical Landmark.

Les caves de la Sonoma Valley

Armoiries des Sebastiani Vineyards

Qualité du sol, pluviométrie et ensoleillement rendent la Sonoma Valley particulièrement propice à la culture de la vigne. Le père José Altimira planta les premiers pieds en 1824 pour en tirer le vin de messe nécessaire aux services célébrés dans la Mission San Francisco Solano de Sonoma. Quand, en 1834, le gouvernement mexicain sécularisa la mission, le général Vallejo replanta les vignes sur sa propriété et vendit leur production à des marchands de San Francisco. En 1857, le comte hongrois Agoston Haraszthy *(p. 439)* importait les premières variétés européennes et créait la Buena Vista Winery, qui reste un des grands vignobles de cette région réputée.

Celle-ci comprend trois zones viticoles : la Sonoma Valley, Carneros et la Sonoma Mountain. De subtiles différences de climat leur donnent des environnements particuliers plus ou moins adaptés à des cépages comme le cabernet sauvignon et le chardonnay. Plus de 35 caves y produisent chaque année un total de 5,4 millions de caisses. Parmi les plus remarquables figurent les Sebastiani Vineyards aux crus maintes fois primés, la Glen Ellen Winery, la Gundlach-Bundschu Winery et le Château St Jean. La plupart des *wineries* proposent des aires de pique-nique, des visites guidées et des dégustations gratuites.

Vignobles dans la Sonoma Valley

LE GOLD COUNTRY ET LA CENTRAL VALLEY

Situé au cœur géographique de la Californie, le Gold Country est aussi au cœur de son histoire puisque c'est l'or qu'on y découvrit, et la ruée qu'il provoqua, qui entraîna la première grande vague d'immigration. Il reste également au centre de sa vie politique actuelle puisqu'il renferme la capitale de l'État, Sacramento.

S'il fut le creuset de la Californie moderne où convergèrent du monde entier des milliers de pionniers en 1849, le Gold Country n'en présente pas moins aujourd'hui un visage principalement rural. Même sa ville principale, Sacramento, pourtant siège du gouvernement de l'État, vit surtout du commerce agricole.

Avant l'arrivée des prospecteurs, ces territoires situés aux confins de l'empire colonial espagnol restaient peuplés de tribus Miwoks et Maidus dispersées. La découverte de pépites d'or en janvier 1848 les transformèrent brutalement en un champ de foire sans foi ni loi. On estime qu'en 1852, 200 000 hommes de toutes nationalités travaillaient dans les mines du Gold Country. En 1860, les filons épuisés, il se vida à nouveau, au profit des grandes cités de la côte *(p. 44-45)*, malgré l'activité éphémère créée par la construction, à travers les montagnes de la Sierra Nevada, de la voie ferrée transcontinentale dont Sacramento devint le terminus.

S'étendant sur plus de 160 km du nord au sud, le Gold Country offre un cadre idéal à de reposantes promenades et à des pique-niques en pleine nature. Il possède l'une des plus belles routes de la Californie : la Hwy 49. Elle traverse de calmes paysages pastoraux, suit crêtes et arêtes rocheuses, longe des forêts, franchit des torrents et relie des villages pittoresques, tel Sutter Creek, qui ont gardé l'aspect qu'ils avaient à l'époque de la ruée vers l'or.

Le Malakoff Diggins State Park protège des paysages façonnés par la ruée vers l'or

◁ **Le California State Capitol de Sacramento**

À la découverte du Gold Country

Depuis la Central Valley où la I-5 dessert de charmantes communautés agricoles, le Gold Country escalade les contreforts creusés par les torrents des Sierra Navada Mountains. Principale ville de la région et siège du gouvernement de la Californie, Sacramento renferme la plus grande concentration de monuments et de sites touristiques. Ce sont toutefois les routes pittoresques qui présentent le plus d'intérêt. Des villages historiques jalonnent les paysages ruraux. Certains restent vivants et dynamiques, d'autres sont plus fantomatiques. Les bourgades les plus importantes, telles Nevada City et Sutter Creek, offrent de bonnes bases pour explorer une région très accueillante.

Le Capitol de Sacramento, siège du gouvernement de l'État

Le New Melones Lake que franchit le Parrots Ferry Bridge le long de la Hwy 49 dans le Tuolumne County

Le Gold Country d'un coup d'œil

Angels Camp 16
Chaw'se Indian Grinding Rock State Park 11
Columbia State Historic Park p. 464-465 19
Empire Mine State Historic Park 3
Folsom 7
Grass Valley 2
Jackson 12
Jamestown 20
Malakoff Diggins State Park 1
Marshall Gold Discovery State Park 6
Moaning Cavern 17
Mokelumne Hill 13
Murphys 15
Nevada City 4
Placerville 8
Sacramento p. 456-459 5
San Andreas 14
Sonora 18
Stockton 21
Sutter Creek 9
Volcano 10

Répliques de huttes indiennes du Chaw'se Indian Grinding Rock State Park

Voir aussi

- ***Hébergement*** p. 533-534
- ***Restaurants*** p. 571-572

Circuler

Il faut une voiture pour découvrir le Gold Country. La plupart des sites se trouvent le long de la Hwy 49, ou Gold Rush Highway, qui relie les localités les plus intéressantes. Les transports publics sont extrêmement limités. Des liaisons longue distance en autocar empruntent les deux principales autoroutes, la I-80 et la US 50, et des trains franchissent les montagnes au départ de Sacramento, ville desservie par des lignes aériennes intérieures. L'aéroport international le plus proche est celui de San Francisco.

Légende

- Autoroute
- Route principale
- Route secondaire
- Parcours pittoresque
- Cours d'eau
- Point de vue

0 25 km

1 MALAKOFF DIGGINS STATE PARK
4 NEVADA CITY
Reno
2 GRASS VALLEY
3 EMPIRE MINE STATE HISTORIC PARK
6 MARSHALL GOLD DISCOVERY STATE PARK
FOLSOM
8 PLACERVILLE
VOLCANO 10
SUTTER CREEK 9
11 CHAW'SE INDIAN GRINDING ROCK STATE PARK
12 JACKSON
13 MOKELUMNE HILL
SAN ANDREAS 14
15 MURPHYS
17 MOANING CAVERN
ANGELS CAMP 16
New Melones Lake
19 COLUMBIA STATE HISTORIC PARK
18 SONORA
20 JAMESTOWN
Stanislaus River
Don Pedro Reservoir
Yosemite
Hetch Hetchy Aqueduct
MODESTO
Tuolumne River
Lake McClure
MARIPOSA
MERCED
San Joaquin River
Monterey
Fresno

Canyon résultant de l'abattage hydraulique aux Malakoff Diggins

Malakoff Diggins State Park ❶

Carte routière B3. *(530) 265-2740.* *depuis Nevada City.* *de mai à sept. : t.l.j. ; d'oct. à avril : les sam. et dim.*

À la fin des années 1850, les techniques classiques d'extraction d'or commencèrent à ne plus suffire et les mineurs eurent recours à de nouveaux moyens pour atteindre le précieux minerai. Quand les filons en surface s'épuisèrent, ils utilisèrent de puissants jets d'eau pour désagréger les dépôts alluvionnaires, un procédé connu sous le nom d'abattage hydraulique. Ces jets crachaient plus de 115 m³/h et ils ravagèrent des flancs de collines entiers.

La législation californienne interdit en 1884 le déversement de graviers dans les cours d'eau, mais de vastes espaces avaient déjà été dévastés et plusieurs rivières obstruées. Dans les montagnes dominant Nevada City, à 45 km au nord-est de la Hwy 49, l'une des plus importantes de ces exploitations par abattage hydraulique a creusé aux Malakoff Diggins un canyon qui offre aujourd'hui un paysage d'une étrange beauté. Dans le parc qui le protège subsistent des bâtiments de North Bloomfield, une ville minière des années 1870.

Pépite d'or prise dans du quartz

Grass Valley ❷

Carte routière B3. *9 000.* *248 Mill St (530 273-4667).*

L'Empire Mine, entre autres, fit de Grass Valley l'une des villes les plus animées du nord du Gold Country. Dans les années 1870 et 1880, des ouvriers anglais des mines d'étain des Cornouailles vinrent y travailler. Ils prirent le surnom affectueux de « Cousin Jacks ». Leur expérience permit de tirer parti des filons en profondeur et aux exploitations de rester en activité après que le reste de la région fut tombé en déclin *(p. 44-45)*.

Grass Valley abrite l'un des plus intéressants musées de la région consacrés aux techniques d'extraction. Installé dans la salle des machines de l'ancienne North Star Mine, le **North Star Mining Museum** présente notamment un pilon qui servait à broyer le minerai, une pompe servant au filtrage des eaux souterraines, ainsi que divers objets liés aux origines cornouaillaises de la main-d'œuvre locale. Les grandes roues Pelton qui encadrent l'entrée du musée augmentèrent considérablement la productivité de la mine.

North Star Mining Museum
Mill St à la hauteur de McCourtney Rd. *(530) 273-4255.* *de mai à oct. : t.l.j.* **Contribution**.

Empire Mine State Historic Park ❸

Carte routière B3. *(530) 273-8522.* *depuis Nevada City.* *t.l.j.* *1er jan., Thanksgiving, 25 déc.* *Empire Cottage et ses jardins.*

L'Empire Mine, l'une des mines les plus durables et les plus lucratives de la Californie, resta en activité jusqu'en 1956. Rachetée par l'État, elles est désormais protégée par un parc historique.

L'exploitation commença en surface dans les années 1850, puis se poursuivit jusqu'à 1 000 m de profondeur grâce à près de 600 km de galeries. On estime à 165 tonnes le poids d'or pur arraché au quartz qui l'emprisonnait.

Plus que le matériel dispersé sur les 318 ha du parc, c'est l'Empire Cottage qui donne une image claire de la fortune tirée ici du sous-sol. Dessiné en 1897 pour le propriétaire de la mine, William Bourn, par l'architecte san-franciscain Willis Polk, il offre de l'extérieur, avec son parement de granit et de brique rouge, l'aspect d'un manoir anglais. À l'intérieur, les boiseries en séquoia évoquent une aisance décontractée. Les jardins renferment près de 1 000 rosiers et une grande serre.

Le *visitors' centre* abrite une exposition consacrée à l'histoire de l'Empire Mine et aux techniques d'extraction. Elle comprend des échantillons du précieux métal.

Pilon utilisé au concassage du minerai à l'Empire Mine

Gracieuse façade du Firehouse Number 1 Museum

Nevada City ❹

Carte routière B3. 2 855. *132 Main St (530 265-2692).*

Les nombreux immeubles commerciaux et d'habitation victoriens qui bordent ses rues pentues justifient la réputation de « Reine des mines du nord » dont jouit Nevada City. Fondée à l'extrémité septentrionale du célèbre Mother Lode *(p. 44)*, la ville prospéra jusque dans les années 1860, puis tomba dans l'oubli avec l'épuisement du gisement. Le tourisme permit sa renaissance un siècle plus tard, et l'époque de la ruée vers l'or donne le ton de ses boutiques, restaurants et lieux d'hébergement.

En entrant dans Nevada City, la Hwy 49 conduit les visiteurs au bas de Broad Street. Le grand bâtiment sur la gauche en regardant vers la rue est le **National Hotel** ouvert en 1855 *(p. 534)*. À un pâté de maisons à l'est de l'hôtel se dresse une des façades les plus photographiées de la région, celle du **Firehouse Number 1 Museum**. Sa petite exposition comprend de l'artisanat des Indiens Maidus, l'autel d'un temple chinois datant de la ruée vers l'or et des souvenirs de l'époque des pionniers, dont certains liés à la tragique Donner Party *(p. 470)*. Le parc situé de l'autre côté de la rue abrite du matériel qui servit à l'extraction du minerai et plusieurs plaques murales commémorent dans la ville des événements passés.

De nouveau dans Broad Street, le **Nevada Theater** à la façade en brique accueille des spectacles depuis 1865. À quelques pas au sud se trouve la **Miner's Foundry**, l'ancienne fonderie où fut conçue la roue Pelton très utilisée dans la production d'hydro-électricité. À un pâté de maisons au nord, le **County Courthouse**, l'une des rares réalisations architecturales du XXe siècle, présente une façade Art déco.

Firehouse Number 1 Museum
214 Main St. *(530) 265-5468.*
t.l.j. **Contribution**.

Le Nevada Theater ouvert en 1865

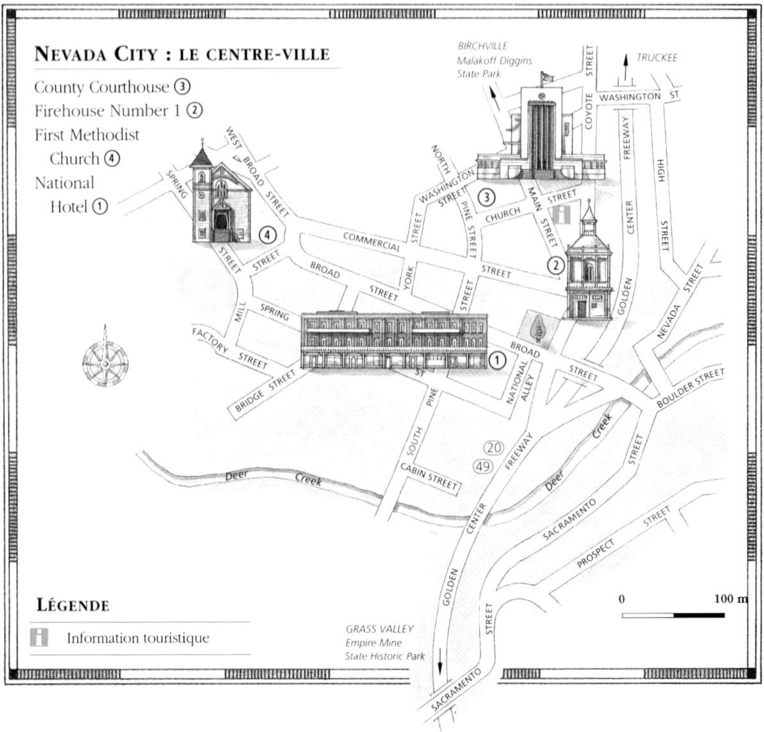

Nevada City : le centre-ville

County Courthouse ③
Firehouse Number 1 ②
First Methodist Church ④
National Hotel ①

Légende

Information touristique

0 100 m

Old Sacramento pas à pas ❺

Logo ferroviaire

Entre la rive du fleuve et la cité moderne, six pâtés de maisons conservent à Sacramento des bâtiments anciens dans un quartier de boutiques, de restaurants et de musées. Certains de ces édifices protégés remontent à la ruée vers l'or *(p. 44-45)*, mais la plupart datent des années 1860 et 1870, époque où la capitale de l'État affirma son rôle d'intermédiaire entre la Californie rurale et les pôles commerciaux de la côte. Les coursiers du Pony Express et la voie ferrée transcontinentale n'allaient pas plus loin à l'ouest et des bateaux à aubes assuraient la correspondance avec San Francisco. Quelques musées retracent l'histoire du quartier, qui, au bord de l'eau, offre un cadre agréable à des promenades à pied ou à vélo.

Delta King Riverboat
L'un des derniers vapeurs à aubes du Sacramento Delta abrite un restaurant et un hôtel.

Le Visitors' Centre occupe l'ancien centre de chargement des marchandises à destination de San Francisco.

Old Schoolhouse
Ne comportant qu'une classe, elle offre un exemple typique des écoles californiennes du XIXe siècle.

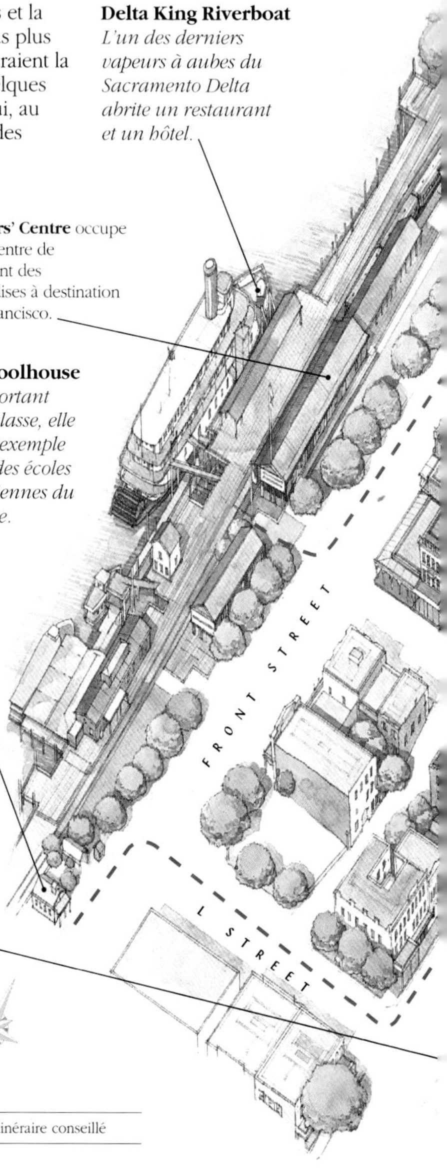

0 5 km

FRONT STREET

L STREET

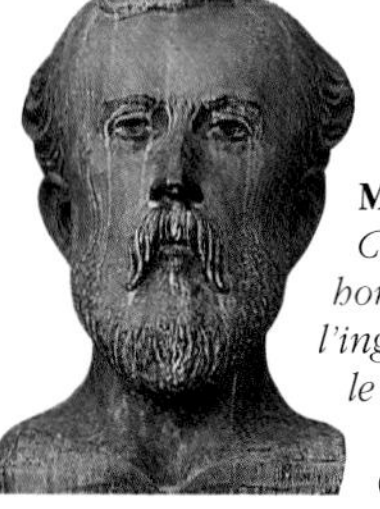
Theodore Judah Monument
Ce bas-relief rend hommage à l'ingénieur qui dessina le tracé de la ligne transcontinentale (p. 46-47).

À NE PAS MANQUER

★ **Le B. F. Hastings Building**

★ **Le California State Railroad Museum**

LÉGENDE

— — — Itinéraire conseillé

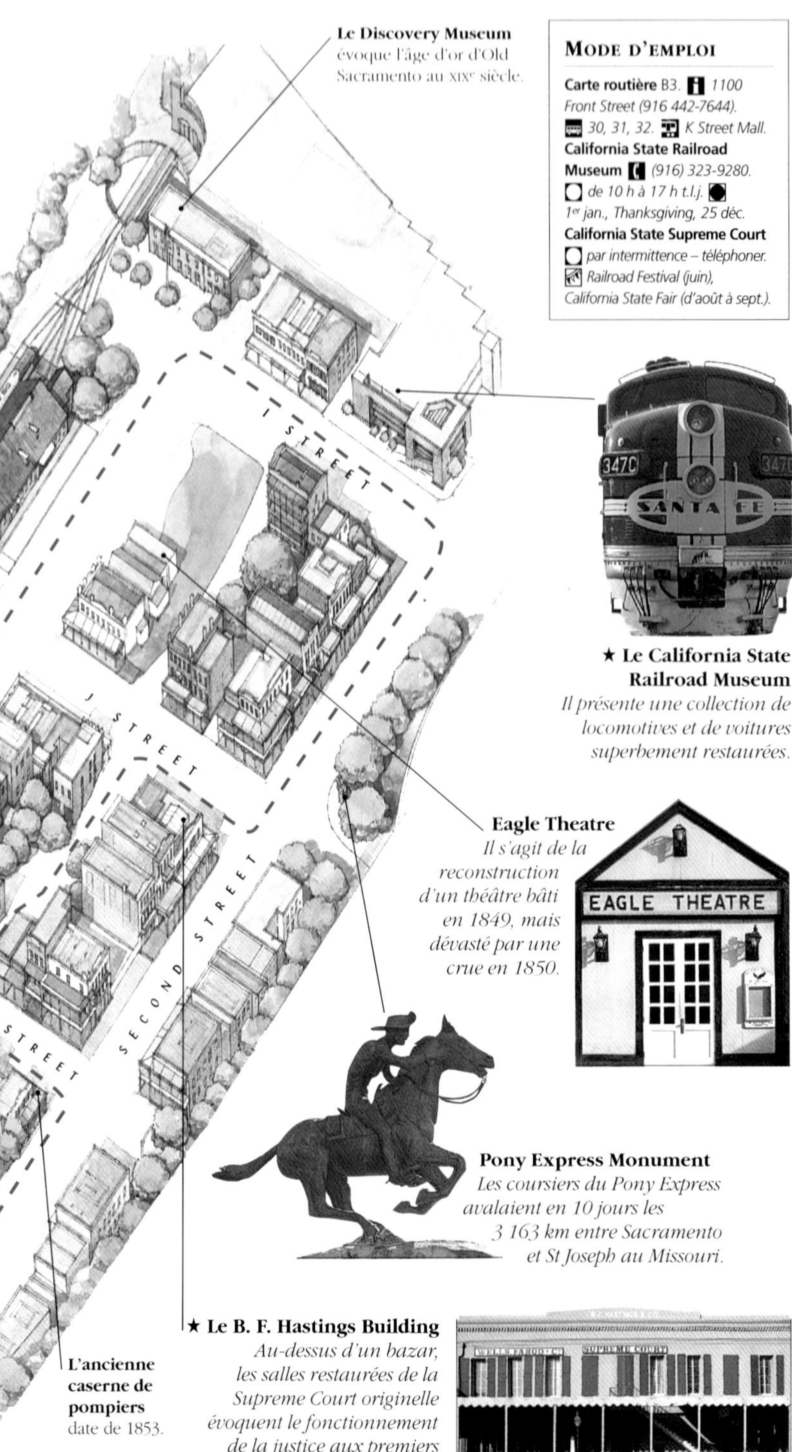

Le Discovery Museum évoque l'âge d'or d'Old Sacramento au XIXe siècle.

Mode d'emploi

Carte routière B3. 1100 Front Street (916 442-7644). 30, 31, 32. K Street Mall. **California State Railroad Museum** (916) 323-9280. de 10 h à 17 h t.l.j. 1er jan., Thanksgiving, 25 déc. **California State Supreme Court** par intermittence – téléphoner. Railroad Festival (juin), California State Fair (d'août à sept.).

★ Le California State Railroad Museum
Il présente une collection de locomotives et de voitures superbement restaurées.

Eagle Theatre
Il s'agit de la reconstruction d'un théâtre bâti en 1849, mais dévasté par une crue en 1850.

Pony Express Monument
Les coursiers du Pony Express avalaient en 10 jours les 3 163 km entre Sacramento et St Joseph au Missouri.

★ Le B. F. Hastings Building
Au-dessus d'un bazar, les salles restaurées de la Supreme Court originelle évoquent le fonctionnement de la justice aux premiers temps de la Californie.

L'ancienne caserne de pompiers date de 1853.

Sacramento : le California State Capitol

Au centre d'un parc de 16 ha, ce majestueux monument témoigne par ses dimensions de l'ambition des habitants d'un État qui commençait tout juste à se constituer lorsqu'ils édifièrent le siège de son gouvernement. De style néo-Renaissance, le Capitole de Sacramento présente en façade un portique corinthien que domine une coupole haute de 38 m. Entrepris en 1861 sur des plans de l'architecte Miner F. Butler et achevé en 1874, il coûta 2,5 millions de dollars. Agrandi dans les années 1950, il connut une complète, et onéreuse, rénovation dans les années 1970.

Le Capitole abrite les bureaux du gouverneur et le parlement de l'État dont les sessions sont ouvertes au public. Il fait aussi office de musée de l'histoire politique de la Californie.

MODE D'EMPLOI

10th St et Capitol Mall, Capitol Park. **Carte routière** B3. *(916) 324-0333.* *depuis Los Angeles et San Francisco.* *30, 31, 32, 61, 62.* *de 9 h à 17 h t.l.j.* *1er jan., Thanksgiving, 25 déc.* *rez-de-chaussée seulement.*

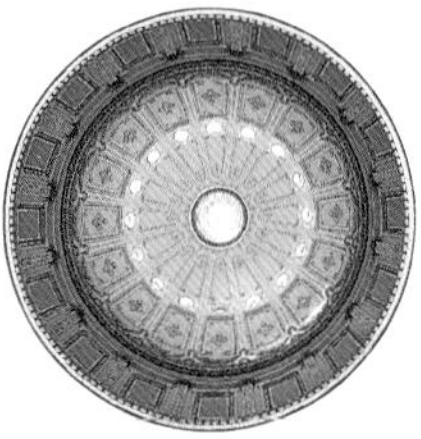

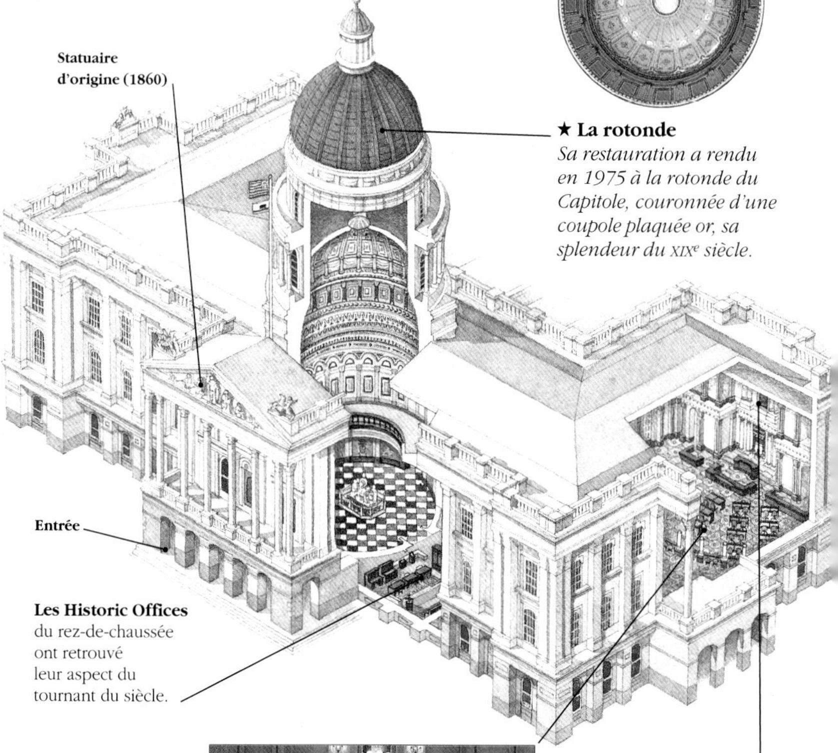

Statuaire d'origine (1860)

★ La rotonde
Sa restauration a rendu en 1975 à la rotonde du Capitole, couronnée d'une coupole plaquée or, sa splendeur du XIXe siècle.

Entrée

Les Historic Offices du rez-de-chaussée ont retrouvé leur aspect du tournant du siècle.

★ La State Senate Chamber
La galerie du parlement de Californie reste ouverte toute l'année, mais c'est pendant les sessions que la visite prend tout son intérêt.

Un portrait de George Washington, le premier président américain, occupe la place d'honneur au parlement.

À NE PAS MANQUER

★ La rotonde

★ La State Senate Chamber

Crocker Art Museum

216 O St. (916) 264-5423.
du mar. au dim. 1er jan., 4 juil., Thanksgiving, 25 déc.

Fondé en 1873, le plus ancien musée public à l'ouest du Mississippi possède une intéressante collection de peintures et de sculptures victoriennes d'Europe et des États-Unis. Ses points forts restent toutefois la photographie et l'art californiens, ainsi que les expositions temporaires.

Dessiné par Seth Babson, l'édifice de style Italianate *(p. 290)* qu'il occupe ajoute à l'intérêt de la visite. Autour d'un gracieux escalier central, boiseries aux sculptures délicates et dallages polychromes ornent l'intérieur de cette ancienne demeure construite en 1869 pour le frère de Charles Crocker, l'un des « Quatre Grands » magnats du rail *(p. 46)*.

Entrée du Crocker Art Museum

Sutter's Fort

2701 L St. (916) 324-0539. t.l.j. 1er jan., Thanksgiving, 25 déc.

Bien qu'il soit aujourd'hui quelque peu isolé au milieu d'un réseau de rues résidentielles de la ville moderne, le Sutter's Fort fut au début de l'histoire de la Californie un des rares sites habités par les Blancs au sein d'une nature alors sauvage.

Fondé en 1839 par John Sutter, il devint le pôle culturel et économique du nord de l'État pendant les années qui précédèrent la ruée vers l'or. En terre mexicaine, il était en effet la seule colonie d'Européens du Nord hors des 21 missions espagnoles du littoral. Tout au long des années 1840, il constitua une étape essentielle pour les nouveaux immigrants venant de l'est qui empruntaient les difficiles voies terrestres. Ils y trouvaient en particulier un maréchal-ferrant et des vivres.

Réplique d'une cuisine du XIXe siècle au Sutter's Fort

Il ne subsiste du fort originel que le bâtiment central ; le reste est une reconstruction. Entourée d'une palissade haute de 5,5 m, la cour intérieure abrite notamment une prison, une boulangerie et une forge. Le Sutter's Fort demeure un des rares sites officiels de Californie où flotte le drapeau mexicain.

California State Indian Museum

2618 K St. (916) 324-0539.
t.l.j. 1er jan., Thanksgiving, 25 déc.

Dans une région jadis habitée par les Maidus, ce petit musée installé dans un parc adjacent au Sutter's Fort évoque les différentes cultures indiennes qui existaient en Californie avant l'arrivée des premiers Européens au XVIe siècle.

L'exposition d'artisanat est particulièrement riche en paniers tressés. Ils avaient pour leurs utilisateurs à la fois une utilité pratique et une valeur spirituelle. Des dioramas restituent l'ambiance des réserves. Des projections de diapositives, des enregistrements et des films illustrent d'autres aspects de la vie des tribus, depuis le langage jusqu'aux pratiques agricoles.

Proposés généralement le week-end, des programmes spéciaux abordent des questions plus contemporaines.

John Sutter

L'histoire d'une des premières grandes figures de la Côte Ouest pourrait servir de trame à une tragédie classique. Après avoir fait faillite dans son pays natal, la Suisse, John Sutter émigra en Californie en 1839. Un an après son arrivée, il obtenait une concession de 20 000 ha du gouvernement mexicain. Fidèle à ses racines, il nomma son nouveau territoire New Helvetia. En 1843, il achetait le Fort Ross *(p. 444)* et, pendant les cinq années suivantes, s'imposa pratiquement comme le maître de la Californie du Nord.

Ce fut toutefois la découverte de ce qui allait donner son essor à l'État qui causa la chute de son empire. En trouvant de l'or en 1848 dans le cours d'une rivière sur laquelle Sutter construisait une scierie, son employé James Marshall provoqua l'arrivée de milliers de prospecteurs qui s'emparèrent de la terre. Sutter passa le reste de sa vie à Washington dans l'espoir d'un dédommagement du gouvernement américain. Il y mourut quasiment sans le sou en 1880.

John Sutter (1802-1880)

Reconstruction de la Sutter's Mill où furent trouvées les premières pépites d'or

Coloma Gold Discovery State Park ❻

Carte routière B3. *(530) 622-0390.* *depuis Placerville.* *t.l.j.* *1er jan., Thanksgiving, 25 déc.*

D'une superficie de 100 ha, ce parc paisible protège au bord de l'American River le site où, le 24 janvier 1848, James Marshall remarqua des paillettes étincelantes dans le cours du canal destiné à actionner la scierie qu'il construisait, avec d'autres ouvriers, pour John Sutter *(p. 459)*. L'événement entra dans l'histoire.

En l'espace d'une année, quelque 10 000 mineurs avaient transformé Coloma en une ville animée, mais l'annonce de l'existence, ailleurs, d'autres filons encore plus riches lui fit perdre sa vogue aussi vite qu'elle l'avait acquise.

Une reproduction grandeur nature a remplacé sur son site d'origine la scierie de Sutter. Sur une colline voisine, une statue de James Marshall marque l'endroit de sa tombe. Le *visitors' centre* comprend un petit musée, le **Gold Country Museum**, qui présente de l'artisanat indien, des souvenirs liés à Marshall et des films et des documents sur la découverte d'or.

Gold Country Museum

1273 High St, Auburn. *(530) 889-6500.* *du mar. au dim.* *1er jan., Thanksgiving, 25 déc.*

Folsom ❼

Carte routière B3. *46 000.* *200 Wool St (916 985-2698).*

Bien qu'elle abrite un pénitencier rendu célèbre par une chanson de Johnny Cash, « Folsom Prison Blues », Folsom est aujourd'hui une agréable banlieue de Sacramento. Ancien relais de poste du Pony Express et gare importante sur la ligne de chemin de fer transcontinentale, elle reste marquée par son passé ferroviaire qu'évoque le **Folsom History Museum**. Dans le petit quartier commerçant, des boutiques d'antiquités bordent Sutter Street, une rue d'aspect très Far West.

Au bas de Riley Street, derrière le Folsom Dam, un vaste lac attire en été pêcheurs et plaisanciers.

Folsom History Museum

823 Sutter St. *(916) 985-2707.* *du mer. au dim.* *jours fériés.* **Contribution**.

Placerville ❽

Carte routière B3. *15 000.* *542 Main St (530 621-5885).*

Pendant la ruée vers l'or, cette bourgade située à la limite du gisement du Mother Lode fonda sa prospérité en assurant le ravitaillement des camps de mineurs des alentours. Occupant une position privilégiée sur la principale voie de circulation rejoignant Sacramento, l'US 50, elle est restée un important centre de transport bien que voitures et camions aient depuis longtemps remplacé les diligences.

Quelques bâtiments historiques subsistent dans le quartier des affaires, mais c'est l'**El Dorado County Historical Museum**, installé sur un champ de foire au nord de la US 50, qui offre le meilleur aperçu du Placerville de jadis. Entre autres témoignages du passé, il renferme de vieilles locomotives à vapeur, du matériel d'extraction et la réplique d'un bazar du XIXe siècle.

El Dorado County Historical Museum

104 Placerville Dr. *(916) 621-5865.* *du mer. au dim.* *jours fériés.* **Contribution**.

Bazar du temps de la ruée vers l'or à Placerville

Sutter Creek ❾

Carte routière B3. *2 000.* *125 Peek St, Jackson (209 223-0350).*

Nommée d'après John Sutter *(p. 459)*, cette petite localité où abondent magasins d'antiquités et auberges est une des plus jolies villes du Gold Country. Elle naquit vers 1860 pendant l'exploitation de l'Old Eureka Mine, propriété d'Hetty Green surnommée la « femme la plus riche du monde ». Leland Stanford, l'un des « Quatre

Grands » du rail *(p. 46)*, fit fortune à Sutter Creek en investissant 5 000 $ dans la Lincoln Mine qui en rapporta des millions. Ses gains lui permirent de se lancer dans l'aventure du Central Pacific Railroad, puis de devenir gouverneur de l'État.

Bordée de vestiges d'installations minières, la Sutter Creek Road qui rejoint Volcano offre un beau parcours de promenade.

Volcano ⑩

Carte routière B3. *150.* *125 Peek St, Jackson (209 223-0350).*

Riche en sites historiques, ce pittoresque fantôme de ville minière permet de retrouver l'atmosphère de la ruée vers l'or sans excès d'exploitation touristique.

Volcano avait à l'époque une réputation de sophistication inhabituelle et ses habitants créèrent la première bibliothèque et le premier observatoire astronomique de l'État. Parmi les témoignages du passé visibles dans ce village de 4 pâtés de maisons figurent la prison, le bureau de la diligence, une brasserie et un canon de la guerre de Sécession. De la vigne vierge recouvre le bâtiment victorien le plus intéressant, l'ancien **St George Hotel**.

Au printemps, ne manquez pas de suivre les panneaux menant au Daffodil Hill situé à 5 km au nord de Volcano. Plus de 300 000 jonquilles fleurissent à flanc de colline.

St George Hotel
16104 Main St, sur la Volcano Rd. *(209) 296-4458.* *de mi-fév. à déc. : du mer. au dim.*

Chaw'se Indian Grinding Rock State Historic Park ⑪

Carte routière B3. *depuis Sacramento.* *depuis Sacramento.* *depuis Jackson.* **Jackson Visitors' Center** *t.l.j.* *(209) 296-7488.*

Sur les collines plantées de chênes qui dominent Jackson, ce parc de 55 ha comprenant des aires de pique-nique et de camping protège les vestiges d'un village indien en partie reconstitué. Les Miwoks qui l'habitèrent creusèrent, génération après génération, des centaines de mortiers dans le calcaire. Ils servaient à préparer les glands utilisés comme nourriture.

Le Chaw'se State Park a pour vocation de favoriser la connaissance et la compréhension des cultures indiennes, en particulier celles de Californie, et il propose également une exposition qui comprend paniers, tenues de danse et outils. Parmi les répliques d'abris miwoks, on remarquera une hutte cérémonielle. Le parc renferme aussi de nombreux rochers sculptés.

Réplique de hutte cérémonielle miwok au Chaw'se State Park

La St Savia's Serbian Orthodox Church près de Jackson

Jackson ⑫

Carte routière B3. *3 500.* *125 Peek St (209 223-0350).*

Ville minière animée située au croisement de deux grandes pistes pendant la ruée vers l'or, Jackson sut se convertir à partir de 1850 au commerce et à l'exploitation forestière.

Le centre-ville conserve quelques édifices anciens, mais c'est l'**Amador County Museum**, installé sur une colline au-dessus, qui présente le plus d'intérêt. Les visiteurs peuvent y voir en action des maquettes de pilons *(p. 454)* et d'autres appareils utilisés par les mineurs de l'époque.

Au nord de Jackson, un petit parc accessible par la Hwy 49 renferme les roues de 18 m de diamètre qui servaient à l'évacuation des débris de minerai après extraction de l'or à la Kennedy Mine, l'une des mines les plus profondes des États-Unis. Ce parc abrite également la petite St Sava's Serbian Orthodox Church construite en 1894. Entourée de son cimetière, elle rappelle que l'identité du Gold Country et de la Californie s'est forgée à partir d'un riche patchwork de cultures.

Amador County Museum
225 Church St, Jackson. *(209) 223-6386.* *du mer. au dim.* *jours fériés.* **Contribution**.

Pierre tombale de « Moke Hill »

Mokelumne Hill ⓭

Carte routière B3. *1 200.*
1211 S Main St, Angels Camp (209 736-0049).

Contourné par la Hwy 49, l'un des villages les plus curieux du Gold Country conserve quelques vieux bâtiments, notamment l'Hotel Leger aux balcons typiques et l'ancien relais de diligences de la Wells Fargo. L'atmosphère assoupie qui règne à Mokelumne Hill, appelé plus couramment « Moke Hill » (colline des Bourricots), ne révèle rien de la brutalité de son passé.

Les mineurs qui se pressaient au temps de la ruée vers l'or dans ses hôtels et ses saloons déclenchaient si souvent des bagarres d'ivrognes qu'on enregistrait en moyenne une mort violente par semaine. Nombre des victimes finirent dans le Protestant Cemetery qui s'étend à courte distance à l'ouest de la ville. Les épitaphes des pierres tombales rappellent que c'est une population d'une grande diversité qui vint jadis ici dans l'espoir de faire fortune.

San Andreas ⓮

Carte routière B3. *1 500.*
1211 S Main St, Angels Camp (209 736-0049).

Devenue une petite ville animée, siège de l'administration du Calaveras County, San Andreas n'était pendant la ruée vers l'or qu'un camp de mineurs fondé par des Mexicains que des Blancs contraignirent au départ après la découverte de riches filons. En 1883, c'est là qu'on captura Black Bart, le légendaire voleur de grand chemin.

Il ne reste que peu de chose de cette époque, bien que San Andreas possède l'un des meilleurs musées de la région, le **Calaveras County Historical Museum**, installé dans l'ancien tribunal situé un peu au nord de la Hwy 49. Son exposition retrace l'histoire des mines d'or de 1848 aux années 1930 et comprend de l'artisanat miwok et la salle d'audience où eut lieu le procès du voleur Black Bart.

Derrière le musée, un agréable jardin de plantes et d'arbres indigènes de la région entoure la cellule qu'occupa le bandit en attendant de connaître la sentence.

Calaveras County Historical Museum
30 N Main St. *(209) 754-6579.*
t.l.j. *1er jan., Thanksgiving, 25 déc.*

Murphys ⓯

Carte routière B3. *2 000.*
1211 S Main St, Angels Camp (209 736-0049).

Avec ses rues paisibles plantées de sycomores, d'ormes et de robiniers, l'un des plus jolis villages du sud du Gold Country permet d'échapper le temps d'une étape reposante à la frénésie touristique qui règne dans de nombreuses autres localités du Mother Lode.

Au centre, le Murphys Hotel, restauré, date de 1885. Il accueillit des célébrités telles qu'Ulysse S. Grant, Mark Twain et Will Rogers. En face, l'**Old-Timers' Museum** abrite une amusante collection de souvenirs de la ruée vers l'or. Sur son mur extérieur, une série de plaques humoristiques évoque le passé de la ville.

Old-Timers' Museum
450 Main St. *(209) 728-1160.*
du ven. au dim. *1er jan., Thanksgiving, 25 déc.*

Angel Camps ⓰

Carte routière B3. *3 000.*
1211 S Main St (209 736 0049).

L'ancienne ville minière d'Angel Camps doit surtout d'être connue à Mark Twain qui y trouva l'inspiration d'une des nouvelles qui lança sa carrière littéraire : *La Célèbre grenouille sauteuse* *(p. 22)*. Elle fait aujourd'hui office de pôle commercial pour la région environnante.

Quelques édifices historiques, tel l'Angels Hotel où Mark Twain entendit l'anecdote de la grenouille sauteuse, bordent toujours les rues pentues du centre qu'anime chaque année en mai la reconstitution du seul concours de saut de batraciens entré dans les annales.

Deux énormes locomotives du XIXe siècle se dressent sur la Hwy 49 devant l'**Angels**

La pittoresque rue principale d'Angels Camp

Camp Museum qui propose l'éventail du matériel minier, ainsi qu'une belle collection d'objets indiens et des documents sur Mark Twain.

Angels Camp Museum
753 S Main St. *(209) 736-2963.* *d'avril à nov. : t.l.j. ; de déc. à mars : du mer. au dim. de 10 h à 15 h.* *Thanksgiving, de mi- à fin déc.*

Moaning Cavern 17

Carte routière B3. *(209) 736-2708.* *t.l.j.*

L'une des plus vastes grottes du Gold Country doit son nom de Caverne gémissante au grondement qu'émettait le vent en s'engouffrant dans son entrée. Malheureusement, le bruit disparut quand on agrandit la galerie pour faciliter l'accès du public. La visite guidée, d'environ une heure, permet surtout de découvrir la salle principale large d'une cinquantaine de mètres. On s'enfonce sous terre en prenant un escalier en colimaçon ou, pour les plus audacieux, en rappel.

En rappel dans la Moaning Cavern

Sonora 18

Carte routière B3. *5 000.* *55 W Stockton St (209 533-4420).*

Chef-lieu du Tuolomne County, titre pour lequel elle entra en concurrence avec Columbia *(p. 464-465)* pendant la ruée vers l'or, Sonora vit aujourd'hui du commerce et de l'exploitation forestière. Sa rue principale assoupie laisse difficilement imaginer sa réputation de violence pendant la deuxième moitié du XIXe siècle.

La St James Episcopal Church (XIXe siècle) de Sonora

Sonora a conservé nombre de ses édifices historiques, en particulier d'intéressantes maisons victoriennes et la petite St James Episcopal Church située en haut de Washington Street. Construite en 1857 et restaurée après un incendie en 1886, l'ancienne prison abrite désormais le **Tuolumne County Museum and History Center** qui présente des souvenirs de la ruée vers l'or, notamment des pépites, et d'anciennes photographies.

Tuolumne County Museum and History Center
158 W Bradford St. *(209) 532-1317.* *t.l.j.* *1er jan., 25 déc.*

Black Bart

Célèbre par sa politesse envers ses victimes et les poèmes burlesques qu'il laissait sur le lieu de ses crimes, le bandit de grand chemin connu sous le surnom affectueux de Black Bart (Baronnet noir) est devenu une des légendes de la Californie. Après avoir dévalisé 27 diligences entre 1877 et 1883, il dut sa capture à une marque de blanchisserie sur un mouchoir qui permit de l'identifier comme l'ingénieur des mines Charles Boles. Jugé et condamné à San Andreas, il passa cinq années dans la prison de San Quentin. Il disparut de la scène publique après sa libération en 1888.

Le bandit Black Bart

Le Columbia State Historic Park pas à pas ⓳

Devenue pendant la ruée vers l'or l'une des plus grandes villes du Gold Country, Columbia, surnommée le « Joyau des mines du sud », resta active après l'épuisement des filons à la fin des années 1850, contrairement à la plupart des camps de prospecteurs de Californie qui n'y résistèrent pas. Ses habitants la gardèrent fièrement intacte jusqu'en 1945 où le gouvernement décida de la transformer dans son intégralité en parc historique. Quelques édifices sont des reconstructions, mais la plupart ont résisté aux ravages du temps et conservé leur aspect d'origine.

Horaire de diligence

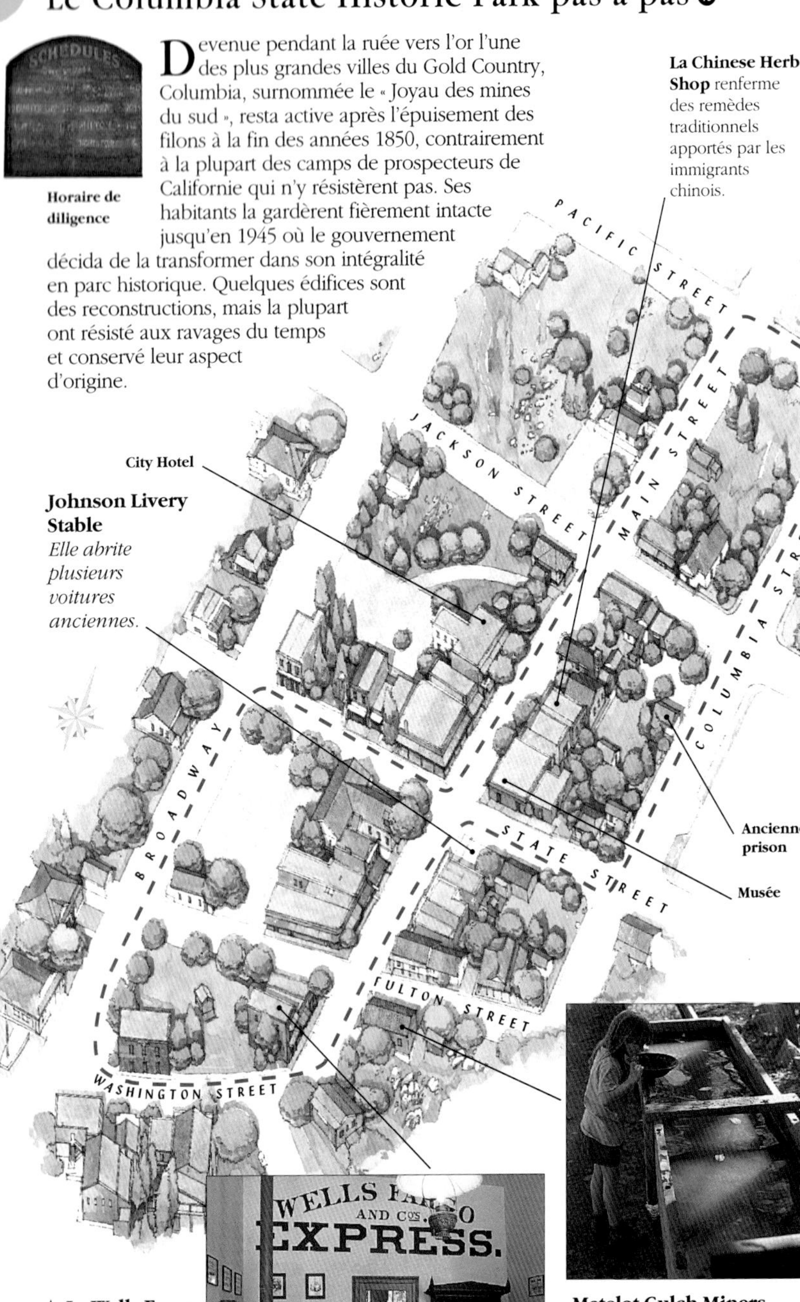

La Chinese Herb Shop renferme des remèdes traditionnels apportés par les immigrants chinois.

City Hotel

Johnson Livery Stable
Elle abrite plusieurs voitures anciennes.

Ancienne prison

Musée

★ Le Wells Fargo Express Office
Ce bureau est resté tel qu'à la grande époque des diligences.

Matelot Gulch Miners Supply
Les visiteurs achètent ici des batées d'alluvions pour tester leurs talents d'orpailleurs.

MODE D'EMPLOI

Hwy 49. **Carte routière** B3. *22708 Broadway (209 532-0150).* **Wells Fargo Express Office** *de 10 h à 16 h (de juin à août jusqu'à 18 h). Thanksgiving, 25 déc.* **Columbia Schoolhouse** *de 10 h à 16 h (de juin à août jusqu'à 18 h). Thanksgiving, 25 déc.*

★ La Columbia Schoolhouse

Des fonds collectés par des élèves californiens permirent en 1960 de restaurer cette école désaffectée en 1937.

0 100 m

LÉGENDE

— — — Itinéraire conseillé

À NE PAS MANQUER

★ La Columbia Schoolhouse

★ Le Wells Fargo Express Office

Le Palm Hotel sur Main Street, Jamestown

Jamestown ⓴

Carte routière B3. *2 300.* *55 W Stockton St, Sonora (209 532-4212).*

Au sud de Jamestown reste visible sur la Hwy 49 une mine d'or qui ne ferma qu'en 1993. Malgré l'incendie qui ravagea en 1966 le quartier historique, Main Street conserve de nombreux bâtiments pittoresques. Au nord du centre, le **Railtown 1897 State Historic Park** présente les locomotives à vapeur et les voitures du Sierra Railroad et propose des promenades le week-end.

Railtown 1897 State Historic Park

5th Ave et Reservoir Rd. *(209) 984-3953.* *1er jan., Thanksgiving, 25 déc.* **Contribution**.

Stockton ㉑

Carte routière B3. *250 000.* *46 W Fremont St (209 943-1987).*

Port fluvial où transitent les produits agricoles de la Central Valley, Stockton se trouve sur la rive est du delta au confluent de la Sacramento River, de l'American River et de la San Joaquin River.

L'exposition hétéroclite de l'Haggin Museum où voisinent artisanat indien, devantures du XIXe siècle et œuvres de Renoir retrace l'histoire de la ville ainsi que la conception par un inventeur local de la chenille qui équipe bulldozers et tanks.

Haggin Museum

1201 N Pershing Ave. *(209) 462-4116.* *du mar. au dim.* *1er jan., Thanksgiving, 25 déc.* **Contribution**.

JOAQUIN MURIETA, BANDIT CALIFORNIEN

Il existe peu de véritables preuves de l'existence de Joaquin Murieta, le criminel décrit aussi bien comme un Robin des Bois du Gold Country que comme un meurtrier sans scrupules.

On peut toutefois remonter la piste de sa légende jusqu'à l'écrivain John Rollins Ridge qui publia en 1854 un roman intitulé *The Life and Adventures of Joaquin Murieta, Celebrated California Bandit.* Ridge s'inspira des méfaits de cinq hors-la-loi baptisés Joaquin. Le gouvernement de Californie avait offert une récompense de 1 000 $ pour la capture de n'importe lequel d'entre eux et, en 1853, un certain Harry Love apporta dans un bocal la tête d'un dénommé Joaquin Murieta. Le livre de Ridge parut l'année suivante. Le mythe était né.

LES HIGH SIERRAS

Immense barrière qui s'élève à l'est de la Californie centrale, les Sierra Nevada Mountains aux flancs densément boisés recèlent dans leur partie la plus élevée des cimes qui font partie des plus spectaculaires des États-Unis. Connus sous le nom de High Sierras, ces hauts reliefs protégés par de magnifiques parcs nationaux forment une des zones de loisirs les plus appréciées de l'État.

Destination la plus populaire des High Sierras, le Yosemite National Park offre des paysages naturels d'une rare beauté qui attirent alpinistes, photographes ou simples visiteurs du monde entier. Depuis de délicates cascades jusqu'à des torrents impétueux, de nombreuses chutes d'eau dévalent les parois granitiques d'une ample vallée creusée par un glacier. Au sud de Yosemite, les parcs nationaux de Sequoia et de Kings Canyon ont permis de préserver une faune et une flore d'une grande richesse, en particulier des forêts de séquoias géants. À l'est se dresse le plus haut sommet des États-Unis (hors Alaska), le Mount Whitney (4 418 m).

Au nord de Yosemite, le Lake Tahoe possède une eau particulièrement limpide et a donné naissance à une zone de villégiature où l'on vient faire des randonnées, camper ou pratiquer des sports nautiques. La région compte plusieurs stations olympiques et se transforme l'hiver en paradis des skieurs.

Moins visitée, la partie orientale de la Sierra Nevada présente autant d'intérêt. La ville fantôme de Bodie n'a pas changé depuis son abandon en 1882. Non loin, d'étranges concrétions calcaires composent au Mono Lake un décor bizarre. Un arbre des White Mountains, le Bristlecone Pine, peut atteindre plus de 4 000 ans.

Le Bodie State Historic Park, une ville fantôme dans l'est des Sierras

◁ L'Half Dome, imposant pic granitique du Yosemite National Park

À la découverte des High Sierras

Les Sierra Nevada recèlent les plus hauts sommets, les plus grands arbres et certains des plus beaux paysages naturels des États-Unis. Le Yosemite National Park, premier parc national créé aux États-Unis, protège une superbe région façonnée par les glaciers. Au nord, le vaste Lake Tahoe s'inscrit dans une vallée située à près de 2 000 m d'altitude, tandis qu'au sud les Sequoia et Kings Canyon National Parks offrent des centaines de kilomètres de sentiers au sein des futaies de séquoias géants.

En dehors des stations de villégiature bordant le Lake Tahoe, il n'existe pas de véritables agglomérations urbaines dans les High Sierras, mais à l'est des montagnes, près de l'étrange Lake Mono, la ville fantôme de Bodie, remarquablement conservée, donne l'impression de remonter dans le temps.

Les High Sierras d'un coup d'œil

Bodie State Historic Park 5
Devil's Postpile National Monument 7
Donner Memorial State Park 1
Mono Lake 6
Mount Whitney 10
Owens Valley 9
Sequoia et Kings Canyon National Parks p. 480-481 11
Truckee 2
White Mountains 8
Yosemite National Park p. 472-475 4

Excursion

Lake Tahoe *p. 471* 3

La formation des sierras

La formation des sierras se produisit il y trois millions d'années quand un gigantesque batholithe de granit enfoui à environ 10 km de profondeur souleva les couches en surface et les fit basculer le long d'une « charnière » tectonique située sous la Central Valley. Les effets de ce phénomène géologique apparaissent plus clairement sur l'abrupt versant oriental. À l'ouest, un mélange de roches sédimentaires, volcaniques et métamorphiques forme des pentes plus douces.

Pics granitiques des High Sierras

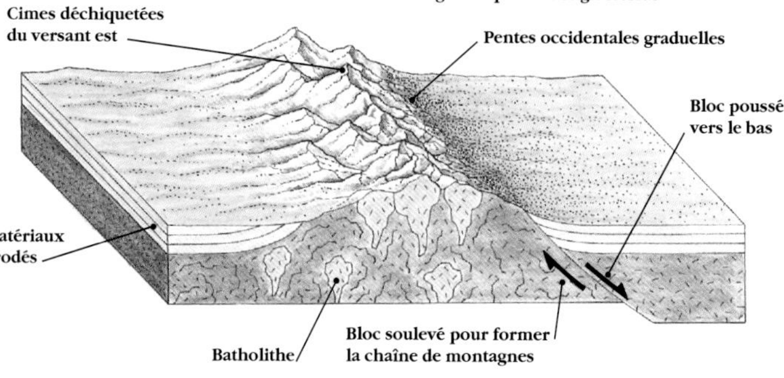

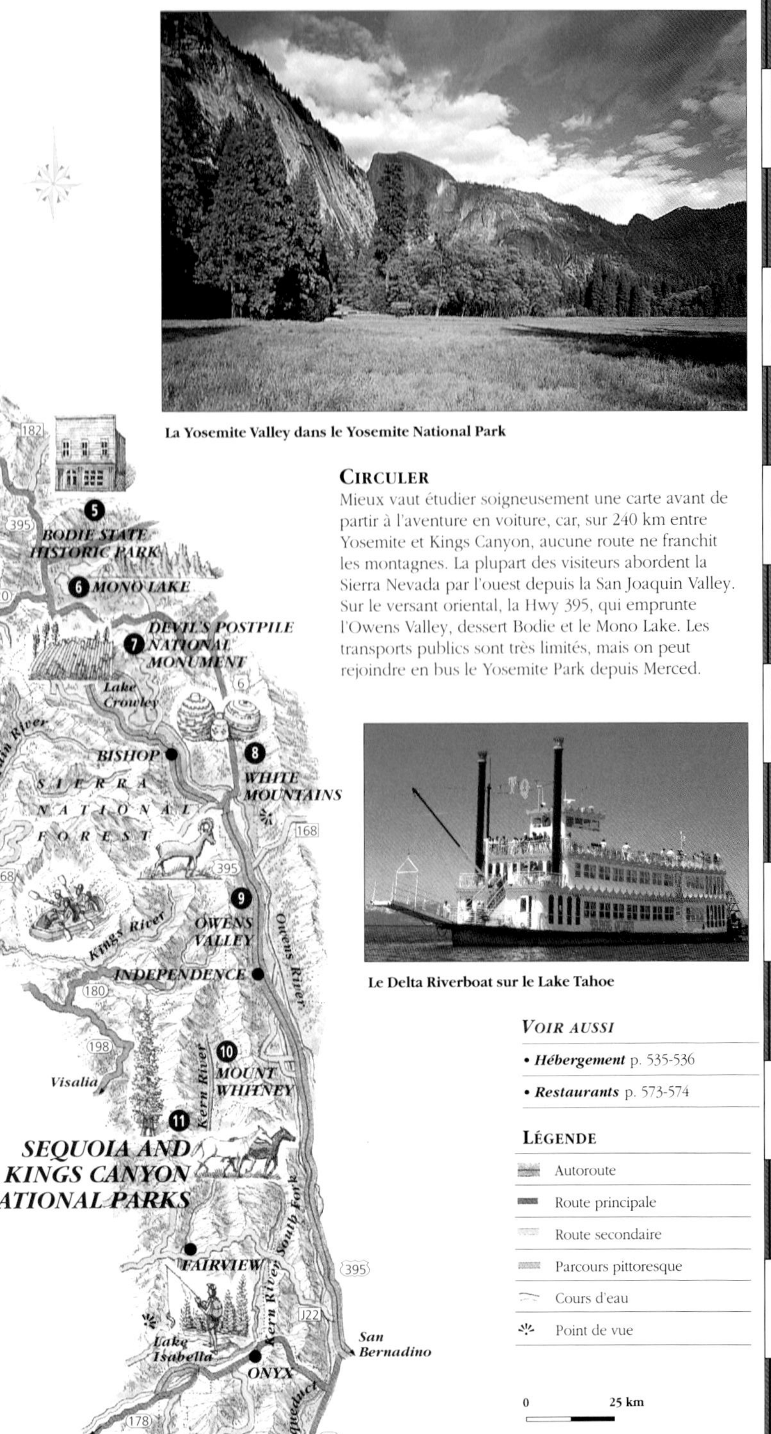

La Yosemite Valley dans le Yosemite National Park

Circuler

Mieux vaut étudier soigneusement une carte avant de partir à l'aventure en voiture, car, sur 240 km entre Yosemite et Kings Canyon, aucune route ne franchit les montagnes. La plupart des visiteurs abordent la Sierra Nevada par l'ouest depuis la San Joaquin Valley. Sur le versant oriental, la Hwy 395, qui emprunte l'Owens Valley, dessert Bodie et le Mono Lake. Les transports publics sont très limités, mais on peut rejoindre en bus le Yosemite Park depuis Merced.

Le Delta Riverboat sur le Lake Tahoe

Voir aussi

• ***Hébergement*** p. 535-536

• ***Restaurants*** p. 573-574

Légende

- Autoroute
- Route principale
- Route secondaire
- Parcours pittoresque
- Cours d'eau
- Point de vue

Donner Memorial State Park ❶

(530) 582-7892. Truckee. Truckee.

Ce parc paisible de 140 ha, au sud de la I-80, s'étend autour du col où se déroula un des épisodes les plus dramatiques de la conquête de l'Ouest.

Au cours de l'hiver 1846-1847, un groupe d'immigrants partis d'Independence, dans le Missouri, pour tenter leur chance en Californie s'y retrouvèrent bloqués par la neige. La Donner Party, du nom de deux des familles qui la composaient, était l'un de ces nombreux convois de chariots bâchés qui empruntèrent l'Oregon Trail en direction de la Côte Ouest. À mi-chemin, les familles Donner, et une troisième famille conduite par James Reed, résolurent de quitter la piste habituelle pour essayer un raccourci recommandé par l'aventurier Lansford Hastings. Ce nouvel itinéraire se révéla en fait beaucoup plus difficile et rallongea de trois semaines un voyage déjà pénible. Quand les pionniers atteignirent enfin le pied des Sierra Nevada Mountains en octobre 1846, ils avaient perdu la majorité de leur bétail et de leurs biens.

Après avoirs pris une semaine de repos, ils furent surpris par une précoce tempête de neige à l'est de Truckee. Quelques membres de l'expédition décidèrent de partir à pied chercher du secours au Sutter's Fort *(p. 459)*. Le temps que ceux-ci arrivent à la mi-février 1847, il ne restait que 42 immigrants sur un total de 89. Et ils avaient dû recourir au cannibalisme pour survivre.

Sur le site de leur calvaire, une statue se dresse sur un piédestal de 6,7 m indiquant la hauteur de la couche de neige qui les arrêta. Le musée du parc, l'**Emigrant Trail Museum**, retrace en détail la tragédie de la Donner Party et décrit l'histoire naturelle des High Sierras.

Emigrant Trail Museum
12593 Donner Pass Rd. (530) 582-7892. *t.l.j.* *1er jan., Thanksgiving, 25 déc.*

Skier autour du Lake Tahoe

Dans une région où tombe chaque hiver jusqu'à 3 m de neige, les montagnes dominant le Lake Tahoe, en particulier du côté californien, offrent un magnifique domaine skiable. Les stations d'Alpine Meadows et de Squaw Valley accueillirent les Jeux olympiques d'hiver de 1960. La plus importante des autres stations, Heavenly Valley, se trouve au-dessus de la ville de South Lake Tahoe, mais il en existe également plusieurs aux alentours du lac et du Donner Pass, à l'ouest de Truckee sur la I-80. Des pistes entretenues permettent aussi de pratiquer le ski de fond.

Dans la station d'Alpine Meadows au-dessus du Lake Tahoe

Façade de l'Old Truckee Jail transformée en musée

Truckee ❷

Carte routière B3. *13 000.* *12036 Donner Pass Road (530 587-2757).*

L'une des villes les plus hautes et les plus froides de Californie tirerait son nom de la salutation que prononça un Indien Païute à l'arrivée des premiers blancs : « Trokay », qui signifie « paix ».

Située sur la principale autoroute (I-80) et la voie de chemin de fer traversant les Sierra Nevada Mountains, Truckee devint en 1863 un poste de relève pour les équipes de cheminots de la ligne transcontinentale *(p. 46-47)*, et le Southern Pacific Depot fait toujours office de gare et de gare routière. Il abrite également un *visitors' centre.*

Truckee a gardé de nombreux témoignages du temps où elle vivait essentiellement de l'exploitation forestière, en particulier le long de Commercial Row où de vieux édifices de brique et de bois se dressent face aux rails. Boutiques, restaurants et cafés en occupent désormais la majorité.

Autre souvenir évocateur de l'époque de la conquête de l'Ouest, l'**Old Truckee Jail**, l'ancienne prison construite en 1875, a été transformée en un petit musée illustrant les aspects les plus tumultueux du Wild West. À 40 km du Lake Tahoe, Truckee attire aussi de nombreux skieurs en hiver et des randonneurs en été.

Old Truckee Jail
Jibboom et Spring Sts. (530) 582-0893. *de mai à sept. : les sam. et dim.* *jours fériés.*

Excursion au Lake Tahoe ❸

Entouré de montagnes boisées, le plus beau plan d'eau des États-Unis, long de 35 km et profond de 501 m, devint un lieu de villégiature recherché après que la construction de la première route en 1915 l'eut rendu plus accessible. L'ouverture dans les années 1930 de casinos à la frontière du Nevada et les Jeux olympiques d'hiver de 1960 accrurent encore sa popularité.

Le Lake Tahoe vu d'Heavenly Valley

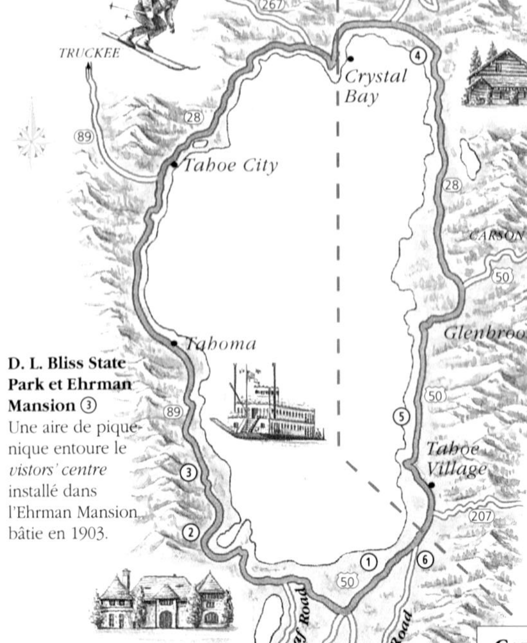

Ponderosa Ranch ④
Près de la rive nord-est du lac, ce parc d'attractions ouvert en été a pour thème la série télévisée *Bonanza*.

Cave Rock et Cave Rock Tunnel ⑤
Sur l'abrupte rive orientale, une partie de la route est creusée dans le granit.

D. L. Bliss State Park et Ehrman Mansion ③
Une aire de pique-nique entoure le *vistors' centre* installé dans l'Ehrman Mansion, bâtie en 1903.

Stateline ⑥
Située à la frontière entre Californie et Nevada, Stateline est le principal centre de jeu du Lake Tahoe.

South Lake Tahoe ①
La plus grande ville de la région sert de base à de nombreux joueurs des casinos du Nevada.

Emerald Bay State Park et Vikingsholm ②
Très photographiée, la superbe Emerald Bay abrite le Vikingsholm, résidence d'été construite en 1920 à l'image d'un château nordique.

0 — 10 km

Légende

- Circuit recommandé
- Autre route
- Point de vue

Carnet de route

Itinéraire : *105 km.*
Comment y aller : *La I-80 et la US 50 restent ouvertes toute l'année. Les trains Amtrak s'arrêtent à Truckee. Les cars Greyhound et quelques vols depuis San Francisco et Oakland desservent South Lake Tahoe.*
Quand partir : *Certains établissements ferment au printemps ou en automne, les saisons les plus calmes.*
Hébergement et restaurants : *Contactez la Lake Tahoe Visitors' Authority.*
Information touristique : *Lake Tahoe Visitors' Authority, South Lake Tahoe. ☎ (800) 288-2463.*

Le Yosemite National Park ❹

D'une superficie de plus de 3 000 km², le plus ancien parc national américain, fondé par un décret d'Abraham Lincoln en 1864, protège entre 600 et 3 900 m d'altitude un magnifique espace naturel où forêts de séquoias, cascades, prairies de montagne, parois de granit et gorges encaissées composent des paysages d'une grande variété. La plupart ne sont accessibles qu'à pied ou à cheval malgré les 320 km de routes revêtues qui sillonnent le parc depuis la Yosemite Valley, large vallée en auge creusée par un glacier.

Yosemite Museum
Ce musée retrace l'histoire des Miwoks et des Païutes et présente les œuvres d'artistes locaux.

Visitors' Center

Vers les Upper Yosemite Falls

Lower Yosemite Falls
La Yosemite Creek tombe de 740 m, formant la plus haute cascade des États-Unis (p. 474).

Yosemite Creek
Yosemite Falls Trail
Yosemite Village
Sunnyside
Yosemite Lodge
Northside Drive
Lower River
Upper River
Merced River
Southside Drive
Sentinel Creek
Four-Mile Trail
Staircase Falls
SENTINEL ROCK
2 145 m
Sentinel Falls
Glacier Point Road

Ahwahnee Hotel
Architecture rustique, décor élégant et beau panorama ont établi la réputation de l'hôtel le plus chic de la région (p. 475).

Yosemite Chapel *(1879)*
Il ne reste que cette minuscule chapelle en bois d'un village du XIXe siècle.

Le Sentinel Dome est accessible à pied depuis la vallée par un sentier qui continue jusqu'à Glacier Point.

Mirror Meadow
Depuis que les rangers laissent faire la nature en ne draguant plus le lac, le limon qui s'accumule au pied du Half Dome commence à former une prairie.

Mode d'emploi

Carte routière C3. *PO Box 577, Yosemite.* *(900) 454-9673.* *(209) 372-0200.* *depuis Merced.* *Yosemite Valley.* *depuis Merced.* *t.l.j.*

Légende

- Route principale
- Route secondaire
- Sentier
- Navettes en bus
- Piste cyclable
- Cours d'eau
- Parc de stationnement
- Station-service
- Camping
- Aire de pique-nique
- Information touristique
- Point de vue

Washington Column

Half Dome
Un sentier abrupt grimpe jusqu'au sommet de cette haute falaise (p. 474).

Vernal Fall
La Merced River se déverse dans son canyon d'une hauteur de 97 m.

Merced River
Le Mist Trail et le Panorama Trail longent tous deux cette superbe rivière appréciée des pêcheurs de truites.

0 1 km

À la découverte du Yosemite National Park

Le parc national de Yosemite reçoit chaque année 3,5 millions de visiteurs. Ils viennent admirer les somptueux décors qu'ont sculptés dans le granit des millions d'années d'activité glaciaire. Chaque saison apporte une dimension particulière aux paysages, depuis le gonflement des chutes d'eau au printemps jusqu'aux couleurs chaudes de l'automne. La neige bloque en hiver de nombreuses voies de circulation, l'été est la saison de plus grande affluence. Navettes en bus, routes, pistes cyclables entretenues et sentiers de randonnée conduisent partout d'un site spectaculaire à un autre. Une riche faune prospère dans cet immense espace de nature préservée.

Les Upper Yosemite Falls au printemps

Half Dome

Extrémité est de la Yosemite Valley.
t.l.j.

Dominant de plus de 1 500 m le fond de la vallée, la silhouette caractéristique du demi-dôme est devenue un symbole du parc.

Les géologues estiment que cette immense masse de granit qui paraît tranchée net a conservé plutôt les trois quarts de sa taille originelle que la moitié évoquée. L'érosion glaciaire aurait emporté le reste pour le déposer en aval.

À une altitude de 2 695 m, le sommet du Half Dome ménage une vue sans égale de la Yosemite Valley. Pour l'atteindre, suivez le sentier de 14 km qui part des Happy Isles.

Yosemite Falls

Nord de la Yosemite Valley. *t.l.j.*

Cette cascade, la plus haute d'Amérique du Nord, dévale une pente de 740 m en deux grands bonds, les Upper Yosemite Falls et les Lower Yosemite Falls. On aperçoit l'élégant panache d'écume qu'elle dessine de toute la vallée. Le sommet des Upper Yosemite Falls, de loin la plus belle et la plus longue des deux chutes d'eau, est accessible par un sentier ardu de 11 km. Les Lower Falls sont d'accès plus aisé grâce à un court chemin qui part de la Yosemite Lodge. Comme toutes les cascades du parc, les Yosemite Falls ont leur plus gros débit en mai et juin quand la fonte des neiges gonfle la rivière qui les alimente. En septembre, nombre de ces chutes d'eau s'amenuisent et tarissent même parfois complètement, ne laissant comme seule trace de leur existence qu'une traînée sombre sur la paroi granitique.

El Capitán, immense monolithe de granit

Vernal et Nevada Falls

Extrémité est de la Yosemite Valley.
t.l.j.

Promenade en boucle demandant une demi-journée de marche, le Mist Trail, long de 11 km, est un des itinéraires de randonnée les plus populaires du parc. Haute de 95 m, une première cascade, la Vernal Fall, asperge le sentier qui conduit 3 km plus loin au sommet des Nevada Falls, chute d'eau longue de 180 m. Là, le Mist Trail rejoint le John Muir Trail qui contourne l'arrière de l'Half Dome et continue bien plus au sud jusqu'au Mount Whitney *(p. 479)* à la limite orientale du Sequoia National Park.

Glacier Point

Glacier Point Rd. ◯ *t.l.j. de mai à oct.*

Depuis un rebord rocheux situé à 980 m au-dessus du fond de la vallée, le Glacier Point ménage un panorama exceptionnel de la Yosemite Valley où le Half Dome impose sa présence majestueuse. On aperçoit notamment la plupart des cascades qui se jettent des parois granitiques, ainsi que les cimes et les prairies des montagnes environnantes.

Toutefois on ne peut atteindre en voiture ce point de vue qu'à la belle saison, la neige bloquant en hiver le Badger Pass où fut créée en 1935 la première station de ski commerciale de Californie. En été, on peut également emprunter un sentier, le Four-Mile Trail, qui part du côté ouest de la vallée. Les bus desservant le Glacier Point en été laissent la liberté de descendre à pied.

Mariposa Grove

Visitors' Center Hwy 41, entrée sud. ◯ *de mi-mai à oct. : t.l.j.*

Cette magnifique forêt située à l'entrée sud du parc fut une des principales raisons de sa création. Elle renferme plus de 500 séquoias géants, certains vieux de plus de 2 000 ans, hauts de plus de 75 m et larges à leur base de plus de 9 m. Plusieurs sentiers la sillonnent et un petit train découvert suit un circuit de 8 km.

Séquoias géants de la Mariposa Grove

La Yosemite Valley vue de Tunnel View

Tunnel View

Hwy 41 au-dessus de la Yosemite Valley.

◯ *t.l.j.*

À l'extrémité occidentale de la vallée, ce point de vue offre un des panoramas les plus photographiés du parc. Malgré son nom, dû au tunnel routier qui conduit à la Glacier Point Road, le spectacle est époustouflant avec El Capitán sur la gauche, la Bridalveil Fall à droite et le Half Dome au centre. Une table d'orientation vous aidera à les reconnaître.

El Capitán

Extrémité nord-ouest de la Yosemite Valley. ◯ *t.l.j.*

Montant la garde à l'entrée ouest de la Yosemite Valley, le plus grand monolithe de granit du monde dresse deux parois verticales hautes de 1 386 m. Elles forment un angle droit et le défi qu'elles représentent conduit de nombreux alpinistes chevronnés à passer des journées à essayer d'atteindre le sommet. Les visiteurs moins audacieux se retrouvent au pied dans une prairie pour observer leurs efforts à la jumelle.

El Capitán doit son nom espagnol à des soldats américains, les premiers Blancs qui explorèrent la vallée en 1851.

Tuolomne Meadows

Hwy 120, Tioga Rd. ◯ *de juin à sept. : t.l.j.*

En été, quand la neige a fondu et que les fleurs sauvages s'épanouissent, il existe peu d'endroits permettant mieux de prendre la mesure de la beauté du Yosemite Park que ce plateau subalpin bordant la Tuolomne River. Accessibles à 88 km de la vallée par la Tioga Pass Road, les Tuolomne Meadows servent aussi de base aux randonneurs s'élançant sur les nombreux sentiers des alentours.

Cerfs à queue noire broutant en paix dans le parc

Ahwahnee Hotel

Yosemite Valley. *(209) 252-4848.* ◯ *t.l.j. Voir* ***Hébergement*** *p. 536.*

Construit en 1927 pour un coût de 1,5 million de dollars, l'Ahwahnee Hotel doit à Gilbert Stanley Underwood son esthétique en harmonie avec le paysage au sein duquel il s'insère.

L'architecte utilisa de gros blocs de granit et des poutres massives pour lui donner une élégance rustique en accord avec les parois rocheuses qui dominent la vallée. La décoration intérieure s'inspire de motifs indiens et quelques objets artisanaux ornent les salles communes. L'hôtel possède en outre le meilleur restaurant du Yosemite National Park *(p. 574).*

Dans la Sierra Nevada près de Lone Pine ▷

Bâtiments abandonnés du Bodie State National Park

Bodie State Historic Park ❺

Carte routière C3. *10.* *depuis Bridgeport.* *Fin de l'Hwy 270 (760 647-6445).*

Les contreforts du versant oriental de la Sierra Nevada recèlent la plus grande ville fantôme de Californie.

Aujourd'hui protégée par un parc d'État, Bodie fut pendant la seconde moitié du XIXe siècle une cité minière animée qui compta jusqu'à 8 000 habitants en 1880. Elle porte le nom du prospecteur Waterman S. Bodie qui découvrit ici en 1859 un filon d'or en surface *(placer)*, mais elle dut son véritable essor à l'exploitation de gisements en sous-sol. Leur épuisement en 1882 puis plusieurs incendies mirent un terme à sa prospérité et seule la Standard Mine demeura en activité. Elle dut fermer à cause de la guerre en 1942.

Depuis leur acquisition en 1962, le gouvernement californien a maintenu les 170 bâtiments en état de « délabrement arrêté ». Les rues désertes et les bâtiments en bois abandonnés laissent une impression assez saisissante. Le Miners' Union Hall abrite un *visitors' centre* et un musée.

Mono Lake ❻

Carte routière C3. *(760) 647-3044.* *Merced.*

L'un des sites les plus étranges des États-Unis et sans doute l'un des lacs les plus vieux du monde, le Mono Lake s'étend au pied du versant oriental de la Sierra Nevada entre deux montagnes volcaniques. Vestige d'une ancienne mer intérieure, il ne possède pas d'émissaire naturel, mais, après le détournement de plusieurs cours d'eau qui l'alimentaient, l'évaporation lui a fait perdre les quatre cinquièmes de sa taille originelle. Cette baisse de niveau a entraîné une concentration en sels minéraux trois fois plus élevée que celle de la mer et a mis au jour d'insolites colonnes de tuf. Ces concrétions calcaires se forment sous la surface quand le calcium de sources souterraines entre en contact avec les carbonates dissous dans le lac.

Ces dernières années, le Mono Lake s'est retrouvé au centre d'une controverse politique et écologique, nouvel épisode de la bataille de l'eau qui déchire la Californie. En 1905, la ville de Los Angeles a acquis de vastes terrains à l'est des Sierras et dans l'Owens Valley, puis, à partir de 1941, a commencé à assurer une partie de son alimentation en eau en puisant dans les rivières qui se jetaient dans le lac, entraînant la disparition des micro-organismes et mettant en danger la faune locale, en particulier les mouettes qui viennent se reproduire sur ses îles *(p. 192-193)*. En 1994, le gouvernement californien a décidé que Los Angeles devait maintenir le niveau du Mono Lake à 1 950 m au-dessus de celui de la mer.

Concrétions de tuf mises à nu par la baisse du Mono Lake

Devil's Postpile National Monument ❼

Carte routière C4. (760) 934-2289. *navette depuis la Mammoth Mountain Inn.* *de juil. à sept. : t.l.j.*

Situé à l'ouest de la crête de la Sierra Nevada, mais plus aisément accessible depuis Mammoth Lakes, station de ski du contrefort oriental, le Devil's Postpile National Monument protège l'une des plus remarquables formations géologiques de la Californie.

Un mur de colonnes de basalte, de sections géométriques diverses, mais principalement pentagonales et hexagonales, couvre une superficie de 650 m². Hautes de plus de 18 m, elles atteignent une altitude de 2 320 m. Au cœur d'un parc de 320 ha, elles ressemblent d'en haut à un sol carrelé. La neige bloquant l'accès le reste de l'année, elles ne sont accessibles en bus, que l'été.

À 3 km de là, les Rainbow Falls doivent leur nom de cascades de l'Arc-en-ciel aux jeux de lumière que crée la réfraction des rayons du soleil dans leurs gouttelettes.

White Mountains ❽

798 N Main St, Bishop (760 873-2500).

Massif montagneux parallèle à la Sierra Nevada, les White Mountains atteignent une altitude presque égale (3 650 m contre 3 950 m), mais, privées des influences océanes par la chaîne voisine, elles possèdent un climat beaucoup plus aride. Cette pénurie d'eau a laissé leurs flancs quasiment dépourvus de végétation, mais les rares arbres qui s'y accrochent, les Bristlecone Pines *(Pinus aristata)*, sont les plus vieux de la planète.

Ces pins noueux, tordus par la rigueur de leur environnement, ne poussent que dans la partie la plus basse des White Mountains et de quelques reliefs proches du Nevada. D'une croissance extrêmement lente, ils dépassent rarement 15 m de hauteur malgré une longévité de 4 000 ans, 1 000 ans de plus que les plus anciens séquoias *(p. 480-481)*.

Bristlecone Pines sur les flancs des White Mountains

Owens Valley ❾

Lone Pine. *126 S Main St, Lone Pine (760 876-4444).*

Cette vallée enserrée entre les White Mountains et la Sierra Nevada ressemble plus au Nevada qu'au reste de la Californie. Peu peuplée, elle possède une beauté austère.

Ranchs et fermes la couvraient jadis, mais des intermédiaires achetèrent à partir de 1905 les terrains bordant l'Owens River pour le compte de la municipalité de Los Angeles prête à tout pour assurer l'alimentation en eau de la ville *(p. 192-193)*. Les aqueducs qui continuent de vider l'Owens Lake détruisirent l'agriculture locale.

En 1942, on parqua dans un camp de détention à Manzanar 10 000 Nippo-Américains considérés comme une menace pendant la Deuxième Guerre mondiale. Dans la ville d'Independence, l'**Eastern California Museum** évoque ce tragique épisode ainsi que d'autres aspects de l'histoire de la région.

Eastern California Museum
155 Grant St, Independence. *(760) 878-0364.* *du mer. au lun.* *1er jan., Pâques, Thanksgiving, 25 déc.* **Contribution.**

Mount Whitney ❿

(760) 876-6200. *Merced.*

Nommée d'après le géologue Josiah Whitney, la plus haute montagne des États-Unis (hors Alaska), d'une altitude de 4 418 m, domine abruptement la ville de Lone Pine. Depuis la Whitney Portal Road, un sentier raide de 18 km conduit au sommet, atteint pour la première fois en 1873, d'où s'offre un vaste panorama des High Sierras. Il faut demander une autorisation pour l'emprunter.

Le Mount Whitney borde le superbe Sequoia National Park *(p. 480-481)* et les prairies alpines qui l'entourent offrent en été un cadre idéal à des randonnées.

L'Owens Valley au pied des White Mountains

Les Sequoia et Kings Canyon National Parks ⓫

Panneau du Sequoia National Park

Ces deux parcs contigus, beaucoup moins fréquentés que Yosemite *(p. 472-475)*, protègent au cœur de la Sierra Nevada une faune d'une richesse exceptionnelle et 34 forêts distinctes de séquoias géants. La nature y réserve aux visiteurs d'autres merveilles, telles les gorges les plus profondes d'Amérique à l'endroit où le bras sud de la Kings River s'enfonce de 2 500 m dans le Kings Canyon.

« Tunnel » creusé dans le tronc d'un séquoia géant tombé dans le Sequoia National Park

Des routes desservent la partie occidentale des parcs. L'est, où le Mount Whitney *(p. 479)* s'élève en bordure du Sequoia National Park, est uniquement accessible à pied ou en convoi de chevaux ou de mules. Des pistes de ski de fond balisées sont ouvertes en hiver.

Wilsonia
180
Cedar Brook
198
Redwood Creek
Redwood Mountain Grove
North Fork Kaweah River
BIG BALDY
2 502 m
M465
SEQUOIA NATIONAL PARK
Yucca Creek

General Grant Tree
Le 3e séquoia par la taille porte le surnom d'« Arbre de Noël de la nation ».

LÉGENDE

- Route principale
- Route secondaire
- Sentier
- Limite des parcs
- Cours d'eau
- Ski
- Camping
- Aire de pique-nique
- Information touristique
- Point de vue

Souches
Le séquoia résiste au pourrissement comme le prouve cette souche laissée par des bûcherons dans les années 1880.

Moro Rock
Des marches taillées dans le rocher mènent au sommet de ce monolithe de granit qui offre une vue circulaire des High Sierras et de la Central Valley.

Mode d'emploi

Ash Mountain, Three Rivers. **Carte routière** C4. *(209) 565-3341.* *t.l.j.* *téléphoner.* *été seulement.*

General Sherman's Tree
La plus volumineuse forme vivante du monde mesure 84 m de haut et 11 m à sa base, et continue de pousser d'un centimètre tous les dix ans.

Le Tharp's Log au tronc creusé servit de hutte à Hale Tharp, fermier du XIXe siècle qui découvrit la région grâce aux Indiens.

Crescent Meadow
Une rangée de séquoias borde cette prairie trop marécageuse en son centre pour que les arbres y survivent.

a Crystal Cavern, uverte au public, abrite de ombreuses stalactites et stalagmites.

La Giant Forest est l'une des plus grandes forêts de séquoias du monde.

0 2 km

De Santa Cruz à Fresno

Cette région qui s'étend d'un littoral mouvementé aux riches terres agricoles de la San Joaquin Valley marque, avec ses forêts côtières, la transition entre le nord et le sud de l'État. Plages de sable et criques, étendues sauvages, champs à perte de vue, les paysages offrent un vaste choix aux visiteurs. Longtemps capitale de la Californie, Monterey est devenue une station balnéaire appréciée.

Sa beauté naturelle et l'empreinte laissée par une riche histoire font de cette partie de la Californie l'une des plus agréables de l'État. On peut y visiter le plus grand aquarium des États-Unis, monter en bord de mer sur des montagnes russes devenues monument historique, profiter de terrains de golf de réputation internationale, se promener dans de nombreux parcs protégeant des sites exceptionnels ou découvrir des lieux évoqués dans les récits d'auteurs majeurs.

Au débouché d'une des deux grandes zones agricoles de la région se situe la vallée de Salinas enserrée entre deux massifs côtiers. C'est le 3 juin 1770 que les Espagnols fondèrent une colonie dans la baie de Monterey et cette ville resta la capitale de l'Alta California jusqu'en 1848. Au sud s'étend le magnifique littoral rocheux de Big Sur. Il séduisit notamment l'écrivain Henry Miller qui s'y retira après la guerre.

Romancier célèbre et prix Nobel, John Steinbeck naquit à Salinas et trouva dans la vie de sa région natale la principale source d'inspiration de son œuvre. De grands photographes, tels Ansel Adams et Edward Weston, choisirent eux aussi de s'installer ici à la charnière entre Californie du Nord et du Sud.

La maison de John Steinbeck à Salinas

◁ **Le Bixby Creek Bridge de la Coastal Hwy 1 dans les collines de Big Sur**

À la découverte de la région

La Monterey Bay forme le cœur de ce vaste territoire aux visages variés. Au sud de l'ancienne capitale coloniale de la Californie, une superbe péninsule recèle de somptueuses propriétés et de petites stations de villégiature telles que Pacific Grove et Carmel, avant la portion de littoral la plus sauvage de l'État : Big Sur. Au nord de la baie, des montagnes densément boisées encadrent la ville balnéaire animée de Santa Cruz. À l'intérieur des terres s'étendent les vallées agricoles de la Salinas River et de la San Joaquin River.

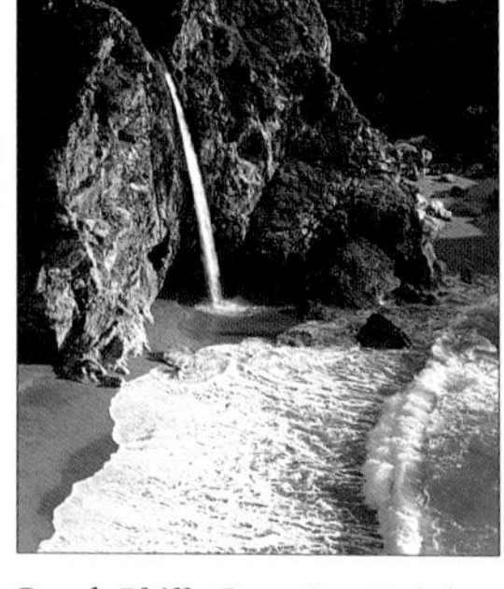

Dans le Pfeiffer Burns State Park de Big Sur

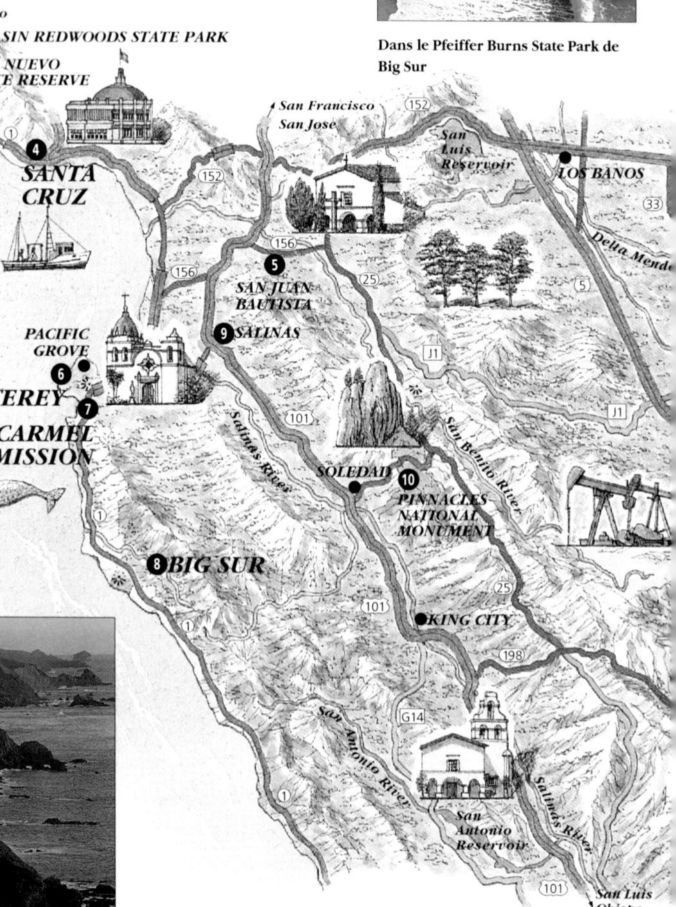

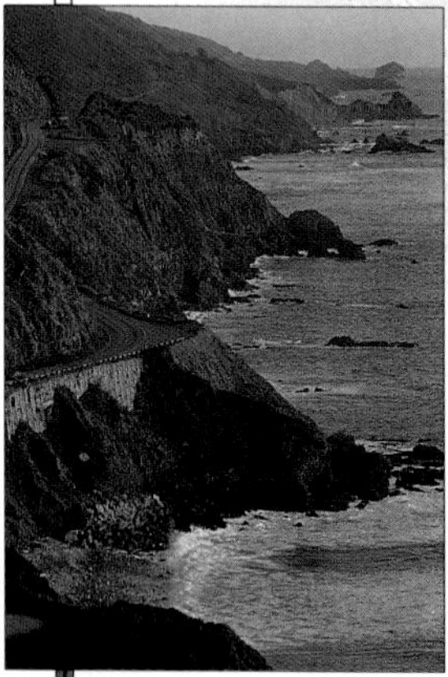

San Francisco
1 BIG BASIN REDWOODS STATE PARK
2 ANO NUEVO STATE RESERVE
3 ROARING CAMP & BIG TREES NARROW GAUGE RAILWAY
4 SANTA CRUZ
San Francisco
San Jose
152
San Luis Reservoir
LOS BANOS
33
156
5 SAN JUAN BAUTISTA
25
5
Delta Mende
9 SALINAS
PACIFIC GROVE
6 MONTEREY
7 CARMEL MISSION
J1
101
Salinas River
San Benito River
SOLEDAD
10 PINNACLES NATIONAL MONUMENT
1
8 BIG SUR
25
101
KING CITY
198
G14
San Antonio River
San Antonio Reservoir
Salinas River
101
San Luis Obispo

La côte déchiquetée de Big Sur vue de la Hwy 1

CIRCULER

La Hwy 1 qui longe l'océan au sud de Monterey en s'accrochant aux reliefs de Big Sur offre un des plus beaux parcours des États-Unis. Malgré un maigre réseau de bus rayonnant depuis Monterey, une voiture ou un vélo et de bonnes jambes restent les meilleurs moyens de se déplacer. La Hwy 101 et la I-5 traversent du nord au sud les vallées agricoles de l'intérieur, mais peu de routes les relient au littoral.

La région d'un coup d'œil

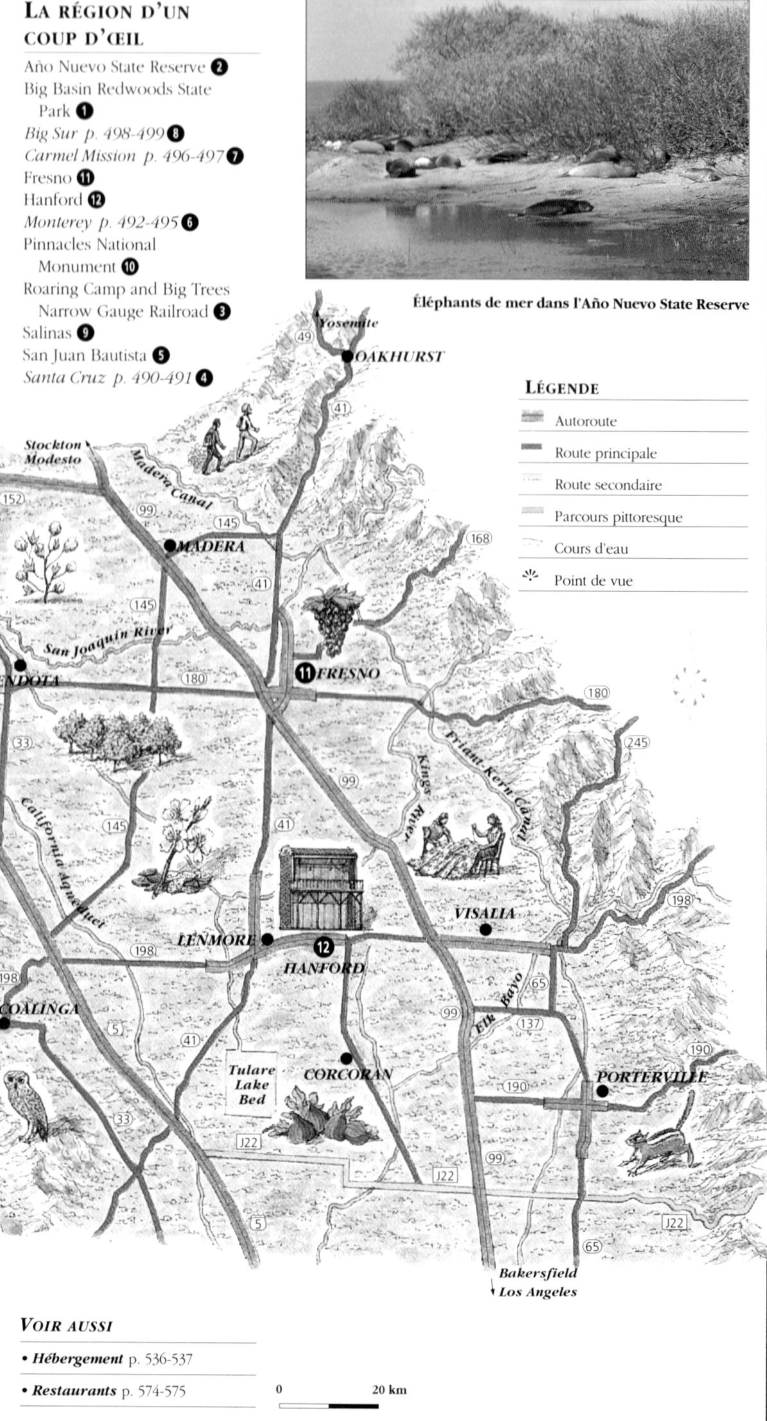

Éléphants de mer dans l'Año Nuevo State Reserve

Légende

- Autoroute
- Route principale
- Route secondaire
- Parcours pittoresque
- Cours d'eau
- Point de vue

0 — 20 km

Voir aussi

- ***Hébergement*** p. 536-537
- ***Restaurants*** p. 574-575

La côte de la Monterey Bay

Cette longue portion de littoral offre aussi bien de belles étendues sablonneuses que des criques minuscules nichées au pied de promontoires rocheux. En été, amateurs de bains de soleil et joueurs de volley-ball se retrouvent sur le sable et, si l'eau reste généralement trop froide pour nager, les surfers enfilent des combinaisons pour affronter les vagues. Le tourisme n'a pas défiguré la côte et vous pourrez y faire de paisibles promenades et observer de nombreux animaux marins, depuis les crustacés cachés dans les trous de rochers et les oiseaux qui s'en nourrissent jusqu'aux éléphants de mer et aux baleines.

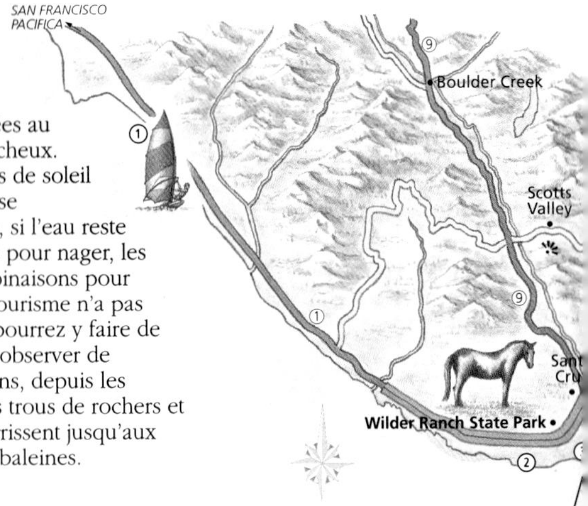

SAN FRANCISCO
PACIFICA
Boulder Creek
Scotts Valley
Santa Cruz
Wilder Ranch State Park

0 5 km

*Moss Landing**, port d'attache de la plupart des bateaux de pêche de la Monterey Bay, abrite de nombreux restaurants de poisson le long de ses quais.*

★ Santa Cruz Beach ③

Le Boardwalk Amusement Park *(p. 490)*, des terrains de volley-ball et des barbecues d'usage gratuit font de cette large plage de sable la plus populaire de la région.

Waddell Creek Beach ①

Cette longue plage appréciée des pique-niqueurs, des pêcheurs et des véliplanchistes fait partie du Big Basin Redwoods State Park *(p. 488)*.

Lighthouse Field State Beach ②

Cette bande littorale de 14 ha hérissée de rochers sculptés par l'érosion se prête bien à la pratique du surf et permet souvent d'apercevoir des loutres de mer, des pélicans bruns de Californie et, en saison, des baleines.

Capitola Beach ④

Près d'une plage de sable où un petit cours d'eau vient se jeter dans l'océan, restaurants, boutiques et plates-formes panoramiques bordent le Capitola Wharf. Aux Capitola Bluffs, un important site paléontologique, des coquillages fossiles apparaissent à marée basse.

Marina State Beach ⑤

Ces dunes appartenaient à une base de Marines et font aujourd'hui partie d'un campus universitaire.

Légende

- Autoroute
- Route principale
- Route secondaire
- Cours d'eau
- Point de vue

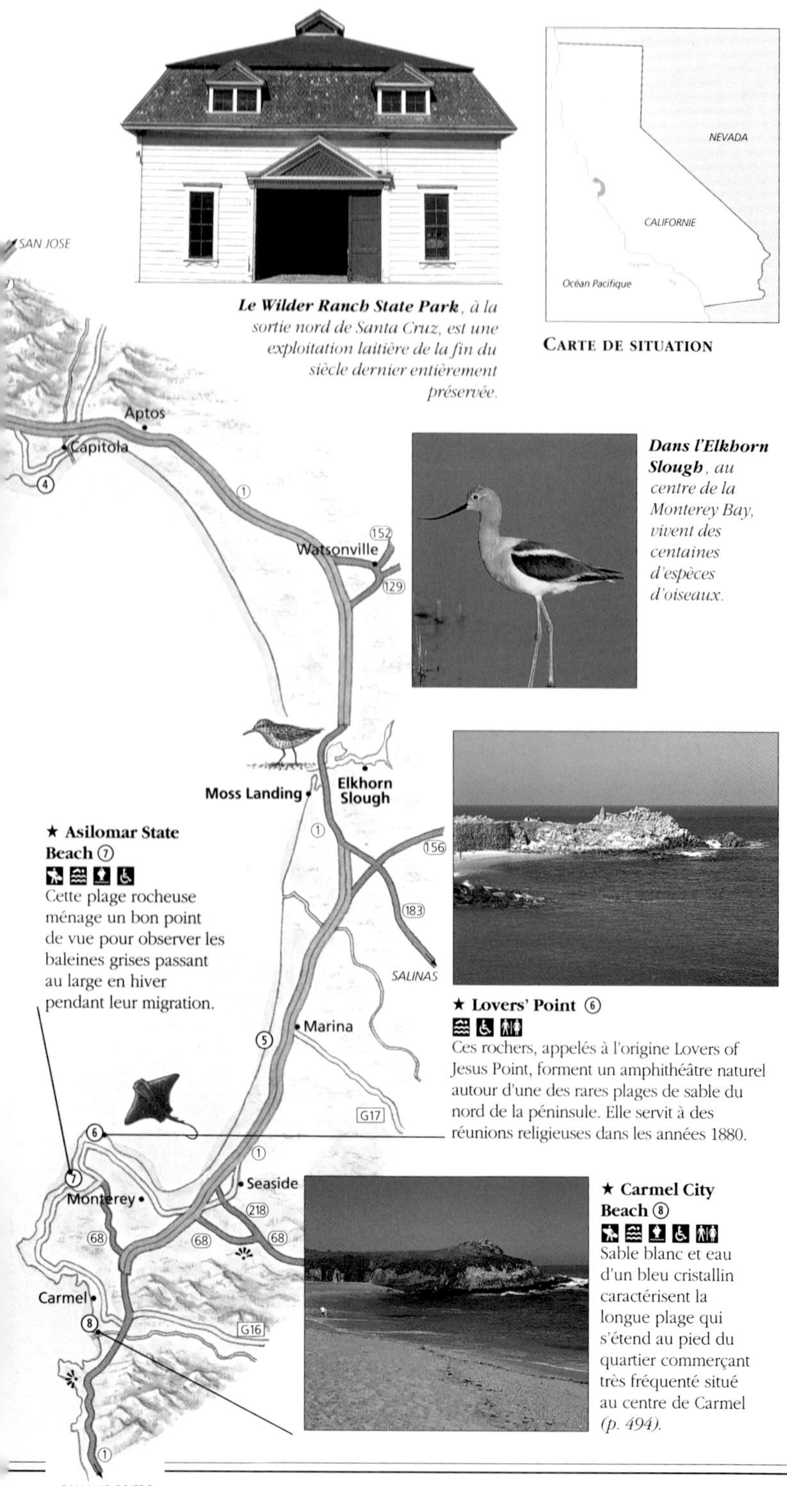

Le Wilder Ranch State Park, *à la sortie nord de Santa Cruz, est une exploitation laitière de la fin du siècle dernier entièrement préservée.*

CARTE DE SITUATION

Dans l'Elkhorn Slough*, au centre de la Monterey Bay, vivent des centaines d'espèces d'oiseaux.*

★ Asilomar State Beach ⑦

Cette plage rocheuse ménage un bon point de vue pour observer les baleines grises passant au large en hiver pendant leur migration.

★ Lovers' Point ⑥

Ces rochers, appelés à l'origine Lovers of Jesus Point, forment un amphithéâtre naturel autour d'une des rares plages de sable du nord de la péninsule. Elle servit à des réunions religieuses dans les années 1880.

★ Carmel City Beach ⑧

Sable blanc et eau d'un bleu cristallin caractérisent la longue plage qui s'étend au pied du quartier commerçant très fréquenté situé au centre de Carmel *(p. 494)*.

Éléphants de mer à l'Año Nuevo State Reserve

Big Basin Redwoods State Park ❶

Santa Cruz, Boulder Creek Golf Course. **Visitors' Center** (831) 338-8860.

Un groupe de défenseurs de la nature fonda en 1900 le Sempervirens Club dans le but de s'opposer à l'abattage des séquoias et il obtint en 1902 la création du Big Basin Redwoods State Park, le plus ancien parc d'État de Californie. D'une superficie de 6 800 ha, riche en animaux tels que cerfs à queue noire et pumas, il protège sur le littoral les plus méridionales des futaies de séquoias *sempervirens* (*p. 430*), ainsi que des forêts de sapins de Douglas et d'autres conifères.

Des chemins forestiers conduisent à de nombreuses cascades, notamment les populaires Berry Creek Falls, et il existe en tout plus de 160 km de sentiers, dont le Skyline-to-Sea Trail qui dévale d'une crête jusqu'à l'océan à la Waddell Creek (*p. 486*).

Le *visitors' centre* propose une exposition sur l'histoire du parc.

Año Nuevo State Reserve ❷

Carte routière B4. Santa Cruz, Waddell Creek. (650) 879-2025 ; 879-0227. t.l.j.

Située à une centaine de kilomètres au nord de Monterey, cette réserve naturelle présente pour principal intérêt de servir de site de reproduction à une importante colonie d'éléphants de mer. Chaque hiver, des centaines de ces énormes mammifères convergent de tout le Pacifique pour s'accoupler et mettre bas sur une courte plage de sable et une petite île.

L'épaisse couche de graisse qui les protège du froid faillit entraîner leur extinction au XIXe siècle en attisant la convoitise des chasseurs. Quelques survivants trouvèrent refuge au large du Mexique et l'espèce ne réapparut en Californie qu'au cours des années 1950. Les premiers petits naquirent à Año Nuevo en 1975 et quelque 120 000 éléphants de mer peuplent aujourd'hui les eaux de l'État. Ces phoques doivent leur nom à la lèvre supérieure pendante des mâles. Ceux-ci peuvent atteindre 6 m de long et peser jusqu'à deux tonnes. Patauds à terre, ils se révèlent beaucoup plus agiles dans l'eau où ils peuvent rester 20 mn sous la surface et plonger jusqu'à 1 200 m de profondeur.

Ce sont les mâles qui arrivent les premiers à la réserve, en décembre. Commencent alors les combats pour la prépondérance. Seuls les individus les plus puissants pourront se reproduire, certains fécondant jusqu'à 50 femelles en une saison. Celles-ci arrivent en janvier pour donner naissance aux jeunes conçus l'hiver précédent. L'accouplement suit peu après, mais la conception ne se fait qu'ultérieurement, parfois quatre mois plus tard.

C'est l'explorateur Sebastián Vizcaíno qui donna le nom d'Año Nuevo à l'île alors qu'il croisait dans la région le 1er janvier 1603 (*p. 42*). Le parc reste ouvert toute l'année, mais en hiver il faut obligatoirement s'inscrire à une visite guidée. Les tickets peuvent se prendre auprès du service de réservation des California State Parks : DestiNet (*p. 576*).

Roaring Camp and Big Trees Narrow Gauge Railroad ❸

(831) 335-4400. Santa Cruz. de jan. à mars : les sam. et dim. jours fériés. 12 h, 13 h 30, 15 h. **Santa Cruz Big Trees Railroad** (831) 335-4400. téléphoner pour les horaires.

Dans les Santa Cruz Mountains, près de la ville de Felton, deux lignes de chemin de fer historiques utilisées jadis pour le transport du bois restent en service dans le cadre d'un parc à

Roaring Camp and Big Trees Railroad

Façade de la Mission San Juan Bautista

vocation familiale qui a pour thème l'industrie forestière du tournant du siècle.

Entre décembre et mars, un train à voie étroite suit le week-end un circuit de 10 km dans les futaies voisines de l'Henry Cowell Redwoods State Park. D'avril à novembre, le Big Trees, Santa Cruz and Pacific Railroad à voie normale part de Roaring Camp pour un trajet d'une heure à travers les montagnes jusqu'à Santa Cruz *(p. 490-491)*.

Un arrêt de trois heures permet aux passagers de profiter de la plage et des attractions du Boardwalk Amusement Park avant d'embarquer pour le retour. Ce périple peut aussi s'effectuer au départ de la ville de Santa Cruz.

Santa Cruz ❹

Voir p. 490-491.

San Juan Bautista ❺

Carte routière B4. *1 650.* *depuis Hollister.* *402 3rd St (831 623-2454).*

Moins de 50 km séparent cette petite ville du cœur de la Silicon Valley, pôle mondial de la haute technologie *(p. 412)*, mais elle a conservé son caractère rural.

Sa principale attraction se dresse à l'ouest de la plaza centrale. Fondée en 1797, la Mission San Juan Bautista est le plus grand des établissements religieux qui servirent de support à la colonisation espagnole et le seul à posséder une église à trois nefs. Alfred Hitchcock utilisa sa façade pour la dernière scène de *Sueurs froides*. Le monastère adjacent abrite désormais un musée historique qui présente des objets de la mission et des photographies montrant la ville à divers stades de son développement.

Le long du cimetière bordant l'église au nord, un sentier peu marqué correspond à l'ancienne route royale, El Camino Real, longue de 1 000 km, qui reliait les 21 missions californiennes *(p. 42-43)*. Une coïncidence veut que ce sentier suive aussi la faille de San Andreas à l'origine des tremblements de terre de la Californie *(p. 20-21)*.

Un petit sismographe enregistre en bordure de la grand-place les mouvements de cette zone agitée de l'écorce terrestre. Sur les côtés est et sud de la place, trois édifices anciens font partie du San Juan Bautista Historic Park. Le Plaza Hotel englobe une partie de la caserne espagnole construite en 1813. Dans les écuries municipales sont garés aujourd'hui de vieux chariots et diligences. La Castro House appartint un temps à Patrick Breen, l'un des survivants de la Donner Party *(p. 470)*.

Panneau signalant El Camino Real

Le séisme de Loma Prieta

Le puissant tremblement de terre qui frappa le centre de la Californie le 17 octobre 1989 avait son épicentre sous Loma Prieta, une colline entre Santa Cruz et San Juan Bautista. Les médias s'intéressèrent surtout aux conséquences de la secousse à San Francisco et à sa périphérie, mais les pires dégâts survinrent à Santa Cruz et dans les localités voisines. Environ 40 entreprises durent s'installer dans des abris de fortune occupant l'équivalent de trois pâtés de maisons et le quartier des affaires de Santa Cruz resta un vaste chantier jusqu'à la fin de 1994. La majorité des bâtiments endommagés ont été désormais réparés ou remplacés, mais il reste quelques lots vides pour rappeler aux habitants de la région qu'ils vivent, et construisent, sur un sol instable.

Dommages causés pas le séisme de Loma Prieta

Santa Cruz ❹

Station balnéaire d'environ 50 000 habitants située à la pointe nord de la Monterey Bay, Santa Cruz garde une atmosphère plus rurale que réellement urbaine et reste entourée d'une large ceinture de terres cultivées entre la baie et les Santa Cruz Mountains densément boisées qui s'élèvent à l'est. Ces montagnes séparent la ville de la Silicon Valley *(p. 412)* et permettent, en complément du littoral, un accès aisé à des espaces naturels. Un excellent musée historique illustre le passé de la région depuis la fondation de la mission dont une réplique se dresse au sein d'un parc. Le vaste campus de l'University of California, fréquenté par des étudiants et des professeurs du monde entier, apporte à Santa Cruz une dimension cosmopolite qui ajoute à son charme.

Reconstruction de la Mission Santa Cruz

À la découverte de Santa Cruz

À 800 m de l'océan, le quartier commerçant a pour pôle Pacific Avenue. Le séisme de Loma Prieta *(p. 489)* causa beaucoup de dommages, mais la ville récupéra rapidement et de nombreux cafés, magasins et galeries d'art bordent les rues. La Mission Santa Cruz fondée en 1791 couronnait une colline située au nord-est. Le front de mer offre une belle plage de sable, un parc d'attractions, le Boardwalk Amusement Park, et une route panoramique, la Cliff Drive.

Enseigne de montagnes russes

Santa Cruz Beach Boardwalk

400 Beach St. *(831) 423-5590.* *téléphoner pour les horaires.*

Comme dans une fête foraine, les visiteurs peuvent se promener librement et choisir celles des distractions qui les intéressent dans le dernier parc de loisirs à l'ancienne de la Côte Ouest. Le Santa Cruz Beach Boardwalk propose en front de mer de nombreux jeux et 27 manèges modernes autour du Giant Dipper, montagnes russes construites en 1924 par Arthur Looff et devenues un National Historic Landmark. Sur un circuit en bois de 1,6 km de long, les wagonnets atteignent une vitesse de 88 km/h. Charles Looff, le père d'Arthur, sculpta en 1911 les chevaux et les chariots du carrousel voisin. Ils tournent au son d'un orgue centenaire. Le parc possède aussi une salle de danse Art déco.

Mission Santa Cruz

Emmet et High Sts. *(831) 426-5686.* *t.l.j.* **Contribution.**

C'est sur une colline dominant la ville moderne que le père Lasuén fonda le 25 septembre 1791 la 12e mission franciscaine de Californie. Sa construction s'acheva trois ans plus tard, mais les tremblements de terre, un climat peu clément et une situation isolée ne permirent jamais à la Mission Santa Cruz de connaître un réel succès et il ne reste rien aujourd'hui des bâtiments d'origine.

Un parc occupe leur emplacement. Il renferme une reconstruction de la mission datant de 1931. À l'intérieur, un petit musée présente des reliques du XVIIIe siècle et une exposition historique.

Le Giant Dipper du Boardwalk Amusement Park

Museum of Art and History at the McPherson Center

705 Front St. *(831) 429-1964.* *du mar. au dim.* *1er jan., Thanksgiving, 25 déc.* *www.santacruzmah.org*

Le tremblement de terre de 1989 eut une conséquence heureuse : la création de ce centre culturel de 1 850 m^2 qui ouvrit en 1993.

L'Art Gallery expose principalement des paysages peints par des artistes locaux. L'History Gallery retrace le développement du Santa Cruz County depuis l'époque pré-coloniale jusqu'à nos jours. L'exposition met en relief les héritages agricole et industriel de la ville, bien illustrés par des photos prises à la fin du XIXe siècle et au début du XXe siècle dans des fermes et des exploitations forestières.

Intégrée au musée, l'Octogon Gallery adjacente fut achevée en 1882 pour accueillir les County Hall Records (Archives de l'hôtel du comté).

Arche creusée par les vagues à la Natural Bridges State Beach

Mode d'emploi

Carte routière B4. 252 000. *San Jose International Airport.* *Monterey Peninsula Airport.* *920 Pacific Ave.* *701 Front St (831 425-1234).* *Santa Cruz Fungus Fair (jan.) ; Clam Chowder Cook-Off (fév.).*

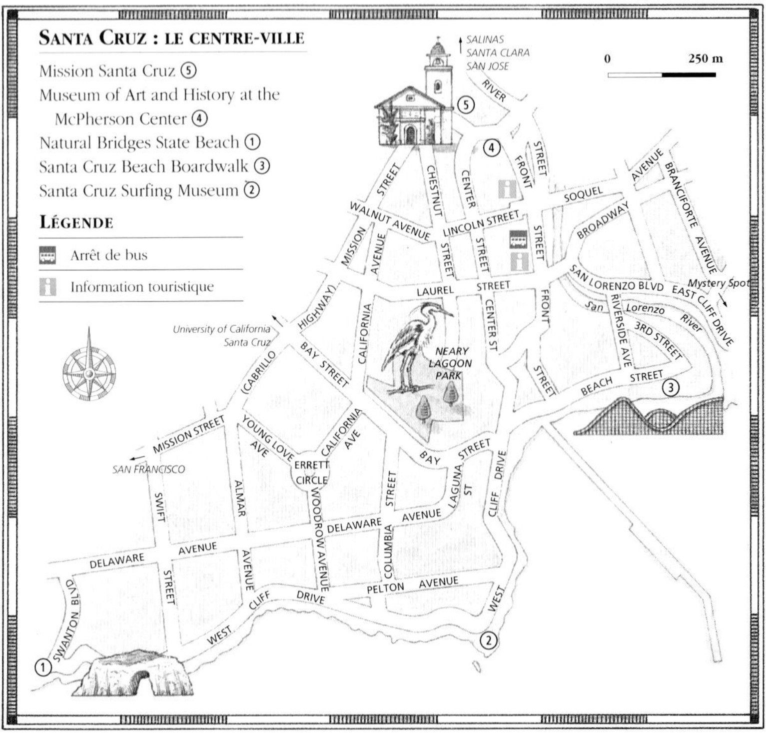

Natural Bridges State Beach

2531 W Cliff Dr. *(831) 423-4609.* *t.l.j.* **Visitors' Center** *fin de W Cliff Drive.* *t.l.j.*

La plage des Ponts naturels doit son nom à des arches creusées par les vagues dans les falaises. Après l'effondrement de deux d'entre elles, il n'en reste plus qu'une. Elle s'ouvre sur une petite crique sablonneuse. Le parc renferme également une forêt d'eucalyptus et un sentier de découverte présentant tout le cycle de vie du superbe papillon Monarch.

Santa Cruz Surfing Museum

Lighthouse Point, W Cliff Drive. *(831) 464-3233.* *du mer. au lun.* *1er jan., Thanksgiving, 25 déc.* **Contribution**.

Dans un phare dominant la portion de littoral la plus appréciée des surfers de la région, ce musée évoque toute l'histoire du surf, rite religieux hawaïen introduit sous forme de sport en Californie pour promouvoir le tourisme et auquel les Beach Boys donnèrent dans les années 1960 un renom national *(p. 188-189)*. Taillées au début dans du séquoia, les planches profitent aujourd'hui des progrès de la technologie.

Mystery Spot

465 Mystery Spot Rd. *(831) 423-8897.* *t.l.j.* *www.mysteryspot.com*

À 3 km à l'est de Santa Cruz, une forêt de séquoias attire les curieux depuis des dizaines d'années. Une cavité de 46 m de diamètre, le Mystery Spot, y possède d'étranges propriétés antigravitationnelles qui font pousser les arbres en oblique et rouler les balles vers le haut.

Santa Cruz : le centre-ville

Mission Santa Cruz ⑤
Museum of Art and History at the McPherson Center ④
Natural Bridges State Beach ①
Santa Cruz Beach Boardwalk ③
Santa Cruz Surfing Museum ②

Légende

Arrêt de bus
Information touristique

0 250 m

SALINAS SANTA CLARA SAN JOSE
University of California Santa Cruz
SAN FRANCISCO
Mystery Spot
NEARY LAGOON PARK

Monterey pas à pas ❻

L'explorateur espagnol Sebastián Vizcaíno qui mouille dans la baie en 1602 lui donne le nom du vice-roi du Mexique, le comte de Monterey. En 1770, le capitaine Gaspar de Portolá (1717-1784) et le père Junípero Serra *(p. 42-43)* fondent un *presidio* et une mission, et cette colonie devient la capitale de la Californie en 1775. Elle le reste, passant sous gouvernement mexicain puis américain, jusqu'en 1848. La ruée vers l'or lui fait perdre de son importance face à San Francisco, mais la pêche, le commerce et une base militaire entretiennent son dynamisme. Station balnéaire élégante, elle accueille aujourd'hui de nombreux visiteurs, notamment pendant son célèbre festival de jazz.

California's First Theater
Ouvert en 1848 dans une hôtellerie bâtie l'année précédente, ce théâtre propose toujours des pièces victoriennes.

★ Le Colton Hall
Dans l'édifice où fut signée la première constitution de la Californie en 1849, un musée commémore l'événement.

Larkin House
La demeure bâtie en 1832 par Thomas Larkin, un marchand de la Côte Est, est devenue représentative du style Monterey (p. 26).

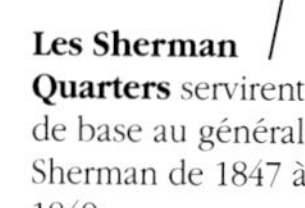

FRANKLIN STREET
PIERCE STREET
PACIFIC STREET
CALLE PRINCIPAL
JEFFERSON STREET
MUNRAS AVENU

Les Sherman Quarters servirent de base au général Sherman de 1847 à 1849.

Le Cooper-Molera Complex comprend un jardin et une exposition de voitures à cheval et présente des souvenirs de la famille Cooper qui bâtit la maison entre 1827 et 1900.

À NE PAS MANQUER

★ Le Colton Hall

★ Le Fisherman's Wharf

0 100 m

LÉGENDE

– – – Itinéraire conseillé

MODE D'EMPLOI

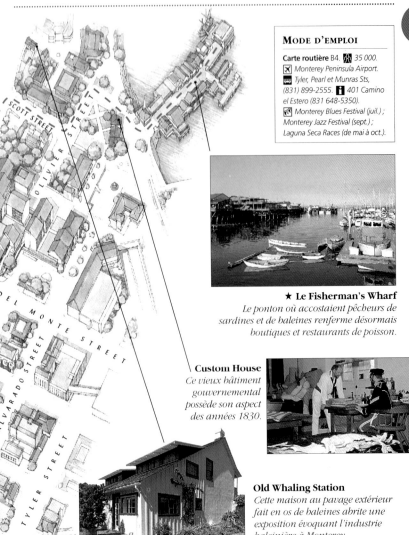

Carte routière B4. 35 000. *Monterey Peninsula Airport.* *Tyler, Pearl et Munras Sts, (831) 899-2555.* *401 Camino el Estero (831 648-5350).* *Monterey Blues Festival (juil.) ; Monterey Jazz Festival (sept.) ; Laguna Seca Races (de mai à oct.).*

★ Le Fisherman's Wharf
Le ponton où accostaient pêcheurs de sardines et de baleines renferme désormais boutiques et restaurants de poisson.

Custom House
Ce vieux bâtiment gouvernemental possède son aspect des années 1830.

Old Whaling Station
Cette maison au pavage extérieur fait en os de baleines abrite une exposition évoquant l'industrie baleinière à Monterey.

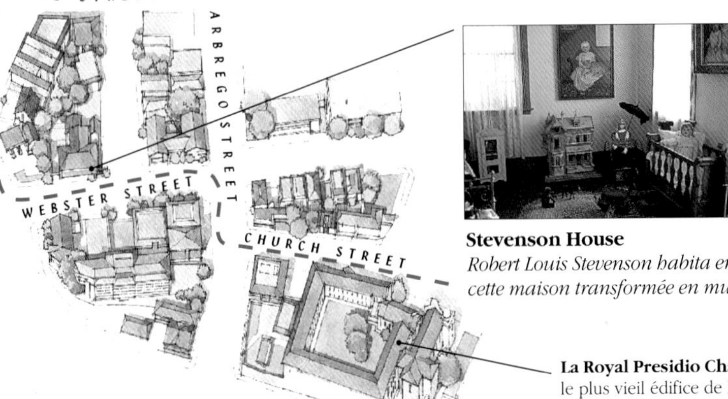

Stevenson House
Robert Louis Stevenson habita en 1879 cette maison transformée en musée.

La Royal Presidio Chapel, le plus vieil édifice de la ville, date de 1794.

À la découverte de la Monterey Peninsula

Écrivains et artistes vantent depuis longtemps la beauté de la péninsule de Monterey et de ses criques et éperons sculptés dans le granit par l'océan. Les bois de cyprès et de pins qui en couvrent l'intérieur se remplissent en hiver de papillons Monarch. Otaries et loutres de mer prospèrent au large dans les forêts de varech. Trois villes jalonnent le littoral : Monterey, jadis capitale de la Californie espagnole *(p. 492-493)* ; Pacific Grove, une ancienne communauté religieuse ; et la pittoresque station balnéaire de Carmel-by-the-Sea.

Oiseau de mer au Monterey Bay Aquarium

Monterey Bay Aquarium

886 Cannery Row. *(831) 648-4888.* *t.l.j.* *25 déc.*

Le plus grand aquarium des États-Unis abrite plus de 570 espèces animales et végétales offrant un riche aperçu de l'environnement marin de la Monterey Bay, entre autres des forêts de varech où les algues atteignent jusqu'à 30 m de hauteur.

Dans l'Outer Bay Wing, un bassin de 4 500 m³ reconstitue les conditions régnant dans l'habitat naturel d'espèces telles qu'albacore, poisson lune, tortues marines et barracudas. Dans une piscine reliée à l'océan s'ébattent de jeunes loutres. Un aquarium permet aux enfants de toucher des étoiles et des anémones de mer, ainsi que des raies. À partir de 2001, les visiteurs devraient aussi pouvoir découvrir des poissons luminescents des grands fonds.

Cannery Row

David Ave et Coastguard Pier. *(831) 649-6695.* *t.l.j.*

Les romans de John Steinbeck *Rue de la Sardine* et *Tendre jeudi* évoquent l'atmosphère qui régnait dans ce quartier de six pâtés de maisons où plus de 20 conserveries traitaient jadis les sardines pêchées dans la Monterey Bay. Leur activité périclita à partir de 1947 quand les bancs de poissons disparurent brutalement, conséquence probable d'une exploitation trop intensive (les prises se montèrent à 235 000 tonnes en 1945). Restaurés, les conserveries et entrepôts qui survécurent à l'abandon abritent aujourd'hui boutiques d'artisanat, galeries d'art et restaurants. Au nº 800, l'ancien laboratoire de « Doc » Ricketts, spécialiste de la biologie marine, buveur de bière et grand ami de Steinbeck, est devenu un club privé.

Panneau de Cannery Row

Pacific Grove

Forest et Central Aves. *(831) 373-3304.* *t.l.j.* *1er jan., Thanksgiving, 25 déc.*

Cette paisible localité a pour origine une communauté religieuse fondée en 1889 qui interdisait l'alcool, la danse et même les éditions du dimanche des quotidiens. Elle est plus connue aujourd'hui pour ses maisons de bois souvent transformées en auberges, ses superbes parcs côtiers et les papillons Monarch qui viennent s'y poser entre octobre et avril *(p. 209)*. Une parade célèbre chaque année l'arrivée de ces superbes lépidoptères et un décret municipal leur assure une très stricte protection.

Construit en 1852, le Point Pinos Lighthouse est le plus ancien phare en service de Californie.

Carmel-by-the-Sea

San Carlos, 5th et 6th Sts. *(831) 624-1711.* *du lun. au sam.* *1er jan., Thanksgiving, 25 déc.*

Des résidences de styles très divers s'étagent sur les collines dominant l'océan de cette curieuse et opulente petite station balnéaire. Ses habitants ont décidé de se passer de lampadaires, de numéros de rues et même de trottoirs (sauf dans le centre), mais subventionnent de nombreuses expositions.

Boutiques et galeries d'art abondent le long d'Ocean Avenue.

Carmel River State Beach

Carmelo et Scenic Rds. *(831) 624-4909.* *de 7 h au coucher du soleil t.l.j.*

Ce parc de 43 ha à l'embouchure de la Carmel River protège une lagune et des marécages où vivent de très nombreux oiseaux. On peut pêcher sur la plage, un lieu de pique-nique très apprécié, mais courants et fraîcheur de l'eau rendent la baignade déconseillée.

Le Point Pinos Lighthouse de Pacific Grove

Le 17-Mile Drive

Une route à péage, le 17-Mile Drive, permet de découvrir en voiture les splendides paysages de la Monterey Peninsula. Phoques et otaries viennent mettre bas au printemps sur la côte rocheuse. Dans la forêt Del Monte, pins et cyprès ombragent les somptueuses propriétés de riches privilégiés. Les terrains de golf de Pebble Beach ont acquis une réputation internationale.

Spanish Bay ①
Cette crique à la pointe sud de Pacific Grove offre un site de pique-nique très apprécié.

Spyglass Hill ⑥
Ce terrain de golf a pris le nom d'un lieu cité dans *L'Île au trésor* de Stevenson. L'auteur utilisa souvent les paysages de la région dans ses romans.

Huckleberry Hill ②
La colline des Myrtilles se trouve au cœur de la forêt Del Monte.

Lone Cypress ⑤
L'arbre sans doute le plus photographié du monde pousse sur un rocher dominant l'océan.

Tor House ④
Le poète Robinson Jeffers construisit cette étonnante maison entre 1919 et 1957.

Carmel Mission ③
Cette superbe mission fut un temps le centre administratif de la Californie du Nord *(p. 496-497).*

Carnet de route

Itinéraire : *3 heures.*
Accès : *Il est payant pour les voitures, mais pas pour les vélos.*
Comment y aller : *Il existe 4 péages : 17-Mile Drive, San Antonio Ave, Hwy 1 et SFB Morse Ave. Des lignes rouges et jaunes marquent l'itinéraire.*
Quand y aller : *Mieux vaut éviter l'été et, en toute saison, le week-end.*
Hébergement et restaurants : *Carmel, Pacific Grove et Monterey offrent un vaste choix (p. 537 et 574-575).*
Information touristique : *Monterey Peninsula Chamber of Commerce, 380 Alvarado St, Monterey. ☎ (831) 649-1770.*

Légende

- Circuit recommandé
- Autre route
- Terrain de golf

0 — 500 m

La Carmel Mission ❼

Ornement mural

Construite en adobe par des Indiens, la Carmel Mission fondée en 1770 par le père Junípero Serra (1713-1784), qui y résida jusqu'à sa mort et repose au pied de l'autel, fit office de centre administratif de toutes les missions de la Californie du Nord. Elle tomba toutefois en décrépitude après sa sécularisation et son abandon en 1834. Sa restauration, à partir des plans originaux, commença en 1924. Les corps d'habitation offrent un aperçu du mode de vie des missionnaires franciscains. L'église est de nouveau consacrée au rite catholique.

Le sarcophage représente le père Junípero en gisant entouré de trois pères en prière.

Cuisine
Restaurée, elle montre le matériel dont disposaient les pères, y compris un four apporté du Mexique. Une partie du vieux mur d'adobe subsiste.

Clocher

Salle à manger

Statue de Junípero Serra
Dans la cour, elle fait face à l'église que son modèle fonda.

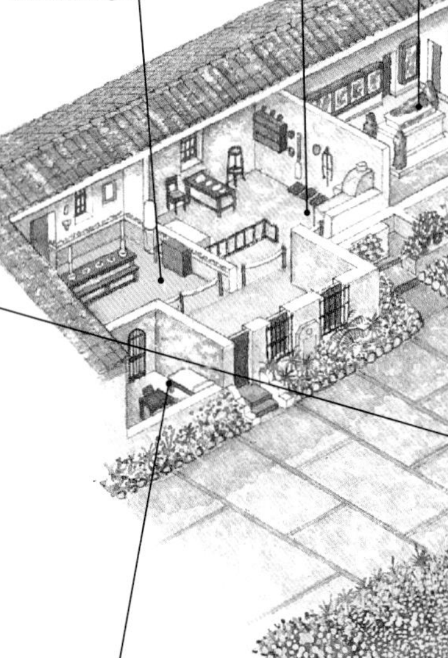

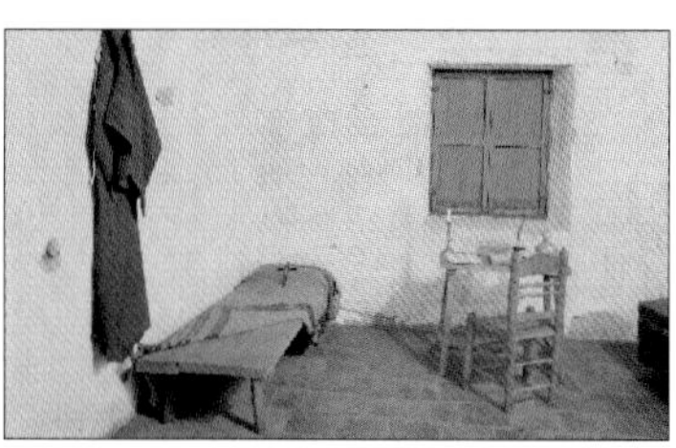
★ La Serra's Cell
Cette cellule meublée en tout et pour tout d'une banquette, d'une chaise, d'une petite table et d'un bougeoir montre bien l'austérité dans laquelle vivait le fondateur des missions. Il y mourut en 1784.

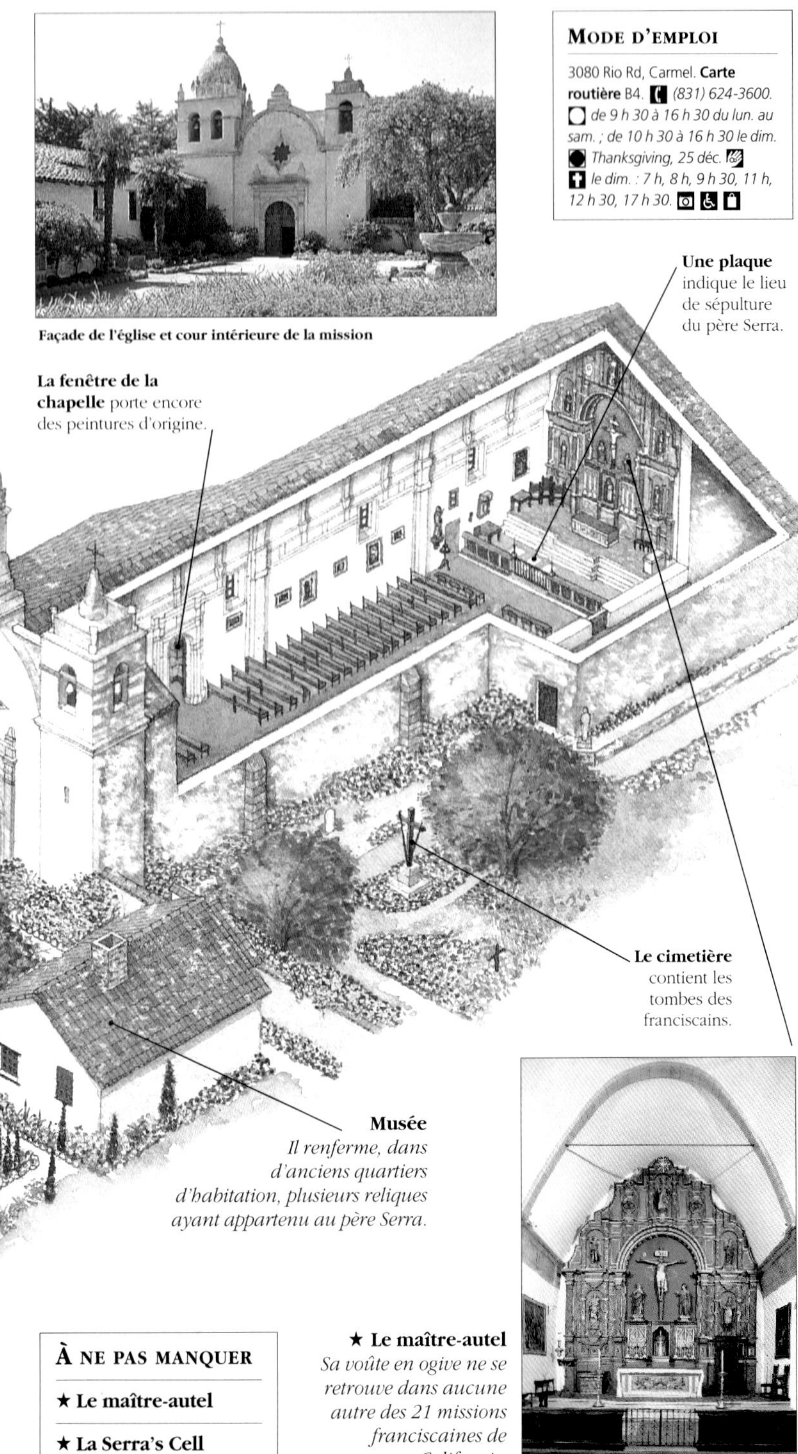

Une plaque indique le lieu de sépulture du père Serra.
La fenêtre de la chapelle porte encore des peintures d'origine.
Le cimetière contient les tombes des franciscains.
Musée
Il renferme, dans d'anciens quartiers d'habitation, plusieurs reliques ayant appartenu au père Serra.
★ Le maître-autel
Sa voûte en ogive ne se retrouve dans aucune autre des 21 missions franciscaines de Californie.

Façade de l'église et cour intérieure de la mission

Mode d'emploi

3080 Rio Rd, Carmel. **Carte routière** B4. *(831) 624-3600.* *de 9 h 30 à 16 h 30 du lun. au sam. ; de 10 h 30 à 16 h 30 le dim.* *Thanksgiving, 25 déc.* *le dim. : 7 h, 8 h, 9 h 30, 11 h, 12 h 30, 17 h 30.*

À ne pas manquer

★ Le maître-autel

★ La Serra's Cell

Le Big Sur ❽

À la fin du XVIIIe siècle, des colons espagnols de Carmel appelèrent El Pais Grande del Sur, le grand pays du sud, cette région où la rencontre du Santa Lucia Range et de l'océan offre sur 160 km des paysages de falaises, de criques et de reliefs boisés d'une beauté à couper le souffle. En dehors de la Hwy 1 construite dans les années 1930, la première route touristique de Californie, la civilisation n'a pratiquement pas marqué de son empreinte ces espaces sauvages exempts de localités importantes et où plusieurs parcs sillonnés de sentiers protègent la majeure partie du littoral. Ce calme séduisit Henry Miller qui y écrivit *Big Sur et les oranges de Jérôme Bosch*. Épaisses forêts, larges rivières et plages où déferlent les vagues du Pacifique sont accessibles à pied depuis la route.

La côte de Big Sur : des montagnes tombant dans l'océan

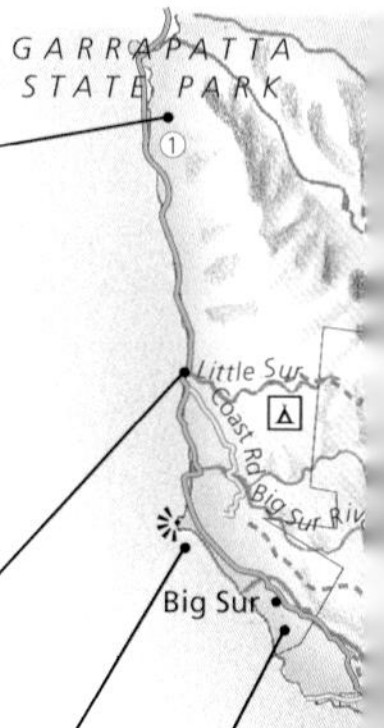

GARRAPATTA STATE PARK

Little Sur

Big Sur

Point Lobos State Reserve
Les cyprès de Monterey qui poussent ici, aux branches tordues par les vents, doivent résister au mélange de brume et d'embruns salés qui monte de l'océan.

Bixby Creek Bridge
Haut de 79 m et long de 213, cet ouvrage d'art photogénique bâti en 1932 resta longtemps le plus grand pont d'une seule arche du monde. C'est là qu'en 1966, la Hwy 1 fut déclarée première scenic highway *de l'État.*

Le Point Sur Lighthouse, phare perché sur un cône volcanique, est automatisé depuis 1974.

Le Nepenthe, restaurant caché de la route par des chênes, occupe une maison qui appartint à Rita Hayworth.

Légende

- Route secondaire
- Parcours pittoresque
- Sentier de randonnée
- Limite de parc
- Cours d'eau ou lac
- Camping
- Point de vue

Andrew Molera State Park
Ce parc créé en 1972 renferme 16 km de sentiers et 4 km de plage de sable.

Mode d'emploi

Carte routière B4. *1 500.* *Nepenthe Park.* *(831) 667-2100.*

Julia Pfeiffer Burns State Park
Un tunnel piétonnier sous la Hwy 1 conduit à la falaise haute de 30 m d'où la McWay Creek se jette dans le Pacifique.

L'Esalen Institute créé dans les années 1960 propose des bains alimentés par des sources chaudes que connaissaient déjà les Indiens *(p. 425).*

Ventana Wilderness
Dans la Los Padres National Forest, ce parc propose dans ses zones les plus basses plusieurs sites de camping. Nombre de ses reliefs exigent une bonne expérience de la randonnée.

Jade Cove
Un abrupt sentier à flanc de falaise conduit à cette magnifique crique où il est interdit de prélever du jade au-dessus de la ligne de marée haute.

San Simeon Point est un port naturel qu'utilisa William R. Hearst pendant la construction du Hearst Castle *(p. 202-205).*

L'écrivain John Steinbeck (1902-1968), né à Salinas

Salinas 9

Carte routière B4. *128 343.* *119 E Alisal St (831 424-7611).*

Entre le Santa Lucia Range bordant l'océan et le Diablo Range, la Salinas Valley s'étend sur plus de 80 km de la Monterey Bay à San Luis Obispo. Les laitues qu'on y cultive, à côté d'autres grandes productions comme les tomates et l'ail, lui valent le surnom de « saladier de la nation ». Son principal centre urbain, Salinas, se trouve à son extrémité nord. Les usines de conditionnement de primeurs et les conserveries qui y bordent grandes routes et rails de chemin de fer laissent peu de doute sur sa vocation agricole.

C'est toutefois à la littérature que Salinas doit son renom, car John Steinbeck y vit le jour en 1902 et évoqua sa ville dans nombre de ses romans. Une salle spéciale de la **John Steinbeck Library** abrite une exposition permanente de livres, manuscrits, photographies et souvenirs de l'écrivain. La bibliothèque fournit aussi des renseignements sur des lieux de la région liés à son œuvre ou sa vie, ainsi que sur le Steinbeck Festival organisé en août.

Hat in Three Stages of Landing, une grande sculpture en acier peinte en jaune vif de Claes Oldenburg, un maître du pop' art, se dresse en face de l'entrée du California State Rodeo. Chaque année, le 4 juillet, à l'occasion de la fête nationale américaine, cavaliers et troupeaux de tous les États-Unis y convergent pour l'un des plus grands rodéos du monde.

John Steinbeck Library
350 Lincoln Ave. *(831) 758-7311.* *du lun. au sam.* *jours fériés.*

Pinnacles National Monument 10

Carte routière B4. *(831) 389-4485.* *King City et Soledad.* *t.l.j.* *certains sentiers.*

Dans les hautes collines dominant la Salinas Valley, à 20 km à l'est de la ville de Soledad sur la US-101, cette réserve naturelle protège 6 500 ha de paysages volcaniques où vivent entre autres pumas, coyotes et aigles.

Au centre du parc court la crête créée par une prodigieuse coulée de lave qui forme par endroits des falaises hautes de plus de 150 m. Des millions d'années d'érosion ont sculpté dans le rocher d'étranges flèches et escarpements. Aucune route ne traverse le Pinnacles National Monument, mais de nombreux sentiers bien entretenus le sillonnent.

Long de 2,5 km, l'un des plus aisés conduit à la formation dite des Balconies (balcons). Ces magnifiques parois rouges et or séduisent aussi bien alpinistes que photographes et ornithologues. À leur pied, d'énormes rochers pris dans d'étroites gorges ont formé de sombre cavernes. Elles auraient jadis servi de repaires à des bandits de grand chemin.

Douceur de l'air et fleurs sauvages font du printemps la meilleure saison pour visiter le parc.

Falaise volcanique dans le Pinnacles National Monument

Fresno 11

Carte routière C4. *411 600.* *Fresno Air Terminal.* *2331 Fresno St (209 495-4800).*

La huitième ville de Californie se trouve dans la San Joaquin Valley à peu de chose près au centre géographique de l'État. Centre commercial dynamique à l'influence grandissante, Fresno est souvent appelée la « capitale mondiale du raisin sec », une

Cueillette dans la Salinas Valley

importante production de la région agricole qui l'entoure. Cité paisible, elle offre une bonne base pour découvrir les High Sierras, en particulier les magnifiques parcs nationaux de Kings Canyon, Sequoia et Yosemite *(p. 466-481)*.

Aux environs

À 10 km à l'ouest du centre de Fresno, dans le Kearney Park, la **Kearney Mansion** édifiée en 1903 dans le style de la Renaissance française par Theodore Kearney, un agronome qui favorisa l'industrie du fruit sec en Californie, a gardé son mobilier d'origine. Elle est devenue un musée.

Kearney Mansion
7160W. Kearney Blvd, Hwy 99.
(209) 441-0862. du ven. au dim.

Le colonel Allen Allensworth, un militant de la cause noire

Hanford ⓬

Carte routière C4. 40 000. 200 Santa Fe Ave, Suite D (209 582-5024).

Hanford ne serait qu'une ville agricole de taille moyenne comme il en existe tant dans la région sans le quartier de China Alley qu'habita jadis l'une des plus importantes communautés chinoises de Californie. Situé à l'est du centre, il entoure le **Taoist Temple** élevé en 1893. Le temple servait aussi d'école et de lieu d'hébergement pour les immigrants de fraîche date. Ceux-ci venaient pour la plupart travailler à la construction de la voie ferrée transcontinentale *(p. 46-47)*. Le centre de Hanford, autour de la Courthouse Square, renferme un superbe carrousel ancien et d'élégants édifices dont certains datent de la fin du siècle dernier. Magasins et restaurants les occupent aujourd'hui.

La spécialité de Fresno

Taoist Temple
China Alley. (209) 584-3236.
sur r.-v. seulement.

Aux environs

À 50 km au sud d'Hanford, le **Colonel Allensworth State Historic Park** porte le nom d'un aumônier noir qui pensait que les Afro-Américains pouvaient combattre le racisme en prenant en main leur propre destin. Il fonda en 1908 avec quelques familles une communauté rurale dont une exposition, dans les anciens bâtiments agricoles, retrace l'histoire.

Colonel Allensworth State Historic Park
Hwy 99, puis County Rd J22, Earlimart.
(661) 849-3433 ou 634-3795.
t.l.j.

JOHN STEINBECK

Fils d'un trésorier municipal et d'une institutrice, mais appartenant à une famille d'éleveurs et d'agriculteurs, John Steinbeck (1902-1968) passa son enfance et son adolescence dans la vallée de Salinas. Après avoir suivi des cours de biologie à la Stanford University *(p. 411)* et pratiqué divers métiers, notamment dans les montagnes du Lake Tahoe *(p. 470-471)* où il écrivit son premier roman, un récit historique intitulé *La Coupe d'or* (1929), il se fixe en 1930 à Pacific Grove. Il y fait la connaissance de son ami Edward Ricketts *(p. 494)* et connaît enfin le succès avec la publication de *Tortilla Flat* en 1935. Ses plus grandes œuvres, tels *Des souris et des hommes* (1937), *Rue de la Sardine* (1945) et *À l'est d'Éden* (1952) continueront de s'inspirer de la vie des gens simples rencontrés dans sa région natale et les alentours de Monterey. Il en va de même pour son livre le plus célèbre, *Les Raisins de la colère* (1939), qui relate l'exploitation subie par les fermiers de l'Oklahoma contraints d'émigrer en Californie pendant la Grande Dépression. Immédiat best-seller, le livre lui vaut le prix Pulitzer, mais aussi de sérieuses inimitiés. Correspondant de guerre en Afrique du Nord à partir de 1943, Steinbeck, à son retour aux États-Unis à la fin de la guerre, s'installe sur la Côte Est à Long Island. Il reçoit le prix Nobel de littérature en 1962, devenant le seul Américain récompensé à la fois par le Pulitzer et le Nobel.

Mort à New York le 20 décembre 1968, John Steinbeck repose dans sa ville natale, dans le Garden of Memories, au nº 768 Abbott Street.

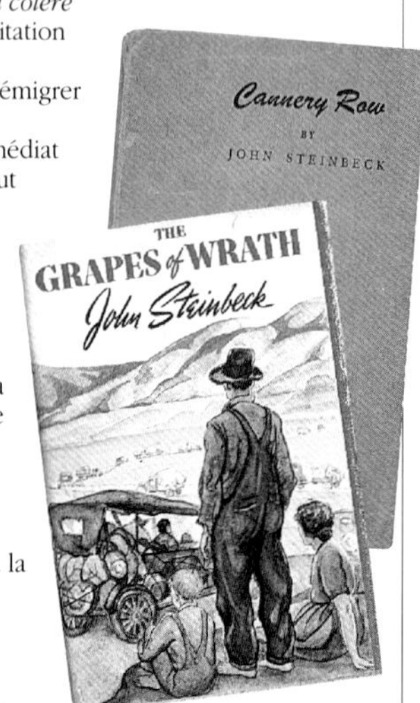

Premières éditions de *Rue de la Sardine* et des *Raisins de la colère*

Les bonnes adresses

Hébergement

La Californie est une des grandes destinations touristiques mondiales et elle offre aux visiteurs un vaste choix de formules d'hébergement, de la cabane en rondins au palace. Dans la même catégorie de prix, le choix est important. Ainsi, le haut de gamme comprend aussi bien des hôtels à la somptuosité hollywoodienne que des complexes ultramodernes destinés aux hommes d'affaires ou des *resorts* proposant activités sportives et soins de beauté. Les catégories plus accessibles s'étendent des motels de chaîne à des auberges historiques. Sauf exception, les chambres sont partout spacieuses et dotées de lits doubles et d'une salle de bains. Il existe également de nombreux campings.

Portier

Vous trouverez sur les aires de repos des autoroutes et chez les loueurs de voitures des magazines gratuits contenant toutes sortes de coupons de réduction. En basse saison, n'hésitez pas à marchander les tarifs, en particulier si vous réservez à l'avance par téléphone. Les pages 508 à 537 proposent une sélection d'hébergements pour tous budgets et dans toute la Californie.

Le classement des hôtels

Le mode de classement le plus pratique pour les visiteurs est celui de la California State Automobile Association. Il attribue aux établissements, du simple motel au plus coûteux palace, de un à quatre diamants selon la qualité du service offert, la propreté des lieux et l'éventail de prestations proposées.

Vous pouvez également vous fier à l'organisation française Relais et Châteaux. Sur les 26 domaines des États-Unis admis dans ses rangs, sept se trouvent en Californie.

Les hôtels

Se loger à l'hôtel revient cher aux États-Unis. Les tarifs les plus bas vont de 75 $ à 175 $ pour une chambre ; celle-ci possédera presque toujours un téléviseur. Ils passent de 175 $ à 275 $ dans les établissements de standing. Certains hôtels de luxe demandent 185 $ pour la plus petite de leurs chambres en basse saison et leurs prix peuvent monter jusqu'à 500 $ pour une nuitée.

Les taxes, à ajouter, varient entre 11 % à San Francisco et 14 % à Los Angeles. Les places de stationnement donnent lieu à supplément. Téléphoner de sa chambre coûtera toujours plus cher que depuis un publiphone.

L'histoire et le dynamisme des Californiens se reflètent dans certains de leurs hôtels. Construits pour impressionner les banquiers de la Côte Est, des établissements de prestige tels que le Sheraton Palace de San Francisco *(p. 526)*, le Biltmore de Los Angeles *(p. 509)* et l'Ahwahnee du Yosemite National Park *(p. 536)* rappellent que l'État commençait tout juste à se développer au début du siècle. L'esthétique très moderne, et même contemporaine, du Triton Hotel de San Francisco

Le *lounge bar* du très chic Beverly Wilshire Hotel *(p. 508)*

(p. 523) et du Mondrian de West Hollywood *(p. 513)* témoigne du chemin parcouru.

Il existe des hôtels inscrits dans de magnifiques parcs, d'autres très fonctionnels. Dans ceux proposant un *spa*, sauna, bains, soins de la peau et massages permettent d'entretenir sa forme et son aspect physiques. Un *« boutique hotel »* compte moins de cent chambres et possède l'ambiance intime d'un Bed-and-Breakfast.

Quelle que soit sa taille, un hôtel comprend presque toujours un *foyer* spacieux, un restaurant ou un café et offre des services tels que le blanchissage. S'il ne possède pas une piscine ou une salle d'exercice, ses clients peuvent le plus souvent profiter des prestations d'un club de remise

Le Biltmore Hotel à Los Angeles

en forme voisin pour 8 à 12 $ par jour. Des chambres non-fumeurs, parfois même des étages entiers, sont toujours disponibles.

Les hôtels d'affaires

Ces établissements proposent aux voyageurs en déplacement professionnel des tarifs hebdomadaires ou mensuels. Ils mettent à leur disposition un large éventail de services tels que fax, salles de conférences et même, parfois, centres informatiques. Certains ne louent que des suites.

Les hôtels de chaîne

Pour un prix modéré, vous jouirez dans les hôtels de grandes chaînes telles que **Westin, Hilton, Sheraton, Marriott, Ramada, Hyatt** et **Holyday Inn** d'un service de qualité et de chambres confortables. Certaines de ces sociétés possèdent parfois plus d'un établissement dans une même ville. Elles en désignent alors un comme enseigne principale et tendent à y pratiquer des tarifs plus élevés pour les meilleures chambres. Un numéro d'appel gratuit permet de se renseigner, avant de réserver, sur les prix et les prestations disponibles.

Enseigne d'un hôtel de chaîne

Le Chateau Marmont sur Sunset Boulevard ***(p. 513)***

Les pourboires

Si le portier porte vos bagages dans votre chambre, ou jusqu'à votre voiture à votre départ, l'usage est de lui donner de 1 $ à 2 $ par bagage. Quand un voiturier gare votre véhicule, le pourboire, versé en partant, est de 15 à 20 % du prix du stationnement. La même proportion s'applique pour les services en chambre. Laissez de 2 $ à 5 $ à la femme de chambre, surtout après un long séjour.

Les *resorts*

Ces centres de villégiature offrent toutes les prestations d'un hôtel, mais dans un bien plus vaste espace. Ils peuvent proposer jusqu'à 300 chambres dans des bungalows ou des villas toujours aménagés de manière à préserver l'intimité des hôtes.

Leur intérêt dépend des services disponibles, qu'il s'agisse de courts de tennis, de terrains de golf, de piscines olympiques, de centres d'équitation, de clubs de remise en forme, de cours de yoga ou de restaurants gastronomiques. Le prix du séjour est élevé, surtout si vous ne cherchez qu'un endroit où vous loger dans le cadre d'un voyage touristique. Il devient toutefois justifié si vous voulez passer quelques jours à vous détendre ou à pratiquer un sport.

La liste des pages 508 à 537 vous aidera à trouver une *resort* dans un environnement conforme à vos goûts, région viticole, bord de mer ou montagne.

Le San Diego Marriott Hotel, dans la San Diego Bay

Le Mendocino Hotel *(p. 532)*

Les motels

Les motels se sont multipliés au bord des routes californiennes dans les années 1950 quand l'automobile a commencé à prendre de plus en plus d'importance. Peu coûteux, ils offrent un service minimal : lits doubles de plus ou moins grande taille, télévision, téléphone, salle de bains, thé et café. Il y a toujours de la place où se garer et, souvent, une piscine, un luxe presque nécessaire quand on se déplace en été. Certains permettent de cuisiner, la plupart proposent des chambres non-fumeurs. Tous n'acceptent pas les animaux.

Plusieurs chaînes, notamment **Best Western, Quality Inn, Motel 6** et **Travelodge** ont fondé leur réputation sur la propreté des chambres, la qualité du service et les prix bon marché. Les tarifs varient de 30 $ à 65 $ la nuitée.

Les auberges historiques

Ces auberges sont souvent les seuls édifices de la fin du XIXe siècle à subsister dans beaucoup de petites villes californiennes. Qu'il s'agisse d'anciens pavillons de chasse ou de pêche, de lieux ayant jadis servi de refuge à des vedettes d'Hollywood, de résidences victoriennes ou même d'un bateau à aubes, elles gardent chacune vivante une tranche d'histoire. Construites en majorité pendant la période d'expansion qu'entraîna le développement des liaisons ferroviaires, elles jouissent fréquemment d'un statut protégé qui interdit de les démolir ou de modifier leur architecture

Plus grandes que des Bed-and-Breakfast, elles comptent de 20 à 100 chambres, mais ces auberges historiques possèdent une atmosphère similaire. La plupart servent des petits déjeuners continentaux et des en-cas ou des pâtisseries l'après-midi. Pour plus de renseignements, contactez **California Historic Country Inns**.

D'autres logements plus petits ont aussi parfois une dimension historique, notamment des bungalows individuels *(cabins)* dotés d'une cuisine. Ils sont généralement éparpillés sur un domaine qui en renferme au moins une dizaine. Il n'existe que très rarement un restaurant ou un café sur place, mais il est souvent possible de profiter d'une piscine ou de courts de tennis. Fumer est parfois interdit.

La Deetjen's Big Sur Inn *(p. 536)*

Les Bed-and-Breakfast

Presque toujours tenus par leur propriétaire et installés dans d'anciennes résidences privées, ces établissements où les hôtes peuvent profiter, selon les cas, d'une bibliothèque, d'un salon, d'un jardin ou d'une piscine, offrent des conditions d'hébergement plus conviviales que l'hôtel. Certaines chambres ne possèdent toutefois pas leur propre salle de bains.

On peut en général y prendre un petit déjeuner continental, un en-cas l'après-midi ou un verre le soir. Une nuitée coûte de 60 $ à 175 $. Un séjour minimum de deux jours est parfois imposé, surtout en haute saison. Pour tous renseignements, adressez-vous à **Bed-and-Breakfast California**.

Le Bed-and-Breakfast Casa Laguna, Laguna Beach *(p. 517)*

Séjours indépendants

Rien n'égale un séjour dans une résidence privée pour pleinement apprécier la réalité d'une ville. Il existe deux manières de trouver un tel type d'hébergement.

La Big Bear Log Cabin, près du Lake Arrowhead

La première consiste à louer un appartement ou une maison auprès d'une agence immobilière *(real estate agency)*. Chaque ville de Californie en compte au moins une spécialisée dans les locations de vacances. Les chambres de commerce en fournissent la liste. Les tarifs s'appliquent à la nuit, à la semaine ou au mois. Pour une semaine, ils varient de 300 $ à 3 000 $ selon la situation, le standing et la taille du logement. Il vous faudra verser une caution, remboursable à votre départ. Réserver au moins un mois à l'avance accroîtra vos possibilités de choix.

L'autre solution est d'échanger votre propre appartement ou maison avec un Californien. **Intervac** fait partie d'un réseau mondial d'échange de logements entre particuliers. Les frais d'inscription (750 FF) donnent droit à la publication d'une annonce dans l'un des quatre catalogues édités chaque année entre décembre et juin et à la possibilité de consulter les annonces des quatre catalogues. Les accords se concluent directement entre particuliers.

Les auberges de jeunesse

Voici la forme d'hébergement la moins coûteuse en Californie. Propres, modernes, souvent situées dans des cadres pittoresques (y compris dans des phares ou des parcs nationaux), les auberges de jeunesse proposent des lits en dortoir non mixtes et certaines possèdent quelques chambres accessibles aux couples mariés. Contrairement à ce que leur nom pourrait laisser croire, elles n'imposent pas de limite d'âge. La plupart permettent de faire sa propre cuisine. Pour tous renseignement, et réservations, contactez la **Fédération unie des auberges de jeunesse (FUAJ)**.

Camping et caravaning

La plupart des parcs nationaux et d'État de Californie *(p. 576)* renferment des terrains de camping ouverts aussi aux caravanes. Plus chers, les campings privés proposent en général des services plus étendus, tels que branchement électrique, alimentation en eau courante, barbecues ou magasins d'alimentation.

Camping dans le Yosemite National Park *(p. 472-475)*

Carnet d'adresses

Chaînes d'hôtels

Hilton
(800) 445-8667.

Holiday Inn
(800) 465-4329.

Hyatt
(800) 233-1234.

ITT Sheraton
(800) 325-3535.

Marriott
(800) 228-9290.

Ramada
(800) 272-6232.

Westin
(800) 228-3000.

Chaînes de motels

Best Western
(800) 528-1234.

Motel 6
(800) 466-8356.

Quality Inn
(800) 228-5151.

Travelodge
(800) 578-7878.

Auberges historiques

California Historic Country Inns
313 W Carmel Valley Rd,
PO Box 568,
Carmel Valley, CA 93924.
(831) 659-1415.

Bed-and-Breakfast

Bed-and-Breakfast California
PO Box 420009,
San Francisco.
(415) 479-1913.

Séjours indépendants

Intervac
230, bd Voltaire, 75011 Paris.
01 43 70 21 22.

Auberges de jeunesse

FUAJ
27, rue Pajol, 75018 Paris.
01 44 89 87 27.

Choisir un hôtel

Nous avons sélectionné ces établissements, dans une large gamme de prix, pour leur emplacement ou la qualité de leurs prestations. Beaucoup comportent un restaurant. En commençant par Los Angeles, ils sont présentés par régions, et les onglets de couleur correspondent à ceux du corps du guide. Pour les restaurants, consultez les pages 544 à 575.

Los Angeles

	Nombre de chambres	Restaurant	Équipements enfants	Jardin ou terrasse	Piscine
Aéroport : *Los Angeles Airport Hilton and Towers* $$ **5711 W Century Blvd, CA 90045. Carte routière,** encadré A. *(310) 410-4000 ; (800) 445-8667.* FAX *(310) 410-6250.* Cet immense hôtel s'adresse surtout à qui voyage pour affaires. Excellentes prestations.	1 100	●	●	●	●
Aéroport : *Sheraton Los Angeles Airport Hotel* $$$ **6101 W Century Blvd, CA 90045. Carte routière,** encadré A. *(310) 642-1111 ; (800) 445-7999.* FAX *(310) 645-1414.* Cet hôtel d'affaires propose des week-ends à prix réduit. Navette gratuite toutes les 5 mn pour l'aéroport.	610	●	●		●
Aéroport : *Wyndham Hotel at Los Angeles Airport* $$$ **6225 West Century Blvd, CA 90045. Carte routière,** encadré A. *(310) 670-9000 ; (800) 327-8321.* FAX *(310) 670-7852.* Un luxueux hôtel d'affaires aux chambres confortables et insonorisées. Service remarquable.	591	●	●		●
Bel Air : *Lux Summit* $$$$ **11461 Sunset Blvd, CA 90049. Carte routière,** encadré A. *(310) 476-6571 ; (800) 468-3541.* FAX *(310) 471-6310.* Cet hôtel de type *resort* au sein d'un parc loue des chambres spacieuses. Tennis, *spa (p. 504).*	162	●	●	●	●
Bel Air : *Hotel Bel-Air* $$$$$ **701 Stone Canyon Rd, CA 90077. Plan 4 A2.** *(310) 472-1211 ; (800) 648-4097.* FAX *(310) 476-5890.* Dans un parc verdoyant *(p. 91)*, de luxueuses villas abritent des chambres dont certaines sont dotées de cheminées.	92	●	●	●	●
Beverly Hills : *Summit Hotel Rodeo Drive* $$$ **360 N Rodeo Drive, CA 90210. Plan 5 F3.** *(310) 273-0300 ; (800) 468-3541.* FAX *(310) 859-8730.* Un hôtel joliment meublé, clair et ensoleillé. Les hôtes peuvent profiter des installations du Summit Hotel Bel-Air.	86	●	●	●	●
Beverly Hills : *Beverly Hilton* $$$$ **9876 Wilshire Blvd, CA 90210. Plan 5 E4.** *(310) 274-7777 ; (800) 445-8667.* FAX *(310) 285-1313.* Dans ce grand hôtel d'affaires, les chambres, spacieuses, offrent de belles vues. Beaucoup ont un patio.	581	●	●	●	●
Beverly Hills : *Hotel Avalon* $$$$ **9400 W Olympic Blvd, CA 90212. Plan 5 F4.** *(310) 277-5221; (800) 535-4715.* FAX *(310) 277-4928.* Cet hôtel Art déco des années 1940 agréablement meublé propose près de Rodeo Drive *(p. 90)* des chambres équipées de larges lits. Rénovation en cours.	44	●	●	●	●
Beverly Hills : *Beverly Hills Hotel and Bungalows* $$$$$ **9641 Sunset Blvd, CA 90210. Plan 5 D2.** *(310) 276-2251; (800) 283-8885.* FAX *(310) 281-2905.* Au milieu de jardins tropicaux *(p. 91)*, certaines chambres possèdent une cuisine et une terrasse.	194	●	●	●	●
Beverly Hills : *Peninsula Beverly Hills* $$$$$ **9882 Little Santa Monica Blvd, CA 90212. Plan 5 E4.** *(310) 551-2888 ; (800) 462-7899.* FAX *(310) 788-2319.* Des célébrités viennent se faire choyer dans cet hôtel de grand luxe proposant chambres, suites et villas.	196	●	●	●	●
Beverly Hills : *Regent Beverly Wilshire* $$$$$ **9500 Wilshire Blvd, CA 90212. Plan 5 F4.** *(310) 275-5200 ; (800) 545-4000.* FAX *(310) 274-2851.* La somptuosité de ce célèbre palace *(p. 87)* proche de Rodeo Drive attire de nombreuses stars. Les chambres, et les salles de bains, sont immenses.	278	●	●	●	●
Century City : *Century Plaza Hotel and Tower* $$$$$ **2025 Ave of the Stars, CA 90067. Plan 5 D5.** *(310) 277-2000 ; (800) 228-3000.* FAX *(310) 551-3355.* Dans les deux bâtiments de ce grand hôtel élégant, des chambres ménagent des vues panoramiques. Service souriant.	1032	●	●	●	●

Les prix correspondent à une nuit en chambre double, service et taxes compris.

- $ moins de 100 $
- $$ de 100 à 150 $
- $$$ de 150 à 200 $
- $$$$ de 200 à 250 $
- $$$$$ plus de 250 $

RESTAURANT
Sauf indication contraire, le restaurant ou la salle à manger accueille d'autres clients que les hôtes.

ÉQUIPEMENTS ENFANTS
Berceaux, lits d'enfants et baby-sitting disponibles. Certains établissements proposent des menus pour enfants et possèdent des chaises hautes.

JARDIN OU TERRASSE
Hôtel possédant un jardin, une cour intérieure ou une terrasse. Souvent, possibilité de manger dehors.

PISCINE
Hôtel doté d'une piscine couverte ou à ciel ouvert.

	Nombre de chambres	Restaurant	Équipements enfants	Jardin ou terrasse	Piscine
CENTURY CITY : *Park Hyatt* $$$$$ **2151 Ave of the Stars, CA 90067. Plan 5 E5.** ☎ *(310) 277-2777.* FAX *(310) 785-9240.* Cet hôtel d'affaires offre de bonnes prestations et des vues sur la ville. Possibilité de louer des limousines.	367	●	■	●	■
DOWNTOWN : *Best Western Dragon Gate Inn* $ **818 N Hill St, CA 90012. Plan 11 F2.** ☎ *(213) 617-3077 ; (800) 528-1234.* FAX *(213) 680-3753.* Cet hôtel simple et confortable de Chinatown a une clientèle d'affaires en semaine et familiale le week-end.	50	●			
DOWNTOWN : *Wilshire Royale Hotel* $ **2619 Wilshire Blvd, CA 90057. Plan 10 A3.** ☎ *(213) 387-5311 ; (800) 421-8072.* FAX *(213) 380-8174.* À 10 mn de Downtown, ce superbe hôtel Art déco propose 65 suites permettant de cuisiner.	200	●	■	●	■
DOWNTOWN : *Best Western, The Mayfair* $$ **1256 W 7th St, CA 90017. Plan 10 C4.** ☎ *(213) 484-9789 ; (800) 821-8682.* FAX *(213) 484-2769.* Chambres, suites et services bien adaptés aux personnes voyageant pour affaires dans un hôtel élégant et amical.	295	●		●	
DOWNTOWN : *Figueroa Hotel* $$ **939 S Figueroa St, CA 90015. Plan 10 C5.** ☎ *(213) 627-8971 ; (800) 421-9092.* FAX *(213) 689-0305.* Cet établissement accueillant aux chambres de tailles variées décorées dans le style Spanish Colonial se trouve près du centre de conventions. Beau jardin planté d'arbres fruitiers et de cactus.	285	●	■	●	■
DOWNTOWN : *Holiday Inn LA Downtown* $$ **750 S Garland Ave, CA 90017. Plan 10 B4.** ☎ *(213) 628-9900 ; (800) 628-5240.* FAX *(213) 628-1201.* La moitié des chambres de cet hôtel situé à un pâté de maisons du Financial District ont des lits *king-size*.	205	●			■
DOWNTOWN : *Miyako Inn and Spa* $$ **328 E 1st St, CA 90012. Plan 11 F4.** ☎ *(213) 617-2000 ; (800) 228-6596.* FAX *(213) 617-2700.* Dans Little Tokyo, des chambres spacieuses meublées à l'américaine. Les enfants de moins de 12 ans ne payent pas. Bar de karaoké. Saunas et bains séparés pour les hommes et les femmes.	174	●			
DOWNTOWN : *The Inn at 657* $ **657 W 23rd St, CA 90007. Carte routière**, encadré A. ☎ *(213) 741-2200 ; (800) 347-7512.* Ses suites d'une ou deux chambres, toutes non-fumeurs et dotées de cuisine, ouvrent sur un jardin ou un balcon. Le prix comprend le petit déjeuner et les appels téléphoniques locaux.	6			●	
DOWNTOWN : *Downtown Marriott* $$$ **333 S Figueroa St, CA 90071. Plan 11 D4.** ☎ *(213) 617-1133 ; (800) 228-9290.* FAX *(213) 613-0291.* L'hôtel très luxueux offre tout le confort et est très bien situé.	469	●	■	●	■
DOWNTOWN : *Los Angeles Athletic Club* $$$ **431 W 7th St, CA 90014. Plan 11 D5.** ☎ *(213) 625-2211 ; (800) 421-8777.* FAX *(213) 689-1194.* Dans un édifice de 1904, de luxueuses chambres de style victorien et des courts de *racquetball*.	72	●	■		■
DOWNTOWN : *Biltmore* $$$$ **506 S Grand Ave, CA 90071. Plan 11 D4.** ☎ *(213) 624-1011 ; (800) 245-8673.* FAX *(213) 612-1545.* Les chambres et suites du Biltmore *(p. 118)* sont aussi somptueuses que l'entrée. Un *spa (p. 504)* permet de garder la forme. Petit déjeuner continental compris dans le prix.	690	●	■	●	■
DOWNTOWN : *Hyatt Regency* $$$$ **711 S Hope St, CA 90017. Plan 11 D4.** ☎ *(213) 683-1234 ; (800) 233-1234.* FAX *(213) 629-3230.* D'immenses fenêtres offrent de belles vues depuis les chambres confortables de cet hôtel de la Broadway Plaza.	485	●	■	●	■

Légende des symboles, voir rabat de couverture

Les prix correspondent à une nuit en chambre double, service et taxes compris.

- $ moins de 100 $
- $$ de 100 à 150 $
- $$$ de 150 à 200 $
- $$$$ de 200 à 250 $
- $$$$$ plus de 250 $

RESTAURANT
Sauf indication contraire, le restaurant ou la salle à manger accueille d'autres clients que les hôtes.

ÉQUIPEMENTS ENFANTS
Berceaux, lits d'enfants et baby-sitting disponibles. Certains établissements proposent des menus pour enfants et possèdent des chaises hautes.

JARDIN OU TERRASSE
Hôtel possédant un jardin, une cour intérieure ou une terrasse. Souvent, possibilité de manger dehors.

PISCINE
Hôtel doté d'une piscine couverte ou à ciel ouvert.

	NOMBRE DE CHAMBRES	RESTAURANT	ÉQUIPEMENTS ENFANTS	JARDIN OU TERRASSE	PISCINE
DOWNTOWN : *New Otani Hotel and Garden* $$$$ 120 S Los Angeles St, CA 90012. **Plan 11 E4.** *(213) 629-1200 ; (800) 273-2294.* FAX *(213) 622-0980.* Certaines chambres de cet établissement de luxe ont un mobilier traditionnel japonais. Sauna et bains.	424	●	■	●	
DOWNTOWN : *Westin Bonaventure Hotel and Suites* $$$$ 404 S Figueroa St, CA 90071. **Plan 10 C5.** *(213) 624-1000 ; (800) 228-3000.* FAX *(213) 612-4800.* Les chambres sont vastes et confortables dans cet hôtel composé de 5 tours de verre entourant un atrium *(p. 118).* L'hôtel a été entièrement rénové. Prestations de standing.	1364	●		●	■
DOWNTOWN : *Wyndham Checkers Hotel* $$$$ 535 Grand Ave, CA 90071. **Plan 11 4D.** *(213) 624-0000 ; (800) 996-3426.* FAX *(213) 626-9906.* Cet hôtel extrêmement luxueux où le marbre donne le ton des salles de bains possède un *spa (p. 504)* et offre un service de limousines gratuit dans Downtown.	173	●		●	■
GLENDALE : *Chariot Inn Motel* $$ 1118 E Colorado St, CA 91205. **Carte routière**, encadré A. *(818) 507-9600 ; (800) 458-4080.* FAX *(818) 507-9774.* Chambres spacieuses, certaines sont dotées de bains à remous. Petit déjeuner continental compris dans le prix.	30			●	■
HOLLYWOOD : *Best Western Hollywood Plaza* $ 2011 N Highland Ave, CA 90068. **Plan 2 B4.** *(323) 851-1800 ; (800) 232-4353.* FAX *(323) 851-1836.* Près d'Hollywood Boulevard, les chambres confortables de cet hôtel de chaîne possèdent un réfrigérateur.	82	●		●	■
HOLLYWOOD : *Hollywood Orchid Suites* $ 1753 Orchid Ave, CA 90028. **Plan 2 B4.** *(323) 874-9678 ; (800) 537-3052.* FAX *(323) 874-9931.* Dans un ancien immeuble d'appartements, les chambres très spacieuses ont dans certains cas une cuisine.	40			●	■
HOLLYWOOD : *Ramada Inn* $ 1160 N Vermont, CA 90029. **Carte routière**, encadré A. *(323) 660-1788 ; (800) 272-6232.* FAX *(323) 660-8069.* Un hôtel bien tenu près des Universal Studios. Chambres et suites. Petit déjeuner continental compris. Jacuzzi.	98		■		■
HOLLYWOOD : *San Vicente Inn* $ 845 N San Vincente Blvd, CA 90069. **Plan 6 B1.** *(310) 854-6915.* Ce petit hôtel-motel est situé à côté de tous les sites majeurs d'Hollywood, notamment de Santa Monica Blvd et de Melrose Av. Nombreuses prestations.	26		■	●	
HOLLYWOOD : *Beverly Garland's Holiday Inn* $$ 4222 Vineland Ave, CA 91602. **Carte routière**, encadré A. *(818) 980-8000 ; (800) 238-3759.* FAX *(818) 766-0112.* Chambres confortables dotées de balcons ou de patios. *Spa (p. 504)*, courts de tennis et blanchisserie.	255	●		●	■
HOLLYWOOD : *Hollywood Roosevelt Hotel* $$ 7000 Hollywood Blvd, CA 90028. **Plan 2 B4.** *(323) 466-7000 ; (800) 950-7667.* FAX *(323) 462-8056.* Récemment restauré, ce magnifique édifice en briques accueille souvent de fastueuses réceptions.	321	●	■	●	■
INGLEWOOD : *Los Angeles Adventura* $ 4200 W Century Blvd, CA 90304. **Carte routière**, encadré A. *(310) 419-0999 ; (800) 852-0011.* FAX *(310) 412-9100.* Un hôtel accueillant aux chambres confortables. Petit déjeuner compris. Transport assuré jusqu'à l'aéroport, Venice Beach, les boutiques, les casinos et les terrains de golf.	150	●	■	●	■
LONG BEACH : *Inn of Long Beach* $ 185 Atlantic Ave, CA 90802. **Carte routière**, encadré A. *(310) 435-3791 ; (800) 230-7500.* FAX *(562) 456-7510.* Un motel plaisant aux chambres confortables. *Spa (p. 504).* Petit déjeuner continental compris dans le prix.	46		■		■

LONG BEACH : *Super 8 Motel* $ 4201 E Pacific Hwy, CA 90804. **Carte routière**, encadré A. *(562) 597-7701 ; (800) 800-8000.* FAX *(562) 494-7373.* Ce motel propose des lits *king-size* et des demi-suites avec cuisines. Petit déjeuner compris dans le prix.	49		■	●	■
LONG BEACH : *Best Western Golden Sails* $$ 6285 E Pacific Coast Hwy, CA 90803. **Carte routière**, encadré A. *(562) 596-1631 ; (800) 762-5333.* FAX *(562) 594-0623.* Cet hôtel domine le port de plaisance. Bains à remous. Golf gratuit. Petit déjeuner et dîner compris dans le prix.	172	●	■	●	■
LONG BEACH : *Lord Mayor's Inn* $$ 435 Cedar Ave, CA 90802. **Carte routière**, encadré A. *(562) 436-0324.* Ce Bed-and-Breakfast occupe une maison édouardienne rénovée proche du centre de Long Beach. Des antiquités décorent les chambres.	5	●	■	●	■
LONG BEACH : *Hotel Queen Mary* $$$ 1126 Queen's Hwy, CA 90802. **Carte routière**, encadré A. *(562) 435-3511 ; (800) 437-2934.* FAX *(562) 437-4531.* Les premières classes du célèbre paquebot ont été modernisées et restaurées *(p. 133).* Petit déjeuner compris.	365	●	■	●	
LONG BEACH : *Renaissance Long Beach Hotel* $$$ 111 E Ocean Blvd, CA 90802. **Carte routière**, encadré A. *(562) 437-5900 ; (800) 468-3571 ; (800) 228-9898.* FAX *(562) 499-2509.* Hôtel de luxe dans le quartier des affaires. Chambres spacieuses, certaines avec vue sur l'océan.	374	●	■	●	■
LONG BEACH : *Hyatt Regency* $$$$ 200 S Pine Ave, CA 90802. **Carte routière**, encadré A. *(562) 491-1234 ; (800) 233-1234.* FAX *(562) 983-1491.* Les chambres de cet hôtel d'affaires *(p. 129)* donnent sur le port de Long Beach. Tarifs réduits le week-end.	520	●	■		■
MALIBU : *Casa Malibu Inn on the Beach* $$ 22752 Pacific Coast Highway, CA 90265. **Carte routière**, encadré A. *(310) 456-2219 ; (800) 831-0858.* FAX *(310) 456-5418.* Sur une plage privée, balcon, cheminée, magnétoscope et cuisine dans certaines chambres.	21			●	
MALIBU : *Malibu Beach Inn* $$$ 22878 Pacific Coast Hwy, CA 90265. **Carte routière**, encadré A. *(310) 456-6444 ; (800) 462-5428.* FAX *(310) 456-1499.* Toutes les chambres ont un balcon donnant sur la plage dans cet hôtel de luxe aux sols en carrelage mexicain.	47		■	●	
MARINA DEL REY : *Mansion Inn* $$ 327 Washington Blvd, CA 90291. **Carte routière**, encadré A. *(310) 821-2557 ; (800) 828-0688.* FAX *(310) 827-0289.* Près de la plage, à la limite de Venice, chambres au décor rustique et petit déjeuner continental compris.	43			●	
MARINA DEL REY : *Marina del Rey Hotel* $$ 13534 Bali Way, CA 90292. **Carte routière**, encadré A. *(310) 301-1000 ; (800) 882-4000.* FAX *(310) 301-8167.* La plupart des chambres de cet hôtel de style *resort* dominent la marina. Navettes pour l'aéroport gratuites.	158	●		●	■
MONROVIA : *Holiday Inn* $ 924 W Huntington Drive, CA 91016. **Carte routière**, encadré A. *(626) 357-1900 ; (800) 465-4329.* FAX *(626) 359-1386.* Sites et boutiques à proximité. Chambres spacieuses. Café et muffins gratuits le matin.	174	●	■	●	■
NAPLES : *Seal Beach Inn* $$$ 212 5th St, CA 90740. **Carte routière**, encadré A. *(562) 493-2416 ; (800) 443-3292.* FAX *(562) 799-0483.* Des antiquités ornent toutes les chambres de cette auberge luxueuse proche de la plage. Petit déjeuner compris.	20		■	●	
PASADENA : *Comfort Inn Eagle Rock* $ 2300 W Colorado Blvd, CA 90041. **Carte routière**, encadré A. *(323) 256-1199 ; (800) 221-2222.* FAX *(323) 255-7768.* Confort de base près du Rose Bowl *(p. 148).* Petit déjeuner continental. Jacuzzi. Réductions pour les personnes âgées.	58			●	■
PASADENA : *White Horse Estate* $ 330 Los Lomas Rd, Duarte, CA 91010. **Carte routière**, encadré A. *(626) 358-0798 ; (800) 653-8886.* FAX *(626) 793-6409.* Une charmante maison pleine d'antiquités. Petit déjeuner américain. Cheminée dans chaque chambre.	6			●	
PASADENA : *Artist's Inn* $$ 1038 Magnolia St, CA 91030. **Carte routière**, encadré A. *(626) 799-5668.* FAX *(626) 799-3678.* Un artiste a inspiré le décor de chaque chambre de ce Bed-and-Breakfast. La Van Gogh Room est la plus réussie.	5			●	

Légende des symboles, voir rabat de couverture

Les prix correspondent à une nuit en chambre double, service et taxes compris.

- $ moins de 100 $
- $$ de 100 à 150 $
- $$$ de 150 à 200 $
- $$$$ de 200 à 250 $
- $$$$$ plus de 250 $

RESTAURANT
Sauf indication contraire, le restaurant ou la salle à manger accueille d'autres clients que les hôtes.

ÉQUIPEMENTS ENFANTS
Berceaux, lits d'enfants et baby-sitting disponibles. Certains établissements proposent des menus pour enfants et possèdent des chaises hautes.

JARDIN OU TERRASSE
Hôtel possédant un jardin, une cour intérieure ou une terrasse. Souvent, possibilité de manger dehors.

PISCINE
Hôtel doté d'une piscine couverte ou à ciel ouvert.

	Nombre de chambres	Restaurant	Équipements enfants	Jardin ou terrasse	Piscine
PASADENA : *Pasadena Hotel* $$ 76 Fair Oaks Ave, CA 91103. **Carte routière**, encadré A. *(626) 568-8172 ; (800) 653-8886.* FAX *(626) 793-6409.* Les propriétaires de ce Bed-and-Breakfast d'Old Pasadena *(p. 150-151)* se montrent très accueillants. Magnétoscopes dans les chambres, mais salles de bains communes.	12	●			
PASADENA : *The Bissell House Bed and Breakfast* $$$ 201 Orange Grove Ave, CA 91030. **Carte routière**, encadré A. *(626) 441-3535.* FAX *(626) 441-3671.* Dans cette maison bâtie en 1887, les chambres sont de style victorien et les baignoires à pieds de griffon.	4			●	
PASADENA : *Ritz Carlton Huntingdon Hotel* $$$$ 1401 S Oak Knoll Ave, CA 91106. **Carte routière**, encadré A. *(626) 568-3900 ; (800) 241-3333.* FAX *(626) 568-3700.* Situé dans un quartier résidentiel, cet hôtel de luxe date de 1907. Le pont de bois reliant les deux ailes domine le jardin japonais de la cour intérieure.	383	●	■	●	■
SANTA MONICA : *Best Western Gateway Hotel* $ 1920 Santa Monica Blvd, CA 90404. **Carte routière**, encadré A. *(310) 829-9100 ; (800) 528-1234.* FAX *(310) 829-9211.* Dans le centre, chambres spacieuses, navettes gratuites pour l'aéroport, solariums. Excellent rapport qualité-prix.	122	●			
SANTA MONICA : *Hotel Carmel by the Sea* $ 201 Broadway, CA 90401. **Carte routière**, encadré A. *(310) 451-2469 ; (800) 445-8695.* FAX *(310) 393-4180.* Cet hôtel des années 1920 a des chambres et des suites ayant vue sur l'océan. Gratuit jusqu'à 17 ans.	110				
SANTA MONICA : *Doubletree Guest Suites* $$ 1707 4th St, CA 90401. **Carte routière**, encadré A. *(310) 395-3332 ; (800) 424-2900.* FAX *(310) 452-7399.* Les vastes suites de cet hôtel de luxe proche de la plage ménagent des vues superbes. Salle de jeux.	253	●	■	●	■
SANTA MONICA : *Hotel California* $$ 1670 Ocean Ave, CA 90401. **Carte routière**, encadré A. *(310) 393-2363.* FAX *(310) 393-1063.*Ce petit hôtel sur la plage, récemment rénové, est entièrement non-fumeurs. Belle vue de l'océan depuis certaines chambres.	20			●	
SANTA MONICA : *Radisson Huntley Hotel* $$ 1111 2nd St, CA 90403. **Carte routière**, encadré A. *(310) 394-5454 ; (800) 333-3333.* FAX *(310) 458-9776.* À un pâté de maisons de la plage. Chambres spacieuses, belles vues et services d'affaires.	213	●	■		
SANTA MONICA : *Holiday Inn Bay View Plaza* $$$ 530 W Pico Blvd, CA 90405. **Carte routière**, encadré A. *(310) 399-9344 ; (800) 465-4329.* FAX *(310) 399-2504.* À cinq minutes de la plage. Chambres confortables souvent dotées de balcons. Navette gratuite pour l'aéroport. Deux jacuzzis. Visites des sites locaux et de Tijuana *(p. 255).*	309	●	■	●	■
SANTA MONICA : *Miramar Sheraton Hotel* $$$ 101 Wilshire Blvd, CA 90401. **Carte routière**, encadré A. *(310) 576-7777 ; (800) 325-3535.* FAX *(310) 458-7912.* C'est dans cet hôtel chic dominant l'océan depuis une falaise que fut découverte Betty Grable ; elle chantait au bar. Nombreuses prestations, dont un centre de remise en forme.	302	●	■	●	■
SANTA MONICA : *The Georgian* $$$ 1415 Ocean Ave, CA 90401. **Carte routière**, encadré A. *(310) 395-9945 ; (800) 538-8147.* FAX *(310) 451-3374.* Sur la plage près du Palisades Park, cet hôtel quatre diamants fondé en 1931 offre de vastes chambres et suites.	84	●	■	●	
SANTA MONICA : *Loews Santa Monica Beach Hotel* $$$$$ 1700 Ocean Ave, CA 90401. **Carte routière**, encadré A. *(310) 458-0200.* FAX *(310) 458-6761.* Cet établissement de standing borde la plage à courte distance du Santa Monica Pier. Superbes vues de l'océan.	343	●	■		■

SANTA MONICA : *Shutters on the Beach* $$$$$ 1 Pico Blvd, CA 90405. **Carte routière**, encadré A. *(310) 458-0030 ; (800) 334-9000.* FAX *(310) 458-4589.* De grand luxe, le Shutters, sur la plage, propose des chambres spacieuses dotées souvent de balcons.	198	●	■	●	■
UNIVERSAL CITY : *Hilton Universal* $$$ 555 Universal Terrace Parkway, CA 91608. **Carte routière**, encadré A. *(818) 506-2500 ; (800) 445-8667.* FAX *(818) 509-2058.* Ce gratte-ciel domine les Universal Studios. Chambres spacieuses. Réserver à l'avance en été.	420	●	■		■
UNIVERSAL CITY : *Sheraton Universal* $$$$$ 333 Universal Terrace Parkway, CA 91608. **Carte routière**, encadré A. *(818) 980-1212 ; (800) 325-3535.* FAX *(818) 985-4980.* Hôtel d'affaires récemment rénové. Navettes gratuites pour les Universal Studios et City Walk.	440	●	■		■
VAN NUYS : *Travelodge* $ 6909 Sepulveda Blvd, CA 91405. **Carte routière**, encadré A. *(818) 787-5400 ; (800) 578-7878.* FAX *(818) 782-0239.* Un motel deux diamants de la San Fernando Valley. Grandes chambres et petit déjeuner. Gratuit jusqu'à 12 ans.	74				■
VENICE BEACH : *The Cadillac* $ 8 Dudley Ave, CA 90291. **Carte routière**, encadré A. *(310) 399-8876.* FAX *(310) 399-4536.* Ce splendide hôtel Art déco bâti sur la plage attire une clientèle jeune et élégante. Sauna, billards et solarium.	41			●	
VENICE BEACH : *The Venice Beach House* $$ 15 30th Ave, CA 90291. **Carte routière**, encadré A. *(310) 823-1966.* FAX *(310) 823-1842.* Des meubles anciens donnent son cachet à ce charmant Bed-and-Breakfast situé à quelques pas de la plage.	9			●	
WEST HOLLYWOOD : *Best Western Sunset Plaza Hotel* $$$ 8400 Sunset Blvd, CA 90069. **Plan 6 C1.** *(323) 654-0750 ; (800) 528-1234.* FAX *(323) 650-6146.* Cet élégant hôtel de chaîne occupe une situation idéale sur Sunset Boulevard. Chambres agréables et piscine isolée.	89		■	●	■
WEST HOLLYWOOD : *Hyatt Hotel* $$$ 8401 Sunset Blvd, CA 90069. **Plan 6 C1.** *(323) 656-1234.* FAX *(323) 650-4169.* Proche de la House of Blues *(p. 459)*, cet hôtel de chaîne loue des chambres modernes et propres. Piscine sur le toit.	262	●	■	●	■
WEST HOLLYWOOD : *Chateau Marmont* $$$$ 8221 Sunset Blvd, CA 90046. **Plan 1 B5.** *(323) 656-1010 ; (800) 242-8328.* FAX *(323) 655-5311.* L'hôtel des vedettes avec ses chambres, suites et cottages décorés dans le style des années 1940 *(p. 100)*.	62	●	■	●	■
WEST HOLLYWOOD : *Mondrian Hotel* $$$$ 8440 Sunset Blvd, CA 90069. **Plan 6 C1.** *(323) 650-8999 ; (800) 525-8029.* FAX *(323) 650-5215.* L'élégance contemporaine *(p. 99)* du Mondrian est appréciée des musiciens. Belles vues de la ville.	224	●	■	●	■
WEST HOLLYWOOD : *Argyle Hotel* $$$$$ 8358 Sunset Blvd, CA 90069. **Plan 6 C1.** *(323) 654-7100 ; (800) 225-2637.* FAX *(323) 654-9287.* Dans d'anciens appartements *(p. 99)*, le décor des chambres s'inspire de l'Art déco italien.	64	●	■	●	■
WESTWOOD : *Hilgard House Hotel* $ 927 Hilgard Ave, CA 90024. **Plan 4 A4.** *(310) 208-3945 ; (800) 826-3934.* FAX *(310) 208-1972.* Cet hôtel proche du campus de l'UCLA possède un décor européen. Petit déjeuner et tarifs d'affaires.	47				
WESTWOOD : *Hotel del Capri* $$ 10587 Wilshire Blvd, CA 90024. **Plan 4 B4.** *(310) 474-3511 ; (800) 444-6835.* FAX *(310) 470-9999.* Cet hôtel moderne à courte distance de l'UCLA et de restaurants offre la possibilité de cuisiner dans certaines chambres.	81			●	■
WESTWOOD : *Doubletree Hotel Westwood* $$$ 10740 Wilshire Blvd, CA 90024. **Plan 4 B4.** *(310) 475-8711 ; (800) 472-8556.* FAX *(310) 475-5220.* Des jacuzzis équipent les chambres de style victorien. Les enfants disposent d'une salle de jeux.	295	●	■		■
WESTWOOD : *Westwood Marquis Hotel and Gardens* $$$$$ 930 Hilgard Ave, CA 90024. **Plan 4 A4.** *(310) 208-8765 ; (800) 323-7500.* FAX *(310) 824-0355.* Les chambres de cet établissement de standing sont parfaitement équipées. Petit déjeuner compris dans le prix.	258	●	■	●	■

Légende des symboles, voir rabat de couverture

Les prix correspondent à une nuit en chambre double, service et taxes compris.

- $ moins de 100 $
- $$ de 100 à 150 $
- $$$ de 150 à 200 $
- $$$$ de 200 à 250 $
- $$$$$ plus de 250 $

Restaurant
Sauf indication contraire, le restaurant ou la salle à manger accueille d'autres clients que les hôtes.

Équipements enfants
Berceaux, lits d'enfants et baby-sitting disponibles. Certains établissements proposent des menus pour enfants et possèdent des chaises hautes.

Jardin ou terrasse
Hôtel possédant un jardin, une cour intérieure ou une terrasse. Souvent, possibilité de manger dehors.

Piscine
Hôtel doté d'une piscine couverte ou à ciel ouvert.

De Cambria à Santa Barbara

Adresse	Nombre de chambres	Restaurant	Équipements enfants	Jardin ou terrasse	Piscine
Bakersfield : *Courtyard by Marriott* $ 3601 Marriott Drive, CA 93308. **Carte routière C5.** *(805) 324-6660 ; (800) 321-2211.* FAX *(805) 324-1185.* Cet hôtel de chaîne moderne, bien adapté aux personnes voyageant pour affaires, offre un excellent service.	146	●	■	●	■
Cambria : *Best Western Fireside Inn* $ 6700 Moonstone Beach Drive, CA 93428. **Carte routière B5.** *(805) 927-8661 ; (800) 528-1234.* FAX *(805) 927-8584.* Sur le front de mer. Grandes chambres, larges lits, cheminées à gaz et petit déjeuner continental.	46		■		■
Cambria : *Burton Drive Inn (Silvia's)* $$ 4022 Burton Drive, CA 93428. **Carte routière B5.** *(805) 927-5125.* Des Anglais accueillants tiennent cette auberge moderne bordant une rue animée du centre. Vastes suites. Petit déjeuner servi en chambre.	8			●	
Cambria : *Blue Whale Inn* $$$ 6736 Moonstone Beach Drive, CA 93428. **Carte routière B5.** *(805) 927-4647.* FAX *(805) 927-4647.* Toutes les chambres de ce Bed-and-Breakfast de standing bâti sur un promontoire ont vue sur l'océan. Un télescope permet d'observer phoques et baleines grises.	6			●	
Montecito : *Montecito Inn* $$$$ 1295 Coast Village Rd, CA 93108. **Carte routière C5.** *(805) 969-7854 ; (800) 843-2017.* FAX *(805) 969-0623.* Charlie Chaplin fit construire en 1928 cet hôtel de style méditerranéen proche de la plage.	60	●	■		■
Montecito : *San Ysidro Ranch* $$$$$ 900 San Ysidro Lane, CA 93108. **Carte routière C5.** *(805) 969-5046 ; (800) 368-6788.* FAX *(805) 565-1995.* L'endroit idéal pour faire une retraite. Des cottages luxueux, tous équipés d'un poêle à bois ou d'une cheminée, se nichent hors de vue dans un paysage de montagne.	42	●	■	●	■
Morro Bay : *Blue Sail Inn* $ 851 Market Ave, CA 93442. **Carte routière B5.** *(805) 772-2766 ; (800) 336-0707.* FAX *(805) 772-8406.* Même le prix des plus belles chambres reste une affaire. On peut observer les bateaux passant au large depuis une plate-forme.	48		■	●	
Morro Bay : *Embarcadero Inn* $ 456 Embarcadero, CA 93442. **Carte routière B5.** *(805) 772-2700 ; (800) 292-7625.* FAX *(805) 772-2700.* Les chambres de cet hôtel moderne, souvent avec balcon, donnent sur la baie. Petit déjeuner continental compris.	32		■		
Morro Bay : *Inn at Morro Bay* $$$ 60 State Park Rd, CA 93442. **Carte routière B5.** *(805) 772-5651 ; (800) 321-9566.* FAX *(805) 772-4779.* Cet établissement propose des chambres luxueuses de style rustique dotées de cheminées et de balcons.	96	●	■		■
Paso Robles : *Paso Robles Inn* $$ 1103 Spring St, CA 93446. **Carte routière B5.** *(805) 238-2660.* FAX *(805) 238-4707.* Ce petit hôtel récemment rénové occupe une position idéale à mi-chemin de Los Angeles et de San Francisco.	106	●		●	■
San Luis Obispo : *Lamplighter Inn* $ 1604 Monterey St, CA 93401. **Carte routière B5.** *(805) 547-7777 ; (800) 547-7787.* FAX *(805) 547-7787.* Ce motel loue entre autres un cottage et des suites destinées aux familles, certaines dotées d'une cuisine complète.	40				■
San Luis Obispo : *Garden Street Inn* $$ 1212 Garden St, CA 93401. **Carte routière B5.** *(805) 545-9802.* Des antiquités meublent cette maison victorienne (1860) restaurée. Certaines chambres ont jacuzzi et cheminée.	13			●	

Établissement					
SAN LUIS OBISPO : *The Madonna Inn* $$$ 100 Madonna Rd, CA 93405. **Carte routière B5.** *(805) 543-3000 ; (800) 543-9666.* FAX *(805) 543-1800.* Toutes les chambres, telle la Caveman Room entièrement en pierre, obéissent à un thème. Réserver à l'avance. TV P	109	●	■	●	
SANTA BARBARA : *Inn at the Harbor* $ 433 W Montecito St, CA 93101. **Carte routière C5.** *(805) 963-7851 ; (800) 626-1986.* FAX *(805) 962-9428.* À deux pâtés de maisons de la plage, les chambres de cet hôtel de style rustique entourent un jardin tropical. TV P	43		■	●	■
SANTA BARBARA : *The Schooner Inn* $ 533 State St, CA 93101. **Carte routière C5.** *(805) 965-4572.* FAX *(805) 962-2412.* À cinq pâtés de maisons de la plage, cet hôtel de 1926 a gardé son ascenseur d'origine. Petit déjeuner compris. TV P	96		■		
SANTA BARBARA : *Glenborough Inn* $$ 1327 Bath St, CA 93101. **Carte routière C5.** *(805) 966-0589 ; (800) 962-0589.* FAX *(805) 564-8610.* Ce Bed-and-Breakfast très romantique occupe trois maisons victoriennes près de Downtown. Chambres personnalisées. P	11			●	
SANTA BARBARA : *El Encanto Hotel and Garden Villas* $$$ 1900 Lasuen Rd, CA 93103. **Carte routière C5.** *(805) 687-5000 ; (800) 346-7039.* FAX *(805) 687-3903.* Cet hôtel ancien dans les collines offre une vue splendide de l'océan. Bungalows et cottages abritent les chambres. TV P	84	●	■	●	■
SANTA BARBARA : *Olive House* $$$ 1604 Olive St, CA 93101. **Carte routière C5.** *(805) 962-4902 ; (800) 786-6422.* FAX *(805) 899-2754.* Dans un quartier tranquille, les chambres de cette maison de 1904, certaines avec terrasse, ménagent de jolies vues. P	6			●	
SANTA BARBARA : *Tiffany Inn* $$$ 1323 De La Vina St, CA 93101. **Carte routière C5.** *(805) 963-2283 ; (800) 999-5672.* FAX *(805) 962-0994.* Cette maison de 1898 meublée d'antiquités offre de jolies vues. Petit déjeuner compris. P	7			●	
SANTA BARBARA : *Upham Hotel* $$$ 1404 De La Vina St, CA 93101. **Carte routière C5.** *(805) 962-0058 ; (800) 727-0876.* FAX *(805) 963-2825.* Cet hôtel de Downtown bâti en 1871 propose des chambres au décor victorien et un bon restaurant *(p. 552).* TV P	50	●	■	●	
SANTA BARBARA : *Four Seasons Biltmore* $$$$$ 1260 Channel Drive, CA 93108. **Carte routière C5.** *(805) 969-2261 ; (800) 332-3442.* FAX *(805) 969-4682.* Luxueux établissement des années 1920 aux chambres, suites et cottages disséminés dans des jardins. 24 TV P	234	●	■	●	■
SANTA PAULA : *Fern Oaks Inn* $$ 1025 Ojai Rd, CA 93060. **Carte routière C5.** *(805) 525-7747.* Cette auberge Mission Revival au sein de magnifiques jardins date des années 1920. La Casablanca Room possède sa propre véranda. P	4			●	■
SIMI VALLEY : *Simi Valley Travelodge* $ 2550 Erringer Rd, CA 93065. **Carte routière C5.** *(805) 584-6006 ; (800) 433-6030.* FAX *(805) 527-5629.* Une affaire. Télévision par câble et magnétoscope dans toutes les chambres. Sauna. Gratuit jusqu'à 17 ans. TV P	96		■	●	■
SIMI VALLEY : *Clarion Hotel* $$$ 1775 Madera Rd, CA 93065. **Carte routière C5.** *(805) 584-6300.* FAX *(805) 527-9969.* Le service est attentif dans cet hôtel accueillant. Petit déjeuner continental et tarifs spéciaux et réductions. TV P	120		■	●	■
SOLVANG : *Royal Copenhagen Motel* $ 1579 Mission Drive, CA 93463. **Carte routière C5.** *(805) 688-5561 ; (800) 624-6604.* FAX *(805) 688-7029.* Aménagées dans le style traditionnel danois, les chambres dominent le pastiche d'une place de village nordique. TV P	48		■	●	■
SOLVANG : *Storybook Inn* $$ 409 1st St, CA 93463. **Carte routière C5.** *(805) 688-1703 ; (800) 786-7925.* FAX *(805) 688-0953.* Les chambres de ce joli Bed-and-Breakfast portent des noms issus des contes d'Andersen. Le prix comprend le petit déjeuner. P	9	●		●	
SOLVANG : *Petersen Village Inn* $$$ 1576 Mission Drive, CA 93463. **Carte routière C5.** *(805) 688-3121 ; (800) 321-8985.* FAX *(805) 688-5732.* Lits à baldaquin et meubles anciens créent dans cette auberge familiale le cadre idéal pour une escapade romantique. TV P	40			●	

Les prix correspondent à une nuit en chambre double, service et taxes compris.

$ moins de 100 $
$$ de 100 à 150 $
$$$ de 150 à 200 $
$$$$ de 200 à 250 $
$$$$$ plus de 250 $

RESTAURANT
Sauf indication contraire, le restaurant ou la salle à manger accueille d'autres clients que les hôtes.

ÉQUIPEMENTS ENFANTS
Berceaux, lits d'enfants et baby-sitting disponibles. Certains établissements proposent des menus pour enfants et possèdent des chaises hautes.

JARDIN OU TERRASSE
Hôtel possédant un jardin, une cour intérieure ou une terrasse. Souvent, possibilité de manger dehors.

PISCINE
Hôtel doté d'une piscine couverte ou à ciel ouvert.

ORANGE COUNTY

Hôtel	Prix	Nombre de chambres	Restaurant	Équipements enfants	Jardin ou terrasse	Piscine
ANAHEIM : *Castle Inn and Suites* 1734 S Harbour Blvd, CA 92802. **Carte routière D6.** *(714) 774-8111 ; (800) 227-8530.* FAX *(714) 956-4736.* Ce pastiche de château abrite en face de Disneyland *(p. 222-225)* des chambres confortables mais ordinaires. TV P	$	200		■	●	■
ANAHEIM : *Crystal Suites Hotel* 1752 S Clementine St, CA 92802. **Carte routière D6.** *(714) 535-7773 ; (800) 992-0823.* FAX *(714) 776-9073.* Les enfants de moins de 3 ans ne payent pas. Petit déjeuner. Navettes gratuites pour Disneyland. TV P	$	130		■	●	■
ANAHEIM : *Anaheim Marriott Hotel* 700 W Convention Way, CA 92802. **Carte routière D6.** *(714) 750-8000 ; (800) 228-9290.* FAX *(714) 750-9100.* Les enfants sont les bienvenus dans ce gratte-ciel proche de Disneyland. Jeux vidéo, sauna et laverie. TV P	$$$	1033	●	■	●	■
ANAHEIM : *Disneyland Hotel* 1150 W Cerritos, CA 92802. **Carte routière D6.** *(714) 778-6600.* FAX *(714) 956-6582.* Ce très grand établissement où les hôtes peuvent opter pour des cottages propose de nombreuses distractions. Un monorail le relie à Disneyland. Six restaurants. TV P	$$$$	1136	●	■	●	■
AVALON : *Hotel Metropole* Metropole Market Place, Crescent Ave, Catalina Island, CA 90704. **Carte routière C6.** *(310) 510-1884 ; (800) 541-8528.* FAX *(310) 510-2534.* Sur la plage, un hôtel de style méditerranéen aux chambres spacieuses. Petit déjeuner. 24 TV	$$$	48		■	●	
AVALON : *Hotel Vista Del Mar* 417 Crescent Ave, Catalina Island, CA 90704. **Carte routière C6.** *(310) 510-1452 ; (800) 601-3836.* FAX *(310) 510-2917.* Cet hôtel de luxe aux chambres dotées de réfrigérateurs et de cheminées domine la baie. Petit déjeuner compris. TV	$$$	15		■	●	
COSTA MESA : *Sandpiper Motel* 1967 Newport Blvd, CA 92627. **Carte routière D6.** *(714) 645-9137 ; (800) 648-9137.* FAX *(714) 650-1702.* Excellent rapport qualité-prix près de Disneyland. Grandes chambres, petit déjeuner continental, tarifs à la semaine. TV P	$	44				
COSTA MESA : *Wyndham Garden Hotel* 3350 Ave of the Arts, CA 92626. **Carte routière D6.** *(714) 751-5100 ; (800) 996-3426.* FAX *(714) 751-0129.* Cet hôtel confortable se trouve près de plages, de Disneyland et de l'Orange County Airport. TV P	$	203	●	■	●	■
COSTA MESA : *Residence Inn* 881 W Baker St, CA 92626. **Carte routière D6.** *(714) 241-8800 ; (800) 331-3131.* FAX *(714) 546-4308.* Les suites ont une cuisine, une entrée privée et un balcon ou un patio. Petit déjeuner continental compris. TV P	$$	144		■	●	■
COSTA MESA : *Country Side Inn and Suites* 325 Bristol St, CA 92626. **Carte routière D6.** *(714) 549-0300 ; (800) 322-9992.* FAX *(714) 662-0828.* Des antiquités décorent les chambres de cet hôtel de style européen proche de Disneyland. TV P	$$$	300	●	■	●	■
DANA POINT : *Blue Lantern Inn* 34343 Street of the Blue Lantern, CA 92629. **Carte routière D6.** *(714) 661-1304 ; (800) 950-1236.* FAX *(714) 496-1483.* Les chambres ont cheminée et jacuzzi, parfois une terrasse, dans ce Bed-and-Breakfast romantique perché sur une falaise dominant le port. Renseignez-vous sur les forfaits. TV P	$$$	29		■	●	
DANA POINT : *Ritz-Carlton Laguna Niguel* 1 Ritz-Carlton Drive, CA 92629. **Carte routière D6.** *(714) 240-2000 ; (800) 241-3333.* FAX *(714) 240-0829.* De bon goût, les chambres de ce grand hôtel de luxe ont vue sur la côte. Un sentier conduit à l'océan. 24 TV P	$$$$	393	●	■	●	■

Hôtel					
Huntington Beach : *Quality Inn* $$ 800 Pacific Coast Hwy, CA 92648. **Carte routière D6.** *(714) 536-7500 ; (800) 228-5151.* FAX *(714) 536-6846.* Hôtel sans cachet mais magnifiques couchers de soleil. Suites sur le front de mer. Petit déjeuner. TV P	50			●	
Huntington Beach : *The Waterfront Hilton Beach Resort* $$$$ 21100 Pacific Coast Hwy, CA 92648. **Carte routière D6.** *(714) 960-7873 ; (800) 822-7873.* FAX *(714) 960-3791.* Les chambres spacieuses de cette *resort* quatre diamants possèdent des balcons donnant sur l'océan. TV P	290	●	■	●	■
Laguna Beach : *Casa Laguna Inn* $$ 2510 S Coast Hwy, CA 92651. **Carte routière D6.** *(949) 494-2996 ; (800) 233-0449.* FAX *(714) 494-5309.* Ce Bed-and-Breakfast de style Mission borde le front de mer. Les chambres ont un patio. Il y a même une volière. TV P	20			●	■
Laguna Beach : *Hotel Laguna* $$ 425 S Coast Hwy, CA 92651. **Carte routière D6.** *(949) 494-1151 ; (800) 524-2927.* FAX *(949) 497-2163.* Le plus vieil hôtel de la ville borde la plage. Chambres plus petites qu'à l'ordinaire, mais service excellent et belles vues. TV P	65	●	■	●	
Laguna Beach : *Surf and Sand Hotel* $$$$$ 1555 S Coast Hwy, CA 92651. **Carte routière D6.** *(949) 497-4477 ; (800) 524-8621.* FAX *(949) 494-2897.* Dotées de bains à remous et de balcons, les chambres, suites et suites avec terrasse *(penthouses)* de cet hôtel sur la plage ont vue sur l'océan. Superbe restaurant. TV P	150	●	■	●	■
Newport Beach : *The Sutton Place Hotel* $$$ 4500 MacArthur Blvd, CA 92660. **Carte routière D6.** *(949) 476-2001 ; (800) 243-4141.* FAX *(949) 476-0153.* Cet hôtel met l'accent sur le luxe. Certaines chambres ont des balcons et offrent une vue de l'océan. 24 TV P	435	●	■	●	■
Newport Beach : *Four Seasons Hotel* $$$$$ 690 Newport Beach Center Drive, CA 92660. **Carte routière D6.** *(949) 759-0808 ; (800) 332-3442.* FAX *(949) 760-8073 ; 759-0568.* Dans cet hôtel cinq diamants, certaines chambres ont une terrasse et vue de l'océan. Des courts de tennis et des terrains de golf se trouvent non loin. 24 TV P	285	●	■	●	■
Sunset Beach : *Harbor Inn* $ 16912 Pacific Coast Hwy, CA 90742. **Carte routière D6.** *(562) 592-4770 ; (800) 546-4770.* FAX *(562) 592-3547.* Ce Bed-and-Breakfast propose des chambres de grande taille et des réductions pour les longs séjours. TV P	25		■		
Two Harbors : *Banning House Lodge* $ Two Harbors, Catalina Island, CA 90704. **Carte routière C6.** *(310) 510-2800.* FAX *(310) 510-0244.* Antiquités et parquet ornent les chambres d'un ancien pavillon de chasse. Des annexes abritent des chambres modernes plus spacieuses et percées de grandes fenêtres. Petit déjeuner compris.	11		■	●	
SAN DIEGO COUNTY					
Carlsbad : *Best Western Beach Terrace Inn* $$ 2775 Ocean St, CA 92008. **Carte routière D6.** *(760) 729-5951; (800) 433-5415.* FAX *(760) 729-1078.* À quelques minutes de la plage, les chambres possèdent cuisine et terrasse ou balcon donnant sur l'océan. TV	49		■	●	■
Carlsbad : *Pelican Cove Inn* $$ 320 Walnut Ave, CA 92008. **Carte routière D6.** *(760) 434-5995.* Ce Bed-and-Breakfast évoquant la Nouvelle-Angleterre est près de la plage. Les chambres, décorées d'antiquités, ont une entrée indépendante. TV P	8			●	
Coronado : *Loews Coronado Bay Resort* $$$$ 4000 Coronado Bay Rd, CA 92118. **Carte routière D6.** *(619) 424-4000 ; (800) 815-6397.* FAX *(619) 424-4400.* Sur une péninsule, les chambres de cette luxueuse *resort* ont vue sur la baie. Courts de tennis et marina. 24 TV P	440	●	■	●	■
Coronado : *Hotel del Coronado* $$$$$ 1500 Orange Ave, CA 92118. **Carte routière D6.** *(619) 435-6611 ; (800) 468-3533.* FAX *(619) 522-8238.* Ce prestigieux hôtel victorien *(p. 245)* sur la plage possède désormais des annexes modernes et un *spa (p. 504).* 24 TV P	700	●	■	●	■
Coronado : *Le Meridien* $$$$$ 2000 2nd St, CA 92118. **Carte routière D6.** *(619) 435-3000 ; (800) 285-4660.* FAX *(619) 435-3032.* Cet établissement de standing en bord de mer propose des chambres modernes et des installations de remise en forme. 24 TV P	300	●	■	●	■

Légende des symboles, voir rabat de couverture

Les prix correspondent à une nuit en chambre double, service et taxes compris.

$ moins de 100 $
$$ de 100 à 150 $
$$$ de 150 à 200 $
$$$$ de 200 à 250 $
$$$$$ plus de 250 $

Restaurant
Sauf indication contraire, le restaurant ou la salle à manger accueille d'autres clients que les hôtes.

Équipements enfants
Berceaux, lits d'enfants et baby-sitting disponibles. Certains établissements proposent des menus pour enfants et possèdent des chaises hautes.

Jardin ou terrasse
Hôtel possédant un jardin, une cour intérieure ou une terrasse. Souvent, possibilité de manger dehors.

Piscine
Hôtel doté d'une piscine couverte ou à ciel ouvert.

	Nombre de chambres	Restaurant	Équipements enfants	Jardin ou terrasse	Piscine
Del Mar : *Del Mar Hilton* $ 15575 Jimmy Durante Blvd, CA 92014. **Carte routière D6.** *(619) 792-5200 ; (800) 445-8667.* FAX *(619) 792-9538.* Un établissement de style Tudor près du champ de courses. Tennis, golf et jacuzzi.	245	●			■
Del Mar : *Clarion Carriage House Del Mar Inn* $$ 720 Camino Del Mar, CA 92014. **Carte routière D6.** *(619) 755-9765 ; (800) 451-4515.* FAX *(619) 792-8196.* Cet hôtel paisible domine l'océan. Jolies chambres et jardins à l'anglaise.	80		■	●	■
Del Mar : *L'Auberge Del Mar Resort and Spa* $$$ 1540 Camino Del Mar, CA 92014. **Carte routière D6.** *(619) 259-1515 ; (800) 553-1336.* FAX *(619) 755-4940.* En bord de mer, cet hôtel élégant évoque la Nouvelle-Angleterre. Couchers de soleil, tennis et *spa (p. 504).*	120	●	■	●	■
Encinitas : *Radisson Inn* $$ 85 Encinitas Blvd, CA 92024. **Carte routière D6.** *(760) 942-7455 ; (800) 333-3333.* FAX *(760) 632-9481.* Les chambres, avec balcon, donnent soit sur la ville, soit sur l'océan. Petit déjeuner continental compris dans le prix.	89	●	■		■
Julian : *Julian Hotel* $$ 2032 Main St, CA 92036. **Carte routière D6.** *(760) 765-0201 ; (800) 734-5854.* Cette auberge victorienne est le plus vieil hôtel en activité de Californie. Le prix comprend le petit déjeuner complet et le thé.	18			●	
La Jolla : *Embassy Suites Hotel* $$ 4550 La Jolla Village Drive, CA 92122. **Carte routière D6.** *(619) 453-0400 ; (800) 362-2779.* FAX *(619) 453-4226.* Les familles apprécieront les suites de deux pièces de cet hôtel moderne. Petit déjeuner et salle de jeux.	335	●	■		■
La Jolla : *Marriot and La Jolla* $$ 4240 La Jolla Village Drive, CA 92037. **Carte routière D6.** *(619) 587-1414 ; (800) 228-9290.* FAX *(619) 546-8518.* Ce gratte-ciel se trouve à 3 km de la mer et près de nombreux sites de Downtown.	360	●	■	●	■
La Jolla : *La Jolla Beach and Tennis Club* $$$ 2000 Spindrift Drive, CA 92037. **Carte routière D6.** *(619) 454-7126 ; (800) 624-2582.* FAX *(619) 456-3805.* Cette petite *resort* de style méditerranéen date des années 1920. Certaines chambres ont un balcon. Plage privée, courts de tennis et terrains de golf et de croquet.	90	●	■	●	■
La Jolla : *La Valencia Hotel* $$$ 1132 Prospect St, CA 92037. **Carte routière D6.** *(619) 454-0771 ; (800) 451-0772.* FAX *(619) 456-3921.* Proche de la plage et de nombreuses galeries d'art, ce luxueux hôtel de style espagnol possède une magnifique terrasse et des chambres somptueuses.	100	●	■	●	■
La Jolla : *The Bed and Breakfast Inn at La Jolla* $$$ 7753 Draper Avenue, CA 92037. **Carte routière D6.** *(619) 456-2066 ; (800) 582-2466.* FAX *(619) 456-1510.* Dans un édifice dessiné en 1913 par Irving Gill et classé site historique, des chambres au mobilier élégant dont certaines ont vue sur l'océan.	16			●	
Rancho Santa Fe : *Rancho Valencia Resort* $$$$$ Box 9126, 5921 Valencia Circle, CA 92067. **Carte routière D6.** *(619) 756-1123 ; (800) 548-3664.* FAX *(619) 756-0165.* Près du champ de courses, cette fastueuse *resort* propose 4 terrains de golf, des courts de tennis, des sentiers de randonnée et des équipements de remise en forme.	43	●	■	●	■
San Diego : *Beach Cottages* $ 4255 Ocean Blvd, CA 92109. **Carte routière D6.** *(619) 483-7440.* FAX *(619) 273-9365.* Beaucoup de chambres ont une cuisine dans cet hôtel familial qui loue aussi des cottages, des appartements et des suites.	78		■	●	

San Diego : *Beach Haven Inn* ($) — 23
4740 Mission Blvd, CA 92109. **Carte routière D6.** *(619) 272-3812 ; (800) 831-6323.* FAX *(619) 272-3532.* Établissement moderne près de la plage et de Sea World *(p. 250)*. Suites avec cuisinette et télé par câble.

San Diego : *Blom House* ($) — 4
1372 Minden Drive, CA 92111. **Carte routière D6.** *(619) 467-0890 ; (800) 797-2566.* FAX *(619) 467-0890.* Un Bed-and-Breakfast chaleureux aux chambres douillettes. *Hot tub* (sorte de jacuzzi) avec vue sur la ville.

San Diego : *Hotel Circle Inn and Suites* ($) — 200
2201 Hotel Circle South, CA 92108. **Carte routière D6.** *(619) 291-2711 ; (800) 621-1341.* FAX *(619) 542-1227.* Ce motel familial est proche de tous les sites. Solarium. Cuisine dans certaines des suites.

San Diego : *Travelodge* ($) — 307
3350 Kemper St, CA 92110. **Carte routière D6.** *(619) 223-3395 ; (800) 219-6824.* FAX *(619) 224-9248.* Cet hôtel de chaîne offre notamment un solarium. Les chambres sont spacieuses ; certaines ont des balcons.

San Diego : *Wyndham Garden Hotel* ($) — 180
5975 Lusk Blvd, CA 92121. **Carte routière D6.** *(619) 558-1818 ; (800) 996-3426.* FAX *(619) 558-0421.* Qui voyage pour affaires avec un budget serré appréciera cet hôtel au nord de Downtown. Petit déjeuner compris.

San Diego : *Heritage Park Bed and Breakfast Inn* ($$) — 10
2470 Heritage Park Row, Old Town, CA 92110. **Carte routière D6.** *(619) 299-6832 ; (800) 995-2470.* FAX *(619) 299-9465.* Deux maisons victoriennes abritent des chambres au mobilier d'époque. Classiques du cinéma présentés dans le salon.

San Diego : *San Diego Mission Valley Hilton* ($$) — 350
901 Camino Del Rio South, CA 92108. **Carte routière D6.** *(619) 543-9000 ; (800) 733-2332.* FAX *(619) 296-9561.* Cet immeuble moderne de 13 étages abrite près de Downtown des chambres confortables et bien équipées.

San Diego : *Hyatt Regency* ($$$) — 875
1 Market Place, CA 92101. **Carte routière D6.** *(619) 232-1234 ; (800) 233-1234.* FAX *(619) 233-6464.* Moderne, le plus haut édifice de la ville ménage de son sommet de magnifiques panoramas.

San Diego : *The Rancho Bernardo Inn* ($$$) — 287
17550 Bernardo Oaks Drive, CA 92128. **Carte routière D6.** *(619) 487-1611 ; (800) 542-6096.* FAX *(619) 675-8501.* Cet hôtel de standing de style hacienda propose golf, tennis, *spa (p. 504)*, sept jacuzzis en plein air, des forfaits divers et le restaurant réputé El Bizocho *(p. 556)*.

San Diego : *US Grant Hotel* ($$$) — 280
326 Broadway, CA 92101. **Carte routière D6.** *(619) 232-3121 ; (800) 237-5029.* FAX *(619) 232-3626.* Des reproductions d'antiquités meublent cet hôtel quatre diamants de Downtown construit en 1910 par un ancien président des États-Unis, Ulysse Grant.

San Diego : *Marriott Hotel* ($$$$) — 1354
333 W Harbor Drive, CA 92101. **Carte routière D6.** *(619) 234-1500 ; (800) 228-9290.* FAX *(619) 234-8678.* Un hôtel de luxe de 25 étages proche de la San Diego Bay. Prestations exceptionnelles. Location de bateaux.

Tijuana : *Grand Hotel Tijuana* ($) — 423
4500 Blvd Agua Caliente, C.P. 22420. **Carte routière D6.** *(011-52-66) 81-70-00.* FAX *(011-52-66) 81-70-16.* Ce grand complexe hôtelier propose notamment courts de tennis et jacuzzis.

Inland Empire et Low Desert

Big Bear Lake : *Grey Squirrel Resort* ($) — 17
39372 Big Bear Blvd (PO Box 1711), CA 92315. **Carte routière D5.** *(909) 866-4335.* FAX *(909) 866-6271.* De charmants cottages de une à trois chambres dans un paysage montagneux près d'un lac. Ouvert toute l'année.

Big Bear Lake : *Hillcrest Lodge* ($) — 12
40241 Big Bear Blvd (PO Box 3945), CA 92315. **Carte routière D5.** *(909) 866-7330 ; (800) 843-4449.* FAX *(909) 866-1171.* En montagne, près de Big Bear Village *(p. 262-263)*, ce motel loue petits chalets *(cabins)*, suites et chambres, certaines avec jacuzzi et cheminée.

Les prix correspondent à une nuit en chambre double, service et taxes compris.

$ moins de 100 $
$$ de 100 à 150 $
$$$ de 150 à 200 $
$$$$ de 200 à 250 $
$$$$$ plus de 250 $

Restaurant
Sauf indication contraire, le restaurant ou la salle à manger accueille d'autres clients que les hôtes.

Équipements enfants
Berceaux, lits d'enfants et baby-sitting disponibles. Certains établissements proposent des menus pour enfants et possèdent des chaises hautes.

Jardin ou terrasse
Hôtel possédant un jardin, une cour intérieure ou une terrasse. Souvent, possibilité de manger dehors.

Piscine
Hôtel doté d'une piscine couverte ou à ciel ouvert.

	Nombre de chambres	Restaurant	Équipements enfants	Jardin ou terrasse	Piscine
Big Bear Lake : *Apples Bed & Breakfast* $$$ 42430 Moonridge Rd, CA 92315. **Carte routière D5.** *(909) 866-0903.* FAX *(909) 866-6524.* Dans cette auberge luxueuse entourée de pins, les chambres rustiques, de style victorien, portent des noms de pommes.	12	●	■	●	■
Big Bear Lake : *Windy Point Inn* $$$ 39015 N Shore Drive (PO Box 375), Fawnskin, CA 92333. **Carte routière D5.** *(909) 866-2746.* FAX *(909) 866-1593.* Cette auberge intime à l'architecture contemporaine primée offre de superbes vues sur les pistes de ski et des chambres avec cheminée. Réductions en semaine.	3			●	
Borrego Springs : *Palms at Indian Head* $ 2220 Hoberg Rd, CA 92004. **Carte routière D6.** *(760) 767-7788 ; (800) 519-2624.* FAX *(760) 767-9717.* Cet ancien refuge de l'élite d'Hollywood se trouve au pied des Indian Head Mountains près de sentiers de randonnée.	10	●		●	
Borrego Springs : *La Casa Del Zorro* $$$ 3845 Yaqui Pass Rd (PO Box 127), CA 92004. **Carte routière D6.** *(760) 767-5323 ; (800) 824-1884.* FAX *(760) 767-4782.* Cette oasis romantique au sein de l'Anza-Borrego Desert State Park *(p. 266)* propose jusqu'à des cottages de 4 chambres. Cheminée dans la plupart des logements.	77	●	■	●	■
Desert Hot Springs : *Two Bunch Palms* $$$ 67425 Two Bunch Palms Trail, CA 92240. **Carte routière D6.** *(760) 329-8791 ; (800) 472-4334.* FAX *(760) 329-1317.* Al Capone résida dans cette *resort* somptueuse, aux bungalows isolés au milieu de palmiers et de bassins d'eau minérale. Interdit aux moins de 18 ans. Fermé en août.	45	●		●	■
Idyllwild : *Fern Valley Inn* $ 25240 Fern Valley Rd (PO Box 116), CA 92549-0116. **Carte routière D6.** *(909) 659-2205.* FAX *(909) 659-2630.* Antiquités et literie cousue main ornent les chambres de cette charmante retraite au sein d'un vaste parc.	11			●	■
Idyllwild : *Idyllwild Inn* $ 54300 Village Center Drive (PO Box 515), CA 92549. **Carte routière D6.** *(909) 659-2552.* La plus ancienne et la plus grande des auberges d'Idyllwild date de 1904. Excellent service. Randonnées.	28		■	●	
Idyllwild : *Creekstone Inn* $$ 54950 Pine Crest Ave (PO Box 1897), CA 92549. **Carte routière D6.** *(909) 659-3342 ; (800) 409-2127.* Un ancien bazar abrite les chambres agréables et rustiques de la Creekstone Inn.	9			●	
Indian Wells : *Indian Wells Resort Hotel* $$$ 76–661 Hwy 111, CA 92210. **Carte routière D6.** *(760) 345-6466 ; (800) 248-3220.* FAX *(760) 772-5083.* Au pied des Santa Rosa Mountains, près d'un golf. Vues spectaculaires. Les chambres ont une note orientale. Grandes baignoires encastrées dans les suites de deux pièces.	152	●	■		■
Indian Wells : *Hyatt Grand Champions Resort* $$$$ 44600 Indian Wells Lane, CA 92210. **Carte routière D6.** *(760) 341-1000.* FAX *(760) 568-2236.* Cette *resort* luxueuse offre l'accès à deux célèbres terrains de golf de championnat.	336	●	■	●	■
Indio : *Best Western Indio Date Tree Hotel* $ 81909 Indio Blvd, CA 92201. **Carte routière D6.** *(760) 347-3421 ; (800) 292-5599.* FAX *(760) 347-3421.* Le pop-corn est gratuit dans cet hôtel au parc planté de cactus et de palmiers. Petit déjeuner continental compris.	120		■	●	■
Lake Arrowhead : *Eagle's Landing Bed & Breakfast* $$ 27406 Cedarwood & Blue Jay 92317, Lake Arrowhead, CA 92352. **Carte routière D5.** *(909) 336-2642 ; (800) 835-5085.* Un Bed-and-Breakfast chaleureux. Vitraux, hauts plafonds, immenses fenêtres et vues panoramiques.	4			●	

PALM DESERT : *Shadow Mountain Resort and Racquet Club* $$$ 45-750 San Luis Rey, CA 92260. **Carte routière D6.** *(760) 346-6123 ; (800) 472-3713.* FAX *(760) 346-6518.* Cet hôtel accueillant propose aussi des villas. Jacuzzis, saunas et 16 courts de tennis.	167	●	■	●	■
PALM DESERT : *Marriott Desert Springs Resort and Spa* $$$$ 74855 Country Club Drive, CA 92260. **Carte routière D6.** *(760) 341-2211 ; (800) 331-3112.* FAX *(760) 341-1739.* Les chambres ménagent des vues magnifiques des montagnes. Deux terrains de golf, tennis, *spa (p. 504).*	844	●	■	●	■
PALM SPRINGS : *Desert Lodge* $ 1177 S Palm Canyon Drive, CA 92264. **Carte routière D6.** *(760) 325-1356 ; (800) 385-6343.* FAX *(760) 325-7124.* Une excellente affaire. Belles vues, jacuzzi, films et déjeuner continental fait maison.	51		■	●	■
PALM SPRINGS : *Palm Springs Super 8 Lodge* $ 1900 N Palm Canyon Drive, CA 92262. **Carte routière D6.** *(760) 322-3757 ; (800) 800-8000.* FAX *(760) 323-5290.* Proche de Downtown mais calme, un bon choix pour les budgets serrés. Petit déjeuner compris.	65		■	●	■
PALM SPRINGS : *Spa Hotel and Casino* $$ 100 N Indian Canyon Drive, CA 92262. **Carte routière D6.** *(760) 325-1461 ; (800) 854-1279.* FAX *(760) 325-3344.* Cet hôtel de Downtown dispose d'une source d'eau chaude naturelle et d'un casino ouvert 24 h sur 24.	230	●	■	●	■
PALM SPRINGS : *Terra Cotta Inn* $$ 2388 E Raquet Club Rd, CA 92262. **Carte routière D6.** *(760) 327-1504 ; (800) 786-6938.* FAX *(760) 322-4169.* Les vêtements sont facultatifs dans cet hôtel au décor tropical. Jacuzzi, massages, vidéothèque. Petit déjeuner compris.	17			●	■
PALM SPRINGS : *Desert Shadows Inn* $$$ 1533 Chaparral Rd, CA 92262. **Carte routière D6.** *(760) 325-6410 ; (800) 292-9298.* FAX *(760) 327-7500.* Une luxueuse *resort* naturiste. Certaines chambres ont balcons et patios. Courts de tennis, jacuzzis.	74	●	■	●	■
PALM SPRINGS : *Hyatt Regency* $$$ 285 N Palm Canyon Drive, CA 92262. **Carte routière D6.** *(760) 322-9000 ; (800) 233-1234.* FAX *(760) 322-6009.* Ce luxueux hôtel de Downtown propose tennis gratuit et golf dans une *resort* proche.	192	●	■	●	■
PALM SPRINGS : *Villa Royale* $$$ 1620 Indian Trail, CA 92264. **Carte routière D6.** *(760) 327-2314.* FAX *(760) 322-3794.* Cette retraite romantique n'accepte pas les enfants. Le décor de chaque chambre s'inspire d'un pays européen différent.	33	●		●	■
PALM SPRINGS : *The Palm Springs Hilton Resort* $$$$ 400 E Tahquitz Canyon Way, CA 92262. **Carte routière D6.** *(760) 320-6868 ; (800) 522-6900.* FAX *(760) 320-2126.* Près de Downtown, cet hôtel possède des courts de tennis et donne accès à des terrains de golf.	260	●	■	●	■
PALM SPRINGS : *Givenchy Hotel and Spa* $$$$$ 4200 E Palm Canyon Drive, CA 92264. **Carte routière D6.** *(760) 770-5000 ; (800) 276-5000.* FAX *(760) 324-7280.* Ce modèle d'élégance discrète possède un terrain de golf, des courts de tennis et un *spa (p. 504).*	98	●		●	■
RANCHO MIRAGE : *Ritz Carlton Rancho Mirage* $$$ 68900 Frank Sinatra Drive, CA 92270. **Carte routière D6.** *(760) 321-8282 ; (800) 241-3333.* FAX *(760) 321-6928.* Sur un plateau dans les montagnes, cet hôtel moderne de style *resort* propose des chambres spacieuses.	239	●	■	●	■
RANCHO MIRAGE : *Rancho Las Palmas Marriott Resort* $$$$ 41000 Bob Hope Drive, CA 92270. **Carte routière D6.** *(760) 568-2727 ; (800) 458-8786.* FAX *(760) 568-5845.* Les joueurs de golf et de tennis apprécieront cette *resort* de luxe. On y parle français.	450	●	■	●	■
RIVERSIDE : *Historic Mission Inn* $$$ 3649 Mission Inn Ave, CA 92501. **Carte routière D6.** *(909) 784-0300.* FAX *(909) 683-1342.* Dans cet hôtel élégant aux styles variés construit par des artisans en 1888 *(p. 263)*, certaines chambres gardent leur mobilier d'origine.	233	●	■	●	■
TWENTYNINE PALMS : *Tower Homestead Bed and Breakfast* $ Angle S.-E. d'Amboy Rd et de Mojave Drive, CA 92277. **Carte routière D5.** *(760) 367-7936.* Près du Joshua Tree Park *(p. 268-269)*, les vastes chambres d'une maison centenaire transportée ici depuis Pasadena possèdent des cheminées.	2		■	●	

Les prix correspondent à une nuit en chambre double, service et taxes compris.

- $ moins de 100 $
- $$ de 100 à 150 $
- $$$ de 150 à 200 $
- $$$$ de 200 à 250 $
- $$$$$ plus de 250 $

RESTAURANT
Sauf indication contraire, le restaurant ou la salle à manger accueille d'autres clients que les hôtes.

ÉQUIPEMENTS ENFANTS
Berceaux, lits d'enfants et baby-sitting disponibles. Certains établissements proposent des menus pour enfants et possèdent des chaises hautes.

JARDIN OU TERRASSE
Hôtel possédant un jardin, une cour intérieure ou une terrasse. Souvent, possibilité de manger dehors.

PISCINE
Hôtel doté d'une piscine couverte ou à ciel ouvert.

DÉSERT DE MOJAVE

	NOMBRE DE CHAMBRES	RESTAURANT	ÉQUIPEMENTS ENFANTS	JARDIN OU TERRASSE	PISCINE
BARSTOW : *Best Western Desert Villa Motel* $ 1984 E Main St, CA 92311. **Carte routière D5.** *(760) 256-1781.* FAX *(760) 256-9265.* 18 « mini-suites » (dont 9 avec bain à remous) offrent ici un cadre idéal pour un séjour prolongé dans le désert.	95	●	■		■
BARSTOW : *El Rancho Motor Court* $ 112 E Main St, CA 92311. **Carte routière D5.** *(760) 256-2401.* FAX *(760) 256-7421.* Cet hôtel entièrement construit, en 1947, avec des traverses de chemin de fer est un arrêt obligatoire sur la célèbre Route 66. Des peintures murales évoquent cette *highway* mythique et le désert qu'elle traverse.	100			●	■
BARSTOW : *Holiday Inn* $ 1511 E Main St, CA 92311. **Carte routière D5.** *(760) 256-5673.* FAX *(760) 256-5917.* Un hôtel de chaîne bien tenu aux chambres équipées de lits *queen-size*, certaines disposent de bains à remous. Journaux gratuits.	148	●	■		■
DEATH VALLEY : *Amargosa Hotel and Opera House* $ Death Valley Junction, CA 92328. **Carte routière D4.** *(760) 852-4441.* FAX *(760) 852-4138.* Une ancienne ballerine, Marta Becket, a rénové cet hôtel des années 1920 d'une ancienne ville minière et y donne des spectacles de cabaret. Chambres climatisées. Plats et boissons disponibles.	14		■		
DEATH VALLEY : *Delight's Hot Spa* $ Tecopa Hot Springs Rd, Tecopa, CA 92389. **Carte routière D4.** *(760) 852-4343.* Ces *cabins (p. 506)* propres et dotées de cuisinettes restent imprégnées de l'atmosphère des années 1940. Bains d'eau minérale.	9				■
DEATH VALLEY : *Shoshone Inn* $ Jonction de SR127 et de SR178, Shoshone, CA 92384. **Carte routière D4.** *(760) 852-4335.* FAX *(760) 852-4250.* Ce motel en briques à la limite du Death Valley Park *(p. 280-283)* date des années 1950. Grottes à proximité.	16	●		●	■
DEATH VALLEY : *Stove Pipe Wells Village* $ Stove Pipe Wells, CA 92328. **Carte routière D4.** *(760) 786-2387.* FAX *(760) 786-2389.* Ni téléphone ni télévision dans cette *resort* rustique ouverte toute l'année près des dunes de la Death Valley *(p. 281).*	83	●	■	●	■
DEATH VALLEY : *Furnace Creek Ranch* $$ 1 Main St (PO Box 1), CA 92328. **Carte routière D4.** *(760) 786-2345.* FAX *(760) 786-2514.* Les enfants apprécieront l'occasion de monter à cheval dans un ranch californien au sein d'un splendide paysage.	251	●	■	●	■
DEATH VALLEY : *Furnace Creek Inn* $$$$ 1 Main St, CA 92328. **Carte routière D4.** *(760) 786-2345.* FAX *(760) 786-2514.* Cette *resort* historique offre l'un des hébergements les plus élégants du désert. Piscines alimentées par une source, tennis, golf.	68	●	■	●	■
EST DU MOJAVE : *Hotel Nipton* $ 107355 Nipton Rd (HCL Box #357), CA 92364. **Carte routière E5.** *(760) 856-2335.* FAX *(760) 856-2352.* Cet hôtel rustique du tournant du siècle se trouve à Nipton, un village de 40 habitants datant de la ruée vers l'or.	4			●	
LAKE HAVASU : *Hidden Palms Allsuite Inn* $ 2100 Swanson Ave, AZ 86403. **Carte routière E5.** *(520) 855-7144 ; (800) 254-5611.* FAX *(520) 855-2620.* Près du Lake Havasu *(p. 278)*, 4 adultes peuvent occuper les suites à une chambre de cette auberge paisible.	22		■	●	■
LAKE HAVASU : *London Bridge Resort* $$ 1477 Queens Bay, AZ 86403. **Carte routière E5.** *(520) 855-0888.* FAX *(520) 855-2414.* Cette *resort* a vue sur le London Bridge *(p. 278).* Animation musicale dans le bar. Location de bateaux et de jet-skis.	150		■	●	■

San Francisco					
Chinatown et Nob Hill : *Hotel Astoria* $ 510 Bush St, CA 94108. **Plan 5 C4.** *(415) 434-8889 ; (800) 666-6696.* FAX *(415) 434-8919.* Cet hôtel modeste est bien situé entre Chinatown et Union Square. Chambres pour une personne à prix abordables. TV	80		■		
Chinatown et Nob Hill : *Hotel Triton* $$ 342 Grant Ave, CA 94108. **Plan 5 C4.** *(415) 394-0500 ; (800) 433-6611.* FAX *(415) 394-0555.* En face de Chinatown dans un quartier de galeries d'art, une atmosphère enjouée règne dans ce petit hôtel chic. TV	140	●			
Chinatown et Nob Hill : *Holiday Inn, Chinatown* $$$ 750 Kearny St, CA 94108. **Plan 5 C3.** *(415) 433-6600 ; (800) 465-4329.* FAX *(415) 765-7891.* Cet hôtel de chaîne est proche de Portsmouth Plaza et des lignes de *cable cars.* Gratuit jusqu'à 19 ans. TV P	565	●	■		■
Chinatown et Nob Hill : *Huntington Hotel* $$$ 1075 California St, CA 94108. **Plan 5 B4.** *(415) 474-5400 ; (800) 652-1539.* FAX *(415) 474-6227.* Dans d'anciens appartements de luxe (1922) sur Nob Hill, les chambres et suites offrent de superbes vues. TV *limité.* P	140	●	■		
Chinatown et Nob Hill : *Mark Hopkins Inter-Continental* $$$ 999 California St, CA 94108. **Plan 5 B4.** *(415) 392-3434 ; (800) 327-0200.* FAX *(415) 421-3302.* Cet hôtel de Nob Hill est réputé pour son superbe bar Art déco sur le toit et le panorama de la ville qu'il ménage. TV P	392	●	■		
Chinatown et Nob Hill : *The Ritz-Carlton, San Francisco* $$$ 600 Stockton St, CA 94108. **Plan 5 C4.** *(415) 296-7465 ; (800) 241-3333.* FAX *(415) 291-0288.* Confort et service exceptionnels dans un hôtel historique proche du sommet de Nob Hill. 24 TV P	336	●	■		■
Chinatown et Nob Hill : *Fairmont Hotel* $$$$ 950 Mason St, CA 94108. **Plan 5 B4.** *(415) 772-5000 ; (800) 527-4727.* FAX *(415) 112-5013.* Le plus imposant des hôtels de Nob Hill possède un magnifique *foyer.* Vues panoramiques sans égales. 24 TV P	596	●	■		
Chinatown et Nob Hill : *Stouffer Renaissance Stanford Court* $$$$$ 905 California St, CA 94108. **Plan 5 B4.** *(415) 989-3500 ; (800) 622-0957.* FAX *(415) 391-0513.* Ce luxueux établissement de Nob Hill attire une clientèle d'affaires. Chambres somptueuses et limousines. 24 TV P	392	●	■		
Civic Center : *Pension San Francisco* $ 1668 Market St, CA 94102. **Plan 10 F1.** *(415) 864-1271.* FAX *(415) 861-8186.* Ce petit hôtel bon marché proche de transports en commun, de restaurants et de clubs borde une portion calme de Market Street.	36				
Civic Center : *Alamo Square Inn* $$ 719 Scott St, CA 94117. **Plan 4 D5.** *(415) 922-2055 ; (800) 345-9888.* FAX *(415) 931-1304.* Dans ces deux édifices historiques superbement restaurés, le petit déjeuner est compris et fumer interdit. TV P	15		■		
Civic Center : *Best Western Carriage Inn* $$ 140 7th St, CA 94103. **Plan 3 A4.** *(415) 863-2529 ; (800) 444-5817.* FAX *(415) 626-3974.* Chambres spacieuses, certaines avec cheminée, mais quartier peu animé. Le petit déjeuner continental et le transport jusqu'à la gare, les bus et Union Square sont gratuits. 24 TV *limité.* P	48		■		
Civic Center : *Chateau Tivoli* $$ 1057 Steiner St, CA 94115. **Plan 4 D4.** *(415) 776-5462 ; (800) 228-1647.* FAX *(415) 776-0505.* Cette chaleureuse maison victorienne meublée d'antiquités authentiques offre un aperçu du San Francisco du XIXe siècle.	8		■		
Civic Center : *Phoenix Inn* $$ 601 Eddy St, CA 94109. **Plan 4 F4.** *(415) 776-1380 ; (800) 248-9466.* FAX *(415) 885-3109.* Ce motel classique des années 1950 est toujours à conseiller. Les chambres du premier étage ouvrent sur la cour intérieure, celles du second étage ont des balcons. TV P	44	●	■		■
Civic Center : *Archbishop's Mansion Inn* $$$ 1000 Fulton St, CA 94117. **Plan 4 D5.** *(415) 563-7872 ; (800) 543-5820.* FAX *(415) 885-3193.* Un imposant manoir bâti en 1904 abrite des chambres luxueuses dont l'opéra a inspiré l'aménagement. Beaucoup possèdent une cheminée au manteau sculpté. Réserver très à l'avance. TV	15		■		

Légende des symboles, voir rabat de couverture

Les prix correspondent à une nuit en chambre double, service et taxes compris.

$ moins de 100 $
$$ de 100 à 150 $
$$$ de 150 à 200 $
$$$$ de 200 à 250 $
$$$$$ plus de 250 $

RESTAURANT
Sauf indication contraire, le restaurant ou la salle à manger accueille d'autres clients que les hôtes.

ÉQUIPEMENTS ENFANTS
Berceaux, lits d'enfants et baby-sitting disponibles. Certains établissements proposent des menus pour enfants et possèdent des chaises hautes.

JARDIN OU TERRASSE
Hôtel possédant un jardin, une cour intérieure ou une terrasse. Souvent, possibilité de manger dehors.

PISCINE
Hôtel doté d'une piscine couverte ou à ciel ouvert.

	Prix	Nombre de chambres	Restaurant	Équipements enfants	Jardin ou terrasse	Piscine
DOWNTOWN : *Adelaide Inn* 5 Isadora Duncan Place (sur Taylor St), CA 94102. **Plan 5 B5.** *(415) 441-2261.* FAX *(415) 441-0161.* Cette auberge paisible propose des chambres simples et des salles de bains communes à l'instar d'une pension européenne. TV	$	18				
DOWNTOWN : *Aida Hotel* 1087 Market St, CA 94103. **Plan 5 B5.** *(415) 863-4141 ; (800) 863-2432.* FAX *(415) 863-5151.* Cet hôtel offre un confort des plus élémentaires dans une partie animée de Downtown. Le décor est plutôt démodé, mais les chambres sont propres et confortables. TV	$	162				
DOWNTOWN : *Golden Gate Hotel* 775 Bush St, CA 94108. **Plan 5 B4.** *(415) 392-3702 ; (800) 835-1118.* FAX *(415) 392-6202.* Des antiquités meublent les chambres de style européen de ce charmant hôtel familial proche d'Union Square sur Nob Hill. TV P	$	23				
DOWNTOWN : *Hotel Rex* 562 Sutter St, CA 94102. **Plan 5 B4.** *(415) 433-4434 ; (800) 433-4434.* FAX *(415) 433-3695.* Cet hôtel de style européen a connu une récente rénovation. Chambres calmes et confortables et personnel serviable. TV *limité.*	$	94	●	■	●	
DOWNTOWN : *Sheehan Hotel* 620 Sutter St, CA 94102. **Plan 5 B4.** *(415) 775-6500 ; (800) 848-1529.* FAX *(415) 775-3271.* Une ancienne auberge de jeunesse. Chambres austères, mais personnel amical. La plus grande piscine couverte de la ville. TV P	$	69		■		■
DOWNTOWN : *Andrews Hotel* 624 Post St, CA 94109. **Plan 5 B5.** *(415) 563-6877 ; (800) 926-3739.* FAX *(415) 928-6919.* Ce petit hôtel familial se trouve près d'Union Square. Chambres confortables. Petit déjeuner continental compris. TV	$$	48	●	■		
DOWNTOWN : *Bedford Hotel* 761 Post St, CA 94109. **Plan 5 B5.** *(415) 673-6040 ; (800) 227-5642.* FAX *(415) 563-6739.* 17 étages près d'Union Square. Vues spectaculaires de la ville. Mini-bars et magnétoscopes dans les chambres. TV *limité.*	$$	150	●	■		
DOWNTOWN : *Chancellor Hotel* 433 Powell St, CA 94102. **Plan 5 B4.** *(415) 362-2004 ; (800) 428-4748.* FAX *(415) 395-9476.* Ce petit hôtel du quartier des théâtres date de 1911. Lits et équipements de salle de bains édouardiens. TV P	$$	137	●			
DOWNTOWN : *Kensington Park Hotel* 450 Post St, CA 94102. **Plan 5 B5.** *(415) 788-6400 ; (800) 553-1900.* FAX *(415) 885-3268.* Près d'Union Square, cet hôtel Spanish-Revival a des chambres spacieuses et dispose d'un beau hall. Petit déjeuner continental. TV *limité.* P	$$	86		■		
DOWNTOWN : *The Maxwell Hotel* 386 Geary St, CA 94102. **Plan 5 B5.** *(415) 986-2000 ; (888) 734-6299.* FAX *(415) 397-2447.* Au cœur du Theater District *(p. 310)*, l'ancien Raphael Hotel est spacieux et ensoleillé. Belles vues. TV	$$	152	●	■		
DOWNTOWN : *Monticello Inn* 127 Ellis St, CA 94102. **Plan 5 B5.** *(415) 392-8800 ; (800) 669-7777.* FAX *(415) 398-2650.* Cet hôtel intime récemment rénové et meublé de répliques de style colonial porte le nom de la maison de Thomas Jefferson. Vin gratuit en soirée. TV P	$$	90	●	■		
DOWNTOWN : *The Savoy Hotel* 580 Geary St, CA 94102. **Plan 5 B5.** *(415) 441-2700 ; (800) 227-4223.* FAX *(415) 441-2700.* Malgré des prix modérés comprenant un petit déjeuner continental et le thé l'après-midi, cet hôtel élégant offre service attentif et literie de plumes dans toutes les chambres. TV	$$	83	●	■		

Hôtel					
DOWNTOWN : *York Hotel* $$ 940 Sutter St, CA 94109. **Plan 5 A4.** *(415) 885-6800 ; (800) 808-9675.* FAX *(415) 885-2115.* Les chambres sont confortables et calmes, en particulier à l'arrière. Spectacle de cabaret réputé dans le bar. L'escalier apparaît dans *Sueurs froides* d'Alfred Hitchcock. *limité.*	96		■		
DOWNTOWN : *Argent Hotel* $$$ 50 3rd St, CA 94103. **Plan 5 C5.** *(415) 974-6400 ; (800) 434-7347.* FAX *(415) 543-8268.* Dans cet hôtel de luxe, des murs de vitres ménagent des vues à couper le souffle. Tarifs intéressants le week-end.	667	●	■		
DOWNTOWN : *Harbor Court Hotel* $$$ 165 Steuart St, CA 94105. **Plan 6 E4.** *(415) 882-1300 ; (800) 434-7347.* FAX *(415) 882-1313.* Les chambres du seul hôtel de la ville en front de mer sont petites, mais certaines jouissent d'une belle vue.	131	●			
DOWNTOWN : *Holiday Inn, Union Square* $$$ 480 Sutter St, CA 94108. **Plan 5 B4.** *(415) 398-8900 ; (888) 218-0808.* FAX *(415) 989-8823.* Sur la ligne de *cable cars* de Powell Street, cet hôtel offre des vues magnifiques de Nob Hill et du Golden Gate Bridge.	401	●	■		
DOWNTOWN : *Hotel Griffon* $$$ 155 Steuart St, CA 94105. **Plan 6 E4.** *(415) 495-2100 ; (800) 321-2201.* FAX *(415) 495-3522.* Un hôtel élégant apprécié des personnes voyageant pour affaires. Certaines chambres donnent sur le Golden Gate Bridge.	62	●			
DOWNTOWN : *San Francisco Marriott* $$$ 55 4th St, CA 94103. **Plan 5 C5.** *(415) 896-1600 ; (800) 228-9290.* FAX *(415) 777-2799.* Cette tour futuriste de 39 étages accueille de nombreuses conventions. Gratuit jusqu'à 18 ans.	1500	●	■		■
DOWNTOWN : *Sir Francis Drake Hotel* $$$ 450 Powell St, CA 94102. **Plan 5 B4.** *(415) 392-7755 ; (800) 227-5480.* FAX *(415) 391-8719.* Cet hôtel d'Union Square célèbre par ses portiers en uniforme et son bar sur le toit a retrouvé sa splendeur Art déco.	417	●	■		
DOWNTOWN : *White Swan Inn* $$$ 845 Bush St, CA 94108. **Plan 5 B4.** *(415) 775-1755 ; (800) 999-9570.* FAX *(415) 775-5717.* Le charme d'un Bed-and-Breakfast. Meubles anciens, décor et petit déjeuner anglais compris dans le prix.	26	●	■	●	■
DOWNTOWN : *Grand Hyatt San Francisco* $$$$ 345 Stockton St, CA 94108. **Plan 5 C4.** *(415) 398-1234 ; (800) 233-1234.* FAX *(415) 392-2536.* Les chambres de cette tour de 36 étages d'Union Square offrent de belles vues. Bar à cocktails sur le toit.	693	●	■		
DOWNTOWN : *Hotel Nikko* $$$$ 222 Mason St, CA 94102. **Plan 5 B5.** *(415) 394-1111 ; (800) NIKKO-US.* FAX *(415) 394-1159.* Cet hôtel ultramoderne compte beaucoup de Japonais dans sa clientèle d'affaires. Prestations de haut niveau.	521	●	■		■
DOWNTOWN : *Parc Fifty Five* $$$$ 55 Cyril Magnin Street, CA 94102. **Plan 5 C5.** *(415) 392-8000 ; (800) 650-7272.* FAX *(415) 421-5993.* Cet immense hôtel manque de style pour le prix, mais propose des tarifs dignes d'intérêt le week-end.	1009	●	■		
DOWNTOWN : *Prescott Hotel* $$$$ 545 Post St, CA 94102. **Plan 5 B5.** *(415) 563-0303 ; (800) 283-7322.* FAX *(415) 563-6831.* Les boiseries sombres de cet hôtel de luxe évoquent un club anglais. Les clients voyageant pour affaires prédominent.	166	●	■		
DOWNTOWN : *San Francisco Hilton* $$$$ 333 O'Farrell St, CA 94102. **Plan 5 B5.** *(415) 771-1400 ; (800) 445-8667.* FAX *(415) 771-6807.* Le plus grand hôtel de la ville occupe une tour de 46 étages. Panorama, service efficace et nombreuses prestations.	2044	●	■		■
DOWNTOWN : *Westin St Francis* $$$$ 335 Powell St, CA 94102. **Plan 5 B4.** *(415) 397-7000 ; (800) 228-3000.* FAX *(415) 774-0124.* Les trois tours du Westin dominent Union Square depuis 1904.	1200	●	■		
DOWNTOWN : *Campton Place Hotel* $$$$$ 340 Stockton St, CA 94108. **Plan 5 C4.** *(415) 781-5555 ; (800) 235-4300.* FAX *(415) 955-5536.* Un petit hôtel élégant à deux pas d'Union Square. Chambres et pièces communes somptueuses. Bon service.	117	●			

Légende des symboles, voir rabat de couverture

Les prix correspondent à une nuit en chambre double, service et taxes compris.

$ moins de 100 $
$$ de 100 à 150 $
$$$ de 150 à 200 $
$$$$ de 200 à 250 $
$$$$$ plus de 250 $

Restaurant
Sauf indication contraire, le restaurant ou la salle à manger accueille d'autres clients que les hôtes.

Équipements enfants
Berceaux, lits d'enfants et baby-sitting disponibles. Certains établissements proposent des menus pour enfants et possèdent des chaises hautes.

Jardin ou terrasse
Hôtel possédant un jardin, une cour intérieure ou une terrasse. Souvent, possibilité de manger dehors.

Piscine
Hôtel doté d'une piscine couverte ou à ciel ouvert.

	Nombre de chambres	Restaurant	Équipements enfants	Jardin ou terrasse	Piscine
Downtown : *Four Seasons Clift Hotel* $$$$$ **495 Geary St, CA 94102. Plan 5 B5.** *(415) 775-4700 ; (800) 652-5438.* FAX *(415) 441-4621.* Ce bel hôtel possède un charme suranné, mais des chambres bien équipées. Service attentif.	329	●			
Downtown : *Hyatt Regency San Francisco* $$$$$ **5 Embarcadero Center, CA 94111. Plan 6 D3.** *(415) 788-1234 ; (800) 233-1234.* FAX *(415) 398-2567.* Une récente rénovation a modernisé l'aménagement des chambres de cet hôtel de chaîne prestigieux construit sur 15 étages autour d'un atrium.	803	●	■		
Downtown : *Mandarin Oriental* $$$$$ **222 Sansome St, CA 94104. Plan 5 C4.** *(415) 885-0999 ; (800) 622-0404.* FAX *(415) 433-0289.* Au sommet du First Interstate Center (48 étages), cet hôtel de luxe ménage de magnifiques vues.	158	●	■		
Downtown : *Pan Pacific* $$$$$ **500 Post St, CA 94102. Plan 5 B5.** *(415) 771-8600 ; (800) 533-6465.* FAX *(415) 398-0267.* Cet hôtel moderne possède un atrium de 17 étages, de superbes espaces publics et des chambres élégantes.	331	●	■		
Downtown : *Park Hyatt San Francisco* $$$$$ **333 Battery St, CA 94111. Plan 6 D3.** *(415) 392-1234 ; (800) 233-1234.* FAX *(415) 421-2433.* Près de l'Embarcadero Center *(p. 304)*, le plus luxueux des Hyatt de San Francisco propose le week-end des tarifs d'un excellent rapport qualité-prix.	360	●	■		
Downtown : *Sheraton Palace Hotel* $$$$$ **2 New Montgomery St, CA 94105. Plan 5 C4.** *(415) 392-8600 ; (800) 325-3535.* FAX *(415) 543-0671.* Construit en 1909, le Palace était au début du siècle un des hôtels les plus prestigieux du monde. Ses hôtes apprécient tout particulièrement le Garden Court.	550	●	■	●	■
Fisherman's Wharf : *San Remo Hotel* $ **2237 Mason St, CA 94133. Plan 5 B2.** *(415) 776-8688 ; (800) 352-REMO.* FAX *(415) 776-2811.* Chaleureux, le seul hôtel bon marché du quartier n'a que des salles de bains communes, sauf dans l'Honeymoon Suite.	62				
Fisherman's Wharf : *Hyatt at Fisherman's Wharf* $$$ **555 North Point, CA 94133. Plan 5 A1.** *(415) 563-1234 ; (800) 233-1234.* FAX *(415) 749-6122.* Le Hyatt de la ville le plus ouvert aux familles leur propose une deuxième chambre à tarif réduit.	313	●	■		■
Fisherman's Wharf : *Hyde Park Suites* $$$ **2655 Hyde St, CA 94109. Plan 5 A2.** *(415) 771-0200 ; (800) 227-3608.* FAX *(415) 346-8058.* Cet hôtel agréable loue des suites où quatre personnes en séjour indépendant peuvent confortablement dormir, cuisiner et manger. *limité.*	24		■		
Fisherman's Wharf : *Sheraton at Fisherman's Wharf* $$$ **2500 Mason St, CA 94133. Plan 5 B1.** *(415) 362-5500 ; (800) 325-3535.* FAX *(415) 956-5275.* Familles et personnes voyageant pour affaires apprécient cet hôtel offrant un accès aisé à de nombreuses attractions.	525	●	■		■
Fisherman's Wharf : *Tuscan Inn* $$$ **425 North Point St, CA 94133. Plan 5 B1.** *(415) 561-1100 ; (800) 648-4626.* FAX *(415) 561-1199.* Un établissement spacieux et élégant. Grandes chambres. Limousines. Gratuit jusqu'à 18 ans.	221	●	■		
Haight Ashbury : *Beck's Motor Lodge* $ **2222 Market St, CA 94114. Plan 10 E1.** *(415) 621-8212 ; (800) 227-4360.* FAX *(415) 241-0435.* Ce motel standard des années 1960 est proche des quartiers de Castro et Mission. Bas tarifs hors saison.	57				

HAIGHT ASHBURY : *Red Victorian Bed and Breakfast* $$ 1665 Haight St, CA 94117. **Plan 9 B1.** *(415) 864-1978 ; (800) 435-1967.* FAX *(415) 863-3293.* Cet hôtel « New Age » propose des chambres à thèmes comme la Flower Child Suite. Non-fumeurs. Ni radio ni télévision.	18				
HAIGHT ASHBURY : *Stanyan Park Hotel* $$ 750 Stanyan St, CA 94117. **Plan 9 B2.** *(415) 751-1000.* FAX *(415) 668-5454.* Cet hôtel confortable domine le Golden Gate Park. Mobilier ancien et cheminées. Petit déjeuner compris. TV *limité.*	36	●	■	●	■
HAIGHT ASHBURY : *Victorian Inn on the Park* $$ 301 Lyon St, CA 94117. **Plan 9 C1.** *(415) 931-1830 ; (800) 435-1967.* FAX *(415) 931-1830.* Des reproductions Arts and Crafts meublent cet hôtel chic occupant une maison bourgeoise en face du Golden Gate Park.	12				
NORTH BEACH : *Washington Square Inn* $$ 1660 Stockton St, CA 94133. **Plan 5 B2.** *(415) 981-4220 ; (800) 388-0220.* FAX *(415) 397-7242.* On ne fume pas dans cette auberge qui donne sur le Washington Square Park. Gratuit jusqu'à 5 ans. P	15		■		
PACIFIC HEIGHTS : *Art Center Bed & Breakfast* $ 1902 Filbert St, CA 94123. **Plan 4 E2.** *(415) 567-1526.* Cette petite maison bâtie en 1857 dans le style de La Nouvelle-Orléans est l'une des plus anciennes de Marina. Suites d'une, deux ou trois chambres.	5		■	●	
PACIFIC HEIGHTS : *Holiday Lodge* $ 1901 Van Ness Ave, CA 94109. **Plan 4 F3.** *(415) 776-4469 ; (800) 367-8504.* FAX *(415) 474-7046.* Un bâtiment évoquant un ranch abrite des chambres de motel. Plutôt bruyant, mais pratique pour les transports en commun. TV P	77		■		■
PACIFIC HEIGHTS : *Marina Inn* $ 3110 Octavia St, CA 94123. **Plan 4 E2.** *(415) 928-1000 ; (800) 346-6118.* FAX *(415) 928-5909.* Bien situé près du Fort Mason et d'Union Street, mais le bruit de la circulation peut se révéler gênant. TV *limité.*	40				
PACIFIC HEIGHTS : *Motel Capri* $ 2015 Greenwich St, CA 94123. **Plan 4 D2.** *(415) 346-4667.* FAX *(415) 346-3256.* Ce motel familial borde une rue calme au centre du quartier de Marina. Une bonne adresse pour les budgets serrés. TV P	46	●			
PACIFIC HEIGHTS : *Pacific Heights Inn* $ 1555 Union St, CA 94123. **Plan 4 E2.** *(415) 776-3310 ; (800) 523-1801.* FAX *(415) 776-8176.* Dans une rue calme proche de transports en commun, cet agréable motel des années 1960 sert des petits déjeuners continentaux. TV *limité.* P	40		■		
PACIFIC HEIGHTS : *Bed and Breakfast Inn* $$ 4 Charlton Court, CA 94123. **Plan 4 E3.** *(415) 921-9784.* Dans un cul-de-sac paisible donnant dans Union Street, une ferme victorienne abrite le plus ancien Bed-and-Breakfast de la ville. Bibliothèque. *limité.* P	11			●	
PACIFIC HEIGHTS : *Holiday Inn, Golden Gateway* $$ 1500 Van Ness Ave, CA 94109. **Plan 4 F4.** *(415) 441-4000 ; (800) HOLIDAY.* FAX *(415) 776-7155.* Appréciée des groupes, cette tour moderne de 26 étages offre un accès aisé au reste de la ville. TV *limité.* P	498	●	■		■
PACIFIC HEIGHTS : *Miyako Hotel* $$ 1625 Post St, CA 94115. **Plan 4 E4.** *(415) 922-3200 ; (800) 533-4567.* FAX *(415) 921-0417.* Bains de vapeur et tatamis équipent certaines chambres de cet hôtel du Japan Center. Gratuits jusqu'à 12 ans. TV P	218	●	■		
PACIFIC HEIGHTS : *Majestic Hotel* $$$ 1500 Sutter St, CA 94109. **Plan 4 E4.** *(415) 441-1100 ; (800) 869-8966.* FAX *(415) 673-7331.* Dans un quartier tranquille. La plupart des chambres possèdent lit à baldaquin, cheminée et antiquités. 24 TV *limité.* P	57	●			
PACIFIC HEIGHTS : *Mansions Hotel* $$$ 2220 Sacramento St, CA 94115. **Plan 4 E3.** *(415) 929-9444 ; (800) 826-9398.* FAX *(415) 567-9391.* Datant des années 1880, cet hôtel original propose tous les soirs un dîner-spectacle en l'honneur de son fantôme. P	21	●		●	
PACIFIC HEIGHTS : *Sherman House* $$$$$ 2160 Green St, CA 94123. **Plan 4 D3.** *(415) 563-3600 ; (800) 424-5777.* FAX *(415) 563-1882.* Les stars aimant la discrétion se réfugient dans ce petit hôtel luxueux. Feu de bois et antiquités dans les chambres. TV	14	●			

Légende des symboles, voir rabat de couverture

Les prix correspondent à une nuit en chambre double, service et taxes compris.

$ moins de 100 $
$$ de 100 à 150 $
$$$ de 150 à 200 $
$$$$ de 200 à 250 $
$$$$$ plus de 250 $

Restaurant
Sauf indication contraire, le restaurant ou la salle à manger accueille d'autres clients que les hôtes.

Équipements enfants
Berceaux, lits d'enfants et baby-sitting disponibles. Certains établissements proposent des menus pour enfants et possèdent des chaises hautes.

Jardin ou terrasse
Hôtel possédant un jardin, une cour intérieure ou une terrasse. Souvent, possibilité de manger dehors.

Piscine
Hôtel doté d'une piscine couverte ou à ciel ouvert.

Bay Area

	Nombre de chambres	Restaurant	Équipements enfants	Jardin ou terrasse	Piscine
Benicia : *Captain Walsh House* $$ 235 E L St, CA 94510. **Carte routière**, encadré B. *(707) 747-5653.* FAX *(707) 747-6265.* Cette auberge Bed-and-Breakfast proche de l'océan est l'une des trois meilleures des U. S. A. selon le magazine *Better Homes & Gardens.* TV P	5			●	
Benicia : *Union Hotel* $$ 401 1st St, CA 94510. **Carte routière**, encadré B. *(707) 746-0100.* FAX *(707) 746-6458.* Certaines chambres donnent sur les quais, d'autres sur un jardin. Toutes sont décorées d'antiquités. TV P	22	●		●	
Berkeley : *Bancroft Hotel* $ 2680 Bancroft Way, CA 94704. **Carte routière**, encadré B. *(510) 549-1000 ; (800) 549-1002.* FAX *(510) 549-1070.* Cet hôtel Arts and Crafts des années 1920 propose en face de l'université des chambres spacieuses, certaines avec balcon et vue sur les collines et la baie. TV P	22		●	●	
Berkeley : *Gramma's Rose Garden Inn* $$ 2740 Telegraph Ave, CA 94705. **Carte routière**, encadré B. *(510) 549-2145.* FAX *(510) 549-1085.* Certaines chambres de cette splendide demeure victorienne possèdent balcon et cheminée. Petit déjeuner compris. TV P	40	●	●	●	
Berkeley : *Hotel Durant* $$ 2600 Durant Ave, CA 94704. **Carte routière**, encadré B. *(510) 845-8981 ; (800) 238-7268.* FAX *(510) 486-8336.* Malgré sa taille, cet hôtel central n'est pas impersonnel. Chambres spacieuses, certaines avec vue sur la baie. TV P	140	●	●		
Berkeley : *Claremont Resort, Spa and Tennis Club* $$$ Ashby & Domingo Aves, Oakland, CA 94623. **Carte routière**, encadré B. *(510) 843-3000 ; (800) 843-7924.* FAX *(510) 549-8582.* Au pied des Berkeley Hills, un clocher Spanish Revival domine le splendide édifice qui abrite le plus luxueux des hôtels du quartier *(p. 402).* Vues magnifiques. TV P	239	●	●	●	●
Bolinas : *Smiley's Schooner Saloon and Hotel* $ 41 Wharf Rd, CA 94924. **Carte routière**, encadré B. *(650) 868-1311.* FAX *(650) 868-0502.* Accueillant et confortable, le Smiley's paraît sorti d'un western. Le bar, sous les chambres, est bruyant le soir. P	5			●	
Half Moon Bay : *Zaballa House* $$ 324 Main St, CA 94019. **Carte routière**, encadré B. *(650) 726-9123.* Cette ancienne ferme entourée de jardins verdoyants propose un hébergement rustique. Le prix comprend un petit déjeuner américain. P	9			●	
Half Moon Bay : *Mill Rose Inn* $$$ 615 Mill St, CA 94019. **Carte routière**, encadré B. *(650) 726-8750 ; (800) 900-7673.* FAX *(650) 726-3031.* Les chambres possèdent magnétoscope et cheminée. Réductions en semaine. Pas d'enfants de moins de 10 ans. TV P	6			●	
Inverness : *Manka's Inverness Lodge* $$ Angle de Argyle et de Callendar, CA 94937. **Carte routière A3.** *(415) 669-1034.* FAX *(415) 669-1598.* Les chambres et les *cabins (p. 506)* de cette retraite romantique offrent cheminées, balcons et vues de la Tomales Bay. TV P	11	●	●	●	
Lafayette : *Lafayette Park Hotel* $$$ 3287 Mount Diablo Blvd, CA 94549. **Carte routière**, encadré B. *(510) 283-3700 ; (800) 368-2468.* FAX *(510) 284-1621.* Juste à l'est de Berkeley. Excellents bar et restaurant. Bain à remous et sauna. TV P	139	●	●	●	●
Menlo Park : *Mermaid Inn* $ 727 El Camino Real, CA 94025. **Carte routière**, encadré B. *(650) 323-9481 ; (800) 237-4622.* FAX *(650) 323-0662.* Cet hôtel familial simple et moderne permet un accès aisé à Palo Alto et la Stanford University. TV P	39		●	●	

MENLO PARK : *Stanford Park Hotel* $$$$ 162
100 El Camino Real, CA 94025. **Carte routière**, encadré B. *(415) 322-1234.* FAX *(415) 322-0975.* Chambres élégantes près de la Stanford University. Beaucoup ont une cheminée et un coin salon séparé.

MILL VALLEY : *Travelodge* $ 55
707 Redwood Hwy, CA 94941. **Carte routière**, encadré B. *(415) 383-0340 ; (800) 578-7878.* FAX *(415) 383-0312.* Juste à l'ouest de Tiburon, ce motel est proche des Muir Woods et de la ville. Jacuzzi dans certaines chambres.

MOSS BEACH : *Seal Cove Inn* $$$ 10
221 Cypress Ave, CA 94038. **Carte routière**, encadré B. *(415) 728-7325 ; (800) 995-9987.* FAX *(415) 728-4116.* Cette charmante auberge aux chambres dotées de cheminées domine l'océan depuis une hauteur. Vidéothèque.

MUIR BEACH : *The Pelican Inn* $$$ 7
10 Pacifica Way, CA 94965. **Carte routière**, encadré B. *(415) 383-6000.* FAX *(415) 383-3424.* À courte distance des Muir Woods, feu dans la cheminée, bières anglaises et chambres superbes, certaines avec lit à baldaquin.

OAKLAND : *Waterfront Plaza Hotel* $$$ 144
10 Washington St, CA 94607. **Carte routière**, encadré B. *(510) 836-3800.* FAX *(510) 832-5695.* En bordure du Jack London Square, cet hôtel bien aménagé possède de nombreuses chambres avec cheminée et vue sur la baie.

PRINCETON-BY-THE-SEA : *Pillar Point Inn* $$$ 11
380 Capistrano Rd, CA 94018. **Carte routière**, encadré B. *(415) 728-7377.* FAX *(415) 728-8345.* Cette auberge romantique offre vue de l'océan, cheminées, matelas de plumes et magnétoscopes. Service d'affaires.

SAN JOSE : *Hotel De Anza* $$ 101
233 West Santa Clara St, CA 95113. **Carte routière**, encadré B. *(408) 286-1000 ; (800) 843-3700.* FAX *(408) 286-0500.* Près du centre de conventions, ce luxueux hôtel Art déco met l'accent sur la qualité du service.

SAN JOSE : *Fairmont Hotel San Jose* $$$ 541
Fairmont Plaza, 170 S Market St, CA 95113. **Carte routière**, encadré B. *(408) 998-1900 ; (800) 527-4727.* FAX *(408) 287-1648.* Un hôtel de luxe plutôt impersonnel, mais excellentes prestations d'affaires et de loisir.

SAN JOSE : *San Jose Hilton and Towers Hotel* $$$ 355
300 Almaden Blvd, CA 95110. **Carte routière**, encadré B. *(408) 287-2100 ; (800) 445-8667.* FAX *(408) 947-4489.* Cet hôtel de chaîne est bien adapté aux besoins des personnes voyageant pour affaires. Chaque étage a son gardien.

SAN RAFAEL : *Panama Hotel* $ 15
4 Bayview, CA 94901. **Carte routière**, encadré B. *(415) 457-3993.* FAX *(415) 457-6240.* Antiquités et meubles d'occasion donnent à chaque chambre sa propre personnalité.

SAN RAFAEL : *Embassy Suites Hotel and Conference Center* $$ 228
101 McInnis Parkway, CA 94903. **Carte routière**, encadré B. *(415) 499-9222 ; (800) 362-2779.* FAX *(415) 499-9268.* Ce grand hôtel de chaîne doté d'un centre d'affaires permet l'accès 24 h sur 24 à des équipements de loisir.

SAUSALITO : *Hotel Alta Mira* $$ 30
125 Bulkley Ave (PO Box 706), CA 94966. **Carte routière**, encadré B. *(415) 332-1350.* FAX *(415) 331-3862.* Panoramas exceptionnels de la baie depuis une colline. Chambres confortablement meublées. Personnel accueillant.

SAUSALITO : *Casa Madrona Hotel* $$$ 32
801 Bridgeway, CA 94965. **Carte routière**, encadré B. *(415) 332-0502.* FAX *(415) 332-2537.* Cet hôtel charmant s'étage sur une colline depuis le front de mer. Une vieille maison et des cottages abritent les chambres.

SAUSALITO : *The Inn Above Tide* $$$ 30
30 El Portal, CA 94965. **Carte routière**, encadré B. *(415) 332-9535 ; (800) 893-8433.* FAX *(415) 332-6714.* Sur le port, les chambres ont des cheminées et des balcons ouverts sur la baie, certaines un jacuzzi.

WALNUT CREEK : *Marriott Hotel* $$ 337
2355 N Main St, CA 94596. **Carte routière**, encadré B. *(510) 934-2000.* FAX *(510) 934-6374.* Bien aménagé pour les personnes voyageant pour affaires, le Marriott possède salles et équipements de conférences.

Légende des symboles, voir rabat de couverture

Les prix correspondent à une nuit en chambre double, service et taxes compris.

$ moins de 100 $
$$ de 100 à 150 $
$$$ de 150 à 200 $
$$$$ de 200 à 250 $
$$$$$ plus de 250 $

Restaurant
Sauf indication contraire, le restaurant ou la salle à manger accueille d'autres clients que les hôtes.

Équipements enfants
Berceaux, lits d'enfants et baby-sitting disponibles. Certains établissements proposent des menus pour enfants et possèdent des chaises hautes.

Jardin ou terrasse
Hôtel possédant un jardin, une cour intérieure ou une terrasse. Souvent, possibilité de manger dehors.

Piscine
Hôtel doté d'une piscine couverte ou à ciel ouvert.

Le Nord

	Nombre de chambres	Restaurant	Équipements enfants	Jardin ou terrasse	Piscine
Arcata : *Fairwinds Motel* $ 1674 G St, CA 95521. **Carte routière A2.** *(707) 822-4824.* Ce petit établissement familial proche de l'Humbolt University d'Arcata n'offre qu'un confort de base mais à des prix raisonnables. *limité.*	27		■		
Arcata : *Hotel Arcata* $$ 708 9th St, CA 95521. **Carte routière A2.** *(707) 826-0217.* FAX *(707) 826-1737.* Cet hôtel modernisé sur la place centrale propose une grande variété de chambres, certaines avec coin salon séparé.	32	●	■		
Crescent City : *Curley Redwood Lodge* $ 701 S Redwood Hwy, CA 95531. **Carte routière A1.** *(707) 464-2137.* FAX *(707) 464-1655.* Un seul séquoia suffit à la construction de ce motel rustique situé en face de la zone portuaire.	36		■		
Dunsmuir : *Caboose Motel* $ 100 Railroad Park Rd, CA 96025. **Carte routière B2.** *(916) 235-4440.* FAX *(916) 235-4470.* Des fourgons de chefs de train rénovés abritent des chambres originales. Cadre agréable et vue splendide des cimes voisines.	27	●	■	●	■
Eureka : *Best Western Thunderbird Inn* $ 232 W 5th St, CA 95501. **Carte routière A2.** *(707) 443-2234 ; (800) 521-6996.* FAX *(707) 443-3489.* Ce motel de chaîne plutôt anodin se trouve à 15 mn en voiture de magnifiques plages et forêts de séquoias.	115	●	■		■
Eureka : *Carson House Inn* $ 1209 4th St, CA 95501. **Carte routière A2.** *(707) 443-1601.* FAX *(707) 444-8365.* Cet hôtel possède des chambres et des suites spacieuses au cœur de la vieille ville d'Eureka. Sauna et jacuzzi.	60	●	■		■
Eureka : *Eureka Inn* $$ 518 7th St, CA 95501. **Carte routière A2.** *(707) 442-6441.* FAX *(707) 442-0637.* Sa décoration de style Tudor donne à ce grand hôtel historique une atmosphère surannée. Sauna et service d'affaires. Et un bon restaurant, le Rib Room *(p. 569).*	105	●	■		■
Eureka : *Carter House Country Inn* $$$ 301 L St, CA 95501. **Carte routière A2.** *(707) 444 8062 ; (800) 404-1390.* FAX *(707) 444-8067.* Les chambres de cet hôtel victorien de la vieille ville abritent du mobilier contemporain. Forêts et plages proches.	24	●		●	
Ferndale : *Gingerbread Mansion* $$ 400 Berding St, CA 95536. **Carte routière A2.** *(707) 786-4000 ; (800) 952-4136.* D'agréables jardins entourent cette auberge bâtie en 1899. Chambres luxueusement aménagées. Somptueux petit déjeuner compris.	9		■	●	
Garberville : *Humboldt House Inn* $ 701 Redwood Drive, CA 95542. **Carte routière A2.** *(707) 923-2771.* FAX *(707) 923-4259.* Le motel le plus confortable de la région possède de vastes chambres, souvent avec balcons. Petit déjeuner continental compris.	76		■	●	■
Garberville : *Benbow Inn* $$$ 445 Lake Benbow Drive, CA 95542. **Carte routière A2.** *(707) 923-2124 ; (800) 355-3301.* FAX *(707) 923-2897.* Construite en 1924, cette auberge ressemble à une maison de campagne anglaise parmi des bosquets de séquoias. Beau restaurant. Terrasse ensoleillée. Fermé de janvier à mars.	55	●	■	●	■
McCloud : *McCloud Guest House* $$ 606 W Colombero Drive, CA 96057. **Carte routière B1.** *(916) 964-3160.* On joue au billard sur une table ancienne dans cette vieille demeure où les fenêtres des chambres ont des banquettes pour contempler la forêt.	5	●		●	

MOUNT LASSEN : *Mineral Lodge* $ PO Box 160 Mineral, CA 96063. **Carte routière B2.** *(916) 595-4422.* À la lisière sud du Lassen Volcanic National Park *(p. 437)*, cet établissement rustique apprécié des chasseurs et des randonneurs propose des chambres de style motel, une taverne et un bazar. TV P	20	●	■	●	
MOUNT SHASTA : *Mount Shasta Ranch Bed and Breakfast* $ 1008 W A Barr Rd, CA 96067. **Carte routière A2.** *(916) 926-3870.* Cette retraite rustique a vue sur le Mount Shasta *(p. 436)*. La maison principale abrite la moitié des chambres. Les autres, dans un bâtiment plus petit, ont des salles de bains communes. Solide petit déjeuner compris. TV P	8	●	■		
MOUNT SHASTA : *Mountain Air Lodge* $ 1121 S Mount Shasta Blvd, CA 96067. **Carte routière A2.** *(916) 926-3411 ; (800) 727-3704.* Un établissement sans prétention dans un cadre magnifique. Ski et sports nautiques à quelques kilomètres. TV P	38				
MOUNT SHASTA : *Strawberry Valley Inn* $ 1142 S Mount Shasta Blvd, CA 96067. **Carte routière A2.** *(916) 926-2052.* Chaque chambre obéit à un thème dans cette auberge paisible appréciée des skieurs. Vues du Mount Shasta. Réservation recommandée. TV P	15		■	●	
MOUNT SHASTA : *Tree House Inn* $ 111 Morgan Way, CA 96067. **Carte routière A2.** *(916) 926-3101.* FAX *(916) 926-3542.* Des meubles en séquoia ajoutent à l'atmosphère chaleureuse de cet hôtel moderne. Préférez une chambre avec vue. TV P	95	●	■	●	■
SCOTIA : *Scotia Inn* $$ 100 Main Street, CA 95565. **Carte routière A2.** *(707) 764-5684.* FAX *(707) 764-1707.*Construite pour les ouvriers de la scierie de Scotia *(p. 431)*, cette belle auberge séduira les amoureux de l'artisanat du bois. Rénovées, les chambres abritent du mobilier d'époque. TV P	11	●	■		
WEAVERVILLE : *Motel Trinity* $ 1112 Main St, CA 96093. **Carte routière A2.** *(916) 623-2129.* FAX *(916) 623-6007.* Le choix s'étend ici de la chambre pour une personne à des suites de deux chambres et cuisinette. Jacuzzi dans certaines chambres. TV	25	●		●	■
WEAVERVILLE : *Victorian Inn* $ 1709 Main St, CA 96093. **Carte routière A2.** *(916) 623-4432.* Situé en bordure d'une ville de montagne historique *(p. 433)*, ce motel propose des chambres spacieuses et modernes. TV P	61		■		
WEAVERVILLE : *Weaverville Hotel* $ 201 Main St, CA 96093. **Carte routière A2.** *(916) 623-3121.* Une nuit dans cet hôtel désuet et bon marché occupant les étages supérieurs d'un bâtiment historique offre un aperçu du Weaverville d'antan. TV P	8		■		
WINE COUNTRY					
BODEGA BAY : *Bodega Coast Inn* $$$ 521 Hwy 1 (PO Box 55), CA 94923. **Carte routière A3.** *(707) 875-2217 ; (800) 346-6999.* FAX *(707) 875-2964.* Un hôtel moderne à un jet de pierre de la plage. *Spa (p. 504).* Vue spectaculaire et cheminée dans certaines chambres. TV P	45	●	■	●	
BOYES HOT SPRINGS : *Sonoma Mission Inn & Spa* $$$ 18140 Sonoma Hwy 12, CA 95476. **Carte routière A3.** *(707) 938-9000 ; (800) 862-4945.* FAX *(707) 935-1205.* Fondée au XIXe siècle, cette auberge possède des chambres luxueuses, souvent avec cheminée, et des courts de tennis. TV P	168	●	■	●	■
CALISTOGA : *Calistoga Spa Hot Springs Resort Motel* $ 1006 Washington St, CA 94515. **Carte routière A3.** *(707) 942-6269.* Ce motel accueillant offre aux familles un hébergement idéal. Bassins d'eau minérale, bains de boue et massages. TV P	57		■	●	■
CALISTOGA : *Comfort Inn* $$ 1865 Lincoln Ave, CA 94515. **Carte routière A3.** *(707) 942-9400 ; (800) 228-5150.* FAX *(707) 942-5262.* Cet hôtel agréable propose bassin d'eau minéral, bain à remous, *steam room* et sauna. TV P	55	●	■	●	■
GEYSERVILLE : *Campbell Ranch Inn* $$ 1475 Canyon Rd, CA 95441. **Carte routière A3.** *(707) 857-3476 ; (800) 959-3878.* FAX *(707) 857-3239.* La plupart des chambres ont balcon et cheminée. Courts de tennis, *hot tub*, bicyclettes et desserts faits maison. TV P	5		■	●	■

Légende des symboles, voir rabat de couverture

Les prix correspondent à une nuit en chambre double, service et taxes compris.

$ moins de 100 $
$$ de 100 à 150 $
$$$ de 150 à 200 $
$$$$ de 200 à 250 $
$$$$$ plus de 250 $

Restaurant
Sauf indication contraire, le restaurant ou la salle à manger accueille d'autres clients que les hôtes.

Équipements enfants
Berceaux, lits d'enfants et baby-sitting disponibles. Certains établissements proposent des menus pour enfants et possèdent des chaises hautes.

Jardin ou terrasse
Hôtel possédant un jardin, une cour intérieure ou une terrasse. Souvent, possibilité de manger dehors.

Piscine
Hôtel doté d'une piscine couverte ou à ciel ouvert.

Hôtel	Nombre de chambres	Restaurant	Équipements enfants	Jardin ou terrasse	Piscine
Gualala : *Whale Watch Inn* $$$ 5100 Hwy 1, CA 95445. **Carte routière A3.** *(707) 884-3667.* FAX *(707) 884-4815.* Depuis un promontoire au-dessus de l'océan, toutes les chambres ménagent une vue spectaculaire et ont balcon et cheminée, certaines disposent d'un bain à remous. Ni téléphone ni télévision. Petit déjeuner compris.	18			●	
Healdsburg : *Dry Creek Inn* $ 198 Dry Creek Rd, CA 95448. **Carte routière A3.** *(707) 433-0300 ; (800) 222-5784.* FAX *(707) 433-1129.* Proche de caves viticoles, cet hôtel de la chaîne Best Western offre des chambres spacieuses et un *spa (p. 504).*	103		■		■
Healdsburg : *Camellia Inn* $$ 211 North St, CA 95448. **Carte routière A3.** *(707) 433-8182 ; (800) 727-8182.* FAX *(707) 433-8130.* Dans cette délicieuse auberge victorienne, certaines chambres possèdent une cheminée et un bain à remous.	9		■	●	■
Healdsburg : *Madrona Manor* $$$ 1001 Westside Rd, CA 95448. **Carte routière A3.** *(707) 433-4231 ; (800) 258-4003.* FAX *(707) 433-0703.* Caves et vignobles entourent cette demeure victorienne. Certaines chambres ont une cheminée, une baignoire ancienne ou un jacuzzi, ainsi qu'une terrasse ou un balcon.	21	●	■	●	■
Mendocino : *Mendocino Hotel* $$ 45080 Main St (PO Box 587), CA 95460. **Carte routière A3.** *(707) 937-0511 ; (800) 548-0513.* FAX *(707) 937-0513.* Cet hôtel victorien accueillant domine la côte et propose aussi des chambres dans le jardin.	51	●		●	
Mendocino : *MacCallum House* $$$ 45020 Albion St (PO Box 206), CA 95460. **Carte routière A3.** *(707) 937-0289 ; (800) 609-0492.* Certaines chambres n'ont pas de salle de bains dans cette auberge du XIX[e] siècle. Préférez celles des annexes, souvent avec cheminée.	21	●	■	●	
Napa : *The Chateau Hotel* $ 4195 Solano Ave, CA 94558. **Carte routière B3.** *(707) 253-9300 ; (800) 253-6272.* FAX *(707) 253-0906.* Cet hôtel de style européen vise une clientèle d'affaires avec des chambres confortables et un *spa (p. 504).*	115		■	●	■
Napa : *The Elm House* $$$ 800 California Blvd, CA 94559. **Carte routière B3.** *(707) 255-1831 ; (800) 788-4356.* FAX *(707) 255-8609.* Certaines chambres de cette auberge bed-and-breakfast sont dotées d'une cheminée. Réserver tôt en été. Caves à proximité.	16		■	●	
Napa : *Silverado Country Club Resort* $$$$ 1600 Atlas Peak Rd, CA 94558. **Carte routière B3.** *(707) 257-0200 ; (800) 532-0500.* FAX *(707) 257-5400.* Des bungalows luxueux entourent une vieille demeure sur 485 ha. Fabuleux équipements de loisir.	300	●	■	●	■
Rutherford : *Rancho Caymus* $$$ 1140 Rutherford Rd (PO Box 78), CA 94573. **Carte routière A3.** *(707) 963-1777 ; (800) 845-1777.* FAX *(707) 963-5387.* Cet hôtel de style hacienda aux salles de bains ornées de carreaux mexicains est construit autour d'une jolie cour intérieure. Balcon et jacuzzi dans certaines chambres.	26		■	●	
Rutherford : *Auberge du Soleil* $$$$$ 180 Rutherford Hill Rd, CA 94573. **Carte routière A3.** *(707) 963-1211 ; (800) 348-5406.* FAX *(707) 963-8764.* Les cottages luxueux de cette *spa resort (p. 504-505)* possèdent cheminées et bars et ont vue sur la Napa Valley *(p. 446-447).* Intéressant jardin de sculptures.	50	●	■	●	■
St Helena : *White Sulphur Springs Resort and Spa* $ 3100 White Sulphur Springs Rd, CA 94574. **Carte routière A3.** *(707) 963-8588.* FAX *(707) 963-2890.* Une retraite rustique avec de minuscules cabanes en rondins. Sources chaudes d'eau sulfureuse.	37	●	■	●	■

Établissement	Chambres				
St Helena : *Inn At Southbridge* $$$$ 1020 Main St, CA 94574. **Carte routière A3.** *(707) 967-9400 ; (800) 520-6800.* FAX *(707) 967-9486.* Toutes les chambres de cet établissement moderne possèdent des plafonds voûtés, des cheminées et des portes-fenêtres ouvrant sur des balcons. TV P	21	●	■	●	
St Helena : *Meadowood Resort Hotel* $$$$$ 900 Meadowood Lane, CA 94574. **Carte routière A3.** *(707) 963-3646 ; (800) 458-8080.* FAX *(707) 963-3532.* Certains des logements offerts par cette retraite romantique ont des cheminées en pierre, des balcons et des terrasses. Équipements de remise en forme, golf, tennis et croquet *(p. 571).* TV P	99	●	■	●	■
Santa Rosa : *Hotel La Rose* $$ 308 Wilson St, CA 95401. **Carte routière A3.** *(707) 579-3200 ; (800) 527-6738.* FAX *(707) 579-3247.* Décor rustique et service souriant donnent à cet hôtel de Railroad Square l'ambiance d'un Bed-and-Breakfast. TV P	49	●	■	●	
Sonoma : *Sonoma Valley Inn* $ 550 2nd St, CA 95476. **Carte routière A3.** *(707) 938-9200 ; (800) 334-5784.* FAX *(707) 938-0935.* De style Mission, cet hôtel de Downtown a des chambres avec balcon donnant sur une cour intérieur. Petit déjeuner continental. TV P	75		■	●	■
Sonoma : *Victorian Garden Inn* $$$ 316 E Napa St, CA 95476. **Carte routière A3.** *(707) 996-5339.* FAX *(707) 996-1689.* Cette ferme paisible de style Greek Revival est un lieu idéal pour se détendre. Petit déjeuner compris. P	5			●	■
Yountville : *Napa Valley Lodge* $$ 2230 Madison St, CA 94599. **Carte routière B3.** *(707) 944-2468 ; (800) 368-2468.* FAX *(707) 944-9362.* Cet hôtel propose entre autres un bain à remous et un sauna. Certaines chambres ont cheminée et balcon. TV P	55		■		■
Yountville : *Vintage Inn* $$$$ 6541 Washington St, CA 94599. **Carte routière B3.** *(707) 944-1112.* FAX *(707) 944-1617.* Excellent service et jardins magnifiques. Bicyclettes et terrain de golf disponibles à proximité. TV P	80		■	●	■

Gold Country et Central Valley

Établissement	Chambres				
Amador City : *Imperial Hotel* $ 14202 Hwy 49, CA 95601. **Carte routière B3.** *(209) 267-9172 ; (800) 242-5594.* FAX *(209) 267-9249.* Ce charmant édifice du XIXe siècle proche de Sutter Street a été bien modernisé. Petit déjeuner compris. P	7	●		●	
Auburn : *Best Western Golden Key* $ 13450 Lincoln Way, CA 95603. **Carte routière B3.** *(916) 885-8611 ; (800) 528-1234.* FAX *(916) 888-0319.* Un hôtel simple à quelques kilomètres au nord-est de Sacramento. Petit déjeuner continental. Animaux acceptés. TV P	68		■	●	■
Grass Valley : *Best Western Gold Country* $$ 11972 Sutton Way, CA 95945. **Carte routière B3.** *(916) 273-1393 ; (800) 247-6590.* FAX *(916) 273-4229.* Cet hôtel entouré de pins offre confort de base et petit déjeuner continental compris dans le prix. TV P	84		■	●	■
Grass Valley : *Holbrooke Hotel and Restaurant* $$ 212 West Main St, CA 95945. **Carte routière B3.** *(916) 273-1353 ; (800) 933-7077.* FAX *(916) 273-0434.* Les chambres de cet hôtel historique du centre portent les noms d'hôtes célèbres. TV P	27	●	■	●	
Murphys : *Murphys Historic Hotel and Lodge* $ 457 Main St, CA 95247. **Carte routière B3.** *(209) 728-3444 ; (800) 532-7684.* FAX *(209) 728-1590.* Avec des impacts de balles dans la porte d'entrée et un fabuleux « saloon », ce monument historique fait revivre l'épopée du Far West. Chambres modernes dans une aile séparée. P	35	●	■	●	
Nevada City : *Emma Nevada House* $$ 528 E Broad St, CA 95959. **Carte routière B3.** *(916) 265-4415 ; (800) 916-3662.* FAX *(916) 265-4416.* Certaines chambres possèdent un jacuzzi dans cette charmante et paisible maison victorienne. P	6			●	
Nevada City : *The Parsonage Bed and Breakfast* $$ 427 Broad St, CA 95959. **Carte routière B3.** *(916) 265-9478.* FAX *(916) 265-8147.* Le prix comprend un plantureux petit déjeuner dans ce havre de paix victorien meublé d'antiquités. 24 P	6		■	●	

Légende des symboles, voir rabat de couverture

Les prix correspondent à une nuit en chambre double, service et taxes compris.

$ moins de 100 $
$$ de 100 à 150 $
$$$ de 150 à 200 $
$$$$ de 200 à 250 $
$$$$$ plus de 250 $

Restaurant
Sauf indication contraire, le restaurant ou la salle à manger accueille d'autres clients que les hôtes.

Équipements enfants
Berceaux, lits d'enfants et baby-sitting disponibles. Certains établissements proposent des menus pour enfants et possèdent des chaises hautes.

Jardin ou terrasse
Hôtel possédant un jardin, une cour intérieure ou une terrasse. Souvent, possibilité de manger dehors.

Piscine
Hôtel doté d'une piscine couverte ou à ciel ouvert.

	Nombre de chambres	Restaurant	Équipements enfants	Jardin ou terrasse	Piscine
Nevada City : *National Hotel* $ 211 Broad St, CA 95959. **Carte routière B3.** *(916) 265-4551.* FAX *(916) 265-2445.* Cet édifice historique entouré de pins abrite un hôtel depuis 1855. Toutes les chambres ont un mobilier victorien. TV P	42	●	■	●	■
Nevada City : *Grandmere's Inn* $$$ 449 Broad St, CA 95959. **Carte routière B3.** *(916) 265-4660.* FAX *(916) 265-6569.* De style colonial au sein de jardins en terrasses, le meilleur hôtel de la ville sert fruits et pâtisseries fraîches au petit déjeuner. P	7		■	●	
Sacramento : *River Boat Delta King Hotel* $$ 1000 Front St, CA 95814. **Carte routière B3.** *(916) 444-5464.* FAX *(916) 444-5314.* Ce bateau à vapeur à aubes *(p. 456)* meublé d'antiquités a retrouvé sa splendeur des années 1930. Chambres spacieuses et somptueux petit déjeuner continental. TV P	44	●	■		
Sacramento : *Amber House* $$$ 1315 22nd St, CA 95816. **Carte routière B3.** *(916) 444-8085 ; (800) 755-6526.* FAX *(916) 552-6529.* Le sens du détail caractérise ce Bed-and-Breakfast où certaines chambres ont un jacuzzi pour deux personnes. TV P	9			●	
Sacramento : *Sheraton Hotel* $$$$ 1211 Point East Drive, Rancho Cordova, CA 95742. **Carte routière B3.** *(916) 638-1100 ; (800) 325-3535.* FAX *(916) 635-8356.* Cet hôtel moderne sophistiqué satisfera les personnes voyageant pour affaires comme les touristes. TV P	265	●	■	●	■
Sacramento : *Sterling Hotel* $$$$ 1300 H St, CA 95814. **Carte routière B3.** *(916) 448-1300 ; (800) 365-7660.* FAX *(916) 448-8066.* Une maison victorienne restaurée abrite cet hôtel de luxe en partie décoré d'objets Art déco et orientaux. Jacuzzis en marbre dans les chambres. Petit déjeuner continental compris. TV P	17	●	■	●	
Somerset : *Fitzpatrick Winery and Lodge* $ 7740 Fairplay Rd, CA 95684. **Carte routière B3.** *(916) 620-3248 ; (800) 245-9166.* FAX *(916) 620-6838.* Située dans un vignoble sur les contreforts de la sierra, cette auberge ménage des vues spectaculaires, depuis un balcon dans certaines chambres. Dégustation de vin le soir. P	5			●	
Sonora : *Serenity* $$ 15305 Bear Cub Drive, CA 95370. **Carte routière B3.** *(209) 533-1441 ; (800) 426-1441.* FAX *(209) 533-1441.* Cette auberge construite comme une ferme du XIXe siècle sur un vaste domaine offre cheminées et petit déjeuner. P	4			●	
Sonora : *Sonora Inn & Café* $$ 160 South Washington St, CA 95370. **Carte routière B3.** *(209) 532-7468 ; (800) 580-4667.* FAX *(209) 536-1303.* Dans la vieille ville, cet édifice de style espagnol bâti à la fin du siècle dernier possède un motel en annexe. TV P	64	●	■	●	■
Sutter Creek : *Sutter Creek Inn* $ 75 Main St, CA 95685. **Carte routière B3.** *(209) 267-5606.* FAX *(209) 267-9287.* Cheminées et patios, dans certaines chambres, et lits suspendus au plafond par des chaînes caractérisent cette auberge de style anglais. P	18			●	
Sutter Creek : *Foxes* $$ 77 Main St (PO Box 159), CA 95685. **Carte routière B3.** *(209) 267-5882.* FAX *(209) 267-0712.* Des antiquités meublent les chambres confortables de cette auberge accueillante. *Honeymoon Suite.* P	7			●	
Sutter Creek : *Gold Quartz Inn* $$ 15 Bryson Drive, CA 95685. **Carte routière B3.** *(209) 267-9155 ; (800) 752-8738.* FAX *(209) 267-9170.* Dans cette auberge à l'atmosphère romantique, certaines chambres disposent d'une véranda, celles de derrière donnent sur une roseraie. Pas d'enfants de moins de 10 ans. TV P	24			●	

High Sierras

Établissement	Prix	Chambres				
Bishop : *Best Western Bishop Holiday Spa Lodge* 1025 N Main St, CA 93514. **Carte routière C4.** *(760) 873-3543 ; (800) 576-3543.* FAX *(760) 872-4777.* Un motel d'un bon rapport qualité-prix : réfrigérateurs, fours à micro-ondes et bain à remous couvert. TV P	$	80		■		■
Bishop : *Creekside Inn* 725 N Main St, CA 93514. **Carte routière C4.** *(760) 872-3044 ; (800) 273-3550.* FAX *(760) 872-1300.* Un spacieux jardin longeant un ruisseau entoure ce motel moderne. Cuisine possible dans certaines chambres. TV P	$	89		■	●	■
El Portal : *Cedar Lodge* 9966 State Hwy 140, CA 95318. **Carte routière C3.** *(209) 379-2612 ; (800) 321-5261.* FAX *(209) 379-2712.* À l'entrée ouest du Yosemite National Park *(p. 472-473)*, de la simple chambre à la grande suite. TV P	$	206	●	■		■
Fish Camp : *Narrow Gauge Inn* 48571 State Hwy 41, CA 93623. **Carte routière C4.** *(209) 683-7720.* FAX *(209) 683-2139.* L'hospitalité reste d'actualité dans cette petite auberge romantique. Excellent restaurant *(p. 573)*. Fermé en hiver. P	$$	26	●	■	●	
Fish Camp : *Tenaya Lodge* 1122 State Hwy 41, CA 93623. **Carte routière C4.** *(209) 683-6555 ; (800) 635-5807.* FAX *(209) 683-8684.* Géré par la chaîne Marriott, cet hôtel est celui qui offre le plus de prestations, notamment un sauna, près de Yosemite. TV P	$$$	242	●	■	●	■
June Lake : *Boulder Lodge* June Lake (PO Box 68), CA 93529. **Carte routière C3.** *(760) 648-7533.* FAX *(760) 648-7330.* Cet établissement paisible près d'un lac propose des chambres standard et des cottages de deux chambres. TV P	$	60	●	■	●	■
Kings Canyon National Park : *Sequoia Lodge* PO Box 858, Grant Grove, CA 93633. **Carte routière C4.** *(209) 565-3388.* FAX *(209) 565-3223.* Parmi des bosquets de séquoias géants, les chambres standard ont une salle de bains, mais pas les cabanes rustiques également disponibles. Ouvert toute l'année. Location de bateaux sur le lac. P	$$	52	●	■	●	■
Kirkwood : *Kirkwood Resort* Kirkwood (PO Box 1), CA 95646. **Carte routière C3.** *(209) 258-7000.* FAX *(209) 258-7400.* À 50 km au sud du Lake Tahoe *(p. 470-471)*, cette *resort* permet de se dépenser toute l'année, du cheval en été au ski de fond en hiver. La plupart des suites possèdent cuisine et cheminée. TV P	$$	120	●	■	●	
Lee Vining : *Lake View Lodge* PO Box 345, CA 93541. **Carte routière C3.** *(760) 647-6543.* FAX *(760) 647-6325.* Ce motel sur la rive ouest du Mono Lake *(p. 478)* offre une excellente base pour explorer la région. Cuisine dans certaines chambres. TV P	$	46		■	●	
Lone Pine : *Frontier Motel* 1008 S Main St, CA 93545. **Carte routière C4.** *(760) 876-5571.* FAX *(760) 876-5357.* Pêcheurs et randonneurs apprécient ce motel aux chambres souvent dotées de bain à remous. Petit déjeuner continental. TV P	$	73		■		■
Mammoth Lakes : *Austria Hof Lodge* 924 Canyon Blvd, CA 93546. **Carte routière C4.** *(760) 934-2764.* FAX *(760) 934-1880.* À quelques pas des pistes de ski de la Mammoth Mountain, cet hôtel charmant est très fréquenté les week-ends d'hiver. TV P	$	22	●	■		
Mammoth Lakes : *Shilo Inn* 2963 Main St, CA 93546. **Carte routière C4.** *(760) 934-4500.* FAX *(760) 934-7594.* Les hôtes jouissent ici de suites spacieuses dotées d'un bar et d'un coin salon. Les équipements comprennent un sauna. TV P	$$	71		■		■
South Lake Tahoe : *Lake Tahoe Inn* 4110 Lake Tahoe Blvd, CA 96150. **Carte routière C3.** *(916) 541-2010.* FAX *(916) 542-1428.* Dans un parc agréable et spacieux, des chambres doubles complètent pour les familles des chambres de motel standard. TV P	$$	400	●	■	●	■
South Lake Tahoe : *Timber Cove Inn* 3411 Lake Tahoe Blvd, CA 96150. **Carte routière C3.** *(916) 541-6722.* FAX *(916) 541-7959.* Ce motel au bord du Lake Tahoe possède sa propre plage. Les chambres, dont la plupart offrent de jolies vues, sont bien plus confortables que dans la majorité des motels voisins. TV P	$$	262	●	■	●	■

Légende des symboles, voir rabat de couverture

Les prix correspondent à une nuit en chambre double, service et taxes compris.

$ moins de 100 $
$$ de 100 à 150 $
$$$ de 150 à 200 $
$$$$ de 200 à 250 $
$$$$$ plus de 250 $

Restaurant
Sauf indication contraire, le restaurant ou la salle à manger accueille d'autres clients que les hôtes.

Équipements enfants
Berceaux, lits d'enfants et baby-sitting disponibles. Certains établissements proposent des menus pour enfants et possèdent des chaises hautes.

Jardin ou terrasse
Hôtel possédant un jardin, une cour intérieure ou une terrasse. Souvent, possibilité de manger dehors.

Piscine
Hôtel doté d'une piscine couverte ou à ciel ouvert.

	Nombre de chambres	Restaurant	Équipements enfants	Jardin ou terrasse	Piscine
Squaw Valley : *Resort at Squaw Creek* $$$$ 400 Squaw Creek Rd, CA 96146. **Carte routière B3.** *(530) 583-6300 ; (800) 327-3353.* FAX *(530) 581-6632.* Skieurs en hiver et joueurs de golf en été fréquentent cette *resort* luxueuse au pied de la Squaw Mountain.	402	●	■	●	■
Tahoe City : *Chaney House* $$$ 4725 West Lake Blvd (PO Box 7852), CA 96145. **Carte routière B3.** *(530) 525-7333.* FAX *(530) 525-4413.* Entourée d'un jardin au milieu des pins, cette maison possède sa propre plage ainsi qu'une immense cheminée.	4			●	
Tahoe City : *Tahoe City Travel Lodge* $$ 455 North Lake Blvd, CA 96145. **Carte routière B3.** *(530) 583-3766.* FAX *(530) 583-8045.* Ce motel de base offre le câble gratuit, un jacuzzi en plein air et des réductions dans des restaurants proches.	47		■		■
Truckee : *Donner Lake Village Resort* $$ Suite 101, 15695 Donner Pass Rd, CA 96161. **Carte routière B3.** *(530) 587-6081 ; (800) 621-6664.* FAX *(530) 587-8782.* Cette *resort* dispose de sa propre plage et de son port de plaisance. Quelques suites de deux chambres.	64		■		■
Yosemite National Park : *Wawona Hotel* $$ State Hwy 41, CA 95389. **Carte routière C3.** *(209) 252-4848.* FAX *(209) 456-0542.* Cet hôtel de caractère des années 1870 propose aussi comme logements quelques cottages rustiques. Les hôtes peuvent jouer au golf, au tennis et faire des promenades à cheval.	104	●	■	●	■
Yosemite National Park : *Yosemite Lodge* $$ Yosemite Valley, CA 95389. **Carte routière C3.** *(209) 252-4848.* FAX *(209) 456-0542.* Près des Yosemite Falls *(p. 474)*, le plus large choix de la vallée : de la chambre de motel moderne à des cabanes rustiques.	495	●	■	●	■
Yosemite National Park : *Ahwahnee Hotel* $$$$ Yosemite Valley, CA 95389. **Carte routière C3.** *(209) 252-4848.* FAX *(209) 456-0542.* Mariant sophistication et rusticité, l'hôtel le plus chic du parc *(p. 475)* date de 1927. Vastes espaces communs et beau restaurant *(p. 574)*. Location de bicyclettes et de chevaux.	123	●	■	●	■
De Santa Cruz à Fresno					
Aptos : *Best Western Seacliff Inn* $ 7500 Old Dominion Court, CA 95003. **Carte routière B4.** *(831) 688-7300 ; (800) 367-2003.* FAX *(831) 685-3603.* Tous près de la plage, les chambres sont spacieuses et certaines possèdent un bain à remous.	140	●	■		■
Aptos : *Rio Sands Motel* $$ 116 Aptos Beach Drive, CA 95003. **Carte routière B4.** *(831) 688-3207 ; (800) 826-2077.* FAX *(831) 688-6107.* Toutes les chambres ont un patio ou un balcon donnant sur un jardin. Certaines permettent de cuisiner.	50			●	■
Big Sur : *Big Sur River Inn* $$ Hwy 1, Pheneger Creek, CA 93920. **Carte routière B4.** *(831) 667-2700 ; (800) 548-3610.* FAX *(831) 667-2743.* Une auberge rustique aux chambres simples et confortables. Animation musicale au restaurant le week-end.	19	●	■	●	■
Big Sur : *Deetjen's Big Sur Inn* $$ Castro Canyon, CA 93920. **Carte routière B4.** *(831) 667-2377.* Cet hôtel pittoresque a une clientèle d'habitués. Bon restaurant. Les enfants ne sont admis que dans les cottages de deux pièces.	20	●		●	
Big Sur : *The Ventana Inn* $$$$ Hwy 1, CA 93920. **Carte routière B4.** *(831) 624-4812 ; 667-2331; (800) 628-6500.* FAX *(831) 667-2419.* Au milieu de la forêt, la plupart des chambres offrent cheminée et vue sur l'océan. Saunas et bibliothèque.	62	●		●	■

BIG SUR : *Post Ranch Inn* $$$$$ PO Box 219, Hwy 1, CA 93920. **Carte routière B4.** *(831) 667-2200 ; (800) 527-2200.* FAX *(831) 667-2824.* Cette *resort* sortant de l'ordinaire propose notamment des maisons dans les arbres et des abris creusés dans la colline. P	30	●		●	■
CARMEL : *Crystal Terrace Inn* $$$ 24815 Carpenter St, CA 93921. **Carte routière B4.** *(831) 624-6400 ; (800) 600-4488.* FAX *(831) 624-5111.* Près du centre, un hôtel calme et romantique pour séjourner en couple. Cheminée et bar dans certaines chambres. TV P	16			●	
CARMEL : *Cypress Inn* $$$ Lincoln & 7th Ave, CA 93921. **Carte routière B4.** *(831) 624-3871 ; (800) 443-7443.* FAX *(831) 624-8216.* À la Cypress Inn, les animaux de compagnie ont droit de cité partout. Jacuzzi dans certaines chambres. TV P	34		■	●	
CARMEL : *La Playa Hotel* $$$ Camino Real & 8th Ave, CA 93921. **Carte routière B4.** *(831) 624-6476 ; (800) 582-8900.* FAX *(831) 624-7966.* Cet hôtel de style espagnol est bien adapté aux familles. Cinq cottages avec cheminées et cuisinettes. TV P	75	●	■	●	■
CARMEL : *Los Laureles Lodge* $$$ 313 W Carmel Valley Rd, Carmel Valey, CA 93924. **Carte routière B4.** *(831) 659-2233.* Une vieille et rustique *lodge* de chasseur avec un décor à la Laura Ashley. Certaines chambres ont été aménagées dans d'anciennes écuries. TV P	33	●	■	●	■
CARMEL : *Pine Inn* $$$ Ocean Ave & Monte Verde, CA 93921. **Carte routière B4.** *(831) 624-3851 ; (800) 228-3851.* FAX *(831) 624-3030.* Le plus vieil hôtel de Carmel (1889) possède des chambres douillettes et un magnifique hall meublé d'antiquités. TV P	47	●	■	●	
CARMEL : *Carmel Valley Ranch* $$$$ 1 Old Ranch Rd, CA 93923. **Carte routière B4.** *(831) 625-9500 ; (800) 422-7635.* FAX *(831) 624-2858.* Certaines chambres possèdent cheminée et jacuzzi dans ce luxueux hôtel moderne faisant club de golf. TV P	100	●	■	●	■
CARMEL : *Quail Lodge* $$$$ 8205 Valley Greens Drive, CA 93923. **Carte routière B4.** *(831) 624-1581 ; (800) 538-9516.* FAX *(831) 624-3726.* Le grand luxe. Terrain de golf, sentiers de randonnée et même un service de gardiennage d'animaux domestiques. TV P	100	●	■	●	■
CARMEL : *Highlands Inn and Restaurant* $$$$$ Pacific Coast Hwy 1, CA 93923. **Carte routière B4.** *(831) 624-3801 ; (800) 682-4811.* FAX *(831) 626-1574.* Cet hôtel rustique se dresse sur un promontoire boisé dominant la côte. Jacuzzi dans certaines chambres. TV P	142	●	■	●	■
MONTEREY : *Casa Munras Garden Hotel* $$$ 700 Munras Ave, CA 93940. **Carte routière B4.** *(831) 375-2411 ; (800) 222-2446.* FAX *(831) 375-1365.* Proche de tous les sites, cet hôtel a une clientèle fidèle. Confortables, les chambres disposent d'une cheminée. TV P	152	●	■	●	■
MONTEREY : *Monterey Plaza Hotel* $$$$ 400 Cannery Row, CA 93940. **Carte routière B4.** *(831) 646-1700 ; (800) 334-3999.* FAX *(831) 646-5937.* Certaines chambres de cet établissement proche de tous les sites ont des balcons donnant sur la Monterey Bay. 24 TV P	285	●	■		
MONTEREY : *Old Monterey Inn* $$$$ 500 Martin St, CA 93940. **Carte routière B4.** *(831) 375-8284 ; (800) 350-2344.* FAX *(831) 375-6730.* Un jardin à l'anglaise entoure ce manoir Tudor. Cheminées et jacuzzis dans les chambres. Adultes seulement. P	10			●	
PACIFIC GROVE : *The Martine Inn* $$$$ 255 Ocean View Blvd, CA 93950. **Carte routière B4.** *(831) 373-3388 ; (800) 852-5588.* FAX *(831) 373-3896.* Cette auberge de style méditerranéen conserve un billard de la fin du XIXe siècle. Cheminées dans certaines chambres. P	20		■	●	
SANTA CRUZ : *Sunset Inn* $$ 2424 Mission St, CA 95060. **Carte routière B4.** *(831) 423-7500.* L'hôtel a été complètement rénové : toutes les chambres disposent de micro-ondes et de réfrigérateurs. Excellents restaurants à côté. TV P	28		■		
SANTA CRUZ : *Babbling Brook Inn* $$$ 1025 Laurel St, CA 95060. **Carte routière B4.** *(831) 427-2437 ; (800) 866-1131.* FAX *(831) 427-2457.* Les chambres de cette retraite romantique possèdent cheminées, jacuzzis ou balcons. Petit déjeuner compris. TV P	12			●	

Légende des symboles, voir rabat de couverture

Restaurants

De tous les États américains, la Californie est sans doute celui qui offre la plus grande variété d'endroits où se restaurer. À l'initiative de chefs comme Jeremiah Towers, Wolfgang Puck et Alice Waters, il existe même une « cuisine californienne ». Légère et métissée, elle marie produits locaux et aromates plus exotiques, en particulier asiatiques et méditerranéens. Outre de nombreux restaurants italiens et français, vous pourrez déguster dans chaque ville des *sushi* japonais, des nouilles thaïes, des *dim sum* chinois, des *burritos* mexicains, des *falafel* moyen-orientaux et des plats *tandoori* indiens. Ne méprisez pas pour autant le classique hamburger-frites, souvent délicieux dans ces petits restaurants sans prétention appelés *diners*. Les pages 544 à 575 proposent un large choix d'établissements sélectionnés pour leur rapport qualité-prix, ainsi que pour la qualité de la nourriture et du service.

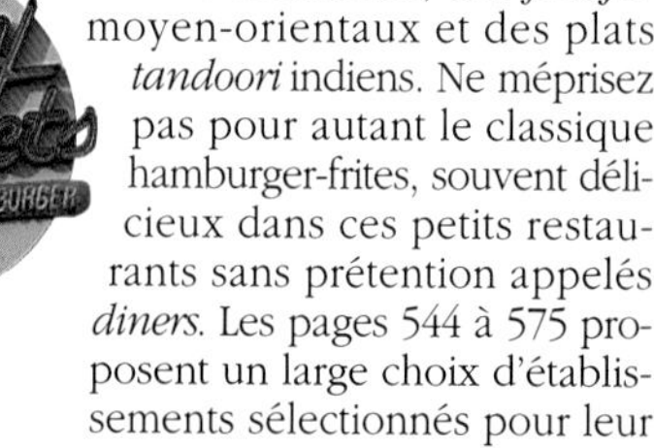

Enseigne d'un *diner*

Les habitudes alimentaires californiennes

Servis de 6 h 30 à 11 h, les petits déjeuners américains sont peut-être les meilleurs du monde comme vous le constaterez en Californie. Les restaurants, des plus simples aux plus sophistiqués, offrent le matin un vaste choix : omelettes, œufs au bacon ou saucisses accompagnés de frites, de pommes de terre sautées, de toasts ou de *muffins* (petits pains) ; *pancakes* (crêpes épaisses) ou gaufres *(waffles)* nappées de sirop d'érable ; céréales garnies de fruits secs ou frais. Vous pourrez aussi vous contenter de café et de simples pâtisseries. De 9 h à 14 h le dimanche et, parfois, le samedi, le *brunch* (repas à mi-chemin du *breakfast* et du *lunch*) peut comprendre en outre des viandes grillées.

Les Américains ne s'accordent qu'une courte pause à midi et le déjeuner est léger, soupe et salade ou sandwich. Le principal repas, le dîner, se prend dès 17 h 30 et jusqu'à 22 h 30.

Prix et pourboires

Un snack dans un café ne devrait pas dépasser 5 $ par personne. Un repas dans un *diner* ira jusqu'à 15 $. Un dîner de trois plats (sans la boisson) coûtera entre 25 $ et 30 $ dans un bon restaurant et à partir de 40 $ dans certains établissements de standing. Les menus à prix fixe sont rares et, bien que souvent similaires, beaucoup moins chers à midi que le soir.

Le service n'est jamais compris. La taxe de 8,5 % non plus. Le pourboire, entre 15 et 20 % du prix net, dépendra de la qualité du service.

Fast-food

Vous vous trouverez rarement en Californie à plus de cinq minutes d'un fast-food. Parmi les chaînes de *diners* figurent Starbucks, Denny's, Sizzlers et Marie Callendar. Leurs succursales proposent des prix raisonnables, de vastes salles et une carte étendue, mais la nourriture, préparée en gros, peut se révéler un peu fade.

Planet Hollywood *(p. 546)*

Manger sain

Un certain nombre de restaurants suivent désormais en Californie les recommandations de l'Americain Heart Association (AHA). Sur une carte, un cœur rouge à côté du nom d'un plat signifie peu de calories et de cholestérol. Si l'établissement où vous mangez n'en propose pas, vous pouvez toujours demander au serveur que soient retirés des ingrédients qui ne vous conviennent pas.

La cuisine végétarienne reste assez peu répandue, mais tous les restaurants servent des salades et la plupart ne verront aucun inconvénient à vous préparer sur demande des plats sans viande.

Le Rex Restaurant de l'Oviatt Building, Los Angeles *(p. 545)*

CAFÉS ET SALONS DE THÉ

Il existe plusieurs sortes de cafés en Californie. Les *coffee houses* sont plus spécialisées dans les boissons (café, sodas, jus de fruits et vin) et les pâtisseries. Certaines font partie de librairies, d'autres offrent la possibilité de naviguer sur le réseau Internet tout en se restaurant.

Les « cafés » proposent généralement une carte plus étendue tout en gardant une atmosphère décontractée. Ils ne possèdent souvent qu'une ou deux tables permettant de dîner dehors.

Élégance et ambiance feutrée caractérisent la plupart des salons de thé.

Chez Ratto, un traiteur italien d'Oakland

PIQUE-NIQUE ET PLATS À EMPORTER

Vous trouverez tous les ingrédients nécessaires à un pique-nique chez les traiteurs *(delicatessen)* et dans les supermarchés possédant un rayon traiteur. On vous y préparera également des sandwiches à la demande.

Tous les restaurants prennent les commandes de plats à emporter, mais ils vous coûteront aussi cher que si vous les mangiez sur place.

LES MICRO-BRASSERIES

Dans toutes les grandes villes californiennes, il existe des établissements proposant, à côté d'une sélection nationale et internationale de bières, leur propre production brassée sur place. Certaines de ces bières, telles l'Anchor Steam de San Francisco et la Karl Straus Amber Lager de San Diego *(p. 542-543)*, connaissent un très grand succès.

Les micro-brasseries proposent toujours un choix d'en-cas et de plats pour accompagner les libations.

El Paseo, à Santa Barbara ***(p. 552)***

TABAC

Le tabac a mauvaise presse en Californie et la législation de l'État interdit de fumer dans tous les restaurants. Les cigarettes restent néanmoins permises dans le bar et, à l'occasion, dans les jardins de certains établissements. Les cigares sont en général bannis partout. Il est question de durcir encore cette législation afin d'interdire les cigarettes au bar des restaurants.

Le Craviotto's, un élégant café de Santa Barbara

ACCÈS EN FAUTEUIL ROULANT

Les normes californiennes de construction ou de rénovation des restaurants obligent à les rendre accessibles aux handicapés. On doit donc pouvoir rejoindre les tables sans prendre d'escalier et les toilettes doivent posséder de larges portes.

LES ENFANTS

Les enfants sont les bienvenus dans la plupart des restaurants et ceux-ci proposent des menus spéciaux et des chaises hautes ou des rehausseurs. Dans les établissements chic, la règle veut toutefois qu'ils restent assis et que les parents sortent les calmer s'ils se montrent turbulents.

LA TENUE VESTIMENTAIRE

La plupart des restaurants gastronomiques n'exigent pas le port de la cravate, mais refusent jeans, shorts et chaussures de sport.

RÉSERVATIONS

Il vaut toujours mieux réserver pour éviter une déception. En centre-ville et dans les quartiers animés, en particulier, les restaurants sont souvent bondés. Les établissements les plus réputés ou les plus en vogue affichent parfois complet un mois à l'avance. Si vous avez pris une réservation et que vos projets changent, pensez à téléphoner pour l'annuler.

Que manger en Californie

Les spécialités chinoises et mexicaines sont très répandues en Californie. Des similitudes de climat, et l'importance que les Californiens accordent à leur ligne, expliquent en outre une forte influence de la cuisine méditerranéenne. Des aromates ou des ingrédients exotiques viennent ainsi rehausser des recettes traditionnelles provençales et italiennes, souvent à base de grillades, pour donner notamment des salades colorées ou des plats de pâtes originaux utilisant les légumes frais produits dans les vallées fertiles et ensoleillées de l'État. Les eaux du Pacifique fournissent en abondance un riche éventail de produits de la mer, et les lacs et les rivières de nombreux poissons d'eau douce.

Huile d'olive aromatisée

Waffles
Les Californiens apprécient les gaufres accompagnées de crème fouettée et de fruits.

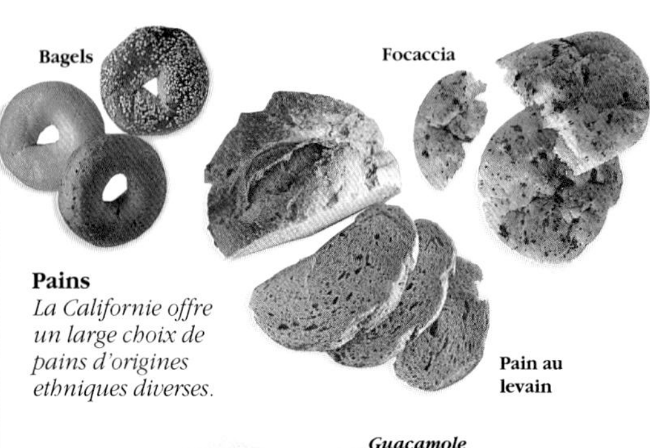

Pains
La Californie offre un large choix de pains d'origines ethniques diverses.

Sandwiches
La plupart des delicatessen *permettent de choisir la composition de ses sandwiches.*

CUISINE MEXICAINE
Partout en Californie, des établissements proposent des spécialités mexicaines, en particulier des plats à base de haricots, de riz et de tortillas (crêpes de farine de maïs).

Burger and Fries
Ce grand classique américain est souvent très bon dans les restaurants.

Dim Sum
Ces petits raviolis chinois sont fourrés de poisson, de viande ou de légumes.

Ahi Tuna
Ce thon se déguste parfois en tranches minces avec une sauce au poivre.

Spaghetti Vongole
En bord de mer, de nombreux restaurants proposent ces pâtes aux clams.

Lobster and Vegetables
Ici servi avec des légumes, le homard figure fréquemment à la carte sur le littoral.

Pizza californienne
Légumes, viande ou poisson grillés garnissent entre autres les pizzas.

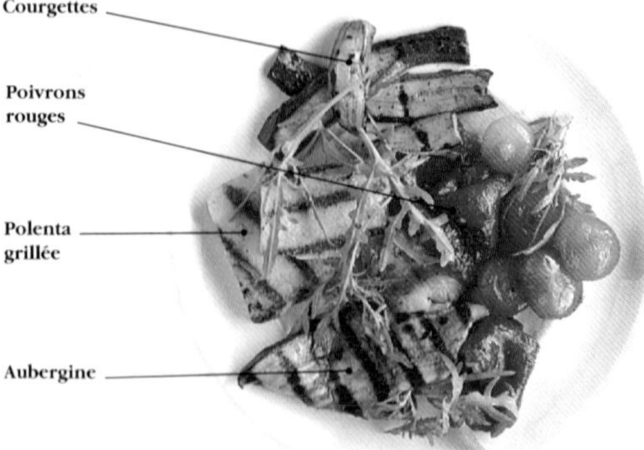

Légumes grillés à la méditerranéenne
De la polenta (semoule de maïs cuite) accompagne souvent des légumes méditerranéens grillés après avoir mariné dans de l'huile d'olive, de l'ail et des aromates.

Salad in Tortilla
Une salade fraîche magnifiquement présentée dans une coquille de tortilla.

Fruit Dessert
Au restaurant, les fruits frais sont parfois servis en dessert avec un sirop.

Fruits californiens

Produits pour la plupart dans les fertiles vallées de l'État, les fruits se consomment aussi bien au petit déjeuner qu'au dessert ou en en-cas.

Que boire en Californie

Marque de bière

Les boissons non alcoolisées sont de loin les plus consommées en Californie. Des fontaines d'eau fraîche équipent la majorité des édifices publics et des stands proposent partout un vaste choix de jus de fruits et de sodas. Le vin *(p. 422-423)* accompagne principalement le dîner, bien que de nombreux restaurants proposent le week-end des brunchs au champagne. Boire de l'alcool est interdit dans la rue, mais on peut se désaltérer d'une bière pendant un match.

La Napa Valley est la principale région viticole de Californie

Tequila Sunset Strip Daiquiri à la fraise Margarita

Soft drinks

Ce terme désigne toutes les boissons non alcoolisées, à commencer par les sodas dont les plus répandus restent les colas, de diverses marques, vendus également en versions décaféinée ou sans sucre. Installés dans la rue, ainsi que dans de nombreux hôtels, des distributeurs proposent des *soft drinks* payants et de l'eau fraîche et de la glace pilée gratuites. Vous pouvez aussi acheter des boissons gazeuses dans les fast-foods, mais elles reviennent en général plus cher que dans un supermarché.

Cola

L'intérêt que les Californiens portent à leur santé les conduit à consommer beaucoup de jus de fruits ou de légumes frais. Partout, notamment dans les centres commerciaux, des stands en pressent de toutes sortes sous vos yeux. À l'instar de nombreux Californiens, n'hésitez pas à vous équiper pour vos promenades de gourdes isolantes qui vous permettront de conserver des boissons fraîches.

Jus de fraises fraîchement pressé

Cocktails

Siroter un cocktail en contemplant un coucher de soleil sur l'océan fait partie des clichés du « rêve californien ».

Le margarita reste le grand favori dans tout l'État. Servi dans un verre conique au bord glacé de sel, il associe tequila, jus de citron vert et liqueur à base d'orange comme le triple sec. Le Sunset Strip, nommé d'après la célèbre section de Sunset Boulevard *(p. 98-103)*, se compose de parts égales de gin, de rhum, de triple sec, de vodka, de jus d'ananas et de limonade. Le pina colada est un mélange d'ananas frais, de lait de coco, de citron vert et de jus de papaye, d'orange et d'ananas. Arrosé d'une pointe de rhum, il est présenté dans de hauts verres. Dans le daiquiri entrent rhum, citron vert et sucre.

Café et thé

Les Américains accompagnent souvent leurs repas d'un café léger, resservi en général gratuitement dans les restaurants. Ils en apprécient aussi des versions plus exotiques dans les cafés ou les stands dans la rue : *espresso*, moka, *café latte, cappuccino, frappuccino* (*cappuccino* glacé) ou café parfumé à l'amande. Le thé se boit aromatisé à de très nombreux parfums.

Cappuccino

Café latte

Frappuccino

Thé au citron

VINS

La Californie du Nord jouit d'un climat tempéré bien adapté à la vigne, des brumes rafraîchissantes permettant une maturité parfaite des grappes. Les principales variétés cultivées sont le cabernet sauvignon, le pinot noir, le merlot et le zinfandel *(p. 422-423)*. Les vins blancs prennent aussi le nom de leur cépage, le chardonnay ayant acquis une grande popularité ces dernières années. Planté sur toute la Côte Ouest, il produit, selon la vinification, des crus aussi bien secs et légers que corsés et riches en tanin.

Des sociétés champenoises telles que Moët et Chandon et Mumm ont fondé des domaines dans le Wine Country, notamment dans la Napa Valley, et la région produit des mousseux *(sparkling wines)*.

Le vin est relativement cher en Californie, en particulier dans les restaurants, mais la législation de l'État vous autorise à l'acheter dans un supermarché ou une *liquor store* et à l'apporter avec vous. Le « droit de débouchage » est en général de l'ordre de 5 à 10 $.

Cuvée Napa, un mousseux de Mumm

Rosé californien

Napa Chardonnay

Cabernet Sauvignon

EAU

L'eau du robinet peut se consommer sans crainte et des distributeurs d'eau fraîche équipent la majorité des lieux publics. Dans les restaurants, elle est servie avec de la glace. L'État produit aussi plusieurs eaux minérales, souvent gazeuses et parfois parfumées aux extraits de fruits. La meilleure provient de Calistoga, une ville thermale de la Napa Valley *(p. 445)*.

Eau minérale de Calistoga

BOISSONS ALCOOLISÉES

Il faut avoir 21 ans pour acheter ou consommer de l'alcool ou entrer dans un bar. Les jeunes doivent pouvoir présenter des papiers d'identité. La législation californienne sur les heures d'ouvertures (de 6 h à 2 h du matin) est toutefois plus souple que celles d'autres États américains. Avoir une bouteille ouverte dans une voiture est interdit.

Dans un bar de Santa Barbara

BIÈRES

Anchor Steam Beer

Red Tail Ale

Liberty Ale

Les bières américaines les plus répandues manquent généralement de corps, mais vous trouverez aussi en Californie des marques étrangères. Le succès de l'Anchor Brewery de San Francisco, qui produit entre autres la Steam Beer et la Liberty Ale, a ouvert aux États-Unis un marché pour des bières de caractère. De petites brasseries, certaines n'occupant que l'arrière-salle d'un bar *(p. 539)*, ont vu le jour dans tout le pays. La Boont Amber et la Red Tail Ale du Mendocino County font partie des autres très bonnes bières locales.

De nombreux Californiens ouvrent également des *do-it-yourself breweries* où chacun peut fabriquer sa propre cuvée. Des experts guident l'amateur tout au long du processus, du maltage à la mise en bouteille en passant par la fermentation. Il dure de deux à six semaines.

Choisir un restaurant

Classés par régions, en commençant par Los Angeles, les établissements de cette sélection ont été choisis dans une large gamme de prix pour la qualité de leur cuisine, leur bon rapport qualité-prix ou l'attrait de leur situation. Les onglets de couleur correspondent à ceux utilisés dans les chapitres consacrés aux différentes régions dans la partie centrale du guide.

Los Angeles

Restaurant	Tables à l'extérieur	Spécialités végétariennes	Bar ou bar à cocktails	Menus à prix fixes	Enfants bienvenus
Bel Air : *Bel-Air Hotel Restaurant* $$$$$ 701 Stone Canyon Rd, CA 90077. **Plan 4 A2.** *(310) 472-1211.* La cuisine franco-californienne de ce restaurant primé se déguste dans une élégante salle à manger, dans un salon évoquant une bibliothèque ou sur une terrasse dominant un jardin et un lac. *soir.*	■	●	■		■
Beverly Hills : *Factor's Deli* $ 9420 W Pico Blvd, CA 90035. **Plan 5 F5.** *(310) 278-9175.* Cet authentique *deli* juif sert de telles portions que deux personnes peuvent se partager un sandwich. Service rapide mais amical. *dim.*		●			■
Beverly Hills : *Koo Koo Roo* $ 262 S Beverly Drive, CA 90212. **Plan 5 F4.** *(310) 274-3121.* Cette chaîne de fast-food propose des plats diététiques dans toute la ville. Les salades et les sandwiches à la dinde ou au poulet sont délicieux.					■
Beverly Hills : *Nate 'n' Al's Deli* $ 414 N Beverly Drive, CA 90210. **Plan 5 F3.** *(310) 274-0101.* Le Nate 'n' Al's prépare de fabuleux sandwiches et des plats classiques de *deli* tels que volaille rôtie, purée et *gravy* (sauce épaisse). Petits déjeuners toute la journée.					■
Beverly Hills : *Barney Greengrass* $$ Barney's New York, 9570 Wilshire Blvd, CA 90212. **Plan 5 F4.** *(310) 777-5877.* Voici l'endroit branché pour déjeuner ou prendre le thé : superbe vue, excellents desserts et plats de *deli* haut de gamme.	■	●	■		■
Beverly Hills : *Benihana of Tokyo* $$ 38 N La Cienega Blvd, CA 90211. **Plan 6 C4.** *(323) 655-7311.* Dans ce restaurant japonais, le chef vient accommoder légumes, poulet, bœuf ou produits de la mer à votre table. C'est bon et distrayant. Mieux vaut réserver à l'avance. *sam. et dim. midi.*			■		■
Beverly Hills : *Café Rodeo* $$ 360 N Rodeo Drive, CA 90210. **Plan 5 F3.** *(310) 273-0300.* Cet établissement animé, dont le décor a changé récemment, offre un bon choix d'en-cas, salades et boissons. On mange à l'extérieur, sur le trottoir.	■	●	■		■
Beverly Hills : *Jackson's Farm* $$$ 439 N Beverly Drive, CA 90210. **Plan 5 F3.** *(310) 273-5578.* Salades, plateaux de fromages, sandwiches et pâtes sont excellents. Une superbe sélection de pains et de desserts les complète.	■	●			■
Beverly Hills : *Lawry's Prime Rib* $$$ 100 N La Cienega Blvd, CA 90211. **Plan 6 C4.** *(310) 652-2827.* Le Lawry's ne plaisante pas avec l'entrecôte. Du *Yorkshire pudding* (sorte de pâte à chou) accompagne les énormes portions découpées à votre table. *midi.*			■		■
Beverly Hills : *McCormick & Schmick's The Fish House* $$$ 206 N Rodeo Drive,CA 90210. **Plan 5 F3.** *(310) 859-0434.* Réputé pour ses plats de poissons et de coquillages, notamment les huîtres, cet excellent restaurant propose aussi pâtes, viande et volaille.	■	●	■		
Beverly Hills : *Piazza Rodeo* $$$ 208 Rodeo Drive, CA 90210. **Plan 5 F3.** *(310) 275-2428.* Ce restaurant italien animé sert des pâtes fabuleuses. Pour un repas plus léger, la carte offre aussi un choix d'entrées, de salades et de sandwiches.	■	●	■		■
Beverly Hills : *Kate Mantilini* $$$$ 9109 Wilshire Blvd, CA 90210. **Plan 5 F4.** *(310) 278-3699.* La cuisine servie ici dans une salle aérée et spacieuse est californienne. Essayez le *white chilli* (chili de poulet aux haricots blancs).		●	■		■

Catégories de prix pour un repas de trois plats, une demi-bouteille de vin de la maison, taxes et service compris :
($) moins de 25 $
($)($) de 25 à 35 $
($)($)($) de 35 à 50 $
($)($)($)($) de 50 à 70 $
($)($)($)($)($) plus de 70 $

Tables à l'extérieur
Tables dans un patio ou sur une terrasse.
Spécialités végétariennes
La carte propose un choix de plats végétariens.
Bar ou bar à cocktails
Possibilité de boire un verre ailleurs qu'à table dans le restaurant.
Menus à prix fixes
Menu au prix intéressant, généralement de trois plats, proposé au déjeuner et/ou au dîner.
Enfants bienvenus
Portions réduites et/ou chaises hautes disponibles.

Beverly Hills : *Matsuhisa* ($)($)($)($)
129 N La Cienega Blvd, CA 90211. **Plan 6 C4.** *(310) 659-9639.* Cet exceptionnel restaurant de poissons japonais propose des spécialités exotiques telles que des oursins chauds. Réservation obligatoire.

Beverly Hills : *Dining Room, Regent Beverly Wilshire Hotel* ($)($)($)($)($)
9500 Wilshire Blvd, CA 90212. **Plan 5 F3.** *(310) 275-5200.* Ce restaurant d'hôtel extrêmement élégant *(p. 508)* à l'atmosphère « vieille Europe » attire une clientèle âgée et chic. Paella extraordinaire.

Beverly Hills : *Mr Chow* ($)($)($)($)($)
344 N Camden Dr, CA 90210. **Plan 5 F3.** *(310) 278-9911.* Des célébrités viennent savourer chez Mr Chow des plats à la pékinoise portant des noms tels que *gamblers' duck* (canard des joueurs). *sam.-dim. midi.*

Beverly Hills : *Spago* ($)($)($)($)($)
1114 Horn Ave, CA 90069. **Plan 6 C1.** *(310) 652-4025.* Le premier restaurant ouvert par le chef Wolfgang Puck *(p. 98)* est devenu l'un des plus renommés des U. S. A. Du décor contemporain à l'excellente cuisine californienne, une expérience à ne pas manquer. *lun.*

Century City : *Dive L.A.* ($)
10250 Santa Monica Blvd, CA 90067. **Plan 5 D4.** *(310) 788-3483.* Les enfants adorent venir manger sandwiches, pizzas ou frites dans ce restaurant ressemblant à un vrai sous-marin avec ses passerelles et ses hublots. Simulation de plongée toutes les heures.

Century City : *La Cachette* ($)($)($)($)
10506 South Santa Monica Blvd, CA 90025. **Plan 4 C5.** *(310) 470-4992.* Ce restaurant très chic, l'un des meilleurs de L. A., sert de la cuisine méditerranéenne française dans un cadre spacieux, lumineux et aéré.

Downtown : *Bernard's* ($)($)($)($)
Biltmore Hotel, 506 S Grand, CA 90012. **Plan 11 D4.** *(213) 612-1580.* Ce restaurant élégant propose carte, menus à prix fixes et dîners et déjeuners de dégustation de vins. Bonne sélection de steaks et de plats de poisson et d'agneau. *dim., lun. soir, sam. midi.*

Downtown : *Patinette at Moca* ($)
250 S Grand Ave, CA 90012. **Plan 11 D4.** *(213) 626-1178.* Le café installé dans la cour intérieure du Museum of Contemporary Art *(p. 121)* sert de bons sandwiches et salades. *lun. ; soir sauf jeu. et dim.*

Downtown : *Checkers* ($)($)($)
535 S Grand Ave, CA 90071. **Plan 11 D4.** *(213) 624-0000.* Marbre et antiquités donnent une atmosphère intime à ce restaurant d'hôtel *(p. 510)* proposant une cuisine californienne éclectique.

Downtown : *Water Grill* ($)($)($)($)
544 S Grand Ave, CA 90017. **Plan 11 D4.** *(213) 891-0900.* Cet établissement comprend un bar à huîtres et sert de délicieuses spécialités de fruits de mer, des *crab cakes* aux crevettes *(prawns)* de Santa Barbara.

Downtown : *Sonora Café* ($)($)($)($)
180 S La Brea, CA 90036. **Plan 7 F3.** *(323) 857-1800.* De succulents classiques de la cuisine Tex-Mex se dégustent au Sonora à la lueur des chandelles. Splendides *quesadillas* farcies au bacon et au fromage de chèvre et de vache. *sam.-dim. midi.*

Downtown : *Cicada* ($)($)($)($)($)
617 S Olive St, CA 90014. **Plan 11 D4.** *(213) 655-5559.* La qualité de sa cuisine italienne contemporaine assure le succès de ce superbe restaurant Art déco de l'Oviatt Hotel. *dim. ; midi sauf jeu. et ven.*

Restaurant	Tables à l'extérieur	Spécialités végétariennes	Bar ou bar à cocktails	Menus à prix fixes	Enfants bienvenus
Matsuhisa		●		●	■
Dining Room, Regent Beverly Wilshire Hotel		●	■	●	■
Mr Chow		●	■	●	■
Spago		●	■		
Dive L.A.		●	■	●	■
La Cachette					■
Bernard's		●	■	●	■
Patinette at Moca	■	●			■
Checkers		●	■		■
Water Grill		●	■		■
Sonora Café	■	●	■		■
Cicada		●	■	●	

Catégories de prix pour un repas de trois plats, une demi-bouteille de vin de la maison, taxes et service compris :
$ moins de 25 $
$$ de 25 à 35 $
$$$ de 35 à 50 $
$$$$ de 50 à 70 $
$$$$$ plus de 70 $

Tables à l'extérieur
Tables dans un patio ou sur une terrasse.
Spécialités végétariennes
La carte propose un choix de plats végétariens.
Bar ou bar à cocktails
Possibilité de boire un verre ailleurs qu'à table dans le restaurant.
Menus à prix fixes
Menu au prix intéressant, généralement de trois plats, proposé au déjeuner et/ou au dîner.
Enfants bienvenus
Portions réduites et/ou chaises hautes disponibles.

	Tables à l'extérieur	Spécialités végétariennes	Bar ou bar à cocktails	Menus à prix fixes	Enfants bienvenus
Glendale : *Kix* $ 343 N Central Ave, CA 91203. **Carte routière**, encadré A. *(818) 956-7800.* Cet immense restaurant sert une délicieuse cuisine californienne. Bonne sélection de pâtes, de salades et de poissons. Groupes seulement. *dim., lun., sam. midi.*	■	●	■		
Hollywood : *Canter's Deli* $ 419 N Fairfax Ave, CA 90036. **Plan 7 D2.** *(323) 651-2030.* Ce merveilleux *deli* ouvert 24 h sur 24 permet aux noctambules de reprendre des forces avec d'énormes sandwiches ou des plats chauds sans prétention.		●	■		■
Hollywood : *Cha Cha Cha* $ 656 N Virgil Ave, CA 90004. **Plan 9 F1.** *(323) 664-7723.* La paella et le poulet boucané *(jerk chicken)* sont excellents dans ce restaurant antillais. Les sauces pimentées peuvent être servies à part.		●	■		■
Hollywood : *Kokomo Café* $ Farmer's Market, 6333 W 3rd St, CA 90036. **Plan 7 D3.** *(323) 933-0773.* Son succès témoigne de la qualité des plats servis au petit déjeuner et à midi. Goûtez aux sandwiches au blanc de poulet fumé au bois d'arbre fruitier ou aux délicieux *turkey burgers.* *soir.*	■	●			■
Hollywood : *Mario's Peruvian* $ 5786 Melrose Ave, CA 90038. **Plan 8 B1.** *(323) 466-4181.* Cadre sans inspiration, mais excellentes spécialités péruviennes telles qu'un ragoût de poisson ou des filets de poisson marinés dans du jus de citron. Mieux vaut arriver tôt. Pas d'alcool, mais vous pouvez apporter le vôtre.		●			■
Hollywood : *Planet Hollywood* $ 9560 Wilshire Blvd, CA 90212. **Plan 5 F4.** *(310) 275-7828.* Propriété d'une brochette de stars, cet établissement propose hamburgers, pizzas et salades dans un décor à la gloire du cinéma.		●	■		■
Hollywood : *Souplantation* $ Beverly Center, 8491 W 3rd St, CA 90048. **Plan 6 C3.** *(323) 655-0381.* Dans ce restaurant de chaîne, vous vous servez à volonté à des buffets offrant un vaste choix de soupes, de salades, de viandes rôties, de fruits et de yaourts. 1 dollar et 49 cents seulement pour les moins de 5 ans.	■	●			■
Hollywood : *The Gumbo Pot* $ Farmer's Market, 6333 W 3rd St, CA 90036. **Plan 7 D3.** *(323) 933-0358.* Des groupes jouent parfois dans ce fast-food cajun. Essayez le ragoût *(stew)* de gombos et les Po'Boys (énormes sandwiches). *soir.*	■	●			
Hollywood : *Hollywood Canteen* $$ 1006 N Seward St, CA 90038. **Plan 2 C5.** *(213) 465-0961.* L'Italie influence la cuisine américaine de ce restaurant de style années 1940. Les *New York steaks* et le saumon mariné sont bons. *dim., lun.-sam. midi.*	■	●	■		
Hollywood : *Shin* $$ 1972 Hillhurst Ave, CA 90027. **Carte routière**, encadré A. *(32) 664-1891.* Le saumon *tempura*, les *sushi* et *sashimi* (poisson cru) et la salade au *steamed lobster* sont délicieux dans ce restaurant japonais minimaliste. La *bento box* permet de goûter un peu de tout. *dim., lun.-sam. midi.*		●			
Hollywood : *The Clay Pit* $$ 145 S Barrington Ave, CA 90049. **Plan 4 A5.** *(310) 476-4700.* La cuisine de l'Inde du Nord de ce restaurant justifie un détour dans ce quartier peu élégant. Le buffet du déjeuner est une véritable affaire.	■	●		●	■
Hollywood : *Ca'brea* $$$ 346 S La Brea Ave, CA 90036. **Plan 7 F3.** *(323) 938-2863.* On déguste au Ca'brea de solides plats de l'Italie du Nord, dont une savoureuse soupe de lentilles, dans une ambiance chaleureuse et animée. *dim.*		●	■		

Hollywood : *Campanile* ($)($)($)($)
624 S La Brea Ave, CA 90036. **Plan 7 F4.** *(323) 938 1447.* On peut fumer au bar et choisir entre 70 grappas dans ce restaurant élégant à la cuisine d'inspiration méditerranéenne. *dim. soir.*

Hollywood : *Mandalay* ($)($)($)($)
611 N La Brea Ave, CA 90036. **Plan 7 F3.** *(323) 933-0717.* Ce restaurant franco-vietnamien branché propose une carte éclectique où voisinent spécialités traditionnelles et *sushi*. *midi.*

Long Beach : *M Bar & Grill* ($)($)
213A Pine Ave à la hauteur de Broadway St, CA 90802. **Carte routière,** encadré A. *(562) 435-2525.* Ce café branché marie saveurs méditerranéennes et latino-américaines. Expositions d'art et bonne musique. *sam.-dim. midi.*

Long Beach : *Shenandoah Café* ($)($)
4722 E 2nd St, CA 90803. **Carte routière,** encadré A. *(562) 434-3469.* Ce curieux café sert une cuisine du Sud. Essayez le travers de porc fumé, les beignets de pomme et le brunch du dimanche. *sam.-dim. midi.*

Long Beach : *Parker's Lighthouse* ($)($)
435 Shoreline Village Drive, CA 90802. **Carte routière,** encadré A. *(562) 432-6500.* On jouit depuis cet ancien phare d'une vue magnifique sur le port tout en dégustant d'excellents poissons grillés dans une ambiance nautique.

Long Beach : *Sir Winston's Restaurant* ($)($)($)
Queen Mary Seaport, 1126 Queen's Hwy, CA 90801. **Carte routière,** encadré A. *(562) 435-3511.* Les boiseries du Queen Mary créent un cadre majestueux pour un dîner romantique et habillé. Cuisine européenne. *midi.*

Malibu : *Gladstone's 4 Fish* ($)($)($)
17300 Pacific Coast Hwy, CA 90272. **Carte routière,** encadré A. *(310) 454-3474.* Ce restaurant de poissons très agréable en famille sert des portions énormes, mais les restes s'emportent dans des sculptures en papier aluminium.

Malibu : *Sims* ($)($)($)
3835 Cross Creek Rd, CA 90265. **Carte routière,** encadré A. *(310) 456-5464.* Cuisine du Pacifique éclectique. Bar à *sushi* le week-end. Merveilleux brunch le dimanche. *lun. midi.*

Malibu : *Saddle Peak Lodge* ($)($)($)($)
419 Cold Canyon Road, CA 91302. **Carte routière,** encadré A. *(818) 222-3888.* Cachée dans les Santa Monica Mountains, la meilleure table de gibier de Los Angeles attire une clientèle élégante. *lun., mar.*

Marina del Rey : *Alejo's* ($)
4002 Lincoln Blvd, CA 90292. **Carte routière,** encadré A. *(310) 822-0095.* Il faut patienter pour savourer sur des tables en formica une cuisine italienne de qualité, mais bon marché. Apportez votre vin. *sam.-dim. midi.*

Marina del Rey : *Killer Shrimp* ($)
523 Washington St, CA 90292. **Carte routière,** encadré A. *(310) 578-2293.* Ce restaurant de chaîne très apprécié ne propose que des crevettes et des sauces succulentes.

Marina del Rey : *The Cheesecake Factory* ($)
4142 Via Marina, CA 90292. **Carte routière,** encadré A. *(310) 306-3344.* On fait la queue pour venir ici apprécier des plats asiatiques, français ou italiens. Et plus de 30 variétés de *cheesecake* (gâteau au fromage blanc) !

Pasadena : *Yujean Kang's* ($)($)($)
67 N Raymond Ave, CA 91103. **Carte routière,** encadré A. *(626) 585-0855.* Ce très élégant chinois ne désemplit pas. Le homard *(lobster)* y prend d'étranges saveurs *(strange flavours)*. Déjeuner à prix intéressant. *mar.*

Pasadena : *Gordon Biersch Brewery* ($)($)($)
41 Hugus Alley, CA 91103. **Carte routière,** encadré A. *(626) 449-0052.* Ce restaurant de chaîne chic a sa propre brasserie. Beaucoup de célibataires. La bière, les hamburgers, les pâtes et le poisson sont vraiment bons.

Pasadena : *Parkway Grill* ($)($)($)
510 S Arroyo Pkwy, CA 91105. **Carte routière,** encadré A. *(626) 795-1001.* Voici l'une des meilleures tables de la région pour découvrir la cuisine californienne. Arbres et fleurs font de la salle à manger un jardin. *sam. midi.*

Légende des symboles, voir rabat de couverture

Catégories de prix pour un repas de trois plats, une demi-bouteille de vin de la maison, taxes et service compris :
$ moins de 25 $
$$ de 25 à 35 $
$$$ de 35 à 50 $
$$$$ de 50 à 70 $
$$$$$ plus de 70 $

Tables à l'extérieur
Tables dans un patio ou sur une terrasse.
Spécialités végétariennes
La carte propose un choix de plats végétariens.
Bar ou bar à cocktails
Possibilité de boire un verre ailleurs qu'à table dans le restaurant.
Menus à prix fixes
Menu au prix intéressant, généralement de trois plats, proposé au déjeuner et/ou au dîner.
Enfants bienvenus
Portions réduites et/ou chaises hautes disponibles.

Restaurant	Tables à l'extérieur	Spécialités végétariennes	Bar ou bar à cocktails	Menus à prix fixes	Enfants bienvenus
Pasadena : *Shiro* $$$ 1505 Mission St, CA 91030. **Carte routière,** encadré A. *(818) 799-4774.* Son excellente cuisine franco-japonaise a valu au Shiro d'être élu meilleure table de Los Angeles par la Zagat Survey en 1996. *lun. ; midi.*					
San Pedro : *22nd Street Landing* $$$ 141A W 22nd St, CA 90731. **Carte routière,** encadré A. *(310) 548-4400.* Ce vaste restaurant de poissons sur le port de San Pedro est toujours très animé. Essayez le cassoulet de fruits de mer en croustade.	■	●	■		■
Santa Monica : *Broadway Bar & Grill* $$ 1460 Third Street Promenade, CA 90401. **Carte routière,** encadré A. *(310) 393-4211.* Le service ne traîne pas dans cet établissement élégant. Bons poissons et steaks grillés. Riche carte des vins.	■	●	■	●	
Santa Monica : *Schatzi on Main* $$ 3110 Main St, CA 90405. **Carte routière,** encadré A. *(310) 399-4800.* Propriété d'Arnold Schwarzenegger, ce restaurant agréable sert des plats autrichiens et de la cuisine californienne diététique. Brunch au champagne le dimanche.	■	●	■		■
Santa Monica : *Ocean Avenue Seafood* $$$ 1401 Ocean Ave, CA 90401. **Carte routière,** encadré A. *(310) 394-5669.* Cet établissement très apprécié comprend un bar à huîtres. Ambiance décontractée. Excellent serran *(sea bass)* du Chili mariné dans une sauce au saké.	■	●	■		■
Santa Monica : *Café Delfini* $$$$ 147 W Channel Rd, CA 90402. **Carte routière,** encadré A. *(310) 459-8823.* De délicieuses spécialités italiennes dans un cadre intime et romantique. Gnocchis maison le jeudi. Réservation recommandée. *midi.*		●			■
Santa Monica : *Drago* $$$$ 2628 Wilshire Blvd, CA 90403. **Carte routière,** encadré A. *(310) 828-1585.* Ce restaurant soigné propose de merveilleuses recettes siciliennes comme le risotto au faisan et le ragoût aux morilles *(morel).* *sam.-dim. midi.*		●	■		■
Santa Monica : *Buffalo Club* $$$$ 1520 Olympic Blvd, CA 90404. **Carte routière,** encadré A. *(310) 450-8600.* Régulièrement élu parmi les dix meilleures tables de L. A., le Buffalo sert une cuisine américaine pleine d'imagination. Fabuleux *dumplings* de crevette et de homard à la sauce aux haricots noirs. *dim. et lun. ; midi.*	■	●	■		
Santa Monica : *Chinois on Main* $$$$$ 2709 Main St, CA 90405. **Carte routière,** encadré A. *(310) 392-9025.* Wolfgang Puck propose ici dans un décor contemporain un mariage entre traditions chinoise, japonaise et californienne. L'occasion de déguster des huîtres au curry. *midi du sam. au mar.*			■		■
Santa Monica : *Michael's* $$$$$ 1147 3rd St, CA 90403. **Carte routière,** encadré A. *(310) 451-0843.* On s'habille pour savourer au Michael's une cuisine américaine dans un cadre des années 1930 orné de peintures originales. Parmi les spécialités figure le saumon au caviar et à la ciboulette *(chives).* *dim., lun., et sam. midi.*	■	●	■	●	■
Santa Monica : *Valentino* $$$$$ 3115 Pico Blvd, CA 90405. **Carte routière,** encadré A. *(310) 829-4313.* Le meilleur italien de Los Angeles possède aussi une des plus belles cartes des vins de la ville. Tout est fait sur place, du pain et des pâtes aux desserts et aux sorbets. *dim., à midi du lun. au jeu. et le sam.*	■	●	■	●	■
Studio City : *La loggia* $$$$ 11814 Ventura Blvd, CA 91604. **Carte routière,** encadré A. *(818) 985-9222.* Ce restaurant italien tout petit est toujours bondé. Goûtez aux spaghetti maison aux crevettes, coquilles Saint-Jacques et calamars. *dim., sam. midi.*		●	■		

STUDIO CITY : *Pinot Bistro* $$$
12969 Ventura Blvd, CA 91604. **Carte routière,** encadré A. *(818) 777-1000.* Un petit coin de Paris à Los Angeles. Salle confortable et chaleureuse et superbe cuisine. *sam.-dim. midi.*

UNIVERSAL CITY : *BB King's Blues Club* $$$
1000 Universal Center Drive, CA 91608. **Carte routière,** encadré A. *(818) 777-1000.* Un groupe de gospel joue pour le brunch du dimanche dans cet établissement servant une cuisine du Sud. *midi.*

VENICE : *Café 50s Diner* $
838 Lincoln Blvd, CA 90291. **Carte routière,** encadré A. *(310) 399-1955.* Un minuscule café des années 1950. Plats de *diner* : sandwiches, salades, hamburgers et milkshakes. Spécialités du jour *(blue plate special)* le soir.

VENICE : *Jody Maroni's Sausage Kingdom* $
2011 Ocean Front Walk, CA 90291. **Carte routière,** encadré A. *(310) 822-5369.* Un petit creux ? Essayez un des sandwiches à la saucisse garnis d'oignons et de poivrons préparés par ce stand de la promenade (pas de siège).

VENICE : *The Rose Café & Market* $
220 Rose Ave, CA 90291. **Carte routière,** encadré A. *(310) 399-0711.* Ce café décontracté au coin de Main Street propose des classiques tels qu'hamburgers et poulet. Très bonne *Chinese chicken salad.* *dim. soir.*

VENICE : *East Japanese Restaurant* $$$
4371 Glencoe Ave, CA 90921. **Carte routière,** encadré A. *(310) 822-3700.* Ce restaurant japonais renommé sert de délicieux sushis et sashimi et d'autenthiques plats japonais, le tout accompagné d'une variété de sakés parfumés. *à midi.*

VENICE : *Hal's* $$$
1349 Abbot Kinney Blvd, CA 90291. **Carte routière,** encadré A. *(310) 396-3105.* Ce bistrot branché et chaleureux sert pâtes et plats américains dans un cadre aéré. Peintures contemporaines sur les murs.

WEST HOLLYWOOD : *Book Soup Bistro* $
8800 Sunset Blvd, CA 90069. **Plan 6 B1.** *(310) 657-1072.* En sortant de la librairie voisine, un bon endroit pour prendre un brunch ou déguster des plats simples tels que pâtes, salades, hamburgers et sandwiches.

WEST HOLLYWOOD : *Cajun Bistro* $
8301 Sunset Blvd, CA 90069. **Plan 6 C1.** *(323) 656-6388.* Ce restaurant sert une bonne cuisine cajun : délicieux *jambalaya, gumbos,* viande frite et grillée et immenses salades font partie de ses spécialités.

WEST HOLLYWOOD : *Jones Hollywood* $
7205 Santa Monica Blvd, CA 90046. **Plan 2 A5.** *(323) 850-1726.* Essayez le *New York steak* grillé dans le four à pizza. Le restaurant, animé, sert une cuisine italo-californienne. *sam.-dim. midi.*

WEST HOLLYWOOD : *Marix* $
1108 N Flores St, CA 90069. **Carte routière,** encadré A. *(323) 656-8800.* Apprécié de la population gay du quartier, le Marix est bruyant, mais réussit à merveille les plats mexicains. Vaste choix de margaritas.

WEST HOLLYWOOD : *The Rainbow Bar and Grill* $
9015 Sunset Blvd, CA 90069. **Plan 6 A1.** *(310) 278-4232.* Les professionnels de l'industrie du spectacle se donnent rendez-vous ici *(p. 98).* Cuisine européenne. Night-club le soir. *sam., dim.*

WEST HOLLYWOOD : *Cafe K Milano* $$$
980 N La Cienega. CA 90069. **Plan 6 C1.** *(310) 854-3363.* Vous dégusterez une cuisine italienne familiale très savoureuse. Essayez les pains et les raviolis faits maison et les succulents desserts.

WEST HOLLYWOOD : *Eclipse* $$$
8800 Melrose Ave, CA 90069. **Plan 6 B2.** *(323) 262-4697.* Agneau et poisson rôtissent dans des fours alimentés au bois d'arbre fruitier dans ce restaurant très branché et d'inspiration méditerranéenne. *dim., lun.-sam. midi.*

WEST HOLLYWOOD : *Pane e Vino* $$$
8265 Beverly Blvd, CA 90048. **Plan 6 C1.** *(213) 651-4600.* Ce restaurant italien aux murs ornés de fresques propose pâtes, risottos et poissons. *dim. midi.*

Légende des symboles, voir rabat de couverture

Catégories de prix pour un repas de trois plats, une demi-bouteille de vin de la maison, taxes et service compris :
$ moins de 25 $
$$ de 25 à 35 $
$$$ de 35 à 50 $
$$$$ de 50 à 70 $
$$$$$ plus de 70 $

Tables à l'extérieur
Tables dans un patio ou sur une terrasse.
Spécialités végétariennes
La carte propose un choix de plats végétariens.
Bar ou bar à cocktails
Possibilité de boire un verre ailleurs qu'à table dans le restaurant.
Menus à prix fixes
Menu au prix intéressant, généralement de trois plats, proposé au déjeuner et/ou au dîner.
Enfants bienvenus
Portions réduites et/ou chaises hautes disponibles.

West Hollywood : *Talesai* $$$
9043 Sunset Blvd, CA 90069. **Plan 6 A1.** *(310) 275-9724.* Ce restaurant thaï accueillant propose une cuisine délicieuse. Le canard à la sauce au soja et au gingembre *(ginger)* est spectaculaire. *dim., sam. midi.*

West Hollywood : *Le Dome* $$$$
8720 Sunset Blvd, CA 90069. **Plan 6 C1.** *(310) 659-6919.* Cuisine française à prix abordables dans un cadre très agréable. Les portions sont copieuses. Excellent filet mignon aux trois poivres. *dim.*

West Hollywood : *Citrus* $$$$
6703 Melrose Ave, CA 90038. **Plan 8 A1.** *(213) 857-0034.* Mieux vaut réserver tôt pour savourer dans son patio couvert la cuisine franco-californienne de cette table primée. *dim.*

West Hollywood : *Georgia* $$$$
7250 Melrose Ave, CA 90046. **Plan 7 F2.** *(213) 933-8420.* Chic, le Georgia décline une cuisine du Sud haut de gamme avec des plats comme le pain de viande *(meatloaf)* de Géorgie que peuvent accompagner pain de maïs, patates douces et tomates vertes frites.

West Hollywood : *House of Blues* $$$$
8430 Sunset Blvd, CA 90069. **Plan 6 C1.** *(323) 848-5100.* Dans une immense cabane en métal *(p. 99)*, ce restaurant en vogue sert d'excellents plats du Sud comme le *gumbo* (épais potage) au poulet et à la saucisse.

West Hollywood : *Le Chardonnay* $$$$
8284 Melrose Ave, CA 90046. **Plan 6 C1.** *(213) 655-8880.* Miroirs et boiseries créent un cadre élégant et romantique qui permet d'apprécier de fines recettes françaises de gibier, de lapin, de produits de la mer ou d'autruche. *dim., lun., sam. midi.*

West Hollywood : *Fenix at the Argyle* $$$$$
Argyle Hotel, 8358 Sunset Blvd, CA 90069. **Plan 6 C1.** *(213) 848-6677.* Ce restaurant d'hôtel *(p. 99)* élégamment dépouillé sert une cuisine franco-californienne. Réserver une semaine à l'avance. *dim., lun.-sam. midi.*

West Hollywood : *L'Orangerie* $$$$$
903 N La Cienega Blvd, CA 90069. **Plan 6 C1.** *(310) 652-9770.* Ce restaurant français 5 diamants ne désemplit pas. Les spécialités comprennent le filet de saint-pierre *(John Dory)* aux figues. *lun.*

West Hollywood : *Patina* $$$$$
5955 Melrose Ave, CA 90038. **Plan 8 B2.** *(213) 467-1108.* Beaucoup d'Angelenos considèrent le Patina comme l'une des meilleures tables de leur ville. Parmi les créations franco-californiennes, essayez le thon au poivre *(peppered tuna)* et aux légumes chinois.

Westwood/West LA : *John O'Groats* $
10516 W Pico Blvd, CA 90064. **Carte routière,** encadré A. *(310) 204-0692.* Pendant des années, le John O'Groats, très apprécié des familles, n'ouvrait que pour le petit déjeuner et le déjeuner. Il sert désormais certains soirs des classiques américains. On peut apporter sa bière ou son vin. *soir du dim. au mer.*

Westwood/West LA : *Bombay Café* $$$
12021 W Pico Blvd. CA 90025. **Carte routière,** encadré A. *(310) 473-3388.* Souvent bondé, l'un des meilleurs indiens de Los Angeles propose des spécialités de la ville natale de son propriétaire. *lun.*

Westwood : *La Buschetta* $$$
1621 Westwood Blvd, CA 90024. **Carte routière,** encadré A. *(310) 477-1052.* Ce restaurant accueillant sert des plats régionaux de toute l'Italie et des pâtes faites maison. *dim.*

Restaurant	Tables à l'extérieur	Spécialités végétariennes	Bar ou bar à cocktails	Menus à prix fixes	Enfants bienvenus
Talesai		●	■	●	
Le Dome	■	●	■		
Citrus	■		■	●	
Georgia	■	●	■		
House of Blues		●	■		■
Le Chardonnay		●		●	
Fenix at the Argyle		●	■	●	■
L'Orangerie	■	●	■	●	
Patina		●	■	●	
John O'Groats		●			■
Bombay Café		●			■
La Buschetta		●			

De Cambria à Santa Barbara

Bakersfield : *Wool Growers* $$
620 E 19th St, CA 93305. **Carte routière C5.** *(805) 327-9584.* Classiques américains et cuisine basque française. Salade et frites accompagnent tous les plats. Parfait pour les enfants. *dim.*

Cambria : *The Brambles* $$$
4005 Burton Drive, CA 93428. **Carte routière B5.** *(805) 927-4716.* Ce charmant restaurant proche du Hearst Castle *(p. 202-205)* propose des plats internationaux et des steaks. Moins cher de 16 h à 18 h. *midi sauf dim.*

Goleta : *The Good Earth Restaurant and Bakery* $
5955 Calle Real, CA 93117. **Carte routière B5.** *(805) 683-6101.* Situé à 14 km de Santa Barbara, cet établissement où les familles sont les bienvenues met l'accent sur la diététique. Excellentes lasagnes végétariennes à déguster à l'intérieur ou parmi les pommiers du patio.

Los Olivos : *Los Olivos Café* $
2879 Grand Ave, CA 93441. **Carte routière C5.** *(805) 688-7265.* Dans ce charmant bistrot de style méditerranéen qui prépare aussi des paniers de pique-nique, pizzas, pâtes et salades s'arrosent d'un bon vin local.

Montecito : *Montecito Café* $$$
1295 Coast Village Rd, CA 93108. **Carte routière B5.** *(805) 969-3392.* Il faut parfois attendre une table pour savourer dans un hôtel qui a appartenu à Charlie Chaplin une cuisine américaine de qualité. Essayez le filet mignon grillé à la sauce aux champignons *(mushrooms)* de forêt.

Montecito : *Ristorante Piatti* $$$
516 San Ysidro Rd, CA 93108. **Carte routière B5.** *(805) 969-7520.* Ce restaurant italien très fréquenté propose une sélection de pâtes, de pizzas et de plats de poisson et de viande.

Montecito : *Stonehouse* $$$$
San Ysidro Ranch, 900 San Ysidro Lane, CA 93108. **Carte routière B5.** *(805) 969-4100.* Le Stonehouse sert des spécialités du Sud-Ouest comme de croustillantes huîtres du Pacifique aux épinards. Trois menus à prix fixes. La terrasse a vue sur la montagne.

Morro Bay : *Hoppe's at 901* $$$$
901 Embarcadero, CA 93442. **Carte routière B5.** *(805) 772-9012.* Dominant l'océan, le Hoppe's compte parmi ses recettes franco-californiennes des raviolis aux fruits de mer à la sauce tomate. *mar. soir, midi du lun. au jeu.*

Ojai : *Wheeler Hot Springs Spa and Restaurant* $$$
16825 Maricopa Hwy, CA 93024. **Carte routière C5.** *(805) 646-8131.* Cette *resort* mérite un détour depuis Santa Barbara. Laissez un massage vous détendre avant un délicieux repas européen. *du lun. au mer.*

Pismo Beach : *Spyglass Inn Restaurant* $$$
2703 Spyglass Drive, CA 93449. **Carte routière B5.** *(805) 773-1222.* Chaque table jouit d'une vue spectaculaire de la mer dans ce restaurant dont les steaks, le crabe et le homard sont les spécialités.

San Luis Obispo : *Tio Alberto's* $
1131 Broad St, CA 93401. **Carte routière B5.** *(805) 546-9646.* Ce restaurant mexicain à l'ancienne reste ouvert jusqu'à 4 h du matin. Les habitants du quartier apprécient sa *carne asada* (bœuf grillé). Alcool interdit.

San Luis Obispo : *Buono Tavola* $$
1037 Monterey St, CA 93401. **Carte routière C5.** *(805) 545-8000.* Dans ce minuscule restaurant, on savoure des spécialités de l'Italie du Nord. Pain, pâtes et desserts sont faits sur place. Bonne carte des vins. *sam.-dim. midi.*

San Luis Obispo : *Café Roma* $$
1020 Railroad Ave, CA 93401. **Carte routière B5.** *(805) 541-6800.* Le décor toscan est en harmonie avec la cuisine. Bon choix de pâtes, de pizzas et d'huiles d'olive parfumées. *d'oct. à avril : lun. ; sam.-dim. midi.*

Santa Barbara : *Be Bop Burgers* $
111 State St, CA 93101. **Carte routière C5.** *(805) 966-1956.* Ce *diner* années 1950 sert hamburgers, sandwiches, milk-shakes et *ice-cream sundaes* (avec des fruits). Pas d'alcool. Karaoké. D. J. le week-end.

Légende des symboles, voir rabat de couverture

Catégories de prix pour un repas de trois plats, une demi-bouteille de vin de la maison, taxes et service compris :
- $ moins de 25 $
- $$ de 25 à 35 $
- $$$ de 35 à 50 $
- $$$$ de 50 à 70 $
- $$$$$ plus de 70 $

TABLES À L'EXTÉRIEUR
Tables dans un patio ou sur une terrasse.

SPÉCIALITÉS VÉGÉTARIENNES
La carte propose un choix de plats végétariens.

BAR OU BAR À COCKTAILS
Possibilité de boire un verre ailleurs qu'à table dans le restaurant.

MENUS À PRIX FIXES
Menu au prix intéressant, généralement de trois plats, proposé au déjeuner et/ou au dîner.

ENFANTS BIENVENUS
Portions réduites et/ou chaises hautes disponibles.

SANTA BARBARA : *La Super-Rica Taco* — $
622 N Milpas St, CA 93103. **Carte routière C5.** *(805) 963-4940.* La critique gastronomique Julia Child recommande cette *taqueria* mexicaine. Les plats du jour comprennent des spécialités végétariennes.

SANTA BARBARA : *El Paseo* — $$
10 El Paseo, CA 93101. **Carte routière C5.** *(805) 962-6050.* Cette hacienda historique propose des plats mexicains de poisson, de crevettes et de porc et 90 tequilas à siroter dans de la verrerie artisanale.

SANTA BARBARA : *Louie's at the Upham* — $$
1404 de la Vina St, CA 93101. **Carte routière C5.** *(805) 963-7003.* Cadre très romantique dans le plus vieil hôtel de la ville *(p. 515)*. Carte européenne et californienne où figurent poisson et pâtes. *sam.-dim. midi.*

SANTA BARBARA : *Piranha* — $$
714 State St, CA 93101. **Carte routière C5.** *(805) 965-2980.* Son succès vaut à ce restaurant moderne mais confortable d'être parfois bondé. À recommander : le saumon grillé à la sauce au basilic, l'*Ahi tuna* au poivre et de fabuleux *sushi.* *lun. ; midi.*

SANTA BARBARA : *Something's Fishy* — $$
502 State St, CA 93101. **Carte routière C5.** *(805) 966-6607.* Dans ce restaurant japonais animé, vous pourrez profiter au comptoir de *sushi* à volonté ou déguster un dîner *Benihana* cuisiné à votre table.

SANTA BARBARA : *The Harbor Restaurant & Longboards Grill* — $$
210 Stearns Wharf, CA 93101. **Carte routière C5.** *(805) 963-3311.* Depuis une jetée, toutes les tables ont vue sur l'océan. Le Longboards sert des pizzas et des plats simples comme les *buffalo wings* (poulet et sauce épicée) ; plus chic, l'Harbor des steaks et du poisson.

SANTA BARBARA : *Cold Spring Tavern* — $$$
5995 Stagecoach Rd, CA 93105. **Carte routière C5.** *(805) 967-0066.* La cuisine rustique de ce petit restaurant au décor « western » installé dans un ancien relais de poste met l'accent sur le gibier.

SANTA BARBARA : *Downey's* — $$$
1305 State St, CA 93101. **Carte routière C5.** *(805) 966-5006.* Ses spécialités régionales américaines ont valu au Downey's de faire partie des Distinguished Restaurants of North America. Ne pas manquer le dessert aux framboises *(raspberries)* et à la mousse de chocolat blanc. *lun. ; midi.*

SANTA BARBARA : *Paradise Café* — $$$
702 Anacapa St, CA 93101. **Carte routière C5.** *(805) 962-4416.* Soupe, salade ou légumes accompagnent tous les plats, steaks, poissons ou pâtes, dans ce café très en vogue pour ses cocktails et ses vins.

SANTA BARBARA : *The Patio at the Four Seasons Biltmore Hotel* — $$$
1260 Channel Drive, CA 93108. **Carte routière C5.** *(805) 969-2261.* Cet élégant restaurant d'hôtel *(p. 515)* propose une cuisine californienne dans une salle donnant sur l'océan. Le buffet du soir, très copieux, est à un prix aventageux.

SANTA BARBARA : *The Wine Cask* — $$$
813 Anacapa St, CA 93101. **Carte routière C5.** *(805) 966-9463.* L'une des meilleures cartes des vins des U.S.A et une cuisine méditerranéenne à déguster sous un plafond peint ou dans la cour intérieure. *midi.*

SANTA BARBARA : *Citronelle* — $$$$$
901 E Cabrillo Blvd, CA 93103. **Carte routière C5.** *(805) 963-0111.* La vue de l'océan ajoute au plaisir de savourer une bonne cuisine franco-californienne. Guitariste classique les dimanches, lundis et mardis.

Restaurant	Tables à l'extérieur	Spécialités végétariennes	Bar ou bar à cocktails	Menus à prix fixes	Enfants bienvenus
La Super-Rica Taco	■	●			■
El Paseo	■	●	■		■
Louie's at the Upham	■	●	■		■
Piranha	■	●	■	●	■
Something's Fishy					■
The Harbor Restaurant & Longboards Grill	■	●	■		■
Cold Spring Tavern		●	■	●	■
Downey's				●	
Paradise Café	■	●	■	●	■
The Patio at the Four Seasons Biltmore Hotel	■	●	■	●	■
The Wine Cask	■	●	■		■
Citronelle		●	■	●	■

SANTA BARBARA : *La Marina, Four Seasons Biltmore Hotel* $$$$
1260 Channel Drive, CA 93108. **Carte routière C5.** *(805) 969-2261.* Ce restaurant d'hôtel *(p. 515)* offre des vues saisissantes de l'océan. À la carte, essayez les crevettes à l'ail accompagnées de pâtes cheveux d'ange. *midi.*

SHELL BEACH : *McLintok's* $$$
750 Mattie Rd, Shell Beach, CA 93449. **Carte routière B5.** *(805) 773-1892.* Voici l'endroit idéal pour apprécier un barbecue à l'américaine dans un cadre gai. Steaks et poulet grillent sur du chêne. *midi sauf dim.*

SHELL BEACH : *Sea Cliffs Restaurant* $$$
2757 Shell Beach Rd, CA 93449. **Carte routière B5.** *(805) 773-3555.* Ce restaurant décontracté ayant vue sur l'océan propose le dimanche un brunch exceptionnel. Cuisine méditerranéenne.

ORANGE COUNTY

ANAHEIM : *Goofy's Kitchen* $
Disneyland Hotel, 1150 W Cerritos, CA 92803. **Carte routière D6.** *(714) 778-6600.* Buffet dans un hôtel *(p. 516)*. Les enfants mangent en compagnie de personnages de Disney. *à midi du lun. au ven.*

ANAHEIM : *Mandarin Gourmet* $$
1500 Adams Ave, CA 92626. **Carte routière D6.** *(714) 540-1937.* Des classiques comme les *chow mein* (nouilles) sont savoureux dans ce chinois à la carte étendue. Service aimable même en cas d'affluence.

ANAHEIM : *Mr Stox* $$$$
1105 E Katella Ave, CA 92805. **Carte routière D6.** *(714) 634-2994.* Ce restaurant chic propose une cuisine européenne éclectique. Salades, poissons, pâtes et viandes sont présentés avec imagination. L'une des meilleures crèmes brûlées de l'Orange County. *sam.-dim. midi.*

AVALON : *Ristorante Villa Portofino* $$
Hotel Villa Portofino, Avalon, Catalina Island, CA 90704. **Carte routière D6.** *(310) 510-0508.* Décor élégant, plats italiens faits maison et belle vue. *De jan. à mi-fév. De mi-fév. à déc. : le lun. et le mar. et t.l.j. à midi.*

CORONA DEL MAR : *The Five Crowns* $$$$
3801 E Coast Hwy, CA 92965. **Carte routière D6.** *(949) 760-0331.* Dans un cadre de pub anglais, ce restaurant propose une cuisine européenne. La carte des vins compte plus de 800 crus. *midi sauf dim.*

CORONA DEL MAR : *Oyster's* $$$$$
2515 E Coast Hwy, CA 92625. **Carte routière D6.** *(949) 675-7411.* Groupes de jazz et plats délicieux justifient la popularité de l'Oyster's. Réservez. L'*Abi tuna tempura* fait un excellent amuse-gueule. *midi.*

COSTA MESA : *Wolfgang Puck Café* $$$
South Coast Plaza, 3333 Bristol Ave, CA 92626. **Carte routière D6.** *(714) 546-9653.* Le café du célèbre chef pratique des tarifs moins élevés que ses restaurants. Excellentes pizzas, salades et pâtes.

COSTA MESA : *Armani Café* $$$$$
South Coast Plaza, 3333 Bristol St, CA 92626. **Carte routière D6.** *(714) 754-0300.* La boutique Armani voisine habille le personnel qui sert sandwiches, pizzas, salades et pâtes dans un décor branché. Les *Portelli alla Piacentina* suivent une recette de la grand-mère d'Armani.

FULLERTON : *The Cellar* $$$$
305 N Harbor Blvd, CA 92632. **Carte routière D6.** *(714) 525-5682.* La carte des vins de ce bon restaurant français offre plus de 1 200 choix. En dînant tôt, vous pourrez commander le menu à prix fixe. *dim., mar.-sam. midi.*

GARDEN GROVE : *Belisle's* $
12001 Harbor Blvd, CA 92840. **Carte routière D6.** *(714) 750-6560.* Ce restaurant américain à la clientèle locale reste ouvert tard le soir. Sandwiches, pain de viande *(meatloaf)* et desserts sont énormes.

IRVINE : *Chevy's* $
4700 Barranca Parkway, CA 92714. **Carte routière D6.** *(949) 559-5808.* On peut se fier à la nourriture proposée par cette chaîne de restaurants mexicains. Préparés sur place, les *burritos* sont frais et les *fajitas* excellents.

Catégories de prix pour un repas de trois plats, une demi-bouteille de vin de la maison, taxes et service compris :
$ moins de 25 $
$$ de 25 à 35 $
$$$ de 35 à 50 $
$$$$ de 50 à 70 $
$$$$$ plus de 70 $

TABLES À L'EXTÉRIEUR
Tables dans un patio ou sur une terrasse.
SPÉCIALITÉS VÉGÉTARIENNES
La carte propose un choix de plats végétariens.
BAR OU BAR À COCKTAILS
Possibilité de boire un verre ailleurs qu'à table dans le restaurant.
MENUS À PRIX FIXES
Menu au prix intéressant, généralement de trois plats, proposé au déjeuner et/ou au dîner.
ENFANTS BIENVENUS
Portions réduites et/ou chaises hautes disponibles.

	Tables à l'extérieur	Spécialités végétariennes	Bar ou bar à cocktails	Menus à prix fixes	Enfants bienvenus
IRVINE : *Il Fornaio* $$$ 18051 Von Karman Ave, CA 92715. **Carte routière D6.** *(949) 261-1444.* Ce restaurant italien appartient à une chaîne, propose un bon choix de pizzas et de pâtes et vend des pains frais à emporter.	●	●	●		●
IRVINE : *The Chanteclair* $$$$ 18912 MacArthur Blvd, CA 92714. **Carte routière D6.** *(949) 752-8001.* Meublé d'antiquités, ce charmant restaurant français sert un étonnant saumon en sauce à l'orange. ● *sam. midi et dim.*	●	●	●	●	●
LAGUNA BEACH : *Café Zinc* $ 350 Ocean Ave, CA 92651. **Carte routière D6.** *(949) 494-6302.* Les gens du quartier viennent prendre ici un petit déjeuner ou juste un café. Bons sandwiches, soupes et desserts à prix très abordables. ● *soir.*	●	●			●
LAGUNA BEACH : *Las Brisas* $$ 361 Cliff Drive, CA 92652. **Carte routière D6.** *(714) 497-5434.* Toujours plein, ce restaurant mexicain ménage un superbe panorama. L'endroit idéal pour déguster un margarita au coucher du soleil ou un brunch au champagne le dimanche. Poisson, bœuf et salades à la carte.	●	●	●		●
LAGUNA BEACH : *Splashes* $$$ Surf and Sand Hotel, 1555 South Coast Hwy, CA 92651. **Carte routière D6.** *(714) 497-4477.* Cuisine méditerranéenne et vue de l'océan sont superbes dans ce restaurant d'hôtel *(p. 517)*. Choisissez de prendre votre repas au moment du coucher du soleil.	●	●	●		●
LAGUNA NIGUEL : *The Lounge at the Ritz Carlton Hotel* $$$$$ Ritz Carlton Hotel, 1 Ritz Carlton Drive, CA 92629. **Carte routière D6.** *(714) 240-2000.* Le Lounge, l'un des trois restaurants du Ritz, offre une vue splendide de l'océan et propose amuse-gueule, pâtes, sandwiches et fruits de mer, ainsi qu'un *high tea* (repas léger) à l'anglaise.		●			●
NEWPORT BEACH : *John Dominis* $$$$ 2901 W Coast Hwy, CA 92663. **Carte routière D6.** *(949) 650-5112.* Ce restaurant de poisson de style européen donne sur le port. Musique hawaïenne le dimanche. ● *midi sauf dim.*			●	●	●
NEWPORT BEACH : *The Ritz* $$$$ 880 Newport Center Drive, CA 92660. **Carte routière D6.** *(949) 720-1800.* La cuisine et les vins du Ritz lui ont valu de nombreux prix. Menu à prix fixe moins cher le dimanche soir. ● *sam. et dim. midi.*		●	●	●	●
ORANGE : *The Hobbit* $$$$$ 2932 Chapman Ave, CA 92669. **Carte routière D6.** *(949) 997-1972.* Le menu à prix fixe de sept plats change tous les jours. Il commence par du champagne et des hors-d'œuvre, laissant le temps de découvrir la carte des vins. Il faut réserver des mois à l'avance. ● *lun., mar.-dim. midi.*		●	●	●	
SANTA ANA : *Topaz* $$$ Bowers Museum, 2002 N Main St, CA 92706. **Carte routière D6.** *(949) 835-2002.* Ce restaurant de musée *(p. 229)* propose des sandwiches, des salades et des plats pour enfants à 1 $. ● *dim. et lun. ; mar. midi.*	●	●	●		●
SUNSET BEACH : *Harbor House Café* $ 16341 Pacific Coast Hwy (Anderson St), CA 90742. **Carte routière D6.** *(562) 592-5404.* Ouvert 24 h sur 24, ce *diner* sur la plage sert d'énormes portions. Un petit déjeuner américain vous calera pour la journée.		●			●
TUSTIN : *Zov's Bistro* $$ 17440 E 17th St, CA 92680. **Carte routière D6.** *(714) 838-8855.* Parmi les délicieuses spécialités de ce bistrot figure un hamburger d'agneau *(lamb)* à la sauce au yaourt et à la menthe. ● *dim., lun.-mar. midi.*		●			●

TWO HARBORS : *Doug's Harbor Reef Restaurant* $$$
Two Harbors, Catalina Island, CA 90704. **Carte routière C6.** *(310) 510-2800.* Certains viennent en bateau savourer ici poisson frais et *baby back ribs.* On danse le week-end en plein air. *de déc. à mai ; à midi de juin à nov.*

YORBA LINDA : *El Torito* $$
22699 Oakcrest Circle, CA 92887. **Carte routière D6.** *(714) 921-2335.* Ce restaurant de chaîne offre une cuisine mexicaine authentique et des portions généreuses. Brunch le dim. et *happy-hour specials* (réductions en fin d'après-midi).

SAN DIEGO COUNTY

CORONADO : *The Brigantine* $$
1333 Orange Ave, CA 92118. **Carte routière D6.** *(619) 435-4166.* Spécialisé dans les steaks et le poisson, The Brigantine ménage une belle vue de la baie. Excellent espadon *(swordfish)* mariné. *sam., dim. à midi.*

CORONADO : *Poehe's* $$$
1201 1st St, Old Ferry Landing Plaza. **Carte routière D6.** *(619) 437-4474.* On déguste au Poehe's une cuisine polynésienne créative en contemplant Downtown San Diego. Chutes d'eau et plantes tropicales créent un environnement très hawaïen.

CORONADO : *Prince of Wales Grill* $$$$$
1500 Orange Ave, CA 92118. **Carte routière D6.** *(619) 522-8818.* Le restaurant Art déco de l'élégant Hotel del Coronado *(p. 245)* a conservé son décor des années 1930. Cuisine classique américaine. *midi.*

DEL MAR : *The Dining Room at L'Auberge* $$$$
1540 Camino Del Mar, CA 92105. **Carte routière D6.** *(619) 259-1515.* Ce restaurant d'hôtel *(p. 518)* propose des classiques américains et des pâtes. Préférez le patio dominant les jeux d'eau du jardin.

ENCINITAS : *Potato Shack Café* $
120 W I Street, CA 92024. **Carte routière D6.** *(760) 436-1282.* Le petit déjeuner attire de nombreux habitués du quartier. Des plats consistants, notamment de savoureuses omelettes, sont servis jusqu'à 14 h. *soir.*

LA JOLLA : *Alfonso's of La Jolla* $
1251 Prospect St, CA 90237. **Carte routière D6.** *(619) 454-2232.* Ce restaurant mexicain se montre accueillant avec les familles. Le bar, ouvert jusqu'à 2 h, est parfois très animé. *dim. soir.*

LA JOLLA : *The French Pastry Shop Café and Restaurant* $$
5550 La Jolla Blvd, CA 92037. **Carte routière D6.** *(619) 454-9094.* Ouvert depuis 15 ans, cet établissement apprécié de San Diego propose pain frais, pâtisseries, pâtes et crêpes sucrées et salées. *lun. soir, sam.*

LA JOLLA : *George's at the Cove* $$$
1250 Prospect St, CA 92037. **Carte routière D6.** *(619) 454-4244.* La carte offre poissons frais en sauces légères, agneau, steaks et plats de poulet. Le *chocolate soufflé* conclura agréablement le dîner.

LA JOLLA : *Marine Room* $$$$$
2000 Spindrift Drive, CA 92037. **Carte routière D6.** *(619) 459-7222.* La cuisine californienne de ce restaurant chic sur la plage doit beaucoup à la France comme en témoigne le filet mignon à la sauce aux champignons. Le *cheesecake* nappé de copeaux de chocolat est superbe.

LA JOLLA : *Top O' The Cove* $$$$$
1216 Prospect St, CA 92037. **Carte routière D6.** *(619) 454-7779.* Magnifique panorama de la côte, clientèle de célébrités et excellente cuisine française contemporaine assurent le succès de cette table renommée. Il faut s'habiller.

PACIFIC BEACH : *Nick's At The Beach* $$
809 Thomas St, CA 92109. **Carte routière D6.** *(619) 270-1730.* Ce café propose des standards américains comme le *meatloaf* et les *crab cakes.* Ne pas manquer la crème brûlée à l'orange.

RANCHO SANTA FE : *Mille Fleurs* $$$$$
6009 Paseo Delicias, CA 92067. **Carte routière D6.** *(619) 756-3085.* Habillez-vous pour aller manger dans le meilleur restaurant de la région. Cuisine française et carte des vins étendue. *dim. et lun., à midi du mar. au sam.*

Légende des symboles, voir rabat de couverture

Catégories de prix pour un repas de trois plats, une demi-bouteille de vin de la maison, taxes et service compris :
$ moins de 25 $
$$ de 25 à 35 $
$$$ de 35 à 50 $
$$$$ de 50 à 70 $
$$$$$ plus de 70 $

Tables à l'extérieur
Tables dans un patio ou sur une terrasse.
Spécialités végétariennes
La carte propose un choix de plats végétariens.
Bar ou bar à cocktails
Possibilité de boire un verre ailleurs qu'à table dans le restaurant.
Menus à prix fixes
Menu au prix intéressant, généralement de trois plats, proposé au déjeuner et/ou au dîner.
Enfants bienvenus
Portions réduites et/ou chaises hautes disponibles.

San Diego : *Hob Nob Hill* $
2271 1st Ave, CA 92101. **Carte routière** D6. *(619) 239-8176.* Ce *diner* des années 1940 où l'on déguste un copieux petit déjeuner, de *pancakes* au babeurre *(buttermilk)* par exemple, est resté authentique. *sam.*

San Diego : *Mandarin China* $
4110 W Point Loma Blvd, CA 92110. **Carte routière** D6. *(619) 222-6688.* Ce restaurant chinois propose aussi bien *dim sum* que spécialités de Canton ou du Sichuan. Réservez ou dégustez un plat à emporter devant l'océan.

San Diego : *Anthony's Fish Grotto* $$
1360 N Harbor Drive, CA 92101. **Carte routière** D6. *(619) 232-5103.* Ce restaurant décontracté propose des amuse-gueule aux fruits de mer, un plat à base de homard et de crabe et pour le dessert des bananes flambées et un gâteau français. *lun.*

San Diego : *Bali Ha'i* $$
2230 Shelter Island Drive, CA 92106. **Carte routière** D6. *(619) 222-1181.* Dans ce restaurant polynésien circulaire situé sur une île artificielle, des spécialités telles que le *Chicken of the Gods* (poulet des dieux) avec une sauce à la crème sucrée se savourent en contemplant la baie. *sam. midi.*

San Diego : *Karl Strauss' Old Columbia Brewery and Grill* $$
1157 Columbia St, CA 92101. **Carte routière** D6. *(619) 234-2739.* Ce bar-restaurant souvent bondé le week-end propose plats américains et bières artisanales sans additifs ni conservateurs.

San Diego : *Bayou Bar and Grill* $$$
329 Market St, CA 92101. **Carte routière** D6. *(619) 696-8747.* L'ambiance est toujours à la fête dans ce restaurant cajun et créole dont les produits de la mer arrivent de Louisiane par avion tous les jours. Écrevisses et crevettes entrent dans les délicieuses pâtes Mardi Gras.

San Diego : *Buffalo Joe's* $$$
600 5th Ave, CA 92101. **Carte routière** D6. *(619) 236-1616.* Ce restaurant américain sert surtout des *barbecued ribs* (travers de porc), mais aussi de l'autruche, de l'alligator et du bison. Portions énormes.

San Diego : *Café Pacifica* $$$
2414 San Diego Ave, Old Town, CA 92110. **Carte routière** D6. *(619) 291-6666.* Des guirlandes clignotantes ajoutent à l'atmosphère de ce restaurant de poissons offrant un *pre-theatre menu.* *sam.-dim. midi.*

San Diego : *Fifth and Hawthorn* $$$
5th Ave & Hawthorn St, CA 92101. **Carte routière** D6. *(619) 544-0940.* Ce petit restaurant chaleureux, très apprécié des habitants du voisinage, sert poisson et fruits de mer, ainsi que des classiques comme le filet mignon. Plats différents chaque jour.

San Diego : *Fio's* $$$
801 5th Ave, CA 92101. **Carte routière** D6. *(619) 234-3467.* Le Fio's sert des spécialités de l'Italie du Nord raffinées dans un cadre moderne. Chandelles et pianiste ajoutent à l'atmosphère. *sam.-dim. midi.*

San Diego : *Grant Grill* $$$
326 Broadway, CA 92101. **Carte routière** D6. *(619) 239-6806.* Le Grant Grill est surtout réputé pour ses plats de poisson, mais propose aussi *prime rib* (entrecôte) et agneau. Jazz au bar.

San Diego : *Harbor House* $$$
831 W Harbor Drive, CA 92101. **Carte routière** D6. *(619) 232-1141.* Sur la promenade, la Harbor House accommode les fruits de mer dans un esprit californien contemporain et comprend un bar à huîtres.

Restaurant	Tables à l'extérieur	Spécialités végétariennes	Bar ou bar à cocktails	Menus à prix fixes	Enfants bienvenus
Hob Nob Hill		●		●	■
Mandarin China		●		●	■
Anthony's Fish Grotto		●	■	●	■
Bali Ha'i	■	●			■
Karl Strauss' Old Columbia Brewery and Grill		●	■		■
Bayou Bar and Grill	■		■		
Buffalo Joe's		●	■	●	■
Café Pacifica	■	●	■	●	■
Fifth and Hawthorn		●	■	●	
Fio's		●	■		■
Grant Grill	■	●	■		■
Harbor House	■	●	■		■

SAN DIEGO : *Dobson's* $$$$
956 Broadway Circle, CA 92101. **Carte routière D6.** *(619) 231-6771.* Ce restaurant primé est célèbre par sa bisque de moules *(mussel).* Une succulente crème brûlée figure toujours à la carte. *dim., sam. midi.*

SAN DIEGO : *El Bizcocho* $$$$
17550 Bernardo Oaks Drive, CA 92128. **Carte routière D6.** *(619) 487-1611.* Cet élégant établissement franco-californien dans la Rancho Bernardo Inn *(p. 519)* a vue sur le terrain de golf et les montagnes. Essayez le canard *(duck)* de Long Island rôti ou l'agneau du Colorado.

SAN DIEGO : *Old Trieste* $$$$
2335 Morana Blvd, CA 92110. **Carte routière D6.** *(619) 276-1841.* Une solide cuisine italienne se savoure à la lueur des chandelles. Le gâteau aux noix *(walnuts)* réjouit les habitués depuis des années. *dim. et lun. ; sam. midi.*

SAN DIEGO : *Wine Seller & Brasserie* $$$$
9550 Waples St, #115, CA 92121. **Carte routière D6.** *(619) 450-9557.* Cette petite brasserie propose une cuisine californienne d'inspiration française. Le samedi, un déjeuner dégustation associe trois vins à trois plats. Réservez très à l'avance. *lun. ; midi sauf le sam.*

SAN DIEGO : *Humphrey's* $$$$$
2241 Shelter Island Drive, CA 92106. **Carte routière D6.** *(619) 224-3577.* Nommé d'après Humphrey Bogart, ce restaurant de poissons au décor inspiré du film *Casablanca* sert des homards pêchés dans l'aquarium.

SAN DIEGO : *Mister A's* $$$$$
2250 5th Ave, CA 92103. **Carte routière D6.** *(619) 239-1377.* Depuis le 12e étage du Financial Center, le Mister A's ménage une vue saisissante de Downtown. Sur la carte voisinent pâtes, consommé à la tête de veau *(mock turtle soup)* et huîtres au four. *sam. midi.*

INLAND EMPIRE ET LOW DESERT

BIG BEAR LAKE : *Madlon's* $$
829 W Big Bear Blvd, Big Bear City, CA 92314. **Carte routière D5.** *(909) 585-3762.* Dans un cottage de style anglais, la carte de ce restaurant à la clientèle locale répond à tous les goûts. Le service est excellent.

BORREGO SPRINGS : *Borrego Springs Country Club* $
1112 Tilting "T" Drive, CA 92004. **Carte routière D6.** *(760) 767-3057.* Cuisine américaine dans un cadre recherché mais détendu. Le brunch du dimanche et l'*happy hour* (16 h-18 h) du bar connaissent un grand succès.

BORREGO SPRINGS : *Pablito's of the Desert* $
590 Palm Canyon Drive, CA 92004. **Carte routière D6.** *(760) 767-5753.* Ce restaurant propose une bonne cuisine mexicaine dans un décor « Old West ». Mieux vaut réserver pour le dîner. *le soir du lun. au jeu.*

IDYLLWILD : *Jan's Red Kettle* $
54220 North Circle Drive, CA 92549. **Carte routière D6.** *(909) 659-4063.* Ouvert pour le petit déjeuner et à midi. Clientèle d'habitués. Nourriture excellente et copieuse à un prix abordable. *soir.*

IDYLLWILD : *Gastrognome* $$
54381 Ridgeview Drive, CA 92549. **Carte routière D6.** *(909) 659-5055.* Le Gastrognome sert une cuisine américaine dans un décor rustique français.

LA QUINTA : *La Quinta Cliffhouse* $$$
78250 Hwy 111 (Washington St), CA 92253. **Carte routière D6.** *(760) 360-5991.* La vue depuis le sommet d'une montagne justifie presque à elle seule de manger ici. Carte intéressante avec des plats de poisson du jour.

LA QUINTA : *Cunard's* $$$$
78045 Calle Cadiz, CA 92253. **Carte routière D6.** *(760) 564-4443.* Le Cunard's offre panorama, bar chaleureux et bonne carte. Essayez le California Grill servi avec des pâtes.

PALM DESERT : *Louise's Pantry* $
44491 Towncenter Way, CA 92260. **Carte routière D6.** *(760) 346-9320.* On déguste, dans une immense salle à manger de style années 40, des classiques américains comme le pain de maïs et le *meatloaf* (pain de viande). Pas d'alcool.

Catégories de prix pour un repas de trois plats, une demi-bouteille de vin de la maison, taxes et service compris :
$ moins de 25 $
$$ de 25 à 35 $
$$$ de 35 à 50 $
$$$$ de 50 à 70 $
$$$$$ plus de 70 $

Tables à l'extérieur
Tables dans un patio ou sur une terrasse.
Spécialités végétariennes
La carte propose un choix de plats végétariens.
Bar ou bar à cocktails
Possibilité de boire un verre ailleurs qu'à table dans le restaurant.
Menus à prix fixes
Menu au prix intéressant, généralement de trois plats, proposé au déjeuner et/ou au dîner.
Enfants bienvenus
Portions réduites et/ou chaises hautes disponibles.

	Tables à l'extérieur	Spécialités végétariennes	Bar ou bar à cocktails	Menus à prix fixes	Enfants bienvenus
Palm Desert : *Tuscany Ristorante* $$$$ Marriott's Desert Springs Resort and Spa, Country Club Drive, CA 92260. **Carte routière D6.** *(760) 341-1839.* Ce restaurant d'hôtel *(p. 521)* propose d'excellents plats de veau et de pâtes. Les *twilight dinner specials* (17 h 30-18 h 30) sont une réelle affaire. *midi.*		●	●	●	●
Palm Desert : *Cuistot* $$$$$ 73111 El Paseo, CA 92260. **Carte routière D6.** *(760) 340-1000.* Cet élégant restaurant franco-californien propose chaque soir 3 ou 4 plats de poisson du jour. Délicieuses îles flottantes au dessert. *dim. midi, lun.*		●	●		●
Palm Springs : *Cactus Corral* $ 67501 Hwy 111, Cathedral City, CA 92234. **Carte routière D6.** *(760) 770-1001.* Groupes de musique country-western et bons plats au barbecue vous plongeront dans une ambiance typiquement américaine. *lun., mar.*		●	●	●	●
Palm Springs : *Lyon's English Grille* $$$ 233 E Palm Canyon Drive, CA 92264. **Carte routière D6.** *(760) 327-1551.* Salade ou légumes accompagnent des spécialités anglaises comme le *steak and kidney pie* (pâté en croûte au bœuf et aux rognons). *midi.*		●	●		●
Palm Springs : *Billy Reeds* $$ 1800 N Palm Canyon Drive, CA 92262. **Carte routière D6.** *(760) 325-1946.* Beaucoup de monde, en particulier le week-end quand se produisent des groupes de jazz. Cuisine américaine et bons petits déjeuners.		●	●		●
Palm Springs : *Europa* $$ 1620 Indian Trail, CA 92264. **Carte routière D6.** *(760) 327-2314.* La Villa Royale Inn *(p. 521)* abrite l'un des plus jolis restaurants de Palm Springs. Il propose des recettes de l'Italie du Nord. *lun. ; midi.*	●	●	●	●	
Palm Springs : *Flower Drum* $$ 424 S Indian Canyon Drive, CA 92262. **Carte routière D6.** *(760) 323-3020.* Cinq chefs préparent cinq types de cuisines régionales chinoises. Un ruisseau poissonneux court dans la salle. Danses classiques chinoises du mercredi au samedi. *midi.*		●	●	●	●
Palm Springs : *John Henry's Café* $$ 1785 E Tahquitz Canyon Way, CA 92262. **Carte routière D6.** *(760) 327-7667.* Il est aussi difficile d'entrer dans ce restaurant que de le trouver. Plats du jour renouvelés constamment et énormes portions de viande, de poisson et de pâtes. Réserver très à l'avance. *dim. ; midi.*	●	●			
Palm Springs : *Lord Fletcher Inn* $$ 70385 Hwy 111 (Country Club Drive), CA 92270. **Carte routière D6.** *(760) 328-1161.* Les plats, telle l'entrecôte servie avec du *Yorkshire pudding*, sont anglo-américains, mais l'atmosphère est très british sous le regard de portraits de souverains. *juil. et août ; de sept. à juin : dim., lun. et midi.*			●	●	
Palm Springs : *Riccio's* $$ 2155 N Palm Canyon Drive, CA 92262. **Carte routière D6.** *(760) 325-2369.* Élégant, le Riccio's propose des recettes traditionnelles, et des vins rouges, cuits et de dessert, d'Italie. *sam. et dim. midi.*		●	●		●
Palm Springs : *Le Vallauris* $$$$ 385 W Tahquitz Canyon Way, CA 92262. **Carte routière D6.** *(760) 325-5059.* La cuisine classique française du Vallauris se déguste dans un cadre sophistiqué. Réservation obligatoire.	●	●	●	●	
Palm Springs : *Cedar Creek Inn* $$$ 1555 S Palm Canyon Drive, CA 92264. **Carte routière D6.** *(760) 325-7300.* À partir de 16 h 30, des plats complètent les salades et les sandwiches servis pendant la journée. Personnel souriant et efficace.	●	●	●	●	●

RANCHO MIRAGE : *Ritz-Carlton Rancho Mirage Hotel* $$$$$ 68900 Frank Sinatra Drive, CA 92270. **Carte routière D6.** *(760) 321-8282.* Dans cet hôtel confortable *(p. 521)*, on déguste une bonne cuisine française au son d'un groupe de jazz. *lun., mar. ; midi.*		●		●	■
REDLANDS : *Joe Greensleeves* $$$ 220 North Orange St, CA 92373. **Carte routière D6.** *(909) 792-6969.* Cet établissement spécialisé dans le gibier accommode aussi produits de la mer et saumon du Canada. *lun.*		●			■
RIVERSIDE : *Mario's Place* $$$ 1725 Spruce St, CA 92507. **Carte routière D6.** *(909) 684-7755.* Leone Palagi marie gastronomies française et italienne dans ses plats de pâtes, de viande et de poisson. Musiciens plusieurs soirs par semaine. *dim.*	■	●	■	●	
DÉSERT DE MOJAVE					
BAKER : *The Mad Greek's Diner* $ Croisement Hwy 127 et I-15, CA 92309. **Carte routière D5.** *(760) 733-4354.* Un petit coin de Grèce dans la minuscule ville de Baker. Des plats américains sont disponibles à côté de spécialités comme le *gyros* (tranches d'agneau rôti), les chiche-kebabs (brochettes) et le taboulé.	■	●			■
BARSTOW : *Cactus Club* $ 1511 E Main St, CA 92311. **Carte routière D5.** *(760) 256-8806.* Un solide repas américain pris dans ce café installé dans un Holiday Inn vous mettra d'attaque pour la visite de la ville fantôme de Calico *(p. 275).*			■	●	■
BARSTOW : *Idle Spurs Steak House* $$ 690 Hwy 58, CA 92311. **Carte routière D5.** *(760) 256-8888.* Les tranches de bœuf sont épaisses et il règne une ambiance accueillante à l'Idle Spurs. L'entrecôte *(prime rib)* est tendre à souhait. *sam. et dim. midi.*		●	■		
DEATH VALLEY : *Wrangler Steakhouse* $$ Furnace Creek Ranch, CA 92328. **Carte routière D4.** *(760) 786-2345 (poste 250).* Le Wrangler sert steaks, poulet, côtelettes et poisson dans un décor très américain. Bon choix au *salad bar.*		●	■		■
DEATH VALLEY : *Inn Dining Room* $$$ Furnace Creek Inn, CA 92328. **Carte routière D4.** *(760) 786-2345 (poste 253).* Le restaurant populaire de l'hôtel Furnace Creek Inn *(p. 522)* bénéficie d'une vue superbe sur les montagnes. *lun.*		●	■		■
LAKE HAVASU : *Krystal's Fine Dining* $$ 460 El Camino Way, AZ 86403. **Carte routière E5.** *(520) 453-2999.* Ce restaurant sans prétention et accueillant avec les familles propose steaks, poisson et poulet, ainsi qu'une large sélection de desserts et de *cheesecakes.*			■	●	■
LAKE HAVASU : *London Arms Pub and Restaurant* $$ 422 English Village, AZ 86403. **Carte routière E5.** *(520) 855-8782.* Ce restaurant anglais a pour spécialités le *fish and chips* (poisson pané et frites) et des desserts comme le *trifle* (une espèce de charlotte). Bières anglaises à la pression et *happy hour* de 16 h à 18 h.		●	■		■
LAKE HAVASU : *Shugrue's Restaurant* $$ 1425 McCulloch Blvd, AZ 86403. **Carte routière E5.** *(520) 453-1400.* Ce restaurant familial a vue sur le London Bridge *(p. 278)* et sert poisson et steaks. Une boulangerie fabrique sur place desserts et pains.		●	■		■
LAS VEGAS : *Battista's Hole in the Wall* $ 4041 Audrie Lane, NV 89109. **Carte routière E4.** *(702) 732-1424.* Un accordéoniste passe jouer dans cet établissement italien à l'ancienne. Le prix comprend tout le vin que vous pouvez boire. Réserver.			■	●	■
LAS VEGAS : *Stratosphere Tower Revolving Restaurant* $$$ Stratosphere Tower Hotel, 2000 South Las Vegas Blvd, NV 89104. **Carte routière E4.** *(702) 380-7777.* Il faut s'habiller pour manger dans la salle d'apparat réservée aux adultes. Cuisine européenne.			■		
LAS VEGAS : *Andre's* $$$$$ 401 S 6th St, NV 89101. **Carte routière E4.** *(702) 385-5016.* Ce restaurant français haut de gamme occupe une vieille maison ornée de tapisseries et de dentelles. Le chateaubriand figure à la carte. Appeler la veille pour les commandes spéciales. *midi.*	■	●	■		■

Catégories de prix pour un repas de trois plats, une demi-bouteille de vin de la maison, taxes et service compris :
$ moins de 25 $
$$ de 25 à 35 $
$$$ de 35 à 50 $
$$$$ de 50 à 70 $
$$$$$ plus de 70 $

Tables à l'extérieur
Tables dans un patio ou sur une terrasse.
Spécialités végétariennes
La carte propose un choix de plats végétariens.
Bar ou bar à cocktails
Possibilité de boire un verre ailleurs qu'à table dans le restaurant.
Menus à prix fixes
Menu au prix intéressant, généralement de trois plats, proposé au déjeuner et/ou au dîner.
Enfants bienvenus
Portions réduites et/ou chaises hautes disponibles.

San Francisco

Restaurant	Tables à l'extérieur	Spécialités végétariennes	Bar ou bar à cocktails	Menus à prix fixes	Enfants bienvenus
Chinatown et Nob Hill : *Cordon Bleu* $ 1574 California St, CA 94109. **Plan 5 A4.** *(415) 673-5637.* Ce minuscule restaurant vietnamien bon marché n'a qu'une courte carte, mais elle comprend un succulent poulet rôti aux cinq épices. *dim. midi, lun.*					
Chinatown et Nob Hill : *Kan's* $ 708 Grant Ave, CA 94108. **Plan 5 C4.** *(415) 982-2388.* Situé au cœur de Chinatown, ce restaurant chinois traditionnel est réputé pour son poulet à la pékinoise *(Peking duck).*		●	■	●	
Chinatown et Nob Hill : *Pot Sticker* $ 150 Waverly Pl, CA 94109. **Plan 5 C4.** *(415) 397-9985.* Dans l'une des ruelles les plus agréables de Chinatown, le Pot Sticker propose des spécialités de la Chine du Nord et des menus à petits prix.		●		●	■
Chinatown et Nob Hill : *Swan Oyster Depot* $ 1517 Polk St, CA 94109. **Plan 4 F3.** *(415) 673-1101.* Si vous aimez les huîtres et la bière Anchor Steam, ne ratez pas le plus ancien *oyster bar* de la ville. Aimable, le personnel vous aidera à faire votre choix. *dim.*			■		
Chinatown et Nob Hill : *Yamato* $ 717 California St, CA 94108. **Plan 5 C4.** *(415) 397-3456.* Le Yamato est un restaurant japonais et un bar à *sushi* de grande qualité. Le mobilier a été réalisé au Japon. *lun., sam. et dim. midi.*		●	■	●	■
Chinatown et Nob Hill : *Empress of China* $$ 838 Grant Ave, CA 94108. **Plan 5 C3.** *(415) 434-1345.* Voici un bon endroit pour savourer une authentique cuisine chinoise au centre de Chinatown. Délicieux *Peking duck.* Souvent plein, appelez pour réserver.		●	■		
Chinatown et Nob Hill : *Fornou's Oven* $$$ 905 California St, Stanford Court Hotel, CA 94108. **Plan 5 C3.** *(415) 989-3500.* Ce restaurant tire son nom du grand four portugais qui en occupe le centre. Succulent carré d'agneau *(rack of lamb).*			■		■
Chinatown et Nob Hill : *Big Four Restaurant* $$$$ 1075 California St, CA 94108. **Plan 5 B4.** *(415) 771-1140.* À côté du foyer de l'Huntington Hotel *(p. 523)*, le décor intègre des souvenirs liés aux « Quatre Grands » *(p. 46-47)* de l'aventure du rail. Cuisine excellente à défaut d'être très aventureuse. *limité.*		●	■		■
Chinatown et Nob Hill : *Tommy Toy's* $$$$ 655 Montgomery St, CA 94111. **Plan 5 C3.** *(415) 397-4888.* Tapisseries et miroirs anciens ornent ce restaurant chinois gastronomique. Vous dégusterez des plats où se marient nouvelle cuisine française et traditions culinaires de l'empire du Milieu. *sam. et dim. midi.*		●			■
Chinatown et Nob Hill : *Masa's* $$$$$ 648 Bush St, CA 94108. **Plan 5 B4.** *(415) 989-7154.* Le Masa's propose une nouvelle cuisine d'une qualité exceptionnelle. Magnifique carte des vins et succulents desserts. *dim. et lun.*			■		
Chinatown et Nob Hill : *The Dining Room* $$$$$ 600 Stockton St, CA 94108. **Plan 5 C4.** *(415) 296-7465.* Dans le Ritz-Carlton Hotel *(p. 523)*. Une touche d'art français rehausse une remarquable cuisine californienne. *dim. ; midi.*		●	■	●	■
Civic Center : *Mifune* $ Japan Center, 1737 Post St, CA 94115. **Plan 4 E4.** *(415) 922-0337.* Le Mifune est réputé pour ses nouilles fraîches japonaises servies en soupe ou avec un choix de plus de 20 assaisonnements. *limité.*		●			■

CIVIC CENTER : *Sanppo* $
Japan Center, 1702 Post St, CA 94115. **Plan 4 E4.** *(415) 346-3486.* Le Sanppo offre une atmosphère accueillante et un choix de plats traditionnels à prix très abordables. *dim. midi, lun.*

CIVIC CENTER : *Indigo* $$
687 McAllister St, CA 94102. **Plan 4 F5.** *(415) 673-9353.* Ce restaurant populaire cuisine et sert des produits locaux frais à la mode californienne. Le personnel amical vous accueille dans un cadre somptueux mauve et cerise. *dim. midi et lun.*

CIVIC CENTER : *Maharani* $$
1122 Post St, CA 94112. **Plan 5 A5.** *(415) 775-1988.* C'est peut-être le meilleur indien de la ville. Calez-vous dans les coussins de la Fantasy Room pour savourer *tandooris* et currys. *midi.*

CIVIC CENTER : *Puccini and Pinetti* $$
129 Ellis St, CA 94109. **Plan 4 D5.** *(415) 392-5500.* Ce restaurant italien animé est l'endroit idéal pour se restaurer après une journée de courses. Choix d'entrées considérable,.

CIVIC CENTER : *Stars Café* $$
500 Van Ness Ave, CA 94102. **Plan 4 F5.** *(415) 861-4344.* Annexe du Stars, ce café appartient aussi au chef Jeremiah Tower. La cuisine est californienne avec des plats tels que *crab cakes* et raviolis faits main.

CIVIC CENTER : *Hayes Street Grill* $$$
320 Hayes St, CA 94102. **Plan 4 F5.** *(415) 863-5545.* Cet établissement sans prétention apprécié des amateurs d'opéra grille, cuit à la vapeur ou poêle des poissons tout frais pêchés. *sam.-dim. midi.*

CIVIC CENTER : *Stars* $$$
555 Golden Gate Ave, CA 94102. **Plan 4 F5.** *(415) 861-7827.* Ce restaurant bruyant revendique le plus long bar de San Francisco. Superbes et copieuses salades, grillades et desserts remarquables. *sam.-dim. midi.*

CIVIC CENTER : *Yoyo* $$$
1611 Post St, CA 94115. **Plan 4 E4.** *(415) 922-7788.* Ce restaurant franco-japonais huppé propose une fabuleuse variété de plats à base de fruits de mer. Les petits appétits se contenteront de savoureuses *tsumami* (tapas japonaises).

CIVIC CENTER : *Zuni Café* $$$
1658 Market St, CA 94102. **Plan 10 F1.** *(415) 552-2522.* Le Zuni sert des produits de la mer d'une grande fraîcheur, dont dix sortes d'huîtres. Les *smokey pizzas* sont bonnes également. *lun.* *limité.*

CIVIC CENTER : *Acquerello* $$$$
1722 Sacramento St, CA 94109. **Plan 5 A4.** *(415) 567-5432.* Beauté du décor et sophistication d'une carte qui change très régulièrement. *dim., lun.*

CIVIC CENTER : *Postrio* $$$$
545 Post St, CA 94102. **Plan 5 B5.** *(415) 776-7825.* Ce restaurant de Wolfgang Puck offre l'occasion de goûter dans un superbe cadre une cuisine californienne inspirée. Pizzas et boissons disponibles au bar.

DOWNTOWN : *Café Bastille* $
22 Belden Place (nord de Bush St entre Kearny St et Montgomery St), CA 94104. **Plan 5 C4.** *(415) 986-5673.* Un très agréable bistrot français. Accueil chaleureux et bon choix de vins et de bières. Jazz en soirée. *dim.*

DOWNTOWN : *Delancey Street Restaurant* $
600 Embarcadero, CA 94107. **Plan 6 E5.** *(415) 512-5179.* Cet établissement dont le Bay Bridge domine le patio propose des plats américains, ainsi que des spécialités ethniques plus éclectiques. *lun.*

DOWNTOWN : *House of Nan King* $
919 Kearny St, CA 94133. **Plan 5 C3.** *(415) 421-1429.* L'un des meilleurs restaurants chinois bon marché du pays offre une vaste sélection de viandes braisées et de plats de légumes de Shanghaï. *dim. midi.*

DOWNTOWN : *Café La Presse* $$
469 Bush St, CA 94108. **Plan 5 C4.** *(415) 249-0900.* Ce restaurant d'un bon rapport qualité-prix sert une cuisine française classique. Le bar est apprécié des habitants du quartier.

Légende des symboles, voir rabat de couverture

Catégories de prix pour un repas de trois plats, une demi-bouteille de vin de la maison, taxes et service compris :
- $ moins de 25 $
- $$ de 25 à 35 $
- $$$ de 35 à 50 $
- $$$$ de 50 à 70 $
- $$$$$ plus de 70 $

Tables à l'extérieur
Tables dans un patio ou sur une terrasse.

Spécialités végétariennes
La carte propose un choix de plats végétariens.

Bar ou bar à cocktails
Possibilité de boire un verre ailleurs qu'à table dans le restaurant.

Menus à prix fixes
Menu au prix intéressant, généralement de trois plats, proposé au déjeuner et/ou au dîner.

Enfants bienvenus
Portions réduites et/ou chaises hautes disponibles.

Restaurant	Prix	Tables à l'extérieur	Spécialités végétariennes	Bar ou bar à cocktails	Menus à prix fixes	Enfants bienvenus
Downtown : *City of Paris* 550 Geary St, CA 94114. **Plan 5 B5.** *(415) 441-4442.* Une nourriture simple mais bonne et à prix raisonnables fait de ce bistrot modeste un établissement très apprécié au déjeuner. *lun. midi.*	$$		●			■
Downtown : *Harbor Village Restaurant* 4 Embarcadero Center, niveau de l'entrée. CA 94111. **Plan 6 D3.** *(415) 781-8833.* De nombreux Chinois expatriés viennent ici déguster des recettes traditionnelles cantonaises et des plats contemporains novateurs.	$$		●			■
Downtown : *MacArthur Park* 607 Front St, CA 94111. **Plan 6 D3.** *(415) 398-5700.* Une atmosphère détendue règne dans cet établissement confortable, spécialisé dans les grillades de côtes de porc fumées, de poisson et de steaks. *dim. midi.*	$$		●			■
Downtown : *Nanbantei of Tokyo* 156 Cyril St, CA 94102. **Plan 5 B5.** *(415) 421-2101.* « Nan-ban » est le nom que les Japonais donnaient au XVIIe siècle aux marchands hollandais. Les viandes et les légumes grillés en faveur aux Pays-Bas prennent ici une sophistication japonaise. *midi.*	$$		●			■
Downtown : *Sam's Grill and Seafood Restaurant* 374 Bush St, CA 94104. **Plan 5 C4.** *(415) 421-0594.* L'un des meilleurs restaurants de poissons de la ville. Les serveurs sont peu aimables, mais gèrent avec efficacité la foule qui s'y presse à midi. *sam. et dim.* *limité.*	$$		●	■		■
Downtown : *Splendido* 4 Embarcadero Center, CA 94111. **Plan 6 D3.** *(415) 986-3222.* Immense et ayant vue sur la San Francisco Bay, le Splendido sert des mets d'inspiration méditerranéenne, notamment tapas et pizzas.	$$		●	■		■
Downtown : *Yank Sing* 427 Battery, CA 94111. **Plan 6 D3.** *(415) 781-1111.* On choisit ici au passage sur des chariots entre plus de cent *dim sum (p. 540)* différents. Une assiette ne coûte environ que 3 $ à 4 $. *soir.*	$$		●			■
Downtown : *Carnelian Room* Bank of America, 555 California St, CA 94104. **Plan 6 D3.** *(415) 433-7500.* Du haut du 52e étage, le panorama de la ville ajoute au plaisir d'une bonne cuisine californienne. *midi sauf dim.*	$$$		●	■		
Downtown : *Eddie Rickenbacker's* 133 Second St, CA 94105. **Plan 6 D5.** *(415) 543-3498.* Réputé pour son excellente cuisine américaine, le chef se lance dans les plats mexicains. Le cadre évoque la Seconde Guerre mondiale. *dim.*	$$$			■		■
Downtown : *Il Fornaio* 1265 Battery St, CA 94111. **Plan 5 C2.** *(415) 986-0100.* Trattoria élégante, mais sans prétention, Il Fornaio a fondé sa réputation sur ses pains et ses pizzas faits maison, mais la carte propose aussi des pâtes soignées, des viandes grillées, de la polenta et d'excellents desserts.	$$$	■	●			■
Downtown : *John's Grill* 63 Ellis St, CA 94102. **Plan 5 C5.** *(415) 986-0069.* Couvrant les murs, des souvenirs liés à Dashiell Hammett rappellent qu'il utilisa en 1930 le John's Grill comme décor dans le *Faucon maltais.* Le restaurant sert toujours des classiques de la cuisine américaine. *dim. midi.* *limité.*	$$$		●			■
Downtown : *Kuleto's* 221 Powell St, CA 94109. **Plan 5 B5.** *(415) 397-7720.* Le Kuleto's est toujours plein, mais sa cuisine justifie que l'on attende une place. Les en-cas servis au bar sont aussi bons que les plats principaux. *limité.*	$$$		●	■		

DOWNTOWN : *Kyo-ya* $$$
2 New Montgomery St, CA 94105. **Plan 5 C4.** *(415) 392-8600.* La carte du luxueux Kyo-ya, dans le Sheraton Palace Hotel *(p. 526)*, offre, à côté de *sushi* et de mets familiers, des recettes traditionnelles japonaises. *sam. midi et dim.*

DOWNTOWN : *Palio D'Asti* $$$
640 Sacramento St, CA 94111. **Plan 5 C4.** *(415) 395-9800.* Ce restaurant très fréquenté à midi s'adresse à une clientèle d'affaires. Entrées, pizzas et pâtes sont de grande qualité. *sam. midi et dim.*

DOWNTOWN : *Perry's Sports Bar and Grill* $$$
185 Sutter St, CA 94111. **Plan 5 C4.** *(415) 989-6895.* Un bar agréable et des musiciens les soirs de semaine font du Perry's une halte très populaire à la sortie des bureaux. *dim. midi.* *limité.*

DOWNTOWN : *St Francis Grill* $$$
335 Powell St, CA 94102. **Plan 5 B4.** *(415) 774-0233.* Ce restaurant du Westin St Francis Hotel *(p. 526)* sert une excellente cuisine dans une paisible salle à manger ornée de boiseries. *midi.*

DOWNTOWN : *Tadich Grill* $$$
240 California St, CA 94111. **Plan 6 D4.** *(415) 391-1849.* Ouvert pendant la ruée vers l'or *(p. 44-45)*, le plus ancien restaurant en activité de Californie propose de superbes plats de poisson. *dim.*

DOWNTOWN : *Aqua* $$$$
252 California St, CA 94111. **Plan 5 D4.** *(415) 956-9662.* Un jeune chef inspiré élabore à l'Aqua de subtils et créatifs plats de poisson, tels que de l'espadon fumé enveloppé de *prosciutto.* *sam. midi, dim.*

DOWNTOWN : *Bix* $$$$
56 Gold St, CA 94133. **Plan 5 C3.** *(415) 433-6300.* Ce magnifique restaurant sert une cuisine contemporaine américaine dans une atmosphère sophistiquée et presque décadente. *sam.-dim. midi.*

DOWNTOWN : *Boulevard* $$$$
1 Mission St, CA 94105. **Plan 6 E4.** *(415) 543-6084.* Nancy Oakes relève avec des sauces inhabituelles et une présentation théâtrale des plats traditionnels comme le rôti-purée. *sam.-dim. midi.*

DOWNTOWN : *Silks* $$$$
222 Sansome St, CA 94104. **Plan 5 C4.** *(415) 986-2020.* Au Mandarin Oriental Hotel *(p. 525)*, la gastronomie jette un pont entre Asie et Californie. Essayez les *jumbo prawns* épicées en brochette. Réserver.

DOWNTOWN : *Campton Place* $$$$$
340 Stockton St, CA 94108. **Plan 5 C4.** *(415) 955-5555.* Selon de nombreux avis, la table du Campton Place Hotel *(p. 525)* est la meilleure de San Francisco. Vous y goûterez des plats préparés avec art.

DOWNTOWN : *Cypress Club* $$$$$
500 Jackson St, CA 94133. **Plan 5 C3.** *(415) 296-8555.* Style, bonne cuisine et une atmosphère possédant cette indéfinissable touche typique de San Francisco rendent ce restaurant de Jackson Square très populaire. *midi.*

DOWNTOWN : *Fleur de Lys* $$$$$
777 Sutter St, CA 94109. **Plan 5 B4.** *(415) 673-7779.* Voici l'une des tables les plus chères et les plus réputées de la ville. Large choix de plats excellents et soigneusement présentés. *dim. ; midi.* *limité.*

FISHERMAN'S WHARF : *Pompei's Grotto* $
340 Jefferson St, CA 94133. **Plan 5 A1.** *(415) 776-9265.* Les habitants du quartier se pressent dans ce restaurant de poissons ouvert depuis les années 1940. Le *Dungeness crab* fait partie des spécialités.

FISHERMAN'S WHARF : *Fog City Diner* $$
1300 Battery St, CA 94111. **Plan 5 C2.** *(415) 982-2000.* Ce restaurant souvent bondé, mais qui mérite une visite, offre près du bord de mer un choix d'hamburgers, de côtelettes et de plats de poulet. Bar agréable.

FISHERMAN'S WHARF : *Scoma's* $$
Pier 47, Fisherman's Wharf, CA 94133. **Plan 5 A1.** *(415) 771-4383.* Situé sur la jetée, le Scoma's est livré tous les jours en fruits de mer frais pêchés. Délicieux sauté de crustacés *(shellfish).*

Catégories de prix pour un repas de trois plats, une demi-bouteille de vin de la maison, taxes et service compris :
($) moins de 25 $
($)($) de 25 à 35 $
($)($)($) de 35 à 50 $
($)($)($)($) de 50 à 70 $
($)($)($)($)($) plus de 70 $

Tables à l'extérieur
Tables dans un patio ou sur une terrasse.
Spécialités végétariennes
La carte propose un choix de plats végétariens.
Bar ou bar à cocktails
Possibilité de boire un verre ailleurs qu'à table dans le restaurant.
Menus à prix fixes
Menu au prix intéressant, généralement de trois plats, proposé au déjeuner et/ou au dîner.
Enfants bienvenus
Portions réduites et/ou chaises hautes disponibles.

	Tables à l'extérieur	Spécialités végétariennes	Bar ou bar à cocktails	Menus à prix fixes	Enfants bienvenus
Fisherman's Wharf : *Asabella's* ($)($)($) 2766 Taylor St, CA 94133. **Plan 5 A1.** *(415) 771-6775.* Cet élégant restaurant de poissons italien offre une belle vue de l'océan et une délicieuse *pirate salad* contenant homard, crabe et crevettes.		●	■		■
Fisherman's Wharf : *Alioto's* ($)($)($)($) Pier 45, CA 94133. **Plan 5 A1.** *(415) 673-0183.* La famille Alioto propose ici depuis 1930 des produits de la mer d'une grande fraîcheur. Beau panorama du Golden Gate Bridge.		●	■		■
Fisherman's Wharf : *Greens* ($)($)($)($) Building A, Fort Mason Center, CA 94123. **Plan 4 E1.** *(415) 771-6222.* Ses dîners à prix fixe du samedi ont fait du Greens le restaurant végétarien le plus réputé de la Côte Ouest. L'offre est plus simple en semaine, mais comprend des ragoûts de légumes originaux. *dim. soir, lun. midi.*		●		●	■
Golden Gate Park et Presidio : *PJ's Oysterbed* ($) 737 Irving St, CA 94122. **Plan 8 F3.** *(415) 566-7775.* À un pâté de maisons au sud du Golden Gate Park, ce spécialiste du poisson, en particulier grillé, mérite un petit détour.					
Golden Gate Park et Presidio : *Pacific Café* ($)($) 7000 Geary Blvd, CA 94121. **Plan 7 C1.** *(415) 387-7091.* Ce café d'un excellent rapport qualité-prix sert des plats de poissons. Vin gratuit pendant l'attente d'une table. *midi.* *limité.*					■
Golden Gate Park et Presidio : *Straits Café* ($)($) 3300 Geary Blvd, CA 94118. **Plan 3 B5.** *(415) 668-1783.* Parmi les succulentes spécialités cantonaises, indonésiennes et indiennes, essayez la *kway paita*, pâte farcie aux légumes et aux crevettes.		●			
Golden Gate Park et Presidio : *Ya Ya* ($)($) 1220 9th Ave, CA 94122. **Plan 8 F3.** *(415) 434-3567.* Le Ya Ya est devenu l'un des restaurants les plus populaires de la ville grâce à sa cuisine méditerranéenne et moyen-orientale, notamment ses viandes grillées à la sauce aux agrumes servies sur un lit de riz ou de semoule. *lun.*		●			
Haight Ashbury : *Cha Cha Cha* ($) 1801 Haight St, CA 94133. **Plan 9 B1.** *(415) 386-5758.* Il faut attendre une table dans ce bar à tapas où les saveurs des Caraïbes, du pays cajun et du Mexique se mêlent. La carte change tous les jours. Décor délirant et clientèle peu conventionnelle.			■		
Haight Ashbury : *Indian Oven* ($) 233 Fillmore St, CA 94117. **Plan 10 E1.** *(415) 626-1628.* La cuisine indienne traditionnelle s'est ici modernisée au contact de la Californie. Les plats végétariens varient en fonction des saisons.		●			
North Beach : *Brandy Ho's* ($) 450 Broadway, CA 94133. **Plan 5 C3.** *(415) 362-6268.* Le Brandy Ho's propose d'excellentes recettes du Hunan, notamment des viandes fumées, dans un décor moderne un peu austère. *limité.*		●			
North Beach : *Capp's Corner* ($) 1600 Powell St, CA 94133. **Plan 5 B2.** *(415) 989-2589.* Populaire auprès des familles, le Capp's Corner propose des plats italo-américains à choisir dans un menu. Bon rapport qualité-prix. *sam.-dim. midi.* *limité.*		●		●	■
North Beach : *Il Pollaio* ($) 555 Columbus Ave, CA 94133. **Plan 5 B2.** *(415) 362-7727.* Cet établissement chaleureux a pour spécialité le poulet mariné et grillé. À déguster avec des salades rafraîchissantes, de bonnes soupes et des vins de table italiens très abordables. *dim.*					■

NORTH BEACH : *Little Joe's* $
523 Broadway, CA 94133. **Plan 5 C3.** *(415) 433-4343.* Très animé, ce restaurant est l'un des meilleurs italiens bon marché de San Francisco. Le poulpe à l'ail *(garlic squid)* connaît un grand succès. *limité.*

NORTH BEACH : *Caffè Macaroni* $$
59 Columbus Ave, CA 94111. **Plan 5 C3.** *(415) 956-9737.* Le Caffè Macaroni a pour atouts d'excellents plats du jour, des prix raisonnables et des portions extrêmement généreuses. *sam.-dim. midi.*

NORTH BEACH : *Helmand* $$
430 Broadway, CA 94133. **Plan 5 C3.** *(415) 362-0641.* Dans ce petit restaurant afghan, légumes, riz ou orge et lentilles sautés accompagnent les plats principaux. Bon rapport qualité-prix. *sam.-dim. midi.*

NORTH BEACH : *Julius' Castle* $$
1541 Montgomery St, CA 94133. **Plan 5 B2.** *(415) 362-3042.* Le Julius' Castle offre un cadre romantique où l'on savoure de la cuisine italienne ou française en contemplant Telegraph Hill. *midi.*

NORTH BEACH : *Little City Antipasti Bar* $$
673 Union St, CA 94133. **Plan 5 B2.** *(415) 434-2900.* Dans une salle chic et souvent bondée, cet établissement propose des déclinaisons californiennes des tapas plus intéressantes que les plats principaux.

NORTH BEACH : *Stinking Rose: A Garlic Restaurant* $$
325 Columbus Ave, CA 94133. **Plan 5 C3.** *(415) 781-7673.* L'ail est à l'honneur dans tous les plats de ce restaurant apprécié. Tables en marbre et murs carrelés composent un décor rustique. *limité.*

NORTH BEACH : *Café Jacqueline* $$$
1454 Grant Ave, CA 94133. **Plan 5 C2.** *(415) 981-5565.* Appréciez en tête à tête des soufflés légers et variés, pour deux personnes, dans ce café français à l'ambiance romantique. *lun., mar. ; midi.*

NORTH BEACH : *Moose's* $$$
1652 Stockton St, CA 94133. **Plan 5 B2.** *(415) 989-7800.* Hommes politiques et gens des médias apprécient ce grand restaurant bruyant et ensoleillé qui sert une cuisine de qualité. *lun.*

PACIFIC HEIGHTS : *Golden Turtle* $
2211 Van Ness Ave, CA 94109. **Plan 4 F3.** *(415) 441-4419.* Vous savourerez ici des recettes vietnamiennes, apprêtant notamment trois sortes de crabes. Ambiance décontractée. *lun. ; midi.*

PACIFIC HEIGHTS : *North India Restaurant* $
3131 Webster St près de Lombard St, CA 94123. **Plan 4 D2.** *(415) 931-1556.* D'un excellent rapport qualité-prix, ce remarquable restaurant sert une cuisine indienne de famille, notamment *tandoori.* *sam.-dim. midi.*

PACIFIC HEIGHTS : *Scott's Seafood Grill* $
2400 Lombard St, CA 94123. **Plan 4 D2.** *(415) 929-0133.* Ce restaurant de poissons qui occupe une maison victorienne, n'utilise que des produits d'une grande fraîcheur et expose les œuvres d'artistes locaux.

PACIFIC HEIGHTS : *Balboa Café* $$
3199 Fillmore St, CA 94123. **Plan 4 D2.** *(415) 921-3944.* Dans un hangar qui paraît sorti tout droit d'un film de gangsters des années 40, le Balboa sert d'excellents plats américains à prix raisonnables.

PACIFIC HEIGHTS : *Café Marimba* $$
2317 Chestnut St, CA 94123. **Plan 3 C2.** *(415) 776-1506.* Dans le quartier de Marina, des couleurs éclatantes créent un décor en accord avec des spécialités novatrices du sud du Mexique. *lun.*

PACIFIC HEIGHTS : *Sol y Luna* $$
3 Embarcadero Center, CA 94111. **Plan 6 D3.** *(415) 296-8696.* Ce restaurant animé sert de larges portions d'une savoureuse cuisine méditerranéenne à petits prix. Tapas et musique d'ambiance.

PACIFIC HEIGHTS : *Elite Café* $$$
2049 Fillmore St, CA 94115. **Plan 4 D4.** *(415) 346-8668.* Ce restaurant aux prix modérés et à la clientèle d'habitués possède un bar animé et de vieux boxes en bois. *midi sauf dim.*

Légende des symboles, voir rabat de couverture

Catégories de prix pour un repas de trois plats, une demi-bouteille de vin de la maison, taxes et service compris :
$ moins de 25 $
$$ de 25 à 35 $
$$$ de 35 à 50 $
$$$$ de 50 à 70 $
$$$$$ plus de 70 $

Tables à l'extérieur
Tables dans un patio ou sur une terrasse.
Spécialités végétariennes
La carte propose un choix de plats végétariens.
Bar ou bar à cocktails
Possibilité de boire un verre ailleurs qu'à table dans le restaurant.
Menus à prix fixes
Menu au prix intéressant, généralement de trois plats, proposé au déjeuner et/ou au dîner.
Enfants bienvenus
Portions réduites et/ou chaises hautes disponibles.

	Tables à l'extérieur	Spécialités végétariennes	Bar ou bar à cocktails	Menus à prix fixes	Enfants bienvenus
Pacific Heights : *Prego* $$$ 2000 Union St, CA 94123. **Plan 4 D2.** *(415) 563-3305.* Le Prego offre un large choix de plats soignés et présentés avec talent. Les *antipasti* font partie des meilleurs de la ville. *limité.*		●			●
Pacific Heights : *Harris'* $$$$ 2100 Van Ness Ave, CA 94109. **Plan 4 F3.** *(415) 673-1888.* Boxes et planchers donnent à ce restaurant spécialisé dans les steaks un décor qui fait revivre le San Francisco d'antan.		●	●		●
The Mission District : *El Nuevo Frutilandia* $ 3077 24th St, CA 94110. **Plan 10 F4.** *(415) 648-2958.* D'authentiques spécialités cubaines et portoricaines à découvrir dans une atmosphère des Caraïbes décontractée. *Fruitshakes* tropicaux. *lun.*		●			●
The Mission District : *Mission Villa Restaurant* $ 2391 Mission St, CA 94110. **Plan 10 F3.** *(415) 826-0454.* Ce restaurant historique meublé d'antiquités a ouvert en 1906. Riz et haricots accompagnent tous ses plats traditionnels mexicains.		●		●	●
The Mission District : *Ti Couz* $ 3108 16th St, CA 94110. **Plan 10 F2.** *(415) 252-7373.* Cette authentique crêperie bretonne propose un large choix de crepes sucrées et salées. Atmosphère chaleureuse et prix bon marché en font un endroit toujours plein.		●			●
The Mission District : *The Original Cuba Restaurant* $$ 2886 16th St, CA 94110. **Plan 10 F2.** *(415) 255-0946.* Quoique situé dans un quartier un peu dur, ce restaurant cubain attire pour ses *gourmet dinners* des clients de toute la ville. Sans être aussi fins, les menus de trois plats de midi offrent un bon rapport qualité-prix. *jeu.*				●	●
BAY AREA					
Berkeley : *Bette's Ocean View Diner* $ 1807 4th St, CA 94710. **Carte routière,** encadré B. *(510) 644-3230.* Il faut généralement attendre pour avoir une table dans ce *diner* années 1940 au cœur du quartier commerçant. Bonne nourriture américaine. *soir.*		●			●
Berkeley : *Plearn Thai* $ 2050 University Ave, CA 94704. **Carte routière,** encadré B. *(510) 841-2148.* Il y a tant de restaurants thaïs de ce côté de la baie que seuls les meilleurs survivent. On fait la queue ici pour des plats délicieux et bon marché.		●			●
Berkeley : *Cambodiana's* $$ 2156 University Ave, CA 94704. **Carte routière,** encadré B. *(510) 843-4630.* Une superbe cuisine franco-cambodgienne avec des mets tels que caille *(quail)* à la sauce au citron et au gingembre. *sam.-dim. midi.*		●			●
Berkeley : *Ginger Island* $$ 1820 4th St, CA 94710. **Carte routière,** encadré B. *(510) 644-0444.* Ce restaurant animé et bruyant de la partie branchée de Fourth Street sert dans un cadre ensoleillé une cuisine américaine influencée par l'Asie.	●	●	●		●
Berkeley : *Chez Panisse Restaurant* $$$$ 1517 Shattuck Ave, CA 94709. **Carte routière,** encadré B. *(510) 548-5525.* Sa fondatrice, Alice Waters, aurait inventé au Panisse la cuisine californienne. Le restaurant du rez-de-chaussée est cher, le café du premier étage bien plus abordable. *dim.*		●	●	●	
Bolinas : *Bolinas Bakery and Café* $ 20 Wharf Rd, CA 94924. **Carte routière,** encadré B. *(415) 868-0211.* Nourriture hippie de base. Essayez les bières artisanales, les quiches, les pizzas, les soupes et le *cheesecake* sans doute le meilleur du monde.	●	●			●

BOLINAS : *The Shop* $

46 Wharf Rd, CA 94294. **Carte routière,** encadré B. *(415) 868-9984.* Ce minuscule restaurant accueillant, animé et légèrement désorganisé propose des plats simples, des pâtes au *fish and chips.* *lun., mar. soir.*

BURLINGAME : *Kuleto's Trattoria* $$$

1095 Rollins Rd, CA 94010. **Carte routière,** encadré B. *(415) 342-4922.* La salle de ce restaurant à l'ambiance familiale entoure la cuisine, ouverte, et son four à pizzas. Bonne cuisine italienne. *sam. midi.*

HALF MOON BAY : *San Benito House* $$

356 Main St, CA 94019. **Carte routière,** encadré B. *(415) 726-3425.* Cuisine méditerranéenne dans une minuscule mais charmante salle à manger. *Deli* ouvert tous les jours de 11 h à 15 h. *du lun. au mer. ; midi sauf dim.*

LAFAYETTE : *Tourelle* $$$

3565 Mount Diablo Blvd, CA 94549. **Carte routière,** encadré B. *(510) 284-3565.* Le décor rustique est en harmonie avec la cuisine méditerranéenne : poisson et fruits de mer, viandes rôties et pâtes.

LARKSPUR : *Lark Creek Inn* $$$$

234 Magnolia Ave, CA 94939. **Carte routière,** encadré B. *(415) 924-7766.* Le propriétaire de ce restaurant renommé, le chef Bradley Ogden, a été primé pour sa cuisine de terroir américaine. *dim. soir, sam. midi.*

MILL VALLEY : *Samurai* $

425 Miller Ave, CA 94941. **Carte routière,** encadré B. *(415) 381-3680.* Ce restaurant japonais est souvent bondé. Beignets *tempura*, succulents produits de la mer et *sushi* d'une fraîcheur absolue. *dim. ; midi.*

MILL VALLEY : *Buckeye Roadhouse* $$

15 Shoreline Hwy, CA 94941. **Carte routière,** encadré B. *(415) 331-2600.* Malgré son aspect, ce restaurant n'appartient pas à une chaîne et vous pouvez vous attendre à un feu de bois. Bons classiques américains.

MILL VALLEY : *D'Angelo Restaurant* $$

22 Miller Ave, CA 94941. **Carte routière,** encadré B. *(415) 388-2000.* Une cuisine italienne simple attire dans une salle spacieuse une foule où voisinent adolescents du comté, réalisateurs de cinéma et rock-stars.

MILL VALLEY : *Frantoio* $$$

152 Shoreline Hwy, CA 94941. **Carte routière,** encadré B. *(415) 289-5777.* Cet établissement fabrique sa propre huile d'olive, un ingrédient qui joue un grand rôle dans sa cuisine méditerranéenne.

OAKLAND : *Rockridge Café* $

5492 College Ave, CA 94618. **Carte routière,** encadré B. *(510) 653-1567.* Pour un solide petit déjeuner ou un bon hamburger, ne cherchez pas plus loin que ce café de quartier dans le style d'un *diner* des années 1940.

OAKLAND : *Milano* $$

3425 Grand Ave, CA 94610. **Carte routière,** encadré B. *(510) 763-0300.* Une clientèle fidèle vient dans ce restaurant élégant profiter d'énormes portions de spécialités de l'Italie du Nord. *sam.-dim. midi.*

OAKLAND : *Bay Wolf* $$$

3853 Piedmont Ave, CA 94611. **Carte routière,** encadré B. *(510) 655-6004.* La carte du Bay Wolf change toutes les deux semaines. La cuisine américano-méditerranéenne est à la hauteur de sa réputation. *sam.-dim. midi.*

ORINDA : *Siam Orchid Thai* $

23-H Orinda Way, CA 94563. **Carte routière,** encadré B. *(510) 253-1975.* Dans un village à 6 km à l'est de Berkeley, cet agréable restaurant sert les classiques thaïs à prix avantageux. Personnel très serviable. *sam.-dim. midi.*

PALO ALTO : *Gordon Biersch* $$$

625 Emerson St, CA 94301. **Carte routière,** encadré B. *(415) 323-7723.* Cette brasserie au décor soigné offre une bonne cuisine californienne et un choix de bières fabriquées sur place.

PESCADERO : *Duarte's Tavern* $$

202 Stage Rd, CA 94060. **Carte routière,** encadré B. *(415) 879-0464.* Cet établissement tenu par la même famille depuis plus d'un siècle propose entre autres de nourrissants plats de poisson et des tartes maison.

Légende des symboles, voir rabat de couverture

Catégories de prix pour un repas de trois plats, une demi-bouteille de vin de la maison, taxes et service compris :
$ moins de 25 $
$$ de 25 à 35 $
$$$ de 35 à 50 $
$$$$ de 50 à 70 $
$$$$$ plus de 70 $

Tables à l'extérieur
Tables dans un patio ou sur une terrasse.

Spécialités végétariennes
La carte propose un choix de plats végétariens.

Bar ou bar à cocktails
Possibilité de boire un verre ailleurs qu'à table dans le restaurant.

Menus à prix fixes
Menu au prix intéressant, généralement de trois plats, proposé au déjeuner et/ou au dîner.

Enfants bienvenus
Portions réduites et/ou chaises hautes disponibles.

	Tables à l'extérieur	Spécialités végétariennes	Bar ou bar à cocktails	Menus à prix fixes	Enfants bienvenus
Point Reyes Station : *Station House Café* $$ 11180 Main St, CA 94956. **Carte routière** A3. *(415) 663-1515.* Ce restaurant sans prétention réserve une bonne surprise au gourmet. En saison, ne manquez pas les huîtres au barbecue.		●	■	●	■
San Jose : *Tied House Café and Brewery* $$ 65 N San Pedro St, CA 95112. **Carte routière** B4. *(408) 295-2739.* Surtout connu pour ses bières brassées sur place, cet établissement aéré et animé sert des plats de poisson excellents. *dim. midi.*		●			■
San Jose : *Emile's* $$$$ 545 South 2nd St, CA 95112. **Carte routière** B4. *(408) 289-1960.* L'Emile's est renommé pour sa cuisine européenne classique, sa carte des vins et l'élégance de son décor. *dim., lun. ; midi sauf ven.*		●		●	
Sausalito : *Gate 5* $$$ 305 Harbor Drive, CA 94965. **Carte routière** A1. *(415) 331-5355.* Sa cheminée, l'atmosphère détendue et une carte novatrice font de ce restaurant l'un des meilleurs de la Bay Area.	■	●	■		■
Tiburon : *Guaymas* $$ 5 Main St, CA 94920. **Carte routière** A3. *(415) 435-6300.* Le Guaymas propose une authentique cuisine régionale mexicaine. Par temps clair, de jour comme de nuit, sa terrasse a vue sur San Francisco.	■	●	■		
Tiburon : *Sam's Anchor Café* $$ 27 Main St, CA 94920. **Carte routière** A3. *(415) 435-4527.* Situé sur les quais, ce restaurant et bar à cocktails décontracté attire une foule animée, en particulier les week-ends d'été.	■	●	■		■
Walnut Creek : *Spiedini* $$ 101 Ygnacio Valley Blvd, CA 94596. **Carte routière** B3. *(510) 939-2100.* Près du John Muir National Historic Site *(p. 398)*, ce restaurant italien en vogue offre viandes et volailles rôties à la broche, pâtes faites maison et poisson grillé. *sam.-dim. midi.*	■	●	■		
LE NORD					
Arcata : *Crosswinds Vegan Restaurant* $ 860 10th St. **Carte routière** B2. *(707) 826-2133.* Pas de viande au Crosswinds, mais des plats américains adaptés au régime végétalien. Verre de champagne gratuit le samedi et le dimanche. *lun. ; soir.* *(dim.).*		●		●	■
Arcata : *TJ's Classic Café* $ 1057 H St, CA 95521. **Carte routière** B2. *(707) 822-4650.* Dans un cadre rustique, les petits déjeuners et les *lunchs* sont typiquement américains. Les spécialités sautées arrivent sur votre table dans la poêle. *soir.*		●		●	■
Crescent City : *Ship Ashore* $ 12370 Hwy 101 North, CA 95531. **Carte routière** A1. *(707) 487-3141.* Situé contre un navire définitivement en cale sèche, cet établissement familial sert de généreuses portions de poisson et de fruits de mer.			■		■
Eureka : *Samoa Cookhouse* $ 59 Cookhouse Lane, CA 95501. **Carte routière** A2. *(707) 442-1659.* Pour avoir un aperçu de l'époque des grandes exploitations forestières, rien n'égale ce restaurant séculaire où les portions restent énormes *(p. 430).*				●	■
Eureka : *Rib Room* $$ 518 7th St, CA 95501. **Carte routière** A2. *(707) 442-6441.* Le service attentif d'un personnel en smoking, des assiettes et des couverts en argent et une excellente cuisine font d'un dîner à l'Eureka Inn *(p. 530)* une expérience mémorable. *midi.*			■		■

EUREKA : *Hotel Carter Restaurant* $$$
301 L St, CA 95501. **Carte routière A2.** *(707) 444-8062.* Cet établissement élégant propose des spécialités imaginatives et soigneusement préparées comme le filet *(tenderloin)* de porc au *chutney* de pomme. *midi.*

GARBERVILLE : *Woodrose Café* $
911 Redwood Drive, CA 95442. **Carte routière A2.** *(707) 923-3191.* Au cœur du pays des séquoias, ce café accueillant permet de manger sain avec des plats tels que *tofu burgers* et soupes de légumes. *sam. et dim. ; lun.-ven. midi.*

LEWISTON : *Hitching Post Café* $
Turnpike & Deadwood Rds, CA 96052. **Carte routière A2.** *(916) 778-3486.* Ce classique café américain sert de généreuses portions d'une cuisine familiale. Le poulet rôti et les tartes *(pies)* sont délicieux.

MOUNT SHASTA : *Lily's* $$
1013 S Mount Shasta Blvd, CA 96067. **Carte routière B1.** *(916) 926-3372.* La carte de ce restaurant très apprécié offre un éventail éclectique, des œufs Bénédicte aux plats classiques de viande, de volaille, de poisson et de pâtes. Réservation recommandée.

MOUNT SHASTA : *Michael's* $$
313 N Mount Shasta Blvd, CA 96067. **Carte routière B1.** *(916) 926-5288.* Délicieux sandwiches, déjeuners légers et dîners italiens valent au Michael's une grande popularité. *dim.*

ORICK : *Rolf's Park Café* $$
Hwy 101 à la hauteur de Davidson Rd, CA 95555. **Carte routière A1.** *(707) 488-3841.* Tenu par des Allemands, ce café sert de solides petits déjeuners et des spécialités bavaroises. Portions à la mesure des séquoias de la région.

REDDING : *Jack's Grill* $$
1743 California St, CA 96002. **Carte routière B2.** *(916) 241-9705.* Voici une véritable *road house* à l'ancienne : un bar offrant une nourriture de choix. Spécialisé dans le bœuf depuis les années 1930. *dim. ; midi.*

REDDING : *Nello's Place* $$
3055 Bechelli Lane, CA 96002. **Carte routière B2.** *(916) 223-1636.* Ce *supper club* romantique et suranné (les clientes reçoivent toutes une fleur) propose une cuisine traditionnelle italienne et un excellent choix de vins italiens et californiens. *dim. et lun. ; midi.*

REDWAY : *Mateel Café* $
3342 Redwood Drive, CA 95560. **Carte routière A2.** *(707) 923-2030.* Ce café est aussi un centre culturel régional. Salades et pizzas à midi. Plats internationaux le soir. *dim. ; lun. soir.*

SUSANVILLE : *St Francis Café* $$
830 Main St, CA 96130. **Carte routière B2.** *(916) 257-4820.* Chaque vendredi et samedi soir, *prime rib* (entrecôte) et soupes basques attirent au St Francis une foule venue de kilomètres à la ronde. *dim. midi.*

TRINIDAD : *Larrupin' Café* $$
1658 Patrick's Point Drive, CA 95570. **Carte routière A2.** *(707) 677-0230.* À 30 km au nord d'Arcata, ce petit restaurant domine la Humboldt Bay et sert poissons et fruits de mer frais. *lun.-mar. ; mer.-dim. midi.*

WEAVERVILLE : *La Grange Café* $$
315 N Main St, CA 96093. **Carte routière A2.** *(916) 623-5325.* Ce café propose une cuisine californienne diététique mais aventureuse à prix modérés. Salades biologiques et nombreux plats végétariens. *dim.*

WINE COUNTRY

BOONVILLE : *Boonville Hotel* $$$
Hwy 128 près de Lambert Lane, CA 95415. **Carte routière A3.** *(707) 895-2210.* Les gourmets se pressent ici pour essayer la cuisine californienne d'inspiration mexicaine et italienne de John Schmidt. *mar. ; midi.*

CALISTOGA : *All Seasons Café* $$
1400 Lincoln Ave, CA 94515. **Carte routière A3.** *(707) 942-9111.* Conçus pour accompagner une carte des vins primée, les plats changent régulièrement. Une cave offrant des dégustations se trouve à l'arrière. *jeu.*

Légende des symboles, voir rabat de couverture

Catégories de prix pour un repas de trois plats, une demi-bouteille de vin de la maison, taxes et service compris :
- $ moins de 25 $
- $$ de 25 à 35 $
- $$$ de 35 à 50 $
- $$$$ de 50 à 70 $
- $$$$$ plus de 70 $

Tables à l'extérieur
Tables dans un patio ou sur une terrasse.

Spécialités végétariennes
La carte propose un choix de plats végétariens.

Bar ou bar à cocktails
Possibilité de boire un verre ailleurs qu'à table dans le restaurant.

Menus à prix fixes
Menu au prix intéressant, généralement de trois plats, proposé au déjeuner et/ou au dîner.

Enfants bienvenus
Portions réduites et/ou chaises hautes disponibles.

	Tables à l'extérieur	Spécialités végétariennes	Bar ou bar à cocktails	Menus à prix fixes	Enfants bienvenus
Calistoga : *Cataboula and Wappo Bar and Bistro* $$$ 1457 Lincoln Ave, CA 94515. **Carte routière A3.** *(707) 942-2275.* Le *Deep South* inspire la cuisine américaine de ce restaurant contemporain. Délicieux poisson-chat *(catfish)* poêlé. ● *mar.*		●	■		
Forestville : *Russian River Vineyards Restaurant* $$$ 5700 Gravenstein Hwy North, CA 95436. **Carte routière A3.** *(707) 887-1562.* Situé dans la Russian River Valley au milieu de 9 ha de vignes en culture biologique, ce charmant restaurant propose notamment de vieilles recettes familiales grecques. ● *lun. et mar.*	■	●			■
Napa : *Downtown Joe's Restaurant and Brewery* $ 902 Main St, CA 94558. **Carte routière B3.** *(707) 258-2337.* Cette micro-brasserie animée sert petits déjeuners américains, hamburgers, salades et pizzas. Musique dans le bar le soir.	■	●	■		■
Napa : *La Boucane* $$$ 1778 2nd St, CA 94559. **Carte routière B3.** *(707) 253-1177.* La cuisine classique française de La Boucane se déguste dans une salle victorienne superbement restaurée. Soupe ou salade accompagnent les plats principaux. Les vins proviennent de certaines des meilleures caves de Californie. ● *jan. ; midi.*		●	■		
Napa : *Napa Valley Wine Train* $$$$ 1275 McKinstry St, CA 94559. **Carte routière B3.** *(800) 427-4124.* Une cuisine californienne raffinée ajoute au plaisir d'une promenade en train de luxe *(p. 477)* dans le Wine Country. ● *lun.-mar. soirs.*		●	■	●	■
Rutherford : *Auberge du Soleil* $$$ 180 Rutherford Hill Rd, CA 94573. **Carte routière A3.** *(707) 963-1211.* Cheminées et haut plafond aux poutres apparentes donnent une élégance rustique à la salle à manger. La terrasse ménage un magnifique panorama.	■	●	■		■
St Helena : *Trilogy* $$ 1234 Main St, CA 94574. **Carte routière A3.** *(707) 963-5507.* Ce petit restaurant tenu par un couple sert des plats français légers à la mode californienne. Il est renommé pour sa sélection de vins zinfandel. ● *midi sauf dim.*	■			●	
St Helena : *Brava Terrace* $$$ 3010 N St Helena Hwy, North St, CA 95470. **Carte routière A3.** *(707) 963-9300.* Inspirée par la France et l'Italie, la cuisine californienne de cet établissement chic attire une foule éclectique. Ne partez pas sans acheter une bouteille d'huile d'olive citronnée. ● *le mer. de nov. à avril.*		●	■		■
St Helena : *Showley's* $$$ 1327 Railroad Ave, CA 94574. **Carte routière A3.** *(707) 963-1200.* Excellentes spécialités provençales métissées d'influences italiennes. Groupe de jazz le vendredi soir. ● *lun. midi.*	■	●	■		■
St Helena : *Tra Vigne* $$$ 1050 Charter Oak, CA 94574. **Carte routière A3.** *(707) 963-4444.* Ce restaurant italien possède sa propre boulangerie. Pain et pâtes sont fabriqués en plein air sous la tonnelle de la cour intérieure.	■	●	■	●	■
St Helena : *Wine Spectator Greystone Restaurant* $$$ 2555 St Helena Hwy, CA 94574. **Carte routière A3.** *(707) 967-1010.* Dans ce restaurant du Culinary Institute of America, les chefs sont en cours d'apprentissage. Cuisine d'inspiration méditerranéenne. ● *jours fériés, mar.*	■	●	■		■
St Helena : *Meadowood Restaurant* $$$$ 900 Meadowood Lane, CA 94574. **Carte routière A3.** *(707) 963-3646.* Délicieux mets provençaux, superbe présentation et service exceptionnel caractérisent ce restaurant élégant qui fait partie du Meadowood Resort Hotel *(p. 533).* ● *midi sauf dim.*		●	■	●	■

SANTA ROSA : *Lisa Hemenway's* $$$
714 Village Court Mall, Farmer's Lane, CA 95401. **Carte routière A3.** *(707) 526-5111.* La propriétaire de ce minuscule restaurant se rend souvent en Thaïlande et l'Extrême-Orient inspire sa cuisine californienne.

SANTA ROSA : *Mixx-An American Bistro* $$$
135 Fourth St, CA 95401. **Carte routière A3.** *(707) 573-1344.* Ce restaurant dans le style des années 1940 où du jazz est diffusé en musique de fond possède l'ambiance la plus agréable de Santa Rosa. *sam. et dim. midi.*

SONOMA : *Ristorante Piatti* $$
405 1st St West, CA 94576. **Carte routière A3.** *(707) 996-2351.* Ce bistrot italien animé appartient à une petite chaîne californienne. Le risotto du jour, les pizzas, les pâtes et le poulet sont toujours délicieux.

YOUNTVILLE : *The Diner* $
6476 Washington St, CA 94599. **Carte routière B3.** *(707) 944-2626.* À la carte de ce *diner* figurent plats américains et plats d'inspiration mexicaine. Essayez la *seafood sausage* avec de la polenta et des légumes verts. *lun.*

YOUNTVILLE : *Mustards Grill* $$$
7399 St Helena Hwy, CA 94558. **Carte routière B3.** *(707) 944-2424.* Ce restaurant en bord de route met l'accent sur la cuisine californienne. Belle carte des vins. Réserver très à l'avance.

YOUNTVILLE : *Napa Valley Grill* $$$
6795 Washington St, Hwy 29 à la hauteur de Madison, CA 94599. **Carte routière B3.** *(707) 944-8686.* Le chef de ce *roadside restaurant*, Bob Hurley, accommode des produits locaux pour créer de délicieux plats régionaux.

YOUNTVILLE : *Brix* $$$$
7377 St Helena Hwy, CA 94558. **Carte routière B3.** *(707) 944-2749.* Le chef réputé du Brix compose une cuisine française et californienne, toutes deux très influencées par l'Asie. La carte des vins propose un choix étendu de vins locaux rares que l'on déguste en regardant vignobles et montagnes environnants.

YOUNTVILLE : *Domaine Chandon* $$$$
1 California Drive, CA 94599. **Carte routière B3.** *(707) 944-8844.* Les vignes d'un des plus célèbres domaines viticoles de la Napa Valley entourent ce restaurant français élégant. *à midi d'oct. à avr.* *(lun. après-midi).*

YOUNTVILLE : *The French Laundry* $$$$
6640 Washington St, CA 94599. **Carte routière B3.** *(707) 944-2380.* Réservez pour être sûr d'obtenir une place à cette excellente table. Cuisine américaine et impressionnante sélection de demi-bouteilles de crus rares. Les menus à prix fixe sont une affaire. *dim. midi, lun., mar. midi.*

GOLD COUNTRY ET CENTRAL VALLEY

AMADOR CITY : *Imperial Hotel and Restaurant* $$$
14202 Hwy 49, CA 95601. **Carte routière B3.** *(209) 267-9172.* Des portes-fenêtres dominent le patio fleuri de ce restaurant d'hôtel *(p. 533)* où tous les plats peuvent être commandés comme repas léger. *midi.*

CHICO : *Sierra Nevada Brewing Company Restaurant and Tap Room* $$
1075 E 20th St, CA 95928. **Carte routière B2.** *(916) 345-2739.* De bons plats de pub accompagnent la bière brassée sur place, l'une des plus populaires de Californie. *dim. soir, lun. ; ven. et sam. midi.*

GRASS VALLEY : *Scheidel's Old European Restaurant* $
10100 Alta Sierra Drive, CA 95949. **Carte routière B3.** *(916) 273-5553.* Cet établissement à l'ancienne sert des spécialités bavaroises dans une ambiance détendue. *dim. ; lun. midi.*

GRASS VALLEY : *Holbrooke Hotel and Restaurant* $$$
212 West Main St, CA 95945. **Carte routière B3.** *(916) 273-1353.* Adjacent au plus vieux *saloon bar* de Californie, ce spacieux restaurant d'hôtel *(p. 533)* se remplit le week-end.

JAMESTOWN : *Bella Union* $$$
18242 Main St, CA 95327. **Carte routière B3.** *(209) 984-2421.* Les spécialités proposées dans cet édifice historique comprennent de l'alligator pané et du faisan farci accompagné de couscous. *lun., mar. midi.*

Légende des symboles, voir rabat de couverture

Catégories de prix pour un repas de trois plats, une demi-bouteille de vin de la maison, taxes et service compris :
(\$) moins de 25 \$
(\$)(\$) de 25 à 35 \$
(\$)(\$)(\$) de 35 à 50 \$
(\$)(\$)(\$)(\$) de 50 à 70 \$
(\$)(\$)(\$)(\$)(\$) plus de 70 \$

Tables à l'extérieur
Tables dans un patio ou sur une terrasse.
Spécialités végétariennes
La carte propose un choix de plats végétariens.
Bar ou bar à cocktails
Possibilité de boire un verre ailleurs qu'à table dans le restaurant.
Menus à prix fixes
Menu au prix intéressant, généralement de trois plats, proposé au déjeuner et/ou au dîner.
Enfants bienvenus
Portions réduites et/ou chaises hautes disponibles.

Restaurant	Prix	Tables à l'extérieur	Spécialités végétariennes	Bar ou bar à cocktails	Menus à prix fixes	Enfants bienvenus
Nevada City : *Potager* 110 York St, CA 95959. **Carte routière B3.** *(916) 265-5697.* Le propriétaire du Potager cultive dans son jardin la majeure partie des légumes entrant dans sa cuisine française servie dans un cadre romantique. *dim. et lun. ; midi.*	\$		●			
Nevada City : *Country Rose Café* 300 Commercial St, CA 95959. **Carte routière B3.** *(916) 265-6248.* Ce bistrot animé propose dans un bâtiment en brique des années 1860 des recettes de terroir françaises. Un guitariste classique joue souvent le week-end. Réservation recommandée.	\$\$	■	●	■		■
Sacramento : *Aldo's* 2914 Passatiempo Lane, CA 95814. **Carte routière B3.** *(916) 483-5031.* Des mets français et californiens, de délicieux desserts et un bon rapport qualité-prix assurent le succès de l'Aldo's.	\$		●	■		
Sacramento : *El Taquito Rico* 6223 Franklin Blvd, CA 95824. **Carte routière B3.** *(916) 392-5290.* Accompagné de riz, de haricots, de pommes de terre sautées et de salade, le steak *fajitas* de ce petit restaurant mexicain est très apprécié. *lun. soir.*	\$	■	●	■		■
Sacramento : *Fat City Bar & Grill* 1001 Front St, CA 95814. **Carte routière B3.** *(916) 446-6768.* Dans un édifice du XIXe siècle au cœur du quartier ancien *(p. 456-457)*, le Fat City Bar and Grill est un endroit parfait pour les familles. Plats américains substantiels.	\$		●	■		■
Sacramento : *Capitol Grill* 2730 N St, CA 95816. **Carte routière B3.** *(916) 736-0744.* Des souvenirs liés à la vie politique couvrent les murs de ce restaurant dont la carte variée propose des mets contemporains américains. Réserver.	\$\$		●	■		■
Sacramento : *Paragary's* 1401 28th St, CA 95618. **Carte routière B3.** *(916) 457-5737.* Populaire auprès des habitants du quartier, en particulier des familles, le Paragary's offre dans un décor de bistrot new-yorkais des spécialités italiennes telles que des nouilles au romarin *(rosemary)* servies avec du poulet grillé.	\$\$		●	■		■
Sacramento : *Pilot House Restaurant* 1000 Front St, CA 95814. **Carte routière B3.** *(916) 441-4440.* Dans un bateau à aubes des années 1930 *(p. 534)*, ce restaurant d'hôtel sert des classiques américains comme l'entrecôte *(prime rib)* ou le saumon grillé. Le brunch au champagne du dimanche connaît un grand succès.	\$\$	■	●	■		■
Sacramento : *The Firehouse* 1112 2nd St, CA 95814. **Carte routière B3.** *(916) 442-4772.* Cette ancienne caserne de pompiers date des années 1850. Plats de poisson et de bœuf, mais aussi canard laqué et filet mignon. *dim. ; lun. soir ; sam. midi.*	\$\$	■	●	■	●	■
Sacramento : *Sterling Hotel* 1300 H St, CA 95814. **Carte routière B3.** *(916) 442-0451.* Ce restaurant d'hôtel *(p. 534)* intime offre une belle sélection de plats végétariens, sans négliger les amateurs de viande. Réserver.	\$\$\$	■	●	■		
Sonora : *Wilma's Café* 275 S Washington St, CA 95370. **Carte routière B3.** *(209) 532-9957.* De généreuses portions de classiques américains tels que steaks, hamburgers, *barbecued ribs* et tartes maison vous caleront dans ce *diner* enjoué.	\$		●			■
Sonora : *Banny's Café* 83 S Stewart St, Suite 100, CA 95370. **Carte routière B3.** *(209) 533-4709.* Sur la carte de ce café agréable voisinent spécialités californiennes, italiennes, méditerranéennes et thaïes. *dim.*	\$\$		●	■		■

HIGH SIERRAS

BIG PINE : *Rossi's* $
100 N Main St, CA 93513. **Carte routière C4.** *(760) 938-2254.* Ce grand restaurant familial propose des plats italo-américains variés. Sur les murs, des photographies retracent l'histoire de l'Owens Valley.

BISHOP : *Firehouse Grill* $
2206 N Sierra Hwy, CA 93514. **Carte routière C4.** *(760) 873-4888.* Touristes et personnes voyageant pour affaires viennent ici apprécier des spécialités grillées dans un cadre élégant et suranné.

BISHOP : *Whiskey Creek* $$
524 N Main St, CA 93514. **Carte routière C4.** *(760) 873-7174.* La carte de ce restaurant spacieux et rustique offre un large choix de plats américains de viande et de poisson. Délicieuses soupes et salades.

FISH CAMP : *Narrow Gauge Inn* $$$
48571 State Hwy 41, CA 93623. **Carte routière C4.** *(209) 683-7720.* Ce petit restaurant d'hôtel *(p. 535)* sert une des meilleures cuisines des High Sierras. Lampes à pétrole sur les tables et grande cheminée composent un cadre romantique. *midi de nov. à avril.*

MAMMOTH LAKES : *Anything Goes* $
645 Old Mammoth Rd, CA 93546. **Carte routière C4.** *(760) 934-2424. Scones* et pâtisseries frais feront un délicieux petit déjeuner avant une journée de ski. La carte du soir fait voyager d'Italie en Asie du Sud-Est. *mar. midi, mer.*

MAMMOTH LAKES : *Whiskey Creek Restaurant* $$
Minaret & Old Main Sts, CA 93541. **Carte routière C4.** *(760) 934-2555. Barbecued ribs,* steaks, poisson et fruits de mer figurent parmi les spécialités de cet agréable restaurant américain. *midi ; lun.*

MAMMOTH LAKES : *Restaurant at Convict Lake* $$$
Convict Lake, CA 93546. **Carte routière C4.** *(760) 934-3803.* L'ambiance est rustique dans cette *lodge* où l'on déguste le soir des truites de la région ainsi que des plats de bœuf, d'agneau et de produits de la mer. *midi.*

NORTH LAKE TAHOE : *Bridgetender Tavern and Grill* $
50 Westlake Blvd, CA 96145. **Carte routière C3.** *(916) 583-3342.* Réputée pour ses hamburgers exceptionnels, cette taverne au bord de l'eau se trouve près du Fanny Bridge.

NORTH LAKE TAHOE : *Soule Domain* $$$
9983 Cove St, King's Beach, CA 96143. **Carte routière C3.** *(916) 546-7529.* Cette rustique cabane en rondins possède une ambiance détendue mais chic. Les plats californiens comprennent un filet mignon à la *burgundy butter sauce* accompagné de champignons *shiitake.* *midi.*

SOUTH LAKE TAHOE : *Carlos Murphy's* $
3678 Lake Tahoe Blvd, CA 95731. **Carte routière C3.** *(916) 542-1741.* Énormes portions de mets traditionnels mexicano-américains et cocktails bon marché rendent ce restaurant très populaire.

SOUTH LAKE TAHOE : *Evans American Gourmet Café* $$$
536 Emerald Bay Rd, CA 95731. **Carte routière C3.** *(916) 542-1990.* Cet établissement élégant propose la meilleure cuisine californienne de la région. Superbes desserts. Carte des vins primée. La salle étant petite, réservez très à l'avance. *dim. ; midi.*

STATELINE : *Sage Room* $$$
Hwy 50, CA 89449. **Carte routière C3.** *(702) 588-2411.* Installé dans une vénérable *casino resort,* Harvey's, ce restaurant gastronomique sert d'excellents plats de bœuf et de gibier. *midi.*

TAHOE CITY : *Grazis* $$
700 N Lake Blvd, CA 96145. **Carte routière B3.** *(916) 583-0233.* Grands choix de pizzas, entre autres, à déguster de préférence dans la véranda ou sur la charmante terrasse en bois dominant le Lake Tahoe.

TAHOE CITY : *Tahoe House* $$
625 W Lake Blvd, CA 96145. **Carte routière B3.** *(916) 583-1377.* Au dîner, spécialités suisses comme le *ramschnitzel* (escalope de veau). Ouverte toute la journée, la boulangerie prépare pain, gâteaux et sandwiches.

Légende des symboles, voir rabat de couverture

Catégories de prix pour un repas de trois plats, une demi-bouteille de vin de la maison, taxes et service compris :
$ moins de 25 $
$$ de 25 à 35 $
$$$ de 35 à 50 $
$$$$ de 50 à 70 $
$$$$$ plus de 70 $

Tables à l'extérieur
Tables dans un patio ou sur une terrasse.

Spécialités végétariennes
La carte propose un choix de plats végétariens.

Bar ou bar à cocktails
Possibilité de boire un verre ailleurs qu'à table dans le restaurant.

Menus à prix fixes
Menu au prix intéressant, généralement de trois plats, proposé au déjeuner et/ou au dîner.

Enfants bienvenus
Portions réduites et/ou chaises hautes disponibles.

Restaurant	Prix	Tables à l'extérieur	Spécialités végétariennes	Bar ou bar à cocktails	Menus à prix fixes	Enfants bienvenus
Tahoe City : *Christy Hill* 115 Grove St, CA 96145. **Carte routière B3.** *(916) 583-8551.* Des mets renouvelés quotidiennement, mais toujours préparés avec les ingrédients les plus frais se dégustent dans un cadre élégant. *lun. ; midi.*	$$$		●			
Tahoe Vista : *Le Petit Pier* 7252 N Lake Blvd, CA 96148. **Carte routière B3.** *(916) 546-4464.* Sur la carte de ce restaurant français romantique près du Lake Tahoe figurent entre autres homard du Maine et filet *(tenderloin)* d'agneau. *mar.*	$		●	●	●	
Truckee : *The Left Bank* 10096 Donner Pass Rd, CA 95734. **Carte routière B3.** *(916) 587-4694.* Au cœur de Truckee, ce petit restaurant possède un décor rustique en harmonie avec des recettes provinciales françaises. *mar. ; midi.*	$$					●
Yosemite National Park : *Wawona Dining Room* State Hwy 41, CA 95389. **Carte routière C3.** *(209) 252-4848.* Malgré une cuisine américaine sans caractère, vous jouirez dans la salle à manger de ce restaurant du XIXe siècle *(p. 536)* d'une ambiance reposante. *de nov. à mars.*	$$		●	●		●
Yosemite National Park : *Ahwahnee Dining Room* Yosemite Valley, CA 95389. **Carte routière C3.** *(209) 252-4848.* La salle à manger de l'Ahwahnee Hotel *(p. 536)* est magnifique. Steaks et plats simples offrent les choix les plus sûrs.	$$$$			●		●

De Santa Cruz à Fresno

Restaurant	Prix	Tables à l'extérieur	Spécialités végétariennes	Bar ou bar à cocktails	Menus à prix fixes	Enfants bienvenus
Aptos : *Chez Renée* 9051 Soquel Drive, CA 95003. **Carte routière B4.** *(408) 688-5566.* Niché dans un bosquet de séquoias, ce restaurant primé propose une cuisine californienne où transparaissent influences françaises et italiennes. Menus à prix fixes le dimanche soir. *dim. midi ; lun. et mar.*	$$	●	●	●	●	
Big Sur : *Deetjen's* Castro Canyon, CA 93920. **Carte routière B4.** *(408) 667-2378.* Dans un cadre rustique, ce restaurant d'hôtel *(p. 536)* est réputé pour ses petits déjeuners et sa carte franco-californienne. *midi.*	$$$	●	●	●		●
Big Sur : *Nepenthe* Hwy 1, CA 93920. **Carte routière B4.** *(408) 667-2345.* Depuis cette ancienne retraite où Orson Welles et Rita Hayworth vinrent passer leur lune de miel, la vue porte par temps clair sur plus de 50 km de côte. Classiques américains, desserts et pains faits maison.	$$$	●	●	●	●	●
Big Sur : *Sierra Mar* Hwy 1, CA 93920. **Carte routière B4.** *(408) 667-2800.* Dans la Post Ranch Inn *(p. 537)*, ce restaurant chic ménage un splendide panorama de l'océan. Très large choix de plats exquis à la carte.	$$$$		●	●	●	●
Carmel : *Ridge Restaurant* 200 Punta del Monte, Carmel Valley, CA 93924. **Carte routière B4.** *(408) 659-0170.* Ce charmant restaurant de la Robles del Rio Lodge *(p. 537)* sert une excellente cuisine franco-californienne.	$$$		●	●		●
Carmel : *The French Poodle* Junipero & 5th Ave, CA 93921. **Carte routière B4.** *(408) 624-8643.* La cuisine française de cet établissement intime est l'une des meilleures des U. S. A. selon l'International Restaurant Rating Bureau. *dim. ; midi.*	$$$		●			
Carmel : *The Terrace Grill, La Playa Hotel* 8th Ave/Camino Real, CA 93920. **Carte routière B4.** *(408) 624-6476.* Dans un hôtel *(p. 537)*, cuisine californienne et vue sur de superbes jardins et l'océan. En fin d'après-midi, l'*early-bird menu* est une affaire.	$$$	●	●	●	●	●

CARMEL : *Hog's Breath Inn* $$$$

San Carlos/5th, CA 93921. **Carte routière B4.** *(408) 625-1044.* Vous mangerez chez Clint Eastwood une nourriture de cow-boy (steaks et hamburgers) dans un décor évoquant un pub anglais. *ven.-sam. midi.*

CARMEL : *Anton and Michel* $$$$$

Ocean, CA 93921. **Carte routière B4.** *(408) 624-2406.* Ce restaurant élégant propose une cuisine internationale avec des mets tels que le chateaubriand et le carré *(rack)* d'agneau.

CARMEL : *Covey, Quail Lodge* $$$$$

8205 Valley Greens Drive, Carmel Valley, CA 93923. **Carte routière B4.** *(408) 624-1581.* Sa cuisine et ses vins californiens ont valu plusieurs prix à ce restaurant d'hôtel *(p. 537).* Pianiste le soir. *midi.*

CASTROVILLE : *The Franco Restaurant* $

10639 Merrit St, CA 95012. **Carte routière B4.** *(408) 633-2090.* Dans un édifice Art déco des années 1930, le Franco sert des plats simples, notamment d'énormes hamburgers, au milieu de souvenirs de Marilyn Monroe.

HANFORD : *Imperial Dynasty* $$

2 China Alley, CA 93230. **Carte routière C4.** *(209) 582-0196.* Ce restaurant familial possède un décor oriental, mais les plats, de viande comme de poisson, sont américains et européens. *lun. ; midi.*

MONTEREY : *Thai Hut* $

580 Broadway, CA 93955. **Carte routière B4.** *(408) 899-1191.* Délicieuses spécialités thaïes. À midi, les lundis, mercredis et vendredis, buffet *all-you-can-eat* à prix très raisonnable. *dim. midi.*

MONTEREY : *Tarpy's Roadhouse* $$

2999 Monterey-Salinas Hwy, CA 93940. **Carte routière B4.** *(408) 647-1444.* Dans un ancien ranch, les classiques américains vont des *cheeseburgers* et des *T-bone steaks* au gibier et aux fruits de mer.

MONTEREY : *Domenica's on the Wharf* $$$

50 Fisherman's Wharf, CA 93940. **Carte routière B4.** *(408) 372-3655.* Offrez-vous un dîner soigné dans un cadre décontracté sur la marina. Fruits de mer et grillades. Le Domenica's comprend aussi un bar à huîtres.

MONTEREY : *Fresh Cream* $$$

99 Pacific St, Suite 100C, Heritage Harbor, CA 93940. **Carte routière B4.** *(408) 375-9798.* L'une des meilleures cuisines françaises de la Californie du Nord se déguste ici en contemplant le port. *midi.*

PACIFIC GROVE : *Fandango* $$$$

223 17th St, CA 93950. **Carte routière B4.** *(408) 372-3456.* Variée, la carte du Fandango propose des mets méditerranéens allant des pâtes au homard. Un *mesquite grill* réchauffe une des salles.

SANTA CRUZ : *Santa Cruz Brewing Company and Restaurant* $

516 Front St, CA 95060. **Carte routière B4.** *(408) 429-8838.* C'est principalement la bière brassée sur place qui attire la clientèle mélangée de ce « pub » riche en boiseries servant hamburgers et grillades.

SANTA CRUZ : *The Crêpe Place* $

1134 Soquel Ave, CA 95062. **Carte routière B4.** *(408) 429-6994.* Si la carte, aussi éclectique que le décor, ne vous suffit pas, inventez votre propre crêpe. *ven.-sam. soirs.*

SANTA CRUZ : *Whole Earth Restaurant* $

Redwood Building, University of California, CA 95064. **Carte routière B4.** *(408) 426-8255.* Sur le campus, plats mexicains, asiatiques et européens dans un cadre rustique. *vacances scolaires, sam. et dim. soir.*

SANTA CRUZ : *Gabriella's* $$$

910 Cedar St, CA 95060. **Carte routière B4.** *(408) 457-1677.* Ce restaurant italien apprécié met l'accent sur les légumes biologiques, les fruits de mer et les pâtes. La carte des vins comprend surtout des crus locaux.

SEASIDE : *El Migueleño* $

1066 Broadway, CA 93955. **Carte routière B4.** *(408) 899-2199.* El Migueleño sert des spécialités du Mexique et du Salvador. Sept sortes de fruits de mer entrent dans la spécialité de la maison : la Playa Azul.

Légende des symboles, voir rabat de couverture

Séjours à thèmes et activités de plein air

La vie en plein air est un élément essentiel de la culture des Californiens et ils ont su protéger de vastes espaces naturels. Lacs, plages, massifs granitiques, déserts, forêts de séquoias ou prairies de montagne offrent de nombreuses possibilités aux visiteurs, souvent à courte distance des centres urbains. Des sentiers de randonnée et des pistes équestres sillonnent partout des paysages sauvages. Les joueurs de golf apprécieront tout particulièrement la région de la Monterey Peninsula *(p. 495)* et les skieurs profiteront en hiver des équipements des stations du Lake Tahoe *(p. 471)*.

Rafters sur la Merced River *(p. 578)*

Tahquitz Golf Course, Palm Springs

Vacances thématiques

Le **California Office of Tourism** tient à disposition des listes de séjours à thèmes. Ceux proposant la découverte des missions californiennes jalonnant El Camino Real *(p. 42-43)* font partie des plus populaires.

Il existe de nombreux ateliers d'écriture animés par des écrivains. La **Santa Barbara Writers' Conference** et la **Squaw Valley Community of Writers** vous indiqueront les plus intéressants. Vous pourrez aussi pratiquer des activités artistiques variées. Des peintres de renom donnent des cours à la **Crescent Harbor Art Gallery** de Crescent City et au **Mendocino Arts Center**.

En été, des institutions comme **Great Chefs**, à la Robert Mondavi Winery *(p. 447)*, et la **Tante Marie's Cooking School** organisent des stages de cuisine intensifs d'une semaine agrémentés de visites du Wine Country et de repas fins.

Camping

Dès 1864, la Yosemite Valley *(p. 472-475)* et la Mariposa Grove plantée de séquoias géants jouissaient d'un statut les protégeant. Plus de 250 sites sont aujourd'hui préservés : parcs, réserves naturelles, lieux historiques ou simples aires de loisirs.

Tous proposent sentiers de randonnée et parkings. Beaucoup offrent sanitaires et possibilité de camper. Tous les parcs nationaux et d'État sont ouverts aux visites pendant la journée moyennant un faible droit de stationnement. Pour camper, réservez (jusqu'à 8 semaines à l'avance) un emplacement auprès de **Destinet, Mistix** ou **Yosemite Reservations**. **Desert Survivors** organise des expéditions dans le désert.

Randonnée

La Californie compte plus de 1,6 million de km de sentiers de randonnée permettant de simples promenades d'une journée ou des marches plus ambitieuses. Le plus long (4 250 km), le Pacific Crest Trail, relie le Canada au Mexique. Une de ses plus belles parties, le John Muir Trail, s'étend sur 320 km entre les hauteurs de Yosemite et le Mount Whitney *(p. 472-479)*. Le **Sierra Club** propose des excursions guidées et fournit des cartes détaillées.

En randonnée sur le John Muir Trail au pied du Mount Whitney

Équitation

Le cheval offre en Californie le moyen de découvrir des paysages très variés : forêts, vertes prairies, collines érodées ou vallées arides. De nombreux parcs fédéraux et d'État autorisent la circulation de chevaux et d'animaux de bât sur leurs sentiers.

Des ranchs privés encore en activité, tel le **Spanish Springs Ranch** de Ravendale, permettent de goûter à la vie traditionnelle des cow-boys. On peut y galoper avec les employés pour s'occuper du bétail ou monter pour son simple plaisir. **El Alisal Guest Ranch and Resort** organise chaque année des rassemblements et des convois de troupeaux.

À cheval dans le Ventura County

À bicyclette

La plupart des parcs fédéraux et d'État autorisent les vélos sur leurs sentiers. L'une des expériences les plus spectaculaires à tenter commence au High Camp de la Squaw Valley, près du Lake Tahoe *(p. 471)*. À une ascension de 610 m en téléphérique succède une descente à couper le souffle jusqu'au Shirley Lake. Le **Bicycle Trails Council** vous renseignera sur les lieux où l'on pratique le vélo-cross.

Des magasins de sport comme **Backroads** proposent aussi des promenades cyclistes dans la campagne vallonnée de l'État. Des pauses gastronomiques ajoutent souvent au plaisir sportif.

Vélo-cross dans le Marin County

Ces excursions peuvent durer une semaine. Des camionnettes accompagnent alors les groupes, transportant équipement et matériel de camping.

Plages

Long de plus de 1 300 km, le littoral californien présente des visages très divers. Par endroits, rochers et plages de galets offrent des lieux propices à la recherche de crustacés ou à la contemplation de l'océan ; ailleurs, sable blanc et rouleaux permettent la pratique du surf.

La Leo Carrillo State Beach de l'Orange County *(p. 220-221)*, la Windansea Beach de La Jolla *(p. 238-239)* et la Corona del Mar State Beach *(p. 220-221)* font partie des meilleures plages pour s'adonner à ce sport de glisse ou simplement voir à l'œuvre des adeptes chevronnés. La **Club Ed Surf and Windsurf School** organise des stages d'initiation d'une semaine entre avril et octobre.

De nombreux points de la côte raviront les plongeurs, notamment la Scripps Shoreline Underwater Preserve de La Jolla *(p. 239)*, les criques de Laguna Beach *(p. 221)* et la Monterey Bay *(p. 495)*. L'**Aquarius Dive Shop** loue de l'équipement. À Oceanside, les **Underwater Schools of America** proposent des cours pour débutants.

L'érosion a créé dans le Natural Bridge State Park de Santa Cruz *(p. 490-491)* et sur la Pfeiffer State Beach de Big Sur *(p. 498-499)* d'étonnantes formations rocheuses. Forêts et falaises composent un paysage spectaculaire à la Torrey Pines State Beach *(p. 238)*. Ses dunes et ses clams ont rendu célèbre la Pismo Beach *(p. 198)*.

Les eaux de la Californie du Sud sont assez chaudes pour se baigner d'avril à novembre. Au nord de San Francisco, mieux vaut porter une combinaison toute l'année.

Plage de sable de la crique de La Jolla

RAFTING, CANOË ET KAYAK

La descente de torrents en canot pneumatique, le rafting, offre les sensations fortes des montagnes russes dans de magnifiques paysages. Des spécialistes comme **Mariah Wilderness Expeditions, Outdoor Unlimited** et **Whitewater Voyages** organisent des expéditions de six ou huit personnes accompagnées d'un guide. Elles peuvent durer une journée ou inclure une nuitée.

La saison dure d'avril à septembre. Les descentes obéissent à une classification par niveau de difficulté. Les Classes I et II restent excitantes, mais sont relativement sûres. Les débutants tentés par un peu plus d'action peuvent s'essayer à la classe III. Toutes les autres exigent de l'expérience.

La plupart de ces organismes proposent aussi des promenades en canoë ou en kayak. Pour plus d'informations, contactez **Friends of the River** ou l'**American River Touring Association**.

Ski nautique à San Diego

SPORTS NAUTIQUES

Louer une maison flottante *(houseboat)* vous permettra d'effectuer une paisible croisière entre les îlots du delta de la Sacramento River. Des hors-bord sont disponibles au Lake Tahoe *(p. 471)*, au Lake Shasta *(p. 346)* et sur les lacs artificiels intégrés dans les aires de loisirs de l'État.

Le parachute ascensionnel *(parasailing)* connaît une vogue grandissante. Vous démarrez en ski nautique, puis un parachute vous élève dans les airs, toujours relié au bateau. Un sport sans danger si l'on porte un gilet de sauvetage. **Parasailing Catalina** vous renseignera.

Rafting au Yosemite National Park ***(p. 472-475)***

OBSERVATION DES OISEAUX

À l'automne, de nombreux migrateurs tels que canards et oies quittent le Canada pour hiverner en Amérique du Sud et font étape en Californie. On a recensé jusqu'à 425 espèces d'oiseaux au Point Reyes National Seashore *(p. 396-397)* où vivent des représentants de près de la moitié des espèces des États-Unis.

On peut aussi observer 400 espèces dans la **Tijuana Slough National Estuarine Research Reserve** au sud de San Diego, surtout au printemps et à l'automne.

Ornithologues à La Jolla ***(p. 251)***

PÊCHE

La Californie est un paradis pour les pêcheurs qui, d'avril à novembre, vont traquer la truite dans les rivières et les torrents des montagnes de la Sierra Nevada. La perche prospère tout au long de l'année dans les très nombreux lacs naturels et artificiels. En automne et en hiver, saumons et *steelheads* (une variété de truite migratrice) remontent les cours d'eau, en particulier la Klamath River, l'American River, l'Eel River et la Sacramento River. Esturgeons et bars rayés hantent le delta de cette dernière. Si vous aimez pratiquer la pêche à la mouche, adressez-vous à **Mammoth Lakes Fishing Services** en Sierra Nevada.

Dans presque toutes les villes côtières, il est possible d'affréter des bateaux pour partir pêcher en haute mer. Contactez **Helgren's Sportfishing Trips, Hot Pursuit Sport Fishing** ou **Anchor Charters**. En Californie du Nord, flétans et

Pêcheurs sur le Lake Molena, à San Diego

saumons constituent des proies de choix en été, saison où thons rouges, albacores, bonites à ventre rayé et barracudas abondent, mais dans les eaux plus chaudes du sud. De l'automne au début du printemps, dans tout le Pacifique, des prises d'une vingtaine de kilos de cabillaud ou de poissons de roche n'ont rien d'exceptionnel.

Le **State Department of Fish and Game** vous renseignera sur les saisons de pêche.

Escalade et spéléologie

L'escalade peut se pratiquer toute l'année dans les gymnases spécialisés des grandes villes. Le Joshua Tree National Park *(p. 268-269)*, la station de montagne d'Idyllwild, près de Palm Springs *(p. 266)*, et la Squaw Valley du Lake Tahoe *(p. 471)* offrent de bons endroits pour s'initier ou simplement contempler des alpinistes en action. L'**American Mountain Guides Association** vous indiquera les stages et les moniteurs disponibles dans chaque région.

Escalade au Joshua Tree National Park

Les spéléologues *(spelunkers)* apprécieront tout particulièrement le Pinnacles National Monument *(p. 501)* et le Lassen Volcanic National Park *(p. 437)* où l'activité volcanique a créé des grottes et des formations rocheuses sortant de l'ordinaire.

Parapente

Si vous avez rêvé de devenir un oiseau pour planer à des vitesses allant de 40 à 80 km/h sur des courants d'air ascendants, osez le parapente *(hand-gliding)*. Il suffit d'enfiler un harnais suspendu à un immense cerf-volant qui se dirige avec une barre de contrôle, puis de s'élancer, le plus souvent du rebord d'une falaise... un seuil où s'évanouirent plus d'une vocation. Les débutants peuvent toutefois effectuer des vols en tandem avec un pilote expérimenté équipé d'un parachute. Parmi les sites les plus appréciés des adeptes de ce sport figurent le promontoire de Fort Funston sur la côte de la Bay Area *(p. 396-397)*, le **Torrey Pines Glider Port** à San Diego et Vista Point à Palm Desert *(p. 264)*.

Si vous voulez vous initier, **SF Air Time**, qui vend et loue également du matériel, vous recommandera des moniteurs.

Jardins

Le soleil de la Californie et la douceur de son climat ont inspiré de nombreux amateurs d'horticulture et il en résulte dans tout l'État une profusion d'arboretums, de jardins botaniques, de parcs municipaux et de domaines privés ouverts au public.

Les Huntington Library Art Collections and Botanical Gardens sont l'hommage à l'art et à la culture laissé par un riche mécène, Henry Huntington. L'aménagement des jardins commença en 1904. Ils couvrent aujourd'hui les trois quarts d'un terrain de 80 ha et, très variés, sont peut-être les plus beaux de Californie *(p. 154-157)*.

Les **Descanso Gardens** comprennent une roseraie de 1,6 ha, un bois de chênes de 12 ha et une forêt protégée de camélias. Les jardins créés par William Bourn dans son domaine de Filoli à Woodside *(p. 411)* et le **Villa Montalvo Arboretum** de Saratoga sont tous deux plantés de manière à rester fleuris toute l'année. Le dernier accueille des concerts de jazz les week-ends d'été.

Le South Coast Botanic Garden *(p. 135)* offre un bel exemple de réhabilitation d'une ancienne décharge.

En montgolfière au-dessus de la Californie

En montgolfière

La montgolfière connaît de plus en plus d'amateurs dans la Napa Valley *(p. 446-447)*, à Monterey *(p. 494-495)* et dans le Temecula County. Les ascensions ont lieu au coucher ou au lever du soleil quand souffle le moins de vent. Elles offrent un moyen amusant de découvrir d'incomparables panoramas. Des organismes comme **Adventures Aloft** et **Napa Valley Balloons** proposent des sorties individuelles ou en groupe suivies d'un pique-nique.

Observation des baleines

Entre décembre et avril, les baleines grises longent les côtes de la Californie lors de leur migration du détroit de Béring aux eaux chaudes de la Baja Peninsula. Jubartes, orques, globicéphales et baleines bleues se voient aussi à la fin de l'été entre San Francisco et Monterey.

Des agences comme **Shearwater Journeys** offrent le moyen de s'approcher des baleines grises, ainsi que des dauphins et des marsouins qui les accompagnent dans leur voyage. Pour plus de renseignements, contactez **Oceanic Society Expeditions**.

Sources chaudes

Les vertus thérapeutiques d'une immersion dans l'eau minérale d'une source chaude sont reconnues depuis l'antiquité. Calistoga, en Californie du Nord *(p. 445)*, compte de nombreux établissements thermaux proposant toutes les formes de bains, notamment de boue et de vapeur, et de massages. La **Calistoga Chamber of Commerce** vous en fournira une liste complète.

Les îles

Au large de la Californie du Sud, cinq îles volcaniques forment le Channel Islands National Park *(p. 214)*, un lieu idéal pour la promenade à pied, l'observation de la nature et l'exploration de mares d'eau de mer dans les rochers. On y voit en outre souvent des dauphins et des baleines. Des vedettes partent des ports de Ventura et de Santa Barbara. Réservez auprès d'**Island Packers**.

On atteint le Wrigley Memorial Garden, sur la Santa Catalina Island, depuis San Pedro, Long Beach, Redondo Beach et Balboa. L'endroit est plus construit que le Channel Island National Park, avec des boutiques, des restaurants et des hôtels. Des sentiers pédestres et des pistes cyclables sillonnent l'île, dont la côte offre de riches possibilités aux plongeurs *(p. 232-233)*.

Plus au nord, au large de la San Francisco Bay, l'**Angel Island** est un sanctuaire de 300 ha accessible depuis le Fisherman's Wharf. L'île dispose de sentiers de randonnée, d'aires de pique-nique et de campings, et permet d'observer baleines grises et oiseaux marins.

Two Harbors sur la Santa Catalina Island

Carnet d'adresses

Vacances thématiques

California Office of Tourism
PO Box 9278,
Van Nuys, CA 91409.
(800) 862-2543.

Great Chefs
PO Box 106,
Oakville, CA 94562.
(707) 944-2866.

Mendocino Arts Center
PO Box 765,
Mendocino, CA 95460.
(707) 937-5818.

Crescent Harbor Art Gallery
200 Marine Way,
Crescent City, CA 95531.
(707) 464-9133.

Santa Barbara Writers' Conference
PO Box 304,
Carpinteria, CA 93014.
(805) 684-2250.

Squaw Valley Community of Writers
PO Box 2352,
Olympic Valley,
CA 96146.
(530) 583-5200.

Tante Marie's Cooking School
271 Francisco St,
San Francisco,
CA 94133.
(415) 788-6699.

Camping

Desert Survivors
PO Box 20991,
Oakland, CA 94620-0991.
(510) 769-1706.

Destinet
9450 Carroll Park Drive,
San Diego, CA 92121.
(800) 444-7275.

Mistix
PO Box 85705,
San Diego,
CA 92138-5705.
(619) 452-0150.

Yosemite Reservations
(209) 252-4848.

Randonnée

Sierra Club
730 Polk St,
San Francisco,
CA 94109.
(415) 977-5500.

Équitation

El Alisal Guest Ranch and Resort
1054 Alisal Rd,
Solvang, CA 93463.
(805) 688-6411.

Spanish Springs Ranch
PO Box 270,
Ravendale, CA 96123.
(800) 560-1900.

À bicyclette

Backroads
801 Cedar St,
Berkeley, CA 94710.
(510) 527-1555.

Bicycle Trails Council
PO Box 494,
Fairfax, CA 94978.
(415) 456-7512.

Les plages

Aquarius Dive Shop
32 Cannery Row,
Monterey, CA 93940.
(831) 375-6605.

Club Ed Surf and Windsurf School
5 Isabel Drive,
Santa Cruz,
CA 95060.
(831) 459-9283.

Underwater Schools of America
1707 Oceanside Blvd,
Oceanside, CA 92054.
(760) 722-7826.

Rafting, canoë et kayak

American River Touring Association
24000 Casa Loma Rd,
Groveland, CA 95321.
(209) 962-7873.

Outdoor Unlimited
Box 0234A,
San Francisco, CA 94117.
(415) 476-2078.

Whitewater Voyages
PO Box 20400,
El Sobrante, CA 94820.
(510) 222-5994.

Sports nautiques

Parasailing Catalina
PO Box 2275,
Avalon, CA 90704.
(310) 510-1777.

Observation des oiseaux

Tijuana Slough National Estuarine Research Reserve
301 Caspian Way,
Imperial Beach, CA 91932.
(619) 575-3613.

Pêche

Anchor Charters
Noyo Harbor,
Fort Bragg, CA 95437.
(707) 964-4550.

Hot Pursuit Sport Fishing
Fisherman's Wharf,
San Francisco, CA 94133.
(415) 965-3474.

Mammoth Lakes Fishing Services
PO Box 353, Mammoth
Lakes, CA 93546.
(760) 934-0606.

State Department of Fish and Game
1416 9th St,12th Floor,
Sacramento, CA 95814.
(916) 653-7664.

Escalade et spéléologie

American Mountain Guides Association
PO Box 2128, Estes Park,
Colorado 80517.
(970) 586-0571.

Parapente

SF Air Time
3620 Wawona St,
San Francisco, CA 94116.
(415) 759-1177.

Torrey Pines Glider Port
2800 Torrey Pines Scenic
Drive, La Jolla,
CA 92037.
(619) 452-9858.

Jardins

Descanso Gardens
1418 Descanso Drive,
La Canada-Flintridge,
CA 91011.
(818) 952-4400.

Villa Montalvo Arboretum
15400 Montalvo Rd,
Saratoga, CA 95071.
(408) 741-3421.

En montgolfière

Adventures Aloft
6525 Washington St,
Yountville, CA 94599.
(707) 944-4408.

Napa Valley Balloons
6975 Washington St,
Yountville, CA 94599.
(707) 253-2224.

Observation des baleines

Oceanic Society Expeditions
Fort Mason Center,
San Francisco, CA 94123.
(415) 441-1106.

Shearwater Journeys
PO Box 190,
Hollister, CA 95024.
(831) 637-8527.

Sources chaudes

Calistoga Chamber of Commerce
1458 Lincoln Ave, No. 9,
Calistoga, CA 94515.
(707) 942-6333.

Les îles

Angel Island Red & White Fleet
(415) 546-2896.

Island Packers
1867 Spinnaker Drive,
Ventura, CA 93001.
(805) 642-1393.

FAIRE DES ACHATS EN CALIFORNIE

Géant de l'industrie textile, la Californie exporte partout ses vêtements de sport et ses tenues de plage et est le premier fabricant de prêt-à-porter pour enfants des États-Unis. Les produits agricoles de la San Joaquin Valley, notamment les fruits et légumes, nourrissent tout le pays. Vous n'aurez pas à vous contenter, pour vos achats, des quartiers commerçants de grandes villes comme Los Angeles *(p. 166-167)* et San Francisco *(p. 376-379)*. Les localités plus petites et les zones rurales offrent de nombreuses possibilités telles que boutiques d'antiquités, artisanats locaux, domaines viticoles ou éventaires en bord de route. Et les prix sont souvent moins élevés. Le marchandage fait partie des traditions sur les marchés aux puces.

Emblème d'une association d'antiquaires

Lèche-vitrines sur Ocean Avenue, Carmel *(p. 494)*

HORAIRES D'OUVERTURE

Les Californiens tendent à considérer le shopping comme une distraction et la plupart des principaux magasins ouvrent tous les jours, en général de 10 h à 18 h du lundi au samedi et de midi à 17 h le dimanche. Dans les petites localités, les boutiques peuvent fermer le dimanche ou le lundi et ouvrir parfois les autres jours de 11 h à 19 h.

MODES DE PAIEMENT

Nombre d'établissements acceptent les cartes bancaires et les chèques de voyage. Il faut, pour utiliser ces derniers, présenter une pièce d'identité. Peu de magasins prennent en revanche les chèques tirés sur une banque étrangère. L'argent liquide *(p. 594-595)* reste le meilleur moyen de régler de petites sommes.

TAXES

Les taxes, qui s'appliquent à tous les achats à l'exception des produits alimentaires et des médicaments sur ordonnance, varient de 7,25 % à 8,5 %. Elles n'apparaissent pas dans les prix et sont ajoutées au paiement.

DROITS ET REMBOURSEMENTS

En Californie, la loi n'impose pas aux commerçants de reprendre un article, mais la plupart le font. Tous rembourseront un objet défectueux s'il n'est pas marqué *« flawed »* (imparfait) ou *« sold as is »* (vendu en l'état). Il suffit de le rapporter avec une preuve d'achat et l'emballage d'origine. Beaucoup de magasins accepteront de le rembourser jusqu'à 30 jours après son acquisition.

EXPÉDITIONS

Moyennant un supplément, la plupart des magasins se chargeront de l'expédition de vos achats, parfois par l'intermédiaire de Federal Express ou US Express Mail *(p. 596-597)*. Il vous faudra donner une brève description des objets sur un formulaire et indiquer leur valeur. Pensez à garder un reçu.

OÙ FAIRE DES ACHATS

Certaines villes côtières jalonnant l'Hwy 1 ou l'US 101, telles que Santa Barbara *(p. 210-211)*, Big Sur *(p. 498-499)*, Carmel *(p. 494)*, Santa Cruz *(p. 490-491)* et Sausalito *(p. 398-399)*, possèdent d'intéressantes boutiques.

Sur la Hwy 99 et d'autres routes de la San Joaquin Valley, de nombreuses fermes vendent directement leurs produits. Palm Springs *(p. 264-265)* est renommé pour ses magasins de mode. Les antiquaires abondent dans des localités des contreforts de la Sierra comme Sutter Creek *(p. 460)*.

LA MODE

La décontraction avec laquelle s'habillent les Californiens est devenue un cliché aux États-Unis. Ils n'en produisent pas moins 75 % des maillots de bain fabriqués dans le pays, avec de grandes marques telles que **Catalina** et **California Wave**, et

Un grand nom de San Francisco

65 % du prêt-à-porter destiné aux jeunes femmes.

Les vêtements d'enfants sont aussi une grande spécialité de l'État. **Sara's Prints, Traci Lynn** et **Levi Strauss** proposent les meilleurs. Autre célébrité locale, Nicholas Graham, le styliste de **Joe Boxer Inc**, a transformé les caleçons d'hommes en manifestes artistiques. **Jessica McClintock Inc** excelle dans la robe de soirée et de mariage. **The Gap**, ouvert à San Francisco en 1969, fut le premier magasin à vendre des jeans sur une grande échelle.

Marchés aux puces

Les *flea markets* (aussi appelés *swap meets*) ont lieu le week-end, le plus souvent le dimanche. Les vendeurs installent leurs éventaires sur de vastes parcs de stationnement, dans des stades ou même près d'une des célèbres missions. Le flâneur déniche parfois une pièce unique à bon prix, mais il ne faut jamais accepter le premier chiffre annoncé : le marchandage est de rigueur. Pensez à vous munir de liquide, les vendeurs n'acceptant pratiquement jamais les cartes bancaires ou les chèques de voyage.

Parmi les marchés aux puces les plus importants figurent le **Berkeley Flea Market**, le **San Jose Flea Market**, le **Rose Bowl Flea Market** de Pasadena et la **San Juan Bautista Peddlars Fair**. Certains demandent un droit d'entrée de 75 cents ou 1 $.

Flâneurs sur un marché aux puces à Sausalito

Couverture d'un magazine des années 1950

Curiosités

Vous n'aurez que l'embarras du choix. À Berkeley, **For Amusement Only** propose flippers et juke-boxes. **Hello Central** vend de vieux téléphones, des plus anciens modèles aux combinés en bakélite des années 1940. **Hillcrest Vintage Paper Collectables** et **Sarah Stocking Fine Vintage Posters** sont spécialisés dans les affiches de cinéma. Les souvenirs hollywoodiens abondent à Los Angeles *(p. 166-167)*. À Sutter Creek, **Camperos Collectables** vend aussi des articles de ce genre.

Vente directe

Les *outlet malls* où des fabricants vendent directement à prix bradés leurs surplus ou des articles hors-saison se sont multipliés en Californie. La plupart ne comptent qu'une vingtaine de magasins, mais les **Factory Stores of America at Nut Tree** en réunissent plus de cent. Les **American Tin Cannery Factory Outlets** (Monterey), les **Napa Factory Stores**, les **Desert Hills Factory Stores**, la **Palm Springs Square**, le **Pismo Beach Outlet Center** et le **San Diego Factory Outlet Center** comptent parmi les autres centres importants. **Shopper Stopper Shopping Tours** permet d'en découvrir en visite organisée.

Tableau de correspondance des tailles

Vêtements pour enfants

États-Unis	2-3	4-5	6-6x	7-8	10	12	14	16 (taille)
Angleterre	2-3	4-5	6-7	8-9	10-11	12	14	14 + (années)
France	2-3	4-5	6-7	8-9	10-11	12	14	14 + (années)

Chausssures pour enfants

États-Unis	7½	8½	9½	10½	11½	12½	13½	1½	2½
Angleterre	7	8	9	10	11	12	13	1	2
France	24	25½	27	28	29	30	32	33	34

Robes, jupes et manteaux pour femmes

États-Unis	4	6	8	10	12	14	16	18
Angleterre	6	8	10	12	14	16	18	20
France	38	40	42	44	46	48	50	52

Chemisiers et pull-overs pour femmes

États-Unis	6	8	10	12	14	16	18
Angleterre	30	32	34	36	38	40	42
France	40	42	44	46	48	50	52

Chaussures pour femmes

États-Unis	5	6	7	8	9	10	11
Angleterre	3	4	5	6	7	8	9
France	36	37	38	39	40	41	44

Complets pour hommes

États-Unis	34	36	38	40	42	44	46	48
Angleterre	34	36	38	40	42	44	46	48
France	44	46	48	50	52	54	56	58

Chemises pour hommes

États-Unis	14	15	15½	16	16½	17	17½	18
Angleterre	14	15	15½	16	16½	17	17½	18
France	36	38	39	41	42	43	44	45

Chaussures pour hommes

États-Unis	7	7½	8	8½	9½	10½	11	11½
Angleterre	6	7	7½	8	9	10	11	12
France	39	40	41	42	43	44	45	46

Magasins d'antiquités à Temecula près de Palm Springs

Livres, disques et artisanat

Même les plus petites villes de Californie possèdent au moins une librairie, parfois indépendante, souvent liée à une chaîne.

En revanche, seules les grandes agglomérations offrent un large choix de disques dans des magasins tels que **Tower Records, Virgin Megastore** et **Wherehouse**. Vous trouverez des boutiques plus spécialisées ou de disques d'occasion dans les quartiers universitaires.

Artisanats indien et mexicain sont répandus dans tout l'État. Renseignez-vous auprès de l'**American Indian Contemporary Arts Center** et du Mexican Museum *(p. 255)*.

Antiquités

Bijoux, argenterie, objets indiens, textiles et vêtements anciens, joaillerie en bakélite et meubles datant des XVIIIe et XIXe siècles font partie des antiquités les plus répandues dans les petites villes de Californie.

Les relations qu'entretient la Côte Ouest avec la bordure du Pacifique permettent de dénicher en Californie des sculptures et porcelaines de Chine et du Japon, ainsi que du mobilier asiatique. Le début du XXe siècle a produit des objets intéressants, meubles Arts and Crafts et Art déco, vêtements, affiches, jouets, verre soufflé et céramique.

Les antiquaires s'associent souvent pour louer un vaste bâtiment, parfois une grange ou un entrepôt, où ils proposent leur marchandise au public. Le plus vaste de ces centres, l'**Antique Plaza**, se trouve juste à l'est de Sacramento. Il abrite près de 300 boutiques et un café.

Alimentation

Nombre d'exploitations agricoles de Californie, en particulier dans les comtés de Sonoma et de Fresno, vendent directement leurs produits au public le long de *farm trails*. À Sonoma, contactez les **Sonoma County Farm Trails** ou la **Sonoma Valley Chamber of Commerce**. Dans le Fresno County, le Blossom Trail, long de 100 km, traverse vergers et vignobles. Il commence aux **Simonian Farms** où on peut acheter fruits, moutarde et miel. Le **Fresno County Farm Bureau** vous renseignera.

À Napa, dans l'Anderson Valley, l'**Apple Farm**, ouverte toute l'année, propose des pommes et des poires. À Napa également, le **Jimtown Store** vend confitures, miel, olives, moutarde, vinaigre et assaisonnements de salades. Sur la Hwy 152, à l'est de Gilroy, la **Casa de Fruta** n'était à ses débuts dans les années 1940 qu'un simple étal de cerises. Elle vent toujours des fruits, mais comprend en outre aujourd'hui un café (Casa de Coffee), un restaurant (Casa de Burger) et une boutique de souvenirs (Casa de Gift).

Produits frais vendus sur un marché fermier

Presque à mi-chemin de Los Angeles et de San Francisco sur la I-5, l'**Harris Ranch**, un élevage en activité, possède un café et un restaurant et offre des possibilités d'hébergement. Sa boutique propose ses produits agricoles et sa viande, ainsi que des souvenirs.

L'Italian Marketplace de la Viansa Winery

Wineries

Le **Wine Institute of San Francisco** fournit une liste des domaines viticoles de Californie. Ceux-ci ne sont pas appréciés que pour leurs crus, mais également pour les magasins installés dans leurs salles de dégustation.

La **Viansa Winery** propose ainsi des fromages et des pains italiens à côté de livres et d'ustensiles de cuisine. Les **Sebastiani Vineyards** vendent des souvenirs liés au vin, tandis que la boutique des **Sterling Vineyards** recèle des écharpes en soie, des bijoux en argent et des ouvrages consacrés à l'histoire de la région. Le saké en vente à l'**Hakusan Sake Garden** se déguste aussi dans un jardin japonais.

Carnet d'adresses

Mode

The Original Levi Strauss
1155 Battery,
San Francisco,
CA 941112.
(415) 501-6000.

California Wave
1247 E 58th Place,
Los Angeles, CA 90001.
(323) 233-0077.

Catalina
6040 Bandini Blvd,
City of Commerce,
CA 90040.
(323) 726-1262.

The Gap
1 Harrison St,
San Francisco,
CA 94105.
(650) 952-4400.

Jessica McClintock Inc
1400 16th St,
San Francisco, CA 94103.
(415) 495-3030.

Joe Boxer Inc
1265 Folsom St,
San Francisco, CA 94103.
(415) 882-9406.

Sara's Prints
3018-A Alvarado St,
San Leandro, CA 94577.
(510) 352-6060.

Traci Lynn
655 E 30th St,
Los Angeles, CA 90011.
(213) 235-2181.

Marchés aux puces

Berkeley Flea Market
1837 Ashby Ave,
Berkeley, CA 94703.
(510) 644-0744.

Pasadena's Rose Bowl
1001 Rose Bowl Drive,
Pasadena, CA 91103.
(626) 577-3100.

San Jose Flea Market
1590 Berryessa Road,
San Jose, CA 95133.
(408) 453-1110.

San Juan Bautista Peddlars Fair
Mission San Juan Bautista,
San Juan Bautista,
CA 95023.
(831) 623-2454.

Souvenirs

Camperos Collectables
PO Box 1629,
Sutter Creek,
CA 95685.
(209) 245-3725.

For Amusement Only
1010 Grayson St,
Berkeley, CA 94710.
(510) 548-2300.

Hello Central
2463 Ladera Court,
San Luis Obispo,
CA 93401.
(805) 541-9123.

Hillcrest Vintage Paper Collectables
3412 W MacArthur Blvd,
Unit G, Santa Ana,
CA 92704.
(714) 751-4030.

Sarah Stocking Fine Vintage Posters
472 Jackson St,
San Francisco, CA 94111.
(415) 984-0700.

Vente directe

American Tin Cannery Factory Outlets
125 Ocean View Blvd,
Monterey, CA 93942.
(831) 372-1442.

Desert Hills Factory Stores
48400 Seminole Rd,
Cabazon, CA 92230.
(909) 849-5018.

Factory Stores of America at Nut Tree
321-322 Nut Tree Rd,
Vacaville, CA 95687.
(707) 447-5755.

Napa Factory Stores
629 Factory Stores Drive,
Napa, CA 94558.
(707) 226-9876.

Palm Springs Square
Palm Springs,
CA 92173.
(760) 320-7444.

Pismo Beach Outlet Center
Pismo Beach,
CA 93449.
(805) 773-4661.

San Diego Factory Outlet Center
4498 Camino de la Plaza,
San Ysidro,
CA 92173.
(619) 690-2999.

Shopper Stopper Shopping Tours
PO Box 535,
Sebastopol,
CA 95473.
(707) 829-1597.

Livres, disques et artisanat

American Indian Contemporary Arts Center
23 Grant Ave, 6 th fl,
San Francisco,
CA 94108.
(415) 989-7003.

Tower Records
2500 Del Monte St,
Sacramento,
CA 95691.
(916) 373-2500.

Virgin Megastore
800 W Sunset Blvd,
Hollywood,
CA 90046.
(323) 650-8666.

Wherehouse
19701 Hamilton Ave,
Torrance, CA 90502.
(800) 776-8290.

Antiquités

Antique Plaza
11395 Folsom Blvd,
Rancho Cordova,
CA 95742.
(916) 852-8517.

Alimentation

Apple Farm
18501 Greenwood Rd,
Philo, CA 95466.
(707) 895-2333.

Casa de Fruta
10031 Pacheco Pass Hwy,
Hollister, CA 95023.
(831) 637-0051.

Fresno County Farm Bureau
1274 West Hedges,
Fresno, CA 93728.
(209) 237-0263.

Harris Ranch
24505 West Dorris Ave,
Coalinga, CA 93210.
(209) 935-0717.

Jimtown Store
6706 Hwy 128,
Healdsburg,
CA 95448.
(707) 433-1212.

Simonian Farm
2629 S Clovis Ave,
Fresno, CA 93725.
(209) 237-2294.

Sonoma County Farm Trails
PO Box 6032,
Santa Rosa, CA 95606.
(707) 996-2154.

Sonoma Valley Chamber of Commerce
645 Broadway,
Sonoma, CA 95476.
(707) 996-1033.

Wineries

Hakusan Sake Garden
1 Executive Way,
Napa, CA 94558.
(707) 258-6160.

Sebastiani Vineyards
389 Fourth St East,
Sonoma, CA 95476.
(707) 938-5532.

Sterling Vineyards
1111 Dunaweal Loane,
Calistoga, CA 94515.
(707) 942-3300.

Viansa Winery
25200 Arnold Drive,
Sonoma, CA 95476.
(707) 935-4700.

Wine Institute of San Francisco
425 Market St,
Suite 1000,
San Francisco, CA 94105.
(415) 512-0151.

Renseignements pratiques

La Californie mode d'emploi

L'identité de la Californie est à découvrir autant dans les espaces sauvages des montagnes de la Sierra Nevada que dans de grandes villes actives comme San Francisco, Los Angeles et San Diego. Les visiteurs ne devraient nulle part rencontrer de graves problèmes pratiques, mais un minimum de prévoyance ne nuit pas. Des précautions recommandées pour assurer votre sécurité et votre santé *(p. 592-593)* à l'utilisation du réseau téléphonique californien et du système postal américain *(p. 596-597)* en passant par les questions de change *(p. 594-595)*, les informations données dans les pages qui suivent vous faciliteront tous les aspects de la vie quotidienne. Vous trouverez en général partout dans l'État des *visitors' centers* en mesure de vous renseigner sur les services disponibles et les activités intéressantes de chaque région.

Logo du service postal américain

Ski dans la station d'Alpine Meadows au Lake Tahoe *(p. 470)*

Quand partir

La haute saison dure de mi-avril à septembre, mais la douceur du climat dans le Sud et les pentes enneigées du Lake Tahoe attirent aussi l'hiver de nombreux visiteurs en Californie. Vous profiterez de nombreuses réductions et de meilleures conditions de séjour en basse saison bien que quelques attractions ferment.

Droits d'admission

Les principaux musées et attractions touristiques exigent un droit d'entrée d'un montant situé le plus souvent entre 5 $ et 8 $. Il existe des réductions pour les handicapés *(p. 590)*, les étudiants, les personnes âgées et les enfants. La plupart des institutions les plus importantes ouvrent leurs portes gratuitement une journée par mois (téléphonez pour plus de détails). Des visites guidées et des conférences gratuites sont souvent proposées.

Horaires d'ouverture

La plupart des entreprises et des services publics ouvrent en semaine de 9 h à 17 h sans interruption à midi. Beaucoup sont aussi ouverts le week-end. Dans les agglomérations importantes, des magasins d'alimentation, des pharmacies et des stations-service assurent une permanence 24 h sur 24. Les musées sont généralement fermés le lundi et/ou le mardi, ainsi que les jours fériés.

Les Californiens mangent tôt le soir et de nombreux restaurants n'acceptent plus de clients après 22 h. La plupart des bars restent ouverts jusqu'à 2 h du matin, en particulier le vendredi et le samedi.

Information touristique

Vous pouvez vous renseigner avant votre départ auprès de la **California Division of Tourism** ou du plus proche consulat américain. Sur place, les *visitors' centers* et les *convention bureaux* vous fourniront plans, guides et bons de réduction pour les transports en commun et les attractions touristiques. Ils sont généralement ouverts en semaine de 9 h à 17 h 30. Ce guide indique les coordonnées des centres d'information touristique de chaque ville.

Quelques conseils

Pour éviter la foule, visitez le matin les grands musées ou les principales attractions touristiques. Et préférez les jours de semaine aux week-ends. Vous gagnerez beaucoup de temps en regroupant les visites de sites

Façade de style espagnol du San Diego Museum of Art *(p. 247)*

proches, les distances étant grandes aux États-Unis. Dans vos déplacements, évitez les heures de pointe : de 7 h à 9 h et de 16 h à 18 h 30 du lundi au vendredi.

Visas

Les ressortissants du Canada, de la Suisse et de l'Union européenne n'ont besoin que d'un passeport en cours de validité pour un séjour de moins de 90 jours aux États-Unis. Pour la Suisse et l'Union européenne, il s'agit toutefois d'une convention renouvelée tous les ans. Demandez confirmation auprès de l'ambassade ou d'un consulat des États-Unis.

Taxes et pourboires

L'État de Californie impose une taxe de 7,25 % sur les ventes et les services, sauf sur les produits alimentaires. Dans les grandes villes, elle augmente de 1 % à 1,25 %. Une taxe d'occupation temporaire de 12 % à 14 % s'applique généralement dans les hôtels. Le service n'est jamais compris et c'est principalement le pourboire *(tip)* qui paie le travail du personnel. Laissez de 15 % à 20 % du montant de la note dans un restaurant ; 15 % de la course en taxi ; de 1 $ à 1,5 $ par bagage aux portiers d'hôtel et de 1 $ à 2 $ par jour de séjour aux femmes de chambre.

Centre d'information touristique de l'Hallidie Plaza, San Francisco

Tabac

Fumer dans les lieux publics est illégal dans tout l'État de Californie. Selon la loi, les hôtels doivent réserver 35 % de leurs chambres et 75 % des salons aux non-fumeurs. Demandez le règlement de l'hôtel et rappelez-vous que dans beaucoup d'endroits il est strictement interdit de fumer en public.

Information touristique

Californie

California Division of Tourism
801 K St, Suite 1800,
Sacramento,
CA 58814.
Tél. (916) 322-2881.
FAX (916) 322-3402.

San Francisco

San Francisco
Niveau inférieur de Hallidie Plaza,
Powell et Market Sts.
Tél. (415) 391-2000,
(415) 974-6900.

Le Nord

Redding
777 Auditorium Drive.
Tél. (800) 874-7562.

Eureka
2112 Broadway.
Tél. (707) 442-3738,
(800) 346-3482.

Wine Country

Mendocino County
239 S Main St,
Willits.
Tél. (707) 459-7910.

Napa Valley
1310 Napa Town Center.
Tél. (707) 226-7459.

Gold Country

Sacramento
1421 K St.
Tél. (916) 264-7777.

Tuolumne County
55 W Stockton St,
PO Box 4020, Sonora.
Tél. (209) 533-4420,
(800) 446-1333.

High Sierras

Nord du Lake Tahoe
950 N Lake Blvd, Suite 3,
Tahoe City.
Tél. (800) 824-6348.

Bishop
690 N Main St.
Tél. (760) 873-8405.

De Santa Cruz à Fresno

Fresno et Fresno County
808 M St.
Tél. (209) 233-0836.

Monterey County
380 Alvarado St.
Tél. (831) 649-1770.

Los Angeles

Downtown Los Angeles
685 S Figueroa St.
Tél. (213) 689-8822.

Hollywood
6541 Hollywood Blvd.
Tél. (213) 689-8822.

De Cambria à Santa Barbara

Santa Barbara
510 State St, Suite 1.
Tél. (805) 966-9222,
(800) 927-4688.

San Luis Obispo County
1041 Chorro St.
Tél. (805) 541-8000,
(800) 634-1414.

Orange County

Anaheim/Orange County
800 W Katella Ave.
Tél. (714) 999-8999.

San Diego

San Diego
11 Horton Plaza.
Tél. (619) 236-1212.

Escondido
720 N Broadway.
Tél. (760) 745-2125.

Palm Springs

Riverside
3443 Orange St.
Tél. (909) 787-7950.

Palm Springs
69 Hwy 111, Suite 201,
Rancho Mirage.
Tél. (760) 770-9000.

Désert de Mojave

Death Valley
118 Hwy 127,
Shoshone.
Tél. (760) 852-4524.

Quotidiens disponibles en Californie

Distributeur de journaux

Journaux, télévision et radio

Il est difficile de se procurer des journaux européens hors des plus grandes villes, mais *The New York Times* et le *Wall Street Journal* sont vendus presque partout. En complément de divers quotidiens locaux, le *Los Angeles Times* est lu dans tout l'État.

Dans les hôtels, les chambres possèdent quasiment toujours un téléviseur, parfois un magnétoscope. Outre la chaîne publique, PBS, au contenu plus culturel, trois grands réseaux généralistes commerciaux, ABC, NBC et CBS, couvrent l'ensemble des États-Unis. Il existe également d'innombrables chaînes locales ou spécialisées (notamment d'informations, d'émissions pour enfants et de musique) diffusées par câble ou par satellite. Certaines, en Californie, sont en langues espagnole ou asiatiques. La plupart des quotidiens locaux indiquent les programmes. Ils fournissent également une liste de stations de radio. Très nombreuses, elles proposent pour la plupart des programmes surtout musicaux, mais de styles très variés.

Magazines de programmes

Dans la majorité des villes, le *visitors' center* et les distributeurs installés dans la rue proposent des journaux gratuits présentant les loisirs et festivités programmés, ainsi que certains bars et restaurants populaires. Les grandes cités éditent des magazines plus spécialisés tels que le *San Francisco Bay Guardian*, le *San Diego Reader* et les *LA Weekly* et *Los Angeles Reader*.

Visiteurs handicapés

La législation californienne impose à tous les édifices publics d'être accessibles aux handicapés. Ils bénéficient d'avantages tels que le stationnement gratuit et des réductions dans de nombreux parcs d'État et nationaux. Si vous avez des besoins particuliers, mieux vaut prévenir à l'avance sites ou hôtels. La Society for the Advancement of Travel for the Handicapped (SATH) signale par un H bleu les établissements dotés d'un équipement spécial. Pour tout renseignement, contactez le **Disability Rights, Education and Defense Fund** ; pour vos déplacements, le **California Relay Service**.

Place réservée aux handicapés

Voyageurs homosexuels

L'importante communauté homosexuelle californienne est principalement concentrée dans les grandes villes, en particulier dans le Castro District de San Francisco *(p. 350)*, à Hillcrest à San Diego et à West Hollywood à Los Angeles *(p. 96-115)*. Les journaux gratuits et les magazines publiés à son intention comprennent *The Edge* à Los Angeles, *Frontier*, dans toute la Californie du Sud, et *Gay Times* à San Francisco. À San Francisco et dans la Bay Area, **Out and About** fournit au téléphone un programme d'événements prévus dans la région. Le **Gay Switchboard** remplit le même service, mais peut aussi apporter une aide en cas de problème.

Étudiants

Les étudiants jouissent de peu de réductions en Californie. La carte internationale (ISIC) est rarement acceptée et mieux vaut présenter un passeport pour prouver que l'on a plus de 21 ans si l'on veut entrer dans un bar. La **Student Travel Association** possède deux bureaux dans la Bay Area et trois à Los Angeles. Il existe de nombreuses auberges de jeunesse en Californie. La FUAJ, à Paris *(p. 507)*, ou **Hosteling International-American Youth Hostels** vous renseigneront.

Carte internationale d'étudiant

Nous vous conseillons d'éviter l'auto-stop. Dans les universités et les auberges de jeunesse, des panneaux regroupent des annonces de partage de voiture.

Consulats

La plupart des pays occidentaux ont des consulats à la fois à San Francisco et à Los Angeles Il sont ouverts, en général, de 9 h à 17 h du lundi au vendredi. Ces consulats n'ont pas pour mission de veiller sur les touristes, mais peuvent se révéler d'une grande aide en cas d'urgence, notamment en cas de perte de papiers. Ils ne prêtent toutefois pas d'argent. L'annuaire local vous indiquera l'adresse du bureau le plus proche.

Appareils électriques

Le courant électrique est aux États-Unis d'un voltage de 110-120 volts et d'une fréquence de 60 Hz (50 en France). Pour utiliser vos appareils électriques, vous devrez vous munir d'un transformateur et d'un adaptateur permettant le branchement sur les prises à fiches plates américaines. Il vous sera plus facile de vous les procurer avant le départ. Dans beaucoup d'hôtels, sèche-cheveux muraux et prises autorisant l'usage de rasoirs en 220 V équipent les salles de bains.

Prise standard

Tableau de conversion

Système standard américain
1 inch = 2,54 centimètres
1 foot = 30 centimètres
1 mile = 1,6 kilomètre
1 ounce = 28 grammes
1 pound = 454 grammes
1 US quart = 0,947 litre
1 US gallon = 3,8 litres

Système métrique
1 centimètre = 0,4 inch
1 mètre = 3 feet 3 inches
1 kilomètre = 0,6 miles
1 gramme = 0,04 ounce
1 kilogramme = 2,2 pounds
1 litre = 1,1 US quarts

Organisations religieuses

La Californie, et en particulier la Californie du Nord, a la réputation d'offrir un riche terreau à toutes formes de croyances *(p. 424-425)*. Les sectes et les cultes marginaux semblent autant y prospérer que les religions établies. C'est l'Église catholique qui possède la plus large congrégation. Près d'un quart de ses membres est d'origine hispanique. Los Angeles abrite la deuxième communauté juive des États-Unis. Elle a édifié de magnifiques synagogues. Temples hindous, mosquées et toutes sortes de lieux de culte moins conventionnels abondent dans l'État. Vous en trouverez le détail dans les annuaires à la rubrique « *Churches* ».

Église de l'auto-accomplissement, un lieu de culte très californien

L'heure et la température en Californie

Les tableaux ci-dessous indiquent les décalages horaires entre la Californie et quelques grandes villes (hors heure d'été, de fin avril à début octobre) et la correspondance en degrés Celsius de températures en degrés Fahrenheit.

Ville et pays	Décalage
Paris (France)	+ 9
Bruxelles (Belgique)	+ 9
Genève (Suisse)	+ 9
Toronto (Canada)	+ 3
Londres (Royaume-Uni)	+ 8
New York (U. S. A.)	+ 3
Chicago (U. S. A.)	+ 2
Tokyo (Japon)	+ 17

Degrés Fahrenheit	Degrés Celsius
104	40
98,6	37
86	30
77	25
68	20
50	10
32	0
14	– 10

Carnet d'adresses

Visiteurs handicapés

California Relay Service
(800) 735-2929 TTY
(800) 735-0373 VOICE

Disability Rights, Education and Defense Fund
2212 6th St, Berkeley, CA 94710.
(510) 644-2555.

Étudiants

Hosteling International-American Youth Hostels
733 15th St NW, Suite 840, Washington, DC 20005.
(800) 444-6111.

Student Travel Association
51 Grant Ave, San Francisco.
(415) 391-8407.

920 Westwood Blvd, Los Angeles.
(800) 777-0112.

Homosexuels

Gay Switchboard
(510) 548-8283.

Out and About
(800) 929-2268.

Consulats

France
One Westwood Blvd, Suite 300, Los Angeles.
(310) 235-3200.

540 Bush St, San Francisco.
(415) 775-1061.

Alliance française
1345 Bush St, San Francisco.
(415) 775-7755.

Belgique
6100 Wilshire Blvd, Suite 1200, Los Angeles.
(213) 857-1244.

Suisse
11766 Wilshire Blvd, Suite 1400, Los Angeles.
(310) 575-1982.

456 Montgomery St, Suite 1500, San Francisco.
(415) 788-2272.

Canada
550 S Hope St, 9e étage, Los Angeles.
(213) 346-2711.

Santé et sécurité

Attention aux ours en Californie du Nord !

San Francisco est une des grandes villes les plus sûres des États-Unis, une qualité que ne partage pas Los Angeles où il est déconseillé de se risquer dans les quartiers défavorisés, les *slums.* En zones rurales, munissez-vous d'une carte détaillée, en particulier dans le désert ou les montagnes. Et tenez compte des conseils des autorités locales sur les dangers qui peuvent se présenter. Tous les soins médicaux sont payants et extrêmement coûteux. La prudence recommande de souscrire une bonne assurance avant le départ.

Sécurité des personnes

Les membres des célèbres gangs de Californie, en particulier de Los Angeles, se risquent rarement hors de leurs territoires et portent en général peu d'intérêt aux visiteurs. Ceux-ci ont plus à redouter les vols, notamment dans les voitures. Des patrouilles de police surveillent la plupart des quartiers touristiques, mais il reste conseillé de préparer avec soin son itinéraire et de faire preuve de bon sens.

Plutôt que de porter sur vous, ou de laisser dans votre chambre, vos objets de valeur, déposez-les dans le coffre de l'hôtel.

Les Américains ne plaisantent pas avec la sécurité des piétons. Traverser hors des passages piétonniers, ou ailleurs qu'à un carrefour sur une route, peut vous valoir une amende.

Policier de San Francisco

Sécurité des biens

Bien que vous ayez peu de chances de retrouver un objet perdu dans la rue, prévenez la police au téléphone par la **Police Non-Emergency Line** (appels non urgents). Vous aurez besoin d'une copie de votre déposition pour vous faire rembourser par une assurance. Une bonne précaution consiste à garder en sécurité les numéros de série, ou une preuve d'achat, des appareils de prise de vue, ainsi qu'une photocopie de vos documents importants.

En cas de perte ou de vol de votre passeport, entrez immédiatement en contact avec votre consulat *(p. 591).* Pour les chèques de voyage et les cartes bancaires, adressez-vous à la plus proche succursale de l'organisme qui les a délivrés *(p. 593).*

***Ranger* d'un parc national**

Assurance et soins médicaux

Contracter une assurance n'est pas obligatoire pour se rendre aux États-Unis, mais cette précaution est vivement recommandée. Même si vous ne jugez pas utile de vous prémunir contre la perte ou le vol de vos bagages, une assurance médicale s'avérera nécessaire pour recevoir des soins dans un hôpital. Assurez-vous que votre contrat prévoit la prise en charge directe des frais, sinon vous devrez les avancer. La formule proposée par **Routard Assistance** comprend une large couverture.

Des remèdes comme l'aspirine sont en vente libre dans les drugstores, mais il vous faudra une ordonnance pour la plupart des médicaments.

Urgences

Que vous ayez besoin de secours médicaux, de la police ou des pompiers, faites le 911. Dans les hôpitaux, les services d'urgence sont appelés *emergency rooms.* Les hôpitaux publics, indiqués dans les pages bleues des annuaires, sont souvent surchargés. Les établissements privés apparaissent dans les pages jaunes. Votre hôtel connaîtra le plus souvent un docteur ou un dentiste prêt à se rendre dans votre chambre. Les consulats de France tiennent à disposition une liste de médecins agréés.

Moto de patrouille

Voiture de police

Ambulance

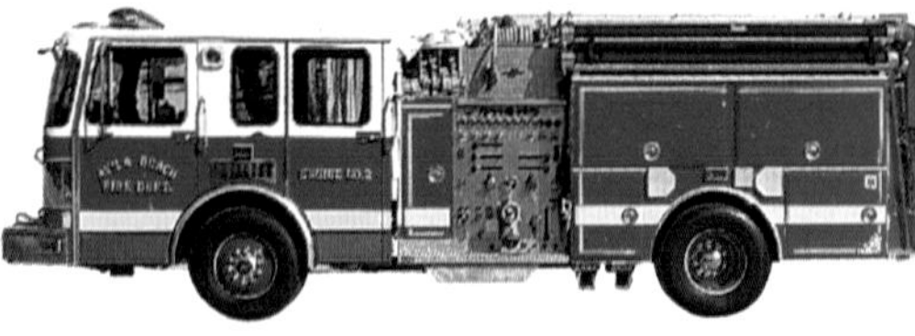

Camion de pompiers

Une organisation nationale, **Travellers' Aid Society**, peut aussi fournir assistance dans de nombreux cas d'urgences.

Activités de plein air

L'océan Pacifique est rarement chaud, même au cœur de l'été, et ses rouleaux se prêtent plus au surf qu'à la natation. Méfiez-vous des courants de retour. Sur les plages, surveillez vos affaires, des vols s'y produisant.

Avant de partir en randonnée, vérifiez votre équipement et prévenez quelqu'un de vos projets. N'oubliez pas que de nombreux parcs abritent des animaux sauvages. Les gardes forestiers, ou *rangers*, vous renseigneront sur les conditions météorologiques et vous indiqueront si les feux de camp sont autorisés, de terribles incendies de forêt ravageant régulièrement la Californie. La chambre de commerce de la ville la plus proche vous fournira des cartes de la région. **The Sierra Club** peut vous conseiller des excursions.

Même avec les moyens modernes, le désert demeure un milieu dangereux. Prenez des réserves d'essence et d'eau. Si votre voiture chauffe, ne l'abandonnez pas pour partir en quête de secours. Laissez le moteur tourner et aspergez le radiateur avant de rétablir le niveau. Songez que dans les zones en altitude, la température peut tomber au-dessous de zéro pendant la nuit. Pour plus d'informations, contactez le Death Valley Visitors' Center *(p. 280)*.

Tremblements de terre

La menace que font peser les séismes en Californie impose de garder en tête quelques précautions. Le plus important est d'éviter de paniquer. En vous endormant, laissez près du lit vos chaussures et une lampe de poche en cas de coupure de courant ou de bris de vitres. C'est la chute d'objets ou de gravats qui cause le plus de blessures. À l'intérieur, postez-vous sous le cadre d'une porte ou rampez sous une table. En voiture, rangez-vous sur le bas-côté. En plein air, restez éloigné des arbres, des lignes électriques et des ponts. Pour plus de conseils, vous pouvez vous adresser à **The United States Geological Survey**.

Carnet d'adresses

Urgences

Toutes urgences
911 et prévenez la police, les pompiers ou les services médicaux.

Crime Victims' Hotline
(800) 842-8467.

Police Non-Emergency Line
San Francisco
(415) 553-0123.
Los Angeles
(213) 485-3294.

Travellers' Aid Society
San Diego
(619) 295-8393.

Cartes de crédit et chèques de voyage

American Express
(800) 233-5432.

Diners Club
(800) 234-6377.

MasterCard
(800) 826-2181.

Visa
(800) 336-8472.

Activités de plein air

California Department of Parks and Recreation
PO Box 942896,
Sacramento, CA 94296-0001.
(916) 653-6995.

National Park Service
Western Region Information Service, Fort Mason, Bldg 201, San Francisco, CA 94123.
(415) 556-0560.

The Sierra Club
730 Polk St, San Francisco, CA 94109. *(415) 977-5500.*

Tremblements de terre

The US Geological Survey
Earth Science Information Centers, 345 Middlefield Rd, Menlo Park, CA 94025. *(650) 329-4390, (650) 441-6020.*

Assurances

Routard Assistance
28, rue Mogador, 75009 Paris.
01 44 63 51 01.

Banques et monnaie

Une carte de crédit vous rendra de précieux services. La plupart des hôtels et des loueurs de voitures l'exigent comme forme de caution et elle vous permettra de retirer de l'argent, à un taux souvent avantageux, dans les nombreux distributeurs automatiques de billets installés dans les grandes villes. Les chèques de voyage en dollars offrent une forme de paiement très pratique. Beaucoup de commerçants les acceptent et rendent la monnaie en liquide. Certaines banques, en particulier dans les petites localités, ne changent pas les monnaies étrangères.

Banque de San Francisco

Les banques

Les horaires d'ouverture varient grandement, mais vous pourrez généralement accéder aux guichets en semaine entre 10 h et 15 h. Dans les grandes villes, certaines agences ouvrent dès 7 h 30 et ferment à 18 h, assurant souvent une permanence le samedi matin. Renseignez-vous toujours sur le montant des commissions avant une transaction. Les chèques de voyage en dollars sont presque partout échangés contre du liquide sur présentation d'une pièce d'identité. Il est parfois difficile d'échanger des monnaies étrangères.

Les cartes de crédit

Une carte bancaire (aussi appelée *plastic money*) vous permettra de réserver places de spectacle ou chambre d'hôtel par téléphone. Les hôpitaux les acceptent comme forme de paiement. La plupart des hôtels exigeront d'en prendre une empreinte *(print)* comme garantie à votre arrivée. La majorité des loueurs de voitures demandent d'énormes cautions si vous ne pouvez en produire une. Les cartes des réseaux American Express, MasterCard (EuroCard) et VISA sont les plus répandues. Avant votre départ, vérifiez auprès de votre banquier que votre carte est utilisable à l'étranger. Et renseignez-vous sur le montant des sommes que vous êtes autorisé à retirer.

Les distributeurs automatiques de billets

Les *automated teller machines (ATM)* se trouvent dans l'entrée de la majorité des banques, ou sur un mur extérieur proche. Ils fonctionnent 24 h sur 24 et délivrent des billets de 5 $, 10 $ et 20 $. **Cirrus** et **Plus** sont les systèmes les plus répandus, mais la plupart des distributeurs acceptent les cartes MasterCard (EuroCard) ou VISA. Renseignez-vous auprès de votre banque sur le coût des transactions. Le taux de change est toutefois presque toujours meilleur que pour de l'argent liquide.

Les chèques de voyage

Les chèques de voyage offrent un moyen très sûr de transporter de l'argent. Vous avez intérêt à les acquérir avant votre départ, mais préférez des chèques en dollars émis par un grand organisme bancaire américain comme American Express ou Thomas Cook. Vous pourrez plus facilement vous en servir pour payer ou vous les faire rembourser en cas de vol. Les chèques d'un petit montant sont acceptés presque partout. Il faut présenter une pièce d'identité à l'appui.

Conservez le reçu à part. En cas de vol ou de perte, appelez **Thomas Cook Refund Assistance** ou l'**American Express Helpline**.

Les chèques de voyage en monnaies étrangères ne peuvent s'échanger que dans des hôtels de standing et de grandes banques. Dans ces dernières, les taux de change sont affichés. Les journaux les publient également.

Les bureaux de change

Les bureaux de change prélèvent frais et commission sur les transactions, mais ils ont généralement des horaires d'ouverture plus étendus que les agences bancaires, au minimum de 9 h à 17 h en semaine. Les deux firmes les plus connues sont **Thomas Cook Currency Services** et **American Express Travel Service**. Elles possèdent des succursales dans toutes les grandes villes de la Californie.

Foreign Exchange Limited
Cambio Wechsel Change

Service de change

Distributeur automatique de billets

Les pièces
Les pièces en circulation, représentées ici grandeur nature, valent 1, 5, 10 et 25 cents. Toutes possèdent un surnom : penny (1 cent), nickel (5 cents), dime (10 cents) et quarter (25 cents). Il existe aussi des pièces de 50 cents et de 1 $, mais elles sont peu usitées.

Pièce de 25 cents (quarter)

Pièce de 10 cents (dime)

Pièce de 5 cents (nickel)

Pièce de 5 cents (nickel)

L'aigle américain de l'ancienne pièce

Les billets
Comme leur nom l'indique, 100 cents font un dollar ($). Les billets valent 1 $, 5 $, 10 $, 20 $, 50 $ et 100 $. Il en existe également de 2 $ très peu usités. Attention à ne pas les confondre, ils sont tous de la même taille et du même vert. Sur les nouveaux billets de 5 $, 10 $, 20 $ et 50 $, également en circulation, les chiffres sont très gros.

Billet de 1 dollar (1 $)

Billet de 5 dollars (5 $)

Billet de 10 dollars (10 $)

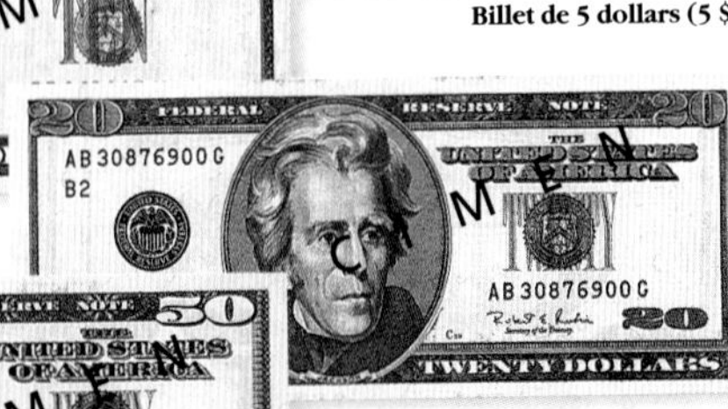

Billet de 20 dollars (20$)

Billet de 50 dollars (50 $)

Billet de 100 dollars (100 $)

CARNET D'ADRESSES

SERVICES BANCAIRES

Thomas Cook Currency Services
75 Geary St, San Francisco.
Plan 5 C4.
(415) 362-3452.

Thomas Cook Refund Assistance
(800) 223-7373.

American Express Travel Service
455 Market St, San Francisco.
Plan 6 D4.
(415) 536-2600.

Hilton Center,
901 W 7th St, Los Angeles.
Plan 10 C4.
(213) 627-4800.

American Express Helpline
(800) 221-7282.

Cirrus
(800) 424-7787.

Plus
(800) 843-7587.

Le téléphone

Vous trouverez des téléphones publics partout : dans les rues, les hôtels, les restaurants, les bars, les salles de spectacle et les grands magasins. La plupart fonctionnent avec des pièces de 5, 10 et 25 cents ou des cartes téléphoniques, rarement avec des cartes bancaires.

Les téléphones publics

Des cabines n'abritent pas tous les téléphones publics et ils sont souvent simplement accrochés à un mur ou un poteau. Un annuaire accompagne la plupart. Pacific Bell (PacBell), dont le logo bleu et blanc représente une cloche dans un cercle, gère la majorité des publiphones. D'autres opérateurs en proposent également, mais ils sont généralement moins fiables et peuvent se révéler plus coûteux. La loi impose que tous les frais soient indiqués. Si vous avez une réclamation à formuler, faites le 0 pour obtenir l'opérateur ou appelez le bureau de la compagnie ou la **California Public Utilities Commission**.

Téléphoner

D'un minimum de 25 cents, le coût d'un appel local (même *area code*), longue distance ou international varie selon la durée. Un opérateur ou un message enregistré vous indiquera quand vous devrez rajouter des pièces. S'il en manque encore, on vous rappellera quand vous raccrocherez et la cabine se mettra à sonner si vous ne payez pas. Vous bénéficierez de tarifs réduits pendant les week-ends et entre 18 h et 8 h en semaine.

Pour un appel en PCV, passez par l'opérateur (0 ou 01). Les publiphones possèdent un numéro ; vous pouvez vous y faire appeler. Téléphoner d'un hôtel se révèle toujours onéreux. Les numéros gratuits commencent par 1-800.

On peut utiliser les cartes téléphoniques vendues par de grandes compagnies comme AT&T depuis tous les téléphones publics. Elles portent au verso le numéro gratuit à appeler et le code à indiquer. Un autre numéro vous permet de « recharger » la carte à distance en donnant votre numéro de carte bancaire.

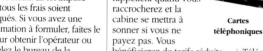

Cartes téléphoniques

Pour un prix d'abonnement annuel d'environ 80 F, la carte France Télécom permet de téléphoner depuis n'importe quel poste, y compris privé, en faisant débiter le montant de la communication sur sa propre facture. Passer par le serveur vocal (composer le « 1 ») plutôt que par l'opérateur évite un surcoût important. Même sans cette carte, France Direct permet d'effectuer des appels en PCV. Ils reviennent toutefois très cher. Pour de plus amples renseignements, appelez en France le numéro vert 0800-202-202.

Utiliser un publiphone à pièces

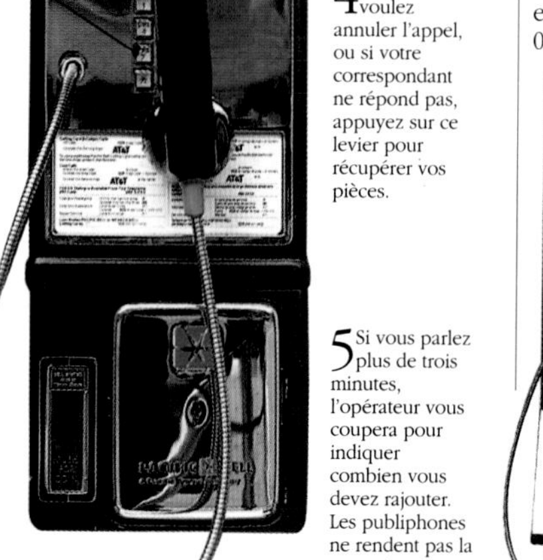

1 Décrochez le combiné et attendez la tonalité.

2 Insérez la ou les pièces.

3 Composez le numéro.

4 Si vous voulez annuler l'appel, ou si votre correspondant ne répond pas, appuyez sur ce levier pour récupérer vos pièces.

5 Si vous parlez plus de trois minutes, l'opérateur vous coupera pour indiquer combien vous devez rajouter. Les publiphones ne rendent pas la monnaie.

Pièces
Prévoyez une réserve importante.

5 cents

10 cents

25 cents

Fax installé dans un aéroport

Les services de fax

Bureaux de poste, hôtels et ateliers de photocopie permettent partout en Californie d'envoyer et de recevoir des fax. Consultez les pages jaunes à la rubrique *Facsimile Transmission Services*. Pour les télégrammes, mais aussi les télex, les fax et le courrier électronique, adressez-vous à **Western Union**.

Le bon numéro

- Pour un appel direct longue distance (indicatif différent) aux U.S. et au Canada, composez le **1**.
- Pour un appel direct à l'étranger, composez le **011**, puis l'indicatif du pays (France : **33**, Belgique : **32**, Suisse : **41**) et le numéro complet sans le premier 0.
- Pour un appel à l'étranger par l'intermédiaire d'un opérateur, composez le **01**, puis l'indicatif du pays et le numéro complet sans le premier 0.
- Renseignements locaux : **411**.
- Renseignements internationaux : **00**.
- Assistance d'un opérateur pour l'international (y compris PCV) : **01**.
- Certains indicatifs sont en train de changer en Californie. Si vous n'arrivez pas à obtenir un numéro, appelez les renseignements.
- **Pour toutes urgences, police, services médicaux ou pompier : 911**.

Numéros utiles

California Public Utilities Commission
(800) 649-7570.

Western Union
(800) 325-6000.

Renseignements aux États-Unis
1-(indicatif local) 555-1212.

Les services postaux

Ouverts de 8 h à 17 h en semaine, les bureaux de poste assurent les services les plus courants le samedi matin. Vous pouvez également déposer votre courrier à la réception de l'hôtel ou dans les fentes prévues à cet effet dans les aéroports, les gares et les gares routières. Dans la rue, les boîtes aux lettres sont peintes soit en bleu, soit en rouge, blanc et bleu. Les timbres vendus dans les distributeurs coûtent plus cher qu'aux guichets des postes.

Envoyer du courrier

Une lettre pour les États-Unis affranchie au tarif normal *(first class)* arrivera de un à cinq jours après son envoi à condition de ne pas oublier le code postal *(zip code)*. Un courrier par avion *(airmail)* pour l'Europe mettra entre cinq et dix jours pour atteindre son destinataire, un paquet au tarif le plus bas entre quatre et six semaines. La poste propose deux autres services : le Priority Mail plus rapide et l'Express Mail, coûteux, mais qui assure une livraison le lendemain aux États-Unis et dans les 72 h dans de nombreux pays. Plusieurs entreprises privées, répertoriées dans les pages jaunes à la rubrique *Delivery Express*, proposent également des services de messagerie rapide. **DHL** et **Federal Express** ont les réseaux internationaux les plus développés.

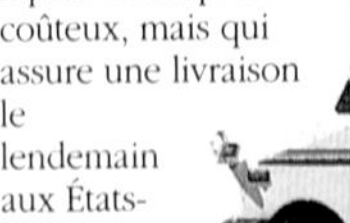

Voiture postale

Boîte aux lettres

Timbres commémoratifs

La poste restante

Vous pouvez recevoir du courrier en poste restante dans la poste principale de chaque ville. Les lettres, adressées c/o General Delivery, doivent clairement porter le code postal du bureau de poste, l'adresse de l'expéditeur et le nom, souligné, du destinataire. Elles seront conservées 30 jours avant d'être retournées.

San Francisco
c/o General Delivery,
Civic Center, 101 Hyde St,
San Francisco, CA 94142.

Los Angeles
c/o General Delivery,
Los Angeles Main Post Office,
900 N Alameda,
Los Angeles, CA 90086.

San Diego
c/o General Delivery,
San Diego Main Post Office,
San Diego, CA 92110.

Services postaux

DHL
(800) 225-5345.

Federal Express
(800) 463-3339.

United States Postal Service
(800) 275-8777.

ALLER EN CALIFORNIE ET Y CIRCULER

Si on peut gagner la Californie en train ou en autocar, la plupart des visiteurs arrivent par avion et atterrissent à San Francisco ou Los Angeles. Malgré les problèmes que posent les embouteillages et la pollution atmosphérique, la voiture reste le premier mode de déplacement des Californiens. Des véhicules confortables, un carburant bon marché et un important réseau routier font de l'automobile un moyen pratique et agréable de découvrir l'État. Les transports en commun sont d'une efficacité très variable. Certaines villes en ont conservé d'historiques, tels les *cable cars* de San Francisco ou les trolleys de San Diego.

Une compagnie américaine

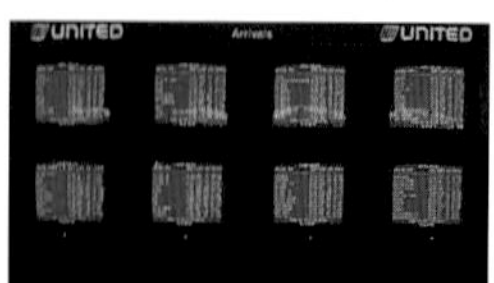

Tableau des arrivées

LES TRANSPORTS AÉRIENS

Les États-Unis couvrent un territoire tellement vaste que les Américains ont depuis longtemps pris l'habitude de se déplacer en avion, d'autant que la concurrence a conduit les compagnies aériennes à baisser leurs tarifs et à ouvrir l'éventail de leurs services. L'idéal est donc d'utiliser l'avion pour les longs trajets et la voiture pour les courtes distances.

La plupart des visiteurs étrangers atterrissent aux aéroports de Los Angeles (LAX) et de San Francisco (SFO), mais des liaisons internationales desservent aussi ceux de San Diego (SAN), Oakland (OAK) et San Jose (SJC). La Californie compte en outre plus de 30 aéroports accueillant des vols intérieurs. Les plus importants sont ceux de Sacramento, Palm Springs, Santa Barbara, John Wayne/Orange County et Fresno.

LES TARIFS

Les compagnies aériennes proposent des tarifs très divers en fonction, notamment, de l'âge (pour les retraités ou les jeunes de moins de 25 ans) ou des périodes de voyage. Il sera toujours plus facile d'obtenir un prix avantageux en basse saison, une règle qui s'applique aussi bien aux vols transatlantiques qu'aux liaisons à l'intérieur des États-Unis. Sur toutes les lignes régulières, vous pourrez au moins profiter du tarif APEX. Il impose cependant d'effectuer une réservation ferme de deux à trois semaines à l'avance.

Les agences de voyages représentent souvent le moyen le plus simple de dénicher le billet le mieux adapté à ses moyens et à ses besoins. N'hésitez pas à en contacter plusieurs. Elles pourront, entre autres, vous proposer des liaisons avec escale plus économiques (au prix d'un peu de fatigue supplémentaire) que les vols

Le restaurant The Encounters de l'aéroport de Los Angeles

AÉROPORT	RENSEIGNEMENTS
Los Angeles (LAX)	*(310) 646-5252*
San Francisco (SFO)	*(650) 761-0800*
Oakland (OAK)	*(510) 577-4000*
San Diego (SAN)	*(619) 231-2100*
San Jose (SJC)	*(408) 277-4759*
Sacramento (SMF)	*(916) 929-5411*
Palm Springs (PSP)	*(760) 323-8163*

directs. Sur un même trajet, et avec la même compagnie, une escale peut faire baisser le prix de moitié. Si vous comptez faire plusieurs étapes aux États-Unis ou louer une voiture, il existe des systèmes de forfaits très avantageux lorsqu'ils sont souscrits avant le départ.

À l'aéroport

À Los Angeles comme à San Francisco, préparez-vous à faire la queue aux heures de pointe aux guichets des services d'immigration et de la douane. Jetez les fruits frais que vous pourriez avoir avec vous, la législation américaine interdisant strictement leur importation.

Vous trouverez à l'intérieur de l'aéroport des guichets de change ou des distributeurs automatiques de billets *(p. 594-595)* et un comptoir d'information. Le plus souvent polyglotte, son personnel vous renseignera sur les modes de transport jusqu'au centre-ville. Outre bus et taxis, il existe des services de navettes *(shuttles)* en minibus qui vous déposeront à l'adresse de votre choix. Les tarifs dépendent de la distance. Les temps de trajet indiqués ci-dessous peuvent varier en fonction du nombre de passagers et des arrêts demandés.

La plupart des compagnies de location de voitures *(p. 602)* proposent des navettes gratuites jusqu'aux parcs de stationnement des véhicules. Avant de vous engager, songez que si une voiture est quasiment indispensable à Los Angeles, les transports en commun se révèlent plus pratiques dans San Francisco.

Tous les aéroports disposent d'équipements adaptés aux passagers handicapés. Il est cependant recommandé d'organiser son arrivée par l'intermédiaire de sa compagnie aérienne.

Enregistrement de bagages

Navette d'un loueur de voitures

Navette pour le centre-ville

Douane et détaxes

Tous les visiteurs arrivant aux États-Unis par air ou par mer doivent remplir une déclaration à la douane. Les adultes non-résidents ont l'autorisation d'importer des produits détaxés *(duty-free)* en quantités limitées, notamment : 1 litre de boisson alcoolisée (bière, vin ou spiritueux), 200 cigarettes, 50 cigares (ne provenant pas de Cuba) ou 2 kg de tabac et des cadeaux d'une valeur maximale de 100 $.

Compagnies aériennes (numéros aux U. S. A.)

Air France
(800) 237-2747.

Swissair
(800) 221-4750.

Sabena
(800) 955-2000.

British Airways
(800) 247-9297.

American Airlines
(800) 433-7300.

Continental Airlines
(212) 319-9494.

Delta Airlines
(212) 330-9880.

United Airlines
(800) 241-6522.

USAir
(800) 428-4322.

Distance de la ville	Course en taxi	Navettes
24 km de Downtown	environ 25 $ jusqu'à Downtown environ 22 $ jusqu'à Beverly Hills	30 mn jusqu'à Downtown
22 km du centre-ville	environ 28-30 $ jusqu'à Downtown	25 mn jusqu'au centre-ville
12 km du centre-ville	environ 22 $ jusqu'à Oakland	20 mn jusqu'au centre-ville
5 km du centre-ville	environ 8 $ jusqu'à San Diego	10-15 mn jusqu'au centre-ville
12 km du centre-ville	environ 8 $ jusqu'à San Jose	15 mn jusqu'au centre-ville
19 km du centre-ville	environ 25 $ jusqu'à Sacramento	20 mn jusqu'au centre-ville
3 km du centre-ville	environ 12 $ jusqu'à Palm Springs	pas de navette

Circuler en Californie

Licence de taxi

La voiture offre le moyen le plus pratique de se déplacer en Californie, sauf à San Francisco, cité peu étendue disposant d'excellents transports en commun *(p. 380-383)*. Bus, métro ou tramways permettent aussi de circuler dans de grandes villes comme Los Angeles *(p. 168-169)* et San Diego *(p. 256-257)*, mais les distances séparant les sites touristiques et l'affluence aux heures de pointe leur ôtent une partie de leur intérêt. Pratiques, les navettes en minibus *(shuttles)* sont moins coûteuses que les taxis. Trains et autocars assurent de nombreuses liaisons à l'intérieur de l'État, parfois à travers de magnifiques paysages.

Taxis à San Francisco

Distributeur de billets de train

En train

Les Américains prennent de moins en moins le train, mais la compagnie de chemins de fer nationale, **Amtrak**, continue d'assurer des liaisons directes entre Los Angeles et Chicago, Seattle, Albuquerque et San Antonio. Il n'en existe toutefois plus jusqu'à la Côte Est.

En Californie, le réseau ferroviaire est divisé en trois parties : le San Diegan (entre Santa Barbara et San Diego), le Capitol (entre San Jose et Sacramento) et le San Joaquin (entre Emeryville et Bakersfield). Des cars desservent depuis les arrêts de nombreuses autres destinations. Les lignes locales comprennent **Caltrain** (entre San Jose et San Francisco), la Coast Starlight Connection (entre San Luis Obispo et Santa Barbara) et le Coaster (entre San Diego et Oceanside).

En autocar

Les **Greyhound Lines** desservent tous les États-Unis. À l'intérieur de la Californie, elles offrent des liaisons express entre toutes les principales villes, telles que San Francisco, Sacramento, San Jose, Los Angeles et San Diego, ainsi que des trajets *scenic* permettant de découvrir les paysages du littoral. Plusieurs compagnies proposent de courtes visites organisées (*sightseeing tours* ou *guided tours*) de sites touristiques comme l'Hearst Castle *(p. 202-205)*, le Yosemite National Park *(p. 472-475)* et Monterey *(p. 492-495)*. Les pages jaunes de l'annuaire vous indiqueront leurs coordonnées.

Pour une découverte plus approfondie de l'État, **Green Tortoise** offre, dans une ambiance très décontractée, des voyages entre les grandes villes de la Côte Ouest. Les passagers peuvent s'arrêter pour camper, préparer leur repas ou explorer la campagne.

En taxi

Des taxis (aussi appelés *cabs*) attendent généralement à la sortie des aéroports, des gares, des gares routières et des grands hôtels. Ailleurs, le plus simple est d'utiliser le téléphone (consultez les pages jaunes). Ne restez jamais la nuit dans la rue avec l'espoir d'en arrêter un.

Tous les chauffeurs ne connaissant pas parfaitement leur ville, si votre destination se trouve un peu à l'écart, prévoyez de l'indiquer sur un plan. Certains taxis acceptent les cartes bancaires, mais le paiement en liquide demeure la règle. N'oubliez pas le pourboire : 15 % du prix de la course.

Les navettes

Moins chères que les taxis et plus rapides que les bus, les *shuttles* offrent un moyen sûr et fiable de se déplacer dans les villes californiennes, en particulier entre un hôtel et l'aéroport. La

Un autocar Greyhound

concurrence qui règne entre les compagnies garantit un service de qualité, mais le temps que demandera un trajet dépendra des autres passagers pris et déposés en cours de route. Les pages jaunes de l'annuaire vous permettront de comparer plusieurs tarifs avant de réserver pour un long déplacement. Le chauffeur du minibus s'attendra à un pourboire d'environ 1 $.

En bateau

Des vedettes assurent des liaisons rapides entre Los Angeles et la Santa Catalina Island *(p. 232-233)*, tandis que d'autres permettent de découvrir paisiblement la San Francisco Bay *(p. 288-289)*. La plupart prennent passagers et bicyclettes, mais pas de véhicules à moteur.

Malgré la construction de nouveaux ponts, plusieurs navettes en bateau continuent d'offrir aux Californiens la possibilité d'éviter les nuages de gaz d'échappement dégagés pendant les heures de pointe. Elles relient notamment Oakland, Sausalito et Tiburon à San Francisco et San Diego à Coronado. Pour de plus amples renseignements, reportez-vous à la page 383 pour San Francisco et la Bay Area, et à la page 257 pour San Diego.

Carnet d'adresses

Renseignements ferroviaires

Amtrak
(800) 872-7245.

Caltrain
(800) 660-4287.
www.transitinfo.org

Renseignements pour les cars

Greyhound Lines
(800) 231-2222.

The Green Tortoise
494 Broadway, San Francisco, CA 94133. (800) 867-8647 ou (415) 821-0803.

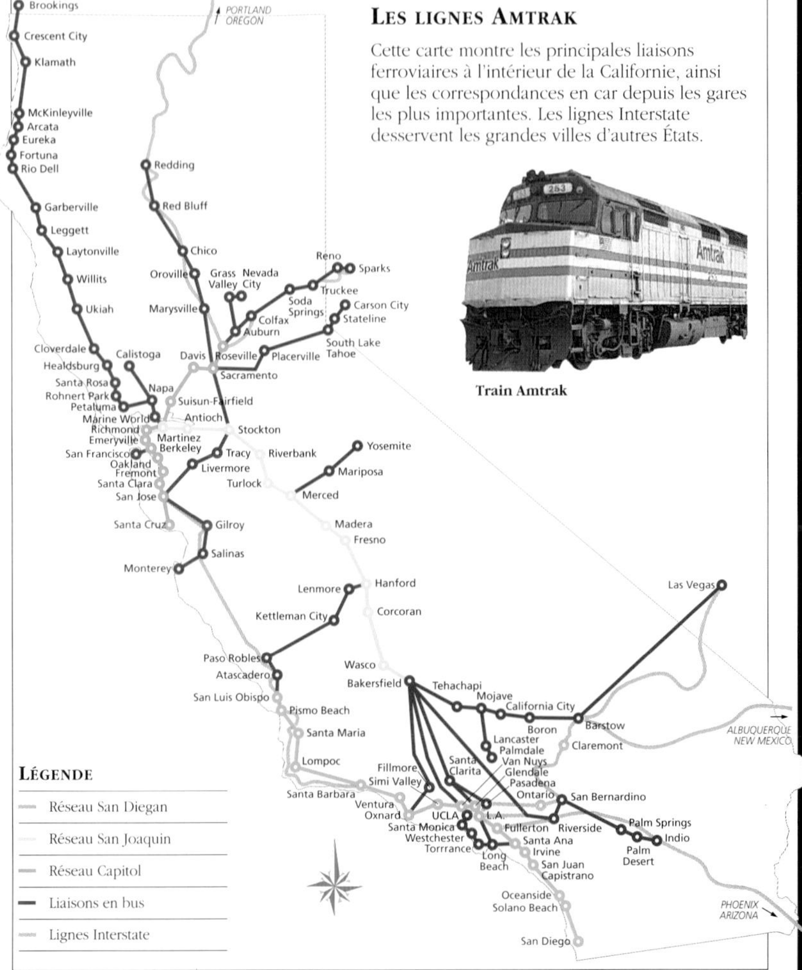

Les lignes Amtrak

Cette carte montre les principales liaisons ferroviaires à l'intérieur de la Californie, ainsi que les correspondances en car depuis les gares les plus importantes. Les lignes Interstate desservent les grandes villes d'autres États.

Train Amtrak

Circuler en voiture

Hormis dans de rares cités comme San Francisco, toute la vie s'organise aux États-Unis autour de la voiture. Bien entretenu, le réseau routier et autoroutier de la Californie permet dans les agglomérations d'éviter le pire aux heures de pointe et de circuler agréablement entre les villes et dans la campagne. Dans les endroits les plus isolés, en montagne et dans le désert, un véhicule tout terrain s'avère parfois utile. Attention ! il n'existe aucune tolérance envers les infractions, y compris de stationnement.

Une autoroute de Los Angeles, la Harbor Freeway

Location de voitures

Vous avez tout intérêt à souscrire un forfait avant votre départ, lié ou non à l'achat de votre billet d'avion. Faites-vous préciser exactement ce que comprend le prix. Des suppléments tels que taxes ou frais de livraison ou de rapatriement peuvent considérablement augmenter la facture. Le système d'assurance automobile est plus complexe aux États-Unis qu'en France et les loueurs proposent en général plusieurs options. Nous vous conseillons de choisir une solide couverture. Inutile cependant de payer une deuxième fois des garanties, notamment en cas de dommages corporels, déjà offertes par une assurance personnelle. Pensez à remplir le réservoir avant de rapporter le véhicule, sinon le carburant coûtera beaucoup plus cher.

Pour louer une voiture, il faut avoir 25 ans révolus, un permis valide aux U. S. A. et une carte bancaire servant de garantie. Quelques rares compagnies acceptent toutefois les cautions en liquide ou en chèques de voyage et les conducteurs plus jeunes.

Les petites sociétés locales proposent souvent des tarifs intéressants et assurent des livraisons à l'aéroport. Sauf exception, elles ne permettent toutefois pas de laisser le véhicule dans une autre ville que celle où on l'a pris.

Votre voiture aura presque certainement une boîte de vitesses automatique qui vous demandera sans doute un petit temps d'adaptation. Des compagnies spécialisées louent motocyclettes et camping-cars *(motorhomes)*.

Le code de la route

Les étrangers doivent avoir leur permis depuis au moins un an pour conduire aux États-Unis. Prenez la précaution d'emporter à la fois un permis international et votre permis national. Les Américains roulent à droite et la ceinture de sécurité est obligatoire pour le conducteur et les passagers. En Californie, la vitesse est généralement limitée à 55 miles per hour (90 km/h) et sur quelques autoroutes *(freeways)* à 70 miles per hour (110 km/h). En ville, suivez les indications des panneaux routiers. La police de la route *(Highway Patrol)* montre beaucoup plus d'efficacité à faire respecter ces limitations qu'en France. De très lourdes sanctions punissent la conduite en état d'ivresse.

À un croisement, c'est le premier arrivé qui passe. En cas d'arrivées simultanées, la priorité à droite s'applique. Tourner à gauche se fait au plus court, et donc devant un véhicule venant d'en face et tournant lui-même à gauche. À un feu rouge (attention ! ils

Panneaux de signalisation

Surveillez les panneaux routiers. La limitation de vitesse peut varier tous les quelques kilomètres selon l'état de la route et de la circulation et l'équipement des voitures de police leur permet de mesurer votre vitesse même en venant d'en face. Dans les zones isolées, ce sont de gros animaux qui peuvent soudain surgir.

Traversée d'animaux

Sens unique

Sens interdit

Vitesse limitée

Laisser le passage

S'arrêter à l'intersection

Mal braquer ses roues est passible d'amende à San Francisco

PREVENT RUNAWAYS
CURB WHEELS
PARK IN GEAR
SET BRAKE

PARK AT
90 DEGREES

Panneaux indiquant des règles de sécurité à San Francisco

Compteur horaire

Glissez les pièces ici

Tournez la manette

sont installés de l'autre côté des carrefours), sauf si un panneau indique *No Red Turn*, il est permis de tourner à droite après avoir marqué un temps d'arrêt pour vérifier que la voie est libre. Cette tolérance ne s'applique pas dans tous les États américains.

Un piéton engagé sur un passage protégé jouit d'une priorité absolue et respectée. Il est strictement interdit de doubler ou de croiser un bus scolaire (reconnaissable à sa couleur jaune) à l'arrêt lorsqu'il a mis ses feux clignotants.

L'**Automobile Association of America** (AAA) assure un service de dépannage et offre des réductions dans de nombreux restaurants et hôtels, avantages dont peuvent profiter les membres d'automobile-clubs affiliés.

Logo de l'AAA

Les carburants

Bon marché, l'essence (*gasoline* ou *gas*) se vend au gallon (3,8 l) et le plus souvent sans plomb *(unleaded)*. Attention ! les stations-service sont rares dans les zones isolées. Celles en self-service imposent généralement de payer d'abord à la caisse.

Le stationnement

La réglementation du stationnement dans les villes californiennes est complexe et appliquée avec sévérité. Il est interdit de se garer contre un trottoir peint en rouge, de s'arrêter plus de dix minutes s'il est vert et plus de cinq minutes pendant les heures de bureau s'il est blanc. Le jaune signale les aires de chargement, le bleu les emplacements réservés aux handicapés. Un panneau peut indiquer une restriction supplémentaire.

La plupart des parcmètres fonctionnent avec des pièces de 25 cents, mais certains imposent de glisser des billets dans la fente correspondant à la place de stationnement. Utiliser un parking gardé est plus pratique bien que plus onéreux. Dans beaucoup d'hôtels et de restaurants haut de gamme, un voiturier prendra votre véhicule en charge.

Sur les collines de San Francisco, vous devez braquer vos roues vers le trottoir si vous regardez vers le bas, vers la chaussée dans le cas contraire. En cas d'enlèvement par la fourrière, contactez le **Police Department Towed Vehicle Information Center**.

Carnet d'adresses

Compagnies de location de voitures

Alamo
(800) 327-9633.

Avis
(800) 331-1212.

Budget
(800) 527-7000.

Hertz
(800) 654-3131.

Cruise America Motorhome Rental
(800) 327-7799.

Dubbelju Motorcycle Services
(415) 495-2774.

Information routière

Tout l'État
(800) 427-7623.

Californie du Nord
(916) 445-7623.

Californie du Sud
(213) 628-7623.

Automobile-clubs

Automobile Association of America
1000 AAA Drive,
Heathrow, FL 32746.
(800) 222-4357.

California State Automobile Association
150 Van Ness Ave,
San Francisco,
CA 94102.
(415) 565-2012.

Automobile Association of Southern California
2601 S Figueroa St,
Los Angeles, CA 90007.
(213) 741-3111.

Police Department Towed Vehicle Information

San Francisco
(415) 553-1235.

Los Angeles
(323) 913-4460.

San Diego
(619) 531-2844.

Index

Les numéros de page en **gras** renvoient aux principales entrées.

A

D

H

I

J

M

N

O

T

Remerciements

L'éditeur remercie les organismes, les institutions et les particuliers suivants dont la contribution a permis la préparation de cet ouvrage.

Auteurs

Jamie Jensen a grandi à Los Angeles et vit en Californie du Nord. Auteur d'un guide sur San Francisco, il a récemment publié *Road Trip USA : Cross-Country Adventures on America's Two-Lane Highways*.

Ellen Payne est rédactrice en chef du *Los Angeles Magazine* et a participé à plusieurs publications touristiques. Elle écrit aussi de la poésie où elle évoque souvent Los Angeles.

J. Kingston Pierce est un écrivain de Seattle spécialisé dans l'histoire de la Côte Ouest. Il collabore au *San Francisco Focus* et à des magazines de Seattle et a notamment publié *San Francisco, You're History !*

Rebecca Poole Forée est rédactrice en chef à Foghorn Press, San Francisco. Elle a écrit de nombreux guides de voyage, entre autres *Northern California Best Places*.

Nigel Tisdall, auteur lui aussi de nombreux guides, a participé à la rédaction des *Guides Voir France, Séville et Andalousie* et *Portugal*.

Stanley Young vit à Los Angeles. Il a écrit plusieurs ouvrages dont : *The Missions of California* et *Paradise Found : The Beautiful Retreats and Sanctuaries of California and the Southwest*.

Autres collaborateurs

Virginia Butterfield, Dawn Douglas, Rebecca Renner, Tessa Souter, Shirley Streshinsky, Barbara Tannenbaum, Michael Webb, John Wilcock.

Photographies d'appoint

Steve Gorton, Gary Grimaud, Kirk Irwin, Neil Lukas, Neil Mersh, Erhard Pfeiffer.

Illustrations d'appoint

James A. Allington, Arcana Studios, Hugh Dixon, Richard Draper, Dean Entwhistle, Eugene Fleury, Chris Forsey, Andrew Green, Steve Gyapay, Toni Hargreaves, Philip Hockey, John Lawrence, Nick Lipscombe, Mel Pickering, Sallie Alane Reason, Peter Ross, Simon Roulston, John See, Tristan Spaargaren, Ed Stuart, Paul Williams.

Recherches cartographiques

Lovell Johns Ltd, Oxford, UK ; ERA-Maptec Ltd, Dublin, Ireland.

Lecteur

Sam Merrell.

Responsable de l'index

Hilary Bird.

Collaboration artistique et éditoriale

Peter Bennett, Sophie Boyak, Joanna Craig, Cullen Curtiss, Donna Dailey, Stephanie Driver, Michael Ellis, William Gordon, Emily Green, Thomas A. Knight, Ciaran McIntyre, Annie McQuitty, Ellen Root, Ingrid Vienings, Marek Walisiewicz.

Avec le concours spécial de :

Marianne Babel, Wells Fargo History Museum, San Francisco ; Liz Badras, LA Convention and Visitors' Bureau ; Craig Bates, Yosemite Museum ; Joyce Bimbo, Hearst Castle, San Simeon ; Elizabeth A. Borsting et Ron Smith, le *Queen Mary*, Long Beach ; Jean Bruce-Poole, El Pueblo de Los Angeles National Monument ; Carolyn Cassady ; Covent Garden Stamp Shop ; Marcia Eymann et Joy Tahan, Oakland Museum of California ; Donna Galassi ; Mary Jean S. Gamble, Salinas Public Library ; Mary Haas, California Palace of the Legion of Honor ; Nancy Masten, Photophile ; Miguel Millar, US National Weather Service, Monterey ; Warren Morse, LA County Metropolitan Transportation Authority ; Anne North, San Diego Visitors' and Convention Bureau ; Donald Schmidt, San Diego Zoo ; Vito Sgromo, Sacramento State Capitol Museum ; Dawn Stranne et Helen Chang, San Francisco Visitors' and Convention Bureau ; Cherise Sun et Richard Ogar, Bancroft Library ; Gaynell V. Wald, Mission San Juan Capistrano ; Chris Wirth, Wine Institute, San Francisco ; Cynthia J. Wornham et Lori Star, J. Paul Getty Trust.

Autorisation de photographier

L'éditeur remercie les responsables qui ont autorisé des prises de vues dans leur établissement : Balboa Park, San Diego ; Columbia State Historic Park ; Disney Enterprises, Inc. ; J. Paul Getty Museum, LA ; Hearst Castle, San Simeon ; Huntington Library, San Marino ; Knott's Berry Farm, Buena Park ; Los Angeles Children's Museum ; Los Angeles County Museum of Art ; Museum of Contemporary Art, LA ; Museum of Miniatures, LA ; Museum of Television and Radio, LA ; Museum of Tolerance, LA ; Norton Simon Museum, Pasadena ; Petersen Automotive Museum, LA ; *Queen Mary*, Long Beach ; Sacramento State Capitol ; San Diego Aerospace Museum ; San Diego Automotive Museum ; San Diego Museum of Art ; San Diego Wild Animal Park ; San Diego Zoological Society ; Santa Barbara Mission ; Southwest Museum, LA ; John Steinbeck Library, Salinas ; Tao House, Danville ; Timken Museum of Art, San Diego ; Universal Studios, LA ; University of California, Berkeley ; University of California, LA ; University of Southern California, LA ; Wells Fargo History Room, San Francisco ; Winchester Mystery House, San Jose ; et tous les autres églises, missions, musées, parcs, caves, hôtels, restaurants et sites trop nombreux pour être tous cités.

Crédit photographique

h = en haut ; hg = en haut à gauche ; hc = en haut au centre ; hd = en haut à droite ; chg = au centre en haut à gauche ; ch = au centre en haut ; chd = au centre en haut à droite ; cg = au centre à gauche ; c = au centre ; cd = au centre à droite ; cbg = au centre en bas à gauche ; cb = au centre en bas ; cbd = au centre en bas à droite ; bg = en bas à gauche ; b =

en bas ; bc = en bas au centre ; bd = en bas à droite ; bgh = en bas à gauche en haut ; bch = en bas au centre en haut ; bdh = en bas à droite en haut ; bgb = en bas à gauche en bas ; bcb = en bas au centre en bas ; bdb = en bas à droite en bas ; (d) = détail.

Nous prions par avance les propriétaires des droits photographiques de bien vouloir excuser toute erreur ou omission subsistant dans cette liste en dépit de nos soins. La correction appropriée sera effectuée à la prochaine édition de cet ouvrage.

Les œuvres d'art ont été reproduites avec l'aimable autorisation des organismes suivants :

© AGAGP, Pans and DACS, Londres 1997 : 302hg ; © ALAN BOWNESS, Hepworth Estate, *Figure for Landscape*, bronze 1960 : 247b ; sur autorisation de DARA BIRNBAUM : 308cg ; *Creativity Explored* © 1993, CREATIVITY EXPLORED, tous droit réservés : 297h © DACS, Londres 1997 : 308c ; Museum of Contemporary Art, LA, Robert Rauschenberg Coca Cola Plan (1958), The Panza Collection : 121c ; © DISNEY ENTERPRISES, INC 222c, 222c, 223, 224h, 224b, 225h, 225b ; *8 Immortals (Bok-sen) & 3 Wisdoms* © 1979, JOSIE GRANT, tous droits réservés : 297 bd. sur autorisation de l'Estate of PHILIP GUSTON : 295cd ; © MAN RAY TRUST/ADAGP, Paris and DACS, Londres 1997 : 309chd ; © EDUARDO PAOLOZZI 1997 tous droits réservés DACS : 50-51c ; SUCCESSION PICASSO/DACS 1997 : 152h ; *Untitled* © 1978, MICHAEL RIOS, tous droits réservé : 296 hd. sur autorisation de l'UNIVERSITY OF CALIFORNIA, BERKELEY : *Within*, 1969, par Alexander Lieberman, don de l'artiste, University Art Museum : 405h.

L'éditeur exprime également sa reconnaissance aux particuliers, sociétés et bibliothèques qui ont autorisé la reproduction de leurs photographies :

Ace Photo Agency : T&J Florian 480hg, 480hd, 481b ; David Kerwin 13h ; Cash Mauritius 598b ; Vladimir Pcholkin 96 ; Laszlo Willinger 159h ; Zephyr Pictures/James Blank 18b ; ACTION-PLUS PHOTOGRAPHERS : Chris van Lennep/Keith Maloy 188-9c ; Neale Haynes 189bd ; ALLSPORT : 158hd Stephen Dunn 53bd ; ANSEL ADAMS CENTER FOR PHOTOGRAPHY : *Monolith, The Face of Half Dome, Yosemite National Park, California 1938*, Ansel Adams, © 1997 les administrateurs de l'Ansel Adams Publishing Rights Trust, tous droits réservés 312b ; APPLE COMPUTER INC : 52hd ; AQUARIUS LIBRARY : 98chg, 102cd, 103h ; *Gone with the Wind*, MGM 102b, *The Jazz Singer*, Warner Bros 103cbd ; *Jurassic Park*, Spielberg/Universal 142c ; ARCAID : Richard Bryant 27c, 69chd ; ARCHITECTURAL ASSOCIATION : J. Stirling 69hd ; ART DIRECTORS PHOTO LIBRARY : 67chd, Craig Aurness 151cd ; Spencer Grant 255b ; GENE AUTRY WESTERN HERITAGE MUSEUM : 147c.

BANCROFT LIBRARY, UNIVERSITY OF CALIFORNIA, BERKELEY : 40hd, 42cbd, 42b, 45hg, 465b, 501c ; BARNABY'S PICTURE LIBRARY : 15c, 49h, 50cbg, *Giant*, Warner Bros 51bd ; 52ch, 52bd, 53chg, 496chg ; BFI STILLS, POSTERS AND DESIGNS : *Mantrap*, Paramount Studios 48-9c, *The War of the Worlds*, Paramount Studios 109b ; BISON ARCHIVES : Marc Wanamaker 64bg, *The Sting*, Universal Studios 65cg ; MARILYN BLAISDELL COLLECTION : 47h ; BRIDGEMAN ART LIBRARY, Londres : Scottish National Portrait Gallery, Édinbourg 22hd ; Kunsthistorisches Museum, Vienne 42c ; BRITSTOCK IFA : 29c, Bernd Ducke 51bg.

CALIFORNIA ACADEMY OF SCIENCES : 294b, 360hg, 360c, 360b, 361h ; Trevor Hill 361chd ; Caroline Kopp 357b ; CALIFORNIA STATE RAILROAD MUSEUM : 46chg, 46cbg, 47chd, 456hg ; CALIFORNIA WESTERN RAILROAD : 443h ; J. ALLAN CASH : 490h ; CAROLYN CASSADY : 23c, 330b ; CENTER FOR THE ARTS GALLERIES : 295bd, 312h ; CENTER FOR THE ARTS THEATER/MARGARET JENKINS DANCE COMPANY : 313h ; CEPHAS PICTURE LIBRARY : Bruce Fleming 584c ; R&K Muschenetz 201h ; Mick Rock 446bg, 447c ; Ted Stefanski 438 ; Colorific : J. Aaronson 53b ; Black Star/Alan Copeland 52cb ; David Burnett 53cbg ; Chuck Nacke 33h ; Alon Reiniger 34h, 34cd ; Visages/Peter Lessing 16c ; Patrick Ward 168b ; CORBIS : Beebe Photography/Morton 30hd ; Bettmann/UPI 22c, 51cbd, 53cbg, 225h, 425cd ; Jim Corwin 483 ; Darrell Gulin 421hd ; Conway/W. Perry 60c ; Robert Holmes 193b, 507b, 580h ; Macduff Everton 425b ; David Muench 192h, 479b ; Everett, *The Maltese Falcon*, Warner Bros 23bg ; Galen Rowell/Mountain Light Photography Inc 469b ; CROCKER ART MUSEUM : 459c ; IMOGEN CUNNINGHAM TRUST : *Two Callas*, 1925, Imogen Cunningham © (1970, 1997) The Imogen Cunningham Trust, 25h.

DEL MAR THOROUGHBRED CLUB : 238cb ; personnages de Disney © DISNEY ENTERPRISES, INC. par autorisation de Disney Enterprises, Inc. 222c, 222b, 224b ; par autorisation de DISNEY ENTERPRISES, INC. 223, 224h, 225b ; © Disney Enterprises, Inc. 225h.

EMBARCADERO CENTER : 302hd ; MARY EVANS PICTURE LIBRARY : 9 (encadré), 19bg, 44hd, 47cbd, 49b, 50h, 55 (encadré), 424h ; EXPLORATORIUM : 294h.

THE FINE ARTS MUSEUMS OF SAN FRANCISCO : *Régates sur la Seine*, v. 1874, par Claude Monet, don de Bruno et Sadie Adrian, 294chg ; cabinet, don de Mr & Mrs Robert A. Magowan, 356hd ; pendule, don de Willard R. Dye en souvenir de Grace Shelly Dye, 362hg ; *Indians Hunting Buffalo*, v. 1888, par Albert Bierstadt, don de Mr & Mrs John D. Rockefeller III, 362hd ; Ourse, jade, Han de l'Ouest (fin IIe ou Ier siècle av. J.-C.), Chine, The Avery Brundage Collection, 362bd ; *Boatmen on the Missouri*, 1846, George Cales Bingham, huile sur toile, don de Mr & Mrs John D Rockefeller III, 363h ; masque funéraire et collier, achat du musée, Mrs Paul L. Wattis Fund, 363c ; *Portrait of Orleans*, 1950, Edward Hopper, huile sur toile, don partiel de Mr & Mrs Jerrold Kingsley, 363b ; Paysanne, v. 1618-1619, Georges de La Tour, Roscoe & Margaret Oakes Collection, 75.2.10, 364h ; *Vierge à l'Enfant*, v. 1460, atelier de Dierick Bouts Roscoe & Margaret Oakes Collection, 75.2.14, 364c ; *Green*, 1986, Richard Diebenkorn, Achenbach Foundation for Graphic Arts, don de Crown Point Press, 1991. 28. 1274, 364b ; *Le Tribut*, v. 1612, Peter Paul Rubens, acquis avec les fonds de divers donateurs, 44.11, 365h ; *L'Imprésario*, v. 1877, Edgar Degas, don de Mr & Mrs Louis A. Benoist, 1956.72, 365chd ; *Nymphéas*, v. 1914-1917, Claude Monet, Mildred Anna Williams Collection, 1973.3, 365cb ; *Le Penseur*, v. 1880, fondu v. 1904, Auguste

Rodin, don d'Alma de Bretteville Spreckels, 1924.18.1, 365b ; FORT MASON MUSEUMS : Museo ItaloAmericano : *Muto*, 1985, Mimmo Paladino, esquisse, don de Pasquale Iannetti, 295hg ; *Meta III*, 1985, Italo Scanga, huile et laque sur bois, don d'Alan Shepp, 341bg ; Mexican Museum : *Indios Verdes No 4*, 1980, Manuel Neri, média divers/papier, 341bd.

COLLECTION OF THE J. PAUL GETTY MUSEUM, MALIBU, CALIFORNIA : Joseph Nollekens, *Venus* (1773), marbre, 124 cm, 56c ; Pierre Auguste Renoir, *La Promenade* (1870), huile sur toile, 81,3 x 65 cm, 66c ; Vincent Van Gogh, *Iris* (1889), huile sur toile, 71 x 93 cm, 78h ; plat hispano-arabe (Valence, mi-XVe siècle), céramique lustrée émaillée à l'étain, 10,8 x 49,5 cm, 78b ; attr. à André Charles Boulle, cabinet (v. 1675-1680), marqueterie et montures en bronze doré, 230 x 151 x 66,7 cm, 79h ; Peter Paul Rubens, *Coréen* (v. 1617), fusain et touches de sanguine au visage, 38,4 x 23,5 cm, 79chd ; Claude Monet, *Meules, effet de neige, matin* (1891), huile sur toile, 79cbd ; Rembrandt, *L'Enlèvement d'Europe* (1632), huile sur panneau de chêne, 79b ; Jean-François Millet, *Homme à la houe* (1860-1862), huile sur toile, 80 x 99cm, 80h ; Carleton E. Watkins, *Cape Horn, Columbia River, Oregon* (négatif 1867, épreuve 1881-1883), albumine, 40,5 x 52,3 cm, 80b ; Manufacture de porcelaine de Sèvres, panier (1756), porcelaine à pâte molle, dorure, 22 x 20,1 x 18 cm, 81h ; coupe en verre (Venise, v. 1500-1550), verre *calcedonio* soufflé, 12,5 x 19,5 cm, 81c ; évangéliaire (Helmarshausen, v. 1120-1140), couleurs a tempera, or et argent sur vélin relié entre des feuilles de carton recouvertes de veau brun, 22,8 x 16,4 cm, 81b ; GOLDEN GATE BRIDGE HIGHWAY AND TRANSPORTATION DISTRICT : 51h, 370hg, 370c, 370b, 370-1h, 371c, 371cb ; Charles M. Hiller 51hg ; GOLDEN GATE NATIONAL RECREATION AREA, NATIONAL PARK SERVICE : 329bgb, 329bc ; RONALD GRANT ARCHIVE : 48hg, 98cd, 101cg, 103cg, 583h ; Capitol 188hd ; *LA Story*, Warner Bros 16h ; *Rebel Without A Cause*, Warner Bros 64chd ; *The Last Action Hero*, Columbia Pictures 64cbd ; *E. T., The Extra-Terrestrial*, Spielberg/ Universal Studios, 65bd ; *Gidget*, Columbia Pictures 188c.

ROBERT HARDING PICTURE LIBRARY : 186h, 193c, 288c, 584h ; Bildagentur/Schuster 188b ; FPG 20cg, 48chg, 49cbg, 51chd ; Jon Gardey 481h ; Tony Gervis 467 ; Michael J. Howell 19hd ; Dave Jacobs 421b, 481c ; Robert Landau 69cbd ; Westlight/Bill Ross 10b, 146hd,/Steve Smith 19bd 29h ; HEARST CASTLE/HEARST SAN SIMEON STATE HISTORICAL MONUMENT : Z. Baron 202bd ; John Blades 202hd, 202cbg, 203b, 204c, 205c ; V. Garagliano 202bc ; Ken Raveill 202ch, 203h, 203chd, 204b ; Amber Wisdom 203cbd ; PHOEBE HEARST MUSEUM OF ANTHROPOLOGY : 41cbd ; HULTON GETTY : 53cd, 101h ; HUNTINGDON LIBRARY : 25b, 156b ; *Vierge à l'Enfant*, Roger Van der Weyden 67cbd ; *Breakfast in Bed*, Mary Cassatt 154c ; bible de Gutenberg 155h ; *Blue Boy*, Thomas Gainsborough 155cbd ; *Diane chasseresse*, Houdon 156h ; The Wife of Bath from *The Canterbury Tales*, Chaucer (Ellesmere MS), 156c ; HUTCHISON LIBRARY : Robert Francis 279h ; B. Regent 166cg.

THE IMAGE BANK : David Hamilton 19hg ; Marvin E. Newman 314 ; Charles C. Place 441h ; 192cbg ; Paul Slaughter 496hg ; Weinberg-Clark 422hg ; THE IMAGE WORKS : Lisa Law 424-5c ; IMPACT : Mike McQueen 193h ; Kirk Irwin : 16b, 187h, 208c, 208b, 281b, 429, 586-587.

CATHERINE KARNOW : 190bd ; KATZ PICTURES : Lamoine 166cd ; SABA/Steve Starr 21hg, /Lara Jo Regan 65bg ; ROBERT E. KENNEDY LIBRARY : Special Collections, California Polytechnic State University 205h ; KOBAL COLLECTION : *Sabrina*, © 1995 Paramount/Brian Hamill 65hd ; *LA Story*, Guild Film Distribution 65chg, *The Big Sleep*, Warner Bros 75b ; *The Wild One*, Columbia Pictures 190bg.

LA CONVENTION AND VISITORS' BUREAU : Michele & Tom Grimm 169 ; LA COUNTY MUSEUM OF ART : *La Trahison des Images (Ceci n'est pas une pipe)*, René Magritte, acquis avec des fonds fournis par la Mr & Mrs William Preston Harrison Collection, 66h ; *Dans les bois de Giverny*, Claude Monet, Mr & Mrs George Gard De Sylva Collection 110h ; *Mother About to Wash Her Sleepy Child*, Mary Cassatt, legs de Mrs Fred Hathaway Bixby 110chg ; *Jours des fleurs*, Diego Rivera, LA County Fund 110c ; *Mulholland Drive : The Road to the Studio*, David Hockney, acquis avec des fonds fournis par le legs de F. Patrick Burnes 111h ; assiette japonaise, acquise avec des fonds fournis par l'Art Museum Council 111cd ; *Guerrier debout*, The Proctor Stafford Collection, acquis avec des fonds fournis par Mr et Mrs Allen C. Balch 112hg ; *Madeleine à la chandelle*, Georges de La Tour, don de The Ahmanson Foundation 112hd ; *Monument à Honoré de Balzac*, Auguste Rodin, don de B. Gerald Cantor 112c ; *The Cotton Pickers*, Winslow Homer, acquisition rendue possible par des administrateurs du musée 112b ; couple d'officiels, Chine, 618-907, don de Leon Lidow 113h ; *Dunes, Oceano*, Edward Weston, © 1981 Center for Creative Photography, Arizona Board of Regents 113b ; LA DEPARTMENT OF WATER AND POWER : 48cbg, 192b ; LA DODGERS INC : 148b ; JACK LONDON COLLECTION : California State Parks 22b.

MAGNES MUSEUM PERMANENT COLLECTIONS : robe de brocart de velours bleu brodée du XIXe siècle, 403h ; MAGNUM PHOTOS : Michael Nichols 53hg ; MARINE WORLD AFRICA USA : Charlotte Fiorito 288hd ; ANDREW MCKINNEY PHOTOGRAPHY : 43cg, 290hg, 290hd, 291cd, 292hd, 293hd, 293bd, 297cd, 297bc, 303cbd, 321h, 336c, 359b, 371bg, 398h ; METROPOLITAN TRANSIT DEVELOPMENT BOARD, SAN DIEGO : Stephen Simpson 256chg ; METROPOLITAN WATER DISTRICT OF SOUTHERN CALIFORNIA : 192c ; ROBERT MONDAVI WINERY : 446bd ; JOHN MUIR NATIONAL HISTORIC SITE : National Park Service 398b ; MUSEUM OF TELEVISION AND RADIO : Grant Mudford 86h.

THE NAMES PROJECT : AIDS Memorial Quilt © 1988 Matt Herron 53hd, 350c ; THE NATIONAL MOTOR MUSEUM, BEAULIEU : 191bg ; PETER NEWARK'S AMERICAN PICTURES : 43bd, 44bd, 191hg, 293cbd ; PETER NEWARK'S WESTERN AMERICANA : 44chg, 44bg, 44-5c, 185 (encadré), 243bd, 285 (encadré), 417 (encadré), 503 (encadré), 587 (encadré) ; NHPA : Joe Blossom 77hd ; Rich Kirchner 35h, 444c ; Stephen Krasemann 487chd ; P. McDonald 232b ; David Middleton 420h, 432h ; Kevin Schafer 420b ; John Shaw 209b, 220b,

269h, 420cg, 475c ; Roger Tidman 231b ; NEW YORK PUBLIC LIBRARY : I. N. Phelps Stokes Collection, Miriam and Ira D. Wallach Division of Art, Prints and Photographs, The New York Public Library, Astor, Lenox and Tilden Foundations 44cbg ; THE NORTON SIMON FOUNDATION, PASADENA : *Nature morte aux citrons, aux oranges et à la rose*, Francisco de Zurbarán (1633) 152b ; Bouddha, Cachemire, Inde (VIIIe siècle) 153b ; *Femme avec un livre*, Pablo Picasso (1932), Estate of Robert Ellis Simon, 1969, 152h ; *Saint Paul et saint Frediano*, Filippino Lippi (1483) 153h ; *Autoportrait*, Rembrandt van Rijn (v. 1636-1638) 152c ; *La Petite Danseuse de quatorze ans*, Edgar Degas (1878-1881) 153bc.

Avec la gracieuse permission de l'OAKLAND MUSEUM OF CALIFORNIA : *Yosemite Valley*, Albert Bierstadt (1868) 8-9 ; *Figure on a Porch*, Richard Diebenkorn (1959) 24cg ; *Afternoon in Piedmont*, Xavier Tizoc Martinez (v. 1911) 24bd ; *California Venus*, Rupert Schmid (v. 1895) 25c ; The Oakland Museum History Department : 20bg, 39b, 40chg, 40-1cb (2), 41chg, 43cd, 45ch, 45cbd, 46hg, 48hd, 49cb, 52chg, 52bg, 369bd, 408hg, 408hd, 408b, 409h, 425h ; The Oakland Museum Kahn Collection 459b ; The Oakland Tribune Collection, don de l'Alameda Newspaper Group 50b, 424cg, 424b ; Oxford Scientific Films : Daniel J. Cox 421ch ; Michael Fogden 480c ; Stan Osolinski 421cd.

PASADENA CONVENTION et VISITORS' BUREAU : 150b ; ERHARD PFEIFFER : 21hd, 26h, 26b, 27b, 59bg, 68h, 69hg, 84, 85, 86b, 87c, 116, 118cg, 128chg, 128b,129h, 129c, 129b, 136, 137, 145h, 539b ; PHOTO NETWORK : Mary Messenger 584b ; Phyllis Picardi 191bd ; Woodard 32b ; PHOTOPHILE : 30b, 57h, 186c, 234 ; Jose Carrillo 33b ; Scott Crain 14c ; Arthur Fox 578h ; Mark Gibson 583b ; Jim Gray 187b ; Michael Hall 64hd, 162h ; Matt Lindsay 17b, 33c, 256b, 257b, 600c ; Sal Maimone 123bg, 167, 186b, 242bd, 418b, 506c ; L.L.T. Rhodes 42hg ; PHOTO TREK INC : M. J. Wickham 418cb ; PICTOR INTERNATIONAL-LONDON : 54-5, 58h, 58bg, 58bd, 190hd, 227h ; 276-277, 282b, 289hg, 450, 482, 497h ; PICTORIAL PRESS LTD : J. Cummings 53chd, 349b ; PICTURES COLOUR LIBRARY : 18h, 35bg, 70, 119h ; Leo de Wys 577c ; POPPERFOTO : 500h.

RETNA PICTURES LTD : LGI Photo Agency/Marco Shark 23bd ; Steve Granite 65h ; REX FEATURES : 350b ; RIVERSIDE MUNICIPAL MUSEUM : Chris Moser 40cd.SALINAS PUBLIC LIBRARY : avec la gracieuse permission des Steinbeck Archives, 23h, 501b ; SAN FRANCISCO ART INSTITUTE : D. Wakely 296c (d), 331h ; SAN FRANCISCO CABLE CAR MUSEUM : 293hg, 293bg ; SAN FRANCISCO CONVENTION AND VISITORS' BUREAU : 35bd, Mark Gibson 292c ; Courtesy of Brown, Zukov & Associates 372h ; SAN FRANCISCO GIANTS : Martha Jane Stanton 373b ; SAN FRANCISCO MUSEUM OF MODERN ART : *Back View*, 1977, Philip Guston, huile sur toile, don de l'artiste, 295cd ; *Zip-Light*, 1990, Sigmar Willnauer, cuir, polyester, fermeture Éclair, achat du SFMOMA, 308hg ; *Aerial Gyrations*, 1953, Charles Sheeler, huile sur toile, achat du Mrs Manfred Bransten Special Fund, 308hd ; *Nearly Hit*, 1928, Paul Klee, huile sur carton, achat de l'Albert M. Bender Bequest Fund 308c ; *PM Magazine*, 1982, Dara Birnbaum, installation vidéo, Accessions Committee Fund et acquis par un don de Rena Bransten, 308b ; *Melodious Double Stops*, 1980, Richard Shaw, porcelaine et décalcomanie en glaçure, acquis avec des fonds du National Endowment for the Arts et Frank O. Hamilton, Byron Meyer et Mrs Peter Schlesinger, 309hg ; *Untitled (Elsa Schiaparelli)*, v. 1933, par Man Ray, épreuve argentée, The Helen Crocker Family Funds Purchase, 309chd ; *Le Porteur de fleurs*, 1935, par Diego Rivera, huile et tempera sur masonite, Albert M. Bender Collection, don d'Albert M. Bender en souvenir de Caroline Walter, 309cbd ; *Country Dog Gentlemen*, 1972, par Roy De Forest, polymère sur toile, don de l'Hamilton-Wells Collection, 309b ; *Orange Sweater*, 1955, par Elmer Bischoff, huile sur toile, don de Mr et Mrs Mark Schorer, 313cd ; SAN FRANCISCO PUBLIC LIBRARY HISTORY ROOM : 50chg, 329bgh, 359c ; SAN MATEO COUNTY HISTORICAL ASSOCIATION : 396h ; SANTA BARBARA MISSION ARCHIVE LIBRARY : 42cg, 43hg ; SANTA BARBARA MUSEUM OF ART : *Le Blé mûr*, Jules Bastien-Lepage (1884), acquisition du musée avec des fonds fournis par Suzette et Eugene Davidson et le Davidson Endowment Fund 210cg ; SCIENCE PHOTO LIBRARY : NASA 274c ; George Bernard 412b ; Simon Fraser 14h ; David Parker 20h ; Peter Menzel 20cd, 489b ; SONOMA VALLEY VISITORS' BUREAU : Bob Nixon 449b ; SOUTHWEST MUSEUM : ID CT.122, photo par Don Meyer (491.G.802) 67hd ; SPECTRUM COLOUR LIBRARY : 2-3, 190hg, 227chd, 255hg, 456hd, 493h, 576b ; D.&J. Heaton 227cbd, 334, 538h ; STANFORD UNIVERSITY ARCHIVES : Department of Special Collections, 47b ; STEVENSON HOUSE COLLECTION, MONTEREY STATE HISTORIC PARK : Sharon Fong 492h, 493cd, 493b ; TONY STONE IMAGES : 34b, 397cbd, 418h, 468 ; Jerry Alexander 447h ; Glen Allison 354 ; Ken Biggs 32h, 59hg, 168c ; James Blank 139 ; David Carriere 578b ; Jim Corwin 300 ; Chad Ehlers 59hd ; Johan Elzenga 270, 273, 280h, 282h ; David R. Frazier 426 ; Roy Giles, 324chg ; Lorentz Gullachsen 15h ; Gavin Hellier 478h ; John Lamb 322 ; D. C. Lowe 471h ; David Madison 577h ; David Maisel 288b ; Ed Pritchard 284-285 ; A.&L. Sinibaldi 15bd, 419cd ; Alan Smith 205b ; Larry Ulrich 427 ; John Warden 434-5 ; LEVI STRAUSS & CO : 333cd, 333b ; TIM STREET-PORTER : 28b, 29b, 68bg.

TATE GALLERY LONDON : *It's a Psychological Fact that Pleasure helps your Disposition*, 1948, Eduardo Paolozzi 50-1c ; TELEGRAPH COLOUR LIBRARY : 11, 14b ; EDWARD THOMAS PHOTOGRAPHY : 28h.
ULSTER MUSEUM, BELFAST : avec l'aimable permission des administrateurs 41cg ; par gracieuse permission de l'UNITED STATES POSTAL SERVICE : 588h ; Stamp Designs © 1995, 307c, 597h.
WELLS FARGO BANK : 45bg, 302b, 304b, 463b ; WORLD PICTURES : 12, 13b, 17h, 30c, 64hg, 132-133, 143c, 165, 166b, 189h, 216, 394, 582c, 601.
YOSEMITE MUSEUM : National Park Service 40hg, 40chd, Craig & Jennifer Bates 40cg ; Michael Dixon 40cbg ; YOSEMITE NATIONAL PARK RESEARCH LIBRARY : 47ch.
ZEFA PICTURES : 1, 35c, 422chg, 476-477 ; Damm 602h ; E. Silvester 600hd ; BILL ZELDIS PHOTOGRAPHY : 38 ; ZOOLOGICAL SOCIETY OF SAN DIEGO : 249b.

Couverture : photos prises pour le guide sauf ROBERT HARDING PICTURE LIBRARY : Adrian Nevil 1g ; PICTURES COLAN LIBRARY : 1 h ; TONY STONE IMAGES : 1 chd.

GUIDES VOIR

Pays

Afrique du Sud • Allemagne • Australie • Canada
Cuba • Égypte • Espagne • France • Grande-Bretagne
Irlande • Italie • Japon • Maroc • Mexique
Nouvelle-Zélande • Portugal, Madère et Açores
Singapour • Thaïlande

Régions

Bali et Lombock • Barcelone et la Catalogne
Bretagne • Californie
Châteaux de la Loire et vallée de la Loire
Écosse • Florence et la Toscane • Floride
Grèce continentale • Guadeloupe • Hawaii
Îles grecques • Jérusalem et la Terre sainte
Martinique • Naples, Pompéi et la côte amalfitaine
Nouvelle-Angleterre • Provence et Côte d'Azur
Sardaigne • Séville et l'Andalousie • Sicile
Venise et la Vénétie

Villes

Amsterdam • Berlin • Bruxelles, Bruges, Gand et Anvers
Budapest • Delhi, Agra et Jaipur • Istanbul
Londres • Madrid • Moscou • New York
Nouvelle-Orléans • Paris • Prague • Rome
Saint-Pétersbourg • Stockholm • Vienne

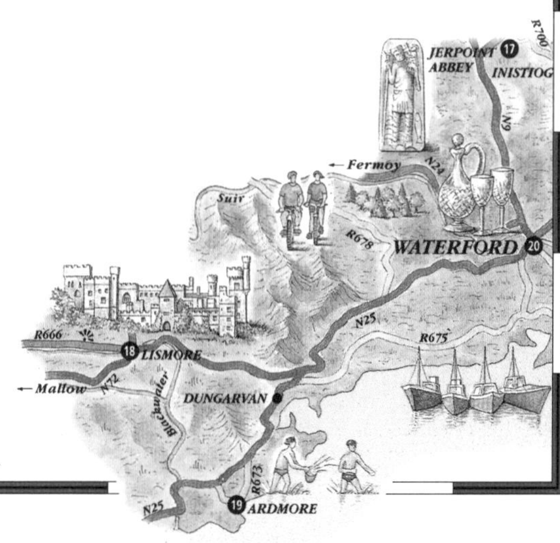

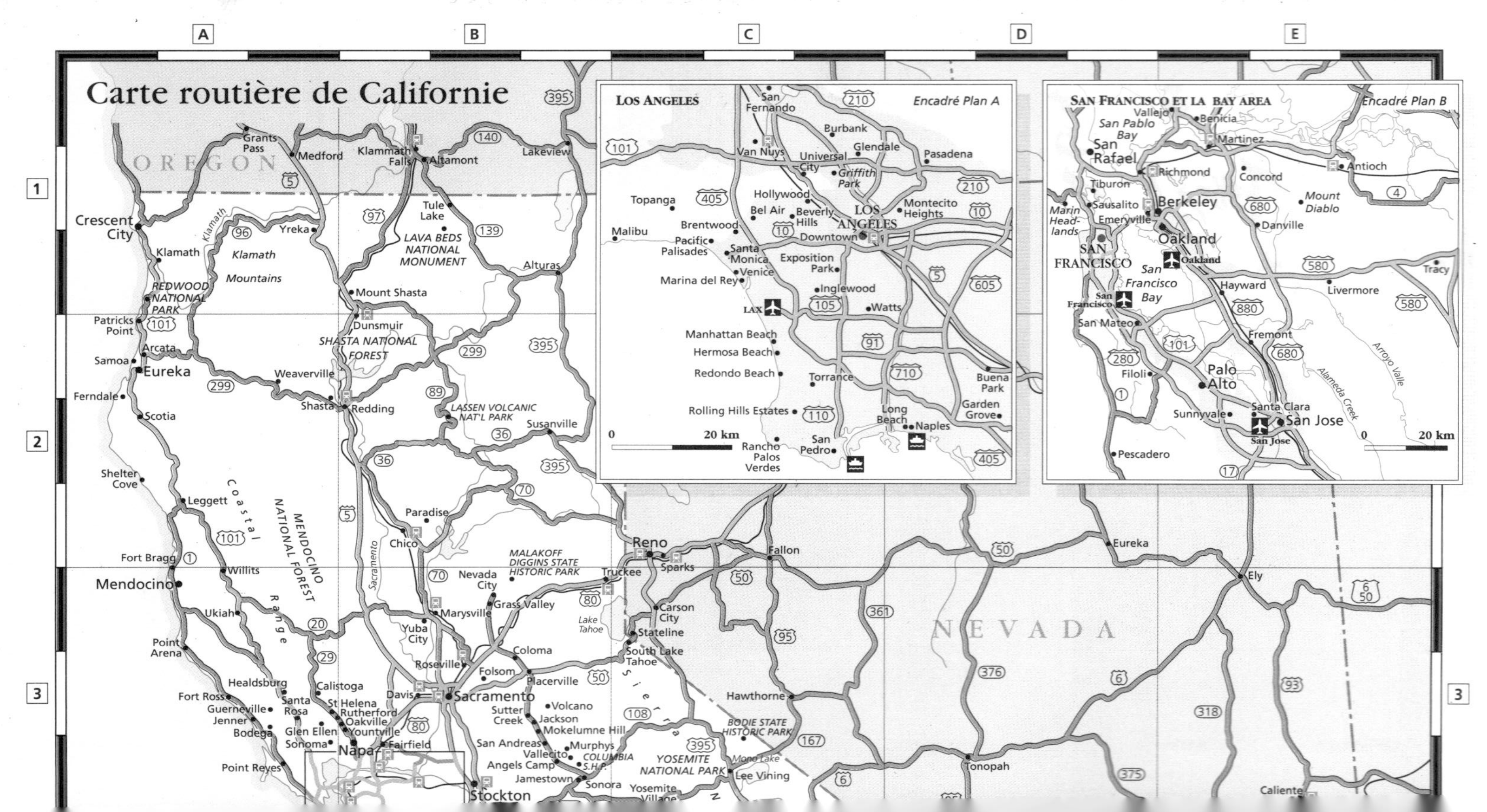

A
B
C
D
E
1
2
3
Carte routière de Californie
OREGON
NEVADA
Crescent City
Klamath
Grants Pass
Medford
Klammath Falls
Altamont
Lakeview
Tule Lake
LAVA BEDS NATIONAL MONUMENT
Alturas
Yreka
Klamath Mountains
REDWOOD NATIONAL PARK
Mount Shasta
Dunsmuir
SHASTA NATIONAL FOREST
Patricks Point
Arcata
Samoa
Eureka
Ferndale
Scotia
Weaverville
Shasta
Redding
LASSEN VOLCANIC NAT'L PARK
Susanville
Shelter Cove
Leggett
Coastal Range
MENDOCINO NATIONAL FOREST
Paradise
Chico
Sacramento
Fort Bragg
Mendocino
Willits
Ukiah
Point Arena
Healdsburg
Fort Ross
Guerneville
Jenner
Bodega
Santa Rosa
Glen Ellen
Sonoma
Calistoga
St Helena
Rutherford
Oakville
Yountville
Napa
Fairfield
Point Reyes
Davis
Sacramento
Yuba City
Marysville
Nevada City
Grass Valley
MALAKOFF DIGGINS STATE HISTORIC PARK
Roseville
Folsom
Coloma
Placerville
Volcano
Sutter Creek
Jackson
Mokelumne Hill
San Andreas
Murphys
Vallecito
COLUMBIA S.H.P.
Angels Camp
Jamestown
Sonora
Stockton
Truckee
Lake Tahoe
Reno
Sparks
Carson City
Stateline
South Lake Tahoe
Sierra
YOSEMITE NATIONAL PARK
Yosemite Village
Mono Lake
Lee Vining
BODIE STATE HISTORIC PARK
Hawthorne
Fallon
Eureka
Ely
Tonopah
Caliente
LOS ANGELES
Encadré Plan A
San Fernando
Van Nuys
Burbank
Glendale
Pasadena
Universal City
Griffith Park
Hollywood
Topanga
Malibu
Brentwood
Bel Air
Beverly Hills
Pacific Palisades
Santa Monica
Venice
Marina del Rey
LOS ANGELES
Downtown
Montecito Heights
Exposition Park
Inglewood
Watts
LAX
Manhattan Beach
Hermosa Beach
Redondo Beach
Torrance
Rolling Hills Estates
Rancho Palos Verdes
San Pedro
Long Beach
Naples
Buena Park
Garden Grove
0
20 km
SAN FRANCISCO ET LA BAY AREA
Encadré Plan B
Vallejo
Benicia
Martinez
San Pablo Bay
San Rafael
Richmond
Antioch
Concord
Tiburon
Sausalito
Berkeley
Emeryville
Mount Diablo
Danville
Marin Headlands
SAN FRANCISCO
Oakland
San Francisco Bay
Hayward
Livermore
Tracy
San Francisco
San Mateo
Fremont
Arroyo Valle
Alameda Creek
Filoli
Palo Alto
Sunnyvale
Santa Clara
San Jose
Pescadero
0
20 km